醒吾历史考研系列丛书

313历史学 中国史
统考论述题

LISHIXUE TONGKAO LUNSHUTI

玮鑫 明明 / 主编

北京理工大学出版社
BEIJING INSTITUTE OF TECHNOLOGY PRESS

版权专有　侵权必究

图书在版编目（CIP）数据

313历史学统考论述题：函套2册 / 玮鑫，明明主编．
-- 北京：北京理工大学出版社，2024.7.
ISBN 978 - 7 - 5763 - 4389 - 2

Ⅰ. K0

中国国家版本馆CIP数据核字第202493WL48号

责任编辑：李慧智　　文案编辑：李慧智
责任校对：王雅静　　责任印制：李志强

出版发行 / 北京理工大学出版社有限责任公司
社　　址 / 北京市丰台区四合庄路6号
邮　　编 / 100070
电　　话 /（010）68944451（大众售后服务热线）
　　　　　（010）68912824（大众售后服务热线）
网　　址 / http://www.bitpress.com.cn

版 印 次 / 2024年7月第1版第1次印刷
印　　刷 / 三河市良远印务有限公司
开　　本 / 889 mm × 1194 mm　1/16
印　　张 / 43.5
字　　数 / 1357千字
定　　价 / 149.80元（全2册）

图书出现印装质量问题，请拨打售后服务热线，负责调换

2025年历史学考研的小伙伴们，你们好！

我是玮鑫学长，从看到这段文字开始，你可能就要进入背题阶段了。怎么帮你穿越题海，怎么让论述题不再是你的超级压力？为此，我把大家的苦恼进行了整合，并运用这几年醒吾在产品中积累的方法，对它们进行了逐一解决，最终敲定了2025版《313历史学统考论述题》全新的产品设计理念。

其中的创新得到了专注于考研出版的云图的认可。经过与云图几个月的紧密合作，现在，2025版《313历史学统考论述题》终于与大家见面啦！我相信它将成为你漫漫考研路上的又一密友！

#2025版醒吾论述题带来的惊喜#

【完全针对统考的产品设计理念】

定位从原来的"针对统考，兼顾自命题"转变为"完全针对统考"

2025版醒吾论述题正式更名为《313历史学统考论述题》。醒吾之前的论述题虽然兼顾了统考和自命题的需求，但二者有一部分考点并不交叉，而对于备战统考的考生来说，最头疼的就是复习内容太多，如果我们去除那些只针对自命题的部分，参加统考的考生就能有至少600道论述题不必背，这样可以节省大约两个月的背题时间。

【针对统考命题特点精选了737道论述题】

2025版醒吾论述题仔细挑选了中国史396道、世界史341道，共737道论述题。这些题目经过甄选，精心安排在统考的大框架之中，以确保涵盖统考的每个板块，同时尽量避免知识点内容的交叉与重复。我们称这个过程为"醒吾严选"，它在减压的同时，也能给考生们带来很大的安全感。

我们最终挑选出来的这737道专门针对统考的论述题，主要包括以下特点：

1. 保留了符合统考命题规律和特点的醒吾论述题

我们仔细分析了从2007年到2024年的统考历年真题，还与醒吾最全的论述题库进行了对比，排除了不符合统考规律和特点的题目，保留了完全符合统考规律和特点的题目。

2. 编写了2007—2024年统考考查过的所有论述题

以往的醒吾论述题约涵盖70%的统考已考题目。今年，我们仔细比对了所有统考真题，对之前未收录的约30%的题目进行了补充和编写。

P.S.：有的同学可能会疑惑，既然题目已经考过了，那还需要背吗？我的回答是绝对需要！统考常常会把之前论述题涉及的内容变形，如以选择题的形式重新考查。比如，2008年统考考查了元代地方行政制度的论述题，紧接着2009年的统考就出现了涉及达鲁花赤（直接与元代地方制度相关）的选择题。不仅如此，考过的题目还有两个重要作用，就是能让我们感知统考的命题特点以及训练我们的答题思维。

3. 改编了2007—2024年统考考查过的部分史料分析题

我们细致研究了统考考过的所有史料分析题，并将其中可转换为论述题的内容进行了改编。例如，2024年统考考查了与正统论相关的史料分析题，我们将其改编成关于中国古代正统论的论述题。这样做的好处是，如果有其他题型涉及不同朝代的正统论，我们也能轻松应对。

4. 收录了部分 2024 年考研自命题院校考查过的符合统考特点的论述题

在分析了 2024 年考研自命题院校的最新考题之后，我们挑选了其中符合统考特点的题目，收录到了 2025 版醒吾论述题中。

P.S.：在 2025 版醒吾论述题中，每道论述题下面依然保留了自命题考查过的真题信息。为什么还要保留这些自命题的真题链接呢？一方面，统考的命题确实会借鉴一些符合统考特点的自命题真题，特别是那些多次被自命题名校考查的内容，这可以帮助考生了解这些论述题的重要性。另一方面，这样做可以帮助考生在进入复试阶段时，有针对性地准备所报考院校曾经考查过的论述题，从而在复试中占据优势。

5. 编写了专门针对统考的预测题

在仔细分析统考历年真题的过程中，我们将一些可能的考查点转换成了论述题，即原创的统考预测论述题。这些题目都做了特殊标记，同学们记得关注。比如，在 2025 版醒吾论述题中，新加入了关于二战后"莫内计划"影响法国经济的论述题和党的十三届三中全会关于经济建设的重点问题等预测题目。

P.S.：有些同学可能会问，为什么 2024 版醒吾论述题中会有"评述北魏太武帝拓跋焘"的题目，而统考似乎从未直接考过关于历史人物的评述题？这是因为在拓跋焘的政策中包括了政治上的汉人重用和汉制改革，这些汉化改革恰是统考在"华夏认同"中考查的内容之一。所以，醒吾出这样的预测题是为了尽可能贴近统考"十六国时期"的考查范围和"华夏认同"的命题视角。

就像在 2024 版醒吾论述题中，醒吾还出了预测论述题"十六国时期的政权主要特点"，当你在答 2024 年统考的"十六国时期的华夏认同"时，就需要把"十六国时期的政权主要特点"中政治上的汉化改革换成对华夏认同的角度作答。

【进一步提升论述题答案编写质量】

使用过 2024 版醒吾论述题的同学都注意到，相比 2023 版，2024 版在错别字使用、表述过于详细等方面进行了改善。但是依然有很多同学反映论述题答案的字数偏多，包括我自己也觉得这是一个需要特别重视的问题。

因此，2024 年考研一结束，我们马上邀请了 8 位研究生学长学姐，聚集在杭州进行了线下论述题的修改工作，历时一个半月。春节过后，我们又带着小伙伴投入两个月的时间，对答案进行了全面优化。

1."史实要准确，史论要结合，逻辑要清晰，文字要流畅"

由于考试时间、每道统考论述题的分值以及答题纸的边框等限制，促使我们不仅仅是简单修改旧题，而是大刀阔斧地重构语句，"史实要准确，史论要结合，逻辑要清晰，文字要流畅"即 2025 版醒吾论述题的核心修改重点。

2. 每道题的平均瘦身幅度达 42%

考场上，每道统考论述题需要作答 800 字左右。因此，在 2025 版醒吾论述题中，我们根据统考的实际答题需求，将每道题的答案压缩到 800～1000 字，相较于 2024 版，平均每道题减少了 40% 以上的字数，极大地减轻了考生的记忆负担。

3. 兼顾学术性与答题性

在论述题的修改和新编过程中，我们查阅了众多学术论文和专著，力求在教材表述和学术成果之间找到一个平衡点。这样做既保证了答题的针对性，也保持了内容的学术深度。

4. 根据统考大纲时序模式组织题目，整合必考板块

按照统考的命题规律，我们特意将涉及"中国古代中外关系史""中国近现代中外关系史"及"史学史与史学理论"等专题的题目从原来的各个板块中抽出并重新整合。这样做可以帮助考生更方便、更有针对性地进行复习。

5. 庞大的创作团队参与

算上 2025 版醒吾论述题，参与醒吾历年论述题编写的上岸学长学姐累计几十人。尤其是 2024 年春节前后来杭州进行编辑工作的小伙伴，他们分别来自湖南师范大学、江西师范大学、宁波大学、陕西师范大学、云南大学、上海师范大学、辽宁师范大学、兰州大学、南开大学、杭州师范大学。正是大家的通力合作让 2025 版醒吾论述题在严格标准下以尽可能快的速度和大家见面。篇幅有限，学长在这里谨向参与历年醒吾论述题编写和修改的小伙伴们表达感谢！

6. 在专业出版机构的加持下进行了更加严格的审校

虽然过去醒吾团队也投入了大量精力去审核和校对论述题，但毕竟能力有限。2025 版醒吾论述题不仅修正了之前同学们和醒吾在使用过程中发现的问题，还引入了专业的出版机构。其工作人员对全书进行了三审三校，极大地提高了内容的准确性和质量。我们有信心，2025 版醒吾论述题的质量将比以往版本都要高。

【更联动、更贴心的产品设计】

1. 框架笔记、论述题联动复习

论述题和框架笔记都是在统考的大框架下制作的。框架笔记对全部考点进行了框架式整理，而论述题则将框架笔记可能考查论述题的考点进行了翔实的答案编写，二者配合使用，可以起到 1+1 > 2 的效果。框架笔记可以定位论述题考点在整个时序和大纲中的位置，帮助梳理逻辑；论述题则可以展开框架笔记超级重点考点的详细解释。二者配合也体现出统考越来越清晰的命题特点，"在掌握历史脉络基础上，对考点进行灵活性的整合考查"。

2. 图书产品、课程产品联动复习

为应对统考的灵活考查方式，醒吾推出了一系列创新联动复习课程产品。这些课程以框架笔记为教材，包括时间线索课程、记忆技巧＆考点解释课程等，以及论述题带背等相应的教学服务，旨在帮助大家更好地理解考点和掌握答题技巧。感兴趣的同学可以关注"醒吾历史"微信公众号，那里有更详细的介绍。

3. 排版回归到竖版，论述题本数回归中国史和世界史各 1 本

2025 版醒吾论述题的排版也做了调整，回归竖版，并将论述题本数减回中国史和世界史各 1 本。精简后的题目不再是之前论述题版本的横版和 4 个分册设计，而是回归大家更习惯的竖版和 2 册设计。

【你的担忧】

我猜想，有的考生此时心中泛起了隐隐的担忧："学长，背这些题，够吗？"

其实，我们去年就在跟学员表达：统考一定要转换思路，不要想着把论述题全部背下来。题是背不完的！统考的命题方式非常灵活，命题老师可以根据几千个考点命制无数种排列组合的论述题，因此直接背到原题的可能性极低。死记硬背不是统考考查的初衷，命题老师太知道怎么问才能检验大家是否真的理解某一历史阶段或是事件了。所以要按考点去背，灵活地组织答案，才能以不变应万变。

我们的关注点应该放在对通盘考点的理解、记忆上，至于是考查选择题、史料题还是论述题呢？随便！

奈何醒吾过去开班太迟，没有足够的时间带大家训练这种思维，非常遗憾。所以今年，我们直接在 2025 版醒吾论述题、框架笔记贯彻了"论述题再重要，但也只是一个题型而已，你永远背不完，我们要理解和记住的是考点，而不是题目"这样的理念，并在醒吾课程及服务里强化了这方面的训练。

从更加高效备考的角度，我建议把背论述题的时间稍微往后放，但一定尽可能背熟。前期把框架笔记当作复习用书，用于理解、记忆和脉络疏通。把教材当作工具书，去翻看框架笔记限于篇幅没展开而你又不理解的地方，并在框架笔记上做好补充。

【最后想说】

很多同学可能不解，为什么市面上已经有比较优秀的成熟产品了，醒吾还要死磕论述题的打磨。其实，从醒吾

盈利的角度来看，这确实是一个低性价比的选择，每年我们都要投入大量时间和精力，去做这件动辄百万字的工程，而回报与付出并不成正比，也耽误了醒吾开班。

而之所以坚持，是因为论述题确实是统考考题的根基，看似每道题只有不到1000字，但是它能反映出考生历史史实、史学观点、逻辑思维、语言表达方面的综合实力。从备考的角度来看，一款好的论述题产品对同学们来说是非常必要的。

同时，这也是我们非常想做好、想做出一个不一样的论述题产品的原因。我们也渴望大家在背题的时候由衷地感慨一句："醒吾论述题有点东西哦。"

从今年的题目选择来说，2025版醒吾论述题不仅涵盖了论述题本身，我们还把可能考查选择题和史料分析题的基础考点都考虑进去，整合成了论述题方便大家组团去记。

很多使用过醒吾产品的同学都感受到了"醒吾出品，必属精品"的品质保证。2025版醒吾论述题不仅整合了对2024版的所有合理建议，还进行了全方位的创新，我们注满认真和心意，在产品上做得周到一点，同学们就可以节省更多宝贵的复习时间，真心希望大家会喜欢新版的论述题。

虽然我们已经和出版机构一起再次进行了近3个月的修订，但由于内容繁多，难免还有疏漏。如果同学们在使用过程中有任何疑问，请随时通过微信联系玮鑫学长。我们承诺会持续改进，会不断将产品打磨下去。再次感谢大家对醒吾的支持和信任。你们的每一分期待，醒吾都倍感珍惜，都将落在实地，我们一起加油！

目 录

中国古代史

第一章　史前时代　2
第一节　旧石器时代的人类　2
第二节　新石器时代的主要文化遗存　2

第二章　夏商西周　4
第一节　夏朝与对夏文化的探究　4
第二节　商朝及其考古发现　5
第三节　西周的盛衰　7
第四节　西周的经济与文化　12

第三章　春秋战国　15
第一节　春秋五霸和战国七雄　15
第二节　春秋战国的社会经济发展与社会变动　16
第三节　春秋战国的改革与变法　17
第四节　春秋战国时期的文化　20

第四章　秦汉　23
第一节　秦朝的统一及其历史影响　23
第二节　西汉的建立与文景之治　24
第三节　汉武帝的统治与西汉的强盛　25
第四节　豪强势力与东汉的统治　30
第五节　西汉时期的社会经济　34
第六节　秦汉时期的民族关系　34
第七节　秦汉时期的文化　35

第五章　魏晋南北朝　39
第一节　三国鼎立　39
第二节　东晋南朝的政治　40
第三节　十六国北朝的政治形势与民族关系　44
第四节　北魏孝文帝改革　48
第五节　魏晋南北朝时期的社会经济　49
第六节　魏晋南北朝时期的文化　54

第六章　隋唐五代　56
第一节　隋朝的统一与覆灭　56
第二节　唐朝的建立和"贞观之治"　58
第三节　武则天和唐玄宗的统治　61
第四节　安史之乱与唐后期政局　63
第五节　五代更迭与十国并立　67
第六节　隋唐五代时期的社会经济　68
第七节　隋唐五代时期的民族关系与对外关系　70
第八节　隋唐五代时期的文化　71

第七章　宋、辽、西夏、金、元　74
第一节　北宋的建立与巩固　74
第二节　北宋中期的社会危机与王安石变法　77
第三节　南宋的建立与统治　80
第四节　辽、西夏、金的统治　81
第五节　宋、辽、西夏、金时期的民族关系　82
第六节　元朝的统治及其影响　83
第七节　宋元时期的社会经济　89

第八节　宋元时期的文化　92

第八章　明、清（鸦片战争前）　96

第一节　明前期的政治经济措施　96
第二节　明中期的政治、社会危机与张居正改革　98
第三节　晚明政治与明末农民战争　102
第四节　明清鼎革与清初的社会矛盾　105
第五节　清代疆域的奠定与多民族国家的统一　107
第六节　康乾盛世及其社会问题　110
第七节　明清时期的社会经济　117
第八节　明清时期的文化　122

第九章　古代史综合　126

第一节　政治　126
第二节　经济　128
第三节　思想文化　132
第四节　民族关系和外交关系　133
第五节　军事　135
第六节　宗教　136

第十章　中国古代史学史与史学理论　141

第十一章　古代中外关系史　155

中国近现代史

第一章　列强的对华侵略　168

第一节　列强历次侵华战争　168
第二节　重要的不平等条约及其影响　173
第三节　边疆危机与朝贡体系崩解　176
第四节　列强划分势力范围　177

第二章　清朝统治的衰落　179

第一节　太平天国时期的农民战争　179
第二节　太平天国的政权和制度　180
第三节　湘淮军与地方势力的崛起　183
第四节　清廷政局　184
第五节　义和团运动　186

第三章　近代化的启动　189

第一节　"师夷长技以制夷"　189
第二节　早期维新思潮　191
第三节　洋务运动　193
第四节　商办企业　199
第五节　戊戌维新运动　201

第四章　清末改革与社会变迁　205

第一节　清末新政与预备立宪　205
第二节　科举制度的废除和晚清教育改革　207
第三节　八旗绿营的衰落与新军的编练　209
第四节　会党与民变　210

第五章　辛亥革命　211

第一节　西学传播与革命思潮的兴起　211
第二节　革命团体与政党的建立　211

第三节　武昌起义与南京临时政府的成立　212

第六章　民初政局　218

第一节　民初政党与议会　218
第二节　二次革命、护国战争　219
第三节　南北对峙与军阀混战　220

第七章　五四运动与国民革命　223

第一节　民初经济与社会的发展　223
第二节　新文化运动　225
第三节　五四运动　226
第四节　中国共产党的成立　230
第五节　中国国民党改组与第一次国共合作　233
第六节　国民革命与北伐战争　236

第八章　南京国民政府建立与苏维埃革命　240

第一节　南京国民政府的建立及其内政、外交　240
第二节　中国共产党的土地革命与苏维埃政权　244
第三节　南京政府时期的社会经济与文化　249
第四节　中间势力的主张与活动　250

第九章　抗日战争　251

第一节　日本侵华与抗日救亡运动　251
第二节　抗日民族统一战线的形成　254
第三节　全面抗战的爆发　255
第四节　正面战场与敌后战场　256
第五节　国民政府的内政与外交　257
第六节　中共抗日根据地的建立和发展　258
第七节　沦陷区与伪政权　262

第八节　抗日战争的胜利　262
第九节　抗战时期的社会经济与文化　268

第十章　国共内战　271

第一节　重庆谈判与政治协商会议　271
第二节　内战时期的政治、经济与社会　271
第三节　解放战争　272
第四节　中华人民共和国的成立　278

第十一章　从新民主主义到社会主义（1949—1956年）　281

第一节　政权的巩固与经济建设　281
第二节　对外政策与抗美援朝　286
第三节　社会主义改造　289

第十二章　社会主义发展道路的探索（1956—1966年）　291

第一节　发展模式的探索与实践　291
第二节　经济建设的曲折　292
第三节　国内政治与对外关系　297

第十三章　"文化大革命"（1966—1976年）　298

第十四章　拨乱反正（1976—1978年）　299

第十五章　改革开放的进程（1978—2012年）　301

第一节　农村与城市经济体制改革　301

第二节　特区建设与改革开放　302
第三节　邓小平南方谈话与社会主义市场经济的确立　303
第四节　深化改革开放与中国特色社会主义的发展　306

第十六章　共和国时期的民族关系与区域发展　310

第十七章　共和国时期的文化、教育与科技　311

第十八章　近现代史综合　314

第一节　政治　314
第二节　经济　316
第三节　思想文化　322
第四节　社会　331

第十九章　中国近现代史学史与史学理论　334

第一节　历史文献学　334
第二节　史学史与史学理论　335
第三节　历史学者　337
第四节　考古学与历史地理　340

第二十章　近现代中外关系史　341

第一节　中英关系　341
第二节　中俄（苏）关系史　342
第三节　中日关系史　346
第四节　中德关系史　350
第五节　中印关系史　352
第六节　中朝关系史　353
第七节　中法关系　353
第八节　多边关系　354
第九节　外交政策及体制的演变　358

中国古代史

Ancient Chinese History

第一章　史前时代

第一节　旧石器时代的人类

题目1　列举旧石器时代我国境内的主要文化成就

相关真题　2006年东北师范大学

"旧石器时代"的起止时间约为距今300万—距今1万年。该时段的主要特征是使用打制石器，目前中国发现的新石器时代的文化成就主要有以下几种：

（一）早期（距今约200万年—距今25万年）

1. 西侯度文化（距今约180万年，一说127万年）。1961—1962年在山西芮城县西侯度村发现该遗址，是目前中国疆域内发现最早使用火的猿人遗址，在遗址中发现了目前已知最早的一批石器，还有不少动物化石。

2. 元谋人文化（距今约170万年）。1965年于云南省元谋县发现该遗址，元谋人是我国目前已发现较早的人类，在遗址中发现了石片状的刮削石器、带有人工痕迹的动物骨头和疑似用火痕迹。

3. 蓝田人文化（距今约80万—距今65万年）。1963—1964年于陕西省蓝田县发现的文化遗址，是目前在亚洲北部发现的最古老的直立人，在遗址中发现了三棱大尖状石器、砍砸石器和刮削石器。

4. 北京人文化（距今约70万—距今23万年）。1921年开始陆续在北京周口店龙骨山发现的文化遗址，北京人的脑容量和四肢接近现代人。在遗址中发现灰烬和火烧过的兽骨，据此推测北京人已经能够使用火来烧烤食物、照明取暖等。

（二）中期（距今25万年—距今4万年）

1. 许家窑文化（距今约10万年）。1973年在山西阳高县许家窑村发现，在遗址中发现不少打制石器、骨器和角器。

2. 丁村人文化（距今约10万年）。1954年于山西襄汾丁村发现，在遗址中发现了大棱角尖状石器、斧状石器、石球，以及细石器如琢背小刀。

（三）晚期（距今4万年—距今1万年）

进入旧石器时代晚期，遗址数量增多，文化遗物更加丰富，技术有明显进步，文化类型也更加多样。其中最具代表性的是山顶洞人文化。

山顶洞人文化（距今约3万年）。1930年于北京龙骨山顶洞穴中发现，其中发掘出许多打磨装饰的骨器，还有一根骨针，表明山顶洞人此时的生活水平有了提高，且有了爱美意识；此外，还在其墓地遗骨周围发现有赤铁矿粉末撒成的圆圈，这表明原始宗教已然产生。

旧石器时代晚期，劳动技术不断进步，生产活动的开展，装饰品的出现，以及原始宗教的产生，都反映了人类思维的发展，预示着人类的蒙昧期行将结束，新的时代即将来临。

参考资料

1. 邱中郎：《我国旧石器时代地点分布》，《化石》，1979年第4期。

第二节　新石器时代的主要文化遗存

题目1　简述新石器时代主要的文化类型

相关真题　2022年西南民族大学；2013年陕西师范大学；2009年东北师范大学

新石器时代以使用磨制石器为标志，中国的新石器时代划分大致在公元前10000年到公元前2000年，大致可以分为早、中、晚三个发展阶段。

（一）新石器时代早期：公元前 10000 年至公元前 7000 年

1. 华北地区：东胡林遗存

1966 年发现于北京门头沟东胡林村西，该遗址出土了穿孔小螺壳项链、石墨盘、石磨棒及陶器碎片，没有农业耕作痕迹，表明这一时期农业还未产生。

2. 华南地区

①江西仙人洞和吊桶环遗址。遗址中发现有陶器和人工栽培稻的痕迹，但此时的生产方式仍以采集狩猎为主。

②湖南玉蟾岩遗址。玉蟾岩遗址也发现了人工栽培稻的痕迹，但此时的经济活动仍以狩猎和采集为主，原始稻作农业尚处于最初的萌芽阶段。

（二）新石器时代中期：公元前 7000 年至公元前 5000 年

1. 中原地区：裴李岗文化

1977 年发现于河南新郑裴李岗村。该遗址发现有房基、窑穴、公共墓地等村落遗迹，出土了较多与农业相关的磨制石器如磨盘、石镰等，反映出当时农业已占据经济生活的主导地位。

2. 东北地区：兴隆洼文化

1983 年在内蒙古赤峰市兴隆洼镇发现。兴隆洼文化发现有玉玦与玉匕形饰为核心的玉器组合，并发现有玉制的巫术道具，反映出兴隆洼文化的萨满教信仰。

3. 钱塘江太湖区域：跨湖桥文化

1990 年在杭州市萧山区湘湖村跨湖桥处发现。该遗址出土了彩陶、独木舟、骨角器、人工栽培稻等，反映出此时的古人已经种植水稻、饲养家畜和修筑土墙式地面建筑。

（三）新石器时代晚期：公元前 5000 年至公元前 2000 年

黄河流域上游主要有马家窑文化、齐家文化，下游主要有大汶口文化、龙山文化、仰韶文化等；长江流域有大溪文化、屈家岭文化、河姆渡文化、马家浜文化、良渚文化等；北方有红山文化。下面就其中几项重要文化展开介绍。

1. 黄河流域：仰韶文化

1921 年在河南省渑池县仰韶村发现。仰韶文化出土有动植物纹样的彩陶，式样以"人面鱼纹图形"为代表；手工业较为发达，出现用骨头做的针和匕首等；出现半地穴式房屋，农业耕种以粟米为主。

2. 北方地区：红山文化

1935 年在内蒙古赤峰东郊红山后遗址发现，该遗址主要分布在内蒙古东南至辽西地区。红山文化晚期显示出向早期文明社会过渡的迹象，出现坛、庙、冢相结合的祭坛墓地以及具有礼仪等级性质的玉器。

3. 长江流域：良渚文化、河姆渡文化

①良渚文化。20 世纪 50—60 年代初在浙江余杭（今杭州市余杭区）的良渚发现，该遗址主要分布在长江下游的太湖流域。良渚出土了种类丰富的农作物，有水稻、蚕豆和花生等；丝织品的出土表明养蚕缫丝技术的产生；良渚文化中最为突出的是种类丰富且制作精美的玉器，大型墓葬之中随葬玉器包括玉斧、玉环等，中小型墓葬中几乎没有，说明当时已经用玉表明社会等级。

②河姆渡文化。1973 年在浙江余姚县（今为余姚市）河姆渡发现，该遗址主要分布在杭州湾南岸的宁绍平原和舟山岛。河姆渡出土的陶器以黑陶为主；出土了用兽骨制作的农具"耒耜"和通体磨光的石器；出土的木构建筑遗址中发现了榫卯结构，据此推测河姆渡人的房屋为干栏式建筑。

新石器时代遗址遍及全国各地，这些遗址保存了丰富多彩的文化遗存，为我们研究这一时期的经济文化提供了大量的实物资料。

参考资料

1. 安志敏：《略论三十年来我国的新石器时代考古》，《考古》，1979 年第 5 期。
2. 任式楠，吴耀利：《中国考古学·新石器时代卷》，中国社会科学出版社，2010 年。

第二章 夏商西周

第一节 夏朝与对夏文化的探究

题目1 简述国家文明形成的标志 醒吾历史统考预测题

由于世界各地的自然环境和历史发展各不相同，因此很难找到一个放之四海而皆准的判断标准。目前学术界所普遍讨论的国家出现的标志列举如下：

（一）要素说

20世纪70—80年代，中国文明起源大量使用"三要素"或"四要素"说。"三要素"是指青铜器、文字、城市；"四要素"是指青铜器、文字、城市、祭祀礼仪中心。

1. 青铜器。金属器的制造和使用是体现古代社会生产力进步程度的一个重要标尺。它的基本前提是手工业生产的专门化、职业化发展，形成包括采矿、运输、冶炼、铸造等多个环节，从经济、技术、社会组织系统和指挥系统方面证明了一个文明国家的形成。

2. 文字。文字的初衷可能源于经济管理和祭祀活动的需求，它不仅是语言的物化形式，更是思想交流和文化传承的重要工具。其出现预示着社会组织和管理的复杂化，标志着从预国家社会向国家社会的转变。

3. 城市。城市的出现是一个社会的生产力及生活水平发展到一定高度的综合反映，是剩余财富集中和阶级分化加剧达到相当程度的反映，导致出现一个更高级的组织来对现状加以干预、实施控制并维持某种秩序的结果。

4. 祭祀礼仪中心。神庙和宫殿等带有祭祀礼仪性质的建筑是国家文明形成的另一重要标志，反映了社会已发展到需要通过物质和精神形式来维系统治秩序和社会秩序的阶段。

（二）恩格斯国家形成两标志的发展

恩格斯在《家庭、私有制和国家的起源》中提到国家形成的两个标志，一是按地区而不是按血缘来划分它的国民，二是公共权力的设立。随着研究的深入，我国学者王震中将其理论发展为：

1. 阶级的存在。阶级的出现是国家得以建立的社会基础。关于阶级是否已形成，可以通过考古发掘的贫富悬殊的墓葬材料和居住建筑物的规格等方面来进行考察。

2. 凌驾于社会之上的公共权力的设立。这体现了国家机器的本质特征，它表明社会开始建立起一套超越个人和家庭的组织体系，以维护公共利益、管理社会事务和维护社会秩序。公共权力的设置可以通过都城遗址和宫殿建筑物进行考察。

（三）"酋邦"理论及其发展

1. 四级聚落等级的国家论。一部分西方学者认为村社是基本单位，并根据聚落面积划分等级，四级聚落等级代表村社之上有三级决策等级，因而表示国家。

2. "中国文明和国家起源的聚落三形态演进说"。一部分中国学者以农业的起源和农耕聚落的出现为起点，按照聚落形态的演进，把古代文明和国家的起源过程划分三大阶段，即由大体平等的农耕聚落形态发展为初步不平等的中心聚落形态，再发展为都邑国家（都邑邦国）形态。

以上关于国家文明形成标志的解释都有其合理性，但也呈现出一定的局限性。学者们关于不同观点的讨论有利于推动这一领域的研究向前发展。

参考资料

1. 段渝：《成都通史（卷一）·古蜀时期》，四川人民出版社，2011年。
2. 王震中：《改革开放四十余年中国文明和国家起源研究》，《史学月刊》，2020年第9期。

第二节 商朝及其考古发现

题目1 简述商代的国家特征

相关真题 2016年扬州大学

商代作为三代文明之一，上承夏朝，下启西周，在多方面体现出鲜明的国家特征，是古代中国奴隶制国家发展中的重要时期。

（一）独特的王位继承制度

一般认为，商代的王位继承以兄终弟及为主，父死子继为辅，王位继承处于游移之中，嫡长子继承制到晚商时期才逐渐确立。

（二）较完备的官制

商朝的官职绝大部分由奴隶主贵族世袭，可分为文官、武官和宗教官三大类。文官管理各种事务，包括尹、臣、司工、宰等。武官与军事活动有关，包括马、亚、射、卫、犬等。宗教官掌管宗教活动和文化事业，包括卜、巫、祝、史等。

（三）以内外服为主的国家结构

内服是由商王直接控制的王畿之地，内服职官即中央王朝职官，数量众多，由商王直接任免。外服是由邦伯管辖的王畿以外之地，邦伯分为侯、甸、男、卫几类等级。内外服制下的诸侯国的官吏由诸侯任免，诸侯国需要承担纳贡、服役、戍边或随王出征等义务。商王受内外服制影响，对周边地区实行的是松散统治。

（四）农业占主体地位，手工业有所发展

1. 农业成为重要部门。农业已成为当时的主要生产方式，采用集体耕作方式，"耒耜"是普遍使用的农具，农具材料以木、石、骨、蚌为主，灌溉有一定程度的发展，中原地区也种有水稻，主要农作物有黍、稷、粟、麦、米、稻等。

2. 手工业门类齐全、规模宏大。青铜冶铸业得到高度发展，如殷墟的一处晚期时期的铸铜遗址面积达一万平方米，司（后）母戊鼎、四羊方尊等尤其表明商代青铜铸造工艺的高超。陶瓷业、纺织业、酿酒业、制车业、漆器业等也具有很大规模。

（五）军制完善

1. 兵制。①在早商时期和晚商前期，以方国征集制为主，常备军处于次要地位。②晚商后期，常备军地位上升，军事建制趋于完善。③兵种有步兵和车兵。

2. 军事格局。"王师"（商王朝直接统辖的军队）在数量和质量上都优于诸侯国的军队，同时军队的指挥权掌握在商王手中，这就使得商朝中央的权力要远强于地方诸侯国的势力，"强干弱枝"的格局由此形成。

（六）法律严苛，刑罚较重

商代的刑名统称为汤刑，刑罚残酷，以肉刑为主，刑名达300多条，墨、劓、刖、宫、大辟五刑俱全。

（七）具有浓厚的宗教色彩

1. 用神权来强化王权。上天的观念成为至高无上主宰一切的观念，商代宣扬王权来自上天，而且王族祖先也与上天结合。祭祀祖先是国家大事，都由巫职机构负责。

2. 借用占卜决定国家大事。商代的人极端迷信，遇事常通过占卜来预测吉凶，决定行止，出土的甲骨文很多都是商王在祭祀、征伐等方面占卜的记录。

3. 神职在商代官制中的地位较高。商王的辅佐重臣中，不仅有专职神事人员巫，而且尹、保、臣等也都赋有神职。

总之，商朝多方面的国家特征体现了国家机器的发展程度，也为周朝政治制度的发展提供了借鉴。

参考资料

1. 王贵民：《商朝官制及其历史特点》，《历史研究》，1986年第4期。
2. 卜宪群：《中国通史》，安徽教育出版社，2016年。

题目 2 论述甲骨文的特点和学术价值

相关真题 2024年中南民族大学；2022年北京联合大学；2020年西南大学；2014年兰州大学；2005年四川大学

甲骨文是迄今为止中国发现的年代最早的成熟文字系统，又称契文、卜辞、殷墟文字等，具有鲜明的特点和重要的学术价值。

（一）特点

1. 主要是方块字形。甲骨文的每个字由一些长短不一的线条互相配合，形成方块状的单个文字。

2. 字体结构有一定规律。造字六书（象形、会意、形声、指事、假借、转注）在甲骨文中都能找到例证，前四种较多，如甲骨文中的鹿、牛、羊等字是象形字，即、既、降等字是会意字，河、雉等字是形声字，上、下等字是指事字。

3. 行款多数是自上而下，直行排列。在一些兽骨记事刻辞中，文字排列方式是先自上而下，再自右而左，此法一直沿用至后代。

4. 以龟甲、兽骨作为载体。占卜用的龟甲以腹甲为主，因为腹甲较平整，便于施凿、钻与刻辞，卜骨绝大多数都为牛肩胛骨。

5. 具有一定的原始性。甲骨文中常出现一字异形、异字同形与合文的情况，字的结构不太固定，笔画或多或少。

（二）学术价值

1. 为研究商周历史提供了新的材料。甲骨文证明了《史记·殷本纪》可信，使商代历史成为信史，西周甲骨更是周初历史活动的"大事记"，记载了周初不少重大历史事件。甲骨文可与传世文献互证或纠正其错漏，也为研究商周历史和古文明探源提供了珍贵的第一手史料。

2. 开辟了古文字研究的新天地。①中国汉字是自甲骨文、金文、篆文、隶书、楷书一脉相承发展下来的，研究甲骨文有助于研究文字的起源。②甲骨文对研究古代少数民族文字也有一定作用。比如西夏文字共6000多字，其中会意和形声字分别类似于甲骨文中的会意字和形声字，明显受到了甲骨文的影响。

3. 促成中国现代考古学学科的诞生。殷墟甲骨被发现后，由于私人盗掘猖狂，1928年，中央研究院历史语言研究所成立，紧急进行殷墟考古发掘，现代考古学学科在中国诞生。

4. 促进了对我国古代科学技术史的研究。甲骨文中有较丰富的有关天象、农业生产技术、历法、疾病等方面的资料，研究自然科学史的学者都要从中寻找资料或汲取甲骨文研究的成果。

总之，甲骨文在汉字的发展史中具有重要地位，也有力地证明了我国古代历史文化的悠久，生动地记载了当时社会生产、阶级斗争等各方面的情况，有着重要的学术价值。

参考资料

1. 张珊：《殷墟甲骨档案的历史价值评述》，《科技资讯》，2017年第2期。
2. 崔波：《论甲骨文的文献学价值》，《图书与情报》，2007年第4期。
3. 张草：《甲骨文与金文的特点分析》，《时代青年》，2015年第3期。
4. 黄天树：《甲骨文的发现及其意义》，《中国书法》，2019年第23期。
5. 陈炜湛，唐钰明：《古文字学纲要》，中山大学出版社，2009年。
6. 刘一曼：《商代考古与甲骨学》，中国社会科学出版社，2023年。

第三节 西周的盛衰

题目1 简述武王伐纣

相关真题 2002年南京大学

武王伐纣指的是商代末年周武王带领联军推翻商纣王统治的历史事件，以下简述其背景、过程和结果。

（一）背景

1. 商纣王统治残暴，激化了社会矛盾。①商代到了商纣王统治时期已日渐衰败，对内削弱贵族权力之举遭到强烈反对，许多人叛逃他处。②商纣王统治暴虐，诛杀和废逐比干、箕子、商容等贤臣，还设置了炮烙之刑。③大修离宫别馆，加强对民众的搜刮，激起人民反抗。

2. 周部落实力不断增强，且欲取商而代之。①周部落在古公亶父与季历等先祖的治理下已成为一个实力较强的部落。②殷商与周部落之间的摩擦日渐频繁，商纣王一度囚禁姬昌并试图杀害他。③姬昌回到周部落后，对内积极发展生产，对外吞并犬戎等小国，做好了取代殷商的准备。

（二）过程

1. 孟津之会。周武王姬发在其父姬昌死后，积极做灭商准备，到公元前1048年，姬发想要率领军队讨伐纣王，在军队向东出发到达孟津（今河南省洛阳市孟津区东）的时候，八百多位诸侯没有互相约定也率军到来，武王便趁机让在孟津的各路军队进行阅兵。武王后来考虑到灭商时机尚未成熟，就率师回周了，但这次灭商预演却极大增强了其灭商的信心。

2. 牧野之战。公元前1046年正月，周武王姬发率军东征，除周师主力军外，许多方国和部落人员前来助阵。军队于二月到达商都朝歌郊外的牧野，并举行誓师。周师到达牧野后，纣王发兵抵御，但商军军心涣散，无力抵御。在联军强大威慑下，商军丢盔弃甲、临阵倒戈。之后，商纣王帝辛登上鹿台自焚而死。至此，商朝灭亡。

（三）结果

周武王攻克殷都，又分兵各地，基本控制了商王朝统治的主要地区。后班师镐京，正式建立了周王朝。

武王伐纣是完成商周鼎革的重大历史事件。周武王伐纣成功之后，建立了统治长达800年的周朝，对我国历史产生了深远影响。

参考资料

1. 张怀通：《武王伐纣史实补考》，《中国史研究》，2010年第4期。

题目2 论述周公的历史功绩

相关真题 2022年山东大学；2019年天津师范大学；2019年陕西师范大学；2016年东北师范大学；2016年东北师范大学；2014年南京大学；2006年南京大学

周公，姓姬名旦，周文王之四子，周武王之弟。因初封于周（今陕西岐山），史称周公。武王克定天下后不久去世，由于成王诵年幼，周公奉诏辅政。周公对内平三监之乱、实行分封宗法等制度，为维护统治做出了很大的贡献。

（一）政治

1. 实行分封制。周公东征胜利后大规模推行分封，分封对象主要是同姓王室、异姓功臣、古帝王后裔和亡国后裔，此举既在前期拱卫了周王室，也扩大了西周的疆域。

2. 实行宗法制。宗法制以血缘关系为纽带，确定了同姓贵族的亲疏、等级、分封和世袭关系，保证了嫡长子继承制，解决了统治阶级内部诸子、诸弟的继承权争端，与分封制互为表里。

（二）军事

1. 周公东征。武王克殷后不久病逝，其子成王诵年幼，由周公辅政，引起以管叔、蔡叔、霍叔为代表的武王诸弟们的不满，纣王之子武庚见有机可乘便拉拢管叔、蔡叔、霍叔，联合东方等国发动叛乱，史称"三监之乱"。周公率军二次东征，诛灭武庚，杀死管叔，流放蔡叔，废黜霍叔，消灭了叛乱的主要势力，又经三年苦战，相继平定东方诸国。

2. 营建东都。周公东征后，为了加强对东方的控制，在伊洛地区营建东都成周，周公还把旧殷顽民迁移于此加以控制，并设殷八师保卫成周，从而镇抚东方。

（三）思想文化

1. 提出"敬天保民"思想。在商代夏和周代商的现实下，周公提出了"顺乎天而应乎人"的天命观，反映出敬天保民的思想，改变了殷商一味敬畏天的做法。这就要求统治者加强自我克制，促使统治阶级重视保民、行德政。周公的这些思想推动西周走向德治，有利于政权的长治久安。

2. 制定礼乐制度。西周初期在周公主持下制定了周礼，主要有吉、凶、军、宾、嘉五礼，即有关祭祀、丧葬、军旅、朝觐盟会和婚冠喜庆的各种典礼仪式。同时，配合这些仪式，还有相应的舞乐。制礼以明尊卑次序，作乐以感化教民。

综上，周公是伟大的政治家、思想家、军事家，不仅在翦商的过程中做出了卓越的贡献，而且采取了一系列政治措施，巩固和发展周朝统治，对中国历史的发展产生了深远的影响。

参考资料

1. 刘少敏：《评周公姬旦的历史地位》，《文博》，1993年第6期。
2. 杨善群：《坚持运用改革手段推动社会进步——论周公的历史功绩》，《史林》，1997年第3期。

题目3 论述西周王朝的边疆经略 醒吾历史统考预测题

周王朝建立后，通过分封诸侯、族群联姻、军事征伐等多重手段进一步扩大了西周的边疆统治。

（一）分封诸侯以稳定边疆

西周通过分封制度，将王室成员、功臣分封到边疆地区，建立诸侯国，以此方式稳定边疆。比如周武王封弟弟周公旦于鲁，成为鲁国国君，使边疆地区有忠于周王室的统治力量，加强中央对边疆的控制。

（二）建立都城，稳定旧殷

周王朝在旧商的洛邑建立了"成周"都城，将其作为东方的政治和军事中心，对殷商遗民进行严格监管，确保了东方疆域的稳定。此外，周朝通过分封王室成员和功臣于旧殷的关键地点，同时将殷王室后裔封于宋地，以削弱东方的反抗力量，这些举措有效地巩固了周朝对东方疆域的控制。

（三）发展边疆经济，稳定边疆统治

在周王朝的支持下，诸侯国如齐、晋通过开发边疆荒地，建立了稳定的粮食生产基地，促进了人口的稳定和增长。

（四）加强军事防御和巡视，进行对外扩张

为了保护边疆安全，西周王朝加强了边疆地区的军事建设，设置了边防，并定期进行边疆巡视。如周穆王时期，对西方的羌族进行征讨，并巡视至昆仑之境，展示了对边疆地区的军事控制和威慑。周昭王时期，国力强盛，开始向南扩张，击败了楚蛮部落，稳定了南部局势。而继任者周穆王则通过征服东南各方国和部落，扩大了周朝的影响力。

（五）采取联姻策略巩固边疆关系

西周通过与边疆民族的联姻，巩固了与边疆地区的关系，实现了政治上的稳定。如周文王与西北地区的西羌联姻，周王室与申侯和大骆等大族联姻等，增强了西周的实力，有效地控制了西北边疆。

（六）实行文化同化政策

周公制礼作乐，这些礼乐制度不仅在中原地区推广，在被分封的边疆诸侯国中也得到了实施，促进了文化的统一和边疆地区文化与中原文化的融合。

综上，西周王朝的边疆经略以其独特的方式成功维持了边疆的稳定和发展，最终使西周疆域东到山东半岛，西达今甘肃天水、灵台，北起燕山、南至长江，确保了边疆的安定和对周王室的拱卫。

参考资料

1. 朱绍侯：《中国古代史教程》，河南大学出版社，2010年。
2. 张星德，张瑞强：《西周对西北边疆的统御与多族群融合》，《云南社会科学》，2023年第6期。

题目4 试论西周政治制度的基本内容、特点及意义

相关真题 2020年上海大学；2018年陕西师范大学；2018年扬州大学；2015年中国社会科学院大学；2015年云南大学；2014年黑龙江大学

西周的政治制度较夏商更加成熟，在制度建设上集三代之大成，同时又具有与后世明显不同的特色。以下从三个方面来分析。

（一）基本内容

1. 宗法制。①实行嫡长子继承制，在天子、诸侯、卿大夫到士的等级序列里，各等级的嫡长子继承父位，余子受封为下一级。②宗族内的大宗可以命令和约束小宗，尤其在宗庙祭祀中大宗地位特殊，但二者又是相对的，如同姓诸侯相对于周天子是小宗，但在本国内又是一国之大宗。从天子到士，以此类推形成层层相属的宗法关系。③宗法制只适用于同姓贵族之间，与异姓贵族之间的关系则以婚姻为纽带联结起来。

2. 分封制。①分封制始于武王克商之后，周公东征胜利后又推行了大分封。②主要分封对象是同姓王室（如晋、燕、鲁）、异姓功臣（如齐国）、古帝王后裔（如蓟、陈）、亡国后裔（如宋国）。③被分封的诸侯有设置官员、建立武装、征派赋役、再分封的权利，同时具有服从天子、镇守疆土、随从作战、缴纳贡赋、朝觐述职等方面的义务。

3. 礼乐制。周公主持制定了吉、凶、军、宾、嘉五礼，规定了各等级祭祀、丧葬、军旅、朝觐盟会和婚冠喜庆的礼仪。配合这些典礼仪式，还制定了相应的舞乐规格。

4. 国野制。①国是指国都，在国都的居民称作"国人"，主要是指各级贵族及其疏远的宗族成员，其有参与议论国事的权利和战时当兵作战的义务；②野是指国都四郊以外的地区，在此居住的居民称为"野人"，其是被征服的土著阶层，需要从事农业生产，是贵族的剥削对象。

5. 其他政治制度。①官制。周王以下有太师、太保、太傅，称为三公，辅佐天子，总理政务。三公以下设六卿。各级官员由世卿世禄的贵族担任。②军队。周王军队主要有虎贲、周六师、殷八师三支，虎贲是周王的禁卫军，周六师用于宿卫宗周所在的西土地区，又称"西六师"，殷八师用于震慑东方诸侯，又称"成周八师"。③刑法。在量刑上主要有墨、劓、刖、宫、大辟这五种，刑罚主要用于惩治平民和奴隶。

（二）特点

1. 天子权威至高无上。西周的宗法制和分封制互为表里，使得周天子实现了宗统和君统的合一。周天子既是天下的大宗，也是全国最高的政治领袖。

2. 具有贵族政治的色彩。贵族拥有采邑和自己的私人武装，爵位与官职之间没有明显区分，西周官职多由世卿世禄的贵族担任。

3. 以血缘为纽带的家国同构。西周的家庭、家族和国家均以血缘-宗法关系来统领，父为家君，君为国父，西周通过实行宗法制和分封制，使得国家结构宛如一个庞大的家族系统。

（三）意义

1. 维护周朝的统治。西周通过一系列制度的确立巩固了贵族政体，维护了周天子的统治。

2. 形成了注重血缘和家庭的传统。重视血缘关系的宗法观念增强了家族的凝聚力，也推动形成尊祖敬宗、重视家庭建设的良好传统，有利于社会安定。

3. 西周的官制为后世提供借鉴。西周的三公成为秦汉时期三公制的基础，六官也成为隋唐以来六部形成的重要

来源。

西周实行的政治制度构建了西周的贵族政治，在一定程度上推动了历史的进步，但也为春秋战国时期的分裂埋下了隐患。

参考资料

1. 董恩林：《论周代分封制和国家统一》，《华中师范大学学报》，1998年第5期。
2. 张帆：《中国古代简史》，北京大学出版社，2001年。
3. 樊树志：《国史十六讲》，中华书局，2009年。

题目5 简述西周宗法制度

相关真题　2023年湖南科技大学；2022年苏州大学；2021年哈尔滨师范大学；2020年上海大学；2018年陕西师范大学

西周时期，宗法制度被确立为基本政治制度之一，与分封制互为表里，维护西周政权的稳固与统一。

（一）原因

西周吸取殷商前中期王位继承混乱以至宗室子弟争相代立的教训，继承了晚商的嫡长子继承制，以保证王权的稳定，解决贵族间在权力、财产和土地继承上的矛盾，从而巩固西周统治秩序。

（二）内容

1. 嫡长子继承制。这是西周宗法制的核心内容，规定王位及其他爵位由嫡长子继承。遵循立嫡以长不以贤，立子以贵不以长的原则。天子的嫡长子继承王位，余子分封为诸侯，诸侯的嫡长子继承爵位，余子分封为卿大夫，卿大夫的嫡长子继承其位，余子分封为士。嫡长子与分封下去的余子在血缘上是兄弟关系，在政治上是君臣关系。

2. 大宗和小宗。在同一宗族内由嫡长子继承的族系就是大宗，宗子是大宗的嫡长子，小宗是其他儿子建立的族系。大宗和宗子在宗族中地位尊崇，可以命令和约束小宗，尤其在宗庙祭祀中地位特殊。大宗和小宗是相对的，如周天子是天下的大宗，是政治上的最高领袖，同姓诸侯相对于天子是小宗，但在本国内又是一国之大宗，从天子到士，以此类推形成层层相属的宗法关系。

3. 祖先崇拜。由于分封制与宗法制关系密切地联系在一起，各级贵族十分重视遵奉他们共同的祖先，树立牢固的"尊祖""敬宗"观念。天子宗庙为全国规模最大、地位最高的祭祀祖先的场所，称为太庙。各级贵族则根据自己的阶级地位按规定祭祀各自祖先。

（三）影响

1. 嫡长子继承制避免了贵族间对财产和权力的争夺，促进了政权的平稳过渡。

2. 奠定了父权家长制的基本格局，即在世系排列上完全排斥女性成员，并规定女性没有政治权利和财产继承权，突出表现为"父权统治，男尊女卑"。

3. 宗法制度下宗族通过祠堂、家谱、族权等对基层社会和普通民众进行管理，与政府权力互相配合维护社会的稳定。

4. 宗法制下忠和孝逐渐发展为中国的道德本位和伦理本位。此外，宗法制仍然深刻影响着现代中国人的精神世界，尊老爱幼等观念依然受到推崇和流行。

总之，宗法制是西周政权建设的重要支柱之一，历代王朝也长期利用这一制度以巩固政权、族权、神权和夫权。

参考资料

1. 朱绍侯：《中国古代史》（第五版），福建人民出版社，2010年。
2. 朱绍侯：《中国古代史教程》，河南大学出版社，2010年。
3. 晁福林：《中国古代史》，北京师范大学出版社，2016年。

题目6 论述周代的分封制

相关真题 2022年渤海大学；2020年上海大学；2020年陕西师范大学；2020年东北师范大学；2018年兰州大学；2017年吉林大学；2016年天津师范大学；2016年苏州大学；2015年黑龙江大学；2014年西北师范大学；2014年东北师范大学

西周在稳固全国局势后采取了一系列措施以巩固统治，尤以分封诸侯为重，按照血缘亲疏的原则分封诸侯以达到"以藩屏周"的目的。

（一）原因

1. 控制东方众民的需要。东方的殷商势力在西周建立后并没有被完全铲除，西周想要长久统治商人，只能采取怀柔的政策，把亲近的功臣分批送往东方。

2. 达到"以藩屏周"的目的。周灭商后，周从西部小邦变成了一个地域广大的国家，周边少数民族成为周王室的心头大患，将得力大臣分封到北狄、东夷、淮夷附近以设立军事缓冲区，拱卫周王室。

3. 巩固贵族统治的需要。分封制的实行有利于维护自西周建国后贵族的利益，加强周王室与各贵族之间的关系，进而巩固和维护西周的贵族政治。

（二）内容

1. 分封的对象。主要分封对象是同姓王室（如晋、燕、鲁）、异姓功臣（如齐国）、古帝王后裔（如蓟、陈）、亡国后裔（如宋国），一共分封71国，其中姬姓之国有53个。

2. 双方的权力和义务

周天子的权力和义务。①权力。政治上，周天子掌握着全国最高行政权和族权，既治理国家又掌管祭祀；有权对诸侯进行任命、征召、处决，有权任命诸侯国的官吏，有权巡视诸侯国。经济上，周天子有权将土地和依附在土地上的人民分封给新旧诸侯。②义务。解决诸侯国内部纠纷，保护其不受外来侵犯。

诸侯的权力与义务。①权力。政治上，诸侯在封地内即为最高统治者，拥有行政权及军事征伐权。诸侯国内仿照周王室的体制，建立地方性的政权机构，设置军队和监狱，但组织规模和地位要受周礼的限制。经济上，诸侯通过册命仪式获得土地和民众，世代相承，成为所受封地的实际占有者；在诸侯国内，诸侯为大宗，可以将本封地的土地和民众封赐给卿大夫。诸侯掌握独立财政权，除诸侯国财政收入的四分之一要交于周王室外，封地内的一切收入与支出均由各诸侯国负责。②义务。诸侯对周天子有捍卫王室、镇守疆土、缴纳贡赋、朝觐述职、奉命征伐等义务。

（三）意义和弊端

1. 意义。①通过层层分封，周王朝形成一个以同姓贵族为主体、联合异姓贵族遍布全国的统治网，保证了周天子天下共主、至高无上的统治地位，维护了国家的统一。②诸侯不断开疆拓土，促进了不同地区和民族的交流与交融。

2. 弊端。由于诸侯有着较强的独立性和政治军事权力，对于周王室的离心力会加深，后期日益坐大，无视周王室权威，发展为春秋时期的各国争霸局面。

总而言之，分封制起到了保证周天子统治地位，维护国家统一，促进民族交融的积极作用，但因诸侯权力较大，处于半独立状态，因而最终演变为分裂割据势力。

参考资料

1. 董恩林：《论周代分封制和国家统一》，《华中师范大学学报》，1998年第5期。
2. 孟明：《西周财政运作研究》，华东师范大学2021年硕士学位论文。

题目7 简述西周的礼乐制度

相关真题 2021年西南民族大学；2015年湖北大学

周公东征后为了维护统治，主持制定了礼乐制度。它与分封制、宗法制、井田制共同成为支撑周王朝的四大制度。

（一）原因

1. 在文化传承方面，西周礼乐文化是经过了中国早期的巫术和宗教文化发展以后逐渐出现的，当时被作为人与神灵沟通的祭祀仪式中的行为规范，带有强烈的宗教神学意味。

2. 维护统治的需要。周公平定"三监之乱"后，为适应新的政治形势，需要一整套新的更为详尽的道德、法律制度，作为统治阶级内部各级贵族间处理相互关系的行为规范，于是礼乐制度应运而生。

3. 西周的统治者吸取了商朝灭亡的教训，反对"淫乐"，于是选择乐舞作为维护统治的工具。

（二）内容

1. 礼。"礼"是宗法制度和等级制度相互结合的礼仪，西周有五礼，分为"吉、凶、宾、军、嘉"，即有关祭祀、丧葬、军旅、朝觐盟会和婚冠喜庆等各种典礼仪式。

2. 乐。①"乐"就是音乐，包括乐队、乐舞的编制，乐曲、乐舞的使用。西周的宫廷音乐分为用于祭祀、典礼等正规场合的雅乐和供欣赏、娱乐的燕乐。②周王、诸侯、卿大夫、士的乐制各有不同，庶人没有享受乐的权利。

3. 二者关系。"乐"从属于"礼"的思想和制度，即礼是乐的内容，乐是礼的表现，是上层社会的重要统治手段。礼乐制度就是把上层社会的人分为许多等级，再依其等级地位不同，严格规定各项具体的礼、乐活动。

（三）影响

1. 保障了周王朝长期而稳定的统治。礼乐制度广泛地应用于政治和社会的各个方面，促使人们明尊卑、别上下，维护了贵族的世袭制、等级制，塑造了西周的礼乐文明。

2. 奠定了中国传统音乐发展的基础。钟鼓之乐始自西周，此后音乐不断发展，最终形成宫商角徵羽的音律形式。

3. 助推儒家思想的形成。孔子在文化上继承了周公的制礼作乐，提出仁政思想和礼治的治国原则。

综上，礼乐制度是支撑周王朝的四大制度之一，是周代文化的集中体现，对中国几千年来的传统文化影响深远。

参考资料

1. 朱绍侯：《中国古代史》（第五版），福建人民出版社，2010年。

第四节　西周的经济与文化

题目1　论述殷周政治文化变革

相关真题　2019年陕西师范大学；2018年北京大学

王国维先生在《殷周制度论》中指出，"中国政治与文化之变革，莫剧于殷周之际"。以下详论殷周变革的原因、表现与影响。

（一）原因

1. 商朝灭亡给了西周深刻教训。周人十分重视商朝灭亡的教训，并对商朝灭亡的原因进行归纳。周人在吸取这些教训的基础之上对商朝的制度进行变革，以达到维护周朝统治的目的。

2. 商周之间存在文化差异。商族源自当时中国的东部，而周族则来自当时中国的西部，这使得商周之间存在文化上的差异。

3. 周人原有文化传统。周人的民族性格里有着坚韧与自强不息，以及不避跋涉迁徙，善与他族相处的优点，如公刘迁豳、古公亶父迁岐等。西周建立后能通过分封诸侯统治地方。

（二）表现

1. 政治制度。

①从兄终弟及到固定的嫡长子继承制。商朝王位继承以兄终弟及为主，辅以父死子继之法，导致王朝内部斗争

和王位继承混乱，周朝为了解决这一弊端，严格实行嫡长子继承制。

②从商到周，分封制不断完善。商朝实行内外服制，外服由方国控制，商朝不能有效控制方国。周朝实行分封制，把同姓贵族分封在各地，加强对地方的控制。

③相比商朝，西周实行宗法制强化了与地方的血缘联系。商朝中央与方国之间的血缘关系薄弱。周朝宗法制的核心是嫡长子继承制，嫡长子继承宗主地位，分封别子统治地方。

④从商朝的重视嫡庶之别到周朝严格实行丧服制。商朝末期虽已重视嫡庶之别，但没有产生以血缘为基础的丧服制。周朝实行丧服制，亲属与死者血缘关系的亲疏远近适用不同的丧礼规定。

⑤从名分未定到天子诸侯与君臣名分制度。商朝与方国之间的君臣关系不严格，方国也称王，商王只是被视为天下共主。周初对同姓贵族、功臣等进行分封，明确诸侯的义务，周天子是真正的天下之主。

⑥从"遍祀先公先王"到实行庙数制度。商朝的宗族祭祀尚不严格，从帝喾到先公先王都有专祭，没有区分亲疏远近。西周则由于宗法制的完备，在祭祀上实行庙数之制，不同等级祭祀不同。

⑦从同姓可以通婚到同姓不婚之制。商朝时，女子不称姓，在没有明确的血缘宗法制度下，出现了六代以后同姓或可通婚情况。而周朝出于加强统治的需要，对男女之别十分重视，开创了男子称氏，女子称姓的局面，并禁止同姓结婚，逐渐形成同姓不婚的制度。

2. 文化思想。

①从商代的神本文化到周代的人文主义。商朝文化是较为原始的神秘主义宗教文化，而西周文化则凸显出人文精神，朝着理性化和伦理道德本位的方向发展，如从商朝的宗天尚鬼变为西周的敬德保民。

②相较商朝，周朝出现成熟的历史观念。虽然中国早在殷商时期就有了文字记录，但是这些文字主要是为了祭祀时与鬼神沟通，而非用于后人流传的历史记载。直到西周晚期，中国文明才发展出较成熟的历史意识，开始真正自觉地记录历史。

（三）影响

1. 为后世政权建设提供模板和借鉴。如汉初刘邦借鉴分封制，分封刘姓子弟来巩固统治。

2. 促进了宗教伦理与政治制度的合一。西周将分封制和宗法制相结合，加强了统治阶级内部成员的联系，并且教化人民严守尊卑等级观念，稳定西周统治。

3. 促进了民本思想的产生。殷周之变，让周公等人意识到民心对于政权稳固的重要作用，产生了敬天保民和明德慎罚的民本思想。

综上，商周之际的深刻社会历史变革，对后世有着重要影响。

参考资料

1. 周书灿：《〈殷周制度论〉新论——学术史视野下的再考察》，《清华大学学报》，2012年第5期。
2. 郭沂：《从西周德论系统看殷周之变》，《中国社会科学》，2020年第12期。

题目2 叙述夏商周三代青铜器的政治文化内涵

相关真题 2015年天津师范大学

张光直先生认为，中国青铜时代大体上指的便是夏商周三代，青铜器是贯穿三代政治文化的核心内容，内涵丰富。

（一）政治内涵

1. 中央王朝权威的象征。传说大禹或者其子启下令铸造了九件青铜鼎作为祭祀礼器，青铜鼎在夏商周三代作为国家政权象征而传承。

2. 政治和军事大权的标志。如青铜器中的钺从原来单纯的兵器，演变成为一种拥有政治和军事大权的标志。有研究者指出，殷墟甲骨文和金文中的"王"字的字形就像是大斧钺，以斧钺来作为军事统帅权即王权的象征。

3. 显示自身王朝的特殊性。夏、商、周王朝各自有一些表明自己不同于其他王朝的特殊的青铜器类，如《礼记·明堂位》记载盛装食物礼器的差异时说：有虞氏使用两敦，夏朝使用四琏，殷商使用六瑚，周朝使用八簋。

4. 区分贵族等级的标志。在三代时期的祭祀、宴享和交往活动中，对青铜器的使用形成了比较严格的等级规范，以区分上下级贵族界限，防止僭越等行为危害统治。

（二）文化内涵

1. 三代青铜器体现了礼制。古代的青铜器不仅仅是实用器，更是礼器。周代存在着一套严格的葬器使用等级制度，以用鼎为核心，如天子九鼎，诸侯七鼎，大夫用五鼎、士用三鼎的用鼎制度。

2. 青铜铭文具有珍贵的史料价值。其中记载的关于战争、祭祀、诸侯觐见的活动为我们了解这一时期的历史提供了一手资料。

3. 青铜器的铭文和纹饰具有极高的文化价值和艺术价值。如商代铜器四祀邲其卣上有铭文，青铜器纹饰主要有云雷纹、饕餮纹、虎纹等，复杂的各种纹饰体现着独特的文化发展风貌，从艺术角度出发也有着极高的价值。

综上所述，中国古代青铜器是中国古代文明的重要标志，不仅反映了中国政治制度中的"礼制"，还见证了历史的进程，记载了人类文明的进步。

参考资料

1. 袁行霈，严文明：《中华文明史》第1卷，北京大学出版社，2006年。
2. 陈双新：《商周青铜器的发展与宗法礼制的变迁》，《安徽教育学院学报》，1998年第2期。

第三章 春秋战国

第一节 春秋五霸和战国七雄

题目1 论述春秋争霸的背景、过程和影响

相关真题 2023年历史学统考；2024年扬州大学；2023年东南大学；2023年东华大学；2021年吉林大学；2019年南京大学；2017年北京师范大学

春秋时期有五位诸侯先后争霸，史称"春秋五霸"。（一说齐桓公、晋文公、楚庄王、宋襄公、秦穆公；一说齐桓公、晋文公、楚庄王、吴王阖闾、越王勾践）

（一）背景

1. 周王室衰微，诸侯国崛起。西周时期，各诸侯国还能承担各自义务，互相之间基本相安无事。但进入春秋时期，王室衰微，大的诸侯国逐渐崛起。

2. 宗法衰弱，礼崩乐坏。周天子天下共主的地位主要靠宗法制来维护，随着诸侯与周天子的血缘关系逐渐疏远，各诸侯的尊主观念不断减弱，甚至出现诸侯僭越的情况。

（二）过程

1. 齐国首霸。

春秋初期，齐桓公任用管仲为相进行改革，齐国得以强大。齐桓公打着"尊王攘夷"的旗号对抗袭扰中原的楚和戎狄，齐国实力不断增强。在公元前651年的葵丘之盟上，周襄王遣使祝贺，正式确立了齐桓公的霸主地位，齐桓公成为春秋首霸。

2. 晋楚争霸。

①宋襄公争霸。齐国霸业在齐桓公死后很快瓦解，其余诸侯相继图谋霸主地位。公元前638年，宋国与楚国进行泓水之战，最终宋襄公败北，宋国从此退出争霸。

②秦穆公争霸。位于西部的秦国在秦穆公时期不断强大，进行争霸战争。公元前627年，秦国与晋国进行崤之战，秦国战败，不再东进，转而将重点放于西部，最终秦独霸西戎。

③晋文公称霸。在晋文公的治理下晋国不断强大，与此同时，楚国不断北上威胁中原各国。公元前632年，晋楚两国爆发城濮之战，楚国败北，晋文公召开践土之盟，周襄王遣使祝贺，正式确立了晋文公的霸主地位。

④楚庄王称霸。公元前606年，楚庄王伐陆浑之戎，问鼎中原，公元前597年在邲之战中最终战胜晋国，饮马黄河，实现称霸。

3. 晋楚相持。

春秋中后期，晋楚之间的争霸战争进入相持阶段，中原各国尤其是宋国作为四战之地，难以忍受长期战争的困扰，遂由宋国大夫华元和向戌先后发起两次弭兵之会，最终确立了晋楚共为霸主的地位。

4. 吴越争霸。

①春秋后期，中原各国相继衰弱，而位于东南的吴越两国却相继崛起。吴王阖闾在孙武、伍子胥等人辅佐下，吴国日益强盛，最终攻破楚国郢都。吴王夫差时期，吴国又与齐国、晋国争霸，终成霸主。

②越国曾被吴国打败，但越王勾践卧薪尝胆，经过十年积淀，越国重新强大，最终于公元前473年灭吴国，成为霸主。

（三）影响

1. 加速了中国统一的步伐。经过几百年的争霸战争，实现了局部统一，为中国最后的统一打下了坚实的基础。

2. 加深了民族认同，促进了民族交融。在几百年的争霸战争中，中原各国往往以"尊王攘夷"为口号来与其他民族作战，使汉民族的认同感不断提升，加快了民族交融。

3. 加快了新旧制度的更迭。春秋争霸时期，各国力行改革，一大批封建地主逐渐登上历史舞台，拉开了战国时

代的序幕。

4. 掀起了百家争鸣的热潮。士人阶层针砭时弊，对社会问题提出了自己的见解，逐渐形成了各流派。各诸侯为取得战争胜利，纷纷起用士，为春秋战国时期我国思想文化的繁荣提供了坚实的保障。

春秋争霸时期新旧制度更迭、新兴阶级登上历史舞台。虽然这一时期战乱不断，但是思想文化却十分繁荣，为新时代的到来开辟了道路。

参考资料

1. 朱绍侯：《中国古代史》（第五版），福建人民出版社，2010年。
2. 朱绍侯：《中国古代史教程》，河南大学出版社，2010年。
3. 晁福林：《中国古代史》，北京师范大学出版社，2016年。

题目2 简述弭兵之会的背景、过程和影响

相关真题 2014年河北师范大学

弭兵之会，指的是晋楚争霸时期两次重要的外交事件，也是春秋后期晋楚两国停止互相征伐、平分霸权的会盟。

（一）背景

1. 晋楚两国长期争霸，小国苦不堪言。①鄢之战后晋楚两国长期争霸，皆已筋疲力尽。且晋楚两国都面临危机：晋国面临国内六卿的争权内斗情况；楚国则限制于吴国，不敢北进。②小国渴望和平。夹在两国之间的宋、郑等小国饱受战争的摧残，苦不堪言，于是出现了由宋国主持的两次会盟。

2. 宋国有调停能力且积极进行调停。两次弭兵时期的宋国执政者都与晋楚两国的重臣交好，同时也有意在两国之间调停，这为促成弭兵之会创造了有利条件。

（二）过程

1. 第一次会盟。①时间。公元前579年，宋国的华元约晋、楚两国在宋会面。②约定内容。彼此之间互不交兵、互通聘使、互救灾难，共同讨伐不听命的国家。③结果。双方同意停战，但在第一次会盟后的第三年，楚国率先撕毁条约，攻打郑国，第一次弭兵之会失败。

2. 第二次会盟。①时间。公元前546年，宋国的向戌邀请晋、楚两国，同时还邀请齐、秦、卫、郑、鲁等14国。②约定内容。会议确定了晋、楚两国同为霸主的地位，除齐、秦两个大国以外，其他小国必须同时向晋、楚缴纳贡赋。③结果。此后40多年中，中原战争有所减少。

（三）影响

1. 积极影响。①弭兵之会起到了促进和平、安定人民生活、促进经济恢复的作用。②创造了社会生产力发展所需要的安定环境，促进了生产力的发展。

2. 消极影响。虽然第二次弭兵之会带来了几十年的和平局面，但这种和平是建立在牺牲小国基础上的，严重损害了小国的利益，且并没有解决晋楚两国间的本质矛盾，为日后大国争霸的延续埋下了隐患。

总之，弭兵之会对春秋时期的变局产生了巨大影响，推动春秋历史进程。弭兵之会的成功也体现出宋国作为小国在春秋政治舞台上扮演着重要的角色，是宋国外交的重大胜利。

参考资料

1. 李万军：《春秋时期两次"弭兵"之比较》，《哈尔滨师范大学学报》，2017年第3期。

第二节 春秋战国的社会经济发展与社会变动

题目1 论述春秋战国时期土地制度的变革

相关真题 2016年陕西师范大学；2014年陕西师范大学；2013年陕西师范大学

春秋以来，随着生产力的不断进步，土地制度随之发生重大变革。作为奴隶制经济基础的井田制逐渐瓦解，封

建土地私有制逐渐产生发展,并最终确立。

(一) 背景

1. 生产力的发展。春秋时期,铁农具与牛耕的使用提高了农业生产率,农业生产从播种到收获的技术也得到提高,公社农民得以开辟更多本不在征收赋税范围内的私田。

2. 新兴地主阶级的推动作用。新兴地主阶级登上政治舞台,积极推动土地制度改革,如秦国秦孝公任命商鞅主持变法,确定土地私有制。

3. "普天之下,莫非王土"的局面不复存在。周天子对土地的最高支配权逐渐丧失,诸侯争霸夺城征地,土地王有的概念已失效。

(二) 过程

1. 井田制度的瓦解。西周末年,井田制就已遭到破坏,春秋后瓦解加速。在"井田"上耕作的主要劳动者大量逃亡,"田里不鬻"的格局也被打破,土地交换相当普遍,土地买卖也随之出现,井田制难以为继。

2. 私有土地的出现与发展。随着生产力发展,个体耕作逐渐代替协作耕作,小生产者纷纷"不肯尽力于公田"。同时,一些贵族也纷纷驱使奴隶开垦荒地,私田的开垦在春秋时期成为热潮。

3. 各国的土地赋税改革。

①春秋时期,随着井田制的瓦解和土地私有制的发展,各国逐步改革赋税制度。齐国管仲改革实行"相地而衰征",根据土地肥沃程度征收赋税,实际上承认土地私有。晋国"作爰田",把土地分给人民,终止井田制的"三年一换土易居"的土地定期分配制度,承认劳动者对土地的所有权。鲁国"初税亩",不分公田私田,一律履亩而税,承认私有土地的合法性,井田制下共耕公田的局面被彻底打破。

②战国时期,李悝在魏国实行变法,推行"尽地力之教",充分挖掘土地潜力,提高农作物产量,增加封建政权的田租收入。商鞅变法以法令形式废除了井田制,把土地授给农民,允许买卖,从法律上维护了封建土地私有制,有利于地主经济的发展。

(三) 影响

1. 在经济上,产生了新的经济方式、生产关系和阶级关系。①男耕女织的小家庭经济模式不断发展,成为封建国家的经济基础。②同时地主阶级兼并土地,促使越来越多的人成为依附农,租佃关系和地主田庄生产方式也不断发展,地主阶级和农民阶级的矛盾成为社会的主要矛盾,地主阶级成为社会的统治阶级。

2. 在政治上,促进了奴隶制度的瓦解和封建制度的建立。封建土地私有制的不断发展推动了各国的政治变革,如李悝变法、商鞅变法等,封建制度逐渐在各国确立起来。

综上,春秋战国时期国家开始承认土地私有,这样的变化有利于提高社会生产力,但也为后来的土地兼并和诸侯争霸埋下隐患。

参考资料

1. 唐杏来:《春秋战国土地制度研究的若干问题》,辽宁师范大学2001年硕士学位论文。
2. 李娟:《西周至春秋战国时期土地所有制关系的历史嬗变》,《福建师范大学学报》,2013第3期。
3. 余敏声:《春秋时期土地制度的演变》,《社会科学战线》,1987年第2期。
4. 李天石,王建成:《中国古代史教程》,南京师范大学出版社,2011年。

第三节 春秋战国的改革与变法

题目1 简述李悝变法的内容及其影响

相关真题 2022年中国社会科学院大学;2018天津师范大学;2014年河北大学;2014年河南师范大学

进入战国时期,各国纷纷开展社会改革,掀起变法运动,其中最早的便是李悝变法。

（一）背景

1. 三家分晋后，魏国新政权的掌权者力图巩固政权而要求变法图强。魏国虽然实现了封建夺权，但旧制度没有被彻底摧毁，奴隶主贵族势力十分顽固，为了巩固新兴地主阶级的政权，魏文侯积极进取，力图革新。

2. 魏文侯任用法家代表李悝为相。李悝是重农主义的开山之祖，强调农业的重要性。作为法家代表，李悝重法轻礼，反对保守的复古思想，锐意改革，他的变法思想切中魏国时弊，得到了魏文侯的赏识。

（二）内容

1. 政治。废除世卿世禄制，李悝以"食有劳而禄有功"为原则，根据功劳与能力选拔官吏，剥夺无功贵族的爵位，使地主阶级的代表得以跻身政界与奴隶主贵族争权。

2. 经济。①推行尽地力之教，即充分挖掘土地潜力，提高农作物产量，增加田租收入。②实行平籴法，由国家控制粮食的购销和价格。政府在丰年以平价收购农民余粮，防止商人压价伤农；在灾年则平价出售储备粮，防止商人抬价伤民，以此来巩固封建经济的基础。

3. 法律。为了维护封建统治，李悝作《法经》六篇，即"盗、贼、囚、捕、具、杂"。总体来看，《法经》的主要内容是保护私有制和维护君主权威，对侵犯私有权、反抗君主统治的行为予以严厉的惩罚。同时《法经》不仅集春秋以来成文法之大成，而且是秦汉法律的蓝本。

4. 军事。魏文侯在李悝的推荐下任用吴起进行军事改革，对士兵进行严格挑选、训练、考核，分类编制，中试者选为武卒，免除全家徭役赋税并赐田宅。同时在战争中交互使用不同的兵种，使每个士兵的优点都能得到充分发挥，后人称之为"武卒制"。

（三）影响

1. 李悝变法使魏国经济得以迅速发展，成为战国初年的头号强国。至魏惠王时，魏国势力达到极盛，一时称霸中原。

2. 为战国时期其他大国变法树立了改革模式与典范，此后的商鞅变法就借鉴了李悝变法。

综上所述，李悝在政治、经济、法律、军事方面实行一系列变法措施。变法不仅使魏国在战国初期首先强大起来，而且揭开了战国时期变法的序幕。

参考资料

1. 晁福林：《中国古代史》，北京师范大学出版社，2016 年。

题目 2　简述商鞅变法

相关真题 2024 年青岛大学；2024 年黑龙江省社会科学院；2023 年哈尔滨师范大学；2022 年中国社会科学院大学；2022 年北京大学；2022 年哈尔滨师范大学；2022 年吉林师范大学；2020 年南昌大学；2018 年江西师范大学；2016 陕西师范大学；2014 年陕西师范大学

秦孝公继位后，奋发图强，下令求贤，商鞅来秦国并受到秦孝公的赏识与重用。在商鞅的主持下，秦国先后在公元前 359 年、公元前 350 年进行变法。

（一）背景

1. 秦国背景。①经济上，秦国地处偏僻，社会经济发展缓慢，封建生产关系尚未确立。②政治上，秦献公改革，壮大了地主阶级的力量，新兴军功地主阶级要求获得政治利益。

2. 时代背景。战国期间，兼并战争愈演愈烈，各诸侯国为了富国强兵，纷纷掀起变法运动，相继进行改革。魏国改革成功，带来了广泛效应，其他国家纷纷效仿。

（二）内容

1. 第一次变法（公元前 359 年）。

①奖励军功，废除世卿世禄制。新制规定，即便是国君亲属，若无军功也不得列入宗室属籍，这削弱了奴隶主贵族的特权。设二十等爵制，根据军功的大小，授予不同的爵位。禁止私斗，私斗受罚。

②编制户籍，实行什伍连坐法。秦国境内居民要登记户籍，五家为伍，十家为什，互相监督。邻里有相互监督

告发奸人的责任，不告者有罪，告发者有赏，藏奸者什伍同罪连坐。

③实行重农抑商政策，奖励耕织。商鞅认为农业是"本业"，是国家富强的基础，而把商业和手工业称为"末业"。规定凡是努力耕作、纺织者皆给予奖励，弃农经商或怠惰者，没入官府为奴。

④迁都咸阳。将国都由栎阳迁至咸阳，此举使秦国远离旧贵族，便于实施变法，并且适应了向东发展的需求。

2. 第二次变法（公元前350年）。

①推行县制。秦国在秦孝公以前虽有设县，但未成制度，到商鞅时才普遍推行，共新建31个县。每县设置令和丞等官职，县成为直属于国君的地方组织。

②废井田，开阡陌。废除井田制，铲除井田上的纵横疆界，在此基础上，国家把土地授予农民，统一征收赋税，土地可以买卖。

③统一度量衡。制造统一的标准度量衡器并颁行全国，以便收税与商业经营。

（三）影响

1. 积极影响。①商鞅变法沉重打击了秦国宗室和旧贵族的利益，扶植了新兴地主阶级，推动了历史向前发展。②从根本上改变了秦国的落后局面，使之后来居上，成为战国七雄之首，并最终吞并关东六国，实现了统一。

2. 消极影响。①商鞅变法中使用的愚民手段窒息了民族创造性意识。如变法中实行的编制户籍等政策，把农民限制在固定的土地上，很难进行其他创造性活动。②以农耕为主，压制工商业发展的变法举措成为大一统专制体制的社会基础，但这不利于社会的长期、深入发展。③商鞅变法承认土地私有，允许土地买卖，为以后土地兼并、贫富不均等社会问题的产生埋下了伏笔。

综上所述，商鞅变法涉及秦国社会方方面面，促使秦国走上富国强兵之路，国势迅速增强，为以后统一中国奠定了基础。

参考资料

1. 晁福林：《中国古代史》，北京师范大学出版社，2016年。

题目3 简述战国时期各国变法及其影响

相关真题 2024年长春师范大学；2022年中国社会科学院大学

战国时期，诸侯争霸。各国为了富国强兵以及在兼并战争中获得胜利，纷纷开始变法改革。

（一）战国时期各国变法及其影响

1. 李悝变法。

魏文侯即位后，任用李悝为相，进行改革。①政治上，废除奴隶主贵族世袭制，实行"食有劳而禄有功"，以能力和功劳为标准选拔官员，剥夺贵族爵位。②经济上，推行"尽地力之教"，要求农民治田严谨，提高农作物产量，充分利用土地；实行平籴法，即根据收成情况将年成分为丰、歉两类，各分上、中、下三等，政府在丰年以平价收入农民粮食，防止谷贱伤农，在灾年则出售储备粮，防止粮贵伤民。③法律上，作《法经》。李悝为了维护封建君主统治，制定"盗、贼、囚、捕、杂、具"法六篇，严禁百姓反抗君主。李悝变法使得魏国一跃成为战国初年的第一强国。

2. 吴起变法。

①"明法审令"。即将法令公之于众，确立法律的权威性。②"实广虚之地"。把旧贵族迁往地广人稀的边地，变相收回旧贵族的土地，以打击旧贵族势力。③"收爵禄"。为削弱旧贵族势力，规定被分封的旧贵族经过三代的，就收回其子孙爵禄，取消分封。④精简机构，任用贤能。吴起裁减冗杂官职，节省俸禄开支，选拔有才能的人为官，整顿吏治。⑤"塞私门"。吴起宣布禁止旧贵族招引食客，防止他们结党反对变法。吴起变法打击了旧贵族势力，精简了政府机构，提高了行政效率，对楚国的发展产生了重要影响。

3. 商鞅变法。秦孝公即位后，任用商鞅进行变法，变法分两次进行。

公元前359年第一次变法：①颁布法律，制定连坐法。将百姓按五家为伍、十家为什进行编制，实行连坐制度。②推行个体小家庭制度。③建立军功爵制，新设二十等爵制，依据军功大小授予不同等级爵位，并严禁百姓私斗。④重农抑商，奖励耕织。

公元前 350 年第二次变法：①废井田，开阡陌。扩大田亩的面积，使民任力而耕。②普遍推行县制，县是中央的派出机构，由国家派官僚进行管理，县设县令、县丞和县尉等。③统一度量衡，制造统一的标准度量衡器颁行全国，以便收税与商业经营。④改良社会习俗，令父子别居，抑制大家族势力。⑤烧诗书，禁游学，确立法家思想统治地位。

商鞅变法取得了很大成功，为秦统一六国奠定了坚实的基础。

4. 赵武灵王改革。

赵国地处四战之地，为了方便作战，赵武灵王吸取胡服优点，要求改穿胡人短装紧身服饰，束皮带，穿皮靴，以适应马上训练、作战。同时赵武灵王还进行军事改革，训练精锐骑兵，加强了赵国军事力量。

除以上各国之外，战国时期还有韩国的申不害变法、齐国的邹忌改革、燕国乐毅的变法图强等。各国通过变法提高了国家的实力，其中以商鞅变法最为成功，秦最终吞并六国，建立了中国历史上第一个专制主义中央集权的封建国家。

参考资料

1. 朱绍侯：《中国古代史》（第五版），福建人民出版社，2010 年。
2. 朱绍侯：《中国古代史教程》，河南大学出版社，2010 年。
3. 晁福林：《中国古代史》，北京师范大学出版社，2016 年。

第四节　春秋战国时期的文化

题目 1　论述稷下学宫的形成、特点、影响　醒吾历史统考预测题

稷下学宫是战国时期齐国创建的官方高等学府，是当时列国的学术文化中心和百家争鸣的主要场所，对中国古代学术文化教育的发展产生了重大历史影响。

（一）形成

1. 背景。

①时代背景。稷下学宫是齐国变法的产物。除了受魏文侯尊礼、子夏建立西河之学的影响和广开言路之外，更有巩固田氏统治的需要。

②地域背景。齐国是春秋时期变革较早的国家，具备发展学术事业的条件和成为关东学术中心的潜力。临淄高度繁荣的城市经济也为学术中心的出现奠定了物质基础。

③齐国素有养士之风，各诸侯国的贤士纷纷奔赴齐国，在稷下学宫中自由讲学、共同争鸣。

2. 过程。

一般认为稷下学宫始建于战国田齐桓公在位期间（公元前 374 — 前 357 年），发展于齐威王时期，兴盛于齐宣王时期，衰亡于齐王建时期，历时约 150 年，各家聚集，争鸣交流，最终走向多元融合。著名学者有孟子、田骈、荀子等人。而田齐政权创办稷下学宫的主要目的就是最大限度地利用天下贤士的聪明才智，为巩固田氏统治、争雄天下服务。

（二）特点。

1. 学术自由。稷下学宫容纳百家，欢迎游学，来去自由。在这里，各家各派的学术地位是平等的，相互争鸣的氛围促进了思想活跃和学术繁荣。

2. 待遇优厚。各派学者在稷下学宫有很高的政治待遇和物质待遇，学者的俸禄相当于士大夫的俸禄，可以专心做学问，研究治国良策。

3. 不治而议论。齐国君主让学者们不担任具体的职务、不加入官僚系统，但可以对国事发表批评性的议论，这是对学者很高的政治待遇。

4. 学无常师。稷下学宫兼容各家各派，对天下名士都采取游学自由的方针。稷下学宫的教学，学生可以自由听讲，可以随时请求加入和告退诸家学派，不受限制。

（三）影响

1. 促进了战国时期思想学术的发展，当时各国都展开了各学派之间的学术争鸣，促进了春秋战国时期百家争鸣局面的出现。

2. 为齐国的改革奠定了人才基础。凭借政府力量，知识阶层的独立性和创造精神得以充分发挥，齐国也借此充实了自己的人才队伍，提升了实力。

3. 对后代官学、私学、书院的发展具有启迪作用。稷下学宫是世界上第一所由官方举办、私家主持的特殊形式的高等学府。它所独创的官方举办、私家主持的办学形式、学术自由和鼓励争鸣的办学方针、尊重优待知识分子的政策，创造了一个出色的教育典范。

秦灭齐后，稷下学宫的历史也随之终结，但其所产生的思想不仅没有消亡，而且影响一直延续至今，对塑造中华文化的特性起到了重大的作用。

参考资料

1. 郑杰文：《齐国稷下学宫的兴与衰》，《人民论坛》，2018 年第 3 期。
2. 赵志坚，陈晓明：《试探稷下学宫的特点和性质》，《文史杂志》，2019 年 6 期。
3. 张觅觅：《稷下学宫：古代高等教育的典范》，《教育》，2010 年第 17 期。

题目 2　简述战国时期"百家争鸣"局面的形成

相关真题　2022 年中国社会科学院大学；2022 年兰州大学；2022 年黑龙江大学；2022 年聊城大学；2022 湖北师范大学；2022 年西南民族大学；2022 年海南师范大学；2021 年青岛大学；2021 年湖南科技大学；2021 年黑龙江大学；2019 年云南大学；2019 年中国社会科学院大学；2018 年中国人民大学；2017 年江西师范大学；2016 年云南大学；2016 年内蒙古大学；2016 年河北师范大学；2015 年河南师范大学；2015 年西北师范大学；2013 年北京大学；2013 年江苏师范大学

战国时期，官学的没落和私学的兴起推动了"百家争鸣"的兴起和思想大解放，对中国思想文化发展产生了深远的影响。

（一）历史背景

1. 社会动荡，思想活跃。战国时期，争霸与变革导致社会动荡，各阶级阶层都受此影响，针对社会问题表达看法、提出主张、愿望和要求，奠定了百家争鸣的阶级基础。

2. "士"阶级兴起。"知识型"的士阶级兴起，著书立说，广收门徒，各成一派。

3. 官学瓦解，私学兴起。春秋变革，宗法制衰落，通晓"六艺"的贵族士阶级流入民间，兴办私学，教育由"学在官府"向"学在民间"转变，推动了文化传播。

4. 诸侯并起，厚招游学。战国时期，诸侯国的国君和大贵族礼贤下士，招揽大批知识分子为自己服务，为百家争鸣提供了政治舞台和宽松的社会环境。

（二）代表人物及主要观点

1. 儒家。

孟子。①主张效法古代圣明君王的言行、制度，实行"托古改制"。②主张推行"仁政"，认为君王应不违农时，与民休息。③主张性善论，认为人性本善。④主张"民贵君轻"。

荀子。①主张"隆礼重法"，他认为"礼"是根本原则，法是具体措施，二者相辅相成。②主张"人性恶"论。③肯定"天"是自然的天，自然界的变化有自己的规律，不受人的意志支配。④主张"制天命而用之"，认为人如果掌握了自然规律，就能够使天地万物为人服务。

2. 道家。

庄子。①认为"道"是天地万物的本源。②认识上的相对论。认为事物之间的差别是相对的而不是绝对的。③追求绝对的精神自由。

3. 法家。

战国初期，李悝、商鞅、申不害、慎到等开创了法家学派。至战国末期，韩非综合商鞅的法、慎到的势和申不害的术，以集法家思想学说之大成。

韩非。①主张发展进化的历史观，认为历史是向前发展的。②主张借助法、术、势实现中央集权君主专制。③主张刑名法术，用严刑峻法约束人的行为。④反对天命思想，认为"道"是万物之本。

4. 墨家。

墨家是当时下层民众在政治上的代言人，主要代表人物是墨子。①主张"兼爱""非攻"。爱一切人，视人如己，反对兼并战争和阶级压迫。②主张"尚贤""尚同"。尚贤是要求国君不分等级，举用贤才。尚同即"上同"，要求下级统一听命于上级。③主张"节用""节葬"。节约开支，反对统治者穷奢极欲。④主张"非乐"，反对统治阶级纵情声乐。

5. 其他。

阴阳家。代表人物是邹衍。①主张"大九州"说，认为除去当时人们所居住的禹域九州外，世界上还有九个大的州。②主张"五德终始"说，认为古代天子的改朝易代依照五行相克相生的顺序而更替，周而复始地循环。

兵家。代表人物是孙膑，著有《孙膑兵法》。书中认为寡可胜众，弱可胜强；强调进攻战略；强调灵活运用战法；重视城邑的攻取和阵法的运用。

（三）影响

1. 百家争鸣成就了丰富繁荣的思想文化，这些思想影响到各诸侯国的社会变革和统一，促进传统社会的发展成熟。

2. 百家争鸣拓宽了文化传播的途径，使得教育由"学在官府"发展成为"学在民间"，每个人都有机会获得知识，使得文化传播跨入一个新的阶段。

3. 春秋战国时期的百家争鸣，是我国学术文化发展的重要阶段，奠定了中国文化发展的基调，是中国学术思想文化的滥觞。

战国时期百家争鸣的局面对当时的社会变革及文化发展，起到了非常大的促进作用，在这一时期形成的各种学术思想，成为了中国思想文化的主要源头。

参考资料

1. 韩丹华：《春秋战国时期"百家争鸣"现象兴起之原因探究》，《北方文学》，2017年第2期。
2. 曹静：《试论春秋战国时期百家争鸣的社会背景及历史原因》，《科技咨询导报》，2007年第7期。
3. 张岂之：《中国历史·先秦卷》，高等教育出版社，2001年。
4. 谭风雷：《对春秋战国之际"百家争鸣"的几点分析》，《史学月刊》，1982年第4期。
5. 成琳：《墨子"非乐"研究》，青岛大学2014年硕士学位论文。
6. 张静：《墨子天人观探讨——以天志、明鬼、非命为核心》，河南大学2020年硕士学位论文。
7. 朱绍侯：《中国古代史教程》，河南大学出版社，2010年。

第四章 秦汉

第一节 秦朝的统一及其历史影响

题目1 论述"周秦之变"

相关真题 2022年中国人民大学；2022年湖南师范大学；2020年厦门大学；2020年南京大学

一般认为，周秦之变是指与西周相比，秦朝在政治、经济、军事、文化等方面发生的深刻变化，以下从原因、内容和影响三方面论述。

（一）原因

1. 生产力的提高。从周到秦的这一历史时期土地私有制出现，加上铁犁牛耕的使用，开垦大量荒地，极大地提高了生产力，使变革有了物质基础。

2. 宗法分封制的破坏。东周的诸侯独立倾向很强，以往由周天子分封建国的制度被破坏，使得原有的等级制度瓦解，诸侯僭越、违背礼法的事情时有发生。

3. 春秋战国的战争环境促成了集权改革。战争要求国家有强大的动员能力，因此，战国时期几乎各国都采取了改革措施，以达到富国强兵的目的。

（二）内容

1. 政治上，从世卿世禄的贵族制到官僚制。周朝官员由贵族担任，他们世代享有官位和俸禄。但经过战国时的变革到秦朝，在皇帝之下设立了一整套官僚系统。在中央设三公九卿制，官僚由皇帝任免，概不世袭；在地方，秦始皇废除了古代的封国建藩制度，将郡县制推行全国。秦朝在全国范围内建立起从中央到地方的封建统治网，从而强化了封建国家机器。

2. 经济上，土地从公有制转变为私有制，赋税从定量到依据占有土地数额来征收。①西周井田制下，土地未经公室或王室的允许不准买卖或交换；秦朝承认土地私有，允许土地买卖。②赋税制度上，井田制下劳动者的赋税是按收获量的一定比例来征收，而秦代的田租则是根据农民占有土地的数额进行征收。

3. 军事上，从宗法制到实行二十等爵制。西周军队的主体是贵族，根据血缘亲疏远近授予其不同的爵位；秦朝军队的主体是平民，根据军功的大小授予不同的爵位。

4. 文化上，从"百家争鸣"转为以法家思想为官方统治思想。春秋战国时期，官学没落和私学兴起推动了"诸子蜂起""百家争鸣"的思想大解放，而秦则以法家思想为官方统治思想。

（三）影响

1. 奠定了后代的基本政制基础。这次变革主要是对古代中国国家体制的重构，实现了从松散的贵族政体向专制主义中央集权制的转变。

2. 中央政府对地方实行强力管控的做法被后世历代王朝继承。由中央直接派遣官员治理地方成为后世历代王朝默认的政治规则，并成为古代中国政治制度的基本特点之一。

3. 华夏统一的观念在周秦之变的过程中逐渐形成，最终成为中华民族集体意识当中的重要部分。

周秦之变是中国历史上最深刻的变革之一，对后世产生了深远的影响，在此次变革中形成的诸多制度一直延续到清朝。

参考资料

1. 陈明：《从殷周之变到周秦之变——论中国古代社会基本结构的形成》，《社会学研究》，1993年第2期。
2. 代云：《从"焚书坑儒"到"独尊儒术"——"周秦之变"背景下秦皇汉武统一意识形态的尝试》，《南都学坛（人文社会科学学报）》，2010年第5期。

第二节 西汉的建立与文景之治

题目1 论述汉初严峻形势及高祖对策

相关真题 2024年河南师范大学；2023年吉林师范大学；2022年苏州大学；2020年中国人民大学；2020年河南师范大学；2019年湘潭大学；2017年河北师范大学

西汉初年面对严峻的形势，汉高祖采取一系列"反秦之弊，与民休息"的措施，稳定了国家政治秩序，改善了人民的生活，为"文景之治"奠定了基础。

(一) 汉初的严峻形势

1. 经济凋敝。①因秦之暴政及秦末战乱，社会生产遭到严重破坏，民众大量逃亡，土地荒芜，物价飞涨，人口锐减。②农民为生活所迫，卖妻鬻子，甚至卖身为奴。③政府开支亦很困难。

2. 政局不稳。①分封的异姓王拥有强大的兵力，借助封国财赋形成了"震主之威"。②在翦灭异姓王后，刘邦实行郡国并行制，诸侯国在政治上基本处于半独立状态。

3. 面临匈奴威胁。西汉建立之后，匈奴袭扰汉朝边境，刘邦率军抵御匈奴，却在白登山被匈奴围困，此后通过和亲换取和平，但匈奴依旧频频南下劫掠，西汉无力抵御。

(二) 汉高祖对策

1. 汉承秦制。①中央官制仍以皇帝为最高统治者，实行三公九卿制。②地方上，在承袭秦朝郡县制的基础上，分封诸侯，实行郡国并行制，即地方上封国与郡县并行。③军事上，以皇帝作为军队的最高统帅，有中央常备军和地方预备军两种。④法律上，命令萧何根据《秦律》制定《汉律》，废除了一些酷法，增加了《兴律》《户律》《厩律》三章，合称为《九章律》。

2. 推行"黄老政治"，与民休息。其核心是"无为而治"，即统治者减少干预，通过轻徭薄赋、约法省禁等方式恢复社会秩序。具体方式如下：①组织军队复员为民，赐土地，免徭役。②赐军更卒以爵位。③招抚流亡人口回归原籍，恢复他们原先的爵位和田宅。④释放奴婢。⑤轻徭薄赋，减轻负担，崇尚节俭。⑥抑制商人，贬低其地位，禁止商人子弟为官。

3. 调整赋役制度。西汉初年实行编户齐民制度，以其户籍作为收取赋税、征发徭役的依据。实行"什五税一"，极大地减轻了百姓的赋税负担。此外，刘邦还减少兴建土木和发兵征伐的行为。

4. 奉行"强本弱末"的政策。"强本弱末"政策，从内容上说，就是增强中央势力和权威，削弱地方特别是诸侯王的权势。主要有：①西都关中，使西汉中央政权从一开始就建立在巩固的政治、经济和地理基础上，为汉朝日后利用关中东制约诸侯有着非常重要的意义。②在汉与诸侯国相接的边境线上设立据点，驻兵防守。③严设关防，禁止重要物资出关。④铲除异姓王。⑤改革分封制，限制同姓王。

5. 采取和亲政策。汉初以来，匈奴势力不断扩大，对新生的汉王朝构成威胁。白登之围后，汉高祖采纳娄敬的建议与匈奴和亲，休养生息，汉匈之间得以维持数十年的和平。

6. 任用儒生以巩固统治。汉高祖虽不喜儒生，但在认识到儒学对治理国家的作用后，接受了陆贾的治国思想，任用叔孙通制定礼仪，并亲自祭孔。

综上所述，汉高祖在总结秦亡教训后在政治、经济等方面采取了一系列措施，巩固了西汉王朝的统治，为之后的"文景之治"奠定了基础。

参考资料

1. 侯贤俊：《汉高祖与光武帝比较研究》，山东大学2016年硕士学位论文。
2. 丁邦友：《试论西汉前期的"强本弱末"方略》，《理论学刊》，2006年第1期。

题目2 论述"文景之治"

相关真题 2024年延安大学；2021年太原师范学院；2021年内蒙古科技大学；2020年苏州科技大学；2005年湖

南师范大学；2004 年中国人民大学；2004 年苏州大学

文帝、景帝时继续贯彻汉初的"黄老无为"思想，与民休息，这一时期国家人口显著增多，经济得到发展，史称"文景之治"，为之后汉武帝时期大一统的繁荣局面奠定了基础。

（一）措施

1. 以农为本，轻徭薄赋。①文帝采纳贾谊的建议，多次发布劝农令，使得从事工商业的百姓重新回归田土。②文帝时曾两次下令将租税减半征收，后又免除田租。景帝时又将田租改为三十税一。③文景时期亦减少地方徭役、卫卒，并停止郡国岁贡，遣列侯就国。

2. 解除关禁，招抚流亡。①文景时期不仅开放山泽禁苑给贫民耕种，而且允许人们自由往来于各关口，有利于各地商品物资的流通，在一定程度上促进了商业的发展。②汉初时采取"复故爵田宅"之法以招抚流亡人口，使其自愿返乡，以此促进经济的恢复与稳定。

3. 实行贵粟政策。文帝时采纳晁错《论贵粟疏》中的意见，实行贵粟政策。即国家以粟为赏罚，百姓通过缴纳粮食换取爵位，或免除罪名。由此富商和高利贷者囤积居奇、扰乱经济秩序的行为受到限制，粮食的价值得以提高，百姓愿致力于农业生产。

4. 约法省禁。①文景时期废除了诸如诽谤妖言法、妻孥连坐法等严苛之法，同时减轻笞刑，以缓和社会矛盾。②官吏大多断狱从轻，百姓不必抬手触禁，犯罪的人大大减少。

5. 削弱王国势力。①文帝时采纳贾谊"众建诸侯而少其力"的建议，通过将一些王国分为若干小国来削弱其势力，并封其子于梁国为屏障。②景帝时采纳晁错的建议，进行削藩，进一步削弱王国势力。中元五年（公元前 145 年），景帝改王国丞相为相，裁撤王国官吏，并收王国行政权和官吏任免权于中央。至此，王国实际上成为和郡一样由中央直接管辖的地方行政单位。

6. 发布"马复令"。此令由景帝时期的晁错提出，意在鼓励养马。规定民间养马 1 匹，可以免 3 人徭役。由此增加了马匹，提高了军队战斗力，同时免除徭役的百姓有更多的时间投入田亩劳作之中，促进了农业生产。

7. 厉行节俭。文景时期减省皇宫厩马供驿站使用，文帝时精简随从人员以降低花费，同时禁止郡国贡献奇珍，殉葬品也改为陶器、木器。

（二）评价

文景之治的一系列治国措施，使社会生产得到了恢复与发展，国家经济实力增强。政治上，国家通过削弱地方封国的势力加强了中央集权，约法省禁缓和了阶级矛盾，维护了国家的统治。军事上，国家鼓励民间养马并用以装备军队，提升了军队实力。总体而言，文景之治使西汉呈现出繁荣发展的局面，为武帝时期巩固大一统局面奠定了基础。

总之，文景之治是在延续汉初"黄老政治"的基础上实现的，对于当时社会生产的恢复与发展、中央集权的加强有积极意义。

参考资料

1. 古永继：《"文景之治"非"黄老无为之治"——文景政策与思想剖析》，《惠州大学学报（社会科学版）》，1994 年第 2 期。
2. 张大可：《论"文景之治"》，《历史研究》，1979 第 7 期。
3. 罗义俊：《文景之治与儒家思想》，《杭州师范大学学报（社会科学版）》，2014 年第 1 期。

第三节　汉武帝的统治与西汉的强盛

题目 1　论述汉武帝加强中央集权的措施

相关真题　2024 年河南科技大学；2024 年渤海大学；2024 年青岛大学；2023 年内蒙古师范大学；2023 年湖北师范大学；2023 年湖北大学；2022 年天津师范大学；2022 中南财经政法大学；2022 年东南大学；2020 年南昌大学；2018 年天津师范大学；2018 四川师范大学；2016 年东北师范大学；2015 年内蒙古大学；2015 年江西师范大学；

2014年厦门大学；2014年辽宁大学

汉武帝在政治、经济、文化等方面推行一系列政策，进一步完善了自秦以来的专制主义中央集权制度，强化了统治，使西汉达到了空前繁荣。

（一）打击诸侯、豪强的势力

1. 颁布"推恩令"。汉武帝采纳主父偃的建议，颁行"推恩令"，规定诸侯王除由嫡长子继承王位外，其余诸子皆在王国范围内进行分封。结果是地方王国越分越小，中央的辖区日益扩大。

2. 实行"左官律"和"附益法"。①"左官律"规定凡是在诸侯国任官者皆为"左官"，其地位低于中央官吏并不得任中央官。②"附益法"规定严禁封国官吏与诸侯王勾结，以此孤立诸侯王。

3. 酎金夺爵。汉武帝以列侯所献酎金成色不足为由，削夺106个列侯的爵位，以此削弱诸侯王势力。

4. 打击豪强。继续实行迁徙豪强的办法，将其置于中央政府的控制之下，还任用酷吏诛杀豪强。

（二）采用政治措施加强中央集权

1. 建立"中朝"，限制相权。汉武帝建立了由侍从近臣、贤良文学组成的"中朝"，授之侍中、给事中等头衔，直接对皇帝负责，中朝因此成为实际的决策机关，以丞相为首的外朝则成为执行机关。

2. 建立新的选官制度。①汉武帝诏令"郡国举孝子、廉吏各一人"，建立了岁举孝廉的察举制。②通过征召（辟）聘请一些声望很高、有特殊才能或品学兼优的人授予官职。③兴办太学，从地方官僚的子弟中选拔人才到太学学习，只要考试合格，便可授予官职。

3. 完善监察制度。①将全国（除京师直辖区）分为十三州部，每州部设刺史一人，为中央派出的常驻监察官。刺史以"六条"问事，一条监察强宗豪右，五条监察郡守和王国相。②在京师设置司隶校尉，督察京师百官（三公除外）、三辅、三河和弘农七郡。

4. 加强军事力量，完善法律。①设置期门军、羽林军、八校尉，由此中央有了"长从"募士，加强了军力。②汉武帝命张汤等人制定严刑峻法，巩固了统治。

（三）经济方面的统制政策

1. 收铸币权于中央。武帝下令收铸币权于中央，设上林三官统一铸造五铢钱。

2. 盐铁官营。将盐铁收归官营，在全国产盐之地设置盐铁专卖署。在中央大农令之下设置盐铁丞，总管全国的盐铁经营事业。

3. 实行均输平准政策。①均输是由大农令在各地设置均输官，将各郡应缴纳的贡物，转运到他处卖，再在卖处收购其他物品易地而卖。②平准是由大农令在京师设置平准官，接收京师货物并按长安市价涨落情况贵卖贱买以营利。均输平准政策平抑了市场物价，打击了商贩的投机行为。

4. 颁布算缗告缗令。①算缗是商人向官府自报资产，按比例纳税，瞒报谎报者，一经告发，戍边1年并没收全部财产。②告缗是政府鼓励告发算缗不实，凡揭发属实，被告按上述规定处理，奖给告发者被没收财产的一半。

（四）文化上的大一统

1. 罢黜百家，独尊儒术。汉武帝采纳董仲舒的建议，以天人感应和三纲五常为核心建立起神学思想体系，促使了儒学的官学化。

2. 儒学与学校教育相结合。汉武帝在京师设置太学，置五经博士，教授儒家经典，使儒学传授官方化、制度化。

总之，汉武帝通过一系列措施进一步完善了自秦以来的专制主义中央集权制度，强化了统治，使得西汉达到了空前繁荣。

参考资料

1. 张跃：《汉武帝时期：中国封建专制制度的全面确立》，《兰州大学学报》，2008年第5期。
2. 邓瑞全，张振利：《略论汉武帝对封国的处置》，《浙江师范大学学报》，2008年第2期。

题目2　论述西汉初年的王国问题及解决

相关真题　2010年历史学统考；2023年湖南科技大学；2019年复旦大学；2016年湖南大学；2016年华中师范大

学；2015 年湘潭大学；2014 年北京大学

西汉初年，刘邦为巩固政权，实行郡国并行制，旨在通过分封制度稳定中央与地方的关系。然而，随着时间推移，部分封国的势力逐渐壮大，对中央政权形成了威胁。从汉高祖到汉武帝，他们采取了一系列措施来解决这一问题，最终确立了中央集权的政治体制。

（一）王国问题的产生

1. 郡国并行制的建立。刘邦击败项羽后，为防止秦末中央权力过于集中引发的反抗，而实施了郡国并行制度。在这一体制下，将非直接统治的地区分封给功臣和亲信，形成了一定自治权的王国，而中央直接管理的郡县则限定在关中及少数地区。

2. 王国势力的扩大与中央控制的弱化。初始的分封意在通过赏赐确保忠诚，但未设立有效的约束机制，导致部分王国势力急剧膨胀，特别是在军事和财政方面逐渐摆脱了中央的控制。刘邦对于王国权力的放任，为后来的王国问题埋下了隐患。

（二）解决王国问题的措施

1. 高祖刘邦的初步尝试。刘邦通过征伐异姓王国、分封同姓王的策略试图削弱王国势力，包括迁都长安、加强对关中的防御和管理。此外，刘邦实施"强本弱末"的策略，限制王国的扩张和强化，这些措施奠定了后续进一步控制王国的基础。

2. 文帝、景帝的策略调整。文帝时期，采纳贾谊的建议，实行"众建诸侯而少其力"的策略，通过分割王国来削弱诸侯王的力量。景帝时，采取晁错的《削藩策》导致吴楚七国之乱，汉将周亚夫率军进击，三个月平定内乱，最终确立了中央对王国的控制。

3. 汉武帝的彻底解决。"推恩令"的实施使诸侯王国势力进一步分化，降低了单个王国的威胁；同时，武帝通过法律和制度改革，如"左官律"和"附益法"，削弱了王国的自主权，加强了中央集权；最终通过"酎金夺爵"，彻底解决了王国问题。

（三）王国问题解决的影响

1. 加强了中央集权。西汉初年通过解决王国问题，加强了中央集权，确保了汉朝的长期稳定与发展，为后世帝国统一提供了借鉴。

2. 确立了汉朝治理的基础。通过对王国问题的有效管理，汉朝确立了以中央集权为核心的治理模式，形成了较为稳定的政治结构，对后世有着深远的影响。

综上所述，西汉初年通过汉高祖刘邦至汉武帝的一系列政策和改革，成功解决了王国问题，加强了中央集权。这不仅稳定了汉朝的统治，也为中国历史上的中央集权制度奠定了基础。

参考资料

1. 臧知非：《论汉文帝"除关无用传"——西汉前期中央与诸侯王国关系的演变》，《史学月刊》，2010 年第 7 期。
2. 岳庆平：《西汉削藩的两个问题》，《山西大学学报》，1989 年第 1 期。
3. 岳庆平：《西汉景武时期的削藩及后果》，《社会科学辑刊》，1993 年第 6 期。

题目3　论述西汉初年的豪强及景帝、武帝的处理措施

相关真题　2016 年辽宁大学；2015 年辽宁大学

西汉豪强又称强宗、豪民等，他们不仅影响经济的健康发展，还扰乱社会治安，危害国家统治。鉴于此，景帝、武帝分别采取措施打击豪强。

（一）西汉前期豪强对国家政权的破坏

1. 破坏国家经济政策。①西汉前期的豪强通过各种手段兼并土地和发放高利贷，迫使大量自耕农破产，影响社会经济生产。②豪强大量役使农民，同国家争夺人口；又因西汉赋税中的口赋为人头税，故而豪强通过隐匿名下所占田地及依附人口来躲避赋税，影响政府的赋税征收。

2. 扰乱地方社会秩序。①西汉前期的豪强常凭借其财势，不仅具有犯法不坐的特权，而且勾结官吏，朋比为奸，在地方上为非作歹，扰乱地方秩序。②豪强又利用宾客横行乡里，甚至放纵族人、宾客为盗贼。③豪强因不满于政府派酷吏对其进行的打压，而向太守、刺史告密，乃至于杀害其亲眷。

3. 危害国家统治。西汉前期，王国势力较大，地方豪强为扩大自身势力多追随地方王侯，意图参与谋反。

（二）景帝时期打击豪强的措施

1. 重农抑商。景帝时期，恢复土地田赋征收，定为三十税一，允许农民流动，迁往宽乡授田，以此争取失地农民以及豪强依附农再次成为国家编户齐民，打击豪强土地兼并行为。同时诏令有市籍者不得为宦，执行商人不得做官的政策，以此打压豪强。

2. 整顿吏治。景帝时采纳晁错的建议，颁布诏令要求加强吏治管理，严惩贪赃枉法与豪强勾结的官员，强化对官员的监督，规范基层官员的管理等。

（三）武帝时期打击豪强的措施

1. 武帝继续推行汉初以来迁徙豪强的办法，把他们迁到关中，置于中央管辖之下。

2. 任用酷吏诛杀豪强。如王温舒为河内太守时，曾"捕郡中豪猾，相连坐千余家"。

3. 加强对豪强的监察。汉武帝将全国（除京师直辖区）分为十三州部，每州部设刺史一人，为中央派出的常驻监察官。刺史根据汉武帝订立的"六条问事"监察，首条即是监察强宗豪右。

4. 收铸币权。汉武帝时宣布收铸币权于中央，并设置中央铸币机构统一铸造五铢钱作为法币，剥夺了豪强铸币的权力，削弱豪强作乱的经济基础。

景帝、武帝针对豪强在经济、政治等领域造成的危害而采取的一系列措施，打破了豪强对经济的垄断，及时缓解了政府的财政危机。但与此同时，经商起家的豪强日渐没落，私营工商业的发展遭到了致命的打击。

参考资料

1. 刘洋：《秦汉豪强地主犯罪问题研究》，首都师范大学 2005 年硕士学位论文。
2. 刘宇辰：《西汉景帝时期改革与汉景帝历史地位新论》，内蒙古大学 2017 硕士学位论文。
3. 杨静婉：《西汉豪强经济的发展变化及其历史地位》，《湘潭大学学报》，1985 年第 1 期。

题目 4　试论汉武帝开拓边疆

相关真题 2022 年复旦大学；2020 年东北师范大学；2018 年上海大学；2004 年兰州大学；1999 年四川大学

汉武帝推行积极的开疆拓土政策，使得西汉王朝的疆域空前辽阔，西汉也由此成为当时世界上的强国。

（一）背景

1. 经济因素。①汉初实行了一系列休养生息的政策，轻徭薄赋，约法省禁，与民休息，促进了社会生产的恢复与发展；②历经"文景之治"后，汉朝社会经济愈发繁荣，为武帝开拓边疆奠定了经济基础。

2. 政治因素。①武帝时期仍面临严重的外患，尤其是匈奴问题，和亲政策仍然无法阻挡匈奴掠夺；②边疆的南越、西南夷、朝鲜等其他族群时叛时降，扰乱边疆地区的秩序。

3. 文化因素。董仲舒在思想文化上强化了"大一统"观念，影响了大一统的疆域观，为汉武帝推行积极的疆域政策提供了理论基础。

4. 个人因素。武帝本人雄才大略、胸怀大志、雄心勃勃，即位之初就意图改变自汉初以来的对外政策。

（二）过程

1. 对北部疆域的开拓主要是通过三次与匈奴的大规模战役实现。①河南之战。公元前 127 年，卫青出击匈奴，沿黄河北岸西进至陇西，大败河套及其以南的匈奴军，收复了河南地，设置朔方、五原二郡。②河西之战。公元前 121 年，霍去病在河西走廊击败匈奴浑邪王、休屠王，设置酒泉郡、张掖郡、敦煌郡、武威郡四郡为"河西四郡"，这是历史上第一次将河西走廊纳入中原王朝的版图。③漠北之战。公元前 119 年，卫青、霍去病兵分东、西二路，彻底击溃匈奴，此后"漠南无王庭"。

2. 对南方疆域的开拓主要通过对南越、闽越的战争实现。①公元前111年，汉武帝派兵平定南越之地，将南越故地分设为九郡，即南海、交趾、日南等郡。②公元前110年，灭闽越，徙民于江淮之间，属会稽郡。

3. 西南地区开拓的主要对象是西南夷。汉武帝通过设置犍为、汶山、益州等七郡加强了对西南夷的管理，使西南边陲正式纳入汉王朝版图。

4. 对东北地区的开拓。公元前108年灭卫氏朝鲜，设立乐浪、玄菟、真番、临屯四郡，汉代东北疆界延伸至朝鲜半岛。

（三）影响

1. 维护国家安全，扩大地域版图。汉武帝开疆拓土的举措解除了边患，使得汉朝的疆域远超秦代，不仅推动了"大一统"局面的形成，而且为后世王朝的疆域奠定了基础，为建立和巩固统一多民族国家做出了积极贡献。

2. 开发边境，便利交通。边境地区得到进一步开发，便利了汉朝与西域的交通，也为日后中外之间的文化交流和商业贸易的往来奠定了良好的基础。

3. 战争负担重，激化了社会矛盾。连年的对外战争让普通民众不堪重负，山东等地爆发农民起义。武帝颁布"沈命法"以防范地方起义，但这一时期社会矛盾进一步激化，整个西汉潜藏着巨大的社会危机，迫使汉武帝不得不对当时的政策做出改变。

综上所述，汉武帝时期对边疆的开拓，使得汉代疆域空前辽阔，东至日本海、黄海、朝鲜半岛中北部，西至中亚，南至南海、越南中部，北逾阴山，促进了统一多民族国家的发展。

参考资料

1. 王玉功：《简论汉武帝的疆域政策》，《和田师范专科学校学报》，2007年第2期。

题目5 简述西汉时期的昭宣之治

相关真题 2022年青岛大学

昭宣之治是汉武帝去世后，由昭帝和宣帝两位皇帝相继推行的一系列治国政策和措施的总称，这一时期标志着西汉由之前的战乱和动荡进入一个相对稳定和繁荣的状态。

（一）背景

1. 汉武帝时期的遗留问题。汉武帝时期，长期的对外征战和内部的重税重役给社会经济带来了沉重负担，导致财政困难、社会矛盾加剧。

2. "轮台罪己诏"的转变。汉武帝晚年，意识到过度的中央集权和严苛政策的弊端，开始实施一系列调整措施，为昭宣之治的开展奠定了基础。

（二）政策

1. 放弃酒榷制度和关内铁官。汉昭帝时，政府为解决施政问题，举行了一场盐铁会议，即对西汉政府实行的盐铁、平准、均输等政策进行讨论。会议之后，取消了酒的专卖和关内铁官，西汉政府休养生息的政策进一步得以实施。

2. 轻徭薄赋，特别是对遭受自然灾害地区的租赋进行免除，同时废除了律外苛税，注意减轻农民的负担。

3. 重视吏治。昭宣时期，统治者十分重视吏治，加强了对官员的选拔和监督，提高了政府的行政效率和公信力。

4. 平理刑狱。昭宣二帝在位时，逐步废除了武帝时的酷法，并设置专门机构审理冤狱，提高司法的公正性，缓和了社会矛盾。

5. 采取相对和平的民族政策。在对外政策上，昭宣二帝减少了对外战争，稳定了边疆。公元前51年，呼韩邪单于向汉称臣，宣帝给予隆重接待，使汉匈关系由战争走向和平。公元前60年，宣帝在乌垒城设立了西域都护府，从此西汉与西域诸国政治经济往来密切。

（三）评价

1. 昭宣时期是西汉统治稳定、社会生产迅速发展的时期。昭宣统治时期，统治阶级奉行与民休息的政策，使社会经济生产逐渐恢复并继续发展，出现了"昭宣中兴"局面。

2. 昭宣时期，由于坚持"轻徭薄赋，与民休息"的政策，缓和了社会矛盾，改善了民众生活，增强了国家的综合实力，维持了汉朝持续兴盛的局面。

3. 武帝到昭宣时期，是西汉王朝最强盛的阶段，达到了中国古代社会发展史上的第一个高峰。

总之，昭宣时期一系列政治、经济措施的实行，使一度风雨飘摇的西汉王朝又兴盛起来，昭宣中兴与后世的开皇之治、贞观之治等并列，成为中国古代著名的治世之一。

参考资料

1. 高福顺：《盐铁会议与昭宣中兴》，东北师范大学 2002 年硕士学位论文。
2. 高福顺：《论昭宣时期的拨乱反正政策》，《长白学刊》，2003 年第 2 期。

第四节　豪强势力与东汉的统治

题目 1　论述东汉的"世家大族"与"豪强"的关系　醒吾历史统考预测题

东汉王朝是在豪强地主官僚集团的支持下建立起来的，整个东汉王朝时期，豪强地主势力根深蒂固，不断膨胀。

（一）"豪强"定义

"豪强"是豪强大族的简称，史书中常记载为豪民、大姓、右姓等。杨联陞先生在《东汉的豪族》一文中谈到，所谓豪族是以一个大家族为中心，由许多小家庭或许多单人以政治或经济的关系依附而成的一个豪族单位。豪强地主霸占着大量的土地和劳动力，通过对奴隶、部曲和佃客的剥削，实现了田庄上的自给自足，并且规模巨大，实行多种经营。

（二）"世家大族"定义

陈苏镇先生认为"世家大族"就是世代担任高官的士大夫家族。他们是东汉豪族阶层中的一个特殊群体，又是士大夫集团的代表和领袖。"世"强调世代居高位，"大"强调家族势力大，影响着国家的政治、经济、文化、军事各个方面。

（三）东汉"世家大族"和"豪强"的关系

1. 豪强是"世族"的前身，豪强通过私学实现世族化。东汉时期私学繁盛，豪强地主通过私学方式掌握经学，完成家族的文化积累后，垄断文化的传播，由世代传经，变为世代为官，最终成为世家大族。

2. 士人在政治上得势之后，转而在地方扩展家族的财势，成为豪强。不仅购买大庄园、田地和奴仆，还与当地的豪强进行联姻。统治者慑于其势力，给予他们高官厚禄，豪强与世族的界限逐渐模糊，在政治中拥有较高影响力。

3. "世家大族"和"豪强"相互勾结架空地方和中央权力。豪族掌地方权力，世家掌顶层权力。世家大族和豪强凭借庞大的庄园经济和大量的依附农民，控制着朝廷察举和辟召等选官制度，其家族成员渗入朝廷和官僚相互勾结，形成庞大的政治势力。

4. 豪族虽然是经济上的大地主，但是在政治上是非贵族、非身份性和非门阀的庶族地主。因此豪强地主与"士族""世家"等称号的封建贵族阶层势力，是有明显的区别的。

总之，由于东汉王朝是在豪强的支持下建立起来的，在整个东汉王朝时期，豪强地主几乎不受限制地发展起来，最终到东汉后期形成世家大族，为之后世家大族向门阀士族的转变及门阀制度、士族政治的形成奠定了基础。

参考资料

1. 钟坤杰：《汉晋南朝之豪强地主世家大族与门阀制度》，《曲靖师范学院学报》，2001 年第 4 期。
2. 董桂超：《东汉私学与豪强世族化》，《群文天地》，2012 年第 11 期。
3. 简修炜：《地主世家和豪族形成的历史考察》，《西南师范大学学报》，1981 年第 3 期。

题目 2 论述王莽改制的内容及其失败的原因

相关真题 2023年东南大学；2023年中南财经政法大学；2022年首都师范大学；2020年河北师范大学；2018年云南大学；2016年南京大学；2016年上海大学；2015年中国人民大学

汉朝元、成、哀帝时期，土地兼并严重，阶级矛盾尖锐。王莽以外戚身份操纵朝政，采取了一些笼络人心的政策。公元8年，王莽自立为帝，改国号为"新"，颁发诏令，托古改制。

（一）主要内容

1. 实行王田、私属制。宣布天下土地一律更名为"王田"，不允许私人买卖。若有一户的成年男子不足8人且田地数额超过900亩的，要将多余的田地分给宗族、邻里和乡党；没有田地的人按照当时的规定授予田地；奴婢称为"私属"，不得买卖。
2. 统一度量衡。新莽政权对度量衡进行了统一和规范，将制造好的度量衡器作为当时全国度量衡的标准。
3. 实行五均六筦。①五均，在长安及全国五大城市洛阳、邯郸、临淄、宛、成都设立五均官，管理市场物价，同时征收工商业税，办理赊贷事务。规定贫民遇有丧葬、祭祀或欲经营工商业而无资金的，可向钱府丞贷款。②六筦，指朝廷对六种经济事业的管制措施，即盐、铁、酒专卖，政府铸钱，山泽土产收税和五均赊贷。
4. 改革币制。从公元7年到14年，王莽多次进行币制改革。先后铸造各种刀币和大钱等新币，又于始建国二年颁行"宝货"金、银等二十八品，停用汉五铢钱。
5. 更易名号。新莽政权对中央和地方的官名、官制、郡县地名多次更改。为了显示新朝的权威，他把边疆民族首领称王者一律降格为侯，改称高句丽为"下句丽"，改称匈奴单于为"降奴服于"。

（二）失败原因

1. 脱离实际，其目标过于理想化，缺乏切实可行的具体步骤。王莽改制中的诸多政策流于纸面，没有统一具体的标准。一些政策朝令夕改，对官吏从政以及地方施行带来了很大的困扰。
2. 触犯了大地主、大贵族、大商人的利益。改制中的有些措施触及当时社会的重大问题，比如"王田"制实行以后，地主官僚因"买卖田宅"获罪者数不胜数，原先支持王莽的贵族地主转而变成他的反对者。
3. 用人不当，导致吏治腐败，贪官污吏趁机鱼肉人民，导致社会经济日益恶化，阶级矛盾日益尖锐。
4. 多次不合理的货币变革，引起了经济混乱，加速了财政的崩溃和人民的破产。
5. 改变少数民族的称号并发动战争，不仅破坏了原本与周边各族的和睦关系，也耗费了国力，激化了社会矛盾。
6. 王莽本人的局限性。他性情躁动，急求近效，虽精于政治权术和手腕，但盲目迷信古书，不讲经济规律，不察社会现实。

总之，王莽改制并没有挽救社会危机，相反，频繁的战争、沉重的赋役、残酷的刑法，使得百姓生活在水深火热之中，被迫起来反抗。

参考资料

1. 张帆：《中国古代简史》，北京大学出版社，2001年。
2. 钱穆：《国史大纲》，商务印书馆，2017年。

题目 3 简述光武帝加强中央集权的措施

相关真题 2018年内蒙古大学；2016年云南大学；2016年河北大学；2016年西北师范大学；2015年南京师范大学；2014年中国社会科学院大学

光武帝刘秀建立东汉之后，为了巩固统治，在沿袭西汉政府建制的基础上，通过各项措施进一步加强中央集权。

1. 设立尚书台，削弱三公权力。刘秀建立东汉后，加强尚书台权力，使其不但可以选举、任用、赏罚、质询和弹劾各级官吏，还可奉诏责问公卿。这样，尚书台成为实质上的中枢决策机构，三公九卿不过听从命令办事，以至于出现"虽置三公，事归阁台"的情形，大大削弱了三公的权力。

2. 完善监察机构。①刘秀改御史大夫为司空，以地位较低的御史中丞为御史台长官，掌监察之责，与司隶校尉、尚书令合称为"三独坐"。②复置司隶校尉并扩大其职权，使其兼领一州之事，封侯、外戚、三公以下皆可纠察。③设置州刺史，除西汉所定职权外，亦有地方选举劾奏之权，至东汉后期，刺史逐渐掌有地方行政与领兵权。上述措施不仅加强了对政府官员行政的有效监督，又加强了对地方的行政管理，达到中央集权的效果。

3. 确定地方行政机构。刘秀予刺史以固定治所，其行政地位逐渐高于郡，可处理地方政务并直接上奏皇帝。由此，东汉开始走向州、郡、县三级行政制度。

4. 集军权于中央。①刘秀罢郡国都尉官，将军权并归太守，取消"都试之制"。②刘秀下令解散地方军队，减少了国家军费支出，也避免了地方军阀割据势力的产生。

5. 退功臣进文吏。①退功臣。一是封侯褒扬。在地位和经济待遇方面优待功臣，褒扬其建朝之功；二是设置奉朝请，让功臣在家闲养，朝廷遇事则邀其共议，平时不任官职。②完善察举制，多次征召天下文士担任吏职，予以重用。此举维护了东汉初年社会与政治的稳定。

6. 尊儒与用谶。刘秀不仅爱好经术，兴办太学、设立五经博士，使讲经问学蔚然成风，而且对图谶也大力提倡，借其带有的神学预言色彩强化思想统治，提高政权的正统性、强化中央集权。

7. 削弱诸侯势力。①使诸侯王政治上无治民权，王国的相由皇帝任命。②申明旧制，加强对诸侯的限制，提高中央对诸侯的控制力，有效防止分裂。

8. 以柔道治国。刘秀采取了休养生息的主张，将其作为治国思想，主张以德治国、以仁治国、以柔治国，有助于东汉初年社会的安定和生产的恢复。

综上，刘秀在多方面采取措施，东汉王朝取得了政治上的稳固，为王朝经济的恢复和发展提供了坚实的基础，使其在位期间形成"中兴"局面。

参考资料

1. 王忠全，郭玮：《试论汉光武帝刘秀的治国思想》，《中州大学学报》，1993年第4期。

题目4 简述汉朝的中外朝制度

相关真题 2019年中国政法大学；2016年东北师范大学

自汉代以来，皇权与相权之间的矛盾日益突出，以汉武帝为首的统治者为了加强皇权，采取了限制丞相权力的措施，创制了中外朝制度。

（一）建立与发展

1. 形成：西汉武帝时期。

汉武帝为了加强皇权，选拔了一批中下层官员作为自己的高级侍从和助手组成"中朝"。"中朝"是皇帝的秘书机构，核心为尚书，帮助皇帝出谋划策、发号施令，是实际的决策机关，而以丞相为首的公卿大臣，只负责处理一般的政务，成为"外朝"，地位低于"中朝"。

2. 成熟：汉昭帝时期。

以汉武帝授命霍光为大司马大将军领尚书事为分界线，标志着中朝制度进入成熟阶段。昭帝后，霍光掌握了"中朝"全部政务，"政事壹决于光"，而丞相只是听令执行。这一时期中朝制度更加完备，由顾问机构转变为决策机构。中朝官对外朝官亦有弹劾监督之权。此外，为确保决策的顺利执行，一般中朝官可以担任外朝官员（除丞相之外）的所有官职。

3. 发展：东汉时期。

东汉时期，刘秀建立尚书台，其实际上成了皇帝真正决策和发号施令的权力机构。"尚书"成为皇帝的喉舌，原属于丞相和御史大夫的职权转移到尚书手里，九卿的具体职权也被尚书诸曹侵夺，丞相一职变成徒有其名的空衔。

（二）影响

1. 中外朝制度加强了皇权。中朝的设立改变了丞相权力过大的局面，分割和削弱了宰相的决策权和辅政权，使得皇帝的权力得到巩固和加强，促进了专制主义中央集权体制的发展。

2. 中外朝制度引发中央行政体制的变化。武帝设立中朝之后，中央行政体制由三公九卿制变为中外朝制度，中央行政体制的核心由丞相逐渐转移到中朝的大将军和尚书手中。

3. 中外朝制度后期造成了外戚宦官专权的现象，影响政局稳定。东汉沿用中外朝制度，但由于皇帝年幼、无法亲政，使得外戚和宦官先后成为皇帝近臣进而专权，加速了东汉的灭亡。

总之，中朝在很大程度上削弱了相权，但到了西汉后期，外戚势力与中朝相结合后，形成了外戚垄断政权的局面，加速了西汉的灭亡。

参考资料

1. 朱绍侯：《中国古代史》（第五版），福建人民出版社，2010年。
2. 刘畅：《浅析汉代秘书机构——尚书台》，《大观》，2016年第2期。

题目5　简述秦汉时期郡县制的变革

相关真题　2023年鲁东大学

郡县制是自春秋战国起到秦代时逐渐形成的地方行政制度，秦汉时期的统治者面对具体的国家情势对其进行了不同程度的调整，以此来巩固统治。

（一）秦朝郡县制

秦统一后，秦始皇采纳李斯的建议，推行郡县制。每郡设郡守、郡尉、监御史等官。郡的官员由朝廷直接任命。郡守负责行政，郡尉掌管军事，监御史负责监察。郡下辖县，每个县依据大小不同，设县令（大县）或县长（小县）。县令（长）掌管一县政事，县尉掌军事，县丞掌司法。在县以下还有乡、亭、里等基层机构，负责教化、治安等。秦初设36郡，后不断增多。史书上记载的秦郡共有48个，统辖大约一千个县级政区。

（二）西汉郡（国）县制

1. 郡县和诸侯国并行。汉朝建立后，刘邦吸取秦朝灭亡的教训，实行郡国并行制。在中央直属地区实行郡县制，在东方则分封皇族为王，实行封国制。郡国并行制下，诸侯王拥有很大的权力，包括政治、经济、军事和司法大权，形成了地方割据势力。西汉中期以后，随着王国数目增多和领域缩小，以及汉武帝实行监察区的划分，郡国并行制逐渐演变为郡县制，中央集权得到加强。

2. 中央管辖郡县数量不断增多。汉初郡国并行制度下，中央直辖的郡县稀少，仅有15郡。文帝时，通过限制诸侯王势力，使得地方王国缩小，中央政府直接管辖的郡增加到24个。景帝时收夺诸侯国的支郡、边郡归朝廷所有，朝廷管理的郡县数量进一步增多。武帝执政后，基本消灭诸侯王势力。中央政府管辖郡108个，数量大大增多。

（三）东汉时期从郡（国）县二级制到州、郡（国）、县三级制转变

东汉建国初年，光武帝刘秀依然推行郡（国）县两级制，并对当时的政区做了一些调整。省并郡县后，形成了12王国、81汉郡的格局。其后，陆续又有所增加。东汉末年，出于镇压黄巾起义的需要，朝廷给予州牧很大权力。州牧已成为州郡的最高行政、军事长官。此时，作为巡视各郡吏治而划分的州（刺史部），由监察区变为郡（国）以上一级的行政区划。自秦代以来的郡县二级制，便成了州—郡（国）—县三级制。

综上所述，郡县制经过一系列的发展和调整，逐渐从秦时期的地方二级制度转变为汉末州郡（国）县三级制度。州级刺史部权力的不断增加，为汉末军阀混战埋下了隐患。

参考资料

1. 朱绍侯：《中国古代史》（第五版），福建人民出版社，2010年。
2. 朱绍侯：《中国古代史教程》，河南大学出版社，2010年。
3. 晁福林：《中国古代史》，北京师范大学出版社，2016年。

第五节 西汉时期的社会经济

题目1 论述西汉时期的赋税和徭役制度并分析其特征

相关真题 2015年陕西师范大学

西汉时期的赋税制度包括田租、口赋、算赋以及献费等。徭役制度主要有更卒、正卒、戍卒三种。

（一）西汉时期赋税制度

1. 田租即土地税，是土地所有者向国家缴纳的地税，刘邦曾规定田租为十五税一，后又改为十税一。惠帝后再度确定为十五税一。文帝、景帝时田租曾三十税一，以后直至东汉末年均是三十税一。

2. 口赋和算赋，即人头税。口赋也叫口钱，面向儿童征收。汉初规定十四岁以下的儿童不论男女，每人每年交20钱，汉武帝时改为每人交纳23钱，以后直到东汉一直未变；算赋面向成年人征收，15至56岁的成年人，不论男女，每人每年缴纳120钱，称为一算，商人和奴婢加倍征收。

3. 献费，是诸侯王和地方官献给皇帝的赋税，以郡国人数为基准，每人每年出63钱献于皇帝。

4. 算缗和告缗。算缗是向工商业主征收的财产税。元狩四年（公元前119年），武帝颁布算缗令，规定商人、手工业者、高利贷者向政府自报资产，并按值按物纳税。凡财产2000钱纳税1算（120钱）；凡手工业产品每4000钱纳税1算；轺车和船也要纳税。同时又规定凡隐瞒不报或报而不实者，一经查出处罚戍边1年，没收全部财产。并鼓励知情者检举揭发，规定凡揭发属实者，奖给所没收财产之一半，叫作"告缗"。

（二）西汉时期徭役制度

1. 更卒，即到各级官府服徭役。每人每年到政府服徭役一个月。亲自服役叫践更，不愿亲自服役者可出钱，由政府雇人代役，叫过更。

2. 正卒，汉初规定，成年男子需在某地服兵役一年。兵种根据各地情况不同，分为骑兵、步兵和水兵，服役期满回家，遇战则随时征召。

3. 戍卒，即到首都或边境戍守一年。在首都戍守者称为卫士，到边境戍守者称为戍卒。如不愿服役者，每月可出钱交给政府，由政府雇人代役。

（三）特征

1. 赋税制度。①具有强制性。汉朝建立起严格的租税制度，不论是农民、还是工商业者，都需要缴纳赋税，满足年龄的儿童和成年人也需要纳税。②体系完整。汉朝赋税体系包括人头税、财产税、专卖收入等各方面。③这一时期的赋税征收体现了重农抑商的特点。西汉重征商税，贬低商人地位，同时又多次采取减免租赋、入粟拜爵等措施来发展农业生产。

2. 徭役制度。①西汉的劳役范围很广，各种土木兴建，如修驰道、筑长城等，征发了大量的民役。②徭役、兵役负担逐渐加重。汉初时，实行轻徭薄赋政策。武帝时四处征讨，征西南夷，以及征匈奴等导致徭役、兵役越来越重，成为农民的沉重负担。

综上，西汉初期田租、徭役都较轻，后期较重。西汉时期的赋税制度和徭役制度的本质仍是统治阶级压迫和剥削农民的工具，仍是为了维护封建统治。

参考资料

1. 乔玲：《西汉赋税制度研究》，南昌大学2006年硕士学位论文。
2. 黄今言：《西汉徭役制度简论》，《江西学院学报》，1982年第3期。

第六节 秦汉时期的民族关系

题目1 论述两汉时期对西域的交流与管理

相关真题 2024年南阳师范学院；2023年中国社会科学院大学；2023年黑龙江大学；2022年中国人民大学；

2017年陕西师范大学；2016年西北大学

两汉时期，随着汉王朝日益富强，国家的政治力量逐步深入，边疆问题也愈发突出。其中，西域地区历来为汉朝统治者重视。

（一）西汉时期

1. 张骞通西域。①汉武帝即位后，为联合大月氏夹击匈奴，于公元前138年派遣张骞出使西域。途中张骞被匈奴扣留十余年，最终到达大月氏，但大月氏不愿东归。虽然联合大月氏没有成功，但是张骞将西域地区的政治、地理、物产、风俗等情况带到国内，为第二次出使西域打下了基础。②公元前119年，汉武帝再次派遣张骞出使西域，以联络乌孙攻击匈奴。张骞到达乌孙后，乌孙无意东归。张骞的副使访问了康居、大夏等国，扩大了汉朝的政治影响。张骞两次出使西域，促进了中西文化的交流。

2. 设置行政机构。①武帝时期，曾派赵破奴征楼兰，汉在酒泉玉门关一带设置屏障。公元前104年，李广利征大宛后，汉在楼兰、轮台等地设校尉管理屯田，这是汉在西域最早设置的行政、军事机构。②公元前121年，河西之战后汉在河西走廊相继设置酒泉、武威、张掖、敦煌四郡为河西四郡。③宣帝时控制西域北道，公元前60年，设西域都护府，以郑吉为长官，总管西域事务。④元帝时增设戊己校尉，在今新疆吐鲁番屯田。

3. 开辟丝绸之路。张骞出使西域后，中西贸易不绝，形成了自长安经河西走廊通往中亚的道路，即著名的"丝绸之路"。加之汉在西域设置行政机构，进一步促进了中原与西亚、中亚的经济、文化交流。

（二）东汉时期

1. 班超通西域。①西汉末年至新朝时期，中央王朝与西域关系恶化，加之王朝内部战乱频繁，东汉建立之初，中央未能恢复对西域的控制。在这一背景下，北匈奴在西域势力渐强，控制了西域北道。②公元73年，东汉政府先后两次派班超通西域，班超先后联合西域各政权，终于打通了汉通西域的南道。③公元97年，班超派遣甘英出使大秦（罗马帝国），到达西亚。④班超经营西域三十年，对巩固我国西部疆域，促进多民族国家的发展做出了卓越贡献。东汉恢复在西域的统治，保卫了"丝绸之路"，促进了中国和中亚、西亚各国的经济、文化交流。

2. 恢复对西域的控制。公元89年，以班超为都护，复置都护府和戊己校尉，西域五十多个政权摆脱匈奴的奴役，纳入西汉都护府的统辖之下。中原王朝恢复了对西域的控制，中西交通也重新恢复。

3. 班勇经营西域。①班超归汉后，北匈奴残余势力又活跃起来，东汉政府派班超之子班勇为西域长史，率兵抵御匈奴，基本清除了北匈奴在西域的势力。②班勇撰《西域记》一书，是我国最早的详细记述西域和中亚情况的重要文献之一。

综上所述，自汉武帝派遣张骞出使西域，到东汉班超再度出使西域，汉王朝努力经营西域，双方的交流不断加强，西域在中央管控下得到巩固和发展。

参考资料

1. 黄尧慧：《两汉时期中央王朝与西域关系之演变》，湘潭大学2018年硕士学位论文。

第七节　秦汉时期的文化

题目1　论述秦汉时期统治思想的演变与后世影响

相关真题　2023年江苏师范大学

秦汉统治者为了维护王朝统治，分别采取了不同思想治国。大体而言，秦使用法家思想治国，汉采纳儒家思想治国。

（一）秦朝：法家思想

秦朝统一后，以法家思想为统治思想，其具体表现有：在中央建立皇帝制度和三公九卿制度，在地方推行郡县制，确立起君主专制中央集权制度；在思想上，"焚书坑儒"、严禁私学，欲求学者"以吏为师、以法为教"；在法律上实行严刑峻法等。秦的统治思想虽为法家，但也吸收借鉴了其他学派的思想精华。如秦始皇在巡游各地教化百姓时大讲"合同父子""圣智仁义"。

（二）西汉初期："黄老思想"

汉初历经战乱、社会凋敝，流民四散，亟须恢复社会生产。统治者吸取秦暴政而亡的教训，推行黄老无为的统治思想。"黄老思想"主张统治者要与民休息、发展生产、减轻人民负担等，于是刘邦采取组织军队复员、赐军吏卒以爵位、招抚流亡、释放奴婢等措施发展生产、稳定政局。

（三）西汉武帝时期："罢黜百家，独尊儒术"

武帝时，经过汉初七十多年的休养生息，国力得以恢复，"黄老无为"的思想已不再适合当下的统治。汉武帝采纳了董仲舒"罢黜百家，独尊儒术"的建议，以儒家学说为正统，设太学和五经博士并规定儒家经典为学校教材。从此，儒家思想成为我国封建社会的正统思想。"罢黜百家，独尊儒术"的核心是外儒内法。

（四）西汉后期至东汉：谶纬神学

谶是一种宗教性的神秘预言，又称谶语，以预测吉凶，因通常配有图，故又叫图谶。纬是指用图谶等神秘含义解释的儒家经典，又称为"纬书"。西汉后期，儒学开始走向神秘化，谶纬神学盛行。东汉刘秀称帝后，立五经博士、行礼乐、宣教化，大肆宣扬儒家学说，令儒生校定图谶。中元元年（公元56年）刘秀宣布图谶于天下，谶纬取得了类似于"国教"的地位。

（五）后世影响

1. 法家思想成为历代维护国家统治的重要思想。法家提出的以法治国思想，一直被后世沿用，法家思想对于中国的政治、文化、道德方面起着一定的约束作用。

2. "黄老思想"为后世统治者休养生息、恢复生产提供了理论依据。汉初黄老学说将道家的"无为而治"由理论推向实践，为之后统治者在社会动乱之后，实行休养生息、恢复社会生产的政策提供了理论依据和范例。

3. 儒家思想成为汉武帝之后历朝历代的统治思想。儒家思想提出以仁义治天下的方法，强调"礼义教化"，为统治权力提供了合法性。此外，儒家思想中的责任感思想、节制思想和忠孝思想，有利于安定人心、稳定社会。

综上所述，秦汉所尊崇的思想，最终目的都是巩固统治。这些统治思想为后来历朝历代的统治者提供了借鉴。

参考资料

1. 朱绍侯：《中国古代史》（第五版），福建人民出版社，2010年。
2. 朱绍侯：《中国古代史教程》，河南大学出版社，2010年。
3. 晁福林：《中国古代史》，北京师范大学出版社，2016年。

题目2 论述汉代的儒学发展

相关真题 2013年北京大学

儒学在两汉的发展已不限于思想领域，而是深刻地影响到汉朝的政治建构，进而影响到中国历史的发展。以下分别从其原因、过程及影响三方面展开论述。

（一）原因

1. 汉初儒生对传承儒学做出了政治努力。儒生在社会上具有一定的影响力，如叔孙通、陆贾、贾谊等人，他们努力使儒学原则落实到现实政治中，使统治者开始注意儒学的现实功能并初步接受儒学。

2. 原有的"无为"政策无法解决新的政治危机。随着西汉政权的逐步巩固，出现了新的问题。"和亲"不能从根本上消除匈奴的袭扰，"分封"潜伏着分裂割据的危机，王朝需要新的治国思想来化解危机。

3. 董仲舒对儒学进行了改造。他提出"君权神授""天人合一"等理论宣扬君主权威，并糅合道家、法家和阴阳五行学说，建立了一种新的君臣道统，适应了大一统的政治需求。

4. 统治者对儒学的重视促进其发展。西汉时期，汉武帝"罢黜百家，独尊儒术"，立五经博士，儒学取得了官方地位，正式成为王朝钦定的正统思想。东汉时，刘秀以来诸帝倡导儒学，使东汉朝野上下讲经之风盛行。

（二）过程

1. 汉初。统治者吸取秦灭亡的教训，为了维持王朝稳定，选取道家思想作为主流思想，以"黄老无为"思想治国，儒学不是当时的主流思想。

2. 汉武帝时期。武帝采取董仲舒的建议，"罢黜百家，独尊儒术"，通过设立太学等措施，使儒学获得统治思想的地位，儒学开始在全国范围内传播。

3. 西汉中后期。今文经和古文经两派为争夺学术上的主导权进行了长期的争论，即今古文经之争，最后由东汉经学家郑玄广采众说、遍注群经，基本结束了两派之争，使今古文经在文本上得以统一。

4. 东汉儒学神道化。东汉初年，谶纬之学逐渐兴起，东汉光武帝刘秀曾以符瑞图谶起兵，即位后，谶纬之学成为东汉统治思想的重要组成部分，在用人施政和各种重大问题的决策上都依谶纬来决定，对儒家经典的解释也要谶纬附会，推动了汉代儒学的神道化。

（三）影响

1. 儒学成为中国古代后来朝代治国思想的主流。自汉武帝以后的历代统治者基本上都以儒学为统治思想，并在此基础上不断发展，与专制主义中央集权体制相辅相成。

2. 中国法律走向儒家化。汉代盛行依据《春秋》经义决断讼狱与朝廷大事，把儒家思想作为立法、注律的指导思想和司法实践中定罪量刑的基本原则，中国法律的儒家化形成了礼法合一的特色。

3. 为传承中国传统文化做出了重大贡献。董仲舒在儒学的基础上，杂糅阴阳五行等学说，形成新儒学。由此衍生出今文经学和古文经学等其他学派，给儒学注入了新的活力。同时也在很大程度上保留了先秦以来的儒家、道家、法家等诸多思想。

总之，儒学在汉代这个特定的历史环境下不断完善和适应社会潮流，形成自己新的思想体系，赢得主流思想地位，成为中国古代社会的正统思想，至今仍具有深远影响。

参考资料

1. 晁福林：《中国古代史》，北京师范大学出版社，2016年版。
2. 朱绍侯：《中国古代史》（第五版），福建人民出版社，2010年。
3. 李振宏：《汉代儒学的经学化进程》，《中国史研究》，2013年第1期。

题目3 论述汉代今古文经之争

相关真题 2023年中国社会科学院大学；2023年东南大学；2023年东北师范大学；2020年哈尔滨师范大学；2020吉林大学；2020年赣南师范学院；2017年云南大学；2017年聊城大学；2015年湖北大学；2015年西北师范大学；2013年四川大学；2013年首都师范大学

秦始皇焚书坑儒后，保存下来的以古文字篆书书写的儒家经典称为古文经。汉代时以隶书写成的儒家经典叫作今文经。

（一）原因

1. 今文经和古文经对诸多问题的看法不同。①今文经与古文经撰写方式不同，今文经用隶书书写，古文经用篆书书写，不同的书写形式为之后的今古文经之争埋下了伏笔。②两派对于经书的理解不同。今文经学者认为经书讲的是经世济民之学，注重微言大义；古文经学者将经书视作历史文献，注重文字训诂。③两派对孔子的评价不同。今文经学家尊奉孔子，称孔子为"素王"；古文经学家尊奉周公，认为孔子是一位"述而不作，信而好古"的先师。

2. 现实的政治需求。统治阶级内部斗争的尖锐化反映在学术思想上，就公开爆发了今古文经学的斗争。因为今文经学在解经时理论极富创造性，充满了宗教神学意味，有利于维护统治。汉武帝时期今文经学派十分盛行。而王莽以古文经为托古改制的依据，因此古文经取得合法地位，为王莽代汉提供理论依据。

（二）过程

今古文经共经历四次论争，最终走向融合。

1. 第一次论争在西汉成帝、哀帝之际，刘歆与太常博士的争论，焦点为是否立《左传》《古文尚书》为官学。为了适应王莽托古改制的需要，刘歆建议立《左传》《古文尚书》为官学，但刘歆遭到今文经学派的攻击，被迫离开朝廷。

2. 第二次论争在东汉光武帝时期。此次因立今文经博士而未立古文经博士互相争论。当时，古文经势力强大，古文经学家想为《左传》等置博士，遭到今文经博士的反对。最终光武帝立了 14 个今文经博士，古文经未立官学，再次确立今文经的官学地位。

3. 第三次论争为东汉章帝时，今古文经学家围绕《左传》进行了一次论争。这次辩论虽然古文经《左传》仍没有被确立于官学，但从此东汉太学开始教授古文经。建初四年（公元 79 年），章帝召集今文经、古文经学家讨论五经异同，会议结束后整理成《白虎通义》一书，促进了经学的发展。

4. 第四次论争为桓、灵帝时，主要在何休与郑玄之间展开，此次论争更多的是纯粹的经义之争。东汉末年，古文经学家马融、郑玄兼容今文经和古文经，破除各家传统，遍注群经。至此，今古文经实现了初步的经融合，双方斗争暂时告一段落。

（三）影响

1. 推动了古代学术发展。①今古文经之争促使今古文经学家博通群经，涌现出一大批经学专家。②今古文经师在辩难的过程中旁征博引，促进了汉代文化事业的发展。③古文经学善于训诂，在我国训诂学发展史上具有重要意义。

2. 有利于巩固封建统治。经学是封建统治阶级思想的集中体现，是统治阶级在意识形态方面压迫劳动人民的工具。今文经学主张在政治上改革，这对于巩固和加强汉朝统治极为有利。

综上所述，今古文经之争经历四次论争，今文经学逐渐式微，古文经日渐兴盛，最终走向融合。

参考资料

1. 崔新民:《两汉今古文经学之争及其影响》,《郑州大学学报（哲学社会科学版）》, 1986 年第 2 期。

第五章　魏晋南北朝

第一节　三国鼎立

题目1　论述三国鼎立的原因及其意义

相关真题　2020年吉林师范大学；2018年云南大学；2016年中央民族大学

黄巾起义后，东汉日趋衰落，出现军阀割据的局面。经过长期战争逐步形成天下三分的格局。

（一）原因

1. 经济原因。东汉末年，中原地区经历了连续战乱，经济衰败和社会动荡。许多北方士族和平民南迁至江南和荆州等相对稳定的地区，为其带来先进的农业生产技术，促进了这些地区的经济发展，为三国鼎立局面的形成提供了物质基础。

2. 地理上的客观条件。蜀有重山之阻，进可攻、退可守。吴有长江天险，易守难攻，为形成地方割据提供便利。而魏国则占据广阔的北方平原，各具战略优势。

3. 孙刘联盟的作用。赤壁之战后，三国鼎立的局面初步形成。孙、刘为生存必须结盟以抗曹操，荆州之战后，联盟虽然破裂，但夷陵之战则在客观上为孙刘重修盟约创造了条件。孙刘联合可以有力牵制魏国，形成均势。

4. 汉末军阀混战的结果。赤壁之战和夷陵之战基本确立了三国鼎立的政治格局。以曹操为代表的曹魏集团占据中国北部。以孙权为代表的江东集团占据了荆州和扬州的大部分地区。以刘备为代表的蜀汉集团在与刘璋的斗争中胜出，形成了以益州为核心的蜀汉政权。

5. 三国各政权重视对内部的治理，实力相互制衡。曹魏实行"九品中正制"笼络人才，推行屯田制以发展北方经济；蜀汉严格实行法治，平定南中叛乱，经济上全力"务农殖谷"，并大力发展水利事业；吴国以江南豪强大族为基础，实行世袭领兵制和复客制，并注重对江南地区的开发，手工业发达。

6. 三大集团的领袖、谋臣、武将在水平上势均力敌。曹操用人不拘一格，唯才是举；刘备、诸葛亮以诚待人，知人善任；孙权用人，与臣下同舟济水。这种人才智力因素上的均衡，使得当时的三大集团虽然斗争激烈，却能维持一种基本的均势。

（二）意义

1. 促进了经济的发展和各自区域的开发。三国时期的经济政策和地区开发促进了特定区域的经济繁荣，尤其是江南地区的开发，为中国南方的经济发展奠定了基础。

2. 促进了中国古代政治制度与治理的创新。三国时期出现了一系列政治制度和治理上的创新，如曹魏的"九品中正制"、蜀汉的法制建设、吴国的世族政治等，对后世有一定影响。

3. 结束了汉末以来的纷乱局面，形成了局部的统一。三国鼎立结束了自董卓之乱以来军阀混战的局面，在一定程度上形成了局部的统一，尤其是曹魏对中国北部的统一为日后西晋的统一奠定了坚实的基础。

4. 促进了军事战略与技术的发展。三国时期的军事对抗推动了军事战略和技术的发展，如使用连弩、木牛流马等，增强了军事实力。

总之，魏、蜀、吴三国鼎立局面的形成是多方面因素造成的，但客观上实现了局部统一，顺应了历史发展规律，为全国统一奠定了基础。

参考资料

1. 顾奎相，陈涴：《三国鼎立成因新论》，《江海学刊》，1994年第4期。
2. 景有泉：《三国鼎立局面形成问题研究综述》，《中国史研究动态》，1996年第5期。
3. 田余庆：《秦汉魏晋史探微》，中华书局，2004年。

第二节 东晋南朝的政治

题目1 简述东晋侨置政策的原因、内容、影响

相关真题 2022年中国社会科学院大学；2021年内蒙古大学；2019年中央民族大学

侨置州郡县是指东晋南朝时期沿用北方地名在南方各地临时设置的州郡县，用以安置侨居江淮一带的北方人口。

（一）原因

1. 直接原因。在两晋南北朝时期，郡望代表着家族群体与士族的社会地位的高低。因此实行侨置政策是维护南渡士族社会地位的需要。

2. 政治原因。侨置州郡县是东晋在分裂时代用以彰显其政权正统性的方式。同时以寄托对故土的怀念，表示收复失土的决心。

3. 社会原因。西晋末年永嘉之乱后，北方士族、流民大量南下，东晋政府为了方便对其管理并保障北来士族特权，便在他们聚居的地方设立侨州、侨郡、侨县。

（二）内容

1. 政府在长江南北和梁益通路设置侨州郡县。比如在京口（今镇江地区）侨置北方的徐州、兖州，在广陵地区（今扬州）侨置青州，在襄阳（今襄阳市）一带侨置雍州等，后来又在侨州侨郡地名上冠以南字，如南徐州、南兖州、南青州、南兰陵郡等，在侨置行政区域内，多任命北方士族官僚担任长官。

2. 侨置郡县的管理。东晋政府规定侨人另立户籍白籍，并免征赋税徭役。其目的在于保障北来士族的政治经济特权。政府把南迁的北方流民仍归于士族豪门的奴役之下，成为他们的奴仆、佃客。

3. 撤销侨置郡县，侨民编入所在地户籍。侨置政策对侨人免征赋税徭役，导致了士族官僚大肆兼并土地情况，另一方面也出现了版籍管理混乱的情况。为了方便管理户籍和缓解财政军政的压力，政府实行了土断，意为居民按实际居住地编定户籍，合并或裁撤流寓郡县，避免世家大族荫庇人口，改白籍为需要提供赋役的黄籍。整个东晋共有三次土断，其中较为著名的是庚戌土断和义熙土断。

（三）影响

1. 加速了经济重心的南移。侨置政策使大量黄河流域人口流入江淮一带，北方先进的农业生产技术也被带到南方，这为江南地区的经济发展创造了有利条件。

2. 稳定了社会秩序，并对东晋南朝的军事形势起到积极作用。侨置政策使得北来流民不仅可以从事农业生产，也成为东晋的主要兵源，为日后东晋精锐北府兵的创立和淝水之战的胜利奠定了基础，确保了东晋政权的安全。

3. 造成了东晋户籍制度管理的混乱。侨置过久，原本只是借土寄寓的部分侨州郡县拥有了实土，但名称仍沿用侨名，导致了版籍的混乱，不利于东晋中央政府对地方的控制。

4. 增强了南北间的文化交流。北方侨民的南迁促进了南北之间的文化交流，有利于儒学的传播，同时延续了自汉魏以来的中华文化。

参考资料

1. 王仲荦：《魏晋南北朝史》，上海人民出版社，2016年。
2. 周振鹤：《中国行政区划通史·三国两晋南北朝》，复旦大学出版社，2009年。

题目2 论述南朝加强中央集权的措施

相关真题 2018年苏州大学；2018年山西大学；2016年西北师范大学

南朝皇权重振，士族不再掌握实权，寒人开始崛起。南朝各代皇帝从行政制度、用人措施、遏制地方势力几个方面着手加强中央集权。

（一）改革中央官制

1. 设尚书省。始于曹魏时期，长官为尚书令和尚书左右仆射，下设有诸曹尚书负责具体事务。初设时该部职责是听命于皇帝，协助处理政务。到了南朝时期，尚书省已经成为执行机构，不再具有决策权。

2. 设中书省。始于曹魏时期，长官为中书监、令。职权包括帮助皇帝起草诏书、政令等，掌尚书奏事，并奏承皇帝。初期设置是为了分化尚书省之权，南朝时其权日益加重，之后内部权力分化，起草诏书之职大多由中书舍人负责。

3. 设门下省。①始于西晋。②有侍中、黄门侍郎等职。其中侍中若不兼任他职，即为宰相。③职权包括出谋献策、纠正违阙。④初期设置是为了分化中书省之权，南朝时门下省已有权审议中书省起草的诏令，首开审议封驳的先河。

4. 设秘书省。始于南朝，主要掌管典籍、图书。

5. 设集书省。始于南朝，职权包括侍于皇帝左右、指正得失、审阅图书，有驳回权。

（二）拔擢寒人

1. 武将执兵柄。南朝的开国皇帝以军功起家执掌兵权，打破了以往士族掌握军权的局面。南朝的将帅也多是寒门出身。

2. 寒人掌机要。南朝时因士族无能，且被皇帝忌惮，故而机要多由办事能力强的寒人掌管。中央权力集中在多由寒人担任的中书通事舍人手中，其职虽卑，权势颇重。皇帝虽起用寒人，但大权独揽。

（三）遏制地方势力发展

1. 皇子镇要藩。南朝为了加强中央集权、打击州镇士族势力，便普遍派遣宗室诸王出镇方州。

2. 建立典签制度。南朝以寒人担任典签来控制担任州镇军政长官的宗室子弟。典签不仅可以决定州镇要事是否可行，而且每年需回京汇报情况，位卑权重，形成了"诸州唯闻有签帅，不闻有刺史"的局面。

南朝时期，皇帝有意识地拔擢寒门执掌机要，排斥士族；中央实际掌握政务的中书舍人和给事中，也基本由寒人担任。这都反映了该时期门阀政治的衰落和君权的加强。

参考资料

1. 杨有庭：《三省六部制的形成及其在唐代的变化》，《厦门大学学报》，1983年第1期。
2. 王铿：《论南朝宋齐时期的"寒人掌机要"》，《北京大学学报》，1995年第1期。

题目3 评价梁武帝

相关真题 2018年湖南大学

梁武帝萧衍（502—549年在位）是南朝各帝中在位时间最长的皇帝，作为萧梁一朝的建立者与葬送者，萧衍的一生中既有显著功绩，也有明显过失，我们应当对其客观辩证地评价。

（一）梁武帝的功绩

1. 政治方面。

①强化中央集权。梁武帝时中央事务划分五部进行管理，提高行政效率的同时加强了皇权；他重新划分了行政区域，设置州、郡、县，加强中央对地方的直接管理。此外，梁武帝还重视法律的制定与施行，注重法律的公正与合理性。

②积极调和士族与庶族的矛盾以稳定朝政。一方面，梁武帝修订士族谱牒，增加官职和多立州郡以任用旧士族子弟为官，保障士族的特权。另一方面提拔和重用庶族，任用能干的寒人典掌机要，平衡朝局。

③注重人才选拔。梁武帝以儒家经典作为选才考试的内容，从中可见科举制的影子。

2. 军事方面。梁武帝具备出色的军事才能，多次领导战争取得胜利。他成功抵御了北方民族的多次袭扰，尤其是在507年的钟离之战中取得了对北魏的重要胜利，有效保护了南朝的边境安全。

3. 文化方面。梁武帝对文化和教育的振兴尤为重视，他本人博学多才，热衷于文学和艺术，大力支持文化事业，兴办学校，鼓励文学创作，促进了南朝文化的繁荣。在他的推动下，南朝出现了一批著名文学家和学者，为中国文化史留下了丰富的遗产。

4. 个人品德方面。梁武帝当政近 50 年，生活方面坚持简朴节俭，在历代皇帝中难能可贵。

（二）梁武帝的过失

1. 侯佛。梁武帝三次舍身同泰寺，赎钱达四亿之多，致使朝政荒废、国库消耗。同时佛寺荫蔽人口，兼并土地，对梁朝的财政产生了负面影响。

2. 梁武帝一方面纵容王侯的骄横不法，另一方面对百姓的统治相当严酷，法律严苛。

3. 导致了萧梁的灭亡。梁武帝晚年未能妥善处理侯景的投靠，致使侯景举兵反叛，国家陷入内乱，最终导致了萧梁王朝的灭亡。

综上所述，梁武帝功过皆有，他亲手造就了"自我得之，自我失之"的悲惨命运，但同时也应肯定他对南朝历史发展起到的积极作用。

参考资料

1. 赵以武：《试论梁武帝一生事功的成败得失——兼论梁代在中国文化史上的地位》，《嘉应大学学报》，2001 年第 5 期。
2. 肖黎：《论梁武帝》，《史学月刊》，1983 年第 3 期。

题目 4　论述侯景之乱及其影响

相关真题　2016 年西北师范大学

侯景之乱（548—552 年）是南朝梁武帝末年东魏降将侯景发动的叛乱，又称太清之难，作为南朝史上的重要事件，深刻影响着南朝的历史走向。

（一）侯景之乱的背景

1. 萧梁方面的背景。①梁朝统治阶级腐朽。作为统治阶级的门阀士族骄奢淫逸，贵族子弟在京城胡作非为，各级官吏可以公开贪污。②萧梁的士兵地位低下，兵户负担沉重，生活也异常困苦，军队腐败问题突出，种种问题导致军队在面对战争时不堪一击。③土地兼并日益加剧，赋税和徭役负担沉重，大量自耕农破产，社会矛盾日趋尖锐。④萧梁对侯景的处理不当是导致侯景之乱的直接原因。梁武帝在接受侯景的投降后，又同意了东魏提出的用侯景交换宗室萧渊明的方案，致使侯景走投无路，起兵反叛。

2. 侯景方面的背景。侯景长时间在军事方面具有较强实力，与东魏中央政权的关系难以协调，故其发动叛乱满足野心也是顺理成章的事。

（二）侯景之乱的过程

1. 侯景投梁。侯景与东魏掌权的高澄发生矛盾，想以献河南 13 州为名降梁。梁武帝想借侯景之力统一北方，接受侯景的投降，并许以河南王、大将军等职。

2. 侯景反梁。梁武帝以宗室萧渊明迎侯景，不料萧渊明在接应之时被东魏击败遭俘。东魏欲以萧渊明交换侯景，与梁结好。梁武帝同意了这一方案，侯景走投无路，于 548 年举兵反叛。次年攻陷建康，梁武帝被囚禁，不久去世。

3. 侯景自立。梁武帝死后，侯景先后拥立萧纲、萧栋为帝，不久废萧栋自立为帝，改国号为"汉"，大杀萧衍子孙，萧梁的统治至此实际解体。

4. 叛乱被平定。552 年，王僧辩、陈霸先攻下建康，侯景逃跑时被部下所杀，叛乱结束。

（三）侯景之乱的影响

1. 促使萧梁的灭亡和陈朝的建立。侯景之乱极大削弱了梁朝，为陈霸先的崛起和陈朝的建立铺平了道路。

2. 南朝门阀势力遭到毁灭性打击。侯景攻陷建康后对门阀士族进行了大规模的打击，大量士族丧生，削弱了其在社会中的影响力。

3. 推动南方土著豪强崛起。叛乱期间，江南土著豪强乘机竞起，各据坞堡自卫，在平定叛乱和建立陈朝的过程中建立赫赫战功，而后在陈朝建立的过程中扮演重要角色。

4. 促进南朝兵制变革。叛乱加速了兵户制的瓦解，募兵制和私兵制开始兴起，改变了南朝的军事体制。

5. 北强南弱局面正式形成。叛乱后南朝势力进一步萎缩，北方势力（东魏、北齐、西魏）占据优势，南北力量失衡更加明显。

总之，侯景之乱既给江南人民带来巨大浩劫，但客观上又推动了南朝历史的发展，其影响是复杂多面的。

> 参考资料

1. 万绳楠：《陈寅恪魏晋南北朝史讲演录》，贵州人民出版社，2007年。
2. 高敏：《魏晋南北朝史发微》，中华书局，2005年。

题目 5　简述南朝士族与寒人势力的消长

> 相关真题　2014年苏州大学

皇权在南朝得到了有限度的回归，南朝政治整体上呈现出士族衰落和寒人兴起的对立面貌，以下简述二者在南朝的此消彼长。

（一）刘宋士族始衰与寒人崛起

1. 刘宋政权是刘裕凭借个人能力和军人集团的支持建立的，故而改变了与门阀共天下的政治格局。但政权初期仍需士族给予政治支持，多任用士族担任高官。不过由于士族长期怠政和君主的刻意防范，士族影响力逐渐减弱。

2. 到宋文帝时期，寒人开始担任中书舍人，掌管军政要务，由此掌控了中书省。此后，刘宋王朝还令寒人担任典签和外监以掌握军权。

（二）齐梁士族势力继续衰退，寒人地位提升

1. 萧齐沿用了刘宋的相关制度，对寒人担任的中书舍人委以重任，使得中书舍人下达的命令具有很高的效力。同时，萧齐政权时期的典签兼具对州的监察权和行政权，制局监（职掌内府器杖兵役）能够决断征兵兴役、调动军队，二职也多由寒人担任。

2. 梁武帝时期对中央机构进行改革，形成了尚书省、门下省、中书省、秘书省和集书省这五个权力机构，分散了士族对政权的控制。梁武帝父子任用能干的寒人典掌机要，继续重用和提拔庶族，如任用寒人朱异任中书舍人达三十余年。而侯景之乱的爆发，更使得南朝士族受到毁灭性打击，从此一蹶不振。

（三）陈朝士族的崩溃与寒人的强盛

陈朝主要是在江南土著豪强的支持下建立的。侯景之乱使得南朝士族元气大伤，但江南土著豪强却趁机崛起，士族在陈朝政权中成为少数，这一群体已丧失在政治上的优越地位，门阀制度走向瓦解。这一时期的寒人成为陈朝中央政权的核心与多数，中书舍人已成为只有寒人可以担任的要职，寒人入仕成为普遍现象，并通常在朝廷机构担任武职，士族集团的军权进一步被剥夺。

总之，由于南朝皇权的重振和士族自身的腐朽，南朝士族的政治地位逐渐降低，取而代之的是寒人的崛兴，但历史的惯性使士族这一群体的社会声望和影响持续到了隋唐两朝。

> 参考资料

1. 万绳楠：《陈寅恪魏晋南北朝史讲演录》，贵州人民出版社，2007年。
2. 钱穆：《国史大纲》，中华书局，2010年。

题目 6　论述从秦汉到魏晋南北朝三公九卿制向尚书台体制的变化

> 相关真题　2019年西北师范大学

秦始皇统一全国后，在中央实行三公九卿制，经过不断的发展演化，到魏晋南北朝时期逐渐确立了尚书台体制，对当时政局的发展产生了巨大的影响。

（一）秦至汉初的三公九卿制

在中央设丞相、太尉、御史大夫三职。丞相为百官之长，辅佐皇帝处理全国政务；太尉掌军政，协助皇帝管理军队；御史大夫掌监察，主要是监察百官并牵制丞相以防其专权。三者互相分权，互相牵制，最高权力掌握于皇帝之手。三公之下辅之以九卿，分掌司法、租税、教育、警卫等各项具体事务。

（二）两汉尚书职权的扩大

1. 汉武帝时期。汉武帝选拔了一批中下层官员如尚书、中书、侍中等组成"中朝"以限制相权，"中朝"是皇帝的秘书机构，辅佐皇帝出谋划策、发号施令。以丞相为首的公卿大臣，只负责处理一般的政务，成为"外朝"，地位低于"中朝"。

2. 汉成帝时期。汉成帝进一步将尚书组织成尚书台，使其成为独立的官衙负责收发诏命章奏。尚书台的设立，标志着新的秘书机构正式形成。

3. 东汉时期。东汉光武帝时扩大了尚书台的权力，使其成为总理国家政务的中枢权力机构，而三公九卿只是受命办事，形成了"虽置三公，事归台阁"的局面，三公的权力被进一步降低。

（三）魏晋南北朝时期尚书台向尚书省转变

1. 曹魏时期，尚书台的主要职责为协助皇帝管理一切军国大事，是最具实权的行政机构。但由于权力过大，曹魏时期又设立了中书省，分割了尚书台的部分权力，尚书台逐渐由中朝官转变为外朝官。

2. 西晋时期沿用魏制，但中书省的权力进一步加强，取代了尚书台的原有职权。尚书台的角色逐渐转变为执行机关，并设有吏部、三公、客曹、驾部、屯田、度支六曹。

3. 东晋时期，尚书台职权加重，由皇帝近侍成为掌握国家军政大权的专门行政部门，主要负责参与国家大事的决策和执行政令。

4. 南朝时期，官制大体沿用魏晋，尚书台正式改名为尚书省，其结构和职能更加完善，彻底成为听命受事的执行机关。

从三公九卿到尚书台体制的演变过程中，一个核心趋势便是相权不断被削弱、皇权不断强化。这一方面有利于权力的集中和政权的巩固，但另一方面也造成了皇帝的专权。

参考资料

1. 晁福林：《中国古代史》（上册），北京师范大学出版社，2016年。
2. 朱绍侯：《中国古代史》（第五版），福建人民出版社，2010年。
3. 郝松枝：《汉唐时期尚书省的演变》，《陕西师范大学学报（哲学社会科学版）》，1998年第2期。

第三节　十六国北朝的政治形势与民族关系

题目1　评述十六国后期少数民族政权的主要特点

相关真题 2019年吉林大学

一般认为十六国后期从淝水之战（383年）开始，短短几十年的时间，北方相继出现了十几个少数民族政权，这些政权总体而言呈现出以下特点：

1. 政权分裂割据且更迭频繁。关东地区先后出现后燕、西燕、北魏（代）、南燕、北燕、翟魏6个国家，关中地区有后秦和夏，河西走廊先后出现西秦、后凉、北凉、南凉、西凉5个国家，各政权间争战不休，政权寿命都不长，一般只存在二三十年，西魏存在9年就被灭，最短的翟魏只有4年。

2. 政权上层多吸收汉族士人。十六国后期，政权上层都有吸纳汉族官员和士人填充政府机构的情况，学习汉人政府的运作模式，形成胡汉联合统治的政治格局。

3. 形成胡、汉两套官制和社会管理系统。后燕、后秦、南凉等纷纷效仿汉制，形成"皇帝—各级官僚—州郡汉民（以'户'为单位）"和"单于—各级酋长—胡人部族（以'落'为单位）"两套系统，对下层胡汉人民分而治之。

4. 政权大多模仿汉制进行改革。北方多数政权的华夏认同强烈，在政治上重用汉人，并模仿汉制进行制度架构；在经济上大力发展农业，设置专掌农业的官职，劝课农桑、奖惩结合，模仿汉人农业礼仪，大力屯田并提供农业救济政策，建立相应的赋税制度；在文化上，通过各种措施发扬汉文化，如建立学校，重视儒家文化，模仿汉人风俗礼仪，参照汉文化设立其国号。

5. 除北魏外，其他政权基本没有什么突出政绩，且残暴性更明显。如后燕皇帝慕容垂率军围攻前秦苻坚占据的邺城，久攻不下，竟用漳水灌城，城外百姓尽死。又如夏国王赫连勃勃不但在战争中大批地掳掠和坑杀人民，平时也常无故杀人，强征十万民夫，筑国都统万城，不惜民力，视人如草芥。

6. 政权内部矛盾复杂多样，内乱不断。大部分少数民族政权内乱不断，特别是王室成员为争夺君位继承权而引发的宫廷内乱又会扩展为各地方镇之间、中央与地方之间的军事冲突，导致统治基础十分薄弱。

总之，十六国后期的北方政权总体上破坏性与建设性并存，其不同程度吸收汉文化的措施加速了民族交融的步伐，其消极失败的因素也给后来入主中原的少数民族政权提供了经验教训。

参考资料

1. 王素香：《浅谈十六国政权统治的主要特点》，《锦州师范学院学报》，1999年第2期。
2. 崔一楠，王姝：《十六国时期北方政权政治模式研究》，南开大学2012年硕士学位论文。
3. 彭丰文：《论十六国时期胡人政权速亡原因及其历史启示》，《史学集刊》，2012年第3期。

题目2　论述十六国政权的华夏认同

相关真题　2024年历史学统考

十六国时期，从公元304年至439年，涵盖了前赵、前秦等多个政权，是中国历史上多民族政权并立的一个特殊阶段。这些政权表现出对华夏文化的深度认同，通过多方面的措施，促进了民族交融，为后续的统一中国和中华民族的形成奠定了基础。

1. 政治上的华夏认同：追求大一统的理念。在政治领域，十六国中的多数政权都以恢复或建立大一统的中央帝国为目标。前秦的苻坚便是一个突出例子，他在成功统一北方后，企图进一步统一整个中国，虽然最终在淝水之战中失败，但这一目标体现了非汉族政权对汉文化中大一统理念的认同和追求。

2. 胡汉结合的治国策略：十六国多个政权在管理国家时，采取了融合汉族官僚制度的做法，吸纳汉族士人进入政府机构，形成胡汉融合的统治阶层。这种做法不仅提升了行政效率，也促进了文化交流和民族交融，是对华夏传统治理方式的认同和借鉴。

3. 经济制度的华夏认同：仿效汉制的经济政策。在经济建设上，十六国政权广泛采用了汉代的经济政策和管理制度。例如，推广农业生产，设立专门官职以管理农业，引入赋税制度等，这些措施旨在恢复和发展战后经济，体现了对汉代经济制度的学习和应用。

4. 法律制度的华夏认同：汉法的采纳和应用。多数政权在法制建设上，也借鉴了汉代的法律制度。通过采用汉族的法律来规范社会秩序和处理法律事务，体现了对汉法制度的认同和尊重，也促进了法制的统一和民族交融。

5. 文化与教育的华夏认同：弘扬汉族文化。在文化领域，十六国政权对汉族文化的尊重和推崇表现尤为明显。许多政权的统治者本身深受儒家文化的影响，积极推广汉字、儒学和汉族的文学艺术，通过支持文化教育事业的发展，促进了文化认同和民族交融。

6. 族群交融的华夏认同：许多政权通过与汉族世家的联姻，加强了政治联盟，也促进了不同民族间的文化交流和交融。这种通过婚姻来实现族群交融的做法，进一步表明了十六国政权对华夏文化的认同和接纳。

十六国时期，各政权对华夏文化的广泛认同和积极汉化，不仅促进了当时社会的稳定和经济的恢复，更重要的是促进了不同民族之间的交流和交融，为中国历史上的民族交融和文化发展做出了重要贡献。

参考资料

1. 朱绍侯：《中国古代史》（第五版），福建人民出版社，2010年。

2. 朱绍侯：《中国古代史教程》，河南大学出版社，2010年。
3. 晁福林：《中国古代史》，北京师范大学出版社，2016年。
4. 刘正寅：《中国历史上华夏认同的演进与升华》，《历史研究》，2022年第3期。

题目3 简述北魏前期的封建化内容

相关真题 2024年扬州大学；2019年西北师范大学

从北魏成立到孝文帝改革前，道武帝拓跋珪和太武帝拓跋焘在此期间主持推动了诸多封建化改革，深刻影响着北魏的历史进程。

（一）原因

1. 拓跋氏统治者自身的需求。拓跋族进入中原后面对着复杂的社会环境和民族杂居的局面，传统的部落制度已不适应新的统治需求。同时，统治阶级受汉文化的影响，提高了自身素养，为封建化改革提供了内在动力。

2. 汉士族的影响。永嘉之乱后留居中原的士族可以为北魏提供人才资源和先进的管理经验，加速北魏的封建化进程。

（二）拓跋珪改革

1. 政治方面。①把都城迁往平城。②参照汉制制定官僚体系和律令制度。③令朝野人士皆束发加帽。④命令州县大量收集儒家经典，置五经博士，设太学。

2. 经济方面。①解散部落组织并按地域定居，变游牧经济为定居的农业经济，并设立"八部帅"负责劝课农耕。②将山东六州的人口迁往平城，下诏给内徙新民耕牛，计口授田。③在京畿地区建立北魏第一个大型农业区。

（三）拓跋焘改革

北魏太武帝拓跋焘时，任用北方士族崔浩、道士寇谦之进行封建化改革。

1. 政治方面。①大量任用汉人，相对提高汉人地位。②实行胡汉杂糅的政治制度。汉魏的台省和鲜卑的氏族部落旧制并行，如尚书省设南、北二部尚书，南部尚书管南部州郡，任职者汉鲜兼有，北部尚书管北部州郡，任职者全都是鲜卑人。③以宗主督护制作为地方基层组织形式。为了稳定统治，方便征收徭役和赋税，政府承认了宗主对包荫户的奴役和控制，并以此为基础建立地方基层政权，以世家大族为宗主，督护百姓。

2. 经济方面。多次下诏放宽徭役，收税时不避强凌弱，与民休息，不断减轻农民负担。

3. 文化方面。①推崇道教。太武帝下诏书立道教为国教，寇谦之为天师，并接受寇谦之代表老君授给他的"太平真君皇帝"称号。②提倡儒学。425年建立太学并祭祀孔子，要求王公贵族子弟到太学学习儒学。③削弱佛教。446年，太武帝下令在全国范围内展开灭佛行动。

4. 军事方面。为防御柔然犯边，在北方建立了沃野镇、怀朔镇、武川镇、抚冥镇、柔玄镇、怀荒镇六个军镇。镇将由鲜卑贵族担任，镇兵由鲜卑部落民充当。

拓跋珪的改革总体上没有遇到多大阻力，但拓跋焘时期的封建化改革以崔浩、寇谦之两人被杀而宣告失败。虽然如此，北魏前期的封建化改革依然代表了当时民族交融的趋势，为后来孝文帝的改革奠定了基础。

参考资料

1. 王春红：《士族在北魏封建化进程中的作用》，福建师范大学2005年硕士学位论文。

题目4 评述北魏太武帝拓跋焘 醒吾历史统考预测题

拓跋焘是北魏的第三位皇帝（423—452年在位），他在位期间进行了一系列改革，有效巩固了政权，促进了社会经济和文化的发展，但也存在一些争议。

（一）政治方面

1. 笼络各族上层人物。他积极吸纳汉族以及其他民族的精英进入政府，扩大统治基础，增强政权的稳定性。拓跋焘通过将各族精英纳入政府，有效地促进了各族之间的交流与合作，增强了北魏的凝聚力。

2. 重申法纪，整顿吏治。拓跋焘对行政机构进行了精简，数次裁撤冗员，并通过严格的法律手段整顿吏治。这些措施极大地提高了政府的行政效率和公信力，为北魏的长期稳定奠定了基础。

（二）经济方面

减免租赋，与民休息。太武帝下诏减少徭役，且要求纳税时尽可能做到公平合理，不分贫富，一律纳税。这不仅减轻了农民的负担，保护了农业生产，还促进了社会经济的稳定和发展。

（三）军事方面

1. 对外。拓跋焘成功统一北方，消灭了北方的割据政权，如柔然、赫连大夏等，结束了分裂割据的状态，为北魏的稳定和扩张奠定了基础。

2. 对内。镇压各族人民起义，如镇压了434年的西河山胡起义、444年的"北部民"起义、445年的盖吴起义等。

（四）思想文化方面

1. 崇道灭佛。太武帝下诏立道教为国教，同时极力削弱佛教，勒令和尚还俗，在446年下令在全国范围展开灭佛行动。

2. 提倡儒学。太武帝建立了太学并推广儒家教育，还下令王公官员子弟到太学学习儒学，提高官僚系统的文化素养和治理能力。

（五）综合评价

1. 正面评价。北魏太武帝拓跋焘统一了北方，通过改革政治、整顿吏治、擢拔人才、奖励耕桑等措施使北方地区的经济文化迅速发展，加快了民族交融的进程，为后续的汉化改革奠定了基础。

2. 负面评价。他在统一和改革过程中，采取的一些强硬手段加剧了民族矛盾，对各族人民造成了伤害，这些行为带有一定的落后性。

北魏太武帝拓跋焘采取的一系列措施推动了北魏的封建化，也为孝文帝的汉化改革提供了基础。不过由于反对派的力量强大，改革力量较为弱小，最后以失败告终。

参考资料

1. 王仲荦：《魏晋南北朝史》，上海人民出版社，2016年。
2. 王庆宪：《拓跋焘巩固北魏政权的内外政策措施》，《内蒙古大学学报》，2000年第1期。
3. 施光明：《论拓跋焘对北魏社会的贡献及其历史地位》，《固原师专学报》，1987年第1期。

题目5 简述西魏宇文泰改革内容

相关真题 2013年西北师范大学

西魏大统七年（541年）起，宇文泰实施了一系列改革，涵盖政治、经济、军事和文化等多个方面，不仅加强了西魏及后来北周的国力，也为隋唐的强盛打下了基础。

（一）革新政治，稳定社会

1. 颁布"六条诏书"。包括修身养性、道德教化、生产富民、人才选拔、法律公正、税役分配六个方面，"六条诏书"成为改革的主要纲领。

2. 推行教化，宽省刑法。改革以德治教化为主、法治为辅的统治原则，向百姓灌输儒家的纲常伦理观念，使其服从统治。法律上，宇文泰要求治狱官要判案从宽，减轻刑罚，官吏犯法一视同仁。

3. 选拔贤能，限制门阀。宇文泰提出选举人才应不限门第，打破了以门第选官的传统。

4. 改革官制。宇文泰仿效《周礼》建立六官制，六官为天（负责祭祀和礼仪）、地（负责土地水利）、春（负责教育和人才选拔）、夏（主管军事国防）、秋（负责司法刑法）、冬（主管工匠）。其中天官府的大冢宰为百官之长，类似于宰相。

（二）恢复生产，发展经济

1. 改革北魏均田制。宇文泰重新制定了授田的数量及租调、徭役的征收标准，严禁官吏、豪强隐匿户口和土地，在赋役上力求平均，缓和了阶级矛盾，促进了经济的发展。
2. 改革役制。将服役年龄由十五岁改为十八岁，同时减少服役时间和服役人数，减轻农民负担，令其得以从事生产。
3. 平均赋役。西魏制定预定次年徭役的计账之法，以使赋役征发更加合理，同时在征调赋役的时间上给贫弱者以照顾，以免富家大贾乘机渔利。
4. 督课农桑。宇文泰要求地方官吏平时要监督民众进行农业生产，传授相关的生产技术等。

（三）创建府兵制

1. 府兵制下，士兵平时耕种土地，农隙训练，战时从军打仗，兵农合一。
2. 在军队建制上，按照鲜卑原有的八部设八柱国大将军，实为六个（宇文泰和另一宗室元欣挂虚名，不领兵）。六个柱国各督两个大将军，每个大将军各督两个开府，每个开府各领一军，共二十四军。
3. 在官兵关系上，宇文泰借用氏族部落的血缘纽带来组织府兵，使官兵之间蒙上一层宗族的亲密色彩，增强了军队的凝聚力和忠诚度。

（四）推崇儒学，革新文风

1. 倡导儒学，兴办学校。宇文泰专门设立学校，为官员讲习儒经和整理经籍。在京师设国子学教习儒家经典、掌教三品以上及从二品以上官员的子孙。
2. 修订礼乐。宇文泰命令官员借鉴前朝的礼乐制度，并组织儒学大家制定新的礼乐制度。
3. 革新文风。宇文泰命苏绰制定《大诰》，内容是古代帝王颁布的公文诏书，文风简明质朴，此后"大诰体"的质朴文风成为新的文体体裁标准文风。

综上，宇文泰的一系列改革措施为北周灭齐和隋统一全国奠定了基础，且对后世也产生了深远的影响。

参考资料

1. 王仲荦：《魏晋南北朝史》，上海人民出版社，2016年。
2. 刘国石：《简论西魏北周改革——兼论孝文改制未尽之历史任务》，《民族研究》，1999年第3期。
3. 施光明：《宇文泰改革评析》，《固原师专学报》，1990年第3期。

第四节　北魏孝文帝改革

题目1　试论北魏孝文帝改革

相关真题　2024年长春师范大学；2024年中国社会科学院大学；2024年南阳师范学院；2023年安庆师范大学；2023年湘潭大学；2023年西华师范大学；2023年西北民族大学；2022年兰州大学；2022年黑龙江大学；2022年青海民族大学；2020年中国社会科学院大学；2020年东北师范大学；2020年西南民族大学；2020年西南民族大学；2020年吉林师范大学；2019年兰州大学；2018年陕西师范大学；2017年南京大学

北魏孝文帝拓跋宏在位期间（471—499年）实行了一系列改革，第一期主要在冯太后执政期间展开，改革政治、经济制度，第二期在迁都洛阳之后，由孝文帝实行。

（一）背景

1. 经济落后。北魏统治者虽重视农业，但畜牧生产仍占较大比重。这时的农业很难满足不断扩大的北魏统治机构和其他方面对粮食的需求。
2. 政令不举。北魏在征服中原时，无力削平众多由豪强地主构筑的坞堡，只好任命这些坞堡主为宗主督护，如此一来，境内出现许多大大小小的独立王国，政令难以推行。
3. 阶级矛盾与民族矛盾尖锐。北魏统治者在征服的过程中，把大量的汉族和其他民族人民变为奴隶与杂户，阶级、民族矛盾尖锐。在统治阶级内部，鲜卑贵族与汉族地主之间也存在矛盾。

4. 大量荒地的存在和皇权的增强，为改革提供了基础条件。

（二）主要内容

1. 第一阶段：政治经济改革。

政治方面。①整顿吏治。规定任期按吏治好坏决定，不固定年限；制定俸禄制度，官吏俸禄由国家统一筹集；加大反贪力度，树立御史台的权威。②废除宗主督护制，实行三长制。规定五家立一邻长，五邻立一里长，五里立一党长。三长职责是掌握乡里人家的田地、检查户口、管理农民、征收租调和征发兵役徭役。

经济方面。①推行均田制。男子十五岁以上，授露田 40 亩，桑田 20 亩；妇人授露田 20 亩。露田种植谷物，不得买卖，七十岁交还国家。桑田种植桑、榆、枣树，不须交还国家，土地不准买卖。奴婢授田与良人同。官吏给公田，离职时移交下任，不得转卖。②赋税制度上废除九品混通制，实行新租调制。即一夫一妇每年出帛 1 匹，粟 2 石。15 岁以上未婚的男丁 4 人、从事耕织的奴婢 8 人、耕牛 20 头，分别出一夫一妇的租调。

2. 第二阶段：汉化改革。

迁都洛阳。平城位置偏僻，易受柔然威胁，不利于统治中原，且保守势力顽固，不利于汉化政策推行，故孝文帝亲政后将都城迁往洛阳，以便统治。

实行汉化。①改官制，魏初，鲜、汉官号杂用，迁都之后一律依照魏晋南朝制度治国。②禁胡服，服装统一依汉制。③断北语，禁止使用鲜卑语，改说汉语。④改姓氏，把鲜卑的复姓改为单音的汉姓。⑤定族姓，即仿汉族门阀制度定鲜卑族姓。⑥革婚俗，鼓励胡汉通婚。

（三）影响

1. 促进北魏经济恢复和发展。改革提高了农业产量，促进畜牧业的发展，农业技术也不断发展，人民更加安居乐业。

2. 促进北魏政权封建化。改革强化了北魏的国家机器，引入了先进的官僚制度，提高了行政效率。

3. 增强了民族交融和交流。汉族人民与鲜卑族更好地在文化、行为习惯方面相互适应，增加了民族之间的交往，有利于各民族之间的交融。

4. 改革存在负面效应。孝文帝改革存在全盘汉化的倾向，尤其是大定族姓，将已腐朽的门阀制度移植北魏，使得鲜卑贵族迅速腐化，激化了阶级矛盾。

综上所述，北魏孝文帝实行的一系列改革推动了北朝的历史走向，诸多汉化措施也顺应了北方民族交融的趋势，为南北重新统一奠定了基础。

参考资料

1. 刘精诚：《论孝文帝改革的历史评价》，《贵州师范大学学报（社会科学版）》，1995 年第 4 期。
2. 王典：《谈北魏孝文帝改革的历史意义》，《才智》，2018 年第 12 期。

第五节　魏晋南北朝时期的社会经济

题目1　论述曹魏时期屯田制的内容及影响

相关真题　2022 年兰州大学；2021 年扬州大学；2006 年北京大学

东汉末年的军阀混战使得中原地区的农业生产受到极大摧残，社会动荡不安，地方税收受限，曹操为解决军粮问题，实现统一北方的目标，实行屯田制。

（一）内容

屯田制盛行于曹魏时期，统治阶级用军事管理的方式对劳动者进行编制，劳动者耕种国家掌握的土地，主要形式为民屯和军屯。

1. 民屯。民屯制度始于建安元年（196年），曹操下令在许下屯田，次年下令把民屯推广到其他地区。将招募或者强制迁徙的流民（称为屯田客）进行军事化管理，设50人为一屯，每屯设置司马，司马之上逐级为屯田都尉、典农中郎将或典农校尉，中央则设置大司农总领。屯田客不属郡县，需向政府缴纳50%~60%的田租。

2. 军屯。军屯制度始于建安二十三年（218年）左右，在220—226年大规模推行，大多在军队驻扎和士家聚集的地区，特别是与吴蜀对抗的地区。土地上的生产者是士兵及其家属，即士家，基本单位为60人一营，营之上有度支都尉、度支中郎将或度支校尉等官。军屯剥削率大致与民屯相同。

（二）影响

1. 积极影响。

①一定程度上恢复和发展了北方农业生产。曹魏屯田缓解了当时严重的社会粮荒问题，北方的水利兴建事业因而得到发展，屯田的推广也使得耕地面积得以扩大，促进了农业生产和发展。

②初步稳定了社会秩序。曹魏屯田使流民与荒芜的土地重新结合起来，初步解决了东汉末年的流民问题，缓和了社会矛盾。

③为曹魏政权提供了经济基础。曹魏屯田有利于军粮储蓄，不但保证了曹操统一北方系列战争的粮食需要，还充实了国家实力，稳定了社会秩序。

2. 消极影响。

①屯田制下逃亡和武装反抗事件频发。屯田制把屯田客和士家用军事编制组织起来，统治者对他们实行压迫和歧视，许多人不堪忍受而逃亡，影响屯田生产。

②东汉田庄地主的势力仍未完全消退，土地兼并较为严重，阶级矛盾十分尖锐。

③剥削较为严重，屯田制仍为曹魏统治阶级服务，屯田客和士家勉强维持生存，所承担的实际生活负担仍然沉重。

综上，屯田制盛行于曹魏，受曹魏屯田影响，蜀汉和孙吴政权也实行屯田，但曹魏屯田制到后期已渐遭破坏，最终到西晋时期被占田制取代。

参考资料

1. 赵幼文：《曹魏屯田制论述》，《历史研究》，1958年第1期。
2. 高敏：《再论关于曹魏屯田制的几个问题》，《史学月刊》，1991年第4期。
3. 李文娟：《二十世纪以来有关曹魏屯田的研究综述》，《黑龙江史志》，2010年第17期。

题目2 论述西晋时期占田制的背景、内容及意义

相关真题 2022年吉林师范大学；2022年湖南科技大学；2022年兰州大学；2020扬州大学；2004年北京师范大学；2001年兰州大学

西晋王朝在统一全国后，为榨取更多的赋役，维护士族地主的利益，公元280年，颁布了占田制，上承曹魏的屯田制，下启北魏的均田制，是中国古代土地制度发展中的一个重要环节。

（一）背景

1. 屯田制的破坏与废止。

曹魏的屯田制到后期已渐遭破坏，屯田客要么被大量赐给各级官吏，要么被征调服役，政府的重额田租和强迫农民扩大耕种面积的政策，也使得屯田农民积极性下降，耕作流于粗放，产量锐减，屯田制对统治者而言已无利可图。晋武帝即位后，随即下令废止屯田制。

2. 土地兼并严重，豪强包占荒田。

西晋初年，连年战争使得中原人口锐减，大量土地无人耕种。豪门世族乘机大肆侵吞土地，将官田变为私田。屯田制废除后，原本的土地又被大地主以种种名目夺占。

（二）内容

1. 占田制规定男子可以占田70亩，女子占田30亩；丁男课田50亩，丁女课田20亩，次丁男课田25亩，次

丁女不课田。所谓占田，是指农民保有土地数量的一个假定的指标；所谓课田，则是指农民应负担田租的土地数量。

2. 品官占田荫客制规定官僚可以按照官品高低占有土地 10 顷到 50 顷；占有佃客 1 到 15 户；占有衣食客 1 到 3 人。此外，他们还可以按官品高低庇荫亲属作为自己的依附农民，多者九族，少则三世，没有数量限制。

3. 户调制规定，丁男之户每年交绢 3 匹、绵 3 斤，丁女或次丁男为户者折半交纳，按户征收。

（三）意义

1. 稳定了社会秩序。占田制鼓励农民开垦荒地，抑制豪强地主，使力役均平，大大减少了农民的逃亡，使农民安心于农业生产。

2. 抑制了土地兼并，缓和了内部矛盾。对于士族占田在法律上给予了一定的限制，明文规定了士族占田、荫客和荫亲属的特权，在一定程度上抑制了土地兼并。同时也维护了士族在经济上的利益，缓和统治集团内部的矛盾。

3. 促进了农业生产的发展。解除了屯田制下军事管理的强迫劳动，占田数高于课田数，鼓励农民去开荒垦殖，提高农民的生产积极性。

4. 提高了政府的财政收入。实行占田制后，屯田民转化为编户齐民，拥有土地的农民可自行生产，削弱了地主的剥削和奴役，而国家通过控制在编的农民，扩大了租调和徭役的来源，增加了政府的财政收入。

总之，西晋初年在原有屯田制难以为继的情况下提出的占田制具有一定的积极作用，使西晋初年出现了太康之治的繁荣局面，但占田制实际上是刻薄穷人，优容富人，事实上有利于世家大族的发展。

参考资料

1. 高敏：《关于西晋占田、课田制的几个问题》，《历史研究》，1983 年第 3 期。
2. 郑佩鑫：《西晋占田制度的新探讨》，《山东大学学报》，1962 年第 2 期。

题目 3　论述东晋南朝时期江南社会经济的发展

相关真题 2024 年南京师范大学

东晋南朝时期，随着政治重心的南移，江南地区成为中国社会经济发展的新中心。东晋南朝的江南经济形成了以农业为主导，农、工、商依次发展的基本格局。

（一）农业生产

1. 东晋南朝的土地占有一般分为公田、地主田庄和私田，其中私田数量最多，地主田庄的地位最高。

2. 赋税方面。东晋南朝对北方流民最初采取了侨立郡县，给予减免租役的优待；还迁徙贫民开垦湖田，减免受灾农民的租赋等。虽然如此，东晋南朝赋税在延续前朝的基础上，杂税较多，总体赋税繁重。

3. 农业技术方面。东晋南朝时，铁犁、牛耕已逐渐普及。水利工程星罗棋布，如寿春的龙泉陂，襄阳的六门堰、石堰都是灌田千顷万顷的著名水利工程。此时，小麦、豆类等北方作物和种植技术传至南方，在种植上与水稻交错进行，大大提高了土地的利用率和亩产量。

（二）手工业的繁荣

1. 养蚕和纺织业成为江南地区重要的经济支柱。特别是在荆州和扬州等地，纺织业十分发达，高质量的丝织品不仅供应国内市场，还远销海外。

2. 造船业在吴国的基础上又有较大发展。运输、作战用的船舰很多，往来于东海、南海和内地河道的船只频繁。

3. 瓷器在人们生活中已得到广泛应用。青瓷在东晋已经成为人们日常的生活用具。

4. 造纸业发达。东晋南朝纸的种类繁多，产量很高。造纸业的发达给文化传播带来了极大的促进作用。

5. 铁器、炼钢等矿冶技术在此时获得进步，极大地提高了产品质量和生产效率。

（三）商业的发展

1. 农业和手工业的发展，加上江南河流纵横、水上交通方便，为商业发达提供了基础。当时，建康、江陵等城市成为商贸中心，各种市场和行业协会形成，促进了商品的流通和商业的发展。

2. 与东晋南朝商业活跃形成强烈反差的是货币的衰落，此时期货币的最大特点是金属货币与实物货币并行，而且实物货币还占主要地位。

（四）区域经济的形成

1. 三吴地区因其地理位置和历史背景，成为经济最发达的区域。这里的农业生产条件优越，手工业和商业活动异常繁荣，成为当时中国经济文化的中心。

2. 荆州地区凭借其在长江中游的战略位置，逐渐发展成为重要的经济区域。农业生产和商业贸易都十分发达，成为连接南北经济的重要枢纽。

3. 此外，豫章、闽江流域等地区也因开发利用得当，逐渐成为经济发展的新兴区域。

总之，东晋南朝时期的江南社会经济呈现出全面发展的良好态势，不仅农业生产稳步提高，手工业和商业也达到了新的高度，区域经济的发展更是为后世经济的繁荣奠定了坚实的基础。这一时期的经济发展，对推动中国社会的整体进步和文化繁荣起到了重要的作用。

参考资料

1. 朱绍侯：《中国古代史》（第五版），福建人民出版社，2010年。
2. 胡阿祥：《江南社会经济研究·六朝隋唐卷》，中国农业出版社，2006年。

题目 4　简述北朝土地制度

相关真题　2023 年兰州大学

北朝（439—581 年）包括北魏、东魏、西魏、北齐和北周五朝，土地制度主要为均田制，但各朝关于均田制的具体规定各有不同。

（一）北魏均田制

1. 制度实行。天兴元年（398 年），北魏道武帝徙民 40 余万到平城，实行计口授田，国家建立户籍制度，督课田农，征发赋税徭役，类似于民屯，成为北魏均田制的雏形。太和九年（485 年），北魏在冯太后的主持下颁布了均田令。

2. 主要内容：①男子年 15 岁以上授露田（只种谷物）40 亩，妇人 20 亩。露田不准买卖，年老免课，身死还田。②百姓原有土地为桑田，桑田是世业，不在还授之列。按制度每人可拥有 20 亩。非桑之乡给麻田，男子 10 亩，妇人 5 亩，还授法和露田一样。③奴婢授田与良人相同。耕牛 1 头授田 30 亩，限 4 牛。④土广民稀之处，政府可暂借土地任民超额耕种，待人口增加，再依制授田。土狭民稠之处，增丁应授田又无田可授，民又不愿徙至宽乡者，采取以桑田抵充新丁应授正田的方法。⑤官吏给公田，离职时移交下任，不得转卖。

（二）东魏北齐均田制的发展

1. 东魏北齐整体延续了北魏时期的均田制，高欢在东魏时期进行了一次均田的补正，略微调整了土地关系，但这段时期土地兼并一直严重。

2. 河清三年（564 年），北齐重颁均田令：①男子授露田 80 亩，妇人 40 亩。又每丁给 20 亩桑田为永业田，不宜种桑的地方给麻田，亦为永业田。②奴婢依照良人授田，授田人数按官品高低，限制在 60 人至 300 人之间。③丁牛一头授田 60 亩，限 4 牛。北齐的均田与北魏比较，奴隶授田有些限制，意图对王公贵族和地主豪强稍加限制。但这些令文因北齐政治腐败，实际上没有认真实行，北齐的均田制收效甚微。

（三）西魏北周均田制的发展

1. 西魏。西魏在宇文泰当政时就颁布新的均田令，规定已婚丁男授田 140 亩，未婚 80 亩，另有宅地，而无桑麻田。

2. 北周。北周的均田制规定：有室者（已婚的丁男）授田 140 亩，未婚丁男授田 100 亩。北周地区门阀士族的力量较弱，加以吏治比较清明，所以均田得以推行。

（四）北朝均田制的影响

1. 提高农民生产积极性，推动经济的恢复和发展。均田制的实行在一定程度上使无地农民获得了无主荒地，同时大片荒地被开垦出来，粮食产量不断增加，这些都提高了农民的生产积极性。

2. 稳定和巩固了北朝政权的统治。均田制是封建国家土地所有制，并未触动封建地主利益，一方面有利于国家征收赋税和徭役，另一方面促进了北朝政权的封建化，从土地制度上巩固政权统治。

3. 促进了少数民族的汉化和民族交融。均田制的推行极大地推动了北方内迁各族改变原先落后的游牧生活而向封建农民转化，推动了这一时期北方民族大交融高潮的出现。

4. 为后代田制的改革和发展提供了借鉴。均田制先后被隋、唐两朝沿用，施行长达300多年。这一制度的选择和推行为中国封建鼎盛时期的出现奠定了雄厚的物质基础。

综上所述，北朝的土地制度即均田制，尽管存在着一些弊端，但它在一定历史时期内发挥着积极作用，是中国田制发展史上的重要演进环节。

参考资料

1. 朱绍侯：《中国古代史》（第五版），福建人民出版社，2010年。
2. 朱绍侯：《中国古代史教程》，河南大学出版社，2010年。
3. 晁福林：《中国古代史》，北京师范大学出版社，2016年。

题目5 简述秦汉至魏晋南北朝时期的经济发展及其变化

相关真题 2024年渤海大学

中国古代社会经济在秦汉和魏晋南北朝两个时期整体上呈现出不同面貌，并且在魏晋南北朝时期出现了新变化。

（一）经济发展情况

1. 土地制度。①秦汉时期的封建土地所有制进一步发展，主要是土地私有制，发展至东汉倾向于大土地所有制。②魏晋南北朝时期，三国各政权都普遍实行屯田，西晋实行占田制，南方的大土地所有制继续发展，北方的土地所有权问题因战乱而极不稳定，直到北魏时期推行均田制。

2. 赋税制度。①秦汉时期的赋税主要由田租、算赋和口赋三部分组成。②魏晋南北朝时期，曹魏推行租调制，两晋南朝主要推行田租和户调制，北魏前期的北方实行九品混通制，孝文帝推行均田制后又实行了新的租调制。

3. 农业。①秦汉时期的农业总体上发展迅速，农业经营的区域比先秦显著扩大，牛耕更加普遍，已经广泛使用牛耕和铁制农具，水利工程大量兴建等。②汉末以后，尤其是十六国北朝时期，北方战乱频仍，流民迁徙不断，北方农业遭到严重破坏，南方农业则因为相对安定和北人持续南下等原因总体上得到较大发展。手工业方面，秦汉时期的多项手工业水平都得到提高，如纺织业十分发达，长安东西织室有数千人，纺织品甚至远销海外各国。③魏晋南北朝的手工业继续发展，如瓷器烧制技术日渐成熟，南方以青瓷为主，北方以白瓷为主。造船技术有很大发展，如南朝能建造1000吨的大船，北魏曾造船3000多艘等。

4. 商业。①秦汉的民间商业活跃，商品经营范围广，富商大贾周流天下，不仅有长安、洛阳、宛、邯郸、成都等大都市，许多区域性经济中心和中小城市也兴起了。②魏晋南北朝的商业缓慢发展，并在南北方呈现出南方发展、北方缓慢乃至停顿的明显差异。

（二）新变化

作为分裂时代的魏晋南北朝的经济发展与大一统的秦汉时期相比，出现了一些于变局中开新局的变化。

1. 南方区域经济得到开发与发展。魏晋南北朝时期，由于北方长期战乱，南方相对稳定，许多北人选择南下，加之六朝均定都建康，南方各区域的经济得到进一步的开发，江南由"卑湿之地"逐渐转变为"鱼米之乡"。

2. 庄园经济、坞堡经济和寺院经济在魏晋南北朝经济发展中占有重要地位。①东晋南朝的南北大族相继占田和建造屯墅田园，大量户口成为大土地所有者的佃客或部曲。②十六国北朝时期，由于北方长期战乱，北方民众为求自保而举众建立坞堡，坞堡基本是一个自给自足的经济实体。③佛教在魏晋南北朝时期十分盛行，由此也带来了寺院经济的兴盛。

3. 孕育出了影响深远的均田制。由于北魏经济落后，政府手中掌握了大量无主荒地，北魏又有"计口授田"的传统，孝文帝便推行了以露田和桑田为主要内容的均田制，此举推动了北魏经济的发展，后被隋唐王朝有修改地沿用，成为隋唐繁荣的重要制度基础。

4. 东晋南朝出现了草市。"市"向来有着时间和空间的限制，但随着商业的发展，东晋南朝的民间市场交易开始突破空间限制，在城郊及渡口处出现了非官方的草市。草市的兴起既是南方商业相对发展的一个标志，也意味着"市"在历史演进中实现了重要推进。

综上所述，秦汉经济总体上表现出大一统王朝欣欣向荣的特征，魏晋南北朝经济则整体呈现为南北经济各自发展的差异，并在秦汉经济的基础上展现出许多崭新的变化。

参考资料

1. 朱绍侯：《中国古代史教程》，河南大学出版社，2010年。
2. 高敏：《中国经济通史·魏晋南北朝经济卷》，经济日报出版社，1998年。

第六节　魏晋南北朝时期的文化

题目1　简述魏晋玄学

相关真题　2009年历史学统考；2024年青岛大学；2023西南民族大学；2022年东南大学；2022年中南民族大学；2022中南财经政法大学；2020年中国政法大学；2020年中国政法大学；2019年南开大学；2018年河南师范大学；2016年扬州大学

魏晋玄学，是指魏晋时期以老庄思想为核心、糅合儒家经义而形成的哲学思潮。魏晋玄学既是当时特殊历史背景和社会形态的产物，又是先秦以来学术融合趋势的延续。

（一）背景

1. 东汉末年经学衰落。汉末长期战乱导致经学传授的家法师法传统断裂，衰微的经学不能为名教之治提供合理的论证，因此需要找到新的思想来维护现实统治。

2. 政治迫害和汉末战乱促使士人重视清谈。东汉末期的党锢之祸以及魏晋政权对士人的政治迫害，使得大部分的士人从具有政治批评的清议转为空谈玄理的清谈，以避免政治问题导致的灾祸。

3. 道家思想为玄学提供了思想来源。东汉后期形成了五斗米道和太平道两大道教派别，并最终与名家相互融合，形成玄学。

（二）发展过程

1. 正始玄学。

曹魏正始年间的正始玄学以何晏、王弼为代表，认为名教（即儒家纲常伦理）是自然的体现。他们认为自然是本，名教是末，名教出于自然，如此将道家和儒家糅合在一起。在政治上则体现为"圣人体无"，强调人君可以通过修身齐家治国平天下的过程，最终达到一种内心无私、无我、全然为他人和社会着想的状态。

2. 竹林玄学。

竹林玄学以阮籍和嵇康为代表。他们对司马氏政权所提倡的虚伪名教表示蔑视与反抗，将名教与自然相对立，提出"越名教而任自然"，即批判和否认儒家的名教思想，提倡让人自然而然地发展，表示要与礼法决裂。在生活上表现出玩世不恭、违背礼俗、使酒任性的态度。但他们反对的只是虚伪的名教，内心对于儒家的伦理道德表示认可。

3. 西晋玄学。

西晋玄学以向秀和郭象为代表。他们在政治上仍然主张"无为"，认为礼法名教、君臣上下、富贵贫贱等是"天理自然"，人们应该任其发展，不应干涉或强求。批评"越名教而任自然"，重新肯定名教的作用。这样就使得儒家所倡导的纲常名教借助道家学说得到肯定，玄学自此完成政治上的任务。

4. 东晋玄学。

东晋玄学在发展的过程中开始与儒、佛相结合。在治学上的体现便是玄儒双修，玄学家往往深通礼制，礼学家也兼通三玄。这一时期玄学名士也多与佛教徒有来往，佛教高僧则多用玄学语言来解释佛经。

（三）影响

1. 玄学思想有利于巩固现行统治。如曹魏年间的正始玄学提倡效法自然，人君要委政臣下，提高了官员的行政效率，有利于维护封建统治。

2. 玄学巩固了门阀士族地位。两晋时期儒学家族纷纷由儒入玄，在尊贵的士族地位下才得以产生许多名士。名士之间互相谈玄，进一步扩大了社会影响，巩固了政治地位。

3. 玄学影响了政治风气和社会风气。不仅使统治者空谈玄理、怠于朝政，甚至西晋时社会上开始出现"脱衣服、露丑恶"等恶习。

4. 推动了文学艺术创作。玄学的兴起推动了艺术创作上的变革，如"玄言诗"和山水田园诗的出现，这些作品强化了中国古代的诗学观念，并导致了文学自觉时代的出现。

综上所述，魏晋玄学不仅反映了当时社会的复杂性和多元性，也促进了中国哲学思想的深化和发展。

参考资料

1. 朱绍侯：《中国古代史》（第五版），福建人民出版社，2010年。

第六章 隋唐五代

第一节 隋朝的统一与覆灭

题目1 简述隋朝统一全国的原因

相关真题 2024年湖北师范大学

历经魏晋南北朝几百年的分裂与战乱，隋朝在承袭北周的基础上最终完成统一。以下论述隋朝能够统一全国的原因。

（一）隋的军事力量强大

文帝时期继承并改革府兵制。隋设十二卫，各卫置大将军，隶属皇帝。大将军一般以关陇贵族为主，勇猛善战。隋灭陈时，出兵五十一万八千，而陈只有十万兵抵抗，双方军事力量悬殊，统一的大局已定。

（二）杨坚的政治智慧使得政府更加专业化和高效，为统一全国奠定了政治基础

杨坚本人颇有政治智慧。北周时，他历任随州刺史、大将军。后又随周武帝平齐，屡立战功。他即位后，政治上继续沿袭三省制度，完善官制。在地方上实行二级制度，合并州县，裁汰冗员。并且改革府兵制，实现兵农合一。这些都为统一全国奠定了良好的政治基础。

（三）隋初经济措施为统一全国奠定物质基础

继续推行均田制与租调力役制，促进了农业生产发展。实行大索貌阅和输籍定样，检括壮丁44万，人口164万之多。隋文帝的这些措施打击了豪强大族势力，大大增加了国家的财政收入，为统一全国奠定了物质基础。

（四）历经南北朝大动乱时期的人民渴望安定、统一的社会环境

在经历了数百年的分裂割据之后，随着经济文化交流的日益频繁，南北双方的敌对、仇视心态渐渐消弭，人心思稳，渴望早日统一。因此在隋朝军队压境之际，南陈军民几乎未做抵抗就缴械投降。

（五）民族交融不断加深、文化多元发展的必然趋势

民族差异作为南北方长期分裂的主要原因，在南北朝后期日趋泯灭。由于汉族人数的众多及其在政治、经济、文化上的优越性，各少数民族最终为汉族同化。随着胡汉融合过程的完成，隋文帝最终作为汉族皇帝，统一南北自然水到渠成。

（六）隋地处咽喉要地，有利于统一全国

隋地处咽喉之地，关陇之地拥有关中的良马和川蜀、荆襄的财货。因此具备强大的军事和经济力量以保障作战。隋之后的唐也是处于河陇地区，东出潼关争得天下。

综上所述，隋统一全国的原因并不是单一的，学界主流还有"北强南弱"等原因，陈后期政治上暮气沉沉，日趋腐化，内部矛盾严重。因此隋能统一全国也有很大必然性。

参考资料

1. 施建中：《隋统一原因再探——兼论隋文帝平陈方略》，《北京师范大学学报》，1988年第2期。
2. 胡如雷：《隋朝统一新探》，《历史研究》，1996年第2期。
3. 李映发：《隋朝在中国通史上的地位》，《西华大学学报》，2010年第2期。
4. 朱绍侯：《中国古代史教程》，河南大学出版社，2010年。

题目2 论述隋朝加强中央集权和巩固统一的措施及其意义

相关真题 2007年历史学统考；2024年湖北师范大学；2023年北京师范大学；2023年中南财经政法大学；2023年赣南师范大学；2020年扬州大学；2015年西北大学；2015年西北师范大学；2013年陕西师范大学

隋朝为了巩固统一，加强中央集权，在承袭前代制度的基础上进行了创新，对其后历代王朝产生了深远影响。

(一) 改革政治制度

1. 中央官制。文帝在中央置三师、三公、五省等官制。三师、三公为荣誉虚职,国家政务归五省中的内史、门下、尚书三省管理,三省分别负责起草诏令、封驳审议、执行政令,三省长官同为宰相。三省相互牵制,使皇权得到加强。尚书省下设吏、度支、礼、兵、都官、工六部来负责具体事务。五省之外设置御史台掌监察,都水台掌水利,并新置谒者台和司隶台,巡察内外百官及百姓,与御史台合称三台。

2. 地方上实行二级制度。文帝将州、郡、县三级制改为州、县二级制,又合并州县,裁汰冗员。炀帝改州为郡,实行郡、县两级制。既提高了行政效率,又加强了中央对地方的控制。

3. 推行科举制。文帝以分科考试的方法取代了魏晋以来的九品中正制度,令各州每年向中央选举人才参加考试。炀帝始建进士科,标志着科举制度的正式确立。

4. 改革府兵制。文帝令军人除原军籍外,与家属编入州县民籍,可依均田制分得土地。这使得府兵制与均田制相结合,实现了兵农合一。隋还设立十二卫,各卫置大将军,隶属皇帝。各卫下统军府,文帝时称骠骑府,炀帝时改称鹰扬府。

5. 制定《开皇律》。文帝时制成《开皇律》,主要内容有五刑、十恶不赦、八议之科,保障了贵族官僚的特权,成为后代各朝法律的范本。

(二) 整顿经济和改革经济制度

1. 继续推行均田制。文帝规定,每丁授露田80亩、永业田20亩,妇人授露田40亩;奴婢授田与良人相同,诸王至都督给永业田,官员给职分田,官署给公廨田。

2. 实行租调力役制。①丁男一床(一夫一妇为一床)每年纳粟三石;调为户调,每年桑田输调绢一匹、棉三两,麻田输调布一匹、麻三斤;力役,每丁每年服役一个月。②开皇十年(590年),政府规定50岁以上者,可免役输庸,即以纳布帛代替力役。这在一定程度上减轻了农民负担,促进了农业生产的发展。

3. 大索貌阅与输籍定样。①官吏根据户籍簿上登记的姓名、性别、年龄和本人的体态相貌进行核对,核验是否逃避租役。②制定"输籍法",根据标准制定户等上下,并将各户应纳的税额写成定簿,颁发各州县,依此收税。这在一定程度上打击了豪强世族的势力,强化了中央集权,增加了国家赋税收入。

4. 统一钱币、度量衡。文帝称帝后改铸五铢钱,统一币制,又援引北周旧制统一度量衡,促进了工商业的发展。

(三) 营建东都,开凿大运河

1. 营建东都洛阳。洛阳在政治上便于控制关东和江南、在经济上可满足对中央的物资供应,因此隋炀帝命杨素等人营建洛阳为东都。

2. 开凿大运河。隋炀帝为了进一步加强东都洛阳与江南的联系开凿大运河。大运河以洛阳为中心,北起涿郡,南至余杭,全长2000千米。大运河的开通沟通了五大水系,加强了南北经济文化交流,也巩固了隋的统治。

(四) 意义

1. 维护了政治统一与稳定。隋朝结束了长期的分裂局面,统一了中国,为中国的长期统一和稳定奠定了基础。

2. 促进了经济发展和社会进步。隋朝中央集权的加强促进了全国经济的快速发展,有利于社会经济的稳定与发展。

3. 有利于法制建设和制度创新。隋朝时期的法律,加强了法制建设,规范了政治和社会生活,也为后世尤其是唐朝的政治体制提供了模板。

4. 有利于文化统一与交流。隋朝的措施促进了不同地区、不同民族文化的交流与交融,为中国文化的多样性和统一性奠定了基础。

综上,隋朝存在时间虽然短暂,但很多政治制度和法律被唐朝继承和发展,促进了中国古代政治制度高峰的到来。

参考资料

1. 李映发:《隋朝在中国通史上的地位》,《西华大学学报》,2010年第2期。

题目3 概括秦朝与隋朝的共同点并论述秦朝与隋朝统治的历史作用

💬 **相关真题** 2016年历史学统考

尽管秦朝与隋朝的兴起时间相隔数百年，但两者在推动国家统一、加强中央集权，以及法制和经济文化建设等方面展现出了惊人的相似性。这些共同点不仅加强了中央集权，还促进了中国的政治、经济、文化发展，对后世产生了深远的影响。

(一) 秦朝与隋朝的共同点

1. 都实现了重要的历史统一。秦朝通过灭六国，结束了长期的战国混乱局面，实现了中国历史上首次全面的统一，奠定了中央集权国家的基础。与之相似，隋朝结束了南北朝时期的分裂局面，通过军事和政治手段实现了南北的再次统一。这两次统一都极大地加强了中央集权，为后续的政治、经济和文化发展奠定了坚实的基础。

2. 都对中央集权制度进行了大幅度创新。秦始皇废除了分封制，推行郡县制，建立了中央集权的政治制度，这一制度的建立对中国后世的政治组织有着深远的影响。隋文帝同样重视中央集权的加强，废除了南北朝时期的分封制，实行三省六部制，这不仅加强了中央对地方的直接控制，也提高了政府的行政效率和管理能力。

3. 法律都较为严苛。秦始皇统一六国后，进行了大规模的法律改革，推行《秦律》，强调法律的统一和严格执行，为后世法制的发展奠定了基础。隋朝也重视法律的统一，颁布《开皇律》等法典，继承并发展了秦朝法律的严格和统一特点，这对于维护社会秩序和国家统治具有重要作用。

4. 都促进了经济和文化的统一与发展。秦朝统一度量衡和货币，推动了经济的统一和发展，同时通过修建基础设施如长城和都江堰等促进了经济和文化的繁荣。隋朝的大运河建设，更是加强了南北经济和文化的联系，促进了全国范围内的经济文化交流。

5. 都体现了统治政策的激进性，朝代短命。秦始皇和隋炀帝都采取了激进的统治政策，如大规模征发民工进行建设项目，这虽然在短期内促进了国家的强盛，但也加重了民众的负担，引发了社会不满，最终导致了两个朝代的迅速覆灭。

(二) 秦朝与隋朝统治的历史作用

1. 加强了中央集权，为中国的统一和长期发展奠定了基础。秦朝和隋朝的统一及其对中央集权制度的创新和加强，对于维护国家的统一、促进地方的稳定与发展具有重要的历史作用。

2. 通过法制的统一与严格执行，促进了社会秩序的稳定和公正，为经济文化的发展创造了有利条件。这种法制的改革和执行，对于形成一个有序、公正的社会环境起到了关键作用。

3. 在经济和文化方面的贡献，促进了物质财富的增长和民族交融，对于促进中国古代社会的进步和文化的繁荣发展具有积极影响。

综上所述，尽管秦朝与隋朝存在诸多相似之处，它们对中国历史的发展起到了关键性的作用，无论是在政治制度、法律体系、经济建设还是文化发展方面，都为后世留下了宝贵的经验和深刻的影响。

📙 **参考资料**

1. 朱绍侯：《中国古代史教程》，河南大学出版社，2010年。

第二节 唐朝的建立和"贞观之治"

题目1 简述唐初加强中央集权的措施

💬 **相关真题** 2020年江苏师范大学；2017年湘潭大学

从李渊建立唐朝到唐高宗时期，为了巩固王朝统治，统治者在政治、经济、军事、文化等方面实施了一系列措施，有效加强了中央集权。

（一）政治方面

1. 在中央实行三省六部制。设中书、门下、尚书三省，中书省负责起草诏令，门下省负责审议诏令，是决策机构。尚书省是执行机构，下辖吏、户、礼、兵、刑、工六部，负责贯彻各项诏敕和政策。

2. 进一步增强监察机构。中央设御史台，长官为御史大夫，下设台院、殿院、察院，负责中央和地方的监察工作。

3. 地方上实行州县两级制。①州设刺史负责一州民政，县设县令，负责一县的行政、司法和财政。县以下的地方组织有乡，乡下有里，里是最基层的政权单位。②唐太宗时期，为了加强对地方的控制，还根据山川形势，把全国划分为10道，道是监察机构，皇帝派巡察使、按察使等官巡视地方。

4. 修订《氏族志》。为了削弱山东士族势力，太宗命人刊定姓氏，修订《氏族志》。修订后的《氏族志》中李唐氏族居第一，外戚次之，山东士族降为第三，由此扶植了庶族地主，加强了皇权。

（二）经济方面

1. 实行均田制。唐代继续推行均田制，对比隋朝，唐代取消了对奴婢、妇女及耕牛授田，增加了对工商业者、僧尼道观等的授田，准许出卖口分田，买地者不得超过应受限额。

2. 推行租庸调。政府规定每丁每年要向国家交纳粟，即田租；纳一定数量的绢、绵或者布叫作调；服20天徭役或更长时间叫作役。若不服役，可以缴纳一定的绢布等代替，叫作"庸"，也称"输庸代役"。

（三）军事方面

改革府兵制度。唐代府兵由中央十二卫和东宫六率统领，基本单位是各地的折冲府。府兵兵员服役期间免租调，承担轮番到京城戍卫（番上）和出征戍防的任务。战时出征，自备兵甲衣粮，农闲时生产，兵农合一。

（四）文化教育方面

1. 唐代的学校教育分为官学和私学两个系统，以官学为主。中央官学主要是"六学二馆"（六学指的是国子学、太学、四门学、律学、书学、算学，隶属国子监，二馆指的是弘文馆、崇文馆），中央官学大部分招收官僚子弟及外国留学生。地方官学由京都学、都督府学、州学等组成，以经学和医学为主要教学内容。私学则由私人任教，教授对象多为平民百姓。

2. 科举制度进入成熟阶段。唐代的科举分为常举和制举两种。常举中以明经、进士两科最重要。制举是由皇帝亲自主持的考试，制举科目多临时设置，不常举行。选官权力由皇帝把持，体现了中央集权的加强。

（五）法律制度方面

唐高祖时命裴寂编写《武德律》。唐太宗即位后，命房玄龄修成《贞观律》。高宗时，修成《永徽律》，之后又对《永徽律》做了具体解释，最后形成了流传至今的《唐律疏议》，这是我国现存最早、最完备的一部封建法典，是中国古代法典的楷模。

综上，唐初统治者采取的一系列加强中央集权的措施，巩固了国家的统一，稳定了社会秩序，增强了国家的实力，为经济的发展和繁荣创造了良好的条件。

参考资料

1. 朱绍侯：《中国古代史》（第五版），福建人民出版社，2010年。
2. 朱绍侯：《中国古代史教程》，河南大学出版社，2010年。
3. 晁福林：《中国古代史》，北京师范大学出版社，2016年。

题目2 论述三省六部制的产生和发展

相关真题 2020年历史学统考；2024年内蒙古师范大学；2023年首都师范大学；2023年内蒙古大学；2022年苏州科技大学；2022年湖南大学；2020年山西大学；2018年陕西师范大学；2017年河北大学；2015年南京大学；2015年中国社会科学院大学

三省六部制萌芽于曹魏，发展于南朝，确立于隋朝，发展完善于唐朝，唐后期随着翰林院和枢密使的权力上升，三省宰相的权力遭到削弱，宋元时期进一步衰落，明朝时期逐步解体。

(一) 萌芽阶段：魏晋南北朝

1. 尚书省始于东汉的尚书台。光武帝刘秀设立的尚书台不但可以任用、赏罚和弹劾各级官吏，还可奉诏责问公卿，是实质上的中枢决策机构。

2. 中书省在曹魏时期开始设立，是中央的决策中枢。长官中书监、以起草诏命的形式参与决策。南朝刘宋时，开始用中书省的下级官吏中书舍人草拟诏书。

3. 门下省正式确立于西晋，南朝沿用。门下省的职责主要是在皇帝身边服侍、顾问应对，检举非法，审阅尚书奏文。

4. 秘书省，南朝设，主要职责是掌典籍图书。

5. 集书省，南朝设，主要负责省阅奏书，并有驳回权，又与中书侍郎共同负责管理和执行皇帝的命令，还有检察权，权位极重。

以上机构，在职能上或有重复交叉，设置无定准，处于游移发展中。

(二) 正式确立：隋朝

隋朝在中央设五省，包括秘书省（掌国家图书，位高职闲）、内侍省（只管宫廷事务）、内史省、门下省、尚书省，真正负责国家政务的是尚书、内史、门下三省。内史省是决策机关，门下省是审议机关，尚书省是行政机关，下设吏、民（度支）、礼、兵、刑（都官）、工六部来负责具体事务。至此，三省六部制定型。

(三) 发展完善：唐朝

唐代三省六部制在隋的基础上得以确立和发展。三省为中书省、门下省、尚书省，中书省负责决策军国政令，门下省负责封驳审议，尚书省负责执行，下设吏（官吏任免考核）、户（税收人口）、礼（宗教外交）、兵（军队）、刑（司法刑罚）、工（土木）六部。唐后期，随着翰林院和枢密院的权力上升，三省宰相的权力遭到削弱，三省制度逐步解体。

(四) 衰落：宋元时期

1. 两宋时期。①北宋前期，中书省和门下省仍存其名，但已经成为闲散机构。尚书省职能也大多被三司取代。三省制度名存实亡。②神宗时期，进行元丰改制，以中书、门下、尚书三省取代了中书、门下，恢复了三省制度。但此后，权力向中书省集中，其他二省权力削弱。③南宋时期，由于战事繁多，三省开始合一，三省机构虽依然存在，但以参知政事主管朝政。

2. 辽、金、西夏时期。西夏仿唐宋体制，设中书省，掌管行政。辽南枢密院中的五房具有尚书省的职能，同时南面朝官设中书省。金熙宗时设三省为最高政务机构，海陵王仅保留尚书省，金世宗沿用，尚书省领六部，最高长官为尚书令。

3. 元朝时期。中央实行一省制度，设中书省总揽政务。下设左三部司吏、户、礼，右三部司兵、刑、工，负责具体事务。

(五) 废除：明朝

明初不设中书令，但仍以中书省统六部，长官称左右丞相。明太祖时废丞相，撤销中书省，六部直接对皇帝负责。至此，三省彻底废止。

总之，三省六部制是中国古代政治制度的重要组成部分，它在中国历史上延续了近千年，对中国封建社会的政治、经济、文化等方面产生了深远的影响。

参考资料

1. 杨友庭：《三省六部制的形成及其在唐代的变化》，《厦门大学学报（哲学社会科学版）》，1983年第1期。
2. 蒋建新，周宝砚：《唐王朝中央行政体制的构成及其效能分析》，《江苏行政学院学报》，2006年第2期。
3. 贾玉英：《唐宋时期三省制度变迁论略》，《中州学刊》，2008年第6期。

题目3 **简述中古时期关陇集团的形成原因与演变**

相关真题 2020年南京师范大学；2019年山西大学

"关陇军事贵族集团"这一概念最初由陈寅恪先生提出，名字来源于它的主要活动地区——关中（今陕西省）和陇西（今甘肃省东南），主要是北朝时期的鲜卑贵族和汉人士族，他们从西魏、北周发展到隋唐，几乎垄断了中原地区的统治权力，对中国历史产生了深远影响。

（一）形成原因

1. 地理与人文背景。关陇地区（今陕西和甘肃一带）在唐朝是一个重要的军事和政治中心。这个地区的居民，特别是军事将领和士族，因其在地理和文化传统上的相近性逐渐形成了相对紧密的社会网络。

2. 府兵制的影响。唐朝实行的府兵制促进了地方军事力量的增强，关陇地区作为边疆要地，聚集了大量的军事力量和有才干的将领，这些人物在地方上形成了有影响力的集团。

3. 政治婚姻。关陇集团的形成与政治联姻有着密切的关系。当时的士族家庭为了增强彼此间的联系和影响力，常通过联姻的方式结成政治同盟，从而增强了关陇集团的凝聚力和政治影响力。

（二）关陇集团的演变

1. 初步形成。关陇集团始于宇文泰时期，起初宇文泰随北魏大将尔朱荣的部下贺拔岳进入关中平叛，后贺拔岳为人所杀，宇文泰被推举为军事将领。孝武帝西迁后，关中成分复杂，有武川军人、关陇土著、山东豪强等，宇文泰以武川军人为后盾，协调各集团矛盾，初构关陇集团。后西魏北周和隋唐主要将相大臣多出自此集团。

2. 发展。①六镇起义后，北魏分为西魏和东魏，关陇贵族在西魏宇文泰的府兵制中担任柱国，扮演着重要的角色。但随着民族交融程度加深，府兵内鲜卑化减少、汉化增强。②杨坚建隋取代北周，关陇集团主导力量由鲜卑贵族变为汉人贵族。③唐朝建立，关陇贵族集团夺得全国政权，权势达到顶峰。唐太宗诏令高士廉等修撰《氏族志》，以李唐皇族为首，外戚次之，打击山东旧门阀士族势力，保障了关陇贵族的地位。

3. 衰败。武则天一方面通过血腥政治手段屠杀清算对手，使关陇集团元气大伤；另一方面，扩大科举，吸收山东、江左士人进入统治集团。此外，武则天还修订《姓氏录》打击关陇贵族，提高庶族地位。此后，关陇贵族逐渐淡出历史舞台。

总之，关陇集团的形成极大增强了自西魏以来的政治凝聚力，但唐朝要实现对全国长期稳定的统治，需吸收全国人才进入统治阶层，关陇集团最终衰败。

参考资料

1. 朱绍侯：《中国古代史》（第五版），福建人民出版社，2010年。
2. 朱绍侯：《中国古代史教程》，河南大学出版社，2010年。
3. 晁福林：《中国古代史》，北京师范大学出版社，2016年。
4. 范兆飞：《中古地域集团学说的运用及流变——以关陇集团理论的影响为线索》，《厦门大学学报（哲学社会科学版）》，2016年第1期。

第三节 武则天和唐玄宗的统治

题目1 论述唐玄宗时期军事制度的变化及影响

相关真题 2022年历史学统考；2006年武汉大学

唐初继续实行府兵制，但玄宗后期随着均田制的破坏，府兵制难以为继，出于国防需要和维护统治的考虑，唐玄宗对军事制度进行了改革。

（一）背景

1. 均田制逐渐遭到破坏，府兵制难以维持。府兵制下兵员要自备兵甲衣粮出征，但唐后期土地兼并严重，农民占有土地数量越来越少，农民想方设法逃避兵役，兵源渐趋枯竭。

2. 府兵服役年限增加。府兵原来实行三年轮换的制度，但由于吐蕃和突厥的日益强大，唐王朝边防吃紧，长期驻守边疆的士兵数额日趋庞大，士兵服役的年限也日益延长。

3. 边防将领不恤士兵。唐边防将领不仅侵吞士兵财物，还强迫他们服苦役。到京师长安担任宿卫的府兵，轮番服役的任务十分繁重，有时还被指派给达官贵人做奴仆以供驱使。

4. 守内虚外、内重外轻的布局。在府兵制下，地方折冲府较少，兵力分散，而中央握有重兵，形成守内虚外、内重外轻的局面。

(二) 军事制度变化

1. 府兵制改为募兵制。唐初沿用府兵制，兵员平时耕种，农隙训练，战时出征，兵农合一。到唐玄宗时改为募兵制，即以钱财、免除徭役为条件招募职业士兵。

2. 设置"长从宿卫"。开元十一年（723年），玄宗采纳张说建议，诏令招募强壮男丁12万人，充当京师宿卫的兵士，号"长从宿卫"，免其赋役，后改称"彍骑"。

3. 设置长征健儿。开元二十五年（737年），玄宗诏令天下军镇一律招募丁壮为士兵，称为长征健儿，主要任务是出征和防守边疆军镇。长征健儿终身免除课役，其军资装备及给养全由国家供应，所以又称为官健。

4. 在地方设团结兵。选取富户强丁，由州的军事长官团练使率领，组成临时的军事力量，用以应对边境的突发情况。团结兵免除征赋，还会定期考试。

5. 在边疆设节度使。节度使设于睿宗景云二年（711年），起初职掌只限于军事，后来扩大到军政大权，负责一方的防御和治理。玄宗开元、天宝年间，先后在沿边设立了安西、北庭、河西等九个节度使和一个岭南经略使，主要负责北部边疆的防务。

(三) 影响

1. 提高了军队效率和灵活性。募兵制下，军队的组成更加灵活，能够根据战争的需要快速调整兵力，更有效地应对边境威胁和内乱。

2. 促进了军事专业化和战斗力的提高。募兵制下士兵因为有了固定的经济来源，可以更专注于军事训练和战斗，这自然提高了军队的战斗效率和战斗力。

3. 削弱了中央集权。募兵制使军队更加依赖具体的将领而非中央政府。随着时间的推移，节度使甚至有了世袭权力，成为事实上的地方军阀，严重威胁中央政权的稳定。最终导致安史之乱的爆发，其成为唐朝由盛转衰的重要转折点。

4. 加重了政府的财政负担。募兵制的实施和节度使的增多，使得唐朝的军事开支大大增加。中央不得不增加赋税和徭役，加重了百姓的负担，引发了社会的不满和动荡。

综上，唐玄宗时期军事制度的变化主要为府兵制转为募兵制，这对于缓解当时的社会矛盾起到了一定的积极作用，但从长远来看增强了地方力量，威胁了中央政府。

参考资料

1. 朱绍侯：《中国古代史》（第五版），福建人民出版社，2010年。
2. 晁福林：《中国古代史》，北京师范大学出版社，2016年。
3. 刘芳：《唐代兵制的转变对西域屯田的影响》，《文物鉴定与鉴赏》，2020年第9期。

题目2 论述府兵制与募兵制的异同与优劣

相关真题 2020年中国政法大学；2015年河北大学

府兵制兴起于西魏，兴盛于唐代前期，唐玄宗时期，府兵制逐渐瓦解，被募兵制所取代，此后一直到清代，募兵制都在经历着自身的发展和演变。

(一) 府兵制与募兵制的异同

1. 相同点。①无论是府兵制还是募兵制，其根本目的都是维护国家的安全和社会的稳定，通过组建有效的军队来抵御外敌袭扰和平定内乱。②这两种制度的实施都有助于中央政府加强对军队的控制，减少地方割据势力对军队的影响，从而增强了中央政权的稳定性和控制力。③府兵制和募兵制都适应了当时的社会经济条件。府兵制适应了均田制经济基础上的军事需求，而募兵制则是在土地私有，税收更加灵活的条件下形成的。

2. 不同点。①府兵制属于兵农合一的制度，其士兵由均田制下的农民充任，由军府所在地每隔数年进行挑选；募兵制下士兵为职业兵，与政府属于雇佣关系。②府兵制的士兵平时耕作，农闲时进行训练，同时需要轮番宿卫京师，或至其他地方执行任务，战时则须出战；募兵制下士兵只需要进行军事训练，需服役至退伍年龄。③府兵制服役期间的府兵可免自身租调，但需在战时自备武装、甲胄、衣粮；而募兵制下士兵为发军饷的职业兵，且兵员作战时的武装、甲胄、衣粮由国家供给，免征赋役。

（二）府兵制与募兵制的优劣

1. 府兵制的优劣。①优点。各府士兵最终皆直属于皇帝，有利于维护中央集权和国家统一；士兵即为均田制下的农民，世代为兵，故而保证了兵源的稳定；士兵平时耕种，战时出征，战毕则兵归于府，且出征时自备武装、甲胄、衣粮，减少了政府养兵开支。②缺点。士兵平时耕种，只有农闲时训练，战斗力受到一定影响；随着土地兼并的加剧，均田制遭到破坏，府兵的兵源也难以为继；府兵需要轮番戍卫京师或至边疆等地执行任务，和平时期在执行任务时常被作为苦力，故而多有逃兵。

2. 募兵制的优劣。①优点。士兵无须进行耕种，军事训练时间较长，故而在注重训练的情况下军队战斗力较强；士兵皆为招募而来，因而其兵源不似府兵制下士兵一样受土地制度限制。②缺点。募兵制多招募市井无赖，疏于训练，严重败坏军纪，削弱军队战斗力；政府需支付大量军饷，增加养兵开支，加大政府财政压力；唐代募兵由边地将帅长期统领，容易形成将帅专兵的局面。

综上，府兵制与募兵制是古代中国两种不同的兵役制度，各自都有着自身的优势与劣势，在特定的历史背景和社会大环境中发挥了重要的作用，具有很强的时代特征。

参考资料

1. 程民生：《北宋募兵制的特征及其矛盾》，《中州学刊》，1989年第1期。
2. 程民生：《简述宋代募兵制的根源及确立》，《史学月刊》，1990年第4期。
3. 钱穆：《中国历代政治得失》，九州岛出版社，2014年。

第四节　安史之乱与唐后期政局

题目1　论述唐朝后期的政治斗争及影响

相关真题　2022年复旦大学；2019年西南大学；2018年天津师范大学；2016年南京师范大学

唐朝后期政局在安史之乱后陷入了藩镇割据、宦官专权和牛李党争的困境，深刻地影响着唐朝的政治走向。

（一）藩镇割据

安史之乱后，内地也遍设藩镇，尤其是河朔边镇公开与唐朝中央对抗，其中规模较大的有三次。

1. 四镇之乱。781年，成德节度使李宝臣死，其子李惟岳要求继位，遭到德宗拒绝。李惟岳勾结魏博镇、淄青镇、山南东道节度使共同起兵反抗中央，史称"四镇之乱"。至782年，四镇之乱暂被政府平息。

2. 泾原兵变。783年，德宗为解救被淮西节度使李希烈围困的襄城，征发泾原兵及诸兵马驰援。因犒赏太少，泾原兵发生哗变，攻入长安，次年被平定。之后，德宗只好采取姑息政策，无力进行削藩战争。

3. 淮西镇之乱。元和九年（814年），淮西镇吴少阳死，其子吴元济自领军务，四处攻城略地。唐廷发兵讨伐，历时三年仍不能奏效。元和十二年（817年），宪宗任命裴度为淮西宣慰处置使，负责统率全军，唐将李愬率兵突袭淮西镇，一举活捉吴元济，平定了淮西之乱。后河北藩镇纷纷归顺朝廷但很快又相继叛乱，藩镇割据的局面延续到唐灭亡。

（二）宦官专权

唐朝的宦官专权始于玄宗，盛于肃、代二宗，成于德宗，极于昭宗。宦官们通过掌管禁军和执掌机要来控制朝政，朝中官员们和宦官进行了多次斗争。因宰相官署在宫廷以南，称为南衙，宦官所在的内侍省在宫廷北部，称为北司，故史称"南衙北司之争"。其突出斗争事件有永贞元年（805年）的"二王八司马事件"和太和九年（835年）的甘露之变，但两次斗争均以皇帝和官员的失败而告终，宦官专权一直持续到唐末。

（三）朋党之争

唐朝后期在朝堂上形成以牛僧孺和李德裕为首的朋党之争，史称牛李党争，历经宪、穆、敬、文、武、宣六朝，长达40余年。牛党代表科举出身的庶族地主，李党代表依靠门荫的士族地主，两党争论的主要问题是如何对待科举取士和藩镇割据。两党结怨于宪宗元和三年（808年）策试案，穆宗时李德裕指责李宗闵科举考试舞弊，后经查实，李宗闵等人被贬。文宗时，党争达到高潮，每逢议政，双方总是争吵不休，以致政务难以运行。武宗时，李德裕为相，牛党遭排挤，李党达到全盛时期。宣宗时，牛党得势，李德裕遭贬，死于崖州，至此牛李党争结束。

（四）影响

1. 藩镇割据削弱了中央集权。安史之乱后藩镇节度使掌握军权、人事权和财权，使得唐朝中央政府对地方的控制大大削弱。更重要的是，一些藩镇将财政收入据为己有，减少了中央政府的财政收入。

2. 宦官专权削弱了皇权。唐朝后期中央军权和决策权被宦官掌控，皇帝被彻底架空。此后，宦官专权愈演愈烈，甚至可以直接干预皇位的继承，导致唐朝中央的政局持续动荡。

3. 朋党之争（牛李党争）加速了中央官僚集团的内耗。党争使得官员之间互相攻讦，而不解决中央政府面临的困境，导致中央政府行政效率低下。党争过程中不时相互援引宦官，以皇帝为核心的中央政府名存实亡。

唐朝后期的政治斗争给广大劳动人民造成了无穷的灾难，而且激化了阶级矛盾，鼎盛一时的唐王朝就在这样的局势下不可遏制地衰落下去。

参考资料

1. 张达志：《唐代后期藩镇与州之关系研究》，复旦大学2009年博士学位论文。
2. 晁福林：《中国古代史》，北京师范大学出版社，2016年。

题目2　简述唐朝安史之乱爆发后的经济改革

相关真题　2024年河南师范大学；2014年南京师范大学

安史之乱后藩镇林立，藩镇贡赋不入朝廷，均田制无以为继，国家财政基本上陷入崩溃境地，因此在平乱之后进行了一系列经济改革。

（一）第五琦盐税改革

758年，第五琦推行食盐专卖制度。政府在盐区免除盐户的杂徭，设置盐院收购盐户的盐在各地设置机构进行售卖，禁止商人、盐户私卖，并把盐的价格由每斗10文提高到120文，国家获得丰厚利润，初步改善了财政状况。

（二）刘晏理财措施

1. 改革榷盐法。政府在产盐地设置盐官向盐户收购盐，再将盐税加入卖价，卖给商人。商人购盐后到各地售卖，在不产盐的地方设置常平盐，负责调运食盐在当地售卖。

2. 整顿漕运。刘晏疏通漕运旧道，废除直运法，采取分段接运的方式，每段水路都有专属的船只，船只在其负责的水段运输。废除漕运私有改为国家所有，改船工无偿劳役为官府出资雇佣，大大提高了运河的运载能力。

3. 常平法。让各道巡院知院官随时上报当地物价涨落动向和雨雪丰歉情况，官府遇贵则卖，遇贱则买，可以随时调剂物价、平抑粮价，稳定市场。

（三）杨炎经济改革

780年，宰相杨炎提出税法改革，推行两税法。两税法是以原有的地税和户税为主、统一各项税收而制定的新税法。分夏、秋两季征收，所以称"两税法"。其具体操作是：①取消租庸调及一切杂徭、杂税，但保留地税和户税。②不区分主户和客户，一律以当时居住地为准登入户籍，交纳赋税。③不再按丁口征税，改为按家庭资产和田亩征税。④户税先根据资产定出户等，再按户等征收，地税根据田亩数量征收，以公元779年的垦田数字为准，交纳谷物。⑤中央根据财政支出先做预算，定出总税额，再分配到各地征收，全国没有统一的税率。

安史之乱后的一系列改革，都是以增加政府的财政收入为目的，这些改革为唐王朝增加了税源，提高了财政收入，在一定程度上挽救了安史之乱以来的财政危机。

参考资料

1. 朱绍侯：《中国古代史教程》，河南大学出版社，2010年。

题目3　简述唐代中枢机构的演变

相关真题　2022年鲁东大学；2013年湘潭大学；2013年黑龙江大学；2006年河北大学

唐代前期政治体制为三省六部制，其中枢机构为政事堂（后改称为中书门下），到唐中后期，三省权力不断下降，而翰林院和枢密院的权力却不断上升，逐渐成为新的中枢机构。

（一）政事堂（中书门下）

政事堂是唐前期宰相议事之地，也是唐前期的中枢机构。唐初设政事堂于门下省，三省长官（中书令、侍中、尚书左右仆射）参加政事堂会议。唐中宗即位后，移政事堂于中书省，由此确立了中书省的中心地位。唐玄宗开元十一年（723年），张说奏改政事堂名为中书门下，下设吏、枢机、兵、户、刑礼五房，分理众事，供职者称为堂后官都是吏员，地位极为重要。

（二）翰林院和枢密院

1. 翰林院的设立与发展。

①武周时为分割相权，设立翰林学士。②玄宗时，设立翰林学士院以协助处理繁忙的政务。③宪宗时，分翰林学士和中书舍人为两制。由于翰林院在宫内，所以称"内制"，而中书省在皇城，遂称"外制"，国家的决策大计都由翰林院草诏，经枢密使交付中书门下执行，此时内制重于外制，翰林院成为设置于内廷的正式决策机构。尚书六部的许多行政权被侵夺，而处于闲散地位。三省制度逐渐解体。

2. 枢密院的设立与发展。

①宪宗时，为传宣诏令，承受外朝表奏，设枢密使一职，由宦官担任。②宣宗时，枢密院正式设立，且形成完备体制。③僖宗、昭宗时期，宦官势力鼎盛，有"贴黄"的权力，即枢密使认为诏敕有不便之处，可以用黄纸书写意见，贴于诏敕之后来指挥政事，无疑为"内相"，枢密院亦为设于内廷的一个决策机构。

（三）从三省六部到翰林院、枢密院的权力转变

唐代前期在三省六部体制下，中枢机构以政事堂为主。但后来随着政治、经济等多种因素的变化，以及皇帝为加强皇权的需要，三省的权力逐渐被削弱和取缔，如中书省的草诏权被渐渐转移到翰林院手中，政事堂下设的枢机房职权也被枢密院代替。到唐中后期，翰林院和枢密院最终成为新的中枢机构。

总而言之，唐代中枢机构的演变不仅有来自皇权的原因，还和当时复杂的政治、经济等多种因素息息相关，唐代中枢机构的演变处于动态变化之中。

参考资料

1. 杨友庭：《三省六部制的形成及其在唐代的变化》，《厦门大学学报》，1983年第1期。
2. 戴显群：《唐后期政治中枢的演变与唐王朝的灭亡》，《福建师范大学学报》，1999年第3期。

题目4　论述隋唐五代时期的特点

相关真题　2024年江汉大学

隋唐五代时，我国历史由繁荣逐渐走向割据动乱时期。经济虽因战争而遭到破坏但总体得到发展，文化更加繁荣并且中外文化交流达到空前局面，这一时期也是民族交融的重要阶段。

（一）政治方面

1. 中央对地方的控制能力由强到弱。隋朝在地方实行州县二级制；唐朝在州县制基础上，在全国设置"道"，置节度使监督地方，但节度使权力扩大，最终掌领了地方政治、经济、财政大权。安史之乱后，唐朝地方藩镇割据一

方，贡赋不入朝廷，形成地方割据势力，唐朝政府无力控制地方藩镇。五代时期，各地藩镇的骄横局面依然存在，从隋唐到五代，中央对地方的控制能力由强到弱。

2. 隋唐五代的开国皇帝均是前朝将臣。外戚杨坚以大司马身份取代北周建立隋朝，太原太守李渊反隋建立唐朝。唐末以后，地方镇将拥兵自重，后梁、后唐、后晋、后汉、后周政权相继代立。

（二）社会经济

1. 经济重心继续南移。安史之乱以及唐朝灭亡后北方朝代更替、战乱不断，而南方则相对安定，吸引大量的北方人口南下。南方各政权注重发展经济，经济重心继续南移，五代时期南方经济发展已经超过北方。

2. 海上丝绸之路获得发展。中外贸易的陆上丝绸之路逐渐被海上丝绸之路取代。这一时期中国的香料、瓷器、丝织品通过丝绸之路和海运远销欧洲、东南亚。

（三）文化方面

1. 文化多元。隋唐五代时期，文化高度繁荣，并且多元发展。诗词歌赋，迎来空前鼎盛局面；经学走向统一；书法绘画，风格多样；科学技术取得进步。

2. 民族文化交融。隋唐五代时期大量胡商来到中原地区并带来了异域文化。少数民族政权的建立，推动了各民族文化的交融。

3. 中外文化交流。隋唐五代时期，中外文化交流增多，中国成为亚洲文化交流的中心，政府专门设置鸿胪寺接待各国使节。如日本阿倍仲麻吕和空海学习中国的制度、文化。中国玄奘西行并著成《大唐西域记》。

（四）民族交融加速

隋唐五代是我国多民族国家进一步发展的重要时期。隋唐五代的开国皇帝，其中不少具有胡人血统。隋唐实行开放的民族政策，任用胡人为官，招募胡人为兵，胡汉杂居加速了民族交融。唐末动乱，中原内地先后建立后唐、后晋、后汉、北汉等少数民族政权，北方大量的少数民族内迁与汉人杂居，促进了民族交融。

隋唐五代是我国历史上的重要时期，这一阶段的政治、经济、文化等成就对历朝历代产生了深远的影响。

参考资料

1. 朱绍侯：《中国古代史教程》，河南大学出版社，2010年。

题目5 论述隋唐对魏晋南北朝制度的继承与发展

相关真题 2024年西北大学

关于隋唐对魏晋南北朝制度的沿革，学术界主要有两种不同意见，一是以唐长孺先生为代表的"南朝化"观点；一是以田余庆先生为代表的"北朝中心论"观点。虽然这两种观点在某些方面未达成一致，但都认为隋唐在承袭魏晋南北朝制度的基础上不断创新发展，达到了中国封建社会前期的鼎盛阶段。

（一）政治方面

1. 中央官制。隋唐时期基本沿用了从曹魏开始逐渐形成的以尚书省、门下省、中书省为核心的中央政治制度，并最终发展为三省六部制，通过分割相权的方式加强了皇权，进一步巩固和发展了专制主义中央集权。

2. 地方行政制度。隋唐在北朝地方州郡县三级制的基础上最终演变为州县二级制。唐太宗时期为加强对地方的控制，还设置了"道"作为监察机构，向着三级制演变。

3. 选官制度。北朝时期就有通过考试取士为官的做法，隋唐统治者在此基础上创立并发展完善了科举制。还通过设立殿试等方式加以完善，逐渐摧毁了世家大族政治特权。

4. 律法。北朝的《北齐律》法令明审、科条简要，是隋朝的《开皇律》以及唐朝的《唐律疏议》的蓝本。

（二）经济方面

1. 土地制度。北朝时期的均田制被沿用至唐中期。隋唐仅对征收对象、授田数额进行了调整，总体的制度框架仍未改变。

2. 赋役制度。①北朝租调制度中征收对象、征收物、免征年龄等都被隋唐继承下来，并发展成租庸调制度。②唐朝两税法中的计亩征税和田亩列于户资则继承了南朝成法。

（三）军事方面

1. 府兵制。隋唐大体上延续了北朝府兵制的基本框架，并在北朝的基础上进行了调整，如隋的鹰扬府、唐的折冲府。

2. 募兵制。唐朝府兵制难以为继，高宗、玄宗以募兵制代替府兵制，这是对南朝由世袭兵转向募兵发展趋向的继承与发展。

（四）文化方面

1. 礼乐制度。隋受北周禅让的影响，在礼乐制度上选择了萧梁旧典，体现出政权授受、王业继承特征，唐初承袭隋代旧制，其礼乐、舆服、仪注大体上承袭南朝。

2. 文学艺术。①科举制度中进士科最重视文学，这承袭了南朝的文化风气，以至唐后期学术风尚骈文占据了统治地位，韩愈为反对骈文这种贵族文体掀起了古文运动。②除了文学外，隋唐的经学、音韵、书法、艺术等主要取资于东晋南朝。

综上所述，隋唐在政治、经济、军事、文化方面对魏晋南北朝的制度继承与发展，中国封建社会有了新发展。

参考资料

1. 牟发松：《从南北朝到隋唐——唐代的南朝化倾向再论》，《南京晓庄学院学报》，2007年第4期。
2. 何星亮：《宗教信仰与民族文化》（第八辑），社会科学文献出版社，2016年。
3. 李磊：《试析南北朝至隋唐历史阶段的连续性》，《历史教学》，2021年第7期。
4. 田余庆：《东晋门阀政治》，北京大学出版社，1996年。
5. 唐长孺：《魏晋南北朝隋唐史三论》，中华书局，2011年。

第五节　五代更迭与十国并立

题目1　简述五代十国分立及割据

相关真题　2019年暨南大学；2019年江苏师范大学

五代十国是唐后期藩镇割据进一步发展的结果，在短短50多年的时间里中原五个王朝相继更替，十个政权割据并存，是我国古代史上又一个分裂割据时期。

（一）五代相继

1. 后梁（907—923年），由唐末宣武节度使朱全忠建立，建都开封，被李存勖所灭，共历3帝，在五代中疆域最小。

2. 后唐（923—936年），由沙陀人李存勖建立，建都洛阳，为后晋所灭，共历4帝，在五代中疆域最大。

3. 后晋（936—946年），由沙陀人石敬瑭建立，以割让幽云十六州为条件，取得辽朝支持，从而推翻后唐称帝，建都开封，为辽所灭，共历2帝。

4. 后汉（947—950年），由沙陀人刘知远建立，建都开封，被郭威所灭，共历2帝。

5. 后周（951—960年），由后汉大将郭威建立，建都开封，赵匡胤发动陈桥兵变以致灭亡，共历3帝，周世宗柴荣是五代里较有作为的皇帝。

（二）十国并存

1. 吴（902—937年），由杨行密建立，建都扬州，占有今江苏、安徽、江西和湖北一部分，被权臣徐知诰所灭，共历4主。

2. 南唐（937—975年），徐知诰废吴主杨溥自立，建都金陵，被北宋所灭，共历3主。在南方各割据政权中，吴和其后继者南唐的力量最为强大。

3. 前蜀（903—925年），唐壁州刺史王建所建，建都成都，为后唐所灭，共历2主。

4. 后蜀（934—965年），后唐成都、西川节度使孟知祥建立，为北宋所灭，共历2主。

5. 吴越（907—978 年），由镇海节度使钱镠建立，建都杭州，降于北宋，共历 5 主。
6. 楚（907—951 年），由潭州刺史马殷建立，建都长沙，为南唐所灭，共历 6 主。
7. 闽（909—945 年），由威武军节度使王威建立，建都长乐，为南唐所灭，共历 7 主。
8. 南汉（917—971 年），由刘䶮在其兄刘隐的政治基础上建立，建都广州，为北宋所灭，共历 5 主。
9. 荆南（924—963 年，又称南平），后梁荆南节度使高季兴所建，建都荆州，是十国中最弱小的一个，降于北宋，共历 5 主。
10. 北汉（951—979 年），后汉河东节度使刘崇建立，建都太原，是十国中唯一建立在北方的割据政权，为北宋所灭，共历 4 主。

总之，五代十国是唐朝藩镇割据局面的延续，经过长期混战和藩镇的改组与兼并，地方割据势力逐步减弱，而统一的力量日趋加强，到了五代末年，经过周世宗的努力，北方除契丹和北汉外，大致归于统一。

参考资料

1. 朱绍侯：《中国古代史》（第五版），福建人民出版社，2010 年。
2. 宁欣：《中国古代史》（下册），北京师范大学出版社，2018 年。
3. 戴显群，高学钦：《五代十国割据形态的特征及其对统一进程的影响》，《长沙理工大学学报》，2006 年第 3 期。

第六节　隋唐五代时期的社会经济

题目 1　论述两税法实行的背景、内容、影响以及与租庸调制的区别

相关真题　2024 年东南大学；2024 年中南民族大学；2023 年天津师范大学；2023 年北京联合大学；2023 年海南师范大学；2023 年渤海大学；2022 年西北大学；2022 年聊城大学；2020 年东北师范大学；2020 年安庆师范大学；2017 年云南大学；2017 年东北师范大学；2016 年复旦大学；2006 年北京师范大学；2003 年河北大学；2002 年南京农业大学；2001 年华东师范大学

两税法是以户税和地税来代替租庸调制的赋税制度。建中元年（780 年）在杨炎的提议下开始实行，每年分夏季和秋季两次征税，故称两税法。

（一）背景

1. 均田制遭到破坏。唐朝中后期土地兼并严重，导致大量农民脱离了政府管理，租庸调制难以为继。
2. 财政危机严重。安史之乱后，唐政府一方面需要军饷镇压藩镇叛乱，另一方面由于朝廷奢侈腐朽，在开支上入不敷出。
3. 社会秩序混乱。安史之乱后大量流民逃亡导致社会秩序极其混乱，唐政府亟须设置有效的赋税制度来稳定社会秩序，巩固其自身统治。
4. 两税法有一定制度基础。唐代在实行两税法之前，已经开始逐步实行户税和地税，其实行具有一定的制度基础。

（二）内容

1. 取消租庸调及各项杂税的征收，保留户税和地税。
2. 以"量出以制入"为原则，政府先预算开支以确定赋税总额。唐王朝以大历十四年（779 年）各项税收所得钱谷数，作为户税、地税的征收总额分摊于各州；各州则以大历年间某年所收最多钱谷总数，作为征收总额分摊于各地。
3. 户税依据每户资产的多寡分九等征钱，户等高的征钱多，户等低的征钱少。不过，户税在征收时大部分钱要折算成绢帛，征钱仅是很少的一部分。
4. 地税按田亩征收谷物。纳税的田亩以大历十四年的垦田数为准。
5. 对不定居的行商按三十分之一征税（后改为十分之一），使与定居的人负担大致均等。

6. 无论户税和地税，均按夏秋两季征收，夏税限六月纳毕，秋税限十一月纳毕。

(三) 影响

1. 积极影响。①简化税目，提高税收效率。把各类税收合并征收，统一了税目，集中了纳税时间，简化了征收手续和纳税手续。②征税以贫富为差，减轻了贫农税收负担，缓和了社会矛盾。③无论贫富、农民商人，都要按照资产纳税，增加了政府的财政收入。④两税法征钱使得税收货币化，促进货币经济的发展。

2. 消极影响。①虽然两税法的实施在一定程度上减轻了农民的负担，但是并没有从根本上解决土地兼并问题。②没有制定统一的收费标准。在实际推行过程中，还是存在各州县税赋不均和州县内税赋不均等问题。③实行不彻底。在实施过程中，相关官员没有定期审定相关数据，税费的征收全凭旧额而定，导致两税法落实不彻底。④加重农民负担。唐朝中期以后，出现了"钱重物轻"的现象，农民要贱卖绢帛、谷物或其他产品以交税钱，增加了负担，同时，两税法具有对市场经济状况反应迟钝的缺点，为其推行带来巨大阻碍。

(四) 与租庸调制的区别

1. 在历史背景上，租庸调制是唐前期的赋税制度，以均田制为基础，此时国家拥有大量可直接控制的土地。两税法是在唐中后期以后实施的，建立在土地兼并日益严重、土地逐渐私有的基础之上。

2. 在征税参考标准上，租庸调是按丁征收，两税法是按财产多少进行征收。

3. 在征收方法上，租庸调制以实物为主，具有实物地租的性质。两税法分夏秋两次征收，不征力役，具有货币地租的性质。

总而言之，两税法缓解了唐政府的财政危机，减轻了农民负担，为后来的一条鞭法和摊丁入亩的实行创造了条件。

参考资料

1. 陈明光：《20世纪唐代两税法研究评述》，《中国史研究动态》，2000年第10期。
2. 胡如雷：《唐代两税法研究》，《河北天津师范学院学报》，1958年第1期。
3. 王仲荦：《唐代两税法研究》，《历史研究》，1963年第6期。
4. 易淼，陈丽：《唐代杨炎"两税法"研究》，《兰台世界》，2014年第33期。
5. 江明伟：《租庸调制和两税法的制度缺陷与执行弊端》，《兰台世界》，2015年第16期。

题目2 论述西汉到唐代的赋税制度及其主要变化

相关真题 2012年历史学统考；2024年中山大学

从西汉到唐代，赋税制度随着土地制度演变而发生了一系列变化，主要变化为税收项目和征收程序逐渐简化，征收对象逐渐由人丁向土地、财产转变。

(一) 两汉时期

1. 田租。田租是土地所有者向国家缴纳的土地税，汉初曾实行十五税一，后改为三十税一。

2. 口赋。口赋即人头税，在汉代，按照纳税人的年龄不同分为口钱和算赋。口钱是向儿童征收的人头税，汉初规定14岁之前，不论男女，每口每年缴纳20钱。算赋是向成年人征收的人头税，15岁至56岁，不论男女，每人每年向国家缴纳120钱，称为一算。

(二) 魏晋南北朝时期

1. 曹魏租调制。曹魏时期颁布了较轻的田租户调令，田租亩4升，户调绢2匹、绵2斤，此外，地方官不得征收苛捐杂税，豪强不得转嫁赋税。

2. 西晋户调式。西晋的户调式包括田租和户调。田租方面，政府以户为单位向农民亩收8升谷，每户纳绵3斤、绢3匹。此外，西晋还实行了荫族荫客制，即宗室贵族、大臣及其食客、佃户等都不需要向国家缴纳赋税。

3. 北魏九品混通制。北朝在北魏孝文帝改革以前依然实行租调制，在户调中延续了曹魏和西晋的做法，体现差异性。将民户按资产的多少分为九等，按其等位高低征收不同数量的绢绵，平均每户为粟20石、帛2匹、絮2斤、丝1斤。九个不同的等级将赋税送往不同的地区，即"上三品送京师，中三品入他州，下三品入本州"。

4. 新租调制。北魏孝文帝改革后实行新租调制，规定一夫一妇每年出帛1匹、粟2石；15岁以上的未婚男女4人、奴婢8人、耕牛20头，其租调相当于一夫一妇。

（三）隋唐时期

1. 租调力役制。隋朝一夫一妻每年纳租粟3石，调绢1匹，绵3两，或布1端（6丈），麻3斤；未成家的丁男和奴婢减半。此外，成丁的男子每年服徭役一个月，583年，改为21岁起服役20天。

2. 唐前期实行租庸调制。每丁每年向国家交纳粟二石，称作租；缴纳绢二丈、绵三两，称作调；服徭役二十天，是为正役，国家若不需要其服役，则每丁可缴足二十天的绢布数额以代役，称作庸，也叫"输庸代役"。

3. 唐中后期实行两税法。①新税法取消租庸调及一切杂徭、杂税，只保留地税和户税，地税收粮食，户税收钱或绢帛；②不区分主户和客户，一律以当时居住地为准登入户籍，缴纳赋税；③不再按丁口征税，改为按家庭资产和田亩征税，政府先根据资产定出户等，再按户等征收，地税以大历十四年（779年）的垦田数字为准；④没有固定住处的行商也要纳税，税额初为其收入的三十分之一，后改为十分之一；⑤"量出制入"，中央根据财政支出先做预算，定出总税额，再分配到各地征收；⑥每年分夏、秋两次征收，故称"两税法"。

（四）变化

1. 征收内容由实物征收转向货币化征收。从西汉征收粮食和布匹到唐朝两税法开始征收货币，体现了中国古代货币经济的发展和成熟。

2. 征收对象由以人丁为单位转向以户为单位。西汉到唐中期征收对象逐渐从人丁转向户，体现着国家对户籍掌控能力的提高，也减轻了人们的负担。

3. 征收标准由固定征收逐渐转向按财产征收。两汉时期的赋税属于定额征收，到魏晋逐渐有了征收区别，到唐朝的两税法，通过制定户等来收户调，赋税更趋公平。

4. 征收类目由税种零散多样转向税种简化整合。两汉至魏晋时期赋税类目繁杂，到两税法颁布时，所有杂税合并两税征收，简化了程序，提高了政府的行政效率。

纵观赋役制度漫长的发展历史，可以看出中国古代社会对税收系统的不断优化和调整，体现着国家治理能力的提升和税收体系的日趋公平、高效。

参考资料

1. 朱绍侯：《中国古代史教程》，河南大学出版社，2010年。

第七节　隋唐五代时期的民族关系与对外关系

题目1　论述唐代边疆政策的演变

相关真题　2020年中国社会科学院大学

唐朝注重对边疆的管理，制定和实施了一系列较为开明的治边政策。以安史之乱为界，唐代的边疆政策可以分为前后两个阶段。

（一）制度上

①安史之乱前，唐朝在西北、岭南等少数民族地区广置羁縻府州，以当地民族首领担任行政长官，管理本族群的内部事务，本质是唐朝对少数民族的一种间接统治。②玄宗时期，在边疆地区设立节度使，其逐渐成为能够决定地方事务的最高长官。唐前期到唐中期，边疆管理体制从较为松散的管理向中央集权化、军事化管理方向转变。

（二）军事上

①安史之乱前，唐朝的边疆政策主要是武力征伐。太宗至高宗初期，先后派将统兵进军西域高昌（今吐鲁番）、焉耆、龟兹，灭西突厥，开通西域，设安西都护府，置安西四军镇（龟兹、疏勒、于阗、焉耆）进行防守控制。②安史之乱后，唐朝国力大减，开始与周边的吐蕃和回纥等民族签订和平条约，力求通过外交手段来保持边疆的稳定。

（三）策略上

①安史之乱前，唐朝主要采取武力和怀柔并行的政策。如唐朝初年，太宗用武力打败了东突厥，此外还令文成公主进藏和亲，南诏王被唐朝册封为"云南王"，并赐名"归义"。②安史之乱后，唐朝更加重视怀柔政策。如安史之乱后吐蕃威逼长安，唐与回纥先后五次和亲，从而联合回纥攻击吐蕃，诸多原本为"君臣"关系的少数民族政权逐渐取得了与唐平等的地位。

（四）经济上

①安史之乱前，唐朝在边疆进行屯田、互市及民间自由贸易。在此过程中，胡商往返于丝绸之路，内地的绢、茶等也源源不断地销往边疆等。②安史之乱后，唐朝实力大衰，在边疆的军屯数目降低，但对互市的重视程度依旧。

（五）文化上

①安史之乱前，唐朝文化政策比较开明，与边疆民族交流频繁。唐王朝积极吸收少数民族音乐，形成了《西凉》《龟兹》等十部乐，周边民族也积极吸收汉文化。②安史之乱后，唐王朝对于传播中原文化态度开始趋向保守，逐渐引发"华夷之辨"，但是与边疆民族的文化交流仍一直持续。

总而言之，唐代边疆政策的演变深刻折射出当时时代的特征，唐王朝正是在这样一个错综复杂的时代背景下，不断变化着边疆政策，从而适应历史发展的需要。

参考资料

1. 马大正：《中国古代的边疆政策与边疆治理》，《西域研究》，2002年第4期。

第八节　隋唐五代时期的文化

题目1　论述《五经正义》的内容及影响 醒吾历史统考预测题

《五经正义》是唐代孔颖达等奉敕编写的经书义疏著作，专指对《周易》《尚书》《毛诗》《礼记》《春秋》五部儒家经书进行的注释和解释。唐高宗时期颁行，并使其成为科举考试标准教材。

（一）背景

1. 唐代结束了纷乱，完成统一。在魏晋以来的分裂时期中，经学逐渐形成了"南学""北学"之争，宗派林立，各承师说。唐朝的统一政权迫切需要在思想文化层面实现统一，以巩固政权，提升民族凝聚力。

2. 唐朝在继承隋朝科举制的基础上，进一步发展了这一选拔官吏的制度。科举考试的内容主要是儒学经典，因此对经典的统一和标准化解释变得尤为重要，这样才能确保科举考试的公平性和统一性。

3. 孔颖达学术能力突出。孔颖达是唐代著名的儒学学者，他有深厚的经学造诣和广泛的学术视野，深得唐高宗李治的信任和支持。

（二）内容

《五经正义》采用义疏体的解经体例，对《毛诗》《尚书》《周易》《礼记》《春秋》进行注释和解释。

1. 《毛诗正义》。《毛诗》即《诗经》，是中国最早的一部诗歌总集，包含了305首诗歌。《毛诗正义》对这些诗歌的内容、形式、风格以及文化背景进行了详细阐述，解释了诗中蕴含的伦理道德和社会生活内容。

2. 《尚书正义》。《尚书》又称《书经》，是一部记载古代帝王言行和政治文件的经典。《尚书正义》对《尚书》中的文章进行了注释和解释，强调了其中的政治理念、治国方略以及古代君王的德行。

3. 《周易正义》。《周易》是一部占卜哲学书籍，也是儒家五经之首。《周易正义》对《周易》的六十四卦和各卦的象、象、文、爻进行了详细解释，旨在阐明《周易》的哲学思想和占卜原理。

4. 《礼记正义》。《礼记》是一部论述古代礼制的书籍，包括婚丧、封建、祭祀等方面的礼节。《礼记正义》对《礼记》中的礼制进行了系统的解释，旨在阐释儒家的礼学思想和社会伦理。

5. 《春秋左氏传正义》。《春秋》是一部编年史，记录了春秋时期的重大事件，《春秋左氏传》是其最重要的传注之一。《春秋左氏传正义》通过对《春秋》及《左氏传》的解释，揭示了历史事件背后的政治含义和儒家的道德评价。

（三）影响

1. 《五经正义》使经学得到统一。《五经正义》统一了经学流派中的"南学"和"北学"，从而使六朝以来南、北地区各自发展的经学思想殊途而归一，出现了经学史上的统一局面。

2. 《五经正义》颁行后，其成为科举考试标准教材。此后各朝代相继效仿，开启编纂官方经学解释的滥觞。通过科举考试的普及，《五经正义》中的儒学思想深入人心，成为士人必须掌握的基本知识。

3. 《五经正义》使儒家思想成为中国传统文化的重要组成部分。同时，由于《五经正义》的权威性，也导致了一定时期内经学研究的僵化，限制了学术思想的自由发展

总而言之，《五经正义》是唐代经学研究的最高峰，且达成了唐代统治者统一经学领域思想的目的，成为官方教科书，同时也存在限制经学发展等弊端。

参考资料

1. 王贞：《孔颖达与〈五经正义〉研究述略》，《中国史研究动态》，2012年第1期。

题目2 简述韩愈的道统论

相关真题 2022年江苏师范大学；2015年天津师范大学

韩愈学说的核心是道统论，"道"是指儒家的正统学说，"统"是指这种学说的师承传继关系。韩愈在《原道》中详细论述了道德起源、内容和传继，以重塑儒家思想为己任，为儒学复兴以及宋明理学的繁荣奠定了基础。

（一）道统论的主要内容

1. 把"仁义"作为儒家道统的核心。韩愈认为儒家的道和佛老的道存在根本区别，道教主张清静之道，佛教主张寂灭之道，而"仁义"才是儒家所讲的道。

2. 提出儒家的道统传承谱系。韩愈认为，儒家道统遵循着尧、舜、禹、汤、文武周公、孔子、孟子的传承谱系，道统在孟子死后就失传了，并视自己为孟子之后的道统传人。

3. 批判当时社会上流行的佛教和道教。韩愈认为这些宗教导致了社会风气的颓废和人们道德观念的混乱，只有儒学才是维系社会秩序和道德伦理的根本。

（二）道统论的意义

1. 承前启后，开宋明理学之先河。韩愈的道统思想上承孔孟的先秦儒学，下启宋代理学道统之先河。朱熹等宋代理学家都继承了韩愈关于复兴儒学的精神内容。

2. 韩愈的道统论痛斥佛老之学对社会所造成的危害，维持了本土文化。韩愈以复兴儒学为己任，重视先王之道和师道传承，强化了儒学的真理性，有助于与佛老思想抗争，进而维持了本土文化，提升了文化自信。

（三）道统论的局限性

1. 韩愈完全否定佛老之学，逐渐走向异端。为重振儒家正统学说，力排佛老之学，不惜将本土的道教黄老思想认为是夷狄异教之嫌，这种做法较为偏激。

2. 缺乏创新思想。韩愈个人没有太多创新性思想体现在道统论中，在对抗佛老之学的作品中无不采用齐桓公"尊王攘夷"与孟子"严夷夏之防""排斥异端"的口号，来作为自己的思想武器。

综上所述，韩愈在中华道统发展史上占据重要地位，他对佛老之学对于传统儒家思想的挑战予以猛烈的抨击，同时也具有缺乏个人创新以及排斥过于激烈的局限性。但我们还是应该看到韩愈在弘扬儒家文化、重塑儒学正统地位方面做出了积极巨大的贡献。

参考资料

1. 张岂之：《中国历史·隋唐宋卷》，高等教育出版社，2001年。
2. 白书刚，陈运新：《韩愈的道统思想及其历史地位》，《齐齐哈尔大学学报》，2008年第4期。

题目 3　试述古文运动的起因、代表人物及其主要成就和影响

相关真题　2016 年山西大学；2015 年湖南师范大学

古文运动名义上是复古，实际上是在继承先秦、秦汉古散文优秀传统的基础上，以质朴、自由的新散文文体来代替陈腐过时的骈文体的革新运动。

（一）起因

1. 安史之乱后，唐朝由盛转衰，社会矛盾日益尖锐，下层的知识分子渴望为国效力，有强烈的责任感，迫切地要求社会改革，要求文学为日益兴起的社会变革服务。

2. 骈体文形式僵化，难以为继。魏晋南北朝时期的骈文一味追求声律、辞藻，使文风萎靡，形式僵化，内容空洞，已成为表达思想的障碍。

3. 维护文化独立的需要。唐代面临着佛教、道教等文化的影响。韩愈、柳宗元等人认为，要维护国家的文化独立和精神传统，必须重振儒学，而复兴古文正是实现这一目标的重要手段。

（二）代表人物及成就

1. 韩愈。①韩愈主张"文以载道"，强调文章的形式必须为内容服务。②反对骈文，提倡继承和吸收前代的古文成果，再用新颖的文学语言，创造出自然流畅，便于表达思想的新散文。③他将理论转化为实践，把新散文文体广泛应用于政论、传记、墓志铭等各个方面，撰写出大量优美的散文，其代表作有《师说》《原道》等。

2. 柳宗元。柳宗元也强调"文"与"道"的关系。他主张文章要有"辅时及物"的作用，能够针对现实，经世致用，因此他也对骈文持批判态度，其代表作有《永州八记》《捕蛇者说》等。

3. 欧阳修。北宋初年的文体一反朴实之风，出现追求辞藻华美、对仗工整的西昆体。欧阳修认为儒家的道是与现实生活密切相关的，主张文道并重，即文章的思想性和艺术性并重，其代表作有《醉翁亭记》《秋声赋》和《朋党论》等。

（三）影响

1. 古文运动改变了唐代的文体及文风。自北宋欧阳修等人继承韩愈、柳宗元事业后，质朴的散文体最终取代了骈文，成为文章写作的主流形式。

2. 古文运动扭转了长期统治文坛的形式主义潮流。它继承了早期散文的优良传统并有所创新，有力地打击了西昆体浮艳的诗风，拨正了古代散文的发展方向，开创了散文写作的新局面。

3. 质朴文风影响了后世的政治运动，促使政治家们追求经世致用。北宋时期范仲淹推崇韩愈的道统论，十分强调文学在政治上的功能。王安石明确提出"文道观"，强调文章的实际功能，要求文学为变法革新服务。

综上所述，古文运动虽有唐宋之别，但究其本质都是一样的，都倡导以质朴、自由的新散文取代陈腐过时的旧骈文，具有里程碑式的意义。

参考资料

1. 张岂之：《中国历史·隋唐宋卷》，高等教育出版社，2001 年。
2. 朱绍侯：《中国古代史》（第五版），福建人民出版社，2010 年。

第七章 宋、辽、西夏、金、元

第一节 北宋的建立与巩固

题目1 论述北宋加强中央集权的措施

相关真题 2024年扬州大学；2024年西华师范大学；2023年东华大学；2022年吉林师范大学；2022年湖南科技大学；2021年渤海大学；2020年辽宁大学；2019年湖南大学；2019年湘潭大学；2018年暨南大学；2018年西北师范大学；2017年南京师范大学；2017年云南大学；2017年黑龙江大学；2016年天津师范大学；2015年黑龙江大学

北宋统治者为加强中央集权在政治、经济、文化、军事等方面相继采取了一系列措施，由此形成了分权基础上的集权。

（一）政治

1. 分割相权，设二府三司。①北宋以同中书门下平章事为宰相，同时设参知政事为副相，分宰相行政权。二者以中书门下为官署，掌行政。②设枢密使分宰相军权，枢密院为其官署，宰相和枢密使号称"二府"。③财权由三司（户部、盐铁、度支）管理，其长官三司使又称"计相"。二府三司相互制衡，权力集中在皇帝手中。

2. 在地方实行州、县二级制。①宋朝实行州、县二级制，府、州、军、监是同级官府，直属朝廷。②州郡长官都为文臣，另设通判进行监督。③设置四司，分全国为十五路，在各路设转运司（掌财政兼监察）、提点刑狱司（掌司法兼监察）、安抚司（掌军事兼民政）、提举常平司（掌常平仓救济、农田水利等）四司，除安抚司外，统称"监司"。

3. 实行官职差遣制度。官是指官阶，为虚衔，作为叙级、定俸之用。职是指馆职或贴职，是一种荣誉衔。差遣是指委派官员到地方担任某项工作，此为官员实际任职。

4. 设御史台和谏院进行监察。御史台和谏院分别负责监察皇帝和各级官员。北宋后期，台官逐渐具有言事权，谏官逐渐具有监督权，两者趋向合一，共同监督百官，进一步强化了皇权。

（二）司法与财政

1. 司法上，建立了完备的司法体系。①中央设立了三大司法机构，即大理寺、刑部、审刑院，地方上有开封府等政法合一的机构。②北宋编订了多部法律，如《宋刑统》等。

2. 财政上，规定转运使负责将地方赋税收入转送京师，只留下一小部分作为地方开支。

（三）教育与文化

1. 完善科举制。①宋代确立三级考试制度，即各州主持解试、礼部主持省试、皇帝主持殿试。②对考官实行锁宿制度，对试卷封弥和誊录，严禁举人有舞弊行为（如夹带、代笔等）。③太宗时创殿前唱名赐及第之制，录取者皆为"天子门生"，取士之权收归皇帝之手。

2. 实行崇文抑武国策。赵宋一朝营造重文轻武的社会氛围，以儒家道德规范和伦理纲常控制社会。

（四）军事

1. "杯酒释兵权"。建隆二年（961年），赵匡胤召集石守信等禁军将领举行酒会，趁机解除了大将们的兵权，将兵权收归皇帝手中。

2. 统兵权与调兵权相分离。①禁军不设最高统帅，改禁军两司为殿前司、侍卫马军司、侍卫步军司（合称"三衙"），将领由资历较浅之人担任，无调兵权。②军队调整、移防诸事由枢密院负责，但枢密院无统兵权。二者互相牵制，以此集军权于皇帝。

3. 更戍法。宋代禁军定期更换驻地，但将领不随军队调动，以此防止将领与士兵结合、军队与地方势力结合。

4. 守内虚外、内外相制的军事部署。①守内虚外。将禁军主力驻于内地以保证中央对地方的控制，边境只驻少量禁军。②内外相制。禁军一半驻京师开封，一半驻地方，使地方和中央禁军能够互相牵制。

总而言之，北宋王朝历代统治者为维护统治，通过政治、经济、文化、军事等多种手段加强中央集权，但也由于实施过程中分权过多、过细造成了北宋王朝的积贫积弱。

> **参考资料**

1. 邓小南：《试论北宋前期任官制度的形成》，《北京大学学报》，1990年第2期。
2. 何忠礼：《略论北宋前期的制度革新》，《浙江社会科学》，2011年第3期。

题目 2　简述宋代的祖宗之法（防弊之政）

相关真题　2024年湖南师范大学；2023年西南民族大学；2022年江苏师范大学；2019年华中师范大学

"祖宗之法"实质是指宋太祖、太宗以来逐渐形成的以防微杜渐为核心精神的基本治国原则。"祖宗之法"主要包含权力的分立与制衡、"守内虚外""强干弱枝"等政策。

（一）防弊之政的制定

防弊之政主要有收权、分权和重文轻武三个原则。

1. 收权。具体包括"稍夺其权，制其钱谷，收其精兵"等几个方面。①"稍夺其权"。包含四项措施：一是剥夺节度使的司法审案权，命出中央；二是文官担任知州县，他们听命于中央，抗衡节度使；三是在州府设通判，监察节度使；四是州县直接归中央管理，取消节度使统领知州的权力。②"制其钱谷"。各路设转运司，代表中央总理一地财政，加强对地方的财政检查，令各州财赋除必须经费外一律输京。③"收其精兵"。宋太祖听从赵普的建议，将地方的精兵收入中央编为禁军，而只留下主要负责力役的为厢军。禁军的布置以"守内虚外"为原则，一半驻地方，一半驻京师。地方禁军皆非常驻，而是执行"更戍法"，时常加以调动。

2. 分权。①在中央设置"参知政事"为副相，分割宰相行政权；设枢密院分割宰相军权；设三司分割宰相财政权。②官职差遣分离制度。宋代官员职权大小由差遣决定，带有临时性质，使得官员不得长期擅权。③地方管理上，各路设置四司分管地方事务：转运使司只负责地方财政，兼行政监察；提点刑狱司掌司法；提举常平司掌仓储；安抚司掌军务、治安。

3. 崇文抑武。宋太祖即位之初就剥夺大将石守信等人的军权，此后更是有意识地压制武将。枢密院长官皆用文臣，作战时多不设主帅，以文官出任。对于文官，宋代有"不杀士大夫与言事者"和"与士大夫共治天下"的传统家法。另外，还通过扩大科举，鼓励台谏言事等措施提高文臣地位。

（二）防弊之政的影响

1. 积极影响。①"祖宗之法"解决了武将专权、藩镇割据问题，加强了中央集权，巩固了宋王朝的统治。②对相权的分化加强了皇权。

2. 消极影响。①中央过分集权，导致地方无权、无财，不利于地方政治的有效运转。②官职差遣使得官员设置冗杂，加重了国家财政压力。③军队实行守内虚外政策不利于边境防务，"更戍法"每次调动耗费巨大，而且导致"兵无常帅，帅无常师"，削弱了军队战斗力。④中央分割相权，中书、枢密院、三司相互牵制，行政效率低下。

总之，宋代通过开国时期的一系列制度设计，使得国家稳定下来。但是，这种过于注重"防弊"的设计在随后带来了"三冗二积"等问题，而又因为"祖宗之法"被视为神圣，这也是其成为后来的政治家解决时弊的绊脚石。

> **参考资料**

1. 张帆：《中国古代简史》，北京大学出版社，2001年。
2. 邓小南：《创新与因循："祖宗之法"与宋代的政治变革》，《河北学刊》，2008年第5期。

题目 3　简述从"王与马共天下"到皇帝"与士大夫共治天下"体现了怎样的时代变迁

相关真题　2015年北京大学

西晋灭亡后，东晋出现了"王与马，共天下"的特殊局面。北宋时期，则出现了皇帝"与士大夫共治天下"的新局面。两者之间的变化包含了政治结构变动、选官制度变化、皇权不断加强等多种因素，是我国古代社会历史不断演化所带来的结果。

（一）"王与马，共天下"

西晋灭亡时，琅邪王导、王敦诸兄弟辅佐琅邪王司马睿（即晋元帝）创建东晋；因其有功，东晋元、明、成三帝都以殊礼待王导等人，结成了士族高门与东晋皇室"天下与共，御床同登"的特殊关系，琅邪王氏的家族成员在政治上不仅担任三公等高级官职，还与皇室结成姻亲，经济上拥有庞大的家产和土地。此外，他们还参与国家的军事、教育文化等事务，社会地位极高，时人谓之曰"王与马，共天下"。这是士族门阀制度发展的必然结果。

（二）皇帝"与士大夫共治天下"

北宋建立后，宋太祖吸取五代武臣军权过大，影响中央集权的教训，采取崇文抑武的政策，极力打压武臣势力，扶植文官势力。此后，宋朝皇帝延续这一传统，培植了庞大的士人阶层，中央决策权牢牢掌握在皇帝与士大夫集团手中，形成了皇帝"与士大夫共治天下"的局面。

（三）时代变迁

1. 政治体制变化，皇权加强。从琅邪王氏与司马氏"共天下"到宋代皇帝掌握立法与否决之权，宰辅理事手握行政之权，两者"共治天下"，体现了中国古代政治从贵臣世族分权向皇帝集权的发展趋势。

2. 选官制度的变化。东晋时，九品中正制下的选官权力都把控在门阀士族手中。北宋时期科举制度的完善为寒门庶族地主提供了向上流动的机会，政治人才直接成为"天子门生"，进而效忠君主，而非世族。

3. 社会结构的变动。世族经过南北朝和隋唐的历史流转，势力几乎殆尽，随着选官制度变化和宋朝重文轻武等国策的施行，士大夫阶层崛起更加减弱了世家大族的影响力。

综上，从西晋"王与马，共天下"到宋代的皇帝"与士大夫共治天下"体现着进步的时代变迁，顺应了历史发展的潮流。

参考资料

1. 晁福林：《中国古代史》（上册），北京师范大学出版社，2016年。
2. 田余庆：《东晋"王与马共天下"的独特政治格局解读》，《领导科学》，2015年第34期。
3. 张其凡：《"皇帝与士大夫共治天下"试析——北宋政治架构探微》，《暨南学报》，2001年第6期。

题目4 简述宋代科举制度的基本程式及特点

相关真题 2022年湖北师范大学；2018年华中师范大学

科举考试制度是中国古代的一种官员选拔制度，最早产生于隋文帝时期，经过唐代的完善，到宋代时逐步发展为高度完备、影响巨大的主要选官制度。

（一）基本程式

宋代科举考试实行解试、省试、殿试三级考试制，大体上每三年举行一次。三级考试制度层层相递。解试合格者，参加省试，省试中第者参加殿试，殿试合格者授予一定官阶。

1. 解试，也称发解试。这一级考试在各州军和开封府、国子监举行，举行时间一般在八月秋季，故又称"秋闱"。本级考试通过的称为"举子""贡生"，他们可由州府保举赴京城参加省试。

2. 省试，指由礼部主持的全国举子的考试，在京城的礼部贡院进行，考官通常是由皇帝和大臣会商后临时任命，称"知贡举"。时间是第二年春季，故又称"春闱"。省试合格者由礼部奏名朝廷，参加殿试。

3. 殿试。宋代殿试于太祖开宝六年（973年）始设，由皇帝亲自召见省试通过者，出题面试。合格者才算正式"登科"，他们依照科目和录取甲次的不同，分别授予本科登第、出身、同出身、赐出身等身份，前三名依次为状元、榜眼、探花。

4. 考试科目。科目主要分为进士科和诸科。进士科主要策试帖经、诗赋、时务策。诸科是除进士科外设的经、传、礼、史、法等诸多科目。在考查内容方面各有侧重，或侧重对儒经的默诵、理解，或注重对礼法、专史和律令的掌握。

（二）特点

1. 皇帝总揽取士大权。北宋之前，都是由考官主持考试，进士自称考官的"门生"。北宋殿试制度确立后，考生成为天子"门生"，并创殿前唱名赐及第之制，进士只能向皇帝感恩戴德，这一制度的确立对加强君主专制十分有利。

2. 不重门第，广泛开放。一方面，宋代取士不讲究门第等级，即使"工商、杂类"及其子弟，只要有特殊才能者都可应试授官，甚至僧、道也不拒绝。另一方面，注意革除科举高名次被权势之家控制的弊病。开宝元年（968年）三月，太祖下令凡应举的官家子弟，须经中书复试。这些举措扩大了选官范围，对稳固统治基础很有成效。

3. 采取了防微杜渐的措施，维护考试公平公正。对考官实行"别头制"和锁宿制。对试卷实行糊名、誊录法。严禁考生代笔、夹带、举烛、传义等。几乎杜绝了考官评卷时徇私舞弊的可能，对防止考生作弊也起到很大作用，维护了科举考试的公平公正。

4. 取士宽厚，网罗众多。宋代扩大录取名额，一旦金榜题名，即授以官职，有的还破格提升。这种政策在南宋仍然延续，满足了宋朝政府对人才的需要。

宋代科举制度吸引了众多知识分子，有利于巩固政权，对明清科举制度的发展也有深远的影响。

参考资料

1. 陈峰：《宋代科举考试制度》，《历史教学》，1998年第1期。
2. 张念一：《宋代科举制度的特点》，《芜湖职业技术学院学报》，2007年第2期。

第二节　北宋中期的社会危机与王安石变法

题目1　简述北宋积贫积弱局面的形成和加深

相关真题　2024年江苏师范大学

北宋建立后，采取强化集权和守内虚外的政策，其中冗官、冗兵、冗费合称"三冗"。"三冗"导致了积贫积弱的现象，这是构成北宋中期社会危机的重要原因。

（一）形成

1. 北宋政府通过科举制度、恩荫制度和其他途径，给予地主阶级广泛参政的机会，官僚机构日益庞大，加之官职差遣制度，导致官员数量激增，形成冗官，冗官增加了政府的财政困难。
2. 募兵养兵政策使得军队数量庞大而素质低下，导致冗兵，进而导致积弱。
3. 中层以上官员的俸禄极其优厚，统治阶级挥霍浪费，军费开支以及每年给辽和西夏的大量银、绢等造成国家财政的极端困难，导致冗费，进而导致积贫。
4. 北宋立国之初定下祖宗家法，崇文抑武，内政上多选择文官，且文官地位大大高于武官。军事上实行守内虚外，高度集权，大肆削减边防力量，抽调兵力驻守内部，最后导致边患不断加剧。崇文抑武、守内虚外是积弱的原因。

（二）加深

北宋积贫积弱的局面在北宋中期，尤其是宋仁宗、宋英宗、宋神宗时期进一步加深。主要表现有：

1. 军队战斗力较差和财政匮乏。①军队战斗力低下，北宋在与辽和西夏的对战中屡屡失败。②由于募兵制度和官僚制度的发展，国家财政需求较前代成倍增长，从而促使财政开支也相应地大幅度增长。
2. 机构重叠臃肿、一职多官加深积贫。如官职派遣的实行，使得官称与实际职务相脱离，官职差遣导致一职多官，比如管礼乐的，有礼部、太常寺、礼仪院和太常礼院，管司法的有刑部、大理寺和审刑院，官职的增加导致了政府大量的财政浪费。
3. 扩大科举考试录取名额导致官吏队伍急剧膨胀加深积贫。仁宗时通过科举进士的达到两万人，是太宗时的四倍之多，还有其他的恩荫赏赐，导致荫补基数扩大，国家的财政压力进一步增加。
4. 对外作战的失败加深积弱。真宗时期被迫与辽签订澶渊之盟；至仁宗时，宋与西夏屡屡作战也未能获胜，最终签订庆历和议，北宋积弱与积贫愈演愈烈。

综上所述，虽说北宋积贫积弱的根本原因是制度过于集权，然而在面对统治危机时，统治者对外一味退让，对内不思解决，导致了积贫积弱的加深。

参考资料

1. 王浩禹：《宋朝大变法——熙丰新政》，辽宁人民出版社，2022年。
2. 朱绍侯：《中国古代史教程》，河南大学出版社，2010年。

题目 2 论述庆历新政

相关真题　2023年苏州大学；2020年太原师范大学；2017河南师范大学；2015年南京师范大学；2015年河南师范大学

庆历新政是发生在宋仁宗庆历年间的一场政治革新运动，作为北宋变法的开端，揭开了王安石变法的序幕。

（一）背景

1. 积贫积弱局面的加深。①进入北宋中期，"三冗"问题更加严重，官僚队伍大为膨胀，军队人数不断增加，国家财政极端困难。②北宋军队战斗力低，在被动挨打的局面下，西夏迫使宋廷签订庆历和议，辽也趁火打劫。

2. 社会危机严重。北宋不抑兼并之举纵容了民间的兼并之风，大量农民失去土地，农民们还要承担各类赋税摊派，随着吏治的腐败和封建剥削的加重，到庆历年间，以农民和士兵为主体的反抗斗争时有发生，如王伦领导的沂州士兵起义、河北王则领导的起义等。

3. 有识之士主张改革。为寻求解决社会危机的办法，统治阶级中已有请求变法的尝试，如真宗朝王禹偶等上疏请求变法，虽然没有被最高统治者采纳，但后来被范仲淹等人继承。

（二）主要内容

范仲淹在欧阳修、韩琦的支持下，在庆历三年（1043年）向仁宗上了一封《答手诏条陈十事》的奏疏，提出了实行改革的十个方面。

1. 明黜陟：针对官员迁升只讲资历年限、不问政绩如何的旧制，提出对官员严格考核，按政绩优劣分别升降。
2. 抑侥幸：限制官员恩荫子弟为官，防止官僚子弟滥进。
3. 精贡举：改革科举制度，进士除诗赋外还需考策论，以选拔真才实学之士。
4. 择官长：加强对地方官员的甄别、选拔和监督。
5. 均公田：公田即职田，平均分配外官职田，令官员收入足以养廉。
6. 厚农桑：加强各地农田水利建设，发展农业生产。
7. 修武备：招募强壮之士为卫兵，三季务农，一季教战，以增加军力，节省军费。
8. 减徭役：合并县邑行政机构，减少职役轮差人数，减轻民众的徭役负担。
9. 覃恩信：朝廷免除多年积欠的赋税，地方官执行要取信于民，有违者依法惩处。
10. 重命令：国家令出必行，各级官吏务必认真遵行有关的法令条文。

（三）结果

庆历新政以整顿吏治为中心，遭受保守派阻挠，仅推行一年左右便宣告失败。

（四）影响

1. 对政风的影响。庆历新政适应了当时积极求变的形势，打破了宋初以来政治保守下因循守旧的局面。新政虽失败，却给后来者留下了宝贵的经验与教训，并为王安石变法揭开了序幕。

2. 对学风的影响。庆历新政时期对学校和科举进行以培养人才为目的的改革，同时对太学加以整顿。新政失败后，胡瑗、孙复等人相继执教太学，讲求通经致用，大力倡导务实的学风。

3. 对思想的影响。庆历时期范仲淹、李觏及宋初三先生等人，完成了对儒学的重塑，建立了宋学。庆历新政正是他们把儒学中的这种变易变革思想用于政治实践的伟大尝试，激励了后来的改革者。

庆历新政标志着中唐以来的官僚地主阶级登上政治舞台后，第一次实行全面的政治改革，虽然最后以失败告终，但对后世产生了深远的影响。

参考资料

1. 熊光慈：《庆历新政与王安石变法得失管窥》，《史学月刊》，2006年第10期。
2. 朱瑞熙：《新兴的官僚地主阶级的首次全面改革尝试——北宋范仲淹"庆历新政"》，《浙江学刊》，2014年第1期。

题目3 论述王安石变法的措施及失败的原因

相关真题 2024年江汉大学；2024年赣南师范大学；2024年海南师范大学；2023年中国社会科学院大学；2022年兰州大学；2022年内蒙古大学；2021年东南大学；2021年武汉理工大学；2021年西南民族大学；2021年重庆师范大学；2020年吉林大学；2020年湘潭大学；2019年云南大学；2016年东北师范大学；2016年陕西师范大学；2015年河北大学

北宋中叶，社会矛盾日益尖锐，积贫积弱的局面不断加深。为了缓解严重的社会危机，宋神宗即位后不久，任命王安石进行系列变法。

（一）变法措施

1. 财政经济。

①均输法。要求在详细了解六路物资的生产和开封的需求情况下，依照"徙贵就贱，用近易远"的原则，就近采购，既节省了财政开支和民众转运负担，又防止大商人乘机牟取暴利。

②青苗法。各地政府于每年正月、二月和六月贷钱、谷给农村主户，按户等高低规定借贷数目，借贷期限为半年，出息二分，随夏秋两税归还。旨在抑制兼并，使农民的生产生活有一定的保障。

③农田水利法。规定各地兴修水利工程，其工料由当地居民照户等高下分派。凡单靠民力不能兴修的，不足的部分可向政府贷款，取息一分；一州一县不能胜任的，可联合若干州县共同负责。

④募役法。由州县政府出钱募人应役，募役的费用，由管辖区内的主户按照户等高下分担。

⑤市易法。由政府拨出资金，在开封设置市易司，边境和重要城市设市易司或市易务，出钱收购滞销货物，市场短缺时再卖出，平抑物价。

⑥方田均税法。方田是指每年九月由县令对土地进行丈量清查，按土地贫瘠确定等级，登记注册。均税就是以方田结果为依据，均订税额，防止豪强隐漏田税，增加政府田赋收入。

2. 军政。

①置将法。将禁兵划分为若干辖区，由固定的将官，就地训练。

②保甲法。把农户加以编制，十家为一保，五保为一大保，十大保为一都保。凡家有两丁以上的，出一人作保丁，在农闲时集合保丁，练习武艺。

③保马法。在北方五路保甲中按自愿原则择人养马，可免除部分赋税。

④设立军器监。在开封设置军器监，专门负责督造兵器制作，以提高其质量。

3. 教育和科举。

①教育改革方面，一是在京师和州、县兴建学校。二是在太学实行三舍法，把太学分为外舍、内舍、上舍三等。初入学者为外舍生，经过考试可升为内舍生，内舍生经过考试，可升为上舍生。上舍生学行优秀者，或授官，或可直接参加省试、殿试。此外，政府还颁布《三经新义》作为学校的统一教材。

②科举改革方面，废除明经、诸科，只以进士科取士，规定应试举人只考经义和策、论，经义则以《三经新义》作为应试标准。

（二）失败原因

1. 变法触动了贵族、官僚等的既得利益，遭到了强烈反对，其中多数都站到变法的对立面。
2. 变法中人才缺乏，用人不当。王安石忽视基本的用人问题，甚至提拔了曾布、吕惠卿这样的小人，缺乏改革健将,他们的矛盾和纷争更削弱了改革派的力量。

3. 变法措施在实际运行中走样,实践与理论相背离。如青苗法旨在解决百姓生活困难,但实施中由于变相提高利率,结果变成了高利贷。

4. 宋神宗对保守派元老重臣姑息重用,造成变法阻力大。北宋朝中保守势力联合反对新法,宋神宗操弄政治平衡,姑息迁就韩琦、司马光等保守派,使变法难以进行。

为了解决王朝危机,王安石在宋神宗的支持下进行了系列变法,改革主要从富国、强兵和育才三方面展开,使北宋积贫积弱的局面有所改善,但受多种原因掣肘,变法最终失败。

参考资料

1. 张祥浩:《论王安石变法失败的原因》,《赣南师范学院学报》,1995年第2期。
2. 熊光慈:《庆历新政与王安石变法得失管窥》,《史学月刊》,2006年第10期。
3. 张祥浩:《王安石变法失败原因再探讨》,《东南大学学报(哲学社会科学版)》,2011年第4期。

第三节 南宋的建立与统治

题目1 简述南宋和金的三次和议

相关真题 2022年吉林师范大学;2022年暨南大学;2018年上海大学

宋金对峙下的一系列战争产生了双方的三次和议,分别为"绍兴和议""隆兴和议""嘉定和议",对当时社会发展产生了不同程度的影响。

(一)三次和议概况

1. 绍兴和议。

在以岳飞为代表的南宋军民取得抗金斗争空前胜利之时,宋高宗、秦桧等主和派感到威胁,故在绍兴十一年(1141年)构陷岳飞并置其于死地,与金订立和约,即"绍兴和议"。该和议规定:宋向金称臣;划定金宋疆界,东以淮水,西以大散关为界;宋割唐、邓二州及商、秦二州的一半予金;宋每年向金纳贡银25万两、绢25万匹。"绍兴和议"确定了宋金之间政治上的不平等关系,结束了长达十余年的战争状态,形成了南北对峙的局面。南宋统治者正式承认金在中国北方的统治。

2. 隆兴和议。

宋孝宗即位后欲收复中原,起用老将张浚等发动"隆兴北伐",却被金军击溃。主和派群起攻击张浚北伐误国,力主和议。孝宗下罪己诏,罢黜张浚,任用求和派执政,并下令撤防,遣使与金议和。隆兴三年(1165年),"隆兴和议"告成,主要内容为:南宋改称金主为叔父;改"岁贡"为"岁币",减银5万两、绢5万匹;疆界依旧,宋放弃新收复的6个州。至此,孝宗力图恢复中原的宏志破灭,主战派一再受排挤。宋金双方军事力量依然处于均衡状态。

3. 嘉定和议。

宋宁宗统治时期,主张北伐的外戚韩侂胄掌权。开禧二年(1206年),韩侂胄想趁金外受蒙古进逼、内有人民反抗之机,正式北伐。最初双方互有胜负,但后期宋军接连失败,主和派史弥远等人谋杀韩侂胄并接受金的苛刻条件达成和议,史称"嘉定和议"。其主要内容为:金宋由叔侄之国改为伯侄之国;南宋增"岁币"为银30万两、绢30万匹;宋另付犒劳银30万两;疆界依旧。

(二)影响

1. 积极影响。①和议使南宋政权得以继续存在,暂时改变了自靖康之变以来宋朝政局不稳的情况。②三次和议使各族人民免受战争之苦,得以休养生息,南北经济得到恢复和发展,宋金的民间交流也进一步加深。③和议也稳固了金朝的统治,金朝进一步推行汉制,吸收汉人参与政权,学习汉族文化,加速了政权的封建化。

2. 消极影响。①一些忠臣义士在南宋朝堂主战、主和两派斗争中被谋害,打击了南宋军民的抗金士气,削弱了南宋军事力量。②南宋主动放弃仍然控制的领土,国防安全遭进一步威胁,同时也缩小了南宋对外交流的范围。③和议本身对南宋具有极端屈辱性，使得南宋丧失了大片国土和人民，国力遭受削弱，只能做一个偏安王朝。

综上所述，南宋在与金的关系中一直在和与战之间摇摆。历经绍兴和议、隆兴和议与嘉定和议，双方大体处于相持对峙的状态。直到蒙古崛起和联宋灭金，南宋与金的和战才宣告结束。

参考资料

1. 朱绍侯：《中国古代史》（第五版），福建人民出版社，2010年。
2. 朱绍侯：《中国古代史教程》，河南大学出版社，2010年。
3. 晁福林：《中国古代史》，北京师范大学出版社，2016年。

第四节 辽、西夏、金的统治

题目1 论述辽和金的政治制度

相关真题 2023年扬州大学；2023年长春师范大学；2019年内蒙古大学；2018年吉林大学；2018年南开大学；2013年内蒙古大学

辽和金均为少数民族建立的政权，为巩固统治，加强中央集权，统治者对政治制度做出了一些改革，逐步确立起封建制度。

（一）辽代政治制度

辽统治者采取了以国制治契丹，以汉制待汉人的胡汉分治政策，在因俗而治的理念下实行双轨行政制度。

1. 双轨制的统治机构。①大辽皇帝对汉人和渤海人行使皇权，对契丹等游牧民族又具有可汗权威。②实行南北面官制。南面官官署设于皇帝大帐以南，官员杂用汉族士大夫和契丹贵族；北面官官署设于皇帝大帐以北，官员为契丹贵族。③二元的选官制度。辽朝选官有两条不同渠道，北面官通过世选进行补充。南面官通过科举来选任，辽圣宗时开始设置科举制，但只许汉人参加。④并行的法律制度。辽太祖时制定了适用于契丹等民族的成文法，而汉人则沿用由汉官参考唐律拟订的汉法。⑤二元的地方行政制度。对契丹等游牧民族实行部族制，对汉人和渤海人等实行州县制。

2. 四时捺钵制度。辽代皇帝四季外出游猎，朝官随行，设行帐称为"捺钵"，是辽代流动的朝廷。大约到圣宗时，四时捺钵才有固定的地点和制度，捺钵成为辽帝定期会见南北面官、决定军国大事的中心。

3. 五京制度。五京为上京临潢府、中京大定府、东京辽阳府、南京析津府、西京大同府，只有上京和开封是首都，其他均是陪都。

4. 头下军州。辽代对外作战，诸王、外戚、大臣和诸部可以私军从征，所获俘虏，皆归诸王、外戚、大臣和诸部所有，加以私奴。契丹贵族所获人口"筑寨居之"，被称为"头下"或"投下"，再按人口的多少称之为州、军、县、城、堡。

5. 祭典礼仪。①保留了契丹民族传统的"柴册礼"，又模仿中原汉人礼仪在五京举行由汉族礼仪形式的"大册礼"。②君臣官服也分契丹、汉两种，皇帝与南朝汉官用汉服，太后与北班臣僚用国服。

（二）金代政治制度

金代政治制度大多数借鉴汉族政权，逐步进行了汉化，由二元转向了一元。

1. 勃极烈制。金朝建立后设立勃极烈制，以皇帝（都勃极烈）为核心，掌握军政大权，诸勃极烈共同辅政，依然保留了部落时代贵族长老议事制的痕迹。金熙宗即位后，设太师、太傅、太保，称"三师"，并领三省事，勃极烈制度遂被废止。

2. 猛安谋克制。完颜阿骨打称帝后，对归附部落的首领一律给以猛安或谋克的称号，其部众进行军事编制，规定以三百户为一谋克，十谋克为一猛安。管辖下的各户壮丁，平时从事生产，战时应征出战。

3. 中央官制与监督制度。①金太宗时建立尚书省及中书、门下省，实行三省制。金熙宗时废勃极烈制，并参照唐宋制度，将女真官员改授为相应的汉官官职。海陵王在位时期废中书、门下省，只置尚书省统理政务。②金熙宗于1138年设御史台为中央监察机构，御史台官员的职权主要是纠察朝仪、弹劾官吏、审理内外刑狱、勘核官府公事、监理祭礼出使之事等。

4. 地方管理机构。①实行五京一都制。中都为大兴府（今北京），五京分别是上京会宁府（今黑龙江阿城）、东京辽阳府（今辽宁辽阳）、西京大同府（今山西大同）、北京大定府（今内蒙古宁城县）、南京开封府（今河南开封）。②地方实行路（府）、州、县三级制，诸路均设总管府，置都总管，还设转运司、按察司等机构。③中期以后设立了行台尚书省，是中央尚书省的派出机构，管理地方事务。

总而言之，辽金具有其自身独特的政治制度特点，为后来的少数民族政权提供了宝贵的经验。

参考资料

1. 王雪梅：《辽金政治制度的比较》，《吉林师范学院学报》，1995年第2期。
2. 宋德金：《二十世纪中国辽金史研究》，《历史研究》，1998年第4期。
3. 刘本峰：《试论辽朝"因俗而治"的国策及意义》，《江西教育学院学报》，2010年第1期。

第五节 宋、辽、西夏、金时期的民族关系

题目1 概述宋辽间的战与和并评价宋辽盟约

相关真题 2015年历史学统考；2024年西北民族大学

北宋时期，宋辽政权长期并立对峙，经过高梁河战役和雍熙北伐，双方最终签订澶渊之盟，此后宋辽间持续了长达百余年相对稳定的和平关系，有利于两国社会稳定和经济发展。

（一）宋辽间的战与和历程

1. 高梁河战役。北宋太平兴国四年（979年），在宋太宗的指挥下，北宋试图夺回燕云十六州，这是先前在五代时后晋割让给契丹的重要领土。宋军企图趁辽国不备，直取幽州。然而，双方在高梁河一带激烈交战，辽军的反击使宋军溃败，宋军死伤惨重，宋太宗不得不仓皇逃回。这场战役不仅给北宋造成了沉重的损失，也使得宋朝在对辽关系中陷入了长期的被动状态。

2. 雍熙北伐。雍熙三年（986年），宋太宗抓住辽朝换帝之际，再次派出大军，意图收复失地。宋军此次出动了约20万大军，采取分路进攻的策略。初期，宋军攻克了多座辽国城池，似乎即将达成目的，但随着辽军的坚决反击，宋军遭到重挫，尤其是在涿州的一次大败，导致宋军不得不撤退，并遭受了巨大的人员伤亡。雍熙北伐的失败迫使北宋从进攻转为防守，重新审视与辽国的关系。

3. 澶渊之盟。景德元年（1004年），面对辽军的频繁骚扰，北宋的边防压力巨大。在这种情况下，辽军再次南下，造成了极大的社会震动。宋真宗在宰相寇准等主战派的劝说下亲自率军出征。经过一系列的战斗，宋军在澶州（今河南濮阳）附近的决定性战役中射杀了辽国的重要将领萧达览，大大削弱了辽军的战斗意志，迫使其求和。双方最终在澶州签订了和约，即历史上著名的"澶渊之盟"。根据盟约，宋辽两国互称兄弟之邦，宋朝每年向辽国支付大量的"军费"银10万两和绢20万匹，同时确定了双方的边界，为两国之间长达百年的和平奠定了基础。

（二）对宋辽盟约的历史评价

1. 澶渊之盟不仅是双方经过长期战争后的相互妥协，也体现了宋辽双方力量对比的实际状态。辽国虽然屡次南袭北宋，但并未完全占据压倒性的优势，无法彻底消灭北宋；相反，北宋在经历连年战争的损耗后，也认识到了自身的局限，无法轻易实现对燕云十六州的收复。因此，澶渊之盟实际上是在双方力量对比相对平衡的基础上达成的一种务实的和平协议。

2. 澶渊之盟后的和平时期对两国产生了深远的影响。宋辽边境的稳定促进了边境地区的经济和文化交流，加速了民族交融进程，对促进中国北方边疆地区的经济发展和社会稳定起到了积极作用。

综上所述，宋辽间的战争与和平，尤其是澶渊之盟的签订，对于两国的历史发展有着深远的影响。它不仅结束了长期的战乱，还为两国提供了珍贵的发展机遇，也为后世提供了通过和平方式解决争端的重要案例。

参考资料

1. 朱绍侯：《中国古代史教程》，河南大学出版社，2010年。

题目2　就澶渊之盟与绍兴和议，谈谈你对宋与辽金关系的看法

相关真题　2023年中国社会科学院大学；2023年天津师范大学；2023年暨南大学；2022年安庆师范大学

澶渊之盟与绍兴和议都是宋朝历史上的重大事件，但这两次和议对之后的宋辽、宋金关系却产生了不同的影响，也在一定程度上影响了历史发展的进程。

（一）宋辽关系

1. 澶渊之盟。

①北宋自建立以后，与辽朝经历了20多年争夺燕云十六州的战争。景德元年（1004年）九月，辽圣宗及萧太后率领辽军南下，直抵澶州，威胁宋的都城开封。在宰相寇准的力劝之下，宋真宗亲自率军出征，极大鼓舞了宋军的士气，宋军射杀辽军大将萧达览，战争优势一时倾向于宋，随后辽军请和。②双方议和最终达成。和约规定：宋朝每年给辽绢20万匹，银10万两；双方约为兄弟之国；两国以白沟河为界，沿边州军，各守原有疆界。因为澶州又称为澶渊，所以这次和约称为"澶渊之盟"。

2. 对宋辽双方的影响。

①在很大程度上改变了自宋朝初期以来宋辽双方对峙的紧张局面，开启了双方此后较长时间的和平局面，促进了双方在边境地区贸易的往来。②澶渊之盟并未换来永久的和平。这次议和是建立在宋朝朝贡的基础上的，宋朝没能收复燕云十六州，辽朝对维持现状也不是很满意。因此，辽朝末期时，双方又起兵戈。

（二）宋金关系

1. 绍兴和议。

①宋室南渡之后，抗金斗争不断，大定元年（1140年），宋取得顺昌大捷和郾城大捷，先后收复了郑州、洛阳等地。但此时以秦桧为首的主和派在南宋朝廷开始占据上风，议和的呼声压过了主战的呼声。②大定二年（1141年）初，为了与金朝议和，秦桧等人陷害岳飞，以换取金的信任。双方签订和约，规定：南宋向金称臣，要世世子孙谨守臣节；每年向金进贡银25万两、绢25万匹；金、宋以东起淮水中流，西以大散关为界；将唐、邓二州及商、秦二州大半土地割予金人。由于这一年是南宋绍兴十一年（1141年），史称"绍兴和议"。

2. 对宋金双方的影响。

①绍兴和议后，宋金结束了长达十余年的战争状态，江南地区获得了一段相对稳定的时期，此后双方沿着大散关—淮河一线形成南北对峙的局面。②和议没有为两国带来真正的和平。绍兴和议是建立在宋朝的屈辱之上，形成了宋金之间政治上的不平等关系。此后数十年双方依旧相互征伐，两国之间的仇恨日益加深。

总而言之，两次议和产生了不同的结果和影响，是两宋时期具有重大影响的历史事件。这两次议和也在很大程度上改变了缔约双方关系的走势。

参考资料

1. 赵永春：《试论"澶渊之盟"对宋辽关系的影响》，《社会科学辑刊》，2008年第2期。
2. 宁欣：《中国古代史》（下册），北京师范大学出版社，2018年。

第六节　元朝的统治及其影响

题目1　简述元朝的统一过程及影响

相关真题　2024年黑龙江大学；2023年渤海大学；2022年新疆师范大学

1206年蒙古国建立，1271年，忽必烈定国号为大元，1279年元军在崖山海战中灭南宋而统一中国，蒙古通过70多年的征战，结束了自唐朝安史之乱以来多民族政权并立的局面，使天下重归统一。

(一)过程

1. 从蒙古国到元朝建立。1206年,铁木真统一蒙古诸部,建立蒙古国,被尊为"成吉思汗"。成吉思汗及其后继者率领蒙古大军南下,对中国版图上并存的金、西夏、南宋等政权发动战争。1271年,忽必烈改国号为大元,建立元朝,之后灭南宋,重新统一中国。

2. 灭西辽。辽朝灭亡后,辽朝皇族耶律大石在西北地区重建辽政权,史称"西辽"。1218年,蒙古灭西辽政权。

3. 灭西夏。成吉思汗为避免将来攻金时遭受侧面攻击,1206—1209年,三次进攻西夏。1226年春,他以西夏拒绝出兵助战西征、不送质子为由,发兵进攻西夏。1227年,夏末帝李睍投降但被蒙古所杀,西夏灭亡。

4. 灭金。1211年春,成吉思汗自金朝东北边境开始进攻,相继占领了河北、山东等地,金朝向南收缩。1229年,成吉思汗死后其子窝阔台即位,并在1231年夏,兵分三路进攻金朝,到1234年正月,金朝灭亡。

5. 灭宋。①蒙古灭金后撤兵北还,南宋出兵洛阳收复旧土,史称"端平入洛",蒙古借此为由兵分三路大举进攻南宋,双方互有胜负。1259年7月,蒙古大汗蒙哥病死,蒙古陷入汗位争夺,蒙宋战争暂告一段落。②在蒙古进攻南宋期间,蒙古还征服了大理和吐蕃,对南宋形成包围之势。③忽必烈即位后开始全力灭宋,1268年,元军攻破襄樊二城打开南宋大门;1275年,元军在丁家洲战役中瓦解南宋军队主力;1279年,元军在崖山对南宋余部发起总攻,南宋残余部队也被元军消灭,南宋至此灭亡。

6. 成吉思汗及其后继者还发动了远达欧洲的三次西征,在亚欧版图上建立了蒙古四大汗国,即钦察汗国、察合台汗国、窝阔台汗国、伊利汗国。

(二)影响

1. 结束了中国长期分裂的局面。自8世纪安史之乱爆发后,中国先后经历了中晚唐时期的藩镇割据、五代十国的混乱局面以及辽宋夏金的对峙。元朝使得天下重新归于一统,为南北方经济的恢复和文化交流创造了有利条件。

2. 扩大了疆域面积,促进了边疆地区的开发。元朝疆域东至今天的库页岛,北抵西伯利亚,西到葱岭,南达万里石塘。唐宋时期只能羁縻管辖的地区,在元时都悉数置于中央政府的有效管辖之下。

3. 促进了民族交融。随着蒙古人入主中原,包括色目人在内的一批少数民族先后进入内地,这种民族迁移,终元一世也未停止,巩固了统一的多民族国家。

4. 促进了文化交流。由于元代疆域广袤,交通发达,政府又鼓励商人出海经商,再加上对文化采取兼容并蓄的政策,东西方的文化交流横跨亚洲与欧洲。

5. 推动了经济发展。元朝结束分裂局面实现统一,国家迎来了和平发展的局面,为农业、手工业、商业等发展创造了有利环境。

元朝的统一将中国历史带入了一个新的时代,极大促进了各族之间经济、文化的联系,巩固了空前统一的国家,成为中国统一多民族国家发展史上的重要阶段。

参考资料

1. 朱绍侯:《中国古代史教程》,河南大学出版社,2010年。
2. 周良霄:《元朝的统一在中国历史上的意义》,《文史知识》,1985年第3期。

题目2 论述元代巩固统治的措施

相关真题 2022年中国社会科学院大学;2022年聊城大学;2018年中央民族大学;2018年复旦大学;2018年暨南大学;2017年云南大学;2016年云南大学;2016年四川师范大学;2016年中国社会科学院大学;2015年黑龙江大学

元朝建立后,统治者在政治、经济、文化等方面采取措施,有效加强了中央集权,巩固了统治。

(一)调整中央行政机构

1. 中书省掌行政权。元朝设中书省总理全国政务,长官为中书令,由皇太子充任。下设平章政事及右丞、左丞和参知政事为副相。下设吏、户、礼、兵、刑、工六部负责具体行政事务,各部长官为尚书。

2. 枢密院掌军权。元设枢密院以掌管全国军事。枢密使由皇太子兼领，是虚衔，两名枢密副使掌握具体军务。

3. 御史台掌监察权。御史大夫为最高长官，御史台下有殿中司（纠察百官）和察院（检举不法之事）。

4. 宣政院管理西藏事务。元代于中央设"总制院"，主管全国佛教及吐蕃、畏兀儿地区军民之政，后改名宣政院。

（二）设置地方行政机构

1. 地方最高行政机构为行中书省，简称行省，掌管一省的军事、行政、财政、司法。全国共有岭北、山东、河北等10个行省。

2. 行省以下设路、府、州、县。皆设由蒙古人担任的达鲁花赤为监临官。

（三）恢复经济

1. 设立管理农业的政府机构，兴修水利。元朝设十路宣抚使，置劝农官，后成立大司农司，掌农桑水利。

2. 限制抑良为奴，招集逃亡，鼓励开荒。政府颁布《户口条画》，对户籍进行大规模整顿。

3. 开展军民屯田，减免租税，设置粮仓。设军屯、民屯等形式的屯田，多次下令减免租税。政府设置常平仓和粮仓用来赈济灾民，发展生产。

（四）军事制度

1. 宿卫系统。宿卫军由怯薛军和侍卫亲军组成，主要戍卫京师大都和上都。

2. 镇戍系统。镇戍军主要镇守全国各地，腹里主要由蒙古军和探马赤军来戍守，南方以蒙古军、汉军、新附军相继驻戍。

3. 实行军民异籍、军民分治的政策。元朝设置"军户"户籍，以后世代当兵，不得脱籍。

（五）边疆管理

1. 西藏地区设三路宣慰使司都元帅府，下辖元帅府、宣抚司等机构，管理西藏地区的各项事务。

2. 设巡检司，管辖澎湖与台湾地区。

3. 岭北、东北、甘肃分别设有岭北行省、辽阳行省和甘肃行省进行管辖。

4. 畏兀儿境内则设官府，置驿站，立屯戍，行交钞，置局织造，计亩输税。

（六）民族政策

1. 四等人制。蒙古族人名列第一等，色目人为第二等，汉人为第三等，南人为第四等。这四等人在政治、法律、经济等方面有着不平等的规定。

2. 笼络各少数民族上层。将为元朝效力的汉人与蒙古贵族同样看待，对各少数民族上层的笼络比对汉族更为优惠。

（七）优化法律

元代在蒙古习惯法和金国法律的基础上，编成《至元新格》，后又编撰《元典章》《至正条格》等。

（八）文化和教育

1. 推行蒙古文化。至元年间，八思巴创蒙古新字，大力推行蒙古文化。

2. 学校和科举。①元代设立以汉字、蒙古字教学的国子学和路府州县学两套系统。②设回回国子学教授波斯文，学习使用阿拉伯、波斯的知识技术。③元代每三年举行一次科举，且取士分配名额极不公平。

综上所述，元朝通过实行一系列措施，加强了中央集权，巩固了统治，保证了统一多民族国家的稳定运行。

参考资料

1. 李治安：《元史十八讲》，中华书局，2016年。
2. 李治安：《元代行省制的特点与历史作用》，《历史研究》，1997年第5期。
3. 李治安：《元代行省制起源与演化述论》，《南开学报》，1997年第2期。

题目3 简述元代的行省制度及其意义

相关真题 2008年历史学统考；2023年聊城大学

元代的行省制度是中国历史上重要的行政体制改革之一，它不仅体现了其对传统行政体制的继承与发展，还反映了其管理多民族和广大领土的独特方式。元代的行省制度对中国乃至世界的地方行政体制发展产生了深远影响。

（一）元代行省制度的建立和结构

1. 行省制度的建立。为了有效管理庞大的国家，元世祖忽必烈在1271年正式建立元朝后，于1276年开始在全国范围内推行行省制度。

2. 行省制度的结构。行省是元朝中央政府在地方设立的一级行政区域，其下设有路、州、县三级行政单位。行省的长官称为丞相或行省平章政事，负责所辖区域内的民政、财政、军事等事务。全国共设行省10个，包括岭北、陕西、四川、云南、江浙等，覆盖了元朝统治下的绝大部分地区。

（二）元代行省制度的特点

1. 多民族交融的行政体制。元代行省制度的一个显著特点是强调多民族交融。在行省及其下属的行政机构中，不仅有蒙古族官员，还大量使用了汉族、色目族（西亚和中亚的穆斯林）等民族的官员，体现了元朝统治者对多民族交融政策的重视。

2. 中央与地方权力的平衡。元代行省制度旨在加强中央对地方的控制，同时也赋予地方一定的自主权。通过设置行省，使得中央政府能直接管理边远地区，加强了中央集权；同时，行省的设立也考虑到了地方的特殊性和自治的需要，体现了一定的灵活性和包容性。

（三）元代行省制度的意义

1. 促进了国家的统一和民族的交融。行省制度的实施加强了元朝对全国的统治，特别是对边疆和少数民族地区的管理，促进了国家的统一。同时，该制度通过在行政机构中安排各民族官员共同工作，促进了不同民族之间的交流与交融。

2. 对后世行政体制的影响。元代的行省制度对中国乃至世界的地方行政体制都产生了影响。明清两代的省制沿袭了元代行省的设置，成为中国传统地方行政体制的重要组成部分。同时，元朝作为一个跨亚欧的大帝国，其地方行政体制也对其他国家和地区产生了一定的影响。

综上所述，元代的行省制度是其治理多民族国家、管理广阔领土的重要手段。它不仅加强了中央集权，促进了民族交融，也为后世的地方行政体制发展奠定了基础，具有划时代的意义。

参考资料

1. 李治安：《元史十八讲》，中华书局，2016年。
2. 李治安：《元代行省制的特点与历史作用》，《历史研究》，1997年第5期。
3. 李治安：《元代行省制起源与演化述论》，《南开学报》，1997年第2期。

题目4 简述元朝的边疆管理制度及其意义

相关真题 2023年吉林师范大学；2020年湖北师范大学；2018年暨南大学

元朝疆域辽阔，对岭北、西藏、云南、台湾、东北、西北等地区采取了不同的管理政策以巩固其统治。

（一）边疆管理制度

1. 北方。忽必烈即位后，在蒙古相继设和林宣慰司、行中书省，仁宗时改为岭北行省，由中央直接管理。此后元政府大量移民实边、进行屯田，推动了蒙古地区社会生产力的发展，对反对守旧贵族的分裂活动也起到了一定的作用。

2. 西北地区。包括元朝政府直接统治地区和西北伊利汗国、察合台汗国、钦察汗国、窝阔台汗国四大汗国等地。四大汗国的首领本是中央分封出去的四个最高军政首领，与中央保持有藩属关系。后来，蒙古各统治集团为争夺大汗权位，彼此间矛盾激化，离心离德，加上各汗国间缺乏必要且有力的政治、军事、经济联系，与中央距离遥远等因素趋于自治。

3. 西藏地区。1247年，喇嘛教萨迦派与蒙古方建立了宗藩关系，西藏正式归蒙古国管辖。1253年忽必烈封八思巴为"国师",为总制院第一任长官,总制院后改名为宣政院,成为元代管辖西藏地区的中央机构。自此,西藏正式成为我国中央政府直接管辖的地方行政区域。元朝还在西藏设立三路宣慰使司,万户以上的长官由中央直接任命;此外还设驿站,调查户口,征收赋役,屯戍军队。

4. 东北地区。元设辽阳行省,下设诸路,辖区包括含库页岛在内的广大地区。大批汉人被流放到这一带,蒙古也有移民迁居到此,这对东北地区尤其是黑龙江下游的开发起到了积极的作用。

5. 云南地区。元世祖即位后,在云南设行省,行省之下还设路、府、州、县,又置若干军民总管府,实行与中原一样的各项政策。云南与内地的关系在政治上也进一步密切了。

6. 台湾地区。元政府在澎湖设置巡检司,通过澎湖巡检司管辖澎湖和台湾。这是中国政府最早在台湾地区建立的正式行政机构。

(二)意义

1. 促进了民族交流与交融。元代的边疆管理制度,使得汉族与边疆各族的沟通联系加强,原有的地域观念逐渐减弱,元代"回回"在长期交流融合中,形成了独特的新的民族——回族。

2. 为后世边疆治理留下了治理经验。明清的边疆治理在一定程度上延续了元朝的统治思想,元朝创制的行省制也延续至今。

元朝是我国规模空前的多民族统一国家,统治者实施一系列边疆管理政策,促进了边疆和中原地区的经济、文化联系,加强了各民族之间的联系,巩固了国家的统一,也为后代边疆治理提供了丰富的经验。

参考资料

1. 朱绍侯:《中国古代史》(第五版),福建人民出版社,2010年。
2. 朱绍侯:《中国古代史教程》,河南大学出版社,2010年。
3. 晁福林:《中国古代史》,北京师范大学出版社,2016年。

题目5 简析忽必烈推行汉化的措施

相关真题 2024年西北师范大学;2023西南民族大学

大蒙古国转变为元王朝的主要标志是忽必烈时期"汉法"的推行,即有计划地吸收、采用前代中原王朝的一系列典章制度和统治经验。

(一)政治方面

1. 吸收汉文化,建立年号、国号。①1260年以"中统"为年号,出自儒家经典《春秋》和《易经》,意为"中华开统"。②忽必烈即位十年之际,取《易经》中"大哉乾元",定"大元"为新国号。

2. 定都汉地,订立朝仪。①中统四年(1263年),忽必烈将开平府定为上都;第二年,定燕京为中都,后改称大都,元的统治中心也随之迁移到漠南汉地。②1269年,忽必烈令刘秉忠和许衡仿照古礼,杂糅金制,订立朝仪,以效汉族礼法。

3. 建立汉式官僚机构。①仿照宋金中央官制,设中书省为宰相机构,枢密院掌军事,御史台掌监察。②设"总制院",后改名为"宣政院",并设置院使二人,主管全国释教及吐蕃、畏兀儿地区军民之政。

4. 笼络汉族上层地主以扩大统治基础。元朝政府将早期投靠自己的汉族地主武装头目当作贵族看待,任用少数汉人担任中书省左右丞相的官职,推行汉化改革。

(二)经济方面

1. 重视农业生产。①屯田。忽必烈统一全国后,在西北、东北、蒙古高原等地开展屯田计划。②设置粮仓、常平仓。世祖设立常平仓以备荒储粮、调节物价,进一步发展了粮仓制度。③兴修水利。设立都水监,专门负责对各地水利工程进行监督与整修。④设立农业机构。忽必烈先后设劝农司、大司农司,巡行劝科,恢复农业生产。并命司农司结合各地风土,编纂《农桑辑要》,这对中原劝课农桑意义颇大。

2. 保护农田,限制抑良为奴。①忽必烈多次下诏禁止占民田为牧地,并派官员清理被权豪等侵占为牧地的民田。②颁布《户口条画》,对户籍进行大规模整顿,将非法被占为奴隶的人按籍追出,编籍为民。

3. 赋役制度沿袭汉族旧制。①在南方保持原南宋的土地制度，采用租佃制度，以实物地租为主。②赋税方面南方沿袭旧制两税法，夏税一般以秋税征粮额为基数。徭役制度除特殊情况外也多沿袭宋制。

4. 发展农业生产技术。在蒙古农业地区，忽必烈经常派人向蒙古人传授耕作技术，鼓励蒙古人从事农业生产。

（三）军事方面

元朝军事制度深受中原前代王朝的影响，形式上继承了中原王朝的中央禁军组织。元世祖朝开始设立"侍卫亲军"组织，直属元朝中央，有利于加强中央集权，但仍保留了蒙古部族军队的许多成分。

（四）文化方面

1. 尊崇儒学，设置各级官学。①特诏各路设提举学校官，重建中原官办儒学。②在中央设国子学，后又增设国子监，掌国子学教令。③地方每行省均设儒学提举司，专掌儒学教育，在路、府、州、县各级均设教官，形成一套完整的教官体系。

2. 鼓励书院讲学，元世祖时期书院逐渐被纳入地方儒学教育体系，具有了"半官方"性质，以促进民间儒学的发展。

综上所述，忽必烈推行了一系列汉法，奠定了汉式王朝的基本框架，对巩固元朝的统治具有重要的作用。

参考资料

1. 李治安：《元史十八讲》，中华书局，2014 年。
2. 张帆：《中国古代简史》（第二版），北京大学出版社，2015 年。

题目6 论述元代各民族生活习俗的融合

相关真题 2024 年暨南大学

中国多民族统一国家的形成，经历了漫长的多民族共生与交融的历史进程。元代是中华民族"多元一体"文化发展的重要时期，实现了全国重新大一统，民族交融的广度和深度都超过了前代。

（一）少数民族的汉化

1. 沿用汉族的宫廷习俗。①元朝统治者逐渐采纳了汉族的礼仪、音乐、服饰等礼乐习俗，例如举办元宵节等汉族传统节日庆典。②用汉文书写圣旨。③尊奉孔子。如元武宗加封孔子为"大成至圣文宣王"。

2. 设立科举制度和官学。元仁宗实行科举，各族人考试经义都以朱熹《四书章句集注》为准，并设立左榜和右榜。还在路、府、州、县都设立庙学，乡村每五十家立一"社"，每社要设立学校一所，农闲时令子弟入学；还允许并且鼓励私人创办书院，书院"山长"由官府任命，纳入学官系统。

3. 崇尚理学。①理学渐成中原儒学主流，进而被蒙古统治者接受，成为国子学和州县官学教育的主流，蒙古人、色目人热心习儒者为数相当多。②从中央的国子学到地方上的庙学、社学、书院，蒙古字学都要学习经史。③国子学老师们为了教授蒙古人、色目人学习汉文经史著作，不仅上课时要用最通俗易懂的口语讲解，还要编成口语体的讲义。

4. 改汉姓，取汉名。元代前期，就有蒙古人、色目人改用汉人姓氏，或依汉俗取名立字，中后期此风更盛，做官的即使汉文化水平很低或不习汉文，往往也要给自己立个字以示风雅。

5. 娱乐的汉化。吟诗作赋、唱和酬答在蒙古、色目官员和士人中已成风气。

6. 礼俗的汉化。很多蒙古人、色目人还在礼俗方面改从汉制，如蒙古人、色目人也有不少人自愿为父母丁忧，退官守庐墓，服斩衰。

（二）汉族对少数民族文化的吸收

1. 语言文字方面。①有不少人学会了蒙古语。②白话文中夹杂蒙古语习俗。以口语为基础写成的文章就是所谓白话文，元代的白话文有个特点就是夹杂表示蒙古语语法形态的字样，还有个别照搬蒙古语语序的直译，使用特定的蒙古词汇译语字等。③元代有不少蒙古语和西域语言的音译词被吸收到汉语中，还编辑了汉－蒙语对照词典，如车站的"站"就是蒙古语驿传的译音。

2. 其他方面。①江南人士在元代做官的机会比较少，于是有很多汉人、南人取了蒙古名字，希图借此升官。②蒙古族的饮食习惯，如食用牛羊肉、奶制品，逐渐被汉族地区所接受。③南人的服饰逐渐发生变化，时尚穿着北式的方笠窄袖衫，所谓"鞑帽毡裘"的蒙古服饰被南人仿效，成为时尚。

综上所述，不仅蒙古人和色目人主动接受儒学教育和汉文化的熏染，而且元代汉人、南人对蒙古文化亦多有吸收，体现了这一时期民族文化的融合和中华文明的多样性。

> 参考资料

1. 陈得芝：《从元代江南文化看民族融合与中华文明的多样性》，《北方民族大学学报（哲学社会科学版）》，2010年第5期。

第七节 宋元时期的社会经济

题目1 简述北宋时期的商业发展状况

相关真题 2024年天津师范大学

北宋改变了自秦汉以来一直实行的抑商政策，实行恤商政策，政府不但不歧视商人，还尽量保护商人利益，有时还允许商人做官，商业在北宋时期有了很大的发展。

（一）商业市场体系

1. 商贸城市出现与发展。北宋时期，全国各地出现了大的商贸城市，如开封不仅是全国的政治中心，更是经济中心。从空间上来说，城市中的居民区和市场区不再隔绝，坊市界限被打破；从时间上来说，除白天营业外，还有夜市和晓市。

2. 乡村集市盛行。在乡村交通方便的地方出现了草市，北方叫作集市，岭南一带则称为"墟市"，草市和集市统称为坊场。坊场遍布全国各地，形成了初级的商业网。

3. 市镇的兴起。宋代的镇改变了以往纯军事性质，逐渐经济化，有些商业城镇甚至在规模、居民数量和繁华程度上超过县治州府。

（二）商业贸易情况

1. 商品种类丰富。市场上的商品有来自各地的粮食、水产、牛羊、果品、酒、茶、纸、书籍、瓷器、药材、金银器、生产工具等。

2. 商业资本扩大。如首都汴京富商云集，家产十万贯以上的人十分常见，资产百万者也很多。

3. 货币流通加强和交子出现。北宋货币以铜钱为主，其次是铁钱，商业的繁荣带来了金属货币的大量发行。由于金属货币携带不方便，北宋于公元970年在开封设立过便钱务，商人以金属货币换得"券"，到地方上再换回现钞。四川地区出现了纸币"交子"，这是世界上最早的纸币。

4. 区域性市场的形成。①发达的水陆交通线将城市与乡镇连接起来，形成了全国性的商业网络和若干的区域市场。②主要有以汴京为中心的北方市场、以苏杭为中心的东南市场、以成都为中心的川蜀市场和以陕西、河东一带为主的西北市场。

5. 对外贸易繁荣，海上丝绸之路兴起。①北宋和东南亚、日本、高丽的商业交往很密切，广州是对外贸易最重要的港口，两宋在这里设立了市舶司进行管理。②进出口产品多样化。北宋出口的物品有丝、绢、锦、麻、丝棉等纺织品以及陶瓷、金银产品，进口的物品则有珍宝、象牙、犀角、玳瑁、木器等产品。

（三）商业管理政策

1. 商业税收。①由于商业发达，北宋政府对商税特别重视，在全国各地设置场、务等机构专门征税。②商税分为两种，对行商抽过税，对坐贾抽住税。正税之外，还有杂税。

2. 榷场与专卖。①北宋政府与辽、夏在交界处设立榷场进行互市贸易，以茶、盐、布等交换他们的马、羊等畜牧产品。②为了搜刮更多的钱财，政府还对盐、茶、酒、矾等实行专卖，由官府控制这些物品的生产并垄断销售。

3. 行会作用增强。手工业者和商人们为了独占市场，保护同行利益组织起了行会，行会往往协助会员解决商业纠纷，制定行业规范，控制市场价格等，也会作为政府与商人、手工艺人之间的沟通桥梁，促进商业发展的规范化和秩序化。

综上所述，北宋时期由于农业和手工业发展等因素，商业十分发达，不仅贸易种类更加丰富，还突破了以往时空上的界限，达到了我国商业史上一个新的发展高峰。

参考资料

1. 宁欣：《中国古代史》（下册），北京师范大学出版社，2018年。
2. 朱绍侯：《中国古代史》（第五版），福建人民出版社，2010年。
3. 林燕：《简述唐宋时期的商业盛况》，《经济师》，1998第12期。

题目2　从农业、手工业、对外贸易及货币等几个方面分析南宋经济发展状况

相关真题　2011年历史学统考；2023年聊城大学；2021年陕西师范大学

中国古代经济重心在南宋完成南移，南宋的社会经济得到长足发展，下面从农业、手工业、对外贸易及货币四个方面来分析南宋时期的经济发展状况。

（一）农业

1. 水利建设超过北方。南宋修复久被湮废的水利工程，还修建了不少新的工程，如宋高宗时眉州的通济堰和宋光宗时淮东的绍熙堰等，南宋通过兴修水利工程，扩大和改善了耕地。
2. 农田面积大量增加。南宋百姓大力开辟圩田，此外，涂田、沙田、梯田等也大量开垦，南宋的田土得到充分的开辟和利用。
3. 占城稻进一步推广。大约在真宗时期，福建泉州等地率先从越南引种了早熟、耐旱、生长期短的占城稻，不仅使水稻的种植范围大为扩展，也大大提高了南宋江浙地区的稻米产量，以至于有了"苏湖熟，天下足"的谚语。
4. 扩大了经济作物的种植。如南宋的产茶区几乎遍及全域，植棉区已从两广、福建逐渐推广到长江和淮河流域，东南地区的种桑相当普遍，福建水果种植业发达，尤以荔枝为盛。

（二）手工业

1. 制瓷业和丝织业有新发展。江西景德镇发展至南宋时期，成为独具风格的瓷窑中心。两浙和四川成为丝织业的中心，整个沿海地带都比较发达，丝织品的总产量远超北宋时期。
2. 棉纺织业初步发展。棉纺织工序复杂，工具繁多，到南宋时已能织出带有细字、小花卉的花布。
3. 造纸业和印刷业繁荣。南宋时期的造纸技术进一步改进，制纸工艺更加精细，产量大幅提高。此外，南宋是活字印刷技术发展的重要时期，先进的印刷技术使书籍出版业也迅速发展。
4. 造船业迅速发展。南宋的造船业主要集中在沿海地区，如福建、浙江等地，造船材料丰富，造船技艺高超。南宋的船只开始普遍使用"横帆"，提高了船只的航海速度和适航性。此外，船只的大小也有了显著的增长，能够进行更远距离的海上航行。

（三）对外贸易

1. 海外贸易空前繁盛。南宋时期进出口商品种类繁多，瓷器成为主要输出品，海外贸易港口多达二十多个，泉州成为最大的对外贸易港口。朝廷还在贸易港口设置市舶司，并设有专门供外国商人居住的"番坊"和用于番货交易的"番市"。
2. 对外交往范围广。与南宋有外贸关系的国家多达60个以上，包括高丽、日本以及东南亚和阿拉伯国家。

（四）货币

纸币的流通。由于商业的发展，社会上的铜钱不能满足交易的需要，具有纸币性质的会子成为重要的交换媒介，绍兴三十一年（1161年）南宋政府设"行在会子务"负责会子的印刷、发行和管理。当时流行的主要有东南会子、湖广会子、两淮会子等，除在南宋流通较为广泛的会子外，交子也在四川地区流通，称为钱引。

总之，南宋在农业、手工业、对外贸易及货币等方面都有了进一步发展，经济十分繁荣。这一时期，经济重心完成了南移，江南地区成为全国的经济文化中心，在当时的世界上处于领先地位。

参考资料

1. 葛金芳：《从"农商社会"看南宋经济的时代特征》，《国际社会科学杂志》，2009年第3期。

题目3 简述元朝重农政策的内容及其影响

相关真题 2016年河北大学；2015年西北师范大学

忽必烈建立元朝之后，为重新发展和恢复生产，巩固自身统治，采取了一系列重农政策，具有积极意义，但也存在一定的局限性。

（一）内容

1. 设立管理农业的机构。中统元年（1260年），设十路宣抚使，置劝农官，次年设劝农司，以姚枢为大司农，派劝农使到各地考察农业情况。至元七年（1270年），成立大司农司，专掌农桑水利。

2. 保护农田，限制抑良为奴。忽必烈即位后，多次下诏禁止占民田为牧地，并派官员清理被权豪侵占为牧地的民田。他还颁布《户口条画》，对户籍进行大规模整顿，将非法被占为奴隶的人按籍追出，编籍为民。

3. 招集逃亡，鼓励开荒。中统二年（1261年）下诏规定，凡逃户复业者，差税一年全免，次年减半，且对开荒作熟的田地，五年内验地科差。中统三年（1262年），政府又命各级官府不得擅兴杂役，妨夺农时。

4. 大力开展军民屯田。全国统一后，屯田分为军屯、民屯、军民合屯等形式。主要招募无业农民开垦荒地，在江淮、辽阳、岭北等地区进行屯田。

5. 减免租税。南宋投降后，忽必烈下令废除其苛税一百多项，从世祖至元到成宗大德时期的40多年间，元政府多次下令减免全国或地方的租税。

6. 设置粮仓。至元六年（1269年），元朝下令设置常平仓，主要作用在于平籴平粜，备荒救灾。义仓又称劝农仓，主要用以救济灾民。二者成为元朝保障农民生存的重要手段。

7. 兴修水利。中央政府成立了都水监来负责全国的水利管理。地方政府建设了众多灌溉设施，对滦河、卢沟河、浑河等进行了整治。其中，最重要的水利项目是挖通了大运河沟通南北水路交通和对黄河进行治理，有效预防了黄河的泛滥。

8. 发展农业生产技术。至元年间，官府编辑、刊刻了《农桑辑要》，以先进的生产技术指导农业生产。另外王祯的《农书》等也对于农业技术的提高和推广有着极为重要的作用。元初黄道婆改造纺织工具，对当时松江一带的棉纺织业发展起到了促进作用。

9. 迁徙民户充实内地和西北地区，允许民众自买荒田旷土，延期课税，对贫困迁民和屯田户，给以牛、农具和种粮等。

（二）影响

1. 人口有所增加。至元三十年（1293年）人口已达1400万余户，是元代最高的户口数，超过金和南宋最高户数的总和。

2. 农业产量有所提高。南方特别是长江三角洲地区农业十分发达。北方地区的粮食产量提高，陕西关中地区的小麦盛于天下，关陇陕洛也出现了五谷丰登、百姓安乐的现象。

3. 棉花等新作物开始推广。棉花到元朝中后期种植已经十分广泛，当时大半个中国已普遍种植棉花。

4. 元朝汉化较慢导致了农业发展受阻。元朝统治者进行汉化遭到了蒙古贵族的反对，一些蒙古贵族甚至要求将耕地变为牧地来发展畜牧业，这显然不利于农业经济的发展。

综上所述，元朝实行的重农政策在一定程度上恢复和发展了农业生产，虽有贵族反对，但总体上起到了维护社会稳定、巩固政权的积极作用。

参考资料

1. 陈贤春：《元代农业生产的发展及其原因探讨》，《湖北大学学报》，1996年第2期。
2. 程美明：《〈农桑辑要〉与元代经济》，《中南民族大学学报》，2003年第2期。
3. 李伟智：《铁蹄踏出来的强大帝国》，中国环境科学出版社，2006年。

第八节 宋元时期的文化

题目1 简述宋朝书院繁荣的原因

相关真题 2024年西南大学

宋初统一海内，国家需要大量治国理政人才，书院在此时得到了长足发展。两宋有应天书院、嵩阳书院、石鼓书院、岳麓书院、白鹿洞书院等著名书院。书院繁荣的原因有以下几点：

（一）宋朝经济的快速发展

宋朝时期，随着经济重心的南移，农业、手工业、商业都发展到了鼎盛阶段。经济的发达使得人们有余力从事文化教育。商业上雕版印刷术的普遍推广为书院的繁荣提供了条件和基础，宋代书院保留了许多藏书和印书。

（二）北宋崇文抑武政策的推动

宋朝实行崇文抑武的国策，形成与士大夫共治天下的局面。这引发了社会上趋文思潮的出现，士子们纷纷前往书院求学，因此书院有了大量受众后发展迅速。

（三）科举制的发展

科举制度在两宋时代已经逐渐成熟。两宋崇尚文治，政府通过科举考试大量选拔官吏，士人为求取功名，争先参加科举，而书院中汇集了大量名士，是士人们求学、考功名的重要选择理由。

（四）官学的衰落

北宋的教育重点在于发展官学，但两宋时要向辽金夏供奉岁币，加重了财政负担，经费不足常常使得官办学校陷于困顿之境。与之相比，书院除拥有自己的学田之外，还可以自筹款项，使得自身发展有稳定的经济基础和物质保障。且书院作为一种特殊的教育机构，办学质量较高，学术氛围浓厚，充满了生机与活力，因此书院发展空前繁荣。

（五）儒学复兴和理学的发展与成熟

理学在南宋得到了巨大发展，理学成为当时书院中最主要的讲学内容。创建主持书院的学者大多是理学大师，他们热心书院教育，积极创办书院，进行讲学活动。如朱熹在担任地方长官时，先后主持修复了岳麓书院和白鹿洞书院，并为石鼓书院修复撰写碑记。

（六）学术交流与宽松的社会环境

两宋时期文化氛围浓厚，出现了程颢、程颐、周敦颐、张载、王安石、朱熹、陆九渊等儒学大师，他们将书院作为弘扬学术的地方，大量学子慕名而来，扩大了书院的影响力。如公元1175年6月，朱熹与陆九渊在鹅湖寺进行辩论，史称鹅湖之会，这是中国哲学史上一次堪称典范的学术讨论会，首开书院会讲之先河。

综上原因，书院在宋代十分兴盛。宋代书院对理学传播、科举人才的培养，以及对中国古代的书院建设都有巨大指导意义。

参考资料

1. 周思虎，唐源琦：《从"城市化"角度论宋代城市发展的变革》，《现代商业》，2014年第12期。
2. 朱绍侯：《中国古代史教程》，河南大学出版社，2010年。
3. 封连武：《两宋书院兴衰原因之分析对比及其启示》，《宜春学院学报》，2006年第6期。

题目2 简述宋代的文化成就

相关真题 2023年海南师范大学；2022年海南师范大学

两宋时期，文化达到了空前的繁荣，陈寅恪先生曾说："华夏民族之文化，历数千载之演进，造极于赵宋之世。"

（一）宋学

1. 早期。时称"三先生"的胡瑗、孙复、石介聚徒讲学，通过讲论形式探索经书义理，为宋学的发展奠定了基础。

2. 神宗前后。宋学进入昌盛阶段，形成了王安石学派（荆公学派）、司马光学派（温公学派）、苏氏蜀学派和以洛、关为代表的理学派。

3. 南宋时期。①朱熹集宋学之大成，形成了一套完整而系统的思想体系，即程朱理学，后被朝廷尊为官方哲学。②还有以陆九渊为代表的心学和以陈亮、叶适为代表的事功学派。

（二）文学

1. 宋词繁荣。①宫廷教坊和歌楼伎馆的存在促进词的发展。如柳永擅长创作慢曲长调。②形成了以苏轼、辛弃疾为代表的豪放派和以李清照为代表的婉约派。

2. 话本小说、戏曲得以发展。宋代话本小说、傀儡戏、影戏和杂剧也极为兴盛，如《快嘴李翠莲》《碾玉观音》等。

（三）史学

1. 官修史书。①官方修撰了《旧五代史》《新唐书》。②宋重视当代史的编修，政府设立国史院编修本朝会要。

2. 私修史书。①司马光的《资治通鉴》是一部以时间为纲、事件为目的编年体史书。②郑樵所著的《通志》是一部以人物为中心的纪传体通史。③袁枢的《通鉴纪事本末》是我国第一部纪事本末体的历史著作。④朱熹撰《资治通鉴纲目》，创立纲目体裁。⑤除此之外还有《续资治通鉴长编》《三朝北盟会编》《建炎以来系年要录》等。

（四）艺术

1. 绘画。①山水画和花鸟画的著名画家有李成、范宽等人。②宋代画院尤为兴盛，诞生了一大批优秀画家和作品，如张择端的《清明上河图》。

2. 书法。宋徽宗创"瘦金体"，苏轼、黄庭坚、米芾、蔡襄合称北宋书法四大家，风格各异，代表北宋书法最高成就。

3. 音乐世俗化。自宋代开始，民间俗乐成为主流，娱乐场所由宫廷为主转以"瓦舍""勾栏"为主。

（五）科技

1. 三大发明。①火药在宋代广泛应用于战争。②毕昇发明了活字印刷术，极大地提高了印刷效率。③指南针在宋代被广泛应用于航海事业。

2. 天文学。苏颂领导制造了世界上最古老的天文钟"水运仪象台"。

3. 数学。数学著书有《周髀算经》和《九章算术》，明确了勾股定理和一次方程组计算方式。著名数学家有贾宪、秦九韶等人。

4. 著作。沈括的《梦溪笔谈》总结了中国古代，尤其是北宋时期天文、地理、数学等自然科学的成就。李诫的《营造法式》是北宋官方颁布的一部建筑设计、施工的规范书。南宋宋慈的《洗冤录》是世界上第一部司法校验专著。

（六）宗教

1. 佛教。宋代禅宗成为佛教的主要流派，天台宗也有所发展，对于佛教理论发展史影响深远。

2. 道教。宋代重视道教，道教吸收了儒佛思想不断更新和深化，呈现出儒入道和引释入道的趋向。

总之，宋代是我国古代文化发展的一个繁盛时期，在诸多方面均取得了很大的成就，并且逐渐呈现出平民化、世俗化的发展趋势。

参考资料

1. 宁欣：《中国古代史》（下册），北京师范大学出版社，2018年。

题目3 简述宋学产生的背景、发展过程及影响

相关真题 2024年暨南大学；2023年河南师范大学；2021年华中科技大学；2020年上海大学

宋学是北宋时期兴起的以阐发儒家义理之学为核心内容的学术思潮，将儒学思想从外在转向内在，尝试融合佛

教和道教的思想来阐释和证明儒家的理念。

（一）产生背景

1. 阶级矛盾和民族斗争的推动。宋代的阶级矛盾和民族斗争尖锐，一些儒家学者意图从儒家经典中寻找新的思想武器，挽救社会危机。

2. 佛教和道教对儒学的挑战。自魏晋南北朝以来，佛道两教的发展对儒学产生了冲击。为了巩固儒学在思想文化中的主导地位，许多儒学学者开始努力探索儒学的新内涵，寻求儒学与时代需求的契合点。

3. 科学技术的进步。印刷术的广泛应用，对书籍的传播和文化的普及产生了重要推动作用。

4. 科举改革的影响。宋代科举制的改革和完善，极大地促进了儒学研究的深入。学者们通过对经典的注释和阐述，探讨儒学的深层意义，推动了宋学的产生和发展。

（二）发展过程

1. 形成阶段：被称为"宋初三先生"的胡瑗、孙复、石介是宋学的先驱。他们抛弃章句之学的束缚，创造义理之学。仁宗庆历前后，宋学正式形成。

2. 发展阶段：宋学在北宋嘉祐治平年间迅猛发展，形成了几大学派。

①王安石的荆公学派。继承并发挥了传统儒学王道、仁政的政治理想，认为圣人制定的礼乐刑政具有性命之理的内在精神。

②司马光的温公学派。认为人们必须按照天道的意志做事，认为中庸之道乃是成德、立功的最基本方法和途径。

③苏氏蜀学派。蜀学派融合了儒释道多家思想，其思想内核随着个人政治经历而变化。

④以洛、关为代表的理学派。程颐、程颢的"洛学"，建立了较为完整的理学体系，提出"灭私欲，则天理明"；张载的"关学"认为天人合一，强调气的根源性以及尊礼贵德。

3. 兴盛阶段：南宋时期理学兴盛，占主导地位，同时也形成了与理学对立的浙东事功学派。

①朱熹是南宋理学之集大成者，他认为理是万物的本原，强调事物的对立与差别是不能改变的，以此来论证社会等级制度的永恒不变。主张"去人欲，存天理"，以此来调和阶级矛盾。

②陆九渊把儒家学说和佛教禅宗思想结合起来，并提出"心即理也"的命题。

③浙东事功学派指以吕祖谦为代表的金华学派、以叶适为代表的永嘉学派和以陈亮为代表的永康学派，提倡经世致用，反对理学空谈性命义理。

4. 衰落阶段：理宗时确立程朱理学为官方哲学，因此理学家们把持政治仕途，垄断社会思想。朱熹的《四书章句集注》成为科考的"标准答案"，严重地束缚学术思想的发展。此外，宋学其他各派走向衰落。

（三）影响

1. 积极影响。①宋学崛起，使得先秦以来的儒家经典在宋代新儒学中得到了重新阐发和解释。②对周边其他国家产生了积极影响。如理学传播到朝鲜后，成了李氏朝鲜时期社会意识形态主导形式的国家教义。

2. 消极影响。理学家在人伦关系中强制注入以"理"为依据的尊卑名分，其"明天理，灭人欲"的说教，严重束缚了个体的独立自由，抑制了人的主观能动性。

综上，宋学的产生是当时社会文化多方面因素共同作用的结果，在两宋逐渐发展成熟，对中国传统历史文化发展产生深远影响。

参考资料

1. 漆侠：《宋学的发展和演变》，《文史哲》，1995年第1期。
2. 朱绍侯：《中国古代史教程》，河南大学出版社，2010年。

题目4 简述四大发明出现的时间及其对世界文化的影响

相关真题 2017年内蒙古大学；2003年陕西师范大学

四大发明是指我国古代发明的指南针、造纸术、火药和活字印刷术，它们在不同层面地对世界文化产生了重大影响。

（一）指南针

1. 时间：战国后期，人们利用磁石指极性原理，制成司南。这是我国乃至世界最早的磁性指向器。指南针经过北宋中后期不断改进，开始用于航海。

2. 影响：指南针应用于航海业，开创了航海史的新纪元。后来由阿拉伯人传入欧洲，为欧洲航海家开展航海活动提供了技术设备，促进了大航海时代的来临。

（二）造纸术

1. 时间：最迟在西汉初年，麻制纤维纸已在中国问世。东汉和帝时期，蔡伦改进造了纸术，大大降低了造纸成本，使得纸张得以推广。

2. 影响：造纸术约在7世纪经朝鲜传入日本，8世纪传入阿拉伯，推动了阿拉伯科学文化的进一步繁荣昌盛。造纸术在12世纪中叶又经阿拉伯人传入欧洲，推动西班牙出现了翻译古典文化遗产的热潮，对欧洲文艺复兴运动和科学技术发展起到了巨大的推动作用。

（三）火药

1. 时间：火药大约在隋唐之际由炼丹家发明。唐朝末年，火药开始用于战争。宋代火药武器得到迅速发展。

2. 影响：在12—13世纪，火药传入阿拉伯国家，然后传到欧洲乃至世界各地。欧洲人利用火药结束了贵族统治和骑士时代，推动了封建社会向资本主义社会转变。同时，欧洲人利用改进后的火药武器，大力向世界各地扩展，开启了殖民主义时代。可以说，火药的发明与推广，大大地推进了世界历史的进程。

（四）印刷术

1. 时间：唐代发明了雕版印刷术，并在唐中后期广泛使用。北宋仁宗庆历年间（1041—1048年），毕昇发明了活字印刷术。

2. 影响：印刷术先后传入朝鲜、日本、中亚、西亚和欧洲各地。印刷术打破了欧洲教会的学术垄断地位，成了新教的工具，总的来说成为科学复兴的手段，为知识的广泛传播、交流创造了条件。

总之，中国的四大发明不仅改变了中国自身的社会生活和经济格局，也为全球文明交流和科技进步做出了重要贡献。

参考资料

1. 冯天瑜，杨华，任放：《中国文化史》，高等教育出版社，2019年。

第八章 明、清（鸦片战争前）

第一节 明前期的政治经济措施

题目1 简述明初加强中央集权的措施

相关真题 2024年西华师范大学；2024年西南大学；2024年兰州大学；2024年哈尔滨师范大学；2024年西北民族大学；2023年聊城大学；2023年东华大学；2023年中南财经政法大学；2022年东南大学；2020年河北师范大学；2020年安庆师范大学；2020年湖南师范大学；2016年东北师范大学；2016年黑龙江大学；2016年西北师范大学；2015年天津师范大学；2014年黑龙江大学

明朝建立后，统治者在政治、军事、文化、监察等方面采取了一系列措施以加强专制主义中央集权。

（一）政治措施

1. 废中书省，权分六部。明太祖以谋反罪诛杀丞相胡惟庸，裁撤中书省，权分六部，并规定后代君臣不许设丞相。六部互不统属，直接对皇帝负责。

2. 设立内阁。①废丞相后政务繁重，太祖先后置四辅官和殿阁大学士，只备顾问。②成祖时命翰林官于文渊阁辅政，内阁制度成立，但内阁只限于顾问咨询。③宣宗时常命内阁票拟提供建议，再由皇帝批红通过，内阁只起辅政之用。

3. 地方上置三司。废行省，在地方上分设承宣布政使司掌民政、财政，提刑按察使司掌司法，都指挥使司掌军政，三司互不统属，共同对皇帝负责。

4. 抑制豪强，整顿吏治。①禁止豪强兼并，并徙富豪于他乡。②严厉整顿吏治，定期考核官员，对贪官惩治尤严。

（二）军事措施

1. 设立五军都督府。改明初大都督府为中、左、右、前、后五军都督府，掌军籍、军政，不能统率军队、选授武官。战时由兵部奉旨调兵、派将，战毕将缴印信，兵归卫所。

2. 实行卫所制度。自京师至地方皆置卫、所作为军队的基层组织，卫所官军均世袭。

3. 设京军三大营。成祖迁都北京以后，组建京军三大营，即"五军营"（统领京城卫所、管理各地轮派到京的军队）、"三千营"（仪仗、巡逻放哨）和"神机营"（火器装备军队）。平时捍卫京城，参与重大军事行动。

（三）监察措施

1. 设都察院与科道官。①明初设御史台为监察机构，后改称都察院，掌弹劾百官。都察院下设十三道监察御史，可纠内外百官，外出巡按时号称"代天子巡狩"。②按六部建制分设六科给事中，是独立于都察院之外的监察体系，负责稽查各部并驳正其违误，与监察御史合称"科道官"。

2. 实行厂卫制度。①太祖设锦衣卫，以特务手段侦察臣僚，时有庭外用刑之事。②成祖设"东厂"，由宦官组成，受皇帝指挥。

（四）经济措施

1. 管理户籍和土地。明初，政府通过户口调查编制成黄册，同时又通过普遍丈量土地编制成鱼鳞图册，二者相互配合，从而实现对人口和土地的控制。

2. 赋役征收。①明初基本沿用唐宋以来的两税法，即田赋每年分夏秋两次交纳，夏交米麦，秋交米。②为便于征收赋税，明初创立粮长制，即各州县划分粮区，挑纳粮多者任粮长，负责税粮征收、押运。③明初差役主要有均工夫役、里甲正役、杂役。

（五）法律措施

1. 制定法律。洪武三十年（1397年）颁行《大明律》，后来太祖还亲自编写《大诰》《大诰续编》《大诰三编》，汇集了大量重刑案例。

2. 设立三法司。明代都察院、刑部、大理寺并称"三法司",重大刑狱均由三法司共同审理。

(六) 文化措施

明代科举实行八股取士,以四书五经文句命题,规定答题以程颢、程颐、朱熹的解释为依据,间用古疏,并以八股文为考试文体,以此加强思想专制。

总之,明初采取一系列措施加强了中央集权,但是废丞相之后,君权亦不受制约,从而使得政治是否清明在很大程度上取决于皇帝个人的政治素质,为明朝灭亡埋下隐患。

参考资料

1. 欧阳琛:《论明代阁权的演变》,《江西师范大学学报》,1987年第4期。
2. 秦国经:《明清内阁沿革与职掌》,《历史档案》,2009年第1期。
3. 杜志明:《明清内阁制度比较研究》,兰州大学2006年硕士学位论文。
4. 王天有:《明代国家机构研究》,故宫出版社,2014年。
5. 汤纲,南炳文:《明史》,上海人民出版社,1991年。

题目 2 简述明代军事制度

相关真题 2024年天津师范大学;2023年西北大学;2018年鲁东大学;2016年鲁东大学

明代的统治者对于军事高度重视,大体而言,明代的军事制度有以下几方面的重要内容:

(一) 五军都督府

洪武十三年(1380年),太祖改明初设立的大都督府为中、左、右、前、后五军都督府(简称"五军府"),在京各卫所(除亲军外)和在外各都司分隶各府,标志着明初军制的基本确立。兵权由五军府与兵部共掌,但前者只掌军籍军政,而不能直接统率军队、选授武官。战时由兵部奉旨调兵、派将,战毕将缴印信、兵归卫所,因此军队的调遣和最高指挥权仍属于皇帝。

(二) 卫所制

为加强国家的武装力量,明初创立了一套以卫所为骨干的军事制度。卫所遍布全国各地,大抵以5600人为卫,每卫分为5个千户所,每千户所分为10个百户所。军士都别立户籍,叫作军户,军户世袭,一经签派为兵,就不能随意脱籍。明朝规定,军户都由国家分给土地,令其屯田自养。平时军士由卫所军官负责操练、屯田,一遇国家有事,则拨归兵部派遣的总兵官统领。这样,兵部、都督府和总兵官都不能独专军权,军队始终掌握在皇权手中。

(三) 营兵制

京营兵是驻扎京师以卫京城的军队,主要包括三大营,成祖迁都北京以后设立。三大营即"五军营",统领京城卫所、管理各地轮派到京的军队;"三千营",负责皇宫的仪仗、巡逻放哨;"神机营",是一支火器装备军队。京军三大营除在平时捍卫京城之外,还参与重大军事行动。

(四) 宦官监军

朱元璋时已任用宦官监视作战部队的军事,但仍属临时差遣,永乐朝则正式委任宦官监军,每有重大军事行动均派宦官监察,在地方上也都多设有守备太监。宦官监军有一定积极作用,但总体而言是失败的,是明代宦官擅权乱政的一个重要方面。

(五) 募兵制

明英宗正统年间,兵制改革逐渐拉开序幕。土木堡之变后,明军京营损失殆尽,各地边防陷入危机,随后又有蒙古部落袭扰北京,在卫所部队不堪用、不足用的情况下,明廷派遣御史前往内地募兵。后来战事不断,为了弥补军队数量的不足,募兵成了常态,时时补充。到了嘉靖时代便大规模展开,卫所制度彻底边缘化,募兵成为明军主力。

综上,明代的军事制度是卫所制和营兵制并存,两制处于复杂的历史演变过程,对于明代军事制度的认识有助于更好地认识明代强盛与衰败的原因。

参考资料

1. 冷东：《明代宦官监军制度述略》，《汕头大学学报》，1994年第3期。
2. 彭勇：《明代卫所制度流变论略》，《民族史研究》，2007年第10期。
3. 肖立军：《明代省镇营兵制与地方秩序》，天津古籍出版社，2010年。

题目3 简述明厂卫制度

相关真题 2019年内蒙古大学；2018年广州大学

明代的东厂、西厂、内行厂和锦衣卫，合称"厂卫"，负责侦察和刑狱，是皇帝为维护其专制统治秩序，监察官僚集团而建立的直接听命于自身的特务组织。

（一）厂卫制度的内容

1. 厂。①永乐十八年（1420年）建立东厂，东厂全称"东缉事厂"，是由宦官组成、直接听命于皇帝的特务机构，专门负责搜寻查访。东厂设掌印太监一员，还有掌班、司房等官。②宪宗时期设立西厂，侦查民臣的言行，并可以对疑犯进行拘留、用刑，权力超过东厂。③武宗时期，司礼监太监刘瑾设内行厂，除稽查官员平民外，还可监督东厂、西厂和锦衣卫，权势极高，用刑极为残酷。

2. 卫。卫指锦衣卫，前身是拱卫司，后改为拱卫指挥使司、亲军都尉司等。锦衣卫主官为指挥使，多由勋贵外戚担任，掌宫廷侍卫、秘密调查和缉捕刑狱，凌驾于"三法司"之上。如果皇上有旨逮捕，他们无须侦缉即可直接审讯关押，即"锦衣卫狱"或"诏狱"。太祖时曾取消锦衣卫关押权，成祖时又恢复。

（二）厂卫制度的影响

1. 积极影响。①厂卫具有极高的侦查效率，起到了一定的反腐败效果。②严密的监察体系导致形成了分权制衡的体制。锦衣卫主要负责侦查文武百官和平民百姓，厂主要负责监察官民的行为和锦衣卫的工作，厂的内部又有细化的分工：西厂监督东厂，内行厂监督东西厂，从而形成了一套完整的分权制衡体制。

2. 消极影响。①明朝厂卫不仅滥抓官员、对百姓进行审问，且特务机构采取残酷卑鄙的手段导致出现很多冤假错案，破坏了国家司法检察系统的公正性。②厂卫横行霸道、官员出于恐惧不得不给予厂卫贿赂，扰乱了明朝的政治秩序和社会风气。③加速了明朝的灭亡。明宪宗时期在东厂之外设置西厂，以太监汪直为提督，其权力高于东厂。此后宦官权力不断变大，为明朝灭亡埋下了隐患。

综上，厂卫制度虽在初期起到了一定的积极作用，但总体上看，其违背了中国君臣分工的良性政治制度传统，最终导致国家腐化和堕落滋生，社会矛盾激化，军事实力衰退，最终积患成祸，加速了明王朝的灭亡。

参考资料

1. 王艳：《明代特务机构制度——厂卫制度的产生及影响》，《兰台世界》，2014年第35期。

第二节 明中期的政治、社会危机与张居正改革

题目1 简述土木堡事件的历史影响

相关真题 2019年中国政法大学

明正统十四年（1449年）七月，瓦剌南下进攻，明英宗在太监王振的鼓动下，率军亲征瓦剌。八月，两军在土木堡相战，明军全军覆没，文武大臣阵亡60余人，王振被杀，英宗被俘，史称"土木之变"，对明朝历史产生了深远的影响。

（一）导致北京保卫战的爆发

英宗被俘的消息传到北京，朝野震惊。时任兵部侍郎的于谦力主抗战，朝廷任命于谦为兵部尚书，组织北京保

卫战。为了稳定朝局，监国朱祁钰称帝，遥尊英宗为太上皇。十月，也先大军挟英宗抵达北京，此时的明经过一个月的紧张准备，防御能力大为增强，也先受挫后遂下令撤军。十一月初，瓦剌军退到塞外，北京保卫战取得胜利。

（二）导致明中期的皇位之争

英宗被俘后，出于抵御瓦剌的现实需要，朝廷拥立朱祁钰为帝。此举稳定了朝局，打击了也先挟英宗颠覆明朝的意图，但也为此后激烈的皇权之争埋下了祸根。首先在迎英宗南归上，景帝与朝臣已有一番激烈的争论，后英宗南归，被困于南宫，储位问题又成了斗争的焦点。景泰八年（1457年），景帝病重，石亨、徐有贞和宦官曹吉祥将英宗从南宫解救出来，英宗重登皇位，逮捕并杀掉于谦等大臣，改元天顺，废景帝为郕王，史称"南宫复辟"，又称"夺门之变"。

（三）宦官地位得到提升

夺门之变中由于宦官曹吉祥有功，因此英宗令其以司礼太监的身份总督三大营，由此开宦官总领京军之恶例，也为日后宦官专权以及西厂的设立埋下了隐患。

（四）导致边防政策和军事制度发生变化

1. 边防政策的变化。在土木堡之战中，明军精锐遭受巨大损失，此后边防政策由进攻逐渐转为防御。明在宣府等九边地区都修筑关隘城堡，以应对瓦剌的威胁。此外，明王朝还修建了长城，即边墙，极大地改善了明帝国的边防形势。

2. 军事制度的变革。土木之变之后，于谦发现了京军的缺点，于是挑选精兵十万，分作十营集中团练，名为团营。此外，土木堡之战前，明朝军队采用卫所制，但在北京保卫战时各省勤王兵又不能即刻到达，因此募兵制开始兴起。

总之，土木之变造成了明朝中期的政局动荡，同时也使得明朝国力受损，此后无法主动进攻蒙古，如此巨大的影响使其成为明朝乃至中国历史上的重要事件。

> **参考资料**
>
> 1. 朱绍侯：《中国古代史》（第五版），福建人民出版社，2010年。
> 2. 宁欣：《中国古代史》（下册），北京师范大学出版社，2018年。
> 3. 蒲章霞：《"土木之变"若干问题探析》，中央民族大学2010年硕士学位论文。
> 4. 李长龙：《土木堡之变对明朝政治的走向》，《北方文学》，2018年第11期。

题目 2 论述张居正改革的措施、影响及失败原因

相关真题 2024年山东师范大学；2024年江汉大学；2023年安庆师范大学；2023年湖南科技大学；2023年黑龙江大学；2022年黑龙江大学；2022湖北师范大学；2020年南京师范大学；2019年黑龙江大学；2018年中国社会科学院大学；2016年内蒙古大学

明中期以后，吏治腐败，内部隐匿赋税情况严重，外部受蒙古袭扰，军费与日俱增，陷入财政危机。为了挽救社会危机，张居正开始进行改革。

（一）措施

1. 政治改革。①实行考成法。规定把拟办的公事一律一式三份登记造册，分别存查和送六科备案、送内阁考查。大小事务严立期限、责令完成，然后按照登记册籍逐一注销，有违期限或欺骗隐瞒的，从严查处。按照月考成，每年总结，以加强监督来提高行政效率。②用人上，注重才能，裁汰无能的冗官。

2. 经济改革。①实行一条鞭法。张居正推行一条鞭法，实行赋役合一，计亩征银，官收官解，简化征收手续。②清丈土地，使大批隐匿的土地被清查出来，有助于政府控制税源，增加财政收入。③裁革驿站的弊政，减少冗费。④搏节皇室开支。

3. 军事改革。①改善蒙汉关系。封蒙古俺答汗为顺义王，在大同等地设互市，加强内地与蒙古间的经济往来。②加强边防。任用戚继光守蓟门、李成梁守辽东。

4. 整治水利。张居正起用潘季驯治理黄河、淮河，并兼治运河。潘季驯采用"筑堤束水，以水攻沙"的原则，很快取得了成效。

5. 文化教育方面。①万历三年（1575 年），张居正提出整顿学政、振兴人才的具体措施，包括严格入监资格的审核；下令毁禁天下书院；调整地方学官，对老病、无能者尽行罢黜，对持异端邪说、行为不轨者严加惩处。②此外他还命令各地提督学官着实讲求，躬行实践。

（二）影响

1. 政治方面，澄清了吏治。张居正以考成法入手，以提高国家机构运转效率为目的，整肃吏治、综核名实、赏罚分明，使官场作风大为改观，腐败的吏治得以矫正。

2. 经济方面，解决了财政危机。清丈田亩、清理积欠，一度使得明朝的财政收入有所增加，促进了社会经济的发展和进步。

3. 军事方面，隆庆议和之后，缓解了两百年来与蒙古的紧张对峙局面。李成梁在辽东的防御颇见成效，戚继光在东南沿海也遏止了倭寇的侵扰。

4. 文化教育方面，受到张居正反对空浮、倡导实学的影响，明后期经世致用之学兴起，士人将目光放于解决社会实际问题之上。

（三）失败原因

1. 明后期社会弊端太深、积重难返。至万历时期，政治腐败，党争严重，土地兼并加剧，为对付南倭北虏财政耗尽，仅想通过一场改革挽救明朝的统治是不可能的。

2. 改革中权力过于集中，君臣关系出现裂痕。张居正以重刑、果敢的手段推行改革，长大成人的明神宗越来越有主见，君臣之间逐渐出现裂痕，极大影响了改革的效果。

3. 文化改革过于极端。张居正采取禁绝书院讲学的形式来推行文化专制，招致许多官员和士人的强烈反对。

4. 改革触动了相当数量的官僚、缙绅等既得利益者的利益，遭到保守派的强烈对抗。

5. 张居正个人原因。他本人好揽权而喜附己，许多政策在具体实施过程中并未公平进行，于是授人以把柄。

总而言之，张居正改革在一定程度上使明朝的财政有所好转，但并没有触动地主阶级所有制，农民的负担依然沉重。张居正死后，改革措施不断地被破坏，明朝危机愈演愈烈。

参考资料

1. 袁穗仁：《论张居正改革的历史借鉴》，《中国史研究》，1994 年第 2 期。

题目 3　论述一条鞭法实行的背景、内容及意义

相关真题　2024 年吉首大学；2023 年南京师范大学；2023 年东华大学；2023 年中南民族大学；2022 年北京大学；2022 年东南大学

万历年间，张居正在全国改革赋税制度，推行一条鞭法，减轻了民众的负担，适应了商品经济发展的规律，促进了社会经济的发展。

（一）背景

1. 土地兼并严重。明朝时期土地大量集中在权贵和大地主手中，导致赋役负担极度不均和小农流亡，政府财政收入急剧下降。

2. 商品经济进一步发展，白银流通广泛。明朝中后期，随着手工业和商业的发展，货币经济日渐兴起，白银成为主要的流通货币。旧有的以实物（如粮食）为主的税收方式已不适应经济发展的需求。白银成为主要的流通货币。

3. 财政开支入不敷出。官僚机构设置臃肿，全国俸禄支出巨大。加之明中期的"南倭北虏"问题，使政府军事开支庞大，国防支出不断增加。

4. 黄册和鱼鳞图册失效。明中后期，税收不均的现象日益严重，黄册和鱼鳞图册失效，成为徒有虚名的"伪

册",政府失去征税依据的同时也失去了对基层的管理和控制。

(二) 内容

一条鞭法内容为"总括一县之赋役,量地计丁,一概征银,官为分解,雇役应付",具体分为以下四个方面。

1. 田赋折银征收。田赋中除了政府所需要征收的米、麦等实物外,其余所有实物均折银征收。

2. 徭役折银上纳。原本徭役主要由人丁负担,现改为按人丁和田粮两者摊派。且所有名目的徭役均折为银两,摊派比例根据各地经济发展水平而定。改革之后的徭役由官府雇人承应。

3. 赋、役银合并征收。将田赋银和由丁、田共同承担的徭役银合并征收,从而使赋与役合为"一条"。

4. 赋、役银合并征收后,直接交与地方官府,由原本的"民输民解"改为"官输官解",即由官府设立专门的机构负责征收税,并由官府统一使用分配。

(三) 意义

1. 一条鞭法简化了税收体系,减轻了农民负担。通过将各种复杂的税赋和征役合并为以银两为主的单一税种,简化了税收体系,徭役按不同比例承担也减少了农民的经济负担,提高了税收的效率和公平性,对后来的税收体系改革产生了长远影响。

2. 促进了货币经济的发展。一条鞭法的实施适应了明中期白银货币化和商品经济发展这一变化,促进了白银货币的流通和工商业的发展。

3. 加强了中央集权,促进了社会稳定。通过简化税收体系,中央政府能更有效地控制地方,减少了地方官员操纵税收、侵吞民财的机会;同时,通过税制改革减轻了农民的负担,缓解了社会矛盾,从而维护社会稳定。

4. 一条鞭法减轻了农民的人身依附关系,农民获得较多的自由。为手工业和商业的发展提供了大量的劳动力。

总之,一条鞭法改变了历代"赋"与"役"平行的征收形式,简化了赋役制度,标志着赋税由实物为主向货币为主转变、征收种类由繁杂向简单的转变,为清代实行"摊丁入亩"奠定了基础。

参考资料

1. 余坦,陆嘉鹏:《一条鞭法浅论》,《中国经贸》,2016年第13期。
2. 郑轶:《明代"一条鞭法"税赋制度改革探微》,《兰台世界》,2014年第9期。
3. 叶紫军:《论"一条鞭法"及其借鉴意义》,《商情》,2013年第11期。

题目4 简述明代的"南倭北虏"问题

相关真题 2023年黑龙江省社会科学院;2018年陕西师范大学

"南倭北虏"是指明朝时期东南沿海一带倭寇的侵扰和北部边境蒙古的袭扰两大问题。明朝通过抗倭斗争、开放海禁、俺答封贡等措施最终使南倭北虏问题得到解决。

(一) 南倭问题

1. 背景。元末明初,日本正处在南北朝对峙时期,封建诸侯为了掠夺财富,长期战争,造成了大量落魄无赖的武士层。他们常在中国东南沿海一带掠夺和骚扰,构成了这一时期侵扰我国沿海地区的倭寇主体。

2. 南倭活动。①明初国力强盛,采取了积极的防御政策和外交政策,遏制了倭患的蔓延。②英宗正统以后,随着海防松弛,倭寇复起。嘉靖年间,东南沿海的缙绅利用日本落魄武士组织武装集团进行走私贸易,一时间倭寇数量迭起,严重破坏了东南海疆的安定,史称"嘉靖倭患"。③嘉靖时期,日本大名细川氏和大内氏各派使团来华贸易,因勘合真伪之辩而引发冲突,爆发了在宁波的武力杀戮事件,即"争贡之役"。

3. 倭寇问题的解决。①嘉靖年间,明政府和沿海人民开展了三次大规模抗倭斗争并取得胜利,赶走了倭寇。②在浙江戚继光组成三千余人的"戚家军",纪律严明,勇猛善战,与俞大猷所率海上明军密切配合,多次给予倭寇以重创,最终荡平东南倭寇。

(二) 北虏问题

1. 背景。①明朝自成立之初就面临着北方蒙古诸部的威胁,明太祖时派重臣、儿子镇守北方,还多次派兵北伐，迫使北元退出漠北。②明成祖迁都北京，与瓦剌、鞑靼建立了臣属关系，使北方局势好转。③明中期以后，随着国力的衰微，北部边防陷于全面退缩的境地。

2. 土木之变。

正统十四年（1449年），瓦剌首领也先以赏赐减少为由，率大军攻打大同。太监王振专权时，鼓动英宗带50万大军仓促亲征。行至大同，听闻前方稍败即匆忙撤兵，不料被先率骑兵冲杀，明军大乱，死伤数十万，英宗被俘，史称"土木之变"。败讯传到北京，兵部侍郎于谦挺身而出，积极部署防御。此后在北京保卫战中打败瓦剌军，稳定了明朝的政局。

3. 明中后期与蒙古的和战。

①庚戌之变。成化、弘治期间，蒙古分裂成四十余个独立的领地，其中以俺答汗最为强大。嘉靖年间，俺答乘黄河结冰进入河套，后围攻大同。总兵仇鸾重贿俺答，求他绕过大同。俺答下通州，直逼北京。抄掠之后，退兵而去，史称"庚戌之变"。

②隆庆和议。隆庆年间，明朝边防经过整饬，军力有所加强，使俺答汗的野心有所收敛，愿与明廷修好。隆庆五年（1571），明朝封俺答汗为顺义王，其家族成员和其他首领都授予了不同的官职。隆庆和议结束了双方战争状态，经济文化联系进一步加强，开启了和平互市的局面。

③九边重镇。弘治年间，为了防备蒙古贵族的袭扰，明朝于东起山海关、西至嘉峪关一线修缮长城，设置了辽东、蓟州、宣府、大同、太原（在偏头关）、榆林（延绥）、宁夏、固原、甘肃九个重镇，派驻重兵进行防卫，称为"九边"，有效地保卫了中国的北部和西部边境，抵御了北方蒙古诸部的袭扰。

综上所述，明廷面对南倭北虏的局面，采取一系列措施，打击了倭寇和北方蒙古，巩固了边疆的稳定。

参考资料

1. 朱绍侯：《中国古代史》（第五版），福建人民出版社，2010年。

第三节 晚明政治与明末农民战争

题目1 论述明代宦官专权

相关真题 2024年湖北师范大学；2024年西北大学；2016年中国社会科学院大学

宦官专权是明代封建专制主义君主集权的产物，是明中后期政治中的一大特点。宦官专权造成了社会动荡，这成为明朝灭亡的重要原因。

（一）形成原因

1. 官僚机构的缺陷。①明太祖废中书省与宰相，大权独揽，以至事必躬亲，但当皇帝精力不济时便依赖身边宦官协助处理政事。②明代对宦官的监督和制约机制不健全，导致宦官的权力逐渐膨胀。

2. 皇帝制衡朝臣的需要。明朝中后期，文官集团势力强大，为了加强皇权，皇帝以宦官与文官集团做斗争。

3. 内廷与外廷界限模糊。明朝皇帝将越来越多的政务决策权从外廷（士大夫官员组成的正式政府机构）转移到内廷（皇宫内部，由宦官等皇帝私人服务人员组成），这让宦官有机会参与到重要的国家决策过程中。

4. 宦官自身野心膨胀。部分宦官利用自己接近皇帝的特殊位置，通过谋略和手段不断扩大自己的权力和影响力，甚至不惜与外廷官员勾结，通过政变或其他手段排除异己，实现自己的政治野心。

（二）形成过程

1. 宦官参与政务。成祖时在锦衣卫之外设置东厂，由宦官掌握，由此拉开了宦官专权的序幕。宣宗时，设置内书堂以教习太监，使宦官有了参与政务的能力。

2. 宦官开始专权。①自明英宗起，皇帝怠政，出现宦官擅权现象。英宗年幼时，王振任职司礼监，掌奏章机要，批红权渐由司礼监秉笔太监掌管。②英宗复辟之后，命太监曹吉祥总督三大营，开宦官总领京军的先例。

3. 宦官权力登峰造极。①宪宗时，增设西厂，由宦官统领，专门负责刺探官僚集团和民间的不法现象，同时也具有逮捕和审讯朝廷官员的权力。②武宗时，刘瑾等八宦官得宠，设特务机关内行厂，大兴冤狱，宦官专权达到了前所未有的高度。③熹宗时，魏忠贤任司礼监，军国大事均由其决定。不仅在皇宫内组成了宦官武装，还在全国各地设置生祠，搜刮财富，卖官鬻爵，宦官权势达到了顶峰造极的地步。崇祯皇帝上位后赐死魏忠贤，宦官专权的局面得到了暂时的遏制。但直到明朝末年，宦官依然是一个不容忽视的政治力量。

（三）宦官专权的危害

1. 宦官操纵官员的升迁，破坏官场秩序。如京官京察和外官朝觐时俱要先拜见刘瑾，以求脱罪升迁，只要有反对宦官专权者，均会遭到打击。

2. 影响行政运转。宦官利用司礼监代"批红"权，成了皇帝的代言人，有时甚至利用职权之便擅自改动内阁的票拟。

3. 扰乱军政。宦官以监军、镇守或守备为名，到京军大营、随军队出征或到边镇参与军政管理。

4. 操纵特务机关，制造恐怖政治。宦官控制锦衣卫、东厂、西厂和内行厂，肆意罗织罪名，排除异己。

5. 贪污浪费，经济犯罪。他们利用各种机会，收受贿赂。如成化时东厂太监尚铭，只要听闻京城里有富裕的家庭，就会编造罪名加以陷害，直到获得重金贿赂才罢休。

总之，明代宦官专权是在多种因素影响下逐渐发展形成的，虽然明代宦官始终受到皇权的制约，但宦官插手政治、经济、文化等各个方面，对明朝产生了很大影响。

参考资料

1. 郇蕾：《明代宦官制度的特点及作用研究》，西北师范大学2009年硕士学位论文。
2. 王伟：《明代宦官专权成因考略》，《湖南科技学院学报》，2006年第2期。
3. 陈义：《明代宦官专权的形成及其原因探析》，《滁州学院学报》，2008年第5期。

题目2 简述东林党的政治主张

相关真题 2018年苏州大学

东林党是在明万历后期王朝危机加深，社会矛盾激化的背景下形成的以江南地主阶级知识分子为主的政治集团。因其讲学场所为东林书院，故称之为东林党，他们为挽救时局而提出了一系列政治主张。

（一）政治主张

1. 反对以内阁为代表的贵族集团专权。①反对贵族大地主专政，主张加强君权。反对内阁大官僚和大宦官的专横，强调与贵族大地主争夺政权地位，提高帝王权威。②主张削弱内阁的权力，还政六部。严防一人专权，使各人得守其职，六部发挥其原有的功能。

2. 反对专权和腐败。东林党人坚决反对宦官专权，尤其是东厂的横行霸道，他们认为这些是明朝政治腐败的根源。

3. 反对贵族大地主排斥异己，要求为各种政治势力增加参政机会。①他们主张京察与行取制度是巩固和加强国家政权的必要措施，不能受任何派别操纵和任意废除。②主张政府要召回一切在政权中遭到排斥的人，大量起用过去在反对贵族大地主斗争中被罢废的官吏。③主张破格用人，以此来夺取政治地位。

4. 要求改革科举制度，消除科举弊端。科举是东林党人参加政权的必要途径，他们深切体会到科举制中的一些弊端，从而提出消除因舞弊而中举的不公平现象，要求科举应贵贱平等，不应有任何政治势力参与其中。

5. 反对矿监、税使对城镇商人和手工业者的公开劫夺。东林党人认为矿监税使的掠夺政策带来的社会危机是迫切的，只有停止倒行逆施的政策，才有抢救的可能。

6. 倡导言路开放，东林党人认为言论自由是政治清明的基础，主张开放言路，允许士人自由讨论国事，批评政府的不良政策和官员的不正之风。

（二）结果

东林党的最初目的是解决当时政治存在的诸多问题，以实现政治清明。但晚明时期党争严重，各派相互倾轧严重,东林党也深陷其中,损耗了明朝的实力,使得政治的重心转变为党派斗争,最终未能改变明末危亡的局面。

总而言之,东林党的出现与晚明的政治、经济特殊状况有密切的关系,对于革除社会积弊起到了一定的积极作用,但东林党与阉党、浙党及其他派系的激烈争斗构成了晚明"党争"的重大政治事件,加速了明朝的灭亡。

参考资料

1. 李洵:《东林党的政治主张——十六世纪末到十七世纪初的政治斗争》,《历史教学》,1957年第1期。
2. 李洵:《明末东林党的形成及其政治主张》,《东北师范大学科学集刊》,1957年第3期。

题目3 论述明朝灭亡的原因

相关真题 2023年青岛大学

关于明朝最终灭亡的原因,一直为从古至今的学者关注,学界更有"明亡于神宗"等多种论证。但无论如何,一个王朝走向终结,是各种因素综合作用的结果。

(一)政治上:皇帝怠政、统治集团内部矛盾激烈

1. 皇帝怠政。明神宗从万历十四年(1586年)开始怠政,朝廷与皇帝处于隔绝状态,从而使统治体系失去重心,也加剧了官场的腐败。神宗之后的皇帝也多无作为,如明熹宗因醉心木工工作,被称为木匠皇帝。

2. 明朝党争激烈。明朝的党争始于明世宗时期的大礼议,万历中期后演变为诤谏派官员组成的东林党与齐党、浙党、楚党等反对派之间的对立。随后的国本之争,以及梃击案、红丸案、移宫案等事件,使得党争双方的矛盾进一步激化,官员主要精力转向朋党门户之争,造成朝政腐败,加速明朝的灭亡。

3. 宦官当道。由于皇帝怠政,宦官掌握了重要的政治权力,通过批红权控制朝政和特务机构,与外朝官员勾结形成阉党,导致政治混乱和官员晋升路径的阻塞。

(二)经济上:土地兼并严重,财政破产,社会矛盾尖锐

1. 土地兼并严重。一条鞭法推行数年后诸弊丛生,从万历中期开始,土地兼并严重,自耕农大量流亡,政府赋税来源失去保障,加之战争不断、皇室奢靡,政府财政濒临绝境。

2. 政府敛财加剧社会矛盾。①明神宗为了敛财派遣大批宦官充当税使、矿监,四处课敛搜刮,侵害市民阶层的经济利益,妨害商业与手工业发展。②为了应对外部军事威胁与内部民变,神宗晚年推行三饷加派(即辽饷、剿饷、练饷),进一步加重了农民的负担,激化社会矛盾。

(三)社会上:各地人民掀起反抗斗争

明朝后期,陕西、浙江、直隶等地陆续爆发了小规模农民起义,接着白莲教组织的起义接踵而至,特别是天启年间徐鸿儒在鲁西发动的起义影响显著。同时,农民的抗租行动和市民的反税抗议,以及对矿监的斗争也日益加剧。

(四)外部危机

1. 倭寇猖獗。万历年间,日本进犯朝鲜,明廷援朝,虽然中国取得胜利,但极大地削弱了明朝国力。

2. 女真崛起。明朝后期倭患威胁基本消除之时,在东北崛起了更为强大的女真政权,对明朝形成威胁,并最终灭亡了明朝。

综上所述,明朝的灭亡是内忧外患综合作用的结果。内部既有政治上皇帝怠政、党争激烈的原因,又有财政危机与横征暴敛加剧社会矛盾。外部则存在倭寇和女真崛起的威胁,而这些问题终至明末都没有很好解决,继而加速了明朝的灭亡。

参考资料

1. 朱绍侯:《中国古代史》(第五版),福建人民出版社,2010年。
2. 朱绍侯:《中国古代史教程》,河南大学出版社,2010年。
3. 宁欣:《中国古代史》(下册),北京师范大学出版社,2018年。

第四节 明清鼎革与清初的社会矛盾

题目1 论述明亡清兴的过程

相关真题 2016年上海大学；2015年中国人民大学；2012年首都师范大学

明朝末年政治败坏，内部起义蜂起，外部女真崛起，明朝就在内忧外患的形势下灭亡，清朝取而代之，以下简述明亡清兴的过程。

（一）明末起义

1. 张献忠建立大西政权。明末农民战争爆发后，张献忠于崇祯三年（1630年）在延安起兵，后于崇祯十六年（1643年）攻克武昌并建立大西政权，次年称帝，于顺治三年（1646年）抗清败死。

2. 李自成建立大顺政权。李自成于崇祯十六年（1643年）建立了大顺政权，并于次年三月率军攻占北京，崇祯帝自杀，明朝灭亡。但大顺政权进入北京之后，很快产生了骄傲、麻痹的思想，并疏于防范吴三桂，遂于山海关兵败，李自成只好仓促称帝退出北京，后败死于武昌府。

（二）后金与明的战争

努尔哈赤在明末统一了女真各部，于万历四十四年（1616年）正式建立后金，并向明朝发动进攻。

1. 萨尔浒之战。万历四十七年（1619年），努尔哈赤率军和明朝在萨尔浒山附近大战，结果以少胜多，击溃明军，明朝此后失去了主动进攻的力量，后金由防御转入进攻。

2. 辽沈之战。努尔哈赤于天启元年（1621年）率军攻克辽阳、沈阳，夺取辽东大小七十余城，明军大败。努尔哈赤迁都于辽阳，后又迁都沈阳，改称盛京。经过此次战役，明朝失去对东北全境的控制。

3. 宁远之战。努尔哈赤于天启六年（1626年）围攻宁远。守将袁崇焕坚持固守，金兵损失甚多，努尔哈赤被炮火击伤，被迫退军，努尔哈赤因此战亡。

4. 皇太极称帝。努尔哈赤死后，皇太极继位，后于崇祯九年（1636年）在沈阳称帝，对政权组织进行一系列改革，后统一东北全境。崇祯十五年（1642年）洪承畴投降，除了宁远以外，明尽失山海关要地。

5. 清军入关。皇太极死后，清世祖继位。顺治元年（1644年）多尔衮率领清军南下，与吴三桂一道于山海关击败李自成军，直入北京，迎顺治帝来京。同年十月，顺治帝于燕京重新继位，正式宣布定鼎燕京。

综上，明朝末年社会矛盾尖锐，农民起义爆发，其中以张献忠、李自成实力最为强大，最终明亡于李自成部，但最终完成统一的不是农民军而是关外的后金。

参考资料

1. 吴满强：《明亡清兴之际三方势力的博弈》，《兰台世界》，2011年第17期。

题目2 论述清初军制

相关真题 2024年暨南大学；2023年北京大学；2018年中央民族大学；2018年河北大学；2018年吉林大学

清初军制以八旗军和绿营兵为基本武装力量，存在了200多年，与清王朝命运紧密联系，经历了由盛而衰、由衰而亡的整个历史过程。

（一）八旗军制

1. 发展历程。明万历二十九年（1601年），努尔哈赤整顿编制，初置黄、白、红、蓝四色旗；万历四十三年（1615年）增设镶黄、镶白、镶红、镶蓝四旗，八旗之制确立。皇太极时又组建了蒙古八旗和汉军八旗，至此八旗的制度臻于完善。顺治七年（1650年），清世祖为了加强对八旗的控制，将镶黄、正黄、正白三旗调整成为上三旗，作为皇帝的亲兵，负责禁卫皇宫等；由诸王、贝勒统辖的正红、镶红、正蓝、镶蓝、镶白五旗调整称为下五旗，负责驻守京师及各地。

2. 军制。八旗兵分为京营（禁卫）和地方驻防两种。每旗分为五甲喇（参领级），每甲喇再细分为五牛录（佐领级），初期每牛录包含 300 人。所有八旗成员都隶属各自的牛录，平日从事农业，战时转为士兵。每旗设有都统负责管理，统归中央八旗都统衙门，地方的督抚无权征调。

（二）绿营兵

1. 绿营兵主要由清军入关后改编的明军和其他军队组成，因用绿色旗帜而得名。绿营兵为弥补旗兵不足而设。
2. 军制。绿营兵分置中央和地方，属于招募的"职业兵"性质。绿营兵在京者称巡捕营，隶于步兵统领衙门，地方上分别由总督、巡抚、提督、总兵等统辖。兵种有马兵、步兵和水师，共约 60 万人。绿营与八旗兵互相穿插，共同构成了全国军事控制网。

（三）影响

1. 积极影响。

①有利于分割军权，加强中央集权。清初军制做到了军队指挥权与管理权的分离，管理权也分割成几块，绿营也对旗兵形成隐性制约，并且注重以文制武，凡此种种，皆使得军权掌握于中央手中，很少有地方能发动兵变造反。

②为清初维护国家统一做出了重要贡献。清初军制下的八旗和绿营部队在平定噶尔丹、抵御沙俄入侵等军事行动中发挥了较大作用，维护了领土完整和国家统一。

2. 消极影响。

①八旗绿营兵制缺乏野战军体制。旗兵中的驻防兵和绿营兵都是地方守备性质的军队，随着时间的推移，难以适应较大的军事征伐。

②八旗绿营兵的兵权过于分割，造成部队之间、将领之间、部队与将领之间难以协同、互相牵制、指挥不灵。

③难以保证兵员质量。八旗人基本世代为兵，不能从事工商业，随着人口的增加，难以维持一家生计，清政府不得不扩大士兵数量，而选拔出的多数是生活困难者，素质低劣，军队战斗力下降。

④容易造成军队腐朽和作战积极性低。清政府对八旗兵的特殊供养政策导致其快速腐化，并且对绿营兵实行歧视政策，清军中各级军官克扣兵饷，士兵作战积极性不高。

总之，八旗军和绿营兵是清初主要的军事力量，虽然存在许多缺陷且不可避免地走向腐化，但在清初统一中国的征战中以及维护清朝统治方面做出了重大贡献。

参考资料

1. 金普森，姚杏民：《清代军制的演变评述》，《军事历史研究》，1989 年第 1 期。
2. 徐凯：《清代八旗制度的变革和皇权集中》，《北京大学学报》，1989 年第 5 期。
3. 陈佳华：《八旗制度概述》，《北方文物》，1993 年第 2 期。

题目 3 论述郑成功收复台湾的背景、过程及意义

相关真题 2023 年中南财经政法大学；2020 年东北师范大学

郑成功收复台湾是明清易代之际极为重要的历史事件。以下将从其收复台湾的背景、过程及意义三个方面对这一重要历史事件进行阐述。

（一）背景

殖民者侵占台湾。明天启四年（1624 年），荷兰占据台湾南部，西班牙在两年后占据台湾北部，崇祯十五年（1642 年），荷兰又打败了西班牙，夺取了台湾北部，霸占了台湾并实行殖民统治，荷军以台湾为据点经常骚扰大陆沿海地区。

（二）过程

1661 年 3 月，郑成功领导舰队从金门出发，穿越台湾海峡，并在澎湖短暂休整。4 月初，在当地高山族人的协助下成功登陆，他突袭在台湾的荷兰殖民者，并将荷兰人围困在台湾城和赤嵌城。同时，在海上与荷兰舰队进行了激烈战斗，击沉"赫克托"号，并在陆地上击毙荷军头目贝德尔，迫使赤嵌城的荷军投降。随后，郑成功数月围困台湾城，由于荷兰援军未到且军心动摇，他趁机攻入台湾城，迫使荷兰残军在 1662 年年初投降。

(三) 意义

1. 政治方面。①捍卫了中国的主权和领土完整。郑氏在驱荷复台后建立的政权并不是独立王国，而是中国南明王朝的一部分，其在进行行政建制时奉南明为正朔，实际维护了国家主权统一。②有利于缩小台湾与大陆在政治制度方面的差距。郑氏政权将大陆施行的郡县制、法律和行政机构建置推行到岛内，形成一整套严密的政权机构，使台湾的政治制度与大陆趋向一致。③促进了汉族与高山族人民之间的传统友谊。郑氏带领官兵及官眷等大量人口入台，杂居其中，有利于两族人民的交流。

2. 经济方面。①促进了台湾地区农业发展。郑氏政权带领大量移民入台，促进了垦荒，带去了先进的耕作技术。同时接管荷兰殖民者非法占有的土地充作官田，租给百姓耕种，带动了台湾地区的农业发展。②促进了台湾的海外贸易发展。复台后，台湾成为明郑政权经营海上贸易的根据地，发挥台湾作为国际商贸转运站的功能，促进台湾地区海外贸易飞速发展。

3. 文化方面。促进台湾地区文教事业的发展。郑氏政权带领一批明朝的遗臣和文人东渡台湾，收徒讲学，传播了儒家思想，并在台湾建立起一套完整的教育体系，鼓励高山族子弟入学读书。

综上所述，郑成功收复台湾是中华民族反抗殖民侵略的一次重大胜利。这次胜利维护了中国的领土主权完整，粉碎了西方列强肆意践踏中国土地的美梦。

参考资料

1. 王政尧：《简论清初收复台湾》，《清史研究》，1995年第8期。
2. 陈梧桐：《论郑成功驱荷复台的英雄业绩》，《中央民族大学学报》，2001年第7期。
3. 李细珠：《郑成功的历史贡献及其时代意义——纪念郑成功355周年》，《统一论坛》，2017年第5期。

第五节 清代疆域的奠定与多民族国家的统一

题目1 简述清朝边疆管理制度的内容、影响及疆域的特点

相关真题 2024年安庆师范大学；2024年聊城大学；2024年中国社会科学院大学；2023年中国社会科学院大学；2023年河南师范大学；2023年海南师范大学；2022年哈尔滨师范大学；2022年中国人民大学；2020年中国社会科学院大学；2019年首都师范大学；2018年辽宁大学；2018年云南大学；2018年上海大学；2017年吉林大学；2017年复旦大学

清朝对于边疆民族地区采用因地制宜、因俗而治的基本原则，推行了一系列行之有效的边疆管理制度，维护了清朝统治的稳定。

(一) 管理制度

1. 清朝在中央设有理藩院，掌内外蒙古、青海、西藏、新疆及四川等地区的蒙、回、藏族事务，地位等同六部。

2. 在蒙古地区实行盟旗制度。康熙三十年（1691年）举行多伦会盟，采用盟旗制度。旗成为内外蒙古最基本的行政单位，长官为札萨克，掌管一旗政令。由旗组成盟，盟并非旗的上一级行政区划，只是代表朝廷监督各旗。

3. 对西藏地区的管理。①清政府正式在西藏派设驻藏大臣二员，代表朝廷监督西藏政务。②在达赖下面设置噶厦，由噶伦（政务委员）具体处理行政事务。③规定达赖、班禅及其他黄教活佛"灵童转世"之时，俱采用金瓶掣签之法，由驻藏大臣亲临监视，再呈请中央政府批准。④颁布《钦定西藏章程》，规定西藏地方政务均由驻藏大臣经管。⑤整顿地方军队，铸造西藏银币。

4. 在新疆地区置伊犁将军，设伯克制等。①于伊犁设伊犁将军一职，总领天山南北的军民事务。其他重要城市则置参赞大臣、办事大臣等职以镇守。②对维吾尔社会沿用原有贵族世袭的伯克制进行统治，伯克由官方委任，订立品级，掌管维吾尔民政。

5. 在东北地区实行军府制。设黑龙江、吉林、盛京三将军，统管当地军民之政。除满族仍通过八旗制度进行统

治外，对其余诸族，亦予编旗练兵。

6. 在西南地区推行"改土归流"政策。清朝在条件成熟的西南民族土司统治区取消土司世袭，设立府、厅、州、县，任命流官管理，此外设兵驻防，实行屯田，兴办学校，编造户口。

7. 东南和南海海疆地区，设置台湾府。1683年，康熙派施琅平定台湾，设置台湾府，隶属福建省。

（二）影响

1. 清朝通过一系列的制度创新，加强了对边疆民族地区的统治，疆域基本定型，巩固了统一的多民族国家。

2. 推进边疆民族地区与中原内地在政治、经济、文化上的一体化进程，增强了中国各民族对清朝政府的政治认同，增强了国家的凝聚力。

3. 清朝在版图扩展中重建了大一统的话语体系与国家认同，进一步发展了中华民族共同体。

（三）疆域特点

1. 边疆与内地的关系更加密切。清朝对边疆地区实行直接统治，如蒙古地区的盟旗制度、新疆和西藏的军府制度等。

2. 边疆外缘逐渐明晰，具有了近现代国家疆域的特征。清朝以前的中国疆域没有明确边界，往往笼统称为"天下"，但是通过与俄国签订的《尼布楚条约》等一系列条约及划界活动，中国疆域由王朝传统疆域开始向近现代主权国家疆域转化。

3. 周边藩属国与中国疆域边界逐步清晰。受到传统天下观的影响，周边国家一般和中国的王朝构建起藩属体系，中国疆域的外缘一直不清晰。康熙以后，清朝和藩属国也开始划定边界，中朝之间边界的划定即是其表现。

综上所述，清朝针对边疆的不同地区实行因地制宜的制度，巩固了多民族国家的统治，加强了中央对边疆的管控，有利于国家边疆安全与稳定发展。

参考资料

1. 张帆：《中国古代简史》（第二版），北京大学出版社，2015年。
2. 段红云：《清代中国疆域的变迁及其对中国民族发展的影响》，《中国边疆史地研究》，2015年第1期。
3. 刘进有：《论清前期（顺治至乾隆时期）民族政策与大一统局面的关系》，《黑龙江史志》，2014年第21期。

题目2 论述明清两代边疆政策的变化

相关真题 2023年复旦大学；2023年海南师范大学；2022年中国人民大学；2022年哈尔滨师范大学；2022年武汉理工大学；2020年中国社会科学院大学

明清两代为巩固疆域，对边疆地区实施了一系列有效的治理措施，包括稳定辽东、远征漠北、施政西藏、开拓海疆等。

（一）北部蒙古地区

1. 明朝。明朝主要通过军事手段打击蒙古贵族势力，辅以招纳策略。明孝宗时期，明朝在修好长城的同时，加强与蒙古的外交关系，并在长城一线设置"九边重镇"以防蒙古势力。但明朝中期后，军事力量衰减，转为被动防御策略。

2. 清朝。清朝对内外蒙古采取了盟旗制度，以旗为行政单位，设盟进行监督。旗长官称札萨克，盟长官由札萨克中选出，由清朝皇帝任命，代表中央监督蒙古各旗。

（二）东北地区

1. 明朝。明朝设立辽东都司直接控制辽东地区，并在蒙古兀良哈部地区设立"兀良哈三卫"进行管理。对女真各部采取分而治之策略，分为建州女真、海西女真、野人女真，设置奴儿干都司和增设卫所，扩大对黑龙江流域的管理。

2. 清朝。清朝在东北设立军府制，设奉天将军驻盛京（沈阳），吉林将军驻吉林，黑龙江将军驻齐齐哈尔。在黑龙江两岸和额尔古纳河广设卡伦，建立常规巡边制度，加强对俄国的防范。

（三）西北地区

1. 明朝。明初时，西北统治区域扩至哈密和柴达木盆地，采用卫所制进行管理。明中后期，西北地区失去控制，卫所制停止。

2. 清朝。清朝在伊犁设置伊犁将军，总领天山南北军民事务。其他重要城市设置参赞大臣、办事大臣、领队大臣等职务镇守。另外对维吾尔社会采用伯克制进行统治。

（四）西藏地区

1. 明朝。明朝对西藏地区诸教派首领赐予"王""法王"等名号，王位继承需皇帝批准。中央对西藏实行羁縻统治，设置乌思藏、朵甘指挥使司。

2. 清朝。清朝雍正年间设驻藏大臣监督西藏政务，乾隆年间设置噶厦协助班禅、达赖治藏。其次采用金瓶掣签制选拔"转世灵童"，后又颁布《钦定西藏章程》规定驻藏大臣负责西藏地方政务。

（五）西南地区

1. 明朝。成祖时在贵州设立布政使司，部分地区采取"改土归流"政策，裁撤原来的土司，派出中央官员管理。在其他落后地区保留土司制度。

2. 清朝。清朝在西南民族土司统治区取消土司世袭制，设立府、厅、州、县，任命官员管理。雍正年间大规模实施改土归流，清查户口，丈量土地，统一征税。

（六）东南海疆

1. 明朝。沿袭元在台湾地区设巡检司，管辖澎湖与台湾。

2. 清朝。清朝在台湾设置台湾府及三县，设巡道，隶属福建省，加强对东南海疆的管理。

综上所述，明清两代的边疆政策显示出明显的变化。明朝更倾向于间接管理，而清朝则采取了更为直接和严密的治理手段，为中国疆域的最终形成奠定了基础。

参考资料

1. 朱绍侯：《中国古代史》（第五版），福建人民出版社，2010年。
2. 朱绍侯：《中国古代史教程》，河南大学出版社，2010年。
3. 宁欣：《中国古代史》（下册），北京师范大学出版社，2018年。

题目3 简述清初和清中期地方行政组织

相关真题 2024年江苏师范大学

清朝在内地设置省、道、府（直隶州、厅）、县（散州、散厅）四级行政组织，它们与基层的保甲制度、宗族管理相互配合，维护地方社会秩序。

（一）省

清前中期设立18个行省，每省设巡抚，巡抚为省级最高官员，总揽军政、民政。一省或二三省设总督一人，主管军事，有时节制巡抚。除总督、巡抚外，各省还设有与督抚平级的提督学政，主管教育科举。总督、巡抚下设承宣布政使司，长官为布政使（俗称藩台），主管行政、民政和财政；设提刑按察使司，长官为按察使（俗称臬台），主管司法刑狱。

（二）道

清朝在省和府之间设置道，道设道员，道员作为省级政府派出官员，监督省以下地方机构，无实际的行政职能。道有分守道与分巡道，分守道掌管该道内的粮食赋税征收，分巡道监管该道的刑狱。此外，还有专职道，主管一省某方面的事务，如盐法道、兵备道等。

（三）府（直隶州、直隶厅）

清朝在全国设立府，府是比县高一级的地方政府机构，府设知府一人（又称太守）。州设知州一人（又称刺史）。直隶州隶属省，与府同级。散州隶属府，与县同级，但是辖区比县大。清朝的厅一般在边远地区，有分属厅、直隶厅两种，厅设同知或通判一人。属厅隶属府，直隶厅隶属省，和府同级。

（四）县
设知县（又称县令），主管一县政事，清代知府、知县多以汉人充任。

（五）保甲制度
保甲制度是清代控制基层的制度。不论州县城乡，每十户为一牌，立牌长，十牌为一甲，立一甲长，十甲为一保，立一保长。政府通过保甲制度对人们进行严厉的监视，以达到加强管理和维护治安、征课赋税的目的。

（六）宗族制度
宗族是因血缘而聚集的地方团体，族长通过族规、族约约束宗族成员的行为。宗族成员的婚姻、职业等都受到宗族的影响，宗族制度是基层管理的重要补充，对维护基层秩序发挥了重要作用。

综上所述，清前中期的地方行政制度上承明而又有层级上的创新，清设置的四级行政组织加强了对地方的监察，是中国古代专制主义中央集权高度发达的产物。

参考资料

1. 朱绍侯：《中国古代史教程》，河南大学出版社，2010年。

第六节　康乾盛世及其社会问题

题目1　简述清初加强中央集权的措施

相关真题　2024年哈尔滨师范大学；2024年兰州大学；2024年赣南师范大学；2024年湖北师范大学；2024年渤海大学；2023年内蒙古大学；2023年湘潭大学；2023年长春师范大学；2022年湖南师范大学；2020年青岛大学；2020年辽宁大学；2020年吉林师范大学；2020年东北师范大学；2020年西北民族大学；2020年中央民族大学；2020年扬州大学；2020年内蒙古大学；2018年天津师范大学；2014年河北师范大学；2014年云南大学；2014年黑龙江大学

清承明制，并根据自身统治需要进行了一系列调整，这些措施对实现清王朝的长治久安具有重要意义。

（一）中央
1. 设立议政王大臣会议。作为皇帝的辅佐机构，主要由满族上层贵族组成，拥有决策军国大事的重要权力。
2. 削弱内阁实权。清代内阁的职能降为处理文书的秘书机构，军政大事不由内阁商议。军机处成立后，内阁被排除在朝廷核心决策之外。
3. 设立南书房。康熙年间，召翰林学士入值南书房，有代拟诏旨之权，成为皇帝御用的秘书班子。
4. 成立军机处。雍正时设军机房以处理西北紧急军务，后改称军机处，总揽军政大权，听命于皇帝，进一步加强了皇权。
5. 设立六部。置吏、户、礼、兵、刑、工部为中央政府的执行机关，各部设尚书为长官、左右侍郎为副长官。
6. 成立理藩院。清朝为管理边疆少数民族地区事务设立的中央机构，主管漠南蒙古等地区事务。清后期职权扩大，兼涉与俄事务。
7. 成立内务府。设内务府管理宫廷皇室事务，长官由满族王公充任，以防止宦官专政。
8. 建立秘密立储制度。雍正帝继位后实行，避免皇子争权夺利。
9. 注重官员选举与考察。实行科举制度和捐纳制度，对现任官员实行考核，包括京察、大计和军政等。
10. 实行奏折制度。康熙年间各地官员将奏折上奏给皇帝以便决策，雍正时进一步扩大使用范围，起到加强官吏监督的作用。

（二）地方
1. 内地行政制度。地方实行省、道、府、县四级制，内地设18行省，总督和巡抚为最高行政长官。

2. 边疆行政制度。外蒙古、青海、新疆等地区设将军、参赞大臣、办事大臣等职，乾隆时在新疆地区设伯克。蒙古地区实行盟旗制度。东北地区设昂邦章京、黑龙江将军等职，西南地区承明土司制，雍正年间改设流官。西藏设驻藏大臣，位同达赖、班禅，实行金瓶掣签制度选择活佛的转世"灵童"。

（三）经济

1. 停止圈地。康熙八年（1669年）清廷下令停止圈地，以缓和阶级矛盾。

2. 推行更名田。康熙八年（1669年），将部分明代藩王田地给予原种之人，改为"更名田"。

3. 整顿赋役和实行"摊丁入亩"。顺治时编纂《赋役全书》，又立鱼鳞图册作为征收依据。康熙五十一年（1712年）宣布"滋生人丁，永不加赋"，次年颁行。雍正时开始实行"摊丁入亩"，即将丁银并入田赋征收的制度，摊丁入地，地丁合一。

（四）军事和刑法

1. 军事制度。设八旗和绿营，八旗士兵世袭，占有土地。绿营兵是清军入关后收编的明朝降军。

2. 制定《大清律》。顺治四年（1647年）颁行《大清律》，是清朝的第一部成文法典。雍正五年（1727年）公布《大清律集解》和《大清律例增修通纂集成》。

（五）思想文化方面

1. 控制言论，大兴文字狱，编纂《四库全书》限制不利于统治的言论。

2. 尊孔崇儒。科举取士以四书五经注疏为准，利用礼乐教化控制思想，维护尊卑等级，进一步完善旌表制度。

综上，清初加强中央集权的措施将君主专制推至中国古代的最高峰，这些措施不仅加强了中央对地方的直接控制，也为清朝的长治久安和版图的最终形成奠定了坚实的基础。

参考资料

1. 刘文鹏：《论清代中央集权中的补偿性政治控制》，《学术界》，2002年第3期。

题目2 论述康乾盛世

相关真题 2022年安庆师范大学；2019年苏州大学；2018年中国人民大学

康乾盛世，也叫康雍乾盛世，是历史上对清朝康熙、雍正、乾隆祖孙三代执政年间政绩的美称。在这一时期，中国在多个方面都取得了显著成就，但盛世之下也隐藏着危机。

（一）康乾盛世的表现

1. 政治上，国家实现空前的统一和稳定。①康熙平定三藩之乱，消除了西南地区的割据势力，雍正和乾隆在该地区推行改土归流政策，强化了中央管控。②康熙派兵收复台湾，对台直接管理。③康雍乾三帝相继平定了新疆的一系列叛乱，并在新疆设伊犁将军，实行伯克制。④雍正在西藏派设驻藏大臣，乾隆设置噶厦，采用金瓶掣签制度来选择活佛的转世"灵童"，颁布《钦定西藏章程》，诸多举措都加强了对西藏的管理。⑤在蒙古实行盟旗制度，在东北则实行军府制，对于边疆都采用因地制宜、因俗而治的原则。

2. 经济上，经济持续繁荣。耕地面积不断扩大，粮食产量增多。人口增长迅速，康熙年间实行的"盛世滋生人丁，永不加赋"和雍正时期的"摊丁入亩"政策促进了人口增长，乾隆年间人口数已过三亿。此外，工商业繁荣，商业城市大量出现。

3. 军事上，军队战斗力强，武功显著。康熙平定了三藩之乱，攻占台湾，两次北击沙俄，平定西北的噶尔丹叛乱，乾隆帝时期则有十大战役。

4. 文化上，康乾时期文化全面昌盛，教育空前发达。诸如《古今图书集成》《红楼梦》《四库全书》等都是这一时期的文化成果，考据学尤为兴盛，乾嘉学派形成。

（二）康乾盛世的危机

康乾盛世虽然辉煌，但在其背后也隐藏着危机。

1. 人口压力。人口的快速增长带来了土地紧张、粮价地价上涨等问题，无业流民数量增加，社会不稳定因素增多。

2. 吏治腐败。监察系统存在缺陷，官俸低微，加上捐官制度的开通，导致清朝吏治腐败日益严重。

3. 文化专制主义盛行。康熙、雍正、乾隆三帝制造了多起文字狱，钳制了人们的思想，不利于社会的进步与发展。

4. 秘密宗教会社与反清起义。在多重负面因素作用下，到盛世后期，内地社会出现了不稳定的迹象，多次发生反清起义，如白莲教起义，这是清朝由盛转衰的重要标志。

5. 逐渐落后世界。康雍乾时期，继续采取以"自主限关"为主要特征的限制性政策，这造成了清朝漠视西方先进科技的负面影响，使得中国愈发落后于世界，在一定程度上为近代中国陷入被动挨打局面埋下伏笔。

综上，康乾盛世是清朝乃至中国历史上的一个高峰期，但其背后的问题也为清朝的最终衰落埋下了伏笔。康乾盛世的辉煌与隐忧，构成了清朝历史的重要篇章。

参考资料

1. 周武：《论康乾盛世》，《社会科学》，2001年第10期。

题目 3　论述摊丁入亩实行的背景、内容及意义

相关真题　2024年东南大学；2022年陕西师范大学；2022年吉首大学；2017年黑龙江大学；2014年陕西师范大学；2014年江西师范大学；2003年武汉大学

清代摊丁入亩政策是一项重要的财政和社会改革措施，是清朝政府将丁税（人头税）并入田亩征收的一种税收制度。这一政策对清朝的稳定和发展产生了深远的影响。

（一）背景

1. 人口减少影响财政收入。康熙时连年征战，平三藩、出击沙俄、平定准噶尔等战争造成了人丁减少。同时土地兼并严重，社会上流民增多，造成丁银损失，影响国家财政收入。

2. 社会矛盾尖锐，起义频繁。康熙时社会阶级矛盾逐渐激化，自康熙二年（1663年）到康熙四十九年（1710年）爆发起义多达14次。清政府亟须缓和阶级矛盾，稳定社会秩序，巩固政权。

（二）内容

1. 康熙五十一年（1712年）宣布"盛世滋生人丁，永不加赋"，固定丁银总额为康熙五十年（1711年）的全国丁银额335万余两，通过"抵补"办法解决丁银额损失问题，即人丁缺额由新添丁口添补，再不足又以亲戚或同甲丁粮多者补充。

2. 雍正朝开始实施摊丁入亩，规定以康熙五十年（1711年）的人丁2462余万，丁银335万余两为准，将丁银摊入田赋银中征收，形成地丁制，匠班银和市丁银也一并征收。

（三）意义

1. 简化了征收手续。从复杂的赋役制度转变为高效统一的赋役制度，简化了税收征收程序，可以防止官吏贪污，顺应了社会经济发展趋势。

2. 保障国家财政收入。摊丁入亩实施后，地亩、人丁的数字可以确切查清，有利于稳定税收，增加清朝财政收入，缓和社会矛盾，促进社会生产。

3. 有利于人口统计和人口增长。实行摊丁入亩后，把人头税摊到土地里面征收，使得穷苦无地的人免征人头税，减轻了农民对政府的人身依附关系，刺激了人口增长，释放了大量生产力。

综上所述，摊丁入亩的实施对清朝社会经济产生了深远的影响。它不仅改善了税收体系，还有助于社会稳定和经济发展。这一政策的实行在中国赋税史上具有划时代的意义。

参考资料

1. 彭云鹤：《试论清代的"摊丁入亩"制度》，《北京师院学报》，1979年第3期。
2. 郝英：《清初摊丁入亩赋税制度改革研究》，山东大学2010年硕士学位论文。
3. 戴辉：《清代"摊丁入亩"政策研究》，《广西社会科学》，2007年第2期。

题目 4 论述元朝和清朝都是少数民族统治，在政治上有何异同

相关真题 2022 年北京联合大学

元朝和清朝都是由少数民族建立的大一统王朝，在建立相应政治制度时，既有相似之处，也有明显差异。

（一）相同之处

1. 都借鉴中原王朝先进制度。元朝基本上沿袭唐宋旧制，设中书省总理政务，下设六部。设枢密院掌军事，御史台负责监察。清朝的统治机构基本上沿袭明制，内阁是最高行政机构，但权力被后来的南书房和军机处所削弱。同时，元、清两朝也维持科举制。

2. 都保留了原部落传统。元朝的怯薛制沿袭部落职责特征，保护蒙古贵族大汗。清朝的八旗制度源于满族部落狩猎组织，发展为军事制度。清初还保留了类似满族部落会议的议政王大臣会议。

3. 都实行了不平等的民族政策。元朝推行四等人制，蒙古人、色目人、汉人、南人这四等人在政治待遇、法律地位、经济负担等方面都不平等。清初对汉族实行剃发令、圈地令、投充法、逃人法等高压政策，激化民族矛盾。在中央部门中对汉族官员名额也有具体规定。

4. 都为今天中国版图打下了基础。元朝时期中国版图达到了最大，包括今天的中亚、西亚、东北亚、南亚、东南亚以及中国地区；清朝时期，清朝统治者统一蒙古诸部，把新疆和西藏重新纳入中国版图。清朝最大版图是西到葱岭和巴尔喀什湖，西北到唐努乌梁海，北到漠北和西伯利亚，东到库页岛，南到曾母暗沙，国家实现大一统。

（二）不同之处

1. 皇权集中程度不同。元朝虽承袭唐宋政治体制，但中书省右丞相仍有相当权力，对皇权形成威胁。清朝实行高度集权君主专制，彻底消除宰相制度，皇权达到顶峰。

2. 汉化程度不同。元朝汉化在忽必烈去世后基本停滞，蒙古贵族占据政权高层，科举制多年搁置。清朝积极推行汉化政策，如康熙以儒治国，视察儒学典籍的编纂，乾隆坚决维护理学正统地位，厘定各项典章制度，清朝还积极推行科举制，重用汉人官僚和汉军。

3. 外交政策不同。元朝积极对外扩张，建立起跨亚欧的庞大帝国。清朝守好疆土，自主限关，有限开放，未有进一步对外扩张举措，对外通商口岸限于广州十三行。

综上，元朝和清朝虽然都是少数民族建立的王朝，但在政治体制、汉化程度、外交政策等方面存在显著差异。这些异同共同影响了两朝的发展轨迹，对中国历史产生了深远影响。

参考资料

1. 赵艺蓬：《浅析元清两代对汉族政策的异同及其影响》，《渭南师范学院学报》，2011 年第 3 期。
2. 孙淑秋：《元代和清代汉族政策比较分析》，中央民族大学 2012 年博士学位论文。

题目 5 对比明清两朝的内阁制度

相关真题 2018 年中央民族大学；2017 年黑龙江大学；2016 年北京大学；2015 年福建师范大学；2014 年西北大学

内阁是明清两朝重要的辅政机构，虽然两朝的内阁制度有所不同，但都是维护君主专制的重要工具。

（一）内阁概况

1. 明代的内阁。

明朝的内阁始于洪武十三年（1380 年），朱元璋废丞相，裁撤中书省，设立四辅官以协助处理政务。随后设殿阁大学士，使文臣参与政务顾问。成祖时期，殿阁臣僚开始参与文渊阁的政务，内阁正式成立。此后，阁臣地位逐渐提升。宣宗时期，阁臣拥有票拟权，可以对中外奏章提出意见小票墨书，但最终决策权仍归皇帝所有。明中期以后，由于皇帝对政务的疏忽，内阁的首辅常成为实权人物，张居正任内阁首辅时，大权尽归内阁，六部几乎变为内阁的下属机构。不过也是自神宗时期开始，阁臣权力逐渐下降。

2. 清代的内阁。

清代内阁名义上是中央最高行政机构。内阁成员包括大学士和学士，分为满汉两部，职责同明。清代内阁自成立之初，阁臣便具有票拟权，处理日常政务。但后期随着南书房和军机处的设立，实际权力大大缩小。阁臣虽有草诏之责，但需秉承皇帝旨意。

（二）明清内阁制的相同点

1. 性质相同。明清两朝的内阁都不是国家法定的行政机构，它们主要功能都是协助皇帝处理政务，强化君主专制。
2. 职权有限。明清内阁的职权都相对有限。即使阁臣拥有票拟权，但决策权还是握于皇帝之手，阁臣的升降也由皇帝决定。
3. 思想精神相同。明清内阁体现了集权与分权制衡的思想。明朝的四辅官和殿阁大学士，以及清朝内阁的设立，都是皇权集中后的再分配。此外，两朝内阁的组织形式都体现了崇儒思想，通过内阁吸纳儒生官僚，以获得他们的支持，实现更彻底的集权。

（三）明清内阁制的不同点

1. 权力差异。明朝内阁的权力相对较大，尤其是在明神宗时期。相比之下，清朝内阁的权力较小，受到议政王大臣会议、南书房、军机处等机构的制约。
2. 品秩不同。明朝内阁仅为正五品机构，而清朝将其定为一品衙门，显示出清朝内阁在品秩上有所提升。同时，清代内阁的官职设置更为系统和正规。
3. 规制不同。明朝内阁没有固定衙署，公座设在翰林院；而清代内阁不仅设有衙署，还区分本署和分署。

综上所述，明清两朝的内阁制度虽有相似之处，但在权力、品秩和规制上存在明显差异。两朝的内阁均体现了中央集权君主专制的强化，它们都是统治集团加强皇权的工具。

参考资料

1. 欧阳琛：《论明代阁权的演变》，《江西师范大学学报》，1987年第4期。
2. 秦国经：《明清内阁沿革与职掌》，《历史档案》，2009年第1期。
3. 杜志明：《明清内阁制度比较研究》，兰州大学2006年硕士学位论文。

题目6　对比明清地方行政制度

相关真题　2024年山东师范大学；2024年江苏师范大学；2023年天津师范大学

明清两朝的地方行政制度在中国历史上具有重要意义，两者都是为了维护王朝统治秩序，既有相似之处，也有明显差异。

（一）明朝地方行政制度

明代地方行政制度包括省、府、县三级，全国大体上为两京十三省。此外，明代还建立了连接省级与府（州）、县的"道"机构，道是省级派出机构，具有差遣性质，管理一至数府州的各项事务。为提高行政效率，中央设立总督、巡抚及巡按御史等官员，负责统率和协调地方政务。

（二）清朝地方行政制度

清代地方行政制度主要承袭了明制而有所损益。全国分为省、道、府、县四级，共18省。确立了督抚制度，省设巡抚，主管行政，每两到三个省设立一名总督（有的地方一省），主管军事。此外，清朝还在边疆地区设立了特别行政区。在基层管理方面，清朝推行保甲制，以此进行人口登记、维护治安和征收赋税。

（三）明清地方行政制度的不同点

1. 省级行政机构建置不同。明代在省级单位分设承宣布政使司掌民政、财政，提刑按察使司掌司法、都指挥使司掌军政。清代省级行政机构则简化为布政使司和按察使司，原先明代都司的兵权由清代的八旗和绿营兵承担。
2. 清代对地方层级设置进行创新。明代地方行政设置为省、府、县三级，州分为直隶州和属州，直隶州等同于府，属州等同于县。而清代则增设了"道"和"厅"，清代的"道"在明代基础上有所损益而正式成为第二级行政区划，"厅"则主要特设于新开发地区，分别有相当于府的直隶厅和相当于县的散厅，增强了行政效率和灵活性。

3. 督抚权力差异。明代的督抚作为派出官员，权力受到限制和分割，不具备固定印信和关防，始终保留差遣形式。而清代的督抚是常设官员，有定员和固定管辖的疆域，掌握省级甚至多省的军政大权，其权力和地位更为突出。

（四）明清地方行政制度的相同点

1. 基层管理制度类似。明清两朝均设立保甲制度，以维护治安和社会秩序。

2. 均加强了中央集权。无论是明代的督抚制度还是清代的相应制度，都加强了中央与地方的联系，提高了地方事务处理的统一性和效率，体现了中国古代专制主义中央集权的发展。

3. 学政制度的沿袭。清代学政制度沿袭明代，执掌学校生徒考课黜陟之事，以岁、科二试巡历所属府州，负责管理学校和选拔人才。

综上所述，清代地方行政制度虽然在总体上承袭了明制，但结合实际政治需求进行了调整，与明代存在明显的区别，更加符合清朝的整体运行机制。

参考资料

1. 朱绍侯：《中国古代史教程》，河南大学出版社，2010年。
2. 李国祁：《明清两代地方行政制度中道的功能及演变》，《近代史研究所集刊》，1972年7月。

题目7 试述明清时期督抚制度的产生及发展

相关真题 2019年南京师范大学；2002年四川大学

明清两代的督抚制度是中国封建社会晚期中央与地方关系调整的重要成果，其核心目的在于在保障地方拥有足够权力应对各种事变的同时，确保中央集权的稳固。

（一）明朝督抚制度的起源

1. 背景

明初废除行中书省后，设立"三司"（承宣布政使司、提刑按察使司、都指挥使司）作为省级行政组织，分掌行政、监察司法和军事事务。三司互不统属，事权不一，地方势力不致坐大。然而，这种制度未能形成有效的统合力量，导致地方在应对紧急事务时效率低下。

2. 起源

巡抚初创于明宣德五年（1430年），总督设置始于明正统六年（1441年），明代共设立了30余处巡抚和10余处总督，旨在统一协调地方政务。巡抚最初负责督理税粮、司法和抚恤教化民众，至景泰年间，巡抚一律属于都察院系统并加督御史衔，主要负责监察。总督则主要负责军事。巡抚和总督在明朝并未成为正式的地方官员，临时派遣的特点仍较明显。

（二）清朝督抚制度的发展

1. 地区划分。清朝形成了18省的架构。省设巡抚，作为一省之长，每两到三个省设立一名总督（有的地方一省），统领所辖范围内的军事，在不设总督的省份，巡抚兼管军务。除直隶、四川和甘肃三省由总督监管之外，其余15省均设巡抚。清朝的督抚制度使地方监察与行政合一，大大提高了行政效率。

2. 权力和职能。清代总督和巡抚虽同为地方重臣，但各有侧重。总督偏重军事，而巡抚偏重民政，后者原则上受前者节制。清代的督抚权力更为集中，辖区广泛，有效地代表皇帝控制地方。

（三）督抚制度的影响

1. 统治责任更加明确。督抚制度统一了地方事权，使统治责任更加明确，有利于中央政令的迅速贯彻和地方行政效率的提升。

2. 彼此牵制，防止地方势力坐大。在国家政局稳定的大背景下，督抚能够严格遵循皇帝指令。其次由于总督和巡抚级别相近，能够相互牵制，防止地方势力过大。

3. 监察与行政合一的弊端。虽然督抚制度提高了行政效率，但也削弱了地方的监察功能，加剧了吏治腐败。

综上所述，明代的督抚制度确立了地方权责，提升了行政效率，促进了政治经济的稳定发展。清代则进一步强化了督抚的权力和职能，增强了中央对地方的控制。

参考资料

1. 林涓：《政区改革与政府运作 1644—1912》，云南大学出版社，2016 年。
2. 朱绍侯：《中国古代史》（第五版），福建人民出版社，2010 年。

题目 8 论述明清时期的改土归流

相关真题 2024 年中南民族大学；2023 年东华大学；2019 年河南师范大学；2017 年云南大学；2017 年四川师范大学；2015 年复旦大学；2014 年南京师范大学

改土归流是明清时期在少数民族聚居地区，废除土司制度、改设由中央委派的流官管理地方的政策。该政策对于加强中央集权以及避免地方割据具有重要意义。

（一）背景

元朝时在西南地区实施土司制度，由当地少数民族领袖担任土司，它们形成各自的势力范围，司法、行政、军事、财政都进行自治，土地和人民都归土司世袭所有。土司对土民实行严苛统治，任意征税、虐待百姓，象征性地给中央政府纳税，甚至与中央政府对抗，威胁王朝的统治。

（二）过程

1. 明朝实施。

明朝时期，为了更好地控制少数民族聚居地区，在少数民族经济文化相对发达的地区实施"改土归流"，废除土司制度，设置流官进行管理；而在相对落后的地区则保留土司制度。洪武十五年（1382 年），太祖在云南设立布政使司，永乐十一年（1413 年）成祖在贵州设立布政使司，裁撤原来的土司，由中央派出的流官担任知府、知州、知县进行管理，标志着明朝开始在西南地区实施改土归流。

2. 清朝推广。

清朝雍正四年（1726 年），鄂尔泰正式提出改土归流建议，并在贵州用兵后设立长寨厅，将少数民族世袭的土司改为完全由朝廷任命的官员，这是清朝改土归流的开端。此后，改土归流政策逐渐扩展至广西、四川、湖南、湖北等地区，至雍正八年（1730 年）改土归流在西南地区基本完成。乾隆时继续执行改土归流，清政府在平定大、小金川叛乱后，废除该地区土司制度，改设流官进行管理。

（三）意义

1. 加强了中央对地方的统治。改土归流加强了清朝对西南少数民族聚居地区的直接控制，消除了土司的割据状态，增强了中央集权。
2. 维护了国家稳定。该政策减少了土司借机煽动民族情绪、发动战争的机会，维护了国家和边远地区的稳定，有利于统一多民族国家的巩固和发展。
3. 促进了社会经济发展。清政府在改土归流地区进行户籍编查、土地丈量、开办学校和修建道路，引进内地先进技术，改变了当地闭塞落后的面貌，促进了社会经济发展。

综上所述，明清时期的"改土归流"政策是对汉唐以来羁縻政策的重大改变，使少数民族聚居地区直接受到中央政府管辖，对于促进统一多民族国家的发展起到了积极作用。

参考资料

1. 孟庆远：《中国古代史常识》，中国青年出版社，1980 年。
2. 毛佩琦，陈金陵：《明清行政管理制度》，山西人民出版社，1995 年。
3. 朱绍侯：《中国古代史》（第五版），福建人民出版社，2010 年。

第七节 明清时期的社会经济

题目1 论述清初恢复生产的措施及影响

相关真题 2024年青岛大学；2023年渤海大学；2022年山东师范大学；2014年北京师范大学

清朝建立后，由于长期战乱导致社会经济破坏严重，农业生产凋敝，百姓生活困苦，清政府面临重建社会经济的紧迫任务。于是，清朝采取了一系列措施恢复和发展农业，改善民生，逐步稳定了社会秩序。

（一）恢复生产的措施

1. 禁止圈地。清初，满洲贵族圈地行为加剧了满汉矛盾，破坏了农业生产。康熙八年（1669年），清朝下令禁止圈地，并把张家口、山海关等地的土地分给旗人作为补偿，以缓和满汉矛盾，恢复社会生产。

2. 实行"更名田"政策。康熙八年，清朝将明末藩王所占的部分土地分给原本的耕种者，称为"更名田"，次年规定这些土地与其他民田一样纳粮即可，无须纳租，由此这部分农民成为自耕农，此举实际上是对明末农民夺回藩王所占庄田事实的承认。

3. 奖励垦荒。从顺治年间开始，清朝鼓励地主和农民垦荒，将无主土地分配给流民和官兵耕种，同时提供种子和耕牛，以授予官职为激励鼓励地主垦荒，增加了耕地面积，促进了农业发展。至康熙年间时由于垦荒政策执行得力，取得了显著成果。

4. 整顿赋役制度。顺治、康熙年间，清政府推行蠲免赋税政策，清理簿籍，整顿赋役制度，减轻农民赋役负担。康熙时期，固定丁银总额为康熙五十年（1711年）的全国丁银额335万余两，规定人口增加不增加赋税，减轻了农民的负担。

5. 废除匠籍。顺治年间不仅免征匠银，而且废除匠籍。康熙以后，匠银逐渐摊入田赋，并且最终废除匠籍，此举使得匠户摆脱了政府束缚，有利于工商业的发展。

6. 水利建设和治理黄河。康熙年间重视水利建设，治理浑河、黄河等，减轻了水患，保障了农业生产。

7. 耗羡归公和养廉银。地方官征收钱税时，会以耗损为由，多征钱银，称为火耗或耗羡（还有纳粮过程中雀鼠偷食的损耗，称为雀鼠耗）。雍正时，改"耗羡"附加税为法定正税，打击了地方官吏的任意摊派。并提出养廉银制度，提高官员薪酬，减少贪污，从而提高了国库收入。

（二）恢复生产的影响

1. 农业生产恢复和发展。通过上述措施，农业生产得到了恢复和发展，耕地面积扩大，粮食单产提高，经济作物种植更加盛行，人民生活水平提升。

2. 人口增长。这些经济恢复的措施使清代人口大幅增长。顺治十八年（1661年）全国人丁为1913万，到康熙五十年（1711年）增为2462万。

3. 商业贸易的发展。清初的政策促进了手工业的发展，商业贸易活跃，物资交流和集市贸易得到发展。

4. 社会稳定和繁荣。人民生活水平的提升带来了社会秩序的稳定，为康乾盛世的到来创造了条件。

综上所述，清初的一系列恢复社会生产的措施，有效地恢复和发展了农业生产，改善了民生，促进了社会经济的全面复苏，奠定了清代社会经济发展的基础。

参考资料

1. 张海瀛：《论清代前期的奖励垦荒与蠲免田赋》，《晋阳学刊》，1980年第1期。

题目2 论述明清时期人口骤变的原因及影响

相关真题 2021年海南师范大学；2019年贵州师范大学；2017年南开大学；2016年云南大学

明清时期，中国经历了人口数量的显著变化，尤其是道光以后人口剧增，明清的人口骤变对社会产生了深远的影响。

(一)人口变化趋势

明朝到清朝，人口总体呈现增长趋势。明弘治年间，全国人口超过5000万，万历六年（1578年）接近7000万。到清康熙三十九年（1700年），人口达到1.5亿，乾隆五十九年（1794年）时更是达到3.1亿，到了道光时期增至4亿多。唯一的例外是崇祯时期，由于战乱和自然灾害，出现了人口锐减。

(二)原因

1. 人口增长原因。①明清两代实施的恢复生产措施。明朝洪武年间奖励农耕、安抚流民，清朝停止圈地、推行"更名田"政策，促进了经济恢复和发展，提供了人口增长的条件。②农业生产水平的提升。明中期农业在山区和少数民族聚居地区土地耕种面积扩大，引种玉米、土豆、红薯等高产作物，生产方式多样化。清朝农业重视工具改进和技术革新，高产作物的种植扩展到全国各地，经济作物的种植更加广泛。③赋税制度改革。明中叶推行的"一条鞭法"有利于减少人丁负担，减轻农民的人身依附关系；清朝康雍时期实行摊丁入亩政策，正式取消了人头税，从而大大减少了隐匿人口的行为，明清的赋役改革都侧面鼓励了百姓生育。

2. 崇祯时期人口锐减原因。①明末清初的战乱和屠杀。明末农民起义频发，清军入关后的屠杀导致短时间内人口大量减少。②自然灾害。崇祯时期旱灾、涝灾、冰冻灾等自然灾害频发，导致粮食产量下降，人口锐减。③瘟疫流行。万历和崇祯年间出现两次鼠疫大流行，导致千万以上人口死亡。

(三)影响

1. 积极影响。①农业劳动力增加，提高了耕地产出率和粮食产量，促进了农业生产力发展。②促进了资本主义萌芽的发展和生产方式的转变，多余人口向城市和手工业、商业等行业转移，推动了社会经济的多元化发展。③人口锐减一定程度上缓解了人地关系紧张和环境破坏问题。

2. 消极影响。①人口增长速度快于生产资料增长，带来巨大的人口压力。②加重了流民问题，增加了社会不稳定因素。③人口减少对生产力提高和国家政局稳定产生消极影响。

综上所述，明清时期的人口变化是多重因素共同作用的结果，它不仅反映了当时的政治经济情况，也对封建社会的发展产生了深远影响。

参考资料

1. 吴洁生：《试论中国古代人口增减与王朝兴衰关系及启示》，《西南师范大学学报》，2003年第6期。

题目3 试述明清手工业的发展、特点及影响 醒吾历史统考预测题

明清时期，中国社会经济发展到达一个新的高峰，手工业作为经济的重要组成部分，也得到了显著的发展，呈现出独特的发展特点，并对社会产生了深远的影响。

(一)明清手工业的发展

1. 明代手工业。

①棉纺织业。万历以后，棉纺织业改用足踏纺车，大大提高了生产效率，成为农村商品化程度最高的产业。其次是纺织业中提花机的出现使得绸缎更加精美。苏州和杭州成为全国丝织业的中心。②采矿业。明代采用烧爆技术提高了采矿效率。③印刷业。正德年间，无锡等地开始出现铜铅活字印刷。④制盐业。沿海和山西解池采用晒盐法，节省了燃料，提高了盐产量。

2. 清代手工业。

①丝织业和棉纺织业。江宁、苏州、杭州是重要的丝织业中心；松江、苏州、无锡是棉织业中心。②瓷器制造业。景德镇仍然是全国制瓷业的最大中心，制瓷技术进一步发展，粉彩、珐琅彩更是驰名中外。

(二)明清手工业的特点

1. 明代手工业的特点。

①民营手工业快速增长。明初废除匠户制度，放松对工匠的控制，使之自由支配时间从事生产经营。明中后期，工匠可以交银免役，工匠的人身依附关系有所削弱，促进了民营手工业的发展。

②棉纺织业的快速发展。明嘉靖到万历时期，棉纺织品成为百姓服装的主要原料，江南的苏、松、常、嘉、杭等成为棉纺织业的中心。棉纺织业的发展还带动了染坊等行业的发展。

③商人阶层崛起。明代全国各地出现了不少商人群体，他们以血缘关系为纽带，结成地域性商帮，如晋商、徽商等。

2. 清代手工业的特点。

①官营手工业衰落。清初废除匠籍制度，标志着官营手工业中生产关系的根本性变革。随着官营手工业受削弱，民营手工业比重逐渐增大。

②家庭手工业空前发展。江南地区商品经济格外发达，因此商品性生产的手工业成为主要产业。农业退居其次。农业家庭也要依靠手工业维持生计，因此出现了大量手工业作坊雇佣劳动者进行生产，一些以手工业为主的城镇已经形成。

③沿海地区商帮的兴起。清朝广州的"十三行"（又称为"行商"）通过代替政府经营对外贸易获得巨额利润。

（三）明清手工业的影响

1. 促进商业市镇的发展。尤其是在江南地区，如以手工业为主的市镇松江、苏州、湖州等得到了空前发展。到清前期，形成了广东佛山镇、江西景德镇、湖北汉口镇、河南朱仙镇的"天下四大镇"。

2. 推动白银货币化。白银货币化是商品经济发展的产物，同时白银作为货币也推动了商品经济的发展。

3. 促进早期资本主义萌芽的产生。手工业的繁荣使手工业制品商业价值变高，交换增加。同时，农民人身依附关系进一步解体，人们可以支配时间自主经营，出现了"机户出资，机工出力"的手工工场，促进了早期资本主义萌芽的产生。

总体而言，明清时期手工业的发展，不仅体现了商品经济的发达，而且促进了经济的整体发展，对社会结构和经济模式产生了重要影响。

> 参考资料

1. 彭勇：《明史》，人民出版社，2019年。

题目4 简述明清时期江南市镇的发展

> 相关真题 2023年苏州大学；2017年华中师范大学

明清时期，随着商品经济的快速发展，江南地区的市镇得到了显著的扩张和繁荣。同时，白银的货币化进一步促进了江南市镇的发展。

（一）江南市镇发展的原因

1. 江南地区手工业的发展吸引了大量劳动力。丝绸、棉纺织品不仅在国内有很大的市场，还远销海外。产业的发展带来了就业机会，吸引了大量劳动力，促进了人口聚集和市镇的出现。

2. 人口的不断增长。明清时期随着耕地的增多，人口也不断增长。据估测，到万历后期，明代人口总数很可能已达到1.5亿以上。到清"摊丁入亩"之后，人口进一步增加。江南地区出现了人口过剩现象，这为市镇的发展提供了充足的人口。

3. 便利的交通运输。江南地区位于长江下游，拥有丰富的水系，包括长江、太湖以及众多支流和运河，这为水上运输提供了便利条件，促进了商贸活动。

4. 国家统一和安定的社会环境。明清时期的国家统一和社会环境的相对稳定为市镇的兴起提供了良好的条件。

（二）江南市镇发展的表现

1. 市场体系完善。城市中除了传统的集市交易，还出现了各种专业市场，如丝绸市场、茶叶市场等。除了城市，乡村集市也有所发展，到明后期，乡村集市贸易水平大幅提升，庙会在城乡广泛分布，成为商品交换的重要场所。

2. 手工业经济繁荣。首先，明代中叶以后从事工商业的人数大大增多，江南、东南沿海、运河沿岸地区商贾聚集；其次，商品贸易增多，尤其是丝织贸易繁荣，江南的震泽镇和盛泽镇是知名的丝织业市镇，松江府的朱泾镇、湖州府的南浔镇等也是著名的丝织中心。

3. 市镇数量不断增加。到明朝，全国以工商业发达而著称的大中城市有 50 多个，清代在 100 个以上。

4. 雇佣关系活跃。由于市镇商品贸易的增多，需要大量劳动力进行手工业制品的生产，加之大量农村人口涌入城市，出现了数量较多的雇佣行为。

（三）影响

1. 人身依附关系松弛。随着明清赋税制度的变革加上市镇对劳动力的需求增大导致大量农村人口涌入城市，这种流动性更加松弛了农民原有的地缘和人身依附关系。

2. 促进了资本主义萌芽的生产。苏州纺织业出现"机户出资，机工出力"的雇佣关系，手工作坊和工场的出现有利于资本主义萌芽的产生。

3. 冲击了传统社会意识。随着商品经济的发展，社会风尚由敦厚朴实转变为重利趋商、浮靡奢侈，冲击了明清时期的理学思想。

总体而言，明清时期江南市镇的发展在很大程度上反映了当时商品经济的发达。这一时期的市镇发展不仅推动了经济的繁荣，还促进了社会结构和思想观念的变化。

参考资料

1. 朱绍侯：《中国古代史》（第五版），福建人民出版社，2010 年。
2. 朱绍侯：《中国古代史教程》，河南大学出版社，2010 年。
3. 宁欣：《中国古代史》（下册），北京师范大学出版社，2018 年。

题目 5　论述明清时期资本主义萌芽产生以及发展缓慢的原因

相关真题　2024 年信阳师范大学；2023 年中国社会科学院大学；2023 年兰州大学；2014 年安徽师范大学；2003 年河北大学；2000 年浙江大学；1995 年南开大学

明清时期，中国社会经历了资本主义萌芽的初期阶段。这一时期，尽管出现了资本主义生产方式的苗头，但其发展却相对缓慢。这背后的原因复杂多样。

（一）明清时期资本主义萌芽产生的背景

1. 明代后期商品性农业得到很大发展，以生产粮食为主、以家庭纺织原料为辅的自给自足性质的小农单一经营格局被逐渐突破，农民被越来越深地卷入市场网络之中。

2. 传统和新兴手工业规模持续扩大，出现了一定规模的手工工场，造就了一批熟练工人。商品经济的高速发展带动了城乡商业市镇的崛起，社会上白银广泛流通，经济繁荣。

（二）明清时期资本主义萌芽的表现

1. 经济作物的种植。明清时期棉花、蚕丝、烟草、茶叶等经济作物得到了广泛种植和推广。它们的种植需要较为集中的资金和劳动力投入，促进了资本主义生产方式的初步形成。此外，这些作物作为商品在市场上的销售，加速了货币经济的发展，并促进了市场机制在资源配置中的作用，进一步推动了资本主义萌芽的产生。

2. 出现雇佣关系。明清时期家庭手工业向专业化与市场化发展。如作为丝织业中心的苏州，明代后期机户至少在三万家以上。"机户出资，机工出力"的现象十分普遍。即"机户"雇佣"机工"从事规模化的丝织生产已有很大规模。

3. 手工业贸易增多。明清时期通过海运出口了大量江南丝绸和瓷器，它们远销日本、越南甚至欧洲，贸易活动的频繁使得资本积累增加。

4. 白银的大量流通。明清时期商品经济进一步发展，私营手工业发达，对外贸易繁荣，在商品交易的过程中白银成为主要货币形式。伴随着新航路开辟，世界贸易市场开始形成，白银进一步流入国内市场，促进了资本主义萌芽的发展。

（三）阻碍资本主义萌芽发展的因素

1. 自然经济的封闭性和顽固性。小农经济和家庭手工业的紧密结合，难以释放生产要素，阻碍了资本主义生产关系的发展。

2. "重农抑商"政策的压抑。政府政策限制商业和手工业的发展，农民被束缚在土地上，商业自由的活动受限。

3. 海禁政策的限制。明朝时期实行海禁政策，使得中国在海外的贸易受阻，无法开拓世界市场，因此资本主义萌芽也仅局限于国内的手工业工场。

4. 商业资本更多地转向买田置地，影响资本积累，不利于资本主义萌芽的生长。

总体来看，明清时期虽然资本主义萌芽初现，但在专制集权统治、传统纲常礼教的影响下，加之当时的经济结构难以实现分解，资本主义萌芽始终处于微弱状态，未能形成强大的内部驱动力。

参考资料

1. 钟焌峰：《浅谈明清时期资本主义萌芽对中国经济发展的影响》，《山东纺织经济》，2008年第1期。

题目 6 论述宋、元、明、清时期江南经济发展的推动力

相关真题 2024年南京大学

自宋朝至清中期，江南的传统经济总体上一直处于持续发展状态。但实现这种发展的途径和形式前后是不一样的。

（一）宋元时期

1. 人口的大量增加。因唐中期安史之乱、北宋靖康之变等，大量人口迁往相对安定的南方，不仅提供了充足的劳动力，而且带去了先进的技术，使江南土地得到高度开发，不少新耕地被开发出来。

2. 江南水利建设得到高度重视，农业耕作技术获得迅速发展。北宋时，江南地区开始大规模兴修圩田，不仅使水田面积增加，而且有效防止了旱涝灾害。宋代出现利用水力为动力的水转翻车、风力水车等灌溉设施，便利了江南水田的耕作，亩产量大幅提高。

3. 复种指数的提高和精耕细作技术的推行。宋代以后，江南地区形成一年两熟制或一年三熟制，占城稻的引种，采用深耕熟犁等精耕细作的方法，科学施肥，都促使单位面积产量大幅度提升。

4. 南宋建都于临安，使江南的政治、经济地位更加重要，带动了江南经济的发展。

5. 棉花种植和棉纺织技术的推广与创新。南宋时代棉花已在江南种植，并形成最早的棉纺织业。元代黄道婆改良并推广新的棉纺织技术，创制新式纺车，促进了江南棉纺织业的发展，改变了江南的经济结构。

（二）明清时期

1. 蚕桑纺织业的发展。自明中期起，江南逐渐成为全国最大和最为重要的蚕桑丝绸生产基地与棉纺织业基地，其产品畅销海内外，大大推动了江南经济的繁荣。江南纺织业的一些生产部门中甚至出现了资本主义的萌芽。

2. 农业经济作物的商品化。由于江南棉纺织业的发展，农家经济不再仅靠田亩收入，纷纷改田为桑，农民大量种植棉花、种桑养蚕。商业性种植、商品生产、商品交换所得在农家经济收入的比重日益上升。

3. 江南市镇的崛起。明中期起，江南各地迅速崛起一批批市镇。在农家副业手工业经济基础上，兴起一个个新的商品生产或流通中心，形成各种类型、各种层次、各具功能的专业市场。明清江南经济更加城镇化和市场化。

4. 商品生产的市场化。养蚕缫丝、植棉纺织布的各个环节都与市场发生了紧密的联系，商人在棉布生产的各个环节发挥了资本的作用，农户对市场的依赖日益加深，依靠种桑植棉、纺织绸布等商品生产，通过大中小城镇体系和市场网络，持续推动着江南经济向前发展。

综上，宋元时期，江南经济的发展主要依靠的是农业经济收入。明清时期，江南经济持续发展主要依靠商品经济的发展。

参考资料

1. 朱绍侯：《中国古代史教程》，河南大学出版社，2010年。
2. 范金民：《论述宋元明清时期江南经济发展的推动力》，江苏人民出版社，2018年。

第八节　明清时期的文化

题目1　简述宋明理学的发展与影响

相关真题　2022年北京联合大学；2022年曲阜师范大学；2022年西华师范大学；2020年黑龙江大学；2020年西南大学；2019年吉林大学；2018年苏州大学；2017年河北大学；2017年西北大学；2016年江苏师范大学；2015年苏州大学；2013年苏州大学；2013年东北师范大学

宋明理学，以儒学的伦理道德本位为基本原则，又吸收了佛道的思维方式和思辨方法，是一种哲学化了的儒学。

（一）发展过程

1. 北宋理学的建立与发展。①"宋初三先生"——胡瑗、孙复、石介被视为理学的先驱，他们提出或涉及一些理学范畴。②"北宋五子"被视为理学的实际创始人，"濂学"创始人周敦颐认为太极是宇宙本源，宣扬儒家道统论；邵雍认为太极或道是宇宙本源；"关学"代表张载提出"立天理""灭人欲""理一分殊"等诸多命题；"洛学"代表程颢、程颐兄弟提出天理论，万物一理，维护儒家伦理纲常就是维护天理。

2. 南宋理学的极盛与分化。①朱熹是宋代理学的集大成者，理是其思想体系的核心范畴，主张以天理来克制人欲，维护纲常名教、等级秩序。②陆九渊创立心学，提出"心即理也"的命题，认为"心"是天地万物的本源，在认识论上强调反省内心。③南宋淳熙二年（1175年），朱熹"理学"和陆九渊"心学"两派在江西鹅湖寺举行了一场学术交流，双方就各自的哲学思想展开激烈辩论，史称"鹅湖之会"，最后二人未分输赢。

3. 承上启下的元代理学。许衡、刘因、吴澄被称为元代三大理学家。其中许、刘主朱学，吴则调和朱、陆二派，既强调"德性"问题，又主张尽心知性，反身内求。三家虽互有矛盾，但基本观点完全继承宋代理学，并无多少创造。

4. 明代理学与心学的发展。①明初理学。明前期的著名理学家有宋濂、曹端、胡居仁和吴与弼等。其中曹端是明初最杰出的理学家，他主张学尊程朱，倡导理学，躬行实践，重视教化。②王守仁是宋明时期心学的突出代表。他主张"心外无物"，认为人心是一切事物的本源；提出"心外无理"的命题，主张"知行合一"和"致良知"。③"泰州学派"。主要代表人物是王艮，其思想仍遵从"心学"范畴，但他认为解决百姓的基本生活问题就是圣人之道，突出"人"的主体地位，这与理学家倡导的节欲奉献大相径庭。

（二）影响

1. 积极影响。①理学注重气节品德，强调人的社会责任和历史使命，对塑造中华民族性格起了积极作用。②更新了古代知识形态。理学家们倡导以义理之学为特征的新经学的知识体系，这一知识体系深化了儒学对自然、社会、个体存在的理性思考。③提高了文人士大夫的社会地位，形成了一些具有影响力的士人团体。④一定程度上稳定了社会秩序和政局。理学把儒家传统和权威结为一体，追求严格的道德和秩序，在科举制上也起到了中介和桥梁的作用。

2. 消极影响。①理学强调三纲五常，用以维系封建专制制度，压抑、扼杀人们的自然欲求，成为统治者禁锢人们思想，加强专制统治的工具。②理学家们空谈义理，助长了不务实际的学术风气。③大部分人在理学的影响下因循守旧，缺乏创新，理学成为明清以来中国走向封闭落后的思想根源。

综上，宋明理学是对儒学的新发展和新突破，它既继承了儒学的核心，又借鉴吸收了道家和佛家的思想。南宋理宗时期，理学成为正统思想，一直延续到清末，对中国古代后期的历史产生了深远影响。

参考资料

1. 朱绍侯：《中国古代史》（第五版），福建人民出版社，2010年。
2. 朱绍侯：《中国古代史教程》，河南大学出版社，2010年。
3. 张岂之：《中国思想史》，西北大学出版社，2016年。

题目 2　论述明末清初黄宗羲、顾炎武、王夫之的主要学术成就

相关真题　2023年赣南师范大学；2022年西北大学；2020年西南民族大学；2018年中国社会科学院大学；2017年苏州大学；2017年河北师范大学；2014年东北师范大学

明末清初，思想家黄宗羲、顾炎武、王夫之，对专制制度进行了批判，提倡经世致用，强调实践，推动了中国传统学术的转型，他们的学术成就深刻地影响了当时及后世的学术发展。

（一）黄宗羲

黄宗羲被称为"明末清初思想启蒙之父"，他的学术成就主要表现在以下几个方面：

1. 政治思想：提出"天下为主，君为客"的观点，对君主专制质疑，强调君权应以天下利益为重。
2. 经济思想：深刻批判历代赋税制度，提出一系列有利于发展商品经济的主张，强调工商皆本。
3. 哲学思想：结合唯物主义和阳明心学，认为理在气中，强调自我认识的重要性。
4. 史学思想：强调经世致用，倡导实际应用历史知识。
5. 教育思想：主张加强学校的舆论监督，学校是决定是非的最高机构。
6. 学术著作：主要著作有《明夷待访录》《明儒学案》《宋元学案》等。其中影响最大的是《明儒学案》，该书清晰全面地展现了明代学术思想的发展与演变脉络。

（二）顾炎武

1. 政治思想：主张限制君权，扩大地方权力，提倡通过清议纠正时弊。
2. 哲学思想：具有唯物主义色彩，承认宇宙由物质组成。"道"存在于具体的事物之中。
3. 史学思想：治学严谨，反对空疏，经世致用。把学术研究和解决问题联系起来，讨论国家治乱之源和解决国计民生等重大问题。
4. 民族思想：对传统社会中的"亡国"与"亡天下"做出区别，"亡国"仅是改朝换代，是一个统治集团代替另一个统治集团的问题，而"亡天下"则是关系到整个民族命运和文化存亡的问题，并且强调"天下兴亡，匹夫有责"。
5. 学术著作：主要著作有《日知录》《天下郡国利病书》，为实践其研究方法的结晶。

（三）王夫之

1. 政治思想：主旨是循天下之公，深刻揭露历代帝王把天下作为私产的做法；反对君主专制独断，主张各级政权各司其职；主张严以治吏，宽以养民。
2. 哲学思想：建立起较为完整的朴素唯物主义体系，认为整个宇宙充满物质性的气，强调人的主观认识必须符合客观对象，提出"行先知后"的唯物主义知行说；充分肯定作为人本能要求的情感欲求和私利的合理性。
3. 史学思想：认为史学是经世之学，要古为今用；认为历史发展有一定的规律可循，秉持历史进化论；提出理势合一的理论。
4. 民族思想：在反清立场上主张夷夏之防，把民族大义视为高于一切，爱国主义精神和民族大节是其民族思想的主要成分。
5. 学术著作：王夫之一生著作上百种，较为著名的有《读通鉴论》《尚书引义》，其中《读通鉴论》根据《资治通鉴》所载史事，阐释历代法制沿革，评论各朝政治上的利弊得失，堪称传统史论中最系统、最精彩的佳作。

总体来说，黄宗羲、顾炎武、王夫之在政治、哲学、史学等领域的学术成就，不仅体现了他们深刻的思想觉悟，也为中国后期社会的学术发展提供了新的视角和思考。

参考资料

1. 朱绍侯：《中国古代史》（第五版），福建人民出版社，2010年。
2. 赵毅，赵轶峰：《中国古代史》，高等教育出版社，2002年。
3. 吴光：《黄宗羲的学术成就及其现代价值》，《中国哲学史》，2006年第1期。
4. 许苏民：《顾炎武思想的历史地位和历史命运》，《云南大学学报（社会科学版）》，2006年第1期。

题目3 论述明末的西学东渐

相关真题 2012年历史学统考；2015年云南大学

"西学东渐"是指西方学术思想向中国传播的历史过程。从16世纪末开始，欧美等地学术思想、书籍等传入中国，为中西交流提供了一次文明交互的舞台。

（一）背景

1. 政治因素。早期的传教士活动得到了中国皇帝的允许和支持，这种政治上的支持为传教士在中国的活动提供了便利。

2. 宗教因素。宗教改革后，西欧天主教遭到新教的冲击，耶稣会的传教士们被赋予了强烈的宗教使命感，意图通过海外传教来扩大其影响力，纷纷前往中国传教。

3. 经济因素。15—16世纪之后，欧洲资本主义发展迅速，急需获取原材料和倾销商品，想以宗教为敲门砖，打开中国市场。

4. 交通因素。地理大发现和领土扩张使得传教士能够通过新航线来到中国，为其传教活动提供了便利条件。

（二）过程

1. 最早来到中国的天主教耶稣会会士是方济各·沙勿略，嘉靖三十年（1551年），他乘船经过日本至澳门，试图进入内地但未能成功。

2. 嘉靖三十二年（1553年），葡萄牙人占据澳门后，耶稣会士传教士公匝勒受到委派来澳传教，成为澳门教区的开辟者。

3. 嘉靖三十四年（1555年），耶稣会士伯来笃进入澳门，他是明朝第一个得到官方正式批准在中国登陆的传教士。从此，天主教传教士纷纷东来，招纳信徒。

4. 以17世纪末18世纪初"礼仪之争"为转折点，由于中西方文化的冲突，以及中国传统文化结构等多方面因素，"西学东渐"进程暂缓。

（三）西学东渐的成就

1. 天文学。汤若望协助徐光启、李天经等编译西方历书，共同编制了《崇祯历书》，采纳了当时西方天文学较为前沿的天文科学知识，促进了中国天文学的发展。

2. 数学。①利玛窦与徐光启合译了古希腊著名学者欧几里得的著作《几何原本》的前六卷，填补了中国数学界的诸多空白。②利玛窦还与李之藻合译了《同文算指》一书，较为详明地介绍了西方数学基本理念。

3. 地理学。①万历年间，利玛窦等人利用欧洲通行的《万国舆图》仿绘了《山海舆地全图》，后称为《坤舆万国全图》，这是在中国诞生的第一张近代意义的世界地图。②意大利传教士艾儒略用中文写成了《职方外纪》，介绍了当时世界各国的地理沿革、风物民情。

4. 物理学。①近代物理学的传入始自汤若望的中文论著《远镜说》。该书介绍了望远镜的性能原理、制作方法等。②崇祯七年（1627年），邓玉函口授、王徵译绘的《远西奇器图说》，系统阐述了物理学中的力学理论，是传入中国的第一部西方近代工程物理学专著。③徐光启、熊三拔编著的《泰西水法》，图文并茂地介绍了西方水利设施和机械的性能及制作。

（四）影响

1. 积极影响。西学东渐促进了中西文化交流，为中国带来了先进的自然科学知识，开阔了国人的眼界，丰富了中国传统科技文化。

2. 消极影响。受神学限制，西方传教士传播的知识并非最先进的。由于明朝统治集团思想保守，只接受了部分自然科学的知识，并未将西学加以推广，因此实际社会作用很小。

总体来看，明末西学东渐是中西交流史上的重要篇章，使中国接触到了西方先进的科学技术，促进了中国思想文化的发展。

参考资料

1. 朱绍侯：《中国古代史》（第五版），福建人民出版社，2010年。
2. 罗本琦，方国根：《明末"西学东渐"的缘起申说》，《学术交流》，2021年第12期。

题目4 讲述明代的科技成就

相关真题 2023年东南大学；2018年内蒙古大学

明代在科技方面取得了辉煌的成就，总体上呈现出两大特点，一是对传统科学技术的总结和研究达到新的高度，二是一批近代科学技术传入中国，中西科技的交流加强。

（一）传统科技的总结和研究

1. 农业和手工业。明代出现了多部著名的总结性著作。徐光启的《农政全书》系统总结了明末农业生产经验，是传统农业生产的集大成之作。此外，他的《种植图说》《农辑》等著作也对农业技术有重要贡献。宋应星的《天工开物》对明末手工业和农业生产技术进行了全面总结。

2. 地理学。徐霞客的《徐霞客游记》是中国地学史上第一次较全面地对自然地理现象及其成因的理论探索，总结了几千年中国地学的成果，纠正了许多错误观点。

3. 医学。李时珍的《本草纲目》对16世纪以前我国的药物学做了全面整理和总结，为古代药学集大成之作，分类方法先进，以部为纲，以类为目。明初周定王朱橚的《普济方》分类整理和保存了许多珍贵药方，是我国现存古代最大的一部方书。

4. 建筑。北京城的大规模建设体现了对元大都布局的继承和发展，园林艺术达到了前所未有的高度。

（二）中西科技的交流与融合

1. 天文学。汤若望协助徐光启、李天经编译《崇祯历书》，引入西方天文学知识，对后世产生了深远影响。

2. 数学。利玛窦与徐光启合译了《几何原本》前六卷，引进了西方数学理念。利玛窦还和李之藻合译了《同文算指》，该书较为详细介绍了西方数学基本理念。

3. 地理学。利玛窦等绘制的《坤舆万国全图》是中国第一张近代世界地图。艾儒略的《职方外纪》介绍了当时世界各国地理沿革和风物民情。

4. 物理学。汤若望的《远镜说》介绍了望远镜的原理，该书也意味着近代物理学传入中国。邓玉函口授、王徵译绘的《远西奇器图说》，是传入中国的第一部西方近代工程物理学专著。徐光启、熊三拔编著的《泰西水法》，介绍了西方水利设施和机械的性能及制作。

综上，明代的学者不仅保留和发展了中国古代的科学技术，还通过与西方的交流，吸收了西方的先进科学技术，不仅推动了明代社会的发展，也为后世科技的进一步发展奠定了基础。

参考资料

1. 宁欣：《中国古代史》（下册），北京师范大学出版社，2018年。

第九章 古代史综合

第一节 政治

题目1 简述中国古代的法律制度

相关真题 2020年青岛大学；2015年北京师范大学

中国古代统治阶级建立法律制度以巩固统治，经过几千年的发展，逐步形成了一整套沿革清晰、特点鲜明的法律体系。

（一）先秦时期的法律制度

1. 夏朝。夏朝已经有法律的雏形。《左传》记载夏有"乱政"而作"禹刑"，《尚书·吕刑》提到了赎刑。
2. 商朝。商朝有成文法律《汤刑》，刑法严酷，包括死刑、肉刑、流刑、徒刑等。
3. 西周。西周有《九刑》等刑书，刑罚包括墨、劓、剕、宫、大辟五种，称为五刑。
4. 春秋。春秋时期的法律制度有了进一步的发展，司法有了准绳，在一定程度上限制了贵族权力。
5. 战国。战国时期各国变法制定法律，如魏国李悝制定的《法经》是我国古代第一部成文法典。

（二）秦汉时期的法律制度

1. 秦朝。《秦律》包含法律条文、解释律文的问答、治狱文书程式以及一些劳动生产指南。
2. 汉代。①汉高祖命萧何根据《秦律》制定了《汉律》，废除了一些酷法，增加了《兴律》《户律》等，合称为《九章律》。②惠帝时，叔孙通曾作《傍章》18篇，以补《九章律》之不足。

（三）魏晋隋唐

1. 三国两晋南北朝。这一时期形成了律、令、科、比、格、式相互为用的立法格局。"律"用以明确罪行的名称和性质。"令"来规定和管理日常的行政事务和社会活动。科，起着补充与变通律令的作用。比，即比照典型判例或相近律文来处理法律无明文规定的同类案件。格，格与令相同，起着补充律的作用，如东魏有《麟趾格》。式，即公文程式，如西魏编定的《大统式》。
2. 隋唐。隋唐立法形成了由律、令、格、式四种形式构成的法典体系。律指对各种违法行为的惩罚条文，令是制度规章的规定，格是禁令的具体等级，式是官府机构的各种章程细则。①隋文帝颁布了《开皇律》，隋炀帝时期制定了《大业律》。②唐前期有《武德律》《贞观律》，唐高宗时期制定《唐律疏议》。③739年，颁布了《唐六典》，其内容为行政性质的立法。由此产生了封建刑律与行政法典互相补充的两大法典体系。

（四）宋、辽、金、西夏

1. 宋。①《重详定刑统》又名《宋刑统》，基本上属于刑事法规。②宋初成立专门的编敕所，对皇帝发布的诏敕分类编纂。③北宋前期的法律体系是令、格、式、敕与律并行。
2. 辽。辽法分为契丹法和汉法，汉人、渤海人依《唐律》，契丹和其他游牧部族行契丹法。
3. 西夏。参考唐宋法典颁布了《天盛改旧新定律令》，共20卷。
4. 金。金太宗时期用宋、辽律法。熙宗时，编撰《皇统制》。海陵王时撰《续降制书》，与之前的法典并用。世宗时编成《大定重修制条》。章宗时编《泰和律义》。

（五）元明清

1. 元。元代法律包括律令、诏令和谕旨三个方面，如成吉思汗制定"札撒"使自己的谕旨变为法律。元世祖命人编成《至元新格》，元英宗时修成《大元通制》。元代地方官吏将以前元朝法令文书进行分类汇编，制成《元典章》。
2. 明。明太祖制定《大明律》，是有明一代遵用的正式刑法典。后又相继颁行《大诰》《大诰续编》等用以震慑臣民百姓。

3. 清。顺治四年（1647年）完成《大清律》，但在清代经常起作用的是例而不是律。皇帝的谕旨、内外的奏准均可定为条例，例在司法上占有优先地位。

综上所述，中国古代法律制度是中国古代政治制度的重要组成部分。中国古代法律制度的发展脉络清晰，有因有革，内容丰富，特点鲜明。

参考资料

1. 周斌：《中国古代法律的伦理价值体系》，《兰州大学学报》，2015年第4期。

题目 2　论述中国古代监察制度的发展变迁

相关真题　2018年兰州大学；2015年南开大学；2014年河北大学

我国古代监察制度形成于秦汉，成熟于隋唐，发展于宋元，完备于明清，是大一统国家形成后确立的一项政治制度，对维护中央政令畅通、国家统一和社会稳定发挥了积极作用。

（一）秦汉时期——确立阶段

1. 秦朝。秦朝在中央设御史大夫，掌监察职责，牵制丞相。地方上则设监御史，负责监察地方官员。

2. 西汉。汉承秦制，继续设置御史大夫，新增刺史和司隶校尉，刺史代表中央监察诸侯王和地方高官，司隶校尉督察京师百官（除三公）和三辅、三河、弘农七郡。

3. 东汉。御史中丞成为御史台长官，负责监察百官，与司隶校尉和尚书令合称为"三独坐"，司隶校尉除内察京师百官外，兼领一州，封侯、外戚、三公以下无所不纠，刺史除西汉所定职权外，还有了地方选举劾奏之权。

（二）三国两晋南北朝至隋唐时期——发展阶段

1. 三国两晋南北朝。御史台成为独立的专职监察机构，直属皇帝，自太子以下无所不纠。新设门下省或集书省作为言谏机构。

2. 隋唐。隋朝设御史台、谒者台和司隶台，负责监察内外百官和军民活动。唐朝以御史台为最高监察机构，下设台院、殿院、察院。东都洛阳亦设御史台，称东都留台。地方上以道为监察机构，皇帝经常派巡察使、按察使等官员监督地方官吏。

（三）宋至明清时期——完善阶段

1. 宋朝。宋朝在中央设御史台和谏院，共同监督包括宰相在内的百官。地方以通判制衡监察州郡长官与其他官员，并设四监司在本职工作之外兼有监察之责。

2. 元朝。元朝在中央设御史台以监察百官，并使之与中书省、枢密院相抗衡，地方亦设御史台，并设各肃政廉访司。

3. 明清。明朝初设御史台，后改为都察院，下设十三道监察御史，纠查内外百官，并设独立于都察院之外的给事中，负责稽察六部。清承明制，略加损益，在中央仍设都察院，下设十五道监察御史，给事中在雍正年间并入都察院。

（四）对古代监察制度的评价

1. 积极评价。中国古代监察制度是世界古代史上最完备的监察制度之一，其主要作用是维护法制统一，整饬吏治，激浊扬清，制衡调控，沟通上下，提高了政府行政效率与管理能力，维护了专制主义中央集权。

2. 局限性。①监察制度的健全与否与君主政治素质相关，缺乏自我完善机制。②监察制度是一个封闭的体系，仅向皇帝一人负责，以维护皇权为直接目的，是维护统治集团利益的政治工具。

综上所述，中国古代的监察制度历经发展变迁，成为世界古代史上最完备的监察制度之一。但不可否认，这种制度缺乏自我完善机制，依旧是为巩固专制王朝统治而存在的。

参考资料

1. 黄百炼：《论我国古代监察制的兴衰》，《华中师范大学学报（哲学社会科学版）》，1992年第5期。
2. 李影：《中国古代监察权力控制机制研究》，黑龙江大学2005年硕士学位论文。

第二节 经济

题目1 论述中国古代赋税制度的变革过程

相关真题 2012年历史学统考；2024年中山大学；2023年内蒙古师范大学；2023年南京大学；2023年赣南师范大学；2023年兰州大学；2023年吉林师范大学；2022年渤海大学；2022年西北大学；2020年西北大学；2020年陕西师范大学；2020年长江大学；2020年湖北师范大学；2020年四川师范大学；2018年南京大学；2018年江西师范大学；2018年西北大学；2016年西北师范大学；2015年陕西师范大学；2015年辽宁大学；2014年内蒙古大学；2001年浙江大学；2000年南开大学

我国古代赋税制度自先秦至明清时期发生了一系列变化，先秦时期实行井田制下的劳役地租，到清代变为摊丁入亩，最终向货币地租转变。

（一）先秦时期

1. 西周时期实行井田制，百姓承担劳役地租。
2. 西周之后，井田制逐渐瓦解，各诸侯国相继进行赋税改革，如齐国的"相地而衰征"、鲁国的"初税亩"等，国家向百姓征收实物税。

（二）两汉时期

1. 田租即土地税，交纳实物，汉初规定编户要交纳土地产量的十五分之一，即十五税一，后改为三十分之一。
2. 算赋即人头税，一般来讲，15岁到56岁的百姓每人每年交纳一算（120钱），奴婢和商人加倍征收。
3. 口赋是汉代向7岁到14岁儿童征收的人头税，每人每年20钱。

（三）魏晋南北朝时期

1. 租调制：曹操推行，每亩土地征收田租谷4升，每户征收户调绢2匹、绵2斤。
2. 户调式：西晋时期规定，课田是指政府向农民收授课税之田，亩收8升谷。凡是丁男立户，每户纳调绵3斤、绢3匹；丁女及次丁男立户者，纳定额之半数。
3. 九品混通制：北魏前期规定，户调粟20石、帛2匹、絮2斤、丝1斤。赋税按照9个不同等级将赋税送往不同的地区，即"上三品送京师，中三品入他州，下三品入本州"。
4. 新租调制。北魏孝文帝改革期间实行新租调制，即一夫一妇每年出帛1匹，粟2石。15岁以上未婚的男丁4人、从事耕织的奴婢8人、耕牛20头，分别出一夫一妇的租调。

（四）隋唐时期

1. 隋朝实行租调力役制。①丁男一床（床指一夫一妇）每年纳租粟3石；调为户调，桑田则每年输调绢1匹、绵3两，麻田则每年输调布1匹、麻3斤；力役指每丁每年服役1个月。②开皇十年（590年），政府规定50岁以上者，可免役输庸，即以纳一定量的布或绢来代替力役。
2. 唐前期实行租庸调制。规定每丁每年纳租粟2石；调随乡土所产，纳绢（或绫、绝）2丈、绵3两，不产丝绵的地区，则纳布2丈5尺、麻3斤。丁男每年服役20天，不役则收庸，每日折绢3尺或布3.75尺；如政府额外加役，加役15天免调，30天则租调全免，全年加役不得超过30天。如遇自然灾害，依灾情轻重减免租、庸、调。
3. 唐中后期两税法。①中央根据财政支出定出总税额。②依照田亩和财产的多少定出户等。③两税分夏秋两次征收，夏税限六月纳毕，秋税限十一月纳毕。④租庸调、杂徭和各种杂税全部取消，但丁额不废。⑤两税依户等纳钱，依田亩纳米粟，田亩税以大历十四年（779年）的垦田数为准，均平征收。⑥没有固定住处的商人，所在州县依照其收入的三十分之一征税。

（五）宋元时期

1. 宋代除两税法之外还有支移和折变。支移是政府借口军事需要，强迫北方的农民将秋税谷物送到延边城镇，人畜盘费自备；折变是令农民改为交纳指定物资或者交纳现钱。另外还有丁口之赋和杂变之赋。
2. 元代的赋役在农业区，主要有税粮和科差两项。税粮南北不同，北方分为丁税和地税，南方则沿袭宋代旧制，一律按地亩分夏秋两次征收。科差包括丝料、包银、俸钞。

（六）明清时期

1. 明朝一条鞭法。

①规定按照丁、粮派役，即把一部分差役逐渐转入地亩之中。②把赋税和差役合编为一。③由政府来处理赋役的征收与运送。④农民交纳代役银，然后由政府再用银雇役。

2. 清朝摊丁入亩。

康熙五十一年（1712年），宣布"滋生人丁，永不加赋"，即以康熙五十年（1711年）的全国丁银额为准，以后额外增丁不再征收丁银。雍正年间，清朝将丁银全部摊入田赋银中征收，称为"地丁银"。

总体来看，中国古代的税收项目和征收程序逐渐简化，在一定程度上减轻了农民的负担。由实物地租向货币地租转变，反映了经济的进步，促进了商品经济的发展。

参考资料

1. 朱绍侯：《中国古代史》（第五版），福建人民出版社，2010年。
2. 朱绍侯：《中国古代史教程》，河南大学出版社，2010年。
3. 晁福林：《中国古代史》，北京师范大学出版社，2016年。

题目2 试评宋元明清货币的演变及影响

相关真题 2022年江苏师范大学；2022年暨南大学

中国古代货币在宋元明清时期经历了显著的演变，这一变化不仅反映了经济发展的需要，也对社会和文化产生了深远影响。

（一）货币的演变

1. 宋代。①北宋初期，以铜钱为主要货币，并不断增铸。太宗朝起有80万贯，以后逐年增加，到神宗时达600余万贯。②由于铜钱、铁钱携带不便，10世纪末，成都出现的"交子铺"发行纸币交子，使用交子的人可向交子铺兑换现钱。交子是中国乃至世界上最早的纸币。③徽宗时，改交子为"钱引"，扩大流通区域。④南宋时期民间还通行一种便钱会子，后收归官办，由户部发行。这是当时发行量最大、流通领域最广的一种纸币。

2. 元代。①元代初期，主要以银为交换媒介，后发行纸币——中统元宝交钞和至元通宝钞，与银并行流转。②至元二十四年（1287年）印造发行新钞，但由于币制混乱，且伪币兴起，导致纸币不断贬值，逐渐失去信用。

3. 明代。①洪武八年（1375年）发行纸币"大明宝钞"，禁止民间使用银两，但没有限制宝钞的发行量，导致市面纸币充斥、币值下跌。②16世纪，西班牙殖民者在美洲大量铸造白银；明中叶后，海外贸易的发展使大量白银流入中国，白银逐渐成为主要流通货币。

4. 清朝。①清代币制，以银两、制钱为平行本位币。小额交易用制钱，大额交易用银两。②自16世纪到19世纪初期，西班牙在于中国贸易的过程中使用银元，致使白银大量流入中国。

（二）影响

1. 积极影响。①纸币便于携带，有利于货币的流通，为商业繁荣和商品经济的发展创造条件。②白银流通的扩大顺应了赋役货币化的发展趋势，减轻了人身依附关系，为工商业的发展提供劳动力。

2. 消极影响。①国家无限制地发行纸币，纸币滥发导致通货膨胀，纸币贬值，对经济发展产生较大危害。②白银的广泛流通刺激了商业投资，促使高利贷资本活跃，使许多贫苦人民陷入高利贷困境，导致社会不稳定。

综上所述，宋元明清时期货币的演变是社会经济发展的产物。每次货币种类的改变都与当时的社会经济状况密切相关，反映了经济发展的需要和社会文化的变化。

参考资料

1. 高聪明：《宋代货币流通的特点》，《中国经济史研究》，1995年第3期。
2. 万明：《明代白银货币化的初步考察》，《中国经济史研究》，2003年第2期。

题目 3　论述古代经济重心的南移

相关真题　2024年湖北大学；2024年湖南大学；2024年湖南科技大学；2023年南京师范大学；2022年南开大学；2020年福建师范大学；2018年湖南师范大学；2018年西北师范大学；2017年云南大学；2017年陕西师范大学；2016年华中师范大学；2016年首都师范大学；2014年四川大学

中国古代经济重心的南移是我国历史发展的一个重大事件，是历史时期经济地理格局的一次重大变迁，具有划时代的历史意义和深远影响。

（一）原因

1. 自汉末开始，北方地区频繁经历战乱，使得大量人口向较为安定的南方进行迁移，带动了经济重心的南移。

2. 南方生产条件和自然环境更为优越。南方地区由于气候温暖、水源充足，非常适宜水稻种植，农业生产较高，也更适宜居住。

3. 南方水利工程较为发达。尤其是江南地区，历代政府大力发展水利工程，如灌溉系统的建设和改善，这有利于农业生产的提高和稳定，带动了经济重心的南移。

4. 地理位置优越。南方多为沿海地区，尤其是福建、广东等地逐渐成为海上贸易的重要中心，经济的发展吸引人口不断南迁，加速了经济重心向南方转移。

（二）过程

1. 魏晋南北朝时期开始出现第一次南移高潮。汉末天下大乱，北方经济遭受重创，三国时期孙吴定都南京，蜀国定都四川，二者都采取了一系列恢复社会生产的措施，使得南方得到开发。公元311年永嘉之乱后，许多北方士民南迁，带来先进的农业技术、手工业技术和文化知识，促进了江南地区的经济和文化发展。

2. 隋唐五代时期，经济重心进一步南移。①隋唐时期，国家统一，经济得到进一步发展。统治者支持开发土地，兴修水利，南方出现了许多新州县。并且隋大运河的开凿带动了南方经济的进一步发展。社会出现了"扬一益二"的说法。②安史之乱后，北方战乱频繁，社会动荡，而南方相对安定的社会环境和经济条件吸引了大量人口南迁。

3. 南宋时期，经济重心南移最终完成。北宋灭亡之后，南宋政权偏安一方，采取优待政策招揽民众，农业、手工业、商业上都得到了巨大发展，到南宋时经济重心南移最终完成，社会上出现"苏湖熟、天下足"的谚语。

4. 元明清继续发展。元代，为解决"南粮北运"问题，开发漕运和海运，提升了南方经济的重要性和影响力。明清时期处于历史小冰期，北方比较寒冷，南方的作物产量远远高于北方。

（三）影响

1. 经济重心的南移促进了江南地区经济的发展。大量北方人口南迁，使得南方人口迅速增长，加速了农业生产方式的变革和商品经济的发展。

2. 南方的文化教育随经济重心的南移得到了发展。南方逐渐成为我国的文化中心，许多文学家、思想家在此地诞生和活动。

3. 经济重心南移促进了南方城市特别是沿海城市的发展，加强了中国与周边国家的经济和政治交流。

4. 造成经济格局的南强北弱。北方人口大量南移，充实了南方地区的劳动力，给南方带来了先进生产技术，加速了南方经济的快速发展。特别是到宋朝时，由于政治中心的南迁和经济重心的南移，形成了我国古代"南强北弱"的基本经济格局。

综上所述，中国古代经济重心的南移是一个渐进的过程，它不仅改变了我国的经济地理格局，也促进了南方地区的经济、文化、社会的全面发展。

参考资料

1. 许金红：《五代十国：中国古代经济重心南移的关键时期——基于人口视角的分析》，《西安石油大学学报（社会科学版）》，2013第6期。
2. 方行：《中国古代经济论稿出版》，《中国经济史研究》，2015年第6期。
3. 商宇楠：《中国古代经济重心转移及其影响分析》，《经济视角》（上），2013年第3期。
4. 韩茂莉：《论北方移民所携农业技术与中国古代经济重心南移》，《中国史研究》，2013年第4期。

题目 4 论述宋元明清时期长江三角洲经济的发展

相关真题 2022 年暨南大学；2019 年上海大学

宋元明清时期，长江三角洲地区的经济发展逐渐成为全国的重心，对当时中国社会经济发展产生了深远的影响。

（一）宋代

1. 农业方面。宋代江南地区农业发展迅速，农业生产量提高。引进占城稻等高产作物，提高了粮食产量。经济作物如茶、甘蔗等在长三角地区得到广泛种植。

2. 手工业方面。宋代的长三角地区手工业发达，如纺织业方面，宋代两浙路丝产品产量跃居全国第一位；印刷业方面，杭州的官刻本和私刻本在宋代均为上品，造船业方面居于全国前列。

3. 商业方面。①草市大量增长并且相当繁盛，不少地区形成了密集的农村集市网络。②区镇（性质为农村经济中心地）数量在南宋中后期达 100 个以上。③以苏州、杭州为中心形成了区域性的东南市场，商品经济发达繁荣。④海外贸易也日益兴盛，设有市舶司等机构管辖。

（二）元代

1. 农业方面。元代实行一系列重农政策，推动了农业生产发展。棉花在该地区广泛种植；该地区成为全国桑蚕业的中心；茶叶种植广泛，产量高，苏州、湖州等均是茶叶主产区之一。

2. 手工业方面。棉纺织业在该地区得到大发展，松江一跃成为全国棉纺织业中心，杭州依然是印刷业的重要中心。

3. 商业方面。①元代通过统一货币、设置官办市场等方式促进长江三角洲地区商业活动的开展。②沿海地区设市舶制度专管对外贸易，通过海上丝绸之路将中国的丝绸、瓷器等传统商品销售至西亚、欧洲等地。

（三）明代

1. 农业方面。明代农业继续发展，如苏杭等地推广了水稻的双季种植，粮食产量大幅提高，南直隶和浙江成为明朝的主要财富供给地。经济作物如棉花、甘蔗在长江三角洲地区的种植面积迅速扩大。

2. 手工业方面。明代长江三角洲地区的丝绸和棉布生产达到了高度发展的水平，特别是苏州、杭州等城市，成为全国乃至东亚地区重要的丝绸生产中心。除了纺织业，长江三角洲地区的造纸、印刷、瓷器等手工业也十分发达。

3. 商业方面。①杭州、扬州等城市不仅有繁华的市场和商铺，还发展了专业市场，如丝绸市场、茶叶市场等。②长江和运河等水运系统的发展为商品的流通提供了便利，加强了这一地区与全国乃至海外的经济联系。

（四）清代

1. 农业方面。①由于精细的耕作技术和有效的水利灌溉，江南地区的农业继续保持领先地位。②种植多种经济作物，如棉花、蚕桑、茶叶等。③出现了土地租赁和雇佣劳动的现象，反映出农业生产关系的变化。

2. 手工业方面。清代手工业在明代的基础上继续发展，民营手工业尤其显著，如陶瓷业、纺织业等依然是外贸的重要商品。

3. 商业方面。①清代长江三角洲地区的商业繁荣，苏州、杭州、扬州等城市是商业的大型集散地。②商业网络发达，并促进了商品的多样化和市场的专业化。③商人阶层崛起，出现了著名的浙商、徽商。④清代中晚期，随着对外开放港口的设立，上海等地开始兴起，逐渐成为国际贸易的重要港口。

综上所述，宋元明清时期长江三角洲地区的经济发展成为全国的重点，对中国经济的整体发展起到了重要的推动作用。

参考资料

1. 陈剑峰：《长江三角洲区域经济发展史研究》，中国社会科学出版社，2008 年。
2. 蓝勇：《中国历史地理》，高等教育出版社，2011 年。

第三节 思想文化

题目1 论述从汉到清代儒家思想发展演变过程中的主要代表人物及其思想

相关真题 2024年武汉理工大学；2024年黑龙江大学；2024年东北师范大学；2024年东南大学；2024年南开大学；2022年中国社会科学院大学

儒学是中国传统文化的重要组成部分，在漫长的历史进程中因时而变，随着时代变迁实现自身的创新性发展。

（一）汉代儒学地位的确立

汉武帝采纳董仲舒提出的"罢黜百家，独尊儒术"主张，确立了儒学在汉代的官方学说地位。董仲舒提出"天人感应"学说，认为人的外在形体和内在感情、道德、意志都来自上天，君主的权力是上天授予的。强调三纲五常，加强专制主义中央集权，以思想上的统一保证政治上的统一。

（二）魏晋时期儒学的玄学化

魏晋时期，儒学吸收了玄学的思想并进一步发展。何晏以道家的"无为"思想来阐释儒家的仁义道德，开创了"玄儒"思想的先河。他结合儒家的修身之学和道家的养生之术，提出了一套完整的心性养生学说。此外，他通过对《老子》的研究，试图将道家的玄学与儒家的伦理道德相结合，认为道即儒家所说的仁义之道。

（三）唐代儒学的重振

隋唐以来，儒释道三教合一，儒学受到冲击。唐中叶以后，儒学大师韩愈和柳宗元等人率先提出要复兴儒学。

1. 韩愈对佛教进行了批判，他提出以"仁、义"为儒学之"道"的内容，自己以继道统自任，而开儒学讲"道统"之先河。

2. 柳宗元以"阴阳元气"为"天道"、以"仁、义"为"人道"，并由此构筑了一个以"道"为核心范畴的合天地自然、社会伦理一体化的理论体系。

（四）宋代新儒学的发展

宋代以理学为主体，将儒学推向了一个新的发展高峰。

1. 二程对传统儒学进行继承和发展。程颢、程颐兄弟提出天理论，万物一理，维护儒家伦理纲常就是维护天理，要格物致知以穷理。

2. 张载对儒学价值观进行了重构。强调气是世界的本源，为理学奠定基础，并提出"立天理，灭人欲""理一分殊"等诸多命题。

3. 朱熹是宋代理学的集大成者，将儒家思想推向了新的高度。其思想体系的核心范畴是天理，主张以天理来克制人欲，格物致知，在政治上主张正君心。

4. 陆九渊承儒家思想一脉，深化和发展儒家心性思想，开创了心学。他认为心是世界的本源，"心即理也"，在认识论上强调反省内心。

（五）明代心学的发展

王阳明心学既继承了传统儒学的思想，又吸收了佛道精髓。他主张"心外无物"，认为人心是一切事物的本源，主张"致良知"。

（六）明末清初儒学的发展

黄宗羲、顾炎武、王夫之对传统儒学进行批判继承，强调经世致用，他们的思想是儒家思想在新的历史条件下的发展。

1. 黄宗羲向君主专制提出质疑，指出君主应该以天下利益为重，强调经世致用，对理学进行反省与批判。

2. 顾炎武反对空疏，恪守"崇实致用"的学风，承认宇宙由物质组成，认为"道"存在于具体的事物之中。

3. 王夫之建立起较完整的朴素唯物主义体系，提出"理在气中"，强调人的主观认识必须符合客观对象，提出"行先知后"的唯物主义知行说，充分肯定作为人本能要求的情感欲求和私利的合理性。

综上所述，儒家思想在发展完善的过程中不断与社会环境相适应，在政治、经济、文化等领域对文明进步发挥了重要作用。

> 参考资料
1. 朱绍侯：《中国古代史教程》，河南大学出版社，2010年。

第四节 民族关系和外交关系

题目1 简述宋元明清民族关系的变化

相关真题 2022年内蒙古大学

民族关系既是一种社会关系，也是一种文化关系，其所反映的是民族发展过程中相互交往的关系。宋元明清以来，汉民族与周边各民族关系的总趋势表现为民族间的交流与交融。

（一）宋、辽、金时期

宋时，与周边的民族关系主要是矛盾、冲突乃至大规模的战争。

1. 宋辽关系。北宋为夺回幽云十六州，双方先后爆发了高梁河之战、雍熙北伐及澶渊之战，此后结成的澶渊之盟为两国换取了一段和平时期。

2. 宋夏关系。北宋初期，宋夏双方战事不断，仁宗时期签订"庆历和议"，双方维持一段和平局面。南宋和西夏关系复杂多变，有和有战。

3. 宋金关系。宋与金之间达成海上之盟，合攻辽国。辽亡后，金军南下，发动了"靖康之变"，北宋灭亡。南宋与金朝分别进行了绍兴、隆兴、嘉定三次和议，以维持两国的和平局面。

4. 战争之外的民族交往。虽然宋与辽、夏、金多有战争，但民间贸易交往不断。

（二）元朝

1. 元朝对各族的上层极力笼络联合，对汉人、南人中的中小地主，则采取蠲免兵赋的办法进行笼络。

2. 四等人政策。元按照征服地区的先后划分四等人，分别为蒙古人、色目人、汉人、南人。这四等人在政治待遇、法律地位、经济负担等方面都不平等，是造成元朝民族关系紧张的一大原因。

3. 元与西藏。元世祖封八思巴为帝师，领宣政院事，代表中央政府管理佛教和藏族事务。

（三）明朝

1. 明与蒙古。明初与蒙古关系紧张，弘治年间修筑了九边重镇以抵御蒙古袭扰。明初至明中叶，明朝与蒙古诸部先后发生了"土木堡之变"和"庚戌之变"两次摩擦。随着"隆庆和议"的达成，蒙汉之间茶马互市的贸易重新启动，双方开始友好交往。

2. 明与西南少数民族。在西南地区，明在比较进步的地区采取了"改土归流"政策，裁撤了原来的土官，由中央派出流官进行管理。在相对落后地区则保留土司制度。

3. 明与东北女真。在东北设都司、卫、所，对女真等族进行管理。晚明统治者采取民族歧视政策，致使与辽东地区的民族关系持续紧张，民族矛盾日趋激化。

4. 明与西藏。明朝敕封西藏僧俗领袖为"王""法王"，建立羁縻性质的都司等机构，对西藏地方进行管辖，并通过贡赐、茶马贸易进行经济交流。

（四）清朝

1. 清朝入关后，满族人逐渐学习先进的中原文化，原有的差别逐渐消失，民族关系趋于缓和，民族交流与交融占据主流。

2. 清与蒙古。清朝统治者采取与蒙古修好的民族政策。清朝皇帝和王公大臣会每年举行"木兰秋狝"以笼络蒙古贵族，并且通过满蒙联姻，加强对漠南蒙古的控制。

3. 清与西北、西南地区。通过军事斗争平定噶尔丹部叛乱，土尔扈特部回归祖国，巩固了西北边疆。在西南地区实行"改土归流"，促进了民族关系友好发展。

4. 清与西藏。清政府对达赖和班禅进行册封，确定他们在西藏的政治统治和宗教地位。在青海、西藏地区设西宁办事大臣、驻藏办事大臣以加强中央的直接管理。

综上，宋元明清时期的民族关系在战争与交融中不断发展，中原与少数民族关系逐渐紧密，共同塑造了今日的中华民族。

参考资料

1. 崔明德：《中国古代中原王朝处理民族关系的方式》，《中国边疆史地研究》，2014年第4期。
2. 朴政君：《近四十年中国古代民族关系研究的动态与展望》，《云南民族大学学报》，2021年第6期。

题目2 试从民族交往、交流方面说明少数民族"汉化"现象

相关真题 2024年南京大学

汉化是指少数民族学习汉族地区的先进制度和文化等方面的历史现象，在中华民族共同体的形成和发展过程中，各少数民族大多积极走向汉化。

（一）政治交流

1. 中央官制汉化。①唐朝时期，统治东北地区的民族政权渤海王国，其政权机构一仿唐朝，有三省六司，有职同御史台的中正台，有内寺、外司比照唐内侍各省和九卿。②金朝的金熙宗废除带有氏族残余的勃极烈贵族会议制度，按照宋、辽之制，在中央皇帝之下设"三师"，并设中书、门下、尚书三省，下辖六部，总理全国行政。

2. 地方行政体制汉化。①十六国时期，前赵在大单于下置左右司隶以统治汉人，置单于左右辅以统治匈奴及其他少数民族，并且官职名称除单于左右辅外，皆为中原官职名称。②西夏的地方行政体制也基本沿用唐宋中原王朝的府、州、郡、县建置。③金朝在地方上与猛安谋克制并行的还有路、府、州、县，用以统治汉人与契丹人。

3. 选官制度汉化。①十六国北朝政权多数沿用魏晋时期的九品中正制。②政权稳定之后，辽、金、元、清等少数民族政权都推行了中原王朝的科举制度，使得汉族的知识分子能够进入政府机构，扩大其政权的统治基础。

（二）经济交流

1. 农业生产汉化。①后赵石勒多次遣使巡行州郡，劝课农桑，减轻百姓的赋税。②前秦苻坚放开山川供百姓开发，并且兴修水利，推广区种法，使关中出现了十六国以来从未有过的繁荣景象。

2. 商业交流汉化。金朝不仅使用北宋铜钱，还铸造自己的铜钱、银币以及小钞用于流通。

（三）文化交流

1. 语言和文字。①契丹和女真原本没有文字，辽朝建立后参照汉字创制了契丹大字，金朝又依照契丹大字和汉人楷字创造了女真大字。②随着宋金的交往交融，部分女真人直接讲汉语，并不通晓本族文字、语言。

2. 教育。①后赵石勒兴办太学和宣文、宣教、崇儒、崇训四门小学10余所，前燕慕容氏很重视儒学教育，送诸子入学受业。②元代在路、府、州、县都要设立庙学，乡村每五十家立一"社"，每社要设立学校一所，农闲时令子弟入学，而且允许并且鼓励私人创办书院，书院"山长"由官府任命，纳入学官系统。

3. 推崇儒学。①北魏太武帝在425年建立太学并祭祀孔子，要求贵族子弟到太学学习儒学。②契丹建国时，太祖耶律阿保机便将孔子确立为祭奉对象，在上京建孔子庙祭祀。③元代科举考试经义以朱熹《四书章句集注》为准，理学官方正统思想重新确立。

（四）习俗

1. 饮食习惯。汉族地区流行的茶成为女真族及其他北方游牧民族必备的日常饮料，甚至女真人在婚嫁时，饮酒之后则进"茶食"。

2. 服饰风格。①北魏孝文帝下令禁穿胡服，服装一依汉制。②金朝的女真妇人也逐渐多穿汉人服装，裹逍遥巾或头巾。

3. 婚丧习俗。①北魏孝文帝改革婚俗，鼓励胡汉通婚。②儒家孝道讲究临丧不歌，北魏禁止以往鲜卑族葬送之日唱歌鼓舞、杀牲烧葬等习俗。③女真贞懿皇后在金睿宗逝世后，依循儒家礼教，受戒为尼。④官方准许女真与汉族之间互通婚姻。

总之，文化的影响是相互的，各少数民族在积极汉化的同时，汉族地区也在吸收少数民族的文化，各民族在漫长历史时期内的交往交流交融共同塑造了具有包容性的中华文明。

参考资料

1. 孟东风：《金代女真人的汉化与民族融合》，《东北师范大学学报》，1994 第 6 期。
2. 陈得芝：《从元代江南文化看民族融合与中华文明的多样性》，《北方民族大学学报（哲学社会科学版）》，2010 年第 5 期。

第五节　军事

题目 1　论述中国历代兵制演变

相关真题 2022 年天津师范大学；2018 年复旦大学；2013 年中国人民大学

兵制即军事制度，随国家的产生而出现，与国家政治、经济制度相适应，是维护和巩固政权稳定的重要保障。

（一）先秦

1. 商朝。以部族征集为主，形成了以方国部族为单位的征集制度，此外，还存在规模较小的常备军。
2. 西周。"师"的建制是核心，包括"西六师"与"殷八师"，而周王的禁卫部队则有"虎臣"和"虎贲"等。这一时期的军队由甲士、驭手、徒兵、杂役等人员组成。
3. 春秋。管仲改革实行了轨里连乡制，组成轨、里、连、乡四级的基层行政单位组织。此外，晋国在公元前 645 年"作州兵"，规定"野人"也服兵役，显示了兵制逐渐向全民征兵制的转变。
4. 战国。各国普遍实行征兵制，组建了较为精锐的职业常备兵，以步兵为主，骑兵为辅。

（二）秦汉

1. 秦代。分为京师兵、地方兵和边兵三部分。京师兵主要由郎官、卫士和守卫京师的屯兵组成。地方兵置于郡、县，一般由都尉协助郡守或县令统率。边兵主要驻守边疆。
2. 汉代。西汉初的军队主要由南军和北军组成。南军由卫郎和卫兵组成。其中卫郎由郎中令或光禄勋担任，一般为高官子弟。卫兵由卫尉统领，一般来源于奴仆和平民百姓。北军士兵是来自三辅的正卒，数量多，实力也超过南军。汉初郡国也有地方军，由郡都尉或王国中尉掌兵。汉武帝增设期门军、羽林军主要负责保护皇帝的出行安全。在北军增设屯骑、步兵等七校尉，加上原有的中垒校尉，合称八校尉，掌骑兵、屯兵等不同部门。东汉的中央军制基本沿用西汉，地方上取消了郡国的军队。

（三）魏晋南北朝

1. 三国。曹魏实行世兵制，通过士家制度，使男丁世代为兵。孙吴则有世袭领兵制，将领多出自大族，形成了世袭的军事领导体系。蜀汉嫡系军分前、后、左、右、中五军。中军为禁军主力，前、后、左、右军为外军主力。地方军事主将由蜀汉委派的将军任都督，镇守一方。
2. 西晋。沿用曹魏兵制，而东晋则由谢玄招募北方流民和江淮民兵，形成了精锐的"北府兵"。
3. 北朝。宇文泰在西魏时期建立了"府兵制"，设立八柱国为长官，所统府兵都改从其姓，另编军籍，不归郡县管辖，不负担课役。北周沿用府兵制，有所损益。

（四）隋唐

1. 隋。隋朝继续沿用府兵制，结合均田制，实现了兵农合一。设十二卫，各卫置大将军，隶于皇帝。各卫下统军府，文帝时称骠骑府，炀帝时改称鹰扬府。
2. 唐。唐前期，府兵制达到全盛时期，中央有十二卫和东宫六率，基层军府为折冲府。唐中叶后，府兵制名存实亡，转而以募兵制为主。同时藩镇军逐渐成为节度使的私兵。

（五）宋辽金西夏元

1. 宋。①宋朝采用募兵制，将地方精锐部队征入禁军，地方军队则多为老弱，仅从事工程力役，称为"厢军"。

每逢灾年，政府会大量募兵，以缓解社会压力。②王安石变法时实行保甲法、保马法、将兵法，设置军器监等。

2. 辽。辽朝的军队包括宫卫骑军、部族军、汉军等，其中部族军是辽朝军队的重要组成部分。

3. 西夏。西夏时期，军队由中央侍卫军、擒生军、地方军组成，枢密院是最高军事机构。

4. 金。金朝实行猛安谋克制，每300户编为一谋克，10谋克为一猛安，这种制度体现了金朝对军队的组织和管理。

5. 元。成吉思汗创立了怯薛军，和侍卫亲军属于宿卫系统，在镇戍系统中，分为蒙古军、探马赤军、汉军等。

（六）明清

1. 明代实行卫所制，并组有五军都督府和京军三大营。卫所制是地方上的军事组织，负责率领军队守卫地方，同时负责军屯。五军都督府为中、左、右、前、后军都督府，是卫所的上层军事管理机构，掌军籍、军政。京军三大营主要包括五军营（精锐野战军）、三千营（骑兵部队）、神机营（火器部队）三大营。

2. 清代实行八旗制度。①努尔哈赤创立了八旗制度。镶黄、镶白、镶红、镶蓝、正黄、正白、正红、正蓝，是为八旗。皇太极时又组建了蒙古八旗和汉军八旗，至此八旗制度臻于完善。②清军入关后收编明朝降军为绿营兵，有马兵、战兵等兵种，各地绿营兵均受总督节制，具有世兵制的特点。

综上所述，中国古代兵制类型繁多，不同时期兵制随之变化，内容十分丰富。从先秦时期到清朝时期，军事制度不断地变化和完善，以适应不同的社会需求和战争形态。

参考资料

1. 朱绍侯：《中国古代史》（第五版），福建人民出版社，2010年。
2. 朱绍侯：《中国古代史教程》，河南大学出版社，2010年。
3. 晁福林：《中国古代史》，北京师范大学出版社，2016年。

第六节 宗教

题目1 简述佛教在古代中国传播的原因和过程

相关真题 2022年江汉大学

佛教是世界三大宗教之一，产生于古印度，西汉末年经中亚传入中国。佛教在中国的传播经历了漫长的历史，经过多次的适应和融合，形成了与印度佛教不同的中国佛教，也对中国社会和文化产生了深远的影响。

（一）传播原因

1. 佛教契合统治者、精英及社会大众的心理诉求。①对于统治阶级来说，佛教可以与主流儒家相融合，从而更好地应对社会矛盾。②对于知识分子来说，佛教简化了传播理念。魏晋时期的佛教重义理，重点开始转向实际，增强了与社会的联系，引起了一群士人的追捧。③对于社会大众来说，佛教所描绘的无忧无虑的极乐世界，对厌倦战争和遭受沉重社会负担的普通百姓来说具有吸引力。

2. 佛教积极融入中国传统文化，实现"佛教的中国化"。如在拜俗的问题上，佛教入乡随俗，提倡礼敬皇帝和父母以符合儒家伦理。

（二）传播过程

1. 传播初期：两汉至两晋。①佛教最早传入中国是在西汉哀帝元狩元年（公元前2年）。西汉派博士弟子景卢出使大月氏，并将大月氏使者口授的《浮屠经》带回西汉，但没有受到皇室追捧。②东汉明帝派人前往天竺求法，随后印度高僧和东汉使者一同用白马驮佛经、佛像返回洛阳，公元68年，明帝下令在洛阳修建白马寺，这是佛教传入中国后兴建的第一所官办寺院。到东汉末，佛教已开始造像和大量招集信徒的活动。③三国两晋时期，佛教理念契合当时社会大众心理，发展渐广，开始有人出家。

2. 传播发展：南北朝时期。南北朝时期，在战争频仍的情况下，佛教遍布全国，出家、在家佛教徒数量增加很快，寺院经济发达。①东晋十六国时期，多数统治者已崇信、提倡佛教，梁武帝还曾三次舍身同泰寺。②北朝则大肆开窟造像，如麦积山石窟等，并且此时的佛教西域色彩浓厚。

3. 传播鼎盛期：隋唐时期。①隋朝打破了南北朝时佛教分裂发展的状态，开始讲究禅义兼修。唐时佛教高僧玄奘西行求法、义净东渡求法。义净归来时还受到武则天的专门迎接，此时的佛教传入涉及大小乘佛教经、律、论等内容，对佛教传播起到了巨大影响。②佛教的中国化在此时已趋向成熟，形成若干大的宗派，其中主要有天台宗、华严宗、净土宗、禅宗等宗派。③由于寺院广占田地，隐匿人口，导致政府财政收入减少，所以在南北朝到隋唐时期出现统治者打压佛教的情况，如著名的三武一宗灭佛。

4. 传播由盛转衰期：宋元明清及近代时期。①宋朝理学家反对佛教，佛教发展态势平缓。佛教以禅宗为主，进行了大量文字阐释。②元朝吐蕃佛教（喇嘛教）受到蒙古统治者尊奉，汉地佛教的势力也因而有所发展，但佛学理论方面的创新不多。③自明以后，佛教渐衰，僧人无知，迷信盛行，至清代仅尊崇形式上的喇嘛教。禅净二宗继续流行于民间，加上清末学者多喜研寻佛学，佛教有短暂复兴气象。④近代以来，在杨文会等一批佛教界有识之士的带动下，佛教在各个方面都得到一定的发展。

综上，佛教传入中国是一个动态的过程，并且随着佛教的不断传入，佛教渐渐本土化，形成了具有中国哲学体系的成熟的佛教思想，一直流传至今。

参考资料

1. 陈文英：《中国古代汉传佛教传播史论》，天津古籍出版社，2007 年。
2. 汤一介：《从印度佛教传入中国看两种文化的冲突和融合》，《深圳大学学报》，1985 年第 3 期。

题目 2　论述佛教传入的意义

相关真题 2022 年江汉大学；2016 年黑龙江大学

佛教自两汉时期传入中国后，对中国社会和文化产生了深远的影响，不仅创立了具有中国特色的宗教门派，而且在历代朝廷中得到了进一步的深化和普及，形成了一个完备的宗教体系。

（一）佛教文化发挥的社会功能

1. 佛教寺院扮演多重角色。寺院不仅是宗教活动的场所，还充当了学术机构、教育场所、医疗机构和图书馆等角色。僧侣们成为知识和文化的继承者与传播者，对中国古代文化的保存和传承起到了重要作用。
2. 具有安定社会的作用。在社会动荡或战乱时期，寺院为民众提供了生活所需和精神依靠。

（二）影响中国的文学艺术

1. 文学影响。佛教对中国文学产生了深远影响，如宋代的禅诗、明代的公安派和竟陵派诗文等。通俗文学中的变文创制对话本和小说的发展产生了影响，还在戏曲中形成了宝卷、弹词等艺术形式。佛经的汉译扩大了汉语的词汇量，丰富了中国文化。
2. 建筑和雕塑。佛教的传入促进了中国神像雕塑艺术的发展。佛教传入之后，特别是自十六国时期开始，佛教雕塑艺术盛行，题材、图样和风格都出现新的元素。敦煌、云冈、龙门石窟等石窟艺术融合了印度犍陀罗艺术，形成了具有中国特色的造像艺术。石窟建筑上形成著名的"凉州模式"，即北朝时期在河西走廊地区形成的佛教造像模式，包括武威天梯山石窟、张掖马蹄寺石窟、敦煌莫高窟等。

（三）佛教在特定时期发挥维护统治的作用

在某些历史时期，佛教对中国政权的统治产生了重要影响。如武周时期，武则天利用佛学知识和当时社会上浓厚的信仰氛围强化君权神授的权威，通过《大云经》和《宝雨经》等佛教经典，宣称自己是弥勒佛转世，为自己的统治提供理论上的合法性。

（四）丰富中国古代思想内涵

佛教与中国本土的儒家和道家思想相互融合、相互影响，不仅促进了佛教的中国化，也使儒道两家在与佛教的交流中产生了新的发展。如早期佛经的翻译受到了老庄思想的影响，反过来又促进了魏晋时期玄学的发展。明代的阳明心学在佛教影响下为儒学注入了新的活力。

总结来说，佛教的传入不仅与中国传统文化融为一体，还使佛教本身日益中国化。佛教在中国文化的各个领域都产生了深远影响，成为社会结构的有机组成部分，是中外文化交流的一个重要缩影。

参考资料

1. 黎锦熙：《佛教十宗概要》，京城印书局，1935年。
2. 季羡林：《再论浮屠与佛》，《历史研究》，1990年第2期。
3. 成建华：《佛教在文明交流互鉴中的交融与发展》，《中国民族报》，2018年7月3日。

题目3　论述道教的产生、发展及意义　醒吾历史统考预测题

道教作为中国本土宗教，其产生和发展经历了漫长而复杂的过程，它不仅是中国传统文化的重要组成部分，还对中国社会各领域产生了深远的影响。

（一）道教的产生

一般认为，道教创立于东汉末年，分为五斗米道和太平道两大流派。

1. 张陵一般被视为道教的创始人，倡导五斗米道（又称"天师道"），尊老子为教祖，以《道德经》为主要经典。张陵在巴蜀一带传教，凡受道或医病者出五斗米，形成"五斗米道"，后来成为道教发展的主流。

2. 张角在熹平年间（172—178年）创立了太平道，信奉《太平经》，传教人手执九节杖画符诵咒，替人治病，教病人叩头思过，十余年间徒众至数十万。张角后率教徒们发动黄巾起义（184年），但起义失败，太平道也逐渐消亡。

（二）道教的发展

1. 魏晋南北朝时期，道教开始广泛流行。①东晋建武元年（317年），葛洪撰成《抱朴子内篇》，整理并阐述神仙方术理论，充实了道教的思想内容。②东晋末，孙恩等又利用五斗米道组织农民起义。③道教中的上层士大夫开始对其进行改革以适应统治集团的需求，如齐梁的陶弘景和北魏的寇谦之，促进了道教成熟和官方化。

2. 隋唐至北宋时期，道教进入极盛阶段。隋朝佛道并重，唐朝尊崇道教为国教，确立了道教的核心地位。北宋时期，儒释道三教合一基本形成，道教进一步发展。南宋时期，出现了一批新派别，如全真道、太一道等。元代道教达到鼎盛，但后因权贵放弃禁欲苦修原则，逐渐衰落。

3. 明清时期，道教发展逐渐陷入僵化。明朝尊崇道教，还设立道录司管理全国道教事务。清初统治者出于笼络汉人的考虑，采取较为宽松的政策，但后期对道教采取了严格的控制政策。鸦片战争后，国家衰弱，在西方思潮的影响下，道教逐渐衰落。

4. 中华人民共和国成立后，道教在宗教政策的调整下获得新生，逐步适应社会主义社会。

（三）意义

1. 政治方面。道教在不同历史时期为教化民众、维护社会稳定起到重要作用。尤其在宋明时期，作为官方教育手段，有助于规范民众的道德与行为。

2. 科学技术方面。道教对中国的化学、药学和医学发展产生了影响。道教炼丹术促进了对矿物质药材的研究和火药的发明。道教炼丹家在医学和药物学上取得很大成就，如隋唐时期的孙思邈撰写的《千金方》收集了大量药物和处方，对现代医学仍有重要影响。

综上，道教不仅是中国宗教文化的重要组成部分，其对政治、科技、医学等方面都产生了深远影响，是中华文明宝贵的遗产。

参考资料

1. 傅勤家：《中国道教史》，商务印书馆，2011年。

题目4　简述基督教在中国古代社会的传播　醒吾历史统考预测题

基督教作为一种起源于欧洲的世界性宗教，在中国历史上经历了三次主要的传播过程，每一次传播都有其特殊

的背景、动机和教派差异。

（一）唐朝

1. 基督教大约在唐太宗时期传入中国，当时称为景教，属于基督教的聂斯托里派。贞观九年（公元635年），僧侣阿罗本携带经文至长安，受到太宗的礼遇，并在长安建立教堂，由政府资助。高宗时景教得到了进一步发展，在长安以外的地区也出现了教堂，玄宗时亲自为教堂牌匾题字，并于天宝四年（公元743年）下诏将景教更名为大秦寺。德宗即位不久便设立《大秦景教流行中国碑》，碑记景教教史、教义及自阿罗本来华至德宗时所受帝王优待及寺院情况。

2. 武宗时期，在会昌法难（845年）中，景教受佛教牵累而一蹶不振，自此，景教在中原地区渐于灭绝，只在西北边陲少数民族中流传。

（二）元朝

1. 元朝时期的基督教被称为也里可温或也里乔，主要有聂斯托里派和天主教的圣方济各派两个教派。聂斯托里派随波斯商人由泉州、广州等沿海城市传入内地；天主教则由意大利传教士蒙特·戈维诺传入，他向元成宗呈递教皇书信，并在1307年被任命为大都大主教。至元年间（1264—1294年），元顺帝还曾派使团出访罗马教廷。

2. 由于传教活动依赖于蒙古统治者的保护，所以1368年元朝被明朝推翻后，非汉人的蒙古基督教也就销声匿迹了，前后大约仅仅延续了60年。

（三）明清时期

1. 较早来华的传教士为利玛窦，此后，葡萄牙、西班牙等国传教士纷纷来到中国，其中较为著名的有汤若望、南怀仁、金尼阁、郎世宁等，他们走上层路线，与士大夫结交，采取"合儒"策略。他们身穿儒服，以中国的词汇、儒家的观念宣讲天主教的教义，并初显成效。至崇祯年间中国天主教徒已经达到2500名，康熙三十一年（1692年），康熙下诏开放整个中国，允许传播福音，教徒数量在康熙年间达到30万人。

2. 康熙晚年，教皇要求康熙下令禁止基督教徒祭祖尊孔，禁用中国礼仪，只能使用"天主"称谓，康熙断然拒绝，并于康熙五十六年（1717年）下诏驱逐传教士，禁信基督教，拆毁教堂。雍正继续了这一政策，基督教在中国的传播又一次遭到阻遏。

综上所述，基督教在中国的传播历经波折，受到文化差异和时局动荡的影响。明清时期，传教士的活动不仅促进了中西文化交流，还引发了西学东渐的潮流。

参考资料

1. 姜珊，赵洪波：《真信与世俗之间：景教与基督教中国化研究》，《辽宁省社会主义学院学报》，2019年第4期。
2. 王静：《丝绸之路上景教的本土化传播及其衰落》，《西域研究》，2022年第3期。

题目5　论述中国古代的秘密结社　醒吾历史统考预测题

秘密结社指历史上下层民众为了谋求精神寄托或生活互助，秘密组成的各种名目的社会群体或组织。按其组织形态和行为方式，可分为秘密教门和秘密会党两大系统。

（一）秘密教门

1. 秘密教门的组织方式与起源。其组织方式是师徒传承建立，以被曲解、改造的儒、释、道三教教义作为维系内部团结的工具。其起源可以追溯到南北朝以来的佛教异端教派，真正形成是在元代。

2. 秘密教门在中国古代的发展。元代，白莲宗的分化导致上层归附于正宗佛教，下层与其他异端教派相融合，形成白莲教。明代，白莲教受到朱元璋的严厉打击，只能在民间秘密流传，明中叶社会矛盾激化时，又出现如罗教、黄天教等新团体。清代，秘密教门发展充分，教门繁多，信徒剧增，多次造反，如川楚白莲教起义。清代秘密教门包括明代延续的如罗教、天地门、黄天教，以及新出现的如八卦教、九宫道等。

（二）秘密会党

1. 秘密会党的组织方式与起源。组织方式是结拜异姓兄弟形式，以江湖义气、帮规家法等伦理观念维系团结。

秘密会党起源于清代，最初以异姓结拜组织形式存在，清中叶后正式形成，以洪门、青帮、哥老会为代表。

2. 秘密会党在中国古代的发展。清代前期形成的天地会、哥老会曾多次发动武装斗争，如乾隆五十一年（1786年）台湾林爽文起义，乾隆六十年（1795年）台湾陈周全起义等。鸦片战争后，太平天国运动、小刀会起义、捻军起义等，都与天地会有直接或间接的联系。这些起义对清政府造成了巨大的冲击和破坏，也激发了民众的觉醒和抗争意识。

（三）中国古代秘密结社的影响

1. 积极影响。秘密结社宣扬的口号或教义迎合下层群众愿望和要求，在一定程度上号召民众发动或参与反抗压迫和专制统治的斗争。

2. 消极影响。秘密结社往往从事破坏社会秩序的活动，如打架斗殴、绑架夺财，危害人民生命财产安全，影响国家稳定和经济发展。

综上所述，中国古代的秘密结社，虽然与当时正统思想和主流社会秩序相对立，受到历代统治阶级的严厉镇压，但在反抗压迫、抵御侵略方面发挥了重要作用。

参考资料

1. 谭松林：《中国秘密社会》，福建人民出版社，2002年。

第十章 中国古代史学史与史学理论

题目1 简述两汉时期的史学成就

相关真题 2023年中南民族大学

受先秦时期的修史文化传统和积淀，以及大一统政治格局形成的影响，中国史学在两汉时期取得了重大成就。

（一）西汉时期

1. 司马迁《史记》。《史记》记载了从黄帝到汉武帝太初年间三千余年的历史，全书共一百三十篇，包括十二本纪、十表、八书、三十世家、七十列传。《史记》是我国第一部纪传体通史，既奠定了传统纪传体"正史"的格局，也开启了后世史学的通史之风。

2. 刘歆《七略》。刘歆在其父刘向《别录》的基础上编撰成《七略》，将当时已知的书籍进行分类汇编，分成辑略、六艺略、诸子略、诗赋略、兵书略、数术略、方技略，这是我国第一部目录学著作，并成为班固撰《汉书·艺文志》的蓝本。

（二）东汉时期

1. 班固《汉书》。《汉书》记载了上起汉高祖元年（前206年）下至新朝地皇四年（23年），共230年的史事，共一百篇，包括纪十二篇、表八篇、志十篇、传七十篇，后人划分为一百二十卷。《汉书》是中国第一部纪传体断代史，此后正史编撰形成了断代为史的基本格局，该书首创的刑法、五行、地理和艺文四志也被后世正史继承。

2. 荀悦《汉纪》。《汉纪》成书于汉献帝时期，把《汉书》的纪、传、表材料，按年代顺序加以剪裁，编排在帝纪之内，共三十卷。《汉纪》是中国第一部编年体皇朝史，促进了古代史书编年体的成熟与完善。

3. 《东观汉记》。《东观汉记》记事起于东汉光武帝，止于汉灵帝，历时一百多年，参编者近20人，因董卓之乱，全书未能最后完成，共有一百四十三卷，该书是中国第一部官修的纪传体本朝史，曾与《史记》《汉书》并称"三史"。

4. 赵晔《吴越春秋》。该书记述春秋战国时期吴、越两国史事，和《越绝书》一同开启了后代书写地方史志之端。

5. 《越绝书》。该书以春秋末年至战国初期吴越争霸的历史事实为主干，记述古代吴越地方史，有"地方志鼻祖"之称。按《四库全书总目提要》考证应为袁康、吴平所著。

总之，两汉时期的史学迈出了坚实的一步，以司马迁、班固为代表的两汉史家们的著作与思想至今仍影响着中国史学的进步。

参考资料

1. 朱绍侯：《中国古代史》（第五版），福建人民出版社，2010年。
2. 朱绍侯：《中国古代史教程》，河南大学出版社，2010年。
3. 晁福林：《中国古代史》，北京师范大学出版社，2016年。

题目2 简述班固《汉书》的史学成就和史学意义

相关真题 2017年扬州大学

《汉书》又称《前汉书》，是中国第一部纪传体断代史，列入"二十四史"之一。与《史记》《后汉书》和《三国志》并称为"前四史"，对后世史学影响深远。

（一）史学成就

1. 开创了纪传体断代史的体例。班固认为《史记》的通史体例不利于突出汉朝的历史地位，认为汉朝当独断为史，其所撰的《汉书》专注于西汉一代，记事从西汉建立到新朝灭亡。

2. 体例编排整齐、严密。与《史记》相比，《史记》编排较为混乱，标题名字也不统一，而《汉书》的各传一般是按时间顺序排列，先专传、合传，再类传，各传名称一概以姓或姓名标题，只是诸王传除外。

3. 内容丰富完备。《汉书》的十志虽然本于《史记》八书，但远比八书丰富完备，详细记载了政治、经济、思想、文化各方面的内容，尤其是首创了刑法、五行、地理和艺文四志，扩大了历史研究的范围，也为后世正史撰述所继承。

4. 增设篇目，补充史实。《汉书》增设了篇目，如《惠帝纪》及王陵、吴芮、东方朔、张骞、苏武等传；此外增载了西汉一代重要的文章、言论，对于西汉前期的重要史实也有增补；对于民族史传资料的补充最为突出，如将《史记·大宛列传》扩充为《西域传》等。

（二）史学意义

1. 奠定了纪传体断代史的正统史学地位。《汉书》这种纪传体断代史的体例深受古代统治者的赞赏，此后正史编撰形成了断代为史的基本格局。

2. 扩大了记载范围，保存了丰富的文献资料。《汉书》十志部分涵盖了经济、水利、地理、政治、军事、法律、自然科学等领域，为后代学者提供了宝贵的研究资料。

3. 奠定了志书的规模，也影响典志体的形成。《汉书》十志本于《史记》八书，并首创四志，可以说《汉书》奠定了纪传体史书书志部分的基础，以后的书志基本不出《汉书》十志的范围，并且十志叙事，都是贯通古今，是后世《通典》《文献通考》等典章制度通史的开端。

综上，班固的《汉书》在史学体例创新、资料保存、学术领域拓展等方面做出了重大贡献，是中国史学的里程碑。

参考资料

1. 胡家骥：《班固史学观念的转变与〈汉书〉的体例》，《理论界》，2015年第2期。
2. 胡宝国：《汉唐间史学的发展》，北京大学出版社，2014年。

题目3 试述《史记》和《汉书》的异同

相关真题 2022年中国人民大学；2018年西北师范大学

《史记》和《汉书》作为中国史学的重要经典，自古以来备受推崇，两者都是纪传体史书的代表作，各自有着鲜明的特点和深远的影响。

（一）相同之处

1. 都是纪传体史书。《史记》是中国第一部纪传体通史，《汉书》是中国第一部纪传体断代史，两者在体例上都是纪传体，《史记》包括本纪、世家、列传、表、书等部分，《汉书》在此基础上有所损益，包括纪、表、志、传。

2. 作者相似的家世背景。司马迁出身于史官家庭，其父司马谈曾任太史令，这种家学深厚的背景为司马迁后来的史学创作打下了基础。同样，班固也出身于官宦之家，其父班彪对《史记》有深入研究，并亲作《后传》，对班固产生了重要影响。由此可见，司马迁和班固都有着良好的家学渊源。

3. 部分史实、内容的范围相同。《史记》记事涉及西汉史事，《汉书》多有所借鉴，在西汉历史这部分，《汉书》的内容与《史记》相比多有重叠，史料上也有所借鉴。

4. 部分思想倾向相同。《史记》和《汉书》都比较尊重客观历史事实，都具有一定的批判精神。

（二）不同之处

1. 体例上的具体差异。《史记》和《汉书》虽然都是纪传体，但是《史记》内容涵盖从黄帝到汉武帝的广阔历史，具有通史性质，而《汉书》只是记载西汉一朝的历史，实际上是断代史；另外《汉书》取消了《史记》中的世家部分，改本纪为纪，列传为纪传，书为志，特别是在《史记》八书的基础上又首创了刑法、五行、地理和艺文四志。

2. 思想观念的差异。《史记》通变古今，《汉书》尊显汉室；《史记》具有朴素唯物主义思想和进步历史观，《汉书》以儒家正统观念来处理历史人物；《史记》兼尊儒道，《汉书》独崇儒术；《史记》更倾向于下层民众，《汉书》则倾向于上层人士。

3. 文风上的差异。《史记》的文风较为生动活泼，富有个性和批判性，其文笔雄健、婉曲、峻洁，显示出司马迁独特的历史观和文学才能。相比之下，《汉书》的文风正统醇正，传达出正统思想，语言平实，更为规范和典雅，体现了班固严谨的史学态度和深厚的文学功底。

总体来说，《汉书》在继承《史记》的基础上，进行了创新和发展。两书的异同反映了不同历史时期的文化特点和史学风格，对后世史学的发展产生了深远的影响。

参考资料

1. 朴宰雨：《〈史记〉〈汉书〉比较研究》，中国文学出版社，1994年。
2. 韩兆琦，俞樟华：《略说〈史记〉与〈汉书〉的异同》，《古典文学知识》，1995年第3期。
3. 马卉：《浅析〈史记〉与〈汉书〉之异同——兼论司马迁和班固的史学思想》，《边疆经济与文化》，2015年第8期。

题目4 简述湖北云梦睡虎地秦墓、湖南长沙马王堆汉墓出土了哪些资料并介绍其史料价值

相关真题 1995年南开大学

湖北云梦睡虎地秦墓和湖南长沙马王堆汉墓是20世纪70年代经过发掘的秦代和汉代墓葬。它们的发掘为研究秦汉史提供了丰富的考古资料。

（一）湖北云梦睡虎地秦墓

1. 出土资料。睡虎地秦墓中出土了约1100枚秦代竹简，文字形式为秦代隶书。竹简内容记录了秦代的法律、历史、医学等各个方面。除竹简外，还出土了金属器物和生活用品，展示了秦代的物质文化和日常生活情况。

2. 史料价值。睡虎地秦墓出土了数量众多的秦简，为研究秦代书法、语言文字、法律、政治、经济和文化提供了大量史料。特别是其中的法律文献，填补了秦代法律史的空白，对于了解和研究秦朝的法律制度、政治结构和社会状况具有十分重要的价值。

（二）湖南长沙马王堆汉墓

1. 出土资料。①马王堆汉墓先后进行了3次考古发掘，共出土珍贵文物3000余件。在墓中发现了一具保存2100多年的完整女尸，这是世界上已发现的保存时间最长的一具湿尸，显示了中国古代防腐技术和医学水平。②出土了帛书，包括甲、乙本《老子》和《战国纵横家书》等，为研究战国到汉代的思想文化提供了珍贵资料。③还出土了素纱襌衣，重量不到1两，反映了汉代纺织技术的高超水平。

2. 史料价值。出土文物为历史研究提供了大量具有高度价值的实物史料，尤其是帛书，大部分都是失传的佚书。如其中甲、乙本《老子》是最古的版本；《五星占》是中国最古老的天文书等。这些帛书是研究战国后期至西汉初年历史的珍贵资料。

3. 考古学价值。马王堆汉墓的发掘是中国考古学史上的里程碑，开创了中国考古新局面，大大提高了社会各界对文物考古工作的认识和我国的国际地位，也是中国考古学上多学科研究相结合、多单位大力协作的成功范例，在传播科学考古知识、整理出土文献方面影响深远。

总之，上文两项考古发掘为秦汉这一阶段的考古研究和学术研究提供了大量的资料，使学者们跳出了只依靠传世文献进行研究的局限性，对今人的学术研究具有重大意义。

参考资料

1. 杨阳：《云梦睡虎地秦简，让秦史"活"起来》，《金桥杂志》，2018年第4期。
2. 李国斌：《马王堆汉墓发掘有故事》，《湖南日报》，2014年12月13日。

题目5 论述魏晋南北朝史学发展的成就表现

相关真题 2024年山东大学；2015年扬州大学；2014年四川大学

魏晋南北朝时期，由于纸张的普遍使用，提高了著书的效率和质量。另外社会上玄学思潮兴起，私人撰史数量增多，推动了这一时期史学的创新与发展。

（一）数量、种类和体例增多

魏晋南北朝时期相较前代，在纪传体、编年体的基础上创新出史注体和历史地理学典籍。

1. 纪传体。代表作有陈寿的《三国志》和范晔的《后汉书》，其中《后汉书》的"志"未完成，梁朝刘昭取司马彪《续汉书》的八志补入。
2. 编年体。在范晔《后汉书》之前还有袁宏的编年体史著《后汉纪》。
3. 史注体。裴松之的《三国志注》是该题材在中国古代的典范，通常与《三国志》并行。
4. 历史地理学典籍。郦道元的《水经注》是融史注体与地理记载于一体的著作，此外还有常璩的《华阳国志》和杨衒之的《洛阳伽蓝记》，都是史地记载的经典。

（二）断代史著作较为丰富

1. 晋人臧荣绪所修《晋书》成为后来唐修《晋书》的蓝本。
2. 北齐魏收主笔所修《魏书》是一部纪传体史著，是现存叙述北魏历史最原始且较完备的资料。
3. 南朝沈约所修《宋书》和萧子显所修《南齐书》，都是被列入"二十四史"的佳作。

（三）谱牒之学和人物传记非常盛行

南朝时士庶等级严格，为高标郡望，大讲谱牒之风。

1. 谱牒代表有贾弼之所撰的《姓系簿状》，记载了贾氏连贯系统的宗族世系。
2. 在月旦评和九品选官的影响下，人物品评的人物传记也日益风行，如《襄阳耆旧记》《汝南先贤传》和慧皎《高僧传》等，其中前二者又是郡书中的佳作。

（四）史论和史注受到重视

1. 史论，即对历史事件、人物、时代特征的分析和评价。魏晋时期的一些史书、文集较多呈现史论的成分，如《三国志》中的评注部分，特别是对人物的评价，体现了史论的特点，对后世史学影响深远。
2. 史注即对历史文献的注解。这一时期的史学家们注重对先前历史文献的整理、注释和解读。例如，《晋书》中对《三国志》的引用和注解，就是史注工作的一种表现。

（五）史学成为仅次于经学的一门独立学问

后赵石勒设立经学、史学和律学三所学校，这是史学作为一门学科独立出来的开始。后刘宋也开设了玄学、儒学、文学和史学四所学校。

（六）各民族的史学蓬勃发展

这一时期的民族史著作多以皇朝史或"国史"的形式出现，以崔鸿的《十六国春秋》和魏收的《魏书》最具代表性。此外，这一时期的民族史记述还包含在大量的地方史撰述和地理著作中，如《华阳国志》里关于西南民族史的记述就很丰富。

（七）历史地图集开始出现

西晋裴秀的《禹贡地域图》是中国古代最早的历史地图集，该书第一次明确了中国古代地图的绘制理论。裴秀在该书中提出的"制图六体"——分率、准望、道里、高下、方邪和迂直，对中国地图绘制学、世界地图学史和地理学史都做出了巨大贡献。

综上，史学在魏晋南北朝时期开始成为一门独立的学科，其史著数量、种类和体例都比过去有所提升。

参考资料

1. 周一良：《魏晋南北朝论集续编》，北京大学出版社，1991年。
2. 白寿彝：《中国史学史》，上海人民出版社，2006年。
3. 胡宝国：《汉唐间史学的发展》，北京大学出版社，2014年。

题目6 试述"前四史"

相关真题 2022年四川大学；2021年扬州大学

前四史，是指"二十四史"中的前四部史书，包括西汉史学家司马迁的《史记》、东汉史学家班固的《汉书》、南朝宋史学家范晔的《后汉书》、西晋史学家陈寿的《三国志》。

(一)《史记》

《史记》为西汉司马迁所著，成书于西汉武帝征和年间，它以纪和传为主体，故名纪传体，记载了上自黄帝，下至汉武帝征和三年（公元前90年）3000年的历史。分为本纪、表、书、世家、列传五部分。"本纪"记载了历代帝王政绩，"表"指大事年表，"书"记载了各种典章制度，"世家"记载诸侯贵族的兴亡，"列传"记载重要人物的言行事迹。原书最初被称作《太史公书》，到东汉桓帝时改称《史记》。《史记》是我国历史上第一部纪传体通史，为后世史书编纂打下基础。

(二)《汉书》

《汉书》又称《前汉书》，东汉班固所撰，主要记述汉高祖元年（公元前206年）至王莽地皇四年（23年）共230年的史事，是继《史记》之后中国古代又一部重要史书。《汉书》包括帝纪、表、志、列传，共一百篇，后人划分为一百二十卷。《汉书》是中国第一部纪传体断代史，首创断代史体例并成为此后中国封建史学的标准形式。

(三)《后汉书》

《后汉书》是南朝宋时期历史学家范晔编撰的史书，属"二十四史"之一。《后汉书》中分十纪、八十列传和八志，全书主要记载了上起东汉的汉光武帝建武元年（公元25年）下至汉献帝建安二十五年（公元220年），共195年的史事。《后汉书》大部分沿袭《史记》《汉书》的现成体例，结构严谨，编排有序。《后汉书》的优点体现在勇于暴露黑暗政治，同情和歌颂正义的行为方面，一方面揭露鱼肉人民的权贵，另一方面又表彰那些刚强正直、不畏强暴的中下层人士。

(四)《三国志》

《三国志》是晋代陈寿编写的一部主要记载魏、蜀、吴三国鼎立时期的纪传体断代国别史，详细记载了从汉灵帝中平元年（184年）到晋武帝太康元年（280年）近百年的历史。《三国志》全书包含《魏书》《蜀书》《吴书》共六十五卷。《三国志》是纪传体国别体的典范，史料翔实可靠。但其也有缺点，只有纪、传而无表、志。记载司马氏与曹魏斗争时，对司马氏有曲笔回护之意。

总之，"前四史"作为"二十四史"的前四部史书，在史学界占有非常重要的地位，是研究秦汉三国时期的必读史料。

参考资料

1. 安作璋：《中国古代史史料学》，福建人民出版社，2010年。

题目7 简述唐代的史学成就

相关真题 2021年重庆师范大学；2021年西南大学；2014年陕西师范大学；2003年中山大学；1998年东北师范大学；1996年清华大学

唐代不仅继承了魏晋南北朝以来形成的史学传统，还在修史制度、史学体例、理论和思想等方面做出了显著的创新。

(一) 官修正史成为定制

1. 史馆的设立及其管理。唐朝重视修史，设立史馆，并将其移至门下省北，由宰相监修。同时，这也几乎垄断了纪传体正史的修撰（李延寿的两史除外）。这种做法使官修正史成为一种沿袭至清代的定制。

2. "唐修八史"工程。这"八史"均为纪传体正史，其中官修的六史包括《晋书》《梁书》《陈书》《北齐书》《周书》和《隋书》（包含《五代史志》十种），而私修的两部则是李延寿的《南史》和《北史》，这两部均在获得朝廷的批准后被正式列入正史。

（二）史学理论和历史思想的深化

唐代在史学理论和历史思想方面的进步主要体现在刘知几的《史通》上。《史通》是中国首部系统性的史学理论专著，作品内容主要评论史书体例与编纂方法，以及论述史籍源流与前人修史之得失。

1. 批驳宿命论，强调人事的作用。刘知几在《史通》中反对宿命论，强调人的行为和决策在历史发展中的重要作用。

2. 提出进化史观。刘知几主张历史是变化的、发展的，认为评价人和事应当基于当时的客观形势，反对一成不变的以古非今论调。

3. 提出"三长论"。刘知几认为合格的史家应具备史才、史学和史识三种必要素质，其中"史识"——对历史是非曲直的观察、鉴别和判断能力——被认为最为重要。

4. 倡导直笔论。刘知几主张史家应有秉笔直书的勇气和能力，做到"不掩恶，不虚美"，即不回避权势、不迎合权贵。

（三）新的史书体裁——出现政书体（又称"典志体"）

1. 杜佑的《通典》。这是中国第一部典制体通史，专门记载历代典章制度。全书共200卷，分九门，内容包含食货、选举、职官、礼、乐、兵、刑法、州郡和边防等，其中"礼"占全书近半，旨在巩固礼教伦常。此外，《通典》还体现了"变通"的历史思想，主张古为今用，反对僵化的以古非今观点。

2. 《唐六典》。它是唐玄宗时期官修的行政法典，成书于开元二十六年（738年）。《唐六典》记录了自唐初至开元年间的官制源流，是继《永徽律疏》之后的又一重大立法成就，标志着中国封建行政法制的成熟和完备。

（四）地理著作的卓越成就

1. 李吉甫的《元和郡县图志》。这部作品保存了大量丰富的历史资料，对全国各地的地理沿革、山川和物产进行了简要叙述，对后世的《太平寰宇记》及元、明、清各代的《一统志》都产生了深远的影响。

2. 樊绰的《蛮书》。这是唐代关于云南的专著，主要记载南诏史事，是研究西南民族历史的重要著作。

3. 贾耽的《海内华夷图》。该图基于裴秀"制图六体"绘制，确立了"古墨今朱"的标识方法，注重外国部分，其地域范围包括了作者所了解的唐朝以外的全部地理范围，对中国和世界地图制图学史具有重大意义。

总之，唐代的史学成就不仅在著作数量、涵盖范围上表现卓越，更在理论深度和内容创新上展现了划时代的意义。为后世的史学研究和编纂奠定了坚实的基础。

参考资料

1. 马卫东：《历史学理论与方法》，北京师范大学出版社，2009年。

题目8 简述宋代的史学成就

相关真题 2022年海南师范大学；2022年苏州大学；2021年西南大学；2021年复旦大学；2021年上海大学；2019年暨南大学；2018年扬州大学；2016年中央民族大学；2014年扬州大学

宋代是我国古代史学的繁荣时期，各种新史体先后创立，长篇巨著数量很多，各种地理志相继修纂，金石学也成为史学研究的新领域。

（一）官修和私修史学

1. 官修层面。①宋代官修正史有《旧五代史》和《新唐书》。《旧五代史》由薛居正监修，共150卷。《新唐书》由宋祁、欧阳修等人合撰而成，全书共225卷，《新唐书》在体例上第一次增加了论述唐代府兵制度等内容的《兵志》，是中国正史史书体裁的一大创举。②宋代史学编修的机构和制度都在前代的基础上又得到了进一步的发展。增设日历馆等，修编体系从起居注、日历到实录，再到国史和会要，层层完备。③宋政府设置专门的史官，分别纂修实录、国史、会要等书，内容都比前代详细。宋朝政府设立会要所编修本朝会要，在历史上是第一次。

2. 私修层面。宋代私人史学创作同样卓越。司马光编纂的《资治通鉴》是现存第一部编年体通史，记载了战国至五代的历史，取材丰富，考证详密。仁宗皇祐五年（1053年），欧阳修私自修成《新五代史》，出现了两部五代史并存的局面。郑樵的《通志》概括了古代文化各方面，开创了文化史研究的新局面。袁枢的《通鉴纪事本末》是我国第一部纪事本末体的历史著作，开创了历史编纂学的新途径。朱熹的《资治通鉴纲目》则创立了纲目体裁，对史书编纂产生极大影响。

（二）方志与类书

1. 宋代志书大量出现，编纂体例也渐趋完备，山川、疆域、名胜、职官、建置、赋税、物产、乡里、人物、金石、艺文、灾异等无不包含。地方性的志书比较出名的有《吴郡志》《乾道临安志》等。全国性的志书有《太平寰宇记》《元丰九域志》《舆地纪胜》等。

2. 类书是中国古代的分类式百科全书，其价值主要在于保存了大量失传的古籍资料。北宋编纂的四大类书——《太平御览》《太平广记》《册府元龟》《文苑英华》。其中《太平御览》被称为"类书之冠"，引用古今图书及各种体裁文章多达2500多种。

（三）金石学的成就

金石学形成于北宋时期，是以古代青铜器和石刻碑碣为主要研究对象的一门学科，由学者欧阳修开创，其学生曾巩在他的《金石录》中最早提出"金石"一词，金石学是近代考古学的前身。金石学著作主要有北宋欧阳修的《集古录》，吕大临的《考古图》，王黼的《宣和博古图》，以及黄伯思的《金石题跋》；南宋有赵明诚的《金石录》，洪适的《隶释》等。这些为史籍的重新考订提供了新类型的材料。

总体而言，两宋时期的史学成就在编纂史书、历史研究方法等方面具有重要意义，对于后世史学的发展和进步产生了深远的影响。

参考资料

1. 赵晖：《试论宋代的修史机构与史学成就》，《天中学刊》，2008年第4期。

题目9 列举研究宋史的基本史料

相关真题 2022年复旦大学；2022江汉大学；2022年四川大学

历史上遗留的关于两宋时期的史料可谓汗牛充栋，以下列举宋史研究中较为常用的史料。

1. 《宋史》。为"二十四史"之一，共496卷，由元宰相脱脱主持编纂。该书是唯一系统记录宋代历史的纪传体史书，包括纪、志、表、传四种体裁。

2. 《东都事略》。南宋王称所著，属于纪传体北宋史，共130卷。从体裁上看，只有纪和传，而无表、志。

3. 《续资治通鉴长编》。南宋李焘撰，属于编年体北宋史，共520卷。该书继承《资治通鉴》的体例，征引广博，考订翔实，是研究北宋历史最基本的文献，为后世所推崇。

4. 《建炎以来系年要录》。南宋李心传撰，属于编年体南宋史，共200卷。该书记载了从建炎元年（1127年）至绍兴三十二年（1162年）的南宋史实。

5. 《两朝纲目备要》。该书作者佚名，共16卷，记载了起自光宗迄于宁宗两朝的历史。全书大量援引诏书、奏议、实录与案牍等原始文献，保存了丰富史料，真实性强，可补《宋史》之缺。

6. 《宋季三朝政要》。该书作者佚名，全书共6卷，记载了南宋理宗、度宗、恭宗三朝的历史。此书记载宋末轶事较多，可补《宋史》之缺。

7. 《三朝北盟会编》。南宋徐梦莘撰，属于纲目类编年体史书，共250卷。记载了从北宋政和七年（1117年）至南宋绍兴三十二年（1162年）的历史，包含了宋徽宗、宋钦宗、宋高宗三朝有关宋金和战的史料，以及这一时期的诏敕、奏议、传记、碑志等内容，是研究两宋之际历史的重要资料。

8. 《宋会要辑稿》。清朝徐松辑，共366卷。该书保存了许多关于宋代典章制度的史料，其中有不少是《宋史》或其他史书没有记载的。

9. 《文献通考》。元朝马端临著，属于典制体通史，共348卷。记载了自上古时期至宋宁宗嘉定末年的典章制度。该书收集的资料十分丰富，关于宋代制度的内容尤为详细。

10.《涑水记闻》。北宋司马光所著的一部语录体笔记，共16卷。该书详细记载了从906年至1070年北宋六朝的历史，全书主要记载军政大事、朝政典章，每条记事之末多注有出处，史料价值很高，是研究北宋历史的重要资料。

总之，宋代是中国传统史学发展的鼎盛时期，官方重视当代史的编修工作，私人著史也蔚然成风，为后世了解和研究宋代留下了宝贵的史料。

参考资料

1. 陈高华等：《中国古代史史料学》（第三版），中华书局，2016年。

题目10 简述"三通"的特点及异同 醒吾历史统考预测题

"三通"是指唐朝杜佑的《通典》、宋朝郑樵的《通志》、元朝马端临的《文献通考》。

（一）特点

1.《通典》。

①《通典》开创了以事类为中心叙述历史发展的史籍新体——典制体，亦称政书体，分门立目、以类相从、叙其始终。这是在编年体、纪传体之后发展起来的又一种重要的史书体裁。

②《通典》重视论议。它详载历代"群士论议得失"，也有作者对史事所作的许多评论。

③《通典》体现了以史为鉴的态度。书中反复表达了要吸取历史教训、减轻人民负担、裁撤冗官、轻刑罚、少征战等主张，多切中时弊，有进步性。

2.《通志》。

①《通志》体现了作者以"会通"为主的史学思想。"会"是指把各种史料加以综合，"通"是指把史书的记载按照时代的相续加以整理、编排，探其源流，描绘出各种事物从古至今的发展过程。

②《通志》的"校雠略"首开校勘学的蹊径，在学术上是一个巨大的贡献。《通志》证明了在断代纪传体史书盛行于世的情况下，纪传体通史的撰述不仅是必要的，而且是可能的。

3.《文献通考》。

①《文献通考》补充了唐玄宗天宝以后至宋宁宗嘉定以前的典章经制，而且增加了门类，从而扩大了典制体通史内容的范围。

②注重社会经济的考察。马端临着意强化了《通典》以"食货为之首"的历史见识，把《食货典》析为8门。

③马端临在《文献通考》中反映出了进步的历史观。他在书中对历史的认识既包含着朴素的唯物因素和辩证因素，也包含着进化的观点。

（二）"三通"的异同

1. 相同点。①都体现了"会通"史学思想。"三通"都以贯通古今为主旨，体现了"会通"史学思想，旨在整理、总结历代的典章制度，表现了历史的连续性和发展性。②都属于典制体史书，是我国古代三部重要的通史性政书，各自详述了不同时期的政治、经济制度。

2. 不同点。

①内容风格不同。郑樵的《通志》偏重考订，内容细微但不全面；马端临的《文献通考》内容十分精详，记述了一些个人论断；杜佑的《通典》内容简要，主要记述施政得失。

②侧重点不同。《通典》长于言礼；《文献通考》注重社会经济的考察，以"食货为之首"；《通志》强调以通史为主，极力赞美司马迁而攻击首创断代史的班固。

③史学思想不同。《通典》是强调经世致用的史学，将古今典制从沿革上予以考察，并充分评析现行制度；《通志》没有经世致用的见解，单纯从学术立场出发，但不拘泥于既存的正史；《文献通考》则认为历史上的事件是相互关联、互为因果的，因此特别强调历史上的典章制度的传承与沿袭。

总结来说，"三通"在我国典章制度研究史上占据着极为重要的地位，每部著作在特点、侧重点和史学思想上都各有特色，有助于我们理解和研究中国古代的典章制度及其沿革。

参考资料

1. 卢小薇：《"三通"考述》，《图书馆学刊》，2011年第12期。
2. 刘子荣：《我国古代的政书——"三通"》，《河南图书馆学刊》，2002年第3期。
3. 瞿林东：《中国史学史纲》，北京师范大学出版社，2010年。
4. 白寿彝：《中国史学史》（第三版），北京师范大学出版社，2016年。

题目11 简述清代前期的史学成就

相关真题 2018年暨南大学；2017年四川大学

至清代前期，在政权嬗变的背景下，官方大力组建文献整理工程，营造盛世修史的升平气象。同时，流散在民间各处的仁人志士也在积极搜罗史料撰史，寄托家国忧思或志在著书立说。

（一）官修成就

1. 正史。①设立实录馆，修订实录和宝训，其中实录还开始具备满、汉、蒙三种文字版本。②设立国史馆，编纂纪传体史书，包括本朝皇帝本纪与名臣传记等。③设立方略馆，以纪事本末体的体裁，按档案和时序的方式记录本朝重大战事，如《平定三逆方略》《安南纪略》等。④开设明史馆，历时康雍两朝修订《明史》。

2. 政书。①修订了"续三通"：《续通典》《续通志》与《续文献通考》。②修订了"皇朝三通"：《皇朝通典》《皇朝通志》和《皇朝文献通考》。

3. 志书。编修全国性总志《大清一统志》，其编修时间跨越乾隆、嘉庆两朝，共560卷，全面记载了国家的地理、政治、经济和文化等各个方面。

4. 类书与丛书。①完成《古今图书集成》的编修，这是一部涵盖广泛知识的大型丛书。②修订《四库全书》，收录了大量历史文献，是清代文化的重要成就。

（二）私修成就

1. 学案体的出现。学案体是明末清初形成的一种记载学术思想发展的史学体裁，每一种学案都要说明该学派的世系、渊源、学术思想、学术论著等内容，代表作有黄宗羲的《明儒学案》《宋元学案》等。

2. 考据学。①王鸣盛撰《十七史商榷》，共100卷，内容包括对从《史记》到五代的19部正史进行校勘和考订，尤其详于舆地、职官、典章制度。②赵翼撰《廿二史札记》，共36卷，对从《史记》到《明史》的24部正史的作者、写作过程、史料来源、主要内容等方面进行考证、分析和评论。③钱大昕撰《廿二史考异》，主要考证了除《旧五代史》和《明史》以外的22部正史记载出入、矛盾、错误之处。④崔述撰《考信录》，共36卷，第一次对先秦古史做了系统性考证。

3. 志书。①顾炎武的《天下郡国利病书》和《肇域志》对全国各地的形势、险要、民兵、马政、屯田以及社会动乱等进行了翔实记载，被梁启超称为"政治地理学"之作。②顾祖禹的《读史方舆纪要》全书参考二十一史及历代总志和方志百余种，集明代以前历史地理学的大成，号称千古绝作。

4. 史学理论。章学诚的《文史通义》与唐代刘知几的《史通》被称为"中国古代史学理论双璧"。他在史学理论方面的创举主要体现在：①从理论上阐述了"六经皆史"说。②系统阐述了历史编纂理论，从整体上将史书分为撰述和记注两大类别。③揭示历史认识的主体因素，倡言史德。

综上，无论是从官修还是私修层面看，清代前期通过对制度与机构的完善、各种体裁的史料修编、考证学的推动以及史学理论的升华，使该时期的史学成就蔚为大观。

参考资料

1. 马卫东：《历史学理论与方法》，北京师范大学出版社，2009年。
2. 朱绍侯：《中国古代史》（第五版），福建人民出版社，2010年。

题目 12　论述清朝的图书整理和编纂成就

相关真题　2023年中国社会科学院大学；2020年东北师范大学；2017年陕西师范大学

清政府为强化儒学思想统治及对文化资源的利用，在康熙至乾隆时期进行了大规模的图书整理和编纂工作，成就显著。

（一）官修方面

1. 《明史》的编纂。《明史》是清代史学的重要成就，顺治、康熙年间开始，雍正十三年（1735年）完成，历时90年。它包含本纪24卷、志75卷、表13卷、列传220卷，共332卷，全面记录了元末至明朝灭亡的历史，创设了《阉党传》《土司传》《流贼传》等新传目。

2. 大型类书、丛书的编修

①《古今图书集成》。康熙、雍正年间，政府组织人力编成该书，内容包括历象、方舆、明伦、博物、理学、经济6篇，条理清晰，是继《永乐大典》后的又一部大型类书。

②《四库全书》。乾隆时期，政府选派纪昀等160余人编辑，分经、史、子、集四大类，共收书3503种，79337卷，装订成36000余册，是清代的文化巨著。

（二）私修方面

1. 学案体的发展。黄宗羲编撰的《明儒学案》和《宋元学案》，为学术史研究开辟了新领域。《明儒学案》客观介绍明代各学派和学者，是学术思想史专著；《宋元学案》则由黄宗羲着手，后由他人续撰而成。

2. 考据学图书的丰富。清代史学在历史考据方面的显著成果有清代三大考史名著，即王鸣盛的《十七史商榷》、赵翼的《廿二史札记》和钱大昕的《廿二史考异》。

3. 志书的发展。顾炎武的《天下郡国利病书》和《肇域志》翔实记载各地形势和社会情况，具有重大学术价值。顾祖禹的《读史方舆纪要》参考二十一史及历代总志和方志百余种，集明代以前历史地理学的大成，号称"千古绝作"。清政府亦编修《大清一统志》，记录了全国性的志书。

4. 史学理论著作的突破。章学诚著有《文史通义》和《校雠通义》，前者和《史通》并誉为"中国古代史学理论双璧"，后者实集中国古代校雠学之大成。

5. 私修丛书的出现。清代私人编刊的丛书至少有80种，如《学海类编》《昭代丛书》《知不足斋丛书》《学津讨原》等，这些丛书收录了众多著作，促进了文化传播。

总的来说，清朝在图书整理和编纂方面的成就表现在官修和私修两个层面，不仅诞生了一系列巨典，也促进了学术思想的发展和文化的传播。

参考资料

1. 朱绍侯：《中国古代史》（第五版），福建人民出版社，2010年。

题目 13　论述乾嘉学派形成的背景、过程及其成就

相关真题　2017年历史学统考；2024年东华大学；2023年东南大学；2023年西南大学；2019年上海大学；2017年南京大学；2017年天津师范大学；2017年扬州大学；2014年扬州大学

乾嘉学派是清代乾嘉时期思想学术领域中出现的以考据为主要内容的学派。它因采用了汉朝儒生训诂、考订的治学方法，而与着重于理气心性抽象议论的宋明理学有所不同，所以有"汉学"之称。因为这一学派的文风朴实简洁，重证据罗列而少理论发挥，又被称为"朴学""考据学"。

（一）背景

1. 士人对阳明心学的反思。明代中后期，心学注重心性体悟，忽视实证，形成空疏学风。明朝灭亡后，很多学者认为这种学风是"空谈误国"，开始反思并倾向于实学和考据。

2. 经济繁荣与政治稳定的社会环境。康雍乾时期，清朝统一多民族国家政治体制逐渐稳固，经济恢复，为学术

文化发展提供了良好环境。

3. 出现文字狱与政治避祸现象。清朝前期，诸帝频兴文字狱，很多汉族士大夫为避祸，专注于学术考订和实证，避免涉入政治。

（二）发展过程

1. 渊源阶段。明清鼎革之际，顾炎武、黄宗羲、方以智等人反对空疏学风，强调经世致用，重视实证考查。其中顾炎武实开乾嘉学派之端，所撰《日知录》为其三十余年读书札记的汇编，主张根据经书和历史立论，以明道救世为宗旨。

2. 奠基阶段。康熙年间的胡渭和阎若璩等奠定了乾嘉学派的基础。胡渭撰《易图明辨》，考定宋儒易学"河图""洛书"的谬误。阎若璩撰《古文尚书疏证》，考定东晋人所作尚书为伪。两人都强调读书，反对空谈，引领考据之风。

3. 形成与发展阶段。乾嘉学派到惠栋、戴震时正式形成，在两人各自师承的影响下，又派生了吴派和皖派。①吴派导源于吴中惠惕而成于其孙惠栋，主张搜集汉儒经说，加以疏通证明，并涉及史学和文学，以保守汉儒的学说为主，代表性学者有钱大昕、王鸣盛、江藩等。②皖派导源于徽州江永而成于皖南戴震，主张以文字学为基点，从训诂、音韵、典章制度等方面阐明经典大义和哲理，以考据详博见长，敢于突破汉儒学说，但有时趋于琐细，代表性学者有段玉裁、王念孙、王引之等。

（三）成就

1. 产生了一批解经工具书方面的成果。如段玉裁的《说文解字注》、王念孙的《广雅疏证》、江永的《古韵标准》和戴震的《声韵考》等。

2. 诞生了清代三大考史名著，即王鸣盛的《十七史商榷》、赵翼的《廿二史札记》、钱大昕的《廿二史考异》。

3. 旧史补表、补志、补注和辑佚的工作取得较大的成绩。一些学者从《永乐大典》中辑出很多失传的史书，如邵晋涵辑的《旧五代史》，徐松辑的《宋会要辑稿》等。

4. 引起了对上古历史记载的怀疑。崔述在其《考信录》中对上古文献记载进行了大胆怀疑，通过极其精核的考证来提出自己的观点还直接导致了20世纪"古史辨派"的兴起。

综上所述，乾嘉学派虽然代表了那个时期学术的最高水准，但由于清朝的高压政策，使得这样的学术缺乏思想和活力，最终不得不进行转型。

> **参考资料**

1. 张瑞山：《乾嘉学派与清代天算、地学、医学》，《自然辩证法通讯》，1992年第5期。
2. 王琼：《乾嘉学派的成因及其评价》，《图书馆学研究》，1999年第4期。
3. 朱绍侯：《中国古代史教程》，河南大学出版社，2010年。

题目14 简述出土文献的史学价值

相关真题 2023年南开大学；2023年清华大学；2023年西北大学

出土文献是珍贵的文献资料，是史学研究中基本的史料形式之一，是研究古史的第一手资料。出土文献以内容丰富、完备、连续和系统见长，具有极其重要的史料价值。

（一）了解古代书籍制度

一些出土文献让当代研究者看到了古代典籍中比较古老、真实的本子，对于搞清古书的原貌和源流具有决定性的作用。这些出土文献可以向今人揭示古代书籍的编纂、制作和流通方式，帮助我们更好地理解和利用传世文献。

（二）扩大史料范围

出土文献大幅扩展了史料的范围，为研究者提供了全新的研究对象。如甲骨文的发现，为我们揭示商代的社会经济生活、政治结构、内外战争、帝王世系及风土民俗等提供了宝贵资料。这些新史料的加入，使得我们对于商代乃至上古时代的历史有了更深刻的理解和认识，推动了历史学研究的深入发展。

（三）弥补研究领域的空白

出土文献中包含了许多已经亡佚的文献，它们的重新发现，弥补了某些研究领域的空白。例如，《孙子兵法》和《孙膑兵法》的同时出土，证明了《史记》中关于孙武和孙膑的记载是准确的，为我们研究古代兵法提供了直接的证据。

（四）弥补传世文献之缺漏

通过出土文献和传世文献的对照，可以发现并补足后者的遗漏和缺漏。出土文献的加入，让我们能更准确、更全面地理解历史事件和思想发展的脉络。例如，郭店楚简、上博楚简的发现，丰富了关于先秦儒家和道家思想的研究，为我们提供了更多的研究材料。

（五）纠正传世文献之谬误

出土文献由于其保存的原始性，往往更接近历史真实。将其与传世文献相对照，有助于纠正后者的错误，恢复文献的原貌。这对于精确理解古代文献、确保学术研究的准确性具有重要意义。

（六）为"伪书"正名

一些传世文献因为历史原因被贴上了"伪书"的标签。出土文献的发现，特别是与这些"伪书"相关的材料的出土，有时可以为这些文献正名，恢复它们的学术价值和历史地位。

总之，出土文献对于史学研究具有不可替代的价值。随着考古学的进步和出土文献的不断增多，我们对古代历史的认识将会更加深入和准确。

参考资料

1. 潘会月：《出土文献对传世文献的学术价值》，《散文百家（新语文活页）》，2018年第9期。
2. 陈叶军：《出土文献与传世文献互为补益》，《中国社会科学报》，2014年8月20日。

题目15 试介绍中国古代史书典籍的体裁和特点

相关真题 2024年南阳师范学院

我国史学历史悠久、渊源有自，史书编修更是自先秦以来便产生了有意识的萌芽。之后对各种体例的完善从未中断。我国古代史书典籍的体裁一共可分为以下几种类型：

1. 纪传体。是一种以历史人物为核心来记述历史的史书体裁，代表为《史记》。其特点是杂糅了先秦体裁，分作本纪、表、书、世家、列传五个部分。其中"本纪"以历代帝王为中心，是全书的总纲；"世家"记载了诸侯以及历史上一些有特殊影响的人物；"列传"记载历代名人、三教九流的事迹；表指世系表；书记载的是《礼》《乐》《律》《历》等八书，是对各个专题的记载和论述。

2. 国别体。是一种以国家为单位，分别记叙历史事件的史书体裁。国别体偏重于记录各国历史。《国语》是我国第一部国别体史书。

3. 编年体。是以历史事件发生的时间为顺序来编撰、记述历史的一种史书体裁，以《左传》和《资治通鉴》为代表。编年体具有时间连续的优点，给人一种清晰的历史时序感，但也容易造成对前后相续的历史事件的分割，因此对事件原委难以叙述完整。

4. 纲目体。是编年体的一个变种，纪年仍以时年为序，每事有一提纲，以大字提要为纲，小字分注为目，纲简目详，颇便查阅。这类体裁由朱熹创立，以《资治通鉴纲目》为代表。其特点是简明清晰、贯通详备，重点突出，蕴含了编者的历史思想。除《资治通鉴纲目》外，还有清吴乘权等人著的《纲鉴易知录》。

5. 纪事本末体。是一种以历史事件为主的史书体例，代表有袁枢的《通鉴纪事本末》，谷应泰的《明史纪事本末》。特点是以记录事情为主，首尾详细，集中表述过程。它克服了编年体和纪传体在纪事方面"首尾难稽"的缺点，体现出鲜明的条理性。

6. 会要体。是一种以汇聚朝廷典章制度内容的史书体裁。以《唐会要》为代表，也是断代的典章制度史。各代"会要"记载的有关政治、经济、军事、外交、法律、教育、礼乐等十分全面，兼有工具书和资料汇编的功能。

7. 起居注。是记录古代帝王言行的一种特殊史书体裁，以《大唐创业起居注》和《万历起居注》为代表。它类似于给皇帝写日记。其特点是记录并不严格，但拥有最原始的史料，且皇帝本人无法目睹编撰过程，真实性较强。

8. 典志体。也称政书体，是一种以记载典章制度为主的史书体例。其特点是分门别类，从纪传体中抽离了出来。我国第一部典志体著作是唐代杜佑的《通典》，它与《通志》《文献通考》合称"三通"。清朝时期陆续编修了《续通典》《续通志》《续文献通考》《清通典》《清通志》《清文献通考》，这六部书与前"三通"合称为"九通"。另民国时期《清续文献通考》问世后，与"九通"合称为"十通"。

9. 学案体。是一种以记述学术史为中心的综合体裁。由黄宗羲创立，代表有《明儒学案》《宋元学案》。其特点是由学者传记、言行录、著作摘要、他人有关的评论等几部分组成。学案体注重学术流派和师承弟子传授关系。

10. 实录体。是指以编年形式、专门记载某皇帝在位期间的言行以及全国性的重大历史事件的史书体裁，以《明实录》和《清实录》为代表。实录体的缺点是由于明清禁忌较多，史官往往不敢秉笔直书。

在上述史书体裁中，中国古代以编年体、纪传体和纪事本末体最为重要，是史书编纂的三大主要形式，它们与其他体例一起书写了中国古代史书的宏伟诗篇。

参考资料

1. 白云：《中国史学思想会通·历史编纂学思想卷》，福建人民出版社，2018年。

题目16　论述中国古代正统论的主要观点及影响

相关真题 2024年历史学统考

中国古代正统论是一种深刻影响古代中国历史观和政治观的理论体系。它在秦汉时期大一统理论和天命论的基础上形成，历经数千年的演变和发展，对于中国古代王朝的更迭、历史书写以及后世对于政治正当性的认识均有深远影响。

（一）正统论的主要观点及发展

1. 西汉至东晋。西汉时期，董仲舒提出"天人感应"理论，认为天子受命于天，天命决定王朝的正统性。刘歆的《三统历》用五德终始论排列王朝世系，首次将正统理论系统化，为后世正统与僭伪之争奠定了理论基础。东晋习凿齿在《汉晋春秋》中批评《三国志》的正统观，提出以道德名分评判政权正统性的观点。

2. 唐朝时期。皇甫湜在《东晋元魏正闰论》中认为政权的正统性取决于"德、时、力、义"，并以此论证东晋的正统性。

3. 北宋时期。北宋学者围绕"尊王攘夷"和正统观念展开讨论。欧阳修认为宋朝能统一是因为拥有"正统"的政治道德和天命，从而具有无可争议的合法性。在他看来，正统不仅仅是政治合法性的象征，更是一种符合儒家道德和仁政理念的统治。苏轼将正统论与名实论相结合，强调以史实为依据评价正统。司马光则认为结束分裂、建立统一的王朝都是正统。

4. 南宋时期。南宋时期，正统论的讨论更多地涉及"华夷之辨"，如张栻以"华夷之辨"为判断正统的标准，郑思肖提出外族建立的王朝不能视为正统。朱熹将王道正统与"天理"相联系，反对将夷狄政权视为正统。

5. 明朝时期。方孝孺在《释统》中提出正统与变统的观点，试图在历史书写中平衡不同政权的正当性，强调了三代、汉、唐、宋的正统地位。

（二）正统论的影响

1. 劝善惩恶与道德建构。正统论通过史书中的褒贬，强化了君主理应遵循的道德规范，对于维护社会秩序、弘扬儒家道德价值观起到了重要作用。

2. 史学与政治的联系。正统论使史学与政治密切相关，为统治者提供了正当性的历史依据，也使史学研究在一定程度上服务于政治需求，影响了史学的客观性和独立性。

3. 史料的取舍与书写。正统观念影响了史学家对史料的选择和历史事件的书写方式，使得史书在记载不同政权时存在偏颇，对正统政权的美化和对僭伪政权的贬低影响了后人对历史的全面认识。

综上所述，中国古代正统论不仅是一种政治理论，更深刻地影响了中国古代的历史观、政治观和史学研究。它作为一种深植于中国文化土壤中的思想，对于理解中国古代社会的政治结构、历史发展及文化传统有着重要的意义。

> 参考资料

1. 王东：《正统论与中国古代史学》，《学术界》，1987年第10期。
2. 江湄：《正统论的兴起与历史观的变化》，《史学月刊》，2004年第5期。

第十一章　古代中外关系史

题目1　论述魏晋南北朝时期的中外经济文化交流

相关真题　2021年暨南大学

在中外交流史上，魏晋南北朝是一个开放的、传播与吸收并举的活跃时期。这一时期中国与周边国家有着密切的关系，为以后隋唐时期中外文化的大交流打下了坚实的基础。

（一）与东亚的交往

1. 朝鲜。这一时期，朝鲜半岛分为三个国家——高句丽、百济和新罗。三个国家同中国的南北政权都保持着经常性的来往，高句丽王、百济王曾多次受到南北政权的各种册封，派到中国的使节多达198次。中国的五经、三史、《三国志》、《晋阳秋》等书籍以及语言、医药、历法等相继传入朝鲜。同时，朝鲜创造的《箜篌引》乐曲和新罗的乐器也传入中国。

2. 日本。①魏景初二年（238年），邪马台倭国女王遣使赴洛朝贡，此后的10年间，两国使者往返达6次之多。南北朝时期，日本又多次派使者来中国，仅刘宋时期就有8次。②285年，百济人王仁带《论语》10卷和《千字文》1卷去日本，日本开始采用中国汉字。③中国的佛教文化传入日本。梁武帝时期，中国人司马达在日本结庵奉佛，宣扬佛教，是佛教传入日本之始。④4世纪时，不少中国的纺织工、养蚕能手、陶工、厨师等移居日本，几乎带去全部的中国先进工艺技术。

（二）南亚、东南亚的交往

三国以后，由于海上交通和南方丝绸之路的开辟，中国同南亚各国的联系加强了。

1. 印度。这一时期，中印文化交流频繁。先后有70多位印度僧侣来中国传教、译经。中国僧侣往印度等国取经的有近90人，多是学问僧，其中贡献较大的是中国名僧法显，他在游历印度各地之后，著有《佛国记》一书，记述了古代中亚、印度、南海诸国的地理、历史、风土人情。同时，佛教文化中的狮子、塔等也随之逐渐传入中国。

2. 东南亚。中国同东南亚各国的关系一直很密切。①245—250年，孙吴曾派使者出使林邑、扶南等国。同时，扶南遣使来中国就有30余次，中国的制酒、养蚕术传到老挝、林邑等国。②越南与中国的联系进一步加强，成为中国和西方、南海诸国通商的常经之路，中国的灌溉用水车、建筑、造纸、纺织等技术传到越南。越南的玻璃制造技术也传入中国，使我国的玻璃制造技术，在原有的基础上有新的提高。

（三）与中亚、西亚和欧洲的交往

1. 魏晋南北朝时期，中亚、西亚与欧洲通过丝绸之路和海路与中国南北政权进行政治往来和贸易交流，在双方的贸易中，中国输出的主要是丝绸、铜器，诸国则向中国输入火浣布（石棉布）、水银、玻璃、药材等。中国的养蚕技术，在6世纪末传入大秦，欧洲此后才开始养蚕。

2. 魏晋时期，波斯、康居、大宛等国的商人、使者频繁访华，波斯与中国的联系尤为密切，双方通过友好往来交换了丰富的商品和文化。中国的丝绸、铜器等商品输出到波斯、大秦，同时接受了西域的杂技、百戏等文化，促进了中西文化的交融。

魏晋南北朝时期的对外经济文化交流，具有规模较大、次数频繁，而且不受地域限制的特点。魏晋南北朝时期的对外交流丰富了中国文化的内涵，促进了世界文明的共同发展。

参考资料

1. 朱绍侯：《中国古代史》（第五版），福建人民出版社，2010年。

题目2　论述隋唐时期中国文化对日本的影响

相关真题　2019年苏州大学；2016年陕西师范大学；1998年东北师范大学

隋唐时期是中国历史上对外交流和文化传播的高峰期，这一时期的中国文化对日本产生了深远的影响，促进了日本从古代到中世纪的文化转型。

（一）文字传播

隋唐时期，日本才有了自己的文字，始用汉字楷书的偏旁造成片假名，又用汉字草书的偏旁造成平假名，用来注汉字音，及标注日本语音之用。日本最早的史书《古事纪》《日本书纪》便是用汉字写成的，号称日本国史的六部史书也是用汉字写成的，在直接使用和假借汉字的数百年间，日本发展出了自己的假名文字。

（二）尊崇儒学的影响

儒家"德治""仁政"的理念贯彻在大化改新的整个过程中，日本统治者还将中国儒学中的"天命观"写入律令，日本天皇年号也与中国儒家文化一致，多出自儒家典籍，祭祀孔子的"释奠"仪式也进入日本宫廷，凡此种种，都体现了古代日本意识形态的儒家化。

（三）制度的影响

1. 在经济制度上，日本仿照隋唐建立班田制、租庸调制和户籍制。大化改新所采用的班田收授法与租庸调制同隋唐的均田制与租庸调性质基本一致，都是封建国家土地所有制下的土地分配制度和租税制度。户籍制度也全面师承唐制，以唐令为蓝本，户籍以乡户为单位，乡户是家长制家庭。

2. 在政治体制上，日本在中央机构上效仿唐朝的三省六部一台制，建立了二官八省一台制，在地方制度上效仿唐朝的道、州、县制，设国、郡、里三级行政区划。

3. 在法律制度上，日本仿照隋唐制定了《大宝律令》《养老律令》等成文律法。大化改新以后，从天智天皇到丰臣秀吉的数百年间，日本始终沿用唐律。

4. 在军事制度上，日本参考唐朝的府兵制，建立了兵农合一的防人制，日本卫府、军团、防戍的设置都与府兵制相似。

5. 教育制度的建立。日本仿照唐朝的国子监制度，在中央建立大学寮，设明经、文章、明法等六科。还在地方设地方管理的国学和民间创立的私学，各类学校教学的主要内容都是儒家经典。

（四）文化艺术的交流

隋唐时期，佛教、文学、音乐、服饰等文化艺术传入日本，极大丰富了日本的文化生活。佛教的传播不仅影响了日本的宗教信仰，还促进了日本艺术的发展，如佛像雕刻、寺庙建筑等。中国的诗歌、文学作品以及茶道、围棋等生活文化也在日本广泛流传，成为日本文化不可分割的一部分。

总而言之，隋唐时期中国文化对日本的影响深远而广泛，不仅促进了日本社会制度的成熟，也极大丰富了日本的文化艺术，加速了日本从古代社会向中世纪社会的转型。

参考资料

1. 孙顺华：《隋唐文化在日本的传播及影响》，《东亚文学与文化研究》（第二辑），中国社会科学出版社，2012年。

题目3　论述隋唐时期的中外关系

相关真题　2024年兰州大学；2024年信阳师范大学；2023年扬州大学

隋唐时期，中国与亚洲、非洲地区的许多国家建立了广泛而深入的经济和文化联系。这一时期的中外交流不仅促进了中国文化的传播，而且对其他国家产生了重要影响。

（一）隋朝时期

1. 丝绸之路的进一步发展。隋炀帝时期新增了一条陆路丝绸之路新北道，从敦煌出发，经伊吾、蒲类、铁勒部，穿越今天的楚河、锡尔河，到达西海。同时，海上丝绸之路也得到了发展，隋炀帝派使臣常骏、王君政出使南海的赤土国（今越南）。

2. 与东亚国家的交往。隋朝对高丽的三次战争影响了与朝鲜半岛的正常文化交流。隋炀帝时开始与日本有外交往来，日本采用汉人衣冠制度，派遣使臣和留学生到中国。

3. 与东南亚、南亚国家的交往。隋朝的海陆交通发达，与东南亚、南亚的国家往来密切，如隋与印度尼西亚、斯里兰卡、尼泊尔、印度、巴基斯坦等国的商业联系和外交往来都很密切。

（二）唐朝时期

1. 设置外交机构。唐朝设置鸿胪寺，负责接待各国使臣。在地方缘边之地，设有互市监、市舶使长官负责对外贸易。

2. 拓宽丝绸之路。在西北部，陆上丝绸之路有三条主要路线，新兴起的海上丝绸之路则连接日本、东南亚、西亚、埃及和东非。

3. 与东亚、南亚国家交往。首先在东亚高丽和新罗时期，唐朝与朝鲜半岛的关系有所改善。其次与日本的交流空前繁荣，日本大量派遣使者、留学生和学问僧到中国，中国僧人鉴真等东渡日本，弘扬佛法。唐太宗时期，与印度的交往也很频繁，玄奘等高僧的活动加深了两国的文化交流。

4. 与中亚、西亚、北非国家的交往。与波斯、拂菻（东罗马帝国）、大食（阿拉伯帝国）等的贸易和文化交流频繁，伊斯兰教传入中国。

（三）影响

1. 提升了隋唐时期中国的国际影响力。统治者鼓励官方与民间的文化交流活动，影响范围涵盖了东亚、南亚、中亚和西欧等地区。

2. 提升了隋唐时期中国的综合国力。外交往来不仅在文化层面进行，还涵盖经济层面的贸易往来，有助于提升中国的综合国力。

3. 促进了世界人类文明的繁荣与发展。唐朝的先进文化在对外交流与合作过程中传播至世界其他国家，为全球文明的进步与繁荣做出了贡献。

综上所述，隋唐时期中国的中外关系展现了深厚的文化交流和广泛的经济联系，对当时世界文化和经济的发展产生了深远影响。

参考资料

1. 朱绍侯：《中国古代史教程》，河南大学出版社，2010年。
2. 朱绍侯：《中国古代史》（第五版），福建人民出版社，2010年。

题目4 简述宋代中外经济文化交流的表现

相关真题 2020年暨南大学

宋朝时期，随着造船业的兴盛，航海业的发展，海上丝绸之路进一步繁荣，这推动了宋与海外国家的经济文化交流。

（一）经济交流的表现

1. 重视海外贸易。北宋时于广州设立市舶司，后在杭州、明州、泉州等地相继设置，南宋时更增设温州、江阴军等地的市舶务，体现了对海外贸易的重视。

2. 积极招徕外商。北宋太宗时期，特遣内侍勾招南海各国商人，南宋时建立外商招待所，对外国商人和商船提供保护和优待。其次与北宋通商的对象众多，与中国有经济往来的国家和地区多达50多个，包括南洋群岛及亚洲南部、西南部沿海地区。

3. 商品种类繁富。北宋时西北有夏阻隔，因此陆上丝路断绝。瓷器和丝绸是海上丝路外销的主要商品，宋主要输入的是香料、棉花、水稻等，因此海上丝绸之路称为"香瓷之路"。

4. 铜钱外流严重。北宋时期，铜矿业繁荣，货币使用以铜钱为主。加之沿海港口的贸易较为发达，因此铜钱大量流向海外国家，尤其是日本。

（二）文化交流的表现

1. 三大发明的西传。火药首先传入阿拉伯地区，再传入欧洲；指南针传入欧洲，助力航海发展；活字印刷术传入西夏后西传欧洲，对西方社会变革产生了重要影响。

2. 丝绸和瓷器技艺的传播。南洋群岛和日本学习中国的织丝和制瓷技术，生产出青瓷和施釉陶器等。

3. 佛经典籍的东传。北宋《大藏经》在东亚流传，影响深远。东亚各国僧侣来华寻访书籍，并带回国内，包括很多后来在中国失传的珍本。

4. 程朱理学的传播。理学成为中国古代主导哲学，通过僧侣和东渡僧人传到亚洲邻国，产生深远影响。

5. 外来自然科学及宗教文化的输入。古希腊和阿拉伯的数学著作、医药知识传入中国。犹太教、天主教等宗教在中国传播。

宋代的中外交流在经济和文化方面都有显著表现，这些交流不仅提升了宋代中国的国际影响力，也促进了当时世界文明的发展。

参考资料

1. [日] 三上次男：《陶瓷之路》，文物出版社，1984年。
2. 刘迎胜：《丝路文化·海上卷》，浙江人民出版社，1995年。

题目 5　试述蒙古的三次西征及其影响

相关真题　2023年鲁东大学；2020年河北师范大学；2020年陕西师范大学；2018年复旦大学；2018年陕西师范大学；2015年河北师范大学

1218年至1259年，蒙古进行了三次重要的军事行动，即成吉思汗西征、长子西征和旭烈兀西征。这些行动不仅规模庞大，且对中国和世界历史产生了深远的影响。

（一）西征的背景

1. 经济根源。草原游牧经济的单一和脆弱，促使蒙古首领为获取资源而对外扩张。

2. 军事优势。成吉思汗统一蒙古各部，建立了高效灵活的军队，这为西征提供了强有力的军事支持。

3. 政治基础。游牧文化和部落战争背景下，蒙古人形成了以征服为目标的政策，成吉思汗和他的贵族具有扩张领土的野心。

（二）西征的过程

1. 成吉思汗西征。1218年，蒙古灭西辽，与中亚花刺子模的冲突逐渐激化。讹答刺惨案后，成吉思汗亲自征伐，至1222年占领整个中亚。同时，蒙古军进入东欧斡罗思，击败联军，并征服康里国，1225年回师。在此过程中，成吉思汗次子窝阔台战功显赫，于1222年在被征服地成立察合台汗国。

2. 长子西征。1227年成吉思汗去世后，窝阔台即位。随后决定征讨钦察、斡罗思等未降之地。此次出征，窝阔台命各支宗室长子统率出征军，所以这次西征又被称为"长子西征"。1236—1241年，蒙古相继征服钦察、斡罗思，又败孛烈儿、德意志联军等，欧洲大受震动。1242年，窝阔台去世，停止西征。1243年，统帅拔都率部在西征的土地上建立了钦察（金帐）汗国。1251年，另一统帅海都在西征的土地上建立了窝阔台汗国。

3. 旭烈兀西征。窝阔台去世后，蒙哥即位。蒙哥于1252年命旭烈兀西征讨木刺夷国和巴格达，获得了胜利。1260年，蒙哥去世，军队回师。随后忽必烈上位，并让旭烈兀在其政府地区建立了伊利汗国。

（三）西征的影响

1. 促进中西文化交流。西征过程中，虽然采取了暴力手段，但实现了工匠和技术人员的交流，促进了东西方文化融合。西征后，蒙古建立的四大汗国与元朝之间形成广泛的文化交流。

2. 对俄罗斯的影响。钦察汗国长期统治俄罗斯，促成了封建国家的出现，加强了商业发展和城市建设，对俄罗斯的整体发展产生了重要影响。

3. 对伊斯兰世界的影响。短期内，西征对伊斯兰世界造成重创，但长期来看，蒙古征服后并未完全摧毁伊斯兰文化，反而融入其中，促进了其内部的发展和扩张。

4. 西征的负面影响。蒙古军在征服过程中采取极端手段，如屠城、焚城等，给被征服地区带来重大破坏，对当地生产力和文化造成了严重损害。

总体来看，蒙古西征虽然是一场侵略战争，但也促进了东西方的交流，对后世世界格局和文化发展产生了不可忽视的影响。

参考资料

1. 朱绍侯：《中国古代史》（第五版），福建人民出版社，2010 年。
2. 朱绍侯：《中国古代史教程》，河南大学出版社，2010 年。
3. 晁福林：《中国古代史》，北京师范大学出版社，2016 年。
4. 徐良利：《论蒙古第三次西征的历史背景和影响》，《广州大学学报（社会科学版）》，2010 年第 2 期。

题目 6　论述 15 世纪以后美洲作物在中国和欧洲的传播及影响

相关真题　2013 年历史学统考

自 15 世纪以来，随着大航海时代的开启，美洲作物如玉米、甘薯、马铃薯、辣椒及烟草等被带入中国和欧洲，这不仅改变了两地的饮食文化，还对农业生产、社会结构及经济发展产生了深远影响。

（一）美洲作物在中国的传播及影响

1. 农业生产的变革。明清时期美洲作物的广泛传播，尤其是玉米和甘薯，由于其适应性强、耐旱耐贫瘠，能在比较贫瘠的土地上生长，极大地增加了中国的耕地面积和粮食产量。这些作物的引入，改变了中国传统以稻米和小麦为主的农作物结构，使得农业生产更加多样化和灵活，有助于缓解自然灾害时粮食供应的不稳定性。

2. 饮食文化的丰富。辣椒的普及，特别是在中国西南地区，极大地丰富了中国的饮食文化。辣椒不仅改变了当地人的饮食习惯，还促进了中国菜肴向更加多样化和地方特色化的方向发展。

3. 人口增长的促进。马铃薯和甘薯的高产特性，极大地提高了食物供应量，促进了人口的增长。对缓解粮食危机、提高人均粮食供应量起到了重要作用。这两种作物的广泛种植，被认为是明清时期中国人口迅速增长的一个重要因素。

（二）美洲作物在欧洲的传播及影响

1. 改变食物结构和农业格局。马铃薯和玉米的引入对欧洲的农业生产具有革命性的影响。马铃薯的高产和营养价值，使其成为许多欧洲国家的主食，极大地提高了粮食安全性，对于对抗饥荒发挥了重要作用。玉米的引入也增加了粮食的多样性，并作为饲料促进了畜牧业的发展。

2. 影响了欧洲人的饮食习惯。美洲作物的引入，特别是番茄、辣椒和马铃薯，丰富了欧洲人的饮食文化，这些作物逐渐融入欧洲各国的传统菜肴中，成为不可或缺的食材。例如，番茄在意大利的广泛应用，成就了世界闻名的意式番茄酱。

3. 促进了经济和社会的发展。美洲作物的引入促进了欧洲的经济发展，尤其是对于依赖农业的国家。马铃薯和玉米的高产特性不仅提高了农业产出，还促进了人口增长和城镇化进程。同时，烟草、可可等作物成为重要的贸易商品，促进了欧洲与美洲之间的经济交流。

4. 带来了一些社会问题。虽然美洲作物的引入为欧洲带来了农业生产和经济发展上的诸多好处，但也引发了一些社会问题。例如，烟草的普及增加了公共健康问题，同时，对美洲的殖民掠夺也加剧了对新大陆原住民的压迫和剥削。

总体而言，15 世纪以来美洲作物在中国和欧洲的传播，不仅极大地丰富了两地的农业生产和饮食文化，也促进了人口增长和经济发展，还对经济和社会结构产生了深远的影响。

参考资料

1. 郑南：《美洲原产作物的传入及其对中国社会影响问题的研究》，浙江大学 2010 年博士学位论文。

题目 7　论述郑和下西洋的历史背景及其历史意义

相关真题　2024 年苏州科技大学；2023 年中国社会科学院大学；2023 年山东师范大学；2022 年吉林师范大学；2022 年湖南科技大学

自明成祖朱棣永乐三年（1405 年）起至明宣宗朱瞻基宣德八年（1433 年）止，郑和七次下西洋，其航程遍及南洋、印度洋等三十多个国家和地区，其规模之大，在世界历史上具有划时代的意义。

（一）历史背景

1. 明初面临海外威胁。明朝初年，反明势力在南海诸岛活动频繁，朱棣决定加强与海外国家的联系，以保障国家安全，同时也为了与周边国家建立更紧密的友好关系。

2. 明朝初年实施的农商政策，促进了经济的发展。特别是矿冶、纺织、造船、瓷器等行业的兴起，形成了多个经济繁荣的大城市，这些都为开展海外贸易和文化交流提供了坚实的经济基础。

3. 航海技术的积累。指南针作为中国四大发明之一，早已被应用于海上航行。长期的海上交往使中国积累了丰富的航海经验和技术，这些都为郑和下西洋提供了技术支持。

4. 成祖朱棣对建文帝的下落一直怀有疑虑，曾怀疑其逃至南洋，这也是郑和下西洋行动的一个政治背景。

（二）历史意义

1. 开创了中国人的航海史。郑和下西洋标志着中国人大规模航海活动的开端，也是世界航海史上的一次重大突破。在西方的地理大发现之前，中国的航海技术已达到了一个很高的水平，为中外交流和贸易发展做出了重要贡献。

2. 促进了与东南亚、非洲等地区的文化往来和经济交流。郑和的航行加强了中国与外国的经济文化交流，其和平性质的航行对促进友好往来起到了积极作用。郑和船队的贸易活动也促进了中国手工业品与东南亚各国特产的互换。

3. 拓宽了民众视野，丰富了地理知识。郑和下西洋促进了南洋地区的经济发展，并丰富了中国人对海外地理的认识。航行期间，随行的学者如马欢、费信等人所著作品，详细记录了所经地区的情况，提高了中国人对外部世界的认识。

综上所述，郑和下西洋不仅是中国历史上一次声势浩大的海上探险，也为明朝与国际交流奠定了基础。

参考资料

1. 陈信雄：《重新评估郑和下西洋的历史意义》，《名师研究论丛》，2011 年第 11 期。

题目 8 论述明末清初传教士来华的活动及其影响

相关真题 2012 年历史学统考；2022 年青岛大学；2021 年扬州大学；2021 年东南大学；2020 年山西大学

明末清初，随着地理大发现和西方宗教改革，天主教传教士来华活动逐渐增多，这些活动对中国社会产生了深远的影响。

（一）来华传教的原因

1. 政治因素。早期的传教士活动得到了中国皇帝的允许和支持，如康熙帝特别赏识一些传教士，对西方科学技术表示出极大的兴趣。这种政治上的支持为传教士在中国的活动提供了便利。

2. 宗教因素。文艺复兴和宗教改革后，西欧天主教遭到新教的冲击，耶稣会的传教士们被赋予了强烈的宗教使命，意图通过海外传教来扩大其影响力，纷纷前往中国传教。

3. 交通因素。地理大发现和殖民扩张使得传教士能够通过新航线来到中国，为其传教活动提供了便利条件。

4. 经济因素。新航路的开辟促进了西方资本主义经济的发展，使中国成为西方国家开拓新市场的目标之一。传教士的活动有助于他们更深入地了解中国，为未来的经济交流铺路。

（二）主要活动

1. 传教士最主要的活动是进行宗教传播。以耶稣会为代表的传教士采取了适应性传教策略，如罗明坚是首位进入中国内地的传教士，他和利玛窦等人学习汉语、研究中国文化，以中国的礼仪、习俗来进行宗教仪式，使得天主教在中国的传播更加顺利。

2. 进行科学技术交流。利玛窦不仅翻译了欧洲科学著作，还与中国学者合作翻译了《几何原本》；邓玉函、汤若望等人参与修订《崇祯历书》，提高了历法的准确性。清初，汤若望等传教士为清朝服务，将西方的天文、数学、火器等科学知识传入中国，并参与修订历法等，极大促进了中西科技的交流。

3. 投身中国教育事业。传教士建立学校、编写教材，教授拉丁语、数学、科学等知识，培养了一批既了解中华传统文化，又接受过西方科学教育的新一代人才。

4. 学习中国文化和技术。传教士与中国士大夫交往密切，学习了大量中国文化，并把儒家思想、道家哲学、佛教文化等中国传统文化和哲学通过著作介绍到欧洲。活字印刷、建筑等技术的详细情况也通过传教士的描述让欧洲人有了更深的了解。

（三）影响

1. 促进了文化交流。传教士的来华活动促进了中西方文化的交流，推动了中国科学、技术、医学等领域的发展，"西学东渐"思潮开始出现。

2. 促进了科学知识传入。传教士介绍的西方科学知识对中国的科学技术发展产生了重要影响，促进了中国早期现代化的启程。

3. 促进了启蒙运动发展。传教士向西方介绍的中国政治制度、哲学思想等，丰富了欧洲启蒙运动的内涵，对西方的政治和文化思想产生了影响。比如，启蒙运动主权在民（反专制）思想体现了孟子民贵君轻的民本思想。

4. 局限性。尽管传教士带来了新知，但其活动也受到中国传统文化和当时政治环境的限制，接触到这些新知识的中国学者数量有限，其社会影响相对局限。

总体来看，明末清初传教士来华的活动不仅是宗教传播的过程，也是中西文化交流和科学知识传播的重要环节，对中国社会的发展产生了深远的影响。

参考资料

1. 朱绍侯：《中国古代史》（第五版），福建人民出版社，2010年。
2. 张向东：《明末清初传教士身份认同与科学知识的社会构建》，山东大学2013年博士学位论文。

题目9 简述清朝的对外关系

相关真题 2023年陕西师范大学

清朝的对外关系复杂多样，包含了和平交往与冲突对抗，涉及亚洲邻国、俄罗斯以及西方国家。这一时期的对外关系不仅影响了清朝的国内政策，也对世界历史产生了重要影响。

（一）与亚洲国家的交往

1. 朝鲜。清朝与朝鲜保持了宗藩体系。朝鲜定期派遣使团向清朝朝贡，记录下来的"燕行录"成为研究当时两国关系的重要文献。朝鲜的碑刻拓文也对清朝的金石学有所贡献。两国在边境地区设有贸易市场，促进了经济交流。

2. 日本。顺治十三年（1656年），朝廷下令实行严厉的海禁政策。康熙皇帝于1684年宣布开海，设立海关管理对外贸易事务，取代了市舶司制度，与日本进行东洋贸易。乾隆中期（1757年后），海关收缩为广州一口通商，加之17世纪末日本也实行了海禁，中日官方交往减少。但民间依然有旅日中国商人、僧侣、学者的活动。

3. 越南。康熙年间，大量华人移居越南，如康熙十八年（1679年），一次就有3000多人浮海赴越，定居在越南南部开垦荒地、发展生产。广东人还在越南沿海地区建立河仙城，发展农业商业。

4. 暹罗（今泰国）。18世纪后，暹罗米成为中国的重要进口商品。中国商船从上海、宁波等地出发，前往暹罗贸易，也有很多暹罗商人到中国来做生意，贸易十分频繁。

5. 缅甸。中缅之间的经济交流密切，清初就有大量华人到缅甸经商，促进了两国间的文化和经济联系。

（二）与俄罗斯的交往

边境冲突与条约。清初，为阻止俄罗斯的南下扩张，康熙皇帝通过雅克萨之战迫使俄罗斯签订《尼布楚条约》，明确了东段边界。雍正年间的《布连斯奇条约》和《恰克图条约》进一步划定了中俄的北界和西界，促进了边境地区的和平与稳定。

（三）与西方国家的交往

1. 清朝皇帝招徕和任用了多位具有科技才能的传教士。顺治二年（1645年），汤若望被任命为钦天监监正。南怀仁于顺治十四年（1657年）来华，曾被派往陕西传教，随后又帮助汤若望修历。17世纪末，康熙帝命法国传教士张诚和白晋合力用满语讲解欧几里得几何学原理，之后又让他们编写了一部《实用几何学纲要》。

2. 与西方殖民势力的斗争。①乾隆五十七年（1792年），英国政府以给乾隆帝祝寿的名义，派遣使臣马戛尔尼来华交涉通商事宜，他提出的要求被清否决后，英国就派遣商船到中国沿海从事鸦片走私活动。②道光十八年（1838年），英、美侵略者曾在法场公然劫了鸦片犯，并殴打官员和群众。随后清政府命林则徐于道光十九年（1839年）三月到达广州，查禁鸦片。英国政府以此为借口，于道光二十年（1840年）发动了侵犯中国的鸦片战争。

总之，清代对外关系的变化，既是时代的必然，同时也受到内部政治经济变化的影响。清代在初期的开放和在中期的封闭，反映了封建王朝的特点。而晚清时期的落后和半殖民地半封建状态，则反映了封建制度的弊端。

参考资料

1. 朱绍侯：《中国古代史》（第五版），福建人民出版社，2010年。
2. 朱绍侯：《中国古代史教程》，河南大学出版社，2010年。
3. 晁福林：《中国古代史》，北京师范大学出版社，2016年。

题目10　论述元朝至清朝中期（1840年以前）的海外贸易政策及其影响

相关真题　2014年历史学统考；2024年湖南师范大学

从元朝到清朝中期（1840年以前），中国的海外贸易政策经历了从开放到封闭再到局部开放的变化过程，这些变化深刻影响了中国的经济结构、社会发展以及与世界的关系。

（一）海外贸易政策的演变

1. 元朝。虽然元朝海外贸易政策屡经变革，前后四禁四开，但由于政府实行重商政策，能从海外贸易中获得巨额收益，所以元朝在总体上还是鼓励海外贸易的，先后在泉州、庆元（今宁波）、广州等地设立市舶司，主管对外贸易事务，制定市舶条例，对外贸易制度日趋完善，海外贸易规模超过前代。

2. 明朝。明初曾设立泉州、宁波和广州三个市舶司，允许海外国家前来朝贡贸易，严禁民间海外贸易。明太祖朱元璋为防倭寇和海盗，在1371年首次颁布禁海令，实行海禁政策，此后几帝继续执行，总体而言，海禁政策在明朝前中期时紧时松。明穆宗在隆庆元年（1567年）宣布解除海禁，部分开海，允许漳泉两府商人出海贸易，史称隆庆开关，此举意味着明初制定的海禁政策基本瓦解，也促进了民间海外贸易的发展。

3. 清朝。清初承袭明制，在顺治十三年（1656年）下令实行严厉的海禁政策。康熙在1684年宣布开海，设立海关管理对外贸易事务，取代了市舶司制度，但在1717年又颁布南洋禁海令，而东洋贸易照旧进行。乾隆中期（1757年后），收缩为广州一口通商，由行商垄断对外贸易，并管理来华的欧美商人。清朝的海外贸易政策总体而言是保守封闭的。

（二）影响

从元朝到清朝中期（1840年以前）的海外贸易政策总体上可以分为开放和封禁两类，两种政策取向对于中国历史发展的影响各有不同。

1. 开放的海外贸易政策促进了元代和晚明海外贸易经济的繁荣。通过外贸流入中国的白银大量增加，促进了商品经济的发展，释放了社会经济活力，也推动了中外经济和文化的交流。

2. 海禁政策在一定程度上维护了国家安全，但弊远大于利。海禁政策限制了中国对外贸易和航海事业的发展，阻碍了商品经济发展，更蒙蔽了中国对世界的认识，使得中国逐渐落后于西方。

总之，从元朝到清朝中期的海外贸易政策经历了一系列演变，总体上呈现由开放到封闭的趋势。历史告诉我们，封闭带来落后，开放推动进步。

参考资料

1. 喻常森：《元代海外贸易发展的积极作用与局限性》，《海交史研究》，1994 年第 2 期。
2. 陈尚胜：《明与清前期海外贸易政策比较——从万明〈中国融入世界的步履〉一书谈起》，《历史研究》，2003 年第 6 期。
3. 沈自强：《浅析元朝海外贸易政策》，《辽宁教育行政学院学报》，2004 年第 11 期。

题目 11 论述汉代中国和罗马帝国的异同

相关真题 2018 年福建师范大学

公元 1—2 世纪，罗马帝国和汉朝是当时世界上最强大的两个国家，这两个国家在很多方面都居于当时世界的领先地位，两者间既有相似之处，也有显著差异。

（一）国家的统一与扩展

1. 相似之处。两者的领土都是在战争过程中形成和扩大的。①罗马经过布匿战争、三次马其顿战争和叙利亚战争等，确立了在地中海的霸权。②汉代经过秦末农民战争后建立王朝，又在武帝时期通过对匈征伐、平定南越闽越、灭卫氏朝鲜等举措开拓了边疆。

2. 不同之处。罗马帝国表现为武力征服的结果，汉代中国表现为武力统一的结果。①罗马居民有内部等级的差别，罗马公民在法律上是国家权力的主体，而行省人民被当作臣民和被征服者，罗马境内并非人人都有公民权。②在汉代中国，除了王侯贵族和奴隶，其他人都是编入国家户籍的平民，编户齐民没有贵贱之分只有贫富之别，因此对于各地的编户齐民来说，汉王朝的建立是一种统一而非征服。

（二）统治政策

1. 相似之处。两者都划分行政区域进行统治，都由中央派官统治地方，具有一定的中央集权性质。

2. 不同之处。①罗马广泛实行行省制，行省之间的情况和待遇差别很大，不同程度的行省自治相当广泛地存在着。②汉朝广泛实行郡县制，郡和县的官员都由国家任命，汉代中国没有任何自治或半自治的城市，诸侯国在汉武帝以后也名存实亡了。

（三）经济基础

1. 相似之处。两个帝国的经济基础都依赖于农业，同时通过贸易和征服获得资源和财富。

2. 不同之处。①在罗马帝国的经济体系中，奴隶制占据了重要地位。②汉朝则依赖于自由农民的农业生产，汉朝还实行了国家对盐铁等重要商品的官营制度。

（四）民族成分

1. 相似之处。两者都是多民族的国家，各自也都有一个民族在政治上处于主要地位。

2. 不同之处。①罗马民族虽在政治上占优势，但在整个帝国人口比例中只占少数，在文化上也建树不大，在帝国中所谓的罗马化也是程度很浅的。②汉族人口在汉朝占了全国人口的大多数，在文化上也是国家的中坚，汉代统治者把儒家思想定为正宗，用统一的思想来维护各族间的统一。

总体来说，罗马帝国和汉朝在多个方面展现出了相似与差异，这些特点反映了两个帝国在面对内部和外部挑战时的不同策略和路径。

参考资料

1. 吴于廑，齐世荣：《世界史·古代史编》，高等教育出版社，2011 年。

题目 12 简单阐释近代东西方大航海之异同

相关真题 2023 年南京大学；2021 年湖北大学

在 15—16 世纪的大航海时代，东西方的航海活动标志着人类历史的一个重要转折点。中国的郑和下西洋与欧洲的航海探索，虽然同属于同一时期，但两者在目的、性质、影响等方面展现出显著的异同。

（一）东西方大航海的不同之处

1. 目的不同。东方的航海，特别是郑和的七次下西洋，主要是为了展示大明的国威、寻求外交关系和加强贸易往来。相反，欧洲的大航海主要驱动力是经济利益，为了寻找新的贸易路线或建立殖民地，如寻找到达亚洲的直接航路以获取香料和其他贵重商品，以及后来对美洲殖民地的掠夺。

2. 主导力量不同。郑和下西洋是由中国明朝中央政府主导和资助的，反映了国家意志和集权制度的特点。而欧洲的大航海则更多是由私人贸易公司、勇敢的探险家以及国家的部分支持共同推动的，体现了早期资本主义的兴起和个人主义的精神。

3. 活动范围和方式不同。郑和的航海主要集中在印度洋和东非沿岸，侧重于与沿线国家的贸易和文化交流。而欧洲的航海活动则是全球性的，不仅探索了非洲海岸、绕过好望角到达亚洲，还"发现"了美洲新大陆，进行了环球航行。

（二）东西方大航海的相同之处

1. 时代背景相同。都发生在全球经济和文化开始快速交流的时期，标志着从中世纪向现代的过渡。

2. 技术和知识的积累。无论是东方的郑和船队还是西方的航海探险，都得益于当时航海技术、船只建造技术和地理知识的进步，尤其是指南针和天文导航等技术的应用。

3. 对全球影响深远。东西方的大航海活动都极大地促进了全球化进程，加强了不同文明之间的联系，对全球贸易网络、文化交流乃至后来的世界格局都产生了深远的影响。

综上所述，虽然东西方大航海在目的、推动力量、活动范围和方式上存在显著差异，但它们同属于人类探索未知世界、促进全球交流的重要历史事件，共同推动了全球历史的进程，加强了世界各地区的联系和交流，为后来的全球化奠定了基础。

参考资料

1. 吴于廑，齐世荣：《世界史·古代史编》，高等教育出版社，2011年。

题目13 论述古代中日关系 醒吾历史统考预测题

中国与日本的交往历史悠久，从东汉开始，直至清朝，双方的关系经历了多个发展阶段，既有和平的文化交流与贸易往来，也有战争的对抗与冲突。这段历史反映了两国在政治、经济、文化等方面的互动，对今天的中日关系仍有重要的启示。

（一）东汉至南北朝：开端与深化

1. 东汉。公元57年，日本的倭奴国向汉朝朝贡，象征着中日关系的正式开端。这不仅是最早的官方交往，也标志着日本开始进入中国的文化和政治视野。

2. 三国两晋南北朝。这一时期，中日交流日益频繁，特别是邪马台国的女王向曹魏朝贡，获封"亲魏倭王"，展现了中日之间的政治与文化交流。此外，大量汉人移民日本，带去了中国的先进技术和文化，促进了日本社会的发展。

（二）隋唐：交流与学习的高峰

1. 隋朝。日本圣德太子派遣使团到隋朝学习佛法，标志着宗教文化交流的深入。双方的使节往来，加强了政治联系和文化理解。

2. 唐朝。遣唐使的派遣成为中日文化交流的高峰，日本学者、僧侣等纷纷前往唐朝学习，带回了大量的科技、制度和文化知识，极大地推动了日本的文化发展。

（三）宋元：贸易与文化的持续交流

1. 宋朝。虽然官方交往因日本的锁国政策而减少，但来往于宋朝、日本的商旅及僧人不仅进行商业贸易活动，同时也交流和传播两国的文化和宗教。

2. 元朝。忽必烈曾企图征服日本未果，但元朝与日本在宗教和文化等方面的往来依然密切，显示了两国关系的复杂性。

（四）明朝：复杂的政治关系

明朝的对日政策经历了从开放到封闭再到部分开放的过程，倭寇的骚扰使得两国关系紧张。嘉靖年间，两国因倭患问题发生了多次冲突，但在戚继光等人的努力下，最终平息了倭患，体现了明朝在维护国家安全方面的决心和能力。

（五）清朝：交往的减弱

清朝初期实行海禁政策，限制了中日之间的官方贸易，但随着康熙帝的展海令，两国贸易有所恢复，显示了清朝对外交往政策的调整。不过随后清政府又加紧了对海关的限制，与日本交往有限。

总之，古代中日关系的发展既包含了友好的文化交流和贸易往来，也包含了战争和冲突。这段历史反映了两国复杂多变的关系，对于理解当前中日关系的发展具有重要的参考价值，强调了和平共处和互利互惠的重要性。

参考资料

1. 晁福林：《中国古代史》（上册），北京师范大学出版社，2016 年。
2. 宁欣：《中国古代史》（下册），北京师范大学出版社，2018 年。
3. 武寅：《中日关系的历史分期与转折》，《世界历史》，2014 年第 2 期。

题目 14　简述中国与阿拉伯世界的早期交流

相关真题　2020 年中国人民大学

中国与阿拉伯世界之间的早期交流在世界历史上共同谱写了中华文明和伊斯兰文明交往的光辉篇章，随着 1258 年蒙古灭亡阿拔斯王朝而结束。

（一）两汉至魏晋南北朝时期

汉朝时期的阿拉伯半岛还没有完成统一，多个部落和小王国并存，但此时中国已经通过丝绸之路与他们建立了联系与交流。

1. 两汉时期。①张骞开辟了陆上"丝绸之路"，当时的中阿商贾便沿着这条商道进行贸易交往，促进了中阿之间的经济贸易往来。②公元 97 年，甘英奉西域都护班超之命出使大秦（罗马帝国）时到了西海（阿拉伯湾），甘英之行是古代中国官方使者远行阿拉伯的最早记录，也是中阿正式交往的开端，此后海路交往渐频。

2. 魏晋南北朝时期。在这一时期，常有中阿商贾互航至彼此的地区进行贸易往来，形成了波斯湾—印度马尔巴拉海岸—马六甲海峡—广州的海上航线，因多以阿拉伯盛产的各种香料为主，因此，这一海上贸易通道也被称为"香料之道"。

（二）隋唐时期

隋唐时期，中国对外交往频繁，阿拉伯半岛也于 631 年左右完成统一，中阿双方在这一时期既有友好的经济政治往来，也有军事冲突。

1. 651—798 年，阿拉伯遣唐使达 40 次，来华的阿拉伯商贾与日俱增，阿拉伯航海家苏莱曼的《苏莱曼东游记》中记载，当时广州的阿拉伯和其他外国商人一度高达十万人。

2. 唐朝与阿拉伯的军事冲突共有 5 次，其中以公元 751 年的怛罗斯之战影响尤深。唐军战败，被掳往阿拉伯的唐兵中有许多能工巧匠，中国的造纸术随之传到了阿拉伯世界，促进了阿拉伯伊斯兰文化的发展。被俘的唐军文官杜环在阿拉伯各地辗转、游历 12 年后，于 763 年回国撰写了《经行记》一书，这是中国人关于阿拉伯国家自然与人文状况的第一份准确详细的报告。

（三）宋代

1. 宋朝建立后，与大食（阿拉伯帝国）的交往频繁。乾德四年（966 年），宋朝僧人行勤等游历西域，向阿拔斯王朝递交了宋朝国书，邀其朝贡，此后大食开始遣使来中国，拉开宋朝与大食交往的序幕。他们把自己的文化介绍到中国，也把中国的许多技术带回阿拉伯世界，并流传到西方。

2. 从开宝元年至乾道四年（968—1168年），大食共入宋朝贡52次，带来了马匹、羊毛以及琥珀等，宋朝也向大食输送大量的丝绸、瓷器等。但由于"厚往薄来"的朝贡贸易给宋朝带来很大的财政压力，后与大食的朝贡贸易逐渐减少。

3. 到南宋时，大食逐渐衰微，南宋政权孱弱，大食入宋朝贡仅有4次，朝贡贸易衰落，但以民间商人为主的市舶贸易逐渐成为宋与大食商业贸易的重要形式。

（四）元代

1. 元朝时，阿拉伯帝国已经衰微，但中国与阿拉伯之间的来往进一步发展。蒙古统一中国后，范围囊括了中亚、西亚诸国。加之陆海两条丝绸之路发达，许多阿拉伯商人在中国安家落户，这些人成为以后形成的中国回族的重要来源之一。

2. 公元1258年，阿拔斯王朝被蒙古灭亡，阿拉伯帝国瓦解，阿拉伯早期世界历史也宣告终结，中国与阿拉伯早期的交流落下帷幕。

综上所述，中国与阿拉伯世界早期交流的形式多样，既有和平往来，也有战争对立，但都促进了两种文明的相互交流和共同发展。

参考资料

1. 李荣建：《古代中国和阿拉伯的经济往来与文化交流》，《江汉论坛》，2004年第1期。

中国近现代史

Modern Chinese History

第一章　列强的对华侵略

第一节　列强历次侵华战争

题目1　论述鸦片战争失败的原因和对中国社会的影响

相关真题　2024年东华大学；2022年安庆师范大学；2022年湖北大学；2022年江汉大学；2020年中国社会科学院大学；2020年湘潭大学；2020年中南财经政法大学；2016年扬州大学；2013年南开大学

1840—1842年的鸦片战争是一场由英国向中国倾销鸦片而引起的战争。这场战争以清政府战败，被迫签订《南京条约》告终。鸦片战争改变了中国的历史进程，是中国近代史的开端。

（一）失败原因

1. 政治。晚清时期，清朝腐败盛行，政府行政效率低下，这在一定程度上削弱了国家抵御外部侵略的能力。道光帝的软弱无能也是导致政治失调的一个重要原因。

2. 经济。中国的小农经济与英国的殖民扩张和工业革命形成鲜明对比，这导致了财富积累的不平衡。清政府在战争经济支持上的不足进一步加剧了困境。

3. 军事。①清政府实行重陆轻海的策略，轻视海军和海防建设，导致海军整体力量薄弱且缺乏战术，难以抵挡英军从海上发起的进攻。②清政府政策上打压绿营军，绿营军俸禄较低，士兵素质较差，战斗力低下，在鸦片战争中被英国一击即溃。③统治者用人不当，任人唯亲。清政府在第一次鸦片战争中先后任用的琦善、奕山等人昏庸无为，把握不住有利战机，加速了战败。④英国在工业革命后形成了一支近代化的军队，其中海军实力强盛，使得英国军事优势十分明显，在战争中往往占据主动。

4. 思想。传统封建思想下的天朝上国观念使得清朝轻视西方侵略者，进而错误估计形势，导致战败。

（二）影响

1. 消极影响。①鸦片战争中国战败，签订《南京条约》。政治上，中国的主权和领土完整遭到破坏，开始沦为半殖民地半封建社会。②经济上，中国自然经济在被迫开放的广州、上海等通商口岸地区逐步解体，中国被迫卷入资本主义世界体系。③为了支付战争赔款，清政府增加对人民的税收，给人民带来了沉重负担。

2. 积极影响。①鸦片战争作为中国近代史的开端，揭开了近代中国反对帝国主义的序幕，开启了中国由封闭走向开放的进程。②促进了中国社会的觉醒，一部分官僚和知识分子开始主张学习西方，以图自强。

综上，鸦片战争是中国近代史的开端。虽然战争带来了深重的灾难，但也促使中国社会开始面向世界，探索适合自身发展的现代化道路。

参考资料

1. 董志斌：《关于鸦片战争失败原因的研究综述》，《西部学刊》，2019年第24期。
2. 葛夫平：《新中国成立以来的鸦片战争史研究》，《史林》，2016年第5期。

题目2　论述第二次鸦片战争的失败给中国社会带来了什么影响

相关真题　2024年湖南师范大学；2022年湖北大学；2022年江苏师范大学；2020年中国社会科学院大学；2017年天津师范大学；2016年天津师范大学；2014年天津师范大学

第二次鸦片战争是英法两国以修约为借口，企图进一步打开中国市场而挑起的侵略战争，对中国的历史进程产生了深远影响。

（一）政治

1. 加深了中国的半殖民地化程度。《北京条约》的签订进一步侵犯了中国的主权，如领土割让、巨额赔款和关税自主权的丧失，深化了中国的半殖民地半封建化程度。

2. 使外国侵略势力从沿海深入了内地。战后签订的条约赋予了列强在华内地游历、通商、传教和租地等特权，使外国侵略势力由沿海扩散到内地，加剧了中国的内部危机。

3. 导致边疆危机。战争的失败暴露了清政府的软弱，促使英、法、俄等国家进一步入侵中国的边疆地区，如滇藏、新疆和台湾等，加深了民族危机。

4. 促使统治集团内部权力重新分配。咸丰帝在战争期间的逃避和最终的去世为慈禧太后后来的辛酉政变提供了机会，从而使慈禧太后成为清朝实际上的统治者。

5. 促成外交机构的变革。清政府设立了总理衙门，标志着中国外交管理机构近代化的开始，为后续的外交活动奠定了基础。

（二）经济

1. 小农经济受到冲击。列强获得的通商特权使得西方商品大量进入中国市场，冲击了传统的农业经济结构，加速了中国经济的全球化进程。

2. 促进了近代中国工业化的进程。战败使得清朝和地方官员认识到近代化的迫切性，开始尝试引进西方的工业技术，开办军事和民用工业，为中国的近代工业化奠定了初步基础。

（三）思想文化

1. 促成了洋务运动的兴起。面对西方的军事技术优势，以曾国藩等人为代表的官员开始实践"师夷长技以制夷"的思想，推动了洋务运动的发展，标志着中国尝试在科技、教育等方面学习西方。

2. 促进了我国近代教育的发展。清政府开始重视与西方的文化交流，开办了新式学堂，派遣留学生到海外学习，为中国近代教育制度的建立和人才培养开辟了新途径。

综上所述，第二次鸦片战争失败后，中国进一步沦为半殖民地半封建社会，列强加紧了对中国的侵略，而为挽救当时的危局，清朝开始了中国近代化的历程。

参考资料

1. 李侃等：《中国近代史》（第四版），中华书局，2017年。
2. 郑师渠：《中国近代史》，北京师范大学出版社，2007年。
3. 章开沅，朱英：《中国近现代史》，河南大学出版社，2009年。

题目3 论述中法战争的背景、过程、影响

相关真题 2021年北京联合大学

中法战争（1883—1885年），是清朝末期与法兰西第三共和国之间发生的一场军事冲突，其起因、过程及影响深刻地反映了当时中国与西方列强之间的矛盾与争执，体现了清朝在国际关系中的弱势地位。

（一）背景

1. 法国侵略越南的野心由来已久。法国自18世纪末便开始谋划对越南的侵略，以扩大其在亚洲的影响力。19世纪50年代，法国加速了对越南的侵略步伐，意图通过控制越南来进一步打开通往中国的门户。

2. 法越条约签订。19世纪50年代以来，法国通过逼迫越南签订两次《西贡条约》和两次《顺化条约》，逐步剥夺了越南的主权，将其纳入法国的殖民体系，同时削弱了越南与中国之间的传统藩属关系。

3. 法国希望以越南为跳板入侵中国。法国试图将越南作为跳板，向中国的边疆地区扩展其势力，引发了中法之间的紧张关系。

（二）过程

1. 战争爆发。1883年12月，法军向在越的清军和黑旗军进攻，中法战争爆发。清政府内外交困，对战争持犹豫态度，导致战略上的被动。1884年5月，李鸿章与法国代表福禄诺签订了《中法会议简明条款》（又称《李福协定》），规定中国自北越撤兵，但未确定撤兵日期。

2. 北黎冲突（观音桥事件）。1884年6月，法国强令清军退回中国境内，并以此为借口诬告中国破坏了《中法会议简明条款》，向北黎地区（中国称观音桥）发起进攻，但被清军重创。北黎事件导致中法两国重开战端，战争从越南北部扩展到中国东南沿海。

3. 清政府正式宣战。1884年8月5日，法国进攻台湾基隆，遭遇守军顽强抵抗，法国战败。同年8月23日，法国突然发动马尾海战，清政府战败，损失惨重，正式对法宣战。

4. 镇南关大捷。1885年3月，老将冯子材率军取得镇南关大捷，随后法国茹费理内阁垮台。中国却乘胜求和，与法国订立《中法新约》：中国承认法国对越南的保护权；在中越边境开埠通商，允许法国在此设立领事馆；法货进出中国边界，应减轻关税；日后中国修建铁路，须向法国人商办；法军从台湾和澎湖撤军。

（三）影响

1. 中法战争是同光时期中国国力回升的一次重要表现，尤其是和当时世界上的第二强国法国打成平手，让各国对清政府有了一丝顾忌。

2. 清政府乘胜议和的举动也导致中国不败而败，法国不胜而胜，暴露了清政府的腐败与软弱，进一步助长了列强的侵略野心，激发了日、俄等周边国家酝酿下一次战争侵略中国的计划。

3. 中国半殖民地半封建的社会性质日益加深，为外国开辟的商埠不仅分布于沿海，也出现于内地，外国侵略者控制了中国的陆路交通命脉，外国资本主义经济势力侵入了中国广大地区。

综上所述，由法国挑起的中法战争，在清朝统治阶级的软弱无能之下，以签订不平等条约而告终。从此，中国的国际环境开始急转直下，更大的危机接踵而至。

参考资料

1. 李侃等：《中国近代史》（第四版），中华书局，2017年。

题目4 论述甲午中日战争

相关真题 2024年中国社会科学院大学；2023年湖北大学；2023年湖南师范大学；2023年渤海大学；2022年哈尔滨师范大学；2022年江苏师范大学；2020年首都师范大学；2018年湖南师范大学；2017年江西师范大学；2016年河北师范大学；2015年北京师范大学；2014年河北师范大学；2014年中国人民大学

1894年7月，中日爆发战争，时年为中国历法的甲午年，故称甲午中日战争。战争以丰岛海战为开始标志，以《马关条约》的签订告终。

（一）原因

1. 日本企图侵略中国的野心由来已久。自16世纪末丰臣秀吉时期起，日本就意图侵略朝鲜，进而吞并中国，因中国武力强大而未得逞。

2. 日本急需扩大海外市场。明治维新后，日本由封建社会转变为资本主义社会，经济快速发展，急需海外市场和资源，加之军国主义思想的兴起，更加剧了它对外扩张的野心。

3. 朝鲜东学党起义成为战争导火索。日本意图把朝鲜作为侵略中国的军事基地，而朝鲜一直是清朝的藩属国，1894年，朝鲜爆发了反抗封建王朝的东学党起义，日本趁机向朝鲜增兵，这一事件成为甲午中日战争的导火索。

4. 清军实力衰弱给日本以可乘之机。清政府腐朽不堪，军事虚弱，北洋舰队建成后数年不曾改进，逐渐被日本舰队反超，日本看出中国军事的虚弱，得以实施侵略。

（二）过程

1. 丰岛海战。1894年7月25日，日本不宣而战，在丰岛海面袭击清军运兵船济远舰和广乙舰，中国战败。1894年8月，中日两国正式宣战。

2. 平壤战役。丰岛海战发生后，清政府的作战方针是将陆路战斗限制于朝鲜境内重创日军。但清军统帅叶志超将军队收缩于朝鲜首都平壤城内，坐待日军来攻，致使日军很快完成了对平壤的战略包围。最终清军不敌日本数万人的总攻，城门失守，叶志超逃回中国境内。

3. 黄海海战。在平壤战役后的第二天，北洋舰队护送轮船招商局的五艘轮船在大连登陆，准备支援朝鲜。结果遭到日本联合舰队的堵截。北洋舰队提督丁汝昌迎战，黄海海战爆发，这场战役以中国战败告终。

4. 威海卫战役。黄海海战后，日本计划先攻打辽东半岛再南下直隶。1894年11月，旅顺失守，日军进入旅顺以后，进行了惨绝人寰的旅顺大屠杀。1895年，日本重点进攻威海卫北洋海军基地，北洋舰队全军覆没，提督丁汝昌自杀殉国。

5. 签订条约。日军在攻陷威海卫以后，将战略重点又转回到辽东半岛，到1895年3月辽东半岛全部沦陷。1895年4月，中日双方签订了《马关条约》。

（三）影响

1. 对中国的影响。战败使中国深陷半殖民地半封建社会的泥潭，加剧了国内的政治动荡和社会危机。《马关条约》的签订，直接导致了清政府主权的进一步丧失和财政的极度困窘。清政府把巨额赔款转嫁到平民身上，进一步激化了社会矛盾。

2. 对日本的影响。战争的胜利显著提升了日本的国际地位，加速了其成为东亚地区主导力量的进程。同时，也为日本的军国主义扩张奠定了基础，给东亚各国带来了巨大的灾难和破坏。

3. 对东北亚地区的影响。甲午中日战争后，朝鲜成为日本的保护国，随后全面沦为日本殖民地，东亚地区的力量平衡被彻底打破。

综上所述，甲午中日战争在思想、观念以及制度层面上深深影响了两国的国家命运。中国的失败是各个方面综合因素导致的必然结果。

参考资料

1. 邓立勋：《甲午战争和马关条约》，《湖南科技大学学报（社会科学版）》，2006年第3期。
2. 田庆立，宋志艳：《甲午战争对近代以来中日两国的影响》，《武汉大学学报（人文科学版）》，2014年第6期。
3. 江小娟：《试论中日甲午战争的影响及意义》，《鄂州大学学报》，2016年第23期。
4. 王琰：《甲午战争中国战败原因之悖论》，《深圳大学学报（人文社会科学版）》，2014年第6期。
5. 张一文：《试论清军甲午战败的军事原因》，《清史研究》，1994年第4期。

题目5 论述1895年台湾反割台斗争

相关真题 2019年中国社会科学院大学

甲午战败，清政府被迫签订了《马关条约》，将台湾、澎湖列岛割让给日本，一时间举国上下群情激愤，官员呼吁废约保台，士绅组织武装保台，民众奋起参与保台。

（一）背景

1. 《马关条约》的签订激起台湾和全国各阶层人民的极大愤慨。各地的爱国士绅和知识分子纷纷上书，痛斥政府割台卖国，许多报纸都充满了反对割台的激烈言论。
2. 清政府不顾全国人民的抗议，命令台湾巡抚率在台官员"陆续内渡"，撤出台湾。

（二）台湾保卫战的三阶段：

1. 台北地区的新竹保卫战：1895年6月，日军首先对新竹发起攻击，清军及义军勇敢抵抗，虽暂时迫使日军撤退，但由于装备和粮食短缺，最终被迫撤退，新竹陷落。
2. 台中地区的彰化保卫战：日军向南进攻台中彰化，面对日军的强大攻势，黑旗军和义军虽英勇抵抗，但终因寡不敌众，彰化失守。
3. 台南地区的嘉义和台南之战：日军继续南下，进攻嘉义及台南。嘉义经过激烈战斗后失守，台南作为最后的防线，也在激烈的战斗后于10月21日陷落，这标志着台湾全岛的沦陷。

（三）影响

1. 台湾沦为日本的殖民地。反割台斗争以失败告终，台湾被日本占领长达50年，直到抗日战争结束，台湾才回归祖国。在日本占领期间，台湾人民饱受日本侵略者的迫害，日本的殖民统治对台湾人民造成了不可磨灭的伤害。

2. 加速了日本侵略中国的步伐。日本侵略台湾的目的是进一步侵略中国，台湾失陷后成了日军侵华的跳板，日本侵略者借台湾的地理优势和资源优势开始积极谋划侵华事宜，不断蚕食中国领土，最终在1931年发动九一八事变。

总之，台湾人民的反割台斗争反映了中华民族面对外来侵略的不屈和斗争精神，也再次说明了台湾永远是中国不可分割的一部分。

参考资料

1. 伍媛媛：《1895年台湾人民英勇悲壮的反割台斗争》，《中国档案报》，2014年第9期。
2. 黄国盛：《浅议1895年台湾人民反割台武装斗争》，《福建学刊》，1995年第5期。

题目6 论述八国联军侵华的背景、过程、影响 醒吾历史统考预测题

八国联军侵华战争，是指1900年以英、俄、日、法、意、美、德、奥八个国家组成的联军侵略中国的战争。这场战争以中国战败并签订《辛丑条约》告终。

（一）背景

1. 帝国主义掀起瓜分中国的狂潮。甲午战争之后，西方列强对中国领土和市场的侵略行为愈发肆无忌惮，加剧了中国的民族危机，同时也激化了列强之间的竞争和矛盾，他们寻求新的机会在中国进行进一步的扩张。

2. 慈禧仇外并利用义和团反洋。由于列强倾向于支持光绪帝，且反对慈禧废黜光绪，慈禧太后因此痛恨洋人。她利用民间的义和团力量作为反洋的工具，试图通过这种方式打击外国势力。

3. 义和团反帝斗争高涨引起列强直接干涉。19世纪末，随着帝国主义的侵略行为日益加剧，在国内尤其是在山东地区，民族矛盾和宗教矛盾日益尖锐。民间团体秘密结社成立义和团，提出"扶清灭洋"的口号，反对洋教和外国势力。

（二）过程

1. 进驻东交民巷。1900年5月，各国侵略军400多人以保护使馆为名，从天津乘火车进入北京，进驻东交民巷。

2. 廊坊阻击战。1900年6月，由英国海军上将西摩尔率领的侵略联军从天津租界出发，向北京进犯。义和团和清军在廊坊联合对抗侵略联军，使西摩尔部队被迫撤退至天津。这场战役有效地阻止了侵略军对北京的初步进犯。

3. 大沽口之役。1900年6月中旬，列强进攻大沽口炮台，守军进行了坚决的抵抗。但随着守将罗荣光中弹牺牲，清军失去了有效指挥，最终导致大沽炮台失守。6月21日，清政府被迫宣战。

4. 京津军民抗击八国联军以及北京失陷。大沽口一战之后，侵略军增兵至2万人左右，攻占天津。随后他们转而进攻北京。慈禧太后任命李鸿章为议和全权代表，向侵略者提出和谈，之后带着光绪帝逃离京城。8月，北京被侵略军占领，随后发生了大规模的屠杀、劫掠和焚烧。

5. 签订《辛丑条约》。1901年，清政府与列强签订《辛丑条约》：中国赔款白银四亿五千万两；在北京划东交民巷为使馆区；北京到大沽的炮台"一律削平"，准许各国派兵驻守从北京到山海关铁路沿线的12个战略要地；惩办在义和团运动中和帝国主义列强对抗的官员，永远禁止中国人成立或加入反帝组织；改总理各国事务衙门为外务部。

（三）影响

1. 对中国的影响。①政治上，中国完全沦为半殖民地半封建社会。在战争中，东南各省督抚自行宣布中立，中央与地方的离心力加强，加速了清王朝的灭亡。②经济上，巨额赔款加剧了社会经济的负担，人民生活更加贫困，清朝统治的阶级矛盾更加突出。③思想文化上，八国联军的抢掠导致大量珍贵文物和资料的丢失。此外，民族危机的加剧促进了人民的觉醒，强化了人民的救国意识。

2. 对列强的影响。打乱了列强共同瓜分中国的侵略计划。在八国联军侵华过程中，义和团的反帝爱国运动虽被中外势力联合镇压，但也使帝国主义认识到单纯的军事侵略并不能完全控制中国，使其不得不采取"以华治华"的政策。

综上所述，八国联军侵华战争不仅对中国造成了深远的影响，也在一定程度上改变了列强对中国的侵略策略。

参考资料

1. 李侃等：《中国近代史》（第四版），中华书局，2017 年。

第二节　重要的不平等条约及其影响

题目 1　简述《南京条约》的主要内容和影响

相关真题　2024 年江汉大学；2024 年中国社会科学院大学；2022 年内蒙古大学；2019 年鲁东大学

1842 年，中英签订了《南京条约》，这是近代中国历史上签订的第一个不平等条约，标志着中国开始沦为半殖民地半封建社会。

（一）主要内容

1. 中国开放广州、福州、厦门、宁波、上海五处为通商口岸，准许英国人及所属家眷在上述五地寄居，同时准许英国派驻领事等官员。2. 中国割让香港岛给英国。3. 中国赔偿英国 2100 万银元，其中军费 1200 万银元、鸦片费 600 万银元、商欠 300 万银元，分四年付清。4. 英商进出口货物缴纳的税款，中国需向英国商定。5. 废除清廷原有的"公行"制度，允许英商与华商自由贸易。

（二）附属条约

1. 《南京条约》签订后，由于需要议定关税税率及其他问题，中英继续谈判，于 1843 年签订了《五口通商章程》《五口通商附粘善后条款》（即《虎门条约》），作为《南京条约》的补充条款。

2. 条款内容：①领事裁判权。英国人在通商口岸犯罪时，交由英国官员按照英国法律惩办，中国政府无权处理。②片面最惠国待遇。中国将来给予其他国家任何权利时，"应准英人一体均沾"。③英国人可以在通商口岸租赁土地，建房居住。④降低进出口税率，除了特定商品，进出海关的物品一律采取低关税"值百抽五"。

（三）影响

1. 从社会性质上看，《南京条约》的签订，使得中国开始沦为半殖民地半封建社会，中国领土和主权的完整遭到破坏，开始丧失政治上的独立地位。

2. 从政治角度看，《南京条约》及其附属条约的签订，进一步加大了清王朝对人民的搜刮，一定程度上加速了清王朝的衰亡。

3. 从经济角度看，《南京条约》签订后的巨额赔款增加了人民的负担；条约的签订使得中国独立发展的道路被迫中断，中国在成为列强的原料产地和销售市场的过程中逐渐成为世界资本主义的附庸。

4. 从外交角度看，《南京条约》规定的中国单方面向英国提供减免关税、割让领土、划定租界等特权将中英外交置于不平等的地位。随后其他列强效仿英国侵略行径，纷纷与中国签订新的不平等条约，使中国成为更多资本主义国家的侵略对象。

参考资料

1. 李侃等：《中国近代史》（第四版），中华书局，2017 年。
2. 吴昆吾：《不平等条约概论》，商务印书馆，1933 年。
3. 郭卫东：《鸦片战争后期中英善后交涉》，《社会科学研究》，1996 年第 4 期。
4. 蒋廷黻：《中国近代史》，新世界出版社，2016 年。

题目 2　简述中英、中法《北京条约》签订的原因、内容及影响

> **相关真题**　2023年哈尔滨师范大学

《北京条约》是1860年清政府于第二次鸦片战争后分别与参战国英国、法国签订的不平等条约，该条约的签订进一步加深了中国的半殖民地化程度。

（一）原因

英、法为进一步开放中国的通商口岸，倾销商品，发动了第二次鸦片战争，中国战败，与英法签订了《天津条约》。但英、法侵略者和清政府都对《天津条约》不满意，英、法两国想要勒索更多的权益，清政府认为《天津条约》太苛刻，尤其是外国公使驻京和外国人入内地游历传教，会严重威胁自身的统治，因此难以接受。双方谈判失败后，英国再次发动战争，随后法国参战，清政府战败，签订了《北京条约》。

（二）内容

1. 中英《北京条约》。①清朝确认中英《天津条约》的有效性。②割让九龙司地方一区给英国。③增开天津为商埠。④增加中英《天津条约》的赔款至800万两白银，另付抚恤金50万两白银。⑤允许西方传教士到中国租买土地及兴建教堂。⑥准许外国商人雇佣华工出洋。

2. 中法《北京条约》。①清朝批准中法《天津条约》，赔款增加至800万两白银，另付抚恤金20万两白银。②退还以前没收的天主教资产；允许法国传教士在中国各省租买土地，建造房屋。③清朝同意开放大连为商埠。④容许外国商人雇佣华工出洋。

（三）影响

1. 对中国的影响。

①《北京条约》使得中国丧失了更多的主权，中国社会的半殖民地程度进一步加深。清政府通过苛捐杂税将赔款转移到劳动人民身上，加深了中国人民的苦难。

②战败的打击使清政府抵抗外来侵略的信心空前低落，更倾向于奉行妥协求和的对外政策，中外反动势力逐渐走向联合。

③清政府对西学态度发生了进一步的变化，总理各国事务衙门的设立，京师同文馆的创办，以学习西方坚船利炮、声光化电为重要内容的洋务运动的开展，推动了西学传播，促进了中国的近代化事业。

2. 对西方的影响。

①西方侵略者不仅从中国获取了更多的权益，而且借助公使驻京可以直接从政治和外交上影响清政府，借此扶植帝国主义在华代表，为本国侵略利益服务。

②西方国家通过条约中的内容获取中国廉价的原材料，之后将经过加工的商品销往中国，使得中国成为列强的原料供应地和商品的倾销地，列强从中赚取巨额财富，实力进一步增强。

总之，《北京条约》的签订使中国领土主权受到了进一步破坏，外国侵略势力在政治上加强了对清王朝的控制，清政府开始逐步沦为外国侵略者奴役中国人民的工具。

> **参考资料**

1. 李侃等：《中国近代史》（第四版），中华书局，2017年。
2. 吴昆吾：《不平等条约概论》，商务印书馆，1933年。
3. 熊月之：《晚清西学东渐史概论》，《上海社会科学院学术季刊》，1995年第1期。
4. 蒋廷黻：《中国近代史》，新世界出版社，2016年。

题目 3　简述《马关条约》的内容和影响

> **相关真题**　2024年聊城大学；2023年赣南师范大学；2022年北京联合大学；2022年中南民族大学；2022年海南师范大学；2020年太原学院；2020年赣南师范大学；2020年渤海大学；2020年湖北师范大学；2019年福建师范大学；2018年中央民族大学；2017年河北大学；2017年鲁东大学；2017年苏州科技大学；2016年黑龙江大学；

2015年云南大学；2014年内蒙古大学；2013年苏州科技大学；2013年黑龙江大学；2013年四川师范大学；2004年武汉大学；2004年首都师范大学；2001年中国人民大学

1895年，清政府代表李鸿章与日本代表伊藤博文、陆奥宗光在日本马关签订了《马关条约》，标志着甲午中日战争的结束。

（一）内容

中国承认日本对朝鲜的控制权；中国割让台湾及其附属岛屿、辽东半岛、澎湖列岛给日本；中国赔偿日本军费2亿两白银；中国向日本开放重庆、沙市、苏州、杭州为商埠；允许日本在中国通商口岸设立工厂。

（二）影响

1. 对中国。①大大加深了中国的半殖民地化程度。《马关条约》的签订使中国失去了部分领土、开放了更多的地区等，导致中国主权进一步沦丧。②阻碍了中国民族资本主义的发展。允许外国在通商口岸设立工厂，加剧了外国资本在中国的渗透，挤压了民族资本主义的生长空间。③加重了中国人民的负担。为了偿还巨额赔款，清政府加重了人民的税收负担。④引发了民族觉醒与革命。条约的签订刺激了中国人民的觉醒，促进了维新变法和民主革命运动的兴起。

2. 对日本。①巨额赔款为日本的近代化建设提供了经济上的支持，促进了日本资本主义的进一步发展，进而提升了日本的国力，使日本很快跻身帝国主义列强的行列。②《马关条约》带来的巨大利益使得日本逐渐走上了侵略扩张的道路，日本军国主义势力由此得以迅速膨胀。

3. 对朝鲜。《马关条约》迫使清政府承认朝鲜独立，解体了中朝宗藩关系，同时为日本后续全面侵略朝鲜铺平了道路。

4. 对远东局势。①中国在远东地区的影响力被削弱。《马关条约》的签订使得中国的国际地位一落千丈，中国无法有效地对原藩属国和周边事务发挥作用。②日本成为东亚最强的国家，在东亚的话语权不断加强。但这也激化了日本与俄国等国的矛盾，为后来的日俄战争埋下伏笔。

综上，《马关条约》的签订使日本获得巨大利益，也使中国的半殖民地化程度大大加深。这一屈辱结局激励着有识之士为中国的独立和民族解放不懈奋斗。

参考资料

1. 邓立勋：《甲午战争和马关条约》，《湖南科技大学学报（社会科学版）》，2006年第3期。

题目4 简述《辛丑条约》的内容和影响

相关真题 2022年中南财经政法大学；2022年青岛大学；2020年西南大学；2020年湖北师范大学；2020年哈尔滨师范大学；2019年湖南师范大学；2018年鲁东大学；2017年江西师范大学；2016年鲁东大学；2008年华中师范大学；2002年苏州大学；2000年苏州大学

1901年，八国联军侵华战争结束，清政府与英、美等11国在北京签订了《辛丑条约》，标志着中国完全沦为半殖民地半封建社会。

（一）内容

1. 清政府向各国赔款共计4.5亿两白银。以关税、盐税和常关税作为担保，分39年还清，此外，各省地方赔款还有两千多万两。

2. 在北京设立使馆区，划定北京东交民巷为使馆界，允许各国驻兵保护，不准中国人在界内居住。

3. 拆毁天津至北京沿线的炮台，列强在北京至山海关铁路沿线可派驻军队。

4. 禁止中国人民参与反帝运动，违者处死，要求官员保护外国人安全，并在有反帝斗争的地区停止科举五年。

5. 改总理各国事务衙门为外务部，提升其为六部之首，负责对外交涉。

（二）影响

1. 清政府彻底沦为帝国主义统治中国的工具，中国完全沦为半殖民地半封建社会。

2. 为偿还巨额赔款，清政府加重民众税收，使得百姓生活更加困苦。

3.《辛丑条约》签订后，帝国主义加剧在中国的直接投资和经济控制，他们在中国遍设工厂，夺取筑路和开矿的权利，对中国民族资本主义的发展造成严重阻碍。

4.《辛丑条约》允许外国军队驻扎在北京及周边的战略要地，不仅从心理上震慑了清政府，还为日、俄等帝国主义列强日后侵华提供了便利。

5.《辛丑条约》激发了中国人民对于腐朽清政府的极度不满，促进了民主革命思想的兴起。

6.《辛丑条约》规定清政府要支付给美、法、英等国大量赔款，在履行过程中产生了"美国退还庚款事件"，尽管是屈辱的庚子赔款的衍生物和美国对华进行文化侵略的手段，但是在客观上有利于两国的科技文化交流，并且为中国培养了大批人才。

综上所述，《辛丑条约》是我国近代主权丧失最为严重的不平等条约，19世纪末20世纪初，中国的屈辱达到了顶点。清政府的反动面目和空前的民族危机加速了辛亥革命的到来。

参考资料

1. 李侃等：《中国近代史》（第四版），中华书局，2017年。

第三节 边疆危机与朝贡体系崩解

题目1 论述19世纪中后期清政府的边疆危机

相关真题 2024年长春师范大学；2023年中国社会科学院大学；2022年吉首大学；2021年哈尔滨师范大学；2020年西北大学；2020年湖南大学；2019年中央民族大学

19世纪中后期，西方列强企图以中国边疆为跳板渗透中国内地，引发了清政府的边疆危机。

（一）背景

1. 内因。①清朝实力衰弱，太平天国运动和捻军起义让清政府自顾不暇，对边疆的控制力减弱，这为分裂势力抬头和列强插手边疆事务提供了可乘之机。②边疆地区的上层统治阶级早有分离倾向，勾结列强，企图脱离中国版图实现独立，如西藏十三世达赖被英国政客笼络后阻挠清军入藏。

2. 外因。世界资本主义向帝国主义过渡，帝国主义列强在世界范围内掀起争夺殖民地、瓜分世界的高潮。英、法、俄等国家侵略中国边疆，企图将其变为殖民地和蚕食中国的大本营。

（二）边疆危机

1. 西北地区：英、俄勾结阿古柏政权侵略新疆。

1865年，中亚军阀阿古柏趁中国内地陕甘回民起义之际入侵新疆，建立了所谓的"哲德沙尔汗国"，并得到英、俄两国的支持。俄国趁机出兵占领中国伊犁地区。

2. 东南地区：美、日相继侵略台湾。

1867年，美国罗佛号船只漂流至台湾，船上十余人被高山族人所杀，美国以此挑起事端，派海军进攻台湾，遭到台湾人民激烈反抗后以失败告终。1874年，日本人以台湾高山族人杀害漂至台湾的琉球船员为借口，武装登陆台湾实施侵略，最终中日双方签订《台事专条》，中方向日方赔款50万两白银后战争结束。

3. 西南地区：英国攫取西藏利益。

1875年，云南地区发生"马嘉理事件"，英国以此要挟清政府签订《烟台条约》，获得了侵略权益，英国人可以经甘肃、青海、四川进入西藏，或由印度来藏，我国西南地区门户大开。1890—1893年，英国又逼迫清政府相继签订《藏印条约》，将毗邻西藏的中国藩属国锡金并入英属印度，英国在西藏势力进一步加强。

（三）影响

1. 引发海防与塞防之争。海防派以李鸿章为代表，认为海疆防务更为重要，主张放弃塞防，将塞防的饷银用作海军建设。海防派的主张遭到塞防派左宗棠的强烈反对，塞防派建议速速发兵，收复新疆。清政府认为海防塞防都很重要，决定西征收复新疆，1878年1月，左宗棠收复了除伊犁以外的新疆全境，1880年，曾纪泽赴俄，于次年订立《伊犁条约》，中国收回伊犁。

2. 中国主权遭到破坏。英、美、俄等列强觊觎中国领土，并通过合约的方式获得侵略权益，导致中国国家地位进一步衰落，国家主权进一步丧失。

3. 加重了清政府的财政负担。清政府通过与列强签订合约的方式来挽救边疆危机，合约中的赔款和出让权益扩大了清政府的财政支出。

综上所述，19世纪中后期，列强侵占中国的边疆地区，致使清政府出现了边疆危机。随着西北、西南、东南等地区陆续被各国入侵，中国的边疆面临着一系列严峻考验，对清政府的统治造成了严重威胁。

参考资料

1. 衣长春，黄韶海：《论晚清边疆危机及应对方略》，《历史教学（下半月刊）》，2016年第7期。
2. 郑师渠：《中国近代史》，北京师范大学出版社，2007年。

第四节　列强划分势力范围

题目1　简述甲午战争后列强在华强占租借地、划分势力范围的情形

相关真题　2016年聊城大学

甲午战争后，中国的屈辱和损失激发了西方列强对中国的进一步争夺，各国通过不平等条约和强权政策在中国确立了自己的势力范围。

（一）日本

1. 1895年，清政府与日本签订了《马关条约》，要求中国割让辽东半岛、台湾、澎湖列岛给日本，并要求开放沙市、重庆、苏州、杭州为通商口岸。

2. 日本照会清政府发布福建保护声明。1898年4月，清政府保证不将福建让与其他国家，福建地区由此成为日本的势力范围。

（二）俄国

1. 甲午战争之后，俄国借李鸿章访俄之机，迫使清朝签订了《中俄密约》，取得中东铁路的建造和经营权，势力范围拓展至东北。

2. 1898年，俄国迫使中国签订了《旅大租地条约》，夺取了租借旅顺口与大连湾25年的权利，租借旅顺口与大连湾，进一步加强对东北的控制。

（三）德国

1897年，山东发生"巨野教案"后，德国与清政府在1898年签订了《胶澳租界条约》，占领胶州湾，获得山东铁路特权，山东成为德国的势力范围。

（四）法国

1. 法国于1899年正式与清政府签订《广州湾租界条约》，获得广州湾的租借权，扩大了在两广的影响。

2. 法国还获得了从越南至昆明和从广州湾至内地的铁路修建权。从此，滇、桂、粤三省成为法国的势力范围。

（五）英国

1. 1898年，清政府允诺英国不将长江流域让与他国，长江流域由此成为英国的势力范围。

2. 1898年，英国逼迫清政府签订了《展拓香港界址专条》，规定英国租借九龙半岛及其附近的水面和岛屿99年。

3. 1898年，英国强迫清政府签订了《订租威海卫专条》，取得了威海卫的租借权以阻挡俄国南下。

（六）美国

1899年，美国国务卿海约翰照会英、德等六国，提出"门户开放"政策，即各国对任何条约、口岸和既得利

益不得干涉；各国货物一律按照中国现行税率值百抽五征收税款；维护中国的领土和主权完整，向各资本主义国家开放自己的势力范围，对他国船只、货物收费不得超过本国。此外，美国在承认列强在华势力范围和已经获得的特权的前提下，要求允许美国"利益均沾"，享受列强同等待遇。

综上所述，甲午战争后，各国列强在中国纷纷通过非法手段取得了各自的租借地、占领地及各类权益，给中国社会带来深重灾难，最终使中国完全沦为半殖民地半封建社会。

参考资料

1. 李侃等：《中国近代史》（第四版），中华书局，2017年。
2. 符岛，刘迎：《晚清时期列强在中国形成的均势状态》，《广西社会科学》，2009年第2期。

第二章 清朝统治的衰落

第一节 太平天国时期的农民战争

题目1 简述清政府镇压太平天国起义的措施

相关真题 2017年苏州大学

太平天国定鼎南京时，与清王朝形成对峙之势。面对太平天国的不断扩张与八旗、绿营的一再溃败，清王朝采取了一系列应对措施以镇压起义，挽救危局。

（一）政治

任用汉族官僚担任地方督抚，并负责镇压太平天国的相关事宜。1860年，江南大营被太平军摧毁后，咸丰帝不再恢复江南大营，而任命曾国藩为两江总督、钦差大臣，把镇压太平天国的重任交给了曾国藩及其湘军，并给予地方上的军政大权。此后的湘淮系官僚在清政府的重用下成为镇压太平天国的主要力量。

（二）财政

1. 实行厘金制度。厘金分为两种，一是行商的货物通过税，一是坐商的交易税，税率均为值百抽一。最初是征收过境的粮食，后来范围日益扩大，成为一种常税。厘金的普遍征收扩大了镇压起义的军费来源，维持了军队的日常运行。

2. 给予地方督抚支配地方财税的权力。此前，大部分的地方财政收入要上缴中央政府，为了镇压太平天国运动，清政府将地方财税充作军费，由地方督抚支配。

（三）军事

1. 扩充军力。鉴于八旗、绿营的衰败，清政府下令各地举办团练，于1853年命曾国藩在湖南组建团练武装，经过发展成为镇压太平天国的主要军事力量——湘军。之后，李鸿章仿照湘军建制组建淮军。这两支军事武装成为晚清时期清政府的主要军事力量。

2. 建立近代军事工业，装备新式武器。在洋务派的支持下，清政府创立了一批具有现代意义的军事工业，例如安庆内军械所等。这些军工企业为新组建的湘淮军提供了新式的武器装备，成为影响战争胜负的重要因素。

3. 组建江南、江北大营，夹击天京。太平军攻占南京后，为阻止太平军渡江北上中原，扑灭太平天国农民起义，清政府于1853年设立了江南大营和江北大营。钦差大臣、提督向荣在南京城东南建立江南大营，以便阻击太平军。琦善为钦差大臣在扬州西北郊建立江北大营，与江南大营遥相呼应。

（四）外交

与列强互相勾结，共同镇压太平天国运动。《北京条约》签订后，清政府与列强关系缓和，而太平天国不承认列强在华利益，于是列强帮助清政府镇压起义。列强组建洋枪队，和清军一起镇压上海、江苏等地的太平军。

总之，清王朝采取了一系列措施来应对太平天国的扩张，短时间内起到了维护清朝统治的作用。但从长远来看，这些举措增加了人民的负担，扩大了地方的势力，不利于清朝的统治。

参考资料

1. 李侃等：《中国近代史》（第四版），中华书局，2017年。
2. 姜涛，卞修跃：《中国近代通史（第2卷）·近代中国的开端（1840-1864）》，江苏人民出版社，2013年。

题目2 简述厘金制度的内容及影响 醒吾历史统考预测题

厘金制度是一种在货物生产、过境、销售过程中征收的产销税，创立于1853年镇压太平天国期间，以弥补清政府军费的不足，至1931年取消，共存在78年。

（一）内容

厘金分为两种：一是行厘（又称"活厘"），征收行商的货物通过税；二是坐厘（又称"板厘"），征收坐商的买卖交易税。税率均为值百抽一，故称厘金，又称厘捐、厘金税。

1. 产生：1853 年，帮办江北大营军务大臣雷以诚在扬州首先"设卡抽厘"，对商货物价课以 1% 的捐税以充军饷。

2. 扩大：厘金的种类从最初对粮食征收，发展到对各类商品征收。最初只在扬州地区推行，后来推广至江苏州县，1855 年开始全国推广。太平天国运动被镇压后，厘金变成了清政府的正式税收。清朝灭亡后，又被之后的政权所延续征收。

3. 废除：1930 年，南京国民政府宣布从 1931 年起全国一律裁厘，从此厘金在中国社会基本消亡。

（二）影响

1. 积极影响。

①厘金制度是清政府的一项重要税收制度，成为清政府重要的军饷来源。

②厘金的征收极大地增加了清王朝的财政收入，为洋务运动中兴办军事工业、海防提供了重要的经费来源。

2. 消极影响。

①厘金制度增加了人民的生活负担。厘金制度是一种沉重的经济勒索，城乡要道、水旱码头税卡林立，使农民、城市中的小商人及手工业者生活困难。

②厘金制度的实施阻碍了民族资本主义工商业的发展。它的征收加大了商品的生产成本，使得本土商品的生产难以抵抗洋货的挤压；同时贪官污吏在众多厘金关卡中对商品层层盘剥，大大降低了商品的流通速度。

③厘金制度逐渐为帝国主义所控制。清政府对外借款，常以厘金作为抵押担保，并且由海关总税务司英国人赫德派人代收，使得帝国主义能够更直接地干涉中国财政，严重损害了中国的经济权益。

综上，厘金制度作为清政府的一项重要税收制度，客观上缓解了清王朝的财政危机，但也增加了广大人民的经济负担，严重阻碍了商品经济和民族工商业的发展。

参考资料

1. 周育民：《关于清代厘金创始的考订》，《清史研究》，2006 年第 3 期。
2. 陈锋：《20 世纪的晚清财政史研究》，《近代史研究》，2004 年第 1 期。

第二节 太平天国的政权和制度

题目 1 论述太平天国的内外政策

相关真题 2003 年南开大学；2000 年四川大学

太平天国定都南京前后，实行了一系列内政外交政策，既取得了辉煌成就，也出现了一些过错，为太平天国覆亡埋下了祸根。

（一）内政

1. 政治政策。①在中央：实行天王制，天王为最高领导，下设王、侯；采取十二级职官制；东王府是中央政权的国务管理机关。②在地方：设立省郡县三级制，长官由中央任命。③颁布《天朝田亩制度》，对司法、文教等方面做出具体规定。④天京事变后，洪秀全听取洪仁玕的建议，禁止朋党结私，将报纸作为民众议政途径，设置新闻官和新闻馆，收集报纸新闻，借以收取民心，作为治国借鉴。

2. 军事政策。①实行兵农合一的军政制度。每五人为一伍，五个伍为一两，四个两为一卒，五个卒为一旅，五个旅为一师，五个师为一军，战士战时打仗，闲时农耕。②兵种多样。有陆营、水营、土营等。

3. 社会经济政策。①《天朝田亩制度》中提出了平分土地的方案，否定了封建地主土地所有制，但是由于其脱离实际，没有实施，后面发展为"照旧交粮纳税"政策，承认了地主收租的合法性。②实行圣库制度。所有人将财产上交圣库，所需按照级别统一分配；废除商业贸易，但后期因物资匮乏，开办官营商业。③取消家庭制度。实行军事化管理政策，使得被控制城市成为军营，并实行男女分营、男女分馆。④天京事变后，颁布《资政新篇》。发展近代工业和交通，允许民间雇工开矿，鼓励富民投资，兴办银行，发行纸币并奖励发明创造。

4. 妇女政策。①婚姻制度改革。废除封建买卖婚姻和纳妾制度，实行一夫一妻制。②设女官和女军。允许女子同男子一样参与社会政治生活，参军参政，但实际上女官不能参与机要，未能取得同男子同等地位。③禁娼妓。明令禁止娼妓并采取严厉措施。④禁缠足。

5. 文化教育政策。①宗教政策。以拜上帝教为旗帜，提出上帝是唯一真神。②反孔反儒。否认孔子和儒家经书的正统地位，毁坏孔庙和孔子牌位，但又采用三纲五常来维系统治。③建立正式的考试制度。分县试、省试、京试三级；废除门第出身等封建限制；试题出自天国刊印文献。④天京事变后，根据《资政新篇》，力主破除迷信陋规，兴办慈善事业，开设育婴堂、鳏寡孤独院等社会福利机构，禁止庙宇寺观贩卖人口、溺毙女婴等行为。

（二）对外政策

1. 坚持独立自主立场，不承认列强的在华侵略权益，反对外来侵略，维护国家主权和民族尊严。

2. 主张推进正当的中外贸易，同时允准英国人在太平天国统治区内"自由出入"，视外国侵略者为"洋兄弟"，倡导不与外国发生矛盾，但反对贩卖鸦片。

3. 以天朝上国自居，洪秀全认为自己是万国真主，要求外国公使来天京时要进贡、见天王时要跪拜等。

4. 天京事变后，主张同资本主义国家平等交往，自由通商，交流文化，但郑重声明外人不得干涉天朝内政。

综上所述，在太平天国统治区域，其领导者从统治需要出发推行了一系列政策，冲击了清王朝固有的体制，且初期确实有成效，但其中也凸显了很多不成熟甚至违背历史发展规律的问题，体现了其覆灭的必然性。

参考资料

1. 刘敏：《太平天国妇女政策探讨》，《四川省干部函授学院学报》，2015年第1期。
2. 姜涛，卞修跃：《中国近代通史（第2卷）·近代中国的开端（1840-1864）》，江苏人民出版社，2013年。

题目2　简述《天朝田亩制度》和《资政新篇》

相关真题　2022年吉林师范大学；2019年扬州大学；2018年扬州大学；2018年苏州大学；2017年扬州大学；2017年河北师范大学；2017年聊城大学；2015年湘潭大学；2015年上海大学；2014年湘潭大学；2013年苏州大学

《天朝田亩制度》是1853年太平天国定都天京后颁布的建国方案，其中规定了太平天国的各项基本制度。《资政新篇》是太平天国后期由洪仁玕提出的具有资本主义色彩的治国方案。两者对太平天国本身和近代历史发展都具有一定的积极意义，但也不可避免地带有局限性。

（一）《天朝田亩制度》

1. 内容。①平均分配土地。把土地分成三级九等，16岁以上的人都分有土地，15岁以下的人分的土地减半。②生产和分配统一管理。每25家为一个基层单位"两"，设两司马统一管理生产和物品分配。③圣库制度。私人不许拥有财产，必须统一交到圣库。④鳏寡孤独和丧失劳动能力的人，由国库供养。⑤建立兵农合一的军政制度。⑥对司法、职官、文教等方面问题做出了具体的规定。其目的是实现"有田同耕，有饭同食，有衣同穿，有钱同使，无处不均匀，无人不饱暖"的理想社会，是太平天国的纲领性文件。

2. 积极意义。①《天朝田亩制度》提出平均土地的方案，反映了当时贫困民众对于土地的强烈渴求，将贫困民众的愿望具体化和纲领化，标志着农民战争达到新的高峰。②《天朝田亩制度》对太平天国政权做出了各项基本规定，有利于政权的巩固与发展。

3. 局限性。①《天朝田亩制度》试图消灭私有制，平均社会财富的要求与当时中国要求发展资本主义的社会趋势相背离，挫伤了民众劳动的积极性，阻碍社会的进一步发展。②《天朝田亩制度》中保留了如专制皇权、等级制度等糟粕。它想建立的是一个带有理想主义色彩的旧式专制王朝，带有理想性和落后性。

（二）《资政新篇》

1. 内容。①在政治方面，针对天京变乱的教训，洪仁玕在《资政新篇》中提出要"禁朋党之弊"。此外，他还提出"立法"的概念，指出了立法的重要性，并介绍了列强因立法而强盛的经验。②在经济方面，他主张发展资本主义经济，如开办工矿企业、交通运输业、金融业。③在文化风俗方面，他主张设立学馆、废除陋习、严禁鸦片等。④在外交方面，他主张与资本主义国家平等往来，自由通商，在对外文书上使用"照会""交好"等平等词汇。

2. 积极意义。①《资政新篇》具有鲜明的资本主义色彩，主张效仿西方发展资本主义，符合历史发展的趋势，是当时中国乃至亚洲最先进的学习西方资本主义的方案。②其中的政策，如"禁朋党之弊"等，有利于太平天国后期的政治整顿与政权巩固。

3. 局限性。①《资政新篇》没有涉及核心的土地问题，没有反映当时农民阶级最迫切的利益和要求。因此，在太平天国内部没有产生巨大影响。②囿于局势，直至太平天国运动失败，《资政新篇》中的大部分内容都没有真正实行过。

综上，《天朝田亩制度》既反映了当时广大农民群众反对地主剥削、追求平等平均的强烈愿望，但也体现了农民阶级的历史局限性。而《资政新篇》虽符合当时中国社会发展的客观要求，但在太平军内部没有引起积极反应。

参考资料

1. 孙占元：《〈天朝田亩制度〉与〈资政新篇〉评议》，《中国近代史》，1995年第4期。
2. 姜涛，卞修跃：《中国近代通史（第2卷）·近代中国的开端（1840-1864）》，江苏人民出版社，2013年。

题目 3 论述天京事变前太平天国的社会、经济与文化政策及主要变化

相关真题 2013年历史学统考

太平天国运动是中国近代史上一次重大的农民起义，在1856年天京事变之前，太平天国通过实施一系列创新政策，试图改变中国的社会结构和经济发展模式，同时也进行了文化上的改革。这些政策的实施遇到了诸多困难，也经历了不断的调整和变化。

（一）社会政策

1. 地方管理的变化。太平天国初期，通过设立乡官制度来组织居民，维护地方秩序，征收赋税，以及办理军需等事务。这一制度的实施初期曾取得一定成效，但随着乡官中的地主、乡绅逐渐增多，管理效率开始下降，官员素质参差不齐，太平天国进行了军政分离的尝试。

2. 家庭制度的变化。太平天国初期试图废除家庭制度，实行男女分居的军事化管理，以进一步加强对社会的控制，但是这一政策在实施中遭遇了极大的社会阻力，逐渐停止。

3. 妇女政策的变化。太平天国初期提倡提高妇女地位，包括禁止缠足和鼓励妇女参与社会活动。然而，妇女参与政治和军事的程度有限，加之传统思想的束缚，妇女地位的实质性提升受到限制。

（二）经济政策

1. 土地政策的变化。《天朝田亩制度》宣布"凡天下田，天下人同耕"，试图通过土地公有制来消灭封建剥削，实现财富的绝对平等。但这一宗旨与当时社会的发展趋势背道而驰，实施起来困难重重，最终太平天国不得不做出调整，允许地主向佃户收租，再由地主向国家交纳税粮。

2. 私有制政策的变化。圣库制度的实施旨在废除私有财产，通过国家统一管理和分配财富。然而，由于内部物资短缺，这一政策最终也被迫调整为保护和鼓励私营工商业的发展。

3. 工商业政策的变化。太平天国在一定时期内试图鼓励工商业的发展，包括支持手工业和制造业的发展，以及恢复和发展贸易。然而，由于战争的破坏和对稳定社会秩序的考虑，太平天国对某些商业活动和消费品也施加了限制，如对烟酒等的限制。

（三）文化政策

1. 对儒学态度的变化。太平天国建立初期，其领导人对传统的儒学持批判态度，否定儒学的权威地位。随着时间的推移，太平天国领导层逐渐意识到儒学在维护社会秩序、促进道德教化等方面的重要性，开始融合儒家的某

些教义和实践。

2. 对基督教态度的变化。太平天国建立之初，极力推广基督教教义，将其作为国教。但在太平天国的发展过程中，洪秀全对基督教教义的解释和实践也发生了一定的变化。为了加强对人民的思想控制和提高政权的合法性，太平天国逐步建立起一套结合基督教元素和中国传统文化的宗教政策。

3. 对教育态度的变化。太平天国建立之初，领导层重视教育事业，尤其是宗教教育和基础教育的推广。后面转为通过教育加强人民对太平天国政权的忠诚和支持。

综上所述，在天京事变前，太平天国在社会、经济、文化等方面的政策实施虽然充满了创新和革命性，但也面临着诸多现实挑战，导致政策不断调整和变化。这些尝试和变革对当时的中国社会结构和发展模式产生了重要影响，也为后来的变革积累了经验。

参考资料

1. 章开沅，朱英：《中国近现代史》，河南大学出版社，2009年。

第三节 湘淮军与地方势力的崛起

题目1 简述晚清湘淮军势力的崛起及其影响

相关真题 2009年历史学统考；2023年西北民族大学；2022年中南财经政法大学；2022年湖南科技大学；2021年南昌大学

太平天国起义爆发后，八旗和绿营军溃败，咸丰皇帝于1853年下令大江南北各省官绅举办团练，曾国藩组建的湘军和李鸿章所建的淮军战绩最为显著，成为日后影响晚清政局的重要力量。

（一）湘淮军势力的崛起

1. 湘军。1853年年初，曾国藩被清政府派往湖南兴办团练。他以"营"为军事建制，任用知识分子为营官，士兵由营官自行招募。招募时，以同一省县为地域标准，鼓励兄弟、亲朋和师生同入伍，并对士兵进行以三纲五常为核心的思想教育和禁止扰民、赌博、吸食鸦片的军纪教育，以及教授枪法、军阵的军事训练，形成了一支不同于绿营的"湘军"，到1854年，共有水陆两军1.7万余人。1860年，清朝江南大营覆灭后，湘军成为镇压太平天国的主力。1864年，湘军攻陷天京，太平天国覆灭。

2. 淮军。1862年，李鸿章奉曾国藩之命，仿照湘军营制，在安徽编成一支6000余人的淮军。到1864年冬，淮军增至5万余人，并且在围剿北方捻军时得到了外国侵略者的支持，他们不仅为淮军提供新式武器，还派遣教官和顾问。1868年，淮军联合湘军镇压了捻军起义。

（二）湘淮军势力的影响

1. 政治方面。①成功镇压了太平天国、捻军等一系列起义，使清朝摆脱了危局。②有力地抵抗了外国的侵略。如1884年，法国侵略台湾，湘军在淡水与法军激战，击退了法军，为抗击侵略做出了贡献。③改变了清朝地方官员中的满汉比例，造成了督抚专政的局面，削弱了中央集权。

2. 经济方面。①促进了洋务运动的发展。湘淮系将领提倡兴办洋务，曾国藩、李鸿章和左宗棠等人创办了大量军用及民用企业，这是中国近代化的开端。②推动了税制变革。为筹集湘淮军的军费，各地开始征收厘金，厘金成为清政府的正式税收，起到了解决财政困难的作用。③湘淮军将领靠积累的财富，购置大量土地，加剧了土地兼并。

3. 军事方面。①湘淮军以同乡或封建情谊作为维系纽带，提高了军队凝聚力，并且使用近代火器枪械，武器装备得到更新，极大增强了清王朝的军队战斗力。②湘淮军具有私兵性质，存在严重的封建隶属关系，每营士兵只服从营官，整个湘军只服从曾国藩，整个淮军只服从李鸿章，壮大了地方力量，地方军事割据倾向凸显。

4. 文化方面。湘淮军兴办了众多书院，促进了人才的兴盛。同时巩固了程朱理学的地位，形成了湘淮士人经世致用的学风；同时激发了众多湘淮人热心于习武从军的风气。

综上，湘淮军由于镇压起义和组建团练的契机而逐渐兴起，解除了清朝的危机，但遗留的问题也给清朝带来了隐患，最终被袁世凯的新建陆军取代。

参考资料

1. 李侃等：《中国近代史》（第四版），中华书局，2017年。
2. 郑师渠：《中国近代史》，北京师范大学出版社，2007年。
3. 章开沅，朱英：《中国近现代史》，河南大学出版社，2009年。

第四节　清廷政局

题目1　简述第二次鸦片战争后清政府格局的变动

相关真题　2023年山东师范大学；2017年天津师范大学；2014年天津师范大学

第二次鸦片战争后，清政府面临内忧外患的局面，政治、经济和军事格局发生了深刻的变化，极大地影响了此后晚清历史的发展和近代中国的命运。

（一）政治

1. 中央权力核心变化。第二次鸦片战争结束后，1861年咸丰帝去世，由八大臣辅佐幼帝。慈禧不满权力落入朝臣之手，联合同受排挤的恭亲王奕䜣发动政变，此后权力落入慈禧太后之手。

2. 地方政治格局变化。在镇压农民起义的过程中，以汉族地主曾国藩和李鸿章为代表的湘淮军势力崛起，如在1863年清政府设置的8个总督、15个巡抚中，湘军就占有5个总督、9个巡抚之职，这不仅改变了地方督抚满汉比例，还增强了地方依靠军队进行军事割据的倾向，在义和团运动时期发生了东南互保事件。

（二）经济

1. 近代民用企业出现。第二次鸦片战争之后，洋务派为解决兴办军事工业和建立新式海陆军的巨额经费，采用"官督商办"的方式创办了轮船招商局、开平矿务局等近代民用企业，这些企业涉及采矿、纺织、航运等事业，带有资本主义性质，刺激了中国民族资本主义的产生。

2. 对外贸易被动扩大。根据《天津条约》等协议，清政府被迫开放更多的通商口岸，对外国商人在中国的贸易活动放宽了限制。这导致外国商品大量涌入中国市场，冲击了当地产业，尤其对手工业和农业造成了影响。

3. 通商口岸城市经济获得发展。虽然外国商品冲击了国内市场，但开放的通商口岸如上海、广州等地却因对外贸易的增加而经济发展迅速，成为商业和金融中心。这种变化促进了一些地区的城市化进程和资本主义生产关系的产生和发展。

（三）军事

1. 湘淮军崛起。在镇压太平天国起义的过程中，清朝原本的军事力量八旗和绿营基本覆灭。1860年以后，由曾国藩和李鸿章掌控的湘军和淮军崛起，并取代八旗、绿营成为清军主力，它们在剿灭太平军和捻军等农民起义中发挥了重要作用，也逐渐成为能与中央抗衡的地方割据势力。

2. 军事近代化起步。湘淮军在镇压农民起义的过程中，不仅得到了西方列强的支持，还认识到了西式武器的重要性。洋务运动兴起后，湘淮军配备了洋枪火炮等新式武器，洋务派官员创办了江南制造总局等军事工业，创建了北洋海军等现代海军，走向军事近代化道路。

总之，第二次鸦片战争后，清政府格局的变动导致外重内轻的格局和中央集权的衰落。同时我们还应看到洋务运动的兴起改变了传统的经济格局，为中国近代化的发展做出了重要贡献。

参考资料

1. 朱东安：《太平天国与咸同政局》，《近代史研究》，1999年第2期。

题目 2　简述辛酉政变后清政府内外政策的演变

相关真题　2017 年苏州科技大学；2015 年陕西师范大学

1861 年发生的辛酉政变是清政府内部的权力更迭事件。咸丰末年，清政府面临内忧外患，咸丰帝病逝后，幼子载淳即位，肃顺、端华等八位"赞襄政务王大臣"总摄朝政。慈禧太后欲垂帘听政，遭到辅政大臣的抵制，于是慈禧与恭亲王奕䜣发动政变，完成了权力的转移。

（一）内政的调整

1. 慈禧太后掌握统治大权。辛酉政变后，顾命八大臣势力被铲除殆尽，权力落入慈禧与恭亲王奕䜣手中，随着清朝内忧外患逐渐缓解，二人分歧不断显露，随后慈禧将奕䜣排挤出权力中心，独揽大权。

2. 开始重用汉人。慈禧用人摒弃满汉偏见，提拔汉人将臣，在中央方面提拔著名理学家倭仁及有楷模之称的李棠阶。在地方行政方面，重用曾国藩、左宗棠、李鸿章等汉人，并赋予适当的权力。

3. 以"中体西用"为核心思想进行洋务运动。清统治者开始意识到西方坚船利炮的先进。洋务派提出"自强"和"求富"口号，发动洋务运动，清政府在不改变政治体制的前提下开始有意识地学习西方先进的技术。

（二）对外政策的调整

1. 与外国反动势力公开勾结。慈禧改变了咸丰时期战和不定的举措，坚定地推行主和政策，以取得"中外相安"的局面，中外反动势力在政变后达成了默契，明确了中外合力剿杀太平天国的政策。

2. 发展近代外交。清政府设立总理各国事务衙门处理对外事宜，揭开了中国外交近代化的序幕。总理衙门成立后，即设南洋、北洋通商事务大臣。此外还引进国际法、任命外国人为海关总税务司等。

综上，伴随着同治年间慈禧太后这些内外政策的变化，中国半殖民地半封建化的程度进一步加深，但同时也推进了中国的近代化。

参考资料

1. 章开沅，朱英：《中国近现代史》，河南大学出版社，2009 年。
2. 李侃等：《中国近代史》（第四版），中华书局，2017 年。
3. 姜涛，卞修跃：《中国近代通史（第 2 卷）·近代中国的开端（1840-1864）》，江苏人民出版社，2013 年。
4. 郭幼茂：《辛酉政变与晚清政治》，《南京政治学院学报》，1996 年第 2 期。
5. 梁玉国：《辛酉政变对晚清政治格局的影响》，《安徽史学》，1998 年第 4 期。
6. 涂程锦：《辛酉政变与晚清政局》，《科教导刊》，2016 年第 4 期。

题目 3　简评东南互保

相关真题　2024 年安庆师范大学；2020 年西北民族大学；2018 年中央民族大学；2016 年陕西师范大学；2016 年河北师范大学；2015 年扬州大学；2006 年四川大学；2004 年华中师范大学；2003 年南开大学

1900 年，义和团运动爆发，清政府向英、美等列强宣战之际，以两江总督刘坤一、湖广总督张之洞为首的东南诸省督抚和各国驻沪领事议定了"东南互保"条款，以此来阻止战火波及南方各省。

（一）背景

1. 督抚实力增强。地方督抚在镇压太平天国运动中拥有了军权、财权，实力强大。辛酉政变后，慈禧为了巩固自己的地位，进一步拉拢地方大员，给予了他们更多权柄，督抚独立性进一步增强。

2. 义和团运动爆发。1900 年，义和团以"扶清灭洋"为口号在北方进行反帝斗争。

3. 列强企图扩大侵略。清政府对义和团"剿抚不定"的态度导致列强不满，他们以保护使馆、帮助平叛为由组成了八国联军，企图侵略中国。

4. 清朝内部意见分歧。在对列强"和还是战"的问题上，清朝统治集团内部出现了意见分歧，清政府对外宣战，而东南督抚想要保全长江流域，后者因此与帝国主义勾结。

（二）过程

1. 1900年6月，英国外交大臣通知两江总督刘坤一、湖广总督张之洞等地方督抚，如果义和团势力发展到南方，他们需要采取镇压措施，英国到时会进行军舰支持。刘坤一、张之洞等人担心义和团的蔓延，也担心帝国主义势力趁此盘踞南方，便同意了英国的诉求，并表示不希望任何外国军舰驶入长江，获得英国同意。

2. 1900年，清政府发布"宣战上谕"后，东南诸省督抚李鸿章、张之洞、刘坤一等人拒绝执行，并电报授权盛宣怀和余联沅同各国领事正式会商，订立《东南互保章程》，规定"上海租界归各国共同保护，长江及苏杭内地均归各督抚保护，两不相扰"，限制东南地区广大人民群众的反帝爱国斗争。

3. 章程签订后，李鸿章、袁世凯、许应骙等纷纷表示支持，并决定采取一致立场，四川、陕西、河南等地督抚也纷纷表示赞同。

（三）对东南互保的评价

1. 《东南互保章程》的实施，阻止了西方列强入侵长江流域，保全了东南大局，使得当时中国经济发达的江南地区免遭战火的破坏，客观上有利于南方经济的稳定与发展。

2. 阻止了义和团运动的南进，加速了义和团运动的失败，对南方反帝斗争的开展产生了消极作用。

3. 维护了列强在华的权益，为帝国主义列强的进一步侵略提供了方便。

4. 东南互保后，中央权威更加衰落，地方督抚权力加强。"互保"既保全了清朝，又加速了其灭亡。

综上所述，东南互保是清末庚子事变特定历史条件下的产物，它的出现与北方义和团反帝爱国运动形成了鲜明的对比，在一定程度上维护了中国东南地区的稳定。

参考资料

1. 马勇：《中国近代通史（第4卷）·从戊戌维新到义和团（1895-1900）》，江苏人民出版社，2013年。
2. 易春秋："东南互保"原因浅析》，《青岛大学师范学院学报》，1999年第3期。
3. 赵正桥："东南互保"的社会成因》，《历史教学问题》，1999年第1期。
4. 张莺瑞：《相机审势："东南互保"原因探析》，《黑龙江史志》，2014年第15期。
5. 梁其承："东南互保"研究》，吉林大学2004年硕士学位论文。
6. 郭继武：《东南互保与晚清政局》，中央民族大学2010年博士学位论文。

第五节 义和团运动

题目1 简述义和团运动兴起的原因

相关真题 2017年湖南师范大学；2017年苏州大学；2016年厦门大学

义和团反帝爱国运动首先在山东爆发。它是国际国内环境共同作用的结果，也是长期以来中国人民反教会斗争的总汇合。

1. 甲午战后，列强掀起了瓜分中国的狂潮。如1898年，德国租借了胶州湾，俄国租借了旅顺、大连及附近水面，英国和法国也分别扩大了他们在华南和华西的影响。这种势力范围的划分使中国的主权进一步受到侵蚀，激起了民众的反抗意识。

2. 洋教侵略的加深。19世纪中期以后，基督教传教士在中国内地不仅建立教堂、招募信徒，还索要供奉、占有农民土地，甚至为本国政府提供策略，侵占中国的权益。在这一过程中，一些地区出现了教民欺凌普通民众的事件，引发了包括天津教案、巨野教案在内的激烈冲突。这些事件激化了民众对代表外来势力的基督教会和信徒的抵抗情绪。

3. 帝国主义的经济侵略加剧导致民众不堪重负。《马关条约》签订后，清政府为偿还巨额债务和赔款，进一步搜刮民脂民膏，举借内债，并强行摊派，加重了农民负担，使百姓苦不堪言，加深了百姓对洋人的憎恨。

4. 义和拳为义和团的形成提供了组织基础。1898年，山东冠县梨园屯群众以义和拳名义，聚集拳民攻打教堂，此后各种教门联合起来，都以义和拳的名义进行反洋教活动，义和拳运动逐渐兴起。1898年6月，义和拳改称义和团。

5. 广泛的自然灾害。华北连年的自然灾害导致许多农民沦为灾民，大量流民加入了义和团，壮大了义和团的力量。

6. 清政府的内部矛盾及慈禧太后别有用心的支持。戊戌政变后，慈禧太后欲废掉光绪皇帝，遭到了列强的干涉，她因此产生了利用义和团打击报复列强的想法，促使义和团迅猛发展。

综上，义和团运动爆发的原因是多方面的。义和团在民间反清组织义和拳的组织基础上，受到国内外环境的影响而出现，沉重打击了帝国主义瓜分中国的企图，表现了中国人民不甘屈服的斗争精神。

参考资料

1. 吴琼，徐晖：《近十年来关于义和团运动若干问题研究综述》，《吉林大学学报（社会科学版）》，2000年第5期。
2. 余支政，张二平：《近十年义和团运动研究综述》，《史学月刊》，2000年第2期。
3. 罗威：《义和团运动兴起的原因》，《湖南教育学院学报》，1999年S2期。
4. 廖一中：《论义和团运动在山东兴起的原因》，《天津社会科学》，1983年第6期。
5. 胡绳：《义和团的兴起和失败》，《近代史研究》，1979年第1期。

题目2 评价义和团运动

相关真题 2023年西南民族大学；2022年鲁东大学；2021年山东大学；2017年四川大学；2015年河北大学；2014年中国社会科学院大学

19世纪末20世纪初的义和团运动，是一场反对帝国主义侵略的中国农民主导的爱国运动。虽以失败告终，但它阻止了帝国主义瓜分中国，激发了民众的反抗意志。

（一）过程概述

随着反洋教斗争的发展，义和团首先在山东一带展开斗争。1898年，义和团树起"扶清灭洋"的旗帜，短短数月间，义和团运动就以京津地区为中心，迅速在北方蔓延。1900年，八国联军攻打天津大沽炮台时，清政府利用义和团对洋人开战。但随着大沽炮台失守和北京东交民巷被围攻等事件的发生，清政府向列强求和，并勾结列强镇压义和团。义和团运动在中外反动势力的剿杀下失败了。

（二）评价

1. 历史地位。义和团运动是一场反帝爱国运动。它是广大农民反抗帝国主义压迫和剥削，以驱逐帝国主义侵略势力为目标而进行的暴动和起义，是中国近代民族主义革命的有机组成部分。尽管义和团的爱国主义不可避免地存在着历史和阶级的双重局限，但也为后世提供了宝贵的教训和经验。

2. 正面评价。

①打破了列强瓜分中国的企图。义和团运动使外国侵略者看到了中国民众反抗外来侵略的决心和勇气，意识到直接瓜分中国是行不通的，迫使其改变了侵华手段，转而寻找、扶植在华代理人。

②义和团运动动摇了清政府的统治，推动了中国政治近代化的进程。从地方来说，义和团运动促使东南各省督抚与列强结成"东南互保"，进一步削弱了清政府对地方的控制力。从中央来说，义和团运动间接推动了清末新政的出现和实施。

③义和团运动中出现的杀洋人、抵制洋货运动，在一定程度上打击了外商，促进了民族资本主义的发展。义和团运动以后，鸦片的进口明显减少，而有利于中国民族资本主义发展的工业原料进口则显著增加。

④义和团运动中迷信落后一面所产生的教训，启示着后人把倡科学、办教育、开民智、提高民众素质，作为实现近代化的前提，促进了思想文明的进一步开化。

⑤义和团运动标志着广大农民在反抗外来侵略方面的觉醒，预示着20世纪革命风暴的来临，为后来反侵略战争中人民群众的国家意识与民族意识的发展奠定了思想基础。

3. 负面评价。

①由于义和团成员多为农民、散兵游勇等，其行动往往具有盲目性和破坏性，见洋人就杀、见洋货就砸等行为破坏了社会秩序。

②义和团运动的排外具有盲目性和落后性。它企图通过"灭洋"使社会回到自给自足的自然经济时代，与近代化的历史潮流相违背，阻碍了中国社会的进步。

③义和团运动以"扶清灭洋"为口号，其目的仍是维护清政府的统治，反映其既不能认清清政府与外国侵略者相互勾结的事实，也不能正确区分"清朝"与"中华"的本质区别。

综上，义和团运动是一次伟大的反帝爱国运动，虽然受阶级局限，有着盲目性和落后性，最终结果也难免走向失败，但是它打击了帝国主义，表现了中国人民的反抗精神，在近代历史上留下了光辉的一页。

参考资料

1. 吴琼，徐晖：《近十年来关于义和团运动若干问题研究综述》，《吉林大学学报（社会科学版）》，2000年第5期。
2. 余支政，张二平：《近十年义和团运动研究综述》，《史学月刊》，2000年第2期。
3. 许克华：《试论义和团运动的性质和意义》，《学术月刊》，1960年第10期。
4. 王兴业：《近代化在中国的嬗变与义和团运动的影响》，《史学月刊》，1991年第6期。

第三章　近代化的启动

第一节　"师夷长技以制夷"

题目1　简述鸦片战争前后的经世致用思想

相关真题　2020年鲁东大学；2020年安庆师范大学；2020年南昌大学；2016年中国人民大学；2004年中国人民大学

嘉道时期，一部分封建士大夫继承并发展了明清之际讲求"经世致用"的传统，反对崇尚空疏，注重研究现实问题，主张向西方学习，倡言改革，并在鸦片战争前后形成经世派这一思想学术派别。

（一）鸦片战争前的经世致用思想

鸦片战争前，一些有识之士看到社会险象环生，清朝的统治逐渐衰落，常以天下为己任。同时，也不满汉宋学的空疏无益，主张学术要关心国计民生，开始提倡经世致用思想。

1. 经世思想的出现与代表人物。1826年，魏源编纂的《皇朝经世文编》出版，这是鸦片战争前经世思潮兴起的重要标志。该书共计120卷，分为学术、治体、吏政、户政、礼政、兵政、刑政、工政八大类，是鸦片战争前经世致用思想的集中体现。这一时期经世思想的代表人物主要有魏源、龚自珍、贺长龄等。

2. 主要内容：一是讥切时弊。经世派以忧国忧民的心情，为广大人民发声，批判清王朝吏治败坏、军备废弛等腐朽状况，其中，龚自珍的批判力度最大。二是倡言社会改革。经世派提出了"变法"主张，要求改革漕运、盐政、农事等与国计民生相关的政务。

（二）鸦片战争后的经世致用思想

鸦片战争的失败，打破了天朝上国的迷梦，在中国的士大夫中引起了强烈的震动。经世致用的思想扩展到向西方学习先进的科学和技术方面。在这方面，以林则徐、魏源最具建树。

1. 林则徐。作为近代中国"开眼看世界"的第一人，林则徐不仅主张坚决抵抗外国侵略，还组织人力翻译新书新报，以了解西方的情况。他主持翻译了《澳门新闻纸》《华事夷言》，又把有关外国史地的资料译成《四洲志》。此外，他还研究西方的洋枪洋炮，并在此基础上提出"师敌之长技以制敌"的主张。

2. 魏源。在林则徐的基础上，魏源于1842年撰写成著名的《海国图志》，提出了"师夷长技以制夷"的主张。他认为要强国御侮，首先要"洞悉夷情"，了解世界。进而建议在中国设立兵工厂和造船厂，聘请洋匠来华施教；同时译西书，改革科举考试制度，培养新式人才。

综上所述，经世思想家们随着社会背景的改变不断突破思想束缚，寻求国家强盛的途径和方法。但由于"夷夏之辨"思想的根深蒂固，尽管经世派提出向西方学习，但是他们的学习方面和维度还相对较少。

参考资料

1. 吕芊：《鸦片战争前后经世思潮演变问题研究》，东北师范大学2019年硕士学位论文。

题目2　简述鸦片战争前后"开眼看世界"的背景、内容及影响

相关真题　2023年湖北师范大学；2020年扬州大学；2019年河北大学

鸦片战争后，中国的民族危机逐渐加深，以林则徐、魏源为代表的一些进步爱国知识分子开始"开眼看世界"。

（一）背景

1. 鸦片战争给中国人带来了巨大的思想冲击。无论是西方列强先进的武器装备和卓越的军事组织能力，还是战后不平等条约的签订和巨额赔款，都让清政府中的有识之士感到英国人绝不是简单的"蛮夷之族"。

2. 清朝经世致用思想流行。在嘉道年间清朝内部出现了一批深刻洞察国内社会积弊、主张学习西方的新型学

者，如魏源、龚自珍等人，他们抨击朝政，重视维护中国的边疆统一，同时探讨西方知识和世界形势。

3. 清朝末年，中国士大夫同外国人的相互交流。如广州十三行一直居住着部分外国商人，林则徐刚到任广州就积极打探外国情况，姚莹还积极从外国人那里搜集资料。

（二）内容

1. 加强对世界史地的认识。如林则徐译编了《四洲志》一书，介绍了外国历史、地理和政治状况；魏源编写了中国近代第一部系统介绍世界历史、地理的专著《海国图志》；徐继畬撰成《瀛环志略》，向中国人系统介绍世界史地知识，其中对亚洲、欧洲和北美洲的介绍尤为详细。

2. 从军事角度认识到西方科技的先进性。魏源把西人的长技归纳为战舰、火器和练兵之法；郑复光对西方火轮船和望远镜的原理进行了详细的介绍；汪仲洋1841年著有《铸炮说》，叙述了西方新式火炮的铸造过程。

3. 反对西方列强对中国的侵略。林则徐在了解西方的基础上，提出"师敌之长技以制敌"的主张。魏源认为西方资本主义国家之所以富强，除因为拥有装备精良的军队外，更重要的是建立了一套近代化的工业体系。因此，他建议设立造船厂和火器局，制造各种轮船和机器，并允许民间自由设厂。

4. 对西方的政治制度进行介绍。在《海国图志》中，魏源介绍和评说了西方的民主政治制度。他认为西方政治制度的优点在于：废除了世袭制和终身制，打破了封建的家天下局面；议员和总统皆自下而上地由民众选举。徐继畬的《瀛寰志略》还在书中对欧美民主政治制度做出了比较系统的介绍，并给予称赞。

5. 对西方的宗教信仰、社会风俗进行介绍。魏源在《中西历法异同表》中介绍了中西历法的不同情况，在《海国图志》和《南洋西洋各国教门表》中介绍了30多个国家的信教情况。此外很多士大夫还介绍了西方一夫一妻制度和不准纳妾的风俗。

（三）影响

1. 改变了很多中国人的固有观念。鸦片战争时期出版的大量书籍让中国人对外国有了更加深刻的了解，林则徐指出西方人不是不知礼义廉耻的"戎狄"，他们的武器装备和科学技术更为先进，改变了部分人心中的"蛮夷"偏见。

2. 为洋务运动和维新变法提供了思想基础。洋务派的左宗棠和维新派的关键人物康有为都受到了这一时期思想家的影响，如魏源的《海国图志》在支持洋务运动的士大夫手中广泛流传。

3. 为中国与外国进行更大范围的交往奠定了基础。鸦片战争后，一批开明的中国士大夫命人前往中国澳门以及东南亚地区收集有关西方社会经济情况的书籍，很多士大夫还从商人口中了解西方的情况，西方传教士和探险家也来到了中国，这些活动促进了东西方的交往。

参考资料

1. 王锐：《重新审视晚清士人的"开眼看世界"》，《杭州师范大学学报（社会科学版）》，2021年第3期。
2. 戴自鹏：《再议"开眼看世界"》，《历史教学》，2014年第2期。

题目3 比较《海国图志》在中日两国运用的不同之处及原因

相关真题 2018年西北大学

《海国图志》是鸦片战争后魏源编写的一部史地著作。该书主张学习西方科学技术，提出"师夷长技以制夷"，但这本著作却在中日两国产生了不同的作用。

（一）不同之处

1. 接受程度的不同。

①在中国，《海国图志》启发了洋务运动，为这场运动提供了理论基础和行动指南。这场运动旨在吸收西方科学技术以强化国力，但其范围仅限于技术层面的借鉴，未能触及根深蒂固的封建制度。

②在日本，《海国图志》的传播使得日本人对西方世界有了更深入的理解，激发了国家开放和政治改革的必要性认识。自明治维新以来，日本不仅深入学习西方的政治、经济、文化等，而且在实际操作中进行了根本性的改革。

2. 实践成果的不同。

①在中国，尽管《海国图志》对洋务运动产生了积极影响，但其背后的目的仍是维持清朝的统治，这一目的导致了最终的失败。戊戌变法深受其影响，但也因保守势力的反对而告终。

②在日本，《海国图志》得到了广泛传播和认同，使日本成功实施了明治维新这一涵盖政治、军事、经济等多方面的全面改革。此后，日本不仅摆脱了封建束缚，而且迅速发展为亚洲强国，并在甲午中日战争中取得胜利。

（二）原因

1. 对两国影响的对象不同。

①在中国，《海国图志》的影响局限于一小部分开明官僚和知识分子，未能引起更广泛的社会关注。大多数顽固派官员将其视为异端邪说，中下层知识分子和普通民众对此书也知之甚少。②在日本，《海国图志》对政府高层产生了直接影响，知识分子争相翻刻，传播范围广。

2. 两国文化传统不同。

①中国自古以来是东亚文化的中心，"华夷观念"根深蒂固，统治者们以"天朝上国"自居，自满于中华文化的优越性，排斥学习西方。②日本自古以来就坚持向强者学习，历史上先向中国、朝鲜学习，在幕府时代仍然在向荷兰学习；明治维新前后，日本继续保持这一传统。

3. 两国政治制度不同。

①中国实行高度集中的君主专制制度，一切权力集中于皇帝手中。开明官员的力量弱小，以慈禧太后为首的顽固势力强大。②日本实行幕藩体制，幕府既统辖各藩，又允许各藩在一定程度上独立自治。因此有一些权力较大的开明藩主支持变法改革。

4. 两国经济基础不同。

①中国在洋务运动时期，建立了一批民族资本主义企业，产生了中国的民族资产阶级，但他们与政府官员联系紧密，封建性较强。②日本的封建体制逐步解体，资本主义关系快速发展，新兴资产阶级迫切要求摆脱封建束缚。

5. 两国教育制度不同。

①中国的科举制度大大限制了知识分子的思想，通过科举制度选拔出来的士大夫都具有儒家强烈的保守主义特质。②日本没有科举制度的束缚，知识分子的学习内容不受限制，这与中国有着根本的区别。相较于清政府在文化上的"盲目排外"，日本创建了一些具有近代教育性质的学校，培养了一批进步的知识分子。

因此，中日两国在文化、政治、经济等诸多方面存在不同，《海国图志》对中日两国的作用及影响也各不相同，最终导致了中日甲午战争中一败一胜的结局。

参考资料

1. 刘燕：《〈海国图志〉在中日两国的传播及影响之比较》，《邵阳学院报》，2017年第5期。

第二节 早期维新思潮

题目1 简述早期维新变法的主要思想

相关真题 2024年扬州大学；2023年吉首大学；2023年青岛大学；2022年武汉理工大学；2022年安庆师范大学；2019年中央民族大学；2019年内蒙古师范大学；2016年陕西师范大学；2016年江苏师范大学；2014年中南大学；2013年河北大学

早期维新思想形成于19世纪70年代至90年代前期，它反映了当时新兴民族资产阶级的要求，主张用和缓渐进的方式对中国的各个方面做全方位的改革。

（一）代表人物及著作

代表人物有冯桂芬、王韬、马建忠、薛福成、郑观应、陈炽、何启与胡礼垣等人。他们的主要著作有王韬的《弢园文录外编》、薛福成的《筹洋刍议》、马建忠的《适可斋记言记行》、郑观应的《盛世危言》等，其中《盛世危言》提出了建立议会式的立宪政体、发展近代工业、建立西方式的法律体系等内容，集中反映了甲午战前维新思潮的全貌和特点，影响较大。

（二）主要思想

1. 反对外国侵略，要求维护国家的独立和主权完整。早期维新派强烈反对列强强加给中国的不平等条约，要求修改那些严重危害到中国主权和阻挠民族工商业发展的条款，同时还揭露了外国传教士在中国境内的横行霸道与阴谋诡计。

2. 主张发展民族工商业，把中国逐步变成独立富强的资本主义国家。早期维新派认识到"欧洲立国以商务为本，富国强兵全藉于商"，中国长期以来不知道振兴工商业，所以日趋衰败。郑观应提出要富国强兵，就必须在与外国进行"兵战"的同时进行"商战"，发展民族资本主义工商业。

3. 要求改变封建君主专制政体，主张建立君主立宪的政治制度。早期维新派要求改变君主专制政体，仿照西方资本主义国家。如王韬主张设立议院、实行君主立宪；薛福成介绍了英国资产阶级议会中的两党制；马建忠介绍西方"三权分立"学说。

（三）评价

1. 积极评价。①早期维新思想家提出的维护国家独立、发展民族资本主义工商业、实行君主立宪等主张具有一定的反侵略、反封建作用，为以后的戊戌变法运动做了必要的思想准备。②早期维新思想敲响了救亡图存的警钟，是一种顺应中国社会发展的爱国进步思潮。③早期维新思想架起了向西方学习、寻求真理的桥梁，起了承上启下、继往开来的重要作用，成为中国近代进步思潮发展中的重要组成部分。

2. 局限性。①早期维新思想家虽已认识到清朝封建政体的腐朽之处，但仍对清朝统治者抱有幻想，妄想由清政府自上而下实行变革更换政体，最终成为一场幻梦。②其主张没有形成完整的理论体系，多以著书立说来宣扬自己的主张，没有与实际政治活动相结合。③他们从洋务派中分化出来，但在很多方面与洋务派划不清界限，某些人始终依附于洋务派。④他们宣传改革，仅限于制造舆论，缺少政治实践的意义。

综上，早期维新思想从洋务派中脱胎而出，接着又面临着同顽固派、洋务派两面作战的境地，有其妥协、落后的一面，但他们的主张在当时中国社会起到了引领思想潮流的作用，为以后的戊戌变法做了思想上的准备。

参考资料

1. 马勇：《中国近代通史（第4卷）·从戊戌维新到义和团（1895-1900）》，江苏人民出版社，2013年。
2. 章开沅，朱英：《中国近现代史》，河南大学出版社，2009年。
3. 江轶：《浅论中国近代改良派早期维新思想的形成》，《湖湘论坛》，2009年第5期。
4. 常攀登：《中国近代早期维新思想的历史地位及局限》，《华夏教师》，2017年第10期。

题目2 简述《盛世危言》的主要内容和影响

相关真题 2011年中山大学

《盛世危言》是清代学者郑观应撰写的一部倡导自强求富、变革图强的重要著作。该书于光绪二十年（1894年）刊行，共5卷，内容广泛，对当时社会和后世产生了巨大影响。

（一）内容

1. 政治方面。

①抵御外侮，实现民族独立。甲午战争后，民族危机空前严重。郑观应认为中国的当务之急是抵御外侮，主张加强海防和边防，重视海军建设，建立一支强大的海军；同时加强练兵，编练民团，加强国防，一致对外，实现民族独立。

②君民共治，实行议会政治。郑观应主张参照西方政治制度，变封建君主专制制度为西方资产阶级的政治制度。郑观应通过考究西方各国的历史，认为西方国家的富强之本不只在于坚船利炮，更在于议院上下同心，为此他主张立宪法，开议院，实行君民共治。

2. 经济方面。

①实行"商战",富强救国。郑观应认为帝国主义的经济侵略比武装侵略更具有危害性,因此要与外国进行"商战"。

②主张由民间组建工商业团体,大力发展近代工业。

3. 教育方面。

①强调教育救国,要重视教育,培养人才。

②主张改革科举制,废除八股文。既学习近代的自然科学与先进技术,又学习西方的政治、法律、经济等方面的学说。郑观应将教育视为政治制度变革的一个先决条件。

4. 司法方面。

批判中国法律的黑暗与残暴;主张效法西方,改革法律。

(二)影响

1. 积极影响。

①政治方面:其一,《盛世危言》提倡抵御外侮,团结和武装人民一致对外,极大鼓舞了人民反抗外来侵略的勇气和决心;其二,君民共治、实行议会政治的主张,反映了早期维新思想家在向西方寻求救国真理时,突破了器物层面的学习,开始转向制度层面的学习。

②经济方面:他提出仿效西方近代生产方式、振兴资本主义实业以及与西方进行"商战"的思想,鼓舞了部分爱国人士积极投身实业,在一定程度上促进了民族资本主义的发展。

③思想方面:《盛世危言》提到的主张引起了光绪皇帝的重视,在社会上层人士中反响很大,激励先进知识分子进一步探索救国救民的道路。

2. 局限性。

没有认清清政府的真面目,郑观应的资产阶级改良学说实际上仍是为清朝的统治服务,具有妥协性,不能真正救国。

总之,《盛世危言》虽然还难以摆脱封建传统伦理道德的束缚,但书中主张君民共治、进行"商战"的进步思想,在一定程度上促进了国人的觉醒,为后来的维新变法运动起到了思想先导作用。

参考资料

1. 陈伟芳:《论洋务思想与早期维新思想》,《近代史研究》,1986年第5期。
2. 何继龄:《试论早期维新思想与洋务思想的分离》,《西北师大学报(社会科学版)》,1997年第2期。
3. 赵璐:《甲午战后的〈盛世危言〉热与郑观应的爱国思想》,《唐都学刊》,1995年第2期。
4. 苏全有:《〈盛世危言〉述略》,《兰台世界》,2008年第2期。

第三节 洋务运动

题目1 论述"中体西用"

相关真题 2023年江苏师范大学;2023年鲁东大学;2022年清华大学;2022年苏州大学;2020年山东师范大学;2020年河南师范大学;2020年山西大学;2017年复旦大学;2017年中国政法大学;2017年陕西师范大学;2016年内蒙古大学;2016年辽宁大学

"中体西用",即"中学为体,西学为用",是近代中国重要的社会思潮,也是洋务运动的指导思想。

(一)产生原因

1. 中国面临内忧外患的形势。鸦片战争失败后,中国被迫签订了一系列不平等条约,列强对中国虎视眈眈,外部危机与日俱增。与此同时,太平天国在长江下游接连重创清军,北方捻军也在江淮地区日趋活跃,农民革命运动重新高涨。

2. 中国与列强的实力存在较大差距。以英国为首的资本主义国家率先完成工业化，国力强盛，远超中国，如在军事上，洋枪洋炮的威力远大于中国旧式武器，交通运输业、电报通信等民用工业也较中国更加先进。

3. 鸦片战争前后，向西方学习的经世思潮已经得到发展。19世纪初期，中国就出现了以林则徐、龚自珍为代表的经世致用思潮，鸦片战争战败后，经世派进一步提出向西方国家学习的思想，并促成洋务运动的兴起。

4. 统治阶级存在根深蒂固的优越性。面对西方的军事和科技压力，许多中国知识分子和官僚仍然对中国悠久的历史和深厚的文化传统抱有自豪和信心。他们认为，中国的文化和道德体系在本质上是优越的，应该被保留和弘扬。

（二）内涵

"中体"指中国传统的纲常名教；"西学"最初指的是鸦片战争之后林则徐、魏源等介绍的西方历史地理知识，之后内涵有所扩大，到洋务运动前期指的是西方的军事技术，后期则通过兴办民用企业，将西学推向了技术层面。"中体西用"的主要内容是保留中国传统文化，尤其是纲常伦理不变，主张通过学习西方的先进科技实现国家富强。

（三）形成过程

1. 鸦片战争之后，中国"天朝上国"的迷梦被打破，有识之士林则徐最先开始"开眼看世界"，魏源提出了"师夷长技以制夷"，成为中体西用的思想先导。

2. 1861年，冯桂芬在《校邠庐抗议》中提出"以中国之伦常名教为原本，辅以诸国富强之术"的主张，这也成为兴办洋务的纲领。

3. 1896年，孙家鼐、沈寿康将洋务运动的指导思想明确概括为"以中学为主，西学为辅；中学为体，西学为用"。

4. 1898年，张之洞发表《劝学篇》，提出"中学治身心，西学应世事""旧学为体，新学为用"等思想，对"中体西用"进行了详尽的解释，是"中体西用论"的集大成者。

（四）评价

1. "中体西用"在洋务运动兴起阶段发挥着积极作用。在当时的国情下，洋务派认识到了中学的不足，兼采西学进行完善。这一认识突破了传统的"华夷之辨"思想，为向西方学习扫清了障碍，推动了中国社会的发展进程。

2. "中体西用"在很大程度上是为维护清朝专制统治服务的。在"中体"概念下，清朝统治者仍试图用纲常伦理束缚民众的行为，防止反对专制统治的起义出现。而"西用"虽然学习了西方的先进科技，但主要局限于军事科技，其目的除了抵御外侮，更重要的是镇压威胁其统治的农民起义。

综上，"中体西用"思想伴随着近代化的发展，概念范围不断扩大。但甲午战败，标志着以"中体西用"为纲领的洋务运动失败，"中体西用"也逐渐失去其现实意义。

> **参考资料**

1. 虞和平，谢放：《中国近代通史（第3卷）·早期现代化的尝试（1865-1895）》，江苏人民出版社，2013年。
2. 陈旭麓：《论"中体西用"》，《历史研究》，1985年第5期。

题目2　论述洋务运动的历史背景、主要内容及其影响

> **相关真题** 2024年湖北大学；2024年武汉理工大学；2023年中国社会科学院大学；2023年南京师范大学；2023年东南大学；2022年中国社会科学院大学；2022年暨南大学；2022年山东大学；2022年曲阜师范大学；2022年江汉大学；2022年渤海大学；2022年青海民族大学；2020年青岛大学；2019年四川师范大学；2019年天津师范大学；2019年辽宁大学；2019年河北大学；2018年扬州大学；2018年南开大学；2018年江西师范大学；2017年河北师范大学；2017年西北民族大学；2017年陕西师范大学；2016年湘潭大学；2015年扬州大学；2014年兰州大学；2014年四川大学；2013年江西师范大学

19世纪60年代开始的洋务运动，是中国早期近代化的起步，是晚清开明派为挽救清王朝的统治，以自强求富为目的开展的一次自上而下的改革。

(一)历史背景

1. 列强侵略加剧。鸦片战争以来,西方列强利用军事优势和技术优势,强迫清政府开放更多的通商口岸,剥夺清朝关税自主权,对中国经济和政治产生了巨大压力。

2. 国内经济和社会矛盾凸显。人口急剧增长导致土地资源极度紧张,农村出现了大量的土地兼并、农民失地现象,社会矛盾加剧。同时,清政府财政状况日益恶化,并将巨额赔款转嫁到民众身上,导致了太平天国运动、捻军起义等农民起义不断涌现。

3. "中体西用"思想的提出。早在鸦片战争结束时,魏源便提出"师夷长技以制夷",到1861年冯桂芬在《校邠庐抗议》中提出"以中国之伦常名教为原本,辅以诸国富强之术"的主张,为洋务运动奠定了思想基础。

4. 西方工业革命开展。19世纪中期,西方普遍开展工业革命,拥有了真正意义上的近代军队,在对外扩张中展现了强大实力,激起了先进人士对西方的学习。

(二)内容与成就

1. 创办军事工业。洋务派以"自强"为口号,采用西方先进的生产技术,创办了一批近代军事工业,例如江南制造总局、金陵机器制造局、福州船政局、天津机器局等。

2. 创办民用工业。为解决军事工业资金、燃料、运输等方面的困难,洋务派以"求富"为口号,兴办了一批民用企业,例如轮船招商局、开平煤矿、上海机器织布局等。

3. 编练新军。①建立三洋海军。清政府在1875年任命沈葆桢和李鸿章分别督办南洋和北洋的海防事宜。后分别建成具有较大规模的福建水师、南洋水师和北洋水师。②组织练军。1866年,奕䜣等大臣在直隶选练了京营八旗15000人,对他们采用西式训练方法,形成了称为"练军"的六军。

4. 翻译西书和创办新式学校。①创办了京师同文馆,由总理各国事务衙门管理,主要是翻译西书和招收满族学生学习外文。②设置了福州船政学堂,主要培养从事轮船制造、修理和驾驶的技术人员。③清政府还创办了大量军事学校,如江南制造局附设操炮学堂、天津水师学堂等。

5. 派遣留学。1872—1875年,清政府派遣了四期共120名幼童赴美留学,1877—1886年,清政府先后派出三批福建船政学堂的学生赴欧留学。

6. 创办报刊。主要报刊有《申报》《万国公报》《西国近事汇编》等,宣传西方先进的科学技术。

(三)影响

1. 曾国藩、李鸿章等地方督抚通过办洋务增强了自身实力,地方与中央的离心力也由此增强。

2. 促进了中国科学技术和近代工业的发展,在一定程度上抵制了外国资本主义经济的入侵。但高昂的建设和运营成本严重加剧了清政府的财政负担。

3. 提高了清军的战斗力,对外国的侵略有了一定的抵抗能力,延缓了中国半殖民地化进程。

4. 洋务派创建民用工业的举措刺激了中国民族资本主义的产生与发展。

综上所述,洋务运动是中国近代化的第一阶段,它在一定程度上打破了中国传统的桎梏,促进了中国社会的近代化。

参考资料

1. 虞和平,谢放:《中国近代通史(第3卷)·早期现代化的尝试(1865-1895)》,江苏人民出版社,2013年。
2. 王建朗,黄克武:《两岸新编中国近代史·晚清卷》(上),社会科学文献出版社,2016年。
3. 林源:《洋务运动发生的原因、矛盾与阶级性分析》,《科教导刊》,2013年第8期。
4. 姜铎:《洋务运动研究的回顾》,《历史研究》,1997年第4期。

题目3 简述洋务运动创办的军工企业

相关真题 2020年山东师范大学;2019年暨南大学;2017年东北师范大学;2016年苏州大学;2016年江苏师范大学;2013年南京师范大学

洋务运动时期,洋务派以"自强、求富"为口号,采用西方先进的生产技术,创办了一批近代军事工业。从

1865年到1894年，洋务派在全国共创办二十余个军工企业，对中国近代军事工业的发展产生了巨大影响。

（一）军工企业

1. 江南制造总局。1865年，由李鸿章在上海设立，主要制造轮船、枪炮、水雷、火药等，是一个集军事、科技、造船于一体的大型军工企业，是洋务运动期间创办的规模最大的军事工业。

2. 金陵机器局。其前身是苏州炮局。1865年，李鸿章署理两江总督，苏州炮局随之迁往南京，改称金陵机器局。金陵机器局的产品主要是大炮和弹药，以供应淮军以及北洋三省各防营。它是近代中国第一个采用机器生产的军工厂。

3. 福州船政局（也称马尾船政局）。1866年，由左宗棠在福建马尾创办。左宗棠调任陕甘总督后，由沈葆桢接办。该局附设船政学堂，分前后两堂，前堂学法文，主要培养制造轮船的人才，后堂学英文，主要培养驾驶轮船的人才。

4. 天津机器局。1867年，由三口通商大臣崇厚在天津创办。1870年，直隶总督李鸿章接办，改名"天津机器局"，后又改名"北洋机器局"，除制造新式军火外，还承修兵船、轮船等。它是洋务运动期间设立的第一个兵工厂。

5. 湖北枪炮厂。1889年，张之洞调任湖广总督后开始筹备，1893年在湖北汉阳正式建成。

（二）评价

1. 积极作用。①在一定时期内加强了中国的国防力量。近代军事工业所提供的武器，在中法战争等战争中发挥了重要作用。②在一定程度上打破了外国对中国军火供应的垄断和封锁。③引进西方先进的科学技术和生产机器，培养了一批近代产业工人和科技人员，对民用工业的发展起到了一定的积极作用。

2. 局限性。①这些官办企业具有浓厚的封建性，由封建官僚主导管理，导致管理效率低下和弊端丛生。②由于管理层既缺乏技术知识也缺乏管理经验，不得不额外聘请技术和管理人员，造成机构臃肿、成本增高。③衙门式管理模式使各官员将军工企业视为私产，导致经营腐败和资源浪费。④军工生产受到政府严格控制，无法自主调整生产规模和提高技术水平，违背了生产的均衡性原则。⑤机器设备依赖进口，部分岗位需聘请外籍人员，过度依赖外国技术，未能实现自主发展。

综上所述，洋务运动前期创办了众多军工企业，尽管这些企业存在着封建性浓厚、过度依赖外国等局限性，但是它们已经具有一定的资本主义现代工业的属性，标志着中国早期工业化的开端。

参考资料

1. 虞和平，谢放：《中国近代通史（第3卷）·早期现代化的尝试（1865-1895）》，江苏人民出版社，2013年。
2. 王建朗，黄克武：《两岸新编中国近代史·晚清卷》（上），社会科学文献出版社，2016年。
3. 章开沅，朱英：《中国近现代史》，河南大学出版社，2009年。
4. 李侃等：《中国近代史》（第四版），中华书局，2017年。
5. 杨建军：《洋务运动时期中国军事工业发展的特点和作用》，《军事经济研究》，1991年第5期。

题目4 简述民用企业"官督商办"主张和企业代表

相关真题 2024年安庆师范大学；2022年扬州大学；2020年河北师范大学；2020年苏州科技大学；2020年山东师范大学；2019年南京大学；2014年河南师范大学

"官督商办"是洋务运动时期民用企业的一种经营形式，这种方式既使商人阶层可以参与企业的经营，又保证了官方对企业的绝对控制，但也存在一定的弊端。

（一）"官督商办"主张

"官督商办"即商人经营、官方督理，盈亏均由商人承担。在"官督商办"的企业中，经费由企业自筹，清政府不再拨款，仅在必要时予以垫款或贷款的支持，但事后必须偿还。

（二）企业代表

1. 轮船招商局。它是洋务运动以"自强"为口号设立的第一家民用企业，主要从事客运和漕运业务。1872年起，李鸿章先后令朱其昂、盛宣怀等负责督办，前期由民间招股筹办，北洋大臣监理，体现出"官督商办"的性质。中法战争期间，出售给旗昌洋行以避战火，1885年收回后，官督权力加强，商办性质减弱。

2. 开平矿务局。它是洋务派李鸿章创办的大型机器采煤局，旨在解决洋务运动军工生产的原料和燃料需求。1876年，由唐廷枢筹办并招商集股，1878年正式开办，1881年投产，至1900年被英商骗得。

3. 电报总局。1879年，李鸿章基于防务考虑，在大沽北塘海口炮台至天津之间架设了电线，效果显著。1880年，他以电报的军事必要性为由，成功申请建设天津至上海的电线，并在天津成立了电报总局，盛宣怀任总办，后在上海、江苏等地开设分局。到1882年，电报总局转型为"官督商办"，电报业务扩展至商务领域。

4. 上海机器织布局。这是中国近代最早的棉纺织厂，自1878年开始筹办。1880年，李鸿章委任翰林院编修戴恒主持织布局事务，他邀请郑观应等买办参与织布局，由这些商人负责经营与招募资金，此后织布局还获得了政府给予的"专利权"和减免税利特权。1890年，织布局正式投产，主要生产棉、麻、丝、毛等产品，目的是与倾销棉布的英商争夺利源。

（三）影响

1. "官督商办"企业在一定程度上抵制和打破了洋商对中国近代工商业的垄断，建立和发展了近代工商企业，促进了社会生产力的发展。

2. 它未能摆脱封建官僚的控制和对外国资本主义的依赖，不可能成为独立的近代商业体系，在民族资本主义发展中作用有限。

总而言之，洋务运动时期，"官督商办"的经营形式产生于特定历史条件下，是对传统经营形式的继承和对西方集股经营方式的借鉴。尽管存在较多弊端，但是它开了创办近代民用企业的风气，促进了早期民族资本主义的发展。

参考资料

1. 虞和平，谢放：《中国近代通史（第3卷）·早期现代化的尝试（1865-1895）》，江苏人民出版社，2013年。
2. 杨昊：《官督商办企业经营方式的成因、特点及成效研究》，云南大学2016年硕士学位论文。
3. 谭索：《晚清"官督商办"的意义和借鉴》，《东南学术》，1999年第3期。
4. 张忠广：《浅析官督商办的利弊》，《湖北函授大学学报》，2011年第1期。
5. 叶伟颖：《试论洋务运动中"官督商办"的企业经营形式》，《红河学院学报》，2016年第1期。
6. 王小侠：《晚清洋务运动"官督商办"制度探论》，《社会科学辑刊》，2002年第9期。

题目5 简述洋务运动派遣留学的活动

相关真题 2024年海南师范大学；2017年中国社会科学院大学；2015年中国人民大学

从19世纪70年代开始，为了满足洋务运动的人才需求，清政府启动了大规模的留学生派遣计划，包括幼童留美和福州船政学堂学生留学欧洲，开创了中国留学生派遣制度的先例，对近代中国的发展造成了深远的影响。

（一）原因

1. 近代中国政治形势发生变化。两次鸦片战争的失败、不平等条约的签订以及太平天国运动的冲击等深化了民族危机并动摇了清朝的封建统治，清政府需要学习西方技术维护封建制度。

2. 技术和人才缺乏。洋务运动推动了中国工业和军事的现代化，但国内缺乏足够的技术知识和专业人才来支持这一转型。

3. 洋务派的倡导。洋务派代表如曾国藩、李鸿章、左宗棠等在洋务实践过程中深刻体会到科技和教育的重要性，主张派遣留学生到西方学习先进的科学技术和管理经验。

4. 留学归国者的影响。早期留学归国者如容闳的成功案例和他们对中国近代化的积极贡献，为派遣留学生提供了鲜活的范例，鼓励了更多的留学活动。

（二）留学活动

1. 留美情况。1872年，清政府选派幼童赴美留学，先后四批，每批30人，学期15年；留学生先入美国中学学习基础知识，再依据成绩选入军政、船政两院学习军政、船政、步操和制造等科目。1881年，清政府误以为出洋学生多沾染恶习,下令将留洋学生全部撤回,首次赴美留学遭受挫折。

2. 留欧情况。1876 年,李鸿章首次派遣 7 名淮军军官到德国留学,标志着中国陆军人才欧洲留学的开始。此后,福州船政学堂开始向英法两国派遣留学生,目的是培养海军人才。直到 1891 年第三批海军留学生归国,这一派遣活动才告一段落。留欧学生通常年龄在 20 岁左右,学习目标明确,且实行严格的考试与奖惩制度,其成效较留美学生更为显著。

(三) 评价

1. 积极方面。

①冲击了本国封建统治和顽固守旧势力。留学生带回来的新观念和新思想给国内封建制度和顽固守旧势力以有力的冲击,开当时社会风气之先,为中国近代思想解放做出了贡献。

②开创了中国近代教育史上留学生派遣教育制度之先河。留学生的派遣在中国近代教育史上是一次创举,是对旧式教育制度的一次重大改革。

③促进了中国与西方文化的交流。派遣学生留学活动在一定程度上促进了"西学东渐",且培养的大批实业家和军事人才成为中国近代工业的先驱,为我国科技发展奠定了初步基础。

2. 局限性。

①派遣留学生出国留学的根本目的是维护清政府的专制统治,尽管留学生学习了外国的先进经验,但在回国后面临着体制的束缚和社会的惯性,很难推动变革的深入进行。

②留学生的选拔、培养和派遣缺乏长远和系统的规划,使得留学成果不能完全符合国家发展的需要。

综上所述,留学生派遣制度是清政府在改革形势下从狭隘的统治利益出发而产生的一项新制度,尽管存在很多不足,但仍做出了一些不可磨灭的贡献。

参考资料

1. 王涤庸:《近代中国派遣首批官费留学生情况浅析》,《南充师范学院学报》,1982 年第 4 期。
2. 王凯:《洋务运动时期的留学生派遣制度研究》,《山西煤炭管理干部学院学报》,2008 年第 4 期。
3. 王凯:《略论洋务运动时期留学生派遣制度形成的背景及影响》,《传承》,2009 年第 7 期。

题目 6　简述洋务运动时期主要的翻译机构及其活动

相关真题　2017 年苏州科技大学

洋务运动期间,清朝官员为学习西方技术和思想、培养翻译人才,创立了京师同文馆、上海广方言馆等翻译机构。同时,西方传教士为促进宗教思想的传播也成立了翻译机构。

(一) 洋务运动时期出现的官办翻译机构

1. 京师同文馆。

1862 年,总理衙门成立后急需一批翻译人才,于是在北京成立了京师同文馆。京师同文馆开设了俄文、德文等语种学习的课堂,后来还增加了算学馆,教授天文、数学等课程,主要目的是培养翻译人才和翻译外国书籍。到 1888 年,同文馆翻译编辑了包括《万国公法》《富国策》等在内的 22 种书籍。1902 年,京师同文馆并入京师大学堂。

2. 上海广方言馆。

1863 年,李鸿章创办了上海广方言馆,该馆于 1870 年并入江南制造总局,成为其附设机构。上海广方言馆初期主要招收本地 14 岁以下的聪明儿童,教授西方语言、文学、历史和算术等课程,毕业生有机会进入京师同文馆深造或从事翻译工作。上海广方言馆重点培养翻译人才,并成功翻译了各国史略等西方书籍。

(二) 洋务运动时期出现的非官方翻译机构

1. 广学会。

1887 年,英、美基督教传教士在上海成立广学会,主要目的是宣传西方科技知识。广学会先后编译出版了包括宗教、哲理、政治、天文、地理、理化等在内的书籍,数量多达 2000 种。同时还出版《万国公报》《中西教会报》等十几种中文报刊，是西方基督教在中国设立的历史最久、规模最大的出版机构。

2. 益智书会。

1877年，英国传教士傅兰雅在上海组织创立益智书会，主要目的是促进中西方文化交流和传播基督教。1902年，改称"中国学塾会"，1905年，又改称"中国教育会"。益智书会出版的主要译著有数学方面的《笔算数学》《形学备旨》及声学、光学方面的《声学揭要》《天文揭要》等，在清末教育领域有着广泛的影响，在近代西学传播的过程中起到了中流砥柱的作用。

综上所述，洋务运动时期在官方层面开始创立翻译机构，民间的翻译机构也开始逐渐增多。它们在方便西方科学文化传入中国的同时，也为中国知识分子了解世界形势提供了方便之窗。

参考资料

1. 高黎平：《晚清翻译机构与在华美国传教士》，《德州学院学报》，2005年第1期。

第四节　商办企业

题目1　试析19世纪60—90年代中国近代民族资本主义企业的特征

相关真题 2023年扬州大学；2022年暨南大学；2021年西南大学；2020年福建师范大学；2018年江苏师范大学；2015年福建师范大学

近代民族资本主义企业是中国近代化的产物，也是近代化的重要推动力。19世纪60—90年代洋务运动时期开办的一系列企业呈现着鲜明的时代特征。

（一）浓厚的封建性

1. 经营模式上，近代企业大多是官办的，也有一些是"官督商办"的，带有浓厚的封建性。如开办经费多由政府调拨，产品一般由政府调拨军队使用，不作为商品参加市场交换。产品生产不计成本，也不讲效率。

2. 在管理模式上，工厂被视为衙门，由官员负责管理，部分工人由士兵担任。工厂中设置私刑惩罚不勤快的员工。此外，传统封建经济中的学徒制和包工制在近代工厂中也普遍存在。

（二）具有一定的资本主义色彩

1. 民用企业的兴办主要是为了追求利润，生产的商品旨在通过满足市场需求获取经济利益，具有明显的市场导向性。

2. 采用股份制度。部分"官督商办"的民族资本主义企业引入了西方的股份制度，通过公开募集股份以扩大资本规模，这种做法显示了资本主义的企业组织形式。

3. 抵制外商和保护国货。为了保护国内市场和工业，一些民族企业积极参与抵制外货运动，推广国货，民族资本在与外资的竞争中体现了民族主义色彩。

（三）依靠外资、外国技术而发展

1. 中国近代民族工业的产品多模仿外国，机器也是从国外高价购买，始终难以建立起自己的机器制造业和完整的工业体系。

2. 除了生产民众所需的生活用品，早期民族企业的许多业务都是为外资服务的，如上海的船舶修理厂主要为远洋航运业服务。

（四）生产技术落后

1. 中国近代的民族企业引进西方机器进行生产，对比同时期西方机器和技术不断改进的情况，中国的机器更新缓慢，生产技术仍然处于落后状况。

2. 近代民族企业的机器使用率较低，整体上生产技术落后。大多数企业只是在生产的某一环节使用机器，依旧以使用人力为主，甚至一些矿产企业放弃使用机器生产，如湖南平江的金矿竟因使用机器比使用人力更费钱而停用机器，恢复人力开采。

（五）工业结构和地域分布不平衡

1. 在工业结构上，因技术和资金等多种原因，近代企业中发展较快的是轻工业，如纺织业、面粉业，而重工业发展缓慢，且多由帝国主义和官僚资本把持。

2. 在地域上也存在城乡和东西部间的不平衡。受经济发展的影响，近代民族企业多分布于东部沿海的通商口岸和繁华的城市中。

综上所述，洋务运动时期的中国近代民族资本主义企业刚刚起步，有着诸多不足，但作为一种新生力量，客观上刺激了中国资本主义发展，并且在一定程度上抵制了外国资本主义的经济入侵。

参考资料

1. 涂国强：《略谈中国近代民族资本主义企业经营的特点》，《山西财经学院学报》，1984年第4期。

题目2 比较甲午中日战争前中日两国近代工业的发展

相关真题 2015年历史学统考

在甲午中日战争前夕，中国和日本分别通过洋务运动和明治维新开始了各自的近代工业化进程。两国都是在对抗外来侵略的压力下，企图通过内部改革增强国力。虽然两国的近代化起点相似，但由于采取了不同的策略和路径，最终导致了截然不同的发展结果。

（一）相同点

1. 两国的工业化进程都是在外部压力的驱动下开始的。19世纪中叶，日本面临美国的"黑船来袭"，中国面临着英国发起的鸦片战争，在军事威胁下，中日两国都深刻意识到传统经济的落后性以及增强国力的迫切需求。

2. 两国的工业化都旨在通过引进西方的技术和管理经验以提高自身的军事和经济实力，达到自我保护和国家独立的目的。

3. 政府都担任了积极的角色。无论是清朝的洋务运动，还是日本的明治维新，政府都试图通过制定政策、设立官办工厂、提供资金支持等手段促进工业发展和现代化。

（二）不同点

1. 中日两国工业化改革的深度和广度不同。中国洋务运动创办的企业以军事工业为主，缺乏足够的民间资本参与。相比之下，日本的明治维新更为全面和深入，不局限于军事工业，还促进了民用工业的广泛发展。

2. 中日两国工业化的阻力不同。日本统治阶级在明治维新中步调一致，都致力于将日本发展为近代工业国家。中国支持工业化的洋务派和早期维新派都受到了顽固派的阻挠。

3. 中日两国的社会基础不同。日本在明治维新前已经铲除了幕府统治的封建残余，而明治政权也是在资本主义发展的历史背景下建立的，对工业化发展有较好的适应能力。而中国依然是传统的封建王朝，封建经济强大，阻碍了工业化进程的推进。

4. 中日两国的工业化结果也呈现出明显的差异。到甲午中日战争前夕，日本的工业化已经取得了显著成果，不仅建立了具有一定规模的工业体系，而且在技术和管理上也较为先进，这为日本后来的快速发展和对外扩张奠定了基础。而中国的工业化进程则相对缓慢，受到了种种内外部因素的限制，如内部保守势力阻挠、资金不足、技术落后以及外国势力的干预等，使得工业化成果有限，未能在短时间内显著提升国力。

综上所述，在甲午中日战争前的工业化进程中，中日两国虽然都展现出了向西方学习、寻求自身发展的共同愿望，但是最终两国的工业化路径和成效呈现出明显的不同。日本的明治维新较为成功地实现了国家的现代化转型，而中国的洋务运动虽然也取得了一定成就，但最终未能在根本上改变国家的落后状况。

参考资料

1. 吴于廑，齐世荣：《世界史·现代史编》，高等教育出版社，2011年。

第五节　戊戌维新运动

题目1　论述戊戌变法

相关真题　2024年渤海大学；2024年湘潭大学；2024年湖北师范大学；2024年新疆师范大学；2023年聊城大学；2023年中南民族大学；2022年南开大学；2022年渤海大学；2022年鲁东大学；2022年青海民族大学；2022年江汉大学；2020年吉林师范大学；2020年曲阜师范大学；2019年北京师范大学；2018年辽宁大学；2018年黑龙江大学；2018年中央民族大学；2018年首都师范大学；2017年湘潭大学；2016年内蒙古大学；2015年四川师范大学；2015年河南师范大学；2015年辽宁大学

1898年，光绪帝在维新派的支持下实施戊戌变法，从6月11日颁布"明定国是"诏书开始，至9月21日慈禧太后发动政变结束，历时103天，所以也被称为"百日维新"。尽管变法未能成功，但它为近代中国变革专制体制开启了大门。

（一）背景

1. 国内外矛盾日趋尖锐。①国外。甲午中日战争惨败，中国被迫签订《马关条约》，列强掀起了瓜分中国的狂潮，民族危机空前严重。②国内。清政府为了支付战争赔款，增加税收，激化了阶级矛盾，国内起义不断。

2. 甲午战败刺激了民众的觉醒。对日作战的失败使中国的有识之士认识到，仅仅靠学习西方的技术不能实现中国的富强，需要在制度层面找寻一条新的出路。

3. 民族资产阶级不断壮大。《马关条约》签订后，清政府放宽了对民间设厂的限制。民族资本主义得到进一步发展，民族资产阶级逐渐壮大，为康梁维新派的出现和发展奠定了基础。

4. 鸦片战争以来，先进的中国人不断向西方学习，从"师夷长技以制夷"到"中体西用"再到早期维新思想，逐渐开放的思想为维新变法奠定了基础。

（二）维新变法的内容

1. 第一阶段：1898年6月11日至7月下旬。主要内容有：①经济方面，保护农工商业，设立农工商局，奖励新发明、新创造；修筑铁路，开采矿产；设立全国邮政局，裁撤驿站；改革财政，编制国家预算。②军事方面，通过裁减旧军、改练新操等措施促进军队近代化改革。③文教方面，改革科举制度；在各地开办中小学堂，创办京师大学堂；设立译书局，翻译外国新书；允许自由创立报馆、学会；派人出国留学，学习西方先进制度与文化。

2. 第二阶段：1898年7月下旬至9月下旬，新政扩展到政治方面。主要内容有：①删改则例，裁汰冗员，取消多余机构，澄清吏治，拔擢新进。②准许旗人自谋生计。③提倡上书言事，给予士民一定的言论自由。

（三）影响

1. 积极影响。①政治方面，戊戌变法学习西方开放一定的言论自由等，一定程度上促进了近代中国的政治改革。②经济方面，变法中许多倡办实业、发展生产的措施促进了民族资本主义的发展。③思想文化上，戊戌变法推动了思想解放，在社会科学与文学艺术领域开创了新的局面，并且推动了中国近代教育的发展。④社会风俗上，移风易俗的改革使社会风气和社会风俗方面有了明显的变化。

2. 消极影响。①造成社会混乱。冗员的裁撤和科举的改革，使社会上多了一批无业游民，破坏了社会秩序。②变法急于求成，没有条理，有时一天颁布上百条变法诏令，来不及处理。

参考资料

1. 马勇：《中国近代通史（第4卷）·从戊戌维新到义和团（1895-1900）》，江苏人民出版社，2013年。
2. 章开沅，朱英：《中国近现代史》，河南大学出版社，2009年。
3. 李中勇：《戊戌变法的兴起》，《中国档案》，2008年第9期。
4. 王建朗，黄克武：《两岸新编中国近代史·晚清卷》（上），社会科学文献出版社，2016年。
5. 高虹：《浅谈戊戌变法的历史意义》，《辽宁师范大学学报（社会科学版）》，1992年第2期。
6. 刘睿：《戊戌变法中维新派的激进与保守——浅析戊戌变法失败的原因》，《海南师范大学学报（社会科学版）》，2005年第2期。

7. 王毅：《戊戌维新与晚清社会变革——纪念戊戌变法110周年学术研讨会综述》，《清史研究》，2009年第2期。

题目 2　论述戊戌变法失败的原因和教训

相关真题　2024年湖北师范大学；2022年江汉大学；2021年中南财经政法大学；2020年陕西师范大学；2020年吉林师范大学；2018年苏州科技大学；2001年四川大学

戊戌变法是近代中国发生的一次资产阶级改良主义的变革运动。在社会变革条件不满足、变法者自身缺陷等诸多因素影响下，变法运动在持续百日之后走向失败，给人们留下了深刻的经验教训。

（一）戊戌变法失败的历史原因

1. 客观原因。

①根本原因是中国民族资本主义经济发展不充分，在经济体量中的占比远小于自然经济，使得新兴的资产阶级维新派的力量远比传统守旧势力弱小。

②变法的社会条件不成熟。除了稳定的自然经济，中国当时还存在十分稳定和严密的封建君主专制制度，社会守旧观念浓厚，排斥激进的变法思想，以至于戊戌变法不能形成一种主流的社会舆论，得不到社会公众的普遍承认。

2. 主观原因。

①维新派本身的阶级局限性导致其斗争具有软弱性和妥协性。中国新兴的资产阶级与封建主义和帝国主义联系紧密，因此他们不敢也不希望彻底地推翻封建专制统治，企图在不改变封建地主土地所有制的基础上建立资本主义制度，改革不够坚决和彻底。

②维新派主要从地主和官僚阶层转化而来，害怕农民起义，因此不敢广泛地发动人民群众，在实际变法过程中对广大人民群众采取轻视态度，使变法缺乏群众理解和支持。

③维新派从政经验少，政治能力有限，在具体措施上过于激进，措施之间并不配套，毫无章法，低估了改革的艰巨性、复杂性和长期性。

④维新派采取了孤立和排斥慈禧的政治策略，使得慈禧对变法采取怀疑阻挠的态度，在政治上并不成熟又不掌握实权和武装力量的维新派几乎没有获胜的可能。

（二）教训

1. 变法要有武装力量做支撑。维新派由于没有武装力量做后盾，难以抵御顽固派的镇压。

2. 变法要有扎实的社会基础。戊戌变法既缺乏各省督抚和社会各界的支持，也没有扎实的群众基础，很容易因顽固派的发难而夭折。

3. 变法要与社会实际情况相适应，不能操之过急。维新派在一开始就采取较为激进的改革措施，激起了当时社会的普遍不满，也为变法的失败埋下了隐患。

总之，戊戌变法既是近代中国一次重要的政治变革，也是近代中国最早的一次思想解放运动，推动了进步的思想文化在中国社会的传播。

参考资料

1. 李侃等：《中国近代史》（第四版），中华书局，2017年。
2. 郑师渠：《中国近代史》，北京师范大学出版社，2007年。
3. 章开沅，朱英：《中国近现代史》，河南大学出版社，2009年。

题目 3　简述严复在戊戌变法前后的贡献

相关真题　2020年河北师范大学

严复是中国近代启蒙思想家、翻译家。他翻译了多部西方资本主义名著，发表了许多主张学习西方资本主义制度的论文，影响了从旧民主主义革命到新民主主义革命的几代知识分子。

（一）戊戌变法前严复的贡献

1. 发表政治主张。①1895 年，严复陆续在天津《直报》上发表了四篇重要的政治论文，提出"东西文化"的比较观。他强烈要求学习西学和创立议院，使中国成为西方资本主义式的君主立宪国家。②撰写《原强》，提倡开民智、鼓民力、新民德。鼓民力就是禁止鸦片，禁止缠足；开民智就是废除八股，提倡西学；新民德就是提倡自由平等，设议院，逐步实行君主立宪。

2. 翻译书籍《天演论》。1897 年，严复翻译的《天演论》在《国闻报》上连载。严复通过阐述"物竞天择，适者生存"的进化论观点，激励国人要"自强保种"，主张弱国只能通过变法图强摆脱被淘汰的命运。

3. 创办近代报刊与开办学馆。①创办报刊。1896 年，严复捐助梁启超、汪康年等维新人士创办了《时务报》。1897 年，严复联合王修值、夏曾佑等人在天津创办了《国闻报》及《国闻汇编》。②开办学馆。1896 年，严复在天津创办了俄文馆，这是我国最早专门学习俄语的学校。后严复帮助维新派张元济在北京创办了通艺学堂。

（二）戊戌政变后严复的贡献

1. 翻译书籍传播西方资本主义。①戊戌政变后，严复翻译了《原富》（即亚当·斯密的《国富论》），此后中国人开始主动引进西方经济学这门学科。②1903 年，他翻译了《群学肄言》，提出将各种学问组织成为一个有机的、连续的知识体系，来探究事实。重视科学精神，留意时政。③1904 年，他翻译并出版了孟德斯鸠所著的《法意》，宣传西方法治思想。

2. 督学办学。①1906 年，严复开始担任复旦公学校长，此外，他还担任了安徽高等学堂监督。②1912 年，严复受命担任京师大学堂总监督，开始了执掌北大的生涯，为北大的教学、办学鞠躬尽瘁。

（三）评价

1. 在中国面临被列强瓜分的背景下，严复用"优胜劣汰"的理论惊醒沉睡中的中国人，激发了国人的救国斗志，极大地增强了中国人的民族意识和忧患意识。

2. 他传播了近代法治思想，进一步激发了人民的民主自由意识，鼓舞人民努力争取平等与个人权利。

3. 他主张教育兴国，提倡开民智、鼓民力、新民德，积极推进民智开化，培养社会所需人才，为当今实行的科教兴国战略提供了启迪和借鉴。

综上，戊戌变法前后，严复通过所介绍的理论有力地批判了腐朽落后的封建文化，为人们提供了认识世界和改造世界的新的思想武器，对中国社会产生了巨大的影响。

参考资料

1. 范启龙：《戊戌变法时期的严复》，《福建师范大学学报》，2000 年第 3 期。

题目 4　论述中日两国改革变法"一成一败"的原因

相关真题　2020 年黑龙江大学；2018 年黑龙江大学；2017 年湘潭大学

日本明治维新与中国戊戌变法是 19 世纪中后期亚洲先后发生的改革。日本明治维新取得了成功，进行了一系列资产阶级改革，走上了资本主义道路。而中国的戊戌变法如昙花一现，迅速失败。"一成一败"的背后有着深刻的历史现实原因。

（一）资产阶级及维新势力能否掌握政权是两国改革成败的关键

1. 日本资产阶级掌握政权。资产阶级化的武士、大名等维新势力推翻了幕府封建统治，并在新建立的明治政府中占据主导地位，拥有地方大权，使得颁布的一系列资产阶级改革措施能够得到较好推行。

2. 中国的资产阶级没有真正取得政权。康有为、梁启超等资产阶级化的维新派依靠光绪帝名义上亲政，但实际权力在以慈禧太后为代表的封建旧官僚手中，变法诏令下发之后，地方督抚基本上拖延不办或置若罔闻，变法运动没有取得多少实效。

（二）新旧势力的力量对比也是决定改革成败的重要因素

1. 日本维新势力压倒了守旧势力。明治维新时，维新势力以下级武士为核心，以天皇为旗帜，与倒幕的强藩相结合，军事实力强大，广大人民也积极参与维新。

2. 中国守旧势力的实力远远大于维新势力。在整个维新变法期间，维新派没有真正掌控朝政和兵权，为最终守旧势力发动政变埋下了祸根。

（三）两国的社会结构也影响两国改革效果

1. 日本。直到6世纪，日本才进入封建社会，封建制度下的社会结构形成时间短，没那么牢固，容易进行变革。

2. 中国。中央集权的封建君主专制制度在中国存在了两千多年，从中央到地方形成了一套完备的封建体系，一时很难被打破。

（四）两国文化传统的不同也影响改革成效

1. 日本。日本自古以来有向外国学习的历史传统，明治维新推行的文明开化政策阻力较小。

2. 中国。中国知识分子往往具有文化优越感，坚持"华夷之辨"，轻视西方制度和文化，提倡学习西方的阻力较大。

（五）所处时代和国际环境上的差异也影响改革结果

1. 日本所处的国际环境相对有利。19世纪60年代末，西方列强在东亚的主要侵略目标为中国，列强也曾积极支持日本维新势力。

2. 中国的国际环境不利于维新。19世纪90年代末，资本主义国家已经完成向帝国主义的过渡，掀起瓜分中国的狂潮，竞相在中国划分势力范围和抢占市场，自然不允许中国变法自强。

总之，日本明治维新的成功与中国戊戌变法的失败绝不是偶然的，而是由其内部、外部的历史条件和种种复杂的因素造成的，有着深刻的政治、经济、文化根源。

参考资料

1. 王晓秋：《近代中日关系史研究》，中国社会科学出版社，1997年。
2. 汪小祥：《戊戌变法与明治维新之比较研究》，《科技视界》，2017年第5期。
3. 冯帆：《从改革主体看中日改革的差距——明治维新与戊戌变法成败缘由新探》，《湖北社会科学》，2009年第5期。

第四章　清末改革与社会变迁

第一节　清末新政与预备立宪

题目1　论述清末新政

相关真题 2024年湘潭大学；2024年南京大学；2023年南开大学；2023年内蒙古大学；2022年天津师范大学；2022年安庆师范大学；2022年湖南师范大学；2022年山东大学；2022年渤海大学；2022年兰州大学；2020年上海大学；2020年东北师范大学；2020年河北师范大学；2020年兰州大学；2019年山西大学；2019年黑龙江大学；2019年天津师范大学；2018年南开大学；2018年暨南大学；2018年天津师范大学；2018年扬州大学；2018年河北师范大学；2018年四川大学；2018年哈尔滨师范大学；2018年中国社会科学院大学；2017年湖南大学；2017西北大学；2017年上海大学；2016年湘潭大学；2016年黑龙江大学；2015年淮北师范大学；2014年扬州大学；2014年中国社会科学院大学；2013年黑龙江大学

清末新政是20世纪初清政府进行的一场改革，旨在维护清王朝的统治，在客观上促进了中国社会从传统向近代化的转型，具有一定的进步意义。

（一）背景

1. 清朝面临严重的统治危机。1901年，《辛丑条约》签订后，中国完全沦为半殖民地半封建社会，阶级矛盾和民族矛盾激化。

2. 外国侵略者的施压。《辛丑条约》签订后，列强实行"以华治华"的方针，要求清政府迅速改变当前的无能状态，以便承担起代理人的职责。

3. 民间改革和革命思潮的兴起。面对列强侵略的加深，一批知识分子通过报刊、书籍和学会等形式传播改良思想，要求清政府改革以御外侮。

4. 戊戌变法的影响。1898年的戊戌变法虽然失败了，但其提出的一系列政治、经济、教育改革思想影响深远，为新政提供了思想资源和实践经验。

（二）第一阶段内容（1901—1905年）

1. 行政机构改革与吏治整顿。①1901年，清政府改总理各国事务衙门为外务部，班列六部之首。②裁撤河东河道总督等闲曹和重叠机构，裁撤各部书吏及各省府州县差役，下令停止捐纳。

2. 教育改革。①1903年，清政府仿照日本学制建立了近代教育体系癸卯学制。②废除科举制。1905年，清政府下令停止一切科举考试，并设立学部统一管理全国教育。③鼓励出国留学。1903年，清政府令各省派遣官费留学生，鼓励自费游学。

3. 经济改革。振兴商务，奖励实业。清政府颁布了一系列有关商务和奖励实业的章程，如《商部章程》《奖励公司章程》等。

4. 编练新军与军制改革。1901年，清政府下令停止武举，并裁撤部分绿营和防勇，按照西方营制，采用洋操训练，这些新编常备军泛称新军。1903年，设立练兵处，负责考查和督练全国新军。

5. 法政变革。建造修订法律馆，主要从事修旧律、订新律、译西律三项工作。

6. 社会生活改革。①采取禁缠足、禁烟等措施，革除生活陋习。②取消满人特权，允许满汉通婚以调和满汉矛盾。

（三）第二阶段内容（1906—1911年）

1. 派遣五大臣出洋考察政治。1905年，清政府宣布派载泽、端方等五大臣分赴日本和欧美国家"考察政治"，为"立宪"做准备。1906年，考察团回国，清政府正式颁布了"预备仿行宪政"的上谕。

2. 改革官制。①改巡警部为民政部，户部为度支部，将练兵处、太仆寺和兵部合并为陆军部等。②工部并入商部,为农工商部。③设立邮传部。④内阁、军机处不变。

3. 颁布宪法大纲规定立宪原则。1908年,清政府以光绪皇帝名义颁布《钦定宪法大纲》,对君主立宪政体的原则做出规定。

4. 成立地方咨议局作为民意机构。1909年,各地纷纷设立咨议局作为预备立宪期间的地方咨议机关,收集民意。

5. 成立责任内阁总揽行政事务。1911年,清政府宣布裁撤军机处、旧内阁,组成责任内阁。但内阁13名成员中有9名满人,4名汉人,且在9名满人中皇族又有7位,所以被称为"皇族内阁"。

(四)结果

清末新政是清政府为了延续王朝统治而进行的,但新政措施多有名无实,清朝覆灭也宣告了改革的失败。

(五)影响

1. 积极影响。①新政中颁布宪法、成立内阁等措施客观上促进了中国由传统封建君主专制向近代民主制的转型。②奖励工商业发展等措施促进了中国由自然经济向近代资本主义经济转型。③教育改革使社会教育思想、价值观念等发生变化,促进了中国人思想观念的近代化。④新政让更多人认识到清政府的腐朽,转而投身革命,加速了清王朝的覆灭。

2. 消极影响。①清末新政试图扭转晚清以来中央式微的局面,一味集权中央,削弱汉族地方督抚权力,不仅激化了清政府中的满汉矛盾,还加剧了地方与中央的对立。②推行新政所需要的资金是从人民身上搜刮来的,进一步激化了阶级矛盾。

总之,清末新政是中国近代历史上一次具有重要意义的改革尝试,在一定程度上推动了中国社会的近代化,也为辛亥革命的爆发提供了准备条件。

参考资料

1. 张海鹏,李细珠:《中国近代通史(第5卷)·新政、立宪与辛亥革命(1901-1912)》,江苏人民出版社,2009年。
2. 王建朗,黄克武:《两岸新编中国近代史·晚清卷》(上),社会科学文献出版社,2016年。

题目2 试论清末立宪派与立宪运动

相关真题 2024年南开大学;2023年中南财经政法大学;2022年山东大学;2022年北京联合大学;2016年天津师范大学;2015年湖南师范大学;2013年中国人民大学;2001年北京大学

20世纪初,面对内忧外患的形势,立宪派发出了立宪救国的呼声,掀起了立宪运动,希望清政府通过改革建立资本主义性质的立宪政体。

(一)背景

1. 民族危机的不断加深刺激了立宪派寻求新的救国救民道路。他们主张在保留清朝统治的前提下实行君主立宪和经济、政治制度的和平改革。

2. 民族资本主义与民族资产阶级的不断壮大,为立宪派与立宪运动的兴起奠定了经济和阶级基础。

3. 立宪风潮发展。1905年日俄战争结束,日本战胜俄国,资产阶级上层普遍认为日本之所以能够挫败欧洲大国,根本原因就在于实行了立宪制度,于是更加卖力地鼓吹立宪。

4. 统治集团内部人员推动。满族亲贵企图通过立宪削弱地方汉族督抚权势,从而达到集权中央的目的,巩固自己的特权,所以奏请立宪。而汉族官僚希望借立宪限制满族亲贵的权势,也支持立宪。

(二)内容

1. 成立立宪团体。1906年12月,预备立宪公会在上海成立,举郑孝胥为会长。1907年年初,康有为将保皇会改名为国民宪政会。此外,有影响的立宪团体还有湖北的宪政筹备会、湖南的宪政公会等。这些立宪团体成为立宪派与立宪运动活动的中心。

2. 政治。①宣传立宪思想。立宪派刊载登报,大力宣传君主立宪制度,呼吁速开国会,向民众宣传君主立宪制度的优越性。②开展国会请愿运动。由于清政府官制改革缓慢,立宪派组织签署国会请愿书和国会请愿运动,以敦促清政府进行改革。③领导收回利权运动。立宪派通过报刊舆论唤起民众觉醒,使他们加入收回利权运动,例如与英国商人展开收回安徽铜官山矿的斗争。清政府把铁路利权出卖给帝国主义后，立宪派带领商民掀起保路运动。④主张地方自治。立宪派在仿效西方联邦制基础上提出"地方自治"，反对专制统治。

3. 经济。主张发展资本主义工商业，提倡创办实业。

4. 文化。①采用近代西方的学制和教育制度，创办新式学校，培养新式人才。②出版发行代表立宪派思想的报纸、杂志，宣传资产阶级新思想。

（三）评价

1. 进步作用。①立宪派将救亡图存与实行立宪进行紧密结合，激发了民众爱国热情，促进了爱国主义的传播。②立宪派的活动使得西方的民主观念逐渐深入人心，推动了日后资本主义民主政治的发展。③立宪派的活动使得清政府迫于舆论压力做出相应的改革，促进了中国在政治、经济等方面的近代化。④立宪运动的最终失败使人们认识到清政府的真实面目，一部分立宪派投入革命阵营，促进了辛亥革命的爆发和清王朝的灭亡。

2. 局限性。①对清王朝的反动本质以及以袁世凯为代表的守旧势力认识不足，导致立宪进程缓慢。②对西方政体缺乏足够的认识，片面地认为照搬西方君主立宪制就能改变中国。③反对暴力革命，维护以清朝皇帝为代表的封建旧势力的统治，在一定程度上阻碍了民主革命的发展。

综上，立宪派对清政府抱有不切实际的幻想，使得立宪运动没有取得预期的效果。同时立宪派与立宪运动为辛亥革命的爆发提供了条件。

参考资料

1. 陈飞：《立宪派与清末民初政局走向研究》，东北师范大学 2018 年硕士学位论文。
2. 刘席威：《晚清立宪派的政治取向研究》，辽宁师范大学 2017 年硕士学位论文。
3. 王云：《晚清立宪派研究》，辽宁师范大学 2010 年硕士学位论文。
4. 侯宜杰：《论述立宪运动的进步作用》，《近代史研究》，1991 年第 3 期。
5. 耿云志：《收回利权运动、立宪运动与辛亥革命》，《近代史研究》，1992 年第 2 期。

第二节　科举制度的废除和晚清教育改革

题目1　简述清末教育改革的内容及其影响

相关真题　2023 年天津师范大学；2023 年哈尔滨师范大学；2022 年湖南科技大学；2020 年内蒙古大学；2020 年福建师范大学；2018 年天津师范大学；2017 年天津师范大学；2015 年南京师范大学；2013 年南开大学

在晚清各项社会改革中，教育改革是最具成效的一项改革。在西方文化的冲击下，中国教育经历了洋务教育、维新教育、新政教育三个改革阶段，冲破了传统教育制度和思想的束缚，推动了中国社会的发展和教育近代化进程。

（一）内容

1. 废除科举制度。1905 年，清政府宣布于次年废除科举制度，成立学部，同时在京师设立仕学院、进士馆，在各省设立课吏馆。

2. 建立推广新式学堂。1901 年，清政府下诏要求各省城书院一律改为大学堂，各府及直隶州书院均改为中学堂，各州县书院均改为小学堂，各地设蒙养学堂。

3. 制定学堂章程，统一全国学制。1902 年，清政府颁布了由管学大臣张百熙拟定的《钦定学堂章程》，即"壬寅学制"，具体规定了各级各类学堂的性质、培养目标、入学条件、在学年限、课程设置和相互衔接关系，是我国教育史上正式颁布但未实行的第一个学制。后张百熙、张之洞等人又合作对"壬寅学制"进行了修改，于 1904 年由清政府正式颁布，即《奏定学堂章程》，史称"癸卯学制"，这是中国实施的第一个近代学制。

4. 鼓励出国留学，规定凡学成归国者，分别奖以翰林、进士、举人出身并按等录用。

5. 成立教育行政机构，厘定教育宗旨。1905 年正式设立学部，作为统辖全国学校事务的最高行政机构，各省设提学使，府州县设劝学所；颁布新的教育宗旨"忠君、尊孔、尚公、尚武、尚实"。

(二) 影响

1. 废除科举制度,打破了传统教育体制的束缚,为近代化教育体制的确立扫清了障碍,促进了社会的发展。
2. 建立新式学堂、派遣留学生等措施,为中国培养了一批新式知识分子,推动了中国近代科技文化的发展。
3. 新式学堂引进的西方课程包括自然科学知识以及西方政治学说,推动了新学的发展,进一步传播了西方民主、自由等近代思想,促进了中国近代思想解放。

综上所述,清政府开始大力推行新式教育与变革,这一时期的教育改革具有重要的历史意义,促进了中国近代教育体制的建立,对中国社会的发展产生了深远影响。

参考资料

1. 魏益才:《论晚清时期的教育改革》,《洛阳师范学院学报》,2002年第4期。
2. 朱鹏:《晚清教育宗旨奏折试析》,《清史研究》,1996年第3期。
3. 周仕德,刘翠青:《晚清教育的三次改革》,《历史学习》,2002年第2期。

题目2 简述清末废除科举制的影响

相关真题 2023年清华大学;2023年山东大学;2022年中南财经政法大学;2019年南开大学;2019年北京大学;2019年四川大学;2018年西北师范大学;2018年河北大学;2018天津师范大学;2017天津师范大学;2016年山西大学;2016年南京大学;2015年南京大学;2015华中师范大学;2014年中国社会科学院大学;2013年兰州大学;2012年华中师范大学

科举制是中国古代选拔人才的一种方式。近代以来,随着西学的传播和救亡图存运动的开展,科举制的弊端不断凸显,改革和废除科举制的呼声越来越高。清政府从1906年起停止一切科举考试,科举制的废除对中国近代社会产生了巨大的影响。

(一) 积极影响

1. 科举制的废除捣毁了封建官僚制度的阶级基础,加速了清王朝的灭亡。科举制的废除极大地冲击了儒家学说中的"学而优则仕"的观念,知识分子开始放弃科举,转而投身于实业、报社、教育等行业,或投身于革命,大量士人开始站到清政府的对立面,促进了中国社会的变革。
2. 科举制的废除打破了儒学"一统天下"的局面,使学术不再成为政治的附庸,推动了中国学术的独立发展。科举制废除后,政治学、经济学、地理学、法学、哲学等分支学科相继独立,拓宽了知识分子的知识面,使研究更具学术性和系统性。
3. 科举制的废除促进了近代意义上新式教育制度的建立。科举制废除以后各种新式学堂相继建立,清政府还仿照日本创造了新的学制,使学校教育趋于科学化,促进了中国教育的近代化。

(二) 消极影响

1. 乡村教育停滞。科举制废除之后,乡村私塾大量消失,乡村学子的求学通道关闭,乡村地区的教育发展陷于停滞。此外,新式学堂的花费比科举负担重以及乡村家庭对于新式学堂认同感不强,都导致民间士子的求学积极性减弱。
2. 引起了清王朝政局动荡与政治失序。废除科举制后,清政府对于人才选拔并未及时出台相应的替代政策,官位缺失而得不到正常的补位,造成政局动荡。靠科举掌握政权的士绅阶层逐渐衰败,为武人干政、政治失序埋下了祸患。

综上,科举制的废除是中国政治变革的重大决策,扫除了中国近代化道路上的一些障碍,推动了中国社会发展的进程。当然,仓促废除科举制,也产生了一系列负面影响。

参考资料

1. 罗志田:《科举制的废除在乡村中的社会后果》,《中国社会科学》,2006年第1期。
2. 沈洁:《废科举后清末乡村学务中的权势转移》,《史学月刊》,2004年第9期。
3. 谢放:《科举废除后的社会反应》,《中国人大》,2010年11月。

第三节 八旗绿营的衰落与新军的编练

题目1 论述清朝军制

相关真题 2018年河北大学

清朝军制大致经历三个大的发展阶段，即八旗绿营兵制、勇营制度、近代兵制，在不同时期对巩固清王朝的统治发挥了重要的作用。

（一）八旗绿营兵制

1. 八旗制度：由努尔哈赤创立、顺治皇帝完善。其中镶黄、正黄、正白为上三旗，是皇帝的亲兵；正红、镶红、正蓝、镶蓝、镶白为下五旗，由诸王、贝勒统辖。八旗兵分为京营（禁卫）和地方驻防两种。实行兵农合一制，设都统负责管理，统归中央八旗都统衙门，地方督抚无权征调。

2. 绿营：清军入关后，将收编的明军及其他汉兵参照明军旧制，以营为基本单位进行组建，因以绿旗为标志，称为绿营。绿营设巡捕营驻京师，隶属步军统领，其余驻扎各省，有督、抚、提、镇诸标，分别由总督、巡抚、提督、总兵统领，但皆受总督节制。绿营受八旗监督。

（二）勇营制度

1. 湘军：1853年，曾国藩奉命帮办团练，组建湘军，使用洋枪洋炮进行训练，在编制上分陆军、水师两种，以知识分子任营官，以同乡和亲谊为纽带招募兵士，以儒家三纲五常的礼教约束士兵。

2. 淮军：1862年，李鸿章在曾国藩的授意下在安庆编成淮军。淮军军制效仿湘军，但更加重视对洋操、洋器的学习。湘军与淮军是晚清两大军事支柱。

3. 练军：1866年，清政府从八旗和绿营中挑选部分强壮兵丁装备洋枪和练习洋操，仿照湘淮军营制进行训练，建成练军。

（三）近代兵制

1. 建立近代海军。

①建立北洋水师。北洋水师于1875年筹办，1888年正式成军。编制上，把西方海军的编组方法与清朝绿营旧制结合在一起，长官多是接受过专业学习的福州船政学堂毕业生或海外留学生，士兵多为招募。水师的船舰大多从国外购得。北洋水师一直由李鸿章实际控制。

②建立南洋水师。南洋水师由两江总督兼南洋大臣统辖，建制上，效仿北洋水师，还设置了江南轮船操练局和轮船营务处。舰船多是福州船政局和江南制造总局的产品，少数购自国外，其实力在北洋水师之下。南洋水师一直由湘系控制。除此之外，还有福建水师和广东水师，但发展缓慢，缺乏战斗力。

③设立海军衙门。1885年，清政府成立海军衙门，由醇亲王奕𫍽任总理海军事务大臣，统一海军指挥权。

2. 组建新式陆军

①定武军。1894年，清政府派广西按察使胡燏棻在天津小站编练"定武军"10营，全用西法训练，袁世凯接手后扩编军队，改名为"新式陆军"。

②自强军。1895年，张之洞在南京以步、马、工、炮各兵种组成营队，聘请德国军官负责教练并担任各级正职长官，建立"自强军"，也叫"南洋新军"。

③北洋新军。1901年，袁世凯以小站训练的新军为基础，筹建北洋常备军，1905年，袁世凯统一全国军号，将原有常备军建成北洋六镇，以拱卫京畿。北洋新军一直为袁世凯所掌握。

3. 建立军事学校。如1866年，在洋务运动中设立福州船政学堂，培养造船、航海等专门技术人才；1881年，设立天津水师学堂，专门培养军事技术人才；1901年，筹建武备学堂，培养军事技术人才和进行军事训练等。

4. 设置军事机构。1903年，清政府设立练兵处；1904年，各省成立督练公所，为各省编练新军的机构；1906年，将练兵处、太仆寺和兵部合并为陆军部，统率全国陆军。

综上所述，清朝在军事制度上进行了一些变革，试图挽救自身命运，虽然最终失败，但促进了中国军队的近代化。

参考资料

1. 金普森，姚杏民：《清代军制的演变评述》，《军事历史研究》，1989年第1期。
2. 孙琰：《清朝军事制度概述（1644—1840）》，《历史教学》，1990年第7期。

第四节 会党与民变

题目1 论述清末收回利权运动的过程及影响

相关真题 2014年南京大学

19世纪末20世纪初，帝国主义大肆掠夺中国利权，将投资的重点集中到修筑铁路和开采矿山方面。中国社会各阶层奋起抵抗，开展收回利权运动，并取得了比较显著的成效。

（一）过程

1. 收回路权运动。①1903年，湖南、湖北、广东三省爱国绅商要求从美国华美合兴公司手中收回投资兴建粤汉铁路的权益，标志着收回路权运动的开始，粤汉铁路修建权至1905年收回。②1905年，浙江、江苏两省要求废除有关英国在苏杭甬铁路权益的草约，1911年收回。同时，直隶、山东、江苏三省要求废除让予英法津浦铁路承办权的草约，1908年收回。③1908年，湖南、湖北绅商开展粤汉、川汉铁路拒用外款运动，清政府于1910年批准两路在湖北境内路段由湖北省自办，但仍向外国借款。

2. 收回矿权的运动。①1905年收回了英国资本在浙江的温、衢、严、处四府的采矿权。②1906年收回了法国资本在四川的重庆、江北等六府厅和巴、万、天全、懋功四县的采矿权。③1907年收回了法国在福建的邵武、建宁、汀州三府属的采矿权。④1908年以银275万两赎回英商福公司在山西盂、平、泽、潞各府属的采矿权。⑤1910年以5万磅英金赎回英商伦华公司在安徽铜官山的采矿权。⑥1911年以银150万两收回英法隆兴公司在云南的办矿合同。

（二）影响

1. 推动了民众的觉醒。收回利权运动是一次反对帝国主义掠夺和清朝统治者出卖国家主权的民族民主运动，它的开展使社会各界民众的近代民族国家观念得到明显增强，增强了民族凝聚力。

2. 促进了中国民族资本主义的进一步发展。收回利权运动为20世纪初期中国民族资本主义的发展提供了契机，如中国近代的采矿业有了较大发展，全国各地著名的商办近代煤矿均是在收回矿权运动中集资创办的。

3. 提高了工商业者的思想认识。工商业者意识到只有维护国家和民族的利益，才能使自己的利益不受侵犯，因而在收回利权运动中态度坚决。随着收回利权运动的发展演变，工商各界对清政府的不满与愤怒也与日俱增，最终成为推翻清王朝的重要社会力量。

4. 争取了立宪派和工商各界的支持。收回利权运动后期，清政府实行借款卖路政策，立宪派和工商各界认识到清王朝的腐败反动本质，对其幻想破灭，坚决反对清王朝的卖国政策，甚至在辛亥革命爆发后，有相当部分人很快转向革命，成为推翻清王朝的重要力量。

总之，清末的收回利权运动虽然没有取得预期的效果，中国原已丧失的利权并没有完全收回，但是打击了帝国主义侵略气焰，在一定程度上促进了中国民族工业的发展。

参考资料

1. 耿云志：《收回利权运动、立宪运动与辛亥革命》，《近代史研究》，1992年第2期。
2. 朱英：《晚清收回利权运动新论》，《史学集刊》，2013年第3期。
3. 张国红：《清政府与清末收回利权运动》，《理论学刊》，2008年第3期。

第五章　辛亥革命

第一节　西学传播与革命思潮的兴起

题目1　简述邹容《革命军》的主要内容及其影响

相关真题　2007年华中师范大学

1900年庚子国变发生后，许多进步人士对帝国主义的侵略本性及清政府的卖国本质有了新的认识，于是他们掀起了创办刊物、翻译介绍西方民主政治学说和各国民主革命历史的热潮。邹容于1903年发表的《革命军》是其中影响最大的宣传品之一。

（一）内容

1. 论述了中国进行民主革命的必要性和正义性，极力推崇革命和民主。他认为革命不仅可以使中国人民摆脱奴隶地位，而且可以使中国与世界列强并驾齐驱，独立于20世纪的新时代。

2. 宣传了西方资产阶级革命时代的天赋人权、自由平等学说。他认为古时并无君臣之分，人人平等自由，以此斥责皇帝剥夺了人民的平等自由，主张推翻君主专制，恢复天赋人权。

3. 提出了建立"中华共和国"的口号。他要求结束帝制，建立"共和国"，主张效法美国的建国方案。

4. 揭露了清政府对内残酷压迫中国人民、对外出卖国家主权的种种罪恶。《革命军》把推翻清朝专制统治与反对帝国主义侵略联系起来，指出只有打倒帝国主义的"奴隶总管"清王朝，中国人民才能获得民族的独立和社会的进步。

（二）影响

1. 加速了清政府的灭亡。《革命军》宣扬的革命思想在社会上广泛传播，引起了清王朝的恐惧。1903年，清政府勾结上海租界工部局，制造"苏报案"，逮捕邹容等人，这让民众更加看清了清朝的反动面目，更加积极地从事反清革命活动，加速了清朝灭亡。

2. 推动了革命思想的传播。《革命军》是当时表述资产阶级民主革命的原则和理想最为完整和鲜明的著作，流传度很广，进一步传播了革命思想。

3. 为日后民主革命运动的兴起创造了有利条件。《革命军》等宣传的革命思想，为华兴会、光复会等革命团体的出现奠定了思想基础，推动了民主革命的开展。

综上，《革命军》是一部表述资产阶级民主革命的原则和理想最为完整和鲜明的著作，深刻揭露了清朝的民族压迫和两千多年来封建专制制度的罪恶，促进了民主革命思想的传播。

参考资料

1. 李侃等：《中国近代史》（第四版），中华书局，2017年。
2. 蒋廷黻：《中国近代史》，新世界出版社，2016年。

第二节　革命团体与政党的建立

题目1　简述近代革命党人创办的知名报刊

相关真题　2022年吉首大学

近代报刊有着十分浓烈的政治色彩，同时也有着重大的意义。革命派为宣传其政治思想，创办了自己的报刊作为舆论宣传的工具。

(一)《民报》

《民报》于1905年在日本东京创刊，是中国同盟会的机关报，由胡汉民、章炳麟、汪精卫等担任主编。孙中山撰写发刊词，首次将"三民主义"（民族主义、民权主义、民生主义）作为同盟会纲领。该报宣传资产阶级民主革命，批驳保皇、反革命的观点，为辛亥革命做了舆论准备。还曾与改良派的《新民丛报》等展开论战，支持暴力革命和共和制度，反对改良立宪。它是中国最早译载《共产党宣言》部分内容的报刊。1908年冬被封禁，1910年秘密印行两期后停刊。

(二)《国民报》

《国民报》于1901在日本东京创刊，革命党人秦力山任总编辑。栏目分社说、时论、丛谈等，篇末附有英文论说。它以"唤起国民精神"为宗旨，介绍西方资产阶级的自由、平等和人权学说，宣传反清革命思想。主张推翻君主专制，将反帝爱国与反专制、争民权结合在一起，曾发表《二十世纪之中国》《说国民》等著名文章，刊有章炳麟驳斥改良派的著名文章《正仇满论》。该报于1901年8月停刊，共出四期。

(三)《中国日报》

《中国日报》于1900年由陈少白在香港创刊，是兴中会创办的第一份机关报，也是中国最早宣传资产阶级革命的报纸。宣传内容主要是揭露和声讨清政府的腐败无能和卖国罪行，宣传反清反封建和资产阶级的民权思想，批判资产阶级保皇派，号召人民起来争取民主自由。该报还报道了革命党人和留日学会的革命活动，宣传声援义和团反帝反侵略的行动，号召人民起来救国。该报于1901年停刊。

综上，近代革命党人创办的报刊有力地打击了封建思想，有利于促进革命思想的传播，促进了民众的思想解放，对当时社会具有重大的意义。

参考资料

1. 李谦盛：《从革命报刊的发展看近代立报意义》，《今传媒》，2014年第9期。

第三节 武昌起义与南京临时政府的成立

题目1 论述辛亥革命及其意义

相关真题 2024年中南财经政法大学；2024年赣南师范大学；2023年吉林师范大学；2022年东北师范大学；2022年天津师范大学；2022年湖北大学；2022年湖北大学；2022年渤海大学；2022年青岛大学；2022年鲁东大学；2022年青海民族大学；2020年太原师范学院；2020年江汉大学；2017年南开大学；2014年河北大学；2014年黑龙江大学；2014年江西师范大学

辛亥革命结束了在中国延续两千多年的封建君主专制制度，建立了中国历史上第一个资产阶级民主共和国，推动了中国近代社会历史发展进程。

(一) 背景

1. 民族危机进一步加深。《辛丑条约》签订后，中国完全沦为半殖民地半封建社会，帝国主义加紧了对中国的经济掠夺和政治控制。

2. 民族资本主义初步发展。甲午中日战争后，民间掀起了建厂热潮，民族资本主义初步发展，资产阶级力量壮大，要求在政治上建立资本主义政体，为辛亥革命提供了阶级基础。

3. 民族民主运动进入了新时期。20世纪初，"拒俄"、"拒法"、抵制美货和收回利权运动接踵而起，资产阶级领导的爱国主义运动蓬勃发展。

4. 清政府的腐朽统治。《辛丑条约》签订以后，清政府成为"洋人的朝廷"，反动卖国本质日益暴露，促进了人民觉醒。

(二) 过程

1. 组织准备。①1894年，孙中山在檀香山组织兴中会，决心通过革命拯救国家。②1905年，他第一次提出了"驱除鞑虏，恢复中华，创立民国，平均地权"十六字誓词。③ 1905 年 8 月，第一个全国性资产阶级革命政党——中国同盟会成立。同年 11 月，同盟会机关刊物《民报》创刊，孙中山在《民报》发刊词中第一次将同盟会十六字纲领概括为民族、民权、民生三大主义，即"三民主义"，以孙中山为首的革命党人坚定地走上了武装起义的反清革命道路。

2. 武昌起义。1911 年 10 月 10 日，革命党人趁湖北新军入川平定保路运动，湖北军事布防空虚，发动武昌起义，占领武昌全城。武昌起义后，湖南、江西等 14 个省纷纷独立，清王朝土崩瓦解。

3. 建立民国。1912 年 1 月 1 日，孙中山在南京宣誓就职临时大总统，中华民国临时政府成立，共和政体得以实现，这是中国第一个具有资产阶级共和国性质的政府。

4. 南北和谈，清帝退位。1912 年年初，面对着外有列强武力威胁、经济封锁和外交孤立，内有立宪派和旧官僚投靠袁世凯的局面，南方革命政府被迫同意与列强侵华利益代理人袁世凯和谈。双方达成一致约定：袁世凯一旦令清帝退位，即推他为民国大总统。1912 年 2 月，清帝宣布退位，封建君主专制制度结束。

5. 袁世凯窃取革命果实。1912 年 2 月 13 日，孙中山提出辞职，同年 3 月，袁世凯就任中华民国临时大总统，开始独断专行，先是不经内阁副署直接任命官员，后又迫使唐绍仪和同盟会阁员辞职，破坏责任内阁制。

6. 革命失败。宋教仁案后，革命派掀起武装推翻袁世凯政权的二次革命，但不到两个月，南方各省国民党军队全被袁世凯打垮。二次革命失败，宣告了辛亥革命彻底失败。

（三）意义

1. 辛亥革命推翻了清王朝的统治，结束了封建君主专制制度，建立了中国历史上第一个资产阶级共和国，使得民主共和观念深入人心。

2. 南京临时政府成立后，颁布了一系列有利于民族工商业发展的政策和措施，推动了民族资本主义经济发展。

3. 南京临时政府发展国民教育，提倡移风易俗，扭转了社会风俗，推动了 20 世纪初中国思想大解放。

4. 辛亥革命是 20 世纪初亚洲民族解放运动的重要组成部分和"亚洲觉醒"的主要标志，沉重地打击了帝国主义的殖民体系和侵略势力。

综上所述，辛亥革命是中国历史进入 20 世纪后发生的一次伟大的革命，虽然失败了，但是结束了中国的封建帝制，推动了中国的革命进程。

参考资料

1. 王晓秋：《辛亥革命的历史意义和世界意义》，北京论坛（2011）会议论文，北京，2011 年。
2. 张海鹏：《辛亥革命的伟大历史意义》，《前线》，2011 年第 10 期。
3. 张海鹏，汪光朝：《辛亥革命的历史和现实意义》，《中国社会科学报》，2011 年 10 月 11 日。

题目 2 论述清朝覆亡的原因

相关真题 2024 年四川大学

清朝作为我国最后一个封建王朝，其灭亡具有多重原因。除清朝本身统治腐朽之外，其灭亡与外国势力的打击、生产方式的落后、朝贡体系的崩溃、近代化的推动有密切关系。

（一）晚清腐朽统治难以为继

清朝自康乾盛世后期开始社会问题丛生。人口激增，土地不足，官场上贪污腐败，科举上厉行"文字狱"，政治上实行高压，社会上鸦片泛滥，危害国民身心健康。鸦片战争爆发后，中国开始沦为半殖民地半封建社会，清政府面临内忧外患，国内农民起义此起彼伏。清末虽然实行新政，但仍然是以维护封建统治为目的，并没有达到挽救统治的目的。

（二）农民起义此起彼伏

清朝晚期农民起义频繁，相继爆发了洪秀全领导的太平天国运动、陕甘回民起义、捻军起义、义和团运动等起义，沉重打击了清王朝的统治。清政府在镇压这些叛乱的同时耗费了巨大的财力和兵力，进一步削弱了国力。

（三）落后的生产方式与世界脱轨

18世纪中后期，欧洲各国已相继完成工业革命，英法等国开始向世界扩张，寻求新的廉价原料产地。而清朝当时仍是以自给自足的自然经济为主导的国家，加之闭关锁国，与世界脱轨，生产方式落后，注定在对外交往和争夺中陷于被动。

（四）近代化的推动作用

清政府在第二次鸦片战争之后开展洋务运动以自强求富，又在制度层面实行维新变法以维护统治，失败后又实行清末新政。这些从器物到制度的尝试改革，使得中国近代化进程不断推进，封建制度与封建思想被逐渐丢弃，民主共和观念逐渐深入人心。

（五）资产阶级发展以及新阶层出现

在晚清错综复杂的社会背景下，诸多新的阶层出现和发展。如洋务运动时期民族资产阶级的发展、预备立宪中新士绅的发展、留洋归国的人才形成的新知识分子阶层等。他们中的许多人在认清清政府的反动本质后走上了推翻清王朝的道路。

（六）地方督抚专政

太平天国运动爆发之后，清朝原有的八旗、绿营难以抵御太平军的进攻，不得不开始重用汉族官员。19世纪60年代以后，以曾国藩和李鸿章为首的汉族地主组织的地方团练通过镇压起义成为清军主力，湘淮势力逐渐崛起，造成了后来地方督抚专政的局面，削弱了中央集权。

（七）辛亥革命的直接作用

1911年10月10日，武昌起义爆发。随后各省纷纷响应，革命风潮波及全国。湖北军政府成立后，湖南、江西等14个省份宣布独立，清王朝统治土崩瓦解。

（八）外国势力的打击

鸦片战争之后，英、法、日等国家相继入侵中国，先后发动第二次鸦片战争、中法战争、中日甲午战争、八国联军侵华战争等。在此期间，中国的半殖民地化程度逐渐加深。外国势力的不断打击，使得清政府奄奄一息。

综上所述，清朝覆亡是多方面因素共同作用的结果，包括自身统治的腐败、西方国家的入侵、国内农民起义等。

> **参考资料**
> 1. 郭立场：《清朝历史的教训》，兰州大学出版社，2022年。
> 2. 王继平：《晚清湖南学术思想史》，湘潭大学出版社，2016年。
> 3. 赵志强：《满学论丛》第二辑，辽宁民族出版社，2012年。

题目3　试述辛亥革命失败的原因和经验教训

相关真题　2023年长春师范大学；2021年重庆师范大学；2019年江西师范大学

辛亥革命最终没能改变中国半殖民地半封建的社会性质，其失败的原因是多方面的。它的失败表明资产阶级不能领导中国完成反帝反封建的革命任务。

（一）辛亥革命失败的原因

1. 帝国主义破坏革命是辛亥革命失败的客观原因。帝国主义不允许中国建立一个独立富强的资产阶级共和国，因此扶植新代理人袁世凯窃取辛亥革命果实，并在南京临时政府成立后，以军事威胁、外交孤立和经济封锁等手段向南京临时政府施压，逼迫其让权于袁世凯。

2. 辛亥革命缺乏充分的准备。武昌起义前，革命党人在各地发动过多次起义，但都由于准备不足、力量悬殊而归于失败，这表明革命党人还不具有领导全国规模的资产阶级民主革命的能力。

3. 旧三民主义缺乏彻底的反帝反封建纲领。旧民族主义表现出"反满"的狭隘民族意识，既不彻底反封建，又没有认识到帝国主义侵略中国的本质；旧民权主义的目的是反对专制主义，建立民主共和政体，但权力不为一般民众所有；旧民生主义要"平均地权"，其方法是核定地价，不敢从根本上损害地主阶级的利益、触动旧有的经济基础。

4. 不能充分地发动和依靠人民群众，革命缺乏广泛性。辛亥革命过程中，革命党人镇压工农的反剥削、反压迫斗争，甚至依靠地主来维护基层秩序。革命党人将工农阶级排斥在革命运动之外，导致革命缺乏群众基础，注定失败。

5. 南京临时政府内部矛盾重重，革命政党尚不能建立真正统一的政府。以同盟会为主的党派联合建立了南京临时政府，但政府内部党派林立、目的不一。如旧官僚和立宪派的建国方案与革命派不同，态度摇摆不定，最终倒向袁世凯。

6. 没有真正建立和掌握自己的革命武装，缺乏真正的革命军。辛亥革命的军队主要是各省新军，其余多是临时拼凑的军队，未接受正规训练，军队素质低下、实力衰弱。且军队多为地方政府所控制，孙中山等革命党人始终没有建立自己的革命队伍，这也导致革命处处受制，最终走向失败。

7. 南京临时政府缺乏经济支持。南京临时政府并没有实际掌握财政税收，地方税收为地方势力所掌握，更错失了控制海关税收的良机，导致运行艰难。此外，沉重的军费和支付列强的巨额赔款也使南京临时政府无法运行，最终不得不让权于袁世凯。

8. 资产阶级具有软弱性和妥协性。在辛亥革命过程中，中国民族资产阶级由于自身的软弱性和妥协性，没有鲜明地举起反帝斗争的旗帜，并且在袁世凯和列强的逼迫下轻易让出了革命果实，对帝国主义列强、封建地主和买办投降，因此辛亥革命注定以失败告终。

（二）经验教训

1. 充分发动群众。必须懂得中国革命的主力军是工农群众，人民群众是社会变革的决定性力量。
2. 资本主义道路在中国是行不通的。中国革命必须由无产阶级领导，坚定不移地走社会主义道路。
3. 革命一定要建立和掌握自己的军队。失去军队指挥权，必然导致革命的破产。

综上所述，辛亥革命由于开展的仓促性、组织的分散性、纲领的不彻底性、路线脱离群众、缺乏严密武装以及临时政府财政危机等问题，最终走向失败，给中国革命道路的探索留下了深刻的教训与启示。

参考资料

1. 张皓：《革命阵营内的名位之争与辛亥革命的失败》，《北京师范大学学报》，2011年第5期。
2. 李越：《辛亥革命失败原因新探》，《人文杂志》，2000年第2期。
3. 张世均，胡大泽：《论辛亥革命失败的经济因素》，《探索》，2001年第3期。
4. 肖季文：《试论辛亥革命失败的必然性》，《学术界》，1989年第3期。
5. 郑春奎：《谈辛亥革命失败的原因》，《丽水师专学报（社会科学版）》，1996年第3期。
6. 陈振江：《简明中国近代史》，天津人民出版社，1983年。

题目4 简述中华民国南京临时政府颁布的法令和政策

相关真题 2022年海南师范大学；2015年内蒙古大学

南京临时政府成立后，在短短的三个月时间里，陆续制定并颁布了一系列法令，在国家建设和立法建制等方面做了大量工作。

1. 经济方面。①1912年1月28日，内务部奉临时大总统令通电各省都督及各军政府颁布保护人民私有财产的政策。②设立实业部，要求各省迅速成立实业司，宣布实行振兴实业的方针，颁布保护工商业、鼓励发展民族工业的章程制度和措施。③农业上，强调各省慎重农事，维护农民利益。④废除清代的一些苛捐杂税，奖励华侨在国内投资。⑤中央设财政部总管金融事宜，成立中国银行，发行统一货币，同时加强对货币的管理。

2. 政治方面。①建立民主政体，宣布中华民国主权属于国民全体。②实行五族共和的民族政策，宣布人民享有选举、参议等"公权"和居住、言论、出版、集会、信教等"私权"。

3. 军事方面。①整肃军纪。规定任意掳掠、强奸妇女、焚杀良民、擅封民屋财产等行为酌量罚办。②整编军队。陆军部将下属军队统一整编为21个师，并颁布各种条例、章程，建立正规的军事建制。

4. 法律方面。①颁布《中华民国临时约法》，确立了国家根本大法。②废除旧刑旧律。命令各级官厅焚毁刑具，停止刑讯，《大清会典》等清代法律一律废止。

5. 新闻舆论方面。南京临时政府制定并颁行《中华民国暂行报律》等法律法规，对新闻舆论实行国家管控，令各地都督府负责一方的新闻事业。

6. 社会生活方面。①废除陋习。先后颁布革新法令，包括限期剪辫、劝禁缠足、禁止刑讯、严禁鸦片、禁止赌博。②革故鼎新。废除"老爷""大人"等称呼，首提"公仆论"。③采用公历和民国纪年。④通令保护华侨，禁止贩卖华工。⑤严禁买卖人口，禁止蓄奴。

7. 文化教育方面。①改革教育方针。提出新的教育方针，包括军国民教育、实利主义教育、公民道德教育、世界观教育、美感教育五项主义，作为民国的新教育方针。②颁布《普通教育暂行办法》，对于旧的教育制度和教学内容进行了改革：各学堂改为学校，废止小学读经，加强工科等。

总之，南京临时政府存在时间虽然短暂，但还是在各项改革上做出了积极努力。虽然不少政策与措施并未完全付诸实施，成效也不显著，但这些举措都为近代中国民主共和制度的建设积累了必要的经验教训。

参考资料

1. 张海鹏，李细珠：《中国近代通史（第5卷）·新政、立宪与辛亥革命（1901-1912）》，江苏人民出版社，2009年。
2. 王炳庆，陈少牧：《中华民国临时政府历史地位与作用评述》，《党史研究与教学》，1999年第2期。

题目5 简述中华民国时期的"五族共和"思想

相关真题 2022年西南大学

"五族共和"思想源自清末立宪运动的"五族大同"，后发展为孙中山所倡导的大中华思想。南北议和之后，"五族共和"成为民国的官方思想。

（一）"五族共和"思想提出的背景

1. 辛亥革命爆发后，蒙古及西藏地区在列强的煽动下图谋脱离中国版图而独立。蒙古贵族宣布外蒙古独立，西藏政府发布《驱汉令》，中国面临着边疆分裂的危险。

2. 早在辛亥革命的过程中，"五族共和"就已成为南北政府为议和、妥协提出的一个口号。当时南北政府实际被分别看作汉人与满人的政府，而满洲皇帝又是蒙古族、藏族、回族的君主，"五族共和"之说由此而来。因此，"五族共和"的实质是"南北共和"与"南北统一"。

（二）"五族共和"思想提出的过程及内涵

1. 1912年1月1日，孙中山在临时大总统就职宣言中指出：汉、满、蒙、回、藏都是中国的民族，各民族统一于中国，"五族"实际上有中国境内各民族的含义。

2. 1912年3月颁布的《中华民国临时约法》中规定，中华民国的主权属于国民全体，中华民国人民一律平等，无种族、阶级、宗教之区别，这是孙中山第一次正式提出国内各民族一律平等的主张。

3. 随着革命形势的发展，孙中山进一步主张清除民族之间的界限，发扬积极的民族主义，建设一个大的中华民族。孙中山明确提出了反对帝国主义的方针，在1924年国民党一大上确立了"联俄、联共、扶助农工"的三大政策，将民族主义发展到最高峰。

（三）"五族共和"思想的意义和局限性

1. "五族共和"思想在实践基础上不断地修正和完善了民族主义的内涵，为加速各民族统一共和打下了坚实的理论基础，成为各民族平等的前提。

2. 团结了革命的力量，避免了有可能出现的大规模混乱和分裂。"五族共和"思想明确革命的对象是那些占据统治地位、阻碍革命、阻碍国家和民族发展、出卖国家主权的满洲贵族，并非把所有的满族人杀尽。这一思想有利于团结包括满族人民在内的各族人民。

3. "五族共和"思想推动了多民族国家民族制度的发展和完善。孙中山提出的"五族共和"是多民族国家在民族制度建设上的重要探索和尝试,为各民族和平共处和国家统一提供了可行方案,也为今天我国的民族政策提供了借鉴。

4. 受到当时历史条件的局限和个人主观上的影响,"五族共和"思想具有局限性。如对人口较少的民族未能显示出真正的平等,以及特殊的国情使得"五族共和"主张没能很好地得到实施,等等。

综上,尽管"五族共和"思想具有历史的局限性,但不可否认的是这一思想为祖国统一和民族团结奠定了基础,为中华民族的解放和复兴创造了条件。

参考资料

1. 朱更勇:《孙中山"五族共和"思想的提出和意义》,《佛山科学技术学院学报(社会科学版)》,2011年第9期。

第六章 民初政局

第一节 民初政党与议会

题目1 谈谈《中华民国约法》及护法运动

相关真题 2023年中南财经政法大学；2013年河北师范大学；2006年武汉大学

《中华民国约法》是袁世凯担任临时大总统时期制定的取代《中华民国临时约法》(以下简称《临时约法》)的法律，实际上建立了袁世凯的独裁统治，遭到各方政治势力反对，孙中山由此掀起护法运动。

（一）《中华民国约法》概述

1. 制定和出台。袁世凯就任临时大总统后，由于国会起草的《中华民国宪法草案》仍采用责任内阁制，袁世凯认为对总统和国务院束缚过大，不能实现其独裁野心，便下令解散国会，决定由其亲信组成的"中央政治会议"代替国会行使立法权，制定新约法，并于1914年5月1日颁布《中华民国约法》。

2. 主要内容。《中华民国约法》抹去了《临时约法》中最为核心的民主精神，成为专制独裁的工具。《中华民国约法》规定：改责任内阁制为总统制，撤销国务院，在总统府内设政事堂处理日常事务。之后，袁世凯又设立了参政院，重新修改选举法，总统可连选连任，任期十年，总统继承人由总统推荐。

（二）护法运动

1. 原因。1916年袁世凯去世后，段祺瑞掌握中央权力，拒绝恢复《临时约法》和国会，引发革命党人的不满，孙中山等革命党人为恢复《临时约法》和国会继续革命。

2. 过程。①1917年7月，孙中山举起"拥护约法、恢复国会"的大旗，在广州召开"非常国会"并组建广州军政府，揭开了护法运动的序幕。②出于保护自身势力的需求，滇系军阀唐继尧、桂系军阀陆荣廷等西南地方实力派支持孙中山的护法运动，但并未与北洋政府完全决裂。③护法运动的支持者北洋政府海军总长率海军部分舰只南抵广州，并其部下海军第一舰队司令林葆怿通电全国，发表海军护法宣言。④津、沪等地的国会议员也相继南下，并于8月召开"国会非常会议"，孙中山当选中华民国军政府大元帅，唐继尧、陆荣廷为元帅。⑤1917年10月，孙中山领导粤军、滇军等抗击段祺瑞的军事进攻，南北双方的主要战场在湖南一带，护法军队取得一系列胜利，在军事上占据优势。⑥1917年11月，段祺瑞迫于压力辞职，南北军阀着手停战议和。

3. 结局。1918年5月，滇系、桂系军阀欲同北洋政府讲和，拉拢"非常国会"议员一同排挤孙中山。"非常国会"提出改组南方军政府，改大元帅制为总裁合议制，孙中山被排挤出权力中心，直接导致孙中山辞职，护法运动随之停止。护法运动并未达成恢复民主的目的，国家仍处于军阀控制之下。

4. 失败原因。①唐继尧、陆荣廷等军阀的真实意图是以参加护法运动为名，与段祺瑞抗衡，维持自己的实力和地盘，并伺机扩充。②海军虽然参加护法运动，但他们的主要目的是拥黎反段和解决军饷，并不完全服从孙中山的领导。③军政府成立后，帝国主义支持段祺瑞，反对护法运动。日本政府向北洋政府提供巨额的"西原借款"，资助段祺瑞的"武力统一"。④"非常国会"的议员之中有许多人只图个人名位，并不真正赞成和拥护孙中山的护法主张，在西南军阀的笼络下，逐渐成为西南军阀反对孙中山的帮手。以孙中山为首的护法阵营遭遇多番掣肘，很难开展活动。

综上，段祺瑞上台后依然实行独裁。而护法运动的失败使孙中山意识到依靠军阀是难以取得革命胜利的，此后他投身国民党组织架构改组，在探索革命道路上继续前行。

参考资料

1. 李侃等：《中国近代史》（第四版），中华书局，2017年。
2. 袁兵喜：《军权立宪：〈中华民国约法〉的历史反思》，《武汉大学学报（哲学社会科学版）》，2010年第2期。
3. 戴鞍钢：《孙中山与护法运动》，《团结报》，2017年第1期。

第二节 二次革命、护国战争

题目1 谈谈宋教仁被刺杀一案及其引发的"二次革命"

相关真题 2013年湖南师范大学

二次革命是由孙中山等资产阶级革命派领导的旨在反对袁世凯独裁专制的武装斗争，是辛亥革命的继续，其导火线正是宋教仁被刺一案。

（一）宋教仁案

《中华民国临时约法》规定实行内阁制，限制总统权力，由国会选举中得票最多的政党组阁。宋教仁以孙中山的名义将同盟会和其他几个团体整合为国民党，并且在国会选举中获胜，引起袁世凯的忌惮。1913年3月，宋教仁北上组阁，在途经上海火车站时遭遇暗杀，不幸离世。经查，本案与袁世凯有关。该案使国民党与袁世凯彻底决裂，党内在反对袁世凯、维护共和制这一目标上达成了共识，但在采取武力倒袁还是依靠法律审判袁世凯上仍有分歧。

（二）二次革命

1. 孙中山备战不力。宋教仁案发生后，孙中山重新走上积极反袁的道路。但此时国民党内部组织涣散，孙中山的正确主张难以得到贯彻，经过三个月的发动和组织，孙中山仍然没能把国民党的力量真正集中起来。

2. 袁世凯积极备战。1913年，袁世凯向五国银行团借款2500万英镑充当军费。同时又破坏国会，收买共和、民主、统一三大党，排挤国民党势力。军事部署方面，袁世凯罢免了李烈钧、胡汉民等国民党都督，并向湖北一带调兵。

3. 二次革命爆发。1913年7月，李烈钧成立讨袁军司令部，宣布江西独立，奉孙中山的命令匆忙组织讨袁军，发布讨袁檄文，二次革命正式爆发，此后江苏、安徽、湖北等七省纷纷响应。因双方实力差距过大，北洋军阀的势力扩张到了整个长江流域，同年8月南昌陷落，9月北洋军占领南京，二次革命彻底失败。孙中山、黄兴、李烈钧等被北洋政府通缉，逃往国外。

（三）影响

1. 南方的革命成果遭到重大损失。战败使得资产阶级革命派原有各省地盘丢失，北洋军阀势力扩张到整个长江流域，革命力量遭到严重打击，领导人的离去也使革命力量更加涣散。

2. 国会被迫解散，民主共和体制的尝试彻底失败，袁世凯开始着手建立个人专制统治。在镇压国民党的武力反抗后，袁世凯强行解散国民党，剥夺其国会席位，国会因人数不足无法开会议事。此外，袁世凯还下令解散各地级议会，宣布以政治会议取代国会。

综上，在当时的历史环境下，袁世凯与革命派的矛盾爆发具有必然性，而宋教仁案正是爆发的契机。二次革命的失败也证明，仅仅依靠国会力量难以彻底推翻北洋军阀，群众的武力斗争是必不可少的。

参考资料

1. 尚小明：《洪述祖——"刺宋案"唯一主谋》，《史学集刊》，2016年第1期。
2. 章开沅，朱英：《中国近现代史》，河南大学出版社，2009年。

题目2 简述护国战争的起因、经过及影响

相关真题 2023年江苏师范大学；2021年东南大学；2015年云南大学；2014年河北师范大学

护国战争是指1915—1916年由中国民族资产阶级领导的旨在反对袁世凯倒行逆施、维护共和民主制度的政治运动，在近代革命历史中有着重要意义。

（一）起因

1. 根本原因在于民主共和与独裁专制间的矛盾不可调和。辛亥革命后，民主共和观念已经深入人心，任何企图复辟帝制的活动都会受到抵制。

2. 袁世凯掌权后一度破坏辛亥革命的成果，解散国会、修改宪法，以出卖国人利益为代价向列强借款。1915年12月，袁世凯取消共和制，正式称帝，激起全国上下的讨伐。

3. 以孙中山为首的革命党人和以蔡锷为首的地方实力派及以梁启超为首的进步党人达成反袁共识。革命党是袁世凯称帝时反袁的中坚力量，鉴于自身力量的薄弱，决定与其他反袁力量联合；以梁启超为首的进步党看到了袁世凯复辟帝制不得人心，决心转向反袁，争取这场讨袁斗争的领导权；筹安会成立后，梁启超便与其学生蔡锷密商反袁，决定分头并进，文字鼓吹与武力讨袁双管齐下。

（二）经过

1. 各地宣告独立，讨袁战争爆发。①1915年12月，蔡锷在云南宣布独立，组织护国军，举起了反袁护国的大旗，护国战争正式爆发。随后云南护国军兵分三路发起进攻。②1916年1月26日，护国军入贵阳，次日贵州宣布独立。同时，蔡锷率部入川，夺取泸州、叙府等地。革命党李烈钧部也在广西得手，并开始向粤、赣挺进。③护国战争推动了全国讨袁形势的迅猛发展，广西、广东、浙江、陕西、四川、湖南相继独立。④同年5月初，滇、黔、粤、桂四省在广东肇庆组建军务院作为西南"临时政府"，指挥全国军事，与洪宪政权对峙。⑤此外，中华革命党还在福建、山东、安徽、奉天等未独立各省，不断策动武装起义，袁氏陷于四面楚歌。

2. 北洋军阀内部矛盾激化。袁世凯的亲信段祺瑞、冯国璋等对于袁世凯的复辟心存不满，冯国璋选择在江苏拥兵观望，而段祺瑞、徐世昌等借故辞职。北洋军阀中多数军政要员对战争都选择袖手旁观，使得袁世凯在军事上一度被孤立。

3. 列强对于袁世凯的态度发生转变。英、俄等国一再发出警告，担心袁世凯的称帝行为会损害列强在华商业利益，日本政府在袁世凯陷入孤立后更是表示不能承认袁氏帝制。

4. 袁世凯失败。袁世凯被迫于1916年3月22日宣布取消帝制，废除"洪宪"年号。同年6月6日，袁世凯在全国人民的唾骂声中死去。

（三）影响

1. 帝制被推翻，在形式上恢复了资产阶级共和制。护国战争以袁世凯的失败而告终。不久袁世凯离世，黎元洪当选大总统，宣布恢复《中华民国临时约法》和第一届国会，并任命段祺瑞为总理。

2. 使民主共和观念进一步深入人心。护国战争是一场具有资产阶级民主主义性质的运动，讨袁各派均以恢复民国、拥护民主共和制度号召人心，促进了民主共和思潮的传播。

3. 护国运动的胜利没有改变中国的窘境。袁世凯离世后，北洋军阀掌握中央权力，各地军阀割据的状况也没有改变，中国仍处于四分五裂之态，人民依旧陷于水深火热之中。

总之，护国战争虽然推翻了"洪宪"帝制，但胜利果实最终又归于军阀段祺瑞，国家政权并没有发生根本性的转移，中国的半殖民地半封建社会性质仍然没有改变。

参考资料

1. 李侃等：《中国近代史》（第四版），中华书局，2017年。
2. 章开沅，朱英：《中国近现代史》，河南大学出版社，2009年。

第三节　南北对峙与军阀混战

题目1　简述"府院之争"的内容和影响

相关真题　2018年中国社会科学院大学

"府院之争"指的是北洋政府时期总统府与国务院之间的政治斗争。"府"指的是总统府，主要是以黎元洪为代表的统治集团，多为亲英美派；而"院"指的是国务院，主要是以段祺瑞为首的统治集团，多为亲日派。两者之间进行了一系列明争暗斗，加剧了北洋政局的动荡。

（一）"府院之争"的内容

1. "府院之争"最先起于府院权限的问题。护国运动后，南方国民党与帝国主义要求黎元洪出任大总统，段祺瑞被迫同意。为了掌握行政大权，段祺瑞强调责任内阁制，限制总统过问地方政府与国会事务，但是黎元洪不甘心做傀儡，颇关心政事，与段祺瑞矛盾加剧。

2. 段黎关系因徐树铮而趋向恶化。徐树铮长期跟随段祺瑞，段祺瑞担任国务总理后，任命徐树铮为国务院秘书长，徐树铮专断的态度引起黎元洪的不满，加深了双方矛盾。

3. 对德宣战问题使得"府院之争"趋向激烈。一战期间，由日本支持的段祺瑞主张对德宣战，由英美支持的黎元洪反对对德宣战。1917年4月，段祺瑞迫使黎元洪在对德参战提案上盖印，后段祺瑞又企图强迫国会通过参战案，未遂。黎元洪在国会支持下，下令将段祺瑞免职。6月，段祺瑞赴天津设立各省总参谋处与黎元洪对抗，致使北洋政府全面瘫痪。

4. 复辟丑局。1917年6月，段祺瑞去职后，安徽督军张勋奉黎元洪之请进京"调停"。张勋带3000名辫子军进京后，解散国会，赶走黎元洪，拥清宣统帝溥仪复辟。后段祺瑞赶走张勋，以"再造共和"的功劳回到政治舞台，黎元洪引咎辞职，副总统冯国璋代行其职，段祺瑞顺利通过对德参战案，"府院之争"也到此结束。

（二）影响

1. 段祺瑞一方取得"府院之争"的胜利，中国正式对德宣战，加入协约国阵营，这为中国成为一战战胜国铺平了道路。

2. 就中央与地方关系而言，张勋复辟导致了南方各省独立，孙中山等人在广州成立"非常国会"，建立军政府，南北再度陷入分裂状态。

3. 造成了中央政局的动荡，使得当时的政策难以有效落实，对于国家整体建构是不利的。尤其是张勋复辟威胁到共和制的根本，差点葬送了民主革命的成果。

综上所述，"府院之争"不仅是黎元洪与段祺瑞之间的争斗，从本质上来说也反映了美日对华争夺的矛盾、地方实力派与中央之间的矛盾，对当时中国的政局和国际地位产生了重大影响。

参考资料

1. 章开沅，朱英：《中国近现代史》，河南大学出版社，2009年。
2. 潘荣：《黎段府院之争初探》，《南开史学》，1986年第1期。
3. 蔡晨：《府院之争与北京政局》，《北京档案》，2017年第4期。
4. 王桧林：《中国现代史》，北京师范大学出版社，2016年。
5. 李新，李宗一：《中华民国史·第3卷（1916-1920）》，中华书局，2011年。

题目2　试述北洋军阀的主要派系及其混战带来的影响

相关真题　2022年南开大学；2022年中国社会科学院大学；2020年华中师范大学；2020年中国政法大学；2020年南开大学；2018年湘潭大学；2018年山西师范大学；2014年中国人民大学；2003年北京大学

北洋军阀指的是由袁世凯创立并主导的按近代军事制度组建起来的军事集团，代表人物除袁世凯外还有段祺瑞、冯国璋、吴佩孚等。北洋军阀起源于甲午中日战争后的小站练兵，在民国建立之初发展鼎盛，而随着袁世凯的逝世，北洋军阀内部发生分化。

（一）主要派系

1. 皖系。皖系军阀以安徽人段祺瑞为首，在袁世凯离世之初，段祺瑞出任国务总理和陆军总长，其势力一度壮大。他掌握中央实权，控制着安徽、浙江、陕西、山东、福建等省，背后更是有日本帝国主义撑腰。

2. 直系。直系军阀主要是以直隶籍首领冯国璋、吴佩孚、曹锟为首的军事集团。其与英美列强交往甚密，控制着直隶、江苏、江西等省。

3. 奉系。奉系军阀以张作霖为首，主要控制东北三省，在第二次直奉战争后奉系一度控制了北洋政权及附近直隶、察哈尔、绥远、山东等地。

(二)主要斗争

1. "府院之争"。1917年，中国是否参加一战这一问题，激化了总统府与国务院之间的矛盾。段祺瑞在日本支持下要求中国参战并借机扩大皖系势力，直系在英美怂恿下反对参战。段祺瑞被免职，但由于张勋复辟，段祺瑞"再造共和"后又重回权力中心。

2. 直皖战争。1920年，以段祺瑞为首的皖系与以吴佩孚为首的直系为争夺北京政权而爆发混战，不久奉系也加入战争。结果皖系战败，段祺瑞被迫辞职，北京政权被直奉两系军阀控制。

3. 第一次直奉战争。夺取北京政权后，直奉两系激烈争夺地盘和国会席位。由于分赃不均，1922年爆发了第一次直奉战争。奉军在战争中失败，直系掌握了北京政权。

4. 第二次直奉战争。第一次直奉战争后，张作霖不甘失败，与日本帝国主义勾结，重整旗鼓，在1924年发动了第二次直奉战争。与奉系勾结的直系军阀冯玉祥，趁直军在山海关作战的时机，倒戈回师，发动北京政变。北京政府被迫下令停战并解除吴佩孚的职务，冯军监禁了总统曹锟。其后奉军大败吴军，吴军主力基本被消灭，奉军实际上控制了北京政权并将其势力发展到了顶点。

(三)影响

1. 军阀间的混战给中国人民带来了极大的伤害。庞大的军费开支加重了人民的经济负担。人口损失和物价疯涨使整个社会陷入混乱状态，稍有发展的民族工业又陷入停滞状态。

2. 战争给帝国主义干涉提供了契机。各国列强借贷款之名干涉中国内政，侵占中国主权，对中国大小事务横加干预，使得本就复杂的政局更为变幻莫测。

3. 为后来国民革命战争的胜利埋下了伏笔。北洋军阀内部的斗争在消耗其自身实力的同时，也被民众所厌弃，而南方的国民党在积极改革后呈现欣欣向荣之态。1924年国共合作，发起了国民大革命运动。

综上，袁世凯死后，北洋军阀分裂成几大派系，各派系之间为了利益各自为战，中国历史进入北洋军阀的混战时期，给社会发展带来了极大的破坏。

参考资料

1. 李侃等：《中国近代史》（第四版），中华书局，2017年。
2. 章开沅，朱英：《中国近现代史》，河南大学出版社，2009年。

第七章 五四运动与国民革命

第一节 民初经济与社会的发展

题目1 试述一战期间中国民族资本主义的发展状况,并分析其原因和历史特点

相关真题 2017年内蒙古大学;2016年南京大学;2004年武汉大学;2001年武汉大学;2001年苏州大学;2000年苏州大学

第一次世界大战期间,中国的民族资本主义得到了进一步发展,迎来了发展的"黄金时代"。

(一)发展状况

1. 轻工业发展迅速,其中纺织业和面粉业发展最快,针织、印刷等行业也有所进展。①纺织工业。在1913年前全国共231家工厂,到1920年已增长到475家,数量以及资本都翻了一倍。②面粉业。1912年,民族资本开设的厂才47家,一战期间,民族资本开设的厂数迅速增长,达到105家,其中以被誉为"面粉大王"的荣氏兄弟最具代表性。此外,面粉的出口量快速增长。

2. 重工业有所发展。①钢铁冶炼业。1914年开始兴建大冶铁厂等六个钢铁厂,此后上海、北京、宣化各地相继成立钢铁公司、铁厂。②采煤业。全国华商机器采煤量由1912年的80万吨增加到1919年的330万吨,使用动力机械的工厂数量也大幅增加。

3. 金融业稳步发展。以新式银行为例,1913年,全国共有银行15家,1919年有57家,增加了42家。

4. 随着资本主义的发展,资本集中加快,拥有巨额资本的大企业数量有所增长。1912年拥有百万资本的大企业约有25个,1919年增长到43家,而且出现了资本1200万元以上的大型企业。

5. 工厂的生产方式发生变革。一批手工业作坊向近代化机器工业转化,如上海纺织业,辛亥革命之前多用手工生产绸缎,1916年后,大多数厂都装置了电力织机。

6. 出现了一批有代表性的资本家。如江苏无锡的荣宗敬、荣德生兄弟在上海创办了申新纱厂和福新面粉厂,被称为"面粉大王";广东佛山人侨商简照南、简玉阶兄弟,清末在香港创办了南洋兄弟烟草公司;上海人穆藕初先后在上海、郑州创办了德大、厚生、豫丰等纱厂。

(二)原因

1. 内因。①南京临时政府制定发展民族资本主义工商业的总政策。设立实业部,管理农、工、商等各业,并颁布了一系列保护工商业的法令规章,鼓励人们兴办实业。②中国国内反帝爱国运动的推动。尤其是1915年反对日本灭亡中国的"二十一条"所掀起的大规模抵制日货运动,有力地推动了民族资本主义的发展。③民族资本家实业救国思潮的影响。在面临列强侵略的情况下,民族资产阶级主张实业救国,使得民国初期出现了众多的民族企业,推动了资本主义的发展。

2. 外因。帝国主义列强忙于战争而无暇东顾,英、法、德等交战国对中国的资本输出大量减少,对中国的粮食、布匹等商品需求大量增加,刺激了中国民族企业的生产,给中国民族资本主义带来了进一步发展的空间和机会。

(三)历史特点

1. 轻重工业比例不协调。民族资本主义企业中,纺织业、面粉业等轻工业发展迅速,钢铁、采矿等重工业在整个国民经济中所占的比重很小。

2. 带有半殖民地化色彩。中国的民族资本主义未曾摆脱列强的控制和压迫,如面粉业快速发展的很大一部分原因是列强进行战争需要粮食,钢铁等重工业仍然被列强把控。

3. 分布不平衡。中国民族资本主义企业主要分在沿海大城市,因为这些城市是外国资本入侵较早的地区,封建自然经济最早解体。此外,通商口岸便于出口和运输,易于取得外国原料和技术设备。

综上所述,民族资本主义受到各种内外因素的影响,一战期间发展迅速,出现了"短暂的春天"。但是民族资

本主义由于自身的软弱性、发展的短暂性与发展空间小等特点，注定其日后命运坎坷。

> 参考资料

1. 范小方：《一战期间中国民族资本主义的发展》，《中南财经大学学报》，1991年第4期。

题目2 简述第一次世界大战对中国的影响

相关真题 2007年历史学统考；2024年南开大学；2020年苏州科技大学；2017年河北师范大学；2006年中国人民大学

19世纪末20世纪初，资本主义国家向帝国主义过渡时产生了不可调和的矛盾。1914年，各帝国主义国家为重新瓜分世界发动了第一次世界大战，对中国产生了深远的影响。

（一）政治方面

1. 中国政府在是否对德参战的问题上引发了"府院之争"。1917年围绕中国参加第一次世界大战的问题，北洋政府内部发生争斗，加剧了当时国内的政治动荡。

2. 战后引发了五四运动。在巴黎和会上，中国提出收回山东主权、废除"二十一条"等合理要求，但遭到拒绝，德国在山东的全部权益被列强出卖给日本。巴黎和会上中国外交失败，引发了国内的五四爱国运动。这场规模庞大、影响深远的政治思想文化运动，深刻影响着中国近代的政治、社会、文化、思想等方面。

3. 国际地位的变化。中国加入协约国一方，为一战的胜利做出了不可磨灭的贡献。虽然中国在1919年的巴黎和会上取消不平等条约的尝试失败，但中国在国际舞台上的地位还是有所提升的。

（二）经济方面

一战期间，中国民族资本主义获得迅速发展，民族工业迎来了"短暂的春天"。一战期间欧洲列强全力投入战争，暂时放松了对中国的经济侵略。欧洲列强对中国的资本输出大量减少，商品需求却有所增加，这在一定程度上促进了中国民族资本主义的发展。

（三）思想文化方面

1. 唤醒了醉心学习西方文明制度的中国知识分子。巴黎和会分赃过后，西方文明完美、正义的形象破灭，陈独秀、李大钊等中国知识分子开始反思一战，并对资本主义制度大失所望，转而探索资本主义制度之外的救国道路。

2. 一战期间，俄国爆发十月革命，建立了无产阶级政权，为中国送来了马克思主义。共产主义思想开始在中国广泛传播，为中国革命指明了道路。

综上所述，第一次世界大战在政治、经济、文化思想等方面都对中国近代历史的发展产生了深远的影响。

> 参考资料

1. 陈国清：《简论第一次世界大战对中国社会发展进程的若干影响》，《武汉大学学报（人文社会科学版）》，2004年第1期。

题目3 简述一战后帝国主义对中国的侵略状况

相关真题 2014年苏州大学

一战后，国际形势发生变化，但帝国主义对中国的侵略并没有因为战争的结束而减弱，反而在某些方面有所加剧。

（一）列强在华竞争形势的变化

英法两国实力大减，德奥战败，俄国发生十月革命，美国成为世界强国，日本实力大增。因此，在对中国的侵略中，美日两国互相成为主要对手。

（二）主要列强的侵华政策和方式

1. 土地和权益的侵占。

①日本在中国的扩张。最显著的是1915年日本提出的"二十一条"要求，试图将中国变成其保护国。虽然最

终未能完全实现其所有要求，但日本通过这种方式加强了对中国的经济和政治控制，尤其是在东北地区。

②扩大租界和势力范围：一战结束后，西方列强仍然保持在中国的租界，并试图通过不平等条约进一步扩大其在华利益。例如1918年5月，段祺瑞政府与日本签订协议，使得日军可以以共同防敌的名义，将军队开进中国东北和内蒙古地区，并可以指挥有关的中国军队。

2. 不平等条约的签订。

尽管中国参与了一战并成为战胜国，但在1919年的巴黎和会上，中国的要求基本上被忽视。最终的《凡尔赛条约》将德国在华的权益转让给了日本，而非归还给中国，这一决定直接导致了五四运动的爆发。

3. 经济侵略。

①外国投资和控制增加。战后，列强在中国的投资和经济活动加剧，特别是在铁路、矿产和其他基础设施建设方面。例如1918年9月，段祺瑞被迫将吉长、四郑、高徐等铁路权益卖给日本，最后这些铁路都置于日本南满洲铁道株式会社的控制下。

②侵占中国市场。外国商品充斥中国市场，破坏了本土产业的发展。特别是日本，其在中国的经济扩张尤为显著，严重损害了中国经济的自主性。

4. 军事和政治干预。

①列强的军事打击。一战后，列强在中国的军事破坏并未减少，他们经常以保护侨民安全为由，干预中国内政。

②支持军阀割据。为了维护各自的利益，英美支持直系军阀，日本支持皖系和奉系军阀，列强操控军阀进行混战和扩大权益，导致中国国内局势更加分裂和动荡。

总之，一战后，帝国主义对中国的侵略在政治、经济、军事等多个方面得到了体现。这种侵略加剧了中国的国内危机，促进了中国民众的觉醒，为中国后来的革命胜利奠定了基础。

> **参考资料**

1. 李侃等：《中国近代史》（第四版），中华书局，2017年。
2. 郑师渠：《中国近代史》，北京师范大学出版社，2007年。
3. 章开沅，朱英：《中国近现代史》，河南大学出版社，2009年。

第二节 新文化运动

题目1 论述新文化运动的背景、主要内容及意义

相关真题 2024年湖南师范大学；2024年兰州大学；2023年北京联合大学；2023年海南师范大学；2023年渤海大学；2022年东南大学；2020年南开大学；2020年中国社会科学院大学；2020年北京师范大学；2018年首都师范大学；2018年河北师范大学；2017年聊城大学；2017年兰州大学；2017年华中师范大学；2016年北京师范大学；2014年南开大学

新文化运动是一场反封建、倡导民主与科学的思想启蒙运动。以五四运动为界限分为前后两个阶段，前一阶段主要是宣传资产阶级民主思想和科学精神，后期转向宣传马克思主义。

（一）背景

1. 政治方面。袁世凯执掌民国政权后，为复辟帝制，公开抵制民主共和，鼓吹君主复辟。
2. 经济方面。①帝国主义忙于一战，民族资本主义发展迎来"黄金时代"，为新文化运动打下了经济基础。②实力不断增长的民族资产阶级在政治上要求中国的进步和改革，在经济上迫切要求摆脱旧生产力的束缚。
3. 社会方面。袁世凯复辟后，"孔教会""经学会"等尊孔社团纷纷出现，社会上形成了一股尊孔复古的逆流。
4. 思想文化方面。辛亥革命的失败，让一部分资产阶级激进民主主义知识分子认识到要防止君主复辟，就必须要唤起人民的民主主义觉悟。

（二）主要内容

1. 民主与科学是新文化运动宣传的主要内容。新文化运动的基本口号是"德先生"和"赛先生"，即宣传民主思想，反对封建专制；宣传科学思想，反对迷信、愚昧、盲从。

2. 进行文学革命，即提倡白话文，反对文言文；提倡新文学，反对旧文学。①1917年，胡适在《新青年》上发表《文学改良刍议》，提出要对旧文学进行改革，推广白话文的使用。②陈独秀发表《文学革命论》，正式提出"文学革命"的口号，白话文运动就此兴起。③文学革命不仅要对语言形式进行改革，也要对文学的内容进行革新，以鲁迅《狂人日记》为代表的一系列白话文小说涌现了出来。

3. 进行道德革命，批孔、斗孔。以"打倒孔家店"为口号，号召人们推翻以孔子和儒家文化为核心的封建旧礼教、旧道德，开展道德革命，提倡解放个性、实现平等。

4. 宣传马克思主义。十月革命的胜利鼓舞了中国进步青年，他们开始学习、研究、宣传马克思主义，使新文化运动在第二阶段转变为宣传马克思主义的运动。

（三）意义

1. 新文化运动高举民主和科学的大旗，沉重打击了封建主义，破除了封建教条对人民思想的束缚，启发了人民的民主主义觉悟，推动了现代科学在中国的发展。

2. 激励先进知识分子进一步觉醒，探索救国道路、追求社会公正与进步，是新时代到来的前奏。

3. 新文化运动期间实用主义、无政府主义等思想蓬勃发展，正是在这样活跃的思想氛围中，马克思主义在中国得到广泛传播，为日后中国共产党的成立奠定了思想基础。

综上，新文化运动以一种批判的态度对传统文化进行反思，打开了国人的文化视野，在对科学、宗教、政治、艺术、文学等多方面的讨论中，中国先进知识分子不断探索与思考，也为马克思主义的传播和五四运动的爆发奠定了基础。

参考资料

1. 李侃等：《中国近代史》（第四版），中华书局，2017年。
2. 郑师渠：《中国近代史》，北京师范大学出版社，2007年。
3. 章开沅，朱英：《中国近现代史》，河南大学出版社，2009年。

第三节 五四运动

题目1 论述五四运动的起因、经过和影响

相关真题 2024年湖北大学；2024年赣南师范大学；2024年西南大学；2024年长春师范大学；2024年内蒙古师范大学；2023年内蒙古师范大学；2023年湖南师范大学；2023年东南大学；2023年暨南大学；2022年中南财经政法大学；2022年江汉大学；2020年长江大学；2018年天津师范大学；2017年天津师范大学；2017年陕西师范大学；2017年湖南师范大学；2013年湖南师范大学

巴黎和会上中国外交的失败引发了五四爱国运动。五四运动是20世纪初期中国历史上一件具有划时代意义的重大事件，是中国新民主主义革命的开端。

（一）起因

1. 第一次世界大战之后，中国民族资本主义进一步发展，中国资产阶级得到成长和壮大，为五四爱国运动提供了经济动因和阶级基础。

2. 1915年开始的新文化运动批判封建礼教和专制思想，宣扬民主和科学，促进了整个社会的思想启蒙和思想解放，为五四运动和民族民主革命的深入开展奠定了思想基础。

3. 帝国主义尤其是日本对中国的侵略和北洋军阀政府对外卖国、对内镇压的统治政策，激化了中国社会的民族矛盾和阶级矛盾，这是五四运动爆发的根本原因。

4. 甲午中日战争以来，民族主义和反帝爱国的民族运动不断高涨，追求民族独立、实现国家现代化的愿望和努力为五四运动提供了感情和思想动力。

5. 俄国十月革命和马克思主义思想传播的影响，使得中国人民进一步增强了争取民族解放和民主自由的意识，也使得不少知识分子懂得了发动群众性革命斗争的重要性。

6. 留洋学生接受了西方众多新思潮，回国后在中国宣传新思想，提出各种针对中国社会改革的主张，直接担负起推动改革的领导责任。

7. 朝鲜"三一"运动为中国人民树立了开展现代反帝群众政治运动的楷模，在斗争精神、斗争方式等方面深刻而全面地影响、促发、推进了五四运动。

(二) 经过

1. 导火线。1919 年召开的巴黎和会不仅拒绝中国提出的取消外国在华一切特权、废除"二十一条"等合理要求，还将德国在中国山东的一切权益转让给日本。消息传回国内，引起国内民众极大不满，五四运动由此爆发。

2. 第一阶段：1919 年 5 月 4 日—6 月 3 日，以北京为中心，以学生为主体。5 月 4 日，北京十几所高校学生举行游行示威，打出了"取消二十一条""外争国权，内除国贼"等旗号，要求北洋政府惩办亲日派官员曹汝霖、章宗祥、陆宗舆，并拒绝在对德合约上签字。但由于学生火烧赵家楼并痛殴章宗祥等人，北洋政府据此逮捕涉事学生。5 日，北京多所学校举行罢课，要求释放被捕学生，被军警镇压。此后，上海、武汉、广州等多地学生罢课以支援北京。

3. 第二阶段：6 月 5 日以后，运动中心转移到上海，以工人阶级为主力。上海工人为支持学生举行罢工。不久商人罢市，"三罢"运动随即席卷全国。

4. 结果。北洋政府迫于压力免去了章宗祥三人的职务并要求代表团拒绝在《凡尔赛和约》上签字。

(三) 影响

1. 使得工人阶级登上历史舞台。工人阶级在罢工行动中得到了成长，锻炼了自身行动力，提高了思想觉悟，为后来中国共产党的成立奠定了阶级、组织基础。

2. 揭开了新民主主义革命的序幕。从此以后，中国的革命目标是无产阶级牢牢掌握革命领导权，彻底完成反帝反封建的任务。

3. 推动了马克思主义在中国的广泛传播。巴黎和会上的外交失败使中国人看清了帝国主义的本质，而俄国十月革命的成功给了国人新希望，五四运动后，新文化运动重点转向宣传马克思主义。

综上所述，五四运动既是一场不妥协的反帝反封建的爱国运动，也是一场思想解放运动和文化运动，推动了中国革命进程。

参考资料

1. 章开沅，朱英：《中国近现代史》，河南大学出版社，2009 年。

题目 2　论述五四运动后马克思主义的在华传播

相关真题　2023 年中国社会科学院大学；2023 年内蒙古大学；2018 年南开大学；2018 年湖南师范大学；2018 年南京师范大学；2016 年苏州大学；2015 年中国社会科学院大学；2001 年华中师范大学

五四运动后，先进的知识分子采取不同的方式宣传马克思主义，促进了马克思主义在中国的广泛传播，为中国共产党的诞生奠定了思想基础。

(一) 背景

1. 部分先进的知识分子抛弃了对帝国主义的幻想，走上了彻底反对帝国主义的道路，很自然地把中国命运同社会主义联系起来，探寻新的救国道路，迫切需要马克思主义的启蒙教育。

2. 1919 年，苏俄发表了第一次对华宣言，宣布无条件将沙皇政府在中国掠夺的一切权利放弃，支持中国人民争取自由的斗争，赢得国人的好感，这对马克思列宁主义在中国传播起了直接推动作用。

3. 五四运动中大规模的工人运动使共产国际看到了中国工人阶级的潜力，为此专门派人来华了解中国革命运动的实际情况，宣传马克思主义和帮助建立中国共产党，希望在帝国主义统治的薄弱环节找到突破点，夺取世界革命的胜利。

4. 第一次世界大战爆发，使中国人民认识到西方资本主义制度的弊端，巴黎和会上中国外交的失败使中国人民认清帝国主义压迫中国人民的本性。在中国人民彷徨苦闷的时候，俄国无产阶级革命的胜利使中国人民看到了前进的希望，经过反复比较，中国人民逐步认识到只有马克思主义才能救中国。

（二）途径

1. 报刊宣传。①《新青年》杂志在五四运动后逐渐转变为宣传马克思主义的主要阵地，出版了马克思主义专号，大力宣传马克思主义。②国内涌现了一批热情宣传马克思主义的报刊，如《每周评论》《星期评论》《少年中国》《湘江评论》等，他们以专文、专栏的形式宣传马克思主义。

2. 翻译著作。1920年，陈望道翻译的第一版中文《共产党宣言》出版，随后马克思主义者的相关论著被翻译成中文，如《资本论》《雇佣劳动与资本》《科学的社会主义与唯物史观》等。这些书籍成为国内知识分子研究、学习马克思主义的有效渠道。

3. 出现了一批马克思主义研究者。在报刊、书籍等渠道宣传下，马克思主义逐渐为人知晓，一批受到马克思主义启迪的先进知识青年开始自发宣传、研究马克思主义，代表人物有李大钊、陈独秀、毛泽东等。这批人中的一部分在后来逐步成长为中国共产党的支柱。

4. 马克思主义团体成立。一大批马克思主义研究者的出现，促进了马克思主义社团成立，这些社团以马克思主义为指导，在学习、研究、宣传过程中不断加深对马克思主义的认识。主要代表有北京的马克思学说研究会、上海的马克思主义研究会、天津的觉悟社等。

5. 知识分子之间的论战进一步促进了马克思主义传播。五四时期发生的知识分子之间的论争，如"问题与主义之争""社会主义问题的论争""无政府主义的论争"等，回答了中国需要不需要马克思主义、需要不需要革命的论争，以及社会主义是否适合中国国情等问题。论战的胜利使马克思主义更加深入人心。

综上，马克思主义在华传播过程主要是以报刊、著作为依托，在坚定的马克思主义者的带领下，以团体形式学习和宣传马克思主义思想。正是在这样的氛围里，国人对于马克思主义的理解不断加深，逐渐形成了带有中国特色的马克思主义理论体系。

参考资料

1. 章开沅，朱英：《中国近现代史》，河南大学出版社，2009年。
2. 田子渝：《马克思列宁主义在中国早期传播研究综述》，《马克思主义研究》，2001年第3期。
3. 中共一大会址纪念馆：《中国共产党创建史研究文集2002-2012》，上海人民出版社，2013年。

题目3　论述马克思主义在传播过程中与其他思想的碰撞

相关真题　2023年东华大学；2022年武汉理工大学；2020年安庆师范大学；2019年山西大学；2016年江苏师范大学；2016年湖南师范大学

马克思主义传入中国后，与当时流行的多种思潮发生了深刻的碰撞与交流，这不仅推动了马克思主义在中国的深入传播，也促进了思想的丰富多元化。

（一）"问题与主义"之争：实用主义与马克思主义的交锋

1. 1919年，胡适在《每周评论》上发表《多研究些问题，少谈些主义》一文，借此批评以马克思主义为代表的思想派别只注重空谈革命，主张从实用角度出发解决中国社会问题，由此引起了争论。李大钊在《每周评论》发表《再论问题与主义》批驳胡适的观点，提出主义与问题不是对立，研究问题必须有主义的指导。

2. 胡适继续在《每周评论》发文鼓吹实用主义和改良主义，攻击马克思主义。李大钊也再次发表文字，提出新思想是在社会需求下产生的，从根本上批判了胡适的观点。此论战进一步促进了马克思主义在中国的传播、深化和本土化。

（二）关于社会主义问题的论争：马克思主义与基尔特社会主义的辨析

1. 1920年，张东荪发表《现在与将来》等文章，得到梁启超的支持，二人提出贫困是中国的唯一病症，通过实业才能增加财富。由此，他们主张基尔特社会主义，即先发展资本主义，再通过温和改良的方式实现社会主义，反对工人阶级政党和社会主义运动。

2. 陈独秀、李大钊等马克思主义者相继在《新青年》等刊物发表文章，指出资本主义不是必经阶段，在中国，只有采取在马克思主义指导下的暴力革命手段，走社会主义革命道路，才能达到开发实业的目的。经过这场论战，一批先进青年更加清楚地认识了马克思主义，马克思主义的影响进一步扩大。

（三）无政府主义的论争：马克思主义与无政府主义的对立

1. 无政府主义者主张极端个人自由，反对政府和权威，反对一切组织纪律和政治权力的作用。马克思主义者强调通过政治斗争实现社会变革。1919年到1921年，无政府主义者黄凌霜、区声白发表《马克思学说的批评》《我们反对"布尔什维克"》等文章，公开反对马克思主义无产阶级专政理论。

2. 1920年，陈独秀发表《谈政治》批驳无政府主义，提出绝对的自由是不存在的，强权和政治也是维护民众权利的工具。

3. 1922年，区声白在《学灯》发表《答陈独秀先生的疑问》回复陈独秀对无政府主义的批判，继续鼓吹无政府主义的优越性，论战随后结束。这场论战使大批激进的青年开始划清马克思主义与无政府主义的界限，使人们认识到以革命手段夺取政权的必要性，越来越多的人发展为马克思主义者，扩大了马克思主义的队伍。

综上所述，马克思主义在中国传播的过程中，与中国传统思想、资本主义改良主义及无政府主义之间的碰撞和辨析，进一步肯定了中国需要马克思主义，必须走社会主义道路，必须建立无产阶级政权。这推动了马克思主义的广泛传播，为中国革命的进一步发展奠定了基础。

参考资料

1. 章开沅，朱英：《中国近现代史》，河南大学出版社，2009年。
2. 罗志田：《激变时代的文化与政治——从新文化运动到北伐》，北京大学出版社，2006年。

题目4　简述民国北京政府时期关于东西文化的辩论

相关真题　2022年青海民族大学；2017年南开大学；2013年吉林大学

民国时期的东西文化辩论，是对晚清"中体西用"辩论的继续和深化，辩论一方以新文化阵营的人物为代表，包括陈独秀、胡适、李大钊等人，另一方以东方文化观的人物为代表，有杜亚泉、章士钊、梁漱溟等。两大阵营的阵地分别是《新青年》和《东方杂志》。

（一）第一阶段

1. 核心问题：东西方文化优劣问题。

2. 过程。①陈独秀在《新青年》中提倡民主与科学，强调西方文化的进步性，引起东西方文化优劣的讨论；杜亚泉在《东方杂志》中强调中华文化的深厚底蕴，认为中国的问题应在传统文化框架内解决。②李大钊发表《东西文明根本之异点》强调需要用西方文明来改造中国现状；《东方杂志》发文否定，论争公开化，两者的辩论持续到五四运动爆发。这场辩论触及了文化本质、国家前途等深层次问题。

（二）第二阶段

1. 核心问题：东西方文化是否可以调和。

2. 过程。①背景：第一次世界大战的残酷和战后列强对华不公正待遇使国人大失所望，国内思想界掀起了对西方资产阶级文化的批评。同时十月革命的成功使人们开始关注马克思主义。②杜亚泉力主调和东西方文化，章士钊也持相同观点，主张在物质文明上吸收西方，在道德文化上坚持中国传统。而马克思主义者如李大钊则认为中西文化的关系是替代而非简单融合，主张学习西方文化，进行彻底的文化革新。这场辩论到1923年后基本结束。

（三）第三阶段

1. 核心问题：科学和人生观问题。

2. 背景。一战中新式武器的使用带来更多的伤害，中国的知识分子开始反思科学并提出学习传统文化改造科学，围绕科学与人生观在学界展开了辩论。

3. 过程。1923 年，张君劢做《人生观》演讲，提出科学不能完全指导人生观，而应结合中国传统文化塑造个人的价值观。反对这一观点的丁文江等人认为科学精神和方法是塑造现代人生观的关键。随后马克思主义者也加入论战，1923 年，瞿秋白在《自由世界和必然世界》中提出建立在辩证唯物主义下的人生观才是科学的，至此这场论战基本结束。这场辩论涉及科学、哲学、伦理等多个层面，反映了民国时期思想界对现代性和传统的深刻反思。

综上，几个阶段的东西方文化辩论对东西方文化的优劣进行了初步的比较分析，也探讨了文化互补与融合的可能性，推动了中国社会的文化觉醒，也为后来的文化发展奠定了基础。

参考资料

1. 张琴：《"五四"时期杜亚泉与陈独秀东西文化论战研究》，江西师范大学 2014 年硕士学位论文。
2. 罗志田：《从科学与人生观之争看后五四时期对五四基本理念的反思》，《历史研究》，1999 年第 3 期。
3. 章开沅，朱英：《中国近现代史》，河南大学出版社，2009 年。

第四节　中国共产党的成立

题目 1　简述中国共产党成立前的社会准备

相关真题　2022 年吉林师范大学；2022 年湘潭大学；2022 年扬州大学；2021 年鲁东大学

五四运动拉开了中国新民主主义革命的帷幕，工人阶级登上历史舞台，在马克思主义得到进一步传播，国内、国际革命形势的发展中，中国共产党应运而生。

（一）背景

1. 新文化运动促进了思想启蒙。新文化运动作为一场深刻的文化启蒙和思想解放运动，倡导民主与科学，反对旧道德，动摇了封建思想的统治，为马克思主义的传播提供了思想土壤。

2. 五四运动推动了工人运动与马克思主义相结合。工人阶级在五四运动中展现出强大的力量，李大钊等先进知识分子在工人阶级中宣传马克思主义，工人阶级的思想觉悟提高。马克思主义逐渐与工人运动相结合，为中国共产党成立奠定了阶级基础和思想基础。

3. 共产国际的积极帮助。1920 年 3 月，共产国际派维经斯基来中国帮助建党，维经斯基先后会见李大钊、陈独秀等人，为建党提供建议与指导。

（二）过程

1. 马克思主义报刊和文献出现。在一些重要报刊如《新青年》《每周评论》上刊登宣扬马克思主义的文章，介绍马克思主义，翻译出版《共产党宣言》等著作。陈独秀、李大钊等成立马克思主义团体和研究会，推动了马克思主义的传播。

2. 知识分子投身工人运动。五四运动后，共产主义知识分子深入工人、农民阶层，积极传播马克思主义，如邓中夏创建的平民教育讲演团等，向工人群众宣传马克思主义，促进了工人运动与马克思主义理论的结合。

3. 共产党早期组织的建立。1920 年，李大钊、陈独秀讨论建党事宜，并得到共产国际帮助，在北京、上海、武汉等地建立共产党早期组织，进行马克思主义宣传和建党组织工作。

4. 青年工作的开展。在早期党组织的帮助下，一些地方建立了社会主义青年团来组织青年参加革命斗争。1920 年 8 月，上海社会主义青年团成立，俞秀松任书记。长沙、武汉、广州等地也先后建立了社会主义青年团。

5. 中共一大的召开。共产国际代表马林来华与上海党组织的李达取得联系，并建议召开全国代表大会。1921 年 7 月，中国共产党第一次全国代表大会在上海召开，标志着中国共产党的正式成立。

综上所述，中国共产党是在特定的社会历史条件下成立的。马克思主义的广泛传播、工人运动的不断发展以及共产国际的帮助为中国共产党的成立奠定了基础，为中国革命的发展指明了方向。

参考资料

1. 章开沅，朱英：《中国近现代史》，河南大学出版社，2009 年。
2. 戈樱淼：《马克思主义在中国的早期传播研究（1917-1921）》，吉林大学 2015 年硕士学位论文。
3. 王刚，徐晓光：《中国共产党百年史视域下马克思主义在中国传播的特点》，《思想理论教育》，2021 年第 4 期。
4. 程万里，周蔚华：《中国共产党成立前马克思主义在中国的传播》，《出版广角》，2021 年第 11 期。
5. 中共一大会址纪念馆：《中国共产党创建史研究文集 2002-2012》，上海人民出版社，2013 年。

题目 2 结合 20 世纪 20 年代国内外背景论述中国共产党成立的必要性和历史意义

相关真题 2024 年延安大学

20 世纪 20 年代，北洋军阀统治下的中国看不到出路，第一次世界大战后资本主义制度受到怀疑，俄国十月革命成功后，马克思主义在世界范围内得到更广泛的传播，在这样的国内外大背景下，中国共产党成立了。

（一）必要性

1. 中国共产党的成立是实现民族独立的需要。清政府、北洋政府以及国民政府都不能也不敢彻底反对帝国主义，民族独立呼唤新的革命政党。

2. 中国共产党的成立是结束腐朽统治的需要。辛亥革命虽然推翻了晚清封建王朝的统治，但没有完成反帝反封建的任务，20 世纪 20 年代的北洋军阀专权混争愈演愈烈，革命陷入"山重水复疑无路"的困境，需要新生的革命力量和革命政党来推翻北洋军阀的反动腐朽统治。

3. 中国共产党的成立是进行社会变革的需要。辛亥革命后的社会虽然出现了一些诸如剪辫易服等的变革，但中国的近代化仍然陷在帝国主义和封建主义的泥潭中，阶级压迫的局面没有改变，要进行彻底的社会变革，需要一个先进的革命政党。

4. 中国共产党的成立是解决广大社会阶层生存和发展问题的需要。在半殖民地半封建社会的中国，劳苦大众处于社会最底层，受帝国主义、军阀、资本家等压迫，他们衣不蔽体、食不果腹，随时面临生命危险。劳苦大众要生存、要发展，需要一个代表最广大群众利益、愿意为最广大群众谋利益的政党。

（二）历史意义

1. 中国共产党的成立使广大无产阶级有了新的领导力量。中国共产党成立之前，农民阶级、资产阶级所进行的革命都失败了，中国共产党成立后，广大无产阶级有了新的领导，革命力量可以得到最大、最好的发挥。

2. 中国共产党的成立使中国革命前途焕然一新。资产阶级领导的革命失败后，中国前途一片黑暗，直到以马克思主义为指导的中国共产党成立，中国革命才有了新的、明确的奋斗目标。中国共产党带领广大革命群众，同国民党反动派做斗争，打击日本等帝国主义侵略者，促进了抗日战争的胜利，实现了中华民族的独立，推动了中国的现代化进程。

3. 中国共产党的成立沟通了中国和世界无产阶级革命之间的联系。中国共产党是在苏共和共产国际的帮助下成立的，中国共产党成立后不久就加入共产国际，中国革命成为世界无产阶级革命的重要组成部分，壮大了世界无产阶级的革命力量。

综上所述，中国共产党的成立是中国近代社会发展的必然结果，它给近代中国革命和中国人民带来了焕然一新的前途。

参考资料

1. 章开沅，朱英：《中国近现代史》，河南大学出版社，2009 年。
2. 仝华：《中国共产党的成立"是开天辟地的大事变"》，《思想理论教育导刊》，2006 年第 11 期。
3. 李亮：《开天辟地的大事变——中国共产党成立的历史意义之我见》，《纪念中国共产党成立 90 周年理论研讨会论文集》，2011 年第 6 期。

题目3 为什么说中国共产党的成立是"开天辟地的大事变"

相关真题 2024年江汉大学；2022年吉林师范大学；2022年湘潭大学；2022年西华师范大学；2021年吉首大学；2020年河北师范大学；2016年江西师范大学

中国共产党是马克思列宁主义和中国工人运动相结合的产物，其成立使中国革命面貌焕然一新，是中华民族发展史上开天辟地的大事变，具有伟大而深远的意义。

（一）引领中国革命方向

1. 为无产阶级提供领导。中国共产党的成立，使广大无产阶级和劳动人民首次拥有了自己的革命政党。作为工人阶级的先锋队和中国革命的领导核心，中国共产党为中国革命确定了正确的方向和战略。

2. 确立新的革命目标。中国共产党的成立促进了中国革命由旧民主主义革命向新民主主义革命的转变，这不仅是中国革命性质的根本变化，也是中国历史发展的一个重大转折点。

（二）推动共产主义思想传播

1. 促进马克思主义中国化。中国共产党的成立标志着马克思主义开始与中国具体实际相结合。这一过程不仅推动了中国社会的进步，也为中国特色社会主义道路的形成打下了基础。

2. 推动革命实践。中国共产党成立后积极领导工农群众进行革命斗争，通过一系列实践活动，如国民大革命时期的工人运动、农民运动等，推动了共产主义思想在中国的广泛传播。

（三）连接国际共产主义运动

1. 成为国际共产主义运动的一部分。中国共产党成立后加入共产国际，使中国革命成为世界无产阶级革命的重要组成部分，加强了中国革命与世界无产阶级革命的联系。

2. 世界反帝反封建斗争的加强。中国共产党的成立，对于世界范围内的反帝反封建斗争具有重要意义。党的领导使中国人民在反对帝国主义和封建主义的斗争中取得了重大胜利。

（四）成为中国人民可以信赖的组织者和领导者

中国共产党自诞生起便领导工人、农民等广大无产阶级以武装斗争的形式反抗帝国主义和国内反动势力的统治，争取民族独立、反抗地主压迫。中国共产党成立以后，人民有了代表自己利益的革命领导者。

综上所述，中国共产党的成立具有划时代的意义，不仅为中国革命提供了正确的方向和强大的领导力量，还使中国革命与世界无产阶级革命紧密相连，对中国乃至世界历史产生了深远的影响。

参考资料

1. 仝华：《中国共产党的成立"是开天辟地的大事变"》，《思想理论教育导刊》，2006年第11期。
2. 章开沅，朱英：《中国近现代史》，河南大学出版社，2009年。
3. 张海鹏，翟金懿：《简明中国近代史读本》，《中国社会科学出版社》，2018年。

题目4 简述第一次工人运动高潮

相关真题 2024年哈尔滨师范大学；2022年武汉理工大学；2017年天津师范大学；2015年天津师范大学；2014年扬州大学

1922—1923年，在中国共产党的领导下，中国工人运动迎来了第一次高潮，全国范围内有30多万工人参与了超过100次的罢工活动，显示了工人阶级强大的力量和组织能力。

（一）背景与起点：香港海员大罢工

1922年1月，香港海员因资本家拒绝增加工资等，在中华海员工业联合总会的领导下发起大罢工。罢工海员行至九龙沙田时遭到英国军警开枪射击，造成沙田惨案，但工人群众坚持斗争，最终取得了胜利。这场罢工推动了全国第一次工人运动高潮的出现。

（二）工人运动的发展

随着香港海员罢工的胜利，全国范围内的罢工运动迅速升温。北方地区爆发了长辛店工人、开滦煤矿工人罢工；南方有汉阳铁厂工人、英美烟厂工人、安源路矿工人、长沙泥木工人罢工等。其中，最为著名的罢工有安源路矿工人罢工、开滦五矿工人罢工和京汉铁路工人罢工。

（三）高潮：京汉铁路工人大罢工

1923年2月1日，京汉铁路总工会在郑州召开成立大会时遭到军阀吴佩孚的禁止，随后3万多名工人发起全路总同盟罢工，长达1200多公里的京汉铁路顿时陷入瘫痪。但此后的2月7日，直系军阀吴佩孚在英帝国主义的支持下血腥镇压罢工，造成了震惊中外的"二七惨案"，工人运动暂时陷入低潮。

（四）意义与经验

1. 展示了中国工人阶级的坚定革命性和坚强战斗力，提升了中国共产党和工人阶级在全国人民心目中的政治威信和影响。
2. 培养了大批优秀骨干，如张国焘、项英、罗章龙等，他们在后续革命斗争中成长为党的骨干。
3. 推动了世界工人运动的发展。中国工人阶级反对帝国主义剥削、争取自身权利的斗争鼓舞了世界上殖民地半殖民地人民反帝反封建的斗争。
4. 为中国共产党提供了重要的经验教训，认识到完成反帝反封建任务的重要性，意识到需要结成广泛的革命统一战线，想要争取革命胜利就要进行武装斗争。

综上所述，第一次工人运动高潮是中国历史上的重要事件，彰显了工人阶级的力量，尽管遭遇暂时的挫折，但在中国革命史上具有深远的影响。

参考资料

1. 郑翠兰：《中国历史上的第一次工人运动高潮》，《职大学报》，2002年第2期。

第五节 中国国民党改组与第一次国共合作

题目1 论述孙中山的新旧三民主义

相关真题 2024年湖北师范大学；2023年黑龙江大学；2022年中国社会科学院大学；2021年安庆师范大学；2017年江西师范大学；2017年河北师范大学；2017年湖南师范大学；2016年湖南师范大学；2016年吉林大学；2015年山西大学；2013年云南大学

三民主义是孙中山所倡导的民主革命纲领，由民族主义、民权主义和民生主义构成。三民主义的发展过程分为新旧两个阶段，对中国革命的发展产生了深远的影响。

（一）旧三民主义

1. 背景。随着民主革命思想的广泛传播和国内革命形势的迅速发展，兴中会、光复会等革命团体纷纷成立，拒俄运动、抵制外货运动、收回利权运动等爱国运动此起彼伏，资产阶级领导的民主革命运动迅速广泛地发展起来。孙中山积极宣传革命思想，发展革命组织，并于1905年创立中国同盟会。

2. 内容。①民族主义，即"驱除鞑虏，恢复中华"。主张推翻清王朝，变半殖民地半封建的中国为独立的中国。②民权主义，即"创立民国"，这是三民主义的核心。倡导废除君主专制，建立资产阶级民主共和国，注重政治制度的变革。③民生主义，即"平均地权"。通过社会变革解决以土地问题为核心的社会经济问题，核定现有地价并征收地价税，建国后产生的土地增价归国民共有，抑制地主从地租和地价增长中获得暴利。

3. 进步性。三民主义是中国历史上第一个较为鲜明和完整的资产阶级民主革命纲领，它集中反映了资产阶级的利益和要求，在与改良派的斗争中，在动员和组织群众推翻清朝统治、建立民主共和国的斗争中，都起了巨大的作用。

4. 局限性。①此时的民族主义未明确提出反帝的革命纲领，也没有明确把汉族军阀、官僚、地主等作为革命对象。②民权主义未明确广大劳动人民在国家的地位，难以切实保障人民的权利，也并没有彻底地反封建。③民生主义没有正面触及地主土地所有制，不能解决广大农民对土地的需求。

（二）新三民主义

1. 背景。①俄国十月革命胜利，促使孙中山开始认识到工农阶级的力量，向共产国际寻求帮助。②中国共产党领导的工人运动惨遭镇压，产生联合其他党派推进革命的倾向。在共产国际的推动下，孙中山提出新三民主义，为两党合作奠定了基础。

2. 内容。①新民族主义。对内明确提出反帝反封建的目标，对外强调民族平等和独立自主。②新民权主义。强调人民的主权地位，人民享有选举、罢免、创制、复决四种政权，政府行使行政、立法、司法、考试、监察五种治权，五权分立，互相制约，革命建国按军政、训政、宪政三个时期依次进行。③新民生主义。提出"平均地权"和"节制资本"。"平均地权"就是私人所有土地除照价征税和必要时国家照价收买外，国家还帮助无地农民（佃农）解决土地问题，随后又进一步提出了"耕者有其田"。"节制资本"就是凡有独占性质的企业，都"由国家经营管理"。

3. 进步性。①新民族主义明确提出了反帝反封建的斗争要求，认清了国内反动势力和帝国主义的本质与危害。②新民权主义提出国家政权为一般平民所共有，并明确了敌我界限。③新民生主义主张消灭地主土地所有制、限制私人资本主义经济对国民生计的垄断，与扶助农工政策紧密结合，推动了国民大革命。

综上所述，孙中山的新旧三民主义是中国民主革命不断发展的体现。旧三民主义奠定了革命的基础，而新三民主义则进一步明确了革命的方向和目标，体现了对时代要求的适应和对革命实践的深化。

参考资料

1. 张海鹏，李细珠：《中国近代通史（第5卷）·新政、立宪与辛亥革命（1901—1912）》，江苏人民出版社，2009年。
2. 刘培琼，吴恩壮：《孙中山从旧三民主义发展到新三民主义的主客观原因》，《学术研究》，1981年第6期。

题目2　论述中共二大的内容及意义

相关真题　2024年苏州科技大学；2022年武汉理工大学；2019年福建师范大学；2016年鲁东大学

1922年，中共二大在上海召开。这次大会是中国共产党成立之初，在面临国内外复杂形势下召开的一次重要会议，对于中国共产党的发展和中国革命的进程具有深远意义。

（一）内容

1. 通过了第一个党章，对党员条件、党的各级组织和党的纪律做出具体规定，体现了民主集中制原则。

2. 大会通过决议案，阐明中国共产党是无产阶级中最有革命精神的分子所组成的政党，是"为无产群众奋斗的政党"，强调党的一切运动都必须深入广大群众，都必须是不离开群众的。

3. 提出了明确的反帝反封建的民主革命纲领。最低纲领是打倒军阀，建立国内和平，推翻国际帝国主义的压迫，实现民族完全独立，统一中国为民主共和国。最高纲领是组织无产阶级，用阶级斗争的手段，建立劳农专政的政治，铲除私有财产制度，渐次达到一个共产主义的社会。

4. 选举新的领导机关和负责人。陈独秀、邓中夏、张国焘、蔡和森、高君宇为中央执行委员会委员，另选出三名候补执行委员，陈独秀为中央执行委员会委员长，蔡和森、张国焘分管宣传和组织工作。

5. 加入共产国际。大会决定中国共产党正式成为共产国际的一个支部，这标志着中国共产党与国际共产主义运动的紧密结合。

（二）意义

1. 确立了革命方向。中共二大明确了中国革命的性质和目标，为中国共产党指明了反帝反封建的革命方向，使党的路线和政策更加符合中国的国情和时代发展。

2. 宣传了民主革命纲领，扩大了中国共产党的影响。通过《向导》周报宣传中共二大制定的民主革命纲领，不仅使打倒帝国主义、打倒军阀的口号迅速深入人心，还扩大了中国共产党的影响力。

3. 为后续革命奠定了基础。中共二大的决议和纲领为后续的中国革命活动提供了指导思想和行动方针，为中国共产党在未来革命中的胜利打下了坚实的基础。

综上所述，中共二大是中国共产党历史上的一个重要转折点，其决策和纲领对中国革命的发展方向和党的建设具有深远的影响，是中国共产党历史上的一次重要会议。

参考资料

1. 中国中共党史学会：《中国共产党历史系列辞典》，中共党史出版社，2019年。

题目 3 论述第一次国共合作的基础、过程及意义

相关真题 2024年东南大学；2024年江苏师范大学；2023年鲁东大学；2023年中山大学；2023年西南民族大学；2022年北京联合大学；2022年天津师范大学；2022年武汉理工大学；2021年太原师范学院；2021年吉林师范大学；2019年内蒙古大学；2018年湖南大学；2016年中央民族大学；2014年云南大学

国共第一次合作以1924年国民党一大为开端，以1927年汪精卫发动"七一五"政变为结束。虽然国共合作最终破裂，但也加快了中国革命的前进步伐。

（一）合作基础

1. 共产国际的指导是第一次国共合作的理论基础。共产国际代表越飞等接触孙中山，倡导国共合作，1923年两人签署《孙文越飞宣言》，标志着孙中山联俄政策确立。

2. 中国共产党领导的工人运动失败后的政治形势是国共合作的现实基础。中国共产党领导的工人运动相继遭到帝国主义和封建军阀的联合镇压，工人运动走向低潮。中国共产党认识到必须联合其他党派建立统一战线，进行反帝反封建斗争。

3. 新三民主义为国共合作奠定了政治基础。十月革命让孙中山看到工农阶级的力量，并向工农群众靠拢，提出了新三民主义，这与中国共产党的最低纲领相契合，为国共合作奠定了政治基础。

4. 孙中山改组国民党为国共合作奠定了组织基础。孙中山深感国民党不是坚定的革命力量，在共产国际的建议下，依靠中国共产党的帮助和支持，毅然着手改组国民党，奠定了国共合作的组织基础。

（二）过程

1. 国共合作开始。1923年，中共三大确定共产党员以个人身份加入国民党的"党内合作"形式。1924年，国民党一大确定联俄、联共、扶助农工三大政策，标志着国共合作正式形成。随后国民党设立工人部和农民部，由共产党负责动员工农基层群众。

2. 成立黄埔军校。1924年，孙中山依据苏联红军的经验建立黄埔军校，蒋介石担任校长，周恩来担任政治部主任，为国共两党培养了大量的新式军事干部，为国民革命军的组建奠定了基础。同年孙中山依靠黄埔军校学生，平定了广州商团叛乱。1925年，蒋介石率国民革命军两次东征陈炯明，朱培德率军南征邓本殷，皆取得胜利，巩固了广州革命基地，奠定了北伐基础。

3. 进行北伐。1926年7月，由蒋介石担任国民革命军总司令进行北伐，讨伐占据湖南、湖北、河南等地的直系军阀吴佩孚，占据江西、安徽、江苏等地的直系军阀孙传芳，盘踞东北三省和京津一带的奉系军阀张作霖。1926年10月，吴佩孚势力基本上被消灭。1926年11月，基本消灭孙传芳主力。1927年3月，国民革命军挥师南京、上海，至6月与北方国民军在中原会师，革命势力发展到黄河流域。

4. 合作破裂。北伐顺利进行之时，国民党反动派产生分共倾向。①1926年，蒋介石制造了中山舰事件和整理党务案，蓄意打击和排斥中国共产党。②1927年，蒋介石在南京发动"四一二"反革命政变，大肆屠杀共产党员。③同年7月15日，汪精卫在武汉发动"七一五"反革命政变，国共合作最终破裂，国民革命最终失败。

（三）意义

1. 国共合作期间，中国共产党领导的工农运动得到迅速发展，极大地提升了中国共产党在国内的影响力。

2. 第一次国共合作过程中，国民党实现改组，健全了组织机构，中央机构和省以下各地党团组织发展逐渐完

善，为国民党注入了新鲜血液，壮大了革命统一战线。

3. 第一次国共合作将革命势力从珠江流域发展到黄河流域，沉重打击了北洋军阀统治，推动了中国革命进程。

综上，第一次国共合作促进了北伐战争的胜利，沉重打击了北洋军阀的统治，推动了中国革命的发展。但在合作过程中，两党始终存在对立，革命难以为继，最终以失败结束。

参考资料

1. 章开沅，朱英：《中国近现代史》，河南大学出版社，2009年。
2. 张冲：《论第一次国共合作形成基础》，《湖北函授大学学报》，2017年第3期。

第六节 国民革命与北伐战争

题目1 论述国民革命和第一次北伐战争的进程及意义

相关真题 2024年山东大学；2023年鲁东大学；2022年湖南大学；2019年北京大学；2015年兰州大学

国民革命是指1924—1927年中国人民在中国共产党与中国国民党合作领导下进行的一场轰轰烈烈的反帝反封建的革命斗争，沉重打击了北洋军阀的统治。

（一）国民革命准备阶段：国民党一大召开到第一次北伐战争前（1924年1月—1926年6月）

1. 国共第一次合作形成。1923年6月，中共三大在广州召开，确定共产党员以个人身份加入国民党。1924年1月，国民党一大在广州召开，孙中山提出新三民主义，确立了联俄、联共、扶助农工的"三大政策"，标志着国共合作正式建立。

2. 工农运动发展。1924年，国民党设立工人部和农民部，由共产党负责工农运动。1925年，共产党在上海成立全国总工会，在广州设立农民运动讲习所等，积极开展农民运动。

3. 废除不平等条约运动。1924年，中国与苏联重新建交并签订《中俄解决悬案大纲协定》，鼓舞了中国人民的废约斗争，全国迅速掀起了一场废除一切不平等条约的运动。

4. 国民会议运动。北京政变后，孙中山接受中国共产党的主张和建议，在1924年11月发表《北上宣言》，号召召开国民会议，反对军阀政权，得到广大人民群众的响应和支持，全国纷纷成立国民会议促进会。

5. 五卅运动。1925年5月，日本纱厂枪杀工人顾正红，并伤工人十余人，中共中央组织反帝示威活动，之后扩大到"三罢"斗争，掀起了又一次全国规模的反帝斗争高潮。

6. 国民革命基地的进一步稳固。孙中山模仿苏联红军建制，建立黄埔军校。在此基础上，平定广东商团叛乱、陈炯明叛乱，巩固了广东革命根据地，并于1925年成立了广州革命政府和军事委员会，建立稳定政权。

（二）国民革命高潮阶段：第一次北伐战争到"四一二"反革命政变前（1926年7月—1927年4月）

1926年7月，蒋介石率领国民革命军讨伐占据湖南、湖北的直系军阀吴佩孚，占据江西、安徽等地的直系军阀孙传芳，盘踞东北的奉系军阀张作霖，至该年10月基本消灭了吴佩孚势力，11月基本消灭孙传芳势力，国民革命的势力从珠江流域推进到长江流域。

（三）国民革命失败阶段："四一二"反革命政变到大革命彻底失败（1927年4月—1927年7月）

随着北伐的胜利进军和国民革命的发展，国民党内部的反共倾向愈发明显。1926年，蒋介石制造了中山舰事件和整理党务案，蓄意打击和排斥中国共产党，并在1927年制造"四一二"反革命政变，大肆屠杀共产党员。同年7月15日，汪精卫在武汉召集"分共"会议，屠杀、追捕共产党员，制造"七一五"反革命政变，至此国民大革命彻底失败。

（四）意义

1. 国民革命和第一次北伐战争基本上消灭了北洋军阀的力量，沉重打击了帝国主义在华统治，为中国的统一和发展奠定了基础。

2. 国民革命和第一次北伐战争推动了工农运动的发展，增强了工农阶级的政治意识。

3. 中国共产党在合作过程中得到了发展，从失败中积累了宝贵的革命经验，开始意识到进行武装斗争的重要性，为后来的革命斗争奠定了基础。

综上所述，在国民革命前期，两党合作取得了一定成果，但在后期，国民党内部反动势力占据了革命的主导地位，致使国共合作破裂，最终葬送了革命事业。

参考资料

1. 章开沅，朱英：《中国近现代史》，河南大学出版社，2009年。
2. 冯晓春：《第一次大革命高潮：北伐战争》，《紫光阁》，2011年第2期。

题目2 论述20世纪20年代日本对中国革命运动的干涉

相关真题 2022年湖南大学

20世纪20年代，中国国民革命运动如火如荼，列强尤其是在华占据极大利益的日本密切关注中国国内局势，调整政策积极干预国民革命运动。

（一）支持北洋政府抵制国民会议运动

1924年，中国共产党趁冯玉祥发动北京政变的时机，主张召开国民会议，制定宪法，争取建立民主共和国，得到民众拥护，各地先后成立"国民会议促成会"，形成了反对军阀的民主运动。孙中山在《北上宣言》中积极支持并重申这一主张。但在日本支持下，军阀段祺瑞在1925年召开御用的"善后会议"来抵制国民会议。

（二）干涉国民革命

1. 1927年，英美军舰为干涉北伐而炮击南京城，制造了"南京惨案"，造成中国军民大量死亡。此事发生后，日本与西方列强一起向中国增派军队，并对中国政府施加压力，提出一系列无理要求，如惩处肇事者、通缉罪犯和赔偿损失等。

2. 日本实施逼蒋反共政策，通过外交、政治手段来干涉中国内政，破坏国民革命。蒋介石在日本政府的压力下，做出了清党反共的决定，导致第一次国共合作破裂，国民革命最终失败。

（三）重新调整侵华政策

1. 东方会议与《田中奏折》。1927年6月，日本首相田中义一召开东方会议，会后把会议文件呈交给天皇，即《田中奏折》，明确提出日本对外扩张的战略目标："欲征服中国，必先征服满蒙；欲征服世界，必先征服中国。"之后，日本便实行"满蒙分离"政策，不断侵略中国。

2. 策划"济南惨案"，阻止二次北伐。1928年4月，国民政府发起第二次北伐。日本为了防止在中国侵占的权益受到影响，5月3日，对山东济南的国民党军发动进攻，造成大量军民伤亡，制造了"济南惨案"，阻碍了二次北伐的进程。

综上，日本在20世纪20年代的干预影响了国民革命运动的进程，为20世纪30年代日本军国主义在东北的扩张铺平了道路，并为后来的全面侵华战争埋下了伏笔。

参考资料

1. 沈予：《国民革命与日蒋关系》，《近代史研究》，1997年第2期。

题目3 简评中共六大

相关真题 2024年吉首大学

为了总结中国革命进入新阶段以来的经验教训，进一步确定当前革命的性质、任务和党的路线，中国共产党于1928年6月18日至7月11日在苏联莫斯科召开了中国共产党第六次全国代表大会，这是党史上唯一一次在国外召开的全国代表大会。

（一）主要内容

1. 正确地肯定了中国现阶段的革命仍然是资产阶级民主革命。指出现阶段的中国仍是一个半殖民地半封建社会，引起中国革命的基本矛盾一个也没有解决，提出了中国民主革命的十项政纲。

2. 指出当前的革命形势是处在两个革命高潮之间。明确党的总路线是争取群众，党的中心工作不是千方百计地组织暴动，而是做艰苦的群众工作，积蓄力量。

3. 批判了右倾机会主义和"左"倾盲动主义。中共六大认为大革命失败的主要原因就是当时党的机关的机会主义政策，还着重批判了盲动主义，指出盲动主义是"少数人的军事冒险"，尤其要反对"左"的弊病。

4. 中共六大还规定了革命一系列重大问题的基本政策，包括苏维埃政权问题、农民和土地问题、职工运动、军事工作等。

（二）历史评价

1. 中共六大的路线基本上是正确的。它总结了大革命失败以来的经验教训，纠正了"左"倾盲动错误，在一系列存在严重争论的有关中国革命的根本问题上做出了基本正确的回答，基本上统一了全党的思想，对克服当时党内存在的"左"倾情绪，摆脱被动局面，实现工作转变，对中国革命的复兴与发展起到了积极作用。

2. 中共六大也存在着缺点和错误。一是否认中间营垒的存在，把民族资产阶级当作最危险的敌人；二是仍把城市工作放在中心地位，对建立农村革命根据地的重要性和中国革命的长期性复杂性认识不足；三是在组织上片面强调党员成分的无产阶级化和指导机关的工人化。这些错误使得八七会议以来的"左"倾思想未能肃清，并被后来的"左"倾思想所片面发展和极端扩大。

3. 总体而言，中共六大的主要方面是正确的，大会后一段时期内的工作是有成效的。如到1929年6月，全国党员增加到近7万人，1930年上半年，全国已建立了大小十几块农村革命根据地，红军发展到了近10万人，遭受重挫的国民党统治区的工人运动也有了一定的恢复与发展等。

综上，中共六大在党的历史上具有重要地位，中国革命在中共六大以后的两年走向复兴和发展，我们既要辩证看待中共六大，也要清晰地认识到其成就是主要的。

参考资料

1. 王桧林：《中国现代史》，北京师范大学出版社，2016年。

题目4 简述孙中山一生的革命活动

相关真题 2022年曲阜师范大学；2022年武汉理工大学；2021年鲁东大学

孙中山，原名孙文，号逸仙，是中国近代民主革命的先行者、中国资产阶级革命家。他致力国民革命凡四十年，把毕生精力献给了中国革命事业。

（一）1894—1904年，革命初期的探索与尝试

1894年，孙中山向李鸿章提出革新建议，但遭到拒绝。随后，他在美国檀香山创建兴中会，提出了"驱除鞑虏，恢复中国，创立合众政府"的宏伟目标。他先后策划并发起了多次起义，如1895年的广州起义和1900年的惠州三洲田起义，尽管这些起义均以失败告终，但孙中山并未放弃，而是在海外继续筹划革命。1904年，孙中山在夏威夷加入致公堂，此间往来于东南亚、日本及欧美，发展兴中会组织领导与保皇党的理论斗争。

（二）1905—1910年，同盟会时期的武装斗争

1905年，孙中山创建中国同盟会，旨在推翻清朝统治。在孙中山的领导下，同盟会于1907年至1908年在华南地区发起惠州起义、潮州起义等多次武装起义，虽然这些起义未取得成功，但对清朝统治构成了巨大威胁。1910年，孙中山领导了广州新军起义，但因准备不足而失败。

（三）1911—1912年，担任临时大总统时期的政治活动

1911年武昌起义爆发，随后孙中山领导辛亥革命，推翻了中国长达两千多年的封建君主专制制度，被推选为中华民国临时大总统，组建了中华民国临时政府和临时参议院，制定了《中华民国临时约法》，颁布了一系列改革法令，推动了民族资本主义经济、资产阶级政治和文化教育的发展。然而，由于革命派与立宪派的矛盾、帝国主义的干涉以及袁世凯和北洋军阀的政治压力，孙中山于1912年2月13日被迫辞去临时大总统职务。

（四）1913—1916 年，发动"二次革命"和护国战争

1913 年，孙中山为反对袁世凯的专制统治而发起"二次革命"，但遭到镇压，"二次革命"最终失败。随后他逃往日本，继续组织反袁活动。他在东京组建中华革命党，并准备国内武装起义。1916 年，蔡锷领导的护国运动成功推翻了袁世凯的洪宪帝制，孙中山及革命党人在其中发挥了重要作用。

（五）1917—1918 年，反对复辟和发动护法运动

1917 年，张勋利用黎元洪与段祺瑞的矛盾，率兵进京，借"调停"为名拥戴已退位的清帝复辟。为此，孙中山发表《讨逆宣言》，坚决维护民主共和制。段祺瑞赶走张勋之后，拒绝恢复《中华民国临时约法》，孙中山联合西南军阀发起护法运动，最终因军阀内部矛盾而退出战争，护法运动失败。

（六）1919—1922 年，发动第二次护法运动

1919 年，孙中山将中华革命党改组为中国国民党，并公布《中国国民党规约》。1920 年，他支持陈炯明讨伐桂系军阀，并发起第二次护法运动。1921 年，他当选非常大总统，并筹备北伐。然而，1922 年陈炯明叛变，导致第二次护法运动失败。

（七）1923—1924 年，改组国民党与发动国民革命

1923 年，孙中山在苏联和中国共产党的协助下，决定改组国民党。1924 年 1 月，国民党第一次全国代表大会召开，确立了新的三民主义党纲，并提出联俄、联共、扶助农工的三大政策，标志着第一次国共合作正式建立。1924 年 5 月，孙中山在广州建立黄埔军校，为国民革命军的建立和北伐战争打下了基础。1924 年 8 月平定商团叛乱，巩固了广东革命根据地。1924 年 10 月，冯玉祥发动北京政变后，孙中山发表《北上宣言》，应邀北上，提出了废除不平等条约、召开国民会议等主张。

1925 年，孙中山在北京逝世，他是中国近代民主革命的先行者和领袖，为推翻君主专制制度、创建中华民国、确立共和制度、实现国共合作立下了不朽功勋。

> 参考资料

1. 章开沅，朱英：《中国近现代史》，河南大学出版社，2009 年。

第八章 南京国民政府建立与苏维埃革命

第一节 南京国民政府的建立及其内政、外交

题目1 试论述南京国民政府初期的内外政策和措施

相关真题 2024年吉首大学；2022年渤海大学；2022年海南师范大学；2021年东北师范大学；2019年湖南大学

南京国民政府成立初期，面临着严峻的政治与经济问题。为稳固政权，促进社会稳定与经济发展，政府实施了一系列重要的内外政策。

（一）内政举措

1. 政治方面。①实行"清党"反共。严厉打击共产党势力，并镇压工农群众运动。②结束军政，实行训政。蒋介石宣布结束军政阶段，于1928年通过《训政纲领》，1931年通过《中华民国训政时期约法》，正式实行训政。③实行五院制。1928年10月，颁布新的《国民政府组织法》，确立了由行政院、立法院、司法院、检察院、考试院组成的政府结构，使政府运行更为系统化。④实行保甲制度。1932年，在革命根据地附近建立保甲制，它以户为单位，十户为甲，设甲长，十甲为保，设保长，后逐渐推广至全国，加强了基层治理。⑤实行特务制度。建立庞大的特务网络，以加强政权的安全和稳定。

2. 经济方面。①大量举借国债。大量发行国库券，以解决财政需求。②划分财政权。明确中央与地方的财政权限，整顿财政制度。③整顿税制，包括实行新盐税法、统一工业品税、裁厘政策以及改订"新约"，提高关税税率，增加财政收入。④建立国家金融机构。成立中央银行等金融机构，加强国家对金融业的控制。⑤奖励实业，振兴商务。颁布经济法令，鼓励民间兴办实业，促进商业活动。⑥实施新的土地政策。颁布《土地法》，核心在于保护地主土地私有权，虽提出减租，但实施不彻底。

3. 文化教育方面。①推广"三民主义"思想，加强思想统一。②实施党化教育。要求中学以训练党员的方法训练学生，用党的纪律压制学生，强化国民党影响力。③推行大学区制。全国按照教育、经济、交通等因素划分为若干个大学区，每个大学区设立一所大学，并由该校负责区内的一切学术和教育行政事务。④设立中央研究院，负责实行科学研究和指导、联络、奖励学术研究。⑤推广"力行哲学"。这一思想是蒋介石为维护统治，把传统儒家学说中的"四维"（礼、义、廉、耻）、"八德"（忠、孝、仁、爱、信、义、和、平）以及王阳明"致良知""知行合一"等思想结合而形成的一种反动哲学思想。⑥发起新生活运动等社会文化建设活动，旨在改造国民思想。

4. 军事方面。①召开军队编遣会议，统一军队编制，建立直属于蒋介石的中央军队。②通过蒋桂、蒋冯等战争，压制各地军阀，巩固国民政府权威。

（二）外交举措

1. 外交政策。①实行亲英美的外交政策。提出"联英美以制日本"的思想，加强与西方大国的关系。②对苏政策从绝交到恢复邦交。国民党发动反共政变和中东路事件，导致中苏绝交。九一八事变后，中苏为了应对日本，在1932年正式恢复邦交。③对日政策由初期的友好转为敌对。1927年，日本支持蒋介石发动"四一二"反革命政变，中日关系友好发展。1928年发生济南惨案，日本屠杀中国军民，中日关系转为敌对。

2. 收回租界与改订新约运动。①南京政府先后收回厦门的英租界、天津的比利时租界和威海卫英租界。②1928年，南京政府发起改订新约运动，在关税自主方面取得进展，使海关税率有所提高，但废除领事裁判权的提议遭到列强搪塞。

综上，南京国民政府初期通过这些内外政策和措施，在政治、经济和对外关系方面取得了显著成效，巩固了国民党的统治，为后续的国家发展奠定了基础。

参考资料

1. 章开沅，朱英：《中国近现代史》，河南大学出版社，2009年。
2. 周生合：《南京国民政府建立初期的外交政策》，《黑龙江史志》，2010年第3期。
3. 赵海晨：《南京国民政府初期经济政策评析（1927-1937）》，辽宁大学2014年硕士学位论文。

题目2 论述南京国民政府的十年（1927—1937年）经济政策

相关真题 2024年扬州大学；2023年武汉理工大学；2022年渤海大学；2022年南京师范大学；2022年海南师范大学；2021年南京大学；2016年南京师范大学；2015年苏州大学；2015年华中师范大学；2014年南京大学；2014年云南大学；2014年内蒙古大学；2005年四川大学

南京国民政府成立之初，面临政治、经济发展的重大挑战。为稳定政权和社会，推动经济发展，实施了一系列经济改革。

（一）财政金融政策

1. 税制改革。①关税自主。1928年，政府发起关税自主运动，进口税率提高，政府财政收入增加，一定程度上实现了关税自主。②税制调整：提高进口税率，降低出口税率，保护民族工商业。推行统一征税政策，如盐税、统税等，有效增加政府收入。③田赋改革。尽管尝试限制田赋增加，但改革效果有限。④废厘改税。1931年1月，国民政府财政部明令废止厘金及子口税，实行统税制，对国内工商业品按照一税一物的原则进行一次性征税。

2. 币制改革。①废两改元。1933年，政府实施废两改元政策，决定废除银两，使银元作为国家统一流通的货币，实行银本位制，统一货币体系。②法币政策。国民政府决定发行法币，将白银收归国有。1935年，正式实行法币政策，确立法币为国家统一流通货币。

3. 金融体制改革。政府设立中央、中国、交通、农民四大银行，以及邮政储金汇业局、中央信托局等，形成了以"四行二局"为中心的完备金融体系，加强了南京国民政府对国家金融的垄断。

（二）经济建设措施

1. 完善工业体系。①1928—1935年，政府进行多项工业建设，尤其是在钢铁、纺织、造纸等领域，并成立资源委员会，加强国防相关经济政策的制定。②1929年，国民政府发布《特种工业奖励法》，激励民间设厂，投资工业。③1935年，开展国民经济建设运动，推动工业发展。

2. 促进商业市场的形成。①建立以东部港口城市为中心的贸易市场网络，完善运输体系。②发展国际贸易，主要进口机械、钢铁等，出口农产品和矿物原料，促进商业市场发展。

3. 建设交通运输网。①发展铁路事业。1928年，国民政府成立铁道部，加强铁路建设。②建设公路网。组建道路修建委员会，推动公路网建设。③推动水路和航空建设，提高运输效率。

综上所述，南京国民政府成立之初的政策在一定程度上推动了中国社会的发展，但受到抗战爆发的影响，成效有限。

参考资料

1. 章开沅，朱英：《中国近现代史》，河南大学出版社，2009年。

题目3 论述南京国民政府初期（1927—1937年）的文化政策

相关真题 2019年华中师范大学

南京国民政府成立后，在思想文化方面采取一系列政策，有利于国民政府加强思想文化统治，但由于其推崇封建文化和法西斯文化统治，扼杀了国民党意识形态的生机，最终让国民党走上了一条绝路。

（一）背景

1. 社会背景。①在西方无政府主义、马克思主义等思想的冲击下，知识分子思想活跃，威胁了南京国民政府的统治。②宁汉合流后，国民党加大对其他党派的打击，实行一党专政，控制舆论。

2. 现实需要。1927年，南京国民政府成立后需要通过文化政策宣传自己政权的合法性。

（二）内容

1. 以"三民主义"作为文化政策指导思想。将"忠孝仁爱信义和平"作为社会最高信条，强调传统文化的优越性。限制言论，禁止带有政治斗争意识的文化活动。

2. 大力推行党化教育。首先在学校实行，后扩展至国民教育。各个学校普遍建立训育制度，规定三民主义是中华民国教育的根本原则，并对小学、中学、大学的"三民主义教育"提出不同要求，完全抽去了孙中山三民主义的革命精神和内容。

3. 试行大学区制。1927年，由蔡元培主持，在中央设大学院，作为全国最高学术教育行政机关，在地方设若干大学区，由校长总理区内一切学术与教育行政事项，但因反对声过多在1929年终止。

4. 成立中央研究院。1928年，国民政府正式成立中央研究院，蔡元培兼任院长。中央研究院的任务是：实行科学研究和指导、联络、奖励学术之研究。院下设有物理、化学、历史语言等14个研究所。

5. 推行"力行哲学"（或"诚的哲学"）。这一"哲学"是蒋介石把传统儒家学说中的"四维"（礼、义、廉、耻）、"八德"（忠、孝、仁、爱、信、义、和、平）以及王阳明"致良知""知行合一"等思想结合而形成的一种反动哲学思想，是驯化国民、维护国民党反动统治的工具。

（三）评价

1. 积极方面。①结合三民主义和传统文化，有利于维护社会秩序。②重视教育，促进了学术自由发展，推动了教育和学术的近代化。

2. 消极方面。①为维护统治和独裁，实行文化统制，导致民众文化需求与国家文化认同间的矛盾加剧。②恢复传统礼教与资本主义制度发展趋势不符，导致文化退步。③打击进步文艺和知识分子，走向专制和反动。

总体来看，南京国民政府最初十年的文化政策在一定程度上对文化建设有贡献，但由于其反历史潮流的政策具有鲜明的反动特征，最终走向失败。

参考资料

1. 袁荷：《南京国民政府文化政策研究（1927—1949）》，中国艺术研究院2017年博士学位论文。

题目4 论述南京国民政府的乡村改革以及乡村建设运动

相关真题 2024年青岛大学；2024年湖北师范大学；2024年湖南大学；2023年北京师范大学；2023年聊城大学；2022年内蒙古大学；2022年北京联合大学；2022年中南民族大学；2022年西南大学；2017年云南大学；2017年南京大学；2016年河北大学；2014年华中师范大学；2014年中南大学；2013年河南师范大学；2013年西北大学

南京国民政府成立后，一方面调整对农村的政策，为促进农业发展进行乡村改革，另一方面开展了轰轰烈烈的乡村建设运动，为恢复农村经济做出了一定贡献。

（一）乡村基层社区体制改革

1. 完善乡村层级设置和机构建设。南京政府于1928年颁布《县组织法》，规定县以下的乡村行政组织为区、村、闾和邻。至1934年确定乡、镇、村为乡村一级组织。在乡或镇设立议会、调解委员会、督察委员会等机构。

2. 建立保甲制度。1932年，蒋介石为了"围剿"红军颁布《施行保甲训令》，在乡村基层推行保甲制度，规定：以户为单位，10户为甲，设甲长，10甲为保，设保长，相邻各保设置保障联合办公处。各保甲为一单位，由保长、甲长负责该单位的税收、搜捕盗贼、防御工事营建等事宜，保甲内实行联保连坐，鼓励告发，不容藏匿，强化国民党对基层的控制。

（二）乡村建设运动

1. 背景。

①经济因素。鸦片战争以来，农业为主的经济模式被破坏，帝国主义侵略、封建统治掠夺及天灾人祸的打击使农村经济急剧衰落，农民贫困化加剧，成为国家贫穷的根源。

②政治因素。共产党领导的农民运动蓬勃发展，南京国民政府也制定和推行了"复兴农村"的计划，国共在农

村地区展开争夺，推动知识分子在乡村地区开展建设运动。

③文化因素。一些知识分子对西方文化失望，重新从中国传统文化中寻求救国之法，中国有重农的传统，因此梁漱溟等知识分子希望通过发展农村、农业拯救国家。

2. 内容。

①晏阳初与平民教育运动。为了推行平民识字教育，1920年，晏阳初在长沙、烟台等地设立平民学校，1923年，组织成立中华平民教育促进会。20世纪20年代中期以后，将工作重点转向农村。他主张在农村开展文艺、生计、卫生和公民四大教育。1930年，在河北定县成立实验区，推广平民教育，建设实验农场和保健所。

②梁漱溟与乡村新文化运动。为了改变乡村的落后局面，1929年，梁漱溟在河南辉县创办河南村治学院。1931年，在山东邹平县建立山东乡村建设研究院。一方面利用村学、乡学大力宣传复兴传统良风美俗，另一方面禁止陈规陋习。梁漱溟以建立乡村学校为工作重心，实行政教合一，以达到全民教育的目的。梁漱溟的乡村新文化运动曾扩大到几十个县，在社会上引起广泛关注，但七七事变后销声匿迹。

③黄炎培与职业教育。为了增加人民就业机会，1913年，黄炎培提出实用主义教育主张，并在上海创立中华职业教育社，就此首创中国职业教育。随着帝国主义逐步加紧对中国经济的掠夺，民族工商业受到严重摧残，黄炎培转变思想，把工作重点转向平民职业教育，把职业教育推向农村，主张"读书与做工并重"。

综上，国民政府的乡村改革和建设运动在教育、农业技术推广、合作社发展等方面取得了成果。但受社会混乱和政治环境影响，乡村建设未能达到预期目标，最终未能持续发展。

参考资料

1. 李伟中：《南京国民政府的保甲制新探——20世纪三四十年代中国乡村制度的变迁》，《社会科学研究》，2002年第4期。
2. 徐秀丽：《民国时期的乡村建设运动》，《安徽史学》，2006年第4期。
3. 章开沅，朱英：《中国近现代史》，河南大学出版社，2009年。
4. 王先明：《民国乡村建设运动的历史转向及其原因探析》，《史学月刊》，2016年第1期。

题目5 简述新生活运动的背景、目的、内容和意义

相关真题 2018年河北大学；2017年中南民族大学；2015年南开大学

1934年春，蒋介石在南昌发起了一场以恢复中国传统道德、提倡礼义廉耻为核心的新生活运动，旨在改造人们的生活、改良社会风气，同时也体现了国民政府的文化统制观念。

（一）背景

1. 1927年，国共合作破裂后，共产党在农村开辟工农武装革命根据地，势力发展壮大，国民党深感威胁。
2. 蒋介石发动五次"围剿"未能完全消灭共产党势力及其影响力，决定从思想文化方面着手控制民众，打击共产党。
3. 九一八事变后，蒋介石的不抵抗政策引发民怨，为稳定内政，决定通过灌输礼教思想控制民众。
4. 蒋介石深受传统儒学教育影响，重视人格修养，故发动以"礼义廉耻"为核心的人格教育运动。

（二）目的

新生活运动目的在于改造国民日常生活，提出"整齐、清洁、简单、朴素、迅速、确实"等生活准则，实现"国民生活军事化、生产化、艺术化"。实质是灌输反动思想，清除革命和进步影响，以封建伦理纲常控制民众，巩固国民党的封建买办法西斯独裁统治。

（三）内容

1. 以四维"礼义廉耻"为基本准则。蒋介石认为当时的中国社会"礼义沦亡，廉耻尽丧"，因此需要重建"礼义廉耻"的社会秩序，通过道德方面的约束，加强对民众的控制。
2. 改造国民的日常生活。蒋介石认为单纯的内心修养不能达到"礼义廉耻"要求，所以将"礼"和资本主义国家的文明礼貌结合起来，规定人们衣食住行的生活准则，用实际行动限制人们。

3. 以"三化"指导国民实践。①艺术化。以艺术陶养国民，达到整齐完善的效果。②生产化。鼓励勤劳节俭，帮助国家摆脱贫困。③军事化。强调整齐、清洁、简单、朴素，唤起爱国尚武精神。

（四）意义

1. 把"爱国、尚武、振兴民族精神"作为新生活运动的重要目标，提升了国民对军事化管理的适应性，为抗战的胜利创造了有利条件。

2. 新生活运动还在一定程度上提升了整体国民的素质。新生活运动中关于改造国民日常生活的内容，优化了当时社会的生活环境，提高了国民的健康程度和整体素质，稳定了社会秩序。

综上，新生活运动在一定程度上推动了中国民众日常生活的近代化，并为抗战做了积极准备。但本质上是以"民族复兴"为旗号、用伦理纲常控制民众推行的一种"社会教育运动"。

参考资料

1. 左玉河：《论蒋介石发动的新生活运动》，《史学月刊》，1990年第4期。
2. 顾晓英：《评蒋介石的新生活运动（1934—1949年）》，《上海大学学报》，1994年第3期。

第二节　中国共产党的土地革命与苏维埃政权

题目1　简述南昌起义的背景、进程及历史意义

相关真题　2022年中国社会科学院大学；2022年武汉理工大学；2017年湖南师范大学

八一南昌起义是国共合作破裂后，中国共产党独立领导的重要武装斗争。这一事件标志着中国共产党开始建立自己的武装力量，为后续革命斗争奠定了基础。

（一）起义背景

1. 1927年，蒋介石和汪精卫相继发动"四一二""七一五"反革命政变，大规模杀害共产党员。这严重打击了中国共产党的力量，迫使其寻求新的斗争途径。

2. 国民大革命因"四一二"反革命政变和"七一五"反革命政变失败，中国共产党意识到独立掌握武装力量的重要性。

3. 共产国际对中国革命进行了指导。1926—1927年，共产国际提出加强在军队中的工作和开展土地革命，但这些指示与中国实际情况不完全契合。国民大革命失败后，中国共产党在共产国际的支持下，决定在南昌发起武装起义。

（二）过程

1. 起义的军事准备。起义军队包括贺龙的第二十军、叶挺的第十一军第二十四师以及朱德领导的第五方面军第三军军官教育团和两个保安队等部队。1927年，中国共产党决定以这些部队为基础，在8月1日凌晨4点起义。

2. 起义的发动及结果。因情报泄露，起义提前。1927年8月1日凌晨，起义军迅速占领南昌城，并发表《中央委员宣言》，揭露蒋介石和汪精卫背叛革命的行为，表达拥护孙中山"三大政策"和继续反对帝国主义、新旧军阀的斗争决心。后在国民党反动军队的反扑下，起义军撤离南昌。

（三）历史意义

1. 南昌起义打响了武装反抗国民党反动派的第一枪，标志着中国共产党独立领导武装斗争、创建人民军队和武装夺取政权的开始。

2. 南昌起义后，中国共产党在军事建设方面取得显著进展。南昌起义是党对军队的绝对领导的开端，明确军队的主要任务是推翻军阀政权、建立工农政权及开展土地革命。此外，南昌起义提升了军队的组织纪律性，对后续的军民关系和官兵关系产生了深远影响。

综上所述，南昌起义具有伟大的历史意义。它不仅统一了全党思想，提振了党的士气，也为后续八七会议的召开创造了条件，为中国革命的胜利奠定了人才基础。

> **参考资料**

1. 张秀英：《试论南昌起义对创建人民军队的探索与贡献》，《河南大学学报》，1987年第6期。
2. 章开沅，朱英：《中国近现代史》，河南大学出版社，2009年。
3. 肖燕燕：《南昌起义的国际因素》，《学术探索》，2012年第7期。
4. 张海鹏，翟金懿：《简明中国近代史读本》，中国社会科学出版社，2018年。

题目 2 论"工农武装割据"思想的形成和意义

相关真题 2024年安庆师范大学；2023年吉林师范大学；2023年中南财经政法大学；2021年北京联合大学；2018年湘潭大学

"工农武装割据"思想是中国共产党在井冈山时期，以毛泽东为首的中国共产党人结合马克思列宁主义和中国革命实际形成的重要思想，是中国共产党夺取全国革命胜利的思想武器。

（一）形成背景

1. 以城市为中心的革命失败的教训。中国共产党早期领导人未充分认识到农村根据地的重要性，坚持"城市中心"策略。1927年后，秋收起义、广州起义等均以城市为革命中心，未能取得成功。

2. 农村革命根据地已有的成功经验。1928—1930年，中国共产党广泛开辟农村革命根据地，无产阶级政权和军队在农村地区得到发展和壮大，为工农武装割据提供了成功经验。

3. 毛泽东独到的思想见解。首先，毛泽东主张抛弃国民党的旗帜，由共产党独立领导土地革命，建立工农革命军和工农革命政权。其次，毛泽东提出了"枪杆子里面出政权"的著名论断。最后，在秋收起义军事失利时，毛泽东能够从实际出发，率领工农革命军退向井冈山，建立农村革命根据地。

（二）主要内容

1. "工农武装割据"指在中国共产党领导下，以武装斗争为主要形式，以土地革命为主要内容，以农村革命根据地为战略阵地的三者紧密结合。

2. 武装斗争是进行土地革命，巩固和发展革命根据地的最有力的工具。土地革命能满足农民的土地要求，能最广泛地动员和组织农民群众参加武装斗争，巩固和扩大革命根据地。农村革命根据地是开展土地革命、进行武装斗争的基础和依托。三者相辅相成，缺一不可。

（三）形成过程

1. 首次提出。1928年10月，湘赣边界党的第二次代表大会上，毛泽东第一次提到"工农武装割据"这一重要观念。

2. 基本形成。1928年10月至11月，毛泽东总结井冈山斗争的实践经验，先后撰写了《中国的红色政权为什么能够存在？》和《井冈山的斗争》两篇著作，深入阐述了红色政权在中国农村建立和发展的原因与条件，将实行工农武装割据的经验上升为理论。随着各农村革命根据地和红军的巩固和发展，毛泽东在1930年1月又撰写了《星星之火，可以燎原》一文，进一步阐述了"工农武装割据"在中国革命中的地位和作用，标志着"工农武装割据"思想的基本形成。

3. 进一步阐述。红军长征到达陕北后，毛泽东撰写了《中国革命战争的战略问题》《战争和战略问题》等一系列著作，进一步阐述了"工农武装割据"思想。

（四）意义

1. "工农武装割据"思想开辟了农村包围城市、武装夺取政权的革命道路。

2. 该思想发展了马克思列宁主义关于无产阶级革命的理论，体现了中国革命发展的不平衡性，凸显了革命的长期性和艰巨性。

3. "工农武装割据"思想孕育了人民民主专政的思想，为建立中华人民共和国积累了经验。

综上所述，毛泽东的"工农武装割据"思想，将土地革命、武装斗争和根据地建设紧密结合，是马克思列宁主义普遍真理和中国革命具体实践相结合的典范，对中国革命的胜利起到了决定性作用。

参考资料

1. 刘孝连：《浅析工农武装割据理论与红色政权建设》，《延边党校学报》，2015年第2期。
2. 王勤：《军阀混战与工农武装割据初探》，《驻马店师专学报（社会科学版）》，1994年第2期。
3. 李佳颖：《百色起义："工农武装割据"的光辉实践》，《当代广西》，2021年第2期。

题目3　论述苏维埃政府的建立及其经济政策

相关真题　2022年青海民族大学；2022年南京师范大学

1931年，中共中央决定以赣南、闽西革命根据地为依托，建立苏维埃中央政府。1931年11月，中华苏维埃第一次全国代表大会召开，选举产生了中华苏维埃共和国临时中央政府。

（一）中华苏维埃政府的建立

随着三次反"围剿"的胜利，赣南、闽西等革命根据地不断发展，日益需要建立一个全国苏维埃中央政权以统一领导全国各地根据地的斗争。1931年11月，中共中央在江西瑞金召开了第一次全国代表大会，制定了《中华苏维埃共和国宪法大纲》，通过了土地法、劳动法和经济政策等法令，并宣布中华苏维埃共和国临时中央政府正式成立。最高政权机关是全国工农兵代表大会，闭会期间则由中央执行委员会行使最高权力。

（二）苏区的经济政策

1. 进行土地革命。苏维埃政府为了解决农民的土地问题，1933年在苏区推行查田运动，初期犯了"左"倾错误，侵犯了中农利益。后毛泽东提出正确的政策纠正查田运动中的偏差，使查田运动取得一定的成效，满足了农民的土地需求。

2. 发展农业生产。苏区政府组织群众实行耕种互助，成立劳动互助社、耕田队等，并颁布《劳动互助社组织纲要》，推动劳动互助社发展。此外，采取兴修水利、开垦荒地等措施以促进生产。

3. 发展军事工业和民用工业。军事方面建立了中央军委兵工厂、炸弹厂、子弹厂等；民用方面主要发展手工业，如造纸、炼铁、织布、煤炭等，并成立手工合作社推动手工业发展。

4. 商业方面，一方面发展国营商业，掌握进出口贸易的主导权，成立中华商业公司与福建、广东等地进行贸易；另一方面发展消费合作社，鼓励农民集资成立粮食、布匹、食盐等合作社。

5. 金融方面，废除高利贷，没收当铺，建立工农银行，提倡信用合作社。1932年年初，成立中华苏维埃共和国国家银行，形成了独特的金融体系。

综上，面对国民党新军阀的反共行动，中国共产党坚决选择武装反抗，提出苏维埃斗争口号，将工农武装暴动与创建苏维埃政权结合。苏维埃政权的建立和实施的经济政策，对中国革命进程产生了深远影响。

参考资料

1. 章开沅，朱英：《中国近现代史》，河南大学出版社，2009年。
2. 于化民：《苏维埃革命：从宣传口号到行动纲领——以中共早期武装暴动和政权建设为中心的解析》，《近代史研究》，2016年第1期。

题目4　简述苏区土地革命的方针、措施及意义

相关真题　2023年鲁东大学

"土地革命"是中国共产党在第二次国内革命战争期间（1927—1937年），在各革命根据地实施的土地分配和废除债务等措施，旨在废除旧有的土地制度，消除地主阶级的影响，恢复农村经济秩序，满足农民对土地的需求。

（一）土地革命的方针

土地革命的基本方针是通过阶级斗争将地主阶级的土地转移给贫农和佃户，从而激发他们的生产积极性，改善他们的生活条件，增加国家的粮食产量。

（二）土地革命的措施

1. 制定《中国共产党土地问题党纲草案》。1927年，中国共产党提出了首个关于土地问题的党纲草案——《中

国共产党土地问题党纲草案》，明确提出将没收的土地归农民使用，并废除租田制度与押田制度，实行"耕者有其田"。

2. 实施分田。1928年2月，井冈山革命根据地开始实施分田政策。该政策从宁冈县起步，在湘赣边界党的第一次代表大会后全面展开，短时间内宁冈、永新等多个县区实行了土地分配。

3. 通过《土地问题决议案》。1928年6月，中共六大通过《土地问题决议案》，将中国农民分为佃农、半佃农、自耕农，并指出大部分农民无地或少地是地主兼并土地的结果，决议强调革命是解决土地问题的唯一方法。

4. 制定《井冈山土地法》。1928年12月，毛泽东主持制定《井冈山土地法》，规定没收一切土地收归苏维埃政府所有，并通过三种方法加以分配。这是土地革命时期的第一部土地法，改变了几千年来地主剥削农民的封建土地关系，为以后的土地革命提供了经验。

5. 制定《兴国土地法》。1929年4月，毛泽东根据中共六大精神主持制定《兴国土地法》，把"没收一切土地"改为"没收一切公共土地及地主阶级的土地"。

6. 开展查田运动。1933年，中央苏区推行大规模查田运动，毛泽东强调查田的目的是查阶级而非按亩分田，坚持"以工人为领导，依靠贫农，联合中农，去削弱富农，消灭地主"的策略，运动在短期内取得一定成效。

（三）土地革命的意义

1. 土地革命既是一场政治、经济革命，又是一次深刻的社会革命。土地革命最深入、最广泛地调动了农民群众革命和建设的积极性，为工农革命的胜利奠定了坚实的群众基础，为新中国成立后的土地改革提供了借鉴。

2. 土地革命打破了封建土地制度，使得农民能够获得更多的土地和权益，解放了农村生产力，农民生活水平有所提升，粮食产量增加，充分激发了广大群众投身革命的奋斗热情。

综上，中国共产党十分重视新民主主义革命中的土地问题，并带领农民进行土地革命，推动了中国革命的发展进程。

参考资料

1. 曾耀荣：《中国共产党在苏区实行"耕者有其田"的三种形态——苏区土地革命研究之一》，《赣南师范大学学报》，2023年第1期。
2. 陈胜华：《苏区"扩红"运动中土地革命的法律依据》，《宜春学院学报》，2022年第10期。
3. 张磊：《土地革命时期鄂豫皖苏区群众组织建设研究》，《军事史林》，2020年第12期。

题目5 简述土地革命期间的三次"左"倾错误及其原因

相关真题 2024年武汉理工大学

土地革命时期，中国共产党连续出现了以瞿秋白、李立三、王明为代表的三次"左"倾错误，给中国共产党的革命事业造成了巨大损失，几乎葬送了党，葬送了中国革命。

（一）三次"左"倾

1. 第一次"左"倾错误是1927年11月至1928年4月以瞿秋白为代表的"左"倾盲动主义错误。在国民大革命失败以后，瞿秋白等中共中央领导人没有认清革命低潮的形势，错误地确定以城市为中心的全国武装暴动计划，在革命性质上犯了混淆资产阶级民主革命和社会主义革命的错误，在革命形势上犯了不切实际地夸大敌人统治危机的错误，在革命实践上犯了执行仇视民族资产阶级政策的错误。结果使国民大革命中保留下来的革命力量在敌我力量悬殊的盲动斗争中再一次遭受重大损失。直到1928年4月，中共中央政治局发出通告，"左"倾盲动主义错误才基本停止。

2. 第二次"左"倾错误是1930年6月至1930年9月以李立三为代表的"左"倾冒险主义错误，史称"立三路线"。1928年中共六大后，革命基调比较明晰，但随着革命力量的发展，到1930年，李立三等党内一些同志对局势做了错误的判断。错误主要表现在否认当时仍然是敌强我弱的基本情况，混淆资产阶级民主革命和社会主义革命的界限，反对"工农武装割据"和以农村包围城市的思想，主张城市中心论，并制定了一个以武汉为中心的全国总暴动和集中红军进攻中心城市的计划，结果使革命受到严重挫折。1930年9月，中国共产党召开六届三中全会，纠正了"立三路线"的错误。

3. 第三次"左"倾错误是1931年1月至1935年1月遵义会议前以王明为代表的"左"倾教条主义、宗派主义错误。在王明错误思想的指导下，中国共产党在组织上犯了大搞任人唯亲的宗派主义错误，在军事上犯了冒险主义错误，在理论上犯了教条主义错误。结果给中国革命带来严重损失，使党的根据地大量丧失，红军、党员人数锐减，中央红军被迫撤离中央革命根据地进行长征。直到1935年1月遵义会议召开，这次"左"倾错误才结束。

(二) 原因

1. 党在理论上准备不足，尚未确立马克思主义实事求是的思想路线。刚成立不久的中国共产党理论水平还不高，容易从书本或主观愿望出发，把马克思主义当成教条而不是行动指南。另外，苏联是第一个把社会主义变为现实的国家，其革命经验容易被教条化、神圣化。

2. 党在政治上还不成熟，盲目听从共产国际的指导。三次"左"倾的背后都能看到共产国际的影子，尤其是第三次"左"倾时期，中国共产党盲目听从共产国际派来的李德的军事指挥，给革命造成重大损失。

3. 党在组织上缺乏完全自主权，没有确立马克思主义的干部路线。党没有任命干部的自主权。中共六大党章规定中国共产党是共产国际的一部分，受共产国际领导，党对干部的任命要请示共产国际。这就导致了以毛泽东同志为代表的能提出符合中国实际情况政策的一批干部得不到重用，让革命走了弯路。

总之，三次"左"倾错误是中国共产党革命路上走的弯路，给党和革命事业带来巨大挫折，其产生原因是多方面的，为之后党的建设提供了警醒。

参考资料

1. 徐妍艳：《土地革命时期的"左"倾错误》，《赤峰学院学报（汉文哲学社会科学版）》，2008年第9期。
2. 唐厚裕：《试析党在土地革命时期连续犯"左"倾错误的原因》，《世纪桥》，2007年第9期。

题目 6 论述遵义会议的背景、内容及历史意义

相关真题 2024年长春师范大学；2022年鲁东大学；2018年中央民族大学；2018年河北大学；2017年西北民族大学；2012年首都师范大学

1935年1月中国共产党召开的遵义会议，是在中国共产党和中国革命面临生死存亡的危机时，中国共产党运用马克思主义的基本原理，独立自主地解决自己的路线、方针和政策问题的会议，是中国共产党历史上一个生死攸关的转折点。

(一) 背景

1. 党的历史背景。中国共产党在成立和发展初期深受共产国际的影响，王明、博古等核心党员缺乏中国革命的实践经验，对共产国际的指导持有盲目追随的态度。

2. 革命的现实背景。①第五次反"围剿"失利后，党中央和红军不得不进行战略转移，同时，全党全军对共产国际军事顾问李德的错误指挥产生了怀疑和不满，促使党内产生了改变军事指挥的共识。②中央在会议前逐渐恢复了民主集中制原则，为会议的召开提供了制度保障。

(二) 内容

1. 总结第五次反"围剿"失利的教训，批判了中共中央负责人博古、军事总指挥李德在军事上的错误指挥，取消二人在党内的军事指挥权。重新肯定了毛泽东等人在实践中得出的中国革命规律和战略战术。

2. 改组中共中央领导机构。推选毛泽东为中央政治局常委，由张闻天代替博古在中共中央负总责。仍由中央军委主要负责人朱德、周恩来指挥军事，随后组成毛泽东、周恩来、王稼祥三人军事指挥小组，作为领导军队的最高统帅部。

(三) 意义

1. 结束了"左"倾路线在党内的统治，纠正了军事领导上的错误，使红军摆脱了敌人的围追堵截，走出了危险的境地，为长征的胜利创造了条件。

2. 开创了中国共产党独立自主地运用马克思主义基本原理解决自己的路线、方针和政策问题的新时代，使中国共产党从此走上了一条符合中国国情和革命实际的正确道路，为中国革命的胜利提供了科学的指导。

3. 会议确立了毛泽东在党和红军中的领导地位，使中国共产党从此有了一个坚强的领导核心，这为中国共产党最终形成以毛泽东为核心的中央领导集体奠定了思想和组织基础。

总之，遵义会议不仅挽救了党，挽救了红军，挽救了中国革命，而且开创了中国共产党的新时代，为中国革命的胜利奠定了坚实的基础。

参考资料

1. 中共中央组织部党建研究所：《中国共产党90年主要成就与经验》，党建读物出版社，2011年。
2. 姜建芳：《遵义会议：中国共产党开始成熟的标志》，《思想理论教育导刊》，2015年第2期。
3. 金冲及：《对遵义会议的历史考察》，《中共党史研究》，2015年第1期。

第三节　南京政府时期的社会经济与文化

题目1　简述左翼文化运动　醒吾历史统考预测题

1927年，国民大革命失败后，一批党的和受党影响的文化工作者陆续聚集到上海。他们冲破国民党反动统治的高压，通过推广马克思主义、组织革命文艺创作等活动，有力地反击国民党反动派的文化"围剿"，取得了显著的成效。

（一）背景

1. 革命进步文化受到限制。1930年，国民政府颁布《出版法》，对报纸、杂志、书籍出版实施限制，尤其是禁止宣传共产主义和民主共和的内容。
2. 进步书籍被查禁，文化进步人士遭迫害。国民政府查禁了数百种文艺和社会科学书籍。1931年，多位著名青年作家和共产党员，如柔石、殷夫、胡也频等人被杀害。
3. 国民革命失败后，许多文化工作者迁至上海，开始在共产党的领导下通过笔墨与国民党的文化"围剿"进行斗争。

（二）运动过程

1. 左翼文化运动的发起。1928年年初，创造社、太阳社在上海率先倡导"革命文学"，进行马克思主义理论宣传，倡导无产阶级新文学。这种文学倾向于反对个人主义，强调集体主义，以无产阶级的世界观为背景，反映无产阶级的现实生活。蒋光慈、李初梨等成为主要代表人物。
2. 中国左翼作家联盟的成立。1929年10月，为加强党对文化工作的领导和推动左翼文化运动的健康发展，中央文化工作委员会成立。1930年3月，鲁迅、潘汉年、蒋光慈等人成立了中国左翼作家联盟，确定了工作方针，即学习马克思主义艺术理论、出版机关刊物等。
3. 左翼文化运动的壮大。左联成立后，带动了左翼文化界的团结。1930年3月，成立中国左翼戏剧家联盟，同年5月成立了中国社会科学家联盟，7月成立了中国左翼美术家联盟，加上次年成立的中国左翼世界语者联盟等，形成了完整的左翼文化阵线。
4. 与非无产阶级文化派别进行论战。左翼文化派与新月派、"民族主义文学"的论战尤为突出。鲁迅等左翼作家反驳了新月派关于文学无阶级性的观点，批判了"民族主义文学"提出的民族意识实为统治阶级意识的反映，强调文学的阶级性，主张文学要为无产阶级大众服务。

（三）影响

1. 左翼文化运动在宣传和介绍马克思主义方面取得了成效，扩大和巩固了马克思主义的舆论阵地，为新民主主义革命扩展了群众基础。
2. 左翼文化运动在中国社会性质和革命性质的认识上，为新民主主义革命道路的探索提供了科学的理论基础。
3. 左翼文化运动促进了民众对国民党和中国共产党差异的认识，吸引了大批青年学生和进步人士向往苏区，选择新民主主义革命道路，壮大了共产党的力量，冲击了国民党的统治。

总之，左翼文化运动成为革命的重要支撑，通过文学和艺术作品与国民党争夺宣传阵地，对于宣传马克思主义思想，扩大共产党的影响，反对国民党法西斯文化专制主义和文化"围剿"都起了重要作用。

参考资料

1. 章开沅，朱英：《中国近现代史》，河南大学出版社，2009 年。
2. 毛自鹏，崔凤梅：《左翼文化运动对新民主主义革命道路的贡献》，《河南师范大学学报》，2015 年第 42 期。
3. 严哲文：《论左翼文化运动的发展和影响及文化宣传与革命运动的关系》，《上海党史与党建》，2020 年第 3 期。

第四节 中间势力的主张与活动

题目1 简述土地革命时期第三党的政治主张

相关真题 2016 年湖南大学；2006 年东北师范大学

国民革命失败后，一些孙中山革命事业的忠实追随者与部分从中国共产党内游离出来的人员合组中国国民党临时行动委员会，重揭国民革命的旗帜，以期在中国实现三民主义。由于该组织既反对蒋介石对三民主义的背叛，也不认同中国共产党致力的共产革命，思想主张居于二者之外，故被称作"第三党"，其核心人物是邓演达。

（一）政治主张

1930 年，第三党通过了体现党的纲领的《政治主张》。

（1）第三党的政治核心是推翻南京政府的统治，建立"平民政权"的国家，以国家资本主义为过渡形式，向社会主义前途迈进。

（2）第三党主张采取武装斗争的形式，反对帝国主义、封建主义和军阀统治，积极进行反蒋活动。

（3）第三党的经济政策主张是消除帝国主义在华的经济统治势力，消灭封建残余，在集中与干涉的原则下建设国家资本主义。

（4）第三党的对外政策主张是废除一切不平等条约，重新订立完全平等的条约。对苏联，以双方完全平等及不干涉中国革命为限，与之恢复邦交，与各弱小民族结成亲密的关系，建立反帝国主义的联盟。

（5）第三党的社会政策主张是改良工人的生活。确定八小时工作制和维护工人罢工的权利，使工人逐渐参加生产管理；提高士兵和警察待遇，给退伍士兵以土地与资本，使其耕种；创设无偿的平民医院，完善平民医疗体系；禁止纳妾或蓄奴及人口买卖。

（6）第三党的文化政策主张是限制文言，流通白话。限期推行无偿的义务教育制，举办普通的农业教育、劳动教育及其他职业教育。

（二）评价

1. 第三党的政治主张有一定的合理性。①他们的思想中有很多符合中国实际的内容，如邓演达对国家资本主义的论述，从生产力的角度论证了实行国家资本主义的必要性，在当时一段时期内是符合中国实际的。②纵观第三党的早期政纲，与中国共产党的新民主主义理论和纲领十分相近，许多设想和中国共产党是一致的，包括在中国共产党的奋斗目标中，并最终由中国共产党完成。

2. 第三党的局限性限制了其进一步的发展。①第三党的"平民革命"和"平民阶级"理论把资产阶级和无产阶级中的部分人群划归平民阶级，模糊了两个阶级间的界限和矛盾，因而不能照顾到广大无产阶级的需求，也得不到其支持。②在处理理论与实际关系的问题上，第三党并未摆脱自辛亥革命以来所有小资产阶级政党的共同弱点，只注重提出理论，而不重视如何使理论与革命群众相结合，尤其没有做长期发动群众的思想准备。

综上，第三党是国民党左派的一个重要分支，有一定的社会价值，但最终因各种原因而未能实现其主张。

参考资料

1. 赵晓呼：《试论第三党产生的历史特点及其政治主张》，《中国民航学院学报》，1992 年第 3 期。
2. 曾平辉：《对早期第三党的再认识和评价》，《惠州大学学报（社会科学版）》，2001 年第 1 期。

第九章　抗日战争

第一节　日本侵华与抗日救亡运动

题目1　论述日本侵华的原因、特点及后果

相关真题　2015年江西师范大学

日本在20世纪初期开始追求扩张和崛起，侵略中国是其目标之一。日本侵华蓄谋已久，其发动侵华战争的原因是一个复杂的问题，其中涉及多个方面的因素。

（一）原因

1. 日本方面。

①资源需求：日本地狭人多、资源匮乏，严重依赖外部资源和市场，因此产生了向外扩张的需求，以获取必要的资源。

②经济实力：明治维新后，日本资本主义快速发展，综合国力显著提升，在亚洲处于领先地位，具备了侵略扩张的实力基础。

③民族心态：甲午中日战争后，日本社会普遍存在对中国的轻视与敌意，这种心态成为日本对华战争的心理动因之一。

④经济危机：1929年的世界经济危机对日本造成重创，日本希望通过发动战争转移国内矛盾，同时获得战争利益。

⑤军国主义：日本历史上形成了惯于征战杀伐的武士阶层和"武士道"精神，军国主义者借助天皇的名义，主张对外用兵，这一思想在日本政界占据了主流地位。

⑥国际关系：英、法等国对日本侵华采取绥靖政策，如1931年，日本侵占东三省，1932年，英法等国主导的"李顿调查团"在调查日本侵华事宜时偏袒日本，助长了日本的侵华野心。

2. 中国方面。

①社会经济落后：近代中国的社会经济发展相对落后，农业受帝国主义和封建势力的双重压迫，日渐衰弱。

②政局不稳：中国政治局势混乱，军阀混战，国家政治腐败，派系斗争激烈，为日本侵华提供了机会。

（二）特点

1. 蓄谋已久。1927年，日本首相田中义一主持召开"东方会议"，宣示了八条《对华政策纲要》，企图把"满蒙"从中国本土彻底分割出去，并决心为之付诸武力。1928年，石原莞尔担任关东军副参谋，提出了他有关侵略中国东北的理论和主张，形成了臭名昭著的"石原构想"。

2. 蓄意制造事端。如1931年9月18日，日本炸毁柳条湖铁路，嫁祸给中国守军，以此发动九一八事变。1937年7月7日，日本借口士兵失踪挑起争端，发动了"七七事变"。两次都是以蓄意制造事端的方式实施侵华目的。

3. 手段野蛮。日本在侵华战争中对中国人民实施了灭绝人性的屠杀，如平顶山大惨案、南京大屠杀等，充分暴露了其凶残本性。

4. 殖民掠夺空前残酷。从1932—1944年，日本从我国东北掠夺了大量的煤、生铁、钢等资源。"七七事变"后，日本控制了我国华北、华中和华南沦陷区的煤、铁、盐、水电等部门。

5. 扶植汉奸、傀儡政权。日本通过伪满洲国和汪伪政权等傀儡政权实行"以华制华"的政策，旨在分裂中国领土和破坏抗日民族统一战线。

（三）后果

1. 深陷中国战场，难以自拔。"七七事变"后，日本开始了全面侵华战争，但中国人民的抗战意志远远超过了日军的预估，淞沪会战使日军三个月灭亡中国的计划泡汤。此外，有约500万日军被牵制在中国战场，成为其侵

略战争失败的重要因素。

2. 国际上被孤立。日本全面侵华很快使自己成为国际社会的众矢之的，日本对中国一方的战争逐步发展为对世界反法西斯同盟的战争，从而导致其侵略战争的失败。

3. 国内掀起反战运动。日本国内因战争带来的负担和苦难，出现了广泛的反法西斯、反战运动，进一步削弱了日本的战争能力。

综上，日本的侵华行为蓄谋已久，虽然在短期内取得了一些军事上的成功，但长远来看是得不偿失的，并且给中日两国人民都带来了深重的苦难。

参考资料

1. 赵文：《试述"九一八事变"前〈生活〉周刊对日本侵华原因的分析》，《晋阳学刊》，2006年第1期。
2. 刘家英：《日本侵华战争的特点》，《云南社会科学》，1990年第3期。
3. 康慧斌：《日本侵华后果浅析》，《山西大学师范学院学报》，1994年第1期。

题目2　谈谈你对"十四年抗战"和"八年抗战"的理解

相关真题　2021年湖南科技大学；2018年辽宁大学；2018年南京大学；2017年南开大学

"八年抗战"和"十四年抗战"，是关于中国人民抗日战争全过程与阶段划分的两个概念。"八年抗战"是指1937年卢沟桥事变后开始的全国性抗战，"十四年抗战"是包含1931年九一八事变后开始的局部抗战的整个反抗日本帝国主义侵略的战争。

（一）"八年抗战"

"八年抗战"以1937年"七七事变"为抗日战争的开端，是以前关于抗日战争的主流观点。

1. 1937年是全面抗战的开始。1937年卢沟桥事变的爆发意味着当时中国内地已经直接暴露在日本的威胁之下，而这次日本的侵略行动带有明显的灭亡中国的企图，以国民政府为主要代表的中国开始了战时动员，由此开启了全面抗战的历程。

2. 1937年，国共第二次合作基本达成，抗日民族统一战线也已形成。当时全国上下形成了团结抗日、一致对外的局面，不再是像之前那样由地方单独抵御日本的侵略。

3. 卢沟桥事变之后，日本的军事行动已经由此前的侵占领土、扩大"生存空间"的侵略行径，彻底转变为一场全方位的、企图征服中国的侵略战争。

"八年抗战"的合理性在于以卢沟桥事变后的全国性抗战为主要参照，并结合这一事件的关键性时间进行概念界定。

（二）"十四年抗战"

"十四年抗战"以1931年的九一八事变为抗日战争的开端，是目前关于抗日战争的主流观点。

1. 九一八事变是日本发动的真正意义上的侵略战争，并导致东北沦陷。尽管这次事变未能立即引发全国性的抗战，但它已经是中日矛盾的主要表现，标志着中华民族抗日战争的开端。

2. 持续的地方性抗战与全国抗战的铺垫。自九一八事变开始，中国东北地区的抗日活动持续到1945年才结束。尽管这些活动在初期并未形成全国性的抗战规模，但却是抗日战争全过程的重要组成部分。

3. 就日本而言，九一八事变是日本军国主义长期对华侵略策略的一部分。九一八事变是日本"大陆政策"的产物，即日本要想达成征服世界的野心，就要先征服中国，并从占领"满蒙"入手，其侵略中国的野心已经昭然若揭。

2017年春季，历史教材全面落实"十四年抗战"概念，"八年抗战"一律改为"十四年抗战"，全面反映日本侵华罪行，强调九一八事变后的十四年抗战历史是前后贯通的整体，相较"八年抗战"，"十四年抗战"更能表述抗战的全过程和中华民族艰苦抗战的伟大意义。

参考资料

1. 孙宜芳：《"十四年抗战"的学理依据——基于"八年抗战"与"十四年抗战"观点之争的分析》，《长白学刊》，2019年第1期。

题目3 试述华北事变及其影响

相关真题 2022年天津师范大学；2022年湖南科技大学；2013年华东师范大学；2001年南京大学；2000年华东师范大学；1998年华东师范大学

华北事变是指自九一八事变东北沦陷至1935年日本军队在华北地区逐步扩大控制范围的一系列事件，对当时的政治局势产生了显著影响。

（一）背景

1. 中国方面。国民政府领导人蒋介石实行"攘外必先安内"策略，优先解决内部的共产党问题，而将抗击日本侵略者视为次要任务。这一策略导致了国共内部的持续矛盾和冲突，同时也削弱了抵抗日本侵略者的力量。

2. 日本方面。20世纪30年代，日本国内经济陷入危机，政治局势动荡。为了转移国内矛盾，日本政府采取了对外扩张的政策。1933年长城抗战后，日本将其对华侵略方式由直接武力侵占转变为逐步蚕食的策略，实行"华北分离"政策。

（二）主要内容

1. "河北事件"及《何梅协定》。1935年，天津日租界的亲日分子《国权报》社长胡恩溥和《振报》社长白逾桓被暗杀，此即"河北事件"。于是日本以此为借口挑起事端，声称此案是中国的排外举动，向国民政府提出无理要求，中方代表何应钦和日方代表梅津美治郎达成了所谓的《何梅协定》，使日本实际取得了对河北的控制权。

2. "张北事件"及《秦土协定》。1935年，4名没有护照的日本特务机关人员潜入察哈尔省境内绘制地图，行至张北县，被当地驻军扣留，察哈尔省主席宋哲元为避免引起事端，即令释放，此即"张北事件"。但日方借此提出了蛮横要求，中方代表秦德纯与日方代表土肥原贤二达成了《秦土协定》，中国在冀、察二省的主权大部丧失。

3. "华北五省自治运动"及成立"冀察政务委员会"。日本在迫使国民政府势力撤离华北后，随即积极策动华北五省（河北、山东、山西、察哈尔、绥远）所谓的自治运动，企图使华北五省成为"第二个东北"。国民党政府慑于日本的威胁，于1935年12月在北平成立"冀察政务委员会"，其名义上虽隶属南京国民政府，但受到日本法西斯和汉奸势力的控制，冀、察两省实际上成为变相的"自治"，置于中国行政区域之外。

（三）影响

1. 华北事变的爆发使中华民族面临空前严重的民族危机，同时也使中日之间的紧张关系进一步加剧，促使国民政府开始重新评估其对日政策。

2. 促进了国共合作。华北事变激发了中国人民的抗日情绪，民众要求停止内战，一致对外，为国共两党的第二次合作创造了条件。张学良、杨虎城两位国民党将领从大局出发，发动西安事变，推动国共合作的实现。

3. 促使国民党内部分化。华北事变促使国民党内部在对日政策上出现严重分歧，形成了以蒋介石为首的亲美英派和以汪精卫为首的亲日派，为后期的政治动荡埋下了伏笔。

4. 影响国际关系，加深了英美与日本之间的矛盾。日本的扩张损害了美、英帝国主义在华北的经济利益，所以英美对华政策开始转变，支持国民党统治集团中的亲英美派抵制日本。

总而言之，华北事变是日本侵略中国的关键步骤之一，不仅给华北地区带来了深重的危机，也促使中国人民的抗日情绪更加高涨，为后续的全面抗战奠定了基础。

参考资料

1. 臧运祜：《论华北事变的来龙去脉》，《北大史学》，2003年第1期。

第二节 抗日民族统一战线的形成

题目 1 论述抗日民族统一战线的形成过程及其影响

相关真题 2022年历史学统考；2024年黑龙江大学；2024年延边大学；2023年中国社会科学院大学；2023年西南民族大学；2023年长春师范大学；2022年武汉理工大学；2022年北京联合大学；2020年吉林大学；2020年陕西师范大学；2020年湘潭大学；2020年安庆师范大学；2019年福建师范大学；2019年曲阜师范大学；2018年陕西师范大学；2018年湖南师范大学；2017年聊城大学；2016年苏州科技大学；2015年黑龙江大学；2015年扬州大学；2014年中南大学；2013年黑龙江大学；2006年安徽大学；2005年四川大学；2001年华东师范大学

抗日民族统一战线是日本发动侵华战争后，面对民族危亡的严峻形势，中国共产党逐步提出的团结抗日的主张。它是以国共两党的第二次合作为基础，全国各族人民、各民主党派、各爱国军队、各阶层爱国人士以及海外华侨参加的，团结一致抗击日本侵略者的全民族统一战线。

（一）形成过程

1. 抗日民族统一战线初步建立。

1931年九一八事变后，中国共产党号召全党同下层小资产阶级群众结成抗日反蒋统一战线，包括反对帝国主义势力和国民党蒋介石的双重目标。此时的抗日号召尚未涵盖所有社会阶层，主要侧重于工人、农民、学生等人群。

2. 抗日民族统一战线正式提出。

1935年8月1日，参加共产国际七大的中共代表团以中华苏维埃共和国临时中央政府和中共中央名义发布了"八一宣言"。该宣言明确提出建立抗日民族统一战线的政策，号召全国各党派、各界同胞、各军队放下前嫌，集中力量抗日，这标志着中国共产党正式提出了全民族抗日的政治主张。但这时期的统一战线强调的是上层之间的联合，未明确提出下层统战。

3. 抗日民族统一战线策略正式确定。

1935年12月，中共中央在瓦窑堡召开政治局扩大会议，指示全党应发动、团结与组织中国全民族一切革命力量去反对日本帝国主义。至此，中国共产党的抗日民族统一战线策略方针正式确定。

4. 抗日民族统一战线初步形成。

1936年4月，中共中央发表宣言，首次将国民党视为统一战线的一部分。同年12月张学良、杨虎城发动西安事变，迫使蒋介石同意停止内战，一致抗日。国民党于1937年2月召开五届三中全会，基本确定了停止内战、实行国共合作的原则，这标志着抗日民族统一战线初步形成。

5. 抗日民族统一战线最终形成。

卢沟桥事变后，中国共产党发表《中国共产党为公布国共合作宣言》等多份宣言，强调国共合作抗日。1937年8月23日，蒋介石发表《对中国共产党宣言》谈话，实际上公开承认了中国共产党的合法地位。至此，以国共两党合作为基础的抗日民族统一战线最终形成，实现了全民族抗战。

（二）影响

1. 为赢得抗日战争胜利奠定了基础。抗日民族统一战线的建立有效集中了全国力量抵抗日本侵略，打破了日本迅速灭亡中国的妄想，同时获得了国际社会的支持。

2. 加速了新民主主义革命进程。中国共产党在推动建立抗日民族统一战线的过程中，既争取了农民、小资产阶级等作为革命的基础力量，又吸引了中间势力，共同反对帝国主义。

3. 促进了中国共产党的发展。抗日民族统一战线的建立提升了中国共产党的威信和社会影响力，获得了广泛的人民支持，为后续赢得解放战争的胜利打下了群众基础。

4. 激发了全国人民的民族意识和爱国热情。抗日民族统一战线的建立强化了民众的民族意识和爱国情感，全民族团结一心，共同抵抗外辱，为民族复兴做出了重要贡献。

综上所述，抗日民族统一战线的形成是在中国共产党的积极倡导下实现的，它不仅对抗日战争的胜利起到了决定性作用，也对中国现代历史的发展产生了深远影响。

参考资料

1. 张健彪：《论中国共产党抗日民族统一战线策略的形成》，《中共山西省委党校学报》，2020年第4期。
2. 董剑，孙怡然：《试论抗日民族统一战线的形成过程》，《河北民族师范学院学报》，2014年第31期。

第三节 全面抗战的爆发

题目1 试述全面抗日战争初期中国的正面战场

相关真题 2022年北京大学；2022年天津师范大学；2018年黑龙江大学；2018年四川师范大学；2018年苏州大学；2017年南京大学；2015年陕西师范大学；2015年内蒙古大学；2006年宁波大学；2005年南京大学；2005年北京师范大学；2004年安徽师范大学；2003年北京师范大学

从1937年"七七事变"到1938年10月武汉失守是全面抗战初期。这一时期，中国大片国土沦陷，南京国民政府组织了多次战役抗击日本入侵。

（一）主要战役

1. 淞沪会战。"七七事变"后，日本企图将其势力范围扩大至华东地区。1937年8月13日，中国军队与日军在上海的吴淞口附近爆发冲突，淞沪会战开始。由于武器装备和战略后勤的不足，中国军队在持续的激战后开始逐步撤退。到1937年11月，日军占领了上海。这场战役是抗日战争中的第一场大型会战，也是规模最大、战斗最惨烈的一场战役，虽然以中国军队撤退告终，但是彻底粉碎了日本"三个月灭亡中国"的计划。

2. 南京保卫战。淞沪会战后，日军于1937年12月进攻国民政府首都南京，南京卫戍司令长官唐生智率10多万将士守卫。在保卫南京的作战中，中国官兵坚决抵抗，同日军进行了多次英勇战斗，但终因敌强我弱，不能阻挡多路日军的猛烈攻击，南京沦陷。日军进入南京，开始了长达六周惨绝人寰的南京大屠杀，残酷杀害中国军民30多万人，是日本法西斯犯下的反人类战争罪行。

3. 太原会战。1937年9月至11月，中国第二战区部队同日军华北方面军在山西省北部、东部和中部地区进行的大规模的战略性防御战役，主要包括平型关战役、忻口战役和太原保卫战等。这次会战持续了两个月，以中国军队失利告终，宣告了中国在华北正面战争的结束。其中忻口会战大量消耗日军的有生力量，牵制了日军沿平汉铁路南下的作战行动，也是国共合作的典范。

4. 徐州会战。1938年1月，为连接华北、华中战场，日军南北夹击徐州。李宗仁在徐州指挥作战，中日双方在津浦线、陇海线交界地区进行了大规模会战，其中以台儿庄战役最为著名，徐州会战给予日军沉重打击，迟滞了日军侵略脚步，为武汉部署赢得时间。

5. 台儿庄战役。从1938年3月开始，日军为了争夺战略要地徐州，向台儿庄发起进攻。中国军队在第五战区军事长官李宗仁的指挥下，经过滕县战斗、临沂战斗、台儿庄战斗等，打退了日军，取得了战役胜利。这是抗战以来取得的最大胜利，沉重打击了日本的嚣张气焰。

6. 武汉会战。1938年7月，日军计划由长江南北进攻武汉。国民政府派重兵驻守武汉外围的要地，节节抵抗日军进攻，并取得了万家岭大捷。同年10月，日军攻占广州，从东、南、北方向包围武汉，武汉无险可守，蒋介石放弃武汉，撤走军队后，武汉沦陷。武汉会战是抗战以来战线最长、规模最大、持续时间最长的一次会战。武汉失守后抗战转入战略相持阶段。

（二）正面战场的意义和局限性

1. 意义。①抗战初期的正面战场打破了日本速战速决的战略构想。②消灭了大量日军，为沿海沿江工业内迁、为西南大后方稳定赢得了宝贵时间，掩护了敌后抗日根据地的开辟。③极大地鼓舞了全国军民的抗战信心，赢得了世界各国对中国抗战的关注乃至尊敬。

2. 局限性。 ①抗战初期的正面战场失利较多，使得战线不得不进行大幅后移，导致大片国土沦丧，军队数量减少，中国军队的抗战陷入被动局面。②国民党实行片面抗战政策，未能有效发动人民群众的力量，使得国民党军队缺少民众的支持。

综上，在抗战初期，正面战场在各方面都不如日军的情况下，粉碎了日军的企图，捍卫了国家尊严，但也存在着抗战态度不够坚决彻底、民众动员不够广泛等诸多问题。

参考资料

1. 刘庭华：《关于国民党正面战场的历史地位》，《抗日战争研究》，2006 年第 2 期。
2. 卢继东：《关于〈中国抗日战争正面战场作战记〉》，《文史杂志》，2005 年第 6 期。

第四节　正面战场与敌后战场

题目 1　论述中国共产党在抗日战争中的贡献

相关真题　2024 年武汉理工大学；2023 年内蒙古大学；2023 年中南财经政法大学；2016 年南开大学

在十四年抗战中，中国共产党始终代表中华民族和中国人民的根本利益，始终高举抗战的鲜明旗帜，勇敢奋战在抗日战争最前线，发挥了中流砥柱的作用。

（一）最早发出抗日救国主张，发出全民族抗战号召

九一八事变爆发后，中共中央多次发表宣言、决议和告全国民众书，揭露日本帝国主义占领满洲的罪恶目的和反动本质，严厉谴责国民党反动政府的不抵抗政策，号召广大民众开展各种形式的反日斗争，组织武装起义和游击战争。中国共产党在中华民族生死存亡的危急关头，最先发出抗日的时代强音，提出抗日救亡的主张。东北抗日义勇军在中国共产党领导下开展如火如荼的抗日武装斗争，东北地区迅速掀起声势浩大的抗日爱国运动高潮。

（二）推动第二次国共合作，为建立抗日民族统一战线做出努力

1935 年，中共中央发表《为抗日救国告全体同胞书》（八一宣言），号召停止内战，一致抗日，建立抗日民族统一战线。"七七事变"后，中共中央迅速发出通电，强调全民族抗战的必要性。1936 年西安事变发生后，中共中央迅速确定了和平解决事变的方针，为后续抗日民族统一战线的建立奠定了基础。

（三）坚持国内武装力量合作抗日，保证抗战进行到底

随着战争进入战略相持阶段，中国共产党在 1939 年发表《对时局宣言》，明确提出"坚持抗战到底，反对中途妥协"的政治口号。皖南事变后，中国共产党基于民族大义，仍然与国民党武装力量合作抗日。这对于巩固抗日民族统一战线、争取战争胜利具有重要意义。

（四）提出全面抗战路线和抗日游击战争战略

中国共产党在 1937 年 8 月的洛川会议后实现战略转变，从正规军和运动战转为游击军和游击战。毛泽东的《抗日游击战争的战略问题》和《论持久战》等文章，为抗日游击战争提供了理论指导。通过广泛的游击战，中国共产党有效牵制了日军，支持了正面战场的作战。

（五）开辟敌后战场，并在战略相持阶段逐渐成为抗战主战场

"七七事变"后，为挽救华北危局，八路军参与了忻口战役，并在平型关、阳明堡等战役中取得胜利。1938 年战略相持阶段到来后，敌后战场逐渐成为抗战主战场，中国共产党在这一阶段的敌后游击战鼓舞了全国人民，提升了中国共产党及其领导的抗日武装的威望。

（六）关注民生，进行土地改革

在抗战期间，中国共产党在其控制的革命根据地进行了土地改革，通过减租减息政策缓和了农村的阶级矛盾，调动了根据地内各阶层抗日和生产的积极性。

综上，中国共产党是抗日民族统一战线的发起者和组织者，制定贯彻了全面抗战的路线和抗日游击战争的战略方针，为抗战的胜利指明了道路，鼓舞了全国人民争取抗战胜利的信心。

参考资料

1. 王振:《"敌后战场"也是"正面战场"——论中国共产党在抗日战争中的巨大贡献》,《中国军转民》,2022年第22期。
2. 张文艳:《中国共产党在抗日战争中的贡献》,《中国统一战线》,1995年第7期。
3. 李庚全:《中国共产党在抗日战争中的作用及对形成抗战精神的贡献》,《中共石家庄市委党校学报》,2015年第8期。

第五节 国民政府的内政与外交

题目1 全面抗战时期国民政府对大西南的政策有哪些?抗日战争对西南地区有何影响

相关真题 2019年云南大学

全面抗战时期,国民政府为应对日军的侵略及战事的需要,对大西南地区实施了一系列重要政策。这些政策不仅为抗日战争的胜利提供了重要支持,也对西南地区的社会经济和文化教育产生了深远影响。

（一）政策

1. 政治上。1937年,国民政府发布《迁都重庆宣言》,将首都迁至重庆,使西南地区成为战时的政治中心。政府迁移后,加强了与西南地区的联系,尤其加强了对以四川为核心的区域的中央化管理。

2. 经济上。国民政府积极推进川滇、川湘等地的公路建设,如滇缅公路,同时改善了重庆等地的水上和空中交通设施,以促进区域经济发展。此外,许多东南沿海的工厂、金融机构和专业人才向西南地区内迁,这些资源的汇聚为当地社会经济的发展提供了动力。

3. 文化教育上。国民政府高度重视教育,即使在艰难的战时,仍然制定了如《战区内学校处置办法》等政策,保障教育事业的稳定发展。许多著名高校如北大、清华、南开等迁至昆明和四川,成立西南联合大学等院校,丰富了西南地区的教育资源。同时,重庆等地成为重要的出版中心,出版了《新华日报》《大公报》等具有影响力的报刊,为战时的文化传播和教育贡献了力量。

（二）影响

1. 对西南地区社会经济的影响。众多工厂、金融机构和人才的内迁,极大地推动了西南地区经济文化的发展。尽管战争的持续和日军封锁带来了挑战,但在抗战初期西南地区经济的快速发展对社会的整体发展产生了积极影响。

2. 对西南地区文化教育的影响。高校和文化机构的迁入,不仅为抗战时期的人才培养做出了贡献,也为西南地区的文化发展注入了新的活力。然而,国民党的一党专政及其文化统制政策,也给当地的文化发展带来了一定的限制和挑战。

综上所述,国民政府在全面抗战时期对大西南实施的政策,在保障战时政府运作、推动地区经济发展、促进文化教育方面发挥了重要作用。这些政策和行动,对西南地区的长远发展产生了深刻影响,同时也为抗日战争的胜利提供了重要支持。

参考资料

1. 苟利波:《全面抗战时期西南大后方战略地位的确立》,《学术探索》,2019年第1期。

题目2 简述抗战期间内迁的知名高校

相关真题 2018年南京大学

抗日战争全面爆发后,日方为彻底摧毁中国,对我国高校进行了大规模摧残和破坏。为保存中华民族科学和文化的种子,国民政府决定将多所高校迁往内地。

(一) 内迁的高校

1. 西南联合大学。

卢沟桥事变后,平津沦陷。私立南开大学、国立北京大学、国立清华大学三校南迁。1937年,三校在长沙组成国立长沙临时大学,后长沙遭日军轰炸,三校又迁往云南。1938年,三校在昆明成立国立西南联合大学。1946年,三校复员北返。

2. 国立浙江大学。

淞沪会战爆发后,战火波及杭州,竺可桢校长带领国立浙江大学西迁。几年间先后迁往浙江建德、江西泰和、广西宜山,直到1940年才在贵州遵义、湄潭、永兴落脚。1945年至1946年,浙大师生返回杭州,重建校园。西迁途中,浙大师生完好保存文书档案与实验设备,在艰苦条件下毫不放松文教事业和科研工作,全力支持前线抗日,彰显了浙大师生的爱国热情和奋斗精神。

3. 华西坝"五大学"。

抗日战争全面爆发后,中国东部、中部的高校被迫西迁。1937年至1942年,应华西协合大学校长张凌高之邀,山东齐鲁大学、北京燕京大学、南京金陵大学和南京金陵女子文理学院均迁往成都南郊华西坝,使之成为著名的"五大学"。抗日战争胜利后,各大学纷纷回迁。

4. 国立武汉大学。

1937年南京沦陷后,国立武汉大学就开始筹备西迁四川。1938年武汉沦陷后,在听取专家的建议后,国立武汉大学决定迁往四川乐山。1946年,大部分师生回到武汉,重建校园。

(二) 内迁高校的影响

1. 宝贵的教育资源和高等教育人脉得以保存。西迁师生带着古籍、实验设备等西迁,保存了大部分教育资源。

2. 高等学校的区域布局更加合理。战前,中国的高等院校区域分布不平衡,大学主要集中在东部沿海地区。西迁后,西部地区高等院校逐渐发展起来,同时也促进了西部地区的教育发展。

3. 支援了抗战。西迁的高校师生积极投身抗日救亡活动,成立抗敌后援会,宣传抗战,唤醒民众参加抗日战争。

除此之外,同济大学、上海交通大学、复旦大学、厦门大学等知名高校也在战火中纷纷内迁,这些内迁高校在延续和保存中国教育文化命脉上发挥了巨大作用,在极其艰苦的条件下,不断探索出新的学术和科技成果,促进了大后方的文化教育发展。

> **参考资料**

1. 余子侠:《抗战时期高校内迁及其历史意义》,《近代史研究》,1995年第11期。

第六节 中共抗日根据地的建立和发展

题目1 简述《新民主主义论》

相关真题 2024年聊城大学;2022年北京师范大学;2022年暨南大学;2018年吉林大学;2016年湘潭大学;2013年江西师范大学

1940年1月,毛泽东在陕甘宁边区文化协会第一次代表大会上做了题为《新民主主义的政治与新民主主义的文化》的讲演,后题目改为《新民主主义论》,对新民主主义革命理论做了全面的深刻的阐述,在中国共产党理论创新史上具有独特的地位和意义。

(一) 背景

1. 国际形势复杂。①抗战进入相持阶段,日本对国民政府的政策由武力进攻转向政治诱降和经济拉拢,国民党顽固派的反共倾向日益严重。② 1939年,第二次世界大战在欧洲战场爆发,英美等国为了保护自身的利益,企图牺牲中国求得与日本妥协,极力劝说蒋介石与日本媾和。

2. 中国共产党内部对民主革命理论的认识不统一，对中国革命的发展方向存在幻想和不清晰的认识，如部分党员认为民主主义革命和社会主义革命可以同时完成。

3. 国民党不断制造反共浪潮。1939年1月，国民党五届五中全会的召开标志着政策重点由对外抗日转移到对内反共，开始推行消极抗日、积极反共的反动政策。之后，国民党五届六中全会则进一步确定了以军事反共为主、政治反共为辅的方针。在这种背景下，国民党反动派掀起了三次反共高潮，中国共产党苦苦支撑近3年的抗日民族统一战线面临崩溃的危机。

（二）内容

1. 毛泽东指出，中国革命的历史进程必须分为两步，第一步是民主主义革命，第二步是社会主义革命。这是由中国半殖民地半封建社会的性质决定的。

2. 毛泽东指出，中国现阶段革命的主要对象是帝国主义和封建主义。中国革命就是在无产阶级的领导下对外推翻帝国主义压迫的民族革命和对内推翻封建地主压迫的民主革命。

3. 毛泽东提出了新民主主义革命的纲领。政治纲领：建立由无产阶级领导的、工农联盟为基础的、几个革命阶级联合专政的新民主主义共和国。经济纲领：没收属于帝国主义和官僚买办资本的大银行、大工业、大商业，归新民主主义共和国所有；不禁止不能操纵国计民生的资本主义生产的发展；没收地主的土地，分配给无地少地的农民。文化纲领：发展无产阶级领导的人民大众的反帝反封建的文化，即民族的科学的大众的文化。

4. 毛泽东论证了建立资产阶级专政走资本主义道路在中国是根本行不通的。他反驳了"一次革命论"（主张民主主义革命与社会主义革命"毕其功于一役"）和"二次革命论"（主张两个革命之间横插资产阶级共和国）。

5. 毛泽东提出了扩大和巩固抗日民族统一战线的策略总方针：发展进步势力，争取中间势力，反对顽固势力。在同顽固派斗争的过程中，要采取有理有利有节的原则。

（三）意义

《新民主主义论》科学分析了中国的社会性质、主要矛盾、革命特点及规律，表明中国共产党关于新民主主义革命的理论、路线和相应的一整套策略方针及具体政策已经形成了完整的体系，标志着马克思列宁主义同中国革命的具体实践相结合的毛泽东思想的发展和成熟。这对于争取抗日战争的胜利和中国革命的发展都具有伟大意义。

综上所述，《新民主主义论》是毛泽东将马克思主义基本原理与中国革命的具体实践相结合的重要成果，为中国找到了适合自身国情的革命道路，对中国革命和社会发展产生了重大影响。

参考资料

1. 文兵：《〈新民主主义论〉与毛泽东的文化哲学》，《毛泽东研究》，湘潭大学出版社，2011年。
2. 胡绳：《毛泽东的新民主主义论再评价》，《中国社会科学》，1999年第3期。
3. 倪志安：《毛泽东"新民主主义论"新探——中国特色社会主义的理论雏形和实践先导》，《湖南社会科学》，2023年第1期。

题目 2　论述延安整风运动的背景、内容及历史意义

相关真题　2022年内蒙古师范大学；2022年湘潭大学；2021年内蒙古大学；2021年吉林师范大学；2020年中南财经大学；2020年湖南师范大学

1942年前后，中国共产党在延安开展了整风运动，这是在全党范围内开展的一次马克思主义思想教育运动，对于全党坚持马克思主义基本原理同中国具体实际相结合，实现全党思想和行动的统一，具有极其重大和深远的意义。

（一）背景

1. 遵义会议后，党内历次"左"倾、右倾错误思想，特别是以王明为代表的"左"倾机会主义还没有从思想上在全党进行彻底清算。

2. 抗战以来，中国共产党党员已经发展到 80 万人，其中大多数人是农民及小资产阶级出身，他们在思想上对新民主主义革命认识还不深刻，在政治上左摇右摆，因此迫切需要一场马克思主义的教育运动。

3. 在长期革命斗争中，形成了马克思列宁主义的普遍真理同中国革命的具体实践相结合的毛泽东思想，为整风运动提供了思想上和理论上的准备。

（二）内容

1942 年 2 月，毛泽东在中央党校做了《整顿党的作风》的演说，在延安干部会议上又做了《反对党八股》的演讲，整风运动正式开始。

1. 整风运动的主要内容。反对主观主义以整顿学风，反对宗派主义以整顿党风，反对党八股以整顿文风。

2. 整风运动的步骤。首先认真学习研究文件，掌握思想武器，然后联系实际检查思想、检查工作，开展自我批评和互相批评。

3. 整风运动的重大成果。1943 年，周恩来从重庆回延安参加整风运动，他在延安欢迎会上提出毛泽东思想这个概念，正式确立毛泽东思想在中国共产党和中国革命中的指导地位，是整风运动的重大成果。

4. 对整风运动进行总结。1944 年，毛泽东在延安党的高级干部会议上发表《学习和时局》的重要讲话，为整风运动做了总结。1945 年，党中央在延安召开扩大的六届七中全会，深入讨论了党的历史，总结了整风运动的成果，通过了《关于若干历史问题的决议》。

（三）意义

1. 整风运动是一次普遍的马克思列宁主义的教育运动，它是解决党内矛盾的正确的成功的方法，是中国共产党对马克思列宁主义政党建设理论的创造性发展。

2. 经过这次整风运动，广大党员干部从教条主义的禁锢中解放出来，实现了共产党在政治上、思想上和组织上的高度统一，确立了马克思列宁主义原理与中国革命具体实践相结合的根本原则。

3. 经过整风运动，全党在马克思列宁主义、毛泽东思想的基础上，达到了前所未有的团结。这次整风运动为党的七大的召开准备了条件，为抗日战争和解放战争的胜利奠定了思想基础。

整风运动由延安扩展到全党全军，在很大程度上消除了错误思想在党内的影响，确立了毛泽东同志在党内的核心地位，为日后抗日战争和解放战争的胜利打下了良好的基础。

参考资料

1. 王桧林：《中国现代史》，北京师范大学出版社，2016 年。
2. 王桧林：《中国现代史》，北京师范大学出版社，2016 年。

题目 3　论述抗日战争时期中国共产党的群众路线　醒吾历史统考预测题

在抗日战争时期，中国共产党的群众路线策略为中国的抗战事业提供了强大的内部支持，充分调动了广大人民群众的积极性，为最终的胜利奠定了坚实的基础。

（一）经济建设

中国共产党通过发起群众性的生产运动，克服了抗战初期严重的物资匮乏问题。抗战进入战略相持阶段后，面对更为严重的经济困难，中国共产党号召军民投身大生产运动，以自力更生、艰苦奋斗的精神面貌，动员全社会力量进行生产自救。在陕甘宁边区等抗日根据地，党、政、军、民、学五位一体，共同参与到生产运动中，显著增强了根据地的物资自给能力，同时也加强了军民联系，增强了全民族抗战的信心和决心。

（二）政治建设

中国共产党积极推行民主政治建设，通过法律形式保障民众的民主权利。1939 年，陕甘宁边区通过的《施政纲领》明确提出发扬民主政治，实行直接、普遍、平等、不记名的选举制度。这些措施不仅赋予了民众广泛的民主权利，也为中国未来的民主政治实践提供了宝贵经验。此外，实行"三三制"政策，即中国共产党党员、非党的左派进步分子、中间派各占三分之一，有效地扩大了抗日民主政权的阶级基础，调动了各阶层人士的参政积极性，增强了抗日民族统一战线的凝聚力。

（三）农村土地政策

中国共产党的减租减息政策有效地缓解了农民的经济负担，调动了农民参与抗战的积极性。通过合理的减租减息标准，既保障了地主的基本利益，又减轻了农民的经济压力，实现了土地的合理利用和农村社会的稳定。

（四）党的建设和文化教育

中国共产党通过整风运动和加强党的作风建设，提高了党的领导能力和群众工作能力。整风运动反对主观主义、宗派主义和党八股，加强了党与群众的联系，使党的政策更加贴近人民群众的需要。同时，中国共产党还重视文化教育工作，提高人民群众的文化水平和政治觉悟，为抗日战争的胜利提供了坚实的思想基础。

总的来说，抗日战争时期中国共产党的群众路线深入人心，通过在经济建设、政治建设、土地政策和党的建设等方面的实践，极大地调动了广大人民群众的积极性，为抗日战争的胜利和中国新民主主义革命的胜利奠定了坚实的基础。

参考资料

1. 章开沅，朱英：《中国近现代史》，河南大学出版社，2009年。

题目4 评述抗日战争相持阶段国民党统治的大后方和共产党领导的抗日民主根据地的政治经济建设措施

相关真题 2024年中南民族大学

抗日战争相持阶段，即1938年10月武汉失守至1943年年底。在这一时期，中国共产党和国民党在各自控制的区域内实施了一系列政治经济建设措施，以适应长期战争的需要，并为抗战的最终胜利打下了基础。

（一）国民党在大后方的政治经济建设

1. 政治建设。国民党在政治建设方面采取了加强中央集权和完善行政体制的措施。①通过一系列会议和决议，国民党加强了党对政府、军队及社会各方面的控制力度。例如，通过设立国防最高委员会，实现了党政军一元化的领导体制，确保了国民党在抗日战争中的中心角色。②国民党还推行新县制，旨在通过行政区划的调整加强中央对地方的控制，提高行政效率。

2. 经济建设。国民党在经济建设方面着力于对战时经济的调整与管理。①在财政金融统制方面，通过设立"四行联合办事处"协调战时财政金融活动，实现了对战时经济的有效管理。②在工矿业方面，国民政府通过实施工业内迁和战时物资管制，既保障了战争物资的供应，也促进了大后方经济的发展。③实行农业和粮食统制，通过推行农业合作与改良，以及实施粮食定量供应，确保了粮食生产和供应的稳定。④实行商贸统制措施，通过设立专卖事业设计委员会和贸易调整委员会，有效地调控了战时的商贸活动。

（二）中国共产党抗日民主根据地的政治经济建设

1. 政治建设。中国共产党在政治建设上着重于对民主制度的建立与完善。①通过法律确立民众的民主权利，实施民主选举产生各级政权，体现了中国共产党推行民主政治的决心。②中国共产党实行的"三三制"政权结构，既保证了中国共产党的领导地位，也保障了非党人士和中间势力的参政权，体现了包容性和进步性。③精兵简政的实施不仅提高了行政和军事效率，也减轻了人民的负担。

2. 经济建设。中国共产党采取多种措施促进根据地经济的发展。包括鼓励垦荒、扩大耕地面积，改善农业生产条件；发展公营和合作社工业，支持私营工业的发展，提高工业生产能力；在商业贸易政策上，实行对外调剂、对内自由的方针，既保证了抗日根据地的物资需求，也活跃了内部市场。实行减租减息政策和开展大生产运动，既减轻了农民的经济负担，也激发了农村经济的活力。

总之，国民党和中国共产党在抗日战争相持阶段的政治经济建设各有侧重，但都旨在适应长期战争的需求，为抗日战争的持续和胜利做出了重要贡献。国民党的政治经济建设更加注重加强中央集权和战时经济的调整与统制，而中国共产党则着重于民主政治制度的建立和经济自给自足的发展。

参考资料

1. 章开沅，朱英：《中国近现代史》，河南大学出版社，2009年。
2. 王桧林：《中国现代史》，北京师范大学出版社，2016年。
3. 陈雷：《国民政府战时统制经济研究》，河北师范大学2008年博士学位论文。

第七节　沦陷区与伪政权

题目1　论述日本军国主义者在沦陷区的殖民统治

相关真题　2024年兰州大学；2018年南开大学

日本为了巩固在占领区的统治，从各方面强化了对沦陷区的管理，对沦陷区进行政治、军事侵略以及经济掠夺和文化奴役，给中国人民带来深重的灾难。

（一）政治与军事侵略

1. 实行"以华制华"的方针，建立伪政权。日本在沦陷区建立伪政权，如伪满洲国和伪中华民国临时政府等，以汉奸政权形式直接控制和剥削中国人民。这些伪政权在日本的操控下，对中国人民实行极端暴政。

2. 施行"治安强化"运动。为了确保在华北占领地的统治，1941年，日本实施"治安强化运动"，把华北分为"治安区""准治安区""非治安区"，采取严密监控、清乡、扫荡等手段，强化其军事统治，残酷镇压中国人民的抗日活动。

3. 实施"清乡运动"。日军和汪伪政府还在江南等地区发动"清乡运动"，目的在于肃清抗日力量，通过建立封锁区域和严密监控，剥夺中国人民的自由和生存权利。

（二）经济掠夺

1. 进行工矿资源掠夺。日本通过在东北建立垄断组织，如"南满铁道株式会社"，对东北的重工业进行独占和掠夺。在华北和华中地区，通过"军管理""委托经营"等手段控制和剥削工业资源。

2. 进行农业资源掠夺。日本对沦陷区农业的掠夺主要通过强占土地和强制征购农产品的方式。伪政权和日本移民占有大量土地，将中国农民变成农奴，同时通过统制贸易对农产品进行低价强制征购。

3. 进行金融掠夺。日本在沦陷区成立银行，发行如"满元"等伪钞，通过武力维持其信用，掠夺中国人民的财富，加剧了沦陷区经济的崩溃。

（三）推行殖民文化和奴化教育

1. 垄断文化机构。日本垄断沦陷区的文化机构，如在东北建立"满洲国通讯社"，控制舆论。

2. 摧毁中国传统文化。日本试图通过宣传日本文化，摧毁中国人的民族文化认同。收缴和焚毁反映中华民族意识的书籍，迫害具有进步思想的文化人士。

3. 教育洗脑。日本在沦陷区推行日语教育，修改教科书，删减民族国家内容，增添亲日内容，企图通过教育对中国青少年进行思想洗脑。

日本军国主义者在沦陷区的殖民统治给中国人民带来了沉重的苦难，但也激发了中国人民的抵抗意志和民族自觉。

参考资料

1. 齐豫生，夏于全：《中国全史》（第5卷），吉林摄影出版社，2002年。

第八节　抗日战争的胜利

题目1　试论中国人民取得抗日战争伟大胜利的主要原因

相关真题　2023年聊城大学；2022年哈尔滨师范大学；2022年黑龙江大学；2022年复旦大学；2021年湖北大学；

2018 年江西师范大学；2014 年湘潭大学

中国人民经过长达十四年艰苦卓绝的斗争，取得了抗日战争的伟大胜利，宣告了世界反法西斯战争的完全胜利。中国人民抗日战争的伟大胜利，是中华民族从近代以来陷入深重危机走向伟大复兴的历史转折点，这一伟大胜利的取得，有其深刻的内在原因和外部条件。

（一）中国共产党的中流砥柱作用

中国共产党自始至终坚持抗击日本侵略者，九一八事变后，中国共产党在东北地区组织抗战，如杨靖宇等人的抗日游击斗争。华北事变后，中国共产党呼吁合作抗日，积极联络国民党抗日力量。在西安事变后，中国共产党迅速制定了和平解决事变的方针，推动国共两党和谈，实现了国共两党的第二次合作。抗战进入相持阶段后，中国共产党领导的敌后战场变为主战场，在战争后期坚决抵制日本的劝降，维护抗日民族统一战线。中国共产党的领导为中国的抗日战争胜利奠定了坚实的基础。

（二）中国国民党在抗战初期发挥了作用

九一八事变后，南京国民政府开始有意识地做战争布局，粉碎了日本帝国主义"三个月灭亡中国"的计划，鼓舞了全国军民坚持抗战的必胜信心。

（三）国共合作与两线作战

国共两党的合作，是抗战取得胜利的重要因素。国共合作建立了抗日民族统一战线，使中国抗日力量实现了统一，形成了强大的国家抗战体系。在这一体系下，国民政府军队主要承担正面战场的作战任务，而共产党领导的人民军队则在敌后开展游击战，两者形成前后夹击之势，有效牵制了日军。

（四）国际反法西斯同盟的支持

在抗日战争中，中国获得了国际反法西斯同盟的支持和援助。美国、英国、苏联等国家通过对华援助，为中国的抗战提供了重要的物资和军事技术支持，这对中国抗日战争的胜利具有重要意义。

（五）全民族的积极参与

中国人民的广泛参与，是抗战胜利的关键。全国人民在抗战号召下，纷纷投身抗日战争。无论是前线的士兵，还是后方的学生、工人、农民，都为抗战做出了巨大的贡献。人民群众的伟大牺牲和不屈不挠的抗战精神，是抗战取得胜利的决定性因素。

综上所述，中国人民能取得抗日战争的伟大胜利，归功于中国共产党的正确领导、全民族的团结抗战、世界上爱好和平的国家与人民的支持以及全民族的广泛参与。这场胜利不仅是中国近代史上的重要转折点，也是中华民族自强不息、顽强拼搏精神的生动体现。

参考资料

1. 周新国：《中国人民抗日战争胜利的伟大意义与历史启示》，《扬州大学学报》，2015 年第 5 期。

题目 2　结合史实，简述抗日战争中中国军民抗战史实及其精神

相关真题 2024 年哈尔滨师范大学

从 1931 年九一八事变开始，到 1945 年 8 月抗日战争胜利，中国各民族、各阶级为抗击日本侵略者进行了艰苦卓绝的斗争，形成了伟大的抗战精神。

（一）抗战史实

1. 局部抗战时期（1931 年 9 月—1937 年 7 月）

①各界救亡运动。全国各大中城市纷纷召开各界抗日救国大会，举行游行请愿，如南京各界约 20 万人举行抗日救国大会。上海、北平（今北京）等地的工人纷纷举行反日游行、罢工。青年学生进行"一二·九"运动等。

②长城抗战。1933 年，国民党军原西北军宋哲元部、晋军商震部、傅作义部、东北军王以哲部以及奉命赴援的中央军徐庭瑶、关麟征等 3 个师，在长城线上的军事要隘古北口、冷口和喜峰口抗击日军。

③察哈尔抗战。1933 年春，爱国将领冯玉祥、方振武、吉鸿昌等在张家口成立察哈尔民众抗日同盟军，在察东地区抗击日军。

④1935年12月中下旬，中共中央在陕北瓦窑堡召开政治局会议，确立抗日民族统一战线方针。

⑤1935年，国民党五大后，国民政府对日态度转向强硬，并开始整编全国陆军，构筑陆地国防工事，整理江防、海防要塞，制定国防规划，划分国防区域，为抗战做准备。

2. 全面抗战时期（1937年7月—1945年8月）

①国民党抗战史实。1937年7月14日，国民政府发表《国民政府自卫抗战声明书》，宣布自卫抗战。正面战场前期进行淞沪会战、太原会战、南京保卫战、徐州会战、武汉会战等，后期进行南昌会战、第一次长沙会战、桂南战役、第二次长沙会战、常德会战等抗击日军。

②共产党抗战史实。提出并推动形成抗日民族统一战线。洛川会议后，八路军、新四军建立敌后抗日根据地，进行游击战，进行黄土岭战役、百团大战等打击日军。在抗日战争进入战略相持阶段后，中国共产党成为全民族抗战的中流砥柱。

③全国各界开展抗日救亡运动，如教育界、宗教界、妇女界等相继成立救亡协会。

（二）精神

1. 天下兴亡、匹夫有责的爱国情怀。抗日战争时期，中国人民的爱国热情空前高涨，中华儿女的凝聚力、战斗力空前提升，全国上下用血肉筑起一座抵御日本侵略者的钢铁长城。

2. 视死如归、宁死不屈的民族气节。面对日本侵略者，无数中华儿女奋起抗争、前赴后继，昭示了视死如归的铮铮气节，为世界上一切爱好和平、被侵略被压迫的民族争取独立解放树立了榜样。

3. 不畏强暴、血战到底的英雄气概。整个抗战期间，从白山黑水到珠江两岸，从长城内外到大江南北，中国共产党人以旺盛的革命斗志、无畏的英雄气概，感染和激励着中国人民同仇敌忾、共赴国难，投身伟大的民族解放事业。

4. 百折不挠、坚忍不拔的必胜信念。战争从来都不是单纯的武力和军事对抗，更是意志、精神与信念的较量。毛泽东在《论反对日本帝国主义的策略》中说，我们中华民族"有在自力更生的基础上光复旧物的决心，有自立于世界民族之林的能力"。

参考资料

1. 王桧林：《中国现代史》，北京师范大学出版社，2016年。
2. 章开沅，朱英：《中国近现代史》，河南大学出版社，2009年。
3. 周进：《弘扬伟大抗战精神 坚持和平发展道路——写在抗日战争胜利78周年之际》，《中国新闻发布（实务版）》，2023年第9期。

题目3　论述抗日战争胜利的历史意义

相关真题　2024年长春师范大学；2024年湘潭大学；2023年安庆师范大学；2022年复旦大学；2022年黑龙江大学；2022年南京大学；2022年中南财经政法大学；2022年新疆师范大学；2021年东北师范大学；2020年中南财经政法大学；2020年哈尔滨师范大学；2017年西北师范大学；2016年扬州大学；2015年苏州大学；2015年华侨大学；2014年吉林大学；2014年江西师范大学；2014年四川师范大学；2006年北京师范大学

抗日战争的胜利是近代以来中国抗击外敌入侵的第一次完全胜利，这场胜利对于中华民族的历史发展具有重大而深远的意义。

（一）维护了国家主权、领土完整

抗日战争的胜利彻底粉碎了日本灭亡中国的野心，保全了中国的领土和主权完整。抗日战争的胜利不仅恢复了九一八事变后为日本占领的东北和河北北部，而且也收复了甲午中日战争后为日本占领达50年之久的台湾及其附属岛屿与澎湖列岛。

（二）抗日战争是中国近代史上最伟大的民族解放战争

抗日战争是中国近代以来第一次彻底战胜外来侵略者的反侵略战争，洗雪了近代以来中国人民受帝国主义奴役和压迫的耻辱，创造了半殖民地弱国打败帝国主义强国的奇迹，显示了处在进步时代的中华民族觉醒和民族团结的巨大力量。

（三）促进了中国共产党和中国革命力量的大发展

1. 抗日战争开始时，中国共产党全国党员仅4万人，完整的革命根据地仅存陕甘宁革命根据地。通过抗战时期的发展，到抗战结束时，中国共产党全国党员数量是战前的30倍，并拥有了除陕甘宁以外的大小18个抗日根据地。

2. 在抗战过程中，中国共产党在政治和思想理论上都走向成熟，形成了毛泽东思想。以中国共产党为代表的中国革命力量的发展不仅成为争取抗战胜利的决定性因素，而且为中国共产党夺取新民主主义革命的最后胜利奠定了坚实的基础。

（四）为世界反法西斯战争胜利做出了重大贡献

中国战场是世界反法西斯战争的东方主战场，中国人民的艰苦抗战最大限度地消耗了日本的战争力量，同时，中国战场牵制了大量日军，打破了日本的"北进"战略并迟滞了日军对太平洋地区的进攻。中国的抗日战争是世界反法西斯战争的重要组成部分，为世界反法西斯战争胜利做出了不可磨灭的贡献。

（五）提升了中国的国际地位

在抗日战争中，中国积极承担责任，通过派远征军入缅作战、成为联合国的创始国等，为中国赢得了良好的国际声誉。二战结束后，中国作为战胜国积极参与重大国际事务的协调，例如支持朝鲜独立，以大国的身份参与旧金山会议等，重新确立了中国作为世界大国的国际地位。

（六）抗日战争的伟大胜利是中华民族抗战精神的集中体现

中国人民在抗日战争中形成了伟大的抗战精神，是中华民族宝贵的精神财富。抗战的胜利证明爱国主义、团结奋斗等抗战精神是中华民族宝贵的精神遗产和取之不尽、用之不竭的力量源泉。

总之，中国人民抗日战争的胜利不仅是中华民族由衰败走向复兴的一个重要转折点，也是中国近代史上最伟大的民族解放战争。这一伟大胜利极大地激发了全民族的自信心和自尊心，为国家独立和人民解放奠定了坚实基础。

参考资料

1. 周新国：《中国人民抗日战争胜利的伟大意义与历史启示》，《扬州大学学报》，2015年第5期。

题目4 论述近代两次中日战争对中国政治、经济和国际地位的影响

相关真题 2011年历史学统考；2023年吉林师范大学；2021年中南财经政法大学；2021年南昌大学

近代两次中日战争，甲午中日战争（1894—1895年）和抗日战争（1931—1945年），对中国的政治结构、经济发展以及国际地位产生了深远的影响。这两场战争不仅改变了中国的历史进程，也加速了中国社会的现代化转型。

（一）甲午中日战争的影响

1. 政治方面。甲午战败后，清政府被迫签订《马关条约》，割让台湾岛及其附属岛屿、澎湖列岛和辽东半岛，支付巨额赔款，这直接损害了中国的主权和领土完整。条约的签订刺激了列强对中国的进一步瓜分，加速了中国的半殖民地化进程。同时，战败震惊了中国社会，激发了民众的民族意识和反侵略斗志，推动了维新变法运动的兴起，促使中国社会开始探索政治体制改革。

2. 经济方面。甲午中日战争导致中国经济负担加重。巨额的赔款使得清政府财政更加紧张，不得不加大对民众的经济压榨，同时大量举借外债，进一步加剧了中国经济对列强的依赖性。赔款和外债的重压，抑制了中国民族工业的发展，加剧了社会矛盾。

3. 国际地位方面。战败不仅使中国失去了一系列国家主权，还使得中国的国际地位进一步下降，成为列强瓜分的对象。从朝贡体系的中心逐渐转变为边缘的半殖民地状态，这对中国的国际形象和地位造成了长期的损害。

（二）抗日战争的影响

1. 政治方面。抗日战争加剧了中国国内的社会矛盾，阻碍了中国和平发展的进程。但在抗日过程中，中国的民族意识空前增强，促进了各阶层人民的大团结。通过抗日战争，中国共产党的政治影响力得到了显著提升，为后来的国家统一和社会改革奠定了坚实的基础。

2. 经济方面。战争对中国造成了巨大的破坏，不仅导致了大量的人力物力损失，还严重破坏了中国的农业和工业基础，给中国的经济发展带来了极大的阻碍。然而，战争期间，沿海工业内迁促进了西南后方经济开发与发展，改变了国内生产力不合理的布局，不仅促进了后方的稳定，而且对于西南近代经济基础的形成也有积极意义。

3. 国际地位方面。抗日战争极大提升了中国的国际地位。中国成为联合国创始成员国之一，其国际地位有了显著提升。通过坚持长期抗战，中国赢得了国际社会的广泛尊重和同情，在国际舞台上的影响力得到了明显增强。

综上所述，近代两次中日战争对中国的政治、经济和国际地位均产生了深远影响。甲午中日战争加速了中国社会的觉醒和政治体制的变革尝试，而抗日战争则在更大程度上促进了国家的统一和民族的觉醒，提升了中国在国际社会中的地位，对中国近现代史产生了重要影响。

参考资料

1. 章开沅，朱英：《中国近现代史》，河南大学出版社，2009年。

题目5　论述两次世界大战对中国的影响

相关真题　2024年南开大学；2023年南京大学；2023年吉林师范大学；2023年河南师范大学；2021年南京师范大学；2020年苏州科技大学；2016年北京大学；2014年首都师范大学

两次世界大战对中国的影响是多方面的，战争对中国社会、经济、政治和文化的变革产生了深远影响。虽然中国在战争中付出了巨大的牺牲、承受了巨大的压力，但也从战争中获得了一些机遇。

（一）一战对中国的影响

1. 政治上。①中国政府在一战参战的问题上爆发了"府院之争"，造成北洋政局的动荡。②一战后，中国作为战胜国之一在巴黎和会上提出的合理要求遭拒，引发了五四运动。③华盛顿会议确认了美国对华提出的"门户开放，机会均等"原则，使中国回到被几个帝国主义国家共同支配的局面。

2. 经济上。一战期间，列强忙于战争，暂时放松了对中国的经济侵略，使中国民族资本主义迎来了短暂的"黄金时期"，客观上有利于中国民族资本主义的发展。

3. 思想文化上。①一战中俄国爆发了十月革命，促进了马克思主义在中国的传播，为中国革命提供了一条新的道路。②一战的爆发使得部分先进的中国人开始反思西方文化，西方文明的完美形象破灭。③巴黎和会上，西方无视中国的合法权益，同意将德国在山东的权益转交给日本，唤醒了中国人自鸦片战争以来从未有过的高涨的民族意识。

（二）二战对中国的影响

1. 政治上。①抗日战争是中国近代以来第一次彻底战胜外来侵略者的反侵略战争，洗雪了民族耻辱，中国获得了民族独立，收复了台湾等固有领土。②国民党军队在正面战场上的失利以及国民政府的片面抗战路线，使得各民主党派和广大民众认识到了国民党统治的腐朽和黑暗，为战后民主运动的出现和发展创造了有利条件。③二战促进了中国共产党和中国革命力量的大发展。共产党领导的军队在敌后战场的不断胜利为壮大革命队伍和扩大革命根据地创造了有利条件，也促成了中国共产党的进一步发展，为日后中国共产党夺取革命在全国的胜利奠定了基础。

2. 经济上。中国经济遭到严重破坏，沦陷区的民族企业被日军掠夺，贸易停滞，经济日益衰落。在日本不断扩大侵略的情况下，部分沿海沿江工业、高校迁往中国西部地区，这客观上促进了中国西部地区的发展。

3. 国际地位上。抗战过程中，中国废除了一些不平等条约，积极参与重大国际事务的协调，参与创建了联合国，成为联合国安理会常任理事国之一，有力地改变了中国的形象，提升了中国的国际地位。

综上所述，两次世界大战在政治、经济、思想文化、国际地位等方面对中国产生了深刻的影响，尤其是二战的胜利为日后中国的国家独立和民族解放奠定了良好的基础。

参考资料

1. 李翠敏：《〈珍爱和平、远离战争——两次世界大战及对中国的影响〉教学案例》，《2019年河北省教师教育学会第六届中小学教师教学案例论坛文集》，2019年第3期。
2. 王晓秋：《从甲午战争到抗日战争——两次中日战争比较研究》，《北京大学学报（哲学社会科学版）》，1995年第4期。

题目6 论述抗战后期中国共产党的外交成就 醒吾历史统考预测题

在抗日战争后期，中国共产党通过调整外交策略取得了显著的外交成就，这不仅增强了中国共产党在国内外的影响力，也为中国抗战的胜利和战后国际秩序的重建做出了重要贡献。

（一）与盟国的外交

1. 与美国的外交关系：中国共产党通过周恩来等人的努力，先后在重庆与美国驻华大使及其他外国政府官员进行多次会见，有效地介绍了中国共产党的抗日立场和八路军、新四军在抗战中的贡献。特别是在皖南事变后，中国共产党通过与美国总统特使的沟通，及时提供了国民党顽固派制造摩擦的相关证据，增强了美国对中国共产党的信任和支持。

2. 与苏联的外交关系：中国共产党在抗战中积极寻求苏联的支持，通过共产国际积极争取国际支持，不仅增强了自身的抗战力量，也促进了国共合作，维护了抗日民族统一战线的稳定。例如1943年，面对国民党发动的第三次反共高潮，中国共产党积极向苏联通报情况，苏联加以回应并公开批评国民政府的行为。

3. 与英国的外交关系：中国共产党向英国驻华大使馆介绍了中国共产党的抗日主张和取得的抗日成绩。皖南事变后，周恩来亲自到英国大使卡尔的寓所，向他揭露国民党顽固派发动皖南事变的内幕，卡尔立即将这一情况向英国政府汇报，得到了英国政府的响应，后英国政府向国民党施压。

（二）主动参与战后国际秩序的重建

1. 通过发表对战后国际事务的看法，中国共产党表明了对国际和平与发展的高度重视和责任感。特别是在《解放日报》和《新华日报》等媒体上，中国共产党积极宣传其对莫斯科外长会议以及开罗会议的关注，展示了中国共产党愿意承担起重建战后国际秩序的责任。

2. 中国共产党在联合国筹建中的参与，标志着其正式走上国际政治舞台。1945年4月，董必武作为中国共产党代表出席了联合国制宪会议，这不仅打破了国民党对外交活动的垄断，也展示了中国共产党在国际舞台上的影响力和地位。

综上所述，这些外交活动不仅为中国抗日战争的胜利增添了有力的国际支持，也为中国共产党赢得了国际社会的广泛认可和尊重。

参考资料

1. 章开沅，朱英：《中国近现代史》，河南大学出版社，2009年。
2. 刘晓莉：《抗战后期中国共产党的外交成就》，《武汉大学学报》，2021年第6期。
3. 杨奎松：《中国共产党抗日外交战略的形成》，《中共党史研究》，1995年第4期。

题目7 论述日本在甲午战争之后对中国的侵略

相关真题 2024年黑龙江省社会科学院

从1894年甲午战争爆发到1945年日本投降，日本在中国领土上进行了一系列侵略。

（一）甲午战后到局部侵华时期（1895年—1931年9月18日）

1. 侵占台湾等领土。《马关条约》规定中国割让辽东半岛、台湾全岛及所有附属各岛屿、澎湖列岛给日本，随后日军占领台湾等中国领土。因沙俄、德国、法国三国干涉还辽，日本对辽东半岛的占领以失败告终，但因此向清政府索要3000万两白银的"赎辽费"。

2. 经营福建。日本于 1898 年 4 月强迫清政府答应不将台湾对岸的福建省割让或租借给其他国家，使福建成了日本的势力范围。

3. 控制辽东。日本于 1904 年发动日俄战争，击败俄国，1905 年签订《朴茨茅斯条约》，控制了辽东半岛和朝鲜半岛。

(二) 局部侵华时期 (1931 年 9 月 18 日—1937 年 7 月 7 日)

1. 侵占东北。1931 年 9 月 18 日，日军炸毁柳条湖段铁路，发动九一八事变，占领沈阳，随后三个月占领东北全境。1932 年，扶持溥仪建立伪满洲国，宣布东北独立，将东北地区分离出中国版图。

2. 驻兵上海。1932 年，日本发动"一·二八"事变进攻上海，借此转移中国和国际社会对其侵占东北的注意力，迫使中国政府承认日本侵占东北的事实，并将上海作为新的战略基地，为扩大侵华战争创造有利条件。1932 年 5 月，在英国的调停下，中日双方签订《淞沪停战协定》，日军取得了在上海驻军的特权。

3. 占领长城以北。1933 年 1 月，日军占领山海关，打通东北到关内的通道，随即占领热河、察哈尔。中日双方签订《塘沽协定》，实际上承认了日本此前所占领的热河、长城以北的所有中国领土为既定事实。

4. 侵略华北。日本在 1935 年 5 月至 12 月间制造了一连串旨在索取华北主权的事件，逼迫中国政府签订条约，从而实现蚕食中国的目的，通称华北事变，主要包括河北事件及《何梅协定》的签订、张北事件与《秦土协定》的签订，以及日本策划的"华北五省自治运动"。华北事变的爆发和中国政府丧失治理权的条约的签订，使日本对中国的侵略范围从东北地区扩大到华北地区。

(三) 全面侵华时期 (1937 年 7 月 7 日—1945 年 8 月 15 日)

1937 年 7 月 7 日，卢沟桥事变爆发，日本全面侵华开始，北平 (今北京)、天津相继失守；日军发动"八一三"事变，占领上海；随后太原、南京、徐州、武汉、长沙等城市相继沦陷。

(四) 日本的侵略方式

1. 政治、军事侵略：①军事占领。从在我国台湾、东北、华北等地区挑起事端，签订条约取得占领权，到全面侵华阶段直接发动战争占领。②建立伪政权。在东北建立伪满洲国；建立华北"中华民国临时政府"和华中的"中华民国维新政府"；扶持汪精卫在南京建立汪伪政权等伪政权。

2. 经济侵略：①通过"南满铁道株式会社"等组织，垄断东北重工业。在华北、华中等地区通过"军管理"等形式，掠夺华北、华中地区各类工业资源。②掠夺土地资源，将其分给日本移民。③低价收购农产品，并通过银行等金融机构进行资本输出，掠夺沦陷区民众财产。

3. 殖民文化和奴化教育：①在东北地区控制新闻通讯业，销毁宣传进步思想、民族意识等内容的相关书籍，宣传日本"共荣思想"。②控制教育，修改教科书，把日语引入中小学课堂，逐渐以日语代替汉语。③迫害进步人士。

综上，日本对中国的侵略从一开始的经济掠夺走向直接的战争侵略，严重影响了中国的历史发展进程，对中国社会造成了不可挽回的损失。

参考资料

1. 章开沅，朱英：《中国近现代史》，河南大学出版社，2009 年。
2. 王桧林：《中国现代史》，北京师范大学出版社，2016 年。

第九节 抗战时期的社会经济与文化

题目 1 简述抗日战争时期现代新儒家产生的社会因素和代表人物及主要观点

相关真题 2020 年南京大学

现代新儒学产生于 20 世纪 20 年代。抗日战争时期，现代新儒家认识到儒学不能故步自封，在宋明理学的基础上援"西"入儒，对理学的"内圣心性"之学加以系统化、逻辑化。

（一）社会因素

1. 民族危机意识的觉醒。抗日战争的爆发使中国面临前所未有的民族生存危机，迫切需要精神力量的凝聚和文化自信的重建。在这种背景下，现代新儒家思想家寻求在儒学中找到振兴中华的道路，以增强民族凝聚力和文化自尊心。

2. 对西方文化的学习和反思。抗战前后，西方文化在中国社会广泛传播，带来了现代化的观念和制度。但面对国家危机，人们也开始反思盲目崇拜西方的后果，寻求在传统文化与西方文化之间找到平衡点。

3. 社会伦理的重建需求。战争的动荡不仅摧毁了经济生活，也深刻冲击了社会伦理和传统价值观。在这种背景下，现代新儒家试图通过儒学的伦理道德教育，重建社会秩序和道德准则，提倡家国天下的价值观。

（二）代表人物及观点

1. 熊十力：他认为中国传统文化特别是儒家文化具有不可替代的价值，强调心性与道德的修养。熊十力主张在吸收西方科学技术的同时，保持中国文化的独立性和完整性。

2. 冯友兰：他以儒家文化为基础，提出了新儒学的体系，强调理性与道德相结合，倡导儒学与现代科学相融合。他运用西方现代哲学的逻辑分析方法来改造程朱理学，形成了自己的新理学理论。

3. 钱穆：他的主要思想是"儒史相资"，认为儒学的价值观和思想理论可以为历史研究提供深刻的理论基础和价值指向，而历史学的实证研究方法则可以丰富和验证儒学的理论，使之更加接近实际，具有时代意义。

4. 贺麟：提出了将儒学与西方哲学结合的思想。在儒学方面，贺麟强调仁爱、中庸之道、个人修养与社会责任等传统价值，主张通过个人的道德修养达到社会和谐。同时，他的思想中加入了西方的理性主义和批判精神来审视和重构儒学理念。

总之，现代新儒学的崛起，可以看作在特定历史背景下中国文化自觉与自救的一种表现，对于中国传统文化在现代社会的发展具有重要的启示意义。

参考资料

1. 郑家栋：《现代新儒学概论》，广西人民出版社，1990年。
2. 陈鹏：《现代新儒家研究》，福建人民出版社，2006年。
3. 李泽厚：《中国思想史论》，安徽文艺出版社，1999年。
4. 秦英君：《抗日战争与新儒学文化思潮》，《民国档案》，1995年第4期。
5. 郑大华：《马一浮新儒学思想研探》，《中国文化研究》，2006年第4期。
6. 王桧林：《中国现代史》，北京师范大学出版社，2016年。
7. 张法：《梁漱溟、熊十力、冯友兰论哲学特质——早期新儒学的思想特点》，《长沙理工大学学报（社会科学版）》，2011年第3期。
8. 林家虎：《熊十力与儒家历史哲学的现代发展》，《安徽农业大学学报（社会科学版）》，2021年第1期。

题目2 论述1935—1945年中国共产党对马克思主义中国化的推进

相关真题 2024年历史学统考

在1935年至1945年的十年间，中国共产党在艰苦卓绝的抗日战争和复杂的国内政治环境中，深化了对马克思主义中国化的探索和实践，逐步形成了一套适应中国国情的革命理论和策略。这一时期，中国共产党的理论创新和实践成果不仅为中国革命提供了科学的指导，也为中国特色社会主义理论体系的形成奠定了坚实的基础。

（一）马克思主义中国化的背景和必要性

1. 中国共产党在这一阶段初期，面临着严峻的国内外政治环境和复杂多变的社会结构。由于直接借鉴苏联革命经验具有局限性，中国共产党迫切需要将马克思主义的基本原理与中国的实际情况相结合，解决中国革命中的实际问题。

2. 抗战爆发前，中国社会的主要矛盾是封建主义与农民阶级的矛盾，农民问题成为中国革命的核心问题。传统的马克思主义理论重视工人阶级的革命作用，而中国共产党需要探索如何动员和依靠广大农民群众参与革命。

3. 抗日战争的全面爆发，要求中国共产党必须调整其战略战术，既要抗击外来侵略，又要兼顾国内革命，这对中国共产党提出了新的理论和实践挑战。

（二）马克思主义中国化的关键阶段和实践

1. 长征的胜利是中国共产党进行马克思主义中国化探索的重要起点。长征不仅是一次伟大的战略转移，也是中国共产党在极端困难条件下坚持马克思主义基本原理，结合中国革命实际，探索革命新路的象征。

2. 1935年，遵义会议的召开是马克思主义中国化进程中的一个转折点。会议纠正了之前的"左"倾错误，确立了毛泽东在党中央的领导地位，为中国共产党的理论和实践创新奠定了基础。

3. 1935年，瓦窑堡会议提出了抗日民族统一战线的政策，展现了中国共产党在马克思主义中国化过程中的理论创新和灵活策略。通过与各阶层抗日力量的合作，加强了全民族的抗战能力，展现了共产党大团结、大联合的政策。

4. 1937年，洛川会议确定了减租减息政策，直接回应了农民群众的迫切需求，有效动员了农民参与抗日和革命，加强了共产党在农村的基础。

5. 1940年，新民主主义论的提出，是中国共产党马克思主义中国化理论的创新高峰。毛泽东根据中国半殖民地半封建的社会性质，明确了中国革命的阶段性特征和无产阶级领导的、联合各个革命阶级的革命道路。

6. 1942年开始的整风运动，是中国共产党在马克思主义中国化过程中的又一重要实践。整风运动中党内的学习和讨论深化了全党对马克思主义基本原理与中国实际相结合的认识，促进了理论水平和党的建设的提高。

7. 1945年，中共七大召开，毛泽东思想被确立为全党的指导思想，标志着中国共产党马克思主义中国化探索的成熟和成功。毛泽东思想是中国共产党将马克思主义基本原理与中国革命具体实践相结合的最高成就。

通过这一系列理论创新和实践探索，中国共产党成功地将马克思主义基本原理与中国革命的具体实际相结合，形成了一整套适应中国国情的革命理论和策略。这不仅指导中国革命取得了胜利，也为后来中国特色社会主义理论体系的发展奠定了坚实的理论基础。

参考资料

1. 章开沅，朱英：《中国近现代史》，河南大学出版社，2009年。
2. 王桧林：《中国现代史》，北京师范大学出版社，2016年。

第十章 国共内战

第一节 重庆谈判与政治协商会议

题目1 论述抗战胜利后时局的特点和各党派对中国前途的主张

相关真题 2022年山东师范大学；2022年曲阜师范大学；2020年湖南大学；2015年福建师范大学

抗日战争胜利后，中国时局发生了巨大变化，中国人民热切希望建立一个和平、民主的新中国，此时中国应走怎样的道路成为各党派考虑的主要问题。

（一）时局的特点

1. 复杂的国际形势。①第二次世界大战后，以德、意、日三国为代表的法西斯被打败，英、法两国也遭到严重削弱，美国成为世界资本主义强国，以苏联为代表的社会主义力量得到发展。②美国和苏联从自身利益出发制定对华政策，双方都不愿因中国问题而卷入直接的军事对峙。

2. 国内广大人民群众渴望和平与发展的呼声高涨。抗战胜利后，广大的中国各阶层人民、各民主党派，迫切地希望中国从此成为一个独立、民主、富强的国家，同时也渴望消弭内战，休养生息，通过和平的途径实现他们的这种强烈愿望。

3. 战后矛盾转变。抗战结束后，社会主要矛盾由中日民族矛盾转变为国民党代表的大资产、大地主阶级与中国共产党代表的广大人民群众之间的矛盾。

（二）各党派的主张

1. 国民党提出的地主阶级和买办性的大资产阶级方案。代表大资产、大地主阶级利益的国民党统治集团，企图维护国民党一党专政的政权，使中国继续沿着老路走下去，并为此处心积虑地要消灭共产党领导的人民革命力量。

2. 共产党领导下的工人阶级和其他进步势力的方案。作为人民利益和意志忠实代表的中国共产党，早在中国共产党第七次全国代表大会时就提出建设独立、自由、民主、统一和富强的新中国的主张，并且提出通过建立民主的联合政府的途径，实现建设新中国的目标。

3. 民主党派的民族资本主义方案。抗战结束后，各民主党派对于中国的前途也提出了自己的主张。民主党派既反对国民党的大地主、大资产阶级专政的反革命道路，又不赞成共产党领导的人民民主专政的革命道路，幻想另找所谓"第三条道路"，即通过谈判，和平建立资本主义性质的联合政府。

人民群众和历史最终都选择了中国共产党所倡导的方案，历史事实也证明了这条道路的正确性，只有这条道路才能救中国于危难之中，才能建立一个真正的新中国。

参考资料
1. 章开沅，朱英：《中国近现代史》，河南大学出版社，2009年。
2. 王桧林：《中国现代史》，北京师范大学出版社，2016年。

第二节 内战时期的政治、经济与社会

题目1 论述解放战争时期国统区面临的危机与结果

相关真题 2021年兰州大学

解放战争时期，国民党统治的国统区出现了多重危机，使中国社会经济遭受了极大的破坏，广大人民陷入了极端贫困的境地，这些危机加速了国民党政权的崩溃。

（一）危机

1. 经济危机。军费开支的激增、战争持续的物资需求和国民党政府财政的管理不善导致了严重的通货膨胀和经济混乱，法币严重贬值；金融垄断也破坏了正常的经济秩序，以宋子文、孔祥熙为代表的高官利用特权操纵物价、倒卖物资，导致经济危机的爆发；与此相伴的还有国统区民族工商业的停产和倒闭，民族工商业遭到极大的破坏，农村爆发了严重粮荒。

2. 统治危机。随着内战的扩大和经济形势的恶化，加之国民党实行独裁统治，社会各阶层通过开展反战和民主运动表达对政府的强烈不满，如 1947 年 5 月，上海、南京、杭州等地 5000 多名学生在南京举行反饥饿、反内战、反迫害的大游行，对国民党的统治造成严重的威胁。

3. 军事失败。在解放战争中，国民党军队在多个关键战役中遭到中国人民解放军的重大打击，严重削弱了国民党的军事力量。

4. 社会不满。国民党统治下的社会不公、土地分配不均等问题长期未解决，引发了广泛的社会不满，减弱了国民党对城市和农村的控制力。

（二）结果

1. 政权更迭。面对人民解放军的连续胜利和国内外的压力，国民党政府的军事和政治基础崩溃。1949 年 4 月，中国人民解放军占领南京，标志着南京国民政府 22 年反动统治的覆灭。

2. 国民党退往台湾。随着解放军占领中国大陆的主要城市，国民党政府和剩余军队撤退到台湾，在台湾地区与大陆对峙。

3. 社会重建与改革。新成立的中华人民共和国政府开始在全国范围内进行土地改革，废除国民政府时期的剥削制度，实行土地归农政策，大大提高了农民的生产积极性。同时，开始进行经济恢复和社会重建工作，为中国的现代化发展奠定了基础。

综上所述，解放战争时期国民党统治区面临的经济和政治危机未能得到有效解决，最终加速了国民党政权的崩溃。在内外交困的情况下，南京国民政府最终退出了历史舞台。

参考资料

1. 章开沅，朱英：《中国近现代史》，河南大学出版社，2009 年。
2. 王桧林：《中国现代史》，北京师范大学出版社，2016 年。

第三节　解放战争

题目 1　论述解放战争期间的著名战役

相关真题　2022 年聊城大学

解放战争是 1946 年 6 月至 1949 年 4 月中国人民解放军在中国共产党的领导下，为推翻国民党统治、解放全中国而进行的战争，其间爆发了许多著名战役。

（一）第一阶段：防御阶段（1946 年 7 月—1947 年 6 月）

1. 苏中战役。

为了反击国民党的进攻，1946 年 7 月至 8 月，粟裕、谭震林指挥华中野战军在江苏中部地区与国民党展开七次大的战斗，共产党获得七战七捷、以少胜多的胜利。

2. 孟良崮战役。

1947 年，国民党的全面进攻计划破灭，便在 3 月集中兵力对陕北和山东地区的人民解放军发动重点进攻。1947 年 5 月，陈毅、粟裕遵照毛泽东的指示，率领华东野战军在山东孟良崮以山地运动歼灭的作战方式全歼国民党第 74 师，打乱了国民党对山东解放区的重点进攻计划，扭转了华东战局。

到 1947 年 6 月，人民解放军共歼灭和改编国民党军 112 万人，给予国民党沉重打击，为解放军实现由防御到南下进攻的转变提供了有利条件。

（二）第二阶段：战略进攻（1947年7月—1948年9月）

1. 鲁西南战役。

1947年6月，国民党在陕北和山东一线布防重兵，以黄河为天险阻挠人民解放军南下。1947年，刘伯承、邓小平决定向陕北、山东两个战场之间国民党部署兵力较为薄弱的晋冀鲁豫地区进攻。6月30日，刘邓大军强渡黄河，随后发起鲁西南战役，歼灭了国民党军队约6万人，突破了国民党军队的封锁。

2. 豫东战役。

1948年6月到7月，华东野战军夺取开封，重创国民党军，随后国民党在鲁西南调集重兵寻求决战。解放军制定"先打开封，后歼援敌"战术，以缓解鲁西南压力。1948年6月至7月，粟裕指挥华东野战军、中原野战军及冀鲁豫、豫皖苏军区部队在开封一带歼灭国民党军队9万余人，国民党无力在中原地区发动进攻，人民解放军成功进入战略决战阶段。

（三）第三阶段：战略决战（1948年9月—1949年12月）

1. 辽沈战役。

1948年8月，东北野战军已经控制了东北绝大部分的土地和人口，国民党军队被分割包围在沈阳、长春、锦州三地。1948年9月至11月，林彪指挥东北野战军攻克锦州城，切断国民党军与外界联系，之后相继攻克沈阳、营口等城市。辽沈会战后解放东北全境，中国共产党军队在数量上首次超过国民党军队。

2. 淮海战役。

1948年下半年，国民党实行重点防御拖延解放战争进程，9月人民军队以济南为突破点，攻克济南，宣告国民党重点防御计划的失败，山东境内国民党军溃败。1948年11月至1949年1月，刘伯承、邓小平、陈毅、粟裕指挥中原野战军和华东野战军以徐州为中心，对国民党进行战略性进攻，称为"淮海战役"，这场战役使蒋介石南线的精锐部队损失殆尽，彻底改变了华东和中原局势。

3. 平津战役。

辽沈、淮海战役后，解放军对北平（今北京）、天津形成包围之势。1948年11月至1949年1月，林彪、罗荣桓指挥东北野战军和华北野战军在北平、天津和张家口一带进行了战略决战，此战结束后基本解放华北全境，还与傅作义以和谈的方式圆满解决了北平守军问题。

4. 渡江战役。

国民党败局已定，并拒绝在和平协定上签字，毛泽东和朱德发布《向全国进军》的命令。1949年4月21日至23日，人民解放军第二、第三野战军和第四野战军一部强渡长江，占领南京，宣告了国民党反动统治的灭亡，为解放华东全境和向华南、西南进军创造了条件。

综上，解放战争期间的这些战役展示了中国人民解放军的英勇和战略智慧，为中国的解放和统一做出了重大贡献。

参考资料

1. 董文琪：《解放战争中的三大阻击战》，《江淮法治》，2021年第7期。

题目2 简述解放战争时期土地改革运动的过程和意义

相关真题 2024年新疆师范大学；2018年湖南师范大学；2017年吉林大学；2015年南开大学

解放战争时期的土地改革运动是中国共产党在农村进行的一项重大的土地再分配运动，其目的在于消除封建或半封建性质的土地所有制，实现土地的公平分配。

（一）原因

1. 巩固解放区的需要。抗战胜利后，尽管多数解放区实施了土地改革，但部分地区尚未完成，且有的地区改革不彻底。为彻底消灭封建土地制度，需要实施更为深入的土地改革。

2. 鼓舞广大农民参军和支援前线。1946年，国民党撕毁停战协议，对解放区发动全面进攻。面对武装力量上的劣势，共产党迫切需要动员广大农民参军和支援前线，土地改革成为赢得民心和物质支持的关键。

（二）过程

1. 颁布"五四指示"。1946年5月4日，中共中央发布《关于土地问题的指示》，标志着将减租减息政策转变为没收地主土地分配给农民的重大政策，为实现"耕者有其田"的土地革命指明了方向。

2. 颁布《中国土地法大纲》。1947年，在刘少奇主持下，中国共产党全国土地会议通过了《中国土地法大纲》，正式确立了农民土地所有制的基本原则，即平分土地，实行"耕者有其田"的土地制度。随后，土地改革在陕甘宁、晋绥等解放区和新解放区中迅速开展。

（三）意义

1. 废除了封建土地制度。通过土改，将土地从地主手中转移到农民手中，瓦解了剥削制度的经济基础，释放了农村生产力，提高了农民的生产积极性，为经济发展创造了条件。

2. 改造了乡村政权。土地改革没收了地主劣绅的土地，夺回了被地主劣绅垄断的乡村政权，让农民阶级当家作主，完成了对基层政权的改造，为中华人民共和国的建立奠定了群众基础。

3. 巩固了工农联盟和人民民主专政。共产党开展的土地改革得到广大农民的拥护，壮大了革命队伍，强化了工农联盟，为解放战争的胜利奠定了坚实的群众基础和物质基础。

总的来说，解放战争时期的土地改革运动，不仅改变了农村的社会生产关系，解放了社会生产力，还为解放战争的胜利提供了坚实的物质和政治基础。

参考资料

1. 张启发：《〈中国土地法大纲〉与中国农村社会变革研究》，河北师范大学2014年博士学位论文。
2. 刘伟：《解放战争时期土地改革实践的当代价值》，辽宁大学2013年硕士学位论文。

题目3 论述新民主主义革命时期中国共产党的土地政策

相关真题 2024年天津师范大学；2024年西北民族大学；2024年新疆师范大学；2023年兰州大学；2022年青海民族大学；2022年中南民族大学；2022年南京师范大学；2022年吉首大学；2020年陕西师范大学；2020年江苏师范大学；2015年上海大学；2014年华中师范大学

新民主主义革命时期，中国共产党颁布了一系列土地改革政策，以解决土地问题，满足农民对土地的要求，发展农村生产力。

（一）土地革命时期的土地政策

1. 背景：国民革命失败后，农村土地分配极不合理，阶级矛盾尖锐。少数地主占据大部分土地，农民既要缴纳高额地租，又要承担国民政府的赋税。这些因素导致地主与农民之间的矛盾加剧，中国共产党为了巩固农村革命根据地，必须调整土地政策以解决这些矛盾。

2. 过程：①1928年，毛泽东总结土地革命经验，主持制定颁布了《井冈山土地法》，主张没收一切土地归苏维埃政府所有，并按人口和劳动力标准进行分配。②1929年，毛泽东在江西兴国县制定《兴国土地法》，规定没收一切公共土地及地主阶级的土地，分给无地或少地的农民耕种。③1931年，中共中央政治局起草了《土地法草案》，规定"地主不分田，富农分坏田"，这一政策给土地革命带来严重危害。④1931—1934年，毛泽东负责进一步调整土地政策，提出了查田运动，彻底解决土地问题，形成"依靠贫雇农，联合中农，剥夺富农，消灭地主"的土地斗争阶级路线。⑤1935年12月，中共中央颁布了《关于改变对富农策略的决定》，规定对于有革命意识的地主和富农，应该受到与苏维埃工作人员同等的待遇，取得选举权和被选举权，纠正了过去对富农过"左"的错误政策。⑥1936年夏，颁布了《中共中央关于土地政策的指示》，规定没收地主阶级的土地后，仍分给部分耕种份地，对富农的土地由没收出租土地改为均不没收，对地主和富农的政策有所放宽。

（二）抗日战争时期的土地政策

1. 背景：抗日战争爆发后，中日民族矛盾成为中国社会主要矛盾，中国共产党主张联合一切抗日力量进行抗战，因此调整了土地政策。

2. 过程：① 1937 年，中国共产党提出暂停没收地主土地的政策，实施抗日民族统一战线的共同纲领。② 实行减轻农民负担的政策，如减租减息政策等。③ 洛川会议上，党中央将减租减息定为解决农村土地问题的基本政策。④ 1942 年，中共中央对减租减息做数量上的限制，地租以实行二五减租为标准。

（三）解放战争时期的土地政策

1. 背景：抗日战争胜利后，国内阶级矛盾再次成为中国社会主要矛盾，特别是在新解放区，地主与农民的矛盾日益激化。为了巩固解放区政权和争取革命在全国的胜利，中国共产党实行了新的土地政策。

2. 内容：① 1946 年 5 月 4 日，中共中央发布"五四指示"，提出农村土地政策由"地主减租减息、农民交租交息"转变为没收地主土地归农民所有。② 1947 年，中国共产党全国土地会议制定了《中国土地法大纲》，宣布废除封建性及半封建性剥削的土地制度，实行"耕者有其田"的土地制度。

综上所述，在新民主主义革命的不同历史阶段，中国共产党制定了不同的农村土地政策，极大地调动了广大农民参加革命的积极性，为新民主主义革命的最终胜利奠定了基础。

参考资料

1. 刘君：《新民主主义革命时期中国共产党农村土地政策的历史演进及当代启示》，山东大学 2014 年博士学位论文。
2. 李志龙：《中央苏区党的土地政策研究》，辽宁师范大学 2020 年博士学位论文。

题目 4　简述人民解放军粉碎国民党进攻的战略思想、政治方针、经济方针、军事方针以及粉碎国民党进攻的简要经过

相关真题　2023 年鲁东大学；2022 年聊城大学；2020 年吉林师范大学

中国共产党在领导解放战争的过程中，形成了一套完善的战略思想、政治方针、经济方针和军事方针，这些指导原则有效地指导了革命战争取得最终胜利。

（一）战略思想

战略上藐视敌人，战术上重视敌人。1948 年 1 月，毛泽东在《关于目前党的政策中的几个重要问题》中明确指出要在战略上藐视敌人，战术上重视敌人。这意味着在宏观上要有必胜的信心，认识到敌人必然被历史淘汰的趋势；在微观上则要认真分析具体战况，避免盲目乐观和急躁。

（二）政治方针

和人民群众亲密合作，争取一切可争取的人。中国共产党坚持在农村解决土地问题，依靠贫农、雇农，团结中农，并区别对待不同阶层的地主和富农。在城市中，依靠工人阶级、小资产阶级和进步分子，同时团结中间分子，孤立反动派。在国民党军队中，争取反对内战的力量，孤立好战分子，建立广泛的人民民主统一战线。

（三）经济方针

做持久打算，自力更生。在财政供应上，强调满足战争需求的同时，改善人民生活，提倡节约，反对浪费。在解放区深入开展土地改革，调动农民的积极性，推动农民全力支持战争。同时，建立统一的中国人民银行，统一解放区的金融。

（四）军事方针

在军事上，实行集中优势兵力、各个歼灭敌人的原则，执行积极防御方针，以歼灭敌人有生力量为主要目标，而不以保守或夺取城市和地方为主要目标。

（五）简要经过

人民解放军粉碎国民党军进攻可以分为三个阶段。

1. 1946 年 7 月到 1947 年 6 月为战略防御阶段。这一阶段，人民解放军发动了苏中战役、孟良崮战役等，击退了国民党军的进攻，使国民党军丧失了 70 万的兵力，再也无力全面进攻，为人民解放军的反攻争取了时间。

2. 1947 年 7 月到 1948 年 9 月为战略进攻阶段。人民解放军发动了豫东战役、鲁西南战役等，使国民党军在

中原地区丧失了进攻的可能。

3. 1948年9月到1949年1月为战略决战阶段。主要由辽沈、淮海、平津战役组成，1949年4月的渡江战役彻底粉碎了国民党在大陆的军事力量和政治势力。

总的来说，在领导解放战争的过程中，中国共产党凭借正确的战略思想、政治方针、经济方针和军事方针夺取了革命在全国的胜利。

参考资料

1. 夏明星，赵国强：《解放战争初期中共战略方针大转变始末》，《党史纵横》，2017年第11期。

题目5 论述第二次国共合作的进程、破裂及历史意义

相关真题 2022年北京联合大学；2022年吉首大学；2021年聊城大学；2021年中南财经政法大学；2020年中山大学；2017年华中师范大学；2014年中国社会科学院大学

抗日战争期间，中国共产党同中国国民党建立了第二次合作，在此基础上团结联合一切抗日爱国力量建立抗日民族统一战线，形成了全民族的抗战，取得了近代以来中华民族反对帝国主义的第一次伟大胜利。

（一）国共合作的进程

1. 第二次国共合作的形成：1936年，西安事变的和平解决为国共合作扫清了障碍。1937年2月，在国民党五届三中全会上，宋庆龄等提出恢复孙中山的联俄、联共、扶助农工政策，国民党基本确定了"停止内战，实行国共合作"的原则。同年7月，中共中央与国民政府开始谈判，周恩来递交《中共中央为公布国共合作宣言》，提出抗日民族革命战争的目标及承诺，包括停止推翻国民党运动、取消苏维埃政府和红军番号等。经谈判和红军改编，蒋介石发表《对中国共产党宣言的谈话》，承认中国共产党的宣言，接受国共合作抗日，第二次国共合作达成。

2. 国共合作形成后的抗战进程。国共合作形成后，抗战分为正面战场和敌后战场。国民党正面战场粉碎了日军"速战速决"的战略，消耗了日军有生力量，牵制了侵华日军主力，保护了西南工业基地，为长期抗战奠定了物质基础。中国共产党领导的敌后战场进行持久战和游击战，有效配合了正面战场，形成两大战场遥相呼应的战略格局。

（二）国共合作破裂

1. 原因：①蒋介石从未放弃反共立场。蒋介石于1939年在五届五中全会上制定了反共方针，并在抗日战争后期消极抗日，发动了三次反共浪潮，如1941年制造皖南事变，刻意挑起国共摩擦，为国共反目埋下伏笔。②社会主要矛盾的转变。1945年日本败降之后，中国社会的主要矛盾由中日民族矛盾转变为大地主、大资产阶级与无产阶级之间的阶级矛盾，进而导致了国共两党之间难以弥合的分歧和最终的分裂。③美国支持国民党对抗中国共产党。二战结束后，以美国为首的资本主义阵营为了遏制共产主义的扩张，确立了"扶蒋反共"的政策，并给予国民党军事上的援助和舆论上的支持。

2. 合作破裂：1945年8月，国共代表在重庆商谈抗战后事宜，签署"双十协定"，但在军队、政府问题上分歧巨大，加剧两党矛盾。1946年6月，蒋介石撕毁协定，向中原解放区发动进攻，国共合作破裂。

（三）第二次国共合作的意义

1. 促成了抗战胜利，挽救了民族危亡。国共合作对抗日本帝国主义的侵略，形成正面战场和敌后战场，促进了抗战胜利。

2. 促进了革命队伍壮大。国共第二次合作期间，中国共产党领导的革命队伍不断壮大，革命根据地迅速发展，为革命胜利奠定了基础。中国共产党在抗战中表现优异，扩大了自身影响，提升了政治地位。

3. 促进了全民族的高度团结。国共第二次合作显示了内部团结、精诚合作对抵御外辱的重要性，使中国各族人民的爱国主义情感达到新的高度。

总之，国共第二次合作既是中华民族抗击外敌的必然选择，也是国共两党斗争和妥协的结果，既为全面抗战提供了政治保障，也为内战埋下了隐患。

参考资料

1. 杨奎松：《第二次国共合作的形成》，《近代史研究》，1985年第3期。
2. 汪新：《浅析第二次国共合作破裂的政治原因》，《中共党史研究》，1993年第1期。
3. 谢赐余：《试论第二次国共合作破裂的原因》，《理论学刊》，1998年第2期。
4. 潘洵：《论第二次国共合作的历史地位与现实价值》，《西南大学学报》，2011年第37期。

题目6 试比较两次国共合作的异同

相关真题 2023年哈尔滨师范大学；2022年北京联合大学；2022年吉首大学；2022年鲁东大学；2019年江西师范大学；2019年苏州大学

在中国近现代史上，中国共产党与中国国民党有过两次合作。第一次合作是在国民大革命时期，第二次合作则是在抗日战争时期，两次合作对推进中国历史进程做出了巨大贡献。

（一）相同点

1. 两次合作都有共同的目的。两次合作都旨在完成民主革命任务。第一次合作是为了推翻北洋军阀统治，抵制帝国主义，建立民主共和国。第二次合作则是为了联合抗击日本侵略者，实现民族独立和解放。

2. 两次合作都有一定的群众基础。两次合作期间，共产党均重视领导工农运动，第一次合作中工人阶级组建工会和自卫武装，农民支持北伐战争。第二次合作时，建立了抗日民族统一战线，得到了全国人民的支持。

3. 两次合作都获得了国际支持。第一次合作主要得到了共产国际和苏联的支持；第二次合作期间，除苏联外，还获得了英美等反法西斯国家的援助。

4. 两次合作任务都基本达成，但最终结果均为合作破裂。第一次合作期间进行了国民大革命，基本推翻北洋军阀的统治，但因国民党右派叛变革命而破裂；第二次合作最终取得抗日战争胜利，但随后国民党一意孤行发动内战，合作破裂。

（二）不同点

1. 两次合作形式不同。第一次合作采取"党内合作"方式，共产党员以个人名义加入国民党；第二次则是党外合作，两党保持各自的政治和组织独立，实行两党多元化领导，有各自的政权和军队。

2. 两次合作背景不同。第一次合作是在北洋军阀割据和西方列强侵略背景下进行的；第二次合作是在日本大举侵华、民族危机深重的背景下，由共产党倡议合作的。

3. 革命的具体对象不同。第一次合作主要是为了消灭北洋军阀、抵制列强；第二次合作主要是为了抵御日本侵略者，实现民族解放。

4. 两次合作意义不同。第一次合作促使国民革命走向高潮，推动了北伐的胜利，基本消灭了北洋军阀的势力；第二次合作抵抗日本侵略，挽救了民族危亡，提升了中国的国际地位。

总的来说，两次国共合作体现了在关键时刻两党能够为了共同目标团结一致，但由于根本政治立场和目标的差异，合作最终都走向了破裂。其经验教训对于理解中国近现代史和两党关系发展具有重要意义。

参考资料

1. 程中原：《中国共产党与抗日民族统一战线的建立》，《抗日战争研究》，2005年第3期。
2. 夏清：《两次国共合作异同考》，《安徽文学（下半月）》，2010年第1期。

题目7 论述1924—1949年国共关系变化以及对中国命运的影响

相关真题 2023年山东师范大学；2022年天津师范大学；2020年中山大学

1924—1949年，中国国民党与中国共产党之间的关系经历了复杂的变化，这一时期的两次国共合作及其分裂与对抗，极大地影响了中国的命运和历史进程。

（一）第一次国共合作（1924—1927年）

1. 过程。1924年，国共建立第一次合作，主要目的是反对帝国主义和封建军阀势力，推动民主革命的发展。

这一阶段，共产党员以个人身份加入国民党，国共两党共同发起北伐战争，取得显著成就。

2. 影响。第一次国共合作基本推翻了北洋军阀的统治，将革命势力推广到长江流域，为国民政府在全国的统一奠定了基础，同时中国共产党在工农运动中积累了经验，增强了群众基础，扩大了影响力。

（二）第一次国共内战（1927—1937 年）

1. 过程。1927 年，国民党先后发动"四一二"反革命政变和"七一五"反革命政变，国共合作破裂，双方进入内战状态，中国共产党转入地下斗争和农村革命，并于 1927 年 8 月 1 日发起南昌起义，开启土地革命战争。1930 年 11 月，南京国民政府开始对中国共产党发动"围剿"战争，第五次反"围剿"的失败，迫使红军在 1934 年 10 月开始长征，在这期间国共战争不断。1936 年，西安事变得到和平解决后，国共两党基本停止武装冲突。

2. 影响。这一阶段的内战造成了巨大的人员损失和经济破坏，同时为日本侵略提供了机会。但这一时期共产党开辟了农村包围城市、武装夺取政权的正确革命道路，壮大了自身的力量，为后来革命在全国的胜利打下基础。

（三）第二次国共合作（1937—1946 年）

1. 过程。1937 年卢沟桥事变后，中国共产党更加积极地推动抗日民族统一战线的形成，国民党在日本步步紧逼和国内要求抗日的呼吁下改变了"攘外必先安内"政策。1937 年 9 月 22 日，国民党中央通讯社发表《中共中央为公布国共合作宣言》，23 日，蒋介石发表关于抗战的谈话，标志着第二次国共合作正式形成。抗战期间，两党分别在正面战场和敌后战场抵抗日本侵略。

2. 影响。国共合作期间，正面战场和敌后战场互相配合，共同抗击日军，为抗日战争胜利奠定了基础。同时，中国共产党在根据地的发展和抗日斗争中增强了自身力量和威望。

（四）第二次国共内战（1946—1949 年）

1. 过程。1946 年 6 月，国民党撕毁重庆谈判签订的"双十协定"，进攻中原解放区，全面内战爆发。双方展开了一系列战役，如辽沈、淮海、平津三大战役，最终中国共产党取得了胜利，于 1949 年建立中华人民共和国。

2. 影响。内战破坏了抗日战争胜利后的政治、经济等重建活动，消耗了中国国力，让深受战乱之苦的民众再次生活在战火中。而中国共产党最终夺取解放战争的胜利，结束了长达数十年的内战和外敌侵略，开启了新中国的建设。

总体而言，国共两党在这一时期的关系变化，不仅反映了中国内部的阶级矛盾和政治斗争，也受到了国际形势的影响。这一时期的历史事件，特别是两次国共合作及其后的对抗，对中国现代史的走向产生了深远的影响。

参考资料

1. 王少泉：《国共关系演变研究》，《新乡学院学报》，2017 年第 10 期。

第四节　中华人民共和国的成立

题目 1　论述新中国成立前中国共产党领导的多党合作局面

相关真题　2023 年湖南科技大学；2022 年江苏师范大学

新中国成立前的中国共产党领导的多党合作局面，经历了从抗日战争到解放战争的重要历史阶段，其间中国各民主党派积极参与反对国民党反动派的斗争，与共产党共同促进了国家的进步和解放。

（一）抗日战争时期

1. 积极联合民主党派。围绕"民主""抗日"问题，共产党和各民主党派相互吸引，走向联合。共产党提出的"民族的和民主的统一战线"以及制定的"抗日救国十大纲领"得到民主党派的热烈拥护，推动了抗日民族统一战线的建立。

2. 推动民主政府建设。1938 年起，共产党参加国民参政会，提出推进地方自治和实施宪政的建议，赢得了民主党派的信任与支持。1940 年 3 月，中共中央发出关于《抗日根据地的政权问题》的指示，提出"三三制"政权组织原则，加强与民主党派的合作。

3. 磋商建立联合政府。1944年8月，中共领导人与中国民主同盟领导人磋商建立联合政府问题，获得社会各界的响应，为民主运动增加了活力。

（二）解放战争时期

1. 有共同合作的政治基础。解放战争初期，民主党派主张"第三条道路"，与共产党在反对国民党独裁、争取和平民主上基本保持一致，形成了共同合作的政治基础。

2. 进一步合作发展。内战爆发后，国民党不断迫害民主党派，如暗杀民主人士李公朴、闻一多等，加之1947年蒋介石发布《动员戡乱令》，民主党派在共产党的争取下最终倒向共产党一边。1948年1月，中国国民党革命委员会宣布与国民党政权决裂。同月，民盟召开三中全会，主张与共产党密切合作。

（三）新政协筹备期间

1. 共同筹备新国家建立工作。人民解放军发动三大战役期间，共产党与到达解放区的民主党派、民主人士代表举行会议，加紧筹备新国家建立工作。

2. 民主党派承认共产党领导。1948年春，各民主党派明确承认共产党在革命中的领导地位，积极响应中共中央提出的召开政治协商会议的建议。

（四）召开新政协

1949年9月，中国人民政治协商会议第一届全体会议胜利召开，会议中各民主党派与共产党共同协商制定《中国人民政治协商会议共同纲领》，民主党派的政治地位得到充分认可。会议还通过了《中国人民政治协商会议组织法》《中华人民共和国中央人民政府组织法》等重要文件，确立了多党合作的组织框架，多党合作的新型政党关系基本形成。

总之，抗日战争时期到新中国成立前，民主党派的发展经历了由坚持独立立场到与共产党深化合作的过程。民主党派的转变不仅促进了国家的解放，也为中国共产党领导的多党合作和政治协商制度奠定了坚实基础。

参考资料

1. 王利强：《论解放战争时期民主党派和中国共产党关系的演变》，西华师范大学2020年硕士学位论文。
2. 杭元祥：《中国多党合作事业的历史回顾》，《中国政协理论研究》，2013年第26期。

题目2 论述《中国人民政治协商会议共同纲领》的内容和意义

相关真题 2022年江苏师范大学；2019年江西师范大学；2019年河南师范大学；2019年鲁东大学

1949年9月29日，《中国人民政治协商会议共同纲领》（以下简称《共同纲领》）的通过，标志着新中国政治生活的开端。该纲领包含序言和七个章节，涵盖了国家性质、人民基本权利与义务、政治机构等方面的基本政策。

（一）内容

1. 纲领规定，中华人民共和国是一个新民主主义的国家，实行工人阶级领导的、工农联盟为基础的人民民主专政，旨在反对帝国主义、封建主义和官僚资本主义，争取国家的独立、民主、和平、统一和富强。

2. 政权机关章节规定，中华人民共和国的国家政权属于人民，人民行使国家政权的机关为各级人民代表大会和各级人民政府，各级政权机关一律实行民主集中制。

3. 在军事制度方面，纲领规定建立统一的军队，由中央人民政府人民革命军事委员会统率。

4. 经济政策章节强调，经济建设的根本方针是公私兼顾、劳资两利、城乡互助、内外交流，以发展生产和繁荣经济为目标。

5. 文化教育政策章节指出，中华人民共和国的文化教育应是新民主主义的，即民族的、科学的、大众的。

6. 民族政策章节规定，各民族平等，反对大民族主义和狭隘民族主义，禁止歧视、压迫和分裂行为，在各个少数民族聚居的地区，实行民族区域自治。

7. 外交政策章节明确以维护国家独立、自由和领土主权完整为原则，支持国际间的持久和平和友好合作，反对帝国主义的侵略和战争政策。

（二）意义

1. 《共同纲领》是中华人民共和国成立初期的重要政治基础和行动纲领。它对于巩固人民民主专政、加强民主法制建设、维护公民权利和自由、恢复国民经济发挥了关键作用。

2. 体现了共产党和各民主党派的亲密合作和政治协商的典范。纲领的制定过程集中体现了各党派、各民族、各阶层、各行业代表的集思广益，是集体智慧的结晶。这为坚持和完善我国的政党制度、制定国家大政方针奠定了基础，并提供了宝贵经验。

3. 《共同纲领》对中国法治的发展具有里程碑意义。它在编写和审议过程中的反复讨论和修改，体现了民主立法的精神。这样的程序不仅保障了立法质量，而且为依法治国提供了宝贵经验，强调了法治和民主的相互促进关系。

总的来说，《中国人民政治协商会议共同纲领》不仅是新中国的政治宣言，也是新中国成立初期政治生活和法治建设的重要基石。

参考资料

1. 中共中央宣传部：《中华人民共和国简史》，人民出版社，2021年。

题目 3 简述中华人民共和国的成立为什么开启了中国的新纪元

相关真题 2022年江汉大学；2022年安庆师范大学；2020年西南大学；2017年西北师范大学；2016年扬州大学；2015年苏州大学；2014年吉林大学；2014年江西师范大学；2006年北京师范大学

1949年中华人民共和国的成立，不仅是中国历史上的一个重大转折点，也为中国和世界的发展开启了新纪元。

1. 结束了半殖民地半封建社会，开启了民族复兴的新起点。中华人民共和国的成立结束了百余年的半殖民地半封建社会状态，标志着中华民族复兴和中国社会发展有了新起点，为民族的独立和自强奠定了基础。

2. 建立了新制度，开启了现代化发展新篇章。中华人民共和国的成立结束了清末以来的专制独裁和军阀混战局面，建立了人民参政、议政的民主制度，为中国现代化的发展开启了新篇章。

3. 结束了国民党的统治，开启了社会的进步发展。国民党的统治导致了经济的严重膨胀和人民的苦难，阻碍了社会的前进。中华人民共和国的建立彻底扭转了这一局面，使得国家摆脱了困境，沿着社会主义道路稳步前行。

4. 改变了亚洲政治版图，结束了外国列强的侵略。中华人民共和国的成立不仅彻底废除了列强强加给中国的不平等条约以及列强在中国享有的驻军、海关管理等一切特权，而且打破了帝国主义的东方殖民体系，推动了朝鲜等亚洲各国人民争取独立、自由和解放的斗争。

5. 开启了世界社会主义事业新阶段。中华人民共和国的成立是马克思主义普遍原理与中国具体实践相结合的成果，极大地增强了世界社会主义和人民民主阵营的力量，改变了国际政治力量对比，推动了国际共产主义运动的新发展。

6. 对全人类解放和世界发展进步产生影响。中华人民共和国的成立，不仅使占世界人口四分之一的中国人民获得解放，也极大鼓舞了世界被压迫民族和人民争取自由解放的斗争，支持了世界各国人民的正义事业，推动了全人类的进步和发展。

总之，中华人民共和国的成立是中国历史上的重大转折点，它不仅结束了帝国主义、封建主义和官僚资本主义对中国各族人民长期的压迫和剥削，也为中国社会的发展开启了新纪元，为全面实现新民主主义向社会主义的过渡创造了条件，具有深远的历史意义。

参考资料

1. 薛红焰：《深刻认识新中国成立的伟大意义》，《青海日报》，2019年第5期。
2. 韩亚光：《新中国：新纪元、新时期、新时代》，《前沿》，2018年第1期。

第十一章　从新民主主义到社会主义（1949—1956年）

第一节　政权的巩固与经济建设

题目1　概述新中国成立初期的经济措施

相关真题　2023年中南民族大学；2023年湘潭大学；2023年赣南师范大学；2022年中南财经政法大学；2018年暨南大学；2015年湖南师范大学

新中国成立初期，在全国建立了新民主主义社会制度，在此基础上新中国展开了大规模经济建设和社会主义改造，实现了由新民主主义到社会主义的过渡。

（一）1949—1952年

1. 没收官僚资本，恢复国民经济。1949年1月，中共中央规定按照区分官僚资本和民族资本的方法，接收官僚资本企业。到1949年年底，已经接收了国民党政府"四行两局一库"、省市地方银行系统、交通运输系统和垄断性质的商贸公司，使官僚资本以及其他外资企业都变成新民主主义国家的国有企业，和解放区原有的公营经济一并构成了社会主义国营经济，从此控制了全国经济命脉。

2. 土地改革。1950年，政府颁布《中华人民共和国土地改革法》，按照发动群众、划分阶级、没收和分配土地三个步骤进行土改，总路线是"依靠贫农、雇农，团结中农，中立富农，有步骤地有分别地消灭封建剥削制度，发展农业生产"。这次土地改革彻底消灭了地主土地所有制，在政治经济上解放了广大人民。

3. 调整工商业和"三反""五反"运动。

①为了优化私营工商业，中财委着重从调整公私关系、劳资关系及产销关系三方面进行工商业调整，特别强调公私关系的调整。这些措施有效稳定了经济秩序并促进了市场活力。

②"三反"运动。即在党政机关工作人员中开展"反贪污、反浪费、反官僚主义"。"三反"运动整顿了党政机关，净化了领导集体，为经济工作的开展创造了良好开端。

③"五反"运动。在"三反"运动进入高潮后，1952年，中共中央在各大中城市的工商业者中开展"反对行贿、反对偷税漏税、反对盗骗国家财产、反对偷工减料和反对盗窃国家经济情报"的"五反"斗争，进一步查明了私营工商业的状况，巩固了工人阶级和国营经济的领导地位。

（二）1953—1956年

1. 过渡时期总路线的提出。

1953年12月，中共中央提出党在过渡时期的总路线和总任务，是要在一个相当长的时期内，逐步实现国家的社会主义工业化，并逐步实现国家对农业、手工业和资本主义工商业的社会主义改造。

2. "一五"计划。

为了有计划地进行社会主义建设，我国在1953年至1957年实施了第一个五年计划，集中力量进行了工业化建设，于1957年基本完成，开始改变我国工业落后的面貌，向社会主义工业化迈进。

3. 社会主义改造。

1953年，我国开展了对农业、手工业和资本主义工商业的社会主义改造。①农业通过互助合作道路进行，经历了从互助小组到初级社再到高级社的形式，最终在1956年基本完成了农业的社会主义改造。②手工业通过合作化的形式，经历了手工业生产合作小组到手工业供销合作社再到手工业生产合作社的形式，最终在1956年年底基本上完成了对个体手工业的社会主义改造。③资本主义工商业通过赎买政策，经历了统购统销到个别公私合营再到全行业公私合营的形式，利润分配方式从"四马分肥"发展为"定股定息"，最终在1956年完成了对工商业的社会主义改造。

综上所述，从1949年到1956年，新中国采取一系列经济措施，建立了以全民所有制和集体所有制为主要形式的社会主义制度，中国进入了社会主义初级阶段，促进了新中国社会经济的发展。

参考资料

1. 曾留香：《论1950年调整工商业的措施、成效及经验》，《山西农业大学学报（社会科学版）》，2016年第15期。

题目2 简述中华人民共和国成立之初合理调整工商业的主要内容

相关真题 2023年暨南大学；2015年湘潭大学

中华人民共和国成立之初，面对私营工商业出现的困难局面，中共七届三中全会确立了合理调整工商业的方针，有效解决了社会经济生活中的矛盾和困难，对新中国政权的巩固具有重大意义。

（一）调整公私关系

中华人民共和国成立初期，私营工商业在国民经济中占有重要地位，尤其在轻工业和商业领域。调整公私关系是指调整国营经济同私人资本主义经济的关系，是中华人民共和国成立初期调整工商业的核心。政府采取了一系列措施促进私营工商业的发展：①国家扩大对私营工业的产品收购和加工、订货，确保其利润空间。②对税收政策进行调整，降低农业税和工商税，减轻企业负担。③政府向私营工商业提供贷款支持。④调整公私营商业的经营范围和价格。国营商业重点放在批发上，以调节市场、稳定物价，国营商业出售30%的零售业务。

（二）调整劳资关系

劳资关系指的是劳动者和资本家的关系。国家一方面责成资本家改进经营，降低成本；另一方面，鼓励工人提高劳动生产率，增加劳动任务。

（三）调整产销关系

产销关系指的是生产和销售之间的关系。调整产销关系的主要目标是克服生产中的无政府状态。中央政府组织了一系列行业会议，公私企业代表共同参加，制定"以销定产"的原则，并具体安排产销计划，合理分配生产任务。此外，国家公布生产情况以减少企业生产的盲目性，并在必要时帮助企业转产，以此实现产销平衡。

这一系列措施在1950年9月底基本完成，不仅适应了当时国内形势，解决了经济生活中的矛盾，也为国家财政经济状况的根本好转提供了重要支持。

参考资料

1. 靳德行：《中华人民共和国史》，河南大学出版社，2005年。
2. 刘国新，贺耀敏，刘晓，武力：《中华人民共和国史》，天津人民出版社，2010年。
3. 张红军：《论建国初期国民经济迅速恢复和发展的历史经验》，吉林大学2004年硕士学位论文。

题目3 论述中华人民共和国成立初期党和国家在结束通货膨胀、稳定经济秩序方面的背景、措施及影响 醒吾历史统考预测题

南京国民政府败退台湾前夕在大陆疯狂印钞转移物资，扰乱经济。中华人民共和国成立后，党和国家采取一系列措施结束了通货膨胀，稳定了经济秩序。

（一）背景

1. 经济上的历史遗留问题。在国民党政权统治下，四大家族垄断经济、抬高物价，大量印发钞票、掠夺民间资产。国民党统治后期，在没有财政支撑的情况下滥发纸币，使通货膨胀达到数千亿倍。

2. 人民币发行增多引发通货膨胀。中华人民共和国成立后，国家在经济建设、医疗保障等方面支付较多，财政面临巨大赤字，在此情况下增加了人民币的发行量，加重了经济的不稳定性。

3. 不法分子的投机活动扰乱经济秩序。在通货膨胀、物价飞涨的情况下，投机资本家、不法商人也乘机开始囤积居奇、哄抬物价，进行破坏和捣乱，从而进一步增加了经济的困难程度。

4. 国家的经济管理制度不完善。中华人民共和国成立初期，国家的经济管理手段尚未成熟，管理制度不完善，

还未实现对经济强有力的控制。如中华人民共和国成立后的两年内,在全国范围内出现了四次大规模的物价上涨。

(二)措施

1. 没收官僚资本,建立国营经济。中华人民共和国成立初期,人民政府立刻没收国民党政府的官僚资本(即国家垄断资本),并宣布取消帝国主义在华特权。

2. 整顿社会经济秩序。①取缔倒买倒卖银元等非法活动。②加强金融管理、打击投机倒把活动,平抑市场物价。③加强市场监管,保护正当商业活动。④统一全国财经工作,包括财政收支、物资调度、现金管理等。

3. 召开了中共七届三中全会。为全面分析国家形势,1950年6月6日至9日,中共中央在北京召开七届三中全会。毛泽东在会上指出党的中心任务是争取国家财政经济状况的根本好转。为此要加快推动土地改革的完成,合理调整现有工商业,节减国家机构所需经费。

4. 土地制度改革。首先在1950年6月通过了《中华人民共和国土地改革法》,随后,政务院又颁布了一系列法令。土地改革的总路线是依靠贫农、雇农,团结中农,中立富农,有步骤地有分别地消灭封建剥削制度,发展农业生产。到1953年春,除一部分少数民族地区及台湾省外,土地改革都已顺利完成。

5. 合理调整工商业。①调整公私关系。也就是调整国营经济同私人资本主义经济的关系。②调整劳资关系。遵循确认工人阶级的民主权利、有利于发展生产、用协商方法解决劳资间的纠纷问题这三条原则来调整资本家与工人之间的关系,这些措施对发展生产、改善经营起了很大作用。③调整产销关系。主要是克服生产中的无政府状态,按照"以销定产"的原则,根据国家和人民的需要,具体指导各行业的产销计划,使私营企业逐步走上计划生产的轨道。

(三)影响

1. 社会主义国营经济的领导地位确立。国家取缔地下钱庄等非法机构,建立国家银行和交易所等经济管理机构,加强对经济的监管,保护国营经济。

2. 国家经济状况开始好转。国家打击非法投机行为,稳定了金融市场,使金融物价恢复稳定,国家财政收支接近平衡,国家的经济状况好转,为之后的经济工作开展打造了良好开端。

3. 国家的经济管理制度和手段走向成熟。中华人民共和国成立初期出现的经济问题,推动了国家银行、交易所的建立,国家经济制度得到进一步完善,国家快速稳定物价的经济手段走向成熟。

参考资料

1. 郭大钧:《中国当代史》,北京师范大学出版社,2017年。

题目4 论述新中国成立初期社会主义计划经济体制的建立原因、特点及与工业化的联系

相关真题 2020年中国社会科学院大学

新中国成立初期,经济结构简单,物质基础薄弱,在此情况下,政府建立起高度集中的计划经济体制。经过社会主义改造,到1956年年底基本形成计划经济体制。

(一)建立原因

1. 对苏联模式的学习。苏联通过计划经济取得了重工业方面的显著成就,中国汲取经验,模仿苏联走计划经济道路。

2. 社会主义发展的需要。社会主义经济制度以公有制为基础,目标是消灭剥削、消除两极分化,实现共同富裕。为了快速进入社会主义社会,建立计划经济体制成为必然选择。

3. 领导人的赶超情结。近代以来,中国沦为半殖民地半封建社会,国家穷困、弱小,饱受列强欺凌。新中国建立后,领导人希望尽快追赶其他社会主义国家,赶超资本主义国家,因此选择了计划经济体制。

4. 中国国家安全面临严重的外部威胁。以美国为首的资本主义阵营对中国实行经济封锁,不承认新中国的合法性,联合败退台湾的国民党企图卷土重来。实行计划经济能够快速提升中国国力,增强国家实力。

(二)特点

1. 公有制经济在所有制结构中占据主导地位,逐步减少甚至消除私有企业,国有经济和集体经济在经济中占主

导地位。

2. 经济活动由政府行政命令直接控制和管理。

3. 经济决策权高度集中于中央政府，国家经济政策由中央政府负责制定。

4. 取消市场机制，采用行政命令对资源进行分配和调控。

5. 实行按劳分配原则，根据个人劳动的贡献对社会财富进行分配。

（三）与工业化的联系

1. 计划经济为工业发展提供方向。通过国家宏观调控，计划经济确定了经济发展中工业的优先顺序和资源配置，为工业化发展提供了明确方向和强有力的政策支持。

2. 计划经济加速工业技术进步和创新。国家通过计划安排，投入资源进行科研和技术改造，促进了工业生产效率和技术水平的提升。

3. 计划经济建立了完整的工业体系。在社会主义计划经济体制下，国家力图建立起一个完整的、自给自足的工业体系。通过制定和实施一系列的五年计划，中国逐步建立起从轻工业到重工业、从初级产品加工到更高级制造业的多层次工业体系。

总的来说，新中国成立初期实行的社会主义计划经济体制，在当时的历史条件下，对恢复和发展国民经济、促进社会主义改造和工业化建设起到了积极作用。虽然后来显示出一定的局限性，但对当时的中国来说，是符合国情的必要且有效的经济管理模式。

参考资料

1. 张帅：《社会主义计划经济体制利弊分析》，《中国市场》，2010年40期。
2. 石烨：《计划经济体制对中国经济发展的影响》，《纳税》，2018年12期。

题目5　论述第一个五年计划的总任务和工业化

相关真题　2024年中南民族大学；2021年中南财经政法大学

为了使中国稳步地由农业国转变为工业国，国家在1953年到1957年施行了第一个五年计划，逐步实现国家的工业化，同时还实现了对农业、手工业和资本主义工商业的社会主义改造。

（一）"一五"计划总任务

"一五"计划的基本任务主要包括工业化和社会主义改造两个方面。

1. 集中主要力量进行工业建设，建立我国的社会主义工业化以及对于农业和手工业的社会主义改造的初步基础。

2. 基本上把资本主义工商业分别纳入各种形式的国家资本主义的轨道，建立对于私营工商业的社会主义改造的基础。

（二）"一五"计划中有关工业化的主要内容

1. 优先发展重工业。第一个五年计划将重工业的发展定为优先任务，特别是将钢铁、煤炭、机械制造等作为国家经济发展的重点。

2. 建立独立的工业体系。"一五"计划旨在建立一个完整的、相互配套的工业体系，减少对外国技术和设备的依赖。通过引进外国技术和设备，结合国内的资源和条件，努力提高自主创新能力和生产效率。

3. 推动区域经济平衡发展。在工业布局上，第一个五年计划强调区域经济发展的均衡，旨在缓解东部沿海与内陆地区发展不平衡的状况，通过在中西部地区建设重点工业项目，促进地区间的经济协调发展。

4. 建立纺织工业和其他轻工业。建设为农业服务的、新的中小型工业企业，以适应城乡人民对日用品和农业生产资料日益增长的需要。

（三）"一五"计划的成果

1. 实现初步工业化。通过五年的努力，中国在工业化方面取得了显著成果，尤其是在重工业领域。这标志着中国工业化进程的初步成功，为后续的经济发展奠定了坚实的基础。

2. 新型工业部门取得显著成绩。航空方面，中国成为当时少数几个能够制造喷气式飞机的国家之一。核工业方面，1955年，中共中央决定发展核工业，随后便着手建设研究性重水反应堆和回旋加速器，苏联政府对此给予技术援助。

（四）"一五"计划的影响

1. 积极影响。

①国内经济秩序恢复正常，国民经济在这一时期得到更为全面的协调和发展，充分发挥了我国经济发展的多方优势。

②极大地提高了我国的工业生产能力和技术水平，且取得了令人瞩目的成就，为后来的工业化奠定了坚实的基础。

③"一五"计划不仅加快了全国各地的经济建设，也推进了对社会主义所有制的改造，客观上加速了我国进入社会主义初级阶段的进程。

2. 消极影响。

①由于建设经验相对缺乏，在实施过程中出现了盲目追求速度和产量的错误现象，阻碍了我国经济等方面的正常发展。

②"一五"计划过分强调重工业发展，导致国家资源配置的失衡，长期以来影响了农业生产和轻工业的发展，进而影响了人民的生活水平和消费品市场的供应。

综上所述，虽然"一五"计划存在缺陷，但"一五"计划不仅使我国在短时间内从生产力落后的农业国迈向了工业国，还为我国建立社会主义基本经济制度奠定了坚实的基础。

参考资料

1. 靳德行：《中华人民共和国史》，河南大学出版社，2005年。
2. 刘国新，贺耀敏，刘晓，武力：《中华人民共和国史》，天津人民出版社，2010年。

题目6 论述20世纪50年代中国优先发展重工业战略的历史背景及意义

相关真题 2023年历史学统考

新中国成立之初，面对国际环境的严峻挑战和国内经济的落后状态，中国政府采取了优先发展重工业的战略。这一战略不仅体现了追求国家安全和经济独立的需求，而且反映了当时全球政治经济格局的影响和中国领导人的远见。

（一）历史背景

1. 工业基础薄弱。新中国成立之初，国内缺乏完整的工业体系，特别是重工业几乎处于空白状态。1952年，中国的工业产值仅占国民经济总产值的四分之一左右。

2. 新生人民政权的巩固，人民的拥护和支持。中华人民共和国成立后，国家政权日益巩固，为国内工业的恢复和发展奠定了政治和群众基础。

3. 中苏同盟关系的建立，苏联模式的示范效应。1949年10月，中苏建交，苏联工业化道路以及苏联对中国工业建设提供的指导和帮助，为中国的工业化发展提供了示范效应。

4. 朝鲜战争的影响，西方封锁禁运。1950年6月，朝鲜战争爆发，之后美国第七舰队在台湾海峡巡游，对新生的人民政权进行海上封锁，发展重工业是应对美国等资本主义国家的威胁、维护国家安全的必要之举。

5. 国民经济的全面恢复和现代化建设的迫切需要。新中国成立前，中国国民经济在连年的战争中遭到严重的破坏；新中国成立后，国家亟须通过发展重工业刺激农业、轻工业的发展，恢复国民经济，推动国家的现代化建设。

（二）意义

1. 顺应了中国近代以来追求工业化的发展趋势。中国初步建立了较为完整的工业体系，改变了过去轻工业占主导的局面，中国开始走上工业化道路。

2. 使我国短期内迅速建立起国家工业化和国防现代化的初步基础，为构筑独立自主的工业体系奠定了坚实基础。

3. 为以后国民经济发展和改革开放创造了有利条件。重工业的发展带动了轻工业、农业的发展，推动国民经济显著增长，为20世纪70年代的改革开放创造了经济基础。

4. 体现了中国共产党的使命担当。工业是国民经济的主导，重工业关乎国家安全，中国共产党勇担使命，大力发展重工业，推动了国民经济的发展，保障了国家安全。

总体来看，20世纪50年代中国优先发展重工业的战略是在特定历史背景下做出的重要决策。这一战略的实施极大地促进了中国工业体系的建设，增强了国家的综合国力，为中国的现代化进程奠定了基础。

参考资料

1. 马争来：《"一五"时期优先发展重工业的逻辑与意义》，《理论观察》，2021年第4期。
2. 施亚利：《"一五"时期优先发展重工业战略与武汉工业建设》，《党史文苑》，2009年第5期。

题目7　简述新中国成立之初（20世纪50年代）兵役制度的演变　醒吾历史统考预测题

兵役制度是国家的一项重要军事制度，事关人民利益和国家安全。1949年新中国成立后，沿袭了中国共产党在革命战争中领导实行的自愿性质的兵役制度，经过逐渐改革，确定了义务兵制。

（一）兵役制度改革

1. 建立普遍民兵制度。1951年，中共中央军委发布指示，把战争时期实行的自愿参加民兵的制度，改变为按照规定的条件普遍参加民兵的制度。

2. 向义务兵役制的过渡。为了确保兵源的稳定和充足，时任解放军代总参谋长的聂荣臻向毛泽东及中共中央提交了实行义务兵役制的方案并得到了批准，这是我国兵制开始从志愿兵役制向义务兵役制过渡的开端。

（二）义务兵制的推动

为推动志愿兵役制向义务兵役制转变，1952年，彭德怀着手制定兵役法，进一步推动义务兵役制度的转变。1955年，一届全国人大二次会议通过了我国第一部兵役法——《中华人民共和国兵役法》，标志着我国开始正式实行义务兵役制。

（三）军区调整与优化

1. 军区的重新划分。为了适应新中国防御和安全的需要，1955年2月11日，国务院和国防部决定将原有的六个大军区改划为十二个，以更有效地组织和指挥人民解放军应对内外安全挑战。

2. 针对特定地区的军区调整。1956年4月，考虑到华东地区防御线过长以及加强福建对台前线领导的需要，国务院决定将福建、江西两省军区从南京军区分离出来，单独组建福州军区。这一调整针对性地增强了沿海地区的军事防御能力，直至20世纪60年代后期基于边防形势的变化再次进行调整。

总之，20世纪50年代的兵役制度改革为维护国家安全、保障人民利益奠定了坚实的基础，同时推动了人民解放军向更加正规化、现代化的方向发展。

参考资料

1. 朱伟：《中国兵役制度变革研究》，复旦大学2013年硕士学位论文。
2. 姬文波：《新中国成立初期兵役制度改革的曲折历程》，《党史博览》，2016年第3期。

第二节　对外政策与抗美援朝

题目1　简述抗美援朝的原因

相关真题　2024年东北师范大学；2021年中国社会科学院大学；2016年湘潭大学

1950年6月，朝鲜战争爆发，美国出兵干涉朝鲜战争，中国政府从多方因素考虑，决定派遣中国人民志愿军协助朝鲜，反击美国侵略行径。

（一）内部因素

1. 国家安全受到威胁。①美国公然与新中国为敌。美国总统杜鲁门命令美国海军第七舰队开入台湾海峡，公然干涉中国内政，阻挠中国统一，妄图推翻中华人民共和国政府。②中国东北边境受到严重威胁。美军飞机还不断侵入中国东北边境领空轰炸扫射，造成我国财产损失和人员伤亡。

2. 经济发展的需要。新中国成立初期，经济恢复和发展需要和平稳定的外部环境，朝鲜战争的爆发严重威胁新生的中华人民共和国政权。

3. 民众的支持。朝鲜战争爆发，民众积极响应抗美援朝。最终，中共中央做出了抗美援朝、保家卫国的决策，组织中国人民志愿军入朝作战。

（二）外部因素

1. 维护公平正义。1950年6月25日，朝鲜内战爆发，美国操纵联合国安理会通过决议，纠集以美国为首的十几个国家组成"联合国军"，武装干涉朝鲜战争。美国恃强凌弱的侵略行径违反公平正义，我国的抗美援朝是维护世界公平正义之举。

2. 响应朝鲜请求。1950年9月，以美国为首的"联合国军"从仁川登陆，并很快进抵"三八线"，大举进攻朝鲜，朝鲜党和政府两次请求新中国出兵支援。

（三）历史因素

1. 抗日战争结束后，美国扶蒋反共，敌视中国共产党，反对世界共产主义力量。新中国成立初期，面临的主要威胁来自世界上最大的帝国主义国家——美国。要维护和巩固中国的独立和安全，就不能不同美国做斗争。"抗美援朝，保家卫国"是当时对美斗争中重大的战略决策。

2. 美苏争霸在朝鲜问题上的反映。根据《雅尔塔协定》，美苏协商在朝鲜半岛以北纬38°线为界划分了南、北朝鲜。在美苏冷战的格局下，美苏的矛盾焦点聚集到朝鲜半岛，美国支持南朝鲜侵略北朝鲜，身处社会主义阵营的中国援助北朝鲜抗击美国侵略。

（四）地理因素

朝鲜位于中国东北方向，与中国毗邻，地理位置上与中国是唇亡齿寒的关系，援助朝鲜是保障国家安全的必要举措。

综上，抗美援朝是我国结合国内外形势做出的重大决策，历史证明这个决策是正确的，抗美援朝保卫了新生的人民政权，为国家经济建设赢得了和平环境。

参考资料

1. 郭大钧：《中国当代史》，北京师范大学出版社，2017年。

题目2 试述抗美援朝的背景、过程与意义

相关真题 2023年南开大学；2021年西南大学；2021年湖南师范大学；2021年中国社会科学院大学；2021年北京师范大学；2016年湖南师范大学

抗美援朝战争是新中国应朝鲜政府的请求，为粉碎以美国为首的"联合国军"对朝鲜民主主义人民共和国的侵犯，保卫中国安全进行的战争，对中国和世界战略格局产生了重要影响。

（一）背景

1. 朝鲜半岛分裂。二战后，美苏进行对抗，朝鲜半岛分裂为美国支持的大韩民国和苏联支持的朝鲜民主主义人民共和国，双方军事斗争不断。1950年，朝鲜战争爆发。

2. 美国干涉朝鲜战争，危害中国安全。朝鲜战争初期，韩国军队节节败退，美国为维护其在亚洲的领导地位和利益，立即出兵干涉，入侵朝鲜北部，侵占平壤，向中朝边境迅速推进，把战火烧到鸭绿江边。中国的边境安全受到严重威胁。

3. 中国决定出兵朝鲜。1950年10月初，在毛泽东主持下，中共中央政治局召开多次会议，最终决定组织中国

人民志愿军入朝作战。当月，中国人民志愿军跨过鸭绿江，开始抗美援朝作战。

（二）战争过程

1. 第一阶段（1950年10月至1951年6月）。

这个阶段，中国人民志愿军遵照毛泽东提出的"以运动战为主，与部分阵地战、游击战相结合"的方针，和朝鲜人民军一起进行了五次战略性战役。

① 1950年10月25日至11月5日，中国人民志愿军在西线进行了入朝后第一次战役，歼敌1.5万余人，把敌人从鸭绿江边赶到清川江，初步稳定了朝鲜战局。

② 1950年11月24日，敌军再次分兵向北进犯，志愿军主动后撤，诱敌深入，然后集中兵力举行了第二次战役，其间的松骨峰战役和长津湖战役重创了以美军为首的"联合国军"。志愿军收复了平壤、元山等重镇和三八线以北绝大部分地区，此战役成为朝鲜战争的转折点。

③ 1950年12月31日至1951年6月10日，志愿军在"三七线"与"三八线"之间进行了三次大规模的运动战和反击战，把战线稳定在"三八线"附近，从根本上扭转了朝鲜战局，迫使敌人由战略进攻转入战略防御。

2. 第二阶段（1951年6月至1953年7月）。

这一阶段，朝鲜战争边谈边打、以打促谈。

① 1952年10月，美国为挽回败局和迫使我方接受其无理的谈判要求，发动了一年来规模最大的军事攻势，企图夺取上甘岭阵地和五圣山等战略要地来逼迫我军后撤。经过英勇斗争，志愿军取得上甘岭战役胜利，美军以军事进攻来结束朝鲜战争的幻想化为泡影。

② 为配合停战谈判并在谈判中掌握有利形势，中朝部队从1953年5月至7月进行了三次反击作战，收复了240平方公里的土地，迫使"联合国军"不得不于7月27日同中朝代表签订朝鲜停战协定，历时三年的朝鲜战争胜利结束。

（三）意义

1. 抗美援朝战争体现了以弱胜强的战略智慧，展示了中国军队的坚强意志和高度战斗力。这场战争不仅保障了中国的安全，还为中国军队积累了宝贵的现代战争经验。

2. 抗美援朝增强了中国的国际影响力，极大地提升了新中国的国际地位，为中国在后续的国际谈判和外交活动中赢得了尊重和话语权。

3. 在异常残酷的战争中，志愿军将士们舍生忘死，始终保持高昂的革命乐观主义精神，锻造了伟大的抗美援朝精神，增强了人民的自信心和凝聚力。

4. 抗美援朝战争遏制了美国的扩张主义政策，改变了东亚乃至全球的政治和军事格局，对保持世界和平稳定具有重要意义。

综上，抗美援朝战争不仅是中国人民为保卫国家主权和领土完整、维护地区和平所进行的英勇斗争，也是中国在国际社会中树立大国形象、展现责任担当的重要事件。

参考资料

1. 靳德行：《中华人民共和国史》，河南大学出版社，2005年。
2. 刘国新，贺耀敏，刘晓，武力：《中华人民共和国史》，天津人民出版社，2010年。

题目3 评述和平共处五项原则

相关真题 2023年扬州大学；2022年中南财经政法大学；2005年北京师范大学

和平共处五项原则自1954年提出以来，在国际关系中发挥了重要作用。这些原则不仅体现了中国对外政策的基本立场，也为国与国之间的交往提供了基本遵循。

（一）提出背景

1. 二战后，一大批新兴国家相继独立。这些国家迫切需要在国际社会中寻找适合自己处理国与国之间关系的交往准则，来与其他国家建立平等互利的关系。

2. 二战后，以美苏为首的两大阵营的冷战全面升级。面对严峻的国际局势，中国的和平发展需要与印度、缅甸等周边新兴独立国家和平相处。

（二）和平共处五项原则

互相尊重主权和领土完整、互不侵犯、互不干涉内政、平等互利、和平共处，这些原则旨在推动国家间建立一种新型的平等、尊重的关系，无论社会制度和发展阶段如何不同。

（三）形成和发展

1. 首次提出。1953 年，周恩来在接见印度代表团时首次提出和平共处五项原则。
2. 再次重申。1954 年，周恩来总理和印度总理尼赫鲁在新德里发表声明，重申了和平共处五项原则，这个原则不久被全国人民代表大会列入我国宪法，成为我国的一项国策。
3. 国际认可。1955 年的万隆会议上，周恩来提出："五项原则完全可以成为我们中间建立友好合作和亲善睦邻关系的基础。"万隆会议通过了以和平共处五项原则为基础的"和平共处十项原则"。
4. 多国运用。20 世纪 70 年代，和平共处五项原则被写入指导中美关系的三个联合公报中。在中国同 90 多个国家签订的双边关系文件中，和平共处五项原则也得到确认。

（四）意义

1. 和平共处五项原则对于维护世界和平、促进国际关系民主化具有重要意义，为新兴国家提供了处理国际关系的原则和依据。
2. 促进了中国与世界的交流合作。通过和平共处五项原则，中国成功地改善了与周边国家甚至是与一些西方国家的关系，为 1971 年中国重返联合国奠定了坚实的基础。
3. 有力地维护了广大发展中国家的权益。它为广大发展中国家捍卫国家主权和独立提供了强大思想武器，加深了广大发展中国家之间的相互理解和信任，促进了南南合作，也推动了南北关系的改善和发展。

总之，和平共处五项原则的提出和实践，反映了中国和平发展的外交政策，对于促进世界和平与发展起到了积极作用。

> **参考资料**
> 1. 高华：《和平共处五项原则的确立及其历史意义》，《红旗文稿》，2014 年第 17 期。
> 2. 侯俊玮：《和平共处五项原则的提出背景及其意义》，《现代企业教育》，2008 年第 14 期。

第三节　社会主义改造

题目1　论述社会主义改造

相关真题　2023 年湖北大学；2023 年长春师范大学；2022 年湖南科技大学；2020 年山西大学；2020 年聊城大学；2018 年暨南大学

在土地改革和国民经济恢复任务基本完成后，新中国为进一步巩固社会主义制度，对农业、手工业、资本主义工商业进行了社会主义改造。

（一）背景

1. 土地改革完成后，分散落后的小农经济难以满足国家工业化建设的需要，也不能抵御自然灾害，影响了农业的生产发展。
2. 一些资本家为牟取暴利，采取不法手段，严重扰乱了经济秩序。因此，人民政府需要通过社会主义改造引导私营工商业健康发展。
3. 以美国为首的资本主义阵营对新中国采取封锁政策，并在新中国周边部署军事力量，危害新中国安全，新中国需要快速增强实力，抵御外部威胁。

（二）农业社会主义改造

1. 互助组。1951年9月，中国共产党召开全国第一次农业互助合作会议，指出要按照自愿互利的原则把农民组织起来，这是农业社会主义改造的初步尝试。互助组进行初级的生产资料共享与劳动互助，虽然生产资料仍然属于私有，但已经包含了社会主义的萌芽。

2. 初级农业生产合作社。1953年，各地普遍试办初级农业生产合作社。农民将土地等生产资料入社共用，统一经营，但仍保留其私有属性，初级社带有半社会主义性质。

3. 高级农业生产合作社。1955年，高级农业生产合作社兴起。高级社生产资料全部归集体所有，取消土地分红，实行各尽所能、按劳分配原则，高级社属于完全社会主义性质。1956年年底，绝大部分农民加入了高级社，农业的社会主义改造基本完成。

（三）手工业社会主义改造

1. 初级形式的手工业生产小组。小组统一安排原材料采购、产品推销和统一接洽加工订货等业务，小组成员仍然独立生产、分散经营、自负盈亏。这种小组已带有某些社会主义萌芽性质。

2. 中级形式的手工业供销合作社。这种合作社生产资料仍为私有，一般也是分散经营，但在供销环节上组织起来，在某些生产环节上集中生产，并开始共同购置生产工具，带有半社会主义性质。

3. 高级形式的手工业生产合作社。这种合作社的生产资料完全为集体所有，实行统一经营，按劳分配，完全是社会主义性质的生产组织。到1956年，手工业社会主义改造任务基本完成。

（四）资本主义工商业社会主义改造

1. 第一阶段，主要实行初级形式的国家资本主义。国家在私营工业中实行委托加工、计划订货、统购包销，在私营商业中采取委托经销、代销等形式，既帮助私营企业克服困难，也使其生产和经营开始纳入国家计划的轨道。

2. 第二阶段，对私人资本主义实行"四马分肥"的赎买方式，即企业利润按资方股息红利、国家所得税、工人福利奖金、企业公积金四个方面分配。企业由私有制变为公私共有制，带有半社会主义性质。

3. 第三阶段，实行全行业公私合营，即国家在一定时期内给资本家支付利息，生产资料由国家统一调配使用，资本家除定息外，不再以资本家身份行使职权，并在劳动中逐步改造为自食其力的劳动者，国家取得企业的所有权。1956年，实现全行业公私合营，标志着资本主义工商业社会主义改造基本完成。

（五）评价

1. 积极影响。社会主义改造的完成使我国的经济制度发生了根本性的变化，社会主义制度在我国基本建立，我国从此进入社会主义初级阶段。

2. 局限性。在社会主义改造过程中，特别是在1955年后，人为地掀起了改造的高潮，导致要求过急、改变过快、形式过于简单化，社会主义建设中"左"的倾向显著，给国民经济发展造成了不利影响。

总之，到1956年，随着社会主义改造的基本完成，中国社会主义制度的基础得到巩固，为后续的经济政策和社会发展提供了重要经验。

参考资料

1. 靳德行：《中华人民共和国史》，河南大学出版社，2005年。
2. 刘国新，贺耀敏，刘晓，武力：《中华人民共和国史》，天津人民出版社，2010年。

第十二章 社会主义发展道路的探索（1956—1966年）

第一节 发展模式的探索与实践

题目1 简述《论十大关系》的内容和意义

相关真题 2024年西南大学；2023年湖南师范大学；2019年河北师范大学

1956年4月，为纠正经济建设中的急躁冒进现象，毛泽东在中共中央政治局扩大会议上发表了《论十大关系》的讲话，随后又在最高国务会议上对上述讲话的精神做了进一步的阐述。

（一）《论十大关系》的内容

1. 重工业和轻工业、农业的关系。国家优先发展重工业，并对粮食生产予以相当重视，加大农业、轻工业的投资比例。

2. 沿海工业和内地工业的关系。为利于备战，中央加强了对内陆地区的新工业建设，充分利用和发展沿海的工业基础，以支援内陆地区的工业发展。

3. 经济建设和国防建设的关系。在经济建设的基础上加强国防建设，适当削减军政费用，以用于经济建设。

4. 国家、生产单位和生产者个人的关系。兼顾国家、集体和个人三方面的利益，兼顾国家和合作社、国家和农民、合作社和农民等方面的利益。

5. 中央和地方的关系。在巩固中央统一领导的前提下，适度扩大地方权力，赋予地方更多的独立性，并处理好中央和地方之间的关系。

6. 汉族和少数民族的关系。巩固各民族的团结和友谊，共同努力建设伟大的社会主义祖国，反对大汉族主义，同时反对地方民族主义。

7. 党和非党的关系。对民主党派采取既团结又斗争的方针，长期共存、互相监督，团结一切有助于我党建设的民主人士。

8. 革命与反革命的关系。镇反工作要少捉少杀，机关肃反一个不杀。对反革命分子予以宽容，帮助他们改过自新。

9. 是非关系。党内党外都要分清是非，对犯错误的同志必须采取"惩前毖后，治病救人"的方针。

10. 中国和外国的关系。坚持两点论，科学、灵活地学习一切民族、一切国家的长处，不能一切照抄，机械搬运。

（二）《论十大关系》的意义

1. 有助于纠正社会主义建设过程中急躁冒进的现象，缓解各地方政府、发展部门的急进作风，及时地减少社会主义建设过程中的多方损失。

2. 有利于正确处理社会主义社会的各种矛盾，以便把党内党外、国内国外的一切积极因素调动起来，把我国建设成为一个强大的社会主义国家。

3.《论十大关系》是中国共产党人探索适合中国国情的社会主义建设道路的初步成果，激发了全国各部门、各地区、各方面探索中国式社会主义建设道路的积极性。

综上，《论十大关系》是在中共中央把工作重心转向社会主义建设的情况下提出的，对新阶段指导和处理我国的政治、经济、外交等关系有重要意义。

参考资料

1. 靳德行：《中华人民共和国史》，河南大学出版社，2005年。
2. 刘国新，贺耀敏，刘晓，武力：《中华人民共和国史》，天津人民出版社，2010年。

题目 2　论述中共八大的内容和意义

相关真题　2021年武汉理工大学；2019年中国社会科学院大学；2018年湖南师范大学；2016年福建师范大学；2016年内蒙古大学

1956年，中共八大在北京召开。此次大会不仅总结了新中国成立初期的经验，而且对未来社会主义建设的方向做出了重要指导，对中国的政治、经济、社会发展产生了深远的影响。

（一）内容

1. 正确地分析了社会主义改造基本完成后，我国的阶级关系和主要矛盾方面的变化。当时我国无产阶级同资产阶级之间的矛盾已经基本上解决，国内的主要矛盾已经是人民对于建立先进的工业国的要求同落后的农业国的现实之间的矛盾，已经是人民对于经济文化迅速发展的需要同当前经济文化不能满足人民需要的状况之间的矛盾，提出党和国家的主要任务是集中力量发展社会生产力，做出了将党和国家工作重点转移到社会主义建设上来的决策，规定了社会主义建设的政治路线。

2. 通过总结第一个五年计划实施过程中的盲目冒进和急于求成偏向的经验教训，提出了既反保守又反冒进，在综合平衡中稳步前进的经济建设方针，确定了第二个五年计划的基本任务。

3. 探索了改进社会主义经济管理体制的方针和措施。针对我国在"一五"计划期间形成的高度集中统一的计划经济体制中存在的中央集权过多、对企业管理过严等局限性，会议提出在适当范围内，要更好地运用价值规律，来影响那些不必由国家统购包销的工农业产品生产，以满足人民多样的生活需要。

4. 在国家政治生活中要进一步扩大社会主义民主，健全社会主义法治。进一步扩大民主生活，开展反对官僚主义的斗争，这是改进国家工作的重要任务，为此要求认真地、系统地改革国家机关，精简机构，明确工作人员的职责，加强对国家机关的监督，适当调整中央和地方行政管理职权，以利于发挥中央和地方两个积极性。

5. 确定了执政党建设的若干重要原则。中国共产党已经是执政党，党面临着官僚主义、脱离群众等新考验，为此必须加强执政党自身建设，坚持理论联系实际、实事求是，反对官僚主义和宗派主义，坚持民主集中制。

（二）影响

1. 中共八大科学地总结了新中国成立后前七年社会主义革命和建设的经验教训，正确地分析了国内外形势，对于社会主义建设事业和党的发展事业具有长远的指导意义。

2. 会议在诸多方面实现了历史性突破，是中国共产党在社会主义初级阶段对马克思列宁主义的创造性运用，是对毛泽东思想的新发展，丰富和发展了马克思主义。

3. 由于当时的历史条件，中共八大在有些方面也有不足之处，导致党的指导思想发生了"左"的错误，走了一段曲折的道路。

综上，中共八大制定的党的路线是正确的，提出的许多新的方针和设想是富于创造精神的，对国家建设社会主义道路的探索，对于党的事业发展有长远的重要意义。

参考资料

1. 王桧林：《中国现代史》，北京师范大学出版社，2016年。
2. 郭大钧：《中国当代史》，北京师范大学出版社，2017年。
3. 谢远学，张喻：《中国共产党九十年历程九十件大事》（上册），光明日报出版社，2011年。
4. 《中国共产党代表大会史》编写组：《中国共产党代表大会史》（上册），新华出版社，2020年。

第二节　经济建设的曲折

题目 1　简述社会主义建设总路线提出的背景、内容和重大影响

相关真题　2023年中国社会科学院大学；2020年暨南大学；2020年中国社会科学院大学

1958年，中共八大二次会议通过社会主义建设总路线。这条总路线在一定程度上为我国社会主义建设提供了指导作用，但由于执行过程中存在弊端，最终没有带来理想结果。

（一）背景

1. 社会主义制度的基本确立。1956年，随着社会主义改造的完成，中国进入社会主义初级阶段，开始探索适合中国特色的社会主义建设道路。

2. "左"倾冒进情绪滋长。此前国家政治和经济建设中取得的成就使一部分人出现了骄傲自满、忽视客观经济规律，希望快速改变国家落后面貌的情绪。

3. 对苏联模式的反思。"一五"计划期间对苏联模式的全面借鉴引发了一些问题，如轻重工业失衡、对农民的伤害等，中国领导人开始寻求一条更适合中国国情的社会主义建设道路。

（二）内容

1. 提出。1958年，根据毛泽东的提议，中共八大二次会议通过了"鼓足干劲，力争上游，多快好省地建设社会主义"的社会主义建设总路线。

2. 社会主义建设总路线的基本点。①调动一切积极因素，正确处理人民内部矛盾。②巩固和发展社会主义全民所有制和集体所有制，巩固无产阶级专政和无产阶级的国际团结，在继续完成经济战线、政治战线和思想战线上的社会主义革命的同时，逐步实现技术革命和"文化革命"。③在重工业优先发展的条件下，工业和农业同时并举。④在集中领导、全面规划、分工协作的条件下，中央工业和地方工业同时并举，大型企业和中小型企业同时并举，通过这些尽快把我国建设成一个具有现代化工业、现代化农业和现代化科学文化的伟大的社会主义国家。

3. 会议把建设速度问题提到十分重要的地位，并对第二个五年计划制定了不切实际的工农业指标，不久，经济形势出现了"大跃进"的局面。

4. 重新分析了国内的主要矛盾，正式改变了1956年中共八大一次会议关于这个问题的正确结论，认为我国当前的主要矛盾是无产阶级和资产阶级之间、社会主义道路与资本主义道路之间的矛盾。

（三）重大影响

1. 积极影响。①这条总路线反映了广大人民群众迫切要求改变我国经济、文化落后状况的普遍愿望，动员了广大人民群众投身于社会主义建设运动当中。②这条总路线规定了经济建设的战略目标，对处理社会主义建设中的一些重大关系提出了正确方针，在后续的经济建设中发挥了指导作用。

2. 消极影响。①总路线在制定和实施过程中忽视了社会主义初级阶段的基本国情，片面强调人的主观能动性，造成"大跃进"和人民公社化运动迅速发展，破坏了国民经济发展的良好势头。②在政治思想战线上继续使阶级斗争扩大化，阻碍了党的工作重心向经济建设的转移。

综上，社会主义建设总路线出发点是好的，但是在执行过程中过于强调发展速度，忽视了综合平稳发展，最终没有达到总路线预期的效果。

参考资料

1. 王桧林：《中国现代史》，北京师范大学出版社，2016年。
2. 郭大钧：《中国当代史》，北京师范大学出版社，2017年。
3. 唐正芒：《中国共产党党史简明教程》（下册），湘潭大学出版社，2012年。

题目2　论述"大跃进"运动形成背景及失败原因

相关真题　2022年湖南师范大学；2020年中央民族大学；2016年南开大学

"大跃进"运动是指1958年至1960年，中国共产党在全国范围内开展的极"左"路线运动。这次运动在农业方面体现的是"高指标，浮夸风"，在工业方面则是大炼钢铁。

（一）背景

1. 反右派斗争的影响。党认为反右派斗争的胜利大大提高了人民群众建设社会主义的积极性。在整风运动中，一些工厂、农村出现了生产迅速增长的新气象，许多人因此相信可以以高速度进行国家建设。

2."一五"计划提前超额完成。1956年，"一五"计划的原定主要指标大都提前完成。到1957年年底，"一五"计划的各项指标多数都大幅度地超额完成，极大地振奋了人心。

3.社会主义阵营内掀起"赶超"浪潮。1957年，赫鲁晓夫提出苏联15年赶超美国，这也激发了中国追求在短时间内赶超西方国家的决心。

4.毛泽东在更大范围内进行思想和组织动员。1958年，毛泽东通过多次会议，提出了极具雄心壮志的国民经济计划指标，促进了"大跃进"运动的发起。

（二）失败原因

1."左"倾思潮的蔓延。中共八届三中全会以来对"反冒进"的连续批判，使党内形成了害怕右倾保守的氛围，导致在高度集中的政治经济体制下，对经济建设中的各项指标层层加码，形成了不切实际的高指标。

2.对中国社会主义建设规律缺乏深入的认识和理解。由于自身经验不足，在探索社会主义道路中过分夸大了人的主观能动作用，忽视了经济建设的发展规律，企图依靠不断提高和扩大公有制，在落后的生产力基础上迅速建成社会主义，这超越了生产力的发展水平。

3."赶超"情绪的鼓动。近代长期落后挨打的历史和遭受包围封锁的现实，使党的领导人急于改变中国贫穷落后的面貌，而在"一五"计划中取得的成就使包括领导干部在内的许多人忽视了谦虚谨慎的态度，出现了急于求成的情况。

综上所述，"大跃进"的发生有其时代背景，它的发生扰乱了国民经济秩序，浪费了大量的人力物力，导致国民经济比例严重失调，使社会主义建设受到重大损失。

参考资料

1. 王桧林：《中国现代史》，北京师范大学出版社，2016年。
2. 唐正芒：《中国共产党党史简明教程》（下册），湘潭大学出版社，2012年。

题目3 论述20世纪60年代初国民经济调整的背景和措施

相关真题 2024年暨南大学

"大跃进"与人民公社化运动破坏了国民经济的协调发展，加上严重自然灾害的普遍发生，致使出现了全国范围的严重经济困难局面。因此，从1961—1965年，中共中央采取一系列措施对国民经济进行调整。

（一）背景

1.经济建设指导方针上"左"倾冒进。1958年，中共八大二次会议提出社会主义建设总路线，"大跃进"和人民公社化运动在全国范围内展开，严重阻碍了国民经济正常发展。

2.自然灾害接连出现。1959年至1961年，全国连续三年出现严重自然灾害，造成大量农田受灾，农业生产受到严重影响。

3.苏联结束对中国的援助。1960年，中苏关系进一步恶化，苏联撤走所有援华专家，撕毁合同、停止对华援助，使依照苏联模式建立起来的中国经济体系突然遇到巨大发展困难。

4.召开系列经济会议。面对经济中出现的问题，中国共产党先后召开了北戴河会议、七千人大会、西楼会议、五月会议等，提出了"调整、巩固、充实、提高"的经济调整方针，凝聚了经济调整共识。

（二）初步调整阶段措施

1.农村政策调整。①提出要把质量、品种放在第一位，把数量放在第二位。②压缩基本建设战线，全力保钢，优先支持农业，保证粮食生产。③在农村部署整风整社运动，开始肃清"共产风"、浮夸风、强迫命令风、生产瞎指挥风和干部特殊化风，彻底纠正"一平二调"的错误。

2.工业政策调整。①降低钢产量等生产指标，降低了基本建设投资、钢产量和粮食产量的指标。②整顿企业秩序，改变过去权力下放过多、过散的状况，实行高度的集中统一的领导。

（三）全面展开阶段措施

1. 压缩基本建设规模，缩短重工业建设战线。基本建设投资从 1960 年的 388.69 亿元削减至 1962 年的 71.26 亿元，工业总产值目标从 950 亿元下调至 880 亿元。

2. 精简职工，减少城镇人口。1961—1963 年，共精简职工 2000 万人，减少城镇人口 2600 万人，降低了城市粮食负担。

3. 加强农业战线，发展农业生产。国家增加农具、农药、化肥供应，提高农产品收购价格，削减粮食征购量。

4. 加强金融管理，稳定市场。收回之前下放银行的一切权力，严格信贷和现金管理，压缩财政开支，在稳定基本生活必需品物价的同时对部分商品实行高价政策。

5. 试办托拉斯。在继续调整的三年中，中共中央借鉴西方工业发达国家管理企业的组织形式，于 1963 年成立了全国第一个托拉斯——中国烟草公司，集中管理全国的烟厂。后在全国又试办一二十个托拉斯，初步改变了中央权力过分集中而束缚生产力发展的情况，提高了生产力和生产效率。

到 1965 年年底，经过五年的调整工作和全国人民的不懈努力，国民经济调整任务胜利完成，国民经济不仅得到了恢复，而且有了很大发展，人民生活水平有所提高。

参考资料

1. 王桧林：《中国现代史》，北京师范大学出版社，2016 年。
2. 唐正芒：《中国共产党党史简明教程》（下册），湘潭大学出版社，2012 年。

题目 4　简述 20 世纪 60 年代初"八字方针"的提出与实施

相关真题　2024 年暨南大学；2003 年南开大学

20 世纪 60 年代初，为应对严重的经济困难，李富春、周恩来提出"调整、巩固、充实、提高"的"八字方针"并加以实施，使国民经济在一定程度上得到了恢复和发展。

（一）提出背景

1. 国民经济遭遇严重困难。① 1958 年开始的"大跃进"和人民公社化运动为我国的经济建设带来了不利影响。② 20 世纪 60 年代初，自然灾害频发以及苏联政府停止对华援助的情况，导致国内出现了中华人民共和国成立以来前所未有的严重经济困难。

2. 《十年总结》为其提出奠基。1960 年，毛泽东发表《十年总结》一文，总结了十年社会主义建设中的思想演进历程，指出要学会驾驭社会主义建设的规律，就必须实事求是。此文章为"八字方针"的提出奠定了基础。

（二）提出过程

1. 初步提出。在 1960 年夏季的北戴河会议期间，李富春集中大家的意见，提出了要对国民经济进行"调整、巩固、提高"。8 月底，周恩来加上"充实"二字。

2. 正式提出。1960 年 9 月 30 日，在《关于 1961 年国民经济计划控制数字的报告》中明确提出"把农业放在首要地位，使各项生产、建设事业在发展中得到调整、巩固、充实、提高"。

3. 确立为指导方针。在 1961 年 1 月召开的中共八届九中全会上，正式通过了对整个国民经济实行"调整、巩固、充实、提高"的"八字方针"。

（三）方针内容

1. 调整。"八字方针"以调整为重点，主要是调整国民经济各方面的比例关系，特别是调整农业、轻工业、重工业的比例关系，使国家建设和人民生活得到统筹兼顾、全面安排。

2. 巩固。巩固国民经济发展中的成果，不断加强已有的经济建设基础，使其向纵深发展。

3. 充实。以少量的投资来充实一些部门的生产能力，使其发挥更大的经济效果。

4. 提高。提高产品质量，增加产品品种，提高管理水平和劳动生产率。

（四）实施措施

1. 农业方面。①提出要把质量、品种放在第一位，把数量放在第二位。②压缩基本建设战线，全力保钢，优先支持农业，保证粮食生产。③在农村部署整风整社运动，开始肃清"共产风"、浮夸风、强迫命令风、生产瞎指挥风和干部特殊化风，彻底纠正"一平二调"的错误。

2. 工业方面。①降低了基本建设投资、钢产量和粮食产量的指标。②整顿企业秩序，改变过去权力下放过多、过散的状况，实行高度的集中统一的领导。

总之，"八字方针"的提出和贯彻，使党认真汲取过去的经验教训，纠正了在之前经济工作中的"左"倾错误，使国民经济在一定程度上得到了恢复和发展。

参考资料

1. 王桧林：《中国现代史》，北京师范大学出版社，2016年。
2. 郭大钧：《中国当代史》，北京师范大学出版社，2017年。

题目5 试述七千人大会

相关真题 2024年聊城大学；2019年湖南师范大学；2015年河北师范大学

为总结经验，加强党内的民主集中制，进一步纠正"大跃进"以来工作中的错误，切实贯彻调整国民经济的方针，1962年1月，中共中央召开扩大的中央工作会议，由于参加会议的干部共7000多人，故称"七千人大会"。

（一）背景

1. 国民经济仍处于困难之中。在国民经济调整工作起步以后，中国共产党内一些干部对于当时严重困难的经济形势估计不足，对贯彻执行"八字方针"不够坚决果断，整个国民经济仍处在严重困难之中。

2. 国际压力上升。1958年以后，中苏关系开始逐渐恶化，苏联不断对中国施压，例如要求偿还经济建设中购买苏联设备的钱，为了顶住压力，党中央决心团结一致，战胜困难，迅速调整恢复国民经济。

（二）内容

1. 会议比较系统地初步总结了"大跃进"以来经济建设工作中的经验教训，指出国民经济中存在的困难"还是相当严重的"，全党当前的主要工作是做好调整工作。

2. 对于1958年以来工作中的缺点和错误责任问题形成了统一的认识。毛泽东在讲话中承担了所犯错误的责任。周恩来、邓小平等也分别代表国务院和中国共产党中央书记处表示要承担责任。

3. 会议认真分析了产生缺点和错误的原因。首先是对于社会主义建设缺乏经验，还有很大的盲目性；其次是几年来党内不少领导同志不够谦虚谨慎，违反了党的实事求是和群众路线的传统作风，在不同程度上削弱了民主集中制原则；再次是丢掉了实事求是的优良传统和作风；最后是工作中只反右不反"左"的倾向。

4. 会议对1962年的生产任务和全面工作做了具体部署，并提出1963年到1972年国民经济发展的十年规划。

5. 毛泽东在会上做了重要讲话，集中讲了民主集中制问题，强调不论党内党外都要有充分的民主生活，要做批评与自我批评。

（三）影响

1. 积极影响：会议发扬民主、批评与自我批评的精神，以比较实事求是的态度认真总结"大跃进"以来工作中的经验教训，对于进一步清理工作中的"左"倾错误，进一步贯彻"八字方针"，努力克服国民经济的严重困难起了积极的作用。

2. 消极影响：对"大跃进"以来经验教训的总结不彻底，更多的是强调缺少经验等客观方面因素，没有从指导思想上触及"三面红旗"的是非问题，未能从根本上解决"左"的问题。

综上所述，"七千人大会"由于历史条件的限制，虽然没有从根本上认识到"左"的指导思想错误，但是对于纠正"大跃进"的错误，尽快恢复生产、改善人民生活有着积极作用。

> 参考资料
1. 王桧林：《中国现代史》，北京师范大学出版社，2016年。
2. 宗刚：《"七千人大会"召开的原因和主要成果探析》，《党史文苑》，2014年第2期。

第三节 国内政治与对外关系

题目1 简述新中国的外交举措

相关真题 2024年南阳师范学院

中华人民共和国成立后的外交政策和举措，标志着中国以全新的姿态步入国际舞台，展开了一系列具有深远影响的外交活动。这一时期，中国的外交行动不仅反映了国家的独立自主原则，也彰显了其作为新兴力量在国际关系中的活跃和积极探索。

（一）20世纪50年代的外交举措

1. "另起炉灶"与"一边倒"政策的确立。在新中国成立初期，毛泽东提出"另起炉灶"（即重新建立与各国的外交关系），以及"一边倒"（即倾向于社会主义阵营的外交政策），这些措施为新中国的外交奠定了基调。

2. 中苏建交及与社会主义阵营国家建立外交关系。1949年，苏联成为第一个与新中国建立外交关系的国家。此后，多个社会主义国家相继与中国建交，打破了西方国家对中国的外交封锁。

3. 和平共处五项原则的提出。1954年，中国在与印度、缅甸的联合声明中提出和平共处五项原则，成为新中国对外政策的重要指导原则，强调互相尊重主权和领土完整、互不侵犯、互不干涉内政、平等互利、和平共处等基本国际关系准则。

4. 积极参与亚非会议，提出"求同存异"方针。1955年，中国参加在印尼万隆举行的亚非会议，提出"求同存异"的外交方针，推动了亚非国家间的团结与合作。

（二）20世纪60年代的外交举措

1. 中苏关系的恶化及对美关系的初步接触。20世纪五六十年代，中苏关系恶化，中国开始探索与美国接触的可能性，为后来的中美关系正常化埋下伏笔。

2. 争取中间地带国家的外交政策。毛泽东提出"两个中间地带"的理论，主张中国应该争取与第三世界国家和一些西方资本主义国家的友好关系，扩大国际影响力。

3. 支持亚非国家的独立与解放运动。在20世纪60年代，中国大力支持亚非国家的民族独立和解放运动，与这些国家建立了深厚的友谊和合作关系。

（三）20世纪70年代的外交举措

1. 中美关系的突破。1972年，尼克松总统访华，开启了中美关系的新篇章，为两国正式建交奠定了基础。

2. 中日邦交的正常化。1972年，中国与日本签署联合声明，实现邦交正常化，开启了两国友好合作的新时代。

3. 加入联合国并恢复合法席位。1971年，中国成功恢复在联合国的合法席位，这是新中国外交上的一大胜利，标志着中国在国际社会中的地位得到广泛认可。

总之，新中国成立初期，中国的外交政策经历了从建立、巩固到发展的过程，不仅成功打破了西方国家的封锁与孤立，还积极参与国际事务，提出了一系列富有中国特色的外交政策和原则，为中国在国际舞台上赢得了尊重和地位。

> 参考资料
1. 郭大钧：《中国当代史》，北京师范大学出版社，2017年。

第十三章 "文化大革命"（1966—1976 年）

题目 1　论述知青运动

相关真题　2023 年中国社会科学院大学

知识青年上山下乡是指 20 世纪 50—80 年代初期，为了消灭工农、城乡、脑力与体力的三大差别，毛泽东号召城市青年大规模离开城市，到农村插队落户的政治运动。

（一）原因

1. 经济层面。农村互助合作迫切需要大量人才，但当时农村的多数农民处于文盲或半文盲状态，而城市中具有一定知识文化的大批毕业生面临就业压力，无法就业。

2. 政治层面。"文化大革命"中对知识分子"左"的错误估计，促使领导人认为必须对知识分子进行教育革命，以培养符合社会主义需求的青年一代。

3. 苏联的成功提供了借鉴。苏联在 1954 年通过大规模垦荒运动，成功解决了粮食短缺和城市青年就业问题，因而被中国政府效仿。

（二）过程

1. 序幕。1955 年，以杨华为首的 60 名北京青年组成青年志愿垦荒队，远赴关东北大荒垦荒，获得政府的肯定，并鼓励当时的知识青年"上山下乡"，拉开了城市青年上山下乡的序幕。

2. 高潮。1968 年，毛泽东下达了"知识青年到农村去，接受贫下中农的再教育，很有必要"的指示，上山下乡运动有组织、大规模地展开，当年在校的初高中生全部前往农村进行垦荒、养殖、宣传等活动。

3. 收缩。1970 年以后，由于知青在农村生活困难、城市经济开始过热需要劳动力，以及一些高中和中专学校恢复招生，知青开始回到城市，上山下乡运动出现大规模收缩。

4. 结束。中共十一届三中全会以后，全党工作重点逐渐转移到社会主义现代化建设上来，为了适应现代化建设的战略需求，党中央积极调整经济政策和教育体制，知青运动逐步结束。

（三）影响

1. 积极影响。①知青运动一定程度上促进了农村经济建设和边疆的保护与开发。②知青运动极大地缓解了城市的就业压力和社会治理压力。③知青运动促进了不同地域和社会阶层之间的文化交流，丰富了城市青年的社会实践经验。

2. 消极影响。①高压动员手段和政治运动的性质损害了党与青年之间的关系。②许多青年失去了接受正规教育的机会，对国家的人才培养造成长期不利影响，影响了现代化进程。

综上所述，知青运动作为新中华人民共和国成立以来持续时间最长的一场由政府组织的社会活动，深刻影响了国家经济发展和人才培养，改变了大批知识青年的生活际遇。

参考资料

1. 张曙：《"文革"中的知识青年上山下乡运动研究述评》，《当代中国史研究》，2001 年第 2 期。
2. 吴林根：《毛泽东与知青上山下乡运动分析》，《毛泽东思想论坛》，1995 年第 1 期。
3. 师清芳：《知青运动发生原因再分析与评价》，《黑河学院学报》，2015 年第 5 期。

第十四章 拨乱反正（1976—1978年）

题目1 论述中共十一届三中全会

相关真题 2023年中国社会科学院大学；2023年吉林师范大学；2023年黑龙江大学；2022年暨南大学；2022年新疆师范大学；2022年聊城大学；2018年内蒙古大学

1978年12月，中共十一届三中全会在北京举行，这次会议从根本上冲破了长期以来"左"倾思想的严重束缚，结束了1976年以来的徘徊局面，成为新的历史时期的开端。

（一）背景

1. "文化大革命"期间，国家政权遭到严重削弱，大量冤假错案还没有平反，它所遗留下来的问题亟待解决。

2. "文化大革命"后领导人提出"两个凡是"的错误方针，使党和国家的工作出现在徘徊中前进的局面。

3. 1978年，出现了关于真理标准问题的大讨论，使党重新确立了实事求是的思想路线，为中共十一届三中全会的召开奠定了思想基础。

4. 1978年12月13日，邓小平做《解放思想，实事求是，团结一致向前看》的重要讲话，为中共十一届三中全会提出了基本指导思想。

（二）主要内容

1. 重新确立了马克思主义的政治路线。①停止使用"以阶级斗争为纲"等不适用于社会主义社会的错误口号，做出了把工作重点转移到社会主义现代化建设上来的战略决策。②重新恢复和确认了中共八大关于我国社会矛盾问题的正确估计，并要求加快农业发展，重视科学、教育。③做出了实行改革开放的伟大决策。④会议讨论了1979年和1980年国民经济计划安排。

2. 重新确立了马克思主义的思想路线。①全会坚决批判了"两个凡是"的错误方针，充分肯定了必须完整准确地掌握毛泽东思想的科学体系。②高度评价了关于真理标准问题的讨论，确定了解放思想、开动脑筋、实事求是、团结一致向前看的指导方针。会议要求把马克思列宁主义、毛泽东思想的普遍原理与社会主义现代化建设的实际结合起来，并在新的历史条件下加以发展。

3. 重新确立了马克思主义的组织路线。①全会认真总结了党的历史经验教训，决定在组织上进一步健全党的民主集中制，健全党规党法，严肃党纪。②反对突出个人宣传和个人崇拜，强调加强党中央和各级党组织的集体领导作用。③全会决定建立中央纪律检查委员会，以保证党的政治路线的贯彻实施。

（三）历史意义

1. 从根本上冲破了长期"左"倾错误的严重束缚，端正了指导思想，使广大干部和群众从过去盛行的个人崇拜和教条主义中解放出来。

2. 结束了自粉碎"四人帮"以来党的工作在徘徊中前进的局面，开始认真地全面纠正"文化大革命"及其以前的"左"倾错误。

3. 标志着党在思想上、政治上和组织上重新确立了马克思主义的正确路线，形成了以邓小平为核心的第二代中央领导集体。

4. 做出了把党和国家的工作重点转移到社会主义现代化建设上来，实行改革开放的决策，成为开辟中国特色社会主义道路、开创中国社会主义事业发展新时期的伟大起点。

综上所述，中共十一届三中全会重新确立了马克思主义的指导，实现了中国共产党自中华人民共和国成立以来的伟大转折，成为开辟中国特色社会主义道路的伟大起点。

参考资料

1. 王桧林：《中国现代史》，北京师范大学出版社，2016年。

题目 2　论述新中国成立后前三十年的探索对于中国特色社会主义的历史意义

相关真题　2023 年中国社会科学院大学

新中国成立后的三十年内，以毛泽东为核心的党中央领导集体带领人民完成了新民主主义革命，进行了社会主义改造，确立了社会主义基本制度，成功实现了中国历史上的伟大变革。

（一）新中国成立后前三十年的探索

1. 政治方面。新中国成立后的三十年探索活动主要包括 1950 年镇压反革命运动、1951 年"三反""五反"运动、1953 年过渡时期总路线的提出、1954 年召开第一届全国人民代表大会并制定 1954 年宪法、1956 年确立社会主义制度、1966 年发生"文化大革命"，以及 1978 年中共十一届三中全会推行改革开放，拉开了中国特色社会主义的序幕等。

2. 经济方面。通过 1953 年开始的社会主义改造、实行第一个五年计划，1958 年开始的"大跃进"和人民公社化运动，1961 年开始的国民经济调整，1964 年开始的三线建设等，中国在社会主义建设的道路上进行了积极探索。1978 年 12 月，中共十一届三中全会在北京召开，中国开始实行对内改革、对外开放的政策。

3. 科技文化方面。1952 年，我国进行了高校院系调整；1964 年，中国第一颗原子弹爆炸成功；1965 年，我国成功研制了人工合成结晶牛胰岛素；1967 年，中国第一颗氢弹空爆试验成功；1973 年，袁隆平成功培育出籼型杂交水稻；20 世纪 70 年代初，屠呦呦发现了能够有效抵抗疟疾的青蒿素，开创了治疗疟疾的新方法等。

4. 军事方面。中国陆续进行了抗美援朝战争、抗美援越战争、对印自卫反击、对越自卫反击，并取得战争胜利。

5. 外交方面。1949 年，中苏建交，随后一批社会主义国家陆续与新中国建交；1953 年，在接见印度政府代表团时，我国提出了和平共处五项原则，之后成为处理国际关系的基本原则；1972 年，中日建交；1979 年，中美建交，开启了中国同西方国家建交与合作的高潮。

（二）历史意义

1. 为开辟中国特色社会主义道路提供了根本的政治前提。在新中国成立后的前三十年，我国实现了大陆的统一和各民族的团结，铲除了帝国主义、封建势力统治的根基，建立了社会主义制度。

2. 为开辟中国特色社会主义道路提供了雄厚的物质技术基础。在新中国成立后的前三十年，我国建立起独立的比较完整的工业体系和国民经济体系，也大大改善了农业生产条件。

3. 为开辟中国特色社会主义道路提供了有利的国际条件。在新中国成立后的前三十年，我国所进行的一系列政治、经济、科技、外交建设，不仅稳定了中国周边的环境，也大大提高了中国的国际地位。

4. 为开辟中国特色社会主义道路提供了经验教训。在新中国成立后的前三十年，我国进行了适合自身国情的社会主义建设道路的探索，并积累了丰富的经验。我们党还继承了在执政条件下加强自身建设的优良传统，摒弃了其中"左"的弊病。

综上所述，在这三十年的探索过程中，中国共产党在社会主义建设中取得了独创性的理论成果和巨大成就，为新的历史时期开创中国特色社会主义提供了宝贵经验、理论准备和物质基础。

参考资料

1. 林琳：《在探索社会主义建设道路中曲折前进》，《求知》，2014 年第 6 期。
2. 朱佳木：《新中国头 30 年为中国特色社会主义道路的开辟提供了前提条件》，《高校理论战线》，2009 年第 10 期。

第十五章 改革开放的进程（1978—2012年）

第一节 农村与城市经济体制改革

题目1 简述20世纪70年代末80年代初我国经济政治体制改革

相关真题 2020年中国社会科学院大学；2003年华中师范大学

1978年，党的十一届三中全会召开，标志着党和国家的工作中心转移到经济建设上来，我国由此启动了一系列经济和政治体制改革。

（一）背景

1. "文化大革命"不仅积累了严重的政治和社会问题，还严重破坏了国民经济和文化教育事业，国民经济和社会秩序亟待恢复。
2. 政治上的混乱和思想上的束缚，特别是"两个凡是"的提法，限制了改革开放的步伐，急需纠正。
3. 粉碎"四人帮"后，虽然工业发展迅速，但党和国家对国民经济各方面比例关系缺乏全面认识，导致经济结构失衡的状况未能得到有效改善。
4. 中共十一届三中全会的召开，将党和国家的工作中心转移到经济建设上来，明确提出要按照经济发展的客观规律，赋予地方和企业更多的自主权。

（二）经济体制改革

1. 农村经济体制改革。①中共十一届三中全会前后，在安徽省凤阳县小岗村进行了家庭联产承包责任制试点，后推行全国，农村产品除向国家交纳农业税、向集体交纳公共提留以外，都归承包者自己所有。②家庭联产承包责任制施行后，解放出一大批农村劳动力，他们投入农村集体的、个体的及私营的企业中，乡镇企业开始兴起。
2. 城市经济体制改革。允许企业在完成国家计划的前提下制订补充计划，扩大企业生产，并把一部分利润留给企业。从1981年开始实行经济责任制，也就是企业经济收入和个人劳动报酬同工作成果直接挂钩，从而做到各司其职，各有其责，克服经济活动中无人负责的现象。
3. 经济所有制结构改革。在国营经济为主导、公有制经济为主体的前提下，允许多种所有制经济形式并存，从1979年开始，"个体户"成为人们耳熟能详的词语，吸纳了大量从业人员。

（三）政治体制改革

1. 恢复和发扬党的优良传统。①建立中共中央纪律检查委员会，加强党内监督，严肃党风党纪。②坚持团结一批评一团结和惩前毖后、治病救人的方针。③恢复党内民主集中制。
2. 进行党和国家领导体制改革。①恢复设立中央书记，处理中国共产党中央委员会日常工作。②建立老干部退休、离休制度，妥善解决新老干部交替问题。
3. 精简行政机构，优化干部制度。将国务院所属的办公机构从98个精减至52个，部级领导干部年龄从64岁下降到57岁，逐步实现干部队伍的年轻化、知识化和专业化。
4. 加强社会主义民主和法治建设。①全国各级人民代表大会在国家中的作用大大增强。②1982年，第五届全国人民代表大会通过了新的《中华人民共和国宪法》，成为中国法治重建的新起点。③通过了组织法和选举法，对地方政权组织和选举制度做了重要改革。

（四）意义

1. 经济体制改革促进了生产力的解放和经济结构的优化，提高了农民和企业的生产积极性，为中国经济的快速发展奠定了坚实基础。
2. 政治体制改革提高了党的领导水平和治国理政的能力，而全面的民主和法制建设加强了社会治理，提高了国家法治化、规范化水平，推进了中国的现代化进程。

综上所述，20世纪70年代末80年代初我国进行的经济政治体制改革不仅实现了经济体制和政治体制的重大调整，也为中国的现代化建设开启了新篇章，其影响持续至今。

参考资料

1. 王桧林：《中国现代史》，北京师范大学出版社，2016年。

第二节　特区建设与改革开放

题目1　简述改革开放对中国产生的影响

相关真题　2018年黑龙江大学

1978年，中共十一届三中全会做出了实行改革开放的伟大决策，通过改革开放，中国的综合国力和国际影响力进一步增强，成为当今世界上具有影响力的大国和强国之一。

（一）促进了中国经济的持续快速增长

1. 改革开放打破了原有的计划经济体制的束缚，把社会主义制度与市场经济结合起来，建立了社会主义市场经济体制，促进了资源更有效配置和社会生产力的解放。

2. 改革开放使中国融入了经济全球化的浪潮。随着外资的引入和对外贸易的扩大，中国成为世界经济发展最重要的驱动力之一，中国在获得相对和平稳定的外部环境的同时，也让改革开放的成果惠及世界。

3. 改革开放实现了中国经济的伟大跨越。中国不仅在2010年成为世界第二大经济体，而且实现了从贫困到温饱再到总体小康的历史性跨越，并朝着全面小康的目标不断前进，创造了经济发展史上的"中国奇迹"。

（二）促进了中国政治的民主化和法制化

1. 改革开放以来，中国始终坚持中国共产党的领导、人民当家作主和依法治国的有机统一，积极稳妥地推进政治体制改革，保障人民享有广泛的民主权利。

2. 改革开放以来，为适应经济社会发展的要求，我国努力完善人民代表大会制度，发挥多党合作和人民政协的制度优势，加强和扩大基层民主建设，建立和健全律师制度，在公民中进行普法宣传教育等，提高民众的法治观念，我国的民主和法制得到逐步重建和完善。

（三）推动了中国科学、教育等领域的巨大进步

改革开放以来，中共中央非常重视科学技术和教育在我国现代化建设中的突出作用，重视创新事业和优秀人才的培养，在20世纪80年代实施"863计划""星火计划"等战略规划，并于1995年正式提出实施"科教兴国"战略，推动了科教等领域的巨大进步。

（四）促进了中国综合国力的进一步提高，中国国际影响力的日益增强

1. 改革开放40多年来，中国实现了和平崛起，综合国力进一步提高，开创了大国和平发展的新模式，为其他发展中国家探索建立适合各自国情的发展道路提供了经验和借鉴。

2. 改革开放以来，中国于1991年加入亚太经合组织、2001年加入世界贸易组织等国际组织，世界参与度和话语权不断提升，提出了合作共赢、互利双赢、结伴而不结盟等国与国关系的新构想，综合国力和国际影响力不断提升。

综上所述，改革开放是决定当代中国命运的关键抉择，是发展社会主义、实现中华民族伟大复兴的必由之路。

参考资料

1. 邓振芳：《浅析中国改革开放以来取得的巨大成就及其对世界的影响》，《学理论》，2010年第20期。
2. 余品华：《试论我国改革开放的重大意义及影响》，《思想理论教育导刊》，2016年第7期。

第三节　邓小平南方谈话与社会主义市场经济的确立

题目1　简述社会主义初级阶段的基本理论

相关真题　2020年湘潭大学

1987年，中共十三大召开，会议系统阐述了社会主义初级阶段理论，提出了本阶段主要社会矛盾的转变。

（一）提出背景

1. 到20世纪80年代中期，改革开放使中国经济社会呈现出一派繁荣景象。1985—1987年，中国实现了经济的快速增长，商业经济联合体迅速发展，国内市场活跃繁荣，多数商品供应正常。

2. 从整体上讲，我国还没有摆脱不发达状态。我国生产力水平远远落后于发达国家，人均产值、人均国民收入在世界上位次都比较低，尽管绝对贫困问题已消除，但相对贫困问题仍亟待解决。

3. 1986年9月，中共十二届六中全会召开，会议提出了"我国还处在社会主义的初级阶段""必须实行按劳分配"等论述，为中共十三大系统提出社会主义初级阶段理论奠定了基础。

（二）基本内容

我国社会已经是社会主义社会，必须坚持而不能离开社会主义。但是我国的社会主义社会还处在初级阶段，是我国在生产力落后、商品经济不发达条件下建设社会主义必然要经历的特定阶段。从生产资料私有制的社会主义改造基本完成，到社会主义现代化的基本实现，至少需要上百年时间，都属于这个阶段。在社会主义初级阶段，主要矛盾是人民日益增长的物质文化需要同落后的社会生产之间的矛盾，党和国家的主要任务是发展生产力，推进社会主义现代化建设。

（三）评价

1. 社会主义初级阶段理论是对中国国情的正确概括，是对中国社会性质的科学论断，是解决中国一切问题的基本立足点。

2. 社会主义初级阶段理论有助于正确认识我国的社会性质，有助于在时间上正确总结历史经验，避免重蹈过去的错误，改正以往在短时间内过渡到社会主义社会的错误观念。

3. 社会主义初级阶段理论有助于正确认识社会主义的本质，澄清党和国家在这个问题上的模糊思想。

4. 社会主义初级阶段理论是中国共产党客观分析中国社会主义现实方位的理论成果，发展了马克思主义关于社会主义发展阶段的理论。

综上所述，中共十三大所提出来的社会主义初级阶段理论，是我们党总结几十年社会主义革命和建设得出的科学结论，对于我国社会主义建设具有重大的意义。

参考资料

1. 王桧林：《中国现代史》，北京师范大学出版社，2016年。
2. 中共中央党校（国家行政学院）中国党史教研部：《中国，由此改变》，北京联合出版公司，2022年。
3. 罗舒瑶：《社会主义初级阶段理论的历史逻辑及重大意义》，《鄂州大学学报》，2021年第5期。
4. 刘洪刚：《马克思恩格斯过渡时期理论与现时代》，厦门大学出版社，2022年。

题目2　简述邓小平南方谈话的内容和意义

相关真题　2018年中央民族大学

1992年，邓小平先后视察武昌、深圳、珠海、上海等地，发表重要谈话，为我国在新形势下的经济体制改革指明了方向，是马克思主义中国化的新发展。

（一）内容

1. 阐明社会主义的本质，强调要坚持党的基本路线一百年不动摇。邓小平指出社会主义的本质是解放生产力，发展生产力，消灭剥削，消除两极分化，最终达到共同富裕，为此中国共产党必须坚持以经济建设为中心，大力发展生产力，坚持四项基本原则，坚持改革开放。

2. 改革开放胆子要大一点，敢于试验，大胆地闯。邓小平指出计划和市场都是经济手段，不是社会主义与资本主义的本质区别，对于姓"资"还是姓"社"的判断标准在于"三个有利于"，即是否有利于发展社会主义社会的生产力，是否有利于增强社会主义国家的综合国力，是否有利于提高人民的生活水平，这是决定各项改革措施的根本标准。

3. 抓住时机，发展自己，关键是发展经济。邓小平提出发展才是硬道理，对于中国这样的发展中大国来说，经济发展要快速、讲效益、讲质量，而经济发展必须依靠科技和教育。

4. 要坚持两手抓，两手都要硬。邓小平指出中国不仅要发展经济，也要搞好社会秩序和社会风气，必须坚持"两手抓"，即一手抓改革开放，一手抓打击各种犯罪活动，两只手都要硬，同时在整个改革开放过程中都要反对腐败，将干部和党员的廉政建设作为大事来抓。

5. 正确的政治路线要靠正确的组织路线来保证。邓小平指出为领导和团结各族人民建设社会主义现代化国家，中国共产党需要把教育干部、培养干部，特别是选拔中青年干部这一组织路线视为"最重要的战略问题"来思考。

6. 坚信马克思主义是科学，坚信社会主义经历一个长过程发展后必然代替资本主义。

（二）意义

1. 邓小平南方谈话深刻地、鲜明地回答了许多长期困扰和束缚人们思想的重大认识问题，是代表邓小平建设有中国特色社会主义理论的新内容和走向成熟的集大成之作，是马克思主义的新发展。

2. 邓小平南方谈话在国内外引起强烈反响，直接为即将召开的中国共产党第十四次全国代表大会奠定了思想和理论基础。

3. 邓小平南方谈话从更深刻的层次上揭示了社会主义的本质，极大地解放了人们的思想，为我国社会主义经济理论指导下的经济体制改革指明了方向。

综上所述，1992年，邓小平的南方谈话清晰地解决了姓"资"还是姓"社"的问题，是一次思想大解放，也给民营经济的发展开拓了更加广阔的舞台。

参考资料

1. 靳德行：《中华人民共和国史》，河南大学出版社，2005年。
2. 刘国新，贺耀敏，刘晓，武力：《中华人民共和国史》，天津人民出版社，2010年。

题目3　论述"一国两制"的基本内涵和意义

相关真题　2020年河北师范大学

"一国两制"是改革开放的总设计师邓小平为了实现中国统一的目标而制定的方针，是中华人民共和国政府在台湾问题上的主要方针，也是港、澳两个特别行政区所采用的制度。

（一）提出

1979年，全国人大常委会发表《告台湾同胞书》，宣告了中国政府解决台湾问题的大政方针，随后，邓小平会见台湾、香港知名人士时指出解决台湾问题可以采取独特的模式。1981年9月30日，叶剑英发表了实现和平统一的九条方针，邓小平就方针指出，这实际上就是"一个国家，两种制度"。

（二）基本内涵

1. "一国两制"即"一个国家，两种制度"的简称。"一国两制"指的是在中华人民共和国内，国家的主体实行社会主义制度，香港、澳门和台湾实行资本主义制度。

2. 世界上只有一个中国，台湾是中国不可分割的一部分，中央政府在北京，这是举世公认的事实，也是和平解决台湾问题的前提。

3. 两制并存。在一个中国的前提下，大陆的社会主义制度和台湾的资本主义制度长期共存，共同发展。两岸实现统一后，台湾的现行社会经济制度不变，生活方式不变，同外国的经济文化关系不变。

4. 高度自治。两岸统一后，台湾将成为特别行政区，享有高度自治权，拥有在台湾的行政管理权、立法权、独立的司法权和终审权；党、政、军、经、财等事宜都自行管理；可以同外国签订商务、文化等协定，享有一定外事权；有自己的军队，大陆不派军队也不派行政人员驻台。

5. 和平谈判。鉴于两岸的现实状况，中央人民政府主张在实现统一之前，双方按照相互尊重、互补互利的原则，积极推动两岸经济合作和各项交往，通过接触谈判，以和平方式实现国家统一。

（三）历史意义

1. "一国两制"方针的提出维护了和平秩序，也为国际社会以和平方式解决历史遗留问题提供了新的范例。
2. "一国两制"方针成功解决了香港、澳门问题。
3. "一国两制"方针促进了港、澳经济繁荣与稳定，共同开创了经济发展的新局面，有利于地区稳定和经济的共同繁荣。

综上所述，"一国两制"方针符合中华民族根本利益，有利于实现中国和平统一。港澳问题的解决，不仅使中国统一大业迈出重要一步，也为国际社会以和平方式解决历史遗留问题提供了新的范例。

参考资料

1. 靳德行：《中华人民共和国史》，河南大学出版社，2005年。
2. 刘国新，贺耀敏，刘晓，武力：《中华人民共和国史》，天津人民出版社，2010年。

题目4 简述中国从计划经济向社会主义市场经济转变的历史进程（1978—1992年） 醒吾

历史统考预测题

改革开放是一场深刻的革命，其目的是根本改变束缚经济发展的高度集中的计划经济体制，建立社会主义市场经济体制。这一历程主要经过了以下四个阶段：

（一）第一阶段：工作重心转移到经济建设

1. 1978年12月，中共十一届三中全会召开，会议做出了把党和国家的工作重心转移到经济建设上来、实行改革开放的历史决策，开启了建设中国特色社会主义的新征程。
2. 实践：①推行家庭联产承包责任制，带动农地产权制度变革；②实行简政放权、扩大企业自主权的国营企业改革；③为解决青年就业问题，实行在以国营经济为主导、公有制经济为主体的前提下，允许多种经济形式、多种经营方式并存的所有制结构改革，1979年后，"个体户"成为人们耳熟能详的词语，个体经济和私营经济兴盛起来。

（二）第二阶段：计划经济为主，市场调节为辅

1. 理论提出：1982年9月，中共十二大召开，邓小平明确提出了"走自己的路，建设有中国特色的社会主义"，贯彻计划经济为主，市场调节为辅的原则等论断。
2. 实践：①1982年，工业消费品的流通从按城乡分工改为商品分工、城乡通开的新体制，统筹安排城乡市场；②1983年年初，全国国营企业普遍施行了承包制。

（三）第三阶段：有计划的商品经济

1. 理论提出：①1984年10月，中共十二届三中全会召开，会议确定我国社会主义经济是在公有制基础上实行有计划的商品经济；②1987年10月，党的十三大提出社会主义有计划商品经济的体制应该是计划与市场内在统一的体制；③党的十三届四中全会后，提出建立适应有计划商品经济发展的计划经济与市场调节相结合的经济体制和运行机制。
2. 实践：①1984年10月，国务院对关系国计民生的重要经济活动实行指令性计划，对大量的一般经济活动实行指导性计划，对饮食业和小商品生产等实行市场调节；②1986年，国家下放了部分轻工业消费品价格管理权限，对部分商品实行浮动价格；在农产品价格管理方面实行国家定价、国家指导价和市场调节价三种形式；③1988年9月，针对经济领域出现的腐败等现象，中共中央召开十三届三中全会，把改革和建设重点突出地放到治理经济环境和整顿经济秩序上，创造理顺价格的条件。

（四）第四阶段：建立社会主义市场经济体制

1. 理论提出：①1992年年初，邓小平到武昌、深圳、珠海、上海等地视察，发表重要谈话，提出了"计划和

市场都是经济手段""社会主义的本质"和"三个有利于"等论断，结束了国内"姓资姓社"的争论；② 1992 年 10 月，中共十四大召开，会议正式宣布我国经济体制改革的目标是建立社会主义市场经济体制，就是要使市场在社会主义国家宏观调控下对资源配置起基础性作用。

2. 实践：① 从 1993 年开始，国有企业实行公司制，建立现代企业制度；② 1994 年 1 月，实行分税制财政管理体制，合理划分中央与地方政府财政权限，增强中央权威，更好地发挥财政宏观调控作用。

中共十四大之后，我国围绕经济体制改革的实践进展，相继确立了政治体制、文化体制、社会体制等各领域的改革目标，在建立社会主义市场经济体制的目标下不断向前推进。

参考资料

1. 靳德行：《中华人民共和国史》，河南大学出版社，2005 年。
2. 刘国新，贺耀敏，刘晓，武力：《中华人民共和国史》，天津人民出版社，2010 年。

第四节 深化改革开放与中国特色社会主义的发展

题目 1 简述《中国共产党中央关于全面深化改革若干重大问题的决定》的主要内容

相关真题 2020 年湘潭大学

2013 年 11 月 15 日，《中国共产党中央关于全面深化改革若干重大问题的决定》正式公布，成为新形势下全面深化改革的纲领性文件，标志着从 1978 年开始的中国改革开放进入新阶段。

（一）总目标

完善和发展中国特色社会主义制度，推进国家治理体系和治理能力现代化。

（二）内容

1. 深化经济体制改革，坚持以公有制为主体、多种所有制经济共同发展的基本经济制度，使市场在资源配置中起决定性作用，建设统一开放、竞争有序的市场体系。

2. 深化政治体制改革，坚持党的领导、人民当家作主、依法治国的有机统一。加强和改善党的领导，充分发挥党总揽全局、协调各方的领导核心作用。以保证人民当家作主为根本，从各层次、各领域扩大公民有序政治参与。坚持依法治国、依法执政、依法行政共同推进，法治国家、法治政府、法治社会一体建设。

3. 深化文化体制改革，建设社会主义核心价值体系、社会主义文化强国。坚持马克思主义的指导思想，坚持以人民为中心的文化工作导向，坚持把社会效益放在首位、社会效益和经济效益相统一，建立健全现代文化市场体系，构建现代公共文化服务体系，提高文化开放水平。

4. 深化社会体制改革，更好地保障和改善民生、促进社会公平正义；努力为社会提供多样化服务，更好地满足人民需求。健全促进就业创业体制机制，形成合理有序的收入分配格局。改进社会治理方式，激发社会组织活力。加快构建新型农业经营体系，赋予农民更多的财产权利。

5. 建设美丽中国，深化生态文明体制改革，用制度保护生态环境。要建立系统完整的生态文明制度体系，实行最严格的源头保护制度、损害赔偿制度、责任追究制度，完善环境治理和生态修复制度。

6. 深化党的建设制度改革，提高科学执政、民主执政、依法执政水平。加强民主集中制建设，完善党的领导体制和执政方式，保持党的先进性、纯洁性，建设学习型、服务型、创新型的马克思主义执政党，为改革开放和社会主义现代化建设提供坚强政治保证。

综上所述，该决定阐述了中国全面深化改革的重大意义，总结了中国改革开放 35 年来的历史性成就和宝贵经验，为我国下一阶段的发展指明了方向，奠定了基础。

参考资料

1. 靳德行：《中华人民共和国史》，河南大学出版社，2005 年。
2. 刘国新，贺耀敏，刘晓，武力：《中华人民共和国史》，天津人民出版社，2010 年。

题目 2　论述改革开放全面探索时期（1978—1992 年）中国共产党的重要会议 醒吾历史统考预测题

改革开放全面探索时期（1978—1992 年），是中国现当代史上极为关键的 14 年。在这一时期内，中国共产党召开了一系列重要会议，这些会议不仅为改革开放和社会主义现代化建设确立了方向和政策，还深刻影响了中国的发展轨迹。

（一）中共十一届三中全会（1978 年）
这一历史性会议标志着中国改革开放的正式启动，是全面探索时期的开端。

1. 重新确立了马克思主义的政治、思想、组织路线。会议明确停止"以阶级斗争为纲"的错误方针，将党和国家的工作重点转移到经济建设上来。会议批判了"两个凡是"的错误方针，推动了真理标准问题的讨论，鼓励实事求是的思想，促进了社会思想的大解放。会议总结了经验教训，进一步健全了党的民主集中制，健全了党规党法，严肃党纪等。

2. 明确了经济发展的新方向。会议强调了农业、科学教育的发展和改革开放的必要性，为后续的经济政策和体制改革指明了方向。

（二）中共十一届六中全会（1981 年）
这次会议通过了《关于建国以来党的若干历史问题的决议》，具有划时代的意义。

1. 对历史问题的客观评价。会议对新中国成立以来特别是"文化大革命"期间的历史问题进行了全面回顾和科学评价，为党和国家的发展扫清了障碍。

2. 对毛泽东思想的正确定位。会议明确了毛泽东的贡献与错误，但强调要与时俱进地发展和应用毛泽东思想。

（三）中共十二大（1982 年）
中共十二大进一步明确了改革开放和社会主义现代化建设的目标和路径。

1. "有中国特色的社会主义"路线的确立。会议提出了建设有中国特色社会主义的战略目标，为中国特色社会主义理论的形成奠定了基础。

2. 经济体制改革方针的确立。会议明确了以计划经济为主、市场经济为辅的原则，提出了经济体制改革的初步设想，为后续的经济体制改革提供了方向。

（四）中共十二届三中全会（1984 年）
这次会议对经济体制改革做出了重大决策，特别是关于城市经济体制改革的具体措施。

1. 经济体制改革的深化。会议确定了经济体制改革的重点转向城市，提出了建立社会主义市场经济体系的初步构想。

2. "一国两制"的提出。会议还提出了"一国两制"的方针，为解决香港、澳门问题以及台湾问题提供了创新性思路。

（五）中共十三大（1987 年）
中共十三大系统总结了社会主义初级阶段的理论，并明确了改革开放的基本路线和目标。

1. 社会主义初级阶段理论的阐述。会议明确了中国正处于社会主义初级阶段，并将这一阶段的任务和党的基本路线进行了系统概括。

2. 改革开放的全面推进。会议提出了"三步走"的战略目标，明确了改革开放和经济建设的方向，为中国的发展指明了道路。

（六）中共十四大（1992 年）
中共十四大进一步明确了建设有中国特色社会主义理论和社会主义市场经济体制改革的方向。

1. 社会主义市场经济体制的确立。会议提出了建立社会主义市场经济体制的目标，标志着中国经济体制改革进入新阶段。

2. 邓小平理论的提出。会议强调了邓小平建设有中国特色社会主义理论的指导作用，为改革开放和现代化建设提供了理论支撑。

综上所述，1978—1992年，中国共产党召开的这些重要会议，不仅为中国的改革开放和现代化建设指明了方向，而且为全面提升国家综合国力和国际地位奠定了坚实基础，对中国乃至世界都产生了深远影响。

参考资料

1. 靳德行：《中华人民共和国史》，河南大学出版社，2005年。
2. 刘国新，贺耀敏，刘晓，武力：《中华人民共和国史》，天津人民出版社，2010年。

题目3 论述20世纪80年代前后中国共产党几次重大会议后的阶段性政治成果 醒吾历史统考预测题

中国共产党十一届三中全会拉开了中国改革开放的序幕，此后，中国在改革开放的道路上不断推进。80年代前后，改革开放经历了以下几个阶段。

（一）中共十一届三中全会（1978年）之后的政治成果

1. 拨乱反正，处理历史遗留问题。一是摘掉了加在地主、富农、国民党、小手工业者和知识分子等群体头上的政治帽子。二是邓小平提出了四项基本原则，进行思想上的拨乱反正。三是实事求是地评价毛泽东的历史地位，将毛泽东思想继续作为党长期坚持的指导思想。

2. 进行政治体制改革。一是完善党和国家领导制度。1980年恢复设立中央书记处，负责中央日常工作，恢复了多党合作和政治协商制度等。二是规范党内政治生活。设立了中央和地方各级纪律检查委员会。三是解决新老干部交替问题。1982年，中共中央建立老干部退休和离职休养制度，并且以革命化、年轻化、知识化和专业化为标准，选拔了一批中青年干部。四是精简行政机构。国务院下属机构由98个精简为52个，工作人员减少了1/3。

（二）中共十二大（1982年）之后的政治成果

1. 提出"一国两制"。1979年，全国人大发表了《告台湾同胞书》，郑重宣布争取和平统一的大政方针。1982年，邓小平明确提出"一个国家，两种制度"的概念，在坚持一个中国的前提下，国家的主体实行社会主义制度，台湾可以保持原有的资本主义制度长期不变，以实现国家和平统一的目的。

2. 调整对外政策。1986年，全国人大会议明确提出"独立自主的和平外交政策"，发展同世界各国的友好关系。一是在稳定中美关系的同时，逐步实现中苏关系正常化。二是改善与周边国家的关系，尤其是与日本。三是进一步巩固与亚非拉国家的友好关系。至1987年，与中国建交国总数达到了135个。

3. 加强党建与修改宪法。一是1983年开始全面整党，通过认真学习文件，开展批评和自我批评的方法，改善从中央到基层组织党内存在的思想、作风、组织严重不纯的状况。二是1982年新宪法（"八二宪法"）通过。"八二宪法"肯定了改革开放以来经济所有制结构改革的成就，决定恢复设立国家主席和副主席等职务。以"八二宪法"为依据，制定了许多有关经济的法律。

4. 推动基层民主建设。在农村，建立乡政府作为基层政权，取代人民公社的政府职能，同时成立村委会作为基层群众性自治组织；在城市，基层民主建设以发挥街道居民委员会作用为重点，1989年通过居委会组织法，居委会建设进入新的历史阶段。

（三）中共十三大（1987年）之后的政治成果

1. 改革国家行政管理体制和建立国家公务员制度。以政企分开、政事分开为核心，强化政府宏观管理职能，弱化直接干预企业微观管理职能。

2. 在对外关系中，中国继续同东欧各国和原苏联加盟共和国保持正常的友好关系，加强经济贸易往来。同时稳定和积极发展友好国际关系，先后与韩国、沙特阿拉伯和以色列等国建交，实现了与印尼、越南关系的正常化。

综上所述，20世纪80年代的这些会议及其政治成果，推动了社会的全面进步和对外开放的扩大，为中国特色社会主义事业的发展奠定了坚实基础。

参考资料

1. 靳德行：《中华人民共和国史》，河南大学出版社，2005年。
2. 刘国新，贺耀敏，刘晓，武力：《中华人民共和国史》，天津人民出版社，2010年。

第十六章　共和国时期的民族关系与区域发展

题目1　从工业区域布局的角度评述20世纪六七十年代的三线建设

相关真题　2021年历史学统考

20世纪60年代，中国为加强国防和改善生产力布局，在西部地区展开了一场大规模的战略后方建设运动，即三线建设。这一建设不仅在国防上起到了重要作用，也为中国中西部地区的工业化做出了极大贡献。

（一）三线地区

三线地区，指西南的四川（含重庆）、贵州、云南，西北的陕西、甘肃、宁夏、青海，此外，还有湘西、鄂西、豫西、晋西、粤北、桂北等地区，共涉及13个省或地区。

（二）背景

1. 国内背景。①我国原有工业布局不合理。工业、国防工业等绝大部分都分布在东北以及东部沿海地区，一旦爆发战争将面临严重威胁。②国民党蒋介石集团趁大陆经济暂时困难，不断派遣武装特务窜扰大陆。

2. 国际背景。①20世纪50年代末，中苏两国的路线争执使中苏关系迅速由同盟走向对峙，中国不得不考虑转移国防工业。②美国第七舰队进入台湾海峡，同时美国与我国周边国家结成反华联盟，对我国东、南部形成包围。③印度对中国持敌对态度，不断蚕食我国领土，在中印边境多次向我军发动大规模武装进攻。

（三）内容

1. 总目标。1964年，中央做出了在三线地区开展以战备为中心，大规模建设工业、交通、国防、科技设施的重大战略决策，其总目标是"要争取多快好省的方法，在纵深地区建立一个工农业结合的，为争取国防和农业服务比较完整的战略后方基地"。

2. 方针部署。坚持"靠山、分散、隐蔽"的方针，贯彻小型化、专业化的原则，对搬迁项目实行大分散、小集中的原则，以适应现代战争的需求。

3. 主要项目。重要的工业基地如攀枝花钢铁基地，交通基础设施如成昆铁路，以及其他关键工程如西昌航天发射基地、葛洲坝水利工程、长庆油田等。

（四）意义

1. 三线建设初步改变了我国工业布局不合理的状况，为改革开放初期国家实施优先发展东部外向型经济的战略提供了能源、原料和交通运输等方面的支持。

2. 三线建设成功地建设起一个比较完整的国防战略后方，极大地增强了我国的国防实力。

3. 三线建设推动了中西部地区经济、社会、科技、文化的发展进步，促进了偏远山区和少数民族地区的文化繁荣。

三线建设虽然存在建设进程过快、过急等问题，但在增强我国国防实力，改善生产力布局以及促进中西部地区工业化等方面有着巨大的推动作用。

参考资料

1. 朱理峰：《三线建设评析》，《长春师范学院学报》，2007年第5期。
2. 王桧林：《中国现代史》，北京师范大学出版社，2016年。

第十七章 共和国时期的文化、教育与科技

题目1 简述新中国成立后"双百"方针的内容及影响 醒吾历史统考预测题

20世纪50年代初期，我国学术文艺界在文化批判的震慑下，文学作品千篇一律，严重影响了文化的发展，对此，毛泽东提出了"百花齐放""百家争鸣"的方针，使我国科学和艺术事业繁荣发展。

（一）内容

在马克思主义的指引下，充分发扬社会主义的艺术民主和学术民主，充分发挥科学、艺术工作者为社会主义事业服务的积极性和创造性，使我国科学和艺术事业繁荣发展。

（二）提出过程

1. 首次提出。1951年，毛泽东为中国戏剧研究院题词"百花齐放、推陈出新"，主张不同的剧种、流派、形式和风格通过自由竞赛而共同发展；1953年，毛泽东针对学术研究中不同观点的争论，提出了"百家争鸣"，即只要在宪法范围内，各种学术思想不管正确的还是错误的，让他们自由争论，不去干涉。

2. 开始确定。1956年4月，在中央政治局扩大会议上，毛泽东提出艺术问题上的"百花齐放"、学术问题上的"百家争鸣"，应该成为繁荣和发展社会主义科学和文艺事业的方针。在5月2日的最高国务会议上，毛泽东正式宣布了这一方针。

3. 系统阐述。1956年5月26日，中央宣传部部长陆定一在中国科学院和中国文学艺术联合会举行的报告会上做了题为《百花齐放，百家争鸣》的报告，全面系统地阐述了"双百"方针。

4. 正式确立。1956年9月，中国共产党第八次全国代表大会把"百花齐放、百家争鸣"写入文件，使这一方针正式成为党发展科学和艺术事业的正确方针。

（三）影响

1. 掀起了文艺理论研究的讨论高潮。文艺工作者在"双百"方针提出后，展开了对社会主义、现实主义、文艺与政治的关系、人性和人情等问题的讨论。

2. 我国的文学创作总体向前发展并取得显著成绩。小说、诗歌、戏剧、电影、散文等各种文学形式，都出现了一批在思想上和艺术上比较成熟的作品，例如孙犁的《风云初记》、杜鹏程的《保卫延安》等。

总之，"百花齐放""百家争鸣"方针的提出，是我国文化领域的重要成果，推动了新中国文化事业的进步和发展，取得了良好的效果。但这一方针在之后没有得到延续，在"文化大革命"时期遭到了严重破坏。

参考资料

1. 王桧林：《中国现代史》，北京师范大学出版社，2016年。
2. 夏杏珍：《"双百"方针研究述评》，《当代中国史研究》，2008年第3期。
3. 李蓉：《人民民主：毛泽东的理想与实践》，中央民族大学出版社，1997年。

题目2 简述改革开放的全面探索时期（1978—1992年）我国取得的经济与科技成就 醒吾历史统考预测题

改革开放的全面探索时期（1978—1992年）是中国历史上具有深远影响的14年，这一时期，中国共产党引领全国人民，在经济与科技领域取得了显著成就，不仅极大地推动了国家的现代化进程，而且在很大程度上改变了中国在国际社会中的地位。

（一）经济领域的显著成就

1. 农业改革的深化与突破。改革开放伊始，家庭联产承包责任制在安徽凤阳小岗村的实施标志着农业领域改革的突破，此举解放和发展了农村生产力，极大提高了农业生产效率与粮食产量，成功实现了农业从计划经济向市场经济的转变，有效解决了人民的温饱问题。

2. 乡镇企业的迅猛发展。随着农业改革的推进，大量农村剩余劳动力转向非农产业，乡镇企业如雨后春笋般快速发展，成为拉动经济增长、增加农民收入、促进农村经济多元化发展的重要力量。

3. 城市经济体制改革。通过扩大企业自主权、推行政企分开、实行市场调节等一系列改革措施，逐步建立了社会主义市场经济体制的雏形，激发了企业活力，提高了经济效率。

4. 对外开放与经济特区的创立。为吸引外资、引进先进技术和管理经验，中国设立了经济特区，并逐步扩大对外开放的范围和深度，形成了沿海开放城市、沿边开放城市、内陆开放城市等多层次、宽领域的对外开放格局，对外开放成为推动中国经济发展的重要引擎。

5. 南方谈话。在国际社会主义运动低潮和国内改革遭遇困难的背景下，邓小平 1992 年的南方谈话坚定了改革开放的方向，释放了改革开放再出发的强烈信号，极大地提振了全国人民的信心。

（二）科技领域的重大突破

1. "星火计划"的实施。"星火计划"旨在面向农村经济和中小企业推广适用技术，加速科技成果的转化应用，它的实施有效提升了农业生产技术水平和农村经济的综合竞争力。

2. "863 计划"的启动。为了跟踪世界科技前沿，政府启动了"863 计划"，它聚焦生物技术、航天技术、信息技术等高科技领域，推动了中国在关键技术和战略领域的突破与发展。

3. "火炬计划"的推行。"火炬计划"专注于高新技术产业的发展，通过建立高新技术产业开发区，推动科技成果的产业化，促进了高新技术产业的快速成长，形成了若干高新技术产业集群。

4. 高新技术产业的快速发展。改革开放以来，中国高新技术产业快速发展，尤其是在信息技术、生物技术、新材料等领域取得了显著成就，大大提升了中国的科技创新能力和国际竞争力。

1978—1992 年是改革开放的全面探索时期，在这一时期，中国共产党领导下的中国经济和科技取得了历史性的成就，不仅成功实现了从计划经济向市场经济的转型，而且极大地提升了国家的综合国力和国际地位，为中国的长期发展和全面建设小康社会奠定了坚实的基础。

参考资料

1. 靳德行：《中华人民共和国史》，河南大学出版社，2005 年。
2. 刘国新，贺耀敏，刘晓，武力：《中华人民共和国史》，天津人民出版社，2010 年。

题目 3 论述 20 世纪 80 年代以来中国高新技术的发展 醒吾历史统考预测题

粉碎"四人帮"后，我国迎来了科学事业的春天。20 世纪 80 年代以来，我国科技取得巨大发展，科研事业硕果累累。

（一）背景

1. 国际背景

① 1978 年，国家明确做出改革开放决策，与大量国家、地区和国际科研机构建立了科技合作、交流关系，并派出大量留学生。

② 引进技术，直接填补了我国大批技术与生产领域的空白，奠定了高新技术发展的重要基础。

2. 国内背景

① 全国科学大会召开和科学工作座谈会的影响。1977 年，邓小平提出要"尊重教师""尊重人才"。1988 年，邓小平在会见捷克斯洛伐克总统时提出"科学技术是第一生产力"。

② 中共十一届三中全会的推动。中共十一届三中全会做出将党的工作重心转移到社会主义现代化建设上来，实行改革开放的伟大决策，同时重视科学、教育的发展。

③ 国家确定的科技体制改革阶段性目标。1985 年，中共中央发布了《关于科学技术体制改革的决定》，旨在解决科技与经济脱节的问题。

（二）科研成就

1. 科研项目。1985 年，国家提出了依靠科学技术促进农村经济发展的"星火计划"。1986 年，国家提出了有关高新技术研究发展计划的"863 计划"。1988 年,国家提出了开发高新技术产业的第一个指导性计划"火炬计划"。

2. 医学。1981 年,人工合成了完整的酵母丙氨酸转移核糖核酸,是世界上第一个人工合成的转移核糖核酸。1982 年,实现了天然青蒿素的人工合成。

3. 信息技术。1983 年,我国第一台每秒钟运算 1 亿次以上的"银河"巨型计算机由国防科技大学计算机研究所研制成功。

4. 航天技术。1999 年,我国发射了第一艘神舟试验飞船;2000 年,我国自行研制的第一颗导航定位卫星——"北斗"导航试验卫星发射成功。中国成为继美、俄之后第三个拥有自主卫星导航系统的国家。自 2003 年神舟五号往返太空之后,我国接连完成双人、三人和太空行走等多项载人航天任务,成为继美国和俄罗斯之后第三个掌握载人航天技术的国家。

5. 农业。1995 年,中国独创的两系法杂交水稻取得成功,普遍比同熟期的三系法杂交水稻每亩增产 5%～10%。

6. 其他。1988 年 10 月 16 日,我国第一座高能加速器——北京正负电子对撞机首次对撞成功。1991 年 12 月 15 日,我国自己设计建造的第一座核电站——秦山核电站并网发电,结束了我国大陆无核电的历史。

(三)意义

1. 科学技术对现代社会生产的发展具有主导作用,有利于生产力的解放与发展,能促进国家经济和社会发展。

2. 提高了劳动者和全民族的科学文化素质,增强了全民的科技创新能力,推动了全社会科技进步。

3. 国家逐渐设立高新技术开发区,培育和发展了大批新兴产业,促使科技和经济紧密结合,提高了中国的经济实力和科技实力,增强了我国的综合国力和国际影响力。

4. 形成了比较完整的科学研究与技术开发体系,并推动现代国防发展,我国整体科技发展水平位居发展中国家前列。

综上所述,20 世纪 80 年代以来,我国科技取得巨大发展,科研方面硕果累累,为中国成为一个有世界影响力的科技大国奠定了重要基础。

参考资料

1. 王桧林:《中国现代史》,北京师范大学出版社,2016 年。

第十八章　近现代史综合

第一节　政治

题目1　论述中国近代军制变革

相关真题　2020年南京大学

近代以来,由于西方科技的传入以及中国在与列强的战争中屡次受挫等原因,中国开始进行近代军队建设和引进武器装备,开启了军事近代化的曲折变革之路。

(一) 晚清军制

1. 八旗、绿营军制。

清朝的主要军制是八旗和绿营兵。①八旗军制由努尔哈赤首创,以兵民结合、军政结合、耕战结合为特点。清入关后,八旗分为两个系统,一支负责侍卫皇帝、皇宫,另一支分驻于全国战略要地,负责震慑地方,监视绿营。②绿营指的是清军入关后收编的明朝降军和各省改编的队伍,与八旗互相穿插,受八旗监督。平时分散驻扎各地,负责维护治安,战时赴前线作战。

2. 北洋海军军制。

①清政府在洋务运动期间建立了北洋、南洋、福建三支海军,其中北洋海军存在时间较长,体制也比较完整。②北洋海军由提督统率,学习西方海军分专业设官,海军将官由受过学堂专业教育的毕业生或是前往欧洲深造归来的留学生担任,而士兵则采用招募制度。北洋海军军制为中国海军近代化奠定了基础。

3. 新军军制。

①1905年,袁世凯受命编练新军,基本采用了西方近代军制,设步兵、马兵、炮兵、工程兵、辎重兵五个兵种。②袁世凯参照西方设立了北洋武备学堂,重视对新军士兵和将官的培训。③新军的武器装备和军制设计使其作战能力大大提高。

(二) 民国军制

1. 南京临时政府时期军制。

①南京临时政府的军种以陆军为主,开始有计划地发展海军等军种。军队由国民党领导下的各地军事力量整编而成,尝试建立中央集权的军队体系。②临时大总统负责统率军队,下设陆军部、海军部,又设参谋部掌管军令。③在训练方式上开始引入更系统的西式训练方法,包括正规的军事教育和训练体系,着重于军官的职业化和科学化训练。

2. 北洋政府时期军制。

①北洋政府时期由于政治变动频繁,各地军阀割据,国内没有相对统一的军队制度,中央的军制也随掌权者的变化而变化。②这一时期北洋政府购置飞机,创办航空学校,初步建立近代空军。

3. 南京国民政府时期军制。

①南京国民政府时期,中央最高军政机构主要是军事委员会,抗战期间,下辖军政部、军令部、海军部等部门。②在地方,真正由地方直接指挥的机构为保安处、军管区司令部、防空司令部数种,更多的指挥权由中央控制的临时性组织机构掌握。

4. 中国共产党军队军制。

①中国共产党军队始于八一南昌起义,在随后的三湾改编中,确立了将支部建在连上的原则,并在部队各级设立党组织,从而保证党对军队的绝对领导。②古田会议上再次强调党对军队的绝对领导,并建立政治委员制度。政委与军事主官权责清晰,在保证军队效率的同时也能保障将军队置于无产阶级的政治思想领导之下。③解放战争时期组成了中国共产党中央军事委员会作为最高统帅部,一切重大军事问题均由其决策,其下设总参谋部、总政治部

等。④为适应大兵团作战，人民解放军组成了若干个野战军，下设多个兵团。

综上所述，近代军队在兵种上从单一陆军向海陆空三军演变，武器装备得到升级，这一系列的变化使得中国军制逐渐完善。

参考资料

1. 陈桂芝，曹万利：《袁世凯与中国近代军制改革》，《吉林师范学院学报》，1997年第4期。
2. 黄细嘉：《北洋海军制度述论》，《宜春师专学报》，1998年第3期。
3. 茅海建：《中华民国军制述略》，《历史教学》，1986年第4期。
4. 唐志宏，谭继和：《中华苏维埃共和国史稿》，成都出版社，1993年。
5. 姜华峰：《新中国军事领导体制的创建与向苏联的学习》，中国社会科学院研究生院，2016年。

题目2　简述近代条约和中国半殖民地半封建化的关系

相关真题　2024年南京师范大学

鸦片战争后签订的中英《南京条约》是近代中国历史上第一个不平等条约，此后中国又与英、法、日等国陆续签订条约，中国的半殖民地化程度不断加深。

（一）半殖民地化进程的开始：《南京条约》及其附属条约的签订

1. 鸦片战争中中国战败，中英双方签订《南京条约》。内容为：①割让香港岛给英国；②赔款2100万银元；③开放广州、厦门、福州、宁波、上海五处为通商口岸；④中英协定关税；⑤废除公行制度等。《南京条约》的签订，标志着中国开始沦为半殖民地半封建社会。

2. 《南京条约》签订后，为了补充相关内容，1843年中英又签订《五口通商章程》和《虎门条约》。内容有：承认英国享有领事裁判权，给予英国片面最惠国待遇，降低对英关税，允许英国在华租赁土地等。

（二）半殖民地化进程的加深：《北京条约》《马关条约》的签订

1. 1856年英法联合发动第二次鸦片战争，中国战败之后与英法等国签订了《天津条约》。内容为：①英、法公使驻北京；②增开汉口、九江、南京、镇江等地为通商口岸；③允许外国人到内地传教和通商；④外国商船可以在中国领水内自由航行；⑤修改关税税则；⑥向英、法分别赔偿白银400万两和200万两等。

2. 1860年10月，英法联军控制了北京城，并纵火烧毁圆明园。清政府在英法等国的威胁下，签订了中英、中法《北京条约》。内容为：①开放天津为商埠；②割让九龙司给英国；③交还教产，法国传教士可以在各省建造房屋；④赔偿英、法军费各800万两，"恤金"英国50万两、法国20万两等。

3. 1894年甲午中日战争中国战败，1895年4月17日，清政府与日本签订《马关条约》。内容为：①承认日本对朝鲜的控制；②中国割让辽东半岛、台湾全岛及其附属各岛屿、澎湖列岛给日本；③赔款白银2亿两；④允许日本在通商口岸设立工厂；⑤开放沙市、重庆、苏州、杭州为商埠等。

《马关条约》签订后，列强对中国的资本输出合法化。从此中国不仅是帝国主义列强的商品销售场所，还成了他们的投资场所，大大加深了中国的半殖民地化程度。

（三）彻底沦为半殖民地半封建化社会：《辛丑条约》的签订

八国联军侵华之后，1901年9月7日清政府同英、法、美、俄、德、日、意、奥等11国签订《辛丑条约》。内容为：①赔款白银4.5亿两，以关税、盐税、常关税为担保；②划定东交民巷为使馆区；③北京到大沽沿线炮台"一律削平"，从北京到山海关铁路沿线的战略要地由各国派兵驻守；④惩办与帝国主义对抗的官员；⑤改总理衙门为外务部，"班列六部之前"，负责对外交涉等。

《辛丑条约》的签订使得列强基本控制了清政府的政治、经济、军事和外交，从此，清政府沦为"洋人的朝廷"，中国的半殖民地半封建社会形态至此完全形成。

综上，《南京条约》签订后，中国开始沦为半殖民地半封建社会。《马关条约》的签订，大大加深了中国的半殖民地化程度。《辛丑条约》的签订，使中国完全沦为半殖民地半封建社会。

参考资料

1. 刘悦斌：《中国近代半殖民地半封建的形成》，《刊授党校》，1998年第1期。
2. 候中军：《近代中国不平等条约及其评判标准的探讨》，《历史研究》，2009年第1期。

第二节 经济

题目1 论述晚清政府财政制度的近代化转型 醒吾历史统考预测题

晚清时期，清政府面对极其困难的国家财政状况，对财政制度进行了一系列近代化改革。这些改革旨在通过引入西方财政管理理念和技术，改善日益恶化的国家财政状况，对于推动晚清财政制度的近代化发挥了关键作用。

（一）关税改革

在外国压力下，清政府对海关税进行了现代化改革，引入了洋务派官员和外国顾问，建立了以海关总税务司为首的现代海关体系，提高了关税的征收效率和透明度。

（二）财政机构调整

甲午战争后，为了提高管理效率和强化中央对地方的财政控制，户部设立了专门负责各项税收征收和管理的机构，试图减少财政中的腐败和漏洞。1898年戊戌变法中实施改革财政，编制国家预算，之后清政府收集和整理了全国各地的财政收支数据，并以此做来年政府开支的计划和预算。1903年，清政府在中央设立财政处，专门负责财政管理和预算编制，这是中国历史上第一次尝试按照现代财政体系设立专门的财政管理机构。与此同时，各省设立的财政局或财政公所，标志着地方财政管理机构的现代化改革。这些措施极大地增强了中央和地方财政管理的效率。

（三）引入银本位制度

晚清时期，清政府开始尝试引入银本位制度，规范货币流通，试图通过货币制度的改革来稳定经济和增强对国家财政的控制能力。

（四）引进国债和外债

面对庞大的财政赤字，清政府于1898年发行昭信股票，这是中国近代第一次发行国债，筹集了部分资金。为应对财政危机，清政府还举借了外债。虽然这在短期内缓解了财政压力，但长期看加重了国家的负担，以路权和矿权为抵押也使中国财政受到外国的控制和干预。

（五）调整财政支出的结构

与传统财政支出相比，晚清的财政支出更加注重公共财政的功能。除了维持传统的军费、俸禄等支出，还大幅增加了对实业、教育、民政等领域的投资，这些支出的增加反映了清政府试图通过财政手段促进社会经济发展的努力。

（六）财政权力重新分配

为了应对各种内外压力，清政府不得不放宽对地方的财政控制，允许地方督抚自主筹措军费和进行一定的财政管理，这在一定程度上增强了地方的经济自主性。

（七）简化税收

尽管改革进展缓慢，清政府也意识到需要改革土地税制和简化种类繁多的杂税，以增加政府收入并减轻民众负担。

通过上述一系列财政制度改革，清政府成功地推动了中国财政制度的近代化，虽然这些改革在当时未能完全扭转财政困境，但为中国财政制度的建设奠定了基础，具有重要的历史意义。

参考资料

1. 章开沅，朱英：《中国近现代史》，河南大学出版社，2009年。
2. 刘守刚：《晚清财政转型与我国公共生产制度的兴起》，《上海财经大学学报》，2003年第2期。

题目 2 简述晚清政府发展近代工商业的措施

相关真题 2008年历史学统考；2023年吉林师范大学；2022年新疆师范大学；2021年海南师范大学；2018年西北师范大学

晚清时期，中国面临着严峻的内忧外患和统治危机。清政府在寻求国家富强的过程中，认识到了发展工商业的重要性，并采取了一系列措施来促进近代工商业的发展。

（一）背景

1. 西方国家加紧对中国的侵略和剥削。鸦片战争之后，列强把中国当成了商品倾销地和原料生产地，后又对中国进行资本输出，肆意掠夺中国利权，掀起了瓜分中国的狂潮。

2. 重商主义思潮兴起。以王韬、郑观应为首的早期维新派推崇重商主义思想，提倡发展实业经济，与外国进行商战，以达到富强、救国的目的。

3. 自然经济解体。鸦片战争后，中国经济被迫卷入世界资本主义经济体系之中，大量外国商品进入中国市场，冲击了传统的生产和交换方式，自然经济逐渐解体，大量破产农民涌入城市。

4. 清政府面临财政危机。庞大的军费开支和巨额的赔款令清政府面临财政崩溃的危机，清政府不得不设法寻找新的财源，调整经济政策，重视工商业。

（二）措施

1. 洋务运动时期。①洋务派以"自强"为口号，引进国外的先进技术和设备，开始创办军事工业，如江南制造总局、福州船政局等。②洋务派以"求富"为口号，开办"官商合办""官督商办"的民用工业，如轮船招商局、汉阳铁厂等。

2. 戊戌变法时期。光绪皇帝推行"新政"，在经济方面提出"振兴商务，奖励实业"。①设立农工商局，保护农工商业，提倡开办实业，奖励发明创造。②设立铁路、矿产总局，修筑铁路，开采矿产。③设立全国邮政局，裁撤驿站。

3. 清末新政时期。①设置专门的商业机构。1903年设置商部，作为专门管理工商业的机构，通过商会引导民间的商业活动；1905年，商部在京师设劝工陈列所，设立高等实业学堂，开办户部银行。②颁布商业法律法规。成立商部后，清政府陆续制定并颁布了《公司注册试办章程》《奖励公司章程》等，保护工商业经营，奖励实业和技术发明创造。

（三）影响

1. 促进了民族资本主义发展。这些改革措施促进了中国从传统经济向资本主义经济的转型，刺激了民族资本主义和民族资产阶级的产生和发展，在一定程度上抵制了外国资本主义的资本输入。

2. 壮大了工人阶级队伍。晚清政府发展工商业的措施促进了工业与商业的发展，越来越多的农民等群体进入工厂从事生产，壮大了工人阶级的队伍与力量，深刻改变了当时的社会阶级关系格局。

3. 产生了新的社会思想。随着民族资本主义的发展，传统的士农工商划分被打破，社会的思想文化、价值观念也开始发生转变，逐渐突破封建礼制的束缚，自由、民主等思想逐渐传播开来。

综上所述，晚清政府在工商业方面的改革，虽然是在内忧外患中的自救行为，但它促进了中国工商业的近代化，推动了社会结构和思想方面的变革，为中国的近代化奠定了基础。

参考资料

1. 何旭艳：《论清末新政经济政策对近代中国工商业的影响》，《湖南大学学报》，2001年第3期。
2. 孙丽华：《戊戌变法运动与中国民族资本主义工业的发展》，《前沿》，1997年第6期。

题目 3 简述南京国民政府的币制改革及其影响

相关真题 2024年天津师范大学；2021年渤海大学；2016年南京师范大学

为适应社会经济、政治状况的变化，南京国民政府对币制进行了三次重要的改革，对中国的经济发展产生了深远的影响。

(一) 废两改元

1. 背景。①中国自近代以来长期存在货币混乱问题,影响经济发展和中外贸易。②1931年后,受世界经济危机影响,中国经济日趋凋敝,内地银元大量涌入上海等城市,造成城市银元过剩,为改革提供了契机。

2. 内容。①1933年,国民政府财政部发布训令,宣布"废两改元",规定所有款项之收付及一切交易一律改用银元,不得再用银两。②上市了中央造币厂新铸的中山银元,中国确定银本位制度。

3. 影响。①结束了货币流通混乱的局面,简化了货币种类,有利于商品流通。②将铸币权收归中央,加强了国民政府对经济的控制。③国民政府积极建立中央银行,促进了近代银行业发展。④中国不是主要产银国,确立银本位制使得中国白银价格容易受到国际波动的影响,从而引发国内经济动荡。

(二) 法币政策

1. 背景。①废两改元后,货币多样化仍然存在,阻碍了经济发展。②1929年开始的世界经济危机导致中国白银大量外流,国内资金周转困难。③蒋、孔、陈、宋四大家族建立金融统治网,为法币改革提供了物质基础。

2. 内容。①1935年,国民政府实施新币制,由四大银行稳定发行法币,作为国家统一流通货币。②废除银本位制,实行白银国有化,并确定法币的对外汇价。

3. 影响。①结束了货币混乱状态,适应并促进了商品经济和国民经济发展,摆脱了世界银价波动的影响。②法币政策在制定和实施过程中迎合了英美等国的经济利益,带有殖民主义色彩,国民党通过此政策实行内部搜刮和对外屈从。

(三) 金圆券改革

1. 背景。①抗战胜利后,国民党发动内战,为节约军费而无限制发行货币,导致恶性通货膨胀。②为发动内战,南京国民政府向美国出卖进出口权益,冲击了民族资本主义,而苛捐杂税使农村经济也趋于崩溃。

2. 内容。①1948年,国民政府规定以金圆券为本位币,废止法币,限期收兑所有黄金、白银、银币及外国币券,逾期任何人不得持有。②限期登记管理本国人民存放国外之外汇资产,并加强经济管制。③全国金融业停业三天,将存款兑换金圆券,各种商品折算成金圆券记账或标价。

3. 影响。金圆券只维持了十个月左右,发行之后迅速贬值,造成了不可挽救的恶性通货膨胀,最终导致金融混乱和市场崩溃,给人民正常生活带来巨大灾难。

综上,国民政府的三次币制改革,都是在社会危机比较严重的情况下发生的,但是改革效果并不理想,甚至加速了经济的不稳定和崩溃。

> **参考资料**

1. 章开沅,朱英:《中国近现代史》,河南大学出版社,2009年。
2. 刘娜:《南京国民党政府货币改革研究》,山东师范大学2009年硕士学位论文。
3. 王忠宝:《利益集团与民国"废两改元"货币制度改革研究》,辽宁大学2017年博士学位论文。

题目4 论述中国近代民族工业发展概况

相关真题 2024年中南财经政法大学;2018年复旦大学;2018年河北师范大学;2017年南京师范大学;2017年中国人民大学

中国近代民族工业在复杂多变的历史背景下,经历了兴起、发展和衰亡的过程。它不仅反映了近代中国社会经济的变迁,也显现了民族工业在面对内外挑战时的努力与局限。

(一) 兴起:19世纪70年代到辛亥革命前

1. 开端。①1872年陈启沅成立继昌隆缫丝厂,是中国近代民族工业发展的开端。随后广东、上海等多地出现了一批由私人投资建立的近代工厂,民族工业自此兴起。但受环境所限,民族工业并未受到政府的支持,且在外国资本和封建地主的强大势力下生存异常艰难。②甲午中日战争后,清政府为扩大财政收入,放宽对民间设厂的限制，民间掀起了一股办厂热潮。随着民族工业的发展，民族资产阶级的力量不断壮大。

2. 发展加快。①1906年，清政府成立农工商部，对民族工业进行管理和扶持。②由于民族危机加深，拒俄运动、抵制美货运动等反帝爱国运动兴起，民族工业在与外国资本主义竞争中稍占优势，发展加快。

（二）快速发展：辛亥革命以后到抗战前

1. 辛亥革命以后，南京临时政府、北洋政府、南京国民政府都发布过一系列政策以支持资本主义发展。在此环境下，工厂扩建、民族工业发展快速，其中发展最快的是轻工业，尤以纺织业和面粉业为代表，如荣氏家族所创办的申新纱厂在1922年成为国内最大的民营棉纺织企业，资产达1591万元。

2. 一战期间，帝国主义无暇东顾，放松了对中国的经济侵略。同时，为反对日本提出的"二十一条"，中国人民掀起了抵制日货、提倡国货的反帝运动，为民族资本主义提供了广阔市场，民族资本主义进入了短暂的"黄金时期"。

3. 南京国民政府成立后保护民族工业，并于1935年开始在国民经济建设运动中加强对民族企业的支持。到1936年，中国民族资本主义发展达到近代以来的最高峰，1927—1937年这10年也被称为民族资本主义发展的"黄金十年"。

（三）衰弱时期：抗日战争到中华人民共和国成立前

1. 1937年"七七事变"后，日本全面侵华，战火遍及大半个中国，对民族工业造成重创，大量工厂破产或转移至大后方，并在战时统制经济中受政府管制。

2. 抗战胜利后，国民政府对民族工业进行了清算，在国有资产的极度膨胀下，民族工业难以恢复到黄金时期的辉煌。加上第二次国共内战的打击，使得民族工业日渐衰落。

综上所述，民族工业的兴衰与中国的民族命运紧密相连，其历史进程揭示了民族工业在反帝反封建运动中的重要作用和发展局限。

参考资料

1. 章开沅，朱英：《中国近现代史》，河南大学出版社，2009年。
2. 王方中：《1927—1937年间的中国民族工业》，《近代史研究》，1990年第6期。

题目5 论述近现代中国资本主义经济发展状况（1840—1949年）

相关真题 2023年湖南科技大学；2022年暨南大学；2020年福建师范大学；2018年湖南师范大学

近现代中国的资本主义经济发展经历了起步、兴盛与衰退三个阶段，这一过程不仅体现了中国经济体系的演变，也映射了中国社会与政治环境的变迁。

（一）资本主义经济的起步期：鸦片战争到辛亥革命前

1. 萌芽。①鸦片战争后，列强借通商口岸打入中国市场，创立了船坞厂、纺织厂等现代工业和银行等现代金融业，资本主义经济在中国开始发展。②19世纪60年代，洋务运动兴起，创办了一批近代军事工业和民用工业，如江南制造总局、轮船招商局等。③此时民间办厂热情提升，19世纪70年代民族资本主义兴起，如方举赞在上海创立了发昌机器厂等。

2. 发展。①1895年甲午中日战争战败后，清政府开始允许民间办厂，掀起了一波民族资本主义发展的高潮。②清末新政时期，为扩大财政收入，清政府再度放宽政策，鼓励工商业发展，并设立农工商部对中国民族工商业进行管理。③在"实业救国"等思想号召下，民族资本主义得到初步发展，资产阶级力量也随之壮大。

（二）资本主义经济的高潮期：北洋政府时期

1. 辛亥革命建立起资产阶级共和国，提高了资产阶级的政治地位，推行了一系列有利于资本主义发展的政策。同时，列强的压迫促进了群众性自发的反帝爱国运动，一系列抵制美货、日货的运动席卷各地，为民族资本主义提供了广阔市场。

2. 1914年第一次世界大战爆发，列强忙于战争无法对华进行掠夺，而战火的持续不断也在一定程度上祸及其本国工业，反而需要向中国购买物资，这使得中国民族企业得以迅速发展，出现了民族资本主义的"黄金时代"。

3. 一战后，外国资本卷土重来，加紧了对中国的经济侵略，给中国民族资本主义造成了巨大打击，中国本土工商业迅速萧条。

（三）资本主义经济的衰退期：国民政府时期

1. 南京国民政府初步统一中国后，资本主义经济曾有过短暂的发展，在1935年开始的国民经济建设运动中，民族资本主义发展达到历史最高峰。但随后日本侵略范围的扩大和官僚资本的扩张，都对民族资本主义构成了重大挑战，加之政府政策的不稳定和国际形势的变化，导致民族资本主义经济逐渐走向衰退。

2. 在抗战结束后，国家垄断资本和官僚资本通过接收敌伪资产，前所未有地壮大，并严重影响了民族资本主义的发展和经济的正常运行，为日后金圆券改革失败和国民政府经济崩溃埋下了隐患。

综上，近现代中国资本主义经济的发展是曲折的，受到了外部侵略、内部政治与经济结构的多重影响。这一过程揭示了中国社会从封建体制向现代社会过渡的复杂性和艰难性。

参考资料

1. 周祖文：《中国资本主义发展水平研究述论》，《兰州学刊》，2016年第2期。

题目6 简述近代列强对华经济侵略方式的演变

相关真题 2016年西北师范大学；2016年南京大学；2015年江西师范大学

近代列强对华经济侵略的过程，是一个由表及里、由粗到细的复杂过程，它不仅改变了中国的经济结构，也深刻影响了中国的社会和政治发展。

（一）索要赔款和倾销商品

1. 获取战争赔款。第一次鸦片战争战败后，清政府与英国签订《南京条约》，赔偿英国2100万银元和600万银元的广州赎城费。第二次鸦片战争后，清政府通过《北京条约》赔偿英法军费各800万两白银。1880年中俄签订《伊犁条约》，清政府赔偿俄国500万两白银，收回了被俄占领的伊犁地区等。诸如此类的战争赔款还有不少，使列强直接获得了巨大的经济利益。

2. 开设通商口岸。在《南京条约》中，中国被迫开放了广州、福州、厦门、宁波和上海五个通商口岸，此后在《天津条约》中又开放了九江、南京等10处通商口岸，在《北京条约》中开放了天津、大连等城市，在《烟台条约》中开放了宜昌、温州等城市，《中法新约》还规定了开放广西和云南与越南接壤的地区。近代历史上开放的口岸达百余个，它们成为西方对华倾销商品的窗口。

3. 控制中国海关。《南京条约》使英国获得了协定关税的特权，中国开始丧失关税自主权，此后《虎门条约》规定英国在中国享有片面最惠国待遇，列强在此后通过不同条约都获得了协定关税特权。1854年，美、英、法三国领事强行成立由外国人负责的海关税务管理委员会，夺取了上海关税的管理权。诸如此类的措施剥夺了清政府的税收自主，便利了西方商品的倾销。

（二）资本输出，操控中国经济命脉时期

19世纪70年代以后，各主要资本主义国家向着垄断资本主义转变。以《马关条约》签订为标志，列强由对中国进行商品输出转向对中国进行资本输出，控制中国经济命脉。

1. 向清政府进行政治贷款。《马关条约》中2亿两白银的赔款，以及3000万两白银的"赎辽费"，远超清政府的财政收入，在列强的争夺和强迫下，清政府以厘金、关税等作为抵押，先后三次向列强借款，由此列强逐渐控制了中国经济命脉。

2. 争夺中国铁路投资权。例如，1895年，法国获得了从镇南关到广西龙州铁路的修建和经营权。通过修筑铁路，列强不仅可以获得巨额的经营利润，还控制了沿线的大片土地和资源，甚至沿线的行政权。

3. 投资中国矿山。例如，1896年，美国和中国"合办"门头沟煤矿。通过开采矿产资源，列强控制了中国的矿产资源，获取了巨额利润。

4. 开设工厂。甲午中日战争前，虽然外国资本已经在华设立工厂，但是不受条约保护，且规模较小。《马关条约》中明确规定，允许列强在通商口岸投资办厂，到1900年，各国创办工厂已经激增至933家。这些工厂直接利用中国的廉价劳动力和原料，不仅获得了巨额利润，还迅速发展为垄断性企业，排挤中国民族工商业。

综上所述，近代列强对中国的经济侵略方式经历了一个从利用政治军事力量进行商品倾销到资本输出、控制经济命脉的过程，反映了中国半殖民地程度的加深。

参考资料

1. 沈年耀：《论近代西方列强对中国经济侵略的特点》，《襄樊学院学报》，2000年第6期。
2. 李侃等：《中国近代史》（第四版），中华书局，2017年。

题目7 试述近代买办制度的发展

相关真题 2020年南京师范大学

买办，原指在清代对外贸易中起中介作用的商人，后来发展为直接受雇于外国商人的中国中间人和代理人。这一制度的发展，从晚清时期开始，经历了北洋政府时期的扩张，在南京国民政府时期达到顶峰。

（一）晚清时期：买办制度的初步形成

鸦片战争后，外国商人在中国的活动增多，为了适应中国的商业环境和习惯，他们开始雇佣中国商人作为代理人，即买办。买办的来源主要有四种：①原来在广州经营进出口贸易的十三行行商。②原来在广州长期贩卖鸦片和洋货的散商。③因与外国商人进行丝茶贸易而转化为买办商人。④由外国洋行直接扶植起来的买办。在诸多特权加持下，买办阶级不仅仅是中外通商的媒介，其自身也从事贸易，在列强手中分得一杯羹。

（二）北洋政府统治时期：买办制度进一步发展

1. 经济活动。这一时期列强对华主要是资本输出，控制着中国的金融、交通、邮政等命脉，且势力范围不仅限于通商口岸地区，还深入内地，所以买办也在全国范围内为帝国主义提供原材料，垄断中国对外汇兑业务。

2. 政治参与。部分买办凭借其经济实力，开始影响甚至参与到政治活动中，如北洋政府的官员曹汝霖、陆宗舆等都是买办出身。

（三）南京国民政府时期：买办制度发展到了高峰

1. 官僚买办形成。南京国民政府的本质就是大地主阶级与买办阶级相结合的政权，因此买办在这一时期极大地扩张了其经济势力，发展为官僚买办，形成国家垄断资本主义。

2. 经济垄断。蒋、宋、孔、陈四大家族的兴起，是这一时期买办制度发展的最显著标志。他们通过与外国资本的合作，垄断了中国的金融、贸易和工业部门。

（四）买办制度的影响

1. 积极影响。买办阶级是中国与外国接触的重要途径，有助于从西方引进科学技术和先进的管理方法，他们所参与的经济活动也使中国传统的自然经济逐渐解体，为资本主义的发展创造了条件，有利于中国的近代化。

2. 消极影响。西方列强在中国创办的企业是为其侵略活动服务的，买办在这一过程中利益逐渐与外国资本一致，这无疑损害了中国的经济利益，侵害了近代中国的利权，是列强侵略中国的帮凶。

总之，买办制度存在于整个近代时期，直到解放战争胜利，将原有官僚资本转化为国有资本后，这一制度才在中国大陆彻底消失。

参考资料

1. 汪熙：《关于买办和买办制度》，《近代史研究》，1980年第2期。
2. 魏重庆：《近代中国买办资本的发展和买办阶级的形成》，《贵州社会科学》，1982年第1期。

题目 8 论述鸦片战争以后到中华人民共和国成立前国内的关税政策 醒吾历史统考预测题

鸦片战争以后，西方列强通过不平等条约剥夺了中国的关税自主权，导致中国的关税长期受制于外国，中国的关税政策由此经历了由丧失到逐步恢复自主权的过程。

（一）片面协定关税制度的形成

1. 鸦片战争后，中国于 1842 年被迫签订《南京条约》及其附属条约，规定清政府要与英国协定关税，导致中国开始丧失关税自主权。

2. 1843 年中英《虎门条约》签订，按照英国意见规定了 5% 的海关税率。随着不平等条约的相继签订，片面最惠国待遇成为列强的普遍特权，中国的关税税率被固定在低水平。

3. 1854 年，美、英、法三国领事夺取了上海关税的管理权，1858 年《天津条约》签订后正式实施外籍税务司制度。到 1863 年英国人赫德任总税务司后，游说恭亲王奕䜣，使得海关从政府行政系统中独立了出来。

（二）争取关税自主

1. 北洋政府时期。

这一时期，北洋政府开始尝试争取关税自主。例如，巴黎和会之后，中国利用战胜国身份与战败国德国签订了《中德协约》，这是近代中国第一个平等条约，收回了对德关税自主权。1926 年开始，中国南北政府相继宣布开征二五附税，对进口货物征收 2.5% 的关税附加税。

2. 南京国民政府初期。

自 1928 年开始，美英等国先后与南京国民政府签订《关税自主新约》，公开承认中国关税自主，1929—1934 年，国民政府四次颁布实施国定税则，突破了过去 5% 的协定税率，但此时关税的行政管理权仍然掌握在帝国主义者手中。

3. 抗战时期。

全面抗战时期，国民政府在重庆重新组建总税务司署，并任命美国人李度为长官，开启了中国海关美籍总税务司时代，但此时我国的海关独立性相比之前有所增强。

4. 内战时期。

抗战胜利后，国民政府全面接管日占区海关，任命一批中国人为海关税务司，重新收回了关税主权。但 1946 年签订的《中美友好通商航海条约》使美国重新取得在中国经商、设厂、开矿等领域的种种特权。海关在这一时期完全适应美国战后对华政策需要，便利了美国独占中国市场。

综上所述，鸦片战争以后到新中国成立前的中国关税政策，从丧失自主权到逐步恢复，反映了近代中国争取主权的艰难历程，是中国近现代史上重要的一环。

参考资料

1. 李岩：《中国近代关税自主权研究》，华东政法大学 2020 年博士学位论文。
2. 樊卫国：《近代关税改革后税则变化对民族经济影响》，《上海经济研究》，1998 年第 5 期。

第三节 思想文化

题目 1 简述近代史上的社会思潮

相关真题 2024 年兰州大学；2023 年鲁东大学；2022 年江汉大学；2019 年中国政法大学；2019 年西北民族大学

面对空前的民族危机，许多有识之士开始寻找近代中国的出路。在向西方学习的过程中产生了许多社会思潮。

（一）经世致用思潮

鸦片战争的爆发及失败推动了经世思潮的新发展。以林则徐、魏源、龚自珍为代表的经世派提出改革的思想，主张向西方国家学习，师夷长技以制夷。他们翻译并编写了如《海国图志》《四洲志》等介绍西方文明的书籍，客观上有利于打破传统的"天下观"和"夷夏观"对人们思想的束缚，促进了近代世界意识的形成，为洋务运动奠定了初步的思想基础。

（二）洋务思潮

在镇压太平天国的过程中，清政府认识到了洋枪洋炮的厉害。1861 年，冯桂芬写成《校邠庐抗议》，提出"师夷长技以制夷"，主张吸取西方先进的技术和管理经验，特别是在军事和工业方面，以增强国力和自我防御能力，推动了奕䜣、左宗棠、李鸿章等人开展洋务运动，开启了中国近代化历程。但受制于时代和阶级局限，学习西方仅停留在器物层面。

（三）改良主义的变法思潮

1. 早期维新思潮。随着洋务事业兴起，一些开明士大夫，如郑观应、薛福成等日益增加了对西方的了解，他们痛感中国的落后，主张大力发展民族工商业，与西方进行商战，反对君主专制，希望建立君主立宪制度，反映了中国对西方的学习从器物向制度转变。

2. 维新变法思潮。1894 年甲午中日战争的惨败，引发了以救亡图存为宗旨的维新变法思潮的兴起。以康有为、梁启超为代表的维新思想家主张学习西方，兴民权、开民智，实行君主立宪；宣传自由平等思想，抨击封建纲常名教。同时积极创办报刊，成立学会，兴办新式学堂，出版新书。到 1898 年，维新变法思潮走向高涨，维新派以光绪帝名义主持了戊戌变法。

（四）三民主义的革命思潮

20 世纪初，在民族危机日益严重的情况下，兴起了一股推翻清王朝、建立资产阶级民主共和国的革命思潮。以孙中山为代表的资产阶级革命派提出了"民族、民权、民生"的三民主义思想，进一步促进了近代中国的思想解放。辛亥革命的胜利使民主共和观念深入人心，为资产阶级共和国的创立奠定了理论基础。

（五）科学民主的新文化思潮

1915 年以后，以陈独秀、胡适为代表的新文化运动提出了科学与民主的理念。他们提倡民主，反对封建专制，反对封建旧道德、旧礼教，提倡个性解放和平等；崇尚科学，主张进行文学革命，反对文言文，提倡白话文。这一思潮促进了民主与科学思想在中国的进一步传播，解放了人们的思想。

（六）社会主义的革命思潮

在新文化运动开展的同时，马克思主义在中国得到广泛传播。李大钊先后发表了《法俄革命之比较观》《庶民的胜利》等文章，系统地阐述马克思主义的唯物史观、政治经济学和科学社会主义思想，主张通过暴力革命的方式，让中国走上社会主义革命的道路，以完成中国革命反帝反封建的历史任务。这一思潮促进了马克思主义在中国的传播，壮大了革命力量，为日后中国共产党的成立创造了有利条件。

综上所述，近代中国的社会思潮反映了中国人民在探索国家出路过程中的思想进步和觉醒，这些思潮对中国的现代化进程产生了深远影响。

参考资料

1. 郑大华：《晚清思想史》，湖南师范大学出版社，2005 年。
2. 王云鹏，任雪萍：《近代中国社会思潮的历史演变及当代意义》，《河北联合大学学报（社会科学版）》，2016 年第 1 期。

题目 2　近代史上有"中体西用""西体中用""全盘西化"等观点，谈谈你的看法

相关真题　2022 年清华大学；2020 山西大学；2020 山东师范大学；2013 年南开大学

在西方冲击东方的背景下，近代中国如何在学习西方过程中保持自身特色，成为中国思想界的重要争论点，由此产生了"中体西用""西体中用""全盘西化"三种主张。

（一）中体西用

1. 概述。"中体西用"相关内涵最早见于冯桂芬的著作《校邠庐抗议》，后张之洞在《劝学篇》明确提出"旧学

为体，西学为用"概念。"中体西用"是指在不改变君主专制，维护以"三纲五常"为核心的封建伦理道德的情况下，学习西方的技术，尤其是军事方面。这一思想指导了洋务运动的开展，但随着甲午中日战争的失败，这一思想宣告失败。

2. 评价。①面对中国长达数千年的封建文化，"中体西用"思想为西学在中国的传播和发展争得了一定的合法性，起了开风气之先的进步作用，是近代中国向西方学习的第一个阶段。②"中体西用"思想是典型的文化保守主义，表现出一种民族和文化优越感，以一种消极的态度来应对世界历史潮流，长远来看会阻碍中国走向世界，阻碍近代化进程。

（二）西体中用

1. 概述。西体中用是"西学为体，中学为用"的简称，正好与"中体西用"思想相对，是早期维新派提出的处理中西学关系的一个命题。它的基本内涵是"西学"有着本末区别，其中器物是细枝末节，而它的本体在政治上是议院，在经济上是商业，在文化上是学习，这是西方富强的根本原因，因此中国应该仿照、采用他们的本体。这一思想影响了后来的戊戌维新运动和辛亥革命。

2. 评价。①在学习西方的程度上比"中体西用"更进一步，对中国传统文化进行了反思，有助于促进近代思想解放。②没有处理好中国传统文化与西方近代文明的关系，一味照搬西方的政教制度并不能很好地适用中国近代的现实状况，实践也证明，西方资本主义道路在中国走不通。

（三）全盘西化

1. 概述。"全盘西化"一词最早由胡适在1929年正式提出，1931年陈序经发表《东西文化观》一文，分析了中国传统文化和西方近代文明的优劣，明确提出了全盘接受西方文化的主张。陈序经认为，东西文明虽各有优缺点，但是西方近代文明明显比中国传统文化更先进，更适应时代发展的需要，因此只能全盘放弃中国传统文化，接受西方近代文明。"全盘西化论"的提出掀起了20世纪30年代中国学术界在文化上的又一波论争。

2. 评价。①陈序经提出"全盘西化论"，本意是促使中国学习西方先进文化，加速实现现代化，客观上也的确对于西学的传播有着一定的推动作用。②"全盘西化论"强调了文明的时代性，忽视了民族差异性，并且将现代化等同于西化，将西方文明视作现代化的唯一模式，具有明显的西方文化中心主义倾向，无论是在当时还是现在，都遭受了广泛批判。

总之，以上三种思想都是近代中国人探索救亡图存道路的产物，反映出近代中国人向西方学习的一个渐进过程，但它们缺乏文化继承的正确态度，其结果最终都走向失败。

参考资料

1. 方克立：《评"中体西用"和"西体中用"》，《哲学研究》，1987年第9期。
2. 郑大华：《30年代的"本位文化"与"全盘西化"的论战》，《湖南师范大学社会科学学报》，2004年第3期。

题目3 论述鸦片战争到五四运动期间，主张学习西方的先进群体与落后群体的几次论争

相关真题 2023年北京联合大学；2023年武汉理工大学；2022年新疆师范大学；2020年兰州大学；2016年南京师范大学；2014年东北师范大学

从鸦片战争到五四运动，中国面临西方科技文明的冲击，引发了国内先进群体与落后群体间的深刻论争。

（一）洋务派与顽固派间的争论

1. 背景。

鸦片战争后，国内的有识之士主张学习西方以达到"自强""求富"的目的，遭到了以倭仁为代表的顽固派官员阻挠，双方就是否学习西方展开了激烈论争。

2. 内容。

两派争论的焦点是：要不要办洋务、学习西方的近代科学技术；西方诸国是不知礼义的"蛮夷"，还是科学技术进步、政教昌明的国家。洋务派认为，中国的科学技术、武器装备远远落后于西方，应该向西方学习；西方各国不但有自己的政教制度，而且国富兵强，已不是蛮夷之国；保守派坚持认为学习西方就是"用夷变夏"，违反了

"祖宗成法"和"立国之道"。其结果是洋务派虽然屡次遭到顽固派攻击,但洋务运动还是艰难地推行起来。

(二)维新派与守旧派的争论

1. 背景。

甲午中日战争失败后,资产阶级维新派主张通过政治改革挽救国家,引发了坚持封建专制的保守势力的强烈反对,双方围绕如何借鉴西方进行了激烈的争论。

2. 内容。

①要不要变法。维新派提倡应该从更深刻的制度层面进行变革,但守旧派坚持"祖宗之法不可变"。

②要不要兴新学。维新派主张开办学堂,学习西学,改革传统教育制度。保守派极力拥护科举制度,并指责西学使人沦丧。

③要不要兴民权。维新派主张学习西方民主制度,提倡民权,实行君主立宪。守旧派捍卫封建君主专制制度。

3. 结果:维新派在争论中扩大了影响力,掀起了维新变法,但最终遭到守旧派的扼杀,变法失败。

(三)改良派与革命派的争论

1. 背景。

戊戌变法的失败和《辛丑条约》的签订,使有识之士意识到清政府的腐朽和软弱,主张以暴力革命的方式推翻清朝的统治,而改良派主张通过温和的方式完成政治体制变革。双方由此引发了激烈的论战。

2. 内容。1905—1907年,双方分别以《民报》《新民丛报》为阵地,展开论战。

①要不要以革命手段推翻清政府。改良派认为暴力革命势必引发内乱和招致帝国主义瓜分,强烈反对革命。革命派主张武力推翻清政府。

②要不要建立资产阶级共和国。改良派将"君主立宪"列为民主政治的必经阶段。革命派认为实行民主共和是大势所趋,民心所向。

③要不要改变旧有的土地制度。改良派美化旧有的土地制度,认为土地国有危害国本。革命派认为中国土地制度弊病丛生,必须通过"定价收买",实行土地国有。

3. 结果:革命派取得了胜利,宣传了民主革命思想,为辛亥革命的爆发营造了社会氛围。

(四)东方文化派与新文化派的论战

1. 背景。

1915年,新文化运动兴起,以陈独秀为代表的新文化派高举民主、科学的旗帜,遭到了以杜亚泉为代表的东方文化派的反对,双方就东西文化问题展开论战。

2. 内容。

①东西方文化的优劣。新文化派认为中国思想已经不适用于当下社会,而东方文化派认为中国不仅不必效仿西方,东方文化还可以弥补西方文化的缺陷。

②如何处理东西方文化关系。新文化派认为东西方文化之间不可调和迁就,而东方文化派主张融汇东西方文化,寻求两者之间的平衡。

③科学与人生观的论战。面对一战造成的人类惨剧,东方文化派认为西方科学只能指导物质文明,而人生观需要通过宋明理学来解决。新文化派则认为任何文明都是科学和人生观二者的结合,科学也能指导人生观。

3. 结果:论战在20世纪20年代无果而终。

综上所述,近代历史上几次论战双方各执一词,但这不妨碍论战对思想解放的促进作用。正是通过一次又一次的论争,近代国人才能摸索出最适合中国国情的发展道路。

> **参考资料**
>
> 1. 章开沅,朱英:《中国近现代史》,河南大学出版社,2009年。

题目4 论述近代中国社会性质与社会史论战

相关真题 2010年历史学统考;2023年中国社会科学院大学;2023年湖南大学;2023年吉首大学;2017年河北

大学；2014年兰州大学；2014年北京大学；2006年北京师范大学；2003年安徽师范大学

20世纪二三十年代，中国理论界和史学界为了指导中国革命，对中国社会性质、社会历史等问题进行了大论战。

（一）起因

1927年，国民大革命失败，共产国际内部关于"如何指导中国民主革命"的争论再起，最后他们将问题上升到中国社会性质上来，因为只有弄清社会性质，才能确定革命性质、对象和方法等。最后这场论争传回国内，引起中国思想界关于中国社会性质的论战。

（二）内容

1. 中国社会性质的论战内容。

①陶希圣等人认为中国社会是金融商业资本之下地主阶级支配的社会，而不是封建制度的社会。

②马克思主义学者王学文等人认为中国社会是半殖民地半封建社会，因此革命的内容应当是反帝反封建运动。通过土地革命反对封建压迫，从而完成资产阶级革命任务，同时也要推翻帝国主义对中国的控制。

③托派代表严灵峰等人认为当时的中国社会已具有资本主义性质。

④国民党改组派的陈公博等人认为中国是"一个为封建思想所支配的初期资本主义社会"，中国现在绝没有封建阶级，反对中国共产党实行土地革命。

2. 中国社会史的论战内容。

1930年，郭沫若发表《中国古代社会研究》，认为中国社会存在着原始社会、奴隶社会、封建社会、资本主义社会等，遭到了陶希圣等人的攻击，于是各派围绕中国历史展开辩论，主要争论焦点有三：①"亚细亚生产方式"问题以及历史发展是否有一定顺序。②中国是否经历过奴隶制社会。③中国封建社会的起讫时间、特点，以及接续其后的社会性质。

3. 中国农村社会性质的论战内容。

20世纪30年代中期，关于中国社会性质的讨论延续到了农村层面。马克思主义阵营认为中国农村属于半封建社会。托派则认为当时的中国农村已经出现资本主义经济，且资本主义占据优势。

（三）结果

通过论战，马克思主义的唯物史观得到广泛宣传，开辟了中国历史研究的新领域。

（四）意义

1. 为中国革命提供理论指导。近代中国社会性质的讨论直接关系到革命策略和社会改革的方向，指导了中国革命和建设的实践。

2. 促进了学术繁荣，尤其是推动了马克思主义史学的发展。诸如吕振羽等一批新兴的马克思主义史学家得到了锻炼。同时，促进了马克思主义史学内部学术与政治联系的加强。

综上所述，近代中国社会性质和社会史大论战持续十余年，经历了从社会性质的讨论到对中国历史的梳理，宣传了唯物史观，扩大了马克思主义史学的影响力。

参考资料

1. 李肖含：《"中国社会史论战"与1930年代唯物史观的兴起》，《兰州文理学院学报（社会科学版）》，2019年第6期。
2. 乔治忠：《20世纪30年代中国社会史论战问题探实》，《天津社会科学》，2014年5期。

题目5 论述20世纪二三十年代中国出现的文化思潮

相关真题 2021年湖南大学；2015年河北大学；2015年河北师范大学

20世纪20年代以后，中国社会各种思想文化蓬勃兴起，大有百家争鸣之势。其中最有影响力的三大思潮是西化主义思潮、文化保守主义思潮、马克思主义思潮。

（一）西化主义思潮

1. 内容。西化主义思潮的代表人物是陈序经和胡适。他们对于传统文化持批判态度，但并非全面否定中国文化，主张重估中国文化的价值，试图用西方近代的价值观念为中国传统哲学与文化进行"整理"，从而实现"再造文明"。20世纪30年代陈序经提出"全盘西化论"，使西化思潮走向激进。他主张抛弃原有的中国文化体系，全面地学习西方。这一思想无论是在当时还是在现在，都遭到了强烈批判。

2. 评价。①西化主义思潮在很大程度上影响了中华传统文化的传承和发展，是西方文化侵略的体现。②西化主义思潮促进了近代中国自然科学的发展和民主观念的传播，使得中国文化进入了一个新的发展阶段。

（二）文化保守主义思潮

1. 内容。文化保守主义思潮的代表人物是梁漱溟和陶希圣。他们坚信中国文化的优越性，主张在中国当时的状况下，对待中国文化要采取"同情的理解"，如此才能感悟到中国文化的根本。梁漱溟在《东西文化及其哲学》中提出"文化三路向"，他认为西方文化"意欲向前"带有侵略性，印度文化"意欲向后"缺乏进取，而中国文化则是两者的调和，持中的中国文化将是世界文化的未来。文化保守主义发展到20世纪30年代，形成了中国本位文化派，1935年，以陶希圣为代表的十教授发表了《中国本位的文化建设宣言》，主张恢复"固有道德"的中华传统文化，用传统文化来反思西学东渐后中国文化界的混乱。

2. 评价。①文化保守主义思潮在客观上维护了中华传统文化的传承，有力冲击了全盘西化思潮，有利于提升民族自信。②导致了盲目排斥外来文化以及延续传统文化中的糟粕等问题。

（三）马克思主义文化思潮

1. 内容。20世纪二三十年代，中国社会主义思潮中马克思主义逐渐成为主流。20世纪20年代末30年代初，"新思潮派"代表中国共产党和马克思主义立场，在关于中国社会性质和社会史问题的论战中发挥了重要作用，推动了马克思主义在中国的传播。30年代中后期，延安兴起"新启蒙运动"，研究和传播马克思主义，用其观点分析中国社会和文化，为毛泽东提出的马克思主义中国化奠定了重要的思想基础。

2. 评价。①马克思主义文化思潮解释了传统文化与西方文化之间的关联，为日后中国文化的发展提供了参考。②马克思主义传播使得更多人加入革命队伍，为日后完成中国革命奠定了思想基础。

综上所述，20世纪二三十年代中国思想界的三大思潮各具特性，同时又彼此斗争，它们在论争中相互学习，共同推动了中国思想文化的发展。

参考资料

1. 李淑敏：《20世纪20—30年代三大文化思潮中国哲学观比较》，《求索》，2013年第2期。
2. 张维为：《中国特色社会主义》，上海人民出版社，2020年。

题目6 论述西学东渐对近代中国社会转型的影响

相关真题 2024年湖南科技大学；2023年鲁东大学；2022年清华大学；2022年暨南大学；2022年江汉大学；2017年福建师范大学

社会转型是指一种整体性的社会结构变迁。近代中国在西学东渐过程中的社会转型本质上就是从传统农业社会向现代工业社会的过渡或转型。

（一）西学东渐对近代经济转型的影响：从小农经济为主转向发展近代工业

从19世纪60年代开始，洋务派在"中体西用"思想的指导下，仿照西方兴建了如江南制造总局等一大批近代军事工业，后又举办了轮船招商局等一批近代民用工业，中国初步建立近代工业体系和交通运输体系。甲午中日战争战败之后，在"实业救国"思潮影响下，民族资本主义工业也掀起了一波投资建厂的热潮。中国近代工业的产生意味着近代经济的起步，加速了传统小农经济的解体，促进了中国生产关系的转变。

（二）西学东渐对近代政治转型的影响：从封建专制转向现代民主政治

19世纪末20世纪初，一批有关西方政治、经济与哲学的书籍相继被介绍到中国，有识之士意识到中国的落后不在于器物，而在于政治制度，于是资产阶级维新派掀起戊戌变法运动，企图建立君主立宪制，后资产阶级革命派通过辛亥革命,推翻了封建君主专制制度,建立资产阶级共和国,从此民主共和观念深入人心,统治了中国两千年的封建君主专制制度在近代衰败之后随着清朝覆亡退出了历史舞台。

(三) 西学东渐对近代思想文化转型的影响: 从儒学为本转向启蒙思想传播

中国传统社会思想为以伦理为本位的儒家意识形态。在西学东渐背景下,中国先后经历了洋务派与顽固派的论争、维新派与守旧派的论争,新文化运动的开展使儒家意识形态逐渐丧失了权威地位,西方民主、天赋人权等思想传入中国,尤其是马克思主义思想等进步思想得到广泛传播,对中国革命起到了指导作用。

(四) 西学东渐对近代军事体系的影响: 从八旗绿营转向近代军制

鸦片战争以前,清军以八旗与绿营为主,是传统的兵农合一制度,无法有效应对西方的入侵和镇压农民起义。从湘淮军开始,中国军队开始使用洋枪洋炮,在洋务运动期间,不仅西方枪械得到进一步使用,而且开始创建海军、培养近代军事人才。甲午中日战争失败之后,清政府开始效仿西方军队建制改练新军,建成中国第一支近代化军队。

(五) 西学东渐对近代社会结构转型的影响: 从社会一元转向二元化发展

传统中国的社会结构是一个高度一元化的结构:国家高度垄断着资源与权力,民间力量在政治社会生活中的作用微乎其微。西学东渐以来,以一部分通商口岸城市为中心,社会生活开始摆脱与政治结合的一元结构,造就了相对独立于国家政权的社会空间,整个社会结构呈现出农村与城市的二元化发展趋势。

综上所述,西学东渐推动了近代中国的社会经济工业化、政治民主化、思想启蒙、军事转型及社会结构二元化,促进了中国从传统农业社会向近代工业社会的转型。

参考资料

1. 杨荣:《论西学东渐对中国社会产生的影响》,《淮南师范学院学报》,2007年第6期。

题目7 简述中国民族意识觉醒的过程和历史意义

相关真题 2023年武汉理工大学;2022年西南大学;2020年复旦大学

在近代百余年间,随着西方侵略的步步加深,中华民族经历了四次民族意识觉醒的历程,成为中国民族解放运动的精神动力。

(一) 过程

1. 鸦片战争后至甲午中日战争前:民族意识的萌芽。

鸦片战争之后,随着列强侵略的步步加深,在"开眼看世界"与图强御侮的过程中,有识之士开始具备世界意识,他们排除"夷夏之辨"的传统观念,认识到西方是中国的劲敌,提出"师夷长技以制夷",有了雪耻自强的朦胧的民族觉醒意识。

2. 甲午中日战争:民族意识的普遍觉醒。

1895年甲午中日战争战败是促成中华民族意识觉醒的标志性事件。它真正让中国人遭受到了近代以来最为强烈的情感刺激,深深刺痛了一向以"天朝上国"自居的中国人的民族心理,中华民族的各阶层普遍产生亡国灭种的危机感,一种强烈的民族危机意识迅速笼罩在中国人心头,这种意识很快转化为意在挽救民族危亡的维新变法。

3. 戊戌变法:"中华民族"的首次提出。

梁启超在文章中首次提出"中华民族"的概念,之后杨度等人又对此进行了进一步解释。他们不仅认识到了"中华民族"多元一体的民族特征,而且已经初步具有了"中华民族"是中国境内各民族共同称谓的思想。

4. 辛亥革命:极大促进了"中华民族"观念的确立。

1911年武昌起义爆发后,革命派放弃了他们早先提出的"驱逐鞑虏"、建立单一的汉民族国家的主张,转而主张"五族共和""五族平等",建立统一的多民族国家。1912年,孙中山就职临时大总统后,将"五族共和""五族平等"的建国方针以国家根本大法的形式确定下来。

5. 五四运动前后:"中华民族"观念最终确立。

五四运动时期,随着五卅运动、收回租界运动、废除不平等条约等运动的发展,人们越来越认识到,帝国主义是中国境内各民族的共同敌人，只有团结反抗帝国主义的压迫，才有可能实现民族的真正独立和自由。

6. 抗战期间："中华民族"观念在社会上流行。

1931年九一八事变后，日本对中国的侵略增强了中国人对"中华民族"的认同感。在此期间，中国共产党不仅加强了对"中华民族"的认同和宣传，还推动抗日民族统一战线的建立和全民族抗战局面的形成，极大地促进了全国各族人民对中华民族整体的普遍认同。

（二）历史意义

1. 民族意识的觉醒激发了中国人民反抗外来侵略的决心和勇气。从太平天国运动到义和团运动，再到辛亥革命、抗日战争，民族意识是推动这些反抗活动的重要精神力量。

2. 民族意识觉醒推动了中国的近代化历程。伴随着民族意识的觉醒，知识分子与民族资产阶级也逐渐推动器物、制度与思想革新，从各个方面促进了中国的近代化。

3. 民族意识觉醒有助于形成完善的国家和民族观念。在民族观念的不断觉醒中，民族平等和民族团结观念逐渐深入人心，中华民族共同体意识基本形成。

综上所述，鸦片战争以来，中华民族不断觉醒，掀起了一波又一波的救亡图存斗争，最终实现了民族独立与解放。

参考资料

1. 王继平，张晶宇：《论1895年—19世纪末20世纪初中华民族意识的觉醒》，《湘潭大学学报（哲学社会科学版）》，2016年第40期。
2. 郑大华：《中国近代民族主义与中华民族自我意识的觉醒》，《民族研究》，2013年第3期。
3. 张可荣，刘奕汝：《从自在到自觉的伟大转变——近代中华民族觉醒与共同体意识形成》，《长沙理工大学学报（社会科学版）》，2020年第35期。
4. 黄华文：《七七事变前后抗日救亡运动特点之比较》，《中南民族大学学报（人文社会科学版）》，2005年第1期。

题目8 史论结合谈谈"中华民族共同体"

相关真题 2024年东北师范大学

中华民族共同体不是"想象的共同体"，而是在五千多年文明演进历程中逐步形成并持续发展的多方面交融为一体的民族实体。

（一）先秦时期

1. 二里头文化、红山文化、三星堆文化等历史文化遗存都显示出上古时期中国区域文明之间的交融汇聚，呈现出从"满天星斗"到"月明星稀"再到多元一体的发展趋势，形成了"最初的中国"。

2. 黄河流域在先秦时期首先形成了以炎黄华夏为凝聚核心的交融格局，之后相继建立了夏、商、周王朝，统一趋势进一步增强，华夷各族密切交往、交流、交融。

3. 春秋战国时期区域性的局部统一，如齐鲁吞并诸夷、秦霸西戎、楚征服统一诸蛮等，使得华夷各族进一步交融。

（二）秦汉时期

1. 秦始皇采取系列措施巩固统一，例如在全国推行郡县制，统一文字和度量衡等，这些政策将华夷各族整合在秦朝行政体系中，加强了各民族之间的交往、交流、交融。

2. 汉承秦制，进一步推动了华夷各族的交融互动。尤其是汉武帝接受董仲舒"罢黜百家，独尊儒术"的建议，推动了儒学的发展和传播，儒学逐渐成为华夷各族共同尊奉的价值观念，为中华民族共同体的发展提供了动力和养分。

（三）魏晋南北朝至辽宋夏金时期

1. 魏晋南北朝时期的大规模民族迁徙也带来了深度的民族大交融，多个北方游牧民族都形成了炎黄祖先认同，构建历史谱系，十六国及北朝政权都采取诸多措施以图完成汉化，确立正统地位。

2. 隋唐是两个大一统王朝，隋朝君臣在处理民族问题时提出"混一戎夏"，唐太宗获得西北诸族的拥戴，被尊称为"天可汗"。唐太宗等皇帝在处理民族问题时认为"天下一家""华夷一家"，在民族问题上采用羁縻制度和和亲政策等。

3. 辽宋夏金时期，北方政权普遍认同"中国"，积极接受和传播儒学，争为中华正统，各个政权通过榷场、互市、朝贡等渠道保持紧密的经济联系，这表明各民族的交融互动继续深入推进。

（四）元明清时期

1. 元朝设立行省制度并为后世所沿袭，对维护国家统一起到制度支撑的作用。元明清历代帝王均将实现"大一统"视为自己的功业，特别是清朝康乾时期奠定了中国统一多民族国家的基本版图，为中华民族共同体的发展开辟了稳定的政治地理空间。

2. 茶马互市、朝贡等互动方式加强了各民族在经济上的相互依赖。

3. 元明清统治者大多积极学习和传承儒家学说，这样就增强了中华民族文化、价值观的共同性特征。

（五）近现代时期

1. 在近代历史进程中，中华民族在反抗帝国主义侵略的浴血奋战中，实现了从"自在"到"自觉"的飞跃。特别是在抗日战争期间，中国人民建立起广泛的抗日民族统一战线，最终取得抗日战争的胜利，这在中华民族发展史上具有里程碑的意义。

2. 新中国成立后，在中国共产党的领导下，中华民族进入全新发展阶段，特别是进入新时代以来，中华民族大步向前迈进，中华民族共同体比以往任何时候都更加强大稳固。

总之，各民族在中华文明史上不断交往、交流、交融，逐步完成政治、经济、文化和价值观等多维度的整合，从而形成稳固的中华民族共同体。

参考资料

1. 彭丰文：《中华民族共同体意识的历史文化根基》，《前线》，2022年第10期。
2. 王文光，胡明：《隋唐时期民族共同体思想与中华民族共同体意识研究》，《思想战线》，2022年第3期。

题目9 论述梁启超的政治活动与学术成就

相关真题 2024年中国社会科学院大学

梁启超是中国近代思想家、政治家、史学家，是戊戌变法的领导人之一。辛亥革命以后，他倡导新文化运动，支持五四运动。在文学和史学方面都有很大的成就。

（一）政治活动

1. 参与戊戌变法。1895年，梁启超与康有为共同发起"公车上书"，倡导维新变法。在变法过程中，梁启超作为康有为的重要助手，不仅协助组织会议、联络人士，而且还撰文誊录、起草奏书，发挥了突出的作用。

2. 宣传改革理念。1896年，梁启超在担任《时务报》主编期间发表《变法通议》等文章，大力介绍西学，宣扬民权论等西方理论。在1898—1902年，他又创办《清议报》《新民丛报》，鼓吹君主立宪政体，极大地提高了改良派的舆论影响力。

3. 参与民国初年政党建设。1912年梁启超从日本回国，积极活动并合并政党，组建了民主党，民国二年（1913年）他又推动其党派与共和党、统一党合并为进步党，成为民初唯一能与国民党对抗的大党。

4. 参加革命活动。1915年，袁世凯称帝野心暴露后，梁启超与其学生蔡锷商讨反袁大计，后蔡锷发动护国战争。1916年3月，梁启超抵达广西，策动广西独立，并任广西护国军总参谋，为护国战争出谋划策。

5. 参与段祺瑞政府。1917年7月，段祺瑞重新组阁，支持他的梁启超被任命为财政总长。后孙中山发动护法战争，段祺瑞被迫辞职，梁启超也随之辞职，结束了其从政生涯，之后主要从事文化学术研究。

（二）学术成就

1. 文学方面。梁启超提出"诗界革命"的口号，主张创作新派诗，并将西方的一些政治名词和自然科学名词移用于诗歌创作。

2. 史学方面。①梁启超是资产阶级新史学的急先锋，1902 年著《论中国学术思想变迁之大势》，攻击几千年来占思想主导地位的孔学，成为辛亥革命、五四运动打倒孔家店的先驱。②他首次提出新的历史分期，将中国史划分为"上世""中世""近世"，并提出"史界革命"。③他还提出了中国史学家在治史时应该具备的四种基本素质，即"史家四长"，包括史德、史学、史识、史才。

（三）评价

1. 进步性。①梁启超是一位出色的资产阶级宣传家和资产阶级政治活动家，在批判君主专制制度、为民争权、向西方学习和发展中国民族资本主义等方面做出了巨大贡献。②他是新文体、新文化运动的最早倡导者，促进了中国文化的近代化进程。③他是在中国近代最早高度评价和极力提倡小说创作的人，也是最早在中国主张用资产阶级史学观点和方法来研究中国历史的人。

2. 局限性。①辛亥革命以后，梁启超的思想逐渐落后，在五四运动和中国共产党诞生后趋向反动。在北洋军阀时期，被视为官僚政客。②梁启超在学术上，有时在没有掌握全面资料的情况下就轻易下结论，在著书方面存在主观问题，具有一定时代局限性。

综上，梁启超是晚清大变局下的历史人物，被公认为清末优秀的学者，但他在复杂的时代背景下，仍存在着许多矛盾思想。

参考资料

1. 蔡尚思：《中国近现代学术思想史论》，广东人民出版社，1986 年。

第四节 社会

题目 1 试述近代中国社会性质、矛盾、社会特征

相关真题 2024 年武汉理工大学；2020 年曲阜师范大学；2014 年南京农业大学

关于近代中国社会的性质，曾在史学界引起争议，目前认可度较高的是 1939 年毛泽东在《中国革命和中国共产党》一文中的观点，即近代中国是半殖民地半封建社会。

（一）社会性质

学界一般以 1840 年鸦片战争为中国近代史开端，《南京条约》签订后，中国开始沦为半殖民地半封建社会，即清政府仅在形式上具有独立地位，并且随着西方的入侵，中国资本主义有一定程度的发展，但封建剥削制度的根基仍旧顽固保存。

（二）矛盾

近代中国的主要矛盾有两个方面：一是帝国主义与中华民族的矛盾，二是封建主义与人民大众的矛盾。

1. 帝国主义与中华民族的矛盾是近代中国社会的主要矛盾。鸦片战争以来，西方列强通过不断发动战争和一系列不平等条约，力图把中国变成其殖民地，不仅侵占中国的大片领土，还侵犯了中国的领事裁判权、领水和领海等各项主权，他们掠夺中国的铁路、矿产、森林等经济资源，还残酷剥削和杀害大量中国人。因此，帝国主义和中华民族的矛盾是各种矛盾中最主要的矛盾。

2. 封建主义与人民大众的矛盾。封建地主阶级从经济上让百姓承受繁重的赋役剥削，从政治上实行专制统治，从文化上钳制人民思想。在清王朝的统治下，随着土地兼并、专制主义的加强，双方矛盾越发激化。

（三）社会特征

1. 中国封建统治者与外国侵略势力相互勾结。列强为了确保其侵略权益，在中国培植代理人，从晚清政府到中华民国的历届政府（南京临时政府除外），都是依附于帝国主义的封建势力代表。这些政府实际上成了帝国主义列强共同掠夺和统治中国的工具。

2. 自然经济部分解体和资本主义畸形发展。在列强的侵略下，中国自然经济开始解体，并且上海、广州等通商口岸地区出现了民族资本主义，但此时的民族资本主义发展畸形，不仅资金少、规模小、力量薄弱，而且集中分布在沿海大城市，中国大部分地区仍是自给自足的自然经济。

3. 中国传统思想文化的主体地位艰难维持与各种思潮交相激荡。以传统儒学体系为核心的封建思想文化在整个近代社会中虽仍占统治地位，但已发生动摇而渐入困境。提倡民主和科学的民族资产阶级思想文化出现并得到发展，对近代中国社会的发展产生了深刻影响。崇洋媚外的洋奴买办思想文化也严重存在。

4. 区域间发展的极端不平衡。列强的侵略是由东向西、由城市到农村、由沿海向内陆的，中国的开放范围大致是与此同步的，因此伴随着城乡发展、区域发展等极不平衡的现象。以上海为代表的口岸城市，在近代已经初步建立城市交通、电力等系统，而广大农村地区仍过着日出而作、日落而息的小农生活。

综上所述，近代中国社会是半殖民地半封建社会，而这一特殊的国情决定了中国的革命是漫长且艰辛的。

参考资料

1. 付文茂：《近代中国半殖民地半封建社会的基本特征分析》，《黑龙江史志》，2014年第21期。

题目2　论述近代以来的华工贸易　醒吾历史统考预测题

华工贸易或者说苦力贸易，又被称为"猪仔贸易"。从鸦片战争到第二次世界大战爆发前夕，是华工出国最盛、最多的时期。

（一）背景

1. 国内背景。①鸦片战争后，中国沿海地区传统自然经济受到严重破坏，大量农民和手工业者破产，他们成为华工的主要来源。②开放通商口岸为西方殖民势力掠卖华工提供方便。③清政府在《北京条约》中允许中国人出洋做工，使华工贸易合法化。

2. 国外背景。19世纪初，西方国家逐渐禁止黑奴贸易，导致殖民地劳动力短缺，转而将目光投向中国。

（二）类型与分布

1. 南洋"猪仔"。"猪仔"是指人为畜的贬词，他们押身抵债到南洋谋生，主要来自广东和福建，分布于马来半岛、苏门答腊的矿山和橡胶种植园。

2. 拉丁美洲和大洋洲殖民岛屿的契约苦力。他们专指契约华工、苦力贩子，主要从厦门、上海、广州等地被拐贩，然后被大量运往夏威夷、古巴和秘鲁等地。

3. "赊单工"。他们主要是从香港以赊欠船票的办法出国谋生的契约华工，主要从香港贩往美国旧金山地区。

4. 自由华工。自愿出国或契约期满后继续留在海外的劳动者，主要分布在南洋和美洲地区。

（三）主要劳动内容

1. 在种植园里劳动。如在新加坡、古巴、秘鲁等国家的蔗糖、棉花、烟草等经济作物的种植园里进行劳作。

2. 采矿。英国曾为南非金矿招去约7万名华工，西、葡两国也曾掳掠澳门大量的契约苦力到两国殖民地的古巴和秘鲁做矿区苦力。

3. 筑路。1863年，美国开始修建中央太平洋铁路，因工程险阻、劳工短缺，工程陷于停顿，于是从中国招去数以万计的筑路华工。

（四）评价

1. 华工作为一种劳动效率高的廉价劳动力，在很大程度上推动了西方资本主义的发展，但也揭示了西方资本主义发展的根源和罪恶本质。

2. 华工通过接触外界，吸收了先进思想和文化，成为近代站在时代前列的人，为中国革命和建设做出了巨大牺牲与贡献。如旅俄华工参加了红军，接受了马克思主义，回国之后传播了马克思主义和革命思想。

3. 华工身份低微，等同于奴隶，丧失了人身自由，受到当地人的排挤与歧视，这种歧视甚至延续至今。

总之，近代华工问题是西方国家资本原始积累时期的野蛮行为在中国的重演，这种行为给中国带来了巨大的灾难,这种没有人道主义的行为理应受到谴责和批判。

参考资料

1. 陈列:《鸦片战争以后华工出国的分布及动因》,《华人华侨历史研究》,1991年第7期。
2. 彭家礼:《历史上的华工出国》,《近代史研究》,1984年第12期。
3. 吴凤斌:《有关契约华工的几个问题》,《华人华侨历史研究》,1989年第7期。
4. 林海曦,彭程:《浅析欧战浙江青田华工群体》,《福建论坛·人文社会科学版》,2015年第12期。

第十九章 中国近现代史学史与史学理论

第一节 历史文献学

题目1 论述中国近现代史史料的类型

相关真题 2024年延安大学；2016年复旦大学

史料可以体现历史事件的多维度。中国近现代史的研究依赖于丰富多样的近现代史史料，而它们可以分为以下数种类型：

（一）档案

档案是最直接的历史记录，包含官方文件、政策文献等，具有原始性和记录性，是重要的原始文献。如《清代档案史料选编》，涉及清代各项制度、外交通商、司法行政、思想文化、科举教育、社会宗教、吏治状况及若干重要历史事件等各个方面。

（二）奏疏

奏疏是封建时代高级官员向朝廷、国君呈报军国大事的政务文件，具有原始性和重要的价值。如《江楚会奏变法三折》系统地提出了兴学校、练新军、奖励工商实业和裁减冗员等改革措施。

（三）笔记

笔记是有史料价值的个人记录，有助于我们了解正史中未曾记载的历史细节。如恽毓鼎的《崇陵传信录》，主要记载了清末朝廷倾轧内幕，对于慈禧太后专权，荣禄策划另立大阿哥、谋废光绪帝，以及义和团活动等事记述尤详。

（四）日记

日记是记录个人经历和见闻的文献，反映了作者的亲身体验和看法。近现代学者的日记不仅记载个人生活，也记录了重大事件、学术思想等，成为研究学术史的重要资料。如《蒋介石日记》就记载了蒋介石本人关于国共关系、对日策略、国际外交等方面的所思所想。

（五）影像

影像是通过现代科技记录的动态和静态的图像资料，能够更直观、真实地还原历史场景。如日军侵华期间照片、开国大典录像等。

（六）口述历史

口述历史是通过访谈历史见证人得到的直接记录，能够补充其他文献资料的不足，使历史研究更全面，更接近真实的历史事件。如著名的《张学良口述历史》，它以东北地区近代历史为主线，以张学良本人的经历为主线，记录其亲历的历史事件和见闻。

（七）年谱

年谱是按年月记载某人生平事迹的著作，通常由后人根据史籍和文献考订编成，可以为重要历史人物的传记提供史料，补充其他文献的不足。如《梁启超年谱》《胡适之先生年谱》《毛泽东年谱》等。

（八）诗文集

诗文集是收集一人或多人诗文的集子。这些文集包含了诗、文章、信牍等作品，可以反映作者思想和时代特征。如《张之洞诗文集》《严复诗文集》等。

总之，中国近现代史料多样且丰富，为历史研究提供了宝贵的资源，不仅可以帮助我们理解历史事件，还揭示了当时社会、文化和思想的复杂性。

参考资料

1. 严昌洪：《中国近代史史料学》，北京大学出版社，2018年8月。
2. 陈恭禄：《中国近代史资料概述》，东方出版社，2020年3月。

第二节 史学史与史学理论

题目1 论述中国近现代史发展进程的相关特点

相关真题 2023年苏州大学；2023年西南大学；2022年首都师范大学

中国近现代是一个巨大转折和深刻变革时期，与中国传统社会结构和西方资本主义传播息息相关，其发展过程呈现出以下多方面特点。

（一）中国近现代史呈现出沉沦与上升的U字形进程

鸦片战争以后，独立自主的中国逐渐沦为半殖民地半封建社会，即"沉沦"。发展进程U字形的谷底就在《辛丑条约》签订到北洋军阀统治时期，新文化运动和五四运动的爆发标志着中国社会的觉醒和反抗，由此开始逐步上升，走向追求民族独立和主权完整的道路。

（二）中国近现代史伴随着资本主义的发展趋势

洋务运动开启了中国的工业化和近代化道路，民族资本主义也随之发展起来。甲午中日战争后，清政府放宽了对民间办厂的限制，民族资本主义获得初步发展。一战期间，列强忙于战争，中国民族资本主义迎来"短暂的春天"。1927—1937年，南京国民政府颁布一系列振兴民族工商业的法令，鼓励投资设厂，中国民族资本主义迎来"黄金十年"。抗日战争和解放战争时期，中国民族资本主义趋于凋零，官僚资本则发展为国家垄断资本主义。

（三）中国近现代史伴随着对进步思想的学习和民族意识的觉醒

鸦片战争后，一些有识之士继承并发展了明清之际讲求"经世致用"的传统，反对脱离实际，注意研究现实问题，主张向西方学习，倡言改革。从洋务运动到维新变法，再到辛亥革命和新文化运动，中国对西方的学习从器物到制度，又发展到思想文化。民族意识也在学习先进文化和反帝反封建的历史任务中不断觉醒。

（四）中国近现代史的发展体现着错综复杂的阶级矛盾与民族矛盾

1. 帝国主义和中华民族的矛盾。鸦片战争后，中国的民族独立和领土主权受到严重挑战，中华民族与帝国主义的矛盾逐渐上升为社会的最主要矛盾。

2. 封建主义和人民大众的矛盾。晚清封建制度根基十分牢固，人民大众因受到沉重压迫发起多次起义，但均被清政府镇压，封建主义和人民大众的矛盾依然是主要矛盾之一。

3. 资产阶级和工人阶级的矛盾。随着西方经济的入侵和民族工业的产生与发展，中国的资产阶级和工人阶级诞生，双方在收入分配、社会保障和劳动权益等方面存在天然的剥削与被剥削的关系和矛盾。

（五）中国近现代史的发展始终包含着反帝反封建这两大任务

鸦片战争后，中国逐步沦为半殖民地半封建社会，人民同时受到封建主义和帝国主义的压迫和剥削，因此，反帝反封建的斗争贯穿中国半殖民地半封建社会的始终，这决定了中国要争得民族独立和人民解放，就必须彻底推翻帝国主义和封建主义联合统治的半殖民地半封建的社会制度。

总之，近现代中国的发展历程不仅是一部饱经屈辱的历史，也是中国人民为了民族独立、国家富强而不屈不挠奋斗的历史。

参考资料

1. 张海鹏：《中国近代通史（第1卷）·近代中国历史进程概说》，江苏人民出版社，2009年。
2. 张海鹏，翟金懿：《简明中国近代史读本》，中国社会科学出版社，2018年。

题目2 评述"古史辨"运动

相关真题 2022年东北师范大学；2017年扬州大学；2016年南开大学；2014年扬州大学

"古史辨"运动是20世纪二三十年代中国历史学界的一次重要学术运动，主要由顾颉刚、钱玄同、胡适等人领导，致力于对中国古代史的重新审视和研究。

（一）背景

1. 新史学思潮兴起。1895年和1901年，梁启超先后发表《新史学》和《中国史叙论》，引入西方社会进化论等史学理论，批判了旧史学观念，象征着清末新史学思潮兴起，为古史辨运动带来了思想启发。
2. 兰克史学传入中国。五四运动后，兰克史学所主张的通过发掘利用原始资料、考证辨伪和客观叙述等方法论追求真相的治学态度传入中国，对当时的学者产生了影响。
3. 以顾颉刚为代表的一批学者在五四时代思潮中自觉学习、运用西方思想文化和近代科学方法研究中国历史。

（二）中心理论："层累说"

顾颉刚提出"古史是层累地造成的"，强调：①在故事记载中，时代愈后，传说的古史期愈长。②时代愈后，传说中的中心人物愈放愈大。③即使不能知道某一件事正确的状况，但可以知道每一件事在传说中最早的状况。

（三）过程

1. 初期论战。1923年，顾颉刚在《读书杂志》上正式公开提出"层累构造的中国古史"学说，引发了关于中国古史的广泛讨论，尤其是对顾颉刚在文章中关于禹的见解进行了批驳。如胡堇人认为古史虽然庞杂，但只限在尧舜以前，尧以后的史料，似乎比较接近事实。顾颉刚承认文章在细节上的疏漏，但没有放弃"层累说"，同时指出，研究古史自应分析出信史和非信史两部分，并确立了推翻非信史的四项标准：打破民族出于一元的观念，打破地域一统的观念，打破古史人化的观念，打破古代为黄金世界的观念。
2. 论战扩展。1924—1925年，南高史地学人在《史地学》上对顾颉刚提出诘难，柳诒徵认为"层累说"缺乏论证，结论武断，痛斥"疑古"派将本国悠久历史文化一笔抹杀，长此以往中华民族将无以自振。"古史辨"运动由此持续升温，影响力从北方扩展至南方。
3. 持续辩论。1926年，顾颉刚等人在《国学门周刊》上反击诘难，认为柳诒徵的批评断章取义、见解狭隘，应该用时代的眼光看待古书。钱玄同表示赞同，认为柳诒徵既无思想、也无方法。运动以疑古派获得胜利告终。

（四）评价

1. 进步性。①"古史辨"运动中的古史辨伪工作，促进了对古代史料的科学辨析，推进了中国史学的近代化进程。②"古史辨"运动是五四新文化运动在史学领域的延伸和实践，顾颉刚等人积极运用科学方法甄别上古史料，用理性精神反省古史神话，打破了旧有古史传说作为史料的可信性，指出其虚构性，打破了封建史学的道统谱系，冲击了封建顽固势力。
2. 局限性。①"古史辨"运动过度依赖文献批判，忽视了考古学和实物证据的重要性。②对于史料不能审慎地处理，有的地方怀疑过头，如怀疑《左传》是伪作、对于掺杂神话的传说和纯粹神话的界限未做分辨等。③研究方法上存在不恰当的地方，如张荫麟先生曾指出其过度使用默证法。

总之，"古史辨"运动是中国近现代史学发展的一个重要里程碑，虽然存在一定的局限性，但其对于推动中国史学研究深入和史学方法现代化有深远影响。

参考资料

1. 李长银：《梁启超的"新史学"与"古史辨运动"》，《史学理论研究》，2020年第5期。
2. 李长银：《古史辨运动的兴起——一个学术史的分析》，山东大学2013年硕士学位论文。
3. 崔庆贺：《评古史辨派的疑古思潮》，《历史评论》，2023年第3期。
4. 马建强：《"古史辨"是如何"运动"起来的？——从学术实践的角度来理解》，《南京社会科学》，2021年第11期。
5. 陈启泰：《"古史辨派"的兴起及其评价问题》，《中国文化研究》，1999年第1期。

题目3 简述抗日战争时期史学研究的主要成就

相关真题 2024年扬州大学

抗日战争期间，中国史学家们虽然处于炮火之中，但是他们在传统史学迈向近代化的过程中仍然完成了许多成果，这期间史学研究的成就在多个方面都是丰硕的，以下分而述之。

（一）马克思主义史学

1. 范文澜用唯物史观重写中国历史，主持编写了《中国通史简编》，推进延安的史学通俗化工作。
2. 尹达发表《中华民族及其文化之起源》等系列文章，驳斥了瑞典安特生的"中华文化西来说"。
3. 重庆地区的郭沫若、吕振羽、翦伯赞、侯外庐等一批马克思主义史学家以唯物史观为指针撰写中国历史，激发民众的爱国热情。
4. 以马克思主义史学五老为代表的史学家有力地推进了马克思主义史学在中国的传播。

（二）禹贡学派史学

1. 在抗战期间成立的禹贡学派以《禹贡》为发表阵地，成果丰硕，推动历史地理学这一新学科的建立和抗战期间的边疆研究热潮。
2. 学派的主要代表顾颉刚研究边疆史地，创办《文史杂志》，特别是在1939年发表了《中华民族是一个》一文，引发了人们关于民族问题的大讨论。

（三）新考据学派史学

1. 傅斯年在九一八事变后邀集史学界同仁编纂出《东北史纲》一书，以揭露日本人企图强占东北的险恶用心，此后又撰有《中华民族革命史稿》，以再次阐发"中华民族是整个的"观点。
2. 陈垣在抗战期间"提倡有意义之史学"，并先后撰写了《明季滇黔佛教考》《通鉴胡注表微》等著作。
3. 陈寅恪在抗战期间除间续发表论文外，更重要的是完成了《隋唐制度渊源略论稿》《唐代政治史述论稿》这"两稿"的写作与出版，"两稿"至今仍是中古史研究的必读书。

（四）文化民族主义史学

1. 吕思勉认为文化乃国家民族盛衰兴替之本，在抗战期间著有如《秦汉史》《两晋南北朝史》等断代史著作和《吕著中国通史》等，通过写史为抗战救国提供殷鉴。
2. 钱穆在抗战期间笔耕不辍，特别是为延续中华历史文化，在1939年撰写出《国史大纲》一书，该书至今仍是了解中国历史的常读书之一。
3. 柳诒徵在抗战期间撰写了《国史要义》一书，全书以归纳传统史学理论范畴、阐释国史要义为主体。
4. 缪凤林在1933年出版了《中国通史纲要》一书，该书在抗战期间和《国史大纲》难分伯仲。

总之，在抗日战争的艰难环境中，无论是马克思主义史学还是新考据学派史学等都有很大进展，许多领域都取得了丰硕成果，抗战期间的史学也仍然在滋养着现当代的学人。

参考资料

1. 田亮：《抗战时期史学研究》，人民出版社，2005年。

第三节 历史学者

题目1 论述傅斯年的史学成就

相关真题 2023年北京语言大学；2016年扬州大学

傅斯年，作为20世纪中国著名的历史学家和教育家，对中国的史学、考古学和历史教育做出了巨大的贡献，取得了一系列成就。

（一）史料学方面

1. 傅斯年提倡"史学即史料学"，强调原始材料的重要性，搜集、整理了大量原始资料。傅斯年等人先后为中央研究院历史语言研究所收集到居延汉简、金石拓片上万片，以及许多敦煌卷册与善本书等，扩大了史料研究范围。
2. 强调比较是史学研究的重要方法，并总结出系统的史料考证与比较方法，共提出了八对史料关系，如"直接史料对间接史料""官家的记载对民间的记载""本国的记载对外国的记载""近人的记载对远人的记载"等。

3. 运用史料研究，厘清了中国古代民族的分合、同化与异化的轮廓，并论证了夏、商、周的起源和发展，提出了有关中国古代文化起源的三大假说，即夷夏东西说、史前文明多元说、先商文明高级而又长久说，对以后古史研究产生了重大影响。

（二）考古学方面

1. 发起成立考古学学术机构，即中央研究院历史语言研究所考古组。傅斯年以考古组为当时考古学研究的汇聚中心，团结联络了一批新型的考古学者，展开一系列的田野考古活动，重新设定了中国考古学发展的路向，把中国考古学的学术视野由书斋扩大到广阔的田野。

2. 在史学研究上，傅斯年积极主张利用近代考古学知识，到古文化的遗址去发掘，改变了传统的由文献到文献的研究方式，开辟了新的研究领域。

3. 领导和组织了对古文化遗址的发掘。傅斯年组织领导对河南安阳殷墟遗址的15次发掘，发现了大量殷代铜器、有文字的甲骨、居延汉简和一些西周及战国时代的器物，为先秦史的研究提供了最直接、最可靠的第一手资料。

（三）历史教育学方面

1. 明确历史教育目的。强调历史教育应启发民智，明确中国人对世界文化的贡献，据实阐述国家衰亡及其与人民生死之间的关系。

2. 注重历史教育方法。提倡利用史料培养学生历史分析、历史研究、运用史料的方法和能力。

3. 构建新的历史教材内容体系。傅斯年主张将中学历史教科书分为中国史和西洋史两个部分，将民国之前的中国历史分为上世、中世、近世三段，西洋史则包括欧洲、非洲和西亚。

总之，傅斯年本人史学研究的领域十分广泛，研究成果精神独到，但缺乏系统及宏观的理论贯通，没有形成自己的学术体系。

参考资料

1. 张利庠：《论傅斯年的史学贡献》，《齐鲁学刊》，1993年第4期。
2. 张书学：《傅斯年在中国现代史学上的贡献》，《文史哲》，1995年第6期。

题目2 简述王国维历史考据学的主要成就与贡献

相关真题 2018年扬州大学

王国维作为中国近现代著名的历史学家和学术思想家，对历史考据学做出了显著的贡献，其主要成就与贡献可归纳如下：

1. 在史学方法论方面，王国维创立和使用"二重证据法"。这一方法强调将传统的文献资料与考古发掘的物质文化遗存相结合，以实物资料为依据来验证、补充或修正文献资料中的记载，从而达到对古代社会历史的更准确理解。王国维运用这一方法，对《殷周制度论》等重要史学著作进行撰写，不仅促进了甲骨文等古代文字研究的深入，也为后来的史学研究提供了新的视角和方法，极大地推动了中国古代史学方法论的发展。

2. 在金文研究方面，王国维对资料整理、器物考订、铭文释读方面有重要贡献。他不仅为后世学者提供了宝贵的研究资料，也对金文学的理论和方法进行了重要更新。王国维的《宋代金文著录表》和《国朝金文著录表》等著作，成为金文研究领域的经典之作，为金文的解读和研究提供了坚实的基础。

3. 在传统文字方面，王国维对古代文字的研究卓有成效。他不仅深入研究并批判性地继承了《说文》等传统文献，而且对唐写本《切韵》等珍贵材料进行了深入考证。通过对古代文字资料的系统整理和深入研究，王国维不仅丰富了中国传统文字学的研究内容，也为理解古代中国的文化和社会提供了重要的文献支持。

4. 在史事考据方面，王国维利用汉晋木简和敦煌遗书深入研究了当时的官制、地理及社会生活等方面；对《鞑靼考》《萌古考》等论著，王国维深入研究了辽金元历史，尤其是对蒙古族历史进行了研究，为理解这一时期的历史提供了新的理论框架。

5. 在考据学方面，王国维吸收了近代西方的实证主义，结合大量的汉晋木简和敦煌遗书对古人之说进行综合与修正，转移了清代汉学为考据而考据的风气，为史学研究提示了新的规则。

总之，王国维的历史考据学成就不仅体现在其创新的方法论和深入的史事考据上，还体现在他对历史学科的整体发展和思想变革上，对中国史学发展产生了深远的影响。

参考资料

1. 丁鼎：《王国维、陈寅恪史学考据比较论》，《文史哲》，1996年第3期。
2. 陈元晖：《王国维的史学方法论》，《东北师范大学学报（哲学社会科学版）》，1986年第6期。
3. 《中国语言学家》编写组：《中国现代语言学家》第二分册，河北人民出版社，1982年。

题目3　试论陈寅恪史学研究的特点

相关真题　2014年扬州大学

陈寅恪作为20世纪中国史学界的巨擘，其独树一帜的史学研究和深邃的学术视野，在学术界留下了深刻的印记。他的主要史学研究特点可概括如下：

（一）史学方法创新

1. 实证主义与广泛的史料运用。陈寅恪在史学研究中强调实证主义，批判乾嘉学者把史学变成史料学的做法。主张史学研究应深入挖掘史料背后的历史真相和内在联系。陈寅恪不局限于官方文献，广泛吸纳民间记载、文学作品等多元化史料进行综合考证，力图揭示历史发展的完整轨迹。这种方法论不仅丰富了史学研究的史料基础，也提高了研究的深度和广度。

2. "诗文互证"考据法。陈寅恪创造性地将文学作品作为历史研究的重要史料，通过文学与历史记载的相互印证，深化了对古代社会文化和历史事件的理解。这种方法不仅拓展了传统史学的研究范围，也为文学与史学的交叉研究开辟了新途径。

（二）研究内容多样性

1. 跨文化研究。陈寅恪的研究并不局限于中原汉族王朝的历史，还涉及少数民族的历史与文化，如蒙古史、梵文、突厥文、西夏文等，特别是对中古时期胡汉文化的互动和交流给予深入探讨。

2. 隋唐政治史研究。在《隋唐制度渊源略论稿》等著作中，陈寅恪深入分析了隋唐时期的政治制度，提出了关陇集团对唐代政局影响等著名论断，展示了他对政治制度变迁的深刻见解。

（三）独特的历史观点

1. 提出重文化轻血统的"有教无类"观念。陈寅恪曾以"有教无类"一词来概括南北朝时期胡汉之间种族、文化的互动，强调文化关系较重，而种族关系较轻，即强调文化传播和交流的重要性，超越了单一种族或文化的局限，展现了他对历史的深刻理解。

2. 提出史学研究必须坚持"独立之精神，自由之思想"。陈寅恪强调学术研究应同政治分开，目的在于倡导学术的独立性，他治学做人、救国经世都以此为精神支柱，这在今天仍有非常重要的意义。

综上所述，陈寅恪的史学研究特点体现在其创新的研究方法、多样化的研究内容以及独特的历史观点上，为后来的史学研究提供了宝贵的经验和启示。

参考资料

1. 丁鼎：《王国维、陈寅恪史学考据比较论》，《文史哲》，1996年第3期。
2. 罗志田：《有教无类：中古文化与政治的互动——读陈寅恪隋唐两论札记》，《社会科学研究》，2004年第2期。
3. 刘梦溪：《"有教无类"——论陈寅恪先生的种族与文化观点》，《中国文化》，1991年第6期。
4. 刘克敌：《20年来之陈寅恪研究述评》，《山东师范大学学报》，2003年第5期。
5. 李晓英，马国铤：《陈寅恪史学研究述论》，《甘肃教育学院学报（社会科学版）》，2003年第4期。

第四节 考古学与历史地理

题目1 列举20世纪重要的考古发现及对历史研究的影响

相关真题 2022年西南大学；2022年中国社会科学院大学

20世纪是考古学发展的重要时期，许多重大考古发现极大地丰富了我们对古代文明的理解。

（一）周口店北京人遗址

1. 发现。1918年，瑞典地质、考古学家安特生在北京周口店一带发现了古动物化石堆积。1927年，瑞典古脊椎动物学家伯奇·步林和中国地质学家李捷主持进行了大规模系统的发掘，在此发现了北京猿人和山顶洞人化石、大量打制石器和用火遗迹等，是研究人类发展史和中国原始社会史极其珍贵的资料。

2. 影响。北京人遗址是世界上材料最丰富、最系统、最有价值的旧石器时代早期人类遗址，它的发现证明了中国也是人类文明的起源之一。

（二）殷墟

1. 发现。1899年，殷墟甲骨文发现，后经罗振玉考证，确认甲骨文的出土地位于河南安阳的小屯村。1928年，中央研究院历史语言研究所委派董作宾在安阳小屯村进行试掘，此后10年以及新中国时期继续发掘，不仅发现了宫殿宗庙建筑基址、王陵大墓、祭祀坑等遗迹，还出土了大量甲骨文、青铜器、玉器等，特别是出土了世界上已发掘出的最大的一件青铜器——后母戊鼎。

2. 影响。①殷墟的发现与发掘，填补了以郑州二里岗为代表的早商文化和以殷墟为代表的晚商文化之间的空白，完善了商代的编年框架。②殷墟大量遗址和文物的发现，引起了中外学术界的瞩目，确立了中国考古学的国际地位。

（三）河姆渡遗址

1. 发现。1973年，我国考古工作者在浙江省余姚市发现了第一个河姆渡文化遗址——余姚河姆渡遗址，出土了几十万片陶片，以及大量陶器、骨器、石器、植物遗存、动物遗骸、木构建筑遗迹等珍贵文物。

2. 影响。①对于研究我国新石器时代晚期的社会形态、文化特征、农业发展、建筑风格等方面具有极高的价值。②为研究人类从狩猎采集向农耕社会过渡提供了宝贵的实物资料，为我们了解和研究远古社会提供了珍贵的实物资料。

（四）秦始皇兵马俑

1. 发现。1974年3月，陕西省临潼县（现为西安市临潼区）某农民在秦始皇陵东边1.5公里处打井时，发现几个破碎的陶俑，后经考古队勘探和陆续挖掘，发现四个俑坑和大量与真人真马等同的陶制彩绘兵马俑，以及当时使用的各种实战兵器。

2. 影响。①这些兵马俑形象地展示了秦朝的军事力量、排兵布阵等情况，为研究秦朝军事、武器等方面提供了重要的实物依据。②兵马俑上的服饰、器物等细节，也为研究秦代社会文化面貌提供了重要的历史资料。

（五）马王堆汉墓

1. 发现。1951年，著名考古学家夏鼐在湖南省长沙市发现马王堆墓葬，1972年正式进行科学挖掘。该墓出土有数以千计的丝织品、帛书、帛画、漆器、中草药等遗物，其中，一具保存完好的女尸、T型彩绘帛画和素纱襌衣最为出名。

2. 影响。①马王堆汉墓发现的丝绸和绘画作品等文物，为我们提供了了解古代丝绸和艺术的宝贵资料。②墓中出土的金属器物和陶瓷等也为我们还原了当时的工艺技术和物质生活，为研究西汉初期手工业和科学技术等发展，提供了极为重要的实物资料。

此外，仰韶文化遗址、裴李岗文化遗址、夏家店文化、郑韩故城等遗址的发掘与出土，也属于20世纪重要的考古发现。

参考资料

1. 朱绍侯：《中国古代史》（第五版），福建人民出版社，2010年。

第二十章 近现代中外关系史

第一节 中英关系

题目1 概述1840—1911年英国对中国的侵略活动

相关真题 2020年南开大学

近代英国对中国的侵略活动频繁，其形式以胁迫中方签订不平等条约为主，并借此蚕食中国领土、获取巨额赔款、获得通商特权、派遣传教士进行文化渗透等。

（一）发动鸦片战争

1840年，英国为了打开中国市场，发动了鸦片战争。1842年，双方签订《南京条约》，中国赔款2100万银元，进出口货物必须与英国协定关税。此外，英国还侵占了我国香港岛，中国被迫开放广州、厦门、福州、宁波、上海五处口岸，中国的领土主权遭到破坏。1843年，中英又签订了《五口通商章程》作为《南京条约》的补充条款，英国获得领事裁判权和低价关税，进一步破坏了中国的关税自主权，中国开始沦为半殖民地半封建社会。

（二）发动第二次鸦片战争

1856年，英国借口"亚罗号事件"再次对中国发动侵略战争，即第二次鸦片战争。1858—1860年，中英签订《天津条约》和《北京条约》，中国分别赔款英国400万两和800万两白银，割九龙司地方一区给英国，允许外国公使进驻北京，外国商船可以在长江各口岸航行等。中国丧失了更多领土和主权，进一步沦为半殖民地半封建社会。

（三）"马嘉理事件"和订立《烟台条约》

1875年，英国的马嘉理擅自带领一支英军由缅甸闯入云南勘察地形，在他开枪打死中国居民后被当地人民打死。1876年，英国以"马嘉理事件"为由，强迫清政府签订《烟台条约》，进一步获得侵略特权，如开辟印藏交通，英国人可以前往西藏、云南、青海、甘肃等省"游历"，外贸免交内地税，扩大领事裁判权等。

（四）发动侵藏战争和订立《中英会议藏印条约》和《藏印续约》

1888年，英国以藏兵"阻塞商路"为由，发动侵藏战争。清政府派驻藏帮办大臣升泰与英国议和，谈判停战划界。1890年，中英双方签订了《中英藏印条约》，承认西藏边境的锡金（清朝附属国）归英国保护。1893年，中英又签订《藏印续约》，开放亚东为商埠，英国势力侵入西藏。

（五）要求订立《展拓香港界址专条》和《订租威海卫专条》

1898年3月，英国得知法国向清政府要求在中国南部海岸建立煤栈被满足后，立即出面干涉，要求"补偿"，强迫清政府签订《展拓香港界址专条》，强占九龙半岛。7月，英国又强迫清政府签订中英《订租威海卫专条》，侵占威海及其附近岛屿。

（六）参与八国联军侵华战争

1900年，英国参与了八国联军侵华战争，镇压义和团运动，并在随后的《辛丑条约》中获得了更多的赔款和特权。

总之，英国的这些侵略活动导致中国主权的大量丧失，让中国的国家和人民利益受到严重损害，不仅直接影响了中国的政治格局，也影响了中国社会经济的发展。

参考资料

1. 李侃等：《中国近代史》（第四版），中华书局，2017年。

第二节 中俄（苏）关系史

题目1 论述中俄签订的不平等条约

相关真题 2022年南开大学；2022年湘潭大学；2022年北京联合大学；2013年南京大学；2013年河北师范大学；2003年苏州大学

19世纪至20世纪初，俄国与中国签订了大量不平等条约，割占了中国的大量领土，严重侵犯了中国的主权和利益。

（一）《伊犁塔尔巴哈台通商章程》

1851年，俄国利用中国当时的弱势，迫使中国签订《伊犁塔尔巴哈台通商章程》，导致在伊、塔两地的领事权、司法权落入俄方手中，削弱了中国在边疆地区的主权。

（二）中俄《瑷珲条约》

1858年，俄国趁英法联军进攻北京之际，派兵进入瑷珲地区，并与清政府签订《瑷珲条约》。此条约使中国丧失了外东北超过60万平方公里的领土，乌苏里江以东的中国领土划为中俄"共管"，使俄国对中国东北地区的安全与发展构成了长期威胁。

（三）中俄《北京条约》

1860年，沙俄自称"调停"第二次鸦片战争有功，以武力威胁清政府签订该条约，不仅确认了《瑷珲条约》的条款，还将乌苏里江以东40多万平方公里的领土割让给俄国；俄国可以在库伦、张家口等地免税贸易、设立领事并享有领事裁判权；中俄西段边界再行商定。

（四）《勘分西北界约记》

1864年，沙俄强迫清政府勘定西部边界并签订合约。该条约使俄国割占了巴尔喀什湖以东以南的中国领土，总面积为44万多平方公里。

（五）《里瓦几亚条约》

左宗棠平定新疆后，1879年，清政府派崇厚出使俄国，谈判收回伊犁主权。崇厚在沙俄胁迫下，越权签署了《里瓦几亚条约》，割让伊犁周边重要领土给俄国，因丧权太多，清政府拒绝批准，并将崇厚革职问罪。

（六）《伊犁条约》

1881年，清政府改派曾纪泽兼任驻俄公使前往俄国，双方签订《伊犁条约》，俄国归还伊犁地区，但霍尔果斯河以西地区7万多平方公里的中国领土割让给俄国，并进一步扩大了俄国在华特权。

（七）《中俄密约》

三国干涉还辽后，1896年，清政府派李鸿章赴俄秘密谈判并签订《中俄密约》，规定如日本入侵俄国远东或中国、朝鲜土地，中俄两国应互相援助；战争期间，中国所有口岸均向俄国兵船开放；中国允许俄国修筑一条由黑龙江、吉林至海参崴的铁路，该铁路的修筑和经营由华俄道胜公司承办；无论战时还是平时，俄国均有权使用该铁路运送兵员、物资。

（八）《中俄旅大租地条约》

1898年，俄国利用德国侵占胶州湾之机，强迫清政府签订《中俄旅大租地条约》，俄国通过强租手段取得旅顺口和大连湾25年的控制权，允许中东铁路公司修筑一条支线到旅顺、大连，该线所经地区的铁路利权不得让与他国，使得东北全境成为俄国势力范围。

（九）《辛丑条约》

1901年，俄国参加八国联军侵华战争，后同清政府签订《辛丑条约》，获得大量赔款以及在东交民巷设使馆并派兵保护、派兵驻扎在北京到山海关铁路沿线等特权。

（十）《中俄蒙协约》

1915年，日本提出"二十一条"之后，沙俄趁机攫取更多权益，同清政府签订《中俄蒙协约》。条约规定沙俄承认中国对外蒙古的"宗主权",中俄承认外蒙古"自治",沙俄在外蒙古有驻军权、领事裁判权等特权。此条约使外蒙古地区沦为沙俄势力范围。

(十一)《中苏友好同盟条约》

1945年,依照《雅尔塔协定》,中苏签订《中苏友好同盟条约》,规定两国协同其他国家对日作战;中国长春铁路归中苏共有,并共同经营;大连为自由港,港口主任由苏方担任;战争结束后在外蒙古举行独立公投,中国承认结果。

以上不平等条约的签订使中国丧失了大量领土和主权,对中国的近代化进程产生了深远影响。

参考资料

1. 章开沅,朱英:《中国近现代史》,河南大学出版社,2009年。
2. 曲星:《中俄密约简论》,《外交学院学报》,1989年第3期。
3. 李建平:《曾纪泽与中俄伊犁改订条约刍议》,《吉林省教育学院学报》,2015年第4期。

题目2 论述1918—1949年各个阶段的中苏关系

相关真题 2024年江汉大学

1918—1949年,中苏两国关系的发展可划分为三个阶段,每个阶段都在世界和地区政治格局的变化中呈现出不同特点和影响。

(一)第一阶段:1918—1927年

1. 苏联与北京政府的关系。①1919—1923年,苏俄发表了三次加拉罕宣言,进一步明确中苏两国的友好关系。②1924年,双方签订《中俄解决悬案大纲协定》,苏联宣称废止沙俄政府与中国订立的一切不平等条约,成为两国建立友好关系的重要标志。③1925年,中苏签订《奉俄协定》,苏联以国家名义与反抗中央政府的东三省自治政府订立协定,引起北京政府的强烈反对。④1925年,苏日签订《苏日协定》,苏联承认日本在东北的权益,侵犯了中国的主权,引发了北京政府的不满,导致中苏两国关系出现波动。

2. 苏联促成第一次国共合作。1923年发表的《孙文越飞宣言》密切了孙中山和苏联的关系。1924年,国民党一大召开,确定了"联俄、联共、扶助农工"政策。在苏联的帮助下,黄埔军校创立和国共第一次合作实现,标志着中苏关系进入一个新阶段。

(二)第二阶段:1928—1945年

1. 苏联与国民政府的关系:①南京国民政府成立以来,奉行反苏反共的政策,1929年,以张学良为首的东北当局武力收回中东铁路主权,引发东北军与苏军之间的战争,导致苏联和国民政府关系破裂。②九一八事变后,苏联出于安全考虑,谋求改善两国关系,1932年,中苏恢复正式外交关系。③1935年,苏联向伪满政权出售中东铁路,间接承认伪满洲国的合法性,破坏了中苏两国关系。④1941年,苏联为避免陷入两线作战,和日本签订了《苏日中立条约》,承认日本在满蒙所造成的既成事实,进一步增加了中苏两国之间的不信任,加剧了中苏两国之间的紧张。

2. 苏联与中国共产党的关系:抗战前,苏联支持中国共产党进行苏维埃革命,但往往传达背离中国实际的指示,给中国革命带来重大损失;抗战中,苏联一方面减少对中国共产党的支持,反对中国共产党与国民党争领导权;另一方面对国民党的反共行动进行遏制,支持中国抗日。

(三)第三阶段:1946—1949年

1. 苏联支持中国共产党。抗战胜利后,苏联为中国共产党提供武器援助,帮助中国共产党取得了战略优势。

2. 中苏建交。1949年10月,中华人民共和国成立,苏联成为第一个承认新中国的国家,并与新中国建立外交关系,标志着中苏关系进入一个全新阶段。

综上所述,1918—1949年中苏两国在各自的国内外政策、意识形态等方面的推动下,展现出复杂多变的关系,对中国的现代化进程以及国际政治格局都产生了重要影响。

参考资料

1. 田保国：《民国时期中苏关系 1917—1949》，济南出版社，1999 年。
2. 沈志华：《中苏关系史纲》，社会科学文献出版社，2016 年。

题目 3　试述共产国际与中国革命的关系

相关真题　2024 年南京师范大学；2023 年西南大学

共产国际作为领导世界共产主义运动的组织，在近代中国革命中扮演了重要的角色，它的政策和决策在很大程度上影响了中国革命的进程和方向。

（一）国民大革命时期

1. 共产国际帮助成立中国共产党。1920 年，共产国际派遣代表维经斯基来华，协助陈独秀等人开展建党活动。1921 年，共产国际代表马林参加了中共一大，帮助确立党的初步组织架构和政治路线，标志着中国共产党与共产国际关系的建立。

2. 共产国际促进第一次国共合作。1922 年以后，共产国际对孙中山的支持和建议促成了国共合作。同时，共产国际帮助孙中山建立黄埔军校，并派遣顾问、提供武器和资金，对国民革命的发展起到了关键作用。

3. 共产国际推动中国共产党对国民党右派妥协。1925—1926 年，国民党右派先后发动刺杀廖仲恺、中山舰事件、整理党务案等事件，共产国际为了保持国共合作的稳定，指示中国共产党妥协退让，最终导致国民革命失败。

（二）土地革命时期

1. 共产国际错误地寄托革命希望。共产国际在北伐战争中对蒋介石等人叛变革命的危险性缺乏警惕，把革命的希望寄托在蒋介石等人身上，导致中国共产党在国民党右派发动反革命政变时毫无防备，革命力量损失惨重，国民大革命失败。

2. 共产国际坚持城市暴动道路导致中国革命的损失。在共产国际的"城市中心论"影响和指示下，中国共产党试图模仿苏联的城市暴动策略，但这一策略并不符合中国的国情，武汉暴动、秋收起义等均告失败，导致革命力量出现严重损失。

3. 推动中国红军的建立。共产国际在 1928 年对中国共产党提出建立红军的建议，这一建议推动了中国革命军事力量的发展。

4. 1935 年遵义会议后，中国共产党开始摆脱共产国际的直接指导，将马克思主义理论与中国具体实际相结合，独立领导中国革命。

（三）抗战时期

在抗日战争时期，共产国际减少了对中国共产党内部事务的干涉，直到 1943 年共产国际解散。

1. 推动了中国抗日运动的发展。1935 年，共产国际七大确定把建立最广泛的世界反法西斯统一战线作为各国共产党的基本策略。同年 8 月 1 日，中国共产党驻共产国际代表团发表《八一宣言》，强调建立抗日民族统一战线，并提出了"抗日救国十大纲领"。《八一宣言》在社会各阶层中引起强烈的反响，有力地推动了全国抗日救亡运动的发展。

2. 对中国革命造成了危害。全面抗战爆发后，共产国际于 1937 年派王明等人回国指导革命，但是王明等人的"左"倾教条主义错误，对中国革命造成了极其严重的危害。

3. 肯定中国共产党的政治路线。1938 年 3 月，中共中央派任弼时去莫斯科，向共产国际说明中国抗战和国共两党关系的情况，以便使共产国际更多地了解中国的实际和中国共产党的政策，争取共产国际的支援。同年 6 月 11 日，共产国际充分肯定"中国共产党的政治路线是正确的"。

综上所述，共产国际在中国新民主主义革命的初期发挥了重要作用，但它的某些指导策略并不完全适应中国的实际情况，给中国革命造成了巨大损失。

参考资料

1. 王桧林：《中国现代史》，北京师范大学出版社，2016年。
2. 王玺博：《国民革命时期共产国际与中国革命关系研究》，黑龙江大学2016年硕士学位论文。
3. 赵文静：《浅谈土地革命时期共产国际对中国革命的指导》，《邢台学院学报》，2014年第1期。

题目 4 论述新中国成立以来各个阶段的中苏关系

相关真题 2023年长春师范大学；2020年福建师范大学

自1949年新中国成立到1991年苏联解体，中苏关系在不同阶段展现了复杂的合作与对抗特点，对两国乃至国际关系产生了重要影响。

（一）中苏蜜月期（1949—1956年）

1. "一边倒"政策与苏联的支持。新中国成立初期，采取"一边倒"政策，紧密依靠苏联。苏联则成为最早承认新中国的国家，这为中苏关系的良好发展奠定了基础。

2. 中苏签订《中苏友好同盟互助条约》。1949年年底至1950年年初，毛泽东主席亲自访问苏联，这一重要外交行动深化了两国关系。1950年，两国正式签订《中苏友好同盟互助条约》，苏联承诺给予中国军事、经济支持，并派出大量专家援助中国的工业化建设，对新中国的经济建设起到了重要作用。

3. 苏联支援朝鲜战争。朝鲜战争期间，苏联空军为中国人民志愿军的军事行动提供秘密援助，与美国空军展开空战，缓和了紧张的前线局势。

4. 苏联支援中国的经济建设。新中国成立后模仿苏联进行工业化建设，实施"一五"计划，苏联向中国派来大量专家，提供了重要的工业原料和设备等，为新中国的经济建设提供了坚实的基础。

（二）中苏摩擦期（1956—1960年）

1. 苏共二十大产生分歧。1956年苏共二十大召开，赫鲁晓夫就斯大林及其个人历史问题做"秘密报告"。中国共产党对苏共主观地批判斯大林表示不满，两国关系开始显现裂痕。

2. 莫斯科会议的共识与分歧。1957年莫斯科会议，中苏在关于资本主义向社会主义过渡的方式上存在争议，虽然双方最终达成某些共识，但在一些原则问题上两国仍存分歧。

3. 中国对苏联干预东欧政策的反应。苏联在波兹南事件中干预波兰内政的行为引发了中国的反对，中国积极协调苏波关系。

4. 苏联干涉中国内政。1958年，苏联向中国提出在中国领土和领海上建立中苏共管的长波电台和共同舰队，这种损害中国主权的要求被中国拒绝。

（三）中苏破裂期（1960—1982年）

1. 中苏关系急剧恶化。1960年，苏联不仅在国际共产党和工人党会议上单方面发布对中国共产党的批评书，而且还单方面撕毁合同，撤回在华专家，中苏随即在社会主义问题上展开公开论战。

2. 中苏关系全面破裂。1966年3月，苏共召开二十三大，中国共产党决定不派代表出席，标志着中苏关系全面破裂。

3. 军事对峙与局部冲突。1969年，中苏在黑龙江的珍宝岛和新疆的铁列克提边境爆发武装冲突，两国关系降至冰点，随后长期维持军事对峙状态。

4. 代理人战争。在军事对峙期间，苏联在阿富汗的军事行动和支持越南在中国边境挑起事端，进一步加剧了与中国的对立。

（四）中苏关系正常化（1982—1991年）

1. 缓和信号。1982年，勃列日涅夫发表塔什干讲话，明确表示中国是社会主义国家，台湾是中国领土不可分割的一部分，为中苏关系缓和提供了契机。

2. 关系正常化。1985年，戈尔巴乔夫上台，推行"新思维外交"，从阿富汗和蒙古撤军，中苏关系逐渐改善，1989年，戈尔巴乔夫访华，标志着两国关系正常化。

3. 苏联解体。1991年苏联解体，中苏关系随之走向终点。中国与原苏联主体俄罗斯开启了新的篇章。

综上，新中国成立以来，中苏关系历经从蜜月期到摩擦、破裂再到最终正常化的复杂过程，不仅体现了两个社会主义大国间的战略博弈，也反映了冷战时期国际政治格局的变迁。

参考资料

1. 王桧林：《中国现代史》，北京师范大学出版社，2016年。

第三节　中日关系史

题目 1　论述 19 世纪 70—90 年代中日两国对朝鲜控制权的争夺情况

相关真题　2018 年北京大学

19 世纪 70—90 年代，日益衰弱的晚清政府与迅速崛起的日本明治政府围绕朝鲜的控制权展开了激烈的争夺。

（一）日本明治维新后（1868—1876 年）

明治维新后，日本推行积极的对外扩张。1875 年，日本军舰入侵朝鲜江华岛，发生了与朝鲜守军之间的冲突事件——江华岛事件。1876 年，日本用武力胁迫朝鲜签订《江华条约》，要求朝鲜开放港口，允许日本在朝经商。条约的签订标志着朝鲜开始脱离传统的中朝宗藩体系，也成为日本侵略朝鲜的开始。

（二）朝鲜被迫开国后（1876—1884 年）

1. 日本对朝鲜进行政治、经济渗透。朝鲜被迫开国后，日本通过在朝鲜建立代理统治机构，加强了其在朝鲜的影响力。在经济领域，日本逐渐垄断了朝鲜市场。

2. 清政府调整对朝政策。面对日本的紧逼，清政府开始调整其对朝政策，主张朝鲜向各国"开放门户"，避免朝鲜被日本独占，以此继续维护中朝之间的宗藩关系。

（三）甲申政变后（1884—1895 年）

1. 甲申政变。1884 年 12 月，日本操纵朝鲜开化派发动甲申政变，开化派依靠日本军队，杀死守旧派主要官员，组成新政府，宣布同清政府断绝外交关系，转而靠近日本。清军及时介入，平息了政变。

2. 清政府加强对朝鲜的干涉。甲申政变后，清政府加强了对朝鲜的干涉，派遣袁世凯以通商大臣暨朝鲜总督的身份进驻汉城，帮办朝鲜军务、镇压兵变并控制税务，对朝鲜内政外交进行干预，试图巩固中朝宗藩关系。

3. 日本战略调整和甲午中日战争。面对清政府的干涉，日本暂时采取了保守态度。但随着国力的增强，日本逐渐转向对朝鲜进行直接军事侵略。1894 年，朝鲜爆发反抗朝鲜王朝的东学党起义，朝鲜政府军节节败退，被迫向宗主国清朝乞援，日本也乘机派兵到朝鲜，并以此为导火索蓄意挑起了甲午中日战争。最终中国战败，与日本签订《马关条约》，条约规定朝鲜成为日本的势力范围，中朝宗藩关系结束。

19 世纪后期，晚清和日本都形成各自的朝鲜地缘价值观，制定实施其各自的对朝外交政策，产生了持续 20 年之久的中日纷争。最终甲午中日战争中国战败，朝鲜成为日本的势力范围。

参考资料

1. 关庆凡，崔建伟：《19 世纪末中日两国对朝鲜政策探析》，《齐齐哈尔大学学报》，2010 年第 1 期。

题目 2　论述 19 世纪 80—90 年代的中日关系和远东格局

相关真题　2021 年山东师范大学；2019 年南开大学；2018 年山西师范大学

19 世纪 80—90 年代，明治维新后日本迅速崛起，对外扩张的野心日益显露。与此同时，清朝虽然力图保持在远东的影响力，但逐渐显现出力不从心的局面。

（一）19 世纪 80—90 年代的中日关系

1. 壬午政变。1882 年，朝鲜政府效法日本进行军制改革，淘汰旧军队。被淘汰的军队发生叛乱，杀死日本军事教官，烧毁日本公使馆，即"壬午兵变"。后日本强迫朝鲜签订《济物浦条约》，规定朝鲜对日赔款，同意日军进驻公使馆，进一步加速了朝鲜的殖民化进程，也加剧了中日在朝鲜的矛盾。

2. 甲申政变。1884年，日本支持朝鲜开化派发动甲申政变，被袁世凯领导的清军成功平息，这一事件进一步激化了中日在朝鲜的矛盾。

3. "巨文岛"事件。1885年，英国军队占领朝鲜南部的巨文岛，在朝鲜坚决抗议之下，清政府联合日本、俄国、德国等国对英国施加压力，最终英国军队撤出巨文岛。巨文岛事件的成功解决虽然巩固了清政府的宗主国地位，但同时也加强了朝鲜背清的倾向，为日后中日之间的冲突埋下了伏笔。

4. 长崎事件。1886年，北洋水师造访日本长崎，部分中国水兵上岸购物时违反军纪，遭到日方警察报复，数百名警察对中国水兵挥刀砍杀，双方互有死伤。后在英、德公使的调停下以双方的妥协、互相赔偿告终，中日关系再度紧张。该事件后，日本加快了海军军备的建设，为后来的甲午中日战争埋下伏笔。

5. 甲午中日战争。1894年，甲午中日战争爆发，清政府战败，日本开始主导远东地区事务。1897年，朝鲜宣布与中国断绝宗藩关系，成立大韩帝国，朝鲜成为日本的势力范围。

（二）远东格局

1. 日本取代中国，开始主宰远东事务。甲午战后，日本一方面同英国结盟，共同瓜分亚洲，一方面又通过战争手段攫取了中国台湾、朝鲜等地区。中国的宗藩体制逐渐瓦解，日本取得了在东亚乃至亚洲的政治外交主导权和发言权，成为甲午战后主导东亚国际关系秩序的"盟主"。

2. 西方列强的干预进一步削弱了中国在远东地区的影响力。《马关条约》签订后，清政府割让辽东半岛予日本。1895年，俄国、德国与法国以提供"友善劝告"为借口，迫使日本在索要赎辽费的前提下把辽东还给中国。三国的外交胜利，开启了列强瓜分中国之端。

19世纪末，东亚格局发生了重大的转变，以中国为中心的旧有宗藩体制逐渐瓦解，日本开始主导亚洲地区的事务，并和其他列强一起掀起了瓜分中国的狂潮。

参考资料

1. 万芳：《再谈中日关系史分期的标准问题——比较汪向荣和苏崇文关于中日关系史划分问题的观点》，《读与写》，2010第9期。
2. 陈景彦：《浅论近代中日关系史分期问题》，《东北亚论坛》，1994第4期。

题目3 概述甲午中日战争到1945年中日关系演变

相关真题 2022年延边大学；2021年山东师范大学；2020年北京大学；2019年中国社会科学院大学；2018年陕西师范大学；2013年南开大学

中日两国在历史长河中的交往复杂多变，特别是从19世纪末至二战结束，彼此间的军事冲突深刻塑造了双方关系。

（一）1894—1911年，日本开始并逐渐加深对中国的侵略

1. 甲午中日战争及《马关条约》。清政府在甲午中日战争中失败，被迫签订《马关条约》，对日本进行了大量赔款，并开放内地通商口岸和允许日本在华设厂，使中国的半殖民地程度进一步加深。

2. 三国干涉还辽。《马关条约》签订后，清政府割让辽东半岛给日本，后俄国、德国与法国以提供"友善劝告"为借口，迫使日本在索要3000万两赎辽费的基础上把辽东还给了中国。三国外交的"胜利"，激起了帝国主义瓜分中国的野心。

3. 《中日通商行船条约》。1896年，《中日通商行船条约》签订，中国允许日本在各通商口岸设领事，准日人往来居住、投资设厂等；日本对华贸易援引列强通例，免除厘金等一切杂派；日本享有领事裁判权和片面最惠国待遇。

4. 日俄战争与《中日会议东三省事宜条约》。1904年，日俄战争爆发，1905年日本获胜，双方签订《朴茨茅斯条约》，俄国将从中国攫取的旅大租借地、中东铁路等权益转交日本。同年，中日签署《中日会议东三省事宜条

约》，清政府再次向日本让渡东北地区权益，日本重返辽东半岛。

(二) 1912—1927 年，日本扩大在中国的政治、经济影响力

1. 1915 年，日本提出"二十一条"，并与袁世凯政府签订"民四条约"，中国承认日本可以继承德国在山东所享有的一切权益，扩大日本在南满、东蒙地区的各种利权等。

2. 1917 年，段祺瑞为实现南北"武力统一"，出卖国家利益，向日本进行了"西原借款"，中国山东和东北的大量铁路、矿产等权益划归日本。

3. 1919 年，巴黎和会上，德国在山东的权益被转交给日本，引发了国内的五四运动，最终中国代表没有在和约上签字。

(三) 1927—1930 年，从亲日到中日关系紧张

1. 日本支持"四一二"反革命政变。日本为了压制中国的共产主义发展和革命活动，积极给蒋介石和国民党右翼以资金、武器及情报援助，支持蒋介石发动"四一二"反革命政变。

2. 1928 年 5 月 3 日，国民革命军在北伐途中经过济南，日本以保护侨民为由出兵济南，并屠杀中国军民，制造了"五三惨案（济南事件）"。此事件粉碎了国民党对日工作的全部希望，使国民党放弃了以日本为外交中心的取向。

(四) 1931—1945 年，国民政府对日绥靖

1. 1931 年九一八事变。1931 年 9 月 18 日，日本关东军突然袭击沈阳并在随后迅速侵占了东北地区。

2. 建立伪满洲国傀儡政权。1932 年，日本撺掇溥仪秘密逃至东北，在长春建立了日本的傀儡政权伪满洲国。

3. 日本向关内扩张。1933 年，日军进犯长城沿线，长城抗战爆发，中国战败，双方签订了《塘沽停战协定》，默认日本占领东三省和热河。1935 年，日本通过"河北事件"及签订的《何梅协定》、"张北事件"及签订的《秦土协定》、"华北五省自治运动"等，控制了华北大部分地区。

4. 中国开始全面抗战。1937 年"七七事变"后，中国人民掀起全面抗战，国共两党再次合作，建立抗日民族统一战线，开辟正面战场和敌后战场对日作战。1945 年，日本最终宣布无条件投降。

总之，从甲午中日战争到 1945 年，中日关系经历了由合作转为对抗，再到全面战争的过程。日本的侵略行为不仅影响了中日关系，也对整个东亚乃至世界格局产生了深远影响。

参考资料

1. 张海鹏：《近代中日关系的历史回顾》，《日本学刊》，1995 年第 5 期。
2. 臧运祜：《〈马关条约〉与近代中日关系》，《湖南师范大学学报》，2018 年第 1 期。
3. 石源华：《蒋介石与民国时期的中日关系》，《世界知识》，2010 年第 1 期。
4. 万芳：《再谈中日关系史分期的标准问题——比较汪向荣和苏崇文关于中日关系史划分问题的观点》，《读与写》，2010 年第 9 期。
5. 陈景彦：《浅论近代中日关系史分期问题》，《东北亚论坛》，1994 年第 4 期。

题目 4 论述 1895—1919 年中日的政治、文化关系

相关真题 2016 年历史学统考

甲午中日战争后，中国开始以派遣留学生等方式向日本学习，直到 1919 年因日本要求转让德国在山东的权益，中国国内掀起反日浪潮。这期间的中日关系在以冲突为主线的背景下同样存在着一些客观上的借鉴合作。

(一) 政治关系

1. 日本加深对中国的侵略。1895 年甲午中日战争中国战败后，签订《马关条约》，中国割让辽东半岛、台湾岛及其附属各岛屿、澎湖列岛给日本，赔偿日本 2 亿两白银，增开沙市、重庆、苏州、杭州为商埠，并允许日本在中国的通商口岸投资办厂。中国丧失了大量的领土和主权，进一步沦为半殖民地半封建社会。

2. 日本参与了瓜分中国的活动。1900 年，日本成为八国联军中的重要一员，并在次年参与逼迫中国签订《辛丑条约》，获得了大量政治上、经济上的特权。

3. 攫取经济利益。辛亥革命后，日本政府支持袁世凯的北洋军阀统治，逼迫中国签署"二十一条"，试图继承

德国在山东享有的一切权益，扩大在南满、东蒙的各种利权等。一战爆发后，日本占领了以青岛为中心的胶州湾地区，随后又攫取了在东北等地驻军的权利以及大量的经济利益。

4. 侵犯中国主权，引发五四运动。一战结束后，日本要求继承德国在山东半岛的势力范围和一切权益，侵犯了中国的主权，巴黎和会不顾中国抗议，同意日本的请求，激发了中国国内民众的民族主义情绪，五四运动爆发，中国掀起了反日浪潮。

（二）文化关系

1. 中国开始学习日本。日本通过明治维新迅速强大后，成为中国学习的对象。如一些中国不曾有的政治、经济、军事术语，皆来自日文的翻译，这促进了西方政治思想和科学技术在中国的传播，进而促进中国在思想文化层面的近代化。

2. 留日运动兴起。1905年，日本在日俄战争中击败了强大的俄国，推动了清政府的立宪运动，促进了留学日本风潮的兴起。一些先进的知识分子纷纷留学日本，如革命志士黄兴、秋瑾、著名作家鲁迅等。

综上所述，从1895年甲午中日战争到1919年巴黎和会的召开，中日间的政治、文化关系互相影响，不断演变。

参考资料

1. 王宝平：《日本东京所藏近代中日关系史档案》，《历史档案》，2000年第3期。
2. 陈旭麓：《近代中国社会的新陈代谢》，上海社会科学院出版社，2005年。

题目 5　论述1927—1937年国民政府对日政策脉络

相关真题　2024年河南师范大学；2023年湖北师范大学；2016年华中师范大学

1927—1937年，国民政府的对日政策不断发生变化，有其深刻的原因和复杂的国际国内背景。

（一）1927—1931年：国民政府由亲日转向放弃亲日

1. 以日本为外交重心，谋求建立中日合作关系。1927年南京国民政府正式建立后，其外交重点发展与各列强的关系。南京国民政府放弃了大革命时期的反帝联俄外交政策，转而与英、美、日等国寻求协调。国民政府起初将日本视为外交重心，积极与之建立稳定的工作关系，以获取日本对北伐的支持。

2. 放弃联日政策。1928年蒋介石复出后，希望在北伐前缓和中日紧张关系，创造有利的国际环境。他派遣有深厚日本关系的殷汝耕为驻日代表。然而，1928年5月济南惨案的发生打破了蒋介石对日本的幻想，迫使其放弃了联日政策。

（二）1931—1935年：国民政府奉行"攘外必先安内"政策

1. 1931年9月18日，日军突然袭击沈阳，侵占东北。事件发生后，蒋介石奉行"攘外必先安内"政策，对日进行妥协。

2. 1933年日军侵占热河的"热河事件"爆发，国民政府在消极抵抗无效后，派亲日派北上妥协求和，与日本签订了《塘沽协定》，实际承认了日本占领东三省及热河的事实，划绥东、察北、冀东为日军自由出入地区，便利了日本进占整个华北。

3. 1935年，日本开始向关内扩张，在华北地区制造了一系列事件，如"河北事件""张北事件"和"华北五省自治运动"等。这些事件之后，国民政府在谈判中委曲求全，处处让步，签订了《何梅协定》《秦土协定》等条约，使中国在河北的主权丧失。

（三）1935—1937年：国民政府对日强硬，走向全面抗日

1. 对日态度转向强硬。"华北事变"严重威胁到国民政府的统治，加之国内抗日运动的高涨，迫使国民政府开始对日本态度强硬。

2. 与日本进行军事对抗。1936年西安事变的和平解决为国共联合抗日奠定了基础。1937年9月，国民党发表《中国共产党为公布国共合作宣言》，国共两党实现第二次合作。

综上所述，1927—1937年南京国民政府的对日政策经历了由合作转向到最终强硬的过程，反映了其对日态度的复杂性和时代背景下的战略选择。

参考资料

1. 石源华：《蒋介石与民国时期的中日关系》，《世界知识》，2010年第1期。
2. 赵延宁：《南京国民政府对日政策变迁（1927—1937）》，《学理论》，2009年第19期。
3. 刘丽丽：《九一八事变后南京国民政府对日政策的演变》，《民国档案》，2015年第4期。

题目6 论述战后中日关系

相关真题 2021年山东师范大学；2013年河北师范大学

受逐渐形成的国际冷战格局和中日之间领土和历史遗留问题的影响，二战后中日关系呈现出复杂多变的特性，大体上可以划分为三个阶段。

（一）冰封期（1945—1972年）

1. 特殊时期。1945年到1949年新中国成立之前，日本作为二战战败国丧失了外交权，属于尚未获得独立的国家。此时的中日关系表现为中国单方面地处理日本难民、战俘等问题。

2. 关系恶化。1949年新中国成立后，日本追随美国敌对中国的政策。1951年，美日签订了《旧金山和约》，无视《开罗宣言》和《波茨坦公告》等国际协议。日本还与中国台湾签订"日台条约"，采取对中国政权的不承认和孤立政策。1964年佐藤荣作上台，实施"一中一台"和"政经分离"政策，加之中国国内出现"文化大革命"动乱，中日关系急剧恶化。

3. 两国民间交往。1952年高良富等日本国会议员带着经济界人士来到苏联和北京，签订了第一次中日民间贸易协定。1962年，廖承志和日本前通商大臣高碕达之助共同签署了《中日长期综合贸易备忘录》（也称"LT备忘录"），达成了1963年至1967年为期五年的长期贸易协定，为后续邦交恢复奠定了基础。

（二）暖春期（1972—1991年）

1971年中国恢复联合国席位、1972年"尼克松冲击"等事件后，日本开始迫切寻求中日邦交正常化。1972年田中角荣访华和《中日联合声明》的签订，标志着中日两国正式建交。1978年《中日和平友好条约》的签订，将两国关系提升至友好国家层面。1991年海部俊树访华，打破了1989年后西方国家对中国的政治孤立。

（三）发展期（1991年以后）

1992年，日本明仁天皇访问中国，成为历史上首位访华的日本天皇。1998年，江泽民对日本进行国事访问，这也是中国国家元首首次访日。访问期间，两国发表《中日联合宣言》，有力促进了两国关系发展。21世纪初，小泉纯一郎多次参拜靖国神社，使中日关系更趋复杂。

总之，一个和平繁荣的亚洲，离不开稳定的中日关系；渴望友好、热爱和平的两国人民需要健康的中日关系，我们应求大同、存小异，使两国关系健康发展。

参考资料

1. 吴廷璆：《日本史》，南开大学出版社，1994年。
2. 宋成有：《新编日本近代史》，北京大学出版社，2006年。
3. 吴于廑，齐世荣：《世界史·现代史编》，高等教育出版社，2011年。
4. 程蕴：《"一带一路"背景下的中日关系：竞争性互惠结构的内涵与作用》，《日本学刊》，2019年第4期。

第四节 中德关系史

题目1 论述清末民国时期中德关系

相关真题 2024年南开大学

中国与德国作为亚洲和欧洲具有影响力的国家，在本地区政治、经济、文化等各个方面的发展中都扮演着举足轻重的角色。

（一）晚清时期（1840—1919年）

1. 19世纪60—90年代。①德国侵略中国。1861年，德国开始以侵略者的身份加强对华影响，通过《中德通商条约》，获得在中国的司法和关税特权，以及在广州、上海等地的通商自由。②清朝向德国学习军事和技术。在洋务运动期间，北洋海军的主力舰队"定远""镇远"及其他部分舰船购自德国，1884年李鸿章订购德国铁路设备，1895年，中国成为德国战争物资的主要买家。

2. 19世纪末至20世纪。①德国参与三国干涉还辽。《马关条约》签订后，日本要求中国割让辽东半岛，德国参与三国干涉还辽，迫使日本把辽东还给中国，但德国借此获得了在汉口和天津设立租界的特权。②强租胶州湾。1896年，德国借"巨野教案"强行占领了山东胶州湾。1898年，强迫清政府订立《胶澳租界条约》，规定将青岛及其胶州湾租借给德国99年，山东遂成为德国的势力范围。③参与八国联军侵华和克林德事件。1900年，德国作为八国联军之一入侵中国，其间，德国驻华公使克林德开枪打死义和团民众，后在与清军冲突中被杀。德国借此肆意勒索，不仅在《辛丑条约》获得诸如赔款、驻军等权益，还让清政府派亲王赴德道歉并为克林德立碑。④清政府仿用德国军制。清末新政中，清政府以德国陆军为蓝本编练新军，据德国军制，将全军分为步、炮、马、工程、辎重各兵种，军装仿照德式、武器采取德械，并请德国军人做军事顾问和教官，中德军事合作更加密切。

（二）北京政府时期（1912—1927年）

1. 中国对德宣战。一战初期，北洋政府保持中立，不干涉同盟国与协约国的矛盾。中国加入协约国后，成为德国的对手，并在一战胜利后废除了与德国的不平等条约。

2. 中德关系正常化。1921年，中德签订《中德协约》，恢复友好和商务关系，德国成为首个放弃在华不平等条约的西方大国。

（三）南京国民政府初期（1927—1937年）

1. 进行经贸合作。1934年，中德签订《中德货物互换协定》，加强了两国经贸关系。

2. 加强军事交流。南京国民政府派出考察团赴德，并聘请德国军事顾问团，1936年签订《德华信用借款合同》，增强中国军队实力。

（四）抗战时期（1937—1945年）

1. 中德关系恶化。1937—1938年，中日战争升级，德国转向与日本合作，中德关系逆转，德国停止向中国提供军事援助，召回驻华大使。

2. 中德正式断交。1940年9月，德国、意大利、日本结成政治和军事同盟，德国支持日本的"大东亚新秩序"。1941年12月8日，中德双方正式断交，中国对日、德、意宣战。

（五）国共内战时期（1945—1949年）

二战后，德国分裂成联邦德国和民主德国，与中国的外交进入停滞状态。1949年新中国成立后，与同属社会主义阵营的民主德国建立外交关系。

综上所述，在清末民国时期，中德关系复杂且不稳定。德国曾同其他列强一样侵略中国，同时也是中国的学习对象。

参考资料

1. 桂景：《论20世纪30年代中德关系之演变》，湖北大学2012年硕士学位论文。
2. 李道明：《民国时期中德关系的发展与变迁》，《新西部》，2015年第17期。
3. 左双文，王英俊：《民国时期中德关系研究述评（1927—1949）》，《史学集刊》，2013年第1期。
4. 张根北：《抗日战争时期中德关系研究》，《北京科技大学学报》，2006年第4期。
5. 吴景平：《从胶澳被占到科尔访华——中德关系1861—1992》，福建人民出版社，1993年9月。
6. 汪秋菊：《中德关系的演变（1933—1938）与驻德大使程天放》，安徽大学2020年硕士学位论文。

第五节 中印关系史

题目1 论述中印边界问题的历史与现状

相关真题 2019年中国社会科学院大学

中印边界问题是中印关系中的一个重要和复杂的问题，其根源可追溯至英国的殖民统治时期。20世纪五六十年代以来，这一问题一直是中印两国关系中的严重隐患。

（一）问题由来

1. 边界划分。中印边界习惯上被分为东、中、西三段。东段是指不丹以东的中印边界；中段指尼泊尔和印控克什米尔之间的边界；西段则是印控克什米尔同中国的边界。由于历史原因，中印双方对边界的具体走向存在广泛分歧。

2. 问题由来。19世纪以前，两国并未发生过边界争端。1936年以后，英国在印度殖民统治期间制定的"麦克马洪线"被英国视为中印边界，此线将传统上属于中国的9万平方公里土地划归印度和缅甸，历届中国政府从未承认此线，印度独立后却以此线作为中印边界，引发争议。

（二）发展历程

1. 20世纪五六十年代：中印关系紧张。

在中段，印度于1954年侵占喜马拉雅山南面的中国领土。在东段，自1959年起，印度军队多次越过边界线进入中国境内，引发冲突。在西段，1959年，中印双方在喀喇昆仑山发生冲突。中国政府多次提出友好协商，但印度拒绝谈判。1962年，中国军队进行自卫还击，击退印军，中印关系陷入低谷。

2. 20世纪七八十年代：中印关系逐步正常化。

①1971年，印度议会通过法案，将中国领土命名为"阿鲁纳恰尔"中央直辖区，侵犯中国领土主权。

②1981年，中印就边境问题展开会谈，但印度依旧想侵占我国领土。1987年，双方达成初步缓和，开启第八轮中印官员会谈。

③1988年，印度总理拉·甘地访华，中印就边界问题进行深入讨论，为推动两国关系缓和及边界问题解决发挥了重要作用。

3. 20世纪末至21世纪初：中印关系波动，双方积极沟通。

①协商解决争端。20世纪90年代初期，中印双方领导人互访，就边界问题达成了一些重要协定。1998年5月，印度以"中国威胁"为借口进行了五次地下核试验，中印关系严重受挫。1999年2月，中印两国外交部官员在北京举行会晤，确认中印互不构成威胁。

②绘制和接纳领土地图。2001年6月，中印联合工作小组就双方中段争议区取得一些共识。2002年11月正式交换了描绘双方边界控制线的地图。2005年3月，第15次中印边界问题联合工作小组会议在北京举行，商讨了交换西段边界地图事宜。

（三）影响

1. 促使中印两国建立起边界事务磋商和协调机制，推动中印边界问题以和平方式解决。

2. 中印边界问题的根本分歧未解决，两国在边界发生多次冲突，影响地区稳定性。随着美国亚太再平衡战略的推行，美国武器开始装备印度军队，进一步推动了美印两国之间的军事合作，激化了中印围绕边界问题的冲突，加剧了亚太地区国家间的博弈。

综上所述，中印边界问题虽有缓和，但依然存在。在国力上升、大国关系动态均衡的背景下，边界问题可能超越双边层面，影响区域稳定、秩序构建乃至全球战略均衡。

参考资料

1. 康民军：《试析中印边界问题的历史与现状》，《南亚研究季刊》，2006年第1期。

第六节 中朝关系史

题目 1 论述近代中朝外交关系

相关真题 2022 年延边大学

近代中朝关系的历史演变是复杂而曲折的,从传统的宗藩体系逐渐转变为现代国际关系的一部分。尤其是 19 世纪后期至 20 世纪初期,中朝关系经历了深刻变革。

(一)传统宗藩关系瓦解(1840—1895 年)

1. 清朝对朝鲜政策转变。在 1856 年之前,中国和朝鲜尽管受到西方势力的侵略或袭扰,但仍保持着传统的宗藩关系。朝鲜在遭遇外交危机时,如英法舰队闯入领海,会主动向清朝汇报并请示处理方法。第二次鸦片战争后,清朝转变了对朝鲜的政策,从积极保护转为不干预,导致传统宗藩关系受到冲击。

2. 朝鲜名义上取得独立。19 世纪 60 年代至 90 年代,由于清朝的不干预,朝鲜遭到美国、法国尤其是日本的侵扰。1884 年的甲申政变让日本获得了派遣军队到朝鲜的权力,实际上与清朝平起平坐。1894 年甲午中日战争后签订的中日《马关条约》虽然赋予朝鲜"独立",实际上却让朝鲜成为日本的殖民地。中朝之间结束了长久的宗藩关系。

(二)中朝近代关系建立(1896—1910 年)

1. 平等外交关系建立。朝鲜在 1896 年决定与清朝建立平等的外交关系,并因经济往来加强签订了商约。随后在 1897 年,朝鲜王宣称自己为帝,国名改为大韩帝国。到了 1899 年,中朝两国签订《中韩通商条约》及《中韩边界善后章程》,开启了两国关系的新纪元。

2. 日本吞并朝鲜。日俄战争期间,日本逐步加强对朝鲜的控制,并于 1910 年签订《日韩合并条约》,正式吞并朝鲜,使其成为殖民地。清朝由于自身弱势,无法有效维护朝鲜的独立。

(三)日本殖民时期的朝鲜与中国(1910—1945 年)

朝鲜成为日本殖民地后,丧失了国家主权,中朝传统的外交关系实际上已不复存在。

(四)二战后的中朝关系(1945—1949 年)

1945 年,美苏在朝鲜北纬 38 度线建立临时分界线分别接受日军投降,后演变成军事占领区分界。1948 年,李承晚在美国支持下成立大韩民国,而金日成获得苏联支持建立朝鲜民主主义人民共和国。当时的中国国民政府仅承认李承晚政权,与金日成政权敌对。1949 年 10 月中华人民共和国成立,当月便与金日成领导的朝鲜正式建立友好外交关系,为中朝关系开启了新篇章。

综上所述,《马关条约》签订后中朝之间传统的宗藩关系彻底改变,此后日本吞并朝鲜,中朝外交不复存在。二战后,韩国、朝鲜独立建国,中朝外交关系进入新的阶段。

参考资料

1. 王俊祥:《论甲午战后中朝关系的演变》,东北师范大学 2006 年硕士学位论文。
2. 郭宁宁:《论近代"中朝"关系的演变》,扬州大学 2010 年硕士学位论文。

第七节 中法关系

题目 1 论述新中国成立后的中法关系

相关真题 2022 年湖北大学

新中国成立后的中法关系经历了由初步接触到建交,再到深化合作的过程,尽管中途经历了一些波折,但整体上展现出积极发展的趋势。

(一)新中国成立到改革开放前夕的中法关系(1949—1978 年)

1. 中法对立。新中国成立初期,法国在美国"不承认"新中国的态度和冷战两极格局的压力下,持反华亲台政策，与新中国关系冷淡。

2. 打破政治僵局。1958年，戴高乐上台后，法国开始推行独立自主的外交政策，反对美国霸权，逐步退出北大西洋公约组织。1964年，中法正式建交，这是西方大国中首个与新中国建立正式外交关系的国家，标志着中法关系出现重大转变。

3. "非常年代"中的中法关系。1966年中国爆发"文化大革命"后，外交上体现"左"倾特点。法国受中国对外革命输出的影响，发生了学生罢课、工人罢工的"五月风暴"群众运动，对两国关系产生严重冲击。1973年，法国总统蓬皮杜访华，这是西方国家中第一位应邀正式访华的元首，推动双方在航空、电气等多个领域的合作与交流，并开通北京到巴黎的空中航线。1975年，邓小平正式访问法国，进一步加强了两国的关系。

（二）改革开放后的中法关系（1978年至20世纪90年代）

1. 曲折中的发展。1979—1986年，中法两国高层领导人频繁互访，推动中法经贸科技合作。1989年，法国对中国台湾出售武器，使两国关系陷入低谷。此外，在国际人权问题上的斗争中，两国的观点和立场也有较大分歧。这些为两国关系的正常发展制造了障碍。

2. 20世纪90年代的恢复与发展。1994年，法国总理巴拉迪尔访华，促使中法关系正常化。同年，中国领导人江泽民访法，提出和法国发展关系的四个基本原则。1997年，两国签署面向21世纪的全面伙伴关系联合声明，为长期合作奠定了基础。

3. 亚欧合作背景下的中法关系得到显著加强。1996年，首届亚欧会议的成功召开促进了两洲间的友谊。紧接着，1997年两国建立了"面向21世纪的全面伙伴关系"，标志着双边关系的新高度。1999年，江泽民对法国的第二次访问进一步深化了这一全面伙伴关系。

总之，中法两国建交以来，关系经历了起伏。两国关系的发展不仅对双方有利，也促进了世界多极化和平与发展的进程。

参考资料

1. 李军，周小军，华岚，唐小玲：《中法建交背景及原因浅析》，《国际关系学院学报》，2005年第2期。
2. 唐军：《"突发的外交核爆"——中法建交揭秘》，《档案春秋》，2015年第1期。
3. 徐晓亚等：《百年法国关系》，世界知识出版社，2006年。

第八节 多边关系

题目1 论述1850—1860年英、法、俄彼此的斗争和在侵华问题上的勾结

相关真题 2018年历史学统考

这一时期，英国、法国和沙俄作为当时世界上的主要强国相互斗争，并在侵华问题上勾结，对国际局势和中国发展产生了重要影响。

（一）英、法、俄之间的斗争

1. 英、俄、法关于克里米亚的争夺。1854年，英法反对俄国在克里米亚建立海军基地，加入克里米亚战争，最终俄国战败。俄国在黑海方向的扩张遭到限制，转而加强了其在东亚的扩张。

2. 英俄在中亚地区的矛盾。英俄在中亚地区矛盾激烈，尤其是在阿富汗、中国的新疆和西藏地区都存在争夺关系。两国最终通过1907年的《英俄条约》将阿富汗划为缓冲区，形成"瓦罕走廊"。此外，英俄争议还涉及远东地区，主要集中在中国外东北和黑龙江口地区。

3. 英法在北非的矛盾。英法之间的矛盾主要集中在北非地区，特别是埃及和苏伊士运河，双方围绕苏伊士运河的开凿和控制权展开了激烈争夺，虽然法国迫使奥斯曼苏丹屈服而获权开凿，但运河开通后，运河公司被奥斯曼帝国卖给了英国。

（二）三国在侵华问题上的勾结

1. 英、法发动第二次鸦片战争。英法以"亚罗号事件"和"西林教案"为借口，联合发动第二次鸦片战争。战争后，清朝被迫与英、法、俄签订《天津条约》和《北京条约》，英、法等列强获得外国公使进入北京、增开商埠、在长江各口岸自由航行、5%的极低关税等特权，导致外国侵略势力深入内地，中国半殖民地化程度加深。

2. 俄国趁火打劫。在英、法与清朝冲突期间，俄国以调停为由，迫使清政府签订《瑷珲条约》，侵占了我国外东北60多万平方公里的领土，乌苏里江以东地区则划为中俄"共管"。

3. 英、法、俄助清镇压太平天国运动。太平天国运动时期，英、法、俄等国多次支持清政府镇压太平天国，甚至清政府直接雇佣洋人武装帮助围剿。最终太平天国在中外势力的联合镇压下失败。

总之，这一时期，英国、法国和俄罗斯在全球范围内既争斗又共同勾结侵华，不仅影响了各国之间的动态平衡，也对中国的近代化进程产生了深远影响。

参考资料

1. 刘宗绪：《世界近代史》，北京师范大学出版社，2004年。

题目2　论述太平洋战争期间中国和英美的关系

相关真题　2017年湖南大学；2014年南京大学

在太平洋战争期间，中国与英美在共同对抗日本的同时，也存在着各自的利益考量和矛盾，中国和英美的关系经历了复杂的发展过程。

（一）中美关系

1. 确立盟友关系。1941年，美国因珍珠港事件直接介入太平洋战争。同年，罗斯福和丘吉尔召开会议，草拟《联合国家宣言》草案，同盟国形成，中国成为盟国成员。美国政府给国民政府提供了军事和物资援助，支持中国抗日。

2. 加强军事合作。1942年，《联合国家宣言》正式通过，中国成为盟国四强之一，确定了日后联合国安理会常任理事国的地位。随后，美英加强了对华军事援助与合作，如飞虎队的支援、兰姆伽训练基地的建立等。

3. 外交关系加深。1943年中美签订《中美新约》，美国率先废除在华治外法权等一系列特权，西方国家纷纷效仿。同年，蒋介石与美国总统罗斯福、英国首相丘吉尔会晤，发表《开罗宣言》，规定战后日本将所侵占的中国东北、台湾、澎湖等领土归还中国，中国的国际地位大为提高。

4. 中国共产党与美国的关系。①1944年年初，罗斯福政府派遣迪克西使团访问延安，建立了美国与中国共产党最高领导的直接联系和友好合作状态。②1945年，美国在日本接近战败时，意识到战后苏联和共产主义的威胁，因而确立了全力支持国民政府、反对共产党的方针，对中国共产党实施压制。

5. 中美之间的冲突。1941年太平洋战争爆发后，史迪威与蒋介石在对日作战的战略方针及有关问题上发生矛盾斗争，美国总统罗斯福应蒋介石要求从中国战区召回史迪威，此即史迪威事件，该事件深刻地影响了中美两国后续的政治走向。

（二）中英关系

太平洋战争时期，中英之间既有合作也存在分歧。由于中国与英国存在"殖民主义与反殖民主义"的根本性矛盾，中英之间关系冲突更强烈。

1. 中国远征军入缅作战。1942年，日军开始进攻缅甸，英缅军节节败退，英国向中国求援，中国组建了远征军入缅作战。但由于得不到英缅军的有力配合，中国远征军被迫撤退。1943年，经过休整的中国远征军从印度和云南再次出击，进攻缅甸的日军。中国远征军浴血奋战，重创日军，打通了中印公路，使得国际援华物资源源不断地运入中国，为盟军收复全缅甸创造了有利条件。

2. 香港和西藏问题。中国坚持收回香港和维护西藏主权的立场，引起英国的强烈反应，导致双方关系紧张。中英合作远没有中美合作亲密。

总之，在太平洋战争期间，中国与英美两国的关系不如同盟关系那样稳固，存在着许多国家利益上的分歧，这对战后中西方关系的发展产生了深远影响。

参考资料

1. 王仰清，许映湖：《略论太平洋战争初期的中美英关系》，《史林》，1988年第1期。

题目3　论述1937—1945年苏日、苏中关系

相关真题　2017年历史学统考；2013年四川大学

1937—1945年，苏联在抗日战争中的角色经历了明显的变化，其对日本和中国的政策随着欧洲战场局势和自身利益的变化而调整。

（一）苏日关系

1. 1937—1939年的矛盾冲突期。在这一时期，日本加强与德国的合作，企图北上占领苏联领土，因而频频在苏联边境地区挑起事端，顶点是1938年的张鼓峰事件和1939年的诺门坎事件，日本发动对苏武装进攻，但遭遇惨败，后日本意识到苏联在远东地区依旧强大，遂转向与苏联保持和平。

2. 1939—1944年的暧昧合作期。随着欧洲局势的紧张，苏联为避免在远东地区开辟第二战场，于1941年和日本签订《苏日中立条约》，苏联承认了日本在满蒙的事实，停止对华军事援助，损害了中国在东北和外蒙古的主权。

3. 1945年的交战期。1945年雅尔塔会议后，苏联承诺在欧洲战场结束后出兵中国东北，打击日本关东军。1945年8月，苏联对日宣战，出兵中国东北，迅速肃清关东军，加速了日本的无条件投降。

（二）苏中关系

1. 1937—1941年友好合作期。苏联希望借中国牵制日本，因而在初期积极支持中国抗日，提供了大量军事和经济援助，并派遣军事顾问和援华志愿航空队到中国，直接参加抗日战争，同时也转运了诸多苏联援华物资，为中国的抗日事业做出重要贡献。

2. 1941年关系冷淡。苏联为避免两线作战，于1941年与日本签订了《苏日中立条约》，规定相互尊重领土完整，互不侵犯；缔约一方若受到第三国攻击时，另一方保持中立；条约有效期为5年等。苏联承认了日本在满蒙的既成事实，停止对华援助，导致中苏关系走向冷淡。

3. 1942—1945年，两国仍是反法西斯战争的盟友。中苏关系虽然在苏日条约签订后转向冷淡，但仍然是反法西斯的盟友。1945年雅尔塔会议后，苏联答应出兵中国东北，加速了中国抗战胜利的到来。1945年8月，《中苏友好同盟条约》签订。条约规定了东北战后事宜，造成了外蒙古最终独立的局面。

总体来看，苏联的对华和对日政策在不同阶段显示出显著的战略调整。这不仅影响了苏中、苏日关系，也对远东地区的局势产生了重要影响。

参考资料

1. 田保国：《民国时期中苏关系（1917—1949）》，济南出版社，1999年。

题目4　论述1840—1978年中国和美英之间的国际关系

相关真题　2024年江汉大学；2021年兰州大学；2015年首都师范大学；2005年中国人民大学

鸦片战争以来，清政府不得不开放国门，中国与英美等主要西方国家建立了深刻且复杂的关系。

（一）中美关系

1. 晚清政府时期（1840—1912年）

1844年，中美签订《望厦条约》，美国获得了英国在《南京条约》中所享有的一切权利，并扩大了领事裁判权等。1899年，美国提出了"门户开放"政策，确保中国市场对美国开放。1901年，美国参与八国联军侵华，迫使清政府签订《辛丑条约》，美国获得巨额赔款。

2. 北洋政府时期（1912—1927年）

北洋军阀掌权后，美国支持亲美派军阀，如袁世凯、黎元洪等，并参与军阀混战。1917年，美国介入中国的"府院之争"，加剧了中国政局的不稳。1919年，美国拒绝了中国在巴黎和会上关于收回山东主权的要求。20世纪20年代，美国在直皖战争和直奉战争中支持直系军阀，进一步增强了其在中国的影响力。

3. 南京国民政府时期（1927—1949年）

20世纪30年代，美国对中国提供了一定的财政援助和政治支持。在抗战期间，中美成为战时盟友，共同抗击日本侵略。国共内战时期，美国政府为了反苏反共的需要，支持蒋介石政权，继续帮助国民党整训国军，增加其装备规模，并提供大量武器援助。

4. 中华人民共和国时期（1949年以后）

中美关系从最初的对立逐渐走向缓和。1950年朝鲜战争爆发后，中美关系达到冰点。随着20世纪60年代中苏关系紧张，美苏竞争加剧，中美关系逐步改善。1971年的"乒乓外交"以及1972年的尼克松访华，为中美关系正常化奠定了基础。1979年，中美正式建立外交关系。

（二）中英关系

1. 晚清政府时期（1840—1912年）

英国通过鸦片战争于1842年强迫中国签订《南京条约》，使中国开始沦为半殖民地半封建社会。1858年，英国通过第二次鸦片战争强迫清政府签订《天津条约》，进一步加深了对中国的侵略。19世纪六七十年代，英国多次侵略中国云南、西藏地区，最终胁迫清政府与之签订《藏印条约》和《藏印续约》。1900年，英国参与八国联军侵华，并于次年与中国签订《辛丑条约》，获得庚子赔款。

2. 北洋政府时期（1912—1927年）

1911年武昌起义后，英国更积极地支持西藏独立，并私自划定"麦克马洪线"，将藏南9万多平方公里的中国领土划入英属印度。英国支持袁世凯称帝，通过《善后借款合同》掌握了在中国盐税征收方面的特权。袁世凯死后，英国继而支持段祺瑞、吴佩孚等军阀，企图控制中国。1925年，英国在上海制造"五卅惨案"，引发了广泛的反帝爱国运动。

3. 南京国民政府时期（1927—1949年）

南京国民政府统治前期，中英关系维持表面和平，后期中英合作共抗日本。南京国民政府成立后，英国表示愿意通过和平谈判解决争端。但在1940年，英国关闭滇缅公路，切断了外部对中国抗战的援助。丘吉尔出任首相后，调整对华政策，加强与中国的合作；中国两次派远征军入缅支援英国作战，共同对抗日本侵略。

4. 中华人民共和国时期（1949年以后）

1954年，英国成为第一个承认新中国的西方大国，与中国建立了"半外交关系"。1967年，中国发生了火烧英国代办处的事件，对两国关系产生了消极影响。20世纪70年代初，中英关系迎来了转机。在第26届联合国大会表决中，英国接纳中国代表，并承认台湾是中国的一个省。1972年3月，中英正式建交，关系走向正常化。

自1840年鸦片战争以来，中国与英美的关系随着各自国家的发展和国际形势的变化而发生了显著变化，从不平等的外交关系逐步走向相互尊重和平等。

参考资料

1. 王为民：《百年中英关系》，世界知识出版社，2006年。
2. 林利民：《遏制中国—朝鲜战争与中美关系》，时事出版社，2000年。

题目5 论述1931—1941年英美远东政策的变化以及对中国的影响

相关真题 2014年历史学统考

1931—1941年，英美的远东政策经历了显著的变化，这一时期，中日战争的爆发直接影响了英美在远东的利益，迫使英美在对华政策上做出重大调整。

(一)政策变化

1. 1931—1937 年，英美对日本的态度主要是妥协与纵容。对于日本侵略中国，英美的关注重点在于保护自身在华利益，对日本的军国主义扩张缺乏足够的重视，对日本的侵华行为采取妥协政策。同时，国联对中国的抗议进行调查，但其报告并未有效遏制日本的侵略行为。

2. 1937—1938 年，英美开始调整对日政策。中国的坚决抵抗促使美国逐渐改变立场。1938 年年初，美国决定以贷款方式支援中国，这标志着美国对华政策的转变。

3. 1938—1941 年，英国追随美国对日政策逐步强硬。1940 年 6 月，法国的失败促使美国重新考虑其远东政策，将中国抗日战争纳入抑制日本南侵的战略考虑。1940—1941 年，美国对日本实施了一系列经济制裁措施，包括对日本的石油出口禁令和冻结日本在美资产。1941 年，美国通过"租借法案"加大对中国的支持，组建志愿航空队和军事代表团帮助中国军队抗战。

(二)对中国的影响

1. 在英美初期的绥靖政策下，日本的野心进一步膨胀，扩大对华侵略，对中国造成了严重破坏，给抗战初期的中国带来了极大的困难。

2. 英美与中国的合作加速了中国抗日战争的胜利步伐。美国对中国主动提供贷款以及英美在反法西斯方面的合作，有效地支持了中国的抗战，为击败日本法西斯创造了有利条件。

总之，1931 年九一八事变后，英美最初采取的对日绥靖政策对中国造成了严重影响，但随着国际形势的变化，英美政策逐渐转向对日强硬，为中国抗日战争的胜利提供了重要的国际支持。

参考资料

1. 王桧林：《中国现代史》，北京师范大学出版社，2016 年。

第九节 外交政策及体制的演变

题目1 论述晚清外交由传统外交向近代化外交的转型 醒吾历史统考预测题

晚清时期，中国外交经历了一场深刻的变革，从传统的朝贡体系向近代化外交体制转型。这场转型包括外交理念的根本变革、外交体制的近代化构建，以及一批具备前瞻性思维的新型外交家的崛起。这些重大变化为中国的近代化外交奠定了基础。

(一)外交观念的转变

在鸦片战争之前，中国的传统外交以朝贡体系为主，中国自认为"天朝上国"，主张以礼仪之邦的身份与其他国家进行交往。随着鸦片战争的失败和列强的入侵，清朝统治者意识到传统的外交理念难以适应新的国际局势，开始学习和采纳西方的国际法和外交惯例。

(二)外交机构的建立

1861 年，清政府成立总理各国事务衙门，处理与外国的政治、军事、贸易等事务，这是我国历史上第一个有近代意义的中央外交机构。第二次鸦片战争后，清政府开始派遣驻外大使和公使，设立驻外使馆和领事馆，参与国际事务和对外谈判，这是中国从闭关锁国向积极融入国际社会的重要转变。

(三)外交人才的培养

清政府培养了郭嵩焘、李鸿章、曾纪泽等外交家，他们熟悉国际法和现代外交规则，能够更加有效地与西方列强交流。清末开始派遣学生到欧美国家留学，学习西方的语言、法律、政治和外交知识，培养近代外交人才。此外，清政府还聘请外国人担任顾问或直接参与外交谈判，以利用他们的经验和知识处理国际事务。

(四)积极应对外交危机

在面对列强的侵略和压迫时，晚清政府尝试通过谈判和外交手段解决争端，如中法战争后的《中法新约》，尽管清政府处于弱势，但这体现了清政府从单纯的军事抵抗向综合运用外交策略转变。

（五）外交策略的多元化

清末外交开始尝试运用更加复杂多样的策略"以夷制夷"，尝试利用列强之间的矛盾维护中国的利益。如在甲午中日战争后，面对日本的巨额索赔，清政府利用俄法德对日本扩张的警惕，争取它们的支持，促成"三国干涉还辽"，消减来自日本的压力。

总体而言，清政府的外交策略是其外交无力和国际地位低下的体现，也反映了当时中国在世界体系中被动挨打的局面。这一时期的外交，为后来中国外交政策的转变和民族独立运动提供了重要的历史背景和教训。

参考资料

1. 章开沅，朱英：《中国近现代史》，河南大学出版社，2009年。

题目2　试述鸦片战争以来签订的不平等条约内容以及中国人民的废约历程

相关真题　2024年西南大学；2024年内蒙古师范大学；2024年暨南大学；2023年南开大学；2022年内蒙古大学；2022年山东师范大学；2022年湖南师范大学；2022年江汉大学；2014年复旦大学

鸦片战争以后，共有23个国家陆陆续续与中国签订不平等条约，中国人民为了维护国家主权的独立完整进行了艰苦卓绝的废约斗争。

（一）不平等条约的签订

1. 19世纪40年代至50年代，鸦片战争后，中英签订《南京条约》，割让香港岛，开放广州、厦门、福建、宁波、上海五个通商口岸，并规定与英国协定关税。后美国和法国也通过《望厦条约》和《黄埔条约》获得了类似的权利。这一系列条约使中国开始沦为半殖民地半封建社会。

2. 19世纪60年代，第二次鸦片战争期间和之后，英法联军迫使中国签订《天津条约》和《北京条约》，进一步扩大了外国在华的权益，包括开放更多的通商口岸和商埠、允许外国人进入内地等权利。这些条约加深了中国的半殖民地化程度。

3. 19世纪末至20世纪初，随着帝国主义列强的侵略加深，中国又签订了《马关条约》《辛丑条约》等，不仅丧失了更多的领土、进行了更多赔款活动，还被迫允许列强在华设厂、在北京驻兵等。中国完全沦为半殖民地半封建社会。

4. 20世纪初至20世纪40年代。1913年，袁世凯政府为消灭南方革命力量，向英、法、德、俄、日五国银行进行了"善后大借款"。作为抵押，中国将盐税和海关税交由外国管理，导致盐税被外国控制。1915年，日本提出"二十一条"，最终北洋政府与之签订"民四条约"，认可日本在山东的权利并扩大其在南满、东蒙的特权。1917年至1918年，段祺瑞政府向日本进行"西原借款"，并将东北的资源和开发权出售给日本，为日本后续侵占东北留下隐患。

（二）不平等条约的废除过程

1. 民国初年，由于国内政局不稳，中国废除不平等条约的想法被迫搁置。

2. 一战后，中国开始尝试废除不平等条约。1917年中国对德宣战后，宣布取消德国在华特权，并在巴黎和会上提出废除不平等条约的要求，但未被列强接受。五四运动后，中国与德、奥签订了废除特权的条约，标志着废除不平等条约的开始。

3. 华盛顿会议上，中国提出修改不平等条约的要求。列强签署了《九国公约》承认中国的主权独立，实质上是由列强共同控制中国来防止日本独占中国。

4. 北洋政府时期，中苏签订了《中苏解决悬案大纲协定》，苏联放弃了在华特权，这是废除不平等条约的重要步骤。

5. 北伐战争期间，国民革命军收回了汉口、九江等地的英租界，这是对不平等条约的直接挑战。

6. 南京国民政府时期，展开"改订新约"运动，在关税自主和废除领事裁判权方面取得了一定成果，但未能完全废除领事裁判权。

7. 太平洋战争期间，中国与美英盟国废除不平等条约，废除了其在华治外法权等特权，并与其他西方国家签署了废除特权的相关条约。

8. 新中国成立后，采取了"另起炉灶"的外交方针，即新中国不承认国民党政府与各国建立的屈辱性的旧外交关系，要在新的基础上重新建立平等的外交关系，使新中国完全挣脱了达百年之久的不平等条约的束缚。

综上，不平等条约的废除是中国近现代史上一项艰巨而漫长的任务，见证着中国政府和中国人民为恢复国家主权和尊严所做的不懈努力，也反映了中国在国际关系中地位的逐步提升。

> 参考资料

1. 侯中军：《近代中国不平等条约及其评判标准的探讨》，《历史研究》，2009年第1期。
2. 王建朗：《中国废除不平等条约的历史考察》，《历史研究》，1997年第5期。

题目3　论述民国北京政府的外交活动

> 相关真题　2023年中南民族大学；2022年陕西师范大学；2022年西北大学；2019年南开大学

民国北京政府时期，军阀割据混战，在外交上既无自由、平等的国际地位，又无可靠的同盟者，始终难以摆脱"弱国无外交"乃至卖国的负面形象，但也进行了争回部分主权的斗争。

（一）加入第一次世界大战

1914年第一次世界大战爆发时，中国宣布中立。但随着日本趁机侵占山东、美国与德国断交等外部因素的影响，以及国内知识分子和政治家对战后秩序的考量，中国于1917年对德国宣战，主要通过派遣劳工参与战争，加速了一战协约国胜利的到来。

（二）参加国际会议

1. 巴黎和会。1919年，中国代表团在巴黎和会上提出解决山东问题、废除"二十一条"、解决德奥问题等要求，山东问题未能解决，且德国在山东的权益被转交给日本，引发国内民众巨大不满，五四运动爆发，中国外交代表最终没在对德和约上签字。中国代表团的坚持和不屈不挠的精神为中国外交开辟了新局面。

2. 华盛顿会议。1922年，中国在华盛顿会议上与日本签订《中日解决山东悬案条约》，收回山东主权，但日本在山东仍保留大量特权。会议上，虽然日本放弃了"二十一条"中部分条款，但中国提出的废除治外法权等要求未能实现。此会议被视为中国外交的象征性胜利，但实质上未能改变中国被列强宰割的局面。

（三）签订国际条约

1. "二十一条"与"民四条约"。1915年，日本向中国提出"二十一条"，企图把中国的领土、政治、军事及财政等都置于日本的控制之下，严重损害了中国的主权。

2. 《中德协约》。一战后，中国与德国单独签订《中德协约》，成为近代以来第一个平等条约。这标志着中国外交进入新阶段，中国以战胜国身份获得了赔偿和最惠国待遇。

3. 《中苏解决悬案大纲协定》。1924年，北京政府与苏联签订了《中苏解决悬案大纲协定》，苏联放弃在华特权，中东铁路移交给中国。尽管在实际执行过程中存在困难，但这一条约是中国外交取得的重大胜利。

4. 修约外交。北京政府积极尝试与各国修约，1926年签订《中比通商条约》，为后来国民政府的"改订新约"运动打下基础。虽然修约过程遭遇重重困难，但体现了北京政府试图改善不平等外交关系的努力。

北京政府时期所进行的一系列外交活动，既有出卖主权的行为，也有积极争取国权、维护国家利益的努力，这些努力为后续中国外交的发展奠定了一定的基础。

> 参考资料

1. 王建朗等：《两岸新编中国近代史》，社会科学文献出版社，2016年。
2. 唐启华：《被"废除不平等条约"遮蔽的北洋修约史（1912—1928）》，社会科学文献出版社，2010年。

题目4　南京国民政府重建外交的努力

> 相关真题　2024年吉首大学；2022年哈尔滨师范大学；2019年湖南大学

20世纪以来，中国与其他国家，特别是英、美、日、俄等大国的联系日益紧密。1927年南京国民政府成立后，外交政策经历了重大转向。

（一）外交政策的转向

1. 联美制日的外交政策。国民政府建立后，将日本视为外交重心，积极与之建立稳定的工作关系，以获取日本对北伐的支持。1928年"济南惨案"后，国民政府向美国倾斜，积极发展与欧美的关系，意图借助其力量制衡日本。如1928年双方签订了《整理中美两国关税关系之条约》，美国率先有条件地承认中国关税自主。

2. 对苏联外交的转变。1927年，国民党发动反革命政变，与苏联断交。1929年，张学良所领导的东北政府为收回苏联在中国东北铁路的特权而与苏联发生军事冲突。九一八事变后，随着日本侵华的加剧，中苏面临共同的敌人，国民政府于1932年恢复与苏联的外交。

（二）改订新约运动

南京国民政府成立后，为了迅速解决经济困难并开发财源，立即发起了"改订新约"运动，其核心内容包括关税自主和废除领事裁判权。

1. 关税自主。国民政府首先同美国签订《整理中美两国关税关系之条约》，随后，除日本外，意大利、英国、法国、德国等国都同中国缔结了新的关税条约，这些条约都在原则上承认了中国的关税自主，使中国的关税收入大为增加。但同时新条约也规定了最惠国待遇，新税率的确定仍受种种限制，关税的行政管理权还受控于外国。

2. 废除领事裁判权。虽然国民政府宣布撤销所有国家在华的领事裁判权，但没有取得结果，英、美、法、日等国未能在此问题上达成共识。国民政府曾于1931年公布了一个管理在华外国人实施条例，但一直未能实行。在抗日战争期间，国民政府终于使英、美等国放弃了其在中国的领事裁判权等特权。

（三）收回租界

由于国民大革命的推动，民族主义思潮在中国迅速升温，收回租界及租借地成为民众的强烈愿望。南京国民政府成立且政治统治稳定后，即就收回租界及租借地的事宜与各国展开了谈判。国民政府经与各国协商，以正式收回、交付赎金等不同方式，先后收回了镇江及厦门的英租界、天津比利时租界、威海卫租借地。

综上，南京国民政府在争取司法主权、领土主权和废除不平等条约方面做出了积极努力。尽管在这个过程中存在向帝国主义妥协甚至出卖国家利益的情况，但从整体上看，这些努力为中国的国际地位提升奠定了基础。

参考资料

1. 章开沅，朱英：《中国近现代史》，河南大学出版社，2009年。
2. 王桧林：《中国现代史》，北京师范大学出版社，2016年。
3. 洪岚：《"济南惨案"与南京国民政府的欧美外交》，《华南师范大学学报（社会科学版）》，2007年第5期。
4. 周生合：《南京国民政府建立初期的外交政策》，《黑龙江史志》，2010第3期。

题目5　简述南京国民政府改订新约运动的过程及评价

相关真题　2022年江苏师范大学；2022年湖南师范大学；2020年西南大学

南京国民政府成立之初，推行"改订新约"运动是其在外交方面的重大举措，有助于推动此后中外不平等条约的废除，提升中国的国际地位。

（一）"改订新约"运动

1. 背景。①1925年，北洋政府开会讨论解决中国的关税自主问题，后因北伐战争爆发，关税自主问题不了了之，但为南京国民政府开展"改订新约"运动奠定了基础。②1928年北洋政府垮台，南京国民政府基本实现统一，国民政府开始在外交方面尝试维护中国在经济、政治等方面的权益。③国内出现了强烈反对帝国主义的声音，国民党内部的冯玉祥、李宗仁等人主张采取强硬外交政策。国民政府顺势提出要废止与列强的不平等条约，在平等的条件下改订新约。

2. 过程。①1928年7月，国民政府发表《对外宣言》，宣布废止与列强的不平等条约，并与美国首先签订

《整理中美两国关税关系之条约》。随后，同德国、挪威、比利时等国签订了新的友好通商条约或新关税条约。这些条约原则上承认中国的关税自主，但同时规定了最惠国待遇。②关于领事裁判权的问题，并未取得显著成果。除日本外，其他五国在新条约中承认取消领事裁判权，但仍有保留。到1937年抗日战争爆发时，英、美、日、法等国仍未同意取消该项权利。

（二）评价

1. 积极方面。"改订新约"运动是废除不平等条约运动的重要组成部分，收回了部分主权，在一定程度上实现关税自主，增加了国民政府的财税收入。此外，"改订新约"运动提升了国家独立自主的形象，让中国获得了国际社会的认可。

2. 消极方面。"改订新约"运动并未从根本上取消帝国主义在华特权，也未使中国成为完全独立自主的国家。在废除领事裁判权和收回租界方面，在一定程度上仍保留了帝国主义的部分特权。

综上所述，南京国民政府的"改订新约"运动虽然取得了一定成效，实现了一定程度上的关税自主，但在彻底废除不平等条约和实现完全独立自主方面仍有不足。这一运动在中国近代外交史上具有进步的历史意义，但其局限性也不容忽视。

参考资料

1. 王玉玲，张晓峰：《改订新约运动新评》，《北方论丛》，1995第1期。
2. 章开沅，朱英：《中国近现代史》，河南大学出版社，2009年。
3. 吴小静：《南京国民政府改订新约运动探析》，《齐齐哈尔师范高等专科学校学报》，2010年第3期。
4. 孙少艾：《南京国民政府改订新约运动评析》，《安庆师范学院学报（社会科学版）》，1995年第5期。
5. 杨静：《南京国民政府的改订新约运动》，《历史教学》，1995年第12期。

题目6 论述"文化大革命"时期的中国外交突破

相关真题 2019年历史学统考；2022年湖北大学；2021年聊城大学；2000年北京大学

20世纪六七十年代，中国的外交政策在"文化大革命"期间经历了重要的转变和突破。这一时期的中国外交不仅受到中苏关系恶化的影响，也因为与美国、日本及欧洲国家关系的改善，以及亚非拉国家的支持而发生重大变化。

（一）中国重回联合国

中国是联合国创始会员国和安全理事会常任理事国之一。1949年中华人民共和国成立后，美国一直阻挠中国重返联合国，联合国的席位被台湾的国民党当局继续霸占。20世纪70年代，美国霸权地位相对衰落，亚非国家在联合国的作用增强。1971年，阿尔及利亚等国向联合国提出决议草案，要求恢复中华人民共和国在联合国的合法权利。经过联合国大会的辩论与投票，中国成功恢复在联合国的合法席位。

（二）中美关系的改善

尼克松在20世纪70年代调整了美国全球战略，通过各种渠道与中国领导人秘密传达改善关系的意图。1971年，中国邀请美国乒乓球队访华，开启了两国人民友好往来的大门。基辛格秘密访华后，双方发表公告，宣布尼克松将访华。1972年，尼克松访问中国，发表《中美联合公报》，标志着中美关系开始正常化，为1979年两国正式建立外交关系奠定了基础。

（三）中日关系的改善

日本在外交上长期跟随美国，从美国对华关系改善中受到冲击。1972年，日本首相田中角荣访问中国，双方发表联合声明，宣布建立外交关系，中日关系实现正常化。

（四）支援亚非国家

中国为一些非洲和亚洲国家提供了经济援助，如20世纪70年代援建非洲的赞比亚和坦桑尼亚的坦赞铁路，支援巴基斯坦建成喀喇昆仑公路（又名中巴友谊公路），援助朝鲜建成平壤地铁等。

（五）外交思想的革新

1. 20世纪70年代，毛泽东提出"一条线"外交思想，即全球同纬度国家联合起来，包括欧洲、日本、中国和美国，共同对抗苏联的威胁。

2. 1973年，毛泽东在会见马里国家元首时提出三个世界划分的战略思想，1974年进一步阐述这一观点，表明中国支持第三世界团结起来，联合第二世界，反对超级大国的霸权。

总之，"文化大革命"时期的中国外交是一个重要的转折点。中美、中日关系的改善，以及中国重回联合国，标志着中国外交政策的重大突破。这些变化不仅增强了中国在国际舞台上的影响力，也为后来的外交发展奠定了基础。

参考资料

1. 王桧林：《中国现代史》，北京师范大学出版社，2016年。

醒吾历史考研系列丛书

313历史学
统考论述题
世界史

LISHIXUE TONGKAO LUNSHUTI

玮鑫 明明 / 主编

北京理工大学出版社
BEIJING INSTITUTE OF TECHNOLOGY PRESS

版权专有　侵权必究

图书在版编目（CIP）数据

313历史学统考论述题：函套2册 / 玮鑫，明明主编.
-- 北京：北京理工大学出版社，2024.7.
ISBN 978-7-5763-4389-2

Ⅰ.K0

中国国家版本馆CIP数据核字第202493WL48号

责任编辑：李慧智	**文案编辑**：李慧智	
责任校对：王雅静	**责任印制**：李志强	

出版发行 / 北京理工大学出版社有限责任公司
社　　址 / 北京市丰台区四合庄路6号
邮　　编 / 100070
电　　话 / （010）68944451（大众售后服务热线）
　　　　　　（010）68912824（大众售后服务热线）
网　　址 / http://www.bitpress.com.cn

版 印 次 / 2024年7月第1版第1次印刷
印　　刷 / 三河市良远印务有限公司
开　　本 / 889 mm × 1194 mm　1/16
印　　张 / 43.5
字　　数 / 1357千字
定　　价 / 149.80元（全2册）

图书出现印装质量问题，请拨打售后服务热线，负责调换

目 录

世界上古中古史

第一章　古代西亚诸文明　2
第一节　苏美尔-阿卡德文明　2
第二节　巴比伦文明　3
第三节　亚述文明　4
第四节　赫梯、腓尼基和以色列历史　5
第五节　波斯帝国　8
第六节　古代西亚文字与宗教　10

第二章　古埃及文明　13
第一节　古代埃及的主要王朝　13
第二节　古代埃及的文化　18

第三章　古印度文明　20
第一节　印度河流域的早期文明　20
第二节　吠陀文明、婆罗门教与瓦尔那制度　21
第三节　列国时代的新兴宗教与思想　22
第四节　孔雀帝国与佛教的传播　23

第四章　古希腊文明　25
第一节　克里特文明和迈锡尼文明　25
第二节　希腊城邦制度　26
第三节　希波战争与伯罗奔尼撒战争　28
第四节　雅典民主政治　30
第五节　马其顿帝国与希腊化时代　32
第六节　古代希腊的宗教与文化　34

第五章　古罗马文明　37
第一节　罗马王政时代、共和国制度和罗马的扩张　37
第二节　元首政治与早期罗马帝国　41
第三节　基督教的兴起与传播　44
第四节　晚期罗马帝国的统治　45
第五节　古代罗马文化　48

第六章　世界上古史综合　50

第七章　中世纪西欧　53
第一节　欧亚民族大迁徙与法兰克王国　53
第二节　西欧封建制度　56
第三节　西欧主要国家的君主制度　58
第四节　中世纪的城市与大学　68
第五节　中世纪基督教的盛衰　70
第六节　中世纪西欧文化　74

第八章　中古伊斯兰文明的兴起与扩张　75
第一节　伊斯兰教的兴起　75
第二节　阿拉伯帝国　76
第三节　阿拉伯文化及其传播　80
第四节　奥斯曼帝国的扩张　81

第九章　中古时代的东欧与北欧　84

- 第一节　拜占庭帝国的政治、经济与文化　84
- 第二节　东欧诸国的起源与发展　91
- 第三节　莫斯科公国与俄罗斯帝国的兴起　93

第十章　中古时代的东亚与南亚　97

- 第一节　日本政治体制的变迁　97
- 第二节　朝鲜半岛的社会文化　105
- 第三节　蒙古人的扩张与影响　107
- 第四节　从笈多王朝到莫卧儿帝国　108

第十一章　古代美洲文明　113

第十二章　古代非洲文明　115

第十三章　世界中古史综合　117

世界近现代史

第一章　近代初期的欧洲　122

- 第一节　文艺复兴　122
- 第二节　新航路开辟和早期殖民扩张　126
- 第三节　君主专制时期的英法　129
- 第四节　宗教改革和反宗教改革　130
- 第五节　重商主义和商业战争　134
- 第六节　科学革命　136

第二章　欧美主要国家的社会转型　138

- 第一节　尼德兰革命　138
- 第二节　英国资产阶级革命　139
- 第三节　开明君主专制　141
- 第四节　启蒙运动　145
- 第五节　美国独立战争　146
- 第六节　法国大革命与拿破仑帝国　150
- 第七节　工业革命　154
- 第八节　19世纪的英国改革　155
- 第九节　19世纪法国政治演进　158
- 第十节　美国内战　159
- 第十一节　俄国农奴制改革　161
- 第十二节　德意志的统一、意大利的统一　162
- 第十三节　19世纪晚期欧美主要国家的政治与经济　168
- 第十四节　第二次工业革命与工业文明　172
- 第十五节　马克思主义的诞生　174

第三章　近代的亚非拉　176

- 第一节　大西洋奴隶贸易　176
- 第二节　拉丁美洲独立运动　177
- 第三节　独立后拉美的政治与经济变化　178
- 第四节　19世纪中后期亚洲反殖斗争　179
- 第五节　瓜分非洲　182
- 第六节　埃及阿里改革　182
- 第七节　日本明治维新　183

第四章　近代欧洲国际关系与第一次世界大战　188

- 第一节　三十年战争与威斯特伐利亚和约　188
- 第二节　维也纳会议与欧洲国际体系　189
- 第三节　两大军事同盟　191
- 第四节　第一次世界大战　192

第五章　俄国革命与共产国际　196

- 第一节　1905 年革命　196
- 第二节　十月革命　197
- 第三节　苏维埃社会主义国家的建立　200
- 第四节　"战时共产主义"政策与"新经济政策"　201
- 第五节　共产国际　202

第六章　凡尔赛-华盛顿体系　204

- 第一节　巴黎和会　204
- 第二节　华盛顿会议　205

第七章　两战之间的世界　207

- 第一节　苏联的社会主义建设与"斯大林模式"　207
- 第二节　西方国家的恢复与调整　209
- 第三节　世界经济危机与罗斯福新政　211
- 第四节　日本军国主义和德意法西斯　216
- 第五节　甘地主义　219
- 第六节　凯末尔主义　221
- 第七节　卡德纳斯改革　223

第八章　第二次世界大战　226

- 第一节　法西斯国家的侵略扩张与欧美大国的对策　226
- 第二节　第二次世界大战爆发　227
- 第三节　反法西斯同盟的形成　229
- 第四节　欧洲战场与太平洋战场　230
- 第五节　国际反法西斯战争的胜利　231

第九章　第二次世界大战之后的世界格局　236

- 第一节　雅尔塔体系　236
- 第二节　联合国的建立　239
- 第三节　冷战与两大阵营的对峙　241
- 第四节　殖民体系的解体与第三世界的兴起　248

第十章　第二次世界大战之后的西方国家　266

- 第一节　美国的内政与外交　266
- 第二节　西欧主要国家的内政与外交　271
- 第三节　战后的日本　278
- 第四节　西欧一体化进程　281
- 第五节　当代科技革命　284

第十一章　第二次世界大战之后的苏联与东欧　286

- 第一节　赫鲁晓夫的改革　286
- 第二节　苏联超级大国地位的确立　286
- 第三节　戈尔巴乔夫改革　288
- 第四节　东欧剧变与苏联解体　289

第十二章　新旧格局交替时期的世界新趋势　292

- 第一节　两极格局瓦解对世界的影响　292
- 第二节　世界多极化与全球经济一体化趋势的加强　292
- 第三节　中国面临的机遇和挑战　294
- 第四节　世界科技新趋势　295
- 第五节　全球性问题的出现和影响　296

第十三章 近现代史综合　298

　　第一节　欧美地区　　　298
　　第二节　国际格局　　　304

第十四章 西方史学史与史学理论 309

世界上古中古史

Ancient World History

第一章 古代西亚诸文明

第一节 苏美尔-阿卡德文明

题目1 简述乌鲁卡基那改革的背景、主要内容及其影响

相关真题 2018年河北师范大学；1998年东北师范大学

公元前24世纪，两河流域南部城邦拉伽什在贵族乌鲁卡基那领导下进行了世界上已知最早的一次社会改革，史称"乌鲁卡基那改革"。

（一）背景

1. 王室贵族与祭司矛盾尖锐。以拉伽什王卢伽尔安达为首的王室贵族滥用职权，抢占神庙公社的大片良田，向祭司征收重税，损害了祭司的利益。

2. 王室贵族与平民矛盾尖锐。王室贵族对平民大肆剥削和压迫，比如强行将平民变为王室贵族的依附民，要求其缴纳贡物和赋税。

3. 战争加剧社会矛盾。拉伽什与周边城邦长期战争，耗费了大量人力、财力，大量平民破产失地，社会不稳定性加剧。

4. 卢伽尔安达的暴行加剧了拉伽什城邦内部矛盾，贵族出身的乌鲁卡基那推翻了卢伽尔安达，上台执政。

（二）内容

1. 政治。①打击贵族势力。乌鲁卡基那限制贵族特权，禁止贵族侵吞平民财产。②维护平民利益。乌鲁卡基那保障平民财产，禁止贵族贱买平民财产。③维护祭司利益。乌鲁卡基那废除向祭司征重税，制定给予祭司的口粮和开支的新定额，把神庙地产还给神庙，增强祭司力量。

2. 军事。乌鲁卡基那在改革中将过去以贵族子弟兵为主要军事力量改为以平民兵为主要军事力量，平民在军队中的地位得到提升。

3. 经济。①改革税收制度。乌鲁卡基那撤除了派往各地的税吏，同时还豁免了平民的部分赋税和欠赋。②改革劳役制度。改革前除作为一户之主的平民担负国家劳役外，户主的弟弟也要服劳役，改革取消了这一规定。③发展农业生产。乌鲁卡基那在改革中兴修水利，提高了粮食产量。④减少殡葬费。改革规定了殡葬手续费和仪式费的标准数额，较之前减少了一半或一半以上。

4. 社会制度。①以立法形式确定财产私有制。改革从立法层面否认了以公共利益为借口进行掠夺财富的行为，以保护私有财产。②规定婚姻形式。以立法形式确定一夫一妻制，并强调了丈夫休妻的特权，以加强夫权。③解除债务奴役。改革解放了因欠债而被奴役或被拘禁的人。④尝试成文法的制定。改革内容中涉及国家法和相关法律条款的制定，是重要的成文法尝试。

（三）影响

1. 积极影响：

①巩固了统治。改革调和了社会各阶级的利益，缓和了社会矛盾，从而巩固了统治。

②促进了社会生产力发展。乌鲁卡基那在改革中采取的减轻平民赋税、兴修水利等措施有利于社会生产发展。

2. 局限性：

①乌鲁卡基那虽采取了一些有利于平民的措施，但大多是以不触动奴隶主贵族的政治和经济地位为前提的，平民最根本的土地问题没有得到解决。平民和奴隶与奴隶主贵族之间的矛盾是乌鲁卡基那改革无法从根本上解决的历史性矛盾。

②改革具有向以祭司为首的贵族妥协并维护其利益的一面，从而增强了祭司贵族的力量，削弱了王权。

综上所述，乌鲁卡基那改革对当时社会矛盾的缓和以及社会生产力的发展是有一定积极意义的，但是由于改革

无法解决根本矛盾，这场改革也仅仅存在了八年就在外部势力的进攻下走向失败。

参考资料

1. 李永采：《乌鲁卡其那改革述论》，《扬州师院学报》，1985 年第 1 期。

第二节 巴比伦文明

题目1 简述汉谟拉比的专制统治

相关真题 1997 年四川大学

汉谟拉比是古巴比伦王国的第六位国王，他在位期间（约公元前 1792—前 1750 年）建立了强大的专制主义中央集权制度，使得古巴比伦王国逐渐强盛起来。

（一）国家内部建设

1. 极力宣扬王权神授。汉谟拉比自称"众神之王"，促使专制王权和神权趋于统一。

2. 建立庞大的官僚机构。①在中央，设立中央政府机构，由汉谟拉比亲信担任要职，他们构成中央政府的核心，并且绝对服从汉谟拉比。②在地方，汉谟拉比派总督管理较大的地区，而城市和较小的地区则派行政长官进行管理，并且这些地方官员都受到中央监督。

3. 建立严密的军事制度。汉谟拉比组建常备军，将军队大权全部控制在自己手中，在军队内部由国家主体民族阿摩利人充当军队核心，并且实行兵役制度，为士兵提供份地，规定士兵服役义务。

4. 建立完备的土地制度。汉谟拉比时代土地制度最基本的格局是王室土地和私人占有土地并存。①王室土地一般分为三类：一是王室直接享用的土地如皇家牧场、花园等；二是分配给王室服务人员的土地，作为王室服务人员的报酬；三是出租地，作为王室收入的主要来源。②私人占有土地是指一般公民（城市公社成员）所拥有的土地，这些土地可以自行转让、抵押和买卖。

5. 重视国家的经济建设。①加强对地方的经济控制。汉谟拉比在地方征收各种赋税，亲自审理地方经济案件，并且控制地方神庙收入，把神庙经济完全纳入王室经济。②重视水利建设。汉谟拉比在位期间多次开凿运河，兴修水利，并将这些水利设施置于国家统一管理之下。

6. 颁布《汉谟拉比法典》。《汉谟拉比法典》由前言、正文和结语三部分组成。①前言主要宣扬王权神授，颂扬汉谟拉比的功绩。②正文共 282 条，内容包括诉讼程序、盗窃、租佃、商业、婚姻、伤害等多个方面，比较全面地反映了古巴比伦时期的社会情况。③结语则表示汉谟拉比遵奉神意，保护黎民，故创立公正的法典，以垂久远；后世有敢不遵法典之王，必因违犯神意而受神罚。

（二）对外征服

汉谟拉比通过远交近攻的策略，基本上实现了两河流域统一。汉谟拉比先承认亚述的统治，继而与南方的拉尔萨结盟，灭亡了南方近邻伊新，随后他继续与马里修好，帮助马里摆脱亚述的控制，并且击败马里的劲敌埃什努那，进而灭亡南方的拉尔萨。拉尔萨被消灭后，汉谟拉比立即挥师北上，征服马里。至此，除亚述和埃什努那未被最后征服外，汉谟拉比建立了一个从波斯湾到地中海的奴隶制大国，两河流域得到了空前统一。

总而言之，汉谟拉比在位时期古巴比伦王国国力虽然达到鼎盛，但在很大程度上依靠的是汉谟拉比的强权统治，国家的内部根基并不稳固，当汉谟拉比死后，王国便陷入了内外交困的境地。

参考资料

1. 吴于廑，齐世荣：《世界史·古代史编》，高等教育出版社，2011 年。
2. 周启迪：《世界上古史》，北京师范大学出版社，2018 年。

题目 2　评述尼布甲尼撒二世

相关真题　2023 年苏州科技大学

尼布甲尼撒二世是新巴比伦王国的第二任君主，他在位时期不仅积极进行内政建设，还不断对外扩张势力，使得新巴比伦王国国力达到鼎盛。

（一）尼布甲尼撒二世的统治

1. 国内建设。

①发展农业。为了保障农业用水的供应，尼布甲尼撒二世积极兴修水利，不仅开凿了运河，还修建了著名的西帕尔水库。

②发展商业。为了促进商业发展，尼布甲尼撒二世大规模建造巴比伦城，使之成为当时重要的国际商贸中心和世界上最繁华的城市。

③大兴土木。尼布甲尼撒二世在位时期大兴土木，进行城市建设，最为著名的是世界七大奇迹之一的"空中花园"。

④发展奴隶制经济。新巴比伦王国时期，奴隶数量较此前增多，奴隶主对奴隶的剥削形式也较此前多样化，例如奴隶被用于农业、手工业、商业、家务等方面。

2. 对外征战。

①远征叙利亚地区。公元前604年到公元前602年，尼布甲尼撒二世对叙利亚、腓尼基地区进行了一系列征服战争，大马士革、西顿等国被迫称臣纳贡。

②远征埃及。公元前601年，尼布甲尼撒二世率军向埃及边界推进，同埃及军队发生战斗，结果损失惨重，不得不退回巴比伦。

③两次远征巴勒斯坦。公元前597年，尼布甲尼撒二世出兵巴勒斯坦，攻占耶路撒冷，扶植犹太人齐德启亚为傀儡统治犹太人。公元前590年，埃及出兵巴勒斯坦，齐德启亚投靠埃及，为此尼布甲尼撒二世于公元前587年再度进军巴勒斯坦，次年攻占耶路撒冷，大部分居民被掳往巴比伦尼亚，史称"巴比伦之囚"。

（二）评价

1. 积极评价。尼布甲尼撒二世是古代奴隶主阶级中一位有才干的军事家、政治家和公共工程组织者。①他南征北战，巩固了新巴比伦王国的统一局面。②他进行城市建设，让巴比伦城成为西亚最壮观、最繁华的城市和国际商业贸易中心，复兴了巴比伦文明。

2. 消极评价。尼布甲尼撒二世时期大部分成就都是建立在人民过度繁重的劳动基础上，这也必然导致人民的不满，为王国的迅速灭亡埋下祸根。

尼布甲尼撒二世死后，新巴比伦王国很快就陷入政局动荡，国力大降。公元前539年，新巴比伦王国被居鲁士大帝率领的波斯军队灭亡，巴比伦文明也逐渐消失在历史长河中。

参考资料

1. 王以欣：《谁是巴比伦城的创建者？——古希腊东方史料辨析》，《中国古都学会》，2018年第9期。

第三节　亚述文明

题目 1　论述亚述帝国建立的背景和灭亡的主要过程并分析其灭亡原因　醒吾历史统考预测题

亚述文明位于底格里斯河中游，早在公元前3000年就已兴起，公元前10世纪末，亚述进入帝国时代，公元前612年，亚述帝国被新巴比伦王国和米底王国的联军灭亡。

（一）建立的背景

1. 有利的国际形势。公元前1000年前期，亚述四周无强敌，强大的埃及帝国已成过去，西边的赫梯王国已被"海上民族"摧垮，南方的巴比伦尼亚更是软弱无力，东方的米底和波斯尚未兴起，只有北方的乌拉尔图稍微强大一些，成为亚述劲敌，但也阻止不住亚述对外扩张的势头。

2. 铁器的广泛使用。在亚述国内，铁器的使用不仅可以开垦更多土地，促进其社会经济迅速发展，从而为其对外扩张提供了雄厚的物质基础，而且也提供了更为锐利的武器，增强了军队的战斗力。

3. 前期统治者能力较强。亚述帝国前期的君主那西尔帕二世、沙尔马纳塞三世都是较有能力的君主，他们妥善处理内政外交，为帝国的建立和发展打下了坚实的基础。

4. 注重对外征服前的准备工作。亚述在对每个地区进行征服之前，都进行过认真的准备，其中包括对被征服地区情况的了解，例如亚述在征服一个地区前很久就派间谍去刺探情报，至今仍有不少这类情报资料留存下来。

（二）灭亡的主要过程

1. 公元前672年，亚述帝国统治下的米底争得独立，这是亚述帝国解体的第一个征兆。

2. 公元前669年，亚述在新征服的埃及统治出现不稳，前后两任国王先后出兵埃及，但最终未能保住对埃及的统治，公元前655年，埃及获得独立。

3. 公元前626年，巴比伦尼亚宣告独立，由亚述派去驻守巴比伦尼亚的迦勒底贵族那波帕拉沙尔自立为王，建立新巴比伦王国。

4. 公元前612年，新巴比伦王国和米底王国结盟，攻陷亚述首都尼尼微，亚述帝国灭亡。

（三）灭亡原因

1. 亚述帝国社会经济基础薄弱。亚述帝国是靠军事征服建立起来的，社会经济基础薄弱，未能满足整个帝国社会经济发展的基本要求，且长期的军事征服完全破坏了社会经济发展的基础。

2. 被征服地区人民反抗不断。由于亚述帝国野蛮的征服政策及对被征服地区的残酷剥削，激起被征服地区人民的不断起义。例如叙利亚、腓尼基、巴比伦尼亚和埃及等地起义虽遭多次镇压，但并没有彻底屈服，一旦有机可乘，就力图摆脱亚述的控制。

3. 亚述帝国晚期，王室内部矛盾日益激化。例如公元前653年，巴比伦地区爆发起义，起义的领导人竟然是国王的兄弟，并且还得到了部分亚述贵族和巴比伦贵族的支持。

4. 军队战斗力的削弱。随着战乱不断和贡赋徭役加重，亚述自由劳动者日益减少，从而造成了兵源不足的局面，削弱了亚述军队的战斗力。

5. 国际环境的变化。帝国末期，周围出现了一些强国，如东方的米底、北方的吕底亚、南方的迦勒底等，这种不利的周边环境逐渐使亚述帝国陷于困境。

综上所述，虽然亚述建立了地跨亚非的大帝国，但由于统治基础的薄弱使得各种内部矛盾逐渐尖锐化，加之国际形势的变化，最终亚述帝国难逃灭亡的命运。

参考资料

1. 吴于廑，齐世荣：《世界史·古代史编》，高等教育出版社，2011年。
2. 周启迪：《世界上古史》，北京师范大学出版社，2018年。

第四节 赫梯、腓尼基和以色列历史

题目1 简述"巴比伦之囚"及其影响

相关真题 2019年吉林大学

公元前586年，新巴比伦国王尼布甲尼撒二世率军攻陷耶路撒冷，大批犹太民众被掳往巴比伦尼亚，史称"巴比伦之囚"，这一事件对犹太民族发展进程产生了重要影响。

（一）背景

1. 新巴比伦王国兴起。公元前626年，巴比伦尼亚宣告独立，由亚述派去驻守巴比伦尼亚的迦勒底贵族那波帕拉沙尔自立为王，建立新巴比伦王国。公元前612年，获得独立的新巴比伦王国同米底王国联合灭亡了亚述帝国。经过这一系列的政局变化，新巴比伦王国逐渐成为当时西亚地区的强国。

2. 以色列犹太国家衰落。所罗门王去世后，希伯来王国分裂成以色列王国和犹太王国，其中以色列王国在公元前722年被亚述帝国灭亡，而仅存的犹太王国内部动荡频繁，国力持续衰落，加之其战略地位重要，因此犹太王国成为当时西亚地区大国争霸的焦点。

（二）过程

1. 公元前597年，新巴比伦国王尼布甲尼撒二世出兵巴勒斯坦，攻占耶路撒冷，扶植犹太人齐德启亚为傀儡，以实行对犹太人的统治。

2. 公元前590年，埃及出兵巴勒斯坦，扩张了在这一地区的势力，犹太国王齐德启亚及巴勒斯坦、外约旦等地的一些小王公倒向埃及。

3. 公元前587年，尼布甲尼撒二世为报复归顺的犹太国投靠埃及而再次进攻巴勒斯坦，次年攻占并劫掠了耶路撒冷，同时新巴比伦军队还将城内大部分居民送往巴比伦尼亚，史称"巴比伦之囚"。

4. 公元前539年，波斯帝国灭亡新巴比伦王国，被俘虏的犹太人被波斯帝国的居鲁士大帝释放回巴勒斯坦，并臣服于波斯。

（三）影响

1. 直接导致了犹太王国的灭亡。尼布甲尼撒二世将耶路撒冷城攻陷以后，大量平民被掳，城市也被劫掠一空，犹太王国就此灭亡。

2. 提升了犹太民族的凝聚力。在"巴比伦之囚"期间，犹太人之间形成了犹太聚居区，为了保持自身的民族性，他们更加审慎地注意维护和发展本民族固有的传统，从而增强了犹太民族的凝聚力。

3. 促进了犹太教的发展。"巴比伦之囚"期间的苦难经历使得犹太民众认为先知在各个时期对民众的警告、劝勉都是真实可信的，这大大提高了先知在犹太民众心中的地位，从而促进了犹太教的发展。

4. 提升了新巴比伦王国的实力和在西亚地区的影响力。经过"巴比伦之囚"事件，尼布甲尼撒二世遏制了埃及在西亚地区的扩张，并且扩展了疆域，从而提升了王国的实力和在西亚地区的影响力。

总而言之，"巴比伦之囚"是犹太民族发展历史上的一段苦难时期，但也在一定程度上促进了犹太民族的团结与发展。

参考资料

1. 韩娟红：《浅析巴比伦之囚对犹太人的影响》，《新西部（理论版）》，2016年第12期。

题目2 简述犹太民族自迁居迦南（今巴勒斯坦）至西罗马帝国覆灭前在异族统治下所遭受的几次灾难

相关真题 2015年陕西师范大学；2001年南京大学

犹太民族的历史充满挑战和逆境，自迁居迦南地区（今巴勒斯坦）开始，至西罗马帝国覆灭前，他们经历了多次外族统治和灾难，不仅影响了犹太民族的历史发展，也对其宗教信仰和文化身份产生了重要影响。

（一）迦勒底人统治时期（"巴比伦之囚"）

公元前587年，新巴比伦王国的尼布甲尼撒二世为报复犹太王国倒向埃及的行为，第二次对犹太王国发起了进攻，最终于次年攻陷耶路撒冷，并将大量犹太人掳至巴比伦。这一事件，史称"巴比伦之囚"，这不仅是犹太民族历史上的一次重大灾难，也成为犹太历史中的重要转折点。在被掳至巴比伦期间，犹太人建立了自己的宗教信仰，加强了民族凝聚力，为后来重建国家奠定了精神基础。

（二）希腊人统治时期

公元前332年，希腊马其顿国王亚历山大率军攻入耶路撒冷，耶路撒冷再度被洗劫一空，城中大部分建筑被烧成灰烬。亚历山大帝国建立后，巴勒斯坦随之成为亚历山大帝国的一部分，犹太人也随之进入了希腊化时代，遭受了巨大的宗教迫害和经济上的歧视。

（三）罗马人统治时期

公元前 63 年，巴勒斯坦地区被罗马征服，犹太民族进入了新的外族统治时期。罗马统治期间，禁止犹太人进入耶路撒冷并对他们进行奴役，犹太人屡次进行反抗，仅在公元 66—135 年就爆发了三次大起义，但都遭到残酷镇压，起义最终失败。大批犹太人惨遭屠戮，或被驱逐，散居于叙利亚、小亚细亚、埃及等地，犹太民族从此开始了世界性的大规模流散。

外族统治和灾难虽然给犹太民族带来了无尽的苦难，但也锻造了他们坚韧不拔的民族精神。犹太民族在坚持自己宗教信仰和文化传统的过程中，展现了极强的生命力和凝聚力，对其后的犹太教教义发展和民族文化建设产生了深远的影响。

参考资料

1. 张世均：《犹太教与犹太人大流散时期的民族情结》，《西南民族大学学报》，2011 年第 6 期。
2. 冯定雄：《罗马政治视域下的犹太人起义》，《世界历史》，2016 年第 6 期。

题目 3　简述犹太教的兴起、教义与影响

相关真题　2024 年西南大学；2020 年中国人民大学；2015 年河北师范大学

犹太教，在公元前 13 世纪末期的犹太人中形成，经过数千年的发展，这一宗教对犹太民族乃至全世界的宗教观念、文化传统等产生了深远的影响。

（一）兴起过程

1. 背景与早期发展。约公元前 2000 年后期，希伯来人进入巴勒斯坦地区，逐渐形成了以家族和部落为单位的社会组织。在这一时期，希伯来人信仰多神，其中耶和华神是他们崇拜的主神。

2. 摩西时代与十诫。公元前 13 世纪末，希伯来人在摩西的带领下离开埃及，重返巴勒斯坦。传说摩西在西奈山接受了上帝耶和华的十诫，确立了一神信仰和道德法典，这标志着犹太教教义的初步形成。

3. 国家建立与宗教中心的确立。公元前 10 世纪，古以色列联合王国建立，所罗门王在耶路撒冷建造了第一圣殿，奠定了耶路撒冷作为犹太教宗教中心的地位。

4. "巴比伦之囚"与重归故国。公元前 586 年，新巴比伦王国征服犹太王国，导致大量犹太人被掳至巴比伦尼亚，称为"巴比伦之囚"。公元前 539 年，波斯帝国灭亡新巴比伦王国，允许犹太人返回故乡，重建圣殿，犹太教得以复兴，宗教文本开始成书。

（二）教义

1. 一神论。犹太教认为，宇宙和人类的创造者只有一位神——耶和华。这一信仰体系突破了周边多神教文化的传统，强调了上帝与人类之间的契约关系。

2. 契约与选民。犹太教强调上帝与犹太人之间的契约，认为犹太人是上帝选中的子民，肩负特殊的使命和责任。

3. 法律与道德。《摩西五经》和《塔纳赫》等经文中记载了上帝通过摩西传达给犹太人的律法，包括道德法则、宗教仪式和社会法规，这些律法成为犹太人生活的核心。

4. 末世论与弥赛亚。犹太教教义中包含了末日审判和弥赛亚来临的预言，认为弥赛亚的到来将带领犹太人恢复国家，实现和平与正义。

（三）影响

1. 对犹太民族的影响。犹太教不仅是犹太民族的精神支柱，也是其文化认同和民族凝聚力的源泉。在漫长的历史中，尤其是面对迫害和流散的困境时，犹太教信仰成为犹太人的精神寄托。

2. 对世界宗教的影响。犹太教对后世基督教和伊斯兰教产生了深远影响，其一神论观念、道德法典和救赎末世论等元素被这两大宗教继承和发展。

3. 对西方文化与思想的影响。犹太教的伦理观念和道德法典对西方哲学、法律和社会伦理产生了重要影响，促

进了西方文明的发展。

总之，犹太教作为一种宗教信仰，不仅塑造了犹太民族的历史和文化，也对全人类的宗教观念、伦理道德和文化发展产生了深刻影响。

参考资料

1. 韩娟红：《浅析巴比伦之囚对犹太人的影响》，《新西部（理论版）》，2016年第12期。
2. 张倩红，张佩佩：《新世纪以来中国学者对于犹太教的研究》，《世界宗教研究》，2016年第4期。

第五节　波斯帝国

题目1　论述波斯帝国大流士一世改革

相关真题 2020年河北师范大学；2019年江西师范大学；2019年聊城大学；2018年上海大学；2016年河北大学；2016年南京大学；2016年南京师范大学；2015年河北大学；2015年西北大学；2013年苏州科技大学

为了巩固统治，缓和社会矛盾，波斯国王大流士一世自公元前518年起在政治、军事、经济、宗教等方面进行了一系列改革，史称"大流士一世改革"。

（一）背景

1. 帝国版图扩大需要更加完善的统治措施。在大流士一世时代，波斯相继征服了印度河流域和色雷斯地区，成为地跨欧亚非三大洲的帝国，而波斯原来的国家机器极其薄弱和简单，因此需要更加完善的措施来维护统治如此庞大而复杂的帝国。

2. 王权受到贵族和其他势力制约。帝国早期的政治体制受到此前埃兰王国和米底王国的影响，建立了君主制，但王权受到贵族和其他势力的制约，不利于帝国统治的稳固。

3. 帝国内部阶级和民族矛盾尖锐、复杂。波斯帝国境内存在着众多的民族，帝国早期苛刻的民族政策引发了其他民族的不满，并且国内贵族与平民之间的阶级矛盾也长期存在，发生了高墨达暴动。

4. 波斯帝国内部社会经济发展不平衡。波斯帝国囊括了众多地区和民族，社会经济结构呈现多样化的特点，发展极不平衡。帝国一些地区的奴隶制经济已获得了长期发展，另一些地区则相对落后，处于奴隶制社会初期，有的地区甚至还处在原始社会阶段。

（二）内容

1. 政治。①确立君主专制，神化王权。大流士一世宣称自己的权力是由善神赐予的，并调整了国王与贵族的关系，从而加强了国王权力。②将帝国划分为若干行省，设总督治理。总督负责行政和税收，各行省每年要向中央交纳规定的赋税。③拉拢被征服地区的统治阶级。大流士一世让一些被征服地区的原统治者参与地方政权，在制定法律时也参照各地原有法律，从而扩大统治基础。

2. 军事。①实行军区制度。大流士一世将帝国划分为五大军区，每个大军区下辖几个省军区。各军区长官由国王任命，总督不管军事，军事长官和行省总督互不相属，以此达到互相监督的效果。②建立驿道制度。大流士一世在全国建立驿道制度，驿道沿途设有驿站，都备有人员、马匹和粮草，从而加强全国各地联系。③建立强大的军队。波斯军队分常备军和战时临时征召两部分，由步兵、骑兵、海军等兵种组成，其中最具战斗力的是由1万名波斯人组成的"不死队"。

3. 经济。①统一铸币制度。帝国中央政府铸造金币，称"大流克"，行省只有权铸造银币，自治市只有权铸造铜币。②兴修水利。大流士一世时期开通了尼罗河与红海之间的运河，并在中亚某些地方修建了水库。

4. 宗教。大流士一世宣布琐罗亚斯德教为国教，同时对其他宗教采取宽容政策。

（三）评价

1. 积极评价：①加强了君主专制统治，巩固了波斯帝国对被征服地区的统治。②打破了波斯帝国过去落后的政治体制和经济制度，为帝国未来发展打下了雄厚的政治经济基础。③加强了帝国内部各地区、各民族间的联系与交往。

2. 局限性：改革没有消除帝国内部的阶级矛盾和民族矛盾，也没有消除帝国境内各地区间政治、经济、文化发展的不平衡。

大流士一世改革建立了较为完备的国家制度，缓解了社会矛盾，促进了各民族间的经济文化交流，从而巩固了波斯帝国的统治，是一次具有进步意义的改革。

参考资料

1. 吴于廑，齐世荣：《世界史·古代史编》，高等教育出版社，2011 年。
2. 周启迪：《世界上古史》，北京师范大学出版社，2018 年。

题目 2 简述古波斯帝国在世界文明史上的影响

相关真题　2014 年历史学统考；2022 年上海大学；2020 年鲁东大学；2019 年天津师范大学

古波斯帝国由居鲁士大帝于公元前 550 年左右创立，并迅速扩展成为一个横跨亚、非、欧三大洲的庞大帝国。其以强大的军事力量和开明的行政政策对世界文明史产生了深远的影响。

（一）政治与军事创新

1. 古波斯帝国创新了行政管理的体系，将帝国划分为若干行省，每个行省由一位总督管理，这种制度有效地管理了帝国庞大的疆域。这一体系对后来的帝国管理，如罗马帝国和奥斯曼帝国，都产生了影响。
2. 大流士将全帝国划分为五个大的军区，每个大军区下辖若干省军区，军事长官和行省总督都由国王任命、互不相属，可收互相监视之效，极大提高了军事战斗力。此外，他们的军队组织严密，战术先进，对后来的帝国战术，包括拜占庭和阿拉伯帝国都有显著影响。

（二）经济发展

1. 波斯帝国重视经济。大流士统一了帝国的铸币制度，还在全国建立驿道制度，以便于传达国王的命令和下情上达，传递各种信息，并便于军队的调动。
2. 波斯帝国的统治基本上未改变被征服地区的社会经济制度。为了巩固自己的统治，波斯当局的某些措施也为各地经济生活的正常进行创造了条件，如维持各地原有的市场价格、发展过境贸易等。这些举措都促进了当时地中海世界的经济繁荣和发展。

（三）文化交流与宗教宽容

古波斯帝国的宗教宽容政策为各种文化和宗教的交流提供了空间。帝国不仅容许各种宗教信仰的存在，还鼓励学术和文化的繁荣。这种文化融合对印度、中亚乃至希腊文化都产生了影响。

（四）文化与艺术

1. 文字。波斯人的文字借用了两河流域的楔形文字，著名的《贝希斯敦铭文》就是用楔形文字写成的，波斯人的楔形文字接近于字母体系，后来被西亚各民族采用，为人类文明的发展做出了重大贡献。
2. 建筑。波斯由于征服了众多民族，所以波斯建筑吸收了许多外族风格，尤其是希腊、两河流域和埃及风格，如受两河流域风格影响，波斯人将王宫建筑在高台上，而王宫建筑中的巨柱，又是埃及、希腊建筑风格的反映，这种整合的风格被后世诸多国家借鉴。

总的来说，波斯帝国既为西亚、北非的古代文明做了总结，又为后来的希腊、罗马古典文明提供了借鉴，起了承先启后的桥梁作用，对世界历史影响深远。

参考资料

1. 吴于廑，齐世荣：《世界史·古代史编》，高等教育出版社，2011 年。
2. 周启迪：《世界上古史》，北京师范大学出版社，2018 年。

题目 3 简述西亚上古时期存在的主要民族和国家

相关真题　2024 年江苏师范大学；2023 年鲁东大学；2020 年吉林大学

上古时期的西亚，诞生了多个具有深远影响的民族和国家。苏美尔人的城邦国家、阿卡德王国、阿摩利人的古巴比伦王国等，不仅为后世留下了丰富的文化遗产，也为世界历史的进程打下了坚实的基础。

（一）苏美尔城邦时期（公元前 3200 年—前 2340 年）

公元前 3200 年左右，苏美尔人在美索不达米亚南部建立了世界上最早的城邦国家，如乌尔、乌鲁克、拉伽什等。这些城邦最初采取了一种类似于军事民主制的政治组织形式，随后演化为君主制。苏美尔城邦社会以农业为基础，神庙经济占据中心地位，城邦间的竞争和战争促进了城邦间的联合和分裂，直到被阿卡德人征服，苏美尔城邦时期结束。

（二）阿卡德王国时期（公元前 2371 年—前 2191 年）

公元前 2371 年，萨尔贡推翻苏美尔的基什王，创建阿卡德王国。阿卡德王国采取中央集权的君主制，萨尔贡通过军事征服统一了南部两河流域，扩展了国家的疆域。然而，随着奴隶制的加剧和外部侵袭，阿卡德王国最终走向衰败，公元前 2191 年，库提人灭亡了阿卡德王国。

（三）古巴比伦王国时期（公元前 1894 年—前 1595 年）

公元前 1894 年，阿摩利人在美索不达米亚中部建立了古巴比伦王国。最著名的君主汉谟拉比通过军事征服和外交联姻，使古巴比伦成为当时世界上最强大的国家之一。《汉谟拉比法典》是他统治时期最重要的遗产，为后世的法律体系发展提供了宝贵经验。但在他去世后，古巴比伦王国逐渐衰弱，最终被赫梯人灭亡。

（四）亚述帝国时期（公元前 911 年—前 612 年）

公元前 10 世纪末，亚述进入铁器时代。亚述帝国以军事征服为主，到公元前 7 世纪，亚述成功建立起地跨西亚、北非的大帝国。然而，亚述帝国的残暴统治激起了被征服民族的强烈反抗，公元前 612 年，新巴比伦联合米底，攻陷亚述首都尼尼微，亚述帝国灭亡。

（五）新巴比伦王国时期（公元前 626 年—前 539 年）

公元前 626 年，迦勒底人那波帕拉沙尔建立了新巴比伦王国。在尼布甲尼撒二世的统治下，王国达到了历史上的高峰，在此期间，大批犹太民众被掳往巴比伦城，史称"巴比伦之囚"。世界七大奇迹之一的空中花园也是建造于此时。然而内部矛盾和经济问题最终导致了新巴比伦王国于公元前 539 年被波斯灭亡。

（六）波斯帝国时期（公元前 558 年—前 331 年）

公元前 558 年，居鲁士二世在波斯称王，建立波斯国家。通过冈比西斯二世和大流士国王连续的征服行动，建立了一个跨越亚洲、非洲和欧洲的庞大帝国。波斯帝国实行中央集权和地方自治相结合的统治体制，宽容的宗教政策和完善的行政管理体系使波斯帝国成为古代东方的一个典范。然而，随着亚历山大大帝的东征，波斯帝国于公元前 331 年被马其顿灭亡。

西亚上古时期的这些民族和国家，在政治、经济、文化等方面都取得了显著成就，对人类文明的发展产生了深远的影响。他们的历史遗产，至今仍然对现代社会有着重要的启示和影响。

参考资料

1. 吴于廑，齐世荣：《世界史·古代史编》，高等教育出版社，2011 年。
2. 周启迪：《世界上古史》，北京师范大学出版社，2018 年。

第六节 古代西亚文字与宗教

题目 1 简述古代两河流域法治文明主要成果 醒吾历史统考预测题

古代两河流域法治文明的发展对于人类社会的法律体系建设产生了深远的影响。从最初的分散的习惯法，到成文法的初步发展，再到法治文明的全盛时期，以及后来的进一步扩展，每个阶段都为法治的发展做出了重要贡献。

（一）分散的习惯法时期（约公元前 30 世纪—前 22 世纪）

在这个时期，苏美尔人和阿卡德人在两河流域建立的城邦国家采用习惯法作为社会行为的规范。这些习惯法虽然未成文，但在当时的社会生活中起到了基本的规范作用。例如，土地的归属和使用、家庭内部的权利与义务分配等，都遵循着长期形成的习俗。习惯法的存在，为两河流域早期社会的稳定和发展提供了必要的法律支撑。

（二）成文法初步发展时期（约公元前 22 世纪—前 18 世纪）

乌鲁克国王颁布的《乌尔纳木法典》标志着两河流域法治文明进入了一个新的阶段。作为目前已知最早的法典，《乌尔纳木法典》涵盖了当时社会的多个方面，包括土地使用、奴隶制度、家庭关系等。通过明确规定的法律条文，《乌尔纳木法典》加强了法律在社会治理中的作用，提高了法律规范的明确性和可操作性，为后续法典的发展奠定了基础。

（三）全盛时期的成果（约公元前 18 世纪—前 16 世纪）

古巴比伦王国制定的《汉谟拉比法典》是古代第一部比较完整的法典，也是两河流域法治文明发展的高峰，《汉谟拉比法典》的内容全面，不仅包含了详细的民事、刑事法规，还涉及商业、财产等领域。法典的制定体现了较为先进的法律观念，如"罪刑法定"原则的早期体现，对于维护社会秩序、保护民众权利具有重要意义，是两河流域地区社会由习惯法向成文法转变的标志性成果。

（四）衰败时期的成果（约公元前 16 世纪—前 6 世纪）

尽管这一时期政治动荡，外来侵略频繁，法治文明的发展相对于之前的全盛时期出现了衰退和挑战，被称为"衰败时期"，但仍然在法典的编纂、法律思想的传播等方面做出了贡献，对后世的影响深远。如赫梯法典、中期亚述法典和新巴比伦法典等，都是这一时期法律发展的代表。赫梯法典对民事法律进行了系统的规范，中期亚述法典则侧重于土地和家庭的法律问题，新巴比伦法典则进一步发展了商业法律。这些法典的制定和实施，不仅对当时社会产生了深远的影响，也为后世法律体系的建设提供了重要的参考。

总体而言，古代两河流域的法治文明通过一系列的法典制定和法律实践，为人类社会的法律发展和文明进步做出了巨大贡献。这些法律文化遗产不仅对后来的希腊罗马法律体系产生了影响，也为全世界法治文明的发展提供了宝贵的经验和启示。

参考资料

1. 朱成思，董为奋：《〈乌尔纳木法典〉和乌尔第三王朝早期社会》，《历史研究》，1984 年第 5 期。
2. 姚文振：《两河流域文明中法律文明探究》，《中国科技博览》，2010 年第 6 期。

题目 2 简述古代西亚文明对世界文明发展进程的影响

相关真题 2024 年江苏师范大学；2023 年南京大学

古代西亚文明发源于两河流域及伊朗高原地区，许多民族在这里创造了灿烂的文化，对世界文明发展起到了重要的推动作用。

（一）宗教与哲学

古代西亚宗教和哲学思想对世界产生了重要影响。该地区的传统宗教如琐罗亚斯德教、犹太教、基督教等，为世界提供了不同的信仰体系和哲学观点，影响了人类的精神探索和道德伦理，深刻影响了世界文明的发展进程。

（二）文字与文学

古代西亚的文字有楔形文字和腓尼基字母等。这些文字被应用于记录信息、交流思想和编写法律文书等方面，同时，该地区产生的神话传说、史诗、寓言等作品丰富了世界文学的宝库，如《吉尔伽美什史诗》。

（三）科学与技术

古代西亚在数学、天文学、医学等领域取得了显著成就。苏美尔人很早就开始注意观察天象，依据月亮运动规律，制定历法；古巴比伦数学家已经知道四则运算，能求出平方根、立方根，解三个未知数的方程式；亚述人的工程技术和军事技术非常先进，他们发明了一些工程设备和战争器械。这些科学技术成果对后来科学和技术发展起到了推动作用。

（四）法律与制度

古代西亚的法典和制度建设对世界产生了重要影响。该地区的法律建设如《乌尔纳木法典》《汉谟拉比法典》等，制度建设如巴比伦帝国的地方管理制度、亚述帝国的王权加强等，为人类社会法律制定和制度建设提供了借鉴。

（五）贸易与交通

古代西亚地处东西方文明交汇处，其贸易和交通枢纽的地位，促进了不同文化的交流与融合。通过古代丝绸之路等贸易路线，东方丝绸、茶叶、瓷器等商品与西方香料、黄金、奢侈品等进行了广泛交换，这种跨文化贸易不仅促进了经济发展，还增加了各个文明之间的相互了解，促进了思想文化传播。

（六）建筑与艺术

古代西亚建筑与艺术风格为后世所继承。苏美尔人的塔庙作为一个城市中最高的建筑物，由1~7层不等的层级高台和建在高台上的神庙组成，塔庙通常供奉该城市的主神，并组织祭祀活动。苏美尔和巴比伦的雕刻艺术有其典型风格，著名的《安纳吐姆鹫碑》描绘了拉伽什王率军征战的场面，显示出雄伟气派，这些建筑与艺术风格为后世所继承。

综上所述，古代西亚文明取得了辉煌成就，在人类文明发展史上占有重要地位。

参考资料

1. 沈玉麟：《外国城市建设史》，中国建筑工业出版社，1989年。
2. 安娜-玛丽·克里斯坦：《文字的历史：从表意文字到多媒体》，商务印书馆，2019年。
3. 郭丹彤，黄薇：《古代近东文明文献读本》，中西出版社，2019年。
4. 谭晶，刘昌玉：《塔庙见证古代西亚辉煌文明》，《中国社会科学报》，2022年第5期。

第二章 古埃及文明

第一节 古代埃及的主要王朝

题目1 简述古王国时期的政治特征

相关真题 2023年南开大学；2023年南京师范大学；2022年山东大学；2020年山东师范大学；2018年河南师范大学；2015年南京师范大学

埃及古王国建立在高度集权的政治体制之上，国王是国家的最高领袖，可支配王国的一切，其政治特征主要包括四个方面。

（一）高度集中的王权

1. 政府各部门都由国王管理，各级官员都由国王选拔和任命。
2. 国王掌握最高军事权力，军队由国王直接统率，战时国王常常御驾亲征，若派人率军远征，也要经常向国王报告战争情况，或向国王请示战争指令。
3. 国王掌控国家经济命脉。国王不仅直接占有了大量土地、劳动力及其他财富，而且还控制了灌溉系统和对外贸易，一切战利品都归国王。
4. 国王拥有最高立法权和司法权。立法权方面，只有国王可以颁布具有法律效力的敕令。司法权方面，世俗法庭由维西尔担任最高法官，一般重大案件由他负责审理，但国王可越过维西尔自行任命法官审理一些案件。
5. 国王对其臣民有无限权威。国王凌驾于国家之上，一切臣民似乎都成了他的奴仆。

（二）较为完善的官僚体系

1. 国王在中央建立了严密的官僚机构。中央政府设立了各种专门的部门，如财政部、农业部、司法部和军事部等，以管理国家各个领域。这些部门由专门的官员任职，负责制定政策、执行法令和监督运作。
2. 划分地方行政单位。古王国时期地方上最重要的行政单位是诺姆（州），其行政长官为诺马尔赫（州长），州长既有世袭的，也有由国王任命的。诺马尔赫掌握地方政治、税收、治安、军队，管理地方神庙事务，维持地方上的灌溉系统等。

（三）建立神权政治

国王被视为神圣的，其权力直接来自神，这种思想加强了人们对国王的崇拜和服从，从而巩固了王权至高无上的地位。国王还通过宗教仪式和建造庞大神庙来加强其统治的合法性。

（四）严密的社会等级制度

将人们划分为不同的社会等级。国王和王室家族居于社会顶层，掌握国家权力，享有很多特权；贵族、官僚、军队和祭司等组成了社会中层，拥有特定权力和责任；农民和工匠属于社会下层，他们为国家提供劳动力和农产品；奴隶属于社会最底层，他们被迫为主人服务，没有人身自由，被视为主人私产。

总的来说，埃及在古王国时期已经建立起一整套较为完善的专制体制，在当时的历史条件下有利于埃及统一国家的形成，也为后来埃及帝国的建立奠定了基础。

参考资料

1. 约瑟夫·泰恩特：《复杂社会的崩溃》，海南出版社，2010年。
2. 温静：《太阳、王权与来世——古王国时期太阳神信仰的嬗变》，《世界历史》，2020年第6期。

题目2 简述古埃及专制统治的表现

相关真题 2022年山东大学；2020年山东师范大学；2016年中国社会科学院；2016年南京师范大学；2015年南京师范大学

在古埃及，国王通过公共权力统治其子民，随着条件的成熟，王权逐步发展为专制体制，这种专制主义的王权在不同的历史时期展现出不同的特征。

（一）开端时期（早王朝时期）

1. 王权开始出现。涅伽达文化Ⅱ后期，埃及诞生了若干小国家，这时王权已经形成，国王既是行政首脑也是军事首领，还主持宗教仪式，领导农业、兴修水利，拥有了象征王权的标志。在希拉康波里等地的发掘，证实了在埃及早王朝时期已建立起统一的国家和王权政治，如第二王朝的哈谢海姆威完成了上下埃及的统一，采用了象征上下埃及统一的"荷鲁斯和塞特"双重王衔。

2. 君主专制逐渐形成。主要表现为：①设置以国王为中心的国家机关。②出现王位世袭制。③王权神化倾向加强。④王室经济逐步形成，出现王墓与丰富的殉葬品。

（二）形成时期（古王国时期）

1. 王权被逐步神化。国王逐步成为凌驾于埃及万物之上的神王，其权力逐渐加强，掌握了国家行政、立法、司法、经济、军事、外交和文化宗教等权力。

2. 君主专制已经形成，国王是国家权力的象征和代表。国王控制了中央及地方行政权，中央通过宰相主持政务，由王室家族把持政局，地方通过诺马尔赫进行治理。他还控制了国家的土地、灌溉系统、对外贸易等一切经济权利。除此之外，他还控制着全国的军队、司法，对臣民也有无限权威。

（三）曲折发展时期（第一中间期至第二中间期）

1. 第一中间期。这一时期埃及统一的局面不复存在，小国林立，中央集权的专制统治被分裂割据的地方专制统治所取代。

2. 中王国时期。底比斯重新统一了埃及，国王加强了专制统治，具体表现为国王颁布严厉政策打击以诺马尔赫为代表的地方贵族势力。首先，阻止诺姆之间征战，重新封疆划土；其次，亲自巡查地方，整顿地方秩序和赋税，保证属于中央的税收必须上缴；最后，限制诺马尔赫世袭权力。由此，地方贵族的势力被极大限制，无法再与国王抗衡，国王重新控制了整个埃及的公共权力。

3. 第二中间期。喜克索斯人入侵后，沿袭了原本埃及旧制，但埃及王室统治衰弱，已然成为喜克索斯人的附属，基本丧失了埃及公共权力。

（四）鼎盛时期（新王国时期）

1. 南方的底比斯赶走了喜克索斯人，再度统一埃及，埃及进入了鼎盛时期。建立了地跨亚非两大洲的帝国，中央集权的专制主义进一步强化。

2. 自新王国图特摩斯三世起，国王开始被称为"法老"，被视作太阳神阿蒙的儿子，并掌握国家最高权力；中央设立两个维西尔互相牵制；国家机器进一步强化，设立常备军和警察。新王国时期，专制主义达到了古埃及的鼎盛阶段。

（五）衰落时期（新王国末期至后王朝末期）

随着阿蒙祭司集团势力强大，且长年战争而导致国力衰弱，王权也随之逐渐衰弱，最后王权受制于地方贵族和祭司集团。公元前1085年，阿蒙神庙祭司赫里霍尔篡权夺位，新王国统治结束，埃及进入了后王朝时期。这段时期专制统治虽然延续了下来，但法老的地位与统治已然降低和衰落，不复新王国时期的强势与鼎盛。

总之，古代埃及王权在经历了一个阶段的发展之后，随着国家的彻底统一，王权也成功地转变成了专制主义，并在新王国时期达到鼎盛。

参考资料

1. 吴于廑，齐世荣：《世界史·古代史编》，高等教育出版社，2011年。
2. 周启迪：《世界上古史》，北京师范大学出版社，2018年。
3. 郭子林：《王权与专制主义——以古埃及公共权力的演变为例》，《史学理论研究》，2008年第4期。

题目 3　论述埃赫那吞（阿蒙霍特普四世）改革的背景、内容、结果和影响

相关真题　2024 年北京大学；2024 年中国社科院大学；2024 年湖南师范大学；2019 年首都师范大学；2014 年河北大学；2004 年华南师范大学；2002 年南京大学

埃赫那吞改革是古埃及新王国第十八王朝的法老阿蒙霍特普四世推行的宗教改革，其实质是以法老为代表的中央集权势力和阿蒙神庙僧侣集团为代表的世袭贵族之间的政治斗争。

（一）改革背景

1. 君主专制同阿蒙神庙祭司集团矛盾日益尖锐。新王国第十八王朝中期，神庙集团通过控制大量土地、财富以及在人民中的宗教影响力，逐渐形成了一个强大的权力中心与以法老为首的中央集权相对抗。

2. 世俗奴隶主同神庙祭司奴隶主矛盾凸显。①世俗奴隶主随法老在外征战，立下许多战功，但战利品却大部分给了神庙，他们认为没有得到相应的回报。②神庙祭司还插手世俗政权，大有排斥世俗奴隶主之势，这引起世俗奴隶主的嫉恨。③神庙经济严重阻碍了中小奴隶主阶层"涅木虎"的发展，因而"涅木虎"站在王权一边，积极支持改革。

（二）改革内容

1. 重新推出对拉神的崇拜，以对抗对阿蒙神的崇拜，后来又取消对阿蒙神及其他一切神的崇拜，只允许崇拜阿吞神。

2. 没收阿蒙神庙及其他一切神庙的财产，将其转交给阿吞神庙。

3. 铲除一切建筑物上的阿蒙字样，进而建立新神崇拜，即阿吞神。

4. 将首都从底比斯迁至埃及中部的阿马尔那，以摆脱阿蒙祭司集团的控制和影响，将新首都命名为"埃赫塔吞"（意为"阿吞的视界"）。

5. 国王本人的名字改为"埃赫那吞"。

6. 提拔一些出身中下层奴隶主的人（"涅木虎"）担任高级官吏，从而实施和推行改革。

（三）改革结果

埃赫那吞改革未能持久，最终以失败告终。改革遭到了阿蒙神庙祭司及其他旧贵族的强烈反对，埃赫那吞死后，其继承者迅速放弃了改革，恢复了对阿蒙神的信仰，并将首都迁回底比斯，阿蒙神庙财产也被返还。

（四）改革影响

1. 政治方面。改革在一定程度上削弱了阿蒙神庙势力，维护了法老的绝对权威，并提升了中小奴隶主的阶层地位，但长远来看，改革未能根本改变阿蒙祭司集团与王权之间的矛盾，反而为后来阿蒙祭司集团的复权埋下了伏笔。

2. 宗教方面。改革试图推行一神教，这在当时是一次宗教上的巨大变革，虽然短暂，但对后世宗教思想发展产生了一定影响。

3. 文学方面。首都迁至阿马尔那期间，促进了该地区文学艺术发展，产生了一批反映阿吞崇拜主题的文学作品，对埃及文化史产生了持久影响。

总体而言，埃赫那吞改革虽然失败，但其对古埃及乃至人类历史上的政治与宗教变革有着深远意义，体现了个人信念和政治权力在历史进程中的复杂作用。

参考资料

1. 周启迪：《关于埃赫那吞改革的若干问题》，《北京师范大学学报》，1984 年第 4 期。
2. 吴帅，田明：《世界宗教改革的先驱者——国内埃赫那吞改革研究述评》，《内蒙古民族大学学报》，2013 年第 5 期。

题目 4　简述古埃及受外来民族统治以及对古埃及兴起灭亡的影响

相关真题　2023 年中国社科院大学

在古埃及文明发展史上，埃及曾多次受到外族的入侵，喜克索斯人、亚述人、希腊人都曾统治过埃及，对古埃

及历史的发展产生了深远影响。

（一）喜克索斯人的入侵与统治（公元前 17 世纪—前 16 世纪）

1. 在埃及第二中间期里，喜克索斯人入侵，他们在埃及建立了第十五、十六王朝，统治过大半个埃及。

2. 喜克索斯人维持了埃及原有的政治制度，在王权形式、政府机构的构成和宗教信仰等方面均继承了埃及文明，并为埃及引入了新的技术和军事策略。同时，喜克索斯人烧毁埃及城市，毁灭神庙，杀戮当地人民，变妇孺为奴隶，其残暴统治遭到埃及人的普遍反对。公元前 16 世纪，埃及人成功驱逐了喜克索斯人，建立了埃及第十八王朝。

（二）亚述帝国的入侵与统治（公元前 671 年—前 651 年）

公元前 7 世纪时，亚述帝国发动了侵略埃及的战争，并征服了埃及。亚述帝国对被征服地区实行残暴统治，对人民进行残酷压迫，导致了埃及经济衰落，埃及人为摆脱亚述统治而进行的斗争从未间断，约公元前 651 年，埃及法老普萨姆提克终于彻底驱逐亚述占领军，建立埃及第二十六王朝。

（三）波斯帝国的入侵与统治（公元前 526 年—前 404 年）

1. 公元前 526 年，波斯国王冈比西远征埃及，第二年征服了埃及，并在埃及建立了第二十七王朝。在政治方面，波斯帝国采取高度的中央集权制度统治埃及，任命总督管理埃及，同时派遣官吏监督总督的行为。在经济方面，波斯为埃及引进了国家发行金属货币的体制，并带来了商业便利，促进了经济发展。

2. 波斯人对埃及进行了大规模的剥削和掠夺，激起了埃及人民的反抗，波斯统治最终在公元前 404 年被推翻，埃及人获得独立并建立了第二十八至三十王朝。然而好景不长，公元前 343 年，波斯帝国再次征服了埃及，建立了第三十一王朝。

（四）托勒密王国的统治（公元前 305 年—前 30 年）

1. 公元前 332 年，亚历山大入侵埃及，亚历山大死后帝国迅速分裂，埃及于公元前 305 年正式独立为托勒密王国。托勒密王国实行之前埃及的制度，将埃及分为省、分区、村，由地方官员组成庞大系统，负责执行估税和收税等事务，而马其顿人、希腊人主要担任重要官员。全埃及的土地名义上属于国王，但王室可以授予他人，如赠予神庙、私人、军人等，王国主要的土地经营制度是租佃制。

2. 托勒密王朝虽然是以马其顿人、希腊人为统治阶级，但是却没有扼杀埃及自身文化传统，为保存古埃及文化做出了一定贡献。公元前 30 年，托勒密王朝被罗马的屋大维所灭，古埃及历史结束。

总之，外族入侵虽然在一定时期促进了古埃及的发展，但从埃及历史的发展脉络来看，埃及自身的文明在外族的入侵下不断消磨，最终隐匿于历史的长河。

参考资料

1. 黄志强：《论喜克索斯人对埃及的入侵及历史影响》，《人民论坛》，2012 年第 17 期。
2. 阿诺德·汤因比：《历史研究》（上），上海人民出版社，2016 年。

题目 5 简述埃及新王国时期与赫梯的争霸战争

相关真题 2020 年上海大学；2016 年河北大学；2015 年东北师范大学

公元前 14 世纪至公元前 13 世纪初，埃及与赫梯在叙利亚和巴勒斯坦地区发生了争霸战争。这是人类历史上第一次两个不同地区的强国为争夺这一地区而进行的长期战争与交涉。

（一）原因

1. 历史原因。叙利亚和巴勒斯坦地区地处亚、非、欧三洲交通枢纽，十分富庶，具有重要的经济和战略意义，但是这里长期未形成一个统一的国家，一直是周围国家侵略和掠夺的目标。

2. 直接原因。①埃及第十八王朝后期，法老埃赫那吞忙于改革，无暇顾及其在西亚的属地，赫梯趁机占领了埃及在西亚的若干属地。②埃赫那吞继任者图坦哈蒙的寡妻让赫梯国王送一位王子到埃及与她结婚，并让该王子做埃及法老。赫梯王子到埃及后即被埃及人所杀，于是爆发了埃及同赫梯之间的公开战争。

（二）过程

1. 第一阶段。战事对埃及十分不利，遭到重大失败。后来因为被俘埃及士兵的传染病传给了赫梯士兵，使赫梯士兵伤亡严重，战争才暂告停止。

2. 第二阶段。埃及在第十九王朝初期多次用兵西亚，同赫梯进行了激烈的争夺，并取得不少胜利。埃及基本稳定了在这一地区的形势，但却未能完全恢复埃及在西亚的全部属地，尤其未能消除埃及在西亚的主要威胁，赫梯的气势仍咄咄逼人。

3. 第三阶段。埃及法老拉美西斯二世统治时期，埃及与赫梯之间的争霸达到了高潮。为了同赫梯进行战争，拉美西斯二世营建新都，并招募雇佣军，组建了四个军团。公元前1299年，双方在叙利亚的卡迭什会战，该战役使得双方损失惨重，无力再战，宣布停战。公元前1283年，埃及的拉美西斯二世和赫梯国王哈吐什尔缔结了银板和约，标志着埃及与赫梯之间的争霸战争正式结束。

（三）影响

1. 使两国实力削弱。埃及与赫梯的争霸战争严重削弱了两国的实力，在此之后双方均无力再发动一场如此大规模的战役。不久之后的"海上民族"入侵，横扫了整个地中海东部地区，灭掉了赫梯，埃及虽然顶住了"海上民族"的入侵，但也遭到沉重打击，并从此一蹶不振。

2. 给人民带来灾难。埃及和赫梯在叙利亚和巴勒斯坦的争霸战争，给这里的人民带来巨大的灾难和沉重的负担，因而遭到该地区人民的激烈反抗，加剧了两国内的阶级矛盾，给两国带来严重后果。

3. 客观上加强了地区间的交流。争霸使得在公元前2000年后半叶，东地中海一带的各文明古国开始打破孤立、闭塞、隔绝的状态，彼此之间关系日益密切。

4. 条约具有开创性意义。埃及与赫梯的战争及和约的签订在世界国际关系史上具有重要的意义，为以后处理国际争端提供了借鉴，即用签订和平条约的形式来结束一场战斗，开历史之先河。

埃及与赫梯的战争以及最后签订的合约在世界国际关系史上具有重要意义，同时此战也是古代西亚历史的转折点。

参考资料

1. 薛春辉：《试论卡叠什战役及其影响》，吉林大学2009年硕士论文。

题目6　比较埃及古王国和新王国的政治特点

相关真题　2023年南开大学；2023年南京师范大学；2022年山东大学；2020年山东大学；2018年河南师范大学；2015年南京师范大学

从古王国到新王国这500年的历史时期里，埃及不仅完成了统一，而且通过扩张建立起埃及帝国。新王国时期的埃及与古王国相比，在政治上既有共性又有诸多差异。

（一）相同点

1. 埃及古王国和新王国时期都实行中央集权的君主专制。①古王国时期，埃及的君主专制开始确立，如国王通过宰相维西尔控制朝政，并直接任命地方长官。②新王国时期，埃及法老们通过对外战争进一步扩大了王权统治的范围，并且为了对抗祭司集团，支持中小奴隶主阶层——涅木虎兴起，并使其成为王权的阶级基础。

2. 埃及古王国和新王国的地方行政单位都以诺姆为主。①古王国时期地方上最重要的行政单位是诺姆（州），其行政长官为诺马尔赫（州长）。②新王国时期，地方上仍是以诺姆为主要单位，但诺马尔赫的权力已经有所削弱。

3. 埃及古王国和新王国时期，法老都神化自己的专制统治。①古王国时期，存在对太阳神拉的崇拜，多位国王曾宣称自己是拉神之子。②新王国时期，阿蒙神是国家的主神，也是王权的主要保护神。

（二）不同点

1. 与古王国时期的统治地域相比，埃及新王国已经成为一个横跨亚非的帝国。①古王国时期，其疆域仅仅包含尼罗河两岸部分土地，南部到达第一瀑布附近，北部包括尼罗河三角洲地区。②新王国时期，经过阿蒙霍特普一世、图特摩斯三世等历任法老的对外征战，埃及最终建立起横跨西亚北非的帝国。

2. 与古王国时期相比，新王国时期官吏选拔范围扩大。①古王国时期，官吏一般都从贵族中挑选。比如宰相维西尔有时就由王子担任，地方上的诺马尔赫多由旧贵族担任。②新王国时期，官吏更多是从整个统治阶级中挑选的，如当时新兴的中小奴隶主阶层——涅木虎，他们逐渐被任命为各级行政长官。

3. 与古王国时期相比，新王国时期军队的兵源范围扩大。①古王国时期士兵一般多为本地人。②新王国时期的军队不仅由埃及本土人组成，还有外国雇佣军。

4. 与古王国时期相比，新王国时期对外战争更加频繁且范围更加广泛。①古王国时期，对外战争主要是对努比亚地区的征服活动。②新王国时期，埃及国力较为强盛，对外战争扩展到叙利亚等地，甚至与并不接壤的赫梯进行了旷日持久的战争，战争次数和范围都较古王国时期明显增加和扩大。

5. 与古王国时期相比，新王国时期教俗矛盾日趋显现。①古王国时期，法老为维护自身统治，对祭司集团有着强烈的依赖，因而宗教与世俗权力并未产生较大的冲突。②新王国时期，世俗权力渐长，教俗矛盾更加显现，例如阿蒙霍特普四世曾因教俗矛盾尖锐而进行宗教改革。

总的来说，埃及古王国和新王国时期的政治特点既有不同之处，也有相同之处，但是他们都推动了埃及文明的发展。

参考资料

1. 郭子林：《古埃及新王国时期专制王权的制度化探析》，《杭州师范大学学报（社会科学版）》，2016 年第 2 期。

第二节 古代埃及的文化

题目1 简述古代埃及的主要文化成就

相关真题 2023 年中国社科院大学；2015 年河南大学；2000 年北京大学

古代埃及人民创造了灿烂的文化，对人类文化宝库做出了重要贡献，对当时和后世有着不可磨灭的影响。其主要成就有以下几方面：

（一）文字与文学

1. 象形文字。公元前 4000 年末，古埃及人创造了象形文字。象形文字是从图画文字演变而来的，具有表意和表音的特点，象形文字经历了从祭司体到世俗体的演变，到希腊罗马人统治时发展为科普特文字等。

2. 文学。古埃及人留下了包括神话、短篇小说、诗歌、战记等在内的形式多样的文学作品。①在神话传说中，有关奥西里斯死而复活的故事最为著名。②著名的颂诗有《尼罗河颂》和《阿吞颂》等，歌颂了尼罗河和阿吞神给埃及、人类带来的恩惠。③战记最著名的是《图特摩斯三世年代记》，主要记载了法老图特摩斯三世一生进行的 17 次战争。

（二）科技

1. 天文历法。古埃及人创立了人类历史上最早的太阳历，把一年分为三季，每季 4 个月，共 12 个月，每月 30 天，共 360 天，其余五天是节日。古埃及的太阳历对罗马共和国晚期恺撒制定的朱里亚历产生了很大的影响。

2. 医学。撰写了若干医学文献；通过制作木乃伊，古埃及人了解到人体内部构造，积累了较为丰富的解剖学知识，因此古埃及外科技术发达。

3. 数学。古埃及人的数学成就主要集中在算数、几何和代数方面。古埃及人创造了自己的十进位的计数制度，并创造了用来表示数字的若干象形文字符号。在几何学方面，已经掌握三角形、矩形和梯形的面积计算方式。代数方面已经能解一元一次方程。

（三）建筑与艺术

1. 建筑。①金字塔。金字塔是古埃及国王的坟墓，金字塔的建造始于第三王朝的第一位国王乔赛尔的"层级金字塔"，最大的金字塔为第四王朝国王胡夫时所建。②神庙。在底比斯修建的卡尔纳克神庙和卢克索尔神庙也是古代埃及人的杰作。

2. 艺术。①绘画。古埃及留下了丰富的艺术作品，绘画作品中代表性杰作有中王国时期的《纸草丛中的猫》、新王国时期的《三个女音乐家》等。②雕刻。雕刻的原料有木、石、象牙等，其中石雕最多。石雕中大者如哈佛拉金字塔前的狮身人面像，小者有如书吏像和埃赫那吞王后涅菲尔提像等。木雕著名的有古王国时期的村长像等。象牙雕刻比较早的有大金字塔的主人胡夫的一个小雕像。

（四）宗教

古埃及是一个多神崇拜的国家。自古王国时期埃及统一后，虽然出现了全国统一崇拜的主神，如鹰神荷鲁斯、太阳神拉、阿蒙神等。但是，其他原来崇拜的各种神依然存在，如对鳄鱼神索贝克、农业神奥西里斯的崇拜一直盛行。

综上，古埃及文化成就显著，遍布文字与文学、应用科学、建筑艺术和宗教各个方面，其文化成就是人类文化宝库中的一个重要组成部分。

参考资料

1. 吴于廑，齐世荣：《世界史·古代史编》，高等教育出版社，2011年。

第三章 古印度文明

第一节 印度河流域的早期文明

题目1 简述哈拉巴文化

相关真题 2018年西北师范大学

哈拉巴文化又称印度河流域文明，是印度次大陆已知的最早的城市文明，也是世界上最早的文明之一。

（一）哈拉巴文化的发现成果

1. 分布区域。哈拉巴文化分布的区域十分广大，东起今印度的北方邦，西到今巴基斯坦的俾路支，北自今巴基斯坦的旁遮普，南达今印度的古吉拉特邦。

2. 年代范围。哈拉巴文化的年代范围，约为公元前2300—前1750年，大体与中国的夏代（公元前21—前16世纪）同时。

3. 创造者。根据出土的人骨和各类人像分析，印度河流域当时的居民大约有原始澳大利亚人种、蒙古利亚人种和地中海人种等，由于文字尚未释读成功，这种文明的创造者至今尚未确定。

（二）哈拉巴文化的内容

1. 城市文明。哈拉巴和摩亨佐·达罗是其文明的典型代表，摩亨佐·达罗分为卫城和下城两部分，卫城有举行重大礼仪前的沐浴处所和规模很大的储粮仓，还有建筑物可能是作为政府办公和大众集会用的。下城分为许多街区，另外有一长串形状相同的简陋小屋。根据各家建筑物的差别，可以推知当时社会存在贫富的阶级分化。

2. 经济状况。①当时已有大量的铜器和青铜器，人们还学会了冶炼金、银等金属。②主要经济部门是农业，已发现镰刀等农具。当时栽培的作物有大麦、小麦、豆类、芝麻、蔬菜、棉花等，可能在水源比较丰富的地方已经开始种稻。③纺织业和制陶业是重要的手工业部门。纺锤和纺轮是当时重要的手工业工具。此外陶窑也已被发现。④商业发达。考古发掘出的金、银、铜等金属都不是本地所出产的，而是从南印度、两河流域输入的。哈拉巴文化与古代两河流域之间的贸易大概是经由海路进行的。

3. 文化状况。已经有文字，主要保存在石、陶、象牙等制成的印章上，迄今所知的符号已有400~500个。文字的出现说明其文明已达到较高的水平。

（三）哈拉巴文化的衰亡

哈拉巴文化持续的时间不长，关于其衰落的原因，至今未有定论，学者的观点大概可归纳为三种：

1. 外族入侵说。持这种观点的学者认为印度河流域城市文明的富足，引来了山地部落的入侵，结果造成文明的毁灭；还有学者认为是雅利安人的入侵导致哈拉巴文化消亡，但是有学者发现雅利安人大规模入侵的时间远远晚于哈拉巴文化存在的时间，因而这种观点难以成立。

2. 地质、生态环境变化说。持此说的学者认为，摩亨佐·达罗是一个地震中心，地震引发的洪水毁灭了哈拉巴文明，但这一说法也没有充分的证据。

3. 哈拉巴文明自身局限说。哈拉巴文明的居民无力抵抗天灾人祸而被取代。这是近年来提出的一种新见解，但还未得到学术界普遍认可。

作为早期文明，哈拉巴文化为印度文化的发展做出了重要贡献。哈拉巴文化衰亡之后，至公元前6世纪，新的文明又兴起，这些文明多少受到了哈拉巴文化的影响。

参考资料

1. 易宁：《走进古印度文明》，民主与建设出版社，2001年。
2. 吴于廑，齐世荣：《世界史·古代史编》，高等教育出版社，2011年。

第二节 吠陀文明、婆罗门教与瓦尔那制度

题目1 简述吠陀时代

相关真题 2017年北京大学

吠陀时代主要指约公元前1500—前600年，古印度从雅利安人入侵到列国纷争兴起的时代。吠陀时代得名于雅利安人的经典"吠陀"。

（一）吠陀时代分期

雅利安人入侵印度之后的史料主要保存在"吠陀"以及解释"吠陀"的经典中。"吠陀"共分为四部，其中《梨俱吠陀》是最古老的一部，反映了约公元前1500—前900年古印度的情况，《梨俱吠陀》所反映的时代一般被称作"早期吠陀时代"。《沙摩吠陀》《耶柔吠陀》《阿闼婆吠陀》成书较晚，所反映的时代为约公元前900—前600年或更晚，称为"后期吠陀时代"。

（二）早期吠陀时代（约公元前1500—前900年）

早期吠陀时代是雅利安人部落进入古印度的最初阶段，也是他们的氏族部落组织开始解体的阶段。

1. 经济状况。①雅利安人原是游牧部落。在这一时期，畜牧业在他们的经济生活中仍有相当重要的地位，后来农业逐渐变成他们的主要生产部门。②雅利安人的手工业也有了一定的发展，各类木制家庭用具、青铜器物、金银装饰品等出现。

2. 社会发展。①早期吠陀时代，雅利安人仍保持氏族、部落的组织形式，但此时已出现私有制和阶级的萌芽，处于氏族制向阶级社会过渡的军事民主制时期。②在早期吠陀时代末叶，社会开始出现等级划分现象，但不同种姓间固定的世代职业的区分尚不存在，社会等级也还没有发展到固定不变的程度。

3. 权力机构。雅利安人军事民主制权力机构由两个会议和军事首领构成。①两种会议分别为"萨巴"（长老会议）"萨米提"（平民会议）。②军事首领称为"罗阇"，由长老会议选出。

4. 宗教。早期吠陀时代，雅利安人的宗教基本上是一种简单的自然崇拜，如崇拜天神梵伦那、太阳神弥陀罗等。早期吠陀时代的祭祀简单，祭司还没有成为一个特定的神权集团，当时也不存在抽象的宗教哲理。

（三）后期吠陀时代（约公元前900—前600年）

1. 经济发展状况。①铁器有了一定的推广，这为恒河中下游的开发提供了有利条件。②农业在这一时期有了发展。施肥技术得到重视，也开始有了一些灌溉系统，不同的庄稼已按其特点在不同时节种植。③畜牧业在生活中仍占一定地位，牛是最重要的牲畜。④劳动分工有了发展，出现守门人、驾车人、侍者、铁匠等多样化工种。⑤商业有所发展。陆路运输和水路运输出现，在商品交换中，人们兼用以物易物和付偿购物两种方法，且高利贷已经出现。

2. 社会阶层。阶级分化日益加剧，瓦尔那制度（也叫种姓制度）形成。社会成员被分成四个等级，婆罗门（僧侣、祭司阶级）、刹帝利（武士阶级）、吠舍（一般平民）、首陀罗（奴隶）。不同等级有不同的权利和义务。

3. 国家产生。伴随阶级和阶级矛盾的发展，军事民主制的机构逐渐变成了国家。罗阇从军事首领变成了世袭君主，国王依靠贵族和官吏的辅助来统治国家。当时出现的一些比较重要的国家有犍陀罗、居楼、毗提诃等。

4. 宗教。①早期吠陀时代简单的宗教，到后期吠陀时代逐渐发展成有完整体系的婆罗门教。主张善恶有报，人生轮回，轮回的形态取决于现世的行为。只有达到"梵我一致"，才能摆脱轮回之苦。②国王常举行大祭以显示自己的权威，利用献祭来神化王权，婆罗门祭司们逐渐形成一个掌握神权的特殊等级，垄断了对婆罗门教义和教法的解释权。

吠陀时代是古印度氏族制度解体和国家产生的历史时代。吠陀时代的政治、经济、文化的发展对印度的发展产生了巨大的影响，在印度史上具有重要意义。

参考资料

1. 吴于廑，齐世荣：《世界史·古代史编》，高等教育出版社，2011年。

第三节 列国时代的新兴宗教与思想

题目1 简述列国时代反婆罗门教思潮兴起的原因及代表派别

相关真题 2023年鲁东大学；2018年陕西师范大学

列国时代（公元前6—前4世纪）的印度，各种新的思潮纷纷兴起，他们具有一个共同点就是具有反婆罗门教的倾向，因而形成了类似于中国春秋战国时期的百家争鸣的局面。

（一）兴起原因

1. 阶级矛盾的尖锐化。列国时代，刹帝利阶级和部分吠舍阶级逐渐不满于婆罗门教特权地位。①刹帝利在列国时期经过战事获得大量财富，又随王权的加强提高了社会政治地位，进而对婆罗门教的崇高地位和其对政治的干预感到不满。②随着商品经济发展，从吠舍中分化出来的大商人阶层因财富的增长，势力有所上升，他们迫切要求改变社会地位，反对婆罗门教维护的等级制度。

2. 婆罗门教自身存在问题。①吠陀经典的梵书和奥义书对大部分人而言艰深难解。②婆罗门教缺乏严密的组织系统，无法有力组织信众。③婆罗门教自身的堕落。到列国时代，为从献祭中得到好处，婆罗门教的祭祀活动越来越庞大且复杂，祭司在献祭中不仅使用大量牲畜，有时用人来做牺牲，具有明显的落后性，引起了人们的反感和思考。

（二）代表教派

1. 斫婆迦派。①代表人物：阿耆多·翅舍钦婆罗。②基本教义：主张世界万物都由地、水、火、风四大元素构成；认为人死后不会有灵魂和轮回，人们应该入世求快乐；重视感性认识，否定理性认识。③进步性：以积极入世的态度，反对婆罗门教、佛教所宣扬的解脱、厌世主张，鼓励人们勇敢追求现世幸福。④缺陷：斫婆迦派认为除了直接被感知的事物以外，没有可以确信的东西，进而否定了推理的有效性和间接知识，走向了重视感性知识的极端。

2. 阿什斐迦派。①代表人物：末伽黎·拘舍罗。②基本教义：认为世界是按既定的程序绝对安排好的，修行和作恶对解脱不起作用，人生的历程不是由自己和他人决定，而是由宿命来决定的。③进步性：彻底的宿命论否定了婆罗门教的善恶各有报应的说教，冲击了婆罗门教的地位。④缺陷：宿命论否定了人的一切能动作用，使人安于无所作为。

3. 耆那教。①代表人物：筏驮摩那，即伟大的英雄。②教义和实践：耆那教奉行业报轮回、灵魂解脱、非暴力和苦行之义的学说，认为要使灵魂超越轮回，必须奉持"三宝"（正信、正知、正行）和"五戒"（不杀生、不欺狂、不偷盗、不奸淫、不蓄私财）。③进步性：否认人的种姓差别，而强调人的宗教修养的差别，主张人可以决定自己的命运，这冲击了婆罗门教维护的等级制度。④局限性：它用极端的苦行去换取所谓的灵魂解脱，实际上是用慢性自杀的方式去追求所谓的最高理想。

4. 早期佛教。①创始人：乔达摩·悉达多（释迦牟尼）。②基本教义：四谛（苦谛、集谛、灭谛和道谛）和八正道（正见、正思维、正语、正业、正命、正精进、正念和正定）；主张"众生平等"；提出"十二因缘""五蕴说"。③先进性："众生平等"的教义，冲击了婆罗门教和种姓制度。④缺陷：佛教轻现世、重来世的思想对人民具有麻痹作用，佛教最终沦为统治者的工具。

总之，反婆罗门教思潮冲击了婆罗门教的思想统治地位，印度进入文化活跃的时代，与同时期的古希腊和春秋战国时期的中国一同开创了人类文明史上著名的"轴心时代"。

参考资料

1. 吴于廑，齐世荣：《世界史·古代史编》，高等教育出版社，2011年。

题目2 简述早期佛教的产生发展、基本教义及其影响

相关真题 2020年历史学统考；2020年山西大学；2018年云南大学；2014年北京大学；2001年东北师范大学

在列国时代的反婆罗门教思潮中，佛教发展得最为迅速，在社会各阶层中拥有众多信徒。自阿育王时代起，佛

教开始向中亚、东南亚和东亚等地区传播，逐渐发展成为世界性宗教。

（一）佛教的产生和发展

1. 佛教的创立。佛教由乔达摩·悉达多创立于公元前 6 世纪，他出生于释迦族，后来被人尊称为释迦牟尼，意为"释迦族的圣人"。

2. 佛教的分裂。公元前 4 世纪佛教第二次大结集后，佛教学说分离成了"大众部"和"上座部"。到公元 1 世纪，从大众部演变出了大乘佛教，他们主张神化释迦牟尼，崇拜偶像，以自修成佛和普度众生并重。原上座部则恪守原始教义，只尊释迦牟尼为教主，只求个人自修解脱，被大乘佛教贬称为"小乘"。

3. 阿育王宣扬"圣法"。阿育王在基本完成帝国统一之后，对国策做了重大变更。他在征服羯陵伽之后，对这次战争的伤亡表示忏悔，成为佛教徒，大力宣扬圣法。公元前 253 年，阿育王主持召开佛教第三次大结集，由此大乘佛教成为佛教的主要教派。

4. 佛教的传播。①南传路线：阿育王时代首先传播到斯里兰卡、缅甸、泰国，以后又传入柬埔寨、老挝等国家和地区，称南传佛教，多用巴利语佛典。②北传路线：公元前后，佛教由北印度传播到中亚、中国新疆地区和汉族内地，自公元 2 世纪起，佛教又由中国传入越南、朝鲜、日本，称北传佛教。公元 7 世纪前期，传入西藏，形成具有西藏特色的藏传佛教。

（二）早期佛教基本教义

1. "四谛"说。苦谛认为人生一切皆苦，主要讲现实中存在的种种痛苦；集谛说明人生多苦的原因；灭谛是指消灭痛苦、消灭苦因、消灭欲望的真理，佛教将这种境界称为涅槃；道谛是指为了实现佛教理论而遵循的手段和方法，即"八正道"。

2. 八正道。分别为正见、正思维、正语、正业、正命、正精进、正念、正定，是实现涅槃、超越苦难的实践途径。

3. 十二因缘说。释迦牟尼提炼出十二种相互联系的原因和结果，得出任何条件都不能长久存在，因而任何事物都不值得执着，应逐渐脱离世俗世界，追求永恒和解脱。

4. 业报轮回。佛教认为一切生命都有三世，并都根据各自的行为不断轮回着。佛教进一步提出只有超越轮回，达到涅槃，才能获得最高幸福。

（三）早期佛教的影响

1. 政治方面，巩固了刹帝利和奴隶主的统治。佛教轻现世、重来世的思想对底层人民具有麻痹作用，而佛教禁止负债的人和奴隶出家也是维护刹帝利和奴隶主利益的体现，这使得佛教最终沦为统治者维护统治的工具。

2. 宗教思想方面，佛教的兴起对婆罗门教产生了巨大冲击。通过简化宗教实践、反对祭祀杀生等内容，佛教吸引了广大底层民众，促进了社会思想的多元化。

3. 对被传播的国家和地区的政治、文化产生了重要影响。佛教宣扬众生平等，这种平等观念吸引了广大的贫苦人民，流传地域广泛，并对被传播国家和地区的统治手段、社会观念、建筑艺术等产生了深远影响。

综上，佛教由于适应了当时各种姓反对婆罗门种姓特权的要求，很快得到了世俗统治者的支持，收获了大量信徒，逐渐发展成了一个大的世界性宗教。

参考资料

1. 王国庆：《佛教传播系统研究》，吉林大学 2015 年硕士论文。

第四节 孔雀帝国与佛教的传播

题目1 简述孔雀帝国的政治制度和经济制度

相关真题 2015 年河北大学

孔雀帝国是古代印度版图最大的奴隶制中央集权君主专制统一帝国。孔雀帝国所实行的制度具有浓厚的君主专制色彩。

（一）政治制度

1. 行政制度。①在中央，国王是国家首脑，决定一切最重要的政策，委任最重要的官员，有最高行政权。国王手下有一批顾问和官员作为辅助，官员分为三类，分管地方事务、城市事务和军事。②对地方实行分省统治，靠近首都的由国王直辖，边远行省往往由王族成员任总督。在若干行省里有很多部落在内部实行半独立或自治。

2. 司法制度。在中央设有最高法院，但最高司法权在国王手中，国王往往亲自过问审判事宜，国王发布的诏书和法令就是法律，有最高立法权。

3. 军事制度。国王有最高军事权，他是国家军事行动的决策人和最高统帅。专管军事的官吏分为六组，分管海军、后勤辎重、步兵、骑兵、战车兵、象兵。

4. 特务制度。利用特务组织派密探到全国各地，监视各级官员、贵族和平民，而且还进行暗杀、投毒等活动。

（二）经济制度

1. 土地制度。①国家或国王直接占有的土地，包括山林、水源、地下矿藏或宝物、无人占有的荒地和农田。②贵族、官吏占有的土地，国王将一部分土地赐给贵族和官吏，但不可转让。③公社占有的土地，公社土地基本有两种：一种是氏族部落公社的土地，是以血缘关系为基础的共同劳动、共同分配的原始公社；另一种是农村公社占有的土地，村民每户有自家的份地，耕种份地必须向国家纳租税。

2. 奴隶制度。①奴隶制主要是家内奴隶制，这类奴隶分散在奴隶主的家庭经济和小农庄中，从事家务劳动和生产性的辅助劳动，主要目的是满足家族自身的产品需要。②奴隶制与种姓制有密切的联系，古代印度的奴隶制是以种姓划分为基础的，带有明显的种姓制烙印，奴隶制受到种姓制的制约，有利于奴隶主阶级加强对奴隶和所有劳动群众的剥削和压迫。③在孔雀王朝时代，奴隶主对奴隶占有的支配权逐渐受到限制和削弱，奴隶的权利受到国家法律的保障，地位有一定的改善。

综上所述，孔雀帝国是古印度时期的著名王朝，孔雀帝国的政治经济制度，有力地推动了印度历史的发展。

参考资料

1. 高兴：《孔雀帝国奴隶制的若干特点》，《史学集刊》，1981年10月。

第四章　古希腊文明

第一节　克里特文明和迈锡尼文明

题目1　简述克里特和迈锡尼两种文明的特征，并说明对希腊历史进程的影响

相关真题　2019年南开大学

古希腊的爱琴文明是指公元前20—前12世纪存在于南希腊和爱琴海岛屿上的文明，中心地在克里特岛与迈锡尼，故又称"克里特-迈锡尼文明"。

（一）克里特文明特征

克里特文明又被称为"米诺斯文明"，处于迈锡尼文明之前的青铜时代，约公元前2000年，克里特出现了最初的国家。克里特文明分为早王宫时期（小国分立，约公元前2000—前1700年）和晚王宫时期（统一王国，约公元前1700—前1400年）。该文明的发展主要集中在克里特岛上，主要特征如下：

1. 政治方面，宫殿是文明的核心。克里特文明已经进入阶级社会，城市国家多围绕王宫而形成，宫廷是国家的经济、政治和文化中心。繁盛时期的克诺索斯王国已统一全岛，甚至一度把爱琴海许多岛屿和阿提卡纳入自己的势力范围。

2. 经济方面。农业和手工业已有分工，工商业和航海贸易发展。农业以种植谷物、橄榄、葡萄等为主；青铜器、金银器、陶器增多，工艺较复杂；手工产品以精巧秀丽著称，铜器和金银制作的日用品和工艺品皆相当精美；造船业发达，商船来往地中海各地，还有海军舰只，成为各城市的主要防卫力量。

3. 思想文化方面，克里特文化深受西亚的熏陶，也受到埃及的影响。此时在克里特岛上出现了欧洲地区最早的文字，称线形文字A，至今仍未被释读。克里特的壁画题材多样，特点是写实主义，洋溢着和平气息。此外，王宫建筑富丽豪华，建筑水平较高。

（二）迈锡尼文明特征

迈锡尼文明同样处于古希腊青铜时代，约公元前1600—前1150年，它因伯罗奔尼撒半岛的迈锡尼城而得名。迈锡尼文明的分期是以其墓葬形式来界定的，即竖井墓王朝（约公元前1600—前1500年）、圆顶墓王朝（约公元前1500—前1150年）。主要特征如下：

1. 政治制度。迈锡尼文明的政体为君主制，国王称"瓦纳克斯"。迈锡尼文明时期已形成一套官僚体制，国王之下有一批负责具体事务的官员。

2. 社会经济状况。迈锡尼文明各国的经济基础是土地财产的私有制和公有制并存，土地私有制不发达，国家的统治者是大土地所有者。迈锡尼等国已形成阶梯状的社会阶级结构，最下层是奴隶阶级，其上是从事农业和手工业生产的平民大众，以国王为首的奴隶主阶级是社会的统治阶级。迈锡尼文明海外贸易发达，与埃及、叙利亚、腓尼基以及意大利南部等地交往密切。

3. 思想文化。迈锡尼的线形文字B自1952年被释读成功，证明迈锡尼语言是古希腊语的一支。迈锡尼文明存在尚武的传统，各国处在一种紧张的氛围之中，连壁画和雕刻作品也充满好勇斗狠的气息。

（三）影响

1. 克里特文明：①发展工商业和海外贸易的传统，为日后希腊城邦海外殖民运动的开展创造了有利条件。②促成了新阶级——工商业奴隶主阶级的产生，推动日后雅典民主政治的发展。③重视海洋的传统，让雅典城邦发展出一支强有力的海军，为日后赢得希波海战的胜利奠定了良好的基础。

2. 迈锡尼文明：其尚武的传统为日后的斯巴达城邦所继承，并促成了伯罗奔尼撒同盟的成立，为希波战争的胜利做出了巨大贡献，维护了希腊城邦的独立和主权，也由此导致了希腊城邦之间的内战和城邦危机，为古希腊最终的灭亡埋下了祸根。

克里特文明与迈锡尼文明可以说是古希腊文明的源头，这两个文明的许多特征为日后的希腊城邦所继承，对古希腊的历史进程产生了深远的影响。

参考资料

1. 晏绍祥：《迈锡尼国家的起源及其特征》，《华中师范大学学报》，2006年第6期。
2. 阿丹曼提霞·瓦斯罗格木罗，李朦萌：《追踪迈锡尼文明：拉科尼亚的统治者》，《大众考古》，2014年第6期。

第二节　希腊城邦制度

题目1　简述雅典与斯巴达政治经济社会制度和文化的差异

相关真题　2024年西南大学；2022年哈尔滨师范大学；2019年华中师范大学；2019年西北师范大学；2018年暨南大学；2018年天津师范大学；2018年郑州大学；2018年聊城大学；2015年东北师范大学

雅典和斯巴达是希腊半岛著名城邦，但雅典发展出奴隶制民主政治，而斯巴达则选择了贵族寡头制度，两个城邦各有特色，共同构成了古希腊灿烂的历史文化。

（一）政治上的差异

斯巴达是贵族寡头专政的国家，而雅典则是奴隶制下的民主政治。

1. 斯巴达的国家机构由国王、元老会议、监察官和公民大会四部分组成。①斯巴达实行双王制，两位国王具有同等权力，掌握国家大权。②元老会议，由28名年龄在60岁以上的公民和双王组成，拥有司法权，还在决策中有创议权。③监察官职能相当广泛，有权代表公民指控国王，中止公职人员的权力，负责日常民事诉讼等。④公民大会由30岁以上的公民组成，是名义上的最高权力机关，但在欢呼表决法限制之下它实际上没有任何权力，一切听监察官和元老会议操纵。

2. 雅典经过一系列民主化的改革之后，在伯里克利时期形成了较为完善的民主政治。这时雅典的国家机构主要由公民大会、五百人会议和民众法庭构成。①公民大会是最高权力机关，拥有立法、行政、司法多重职能，所有公民都是大会成员，都有参加讨论发言和投票表决之权。②五百人会议是大会的常设机构，处理日常重大事务。③民众法庭由30岁以上的公民通过抽签选举产生，负责审理绝大部分刑事案件和所有民事案件。

（二）经济上的差异

斯巴达是较为典型的农业国，而雅典则以工商业发达著称。

1. 斯巴达由于地处平原，存在发展农业的有利条件，所以采取了重视农业的政策，实行以土地国有和奴隶国有为基础的份地制，即将全国土地按公民数量平均分给每一个公民，份地上一律使用希洛人（奴隶）进行劳动，由此组成了"平等者公社"。

2. 雅典平原稀少，山地较多，不利于农业的发展，因而十分重视工商业经济的发展。如梭伦改革时期就曾颁布促进工商业发展的政策，鼓励外邦工商业者移居雅典，对度量衡和币制进行改革等。

（三）文化上的差异

斯巴达是具有尚武传统的城邦，而雅典是重视文化教育的城邦。

1. 斯巴达全民皆兵，尚武轻文。斯巴达男子一生都要在军营度过，从青少年时代就必须学习体操、军事，对文化知识只学一些简单的写算，无须掌握高深知识。

2. 雅典极为重视文化教育，重视知识和人才。雅典经常派出大批人员外出学习各种技术，同时高薪聘请国外知名学者来雅典讲学。这极大地丰富了雅典人的文化知识。此外，雅典还规定青少年必须接受教育，学习德、智、体、美多种知识，而成年人则必须学会一门专业技术。

综上所述，雅典与斯巴达同为古希腊的城邦，但发展出截然不同的政治经济和文化教育制度，也影响了其未来历史的发展趋势，这些共同体现了古代世界文化的多样性。

参考资料

1. 吴于廑，齐世荣：《世界史·古代史编》，高等教育出版社，2011年。
2. 于春英：《斯巴达与雅典之比较》，《牡丹江师范学院学报》，2001年第6期。
3. 樊国福：《斯巴达与雅典教育之比较研究》，《继续教育研究》，2009年第12期。

题目2 论述梭伦改革

相关真题 2023年河南师范大学；2020年河北师范大学；2019年首都师范大学；2018年河南师范大学；2017年南京师范大学；2017年中央民族大学；2016年中山大学；2016年吉林大学；2015年陕西师范大学；2014年聊城大学；2013年苏州科技大学；2013年湖南师范大学

公元前6世纪初，为缓解雅典社会的阶级矛盾，古希腊雅典的执政官梭伦推行了一场改革，这场改革对雅典奴隶制民主政治和奴隶制工商业的发展产生了深远的影响。

（一）历史背景

1. 阶级矛盾尖锐。①公元前6世纪，雅典处于贵族政治统治之下，贵族侵吞平民土地，大量平民沦为债务奴隶。对贵族统治不满的平民群众准备铤而走险，武装起义一触即发。②随着工商业发展，工商业奴隶主阶层产生，他们多出身平民，有钱而无势，也对贵族统治不满，政治上逐渐站到平民一边。

2. 梭伦个人因素。梭伦出身贵族，却同情平民，既痛恨贵族的顽劣，也不愿引发平民的暴动。他主张从城邦公社的利益出发，不偏不倚地进行社会改革，其立场得到大多数公民的支持。公元前594年，梭伦被选举成为"执政兼仲裁"，开始进行改革。

（二）改革内容

1. 颁布《解负令》。根据这一法令，平民所欠公私债务一律废除，雅典公民沦为债奴者一律解放，同时永远禁止放债时以债务人的人身做担保，即在公民中取消债务奴隶制。

2. 建立财产等级制。按土地收入的财产资格把公民划分为四个等级。第一、第二等级可担任高级官职。第三等级可任低级官职，与执政官等高级职位则无缘。第四等级则依旧不得担任一切官职，但可和其他等级一样充当陪审法庭的陪审员。

3. 设立新的政权机构。①四百人会议由4个部落各选100人组成，前三个等级公民均可当选。四百人会议获得了原属贵族会议的众多权力，如为公民大会拟订议程、提出议案、成为公民大会的常设机构等。②设陪审法庭处理例行审判与上诉案件，陪审法庭对所有公民开放，是国家最重要的司法机关。

4. 制定促进工商业的法规。①改革币制和度量衡，使雅典更好地开展对外贸易等。②提倡农田水利、种植葡萄和橄榄。③雅典公民必须让儿子学一门手艺，否则儿子可拒绝赡养其父。④禁止除橄榄油以外的其他粮食出口。

（三）评价

1. 进步性：①缓解了当时雅典的社会矛盾，打破了贵族垄断政权的局面，赋予工商业奴隶主和平民一定程度上的政治权利，将雅典引上了发展奴隶制民主政治的道路。②发展工商业的改革措施推动了雅典奴隶制工商业经济的发展。③解负令的颁布使得沦为奴隶的公民恢复了人身自由，城邦公民体制得到巩固，公民地位提高，激发了雅典公民参政积极性。

2. 局限性：①有限的民主，梭伦改革主要针对雅典公民，雅典公民债务奴隶制的废除，对于外邦人和奴隶而言，反而承担了部分压迫。②未能彻底化解社会矛盾，梭伦改革是在维护贵族统治的前提下对平民的妥协。梭伦注重协调各阶级的利益，在改革中对平民和贵族的要求既满足又不完全满足，所以他只是缓解却没能消除公民集体中的深刻矛盾。

综上所述，梭伦改革奠定了雅典民主政治的基础，对雅典发展产生了巨大的影响，向民主制迈出了至关重要的一步。

参考资料

1. 吴于廑，齐世荣：《世界史·古代史编》，高等教育出版社，2011年。
2. 罗琳：《近二十年来我国学术界对梭伦改革的研究》，《临沧教育学院学报》，2003年第3期。
3. 郭小凌：《梭伦改革辨析》，《世界历史》，1989年第6期。

题目 3　论述克里斯提尼改革

相关真题　2024年湘潭大学；2020年吉林大学；2020年湘潭大学；2016年湖南师范大学；2014年河南师范大学；2000年南京大学

克里斯提尼改革是公元前6世纪末雅典首席执政官克里斯提尼推行的一场社会改革，这场改革继梭伦改革之后进一步将雅典奴隶制民主政治推向高峰。

（一）背景

1. 经过梭伦改革和庇西特拉图的统治，雅典工商业显著发展，对外贸易发达。雅典陶器生产在希腊世界位居前列，葡萄酒和橄榄油这两项大宗产品也畅销地中海东西各地，这给政治改革奠定了良好的经济基础。
2. 梭伦改革没有从根本上解决平民与贵族的矛盾，也没有深入触及雅典选举体制和血缘团体。在僭主政治后的雅典，贵族不同集团、不同家族的政治角逐重新活跃起来，平民和贵族的斗争仍在继续。
3. 庇西特拉图死后，其子希庇亚斯统治黑暗，在公元前510年被群众推翻。之后克里斯提尼担任首席执政官，雅典进入了新的历史时期。

（二）内容

1. 设立地区部落。①废除雅典传统的4个血缘部落而设立10个地区部落，按照地区部落这一新选举区进行选举。②糅合雅典政坛上原有的平原、山地、海岸三派，使每一个地区部落都兼容三派。
2. 成立五百人会议。①以10个地区部落各选50人组成新的五百人会议，取代四百人会议。②五百人会议的成员不限公民等级，均可担任，选举方法也改为依据各地区人口比例抽签。③五百人会议的权力也更为扩大，除了为公民大会准备议案等，在公民大会闭会期间，五百人会议组成主席团，轮流抽签值班，处理日常政务。
3. 组织十将军委员会。①取消按血缘部落征兵的方法，改为按地区部落征兵。10个地区部落各选举一名将军为统领，组成十将军委员会。②将军之职需公民自费服役，由选举产生，可连选连任。
4. 实行陶片放逐法，即按公民投票决定是否对某一公民实施政治放逐，若某人获多数票就要流放国外10年，但不动其财产。

（三）影响

1. 积极影响。①改革最终结束了雅典国家政体从贵族制向民主制的过渡，从而在世界文明史上首次确立了一整套民主体制，加速了雅典奴隶制民主政治的发展和完善。②改革为雅典繁荣发展提供了强大的军事力量积累。
2. 局限性。①陶片放逐法可能会造成多数人的暴政，抑或是恶意投票等，在一定程度上是公民滥用权力的体现。②改革依旧是在奴隶制前提下进行的，是雅典公民的民主，妇女、奴隶与外邦人仍被排除在外。

综上所述，克里斯提尼改革进一步推动了雅典民主政治进程，但依然是奴隶制前提下的民主改革，因此也存在较大的局限性。

参考资料

1. 吴于廑，齐世荣：《世界史·古代史编》，高等教育出版社，2011年。

第三节　希波战争与伯罗奔尼撒战争

题目 1　论述希波战争的原因、过程及影响

相关真题　2020年首都师范大学；2019年天津师范大学；2018年苏州科技大学；2017年聊城大学；2017年苏州

科技大学；2016年西北大学；2015年陕西师范大学；2015年黑龙江大学；2015年安徽师范大学；2002年北京师范大学

希波战争发生于公元前492年到公元前449年，这场战争最终以希腊的胜利告终，并把世界文明首次划分为东西方的大格局，影响深远。

（一）原因

1. 希波利益的冲突。波斯自大流士一世继位后，为缓和国内矛盾，进一步向国外扩张领土，占领了小亚细亚沿岸的希腊部分城邦。而雅典与小亚细亚沿岸许多城邦存在密切的外交关系和商业联系，波斯的入侵行动对雅典的商业发展产生了威胁。

2. 米利都起义成为战争导火线。公元前500年，小亚细亚的米利都发动爱奥尼亚诸邦起义，反抗波斯对小亚细亚沿岸希腊城邦的统治，雅典前来支援起义。波斯以雅典援助起义为由，渡海入侵希腊。

（二）过程

希波战争大体上可以分为两个阶段。第一个阶段为波斯进攻阶段（公元前492年到公元前479年），第二个阶段是希腊人的反攻阶段（公元前479年到公元前449年）。

1. 第一阶段。①马拉松战役。公元前490年，大流士一世派兵远征希腊，登陆雅典东北部的马拉松平原。雅典军队几乎是独自应战，以少胜多，这是希波战争中希腊人第一次取得重大胜利。②温泉关战役。公元前480年春，波斯国王薛西斯率领海陆大军进攻希腊。希腊31个邦此时已在斯巴达领导下联合起来，一致对抗波斯。希波军队首先战于温泉关，此役波斯大军获胜，但该战役为希腊联军主力的集结及驻防萨拉米湾赢得了时间。③萨拉米湾海战。公元前480年秋，以雅典为首的希腊联军与波斯海军在萨拉米湾展开决战，希腊海军利用了有利地形发挥其灵活机动的特点，重创波斯海军，战局发生根本转变。④普拉提亚战役。公元前479年，受到重创的波斯陆军在普拉提亚被希腊联军歼灭，希腊本土全境获得解放。这场战役的希腊联军由雅典和斯巴达共同领导，体现了希腊各城邦间的紧密合作。

2. 第二阶段。希腊人乘胜追击，消除波斯的威胁。①公元前478年到公元前477年，斯巴达退出战争，雅典组织中希腊、爱琴诸岛和小亚细亚的一些城邦形成提洛同盟，联合作战。②公元前449年，由于雅典与波斯始终无法彻底战胜对方，双方签订《卡里阿斯和约》，波斯承认小亚细亚各希腊城邦的独立，并承诺不再派军舰进入爱琴海，希波战争正式结束。

（三）影响

1. 希腊的胜利使各城邦得到发展。①战争为希腊一些城邦带来了大量奴隶、资金，使希腊的经济和政治趋向极盛。②促进了希腊城邦政治的发展，雅典第四等级公民广泛在海军服役，为战争做出巨大贡献，从而提高了政治地位，促使民主政治进一步完善。

2. 改变了希腊城邦的政治关系。①雅典成为与斯巴达并立的强邦，为日后伯罗奔尼撒战争的爆发埋下了隐患。②通过领导提洛同盟，雅典逐渐加强了对盟邦各方面的控制，建立了海上霸权。雅典式民主政体在其附属国广泛传播，给寡头制和贵族制以沉重打击。

3. 波斯失去对外扩张的能力。波斯在这场战争里战败，使其对外扩张的气焰受挫，军力被大大消耗，并逐渐走向衰落，最后被亚历山大大帝所灭。

4. 世界文明逐渐分为东西方两大格局。希波战争之后，世界文明发展的格局逐渐形成东西方并立共存之势，一直延续至今。

综上所述，公元前5世纪的希波战争，不仅仅是奴隶制国家之间互相争夺势力范围的军事行为，更改变了世界东西方文明的格局，对世界历史影响深远。

参考资料

1. 吴于廑，齐世荣：《世界史·古代史编》，高等教育出版社，2011年。
2. 李天祐：《古代希腊史》，兰州大学出版社，1991年。

题目 2 简述伯罗奔尼撒战争的原因、过程及影响

相关真题 2024 年西华师范大学；2023 年首都师范大学；2018 年厦门大学；2016 年中央民族大学；2013 年吉林大学

伯罗奔尼撒战争发生于公元前 431 年到公元前 404 年，其中公元前 421 年到公元前 415 年一度休战，该战争是雅典领导的海上同盟和斯巴达领导的伯罗奔尼撒同盟之间爆发的一场争霸战争。

（一）原因

1. 两国都有争霸的野心。希波战争后期，雅典势力的急剧扩张引起斯巴达的不安。公元前 457 年，两国在中希腊发生公开武装冲突，虽缔结了 30 年和约，但矛盾没有根本解决。两国均有争霸的野心，互相成为对方的阻碍。

2. 古希腊城邦体制的弊端。古希腊城邦体制强调城邦的相对独立性。城邦之间缺少统一的领导机构，难以形成统一的政治决策。因此，古希腊城邦体制既不能阻止战争的爆发，战后又无法导向稳定的联合。

3. 雅典对柯林斯事务的介入。希波战争后雅典想将势力扩展到希腊西部，在同科林斯城邦争夺商路时产生了矛盾，与科林斯有同盟关系的斯巴达城邦最终决定帮助科林斯，向雅典宣战。

（二）过程

1. 第一阶段。公元前 431 年至公元前 415 年。①公元前 431 年，斯巴达向雅典发出最后通牒，提出放逐主战的领导人伯里克利，允许雅典盟邦独立等要求。雅典不能接受，战争旋即展开。战争初期双方互有胜负，呈相持之势。②雅典执政者伯里克利死后，国内政局混乱，阶级矛盾爆发，最终雅典主和派得势，与斯巴达订立了契约，暂时休战。

2. 第二阶段。从公元前 415 年雅典发动西西里远征开始，直到公元前 405 年的羊河之役。①公元前 415 年，雅典远征西西里岛，意图夺取与斯巴达结盟的城邦叙拉古，结果事与愿违，全军覆没。这次远征使雅典元气大伤，随后雅典连连败退。②公元前 405 年，雅典在羊河战役中彻底失败，进而求和，双方再次签订契约。

（三）影响

1. 引发了古希腊的城邦危机。雅典战败后，提洛同盟遭到解散，雅典加入伯罗奔尼撒同盟，成为听命于斯巴达的二等城邦。同时，希腊古典文明也因这次内战由全盛走向衰落，是古希腊历史上的转折点。

2. 使得奴隶制经济发展，小农经济衰退。历次大小混战中被卖作奴隶的战俘和被征服人口不计其数，各城邦的奴隶市场到处"货源"充足，奴仆成群的大奴隶主也日见增多。但公民中的小农和独立手工业者则处境艰难，第三等级公民人数大减，不少沦为无地公民，甚至流离失所，靠当雇佣兵糊口。

3. 各邦都在战争中加剧了本国的社会矛盾，破坏了公民制和公民集体的团结。第四等级的贫苦公民人数明显膨胀，公民兵制遭严重破坏。许多城邦都爆发了贫民起义，有时奴隶亦响应参与，共同开展反抗斗争。

综上所述，伯罗奔尼撒战争改变了古希腊奴隶制民主政治繁荣发展的局面，古希腊走向了城邦危机的历史阶段，也预示着古希腊文明即将走向衰亡。

参考资料

1. 吴于廑，齐世荣：《世界史·古代史编》，高等教育出版社，2011 年。
2. 李天佑：《古代希腊史》，兰州大学出版社，1991 年。

第四节 雅典民主政治

题目 1 论述雅典民主政治的发展、局限和意义

相关真题 2024 年山东大学；2024 年南京师范大学；2024 年上海大学；2022 年首都师范大学；2019 年山东大学；2018 年四川大学；2018 年河北大学；2017 年中国人民大学；2014 年河北大学；2014 年复旦大学；2014 年江西师范大学

雅典民主政治经历了一系列改革，至伯里克利时期达到顶峰，虽然有一定的局限性，但对世界文明的发展产生了重要影响。

（一）发展

1. 梭伦改革。公元前594年，为缓解平民与贵族的阶级矛盾，执政官梭伦推行改革，雅典开始由贵族政治向民主政治转变。①颁布《解负令》，解除雅典公民由于负债而遭受的奴役。②确立财产等级制，按土地收入的财产资格将公民划分为四个等级，以此确定各等级可担任的官职范围。③设立新的政权机关，四百人会议和陪审法庭，将原只属于贵族的参政议政、司法等权力转移到大众手中。④制定促进工商业发展的法规，鼓励商品出口、鼓励公民学习技艺等。

2. 庇西特拉图僭主政治。庇西特拉图在雅典成功建立了僭主政治，其统治措施一定程度上促进了雅典民主政治的发展。①完善司法，设立乡村巡回法庭就地解决纠纷，以削弱贵族对地方司法的干预。②大兴土木，发展建筑业和相关行业。③发展文艺事业，邀请文化人士来雅典组织节日庆典等。

3. 克里斯提尼改革。公元前509年，克里斯提尼上台，他继续推行社会改革，使得雅典民主政治进一步发展。①废除4个血缘部落，并设立新的10个地区部落。②每个部落各选50人组成新的五百人会议，以取代梭伦改革时期的四百人会议，成员不限公民等级，均可担任，选举方法依据各地区人口比例抽签。③改变此前按照血缘部落征兵的办法，开始按地区部落征兵，同时设立新的机构十将军委员会。④实行陶片放逐法，即按公民投票决定是否对某一公民实行政治放逐。

4. 伯里克利改革。公元前443年，伯里克利担任执政官，继续推行社会改革，雅典民主政治发展至顶峰。①雅典各级官职向一切公民开放，并都以抽签方式产生。②民主政治的主要机构公民大会、五百人会议和民众法庭握有充分的政治权力。③为担任公职和参加城邦政治活动的公民发放工资和补贴。

（二）局限性

1. 民主政治范围极其有限。雅典的民主政治和公民权挂钩，在雅典只有本邦成年男性公民拥有公民权，外邦人、妇女、儿童、奴隶是没有公民权的，因此非公民无法参与到民主政治中来。

2. 雅典民主政治采取直接民主的形式，容易造成多数人暴政。参与政治的公民很容易受到个人情感和舆论的影响，使得直接民主变为极端民主。

（三）意义

1. 在一定程度上缓和了社会矛盾。民主政治的推行使得广大平民有了参政议政的途径，群体诉求得以表达，有助于平民权益的维护，进而缓和了社会矛盾。

2. 促进了雅典经济的发展。雅典民主政治有利于制定合理的经济政策，鼓励人们积极向外开拓，发展贸易，从而促进了雅典经济的发展。

3. 开创了人类历史上民主政治之先河。雅典是世界上最早实行民主政治并且形成了完备体系的地方，它的许多理论和实践都成为后世西方民主政治学习和借鉴的对象，从而孕育出了西方的民主政治。

4. 促进了雅典文化的发展。雅典民主政治创造了宽松的文化环境，并且执政者也积极鼓励文化事业发展，雅典成为希腊的文化中心。

总而言之，雅典民主政治虽然存在局限性，但是作为世界文明的重要成果，对后世西方民主政治制度的形成乃至世界文明的发展都产生了深远的影响。

> **参考资料**
> 1. 吴于廑，齐世荣：《世界史·古代史编》，高等教育出版社，2011年。
> 2. 蒋云芳，胡长林：《雅典民主政治的特征及对西方民主的影响》，《西南师范大学学报》，1999年第1期。

题目2　简述伯里克利时期雅典社会的发展

相关真题　2018年北京大学；2017年陕西师范大学；2017年华中师范大学；2015年华中师范大学；2015年南开大学；2014年北京大学；2001年东北师范大学；1996年南京大学

公元前443年至公元前429年为伯里克利执政期间，这一时期雅典的政治、经济、文化都有了巨大发展，整个雅典社会迈入了黄金时代。

（一）民主政治发展

1. 官职向一切公民开放，依职位轻重以不同的抽签方式产生。执政官这类最高官职要求各选区按照一定比例选出候选人进行抽签，其他各级官职和五百人会议成员等则在各选区从合格公民中直接抽签产生。

2. 民主政治机构进一步完善。①公民大会为最高国家权力机关，负责国家各项重大事务的讨论。②五百人会议是国家最高行政机关，负责筹备公民大会和处理公民大会闭会期间的日常事务。③陪审法庭是最高法院兼最高监察和司法机关。

3. 为担任公职和参加城邦政治活动的公民发放工资和补贴。担任民众法庭陪审员的公民会获得每日生活补贴，五百人会议成员和包括执政官在内的政府官员在执行公务时皆由国家提供餐食费。此外，参加公民大会可领取津贴，甚至入场观看城邦组织的戏剧会演也可获得"观剧"津贴，这为贫苦公民广泛参政提供了经济保证。

（二）社会经济发展

1. 农业得到发展。伯里克利时期，农业生产技术提高，雅典农业生产力有了一定提升，农产品如橄榄、葡萄等的产量显著提升。

2. 工商业繁荣。伯里克利时期，雅典的手工业、商业都得到了极大的发展，特别是海外贸易，由于雅典的陶器、造船、金属工艺品等享有盛誉，因此海外需求量较高。

3. 奴隶制发展。伯里克利时期，雅典城邦内的奴隶数量上升，占到了总人口的一半，大多数公民家中都蓄有奴隶，用来从事各种劳动。

（三）文化繁荣

1. 哲学上出现了众多哲学家，并提出了丰富的哲学理论。德谟克利特提出了原子学说，认为所有物质都是由不可分割的最小粒子原子构成的，原子间的运动、结合构成了多样的世界；苏格拉底提倡知德合一之说，认为美德即知识；柏拉图认为只有理念或观念才是万物的本原。

2. 科学上许多领域都有了显著发展。天文学方面，天文学家欧多克索斯尝试构想宇宙的几何模型；数学方面，雅典的几何学家已得出有关平行线、三角形、多边形、圆、球和正多面体的许多定理；医学方面，"医学之父"希波克拉底创作了丰富的理论著作，使医学成为真正的科学。

3. 史学上出现了希罗多德、修昔底德和色诺芬三位著名的历史学家。希罗多德被西方人尊为"史学之父"，传世之作名为《历史》；修昔底德的著作是《伯罗奔尼撒战争史》；色诺芬的著作是《希腊史》。

4. 文学上出现了众多悲喜剧作家，并创作了丰富的作品。著名的悲剧作家埃斯库罗斯（悲剧之父）著有《被缚的普罗米修斯》、索福克里斯著有《俄狄浦斯王》和欧里庇得斯著有《美狄亚》，喜剧作家阿里斯多芬著有《阿卡奈人》。

总而言之，伯里克利时期雅典社会走向了繁荣，政治、经济、文化得到了显著发展，但是由于社会弊端的显现以及国际形势的变化，雅典社会在此后不久便走向了衰弱。

参考资料

1. 吴于廑，齐世荣：《世界史·古代史编》，高等教育出版社，2011年。

第五节　马其顿帝国与希腊化时代

题目1　论述亚历山大东征的原因、经过和影响

相关真题　2007年历史学统考；2024年中国社科院大学；2019年中国人民大学；2019年陕西师范大学；2017年南开大学；2017年西北大学；2017年河北大学；2013年南开大学

亚历山大东征是指公元前 334 年至公元前 324 年，马其顿国王亚历山大对东方波斯等国进行的侵略战争，他的东征不仅改变了世界格局，也对后世征服者产生了巨大的影响。

（一）原因

1. 波斯帝国实力衰退给马其顿侵略提供了契机。①统治阶级内乱不断。公元前 4 世纪后期，为了争夺王位，波斯帝国发生政变，统治阶级内部的冲突削弱了国家的统一性。②社会矛盾尖锐。波斯帝国内部贫富差距巨大，导致平民和贵族矛盾尖锐，人民起义不断，削弱了波斯帝国应对外部入侵的能力。③军事实力下降。波斯帝国后期，士兵多由雇佣兵组成，他们对国家缺乏认同感，战斗力较弱。

2. 亚历山大巩固马其顿王国的需要。原马其顿国王腓力猝然去世，使得原先被征服的地区开始谋划脱离马其顿王国，亚历山大想要通过远征来巩固马其顿王国在这些地区的统治。

3. 亚历山大具有卓越的个人才能和抱负，并且渴望征服东方来建立功绩。亚历山大在其父被刺杀后继任为王，他受过良好教育，在平定各地骚乱与起义的过程中积累了丰富的作战经验。

（二）经过

1. 公元前 334 年，马其顿和波斯之间爆发格拉尼卡斯河战役，波斯军队一触即溃，之后亚历山大向叙利亚推进。

2. 公元前 333 年，在伊苏斯战役中，亚历山大与波斯帝国君主大流士三世展开会战，波斯军全线溃败，大流士三世侥幸脱逃。

3. 公元前 332 年，亚历山大攻陷地中海东岸的推罗，进而征服叙利亚和埃及，并在埃及建立殖民城市亚历山大里亚。

4. 公元前 331 年，亚历山大返回推罗，东渡幼发拉底河，在高加米拉战役中与大流士三世再次决战，打败波斯军。大流士三世在逃亡中被杀害，波斯帝国宣告灭亡。

5. 公元前 327 年，亚历山大进入印度西北部，在继续东进时遭到部下反对。公元前 325 年回到巴比伦，十年东征结束。

（三）影响

1. 传播了希腊文化。亚历山大东征使得希腊文化传播到西亚、北非、印度等地，促进了各地文化的交流与发展，开启了希腊化时代。

2. 东方先进的统治制度被带到西方。亚历山大在东征中学习了东方的君主专制制度、行省制度，并运用于帝国的构建中，将东方的统治制度带到了西方。

3. 加速了人类文明由分散走向整体的历史进程。亚历山大东征建立了地跨欧亚非三大洲的帝国，是当时世界上最大的帝国，促进了当时世界上主要文明的交往。

4. 战争加剧了人民的苦难。亚历山大的远征是一场非正义的扩张战争，长达十年的征服战争给东方人民带来了深重的灾难。

总而言之，亚历山大东征虽然是以暴力的方式进行的，但客观上促进了欧亚非地区的交流与融合，为此后希腊化时代文明的发展奠定了基础。

参考资料

1. 吴于廑，齐世荣：《世界史·古代史编》，高等教育出版社，2011 年。
2. 李天佑：《古代希腊史》，兰州大学出版社，1991 年。

题目 2 简述希腊化世界衰落的原因

相关真题 2021 年暨南大学

希腊化时代是指从公元前 334 年亚历山大东征到公元前 30 年最后一个希腊化王国托勒密埃及被并入罗马帝国为止的历史时期，这一时期的希腊化世界逐渐由繁荣走向了衰弱。

（一）亚历山大帝国的分裂

公元前 323 年，亚历山大大帝去世，由于生前没有确立继承人，亚历山大的部将们就继承人问题展开了激烈的争夺。经过长期的斗争，亚历山大帝国最终分裂为三个希腊化王国，即托勒密王国、塞琉古王国和马其顿王国，此前确立的中央集权政体就此消失，这在很大程度上导致了希腊化世界的衰落。

（二）希腊化王国间的长期战争

分裂后的三大希腊化王国展开了长久纷争。例如公元前 3 世纪，托勒密王国与塞琉古王国为争夺巴勒斯坦与南叙利亚一带，先后发生五次战争，史称"叙利亚战争"。此外马其顿王国和塞琉古王国也多次为了争夺叙利亚地区而爆发战争。三大希腊化王国间的长期战争严重削弱了整个希腊化世界的实力。

（三）经济衰退

战争的持续和扩张，维持庞大军队和行政体系使国家的开支剧增，同时，频繁的战争和政治不稳定导致经济活动受阻，贸易受限、农业生产下降等原因共同导致了希腊化世界经济持续衰退。

（四）统治阶级内部腐败，阶级矛盾尖锐

希腊化王国的政治体系往往集中权力于君主手中，缺乏有效的制衡机制，随着时间的推移，一些王国出现了严重的内部腐败和领导力衰退。王室内部斗争、宦官和贵族权力斗争削弱了中央政权，导致政治不稳定和治理效率下降，而统治者在政治上的高压控制和经济上的垄断剥削时常激起被统治人民的强烈反抗。

（五）罗马崛起威胁希腊化世界发展

公元前 3 世纪末，强大起来的罗马共和国开始干涉地中海地区事务，严重威胁了各希腊化国家的发展。公元前 168 年，罗马经过 4 次马其顿战争灭亡了马其顿王国。公元前 64 年，罗马灭亡了塞琉古王国。公元前 30 年，罗马灭亡了托勒密王国，宣告希腊化时代的结束。

（六）东西方文化融合冲击希腊文明

①希腊化进程推动了希腊文化与东方文化的融合，但这一过程也遇到了挑战。如埃及和波斯的文化传统十分根深蒂固，希腊化势力未能完全取代当地文化，而是形成了一种混合文化。这种文化的多样性导致了身份的冲突，削弱了政治统一性和社会凝聚力。

②各希腊化王国自身矛盾频出的同时，罗马人则在地中海纵横捭阖，不断地击败对手，地缘形势趋向于统一。自此，希腊化世界辉煌的文明退出历史舞台，欧洲大陆进入罗马时代。

参考资料

1. 杨巨平：《论希腊化文化的多元与统一》，《世界历史》，1992 年第 3 期。
2. 杨巨平：《希腊化文明的形成、影响与古代诸文明的交叉渗透》，《陕西师范大学学报》，1998 年第 3 期。

第六节　古代希腊的宗教与文化

题目 1　简述希腊古典时代的文化成就及其成因

相关真题　2022 年山东师范大学；2020 年西南大学；2020 年鲁东大学；2018 年湖南师范大学

希腊古典时代是指公元前 5 世纪到公元前 4 世纪中叶这段时期，这一时期的古希腊由于政治、经济等的发展带来了哲学、自然科学、史学、艺术等文化领域的繁荣。

（一）成就

1. 哲学。①发展了自然哲学的唯物主义传统，代表人物有恩培多克勒、德谟克利特等，其中德谟克利特成就最高，他提出了原子学说，认为所有物质都是由不可分割的最小粒子原子构成的，原子间的运动、结合构成了多样的世界。②苏格拉底提倡知德合一之说，认为美德基于知识，提出对话式的教育方法。③柏拉图是彻底的唯心主义者，他认为只有理念或观念才是万物之本原。④亚里士多德是集古希腊科学文化知识之大成的渊博学者，在《形而上学》中认为自然界是客观的、真实的存在，人们的认识来自对客观世界的感觉。

2. 自然科学。①天文学中已开始探索天体运行的客观规律，如天文学家恩培多克勒和阿那克萨哥拉斯分别正确解释了日月食形成的规律。②几何学家已得出有关平行线、三角形等许多定理。③医学上，诞生了"医学之父"希波克拉底，他创作了丰富的理论著作，使医学成为真正的科学。

3. 史学。三位伟大的古典史学家分别是希罗多德、修昔底德和色诺芬。希罗多德被尊为"史学之父"，传世之作为《历史》；修昔底德的著作是《伯罗奔尼撒战争史》；色诺芬的著作是《希腊史》。

4. 文学艺术。①出现了多位悲剧大师，创造了丰富的悲喜剧作品。悲剧之父埃斯库罗斯的作品有《被缚的普罗米修斯》，喜剧之父阿里斯多芬的作品有《阿卡奈人》。②希腊雕刻和建筑在希波战争期间有很大的发展，如米隆的《掷铁饼者像》，雅典卫城的重建等。

（二）成因

1. 奴隶制经济的繁荣为古希腊文化的高度发展创造了物质前提。①奴隶制经济发达，使得奴隶主贵族得以脱离生产劳动而有闲暇专事文化创造。②奴隶的劳动不仅为希腊文化的发展提供了物质前提，而且一些奴隶本身也参与文化创造。

2. 民主政治的确立为古希腊文化的高度发展提供了社会保障。①希腊的雅典城邦尊重公民独立的人格，保障公民的个性，这为从事文化创作奠定了良好基础。②雅典民主政治时代实行对外开放政策，有助于吸收外部世界的先进文化，为希腊文化的繁荣广罗人才。

3. 古希腊地理位置优越，便于吸收东方文化。古希腊地处地中海和爱琴海，交通便利，并且与古埃及、西亚等文明地区隔海相望，彼此间的长期交往为希腊文化的高度发展提供了必要的资料和借鉴，例如希腊的字母文字就是在腓尼基字母直接影响下发展起来的。

4. 希腊民族的求知进取精神为古希腊文化的高度发展奠定了思想基础。希腊民族在经济繁荣、政治民主和文化发达的社会环境陶冶下，重视现实问题，崇尚理性，尊重科学真理。

5. 宗教是古希腊文化繁荣的有利条件。古希腊宗教认同"神人同形同性"说，使得古希腊世界带有深厚的人本主义色彩，激励人们相信自身的智慧和力量，重视现实世界的创造。

综上所述，古希腊繁荣的文化是世界文化史上的绚烂明珠，在哲学、文学艺术、自然科学和史学等各方面留下了丰富的遗产，深刻影响着西方文化和现代世界的发展。

参考资料

1. 吴于廑，齐世荣：《世界史·古代史编》，高等教育出版社，2011年。
2. 林秀雯：《试论古希腊文化高度发展的原因》，《福建教育学院学报》，2005年第8期。

题目2 简述希腊化时代的文化及其影响

相关真题 2022年四川大学；2020年南开大学；2020年北京大学；2017年北京大学；2015年苏州科技大学；2014年安徽师范大学；2013年河北师范大学

希腊化时代从公元前334年开始，到公元前30年结束，这一时期的东西方文明进行了第一次大规模的交流与融合，对后世文化影响深远。

（一）文化成就

1. 哲学。①斯多噶派：创始者芝诺，该学派认为火是世界的根源。重视伦理道德，认为一切人都是平等的，且主张苦行。②伊壁鸠鲁派：创始人是伊壁鸠鲁，该学派坚持唯物主义，认为人生以求快乐为目的，幸福即至善，主张生活简朴节制。③犬儒学派：创始者是安提斯梯尼，该学派主张回到大自然中去，回到简单朴素的生活。④怀疑主义派：创始人是皮洛，该学派认为一切不可知。

2. 文学艺术。①公元前4世纪时，希腊的绘画达到完善的境地，进一步解决了光的明暗表现和透视等问题。②文学成就多体现在多元化的形式和内容上，田园诗、讽刺短诗、赞美诗、史诗和科普诗等体系明确。③建筑雕塑方面的群体、风俗、纪念性雕塑出现，城市建筑有了总体规划，许多雕塑如"拉奥孔"群像等，被引为古代世界的奇观。

3. 科学。①数学：欧几里得的代表作《几何原理》，提出了世界上最早的公理化的数学体系。②医学：外科医生赫拉克利特采用了麻醉的方法。③天文学出现"太阳中心说""地球中心说""地圆说"，著作《论海洋》问世。④物理学：阿基米德发现杠杆原理、浮力定律等，并将科学用于实践，发明了滑轮组、螺旋吸水器、军事防守器械。

4. 史学。历史著作体例增加，年代记、回忆录、人物传记、国别史、世界性通史、断代史以及文明史等多种体例的著作诞生，如埃及人曼涅托的《埃及史》，记述了古埃及31个王朝的历史。巴比伦人贝鲁苏斯的《巴比伦史》，记述了以苏美尔文明为主的美索不达米亚平原从公元前3000年至公元前539年这大概2500年的历史。狄凯尔库斯的《希腊生活》，描写了希腊化时代希腊的社会状况等。

5. 宗教。东西方诸神在此时融合，主要表现在两个方面，一方面把希腊的神和东方的神对应起来，使人们在观念上易于接受，另一方面把东方宗教中的救赎思想和各种崇拜仪式融入希腊移民的宗教活动中，出现融合东西方神灵特征以及崇拜仪式的新神。

6. 对以前希腊古典作品的整理。希腊化时代对希腊古典时期的众多作品进行了归纳整理，例如芝诺多德斯完成了《荷马史诗》的第一个校定本，卡利马库斯编写了120卷本的《希腊图书总目》。

（二）影响

1. 促进了东西方文化的交流和融合。希腊化时代的文化圈包括西亚、北非、印度等文明区域，有助于各地文化相互交流融合。

2. 促进了希腊宗教的传播和发展。希腊化时代许多希腊神话以及宗教信仰被传播到各地，在这一过程中希腊宗教也吸收了东方宗教的特点，如救赎思想等，从而促进了希腊宗教的发展，甚至为此后基督教的诞生奠定了一定基础。

3. 保留了希腊古典时期的文化。希腊化时代对希腊古典时期作品的总结和整理，有效地保留了当时的文化成果，为古希腊文明此后的发展和传播奠定了基础。

4. 促进了希腊化国家以及周边地区文明的发展。希腊化时代众多的文化成就使得希腊化国家自身文明程度得到极大提高，并且由于地缘、商贸等因素，这些先进的文明成果被传播至周边的罗马等地，也促进了这些地区文明的发展。

综上所述，希腊化文化不仅继承了希腊古典文化的内容，而且在广大非希腊地区传播了希腊文化，使得欧亚大陆被希腊文化深深影响。

参考资料

1. 李天祐：《古代希腊史》，兰州大学出版社，1991年。
2. 李金凤：《论希腊化时代东西方文化交流与融合》，中央民族大学2011年硕士论文。

第五章 古罗马文明

第一节 罗马王政时代、共和国制度和罗马的扩张

题目1 论述罗马共和国时期平民与贵族斗争的原因、经过和意义

相关真题 2020年西南大学；2020年哈尔滨师范大学；2018年中央民族大学；2018年安徽师范大学；2016年陕西师范大学；2014年湖南师范大学；2013年北京师范大学

在罗马共和国时期的社会发展历程中，平民与贵族之间的斗争是其一个显著的特点，平民以集体退出公民公社和军队作为斗争手段，迫使贵族逐渐做出让步，这推动了罗马法律和社会制度的发展。

（一）斗争原因

1. 政治权利的不平等。在罗马共和国早期，政治权力主要掌握在贵族手中，他们占据了元老院的席位，控制了国家的重要职务。而平民，尽管在战争中有突出作用，却几乎无法参与国家的政治决策过程。

2. 经济利益的冲突。随着罗马对外战争的扩展，获得的战利品和土地主要被贵族占有，而平民、农民则因战争频繁被征召入伍，耕地荒废，经济状况日益恶化，加剧了平民与贵族之间的经济矛盾。

3. 法律保护的缺失。罗马的法律初期未成文，由贵族口头传承，解释权也掌握在贵族手中，这使得平民在法律面前处于极度不利的地位。

（二）斗争经过

1. 公元前494年，第一次撤离运动。平民通过此次撤离争取到了选举保民官的权利。

2. 公元前474年，第二次撤离运动。这次撤离运动的成果是平民取得召开平民会议的权利，主要包括有权选举保民官、通过保护平民利益的决议等。

3. 公元前451—前450年，第三次撤离运动。平民通过这次撤离，迫使贵族制定了成文法，即《十二铜表法》。虽然它承认债务奴役制，实质上依然是保护贵族的私有财产，但它以明确条文颁布，限制了贵族在司法上的专横行为，在一定程度上维护了广大平民的利益。

4. 公元前445年，罗马共和国颁布《坎努利尤斯法》，废除了十二铜表法中平民不可与贵族通婚的禁令。次年设置具有执政官权力的军政官职位，规定平民也可当选，这是贵族的一大让步。

5. 公元前367年，罗马共和国通过保民官提出的《李锡尼和绥克斯图法案》，规定了债息折算为本金、限制公有地占额、两执政官之一须由平民担任等。此法案是平民反对贵族斗争胜利的一个里程碑。

6. 公元前326年，罗马共和国政府通过了《波提利阿法》，禁止以人身抵债，实际上废止了债务奴役制。

7. 公元前287年，平民举行最后一次撤离后，罗马共和国政府颁布了《霍腾西阿法案》。平民出身的霍腾西阿被任命为独裁官，重申平民决议对全体公民都有法律效力。这标志着平民反对贵族斗争的胜利结束。

（三）斗争意义

1. 促进了罗马政治制度的民主化。平民与贵族的斗争推动了罗马从严格的贵族统治向包含平民参与的共和政体转变，对后世共和制和民主政治的发展具有深远的影响。

2. 法律体系的完善。平民争取法律成文化的斗争，促进了罗马法律体系的建立和完善，为西方法律传统奠定了基础。

3. 社会矛盾的缓解与国家的稳定。通过不断的斗争和妥协，平民与贵族之间的矛盾得到了一定程度的缓解，有助于社会稳定和国家的长期发展。

总而言之，罗马共和国时期平民与贵族之间的斗争是罗马历史上一次重要的社会变革，它不仅改变了罗马的政治面貌，也为罗马社会的进步和发展奠定了基础，其深远的影响超越了罗马，成为世界历史上宝贵的遗产。

参考资料

1. 吴于廑，齐世荣：《世界史·古代史编》，高等教育出版社，2011年。

2. 高克冰：《全览罗马平民反对贵族斗争——解析罗马共和国早期平民反对贵族斗争的根源、过程、特点》，《首都师范大学学报》，2011年第S1期。

题目2 简述公元前3世纪至公元前2世纪罗马的扩张及影响

相关真题 2008年历史学统考；2023年南京师范大学；2022年苏州大学；2020年吉林大学；2020年鲁东大学；2018年吉林大学；2018年中国人民大学；2014年陕西师范大学；2014年四川大学；2014年南开大学

罗马共和国从公元前3世纪初至公元前2世纪末，经历了从一个位于意大利半岛中部的城邦到成为地跨欧亚非三大洲帝国的显著扩张。这一时期对地中海区域乃至世界历史的进程产生了深远影响。

（一）扩张原因

1. 政治野心与军事优势。罗马的扩张动力部分源自其政治野心，旨在建立广大的帝国。此外，罗马拥有强大的军事实力，这使得罗马能够通过军事征服实现其扩张目标。

2. 经济动机。扩张能够为罗马带来丰富的资源、土地和奴隶，这些都是支持罗马经济增长的关键因素。特别是在罗马与迦太基的对抗中，对控制贸易路线和资源丰富地区的争夺尤为明显。

3. 外部威胁。罗马面临着来自周边地区的多重威胁，包括迦太基的海上势力和高卢部落的陆上威胁。对外扩张成为罗马确保自身安全、消除边境威胁的有利选择。

（二）扩张过程

1. 统一意大利半岛。通过一系列战争，包括三次维爱战争、高卢战争、三次萨莫奈战争以及皮洛士战争，罗马最终在公元前3世纪中叶完成了对意大利半岛的统一。

2. 统一西地中海。公元前264年至公元前146年，罗马与迦太基之间发生了三次布匿战争。这三次战争最终导致迦太基的彻底毁灭，罗马控制了西地中海，包括西西里岛、撒丁岛和科西嘉岛。

3. 统一东地中海。通过与马其顿的三次战争和对希腊地区的干预，罗马最终在公元前2世纪中叶将其势力扩展到东地中海，将马其顿、希腊纳入其控制范围。

4. 扩张至小亚细亚。公元前133年，帕加马国王迫于罗马强大的军事实力，将国家让给罗马，帕加马王国至此消失。公元前133年，罗马共和国将帕加马置为亚细亚行省，这标志着罗马势力进一步扩展到小亚细亚。

（三）扩张影响

1. 促进了罗马共和国的强大。扩张极大地增强了罗马共和国的政治和军事实力，确立了罗马在地中海地区的霸主地位。

2. 促进了经济发展与社会变迁。战争的胜利给罗马带来了大量的战利品、资源和奴隶，促进了罗马经济的发展。同时，扩张也带来了社会结构的变化，特别是奴隶数量的增加，加剧了社会矛盾。

3. 带来文化的交流与冲突。罗马与被征服地区的文化交流丰富了罗马文化的多样性，但同时也引发了文化冲突和同化问题，特别是在希腊化地区。

4. 对后世的影响。罗马的扩张为其后罗马帝国的建立奠定了基础，同时，罗马法律、政治制度和文化在被征服地区的传播，对后世西方世界的政治和文化发展产生了深远影响。

总之，罗马共和国时期的对外扩张是其历史发展的重要阶段，对罗马的政治、经济、社会和文化都产生了深远的影响，同时也为后来罗马帝国的建立和繁荣奠定了基础。

参考资料

1. 吴于廑，齐世荣：《世界史·古代史编》，高等教育出版社，2011年。
2. 汪诗明：《罗马对外扩张的历史影响》，《史学月刊》，2000年第5期。

题目3 简述布匿战争的背景、经过及影响

相关真题 2020年鲁东大学；2014年南开大学；2014年四川大学

公元前 264 年至公元前 146 年，罗马与西地中海强国迦太基进行了三次战争，因罗马人称迦太基人为"布匿"，故称为布匿战争。

（一）背景

1. 罗马征服意大利后开始图谋地中海霸权。公元前 272 年，随着意大利南部的陷落，罗马基本上控制了意大利，开始向海外扩张，征服地中海成为下一个目标。

2. 迦太基（布匿）和罗马矛盾尖锐化。迦太基位于非洲北部，统辖的领土包括北非西部海岸、西班牙南部等，是地中海地区最富有且强大的城邦，是罗马争夺地中海霸权的劲敌。

（二）过程

1. 第一次布匿战争（公元前 264—前 241 年）。为争夺西西里岛，罗马和迦太基展开激战，最终迦太基求和，被迫将西西里岛及其与意大利之间的岛屿割让给罗马。西西里岛也成了罗马第一个行省。

2. 第二次布匿战争（公元前 218—前 201 年）。公元前 218 年，迦太基不甘心第一次布匿战争的失败，在积极备战后反击罗马，掀起了第二次布匿战争。虽然战争初期迦太基在主将汉尼拔的领导下取得了坎尼战役的胜利，重创罗马，但由于外线作战，缺乏持续的兵源、粮食补充，最终迦太基惨遭失败，失去独立地位，罗马由此确立了在西地中海的霸权。

3. 第三次布匿战争（公元前 149—前 146 年）。第二次布匿战争后，迦太基农业和商业得到恢复，呈现繁荣景象。罗马唯恐迦太基东山再起，于公元前 149 年挑起了第三次布匿战争。公元前 146 年，迦太基城被罗马攻陷，罗马在迦太基的废墟上设置了阿非利加行省。

（三）影响

1. 促进了罗马的兴盛与繁荣。布匿战争的胜利使罗马逐渐由弱转强，成为地中海的强国。同时布匿战争给罗马带来了大量的奴隶，使罗马奴隶制经济空前繁荣。罗马的海外贸易以及金融和高利贷活动也飞速发展起来，沟通了地中海区域贸易。

2. 引起了罗马阶级关系变化。长期的战争使得罗马平民与土地分离，迅速陷入破产境地，而元老贵族占有战争带来的战利品，变得更加富有。

3. 促进骑士等级的兴起与发展。随着布匿战争胜利以及海外贸易和金融商业的发展，一些商人发财致富，财产多于 40 万塞斯退斯的罗马公民形成了新兴且富有的骑士阶层，他们一开始在政治上没有实权，但逐渐发展为新的政治阶层。

4. 促使迦太基的消亡。布匿战争的失败使迦太基彻底没落，成为罗马的一个行省，全部属地也归入罗马，彻底退出了历史舞台。

5. 影响了欧洲后世的发展。布匿战争深刻改变了地中海世界的格局，地中海新霸主罗马在继承古希腊文化的基础上形成了独特的罗马文化，为日后的西方文化奠定了坚实的基础。

综上所述，罗马和迦太基是当时地中海世界的强国，都有称霸地中海的野心，最终双方爆发了布匿战争，迦太基没落为罗马的行省，罗马共和国则进一步向罗马帝国发展。

参考资料

1. 吴于廑，齐世荣：《世界史·古代史编》，高等教育出版社，2011 年。
2. 周启迪：《世界上古史》，北京师范大学出版社，2018 年。
3. 刘红影：《罗马与迦太基关系研究》，华中师范大学 2006 年硕士论文。

题目 4　分析罗马共和国时期的土地问题

相关真题　2018 年西北大学；2018 年中央民族大学；2016 年华中师范大学；2016 年苏州大学；2015 年南京师范大学；2015 年中国人民大学；2014 年苏州大学；2014 年南开大学；2001 年东北师范大学；1999 年北京师范大学

随着罗马对外扩张的进行，大规模占地情况严重，大土地所有制发展。围绕土地问题，罗马先后颁布了《李锡尼和绥克斯图法案》，进行了格拉古兄弟改革和马略军事改革。

（一）罗马共和国时期的土地问题

1. 土地私有化加强。罗马的公有土地归国家所有，国家暂不使用土地时，这些土地由罗马公民、拉丁人或意大利人使用。但随着时间的推移，使用者逐渐视自己为土地的主人，土地侵占问题严重，私有倾向加强。

2. 多年战争使小土地所有者破产。长期的战争，使得罗马平民与土地相分离。战争结束后，他们缺乏奴隶和劳动工具，迅速陷入了破产境地。

3. 土地兼并和土地集中严重。战争促进了罗马奴隶制经济发展，大量使用奴隶劳动的庄园出现，小农经济缺乏竞争力而逐渐破产，罗马贵族和骑士阶层趁机大肆吞并邻近的地段和他们贫穷邻居的份地，使得罗马大土地所有制得到发展。

4. 土地问题引发社会问题。①城市问题。农民破产后，大多数人流落城市，成为无业游民。他们依靠国家赈济或富人施舍过活，沦为罗马社会中的一个寄生阶层。②兵源危机。罗马的士兵来源于平民，他们战时集结、农时解散，自备武器。随着大量平民的破产，到公元前2世纪，能够提供军队服役的人数开始减少。

（二）罗马共和国对土地问题的应对

1. 颁布《李锡尼和绥克斯图法案》。公元前367年，保民官李锡尼和绥克斯图提出《李锡尼和绥克斯图法案》，其中规定占有公有地的最高限额为500犹格，限制公有地占额。

2. 格拉古兄弟改革。①公元前133年，提比略·格拉古就任保民官，提出土地改革法案：每户家长占有公有地限于500犹格，每户占地总数不得超过1000犹格，所占公有地永久使用，免交租金。超占部分收归国有，国家统一以份地形式分给无地农民，份地可以世袭，但需要交纳少量土地租金，并不得出卖或转让。②公元前123年，提比略的弟弟盖约·格拉古出任保民官，继续推行改革：提出《粮食法》，由国家从海外购入谷物，储存于粮仓，以向贫民廉价出售粮食。③格拉古兄弟改革在一定程度上缓和了土地集中进程，改善了部分平民的生活条件，维护了罗马国家的社会基础和军事力量。但小农的分化和破产已成历史发展必然趋势，已不可能维持小土地所有制。

3. 马略军事改革。公元前107年，马略当选为执政官，针对土地问题造成的兵源危机推行军事改革：①以募兵制代替了公民兵制，取消了对征兵财产资格限制。②把士兵服役期限延至16年，服役期满的老兵可从国家分得一块份地作为补偿。马略军事改革解决了兵源不足问题，部分地解决了因小农破产而引起的社会问题，一定程度上有利于国家稳定。但给老兵分配份地的做法促使罗马土地问题的性质发生了变化，即由破产农民要求恢复土地的斗争变为老兵争取份地的斗争，这为共和国后期罗马社会斗争增加了新因素，也促使军队效忠军事统帅而非国家，为日后军事独裁奠定基础。

综上所述，从《李锡尼和绥克斯图法案》到格拉古兄弟改革，再到马略军事改革，这些性质各异的措施在一定程度上都较有力地调和了当时出现的土地问题及其引发的社会矛盾。

参考资料

1. 范秀琳：《罗马共和国时期的土地问题及其解决方法——从李锡尼－塞克斯图法案到马略改革》，《西南大学学报》，2012年第6期。
2. 吴于廑，齐世荣：《世界史·古代史编》，高等教育出版社，2011年。

题目 5 简述格拉古兄弟改革的背景、内容及影响

相关真题 2024年渤海大学；2023年湘潭大学；2021年西南大学；2015年湖南师范大学；2014年南开大学；2014年苏州科技大学

格拉古兄弟改革是公元前2世纪罗马共和国时期的一场重要社会改革，旨在解决罗马社会中日益尖锐的土地问题和社会矛盾。

（一）背景

1. 罗马的对外扩张战争不仅带来了领土的扩张，也加剧了社会矛盾。长期的战争导致下层平民失去土地，沦为无地或贫困的农民，而贵族和骑士阶层则通过战争获得巨大利益，使得社会贫富差距激增。

2. 格拉古兄弟拥有改革的才能和志向。格拉古兄弟出身名门，从小受到良好教育，在人民中颇有威望。他们关注平民疾苦，致力于通过改革来缓解社会矛盾，增强罗马的内部凝聚力。

（二）内容

1. 提比略·格拉古改革。公元前133年，在罗马平民和贵族改革派支持下，提比略·格拉古担任保民官，并提出土地改革法案。①法案规定，每户家长占有公有地限于500犹格（1犹格约等于4亩），如有儿子，则每个儿子可以分得250犹格，但每户占地总数不得超过1000犹格。②所占公有地永久使用，免交租金，超占部分收归国有，划为30犹格的份地，分给无地农民，此种份地须要交纳少量租金，世袭使用，不得出卖或转让。③法案通过后，提比略及其岳父以及弟弟盖约·格拉古三人组成土地委员会，负责分配土地等工作。

2. 盖约·格拉古改革。公元前123年和公元前122年，提比略的弟弟盖约在罗马平民的支持下连任两届保民官，其改革更为广泛，涉及司法、军事、经济等多个方面。①禁止被人民罢免的高级官员和保民官再次任职，规定非经人民审理不得判处公民死刑。②恢复提比略的土地法案，并设想建立海外殖民地以解决公有地分配已近枯竭的问题。③实行粮食法，由国家从海外购入谷物，以低于市价的价格每月一次定量卖给公民，保证平民基本生活。④实施筑路法，亲自筹划修建一些大道，同时解决无业平民就业问题。⑤减轻平民的征兵负担，禁止征召17岁以下的人服役，由国家出资供给公民战士军装。⑥实行亚细亚行省包税法，由监察官把包税权拍卖给骑士，减少贪污腐败，增强国家财政收入。⑦制定审判法，使骑士获得担任法庭成员的权利，并惩处司法审判方面的腐败行为。⑧颁布法律，规定元老院应在执政官选举前确定其卸任后担任哪一行省总督，以免私相授受。

（三）影响

1. 改革在一定程度上减缓了土地集中进程，改善了部分平民的生活条件。

2. 打击了元老贵族势力，改进了国家行政和司法管理机能。

3. 改革通过限制占用公有地和分配土地给农民的立法，遏止土地兼并，保护小农经济，维护了罗马国家社会基础和军事力量。

4. 改革无法解决根本矛盾，实际效果有限。当时罗马处于危机时期，改革无法阻止土地兼并和社会贫富分化趋势，这些问题最终导致了罗马共和国的衰落。这场改革也激化了与贵族的矛盾，最终导致两兄弟相继遭到暗杀。

综上所述，格拉古兄弟针对罗马共和国土地问题进行了大刀阔斧的改革，虽然最终没有彻底解决土地问题，改革最终走向了失败，但这种尝试为罗马随后的发展和改革奠定了基础。

参考资料

1. 吴于廑，齐世荣：《世界史·古代史编》，高等教育出版社，2011年。
2. 吴腊：《论格拉古兄弟改革》，湖南师范大学2015年硕士论文。

第二节 元首政治与早期罗马帝国

题目1 论述罗马共和国向帝国的过渡

相关真题 2023年西南大学；2022年南开大学；2021年北京大学；2019年上海大学；2015年北京大学

罗马共和国后期，社会各方面矛盾十分尖锐，最终演变成风起云涌的战争，经过一系列事件，罗马共和制最终被帝制取代。

（一）共和国向帝国过渡的原因

1. 经济基础被破坏。罗马共和政体的基础是小农经济，但罗马在发展中大量使用奴隶，奴隶制充分发展，地产日益集中到少数大土地所有者手中，导致小农经济瓦解，共和政体的经济基础随之崩溃。

2. 社会矛盾尖锐造成社会动荡。罗马奴隶与奴隶主之间、小土地所有者与大土地所有者之间、罗马及同盟者和被征服者之间、统治阶级内部元老和骑士阶层之间矛盾十分复杂。公元前3世纪中叶至公元1世纪，罗马经历了一系列由上述矛盾所导致的激烈动荡，使罗马由共和国向帝国转变。

（二）过程

1. 马略军事改革。公元前107年，马略出任执政官进行军事改革，他将公民兵制改为募兵制，规定包括罗马公民和非罗马公民在内的自由人皆可充当罗马雇佣兵，服役期间由国家供养，服役满后由国家分给份地。改革一方面解决了罗马国家兵源不足的问题，但另一方面导致罗马公民和罗马军队的分离，动摇了罗马共和国赖以存在的基础，为此后出现的军事独裁创造了条件。

2. 苏拉独裁。公元前83年至公元前79年苏拉在罗马建立了自己的独裁统治。他恢复了独裁官职位，且任期不限，无限期独裁官职务使苏拉集国家军政大权于一身。另外，为加强中央集权，他规定行省总督无权发起战争，禁止总督带兵离开行省或把军队调出行省境外。苏拉独裁为日后恺撒等人的独裁开启先河。

3. 前三头同盟与恺撒独裁。公元前60年，克拉苏、庞培与恺撒结成秘密政治同盟，共同反对元老院统治。按照同盟约定，恺撒当选执政官并在卸任后担任高卢和伊利里亚总督，恺撒借此征服了高卢大部分地区，为自己赢得了雄厚的实力和政治资本。公元前53年，克拉苏在对安息（帕提亚）的战争中阵亡，而恺撒和庞培的矛盾也愈发激烈，公元前48年，恺撒打败庞培，实行独裁统治。恺撒采取了一系列改革措施加强专制统治，如改组元老院，安插亲信，改善行省管理制度，改进行省税收制度，扩大授予罗马公民权的范围等，之后恺撒独揽大权，成为罗马的最高主宰者。前三头同盟和恺撒独裁深刻动摇了共和政体。

4. 后三头同盟与屋大维元首政治。公元前44年，恺撒被刺杀，罗马政局又趋动荡，为改变动荡局势，安东尼、屋大维和雷比达于公元前43年组成后三头政治同盟，并获得了公民大会授予他们颁布法令和任命高级官员的权力，为罗马帝制的形成奠定了基础。公元前36年，屋大维在西西里剥夺了雷必达的权力，公元前31年，安东尼和屋大维会战于亚克兴海角，安东尼大败，次年，屋大维进兵亚历山大里亚，安东尼战败自杀。自此，屋大维独掌罗马大权。公元前27年，罗马元老院赠给屋大维"奥古斯都"称号，正式确立元首制，标志着罗马从共和时代进入帝国时代。

综上，罗马共和国向罗马帝国的过渡有着一个较长的发展过程，其转变有着深刻的原因，罗马帝国的建立对后世产生了深远影响。

参考资料

1. 吴于廑，齐世荣：《世界史·古代史编》，高等教育出版社，2011年。

题目2 论述屋大维的元首制

相关真题 2023年湖南师范大学；2019年山东师范大学；2018年陕西师范大学；2014年东北师范大学；2002年首都师范大学

公元前27年，屋大维获得"奥古斯都"的元首称号，进行了一系列改革措施，对罗马帝国的发展产生了深远影响。

（一）元首制建立的背景与过程

1. 背景。①罗马共和国后期，随着奴隶制经济的扩张和贵族对土地的大规模兼并，普通民众，特别是小农的生存状况恶化，社会矛盾日益尖锐。②公元前31年，屋大维战胜安东尼后，成为罗马共和国的最高统治者。

2. 过程。①公元前29年，屋大维从东方返回罗马，举行盛大的凯旋仪式，获得"元首"称号。②公元前27年，元老院授予他"奥古斯都"的尊号，正式确立元首制。③公元前2年，屋大维又担任执政官，并获得"祖国之父"称号，权力达到顶峰。

（二）元首制的内容

1. 元首独揽国家大权。①在元首政制下，奥古斯都掌握帝国的行政权、军权、监察权、司法权等。②奥古斯都掌管元老院成员的提名权，削弱了元老院权力，使其成为元首统治的工具，而公民大会仅保留行使元首政令的权力。

2. 实行行省分治。屋大维首创了行省分治模式，把行省分成元首省和元老院省，元首省包括高卢、西班牙和叙利亚，元老院省是帝国境内业已安定的省份。元首省总督由元首亲自任命，省内均部署军团。元老院省由卸任执政官管理，省内一般不驻军。屋大维在行省中推行自治市制度，并授予行省上层分子罗马公民身份。

3. 元首拥有军事统帅权。罗马帝国的统治始终以军队为核心力量，公元前29年屋大维获得"最高统帅"称号，总揽罗马军事大权，罗马军队成为奥古斯都对内统治、对外扩张的重要工具。

4. 元首直接控制全国财政。共和国时期，元老院是罗马财政的主要掌管者，帝国建立后，元老院名义上还有这种权力，但实际上奥古斯都可以任意调配国库的钱财。

（三）元首制的影响

1. 积极影响。①罗马元首制的确立使得罗马在完成政体转变的同时，也完成了由共和国到帝国的转变，罗马由此步入帝国时代，促进了罗马的发展，维护了帝国的统治。②元首制的建立也为日后罗马君主制的正式确立奠定了良好的基础，成为中世纪欧洲君主制的源头。

2. 消极影响。屋大维在创立元首制之时没有确立真正意义上的元首继承制，使得此后帝国的权力继承出现混乱的情况，政变时有发生，成为日后罗马帝国灭亡的一个重要原因。

综上所述，屋大维的元首制，元首总揽了国家一切大权，兼具共和制与君主制的某些特点，为罗马平稳向帝制过渡打下了坚实的基础。

参考资料

1. 宋慧娟：《屋大维元首政制的统治方策》，《长春师范学院学报》，1995年第2期。
2. 宫秀华：《关于奥古斯都元首制的几个基本特征》，《社会科学家》，2014年第12期。

题目3 简述罗马黄金时代的统治特点及影响   醒吾历史统考预测题

罗马五贤帝时期（公元96年至公元180年）的皇帝包括涅尔瓦、图拉真、哈德良、安东尼·毕尤斯、马可·奥勒留，他们采取明智的统治、政治改革和对外扩张政策，促使罗马帝国达到鼎盛。

（一）统治特点

1. 实行养子继承制。涅尔瓦开创了通过选择有才能的养子作为继承人的做法，这一制度有效避免了皇位继承的混乱，确保了帝国权力的平稳过渡。这种继承方式更注重继承人的德才而非血缘，保证了帝国能够持续由优秀的领导者治理。

2. 采取温和的施政措施并与元老院合作。这一时期的皇帝通常采取更为温和、务实的政策，与元老院保持良好的合作关系。他们重视元老院的议政作用，努力平衡皇权与元老院之间的关系，通过法律和改革措施来缓和社会矛盾，稳定政局。

3. 官僚体制的完善。特别是在哈德良和马可·奥勒留时期，罗马的行政管理体制得到了进一步完善。他们扩大了专业官僚的职权范围，加强了对各省行政的监督，确保了帝国各地的有效管理和统一政策的执行。

4. 经济与社会的繁荣发展。这一时期的罗马经历了空前的经济繁荣和社会稳定。通过公共建设、改善基础设施、促进贸易等措施，加强了帝国内部的经济联系，提高了人民的生活水平。

（二）影响

1. 帝国的疆域扩张和边疆安定。特别是在图拉真和马可·奥勒留时期，罗马帝国的疆域达到了历史最大范围。他们通过军事征服和和平谈判，巩固和扩大了罗马的领土，同时加强了边境防御，保证了帝国的长期稳定。

2. 法治和行政管理的进步。这一时期对罗马法律和行政体系的改革，为后来的罗马法和欧洲的法律体系发展奠定了基础。他们的统治提高了法律在治国理政中的地位，加强了中央集权，促进了行政效率的提升。

3. 文化的繁荣和对后世的影响。这一时期不仅政治稳定、经济繁荣，还促进了文化和艺术的发展。罗马文化的影响力进一步扩大，对欧洲乃至世界的文化产生了深远的影响。这一时期的政策和改革为后世提供了治国理政的宝贵经验，影响了欧洲中世纪的君主制以及现代国家制度的形成。

总之，黄金时代是罗马帝国历史上一个非常重要的阶段，其统治特点和政策对帝国乃至后世产生了深远的影响，是研究古罗马历史和古典文明的重要内容。

参考资料

1. 杨共乐：《罗马史纲要》，商务印书馆，2015年。

第三节　基督教的兴起与传播

题目1　论述基督教的兴起及其对罗马帝国的影响

相关真题　2024年湖南师范大学；2020年四川师范大学；2013年四川大学

基督教的兴起与发展是罗马帝国社会历史进程中的一个重要转折点，它不仅是宗教史上的大事件，也深刻地影响了罗马帝国的社会结构、文化思想以及政治发展。

（一）基督教的兴起过程

1. 产生。基督教大约产生于公元1世纪中叶，最初是犹太教的一个支派，继承了犹太教的一神论和救世主观念以及创世神话等内容，接受犹太教的《圣经》并把它称之为《旧约》，但基督教以耶稣为中心，形成了独特的教义和信仰体系，反映了被罗马压迫的民众尤其是犹太人对解放的渴望。

2. 广泛传播。①基督教产生后，迅速广泛传播，在巴勒斯坦、叙利亚、小亚细亚和埃及，在希腊乃至意大利半岛，都出现了基督教的组织。②随着基督教的广泛传播，其教徒的成分也趋于复杂，不少富裕农民、工商业者和奴隶主甚至社会上层人士也开始信奉基督教。③在基督教流传过程中，其教义也逐步变化，淡化了原始基督教教义中反对阶级压迫与民族压迫以及争取社会平等的思想，逐渐加强了宣传君权神授、美化皇权的思想。到公元2世纪中叶基督教正式形成后，开始被统治阶级利用，成为统治人民的工具。

3. 发展。①公元313年，君士坦丁一世和当时统治帝国东部的李锡尼乌斯联合发布了"米兰敕令"，正式承认基督教与其他宗教并存，使其取得合法地位，并归还从前没收的基督教堂和财产。基督教开始与帝国政权合流，为奴隶主统治阶级服务。②公元323年，君士坦丁一世召开尼西亚宗教会议，制定尼西亚信条，成为所有基督徒要遵守的教义。③公元392年，罗马皇帝提奥多西一世颁布法令，关闭一切异教神庙，禁止献祭活动，基督教正式定为罗马国教。

（二）对罗马帝国的影响

1. 促进罗马帝国社会结构的变化。基督教的兴起和发展促进了教会阶层的兴起，这一阶层在社会中扮演着独特的角色，它在缓和社会矛盾、提供社会服务以及教育传播方面发挥了重要作用。

2. 影响罗马社会思想的发展。基督教以单一神观念冲击了罗马民众原来的多神信仰。另外，基督教强调个人道德和责任，使人们开始更加注重内在道德和个人行为。

3. 延缓了罗马帝国的衰亡。基督教的发展与帝国统治合为一体，有效缓解了统治阶级与人民的矛盾，延缓了帝国的衰亡。

综上所述，基督教作为一种新兴的宗教，对罗马帝国的历史产生了深远影响，进而影响了整个西方文明发展进程。

参考资料

1. 周启迪：《世界上古史》，北京师范大学出版社，2018年。
2. 吴于廑，齐世荣：《世界史·古代史编》上卷，高等教育出版社，2011年。

题目2　论述基督教与犹太教的异同　醒吾历史统考预测题

基督教和犹太教作为两个重要的宗教体系，彼此之间存在许多渊源，但由于历史的发展，两者之间也形成了诸多差异。

（一）不同点

1. 起源时间不同。①基督教的起源可以追溯到公元1世纪，传说它的创始人是耶稣，他的教导和传播奠定了基督教的基础。公元313年，君士坦丁大帝和当时统治帝国东部的李基尼乌斯联合颁布"米兰敕令"，基督教自此得到官方认可，逐渐分化出不同的教派和分支。②犹太教的起源可以追溯到公元前13世纪，当时犹太人正处于被埃及奴役的时期，摩西带领犹太人逃离埃及重返迦南地区，在这一过程中著名的摩西十诫诞生。

2. 信仰对象不同。①基督教相信三位一体的上帝，即圣父、圣子、圣灵的三位一体，信仰基础是《旧约》和《新约》，并且基督教徒认为耶稣是上帝的儿子，以自己的血替人们赎罪，通过他的救赎，人类可以与上帝建立联系。②犹太教相信只有一个上帝，他是创世主宰和守护者，强调人们要敬奉上帝，守以色列的戒律，信仰基础是《旧约》，即《希伯来圣经》。犹太教徒不承认耶稣是上帝的儿子，他们认为真正的救世主并未降生。

3. 宗教传播范围不同。①基督教是世界性宗教。基督教自诞生以来就具有强烈的传播性，其规定无论是谁，只要信仰耶稣都可得到拯救，是一个比较开放的宗教，因此受众群体较多，而且基督教在发展过程中还成为罗马帝国的国教，更是极大地促进了自身向世界的传播。②犹太教是民族性宗教。犹太教严格禁止将教义传给外族人，同时犹太教徒坚信自己是上帝的"特选子民"，上帝只拯救犹太民族，因此犹太教的传播范围仅在犹太民族内部，存在一定的封闭性。

（二）相同点

1. 诞生地点相同。基督教和犹太教都诞生于巴勒斯坦地区，都把耶路撒冷视为圣城。

2. 都信奉《旧约》和上帝。基督教和犹太教都把《旧约》视为经典，都对《旧约》的信仰和实践进行了深入的研究和探讨，并将其作为指导思想和行为准则，同时两者也都信仰上帝，认为上帝是宇宙的创造者和主宰者。

3. 都重视道德伦理的建设和发展。基督教和犹太教都强调人类应该遵守道德规范，尊重他人，培养自身内在品质，为社会做出贡献。同时，两者也都有相关的惩罚手段来惩处违反教规的教徒。

4. 宗教理论中都有救赎观念。基督教和犹太教都认为上帝是宇宙的主宰，是人类救赎的源泉。两者都将人类的罪孽视为需要救赎的重要原因之一，信奉通过信仰和祈祷等方式，人们可以获得上帝的拯救和恩典。

5. 具有相似的礼仪习俗。基督教和犹太教在礼仪习俗方面也存在一些相似之处，例如礼拜仪式、弥撒等都是两者常见的宗教活动形式。

总而言之，基督教和犹太教有着深刻的历史渊源，但由于各自的宗教性质，两者走上了不同的发展道路，并且形成了各自的特点。

参考资料

1. 陕劲松：《基督教与犹太教的渊源关系》，《沧桑》，2006年第1期。

第四节　晚期罗马帝国的统治

题目1　简述罗马3世纪危机产生的原因和表现

相关真题　2020年暨南大学；2020年河南师范大学；2018年南京大学；2018年南开大学；2017年安徽师范大学

从公元2世纪末到3世纪末，罗马帝国爆发了严重的社会危机，史称3世纪危机。危机带来了经济萎缩、政治混乱、蛮族入侵等一系列问题，对罗马帝国产生了深远影响。

（一）原因

1. 边境危机威胁帝国统治。罗马帝国东西边疆同时面临着日耳曼民族、波斯萨珊帝国等外敌的压力，帝国在与蛮族的战争中常常败多胜少，罗马帝国统治受到了严重冲击。

2. 统治阶级生活日益腐化。他们建造豪华宫殿、别墅，举办各种庆典活动，过着骄奢淫逸的生活，导致财政亏空越来越严重，经济衰退之势更加恶化。

3. 奴隶制经济阻碍了生产力发展。奴隶被迫从事生产劳动，不仅缺乏劳动积极性，而且也妨碍着先进生产工具和先进技术的推广，加之奴隶以各种形式进行反抗，导致奴隶价格不断上涨，使用奴隶的成本也越来越高。

4. 军队战斗力弱。频繁的战争使得罗马帝国缺乏兵力，不得不招募蛮族充军，但蛮族士兵比原来的公民兵更难以控制，导致军队的整体战斗力削弱。

（二）表现

1. 经济危机。罗马的农业、手工业和工商业逐渐衰退，经济活动萎缩，货币严重贬值。罗马帝国企图用征收沉重捐税的办法来弥补财政赤字，使各阶层都不堪重负。皇帝为了供给军队和满足自己需求，大量发行劣质货币，使得货币贬值越来越迅速，经济大混乱随之而来，物价飞涨，交易出现了物物交换的情况，货币经济受到重创。

2. 频繁更换皇帝，政治混乱。安敦尼王朝末期皇帝康茂德被杀后，罗马就发生争夺皇位的内战，禁卫军在半年内换了两个皇帝，行省驻军也拥立皇帝，互相攻伐。

3. 蛮族入侵，人民的反抗运动不断，社会秩序崩溃。罗马阶级矛盾和社会矛盾激化，奴隶和其他民族人民掀起的起义风起云涌，各蛮族势力继续涌入罗马，帝国境内受到蛮族巨大威胁。

4. 军人干政和军队蛮族化。①3世纪危机时期，军人积极参与到争夺国家权力的斗争中，从提比略皇帝以后，罗马帝国的禁卫军经常参与帝国政务，甚至干预帝位，随意废立皇帝。②罗马皇帝采取以蛮制蛮的方法，使蛮族人大批地组成帝国的军队，把大批蛮族部落居民以军事移民方式迁到罗马边境，为后来蛮族大规模入侵开了方便之门。

5. 行省独立。在罗马发展脱离正常轨道时，被罗马征服的行省也开始蠢蠢欲动，如高卢、不列颠、叙利亚试图从罗马帝国中独立。

综上所述，罗马帝国在经历了3世纪危机后，国力日衰，最终没能阻挡住蛮族入侵，消失在了世界历史的进程中。

参考资料

1. 吴于廑，齐世荣：《世界史·古代史编》，高等教育出版社，2011年。
2. 刘小凤：《论罗马帝国公元三世纪危机》，湖南师范大学2009年硕士论文。

题目2 简述君士坦丁大帝的统治措施及影响

相关真题 2024年南京师范大学；2017年中央民族大学；2016年北京大学

君士坦丁大帝在公元306年被拥立为罗马皇帝，他在位期间推行了多方面改革和巩固统治的措施，虽然没有彻底改变罗马帝国的衰亡趋势，但对其后罗马的发展产生了重要影响。

（一）统治措施

1. 政治上，加强中央集权专制统治。①废除四帝共治制，委任自己的子侄治理帝国的部分地区，同时将帝国划分为高卢、意大利、伊利里亚和东方四大行政区，行政区下辖各行省。②官僚机构进一步扩充，皇帝直接任命军政高级官员，帝国行政制度彻底官僚化，这些官僚以效忠皇帝为自己最高职责。③330年，迁都拜占庭，取名为君士坦丁堡，号为新罗马。④宣布市议员不得离开所在城市和免除所承担的义务。

2. 军事上，将军权集中在皇帝手中。①他继承并完成了戴克里先时期把军队分为边防军团和内地机动军团的军事改革，并在行省中实行军政分开政策，分散军团将领权力，军权集中在皇帝手中。②解散骄横的禁卫军，转而使用重新组织的特殊宫廷亲卫部队来代替，宫廷禁卫队受到皇帝的直接控制。

3. 经济上，维护奴隶制和隶农制。①以法律的形式重申奴隶主有权鞭挞奴隶致死，规定对逃亡奴隶及煽动奴隶逃亡者加重惩罚。②严禁隶农逃亡。规定隶农及其后代必须固定在主人土地上，力图把隶农降到和奴隶相似的地位。

4. 思想上，利用基督教加强思想专制。①313年，君士坦丁和当时统治帝国东部的李基尼乌斯联合发布了"米兰敕令"，正式承认基督教与其他宗教并存，使其取得合法地位，并归还从前所没收的基督教堂和财产。②颁布诏令，赐给基督教会许多重要特权，如教会有权接受遗产和馈赠，教会神职人员豁免赋税和徭役等。

（二）影响

1. 推动了罗马君主制的发展。君士坦丁大帝以有效的改革措施，暂时稳定了罗马帝国政局，并最终建立起罗马的君主制政体。

2. 提升了军队战斗力。通过军事改革，君士坦丁控制了军队，增强了军队的战斗力，使军队成为保障罗马帝国安全、防御外敌入侵的重要力量。

3. 基督教成为帝国统治的工具。"米兰敕令"的颁布标志着基督教开始与帝国政权合流，为统治阶级服务。

4. 加剧了社会矛盾。在君士坦丁专制统治下，中等阶层的自由权利遭到剥夺，广大劳动群众受到普遍奴役，生活状况急剧恶化，社会矛盾加剧。

综上所述，君士坦丁大帝通过加强专制统治、军事改革和利用基督教等措施在一定程度上稳定了罗马社会发展，但这些措施没有触及奴隶制社会的根本，难以挽救罗马帝国的覆亡。

参考资料

1. 吴于廑，齐世荣：《世界史·古代史编》，高等教育出版社，2011年。
2. 周启迪：《世界上古史》，北京师范大学出版社，2018年。

题目3　简述古罗马王政时期、共和国时期、帝国统治时期官制变革

相关真题　2024年中国社科院大学

在古代世界各国的政体和官制中，古罗马可谓颇具特色，古罗马政体经历了王政、共和政治、元首政治、君主政治的完整和系统的演变过程，其官制也发生了相应变革。

（一）王政时代（公元前753—前510年）

1. 前四王时期（约公元前8—前7世纪）。罗马人生活在氏族社会末期的军事民主制之下。管理机构有：①库里亚大会，由全体氏族的成年男子参加，其任务是决定战争，选举包括"王"在内的高级官吏，对重大问题的议案进行表决。②元老院，又称长老议事会，由罗马氏族的显贵组成，协助"王"处理一些重大问题，发挥顾问作用。③"王"，由库里亚大会选举产生，拥有军事指挥、审判、宗教等权，其职位虽是终身制，但非世袭。

2. 塔克文王朝时期（约公元前6世纪）。①王的权力不断扩大，地位日益提高，逐渐凌驾于元老院和库里亚大会之上。②创设森都利亚大会，作为新的公民大会，代替库里亚大会作为新的国家权力机关，库里亚大会仅保有礼仪方面的职能。

（二）共和国时期（公元前510—前27年）

公元前510年，建立了由罗马贵族掌权的共和国，平民与贵族之间进行了长期的斗争，促进了罗马共和政体的不断完善。其政治机构主要有：①执政官，从森都利亚会议中选出2人，任期1年，掌管最高军事和民政权力。最初多为贵族独占，公元前366年起始从平民中选出1人，任满后可进入元老院。②保民官，保民官产生于公元前494年罗马平民第一次撤离运动获胜之后，保民官从平民大会中选出，最初为2人，后来增加到10人。保民官享有否决权，对任何侵犯平民权益的决议均有权予以否决，但保民官的权力只限于罗马城区和近郊。③公民大会，即森都利亚大会，其职权是选举高级官吏，决定是否对外宣战，表决执政官提交的一切议案，但大会通过的所有议案须经元老院的最后批准才能生效，实权掌握在少数贵族手中。④元老，元老来自元老院，最初为贵族垄断，后卸任执政官及上层平民亦可加入，元老初由执政官任命，后改为监察官遴选。元老们总揽行政、立法、外交、军事、财政、司法等大权。⑤地方上，行省一般由卸任的执政官进行管理，他们拥有行省广泛的行政、军事和财政权力，但仍需要向元老院负责。

（三）帝国时期（公元前27—公元476年）

1. 元首政治。公元前1世纪，罗马共和国出现了严重危机，共和政体已不再适应当时形势的需要，屋大维建立起了个人的独裁统治，即元首政治。官制主要有：①公民大会、执政官、保民官、元老等共和时代的官职名义上继续存在，但实权遭到极大削弱。②元首享有最高元帅的称号，他不仅拥有指挥军队的最高权力，而且成为驾驭整个

帝国的最高统治者，他从骑士中选拔官员，组成官僚集团。

2. 君主政治。公元3世纪，为应对危机，皇帝强化了个人专制权力，建立起更有力的独裁统治。戴克里先时期，他将元首称号改为"君主"，把帝国分为四个部分实行"四帝共治"，元老被剥夺了最后一点实际权力，帝国行政制度彻底官僚化。到君士坦丁时期，罗马君主制被推向一个新阶段。

综上所述，古罗马时期的官制变革经历了一个漫长的历史发展过程，不断适应加强专制统治的需求，逐渐形成了机构完善、职责分明、运转高效的官僚制度。

参考资料

1. 吴于廑，齐世荣：《世界史·古代史编》，高等教育出版社，2011年。
2. 周启迪：《世界上古史》，北京师范大学出版社，2018年。

第五节 古代罗马文化

题目1 论述古罗马的文化成就及影响

相关真题 2024年山东师范大学；2020年兰州大学；2004年四川大学；2002年南京大学

古罗马文化是世界古典文化中的瑰宝，它多方面继承了古希腊文化，在哲学、文学、法律、建筑等领域为全人类创造了巨大的精神财富。

（一）文化成就

1. 文学艺术。①安德罗尼库斯首次将荷马史诗《奥德赛》译成拉丁文，又改编了希腊的悲剧和喜剧，使希腊史诗和戏剧在罗马传播开来。②维吉尔在晚年仿照荷马史诗写成《埃尼伊德》，歌颂罗马，美化屋大维。③贺拉西的《颂歌》歌颂罗马的光荣伟大，赞美屋大维的丰功伟业，堪称抒情诗的榜样。④奥维德的名作《变形记》通过将爱情故事融入神话主题中，将其塑造成了古代神话传说的珍贵宝藏。

2. 史学。①加图所写的《创始记》追溯罗马城邦的起源，并且描述布匿战争经过以及他生活时代的大事，但现在仅留下残篇。②恺撒留下的《高卢战记》和《内战记》是研究共和末期历史以及高卢和日耳曼人历史的重要文献资料。③李维竭毕生之力所著的《罗马建城以来的历史》，叙述自罗马建城到屋大维时代末年的历史。④塔西佗主要著作是《编年史》和《历史》，深刻揭露了罗马专制政治的黑暗和腐败。

3. 哲学。①西塞罗宣扬神灵永恒存在和灵魂不死的观点，主张顺乎自然，他的哲学著作主要有《论善与恶的定义》《论神的本性》等。②哲学家卢克莱修认为物质的存在是永恒的，宇宙是无限的，有其自然发展的过程，主要著作有《物性论》。③帝国前期，唯心主义占据统治地位，新斯多噶派十分流行，斐洛创立逻各斯观念。④公元2世纪，琉善推崇唯物论思想，抨击宗教迷信，主张财产公有，人人平等。

4. 自然科学。①老普林尼写有《自然史》，内容包括天文、地理、历史、动植物、农业、医学等，是一部百科全书式的巨著。②名医盖伦在解剖学、生理学、病理学及医疗学方面均有建树，其著述在西方医学界被奉为经典。

5. 法律。①罗马最古老的成文法是《十二铜表法》，后来罗马法进一步发展完善，逐渐形成了体系较为完备的万民法。②东罗马帝国皇帝查士丁尼时期，则在众多法学作品基础上编成了集罗马法大成的《民法大全》。

6. 建筑。古罗马建筑在设计上具有宏伟与规模化、以拱门和圆顶为主、皇帝崇拜等特点。罗马最宏伟的神庙万神庙、韦柏芗至提图斯时代建造的大圆形竞技场、提图斯时期的凯旋门、图拉真时期的纪功柱都是古罗马时期的代表性建筑物。

7. 宗教。基督教在罗马产生并获得广泛传播，自"米兰敕令"颁布以后，基督教获得合法性地位，在罗马获得极大发展。

（二）影响

1. 罗马法奠定了西方法制文明基础。罗马法影响了近代资产阶级法典内容，尤其是个人权利和私有财产等方面，是西方法制文明的渊源和基石。

2. 基督教奠定了宗教文明发展的方向。基督教在罗马的传播过程中逐渐扩大影响力，成为后来影响欧洲中世纪的重要力量。

3. 古罗马的建筑和工程技术对后世产生了深远影响。罗马建筑注重实用性和功能性，其建筑风格和设计理念被后世欧洲许多地区广泛采用。

4. 古罗马人使用的拉丁语对西方文明产生了深远的影响，许多现代欧洲语言，包括英语、西班牙语、法语和意大利语，都源自拉丁语。

综上所述，罗马文化深受伊达拉里亚文化、希腊文化、东方文化等的影响，同时，罗马文化注重实用科学的发展，对罗马经济的繁荣以及国力的增强起着重要作用。

▶ 参考资料

1. 刘自成，兰方群：《论古罗马文化的特征》，《贵州大学学报》，1999年第1期。
2. 兰奇光：《罗马文明历史地位的重新评价》，《南通师范学院学报》，2003年第2期。

第六章 世界上古史综合

题目1 试比较公元前8世纪到公元前3世纪希腊、印度、中国三大古典文明中心发展的一般特征

相关真题 2010年历史学统考；2017年上海大学；2015年首都师范大学；2000年东北师范大学

（一）都处于战争频繁、政权林立的动乱时期

1. 中国此时正处于春秋战国的诸侯争霸时期，疆域内大小政权林立，未形成统一国家。
2. 印度在公元前6—前4世纪处于列国时代，出现了许多大小不等而且发展程度不同的国家，他们互相之间多有征伐。
3. 希腊在公元前5—前4世纪中期处于古典时代，以斯巴达和雅典为代表的城邦之间矛盾不断，对外战争也时常发生。

（二）都产生了思想争鸣，创立了众多学派

1. 中国在礼崩乐坏、战乱不已的局面下，形成了百家争鸣，以儒、道、法、墨为代表的流派提出了各自的社会发展目标。
2. 古印度的列国时代，反婆罗门教思潮兴起，产生了像顺世论派、耆那教和佛教等众多反婆罗门教流派，他们针对婆罗门教的弊端进行批判，并提出自己的社会主张。
3. 古希腊学者通过对自然和世界进行思考，产生了米利都学派、毕达哥拉斯学派及爱利亚派等思想流派，这些学派都提出了自己关于世界的认识。

（三）都产生了伟大的精神导师，都有著名的经典问世

1. 中国出现了孔子和老子等伟大先贤，创作了《论语》《尚书》《墨子》《道德经》等经典，引领了中国哲学的发展。
2. 印度出现了佛陀释迦牟尼，出现了《吠陀》《梵书》、佛教文献等经典著作。
3. 古希腊则诞生了诸如苏格拉底、柏拉图、亚里士多德等哲学家和学者，创作了《理想国》《工具论》等著作。

（四）都开始用理智、道德的方式来面对世界

例如道家认为"道"是万物之源，出现朴素唯物主义。古希腊的毕达哥拉斯认为抽象的数是万物之本。而古印度的顺世论派认为世界万物都由地、水、火、风四大物质要素构成。

（五）都产生了影响深远的宗教萌芽

1. 中国春秋时期的儒家和道家思想正迸发着勃勃的生机并受到追捧，其中提及的法度与道德规范成为后世尊崇的典范，虽在当时未形成宗教，但后人将其思想衍为"儒教"与"道教"。
2. 印度的列国时代又叫作"早期佛教时代"，释迦牟尼的佛教便产生于此时，后又衍生出大乘佛教与小乘佛教。
3. 古典时期的希腊文学作品多以神话人物为主题展开描写，体现着"神人同形同性"的宗教特点。

综上所述，在公元前8世纪到公元前3世纪，希腊、印度和中国三大古典文明中心都在各自精神文明方面产生了激烈碰撞，影响了后世文明的发展。

参考资料

1. 吴于廑，齐世荣：《世界史·古代史编》，高等教育出版社，2011年。
2. 周启迪：《世界上古史》，北京师范大学出版社，2018年。

题目2 分析古希腊民主政体和罗马共和政体的异同

相关真题 2011年历史学统考；2023年山东师范大学；2019年北京师范大学；2018年四川大学；2013年首都师范大学；2013年东北师范大学；2011年北京师范大学

在世界历史发展的进程中，古希腊以民主政治大放光彩，罗马则以共和政体让人铭记，古希腊民主政体与罗马共和政体有其差异性，也存在相似之处。

（一）差异性

1. 制度产生的地理环境不同。①希腊地小山多，地中海气候下难以大规模发展农业。但濒临海洋、丰富的矿藏和密布的岛屿适宜发展工商业，形成了与土地贵族相抗衡的经济力量，从而打破了贵族垄断政治的局面，易于出现民主政治。②罗马的发祥地是意大利，地理环境适宜发展农牧业，农业成为罗马经济的支柱，产生了拥有土地的平民阶层，他们通过撤离运动，在政治和法律上与贵族进行斗争，争取权利，形成"元老院和罗马人民"的共和制。

2. 政治组织不同。①古希腊雅典的公民大会是最高国家权力机关，实行直接民主制，五百人会议则是国家最高行政机关，陪审法庭为最高法院兼最高监察和司法机关。各级官职向公民开放，抽签产生。②罗马则以贵族组成的元老院为国家最高权力机构，执政官掌握最高行政权力，罗马有产公民组成的公民大会拥有国家立法权和选举官员的权力。

3. 民主政治的范围不同。①雅典的民主政治虽然面向全部公民，但妇女、外邦人及广大奴隶群体毫无权利可言。②罗马虽然是一种精英政治，但是平民可以通过军功、当选保民官等途径成为社会上层，并且罗马还在共和国后期授予拉丁同盟者以罗马公民权，扩大了统治基础。

（二）相似性

1. 民主都具有等级划分。希腊民主和罗马共和制都按照财产多寡划分公民等级，不同等级之间民主权利存在差异。例如梭伦改革中将公民划分为四等级，只有第一、第二等级的公民才可担任执政官；塞尔维乌斯改革将公民划分为五等级，创设森都利亚大会作为新的公民大会，第一等级便占有大会一半的表决权，富有公民在森都利亚大会居于统治地位。

2. 公民兵是军队的主体。古希腊和罗马都有一支强大的军队，并且拥有土地和政治权力的公民是军队的主体，他们战时集结，农忙时解散，自备军需。

3. 均为奴隶制国家。私有制出现以后，社会生产力低下，希腊和罗马通过对外战争等途径，拥有了大量战俘奴隶，他们在农业、手工业等领域从事生产活动，构成当时社会生产的主体，奴隶制经济十分发达。公元前5世纪，希腊奴隶制经济得到充分发展；公元前2世纪，罗马奴隶制空前繁荣。

4. 共同构成影响现代政治文明的重要内容。西方政治文明建立在希腊民主政治的基础之上，典型的民主运作理念和模式均来源于希腊的民主制中。而罗马共和制中蕴含的精英政治、权力制约、法律治国的思想是近代西方政治的重要内容。

综上所述，古希腊和罗马共同以奴隶制为国家基础，但在后续发展中，希腊演化出民主制，而罗马形成共和制，对近现代西方政治文明产生了重要影响。

参考资料

1. 施治生：《试论古代的民主与共和》，《世界历史》，1997年第1期。
2. 周晓：《罗马共和国政治学研究》，吉林大学2010年硕士论文。

题目3 论述雅典和罗马通过对外扩张成为帝国的过程，并说明为什么雅典帝国短暂，而罗马帝国长久

相关真题 2022年历史学统考

雅典和罗马都是古代地中海文明的代表，这两大文明都曾进行过扩张，最终罗马帝国延续的时间更长，这与雅典和罗马自身的条件和国情有着密切的关系。

（一）帝国形成过程

1. 雅典帝国

①公元前479年，经过希波战争中的普拉提亚战役后，雅典成为希腊联军中实力最强的国家。②公元前478年

年底至公元前477年年初，雅典组织中希腊、爱琴诸岛和小亚细亚的一些城邦结成提洛同盟，继续对波斯作战，同盟的军事外交皆由雅典指挥。③希波战争结束后，提洛同盟的性质逐渐发生变化，雅典开始推行霸权主义，雅典帝国逐渐形成。④公元前466年，那克索斯脱离同盟，经过围攻，那克索斯人不得不归顺于雅典。公元前454年至公元前453年，雅典借故将同盟金库由提洛岛迁至雅典卫城，这标志着雅典海上同盟彻底蜕变成为雅典帝国。

2. 罗马帝国

罗马的扩张经过了三个阶段。①统一意大利半岛。罗马经过三次维爱战争，于公元前396年控制了第伯河流域广大地区。又历经三次萨莫奈战争，在约公元前290年占领了意大利中部地区。接着于公元前272年征服南意大利。②统一西地中海。罗马在征服意大利后向海外扩张，与西地中海强国迦太基于公元前264—前146年进行了三次布匿战争，最终消灭迦太基，争得了地中海西部的霸权。③统一东地中海。罗马在与迦太基交战期间，势力开始向东地中海地区扩展。罗马运用外交和军事手段，通过三次马其顿战争（公元前215—前168年），在不到一个世纪时间内控制了东地中海地区。至此，罗马建立起横跨欧亚非三洲的大帝国。

（二）雅典帝国短暂而罗马帝国长久的原因

1. 雅典统治基础比罗马薄弱。自公元前451年起，雅典颁布并实施限制公民资格的法律堵塞了公民集体自身扩大之路，使得国家的统治基础难以适应国家规模的急剧扩大。而罗马向海外扩张时，扩大行省的权力并给予其一定的自治权，相比之下拥有更广泛的统治基础。

2. 雅典政治体制相较罗马而言不利于集权与统一。雅典民主政治是广泛的直接民主，行政效率低下，不利于集权与统一。罗马从早期的共和制发展为帝制，权力逐渐集中，并形成稳定的统治集团，有利于罗马帝国长期统治的稳定。

3. 雅典的军事实力比罗马更为弱小。雅典实行的是兵民合一的公民兵制度，从军的人数有限，这与广阔的国家版图和宏大的国家规模极不相称。而罗马经过马略的军事改革之后，改变了以公民兵为基础的军事制度，募兵制代替公民兵制，使得罗马军队在数量和质量上都有提升，符合对外扩张的需要。

雅典的统治措施更适合小国寡民的城邦国家，而不是庞大的帝国。在这一点上，罗马无疑走在了雅典的前面，使得古罗马文明可以延续更长的时间。

参考资料

1. 吴于廑，齐世荣：《世界史·古代史编》，高等教育出版社，2011年。
2. 周启迪：《世界上古史》，北京师范大学出版社，2018年。
3. 徐松岩，赵青青：《从"海上同盟"到"海上帝国"——公元前5世纪雅典对外扩张与东地中海国际关系探略》，《经济社会史评论》，2018年第2期。

第七章 中世纪西欧

第一节 欧亚民族大迁徙与法兰克王国

题目1 论述《萨利克法典》 醒吾历史统考预测题

《萨利克法典》是迄今现存最古老的日耳曼法典,主要是习惯法的记载。编纂于克洛维时代,是法兰克王国法律的基础,并影响了后来欧洲的法律体系。

（一）背景

1. 法兰克王国的建立。481年,克洛维建立了法兰克王国。为适应氏族向国家的转变,《萨利克法典》在法兰克人的一些古老习惯法基础上应运而生。

2. 法兰克人缺乏统一的法律。法兰克扩张后所辖的各个部落在处理法律纠纷时各行其是,这对于王权的集中十分不利,制定推出一部辖区内通行的法律势在必行。

3. 传统习惯法不适应统治需求。在处理较大范围事务方面十分不便,古老的习惯法必然走向成文法。

（二）内容

1. 概要与刑法。《萨利克法典》由序言和408条内容构成,主要是一部刑法典和程序法典。它极其详细地规定了各种违法犯罪应被惩处的赔偿金,其中对于人身伤害、财产损害、偷盗和侮辱的赔偿规定尤为详细。法典还规定受害者所得到的赔偿金的三分之一应上交王室,相当于支付法庭费用。

2. 女性无继承权。法典最著名的一项原则是父系继承,不让女性继承王位,明确将女性排除在王位或封地的继承权之外。这条原则只适用于领地和其他财产,不适用于个人财产。

3. 后世的修改。6世纪下半叶,法兰克国王希尔伯利克曾经颁布了一道修改《萨利克法典》的敕令,规定死者如无子嗣,土地由其女儿继承,不再交还。

（三）影响

1. 为欧洲后世成文法的订立提供了经验。《萨利克法典》使欧洲成文法的传统得以形成,是后来英吉利法和法国民法的源头之一。

2. 男性继承原则导致了王位继承问题,从而带来争端。西班牙的历次卡洛斯战争都来源于旁系男性继承人与直系女性继承人权利的争议。此外,它也成为英法百年战争诱因之一。

综上所述,《萨利克法典》改变了日耳曼民族只有习惯法的局面,对后世欧洲各国的王位继承问题产生了很大影响。

参考资料

1. 汤晓燕：《〈萨利克法典〉"神话"与十六七世纪法国排斥女性的政治文化传统》,《世界历史》,2017年第4期。
2. 汪丽红：《萨利克法典与法兰克早期社会》,《历史教学问题》,2010年第5期。

题目2 论述法兰克国家封建化的历史进程

相关真题 2022年哈尔滨师范大学；2017年郑州大学；2016年南开大学；2014年东北师范大学；2013年河北师范大学

法兰克人属于日耳曼人的一支,最初居住在莱茵河地区。随着法兰克王国的建立和强大,法兰克国家的封建化也逐步发展完善,其封建化大致经历了三个阶段。

（一）第一阶段（5—6世纪）：法兰克王国的建立及其封建化开始

封建化的开始。建国以前法兰克人的社会经济基础是农村公社,481年,克洛维在教会及法兰克人、罗马人等的支持下建立法兰克王国,法兰克人氏族制度的机关迅速转化为国家机关,军事首领的权力迅速转化为国王的权力，封建化的进程开始。这一时期克洛维在对外扩张时把土地分配给他的部属，作为战功的赏赐，这成为日后封君封臣制与封土制的雏形。

（二）第二阶段（6世纪末—8世纪初）：法兰克封建化进一步发展

1. 大土地所有者的增长。①克洛维死后，王位改为世袭制，国王成为最大的土地所有者。为了取得教会和亲信的支持，国王把土地赐予教会和亲信。②农村公社在这一时段内部不断分化，出现一批新的大土地所有者，这些人构成了大领主阶级。

2. 自由农民的破产。①由于土地成了私有财产，可以买卖、交换、赠送，一部分农民很快失去了土地。国家和教会的苛捐杂税，自由农民负担不了，被迫破产。②克洛维死后，法兰克王国分裂成几个部分，彼此长期混战，许多自由农民因受战争的灾难，也纷纷破产。

3. 骑士制度的建立。8世纪初，为了应付频繁的战争，宫相查理·马特尽量增多自己的封臣，并授给他们土地作为采邑，其条件是终身服骑兵役，以后封臣取得采邑渐成惯例。采邑改革后，骑兵逐渐代替步兵，从此西欧出现了骑士阶层，从此分封采邑的人与被分封采邑的人之间逐步建立了封建的附庸关系。

（三）第三阶段（8—9世纪）：法兰克封建制形成

1. 土地分封化。查理大帝统治时期，采邑变成封土，即领主的世袭领地。领主在自己的世袭领地里拥有行政、司法、财政等种种特权，即"特恩权"，独霸一方。

2. 农民农奴化。土地分封后，出现了大小封建领主，自由农民减少，农奴迅速增加。农奴与封建领主的关系，以及农奴向封建领主应尽的义务，以法律的形式固定下来，加强了封建主对农奴的统治，农奴制成为当时主导的生产关系。

3. 经济庄园化。国王、世俗大封建领主以及基督教会都拥有许多庄园。庄园的土地分为三部分：领主自用地、农民的份地、公用的牧场。庄园里的农民负担着各种贡税和徭役，庄园的一切产品由自己制造，每一个庄园都过着自给自足的经济生活。

4. 思想文化基督教化。基督教会既是文化知识的垄断者，又是神学体系的传播者。基督教宣扬怯懦、自卑、屈服，用"上帝""天国"的欺骗宣传，以强固封建社会的不平等，用来世幸福的谎言麻痹被剥削的劳苦大众，强化封建领主阶级的统治。

综上所述，法兰克国家的封建化从5世纪开始，直至9世纪形成。从国家的建立和发展，再到强大的帝国，法兰克国家的封建化同帝国的建立是相辅相成的。

参考资料

1. 蒋国维，蒋永康：《论法兰克封建制的形成》，《贵阳师院学报》，1982年第4期。

题目3 简述《凡尔登条约》的主要内容和影响

相关真题 2024年暨南大学；2016年河北大学

843年，加洛林王朝皇帝"虔诚者"路易一世（查理大帝之子）的3个儿子在凡尔登签订《凡尔登条约》。这一条约是查理曼帝国瓦解的第一阶段，预示近代西欧国家的形成。

（一）《凡尔登条约》缔结的背景

1. 法兰克有诸子析产制传统。法兰克王国有将土地平等划分给后代的习惯，这导致了权力的分散和领土的碎片化。

2. 斯特拉斯堡誓言的签订。842年，路易和秃头查理为了反对他们的长兄洛泰尔，在斯特拉斯堡发表联合宣言，互相宣誓效忠，并结成联盟，为《凡尔登条约》的签订奠定了基础。

3. 继承者存在纠纷。"虔诚者"路易一世试图重新分配领土给小儿子秃头查理，引发了长子洛泰尔的反抗。路易一世去世后，三兄弟之间经过内战和谈判签订了《凡尔登条约》。

（二）《凡尔登条约》的主要内容

根据条约，加洛林帝国一分为三。日耳曼路易获得莱茵河右岸地区和巴伐利亚，这些领土大致对应今天的德国西部，被称为东法兰克王国；秃头查理获得罗纳河、索恩河及索恩河以西地区，这些领土大致对应今天的法国，被称为西法兰克王国；洛泰尔继续保持皇帝头衔，分得意大利中部和北部以及其他两兄弟占领地之间的狭长地带（洛林），被称为中法兰克王国。

（三）《凡尔登条约》的影响

1. 奠定了近代西欧国家的雏形。条约的签订奠定了法兰西、德意志和意大利三个国家疆域的基础，同时也为后来的瑞士、比利时、荷兰和卢森堡等国的领土奠定了基础。

2. 重新塑造了欧洲的政治格局。加洛林帝国的分裂结束了统一的西欧局面，开启了欧洲中世纪国家分裂和对抗的新时代。特别是洛林地区的争夺成为法德两国后续冲突的根源。

3. 促进了民族语言的发展。条约的签订加速了法兰克王国内部文化和语言的分化，促进了法语和德语作为独立语言体系的发展。

《凡尔登条约》不仅是加洛林帝国分裂的标志，也是中世纪欧洲历史转型的重要事件，对后世欧洲的政治格局、文化语言发展以及国家形成具有深远的影响。

参考资料

1. 孔祥民：《世界中古史》，北京师范大学出版社，2016年。
2. 吴于廑，齐世荣：《世界史·古代史编》下卷，高等教育出版社，2011年。

题目 4　论述 10—15 世纪亚欧大陆的民族交融

相关真题　2024 年中山大学

10—15 世纪，亚欧大陆的民族交融是一个复杂的历史过程，涉及多个民族在文化和地区等方面的互动与交流。

（一）人口迁徙

随着农业技术的发展和游牧民族的内迁，许多地区的人口格局发生了变化。例如，在中国，这一时期正值宋元明时期，大量游牧民族，如契丹、女真、蒙古族进入汉族聚居区，形成了更广泛的民族交融。在欧洲，诺曼人、马扎尔人、罗斯人等外来民族也与当地民族融合，改变了当地原有的民族结构。

（二）战争

在亚欧大陆的许多地区，战争是促进民族交融的重要推动力。例如，蒙古帝国时期，蒙古军队征服了亚欧大陆大量的土地和人民，从而促进了不同民族和文化之间的交流与融合。在欧洲，十字军东征期间，欧洲骑士和穆斯林、犹太人之间也发生了互动和交流。此外，奥斯曼帝国也在向欧亚非三大洲扩张的过程中不断融合新的民族。

（三）贸易

贸易的发展也是促使亚欧大陆民族交融的一个重要因素。随着丝绸之路的繁荣和海上贸易的发展，不同地区的商品、技术和文化交流日益频繁，这不仅促进了经济发展，也加速了民族的流动和交融。例如，大批西亚商人来到中国做生意，与中国本土民族交流互动，形成了新的民族——回族。

（四）宗教

宗教是促使亚欧大陆民族交融的一个重要方面。宗教作为无形的精神力量，有助于消弭不同民族间的偏见，促进民族交融。在蒙古帝国时期，佛教从印度、尼泊尔和中国传播到中亚和俄罗斯地区，促进了这些地区的民族交流与交融。在欧洲，天主教、东正教和伊斯兰教等宗教的存在也促进了不同民族的互动和交流。

（五）文化交流

文化交流是促使亚欧大陆民族交融的重要驱动力之一。例如，在中亚、西亚地区，随着突厥文化的广泛传播，当地居民逐渐突厥化，进而都成为整个突厥民族的一部分。在欧洲，拜占庭帝国的存在及其文化的传播也促进了东欧和西欧的民族交融。

总而言之，10—15 世纪亚欧大陆的民族交融是一个复杂的历史过程。在这一时期，不同地区、民族和文化之间的互动与交流促成了各种形式的民族交融，形成了许多新的文化和民族。

参考资料

1. 商友仁：《古代欧亚大陆民族迁徙和民族融合鸟瞰》，《北方论丛》，1988 年第 4 期。
2. 蓝琪：《论中亚的突厥化》，《西域研究》，2012 年第 3 期。

第二节　西欧封建制度

题目 1　论述中世纪西欧封建制度

相关真题　2024 年天津师范大学；2022 年天津师范大学；2020 年北京大学；2020 年北京师范大学；2020 年西南大学；2019 年云南大学；2016 年中国人民大学

西罗马帝国灭亡后，随着一系列蛮族王国的相继崛起，西欧开始步入了封建时代。西欧封建社会的核心关系是封君封臣关系，在社会经济范畴的表现是庄园制度，封建道德表现为骑士精神。

（一）西欧封建制度的形成因素

1. 西罗马帝国的解体。帝国的解体使得大量罗马土地落入日耳曼贵族和军事领袖手中，这些地区逐步演变成封建领主的领地。

2. 日耳曼的社会结构发生变化。日耳曼人原有的部落联盟和公共土地制度在与罗马土地制度相融合的过程中逐渐瓦解，转变为以私人领地和领主权力为基础的封建制度。

（二）西欧封建制度的基本内容

1. 封君封臣制。①封君封臣制源于欧洲早期的采邑制，克洛维时期，国王分封给亲兵的土地称之为采邑。查理·马特进行了采邑制改革，获得封土的条件逐渐以军事义务为主旨而固定下来。②封君要维持封臣的生计，保证封臣的安全，维持封臣的社会荣誉和名声。封臣拥有自己世袭领地的行政、司法、财政等种种特权，即"特恩权"。同时他们要为封君服兵役，为封君提供经费资助，向封君提供一些建议和劝谏。

2. 庄园制。庄园制是采邑制的物化表现，将各级封主与封臣的利益，以互为权利与义务的契约关系通过土地形式联系在一起。到 9 世纪末，法兰克的庄园制开始盛行，至 11 世纪，庄园遍布整个欧洲。①每一个庄园都是一个独立的经济和政治单位，在庄园里，庄园主如同君王。②庄园内部也有上下级之分，庄园领主只效忠上级，以附庸的形式构建起层级分明的封建国家，于是就有了"我的附庸的附庸不是我的附庸"的历史景观，国家的经济政治权力都集中在大庄园领主的手中，国王只拥有象征性权力。③庄园采用劳役地租，其土地划分成领主自营地和农奴份地。

3. 农奴制。①庄园中的农民为农奴，他们除耕种自己的份地外，还须自带工具无偿地耕种领主的自营地，且须先完成领主自营地的生产和收获才能耕作自己的份地。②份地上产品归自己，自营地上产品归领主。③农民还要向封建主献纳贡物，如家禽和酒；缴纳各种捐税，如结婚税、什一税等；做各种杂役，如修桥、盖房等。④法律强调农奴人身属于主人，世代为农奴，可由主人买卖或转让。

4. 封建法规和骑士精神。①封建法规是规范封君和封臣关系的法律条文，是确立相互权利和义务的一些法规。②骑士精神就是封建道德，骑士即受封的封臣，骑士必须效忠封君、要勇敢善战、保卫基督教等。

（三）西欧封建制度的基本特征

1. 以封土而非血缘为纽带。西欧封建制度以封土为纽带层层分封，各级封建主之间等级鲜明，只效忠于直接上级，各自在自己的领地内独立行使权力。

2. 存在双向权利义务与契约意识。西欧封建制度并不是一种单向的支配与服从关系，而是一种相互依存、彼此都具有权利与义务的双向互制关系。领主和封臣分别享有某些权利，同时又分别承担某些义务，是一种对双方都有约束，而不只是约束附庸的契约。

总之，西欧封建制度的发展经历了漫长的历史时期，在政治上最重要的特点是封君封臣制，经济上以庄园经济为特征。与此相适应的，还有封建道德所要求的骑士精神和基督教义。

参考资料

1. 刘娟：《西欧封建社会的形成》，《智库时代》，2017年第5期。
2. 郭佳丽：《西欧封建制度的基本特征》，《历史研究》，2012年第12期。
3. 魏建国：《西欧封建制度的立宪主义内蕴》，《环球法律评论》，2007年第6期。

题目2　论述西欧封建庄园制

相关真题　2024年东北师范大学；2020年鲁东大学；2018年中央民族大学；2014年苏州科技大学

封建庄园是欧洲中世纪时期农业的基层单位，也是当时的政治和社会基层单位。作为封建主义生产方式，它盛行于9世纪至13世纪的欧洲。

（一）形成原因

1. 公共土地日益向个人手中转移。由于外族入侵和西罗马帝国解体，日耳曼的首领们、大教会寺院、世俗贵族或通过强占公社财产，或对小地主们行使暴力，或迫使下层人民拓殖荒地，利用各种手段建立起了众多的私有大领地。西欧的耕地被这些强有力的统治者集团瓜分为私领地。

2. 自由农民的破产。由于土地成了私有财产，可以买卖、交换、赠送，一部分农民很快失去了土地，加之国家、教会的苛捐杂税以及社会动荡和灾荒等原因，自由农民被迫破产，只好投靠封建主，求给衣食，成为封建主的封建依附农民——农奴。

（二）主要内容

领主是庄园的拥有者，享有庄园的所有特权。庄园的土地划分为领主自营地和农奴份地，领主自营地主要由服劳役的封建依附农民耕种。自营地上的收获全归封建主，农奴靠耕种自己的份地维持生活。农奴份地的所有权也归封建主，农奴还需要向领主缴纳一定的贡赋和捐税，子弟继承份地要向封建主交纳继承金。

（三）特点

1. 剥削方式以劳役地租为主，实物地租为辅。劳役的种类较多，如耕作劳役、割草劳役、运输劳役等。除了劳役外，西欧的庄民仍要负担一定的实物地租，如向领主缴纳鸡蛋、家禽和酒等。

2. 庄园内部自给自足。庄园封建主派有管家监督农奴耕种，并在庄园上修建有仓库、马厩等生产设备，备有耕畜和一些农具。封建主们所需要的几乎所有物品都可以由庄园生产，带有很强的自然经济性质。

3. 庄园以外农民所受剥削方式不同。庄园以外的农民也多是封建依附农，但所受剥削不同于服沉重劳役的农奴，一般以交纳实物租、货币租为主。

（四）影响

1. 维护社会稳定。封建庄园制将失去土地的农民纳入一个封闭的系统中，使他们可以通过耕种自己的份地维持生活。这防止了农民在失去土地后铤而走险，在一定程度上维护了社会秩序的稳定。

2. 为农业生产提供保障。庄园制经济所拥有的集中性，不仅能够聚集大量的生产者，而且能够加强农民应对自然灾害的能力，保障正常农业生产不受影响。

3. 阻碍工商业发展。随着西欧商品经济的发展，城市及城市居民出现，封建主却排斥建立自由城市，限制农奴自由之身，这使得城市无法获得充足的自由劳动力，进而阻碍了城市工商业经济的发展。

4. 封建庄园对农民和农奴的严重剥削引发了公社运动。11世纪以后，越来越多农民难以忍受封建主用新方式加强剥削。他们普遍利用公社传统组织同封建主斗争，反对封建主打破惯例增加剥削量，要求明确规定劳役和租税的数额，史称"公社运动"。

综上所述，西欧庄园制存在于特定的历史时期，在早期社会生产力水平低下的时候，一定程度上有利于社会秩序的稳定和经济的发展，但随着封建经济的发展，其严苛的生产方式必然走向衰落和瓦解。

参考资料

1. 吴于廑，齐世荣：《世界史·古代史编》，高等教育出版社，2011年。
2. 王文杰，左学德：《中世纪日本与西欧庄园制的异同》，《贵州师范大学学报》，2003年第5期。
3. 肖翠松：《试析中世纪西欧庄园制瓦解的经济影响》，《湖北师范学院学报》，2008年第2期。

第三节　西欧主要国家的君主制度

题目1　简述中古时期诺曼人的扩张进程和影响

相关真题　2022年南开大学

中古时期诺曼人包括丹麦人、瑞典人和挪威人等，他们属于日耳曼人的北支。9世纪时，由于人口压力大以及原始社会后期社会矛盾的加剧，诺曼人从北欧四出侵掠，对欧洲历史产生了深远影响。

（一）背景

1. 人口激增与土地不足的矛盾日益显现。诺曼人居住的斯堪的那维亚半岛和日德兰半岛土地贫瘠，农业原始落后，居民多以捕鱼或者抢劫为生。8—9世纪，这一地区人口激增，处于原始状态的农业不足以维持过多的人口，诺曼人必然选择向外移民。

2. 原始社会末期内部斗争加深。8—9世纪，诺曼人的社会分化加剧，王权日益集中，许多不满国内政局的人被迫出走海外，寻求出路。

3. 诺曼人拥有制造船舶与进行航行的优越技能。以捕鱼和抢劫为主要生活来源的诺曼人善于制造船舶和武器，长期的海洋生活培养了他们高超的航海技术。

（二）扩张进程

1. 对英格兰进行侵袭。8世纪末，诺曼人的一支丹麦人开始入侵英格兰东海岸，851年，丹麦人逐渐征服了泰晤士河以北的大部分地区。9世纪70年代，英格兰威塞克斯国王战胜入侵的丹麦人，与其划地为界。11世纪初，丹麦王曾征服英格兰及整个斯堪的那维亚，建立帝国，后瓦解。1066年，诺曼底公爵威廉率领诺曼人再次征服英格兰。

2. 对法兰克王国的侵袭。9世纪中叶，诺曼人加紧袭扰法兰克河口各地，法国的所有大城市几乎都被劫掠过，而巴黎曾两次遭受劫掠。911年，法兰西国王查理三世和北欧诺曼人海盗首领罗洛立约，封他为公爵，将塞纳河口一带地方划归他统治，以后这里有大批诺曼人前来定居，形成诺曼底公爵领地。

3. 对北大西洋沿岸地区的侵袭。9世纪中叶，挪威人与丹麦人不断进攻爱尔兰，占领了大片土地。他们向西远航到达冰岛，大量向那里移民，发展为独特的北欧文化。又从冰岛远航到格陵兰沿岸以及北美洲北部沿海，这比哥伦布到达美洲大约早500年，但他们未久留。

4. 对东欧的侵袭。诺曼人的分支瓦里亚格人在8、9世纪大批侵入第聂伯河和伏尔加河流域，他们占领沿线城市作为贸易据点，把掠来的毛皮、蜂蜜和奴隶等运到君士坦丁堡出售。

（三）影响

1. 给被征服地区带来灾难。诺曼人的扩张使被征服地区的生产被破坏，财富遭劫掠，人民或被杀害或被掠走为奴。

2. 促进地区间商业贸易。诺曼人的扩张与殖民，使地区间和国与国之间贸易的复兴得以实现，国际商品交换兴旺发达。

3. 影响了欧洲部分国家的历史进程和文化。例如诺曼底公爵威廉于1066年征服英国，英语中有许多日常用语就来自北欧语言。

4. 削弱了西欧王权。如法兰西王国在987年，被属于诺曼人的诺曼底公爵、佛兰德尔伯爵、勃艮第公爵、阿奎丹公爵等分割，国王加佩的领地大大缩小，只保留了国王的名义，无实际实力。

综上所述，诺曼人的扩张虽然对欧洲历史的发展起到了一定的积极作用，但他们用残忍的手段对待被征服地区，也给欧洲大陆带来了巨大的灾难。

参考资料

1. 吴于廑，齐世荣：《世界史·古代史编》，高等教育出版社，2011年。

题目2 简述诺曼征服及其影响

相关真题 2023年北京大学；2019年暨南大学；2016年北京大学

诺曼征服是指法国诺曼底公国的威廉公爵于1066年对英国的征服，结束了英国盎格鲁-撒克逊时代，开始了诺曼王朝（1066—1154年）的统治。

（一）缘由

威廉和平继承英国王位失败。英格兰国王爱德华曾将国王位置许诺给侄子诺曼底公爵威廉。1066年爱德华去世，英国王位空缺，诺曼底公爵威廉以其是爱德华侄子身份要求继承英国王位。但由高级教士和世俗贵族组成的英国"贤人会议"以威廉是私生子之名予以否决，同时推举威塞克斯伯爵哈罗德二世继承王位，这样就给威廉入侵英国提供了借口。

（二）过程

1. 威廉登陆英格兰。1066年9月，威廉集结军队在英格兰佩文西湾登陆，大举入侵英格兰，哈罗德二世匆忙应战。

2. 夺取黑斯廷斯战役的胜利。1066年10月，威廉与哈罗德二世大战于黑斯廷斯附近，威廉取得决定性胜利，哈罗德二世与英国许多贵族战死。

3. 进入伦敦，继承王位。1066年12月，威廉于威斯敏斯特教堂举行了加冕仪式，正式成为英格兰的国王。

（三）影响

1. 加速了英国封建政治制度的形成。诺曼征服前，英国的政治制度是贵族民主制。诺曼征服后，威廉国王成为全国土地的最高所有者，并将土地分封给亲兵、近臣和僧侣贵族，效仿欧洲大陆建立起一套等级制度，形成了比较集中和强大的王权，确立了英国的封建制度。

2. 促使了社会语言的分化。诺曼征服后，在相当长时间里，上层统治者讲法语，而原先的官方语言英语则降为民间语言，宫廷许多重要文件多用法语和拉丁语写成。

3. 导致了妇女地位的下降。盎格鲁-撒克逊时期，英国妇女相对自由和独立。诺曼征服以后的英国，由于《萨利克法典》的影响和威廉本人对女性的歧视，使得妇女地位降低，不能参加国家和社会管理。

4. 加强了对外交流。诺曼征服使得英格兰与欧洲大陆国家建立起了更为紧密的关系，极大地改善了英格兰的贸易、建筑、宗教和生活。

5. 影响了日后英法关系。威廉作为法国诺曼底公爵，使得英格兰和法兰西之间政治和封建关系密切，为日后英法百年战争埋下祸根。

综上所述，威廉通过军事手段，完成了对英格兰的征服，建立了强大的王权统治，加速英国封建化的进程，对英格兰原有的政治、文化和社会生活产生了深远影响。

参考资料

1. 张晓莲：《诺曼征服对中世纪英国社会的影响》，《黑龙江史志》，2011年第13期。

题目3 论述英国亨利二世改革

相关真题 2018年南京师范大学；2016年南京师范大学；2016年天津师范大学

亨利二世（1154—1189年在位）是英国金雀花王朝的创建者，在位期间进行了一系列政治、军事、司法改革，对英国社会产生了普遍而深远的影响。

（一）背景

1. 法治建设落后。亨利二世改革前，英国的法治文明虽然已经历了几百年的发展，但是仍处于一种原始落后、管辖混乱、缺乏制度保障的阶段。

2. 社会秩序混乱。亨利二世即位之前，英国刚经历二十年内战，社会秩序混乱、王权治理几近崩溃。

3. 亨利二世继任英国国王。1154 年，法国的安茹伯爵亨利二世以英格兰国王亨利一世的外孙身份加冕为英格兰国王，开创了英国史上的金雀花王朝。

（二）内容

1. 政治改革。①整顿中央行政机构，恢复诺曼王朝的御前贵族会议，作为国王的咨询机构。②重建国王宫廷和财政部，设置枢密大臣和财政大臣等官职，加强了国王对财权的控制。

2. 军事改革。①允许一部分骑士交纳免役税，即盾牌钱，以免除每年对国王负担的 40 天军役。②用盾牌钱的收入招募常备雇佣军，以代替原来临时应召服役的骑士。

3. 司法改革。①任用法律专家，参照罗马法律、法国法律和英国各地的习惯法，将英国的法律统一为"普通法"。②建立巡回法庭，规定巡回法官按期巡游各地，接受民间诉讼，加强中央的司法权和对地方的控制。③建立国王法庭处理全国有关案件，增加国王司法权。④建立陪审制度。巡回法官在地方审理案件时，需从当地的骑士和富裕的自由农民挑选 12 名知情人组成陪审团，将其证言一致作为仲裁的依据。

（三）意义

1. 加强了中央集权。政治改革提高了政府的行政效率，而军事改革使得部分中小封建主不再练武打仗，瓦解了离心势力，稳定并巩固了政权统治，为王朝的发展奠定了坚实的基础。

2. 奠定了英国普通法形成的基础。通过改革，使英国司法走向了职业化和专业化的发展道路，并且使得司法独立精神得到稳步的成长，英国逐渐迈向了法治现代化的大门。

综上所述，亨利二世继位后，通过政治、军事和司法改革，限制了封建主权力，加强了中央权力。英国习惯法在这个时期获得了迅速发展，他也被称为"英国习惯法之父"。

参考资料

1. 屈文生：《论述亨利二世的法律改革》，《贵州社会科学》，2009 年第 11 期。
2. 姜林林：《试论亨利二世司法改革》，华东政法大学 2012 年硕士学位论文。
3. 宋仕英：《浅析亨利二世的令状制改革》，天津师范大学 2014 年硕士学位论文。

题目 4 简述《自由大宪章》的背景、内容和影响

相关真题 2018 年吉林大学；2018 年陕西师范大学；2016 年南京大学

《自由大宪章》是 1215 年英王约翰被迫签署的宪法性文件，它在历史上第一次限制了封建君主的权力，是等级君主制形成的重要一环，也为日后英国君主立宪制奠定了法律基石。

（一）背景

1. 市民阶层力量的壮大。12—13 世纪的铁器使用和三圃制的推广使农业生产力显著提升，剩余劳动力向城市流动，促进了手工业的发展和城市人口的增加。随着城市数量的增长和国内市场的逐渐统一，市民阶层力量壮大，他们渴望摆脱国王及封建主的干预，以争取更多的自治权和自由贸易条件。

2. 约翰王的战争失利和权力滥用加剧了国内矛盾。他对法国的战争失败导致英国失去大量领土，引发国内不满；同时，他任意没收领主的领地和干预领主法庭，激化了与封建贵族的矛盾。

（二）内容

1215 年年初，封建贵族们向伦敦武装进军，小封建主和市民等也加入其中。在各阶层联合行动的压力下，约翰王在预先拟定好的《自由大宪章》上签字画押。

1. 内容。宪章共有六十三条。主要包括：①国王征税需得到封建贵族组成的大会议同意。②保障教会选举主教的自由，限制国王干预。③承认城市自治权，保护市民贸易自由和统一度量衡。④规定继承权和限制国王征收额外税费。⑤确立"王在法下"原则，即国王也必须遵守法律等。

2. 性质。《自由大宪章》具有封建契约性质，其主要内容是保护大封建主在经济、司法和政治上的特权，同时也涉及骑士和市民等级的权利。

（三）影响

1. 促进了英国宪政的进步。①《自由大宪章》要求国王取消其超越封建宗主的权限，停止增加新税等非法行为，为后世税收权由议会控制原则的确立奠定了基础。②大宪章宣告了"王在法下"的原则，开启了以法律限制王权的时代。不遵守法律的国王将不享有他对臣民的权利，人们亦有权对他进行反抗。

2. 影响了后世立法。作为自由和人权起源的英国《自由大宪章》，它不仅对法、美等国家的法律制定具有借鉴作用，而且对当今世界诸多国际人权立法也产生了重要影响。

综上所述，《自由大宪章》的签订有其特定的历史背景，其内容主要为保障贵族和教会的权力不受国王的侵犯，不仅对英国，而且对世界也有着广泛而深远的意义。

参考资料

1. 孙平华：《论具有人权史里程碑意义的英国〈自由大宪章〉》，《菏泽学院学报》，2009 年第 3 期。
2. 郑如霖：《论英国大宪章产生的社会背景及其性质》，《华南师院学报》，1981 年第 1 期。

题目 5　简述中世纪英法王权的加强

相关真题　2019 年历史学统考；2019 年南开大学；2017 年福建师范大学

中世纪英法王权加强的过程是一个复杂多维的现象，涉及经济、社会、政治、军事和宗教等众多因素，经历了较为漫长的阶段。

（一）英国王权的加强

1. 诺曼王朝时期（1066—1154 年）。威廉一世在中央建立御前会议，取代"贤人会议"，并设立国王法庭处理全国棘手的刑事案件，设立财政部管理全国的财政税收。在地方，他保留了盎格鲁-撒克逊的郡和百户区两级行政单位，并设置郡守代表国王维护地方治安、进行地方税收等，郡守统辖百户区。此外，他还设立了封君封臣制，把英格兰土地分封给诺曼战士使之成为封臣。

2. 安茹王朝时期（1154—1399 年）。亨利二世统治期间，他在政治上整顿中央行政机构，恢复此前的御前贵族会议，作为国王的咨询机构；重建国王宫廷和财政部，设置枢密大臣和财政大臣等官职，加强了国王对财权的控制；他还规定自由民必须按财产状况自备装备为国王服军役，扩展兵源，确保军队的稳定；在司法上，他将亨利一世时期的巡回法官改成巡回法庭，规定按期巡游各地，接受民间诉讼，加强中央的司法权和自己对地方的控制。

（二）法国王权的加强

中世纪法国王权加强主要发生在加佩王朝时期（987—1328 年）。王朝初期，王权软弱无力，从路易六世开始，法国王权逐步加强。

1. 路易六世时期（1108—1137 年在位）。路易六世不但保护教会利益，而且支持城市争取自治的公社运动。定都巴黎后，他大肆扩展王室领地，并在王廷设置具有咨询、立法和司法职能的"御前会议"。

2. 路易七世时期（1137—1180 年在位）。12 世纪中叶以后，法王有意识地利用城市反对封建主的斗争以加强王权。路易七世先后 25 次颁发给城市特许证，城市为了维持特许证所获得的自治权，选择支持国王同封建宗主斗争。

3. 路易九世时期（1226—1270 年在位）。路易九世在执政期间大力推行司法改革，规定王室法庭有权审理重大案件和复审地方法庭的判决，还委派巡回检察官监督地方官吏。他不仅推行募兵制以逐渐取代骑士服役制度，稳定了兵源，还加强了对军队的控制，而且下令铸造通行全国的货币，促进了国内的经济统一，提高了王室对经济的控制力。

4. 腓力四世时期（1285—1314 年在位）。他开始向教会征税，并囚禁教皇卜尼法斯八世。1309 年，教皇克莱门特五世将教廷迁往法国阿维农，随后七任教皇皆被法王控制，史称"阿维农之囚"。在中世纪王权与教权的激烈斗争中，法国王权取得了胜利。

综上所述，随着中世纪市民阶层的崛起和封君封臣制的逐步瓦解，英法统治者适时调整国内外统治措施，逐步加强自身权力，最终建立了专制王权的统治。

参考资料

1. 覃焕：《西欧近代民族国家的形成与文艺复兴》，中央民族大学 2007 年硕士学位论文。

题目 6 简述英法百年战争

相关真题 2024年山东师范大学；2024年湖南师范大学；2023年南京师范大学；2023年苏州科技大学；2022年北京师范大学

1337—1453年，由于领土争端、王位继承等问题的缘故，英法两国发生了长达一百多年的战争，史称"百年战争"。战争以法国的胜利告终，给两国造成了深远的影响。

（一）背景

1. 英法存在领土争端。英国诺曼王朝和安茹王朝都由法国封建主创立，因此英王室在法国有大片领地。英国想扩大领土，法国想完成统一，1204年，法王腓力二世收回了英王在法国的领地，引发了后续的领土争端。

2. 王位继承问题。1328年法王查理四世逝世后，加佩王朝绝嗣，法国三级会议选举腓力六世为新王，而英王爱德华三世基于其母亲的血缘关系也提出继承要求，但被以《萨利克法典》中规定女子无继承权为由拒绝。

3. 英法争夺佛兰德尔。法国佛兰德尔地区的毛纺织业依赖于英国的羊毛而发达，1336年英王下令英国禁止羊毛出口佛兰德尔。腓力六世做出反应，没收了英王爱德华三世在法国的领地。两国关系日益恶化。

（二）过程

1. 第一阶段（1337—1360年）。战争初期，英军连连获胜，并在1356年普瓦提埃战役中大败法军，法王约翰二世及大批贵族被俘。1360年，双方签订和约，英国获得一些领地。

2. 第二阶段（1369—1380年）。法王查理五世即位后，法军据守要塞，避免和英军正面决战，以精锐不断袭扰英军、消灭其有生力量的战术开始反攻，几乎收复全部失地。

3. 第三阶段（1415—1422年）。1415年，英王亨利五世率军占领了法国首都巴黎和法国北部地区。1420年双方签订《特鲁瓦条约》，规定除法国割让大片领土外，亨利五世与法国联姻并由亨利五世及其后裔继承法国王位。

4. 第四阶段（1422—1453年）。查理六世和亨利五世逝世后，战局逐渐对法国有利，特别是女将贞德的出现为法国带来希望。1453年，除加莱外，英军撤出法国。

（三）影响

1. 对英国：①导致统治集团的内讧。英国于百年战争结束后，立即开始了内战，即红白玫瑰战争，加速了英国封建制度的解体。②加重了英国农民的负担。为筹集战争费用，英王理查二世开征人头税，还引发了瓦特·泰勒起义。

2. 对法国：①给法国人民的生命财产和社会经济造成了巨大的破坏，法国的乡村更是遭到了摧残。②农业、农村的凋零又激化法国内部矛盾，法国在普瓦提埃大败后，国内发生了由手工业者和商人参与的巴黎起义和农民参与的扎克雷起义。③战争激发起不少法国人的爱国热忱，唤醒了法兰西民族精神，为法兰西统一民族国家的形成创造了共同的思想基础。

综上所述，百年战争不仅是一场军事冲突，也是民族意识觉醒和中央集权加强的标志。战争结束后，英国和法国逐步摆脱了中世纪封建制度的束缚，开始了向现代国家过渡的历程。

参考资料

1. 孔祥民：《世界中古史》，北京师范大学出版社，2016年。
2. 吴于廑，齐世荣：《世界史·古代史编》下卷，高等教育出版社，2011年。

题目 7 论述红白玫瑰战争的爆发原因、过程及影响 醒吾历史统考预测题

1455—1485年，英国兰开斯特和约克两大封建贵族集团为争夺王位而进行了长达30年的战争。因兰开斯特家族以红玫瑰为族徽，约克家族以白玫瑰为族徽，故史称红白玫瑰战争。

（一）爆发原因

1. 王权衰弱，贵族间形成两大集团。14世纪至15世纪前期，英国王权衰落，王室宗亲的大贵族因拥有大量封建地产和私家军队而权力庞大。这些贵族集团围绕王位继承权展开了争斗，形成了兰开斯特（红蔷薇族徽）和约克（白蔷薇族徽）两大派别。

2. 兰开斯特王朝王权衰弱。兰开斯特君主亨利六世的软弱无能加上百年战争的失败，削弱了兰开斯特王朝的统

治力量，为约克家族的反叛提供了契机。

3. 经济与社会的动荡。百年战争造成的财政危机和社会矛盾加剧了国内的政治纷争，为内战的爆发创造了条件。

（二）过程

战争初期，兰开斯特家族的亨利六世为英格兰国王。以1461年约克家族爱德华四世担任新国王为界，红白玫瑰战争可以划分为前后两个阶段。

1. 第一阶段（1455—1461年）。1455年的圣阿尔班斯战役是红白玫瑰战争的第一场重要战役，标志着内战的开始。约克派在此战役中获胜。此后，1460年的北安普顿战役，约克派再次获胜，加强了他们的地位；同年的沃克菲尔德战役，兰开斯特派取得胜利。1461年的陶顿战役，约克派在爱德华四世的领导下取得了决定性胜利，兰开斯特派领袖玛格丽特被迫逃亡。最终由爱德华四世于1461年加冕，正式成为英格兰国王，开启了约克王朝的统治。

2. 第二阶段（1461—1485年）。1471年的巴尼特战役，爱德华四世领导的约克派在此战役中击败了兰开斯特派，巩固了其王位。1471年的特鲁斯伯里战，爱德华四世再次击败兰开斯特派，亨利六世被俘并最终在伦敦塔中被杀。1485年的博斯沃斯战役标志着红白玫瑰战争的结束，兰开斯特家族的支持者亨利·都铎击败了约克家族的理查德三世，夺取了王位，结束了长达三十年的内战。他通过与伊丽莎白·约克的婚姻联合了两个家族，建立了都铎王朝。

（三）影响

1. 促进了英国封建军事制度的变革。红白玫瑰战争加速了封建骑士军事制度的终结，促进了以报酬和契约为基础的军队组织形式的发展。

2. 战争显著削弱了封建贵族的力量，许多贵族家族因战争而灭绝。这为都铎王朝中央集权君主制的建立扫清了障碍。

总之，红白玫瑰战争有力地冲击了英国封建旧秩序，为君主中央集权扫清了道路，是英国从中世纪封建制度向近代资本主义过渡的开端。

参考资料

1. 孟广林，黄春高：《英国通史（第2卷）·封建时代》，江苏人民出版社，2016年。
2. 钱乘旦，许洁明：《英国通史》，上海社会科学院出版社，2019年。

题目8 简述查理大帝的内外政策及影响

相关真题 2021年首都师范大学；2020年复旦大学

768年，父亲矮子丕平死后，查理曼与其弟卡洛曼分别加冕为王，瓜分法兰克王国。771年，卡洛曼死后，查理曼合并法兰克全部国土。在他的统治时期内，法兰克王国在政治、经济、文化和军事方面取得了显著成就，他以"查理曼"或"查理大帝"之名而遗响至今。

（一）对内政策

1. 政治方面。①查理大帝为加强中央集权，将国家分为数百个伯爵区，并在边境地区设立"玛克"（边区），由侯爵管理，以此强化边疆的防御和管理。②他选拔大地主作为"皇帝的附庸"，直接授予采邑，加强了对地方的控制。③将监察官派到地方上监督伯爵或执行其他任务，以扩大国王的管辖权。

2. 经济方面。①查理大帝通过划分教区并推行什一税，加强了教会的经济基础，同时也提高了王室和教会的财政收入。②为加强对王室领地的管理，他颁布《庄园敕令》，详细规定庄园的组织和生产管理。

3. 文化方面。①推动了基督教思想文化的传播，通过建立修道院学校和宫廷学校，提升神职人员的教育水平。②推动了文字改革，完成了对拉丁文的改造，产生了加洛林小体，对后世欧洲文化产生了深远的影响。③统一了《圣经》文本，并对基督教经典文献进行了大规模的抄写和修订。④重视恢复古典文化，网罗文人学者整理古籍，著书立说，造就了"加洛林文艺复兴"。

（二）对外征服政策

查理大帝的时代是法兰克领土扩张的高峰期，他曾与统治伊比利亚半岛的阿拉伯人多次交战夺得土地，通过对意大利北部的伦巴德人、萨克森人和中欧地区等的征服，极大扩展了法兰克帝国的领土。

（三）影响

1. 政治影响。查理大帝的统治极大地扩展了法兰克帝国的领土，建立了庞大的查理曼帝国，促进了西欧政治独立和中央集权制度的建立。

2. 经济影响。他的经济政策促进了西欧经济的发展，尽管什一税加重了群众的经济负担，但庄园经济的规范化管理对农业经济的恢复和发展起到了积极作用。

3. 宗教影响。查理大帝的基督教政策加强了基督教在欧洲的传播力度，确立了政教合一的政治制度，强化了王权的合法性。

4. 文化影响。查理大帝的文化政策，特别是对教育和文化遗产的重视，促进了所谓的"加洛林文艺复兴"，奠定了中世纪欧洲文化融合的基础。

综上，查理大帝的统治不仅加强了法兰克王国的内部治理，还通过对外征服扩大了领土，同时在文化、宗教等方面做出了重要贡献，为中世纪欧洲的政治格局和文化发展奠定了基础。

参考资料

1. 车红敏：《查理大帝的文化政策研究》，辽宁大学 2011 年硕士学位论文。
2. 刘源：《查理曼加冕称帝探究》，暨南大学 2015 年硕士学位论文。
3. 陈文海：《法国史》，人民出版社，2014 年。

题目 9 简述神圣罗马帝国的建立和性质

相关真题 2019 年中国人民大学

神圣罗马帝国由奥托一世于 962 年建立，是德国历史上第一个帝国。1806 年，帝国皇帝弗朗茨二世在拿破仑要求下放弃神圣罗马皇帝尊号，帝国由此灭亡。

（一）帝国建立过程

1. 德国独立。911 年，东法兰克国王路易四世死后无嗣，法兰克公爵康拉德一世被选为国王，由于他与法兰克王族没有血缘关系，加洛林王统中断，这一事件标志着东法兰克王国的结束，德意志王国独立历史的开始。919 年，萨克森公爵亨利一世被选为国王，萨克森王朝因此确立。

2. 萨克森王朝的巩固。亨利一世在位期间，通过镇压南方巴伐利亚和士瓦本的分裂活动，解决了内忧。同时，他通过军事改革成功抵御外来侵略（特别是匈牙利人），加强了国家的安全和统一。

3. 神圣罗马帝国的建立。奥托一世在 936 年即位，通过平定内乱和外侵，强化了德国王权。962 年，他在罗马被教皇加冕为帝，取得"神圣罗马皇帝"称号，宣告神圣罗马帝国的成立，该帝国自称是罗马帝国和查理曼帝国的继承者。

（二）帝国性质

1. 具有神圣性。神圣罗马帝国深受基督教思想影响，皇帝的加冕仪式由教皇执行，这象征着皇权来自神的授权。因此，帝国的政治体系融合了世俗权力与宗教权威，体现了中世纪普遍的"君权神授"理念。

2. 具有封建性。帝国内部采用封建制度，权力结构层级分明，由皇帝至诸侯、贵族，再到底层的骑士和农民。各封建领主在自己的领地内享有相对独立的权力，1356 年《金玺诏书》确立选帝侯制，还详细规定了选侯们所享有的权力与特权，确立了世俗选侯与教会选侯在各自领地内的统治权。

3. 具有多民族国家性。神圣罗马帝国地跨今天的德国、意大利、奥地利等多个国家，涵盖拉丁、日耳曼、斯拉夫等多种民族。这种多元性使得帝国在文化、语言、法律及政治制度上存在巨大的多样性，同时也导致了复杂的内部矛盾和冲突。

综上，神圣罗马帝国是一个集神权与世俗权、封建制度、多民族元素于一体的复合型国家。多面性反映了中世纪至近现代欧洲政治、社会和宗教的复杂交织。

参考资料

1. 吴于廑，齐世荣：《世界史·古代史编》，高等教育出版社，2011年。
2. 钱金飞：《数百年来学术界对神圣罗马帝国的研究及其新进展》，《思想战线》，2021年第2期。
3. 王银宏：《神圣罗马帝国"多元性"的"意义想象"及其制度表达》，《华东政法大学学报》，2021年第2期。

题目 10　论述中世纪德国未能形成统一国家的原因

相关真题　2023年历史学统考

843年，《凡尔登和约》签订，德意志第一帝国的雏形奠定，但是中世纪的德国始终未能形成统一国家，这是德国面临的政治、经济、宗教和文化等多个层面因素共同作用的结果。

（一）政治层面

1. 德国的对外侵略政策消耗了统一力量。奥托一世及其继承者对意大利及西斯拉夫人的侵略，使德国将有生力量都消耗在战争上，对地方势力往往采取纵容态度。这使地方势力趁机壮大，削弱了王权。

2. 德国国内地方封建主势力强大。地方诸侯数量多，且地方封建领主拥有政治、经济、军事等特权，相对独立于中央，离心力强。1356年，《金玺诏书》明确规定德国皇帝由七大选侯选举，诸侯享有的收税、审判、铸币特权得到了确认，诸侯的独立地位得到完全的肯定。

3. 德意志农民战争的失败。1524—1526年，在宗教改革的影响下，德国爆发了规模巨大的农民战争，农民军提出收回教产以造福人民和建立统一而不可分割的德意志君主国这两条要求。但最终农民战争在封建领主的联合镇压下遭到失败，德国依旧保持着分裂割据的局面。

（二）经济层面

1. 德国经济发展的分散性。德国各地区经济自给自足，缺乏统一的经济推动力。诸侯国各自为政，贸易壁垒多，经济联系弱，阻碍了国家的统一。

2. 德国经济发展的不平衡性。德国城市主要分布在西南地区和西北沿海地区，商业贸易较为发达，而内陆地区以农业为主，经济发展落后，各地区之间经济发展的不平衡性，影响了国家统一。

3. 德国地区性贸易同盟的存在。为保护自身商业利益，德国国内成立了众多地区性贸易同盟，如汉萨同盟、士瓦本-莱茵同盟等，这些同盟都是地区性的，吸收本地诸侯甚至外国人参加。城市同盟的存在加剧了德国经济的分散性，进而阻碍了国家统一。

（三）宗教和文化层面

1. 教权与皇权的斗争。以教皇为首的罗马教廷与德国皇帝为争夺主教教权长期存在矛盾，为此罗马教廷与地方选帝侯联合压制皇权，极力保持德国的分裂状态。

2. 德国国内未形成统一的民族意识。相比于西欧其他地区，德国的氏族制度长期存在，地方自治的公社制度强化了地区分裂，不利于国家统一。

综上，中世纪德国未能形成统一国家是多因素的交织作用。这些因素共同构成了德国统一过程中的重要障碍，影响了其国家发展的轨迹。

参考资料

1. 孔祥民：《中世纪德国的统一问题》，《北京师范大学学报》，1982年第1期。
2. 吴铭：《试论中世纪德国分裂的原因》，《齐齐哈尔师范学院学报（哲学社会科学版）》，1990年第3期。

题目 11　试论中世纪德意志的政治和经济特点

相关真题　2023年湖南师范大学

中世纪德意志的政治和经济特点体现了欧洲封建社会的复杂性和地区特色，具体如下：

（一）中世纪德意志的政治特点

1. 采取积极对外扩张的政策。早在萨克森王朝的亨利一世统治时期，德国封建主就开始了对西斯拉夫人的侵略扩张。奥托称帝后，为了实现在罗马统治基督教世界的理想曾数次远征意大利，最终丧命罗马。

2. 德国皇帝式微。由于内部分裂、与教皇的冲突以及财政困难等，中世纪德国皇帝的王权较弱。对外失去了领土，对内则无法征收足够的税收维持中央政府的运作，导致中央集权体系逐渐瓦解，影响了帝国的统一和稳定。

3. 地方权力强大。德意志的政治体制高度分裂，教俗诸侯的统治区域在政治、经济、司法、军事方面都拥有完全的自主性。德国教会还与诸侯携手对抗皇帝。查理四世即位后，于1356年颁布《金玺诏书》，形成了选帝侯制度，七大诸侯可以直接干预皇帝选择。

4. 皇帝与教皇的冲突。一方面，德国皇帝试图扩大其对欧洲政治和教会事务的控制，包括任命教会高级职务人员，如主教和修道院院长。另一方面，教皇力图维护教会的独立和精神权威，主张只有教皇有权任命教会领导人。二者对于权力的控制和领土争夺展开纷争。

（二）中世纪德意志的经济特点

1. 城市出现和社会结构变化。11世纪，德意志的城市逐渐兴起，这些城市成为贸易、手工业和文化的中心。德意志的城市往往围绕着重要的贸易路线和河流，如莱茵河和易北河，到12世纪已有250座城市。随着城市的发展，德意志的社会结构也发生了变化，城市商人和手工业者这些阶层逐渐壮大，形成了一个有影响力的中产阶级。

2. 组成了经济同盟。德意志北部的城市组成了汉萨同盟，这是一个强大的经济和防御联盟，促进了成员城市之间的贸易，并保护他们免受海盗和竞争对手的侵扰。

3. 垦荒运动兴盛。中世纪德意志的经济基础仍然是农业，伴随着人口的增长和技术的进步，德意志经历了多次大规模向东部移民拓荒的活动，将更多的荒地转变为耕地。

4. 出现二期农奴制。中世纪晚期，随着粮食贸易的发展，德意志的农村向着与西欧其他地区相反的方向发展。大领地制更加巩固，沉重的劳役又强加在农民的身上，这种历史现象被历史学家称为"二期农奴制"。

总的来说，德国中世纪在迈向近代化民族国家的进程中，走的是一条具有自身特色的历史发展道路。

参考资料

1. 王亚平：《关于中世纪德意志"二期农奴制"的几个问题》，《世界历史》，2000年第2期。
2. 王亚平：《中世纪晚期德意志的邦国制》，《世界历史》，2018年第2期。
3. 金吉华：《试论德意志中世纪史上的三次垦荒运动》，东北师范大学2002年硕士学位论文。

题目12 分析中世纪法德政治的异同

相关真题 2018年西北大学

中世纪的法国和德国在政治结构和发展过程中展示了既有的相似性和明显的差异。

（一）中世纪法德政治的相同点

1. 都建立了封建制度。法国和德国在中世纪都深受封建制度的影响。这种制度以土地为中心，建立了国王、贵族、骑士和农民之间的依赖关系。例如，两国都有领土的封赐制度，贵族为国王提供军事服务并管理自己的封地。

2. 初期的王权都面临挑战。在中世纪早期，法国和德国的中央权力都相对弱小，常常受到地方封建势力的挑战。例如，法国的加洛林王朝和德国的奥托尼安王朝都面临着诸侯的不断挑战，这些诸侯拥有自己的军队和地方法律。

3. 两国基本上都实行对外扩张的外交政策。神圣罗马帝国十分重视帝国统治的薄弱地区——意大利，曾多次派兵征讨意大利的城市。而法国通过百年战争和宗教冲突吞并了周边的公国和贵族领地，扩大并维护了法国的版图，并开始插手周边地区的事务。

（二）中世纪法德政治的不同点

1. 国王的产生方式不同。加洛林王朝灭亡后，德国皇帝由诸侯选举产生。法国则根据《萨利克法典》实行王位世袭制。

2. 王权与教权斗争的结果不同。德国经过卡诺莎事件和《沃尔姆斯宗教协定》的签订，德皇在与教皇的斗争中逐渐处于下风；法国在国王权势扩大以后，对法国教会逐步实行政治上控制、经济上剥夺的政策。法王腓力四世时通过"阿维农之囚"控制了教皇,在与教皇的斗争中逐渐取胜。

3. 国王与封建诸侯的关系不同。德国封建割据局面日益严重,14 世纪后半期多地成立骑士同盟,他们反诸侯、反城市、要求维护骑士特权。查理四世时发布"黄金诏书",诸侯的独立地位得到完全肯定。法国经过路易九世、腓力四世的改革,王权不断加强,在与封建主的斗争中逐渐占据上风;大封建主失掉了政治上割据的独立性,为了继续保持显赫地位,开始加入国王的政府。

4. 国王与城市的关系不同。德国城市形成了如汉萨同盟等城市联盟,皇帝对此既没有太多干预,也没能有效利用这些城市力量来加强中央集权;而法国国王则通过颁发特许证书等手段获得城市的支持,这有助于国王对抗封建诸侯的割据势力。

综上,中世纪时期,在历代国王施行各项措施的努力下,法国王权逐渐强大。然而,德国削弱了自身权力,致使德国的统一道路因封建割据而困难重重。

参考资料

1. 吴于廑,齐世荣:《世界史·古代史编》,高等教育出版社,2011 年。

题目 13 简述西欧早期民族国家的特征

相关真题 2019 年西北大学

15—17 世纪,西欧早期民族国家在连绵不断的战火中逐渐形成,其特征涉及政治、宗教、军事、经济和思想等多个领域。

(一)政治上:绝对君主制

西欧早期民族国家确立了绝对君主制。君主削弱教俗大贵族权力,建立常备军,加强王权的军事力量,有力保障了对内的统治和对外的扩张。西欧各国在 15 世纪末、16 世纪初前后纷纷进入或开始进入绝对君主制时代,绝对君主制的国家是现代民族国家的雏形。其中,法国君主专制以路易十四为代表,英国则以伊丽莎白一世为代表。

(二)宗教上:教会民族化

早期民族国家通过宗教改革运动实现了教会的民族化。罗马教权在经历了"阿维农之囚"和"天主教会大分裂"之后,逐渐走向衰落。同时,西欧各国开始摆脱教廷的控制,以实现教会的民族化。英国亨利八世通过宗教改革,建立起英国国教;法国国王通过同教皇缔结的"波伦亚协定"只保留了教皇在法国征收年捐的权力;西班牙国王斐迪南夺取了高级教职的任命权并剥夺了教会的免税特权。

(三)军事上:战争频发

西欧早期民族国家诉诸战争,通过战争掠夺疆土,巩固王权。在战争中塑造并且重塑了欧洲的国家体系,推进了欧洲民族国家的形成。欧洲中世纪战争的主要形态为骑士战争。早期的战争有如英法百年战争、红白玫瑰战争、三十年战争等。

(四)经济上:资本主义萌芽

西欧各国通过新航路的开辟和早期的殖民扩张,以及由此引发的价格革命和商业革命,完成了资本的原始积累,为资本主义萌芽的发展创造了有利的条件。如英国自 15 世纪末开始的圈地运动促使资本主义性质的租地、农场制以及资本主义工商业在此基础上发展起来;而在 16 世纪的法国,纺织业已普遍出现了手工工场,对外商贸也得到了较好的发展,原有的封建经济逐渐瓦解。

(五)思想上:民族语言诞生与民族意识觉醒

在近代民族国家和民族语言发展之前,西欧普遍使用拉丁语书写《圣经》和文学作品。然而,文艺复兴和宗教改革挑战了教会权威,促进了民族语言和民族意识的发展,加速了西欧民族国家的形成。比如在德国,宗教改革者马丁·路德用德语翻译《圣经》,促进了德语的普及和德意志民族意识的觉醒,为德国统一奠定了思想基础。

综上,资本主义经济的发展是西欧民族国家形成的根本因素,封建战争对民族国家的形成有着重大的推动作用。通过战争的方式巩固新建立的王权,加速了向民族国家发展的进程。

> **参考资料**
>
> 1. 孙相卓：《西欧 15—16 世纪的战争与民族国家的建立》，《佳木斯大学社会科学学报》，2015 年第 4 期。
> 2. 覃焕：《西欧近代民族国家的形成与文艺复兴》，中央民族大学 2007 年硕士学位论文。

第四节　中世纪的城市与大学

题目 1　论述中世纪西欧城市兴起的原因、表现、特点和影响

相关真题　2024 年南开大学；2023 年鲁东大学；2023 年四川大学；2022 年山东师范大学；2020 年中国人民大学；2020 年河北师范大学；2019 年吉林大学；2019 年兰州大学；2019 年华中师范大学；2019 年厦门大学；2018 年中山大学

西欧中世纪城市，指 10—15 世纪西欧诸国新兴的城市。中世纪西欧城市兴起是多方面因素共同作用的结果，其发展对西欧经济、政治和文化产生的影响也是巨大的。

（一）兴起原因

1. 经济方面，生产力提升带来农业剩余，促进了手工业技术发展，使手工业的技术日趋复杂化，经营方式改变，并成为独立的经济部门。手工业可以不必固定在某一地，而向交通便利的地点转移，推动了城市经济的独立和发展。

2. 政治方面，王权和教权的斗争为城市提供了发展空间。世俗王权为了抵抗教权，选择与城市结盟，获取经济及政治上的支持。

3. 思想方面，中世纪从古典时代乃至基督教义中继承下来的平等、自主、理性等观念，为西欧中世纪城市的诞生奠定了思想基础。

4. 阶级方面，随着商品经济的发展，商人阶层壮大，他们凭借个人的技术、工具以及积累的财富在领主领地之外建立起新的居住地，逐渐发展为城市。

（二）表现

1. 城市人口和城市数量的增多。11—13 世纪西欧城市人口快速增长，达到 6000 万左右。同时出现了几个大城市，如科尔多瓦、巴黎等。

2. 城市空间规模的扩展。随着人口向城市的迁移，西欧各城市不断向外拓展空间。例如 1150—1200 年，热那亚城市面积扩大了两倍。

3. 城市功能的转变和城市经济的繁荣。11—13 世纪，以往发挥行政管理和宗教功能的城镇开始过渡成为固定的商品交易场所——市场和集市，城市经济走向繁荣。

（三）特点

1. 只有少部分城市有自治权。少数城市通过斗争或赎买获得人身自由、司法独立、财政独立等自治权，但多数城市仍受封建主管辖，需要交纳固定的货币地租，没有任何特权。

2. 王权与市民联盟。国王为打击封建贵族，拉拢市民阶层。让市民阶层出席等级会议、担任国王官吏，走上"贵族化"的道路。市民阶层则给予国王金钱支持，用以装备军队。

3. 行会制度产生。为了解决同行矛盾、保护同行利益、协调与政府的关系，12 世纪起西欧城市中的手工业者和商人联合起来组成行会，只有加入相应行业的行会，才能从事特定产品的生产或提供服务。

（四）影响

1. 经济上，城市促进了商品交换和流通，西欧经济结构更加多元化，推动了手工业和商业的发展。

2. 政治上，自由城市成为政治新实体，市民与国王的联合加强了王权，推动了民族国家和绝对君主制的形成。同时促使了封建依附关系的松弛，有利于封建制度的瓦解。

3. 社会和文化上，①市民阶级的形成进一步导致阶级的分化。富裕商人和银行家发展成为早期资产阶级，为资本主义的兴起奠定了阶级基础。②城市文化应运而生，世俗学校、大学等纷纷建立，西欧中古文化更加丰富多彩和充满生机。

综上，中世纪西欧城市在多方因素的合力作用下逐渐兴起，城市的兴起又对中世纪西欧有重要的影响。

> **参考资料**

1. 李新宽，贾永勇：《11—13世纪西欧城市兴起原因新探》，《东北师大学报》，2015年第5期。
2. 沈芝：《再述西欧中世纪城市的起源》，《历史教学》，2005年第8期。
3. 马克垚：《西欧封建城市初论》，《历史研究》，1985年第1期。

题目2　论述中世纪西欧大学的兴起原因、特色和意义

> **相关真题**　2017年陕西师范大学

中世纪西欧大学的兴起是一个多因素共同作用的结果，对西方高等教育的发展和人类社会的进步产生了深远影响。

（一）中世纪西欧大学兴起的原因

1. 城市的兴起为大学提供了各种需求与保障。城市作为经济和贸易中心，一方面为创办大学提供了大笔经费，另一方面提供了办学所需要的后勤保障，如食物、住宿、娱乐等。

2. 市民阶层兴起，对知识的需求增强。市民阶级为发展工商业，需要金钱计算、签订契约、商业及法律等方面的知识，因此他们强烈要求摆脱教会对教育的垄断，这推动了新式学校的创办。

3. 古典文化的复兴推动大学兴起。伴随着百年翻译运动和十字军东征，古希腊几何学、逻辑学、哲学等相关著作被介绍到欧洲，这对大学的产生起到了直接推动作用。

（二）中世纪西欧大学的特色

1. 享有不同程度的自治和特权。中世纪大学享有审理裁判权、免征兵役等特权，但这些权利常受教会和世俗统治者干预。

2. 受教会控制较严。许多大学起源于教会学校，特别重视神学，教会不但干涉大学的行政管理，而且限制师生的学术活动，一些古典学术被禁止讲授，许多反对教会权威的学者被教会以"异端"的罪名处以火刑或终身监禁。

3. 具有明显的职业性和教学性。中世纪大学作为由行会发展而来的组织，主要教学目标是培养牧师、医生、律师、神职人员或世俗的行政官员，教学方法主要包括讲演、辩论和考试等。

4. 学科特色鲜明。不同的大学有不同的学科特色，如博洛尼亚大学以法学著称，巴黎大学以神学著称，萨勒诺大学则以医学闻名。

（三）中世纪西欧大学兴起的意义

1. 培养了一批杰出的学者。如波隆那大学的但丁、彼特拉克，艾福大学的马丁·路德，比萨大学的伽利略以及剑桥大学的牛顿等。

2. 打破了教会垄断教育的局面。大学的兴起结束了以修道院为教育中心的局面，推动了知识传播和知识的世俗化。

3. 为推动人类文明进步发挥了积极作用。大学活跃了当时的思想文化活动，冲击了基督教在思想上的统治地位，促进了城市的发展和繁荣，为日后文艺复兴运动的兴起奠定了基础。

4. 影响现代西方高等教育。西方现代大学的许多特征都源于中世纪大学，现代大学的学科分类、课程设置、教学方法和学位制度等均源自中世纪大学。

综上，中世纪西欧大学的兴起和当时的经济、政治、社会等各种因素有关，中世纪大学有其独有的特征，对现代西方文明乃至世界文明都有着极其重大的意义。

参考资料

1. 潘后杰，李锐：《欧洲中世纪大学兴起的原因、特点及其意义》，《四川师范大学学报》，1993年第3期。
2. 刘爱生：《中世纪大学的特色及其启示》，《宁波大学学报》，2011年第1期。

📅 第五节　中世纪基督教的盛衰

题目1　简述基督教的产生与发展

相关真题　2024年湖南师范大学；2013年四川大学

基督教最初是作为犹太教的一个支派或"异端"而出现的。随着基督教的传播发展，其教义和组织也发生了相应的变化。

（一）基督教的产生

基督教大约产生于公元1世纪中叶，最早出现在罗马统治下的犹太下层群众中间。当时犹太人在反抗罗马统治的过程中遭到残酷的镇压，他们找不到出路，转而把希望寄托于宗教，基督教迅速传播开来。

（二）基督教的发展演变

1. 第一阶段（中世纪以前——从受敌视到成为罗马国教）

①基督教最初主要在贫困人口和奴隶中传播，其教义包含反对阶级和民族压迫的精神，因此遭到罗马统治者的迫害。②随着基督教的传播，有产者加入，基督教教义中增加了美化皇权、逆来顺受等内容，迎合了统治者的需要。③313年，君士坦丁和当时统治帝国东部的李基尼乌斯联合发布了"米兰敕令"，基督教取得合法地位。323年，君士坦丁在尼西亚召集主教举行会议，制定了所有基督教徒必须遵奉的教义即"尼西亚信条"。330年，罗马帝国皇帝迁都于拜占庭，改名为君士坦丁堡，基督教的神学思想随之东移，为基督教会分裂埋下伏笔。④392年，罗马皇帝提奥多西一世颁布法令，关闭一切异教神庙，禁止献祭活动，基督教也由此正式定为罗马国教。

2. 第二阶段（中世纪的基督教——从顶端到衰微）

①5世纪，西罗马帝国灭亡后，西部教会寻求与新兴的封建王国合作，逐渐形成了皇权与教权的联盟。756年，"丕平献土"进一步加强了国王和教会的联系，奠定了教皇国的基础。②1054年，因教义和权力争议，东西教会发生大分裂，分别形成罗马天主教和东正教。③11世纪的格里高利七世改革使教皇权力大增，尤其是1076年的卡诺莎事件，标志着教权在与皇权的斗争中取得优势。④教皇英诺森三世在位时期教会权势达到顶峰，并组织了多次十字军东征。⑤13世纪至14世纪，随着君主专制的建立，教会权力开始受到世俗国王的挑战，如法国国王将罗马教廷迁至阿维尼翁，实际上控制了教会。

3. 第三阶段（宗教改革至今——新教的产生和继续传播）

①16世纪，由于教会腐败和社会经济变革，宗教改革爆发，马丁·路德等人领导的改革运动导致了新教的产生，出现了路德教、归正宗和安立甘宗三大新教主流派，后又陆续划分出很多小宗派。以后基督教逐渐传遍世界各大洲。②进入近代以后，随着科学技术发展，许多基督教国家都变得更加世俗化，基督教受到严峻挑战，开始走普世主义路线，调整对待科学的态度，积极寻求世界各派基督教的联合。

综上，随着社会的发展，基督教从罗马国教变为世界性宗教，对西方世界影响深远。

参考资料

1. 吴于廑，齐世荣：《世界史·古代史编》，高等教育出版社，2011年。

题目2　简述基督教对中世纪西欧的影响

相关真题　2018年东北师范大学

作为世界三大宗教之一的基督教，在其发展历程中，对西欧社会产生了深远的影响。以下将从经济、政治、社会、文化、思想五个方面进行阐述。

（一）经济方面

1. 积极影响。基督教鼓励勤劳节俭和从事生产活动，提供了农业和手工业方面的知识，促进了生产力的发展。例如，通过修道院等机构，基督教向农民传授农业技术，提高了农业生产效率。

2. 消极影响。中世纪基督教会同样使用农奴在教会的庄园里劳动，在剥削程度上甚至比世俗封建主更重，进而维护了具有剥削性质的农奴制。

（二）政治方面

1. 积极影响。成为皇权支柱与保障。基督教是中世纪皇权的支柱，它通过宗教的凝聚力帮助君主巩固权力，而君主则给教会财产和武力支持，二者的联合为政治统一和稳定提供了保障。

2. 消极影响。造成王权与教权冲突。中世纪前期，世俗王权从属于教权，皇帝的人选和加冕由教会操控，教权试图操控整个国家，干预世俗事务，运用权力为自己谋取利益，阻碍了中央集权国家的发展。

（三）社会方面

1. 积极影响。促进了社会公益事业发展，基督教会本着博爱的精神，成立医院、养老院、孤儿院等机构，为弱势群体提供生活上的支持，教会还在城市和乡村设立教堂、修道院等建筑，给人们提供精神上的安慰。

2. 消极影响。基督教以一整套教规和教义来束缚人们的思想，以神学麻痹人们的思想，达到一种愚民的效果，并在此过程中，向人民搜刮钱财，损害了民众的利益。

（四）文化方面

1. 积极影响。①经院哲学以形式逻辑论证基督教教义的方法深刻影响了大学教育，使大学给予逻辑学以重要地位，并对论辩方法更加重视，这有利于近代科学的产生。②基督教会以其超越性的宗教理想和强有力的组织体系，推动了"加洛林文艺复兴"和"12世纪文艺复兴"，培育了西欧大学和学术思想的幼苗，为后来的意大利文艺复兴奠定了重要的基础。

2. 消极影响。基督教垄断文化。基督教会对欧洲中世纪文化的垄断，使西欧科技文化的传播和普及受到极大的阻碍。

综上，基督教对中世纪西欧有着重大的历史影响，其影响表现在社会生活的方方面面，其中虽有消极影响，但更多的表现在积极方面。

参考资料

1. 王楷模：《试论中世纪基督教对西欧科学发展的积极作用》，《自然辩证法研究》，1987年第2期。
2. 赵林：《基督教对欧洲中世纪文化复兴的重要影响》，《暨南学报》，2012年第4期。

题目3 简述再征服运动（收复失地运动）的背景、过程和影响

相关真题 2023年上海大学

再征服运动是8—15世纪，西班牙和葡萄牙人对抗并最终驱逐伊比利亚半岛上穆斯林势力的长期战斗，对后来的西欧社会有着深远的影响。

（一）再征服运动的背景

1. 政治背景。8世纪初，阿拉伯人入侵伊比利亚半岛，一小部分基督教居民被驱赶到半岛北部，建立了阿斯图里亚斯和纳瓦尔等小王国；11世纪，在半岛西部兴起葡萄牙；12世纪，在半岛东北部又形成阿拉贡王国。这几个国家成为抵抗穆斯林统治和恢复失地斗争的基地。

2. 宗教背景。基督教信仰的共同性和对抗穆斯林"异教徒"的意识形态促进了半岛各基督教国家之间的团结，为长期的再征服运动提供了精神动力和文化基础。

3. 社会背景。阿拉伯人征服当地后，本岛居民为逃避重税改信伊斯兰教，但改宗后仍受到歧视，于是表示不满，掀起骚乱。

（二）再征服运动的过程

1. 再征服运动前期。8—11 世纪，阿斯图里亚斯等小王国经过互相攻伐发展成为卡斯提尔等较为强大的封建国家。他们抓住倭马亚王朝分崩离析的有利时机，向穆斯林展开反攻。

2. 再征服运动中期。12—13 世纪，在欧洲十字军的支援下，卡斯提尔收复科尔多瓦和南方重镇塞维利亚，阿拉贡占领瓦伦西亚和木尔西亚，葡萄牙收复里斯本和阿尔加维，再征服运动取得了决定性胜利，阿拉伯人的居住地只剩下偏居半岛南端的格林纳达。

3. 再征服运动后期。1479 年，通过王朝联姻，卡斯提尔和阿拉贡合并，形成统一的西班牙王国。统一之后西班牙开始建立君主专制统治，国力日益强盛。1492 年，西班牙军队攻陷格林纳达城，驱逐了伊比利亚半岛上所有穆斯林势力。再征服运动结束。

（三）再征服运动的影响

1. 宗教方面。天主教在伊比利亚半岛上的胜利加强了西班牙和葡萄牙的宗教使命感，成为其未来开拓殖民地的动力之一。

2. 政治方面。①再征服运动促进了半岛封建制度的深化和君主专制的建立。②再征服运动结束了伊比利亚半岛上多个政权并存的局面，形成了西班牙、葡萄牙两大王国。

3. 思想方面。这一长期斗争加深了基督教徒的民族认同感，促进了葡萄牙、卡斯蒂利亚等主要民族的形成。

4. 文化方面。虽然再征服运动带来了宗教压迫，但在被压迫民族中产生了如佛朗明哥等艺术形式。

综上，该运动表面上是两种不同宗教、不同种族间的战争，实质上是西欧封建主夺取土地、扩张势力的封建战争。它绵延数百年之久，影响较大。

参考资料

1. 徐焕升：《再征服运动与西班牙民族的形成》，山东大学 2020 年硕士学位论文。
2. 吴于廑，齐世荣：《世界史：古代史编》，高等教育出版社，2011 年。

题目 4　论述十字军东征的背景、过程和影响

相关真题　2024 年渤海大学；2023 年中国社科院大学；2023 年西华师范大学；2022 年东北师范大学

十字军东征是 11—13 世纪西欧封建势力对地中海东岸地区进行的一系列军事远征，具有深远的历史影响。

（一）背景

1. 政治方面。1071 年，塞尔柱突厥人占领基督教的发源地耶路撒冷。拜占庭皇帝面临外敌压力，希望获得西欧的军事援助。

2. 经济方面。西欧商人企图从阿拉伯人和拜占庭人手中夺取地中海东部的贸易港口和市场，骑士阶层渴望到东方劫掠财物和夺取土地。

3. 宗教方面。塞尔柱突厥人对去耶路撒冷朝圣的基督徒进行骚扰，激发了宗教狂热，教皇和西欧教会希望通过东征扩散天主教，并提升教皇的权威。

4. 历史契机。1091 年，一支突厥人准备进攻君士坦丁堡，拜占庭皇帝向罗马教皇和神圣罗马帝国求援，给罗马教廷和西方各国封建主提供了一个东侵的契机。

（二）过程

1. 第一次东征（1096—1099 年）。1096 年，西欧各国封建骑士武装数万人向君士坦丁堡进发，最终攻占耶路撒冷和地中海东部沿岸地区，并在那里建立耶路撒冷王国、埃德萨伯国等国家。

2. 第二次东征（1147—1149 年）。1144 年，由于塞尔柱突厥人占领埃德萨伯国，于是罗马教廷借机煽动组织第二次十字军东侵，最终十字军在围攻叙利亚的大马士革时惨遭败绩，此次远征未达到任何目的。

3. 第三次东征（1189—1192 年）。因 1189 年埃及苏丹萨拉丁收复耶路撒冷，英、法、德组织了第三次十字军东征。最终双方签订停战协定，规定耶路撒冷仍归穆斯林，基督徒可以自由前往朝圣。

4. 第四次东征（1202—1204年）。1202年，教皇英诺森三世发动第四次东征，原本目标是进攻穆斯林所控制的阿尤布王朝的埃及，后来因拜占庭王位之争，十字军转而攻打君士坦丁堡。最终君士坦丁堡被攻克，十字军在拜占庭领土上建立了拉丁帝国。第四次十字军东征以后，十字军运动走向衰落。

5. 第五次至第八次东征（1217—1270年）。第五次至第八次十字军东征的目标是埃及、叙利亚、突尼斯，但均以失败告终。

6. 结果。1291年，穆斯林收复最后一个十字军占领的据点阿克城，十字军第一次东征后建立的耶路撒冷王国灭亡，标志着东征彻底失败。

（三）影响

1. 政治上：①使教会的威信严重受损，教权逐渐衰落，许多农民趁机赎回了人身自由，大学也获得了自治权。②拜占庭帝国陷入了分裂和衰落，意大利地区的城市共和国开始主宰地中海地区。

2. 经济上：①十字军东征使东方各国的经济和生命财产遭受了极大的损失。②结束了拜占庭人和阿拉伯人对地中海东部的贸易垄断，客观上促进了地中海区域的商业交往。③改变了西欧封建主的生活方式，封建主对东方物质需求的增加，促使西欧实现了从实物地租向货币地租的转变。

3. 文化上：十字军东征客观上促进了东西方文化交流，欧洲人通过阿拉伯文的译本了解先人的思想，推动了文艺复兴运动的兴起。

4. 民族和宗教上：①教会影响力渐失，出现众多异端教派，动摇了教会统治的基础。②欧洲人的劫掠给阿拉伯人造成了心理重创，在一定程度上成为阿拉伯人敌视西方的根源。

综上，十字军东征是一段充满冲突与交流的历史，对中世纪晚期的欧洲政治、经济、文化和宗教格局均有影响。

参考资料

1. 王瓅苑：《十字军东征对东西方的影响》，《长春教育学院学报》，2015年第2期。

题目5 简述黑死病给欧洲带来的影响

相关真题 2023年中国社科院大学；2022年天津师范大学；2017年南开大学；2013年北京大学

黑死病在14世纪对欧洲产生了深远的影响，不仅造成了人口的大量死亡，还深刻地影响了经济、政治、宗教和社会等多个方面。

（一）经济影响

1. 导致经济衰退。大规模的人口死亡导致劳动力短缺，农业生产和手工业活动受阻，从而引起了经济发展的严重衰退。

2. 加速农奴制的瓦解。劳动力短缺使得农民获得了更多谈判的权利，领主不得不向农奴提供更多的自由以及土地使用权，促进了农奴制向租佃制的转变。

3. 促使农业结构的调整。人口减少降低了对粮食的需求，促使农业结构由种植粮食作物向更为盈利的经济作物和畜牧业转变。

（二）政治影响

1. 加剧阶级矛盾。瘟疫后的经济压力加剧了贫富差距，引发了如1381年英国瓦特·泰勒起义等社会动荡。

2. 王权的加强。各国政府利用瘟疫后的混乱加强中央集权，削弱了教会对政治的干预。

3. 屠犹行动兴起。黑死病发生后，基督徒认为是犹太人带来的，因此欧洲长期存在的虐犹思潮变成了大规模狂暴的屠犹行动，并且得到上层统治者的支持。

（三）宗教影响

1. 教会专制地位的动摇。黑死病揭示了教会在面对瘟疫时的无力，使得人们对教会的信仰和权威产生了怀疑。

2. 教徒信仰生活的改变。瘟疫促使人们更加重视今生而非来世，对个人与上帝的直接关系寻求增多，为后来的宗教改革奠定了基础。

（四）社会影响

1. 引发社会秩序混乱。政府机构的瘫痪和官员的死亡导致治安、司法等社会基本功能严重受损。

2. 促进教育和卫生防疫制度的发展。人们对瘟疫的恐惧促进了医学研究和高等教育机构的建立，如1348年建立的布拉格大学，对瘟疫和各种疫病进行了研究，为欧洲医学发展奠定了基础。

3. 妇女地位的提升。人口锐减使妇女的社会作用和地位得到提升，她们在经济和家庭中的地位变得更加重要。

综上，黑死病的暴发不仅带来了巨大的人员损失，还加速了中世纪西欧社会结构的变革，对促进欧洲政治、经济和文化的变迁起到了关键作用。

参考资料

1. 杨微：《论黑死病在西欧的传播与影响》，吉林大学2008年硕士学位论文。
2. 张绪山：《14世纪欧洲的黑死病及其对社会的影响》，《东北师大学报》，1992年第2期。
3. 裴世东：《黑死病对中世纪欧洲社会影响的历史分析》，《绥化学院学报》，2015年第8期。

第六节　中世纪西欧文化

题目1　分析西欧中世纪文明对近代文明的影响

相关真题　2013年河北师范大学

西欧中世纪文明的形成和发展对近代欧洲乃至全世界产生了深远的影响。新的技术、制度和观念的发展，推动了近代民主宪政的产生、商业以及文化的发展。

（一）推动了西欧近代民主宪政的产生与发展

1. 城市自治以及早期议会。中世纪城市的自治和早期议会的存在为民主政治提供了原型，这些制度限制了王权，为后来资本主义性质的议会政治和民主宪政的形成打下了基础。

2. 法律与法制。日耳曼的农村公社民主传统及基督教思想对自然法的诠释推动了法律至上和个人权利观念的形成，为近代法治国家的建立奠定了理论基础。

（二）孕育了新时代商业发展的力量

1. 新商业理念的出现。西欧中世纪已经出现了行会制度、信用原则、商业法律、风险意识等现代商业要素，这些要素促进了现代商业文明的形成。

2. 西欧工商业城镇蓬勃发展，为近代商业发展奠定了基础。如英国，早在13—14世纪，英格兰和威尔士有很多地方获得设立市场的特许状，获得特权的市场逐渐演化为新兴城镇，成为众多乡村包围下的工商业生产中心和交换中心。

（三）奠定了西欧近代文化发展的基础

1. 客观上推动了文艺复兴的兴起。11世纪后，随着经济的复苏与发展、城市的兴起与生活水平的提高，人们逐渐改变了以往对现实生活的悲观绝望态度，开始追求世俗人生的乐趣，人文主义受此影响。

2. 中世纪思想学说为近代哲学和科学的产生与发展奠定了基础。中世纪基督教思想家，如奥古斯丁、阿奎那等继承了古希腊的理性、思辨精神，将形式逻辑带回西方；经院哲学的"唯名论革命"开始重视个体经验的重要性，使归纳法重回西方；罗杰·培根更是将实验方法论引入自然研究。这些学说为近代科学思想的产生提供了思想环境和刺激动力。

综上，西欧中世纪文明在很大程度上影响了近代欧洲的面貌，进而影响了整个近代世界。

参考资料

1. 夏辉辉：《历史课标解析与史料研习·世界古代近代史》，复旦大学出版社，2018年。

第八章 中古伊斯兰文明的兴起与扩张

第一节 伊斯兰教的兴起

题目1 论述伊斯兰教产生的历史背景、基本教义及作用

相关真题 2018年上海大学；2016年天津师范大学；2015年西北大学；2014年云南大学

伊斯兰教是世界三大宗教之一，源于7世纪初的阿拉伯半岛，由穆罕默德创立。其诞生既是对阿拉伯半岛社会经济变化的自然响应，也体现了当时各部落对政治统一的强烈渴求。

（一）背景

1. 生存危机。7世纪初的阿拉伯半岛面临着商战与商路变更的挑战。一方面，拜占庭、波斯等帝国为控制阿拉伯半岛附近的国际商路征战不已，导致地区经济衰退。另一方面，商路竞争导致各帝国重新布局贸易路线，原本经过阿拉伯半岛的商路逐渐减少，依赖传统商路的阿拉伯商队和贸易城镇经济急剧衰退，社会矛盾加剧。

2. 社会危机和信仰危机。随着生存环境的恶化，许多阿拉伯贫民被迫沦为商人贵族的债务奴隶或依附者，加剧了贫富差距，贫困和不安定的生活条件使人们对传统多神教的信仰体系依赖性下降，信任度降低。与此同时，周边地区的犹太教、基督教等一神崇拜观念传入阿拉伯半岛。

（二）教义

在阿拉伯社会变革和一神教观念的影响下，一神崇拜的伊斯兰教便在麦加应运而生。

1. 经典：《古兰经》规定了伊斯兰教的基本信仰、教法、宗教义务和作为穆斯林必须恪守的道德规范。

2. 教义：①五功，即念功、拜功、课功、斋功、朝功。②六信，即信仰安拉（安拉是宇宙万物的创造者和维持者，是唯一的神）、天使（安拉的使者，执行他的命令）、经典（安拉通过先知向人类传达的经文，主要是《古兰经》）、先知、来世（死后复活和终极审判）和天命（一切事件和命运都是由安拉预定好的）。

（三）作用

1. 促进了国家统一。伊斯兰教的普及促进了阿拉伯半岛上各部落之间的团结，为建立统一的阿拉伯国家提供了思想基础和社会条件。

2. 为阿拉伯帝国提供了制度和组织形式。622年，穆罕默德在麦地那建立了政教合一的穆斯林公社，穆罕默德成为政治、军事和宗教首领。穆斯林公社是阿拉伯国家的雏形。

3. 宗教狂热促进了阿拉伯人的对外扩张。阿拉伯人在伊斯兰教"圣战"旗帜的鼓舞下，发动了大规模的征服运动，建立了地跨欧亚非三洲的大帝国。

4. 赢得了广大群众的支持。伊斯兰教提倡赈济贫民、宽待和释放奴隶，强调保护财产的私有权，有利于团结下层平民。

5. 促进了阿拉伯-伊斯兰文明的发展。伊斯兰教经典《古兰经》是阿拉伯语言的典范，也是研究早期阿拉伯历史和文化的珍贵资料，还对许多民族的文学史产生了很大的影响。

综上，伊斯兰教是在适应7世纪初阿拉伯半岛的社会需要下产生的，促进了阿拉伯统一国家的形成和阿拉伯文化的发展。

参考资料

1. 吴于廑，齐世荣：《世界史·古代史编》，高等教育出版社，2011年。
2. 周启迪：《世界上古史》，北京师范大学出版社，2018年。

题目2 论述伊斯兰教在统一阿拉伯半岛和形成阿拉伯帝国过程中的作用

相关真题 2024年苏州科技大学；2016年辽宁大学；2016年吉林大学；2016年南京师范大学

伊斯兰教的兴起和传播在统一阿拉伯半岛以及形成和扩展阿拉伯帝国过程中起到了决定性的作用。自7世纪初穆罕默德在麦加开始宣扬伊斯兰教以来，这一新兴宗教迅速成为阿拉伯人精神生活的中心，并最终成为阿拉伯政治统一和帝国扩张的强大动力。

（一）伊斯兰教兴起

1. 背景。610年，穆罕默德在麦加宣称自己接受到了唯一神安拉的启示，开始传播伊斯兰教。这一新宗教主张唯一神信仰，强调社会正义和平等，对当时分裂的阿拉伯部落社会具有强烈的吸引力。

2. 发展。尽管穆罕默德最初在麦加遭到了强烈的反对，但他在622年迁往麦地那后，成功建立了一个以伊斯兰教为基础的政治权力中心。在此基础上，穆罕默德通过外交和军事征服逐渐统一了阿拉伯半岛。

（二）在统一阿拉伯半岛过程中的作用

1. 加强内部团结。伊斯兰教提供了一个超越部落分歧的共同信仰和价值体系，强化了阿拉伯人的内部团结。穆罕默德的宗教和政治领导使得原本散乱的部落得以团结起来，形成了一个强大的政治和军事力量。

2. 构建法律和社会秩序。《古兰经》和后来的伊斯兰教法为新统一的阿拉伯社会提供了一套完整的法律和道德指导，有助于维护社会秩序和解决纷争。

（三）在形成阿拉伯帝国过程中的作用

1. 经济上，伊斯兰教一元论的绝对主义促进了货币统一与土地的绝对集中。通过确定帝国唯一通用货币，加强了各地区之间的经济联系。同时伊斯兰教认为所有的土地皆属安拉，因而在征战中所占有的土地都归国家所有，有利于遏制分裂势力，为中央集权奠定基础。

2. 政治上，伊斯兰教为新兴的阿拉伯国家提供了组织框架和制度基础。政教合一的体制不仅巩固了宗教领袖的权威，而且通过《古兰经》的教义，为国家政治、经济和法律制度的建立提供了指导。

3. 思想上，伊斯兰教提供了一种超越部落分歧的共同信仰，有助于打破既有的部落界限，为构建统一的阿拉伯帝国奠定思想基础。

4. 军事上，伊斯兰教的"圣战"概念激励了阿拉伯人民抵抗外部侵略和扩张领土的决心，为后来阿拉伯帝国的迅速扩张提供了动力。

5. 社会上，伊斯兰教的创立和传播促进了阿拉伯民族认同的形成。通过宗教信仰的统一和阿拉伯语的普及，加强了阿拉伯人民之间的文化和语言联系，有助于民族认同的增强和维系帝国统治。

综上所述，伊斯兰教在统一阿拉伯半岛和形成阿拉伯帝国过程中起到了核心作用。它不仅是一种宗教信仰，更是阿拉伯世界的政治组织、法律基础和文化纽带。

参考资料

1. 张彦：《伊斯兰教与阿拉伯——伊斯兰文化》，《新疆石油教育学院学报》，2002年第2期。
2. 刘天明：《伊斯兰教的价值观与阿拉伯帝国的经济繁荣》，《宁夏社会科学》，1989年第5期。

第二节 阿拉伯帝国

题目1 简述倭马亚王朝的统治制度

相关真题 2017年南开大学；2017年云南大学

倭马亚王朝（661—750年）在继承并发展早期哈里发体制的基础上，借鉴了拜占庭等地的管理经验，形成了一套更为完善的中央集权机制。

（一）政治制度

1. 中央政治制度。①实行君主专制。哈里发集政权、军权和神权于一身，是政教合一的最高首领，穆阿维叶在位时废止了哈里发的选举制度，实行世袭的君主制。②中央设立宰相（维齐尔）辅任哈里发，维齐尔下设各部大臣分掌行政、财政和宗教等方面的事务，其中以掌管财政、税务的部门最为重要。

2. 地方行政制度。①全国分为9省，每省由哈里发任命的总督（艾米尔）管理，掌全省军政大权，具有相当大的独立性。省以下设县，县长由总督任命，报中央备案。②另有税务官掌全省的税收，直接对哈里发负责。③行省的宗教首领由总督或地方法官兼任。大法官通常在宗教学者中选拔，除办理案件外，还负责管理宗教基金及孤寡的财产等工作。

3. 社会管理制度。①全部居民划分为四个不同等级：第一等级为阿拉伯穆斯林，是征服者和统治者，享有广泛的特权，例如占有土地，分享战利品；第二等级是被征服的非阿拉伯血统的穆斯林，属于掌握一定生产技艺的平民阶层；第三等级是保有原来信仰的非穆斯林，他们在政治上受到歧视，在经济上则成为社会生产的主要承担者；第四等级是阿拉伯社会长期存在的奴隶，几乎没有任何权利。②注重交通和通信建设，设置驿站，方便哈里发掌握各地情况。

（二）经济政策

1. 土地政策。实行封建土地国有制，在此前提下，分为"哈萨"私有领地（哈里发直接掌握）、"沙瓦夫"国有土地（用于政府开支）、"瓦克夫"清真寺土地（免征田赋）和"伊克塔"贵族土地（实行采邑制），各类土地由农民耕种，缴纳不同形式的地租。此政策既保障了国家收入，也维持了社会秩序。

2. 税收政策。倭马亚王朝时期征收沉重的地租和丁税。地租方面，农民租种地主的土地需要缴纳收获总量的三分之一甚至二分之一的高额地租。丁税方面，从8世纪起，倭马亚王朝普遍征收丁税（即人头税），不分老幼。

3. 货币政策。倭马亚王朝统一了货币体系，发行第纳尔金币和迪拉姆银币，促进了经济的稳定和发展。

（三）宗教与文化政策

1. 大力推广伊斯兰教。倭马亚王朝鼓励非阿拉伯民族改宗伊斯兰教，并许诺改宗后与阿拉伯穆斯林享受同等待遇，以扩大伊斯兰教的影响力和统治者的社会基础。

2. 确定阿拉伯语的官方地位。统一官方语言和文化政策，凡官方文件、官场交谈、教育，一律使用阿拉伯语，加强了帝国内部民族的阿拉伯化和伊斯兰化进程，巩固了帝国的统一和稳定。

综上所述，倭马亚王朝成功建立起一套中央集权的国家体制，恢复了社会统治秩序，发展了阿拉伯国家的政治机制。

参考资料

1. 纳忠：《倭马亚王朝的统治与哈里发王朝的分裂》，《历史教学》，1958年第4期。
2. 史文：《倭马亚朝的建立与发展》，《阿拉伯世界》，1992年第3期。
3. 石俊志：《倭马亚王朝的迪拉姆银币》，《金融博览》，2022年第11期。

题目2 论述阿拉伯帝国进行对外扩张的原因、过程及其影响

相关真题 2024年西华师范大学；2023年四川大学；2021年南开大学；2020年鲁东大学；2015年天津师范大学；2013年河南师范大学；2013年四川大学

7—8世纪，阿拉伯人在统一国家形成后，为了扩大统治范围，在"圣战"的旗帜下，展开了强行吞并西亚、北非和西南欧大片领土的扩张行动。

（一）原因

1. 国内因素。穆罕默德逝世后，伊斯兰社会面临领导权的继承问题，引发了内部矛盾。为了巩固统治和缓解内部压力，初代哈里发阿布·伯克尔旋即选择对外扩张，以战争为手段寻求内部稳定。同时，经济需求也驱使阿拉伯帝国向外扩张，以寻求新的资源和财富。

2. 国际因素。当时的拜占庭帝国和萨珊波斯帝国因长期的战争而国力衰竭，社会矛盾重重，为阿拉伯帝国的扩张提供了机会。

（二）过程

1. 第一任哈里发阿布·伯克尔时代（632—634年在位），阿拉伯人对叙利亚地区发动扩张，占领了加沙地区。

2. 第二任哈里发欧麦尔时期（634—644年在位），阿拉伯帝国的军队在欧麦尔的领导下进一步向波斯和拜占

庭扩张，大幅度拓展了帝国的疆域。

3. 第三任哈里发奥斯曼时期（644—656年在位），继续对外扩张，将帝国的边界推至更远的地区，包括北非、中亚和印度次大陆的部分地区。

4. 倭马亚王朝时期（661—750年）。倭马亚王朝稳定政权后继续执行对外扩张政策，在东方，帝国占领了阿富汗、花剌子模等广大地区。在北方，阿拉伯军队曾三次进攻君士坦丁堡。在西方，阿拉伯人消灭了拜占庭的北非驻军，并跨越直布罗陀海峡进攻西班牙，征服了日耳曼人的西哥特王国。

5. 阿拔斯王朝时期（750—1258年）。阿拔斯王朝为了巩固自己的政权，先后与拜占庭帝国争夺小亚细亚、美索不达米亚、黑海沿岸、地中海东部等。通过向东扩张，势力范围逐渐到达中亚，将塞尔柱帝国纳入了自己的统治范围，还与唐朝直接接壤。同时，阿拔斯王朝还向西扩张，占领了今天的摩洛哥、西班牙等地区，通过向南扩张，逐渐将非洲撒哈拉沙漠以南的地区纳入了自己的统治范围。

（三）影响

1. 积极影响。①有利于伊斯兰教的传播。伊斯兰教正是因为阿拉伯人的扩张而迅速成为世界性的大宗教。②阿拉伯人在吸收、借鉴被征服地区先进文化的基础上，创造出独特的阿拉伯文化，在数学、天文学、医学、哲学等领域多有创新。③促进了亚欧大陆各文明间的经济文化交流，特别是阿拉伯商人在经商的过程中，把中国的造纸术、古希腊的哲学、印度的数字等传播开来。

2. 消极影响。①阿拉伯人的对外征服，给被征服地区带去了苦难，使得当地的经济遭到严重的破坏。②长期的对外征服消耗了阿拉伯帝国的国力，在一定程度上加剧了国内的矛盾。

综上所述，阿拉伯帝国的扩张经历了一个较为漫长的阶段，不仅影响了伊斯兰世界的发展，也对中世纪乃至后来的世界历史产生了深远的影响。

参考资料

1. 吴于廑，齐世荣：《世界史·古代史编》，高等教育出版社，2011年。

题目3 分析麦地那时代、倭马亚时代与阿拔斯时代哈里发国家的异同

相关真题 2017年南开大学

麦地那时代、倭马亚时代与阿拔斯时代是阿拉伯历史上前后相继的三个时代，他们在政治制度上呈现连贯的历史特征，随时代的发展又有着诸多的不同之处。

（一）相似之处

1. 都以伊斯兰教立国。①伊斯兰教是哈里发国家的国教，是维系其政治统治的精神纽带。②伊斯兰教教法"沙里亚"就是立法的基础，是穆斯林必须遵行的法规，教法官是精通教义和律例的宗教学者。③这三个时代的对外扩张均打着"圣战"旗号，激发了穆斯林的宗教狂热。

2. 都实行政教合一的哈里发制。"哈里发"为阿拉伯语的音译，意为先知的继承人，哈里发是集国家政治、军事、司法、宗教于一身的人物，在国家的政治军事中占据绝对地位。哈里发制具有鲜明的政教合一的特点，三个时代都采取了这一制度。

3. 都积极对外扩张。①麦地那时代。阿拉伯人在哈里发的领导下先后占领了加沙地区，消灭了波斯，征服了北非利比亚等地区。②倭马亚时代。阿拉伯人采取积极对外扩张政策，向东征服呼罗珊和中亚细亚，向西占领北非和西班牙，并几度远征拜占庭。③阿拔斯时代。阿拉伯人远征拜占庭帝国与中亚，并与中国唐朝爆发怛罗斯战役，最盛时领土横跨亚、非、欧三大洲。

（二）不同之处

1. 哈里发世袭性和权限不同。①麦地那时代的哈里发不能世袭，哈里发权力受到部落长老等诸多因素的制约。②倭马亚哈里发国家和阿拔斯哈里发国家的哈里发则都实行世袭制，哈里发集宗教、军事和政治权力于一身。

2. 政治中心不同。①麦地那哈里发国家的政治中心为麦加。②倭马亚哈里发国家的政治中心北移至大马士革。

③阿拔斯哈里发国家的政治中心东迁至巴格达。

3. 政治基础不同。①麦地那哈里发国家和倭马亚哈里发国家奉行阿拉伯人与伊斯兰教合而为一的政治原则，阿拉伯血统的穆斯林贵族垄断了国家权力。②阿拔斯哈里发国家的政治基础逐渐多元化，诸多血统的穆斯林贵族联合构成了帝国统治阶层。

综上所述，这三个时代都以伊斯兰教立国，都实行哈里发制度，但在具体的政治中心和哈里发权限等方面存在着差异，对阿拉伯国家的历史产生了深远影响。

参考资料

1. 吴于廑，齐世荣：《世界史·古代史编》，高等教育出版社，2011年。

题目4 简述马木路克王朝的特点及影响 醒吾历史统考预测题

马木路克王朝是由外籍奴隶出身的将领在埃及建立的伊斯兰封建王朝，亦称奴隶王朝，历经了伯海里王朝（1250—1382年）和布尔吉王朝（1382—1517年）两个阶段。

（一）特点

1. 政治方面。①哈里发仅为宗教领袖。马木路克王朝继续承认阿拔斯哈里发作为全体穆斯林的宗教领袖，通过哈里发的册封保证王朝统治的合法地位。②缺乏明确的苏丹继承制度。苏丹是马木路克王朝的实际领袖，但出任苏丹者必须得到较多将领的支持，这导致禁卫军将领相互倾轧，轮流操纵政局，历代苏丹中父死子继者为数甚少。

2. 经济方面。①农业：历代苏丹都重视农业和水利事业，征用大量劳动力开凿河渠，兴建灌溉设施，粮食曾远销阿拉伯半岛和两河流域地区。②手工业：手工业生产达到了很高的水平，铜器、镶嵌、雕刻、玻璃等产品享有盛名。③商业：埃及商船活跃于地中海、红海和印度洋，开罗和亚历山大里亚是当时国际贸易的重要中心。④税收：马木路克王朝不仅对农业征收土地税，还对过境商品征收15%~35%的关税，同时对手工业和商业进行垄断专营。

3. 军事方面。①军政合一。马木路克王朝军队的军官被称为"埃米尔"，军官能够兼任行政人员之职，例如统领千人的埃米尔能够担任苏丹助理或总督。②延续了伊克塔制度。阿拉伯军事采邑性质的伊克塔制度得到了广泛的发展，在伯海里阶段，伊克塔一度成为受封者的世袭地产。

4. 文化方面。伊斯兰教逊尼派得到马木路克王朝官方承认，伊斯兰教信仰在民间得到广泛发展。伊斯兰教苏菲派也得到了马木路克王朝的大力支持，在它影响下，王朝开始出现崇拜圣徒、圣墓的现象，墓地和陵墓清真寺成为马木路克时期典型的建筑。

（二）影响

1. 保持了阿拉伯文明的连续性。马木路克王朝巩固军政的措施成功遏制了蒙古和十字军的入侵，捍卫了阿拉伯-伊斯兰文明。同时，通过迎立哈里发使开罗成为当时阿拉伯世界的中心。

2. 促进了埃及经济的繁荣。在马木路克王朝前期，农业、手工业和商业都呈现欣欣向荣的景象，埃及成为当时东西方贸易新的中心。

3. 促使埃及伊斯兰教的建筑艺术达到顶峰。①清真寺的十字形设计在埃及发展到近乎完美的地步，出现了条纹石工装饰法和几何图形花饰等新的建筑艺术。②建筑的公共功能更加齐全，开始流行建造包括学校、陵墓、医院在内的清真寺建筑群。

4. 埋下了王朝衰败的隐患。如伊克塔制度成为埃及后期经济衰退的重要原因，过高的关税也损害了埃及的转运贸易。随着新航路的开辟，王朝失去了过境贸易带来的主要财源，国力日渐枯竭。

综上所述，马木路克王朝在继承阿拉伯文化的基础上，凭借着对内政的经营，成为13—15世纪地中海的政治、经济和宗教中心。

参考资料

1. 蓝琪：《试述马木路克突厥王朝在历史上的地位》，《贵州师范大学学报》，1999年第1期。
2. 吴于廑，齐世荣：《世界史·古代史编》，高等教育出版社，2011年。

第三节 阿拉伯文化及其传播

题目1 论述阿拉伯-伊斯兰文化的成就、特点及历史贡献

相关真题 2019年天津师范大学

阿拉伯-伊斯兰文化具有极其丰富的内容，是世界文化中一颗璀璨的明珠，在世界文化史上具有承前启后、连贯东西的特点与贡献。

（一）成就

1. 天文学和数学。①天文学：花剌子密制定《天文表》，成为东西方各种天文表的蓝本。白塔尼比较准确地确定了黄道、黄道斜度及回归年和四季之长，代表作为《萨比天文历表》。②数学：花剌子密也是杰出的数学家，他编写的《积分和方程计算》直到16世纪一直是欧洲各大学的教科书。

2. 医学。①阿维森纳被誉为"医中之王"。他的名著《医典》是阿拉伯医学的结晶，是当时世界上最高水平的医学著作。②拉齐斯是一位杰出的临床医生，他的著作《医学集成》是一部医学百科全书，在文艺复兴时期多次被翻印。

3. 文学。故事小说《天方夜谭》是其典型代表，它初步成书于10世纪前半叶，以波斯的《一千个故事》为基础，吸收了印度、希伯来、埃及和阿拉伯等民间故事，反映了帝国境内各民族的社会生活和风俗习惯等。

4. 历史和地理。马苏迪是杰出的历史学家和地理学家，被誉为"阿拉伯的希罗多德"，代表作是《黄金草原》，是当代研究阿拉伯帝国历史及当时世界社会不可缺少的重要文献。花剌子密编写了阿拉伯第一部地理学专著《地形学》。

5. 哲学。①阿拉伯人以伊斯兰教教义学为基础，吸收东西方哲学思想，形成了独具特色的阿拉伯哲学。著名哲学家有法拉比，他承认物质世界的存在，运动是物质的特性，但强调宇宙万物都导源于安拉。②阿拉伯哲学传入欧洲后，欧洲人才了解到亚里士多德、柏拉图等古代希腊哲学家。

6. 建筑。阿拉伯艺术建筑集中表现在清真寺的结构和装饰方面，大马士革清真寺和萨马拉清真寺，是帝国早期和晚期清真寺建筑的典型代表，对欧洲建筑，尤其对西班牙产生了明显的影响。

（二）特点

1. 宗教本位。阿拉伯-伊斯兰文化实质上是一种以伊斯兰教为本的文化，如果没有7世纪伊斯兰教的诞生，就没有阿拉伯文化的问世。

2. 承前启后。它继承了古代世界的优秀文化，如古希腊、罗马、印度文化，同时它又通过自身的发展和创新为近代文明的兴起提供了有益的经验。

3. 连贯东西。阿拉伯人地处东西方之间，阿拉伯文化成为中世纪东西方文化交流的中间媒介。

4. 多民族性。阿拉伯帝国是一个幅员辽阔的、多民族的集合体，阿拉伯人、埃及人、波斯人等各民族通过相互接触、相互影响，逐渐融合渗透，共同创造了阿拉伯文化。

（三）历史贡献

1. 促进了东西方文化交流。中国的造纸术、指南针、火药和印度的数学、稻米、棉花等都是由阿拉伯人传入欧洲的，不仅丰富了欧洲各国人民的经济文化生活，还促进了欧洲社会发展的进程。

2. 促进了欧洲文化复兴与发展。阿拉伯学者通过翻译保存了大量的希腊学术著作，并把这些著作通过拉丁文等译本，传回欧洲，弥补了欧洲文化的"断层"，为欧洲文艺复兴和近代自然科学的建立奠定了基础。

综上，阿拉伯-伊斯兰文化在东西文化交流与融合上，具有举足轻重的地位，为世界文化史的发展做出了卓越的贡献，尤其是为欧洲文艺复兴和近代自然科学的建立奠定了基础。

参考资料

1. 吴于廑，齐世荣：《世界史·古代史编》，高等教育出版社，2011年。

题目 2　举例说明中古阿拉伯人对于东西方文化交流的积极影响

相关真题　2020 年中国人民大学；2019 年江苏师范大学；2019 年天津师范大学；2019 年山西师范大学；2018 年南京大学；2016 年湖南师范大学；2014 年南京大学

阿拉伯人在中世纪不仅进行武力征伐，还注重对被征服地区文化的保护与学习，这促进了东西方文化的传播与交流。

（一）对东方文化的影响

1. 推广了伊斯兰教文化。随着阿拉伯帝国的扩张，伊斯兰教文化被推广到了巴勒斯坦、叙利亚、两河流域等地区，不仅改变了这些地区的民族成分，还改变了这些地区的宗教信仰，例如中国有一些少数民族皈依了伊斯兰教，并继承了伊斯兰教的仪式和宗教节日。

2. 促进了东方科学发展。阿拉伯人通过丝绸之路经商，给中国等地带来了中亚的天文仪器、天文学著作以及医药学、数学和建筑艺术等方面的知识，促进了中国的科学文化发展。与此同时，也将中国等地的科技创造发明带回阿拉伯世界。

（二）对西方文化的影响

阿拉伯文化上承欧洲古典文明，保存了大量的希腊学术著作，弥补了欧洲文化的"断层"，对 14 世纪以后兴起的欧洲文艺复兴运动和自然科学的建立有巨大推动作用。

1. 科学。①著名的数学家花剌子密关于代数学的著作，在被译成拉丁文传入欧洲后，作为欧洲各大学的主要数学教本，一直沿用到 16 世纪。②哥白尼在其所著的《天体运行论》一书中多处引证了著名阿拉伯天文学家白塔尼的观测数据。

2. 医学。有"医中之王"之称的阿维森纳的代表作《医典》一直到 17 世纪还是欧洲大学的教材之一。

3. 文学。阿拉伯文学对欧洲文学的发展影响较大，在文艺复兴时期，但丁的《神曲》、薄伽丘的《十日谈》、塞万提斯的《堂·吉诃德》等作品在取材、写法和风格上都曾借鉴于阿拉伯文学著作。

（三）对东西方文化交流的影响

1. 促进了东西方文化传播。中国的造纸术、罗盘针、火药和印度的代数学、位置计算制和"0"的符号是通过阿拉伯人传入欧洲的，这些文化对于促进欧洲文艺复兴和科学发展具有不可或缺的重要意义。

2. 为东西方彼此了解提供资料。阿拉伯商人通过航海积累了丰富的航海和地理知识，留下了一些地理著作和旅行记，为研究那时的中亚、北非、中国、印度、西班牙和东欧等地的城市、交通、经济活动、植物分布、气候等提供了宝贵的资料。

综上，阿拉伯文化作为中世纪令人瞩目的文化综合体，在促进和推动世界思想文化发展中扮演了不容忽视的角色，在世界文明交流和文化交流上也有着重要意义。

参考资料

1. 吴长春：《阿拉伯文化传播到西欧的途径》，《世界历史》，1987 年第 3 期。
2. 温璐维，武海燕：《〈阿拉伯人与中世纪欧洲〉评介》，《全球史评论》。

第四节　奥斯曼帝国的扩张

题目 1　论述 13—19 世纪奥斯曼帝国的兴衰

相关真题　2015 年历史学统考；2020 年上海大学

奥斯曼人原为西突厥人的一支，因其首领奥斯曼而得名。1293 年，奥斯曼建立奥斯曼帝国，随后走向了对外扩张的道路。

（一）崛起

1. 依附塞尔柱人时期。奥斯曼人是西突厥人的一支，原来居住在中亚呼罗珊一带，信仰伊斯兰教逊尼派。13世纪初，在蒙古西征的压力下，其中一支西迁至小亚细亚，依附于塞尔柱突厥人所建立的罗姆苏丹国，领有小亚细亚西北部的一块采邑。

2. 奥斯曼帝国的建立。13世纪中叶后，罗姆苏丹国因遭受蒙古的侵略而趋于衰落。1293年，依附于罗姆苏丹国的一部突厥人首领奥斯曼乘势独立，建立奥斯曼国家。

（二）扩张与衰落

1. 占有小亚细亚地区。①1326年，奥斯曼的儿子乌尔罕夺取了拜占庭在小亚细亚的战备要地布鲁萨，并迁都于此。②到14世纪中叶，乌尔罕将拜占庭帝国的势力完全逐出小亚细亚，并且吞并了原属罗姆苏丹国的大部分领地，爱琴海到黑海之间的广大地区尽归奥斯曼国家所有，从而奠定了奥斯曼帝国的基础。

2. 控制巴尔干半岛。1396年，奥斯曼军队在尼科堡打败匈、波、捷、法、德等骑士联军，控制了巴尔干大部分地区，初步具备了一个庞大的帝国雏形。

3. 征服东南欧地区。①1453年，奥斯曼军队在穆罕默德二世统治时攻陷君士坦丁堡，灭亡拜占庭帝国，同时迁都君士坦丁堡，并将其更名为伊斯坦布尔。②1526年，奥斯曼军队打败匈牙利和捷克军队，吞并匈牙利大部领土。1529年，奥斯曼军队围攻维也纳，巩固了在匈牙利的统治，第一次将扩张范围蔓延至中欧地区。

4. 向亚非的扩张。16世纪奥斯曼帝国向欧洲继续扩张的同时，把重点转移到了亚洲和非洲。①1503年，帝国的东方受到了伊朗什叶派的挑战，1515年，北部美索不达米亚归属奥斯曼帝国。②1512—1520年，国王谢里姆一世在位时，奥斯曼帝国领土增加一倍，帝国成为一个地跨欧、亚、非三洲的大帝国。

5. 向外扩张的衰落。谢里姆一世的继任者苏里曼一世（1520—1566年在位）继续扩大在欧洲及亚非的占领，帝国疆域也在此时达到极盛。但由于国内外的尖锐矛盾，自他之后，奥斯曼帝国的扩张逐渐呈衰落之势。①1697年，奥斯曼军队被奥地利军队打败，从此彻底失去了匈牙利和南欧大部分土地。②1830年，奥斯曼非洲属地阿尔及利亚被法国占领。③18世纪奥斯曼帝国的新劲敌是俄国，在1769—1774年与俄国的战争中，奥斯曼帝国战败，俄国不仅侵占了其欧洲的大量领地，还获得了奥斯曼重要航路的通行权等。④到1914年时，奥斯曼帝国名义上只有安纳托利亚、叙利亚等地，面积只有约210万平方公里。

综上所述，经过200多年的扩张，奥斯曼帝国囊括昔日拜占庭和阿拉伯帝国统治的大部分地区，形成了一个地跨欧、亚、非三洲的大帝国，并在17世纪后期走向衰落。

参考资料

1. 张楚乔：《奥斯曼帝国崛起研究——从文明交往角度探析》，东北师范大学2012年硕士学位论文。
2. 孔祥民：《世界中古史》，北京师范大学出版社，2016年。

题目2　论述奥斯曼帝国的政治制度及其特点

相关真题　2015年历史学统考；2020年上海大学；2018年南开大学；2018年苏州科技大学

奥斯曼帝国是一个集封建军事专制、伊斯兰教性质于一体的君主制神权国家，实行政教合一的制度，宗教与军队在政治中占据特殊的地位。

（一）政治体制

1. 封建君主专制。奥斯曼帝国实行政教合一，苏丹既是最高的世俗统治者，也是最高的宗教领袖，拥有政治、军事、宗教等无限权力。苏丹之下国家机构分为教、俗两个行政系统。

2. 世俗行政系统。①苏丹之下设有国务会议，由数名大臣、大法官和国务秘书组成，处理和决定帝国大事。②大臣称为"维齐"，辅政的宰相称为"大维齐"，掌管行政和军务，代表苏丹处理帝国的日常政务。③在国务会议下设管理行政的各局和管理财务的各局，协助贯彻执行决议和保存国家档案。④地方行政机构分为省、桑贾克（县）二级，全国共有 31 个省，250 个县，设省督和桑贾克贝伊（县长）管理，他们既是行政长官，又是军事长官，全部由中央政府控制。

3. 宗教行政系统。与世俗行政机构平行的是伊斯兰教机构，主要负责宗教、教育、法律三部分。①伊斯兰教机构中的最高职务是伊斯兰教教长，由苏丹亲自选拔和任命，地位与"大维齐"相当。②伊斯兰教机构一般设"学者会议"和"教律裁判委员会"等附属机构，由伊斯兰教长老、法官以及从事教法和教理研究的学者组成，负责司法、教律判决、监督和履行宗教仪式的完成、管理各级教育等。

（二）军事建制

1. 加尼沙里军团。①这是一支由皈依伊斯兰教的基督教奴隶和战俘参加的步兵部队，欧洲称之为"近卫兵团"。②士兵凶猛彪悍、训练有素，属于职业化军队，是奥斯曼帝国军队中的主力。③军团对苏丹忠心耿耿，负责帝国首都保安、警务和消防等任务。

2. 地方骑兵。奥斯曼帝国规定，一切领有采邑的封建领主必须每年向苏丹提供一定数额的兵源，组成地方骑兵部队，约有 20 万，是帝国对外征服扩张的强大支柱。

3. 海军舰队。由于奥斯曼帝国幅员辽阔，有着漫长的海岸线，故建立起一支拥有着 300 艘左右、配备训练有素水手的海军舰队。

（三）司法制度

奥斯曼帝国的司法基本承袭了阿拉伯帝国的法律制度，有四种不同的法律主体。①伊斯兰教法：关于伊斯兰宗教、政治、社会和个人生活准则的总称，是伊斯兰教徒的宗教职责。②卡农：指苏丹颁布的所有敕令。③阿德特：指奥斯曼人和被他们征服的各民族所遵守的习惯法。④乌尔夫：指在位苏丹的权威和意志。

（四）特点

1. 军政合一。军人能够参与政治，军队在奥斯曼国家占有特殊地位。近卫兵团中的青年不仅在宫廷中接受军事训练和最好的教育，他们在学习训练完毕之后，还将担任奥斯曼帝国政府中最重要的职位，军人构成了政府机关人员的核心。

2. 政教合一。①帝国的政治制度以国家和教会、政治和宗教紧密联系为基础，兼有沙里亚政体的色彩，即国家元首依据伊斯兰教法治理国家。②《古兰经》既是宗教经典，又是国家的法律依据，还是信仰和法律的源泉，国家的一切制度和法令都被认为是真主的神法。

综上所述，奥斯曼帝国在深受阿拉伯人和伊斯兰教的影响下，逐渐完成了对帝国政治制度的建构，适应了帝国统治的需要。

参考资料

1. 彭树智，黄维民：《中东国家通史·土耳其卷》，商务印书馆，2002 年。

第九章　中古时代的东欧与北欧

第一节　拜占庭帝国的政治、经济与文化

题目1　论述拜占庭帝国查士丁尼一世的内外政策

相关真题　2024年渤海大学；2022年哈尔滨师范大学；2019年东北师范大学；2018年南开大学；2018年苏州科技大学

查士丁尼一世统治时期（527—565年）是拜占庭帝国承上启下的时代，被认为是拜占庭历史上的第一个"黄金时代"。

（一）对内政策

1. 镇压尼卡起义，进行政治改革。①查士丁尼继位不久，532年，首都君士坦丁堡发生了反对政府贪官污吏以及横征暴敛的"尼卡起义"。②查士丁尼派大将贝利撒留出动雇佣军，杀死3万多起义群众，依靠刀剑保住了皇位。③镇压起义后，查士丁尼明令禁止官位买卖，整顿吏治，惩治贪污，限制贵族特权，实行长子继承制，撤销执政官制度，提高行政效率。

2. 调整税收制度。①废除包税制。由税务官员进行征税，对全国官吏进行税收业务培训，检查各地税额，重新登记各省纳税单位，防止地方虚报税额。②将普通税从原来的实物形式变为实物和货币混合征收。③取消贵族免税特权，要求大地主根据各自土地的多寡和劳动力人数缴纳税收。

3. 发展商业贸易。①争夺红海。红海历来是连接印度洋和地中海的通道，是东方贸易的重要门户，查士丁尼不惜发动战争，与波斯人展开了对红海贸易的激烈争夺。②开发新的远东商路。为摆脱萨珊波斯对陆地商路和阿拉伯人对海上商路的控制，开通了红海和南高加索山新的商路。

4. 整理、编纂罗马法。①529年，将自2世纪以来罗马历代皇帝颁布的法令，按照时间顺序排列整合，剔除其中已失效和相互矛盾的部分后汇编成《查士丁尼法典》。②533年，汇集历代罗马法学家解释法律的论文编成《学说汇纂》，汇集罗马各主要法学家的法学理论颁布了《法理概要》，又称《法学家指南》。③565年，将534年之后查士丁尼颁布的法令汇集成册编成《新法典》，又称《新律》。上述所有法律文献统称为《罗马民法大全》，它是欧洲历史上第一部系统完备的法律文献，肯定了皇帝的专制权力，把皇权视为至高无上。

5. 干预宗教事务。查士丁尼一方面让异教徒改信国教，利用高压手段打压不服从的异派；另一方面举行尼西亚宗教会议，判定基督教阿里乌派为异端，极力平息各教派之间的争端。

（二）对外政策

1. 对东方和平。查士丁尼结束了从527年开始的对波斯的战争，以赔款为代价于532年缔结《永久和约》，规定拜占庭以代守边境的名义向波斯缴纳黄金。

2. 对西方战争。①534年，查士丁尼征服汪达尔王国，将其全部领土纳入拜占庭的版图。②535年，以干涉东哥特统治集团内部纷争为由，出兵意大利。③554年，查士丁尼趁西哥特王国内讧，出兵占领西班牙的东南沿海地区。至此，拜占庭对西方的征服达到顶峰。

（三）影响

1. 查士丁尼的内外政策在一定程度上维护了帝国的稳定，扩大了疆域，促进了国内的经济发展和东西方的交流。

2. 查士丁尼颁布的《查士丁尼法典》是古罗马法律成就的集大成之作，进一步促进了罗马法学的发展，为西方乃至世界法律的制定提供了借鉴意义。

3. 侵略战争使得帝国国力下降，同时新增的国土过于广大，帝国难以进行有效的管理，这为日后西部地区脱离帝国的统治埋下了隐患。

综上所述，查士丁尼对内政策的核心是巩固奴隶主阶级的统治，对外政策的基本点是扩张领土，其内政外交政

策对拜占庭帝国产生了深远持久的影响。

> **参考资料**

1. 马锋：《查士丁尼时代军事战略研究》，东北师范大学 2013 年硕士学位论文。
2. 吴于廑，齐世荣：《世界史·古代史编》，高等教育出版社，2011 年。

题目 2　论述罗马法的发展过程及意义

相关真题　2018 年湖南师范大学

罗马法是古罗马奴隶制国家法律的总称，对后世各国司法的发展具有重大影响，为现代欧洲大陆法系奠定了基础。

（一）发展过程

1. 习惯法。公元前 8 世纪至公元前 6 世纪的罗马尚处于氏族社会向阶级社会过渡时期。这一时期的法律主要是古老氏族的习惯法和社会通行的各种惯例。

2. 公民法。从公元前 509 年罗马共和国建立到公元前 3 世纪中叶，产生了专门适用于罗马公民的公民法，这是早期罗马法的主要内容。公元前 451—前 450 年颁布的《十二铜表法》是古罗马第一部成文法典，是古罗马固有习惯法的汇编。

3. 万民法。①随着商品经济的发展和外来人口的增多，各种新的社会矛盾日益凸显。于是共和国后期形成了适用于罗马公民与外来人以及外来人与外来人之间关系的万民法。②公元前 3 世纪中叶，万民法确立，它的基础是人类和文明社会的共同原则及其推论以及自然法，基本内容主要是关于所有权和债权方面的规范。

4. 《罗马民法大全》。拜占庭查士丁尼皇帝为重建和振兴罗马帝国，成立了法典编纂委员会。委员会审订了自哈德良皇帝以来 400 多年间罗马历代元老院的决议和皇帝诏令，删除其中已失效和相互矛盾的部分，于 529 年编成《查士丁尼法典》。后来又把历代法学家解释法律的论文汇总整理，于 533 年编成《学说汇纂》，同年又颁布《法理概要》（又称《法学家指南》），作为学习罗马法的教材。最后又将 534 年以后颁布的法令于 565 年汇编成《新法典》（又译作《新律》），作为《查士丁尼法典》的续编。上述所有法律文献统称为《罗马民法大全》，它是欧洲历史上第一部系统完备的法律文献。

（二）意义

1. 维持了罗马国家的统治。罗马法是建立在简单商品生产基础之上的较为完备的法律体系，对买卖、借贷等简单商品经济行为都有非常详细和明确的规定，协调了社会关系，是维持罗马国家的重要支柱。

2. 培养了一批专业的法学家。公元前 3 世纪下半叶，涌现出受过法律训练的专家，他们专注于解释法律，发表正式的见解，比如著名罗马法学家盖乌斯等。

3. 为资本主义民主立法提供模板。罗马法对于所有权和债权的内容为资本主义经济的发展和巩固提供了现成的法律形式，是各国立法所遵循的范本。

4. 局限性。法律是统治阶级意志的表现，罗马法的制定主要体现的是帝国统治者的利益，对于被统治者来说，只能承担义务，还可能会受到不公正的处罚。

综上所述，罗马法的完备经历了漫长的过程，对近代西欧乃至整个世界的法律体系都产生了深远影响。

> **参考资料**

1. 杜玲：《罗马法的世界主义精神探源》，《哈尔滨学院学报》，2022 年第 6 期。

题目 3　简述拜占庭封建制的发展和特点

相关真题　2023 年西南大学

拜占庭帝国的封建化是中世纪欧洲封建化的重要组成部分，拜占庭帝国继承了罗马帝国的衣钵，有着独特的社会基础，因此也发展出了一条不同于其他国家的封建化道路。

（一）拜占庭封建制的发展

拜占庭帝国的封建化从希拉克略王朝开始有了大幅度的推进，历经伊苏利亚王朝和马其顿王朝，到科穆宁王朝时期基本完成。按苏联史学家观点，封建化的主要内容是封建主阶级形成和自由农民的农奴化。

1. 希拉克略王朝时期（610—711年）。希拉克略在位时实施了三项重要改革：①推行军区制，以军区代替省，地方军事长官兼有行政管辖权，一身二任。②建立军役和封建义务合一的军事屯田制。③为保证战争的需要，采取大批动用教产的措施，利用教会的物质和精神力量，号召全国军民进行圣战，以打败异教徒和敢于入侵之敌。这为后来的"圣像破坏运动"埋下了种子。

2. 伊苏里亚王朝（717—797年）至马其顿王朝（867—1056年）时期。

①圣像破坏运动。自伊苏利亚王朝皇帝立奥三世起，帝国开始了长达百余年的圣像破坏运动，教会的土地和财产被收为国有，皇帝利用这些资源塑造了一批新的忠于皇权的军事土地贵族，加深了帝国的封建化。

②马其顿王朝时期，军区制弊端已经逐渐显现。军事土地贵族势力日益强大，他们侵占农民土地，使大批自由农民沦为他们大田产上的依附农民，这就使拜占庭的封建关系得到进一步发展。10世纪初，爆发了破产农民举行的"铜手瓦西里"起义。迫于压力，马其顿王朝不得不下诏限制土地兼并，但是难以实行。

3. 科穆宁王朝时期（1081—1185年）。科穆宁王朝时期，土地兼并与地方分裂趋势难以逆转，帝国只得与地方势力妥协，开始推行普洛尼亚制，又称监领地制度，即把国家土地和农村公社土地有条件地分封给公职贵族监领，终身享用领地的租税，不得世袭。监领主必须为国家服役，并按照监领地面积提供相应的兵员为国家服军役，同时取得对领地农民的支配权。农民必须向监领主缴纳租税并服劳役。后来监领主又取得领地的行政和司法权。至此，监领地变成封闭型的封建大地产，大部分拜占庭的自由农民都失去土地变成农奴，拜占庭帝国的封建制基本形成。

（二）拜占庭封建制的特点

1. 封建制的形成时间长。拜占庭封建制始于6世纪的希拉克略王朝时期，直至11世纪的科穆宁王朝时期才最终形成，时间跨度大。

2. 封建化的过程受到斯拉夫影响。斯拉夫人的农业公社制度使拜占庭内部奴隶性质的大地产极大减少，催生了土地私有化，为拜占庭封建制度的发展提供了土壤。

3. 在此进程中，皇权得到不断加强。在封建化进程中，帝国通过分权削弱了势力较大的军事土地贵族，中央在财政上也不依赖地方，并且形成了一支强大的军队震慑地方。此外，帝国还形成了完善的法律和宗教体系，这些都使得皇权不断加强。

综上所述，作为罗马帝国继承者的拜占庭帝国通过一系列改革与努力逐渐走上了封建化的道路，在发展经济、增强国力的同时还建立了强有力的封建中央专制制度，使帝国在整个中世纪大多以强国的身份存在，并作为欧洲抵御外部入侵的桥头堡存在了千年之久。

参考资料

1. 李德志：《外国古代政治制度史》，吉林大学出版社，1988年。
2. 杨连山：《关于拜占庭封建制起源与封建化问题的探讨：——对许宏杰同志"拜占庭封建化过程的几个问题"一文的商榷》，《史学月刊》，1957年第1期。

题目4 简述拜占庭军区制产生的背景和发展

相关真题 2020年南开大学

拜占庭军区制产生于7世纪，是在外族入侵的压迫下形成的，它存在的基础是小农经济。军区制的形成和发展，不仅使拜占庭帝国成功地抵御了外来侵略，而且加深了拜占庭社会的封建化程度。

（一）背景

1. 拜占庭帝国经济繁荣，有足够的财政收入完善军事制度。东西罗马帝国分治后，拜占庭帝国的经济逐渐有了活力，丰厚的财政收入使帝国能够建立一支强大军队和一种完善的军事制度来抵御外来入侵。

2. 拜占庭帝国长期面临外部威胁。①拜占庭帝国和波斯帝国的战争持续了几百年，到希拉克略（610—641 年在位）时，波、拜争端再起。② 6 世纪末 7 世纪初，拜占庭面临游牧、半游牧民族的入侵。③ 7 世纪 30 年代，阿拉伯人从西亚崛起，在短时间内征服了半个拜占庭帝国，面对阿拉伯人的进攻，拜占庭帝国不堪一击。

（二）形成和发展

1. 形成。①拜占庭帝国征服非洲后，在迦太基和拉文那地区，查士丁尼将行政权委托给军事长官，由军事长官任督军兼理政务，一种新制度由此萌芽。②随着外敌入侵频发，拜占庭帝国开始在其他地区也设置类似于总督区的机构，这种设置后成为惯例，并逐步发展成了军区制。

2. 希拉克略军区制改革。①把北非、意大利实行的军区制移植到东方各省。全部军队分驻在三个大区，各设督军一名。以军区代替行省，地方军事长官兼有行政管辖权，一身二任，实际上全国都处于军事管制之下。②建立军役和封建义务合一的军事屯田制。战乱时期没收的大贵族土地和财产被分给服军役的自由农民，作为世袭份地，他们战时作战，平时种地，向政府缴纳赋税，免除徭役。

3. 立奥三世时，军区制度更加完善。①他在亚洲部分建立 7 个军区，欧洲部分建立 4 个军区。②随着圣像破坏运动的发展，立奥三世大量征用教会和修道院土地，赏给作战有功的军官和士兵，安定军士的生活。

（三）影响

1. 军区制的军事化结构解决了拜占庭帝国人力资源短缺和财源枯竭的困难，提高了军队的战斗力，为拜占庭军事力量复兴创造了条件。

2. 推动了农兵阶层的形成和以大地产为后盾的军事贵族势力兴起，为日后帝国的分裂和动荡埋下了隐患。

3. 军区制推动小农经济蓬勃发展，国家税收增加，同时，它所带来的安定局面又为工商业繁荣创造了有利的外部环境。

4. 军役土地制和军事屯田制稳定了拜占庭社会各个阶层，缓和了尖锐的社会矛盾，使帝国渡过了危机，得以延续和发展。

综上所述，拜占庭军区制的形成和发展有其特定的历史背景，军区制改革一方面加强了军队的经济基础，另一方面也把拜占庭的生产关系转到小农经济上来，使奴隶制生产逐渐向封建制生产过渡。

参考资料

1. 陈志强：《拜占庭军区制和农兵》，《历史研究》，1996 年第 5 期。
2. 郭建淮：《略论军区制在拜占庭历史上的地位和作用》，《东北师大学报》，1993 年第 4 期。

题目 5 论述圣像破坏运动的背景、过程及影响

相关真题 2019 年南开大学

圣像破坏运动是从 726 年拜占庭皇帝立奥三世宣布反对崇拜圣像起，到 843 年狄奥多拉重新宣布恢复圣像崇拜为止，共历经一百多年的社会运动，是拜占庭社会历史发展的必然结果。

（一）背景

1. 政治上，皇权与教权博弈。一方面，拜占庭教会在封建时代占据着极其重要的地位，他们拥有特权和强大的经济实力，与世俗统治阶级在经济利益上形成根本对立；另一方面，立奥三世希望控制教权，满足国家富强需求。

2. 军事上，军区制的推行激化了新兴军事贵族阶层与教会之间的矛盾。7 世纪时，为应对外敌入侵，拜占庭帝国推行军区制以增强军力，在这一过程中动用了大批教产，使新兴军事贵族阶层和教会之间的矛盾日益尖锐。

3. 财政经济上，7—8 世纪，拜占庭帝国对外战争频繁，一大批青年躲进修道院逃避政府的军役和赋税，这使得军队的兵源大为削减，同时减少了政府税收。

4. 宗教上，下层民众对当时教会的奢靡不满，要求简化宗教仪式，取消圣像崇拜。

（二）过程

1. 第一阶段（726—787 年）。① 726 年，立奥三世颁布《禁止崇拜偶像法令》，教会和修道院的圣像、圣迹和圣物被捣毁，土地和财产被没收，修士被迫还俗，参加生产，承担国家赋税徭役。这标志着圣像破坏运动开始。

730年1月，立奥三世召集宗教会议，要求僧俗高级贵族在他制定的反对圣像崇拜的法令上签字，这一决定遭到了教会，尤其是罗马大主教的强烈反对，教皇宣布开除立奥三世和全体圣像破坏者的教籍。②君士坦丁五世时期，圣像破坏运动达到最高峰。753年，君士坦丁五世在查尔西顿召开宗教会议，会上通过了反对圣像崇拜、拥护皇帝宗教政策的决议，坚持圣像崇拜的僧侣被囚禁、放逐，有的甚至被处决。东部教会和西部教会矛盾因此更加激化。③787年，女皇伊琳娜召开尼西亚宗教会议，谴责圣像破坏运动，宣布恢复圣像崇拜。运动第一阶段至此结束。

2. 第二阶段（813—843年）。813年立奥五世继位，他重新推行被废止的破坏圣像法令，否认787年尼西亚会议的决议，圣像破坏运动重新兴起。但是这个阶段的深度和广度均未超过前一阶段。843年，狄奥多拉重新宣布恢复圣像崇拜。历时117年的圣像破坏运动至此终止。

（三）影响

1. 加速了东西方教会走向分裂的进程。圣像破坏运动在各方面打击了教会，导致东部教会需依附在君权之下，而罗马教会则一直强调教权独立于君权，因此东西方教会的裂痕不断加深，走向分裂。

2. 加速了拜占庭封建化的进程。运动中一部分被没收的修道院土地被军事贵族占有，他们利用自己拥有的政治和军事特权，侵占和剥夺小块土地所有者，使得在份地上耕种的村社农民更快地沦为依附农或农奴，从而加速了拜占庭帝国封建化进程。

3. 使古典文化得到了复苏。运动中坚持圣像崇拜而遭受迫害的基督徒逃到意大利，他们在那里建立了学校和修道院。修道院有希腊艺术家们的绘画装饰，使希腊艺术和8—9世纪的肖像画法得以发展，形成了意大利南部和西西里岛的希腊文化区，对东方文化传入西方和文艺复兴在意大利发展有很大影响。

综上所述，拜占庭历史上的圣像破坏运动既是一场自上而下的宗教运动，又是一次大规模的社会运动，对以后拜占庭社会的发展有着深远的影响。

参考资料

1. 苑一博：《圣像与圣像破坏运动》，《历史教学问题》，2004年第3期。
2. 李丽：《试论拜占庭帝国的圣像破坏运动》，《吉林师范学院学报》，1996第1期。

题目6 论述普洛尼亚制度的形成背景、内容及影响

相关真题 2015年河北师范大学

普洛尼亚制度（监领地制）是拜占庭帝国实行的一项土地政策，与法兰西的采邑制相似。科穆宁王朝在政局混乱、阶级矛盾尖锐的情况下，开始推行普洛尼亚制。

（一）背景

马其顿王朝晚期时，军区制弊端已经逐渐显现，并走向瓦解。

1. 土地兼并严重，激化了阶级矛盾。各地的军队将领拥有强大的势力，他们侵占农民的土地，使大批自由农民沦为他们大田产上的依附农民。10世纪初，爆发了破产农民举行的"铜手瓦西里"起义。

2. 政府税收减少。由于失去土地的人不断增加，导致政府的税收、兵源受到了严重威胁。迫于压力，马其顿王朝不得不下诏限制土地兼并，但是难以实行。

3. 地方势力独立性增强。地方军队将领们既握有兵权，又拥有大块土地，因此越来越不受中央的节制，甚至左右朝政，废立皇帝。11世纪末，拜占庭政局出现混乱。在此期间，大军事贵族阿里克赛·科穆宁建立科穆宁王朝，开始推行"普洛尼亚"（监领地）制度。

（二）内容

1. 政府将国家和农村公社的土地分给公职贵族监领，终身享有监领地的租税，不得世袭。

2. 监领主必须为国家服役，并按照监领地的面积提供相应的兵员为国家服军役。监领主同时也取得对领地上农民的支配权，农民必须向监领主缴纳租税，并服劳役。

3. 后来监领主又取得领地的行政和司法权，监领地变成封闭型大地产以及贵族和封建主的采邑。

(三) 影响

1. 积极影响。①在军区制走向瓦解，地方割据势力难以遏制的情况下，普洛尼亚制承认地方势力特权，暂时避免了国家的极端分裂。②使国家兵员和财政收入增加，暂时加强了国家军队实力。

2. 消极影响。①普洛尼亚制实质上是对地方势力的一种妥协，它没有解决土地兼并和地方割据问题。②此后，农民丧失土地速度加快，终身监领地逐渐变为世袭监领地。世袭贵族取得了相当于西欧豁免权的封建特权，独立性越来越大，最终导致了封建割据分裂。

综上所述，普洛尼亚制是拜占庭帝国内部社会矛盾尖锐的产物，它的施行一方面加强了国家和军队实力，另一方面也蕴藏着地方分裂隐患。

参考资料

1. 吴于廑，齐世荣：《世界史·古代史编》，高等教育出版社，2011年。
2. 庞国庆：《拜占庭帝国土地关系述评》，《世纪历史评论》，2021年第1期。

题目7 为什么西罗马帝国灭亡以后东罗马帝国还存在许久

相关真题 2024年黑龙江大学；2015年厦门大学

西罗马帝国灭亡后东罗马帝国得以延续千年的原因，可从地理位置、社会经济、文化和政策调整，以及国际环境方面窥知一二。

(一) 君士坦丁堡防御力强

1. 东罗马帝国首都君士坦丁堡地处欧亚大陆交汇之处，地势高且三面环水，坐拥天然屏障，易守难攻。

2. 为抵御外敌入侵，君士坦丁堡建有陆地城墙和沿海城墙，外围还建有长城和堡垒等防御工事，将整个城市包围得固若金汤。波斯帝国和阿拉伯帝国曾多次围攻君士坦丁堡，但最终都被打退。

(二) 社会经济发展特殊性

1. 东罗马帝国的奴隶制庄园规模小、数量少，奴隶劳动在农业生产中不起主要作用，所以经历的奴隶制危机不如西罗马帝国严重。

2. 东罗马帝国保留着农村公社残余，有较多自由劳动力，保证了帝国的税源和兵源，使帝国财力充实、社会稳定。

3. 3世纪罗马大危机开始，东地中海相对稳定，商业和贸易能保持局部繁荣，罗马的经济重心不得不向东转移，所以，东罗马帝国保存了工商业繁荣的大城市，如君士坦丁堡、亚历山大里亚等，这些城市为东罗马帝国的统治提供了强大经济支持。

(三) 东罗马帝国的政策调整

1. 查士丁尼在位时期通过禁止卖官鬻爵、惩治贪污、限制贵族特权等措施缓和了阶级矛盾，巩固了奴隶主阶级的统治。

2. 自7世纪起实行的军区制，解决了东罗马帝国人力资源短缺和财源枯竭的困难，提高了军队的战斗力，为拜占庭军事力量的复兴创造了条件。

3. 到科穆宁王朝，实行"普洛尼亚"制度，与地方势力妥协，暂时加强了国家和军队实力，延缓了帝国的衰亡。

(四) 有深厚的文化根基

拜占庭与文化发达的地中海地区相近，沿袭了古希腊、古罗马的政治制度、法律、宗教，在文化上的传承极为明显，自3世纪危机之后，罗马帝国文化中心就逐渐转移到拜占庭。有深厚的文化根基是东罗马帝国得以延续并长存的原因之一。

(五) 国际因素

西罗马帝国灭亡后，欧洲处于混乱状态，各国之间矛盾重重，而西亚地区突厥等民族内部斗争激烈，因此东罗马帝国很少有国际上的强敌，有利于东罗马帝国趁机巩固政权。

综上，君士坦丁堡强大的防御能力、东罗马帝国社会经济发展的特殊性、罗马帝国文化重心的转移、统治者的政策调整、国际形势的混乱，共同构成了东罗马帝国长久存在的主要原因。

参考资料

1. 孙成木：《俄罗斯中央集权国家的形成》，《历史教学》，1963年第4期。
2. 王三义：《东罗马帝国得以延续的原因分析》，《辽宁师范大学学报》，2002年第4期。

题目8 简述拜占庭文化的特点及其对欧洲的影响

相关真题 2024年南开大学；2020年吉林大学；2015年华中师范大学

拜占庭文化是古希腊、古罗马文明的延续，是西方文明的一部分。同时，拜占庭文化连接了古代文明和近代文明，对近代西方文明，尤其是对斯拉夫文明的形成，产生了重要影响。

（一）特点

1. 具有鲜明的继承性。拜占庭文化最突出的特点是对地中海地区古典时代希腊、罗马文化遗产的继承，在积极吸收古典文化精华的基础之上，注重发展创造，形成了内容丰富、独特的文化体系。拜占庭继承了古希腊人的语言文学和思辨智慧，将其转化为基督教神学思辨，还继承了古罗马人的法律制度和政治哲学，其中查士丁尼一世的立法活动最具代表意义。他下令编纂的《罗马民法大全》是欧洲第一部完整的传世法律汇编。在建筑工程技术上，拜占庭建筑样式最突出的半球形穹顶便是在罗马半圆拱顶墙壁基础上发展而来的。

2. 具有开放性。拜占庭地处东西方交汇之地，在继承古希腊、古罗马文化的同时，还吸收了古代西亚和近东民族文化的营养。带有神秘主义色彩的古代西亚和波斯艺术对拜占庭文化产生了深刻影响，如其建筑风格和装饰艺术都受到了叙利亚人、波斯人和阿拉伯人的影响，音乐大都出自叙利亚乐师之手，而许多宗教赞美诗的韵律是叙利亚式的。

3. 具有基督教文化因素。拜占庭文化深受基督教影响，包括思想观念、文学艺术、日常生活各方面。拜占庭绘画艺术的主要形式之一就是表现耶稣的圣像画，圣像画是拜占庭绘画艺术具有鲜明的宗教性特征的重要体现。拜占庭艺术家一方面用基督教神学思想理论设计绘画艺术，另一方面又用绘画艺术为基督教服务。

（二）对欧洲的影响

1. 对斯拉夫民族文化产生深远影响。①斯拉夫人模仿学习拜占庭的政治和法律制度，以及拜占庭的宫廷礼仪。②9世纪中期，拜占庭传教士进入保加利亚进行传教，建立了东正教会，并创造了新的文字——希利尔文字。希利尔文字成为后来多种斯拉夫民族文字独立发展的基础。③988年，弗拉基米尔大公强迫臣民全体受洗，皈依基督教，由此开始采取拜占庭制度，广泛接受拜占庭文化，而俄罗斯民族语言文学则以希利尔文字为基础发展起来。

2. 拜占庭文化对意大利文艺复兴产生了直接和间接的影响。14世纪以后，拜占庭帝国遭受奥斯曼军队进攻，大批知识分子不堪忍受异教的压迫，纷纷逃亡到意大利，推动了拜占庭文化尤其是古典时代文化在意大利和西欧地区的传播，促进了文艺复兴运动的开展。

综上所述，拜占庭文化具有继承性和开放性，在发展过程中对周边民族和其他地区产生了深远的影响，在历史发展中发挥着继往开来、承上启下的重要作用。

参考资料

1. 陈志强：《拜占庭文化的特征》，《外国问题研究》，2016年第4期。
2. 张广翔，刘玉宝：《拜占庭文明的特征及对世界文化的影响——卡尔波夫教授吉林大学讲学综述》，《史学理论研究》，2007年第3期。
3. 华东师范大学历史学系历史教育比较研究中心：《历史读本·世界历史》，上海人民出版社，2020年。
4. 裔昭印：《世界文化史》，北京大学出版社，2010年。
5. 胡长江：《论拜占庭绘画艺术的继承性特征和基督教特色》，《青海师范大学学报（哲学社会科学版）》，2020年第3期。

第二节　东欧诸国的起源与发展

题目1　论述胡司战争的背景、经过及历史影响

相关真题　2002年东北师范大学；1998年东北师范大学

胡司战争是欧洲中世纪史上最著名的农民战争之一。由于这场农民战争是以被害的捷克宗教改革家胡司作为号召而进行的，因而人们又把它称作胡司战争。

（一）背景

1. 捷克社会内部阶级、民族矛盾尖锐。①农民阶级与封建主阶级的矛盾。14世纪，占有捷克大量土地的德国封建主采用"赎买法"，即一次性缴纳大笔现金，赎买保有土地的继承权，榨取农民金钱。②城市市民阶层与贵族阶层的矛盾。德国城市贵族控制捷克城市和矿山，他们与捷克贵族联合起来敲诈勒索市民，引发城市市民斗争。③德国移民上层逐渐成为贵族阶级，捷克城乡劳动人民多半处于受德国贵族压迫和剥削的地位，二者之间阶级矛盾、民族矛盾尖锐。

2. 宗教矛盾尖锐。德国贵族把持捷克教会的主要职务，他们占有大量村庄和城市，将各种赋役重担压在捷克人民身上，引起捷克人民对教会的仇恨。

3. 胡司被教会杀害成为战争导火索。1415年，捷克反教会领袖胡司因宣传宗教改革思想被教会以异端分子为由处以火刑。此消息激起了捷克人民的极大愤怒，捷克反天主教会斗争愈演愈烈。

（二）过程

1. 战争开始。1419年，布拉格市民起义，随后有共同利害关系的集团逐渐走到一起。1420年，起义队伍基本上分成两派：圣杯派和塔波尔派。圣杯派的成员主要是小贵族、中产阶级和富裕农民，属于起义队伍中的温和派；塔波尔派的基本群众是平民、农民、矿工和手工业者等，属于激进派。

2. 战争发展。①1420—1431年，德皇和教皇先后组织了五次十字军镇压捷克人民起义，最终为起义军所击败。在这一过程中，圣杯派已经占有了原先德国高级教士控制的教会财产，基本实现了他们的主张。②随着战争深入发展，起义军内部分化日趋明显。圣杯派已夺取天主教教产，为了保护自己的既得利益，希望尽早结束战争。1433年，教皇和德国封建主与圣杯派达成妥协，即允许俗人使用酒杯领圣餐，保证胡司派教会的独立，确立传教自由，已没收的教产可不归还。同时决定由教会出钱支持圣杯派发动反塔波尔派的战争。

3. 战争结束。1434年，圣杯派在天主教会和封建主的支持下与塔波尔派进行激战。塔波尔派战败，胡司战争宣告结束。

（三）影响

1. 促进了捷克进步和发展。战争沉重打击了日耳曼贵族和天主教会，保证了捷克在一定时期内摆脱神圣罗马帝国而保持独立的政治地位。

2. 推动欧洲宗教改革运动的出现。胡司战争用革命手段解决教会财产还俗归公和民族教会等问题，对16世纪的宗教改革产生了巨大的影响，此后在德国、波兰、匈牙利等国出现的宗教改革运动，就是以胡司战争的宗教改革纲领为号召的。

3. 推动了欧洲各国人民反封建运动的高涨。塔波尔派提出的废除农民封建义务、没收教会地产分给农民等主张，推动了1437年德兰斯瓦尼亚起义、1440—1442年的摩尔达维亚起义的爆发，对16世纪德国农民战争也产生了深远影响。

4. 促进了捷克民族语言与文化发展。胡司战争的结果迫使天主教会同意捷克信徒进行宗教活动时使用捷克语，因而在许多神学著作、宗教赞美诗中也广泛采用了捷克文。到15世纪末，捷克语已作为一种外交语言通行于欧洲。

综上所述，捷克胡司战争是人类历史上的光辉一页。虽然这场农民战争最终失败了，但它具有重要的历史意义和深远的国际影响。

参考资料

1. 周尊南：《浅谈胡司战争》，《郑州大学学报》，1980年第3期。
2. 陈树敏：《胡斯运动新探》，河北师范大学2016年硕士学位论文。

题目2 论述卢布林合并的原因、过程及影响 醒吾历史统考预测题

卢布林合并是1569年发生的一项重大历史事件，它标志着波兰王国和立陶宛大公国通过卢布林联合条约正式合并成为一个联邦国家——波兰-立陶宛联邦。这一政治行动不仅影响了两国的历史发展轨迹，也对整个东欧乃至欧洲的政治格局产生了深远的影响。

（一）合并的原因

卢布林合并的原因是复杂和多维的，它涉及政治、经济和军事等多方面的因素。

1. 外部威胁。16世纪中叶，波兰和立陶宛面临着来自奥斯曼帝国和莫斯科大公国（后来的俄罗斯帝国）的外部威胁日益增强。特别是莫斯科大公国对立陶宛东部领土的侵占，迫使两国寻求更紧密的联合以增强防御能力。

2. 经济利益。经济上，波兰和立陶宛通过合并可以促进贸易、实现市场统一，共享资源，增强经济实力。

3. 内部动因。波兰的贵族民主制度和立陶宛贵族对保持其特权的需求，也促进了两国走向更紧密的政治联合。

（二）合并的过程

卢布林合并并非一蹴而就，而是长期谈判和协商的结果。

1. 缔结克列沃协定。1385年，波兰权贵与立陶宛国王缔结克列沃协定，使波兰立陶宛成为君合国。联合曾一度破裂，但不久又恢复。

2. 1401年，波兰国王承认立陶宛维托夫特政权的独立性，后者则承认波兰的宗主权。1410年，双方联军共同打败条顿骑士团。

3. 卢布林会议。16世纪后半期，两国同时感到莫斯科侵略的严重威胁，决定进一步联合。1569年，在卢布林召开的会议上，经过波兰和立陶宛代表的激烈讨论和协商，最终签订了卢布林联合条约。根据卢布林条约，波兰和立陶宛同意在一个君主下合并成为一个联邦国家，成立一个国会，共拥戴一个由国会选出的国王，共享外交、货币和国防政策，但在内政上保持各自的自治权，包括保留自己的法律、议会和行政机构。

（三）合并的影响

卢布林合并对波兰-立陶宛联邦内外都产生了深远的影响。

1. 增强了国防。短期内，联邦的建立显著增强了两国的军事和政治实力，有效抵御了外部侵略，尤其阻止了俄国的扩张。

2. 政治变革。卢布林合并加强了波兰贵族（斯拉赫塔）在联邦政治中的地位，推动了贵族民主制度的发展。然而，这种制度也使得中央集权受到限制，影响了国家的决策效率。

3. 社会经济影响。经济上，合并促进了两国间的贸易和经济一体化。但长期看，内部的民族和宗教矛盾，以及贵族对农民的剥削，加剧了社会矛盾，最终导致了联邦的衰弱和分裂。

4. 文化交流。卢布林合并促进了波兰和立陶宛文化的交流和融合，对东欧地区的文化发展产生了积极影响。

总体而言，卢布林合并是波兰-立陶宛历史上的重大事件，它在短期内增强了两国的国力和国际地位，但长期来看，也带来了复杂的内部矛盾和挑战，这些都深刻地影响了波兰-立陶宛联邦的历史轨迹。

参考资料

1. 刘祖熙：《波兰通史》，商务印书馆，2006年。
2. 于大春，《波兰立陶宛王国成立始末》，《欧洲语言文化研究》，2019年第1期。

第三节 莫斯科公国与俄罗斯帝国的兴起

题目1 简述罗斯受洗的背景、过程及影响

相关真题 2023年哈尔滨师范大学

罗斯受洗即罗斯接受基督教信仰的事件，这对基辅罗斯公国及现代俄罗斯、乌克兰、白俄罗斯的发展具有重大作用。

（一）背景

1. 古罗斯社会自身的多神教信仰弊端渐显。①9世纪初，古罗斯由原始氏族公社社会过渡到了早期封建社会，需要相对集中的意识形态结构，但多神教信仰不能为政治上的统一提供思想基础。②多神教保留了比如血亲复仇、妻子为丈夫殉葬等愚昧、野蛮的原始习俗，已经与时代的要求相违背。继续信奉多神教将严重阻碍罗斯与拜占庭和其他欧洲国家进行经济往来和文化交流。

2. 基督教在斯拉夫民族国家内传播广泛。9世纪以后，同是斯拉夫民族的捷克和波兰先后接受罗马天主教，保加利亚和塞尔维亚则从拜占庭接受了东正教，国际局势使罗斯人开始寻求更先进的思想文化。

3. 基辅大公弗拉基米尔对多神教改造失败。大公试图创建一个以雷神佩伦为首的众神谱，以此来体现和加强罗斯的统一以及基辅在全罗斯的地位，但这项改革并未取得预期效果，从而以失败告终。

（二）过程

1. 拜占庭出于政治目的，一直实行宗教外交。具体战略是派遣使者游说其他国家统治者接受基督教信仰，利用自己优越的基督教地位来巩固自己的势力。从10世纪下半叶开始，罗斯成为拜占庭宗教外交的重点。957年，基辅大公的妻子奥丽加受洗标志着拜占庭宗教外交取得实质性突破，为30年后她的孙子弗拉基米尔接受基督教铺平了道路。

2. 基辅大公斯受洗，东正教成为国教。987年，拜占庭帝国发生内乱，强大的封建主进逼首都君士坦丁堡。拜占庭向基辅罗斯求援，双方缔结同盟。988年，基辅大公弗拉基米尔通过与拜占庭皇帝的妹妹安娜公主结婚，加入希腊正教派的基督教。从此东正教成为国教，并强令全体罗斯居民下河接受洗礼。

（三）影响

1. 为古罗斯国家建立了统一的思想和宗教基础。基督教传教士在东欧平原各语系（斯拉夫语、芬兰语、突厥语）部落居民中的传教活动，柔化了多民族国家形成中不可避免的矛盾对立和痛苦过程，使古罗斯国家在统一宗教的基础上建立起来。

2. 使罗斯跻身欧洲文明国家之列。接受基督教信仰后，罗斯野蛮落后的习俗渐渐消失，开始用文明社会的道德伦理观来规范自己的行为。这是罗斯向欧洲文明所迈出的跨越性的一步。

3. 东正教推动了罗斯艺术与文化发展。借助拜占庭多方面的文化成就，罗斯出现了早先没有的石建筑艺术、圣像画艺术和水彩壁画。正是在希腊文字和斯拉夫语的基础上，才形成了古罗斯的文学语言，并用它写成了《罗斯法典》、编年史《往年纪事》、史诗《伊戈尔远征记》。

4. 基督教对古罗斯人的意识形态、思维方法和世界观产生了长期而深刻的影响。基督教使人们注重个人内心生活的自由，对生活意义的理解不在于外界的财富，而在于内心精神生活的和谐一致，在于社会的正义性。这一切，为日后俄罗斯文明的形成奠定了基础，使东正教成为俄罗斯文明的核心。

综上所述，罗斯受洗事件是在多神教信仰基础上，再加上基督教传播以及一系列与基督教有关的事件演变而来的，最终促进了国家统一，改变了罗斯的国际地位和罗斯人的精神生活。

参考资料

1. 周明博：《全球通史从史前时代到二十一世纪》，当代世界出版社，2019年。
2. 李晶：《从多神教到罗斯受洗——俄罗斯宗教之路历史探源》，《西伯利亚研究》，2005年第4期。
3. 黄贤静：《从"罗斯受洗"看拜占庭对俄罗斯宗教的影响》，《唐山师范学院学报》，2012年第6期。

题目 2 论述金帐汗国的统治对罗斯国家的影响

相关真题 2023年江苏师范大学

1243年，拔都停止西征后，在返回途中建立了钦察汗国，因其帐顶为黄色，故又被称为"金帐汗国"。金帐汗国对罗斯地区进行了长达两百余年的统治，对罗斯国家产生了巨大影响。

（一）政治影响

1. 沉重打击了罗斯地方势力。因为波雅尔贵族是罗斯世袭土地占有者，同时也是国家的武力基础，因此在金帐汗国入侵时，大量波雅尔贵族被消灭，幸存的波雅尔贵族则被迫逃亡。

2. 推动莫斯科公国中央官制形成。金帐汗国有一套成熟的官署体制，如在金帐汗国中央，大汗下设有各底万，各底万中设有书记官，各万户、千户及其他高级军政职官必须尊敬书记官等。莫斯科在统一罗斯过程中，效仿这一制度形成了衙门制，从而极大地实现了中央集权。

3. 金帐汗国的继承制度深刻影响了罗斯各公国。在金帐汗国统治之前，罗斯没有形成系统的继承制度，而金帐汗国所带来的父死子继制度被罗斯各公国所吸收，在一定程度上保证了权力过渡的稳定。

（二）经济影响

1. 金帐汗国的税收制度被罗斯各公国所继承。金帐汗国统治期间，各公国代替中央收税，而在金帐汗国覆灭后，各公国王公依旧借此权力进行征税，从而充实了各公国的经济实力。

2. 对罗斯地区经济产生破坏，间接促进了莫斯科公国的崛起。蒙古入侵期间，罗斯地区最为繁华的基辅等地被摧毁，而东北地区的莫斯科公国却得以幸存，因此在金帐汗国统治期间，莫斯科公国人口上升、商业繁荣、税收增加，这为莫斯科公国最后统一罗斯奠定了坚实的经济基础。

（三）文化影响

1. 促进了罗斯地区东正教的发展。金帐汗国在统治罗斯期间，对宗教采取宽容政策，如在13世纪50年代给予东正教会免税特权，这极大地促进了罗斯地区东正教的发展。

2. 促使罗斯民族形成了欧亚文化。金帐汗国对于罗斯的统治，使得蒙古文化与罗斯文化交融，在当地形成了独特的欧亚文化，但这也使得罗斯民族不被西方世界所认同，如东正教会与天主教会的长期冲突。

（四）军事影响

1. 金帐汗国高效的征兵模式被罗斯各公国吸收和发展。金帐汗国统治时期，为了征兵的需要，建立起包括农民在内的、以户为基础的快速而有效的征兵制度，而莫斯科公国就在此基础上建立了义务兵役制，成为莫斯科公国统一罗斯的重要军事支撑。

2. 金帐汗国的军事体制和战术深刻影响了罗斯各公国军队。金帐汗国的军队分为前、后、左、右、中五部分，罗斯许多公国也采用了这一军事体制，并且在后期摆脱金帐汗国统治时，多运用汗国军队的漏洞进行斗争。

3. 金帐汗国军队的武器装备被罗斯各公国的军队广泛应用。以莫斯科公国为例，16世纪时该国骑兵坐着蒙古式马鞍，脚踏蒙古式马镫，头戴蒙古式头盔，以蒙古式复合弓和箭袋为武器。

综上所述，金帐汗国对于罗斯地区长达两百余年的统治，为罗斯地区政治、经济、文化、军事等方面的发展带来了巨大影响，可以说金帐汗国在罗斯国家的发展史上是具有重大意义的。

参考资料

1. 胡维阳：《金帐汗国于莫斯科公国统一罗斯进程中的作用》，《黑龙江省社会科学院》，2017年。
2. 满肖阳：《浅析蒙古入侵与金帐汗国的统治对俄罗斯民族的影响》，《世纪桥》，2011年第21期。

题目 3 评述伊凡三世 醒吾历史统考预测题

伊凡三世是俄罗斯统一国家的缔造者，是俄罗斯中央集权制国家的奠基者，同时也是俄罗斯对外扩张的开创者和外交政策的制定者。因其一生宏伟的历史功绩而被后人称为"伊凡大帝"。

（一）完成国家独立

伊凡三世摆脱了金帐汗国的统治，使莫斯科成为独立的中央集权国家，为近现代俄罗斯的建立奠定了基础。

1. 1462 年，伊凡三世继位后，先后与克里木汗国、诺盖汗国和西伯利亚汗国结成联盟，共同对付金帐汗国。

2. 1478 年，伊凡三世宣布不再臣服于金帐汗国，并且停止向其纳贡，把金帐汗国使者赶出莫斯科。

3. 1480 年，莫斯科公国取得独立。同年，金帐大汗阿合马调兵讨伐伊凡三世。结果在乌格拉河战役中，莫斯科公国军队不战而胜，由此伊凡三世结束了长达 240 多年的蒙古人统治历史，使莫斯科公国获得真正、彻底的独立。

（二）对内加强统治，建立中央集权制度

1. 自称为罗马帝国继承者，以证明其统治合法性。伊凡三世娶了拜占庭帝国末代皇帝君士坦丁十一世的侄女，在名义上成为罗马帝国皇帝的合法直系继承人和东正教的最高权力代表。

2. 颁布法典。伊凡三世为了保障国家和封建阶级的利益，于 1497 年组织编纂了第一部全俄法典，被称为《1497 年法典》。①在内政方面，法典一方面限制大封建主权力，给中小封建主以优越条件，另一方面在法典中规定了处理农民的严厉办法。②在经济方面，法典规定了对贵族波雅尔、大地主和教会特权阶层的保护，一旦下层人民侵犯他们的生命和财产，将被判处死刑。③在社会关系方面，法典限制农民更换主人的权利和出走权，使得农民被束缚在封建主的土地上，并逐渐失去人身自由，成为依附于封建主的农奴。

（三）对外征服

伊凡三世在位期间不断开疆拓土。① 1462—1471 年，他通过购买、威慑和征伐等手段，先后兼并了雅罗斯拉夫尔公国、罗斯托夫公国等地区。② 1472—1478 年，他征服并且兼并了彼尔姆地区和诺夫哥罗德公国，使莫斯科公国的版图空前膨胀。③阻止波兰和立陶宛合并，夺取其占领的西南罗斯等地区。④夺取波罗的海沿岸土地。通过兼并，俄罗斯领土比之前历代莫斯科大公们 200 多年扩张得来的领土的总面积还要多。

（四）评价

1. 积极性。伊凡三世是俄罗斯历史上最具影响力的君主之一。①在他统治时期，通过战争的方式摆脱了蒙古的统治，基本统一了罗斯各公国，被誉为统一俄罗斯国家的缔造者。②他在国内推行一系列改革，如《1497 年法典》的颁布、国家行政机构的初步建立、军事改革，为初步建立统一的中央集权国家奠定了基础。

2. 消极性。伊凡三世对国内的统治较为残暴。例如，在封建制度下，农民的自由是受限制的，同时规定封建国家有权严厉镇压人民的反抗。

综上所述，伊凡三世一生战功卓著，但是对其治下的人民和被征服地区异常残暴，一生有功有过，应该辩证看待，才能对其进行理性且客观的评价。

参考资料

1. 吴于廑，齐世荣：《世界史·古代史编》，高等教育出版社，2011 年。
2. 周启迪：《世界上古史》，北京师范大学出版社，2018 年。

题目 4　论述俄罗斯封建专制中央集权帝国的形成

相关真题　2019 年江苏师范大学；2014 年黑龙江大学

中世纪后期，随着商品经济的发展，各地区之间的联系不断加强，再加上反对外族侵略斗争的需要，罗斯各公国逐渐以莫斯科为中心形成中央集权的统一国家。

（一）莫斯科公国兴起

莫斯科公国兴起的时候，古罗斯国家已经分裂将近一百年，同时还处于蒙古人的统治之下。

1. 12 世纪中期，莫斯科公国势力强大，成为东北罗斯的强国，并迁都弗拉基米尔，形成弗拉基米尔－苏兹达尔公国。

2. 13 世纪末起，公国罗斯托夫与特维尔之间为争夺弗拉基米尔大公宝座进行了激烈斗争。伊凡·卡里达趁机扩大莫斯科公国的领地，后成功夺取弗拉基米尔大公宝座，为莫斯科的强盛奠定了基础。

（二）俄罗斯统一

从 14 世纪下半期起，莫斯科公国开始了统一罗斯的新阶段。

1. 底米特里·伊凡诺维奇统治时期，公国日益强大。他不仅彻底战胜了强劲对手特维尔，而且于 1380 年在库里科沃原野击败金帐汗率领的 20 万大军，被称为"顿斯科伊"，即顿河英雄。

2. 到伊凡三世统治时期，莫斯科公国进入统一东北罗斯和摆脱蒙古统治的决定性阶段。1463 年，伊凡三世吞并了雅罗斯拉夫尔公国，1474 年吞并了罗斯托夫公国。1471—1478 年，经过数次征战，伊凡三世最后消灭了强大的诺夫哥罗德公国。1485 年，伊凡三世又率兵讨伐并消灭了特维尔公国。这时莫斯科公国基本上统一了东北罗斯，中央集权国家基本形成。

3. 瓦西里三世完成了统一事业。他在 1510 年吞并了普斯科夫，1514 年吞并了立陶宛统治下的斯摩棱斯克，1521 年吞并了里亚赞，完成了俄罗斯国家统一。

（三）封建专制中央集权帝国最终形成

伊凡四世成年后通过改革使俄罗斯封建专制中央集权帝国最终形成。

1. 政治上，召开"缙绅会议"，提出社会和政治改革纲领，并宣布编纂新法典。之后，伊凡四世根据法典改组中央国家机关，设立分掌各部行政事务的衙门，组成政府官僚机构，彻底废除旧机关，并且限制大贵族和教士的课税特权。地方上废除总督制，由中小贵族和富裕阶层中选出的地方官和法官管理行政和司法事务。

2. 军事上，限制按门第选任军官的制度，提高封地贵族在军队中的地位。颁布兵役法，变封建家兵为替沙皇服役的军队。同时在中央建立一支直接听命于沙皇的射击军。

3. 经济上，废除采邑制，推行特辖领地制。伊凡四世将全国土地划分为特辖区和普通区两部分，中央地区和南方部分地区被定为特辖区，约占全国土地面积的一半，由沙皇直接管理。特辖区内原属大贵族的世袭领地一律改为王室领地，分封给为沙皇服役的中小贵族。其余远离中央的边陲地区则被定为普通区，由贵族组成的"杜马"管理。

4. 除此之外，还对内取消僧侣特权，对外进行大肆扩张等。通过以上措施极大巩固了专制制度。

综上所述，莫斯科公国由最初的弱国，最终发展成为罗斯国家中的强国，并通过统一战争和国内改革形成了俄罗斯封建专制中央集权帝国。

参考资料

1. 吴于廑，齐世荣：《世界史·古代史编》，高等教育出版社，2011 年。
2. 周启迪：《世界上古史》，北京师范大学出版社，2018 年。

第十章 中古时代的东亚与南亚

第一节 日本政治体制的变迁

题目1 论述圣德太子改革

相关真题 2021年延边大学

7世纪初，在内外困境下，日本圣德太子辅佐推古女皇进行了以加强王权为目的的政治改革，最终推动了日本发展，提升了日本在东亚的国际地位。

（一）改革背景

1. 国内统治危机严重。①财政危机凸显。随着铁器在日本的普及，生产力的发展促使农业生产个体性增强，个别家族脱离部民组织独立生产的趋势日益强烈，政府和贵族失去了对部民的控制，减少了财政收入，动摇了部民制度和大和国家赖以存在的基础。②阶级矛盾尖锐。氏姓奴隶贵族为将土地据为己有，彼此之间征战不已，不堪压迫的人民纷纷采取暴动、抗租等方式反抗，严重打击了统治阶级。③豪强势力危及皇权。以苏我氏为代表的氏族豪强势力尾大不掉，甚至超过了皇室，擅权跋扈。

2. 国际形势恶化。6、7世纪之交，中国重新实现统一，强大的封建帝国重新出现在东亚地区。积极吸收中国文化的新罗迅速强盛，并且于601年收复了割让给日本的六座城池，且威胁着日本的盟国百济。日本在朝鲜的失败，使得政府政治威信大降。

（二）改革内容

1. 制定"冠位十二阶"。圣德太子模拟中国官阶制实行了新的官阶晋升制度，规定官阶晋升不再以氏族门第而以个人才干和政绩为依据，按照能力和功绩授予大臣十二种官位。

2. 颁布"宪法十七条"。圣德太子在融合佛、儒、法诸家思想的基础上，颁布了17条贵族和官员需要遵守的道德和政治规范，例如要求贵族之间和谐、服从天皇等，宗旨是宣扬君主至上。

3. 对外政策。①谋求与隋朝建立对等的外交关系，改变以往的"藩属"地位。②改变对外交往路线，绕过朝鲜半岛，直接向中国派遣使节、留学生，积极摄取为本国建设需要的文字制度和技术。

（三）改革影响

1. 积极影响。①强化了皇权，加强了中央集权，为大化改新做了思想理论准备。②提升了日本国际地位，加快了日本文化发展。改革使日本与中国建立了独立、平等的邦交关系，通过移植中国先进的文化，丰富了日本的精神世界。

2. 消极影响。圣德太子改革主要是文化精神方面的，没有触及部民制的基础，没有从根本上解决危机，以苏我氏为代表的氏族豪强并没有因改革而削弱，兼并土地的情况不断恶化。

综上所述，圣德太子改革以中国为参照，强化了天皇权威，推动了日本文化的发展，为之后的大化改新做了思想上的准备，但仍未解决部民制的根本矛盾。

参考资料

1. 陈伟：《试论日本早期国家官制的形成与发展》，《古代文明》，2008年第4期。
2. 吴于廑，齐世荣：《世界史·古代史编》，高等教育出版社，2011年。

题目2 论述日本大化改新的背景、内容和影响

相关真题 2024年西南大学；2023年北京大学；2018年河北师范大学；2017年西北大学；2014年湖南师范大学；2003年华中师范大学；2002年东北师范大学；2000年南京大学

645年，孝德天皇为缓解日本社会的矛盾，效仿中国隋唐制度进行了一次重大政治、经济改革。因孝德天皇的

年号为大化，故历史上称之为"大化改新"，也称"大化革新"。

（一）背景

1. 日本封建生产关系产生。随着铁器在日本的普及，生产力的发展促使农业生产个体性增强，个别家族脱离部民组织独立生产的趋势日益强烈。部分地方豪族为吸引更多劳动力，开始出租土地，收缴租赋，部民奴隶开始转变为封建性的农民，这成为大化改新的主要社会基础。

2. 圣德太子的改革未能完全解决社会危机。圣德太子的改革主要是文化精神方面的，没有从根本上解决危机，不仅没有触及部民制的基础，也没有遏制氏族豪强，氏族豪强依然兼并土地，对大众进行沉重的奴役剥削。

3. 唐朝建立及其对外政策给日本带来压力与机遇。①压力：618 年唐朝建立，645 年，唐朝应新罗之请，发兵进攻高句丽，使得一向与新罗为敌的日本感到巨大压力。②机遇：唐朝开放包容，日本派往中国的留学生纷纷学成归国，带回了唐朝的政治、经济等丰富知识，为改革奠定了政治思想基础，成为改革的中坚力量。

（二）内容

1. 经济方面。①废除土地与部民的私有制。废除皇室和贵族一切私有土地和部民，全国土地和人民都直接归属天皇（国家），成为公地和公民。②施行班田收授法。在建造户籍和赋税账簿的基础上，国家对公民分田，六年一班，死后归还。另分给园地和宅地，可以世袭占有。另外，对官僚授予食封，对功臣贵族另赐功田。③实行租庸调新税法。租为田租，庸是劳役，可以绢布代替，调为贡物，有田调和户别调两类，一般缴纳绢布。

2. 政治方面。建立中央集权的国家机构。①废除氏姓贵族世袭制，各级官吏由国家任免。②中央行政设置二官、八省、一台等官职，地方行政设国、郡、里等单位，国司和郡司由中央任命，里长由地方土豪担任。

（三）影响

1. 积极影响。①大化改新使日本民众从贵族部民演变为国家班田农民，促进了奴隶制生产关系向封建生产关系的转变。②班田收授法减轻了平民的负担，有利于提高生产积极性。③建立了以天皇为中心的律令制国家，加强了中央集权。④限制了为争夺土地和人民而进行的无休止的斗争，为经济和文化的发展创造了比较稳定的社会环境。

2. 消极影响。①农民负担过重，不仅缴纳赋税，还需自行运往都城，除此之外，还要承担各种兵役、徭役。②没有从根本上废除土地私有，贵族官僚、寺院和神社还占有大量土地，为私有土地所有者与国家争夺劳动力、兼并土地留下隐患。8 世纪末，班田制便接近废弛。

综上所述，大化改新结束了日本过去氏姓贵族专政联合统治的局面，建立了一个以天皇为中心，以公地、公民制度为基础的中央集权律令制国家。

参考资料

1. 吴于廑，齐世荣：《世界史·古代史编》，高等教育出版社，2011 年。
2. 武安隆：《浅论大化改新》，《历史教学》，1983 年第 10 期。

题目 3 简述壬申之乱的原因、过程及影响 醒吾历史统考预测题

672 年爆发的壬申之乱是大化改新之后日本新旧势力的又一次交锋，也是古代日本历史上一次较大规模的内乱。最终旧势力被平定，为律令制国家的最终建立创造了有利条件。

（一）原因

1. 白村江战败增强日本国内保守派力量。663 年，日本进攻新罗失败，引起国内不安，严重打击了天皇和改新派的威信。664 年，保守派中央豪族向皇太子中大兄施加压力，迫使天皇下诏恢复贵族部分土地和部民，改新事业受到了挫折。

2. 皇位争夺使得保守派和改新派矛盾尖锐化。① 668 年，中大兄即位，是为天智天皇，随后便沉湎于安逸的享乐生活，对保守派妥协退让，引起了以大海人皇子为首的改新派的不满。② 671 年，天智天皇剥夺了大海人皇子继承皇位的资格，另立大友皇子为太子，并任命中央豪族苏我赤兄臣和中臣金连等为左右大臣，保守派掌握了大权。③ 671 年年末，天智天皇死，大友皇太子即位，建立近江朝廷，预谋除掉大海人。

（二）过程

672年（壬申）6月，大海人皇子先发制人，举兵造反，爆发了全国内战，史称壬申之乱。7月，大海人皇子的武装与近江朝廷的军队在濑田川决战，经过惨烈激战最终取得了决定性胜利。第二天，大友皇子自杀，历时一个多月的内战结束，代表保守势力的近江朝廷灭亡。同年，大海人皇子即位，史称天武天皇，随后开始了政治层面的革新。

（三）影响

1. 推翻了保守派的统治。壬申之乱是日本改新派和保守派的最后一次决战，以大海人皇子为代表的改新派最终获胜，粉碎了保守派阻止改革的企图，保留了大化改新的成果。

2. 推动了日本律令制中央集权国家的最终形成。改新派在壬申之乱中最终获胜，为彻底完成大化改新创造了有利条件，巩固并促进了律令制中央集权国家的形成，天皇的权力得到一定程度的加强。

3. 奠定了日本强盛的基础。天武天皇即位后主导了一系列改革，例如684年，作"八色之姓"，重定贵族身份秩序，改变了日本自奴隶社会以来的旧面貌，而壬申之乱也成为此后日本强盛的开端。

综上所述，壬申之乱消灭了日本保守派势力，为继续推行大化改新进一步扫清了阻碍，奠定了日后日本强盛的基础。

参考资料

1. 吴于廑，齐世荣：《世界史·古代史编》，高等教育出版社，2011年。
2. 周启迪：《世界中古史》，北京师范大学出版社，2004年。
3. 吴廷璆：《日本史》，南开大学出版社，1994年。

题目4 简述日本平安时代政治制度的演变

相关真题 2017年南开大学

平安时代（794—1192年），指日本以平安京为中心的贵族政治时期。这一时期是日本政治制度演变的重要阶段，先后经历了律令体制、摄关政治和院政制度三个阶段。

（一）背景

1. 律令制国家建立。701年，大化改新之后，日本确立了律令制国家法的基础，建立了天皇专制主义中央集权制的官僚政治体制。

2. 班田制被破坏，庄园制兴起。由于皇族、中央贵族和大寺社的庄园享有免除捐税（不输）和拒绝地方官吏对其庄园行使行政权（不入）的特权，从8世纪末起，班田农民和一般领主便把自己的土地寄进（投献）给有势力的中央贵族或寺社寻求保护，寄进地系庄园发展起来，贵族藤原氏成为全国最大的庄园领主。

3. 武士阶层兴起。地方豪强为了保护自己的庄园，扩大势力，开始组建自己的私人武装，其成员称为"武士"，随着庄园的普及，武士阶层也迅速扩大。

（二）过程

平安时代，伴随着以藤原氏为首的贵族外戚与历代天皇之间的权力斗争，日本政治制度先后经历了律令体制、摄关政治和院政制度三个阶段。

1. 律令体制（794—887年）。794年，桓武天皇下令迁都平安京，开启了日本的平安时代，延续了自大化改新之后以律令为基础建立的天皇专制主义的中央集权体制。桓武天皇通过查处惩治腐败、禁止偷漏缴纳班田调庸等措施，抑制了贵族豪强的势力，使皇权得到了强化。820年，嵯峨天皇编成法典《弘仁格式》，成为治国新法规。此后半个世纪，政治比较安定。

2. 摄关政治（887—1086年）。877年，外戚藤原基经担任阳成天皇（10岁即位）的摄政，代替天皇行政。887年，宇多天皇即位，藤原基经改任"关白"，代替天皇总揽政务。此后每当天皇幼少、病弱或为女帝，藤原氏就以摄政掌权，天皇长大亲政后则改任关白，继续掌握朝廷大权。摄政和关白逐渐形成一种例行的政治体制，称为

"摄关政治"，独占摄关职的藤原氏家族则被称为"摄关家"。

3. 院政制度（1086—1192 年）。1086 年，为摆脱摄关家的控制，白河天皇让位给八岁的皇太子，自己出家为僧，称为上皇，在居住处设立院厅主理国政，继续掌握大权。此后，鸟羽天皇和后白河天皇也如法炮制，以上皇身份行使院政权。这种政治形式称为院政。院政出现后，摄关政治开始衰落。

（三）影响

1. 导致律令体制瓦解。无论是摄关政治还是院政制度，天皇都不掌握实权，自大化改新以来建立的中央集权律令制政体被彻底破坏。

2. 开启了幕府统治时期。天皇和藤原氏在争斗中都极力拉拢地方武士阶层，导致武士势力迅速成长。1185 年，关东源氏源赖朝控制中央政权。1192 年，源赖朝被天皇任命为"征夷大将军"，在镰仓建立将军幕府，成为实际上的中央权力机关，开始幕府政治时期。

综上所述，平安时代是日本政治制度的转型时期，即由律令政治向武家政治转换的时期。天皇逐渐失去其应有的权力和地位，成为幕府时期的政治傀儡。

参考资料

1. 吴于廑，齐世荣：《世界史·古代史编》，高等教育出版社，2011 年。

题目 5 论述 7 世纪中期到 12 世纪末日本的政治体制及其影响

相关真题 2024 年历史学统考

从 7 世纪中期至 12 世纪末，日本政治体制经历了从初期形成的律令制到幕府时代的过渡，这一时期的政治演变对日本的社会结构、经济及文化发展产生了深远的影响。

（一）政治体制演变

1. 律令制的确立与实施。7 世纪中期，日本开始仿效唐朝的中央集权体制，通过大化改新颁布《大宝律令》和《养老律令》，建立了律令制国家。这一制度确立了以天皇为中心的政治结构，形成了详细的官僚体系和法律制度，对日本社会进行了广泛的中央集权化管理。《大宝律令》的颁布，标志着日本从部落联盟向国家形态的转变，促进了国家机构的正规化和法律的统一。

2. 摄关政治的兴起。平安时代初期，随着天皇家族和贵族力量的增强，藤原氏通过政治联姻控制天皇，实行摄关政治，大大削弱了天皇的政治权力。摄关政治使得藤原氏成为实际的政治控制者，对政治、经济、文化等方面产生了重大影响。在这一时期，贵族文化达到了鼎盛，但同时也导致了权力的高度集中和腐败，加剧了社会的不稳定性。

3. 院政体制的形成。11 世纪末，随着摄关政治弊端的日益显现，天皇为了重新掌握政权，开始实行院政体制。退位后的天皇以上皇的身份继续掌握政治大权，通过设置院厅（内廷）来管理政务，这标志着中央集权的进一步加强。然而，院政体制也逐渐展现出局限性，尤其是对地方武装力量的控制力不足。

4. 幕府政治的确立。12 世纪末，源赖朝在士族和武士的支持下，击败平家建立了镰仓幕府，标志着幕府时代的开启。幕府政治的建立，实质上是将政治中心从京都的天皇和贵族转移到镰仓的武家政权，开创了由武士阶级控制的新时代，对日本后世的社会结构和政治体系产生了重大影响。

（二）政治体制变迁的影响

1. 社会结构的变化。从律令到幕府政治，日本的社会结构经历了从中央集权到地方武士势力崛起的转变。这一变化不仅影响了社会的权力分布，也促进了武士阶级的兴起和发展，为后来的武家社会奠定了基础。

2. 经济基础的转变。政治体制的变迁伴随着经济基础的转变，特别是幕府政治的确立，促进了武士经济的发展和庄园经济的扩张。这些经济变化反过来又加深了政治体制的变革，形成了一个相互促进的循环。

3. 文化发展的推动。各个时期的政治体制变迁也对日本的文化产生了深远的影响。平安时代的贵族文化极为发达，产生了《源氏物语》等文学作品。而幕府时代则促进了与武士相关的文化的发展，如武士道精神的形成和相关文学、艺术的兴起。

总之，在 7 世纪中期到 12 世纪末的日本，政治体制的演变从根本上影响和塑造了日本的社会结构、经济发展和文化形态，对日本历史的进程产生了深远的影响。

参考资料

1. 吴于廑，齐世荣：《世界史·古代史编》，高等教育出版社，2011 年。
2. 周启迪：《世界上古史》，北京师范大学出版社，2018 年。

题目 6 论述丰臣秀吉对日本封建统治的强化

相关真题 2019 年暨南大学

日本"战国时代"后期，大名丰臣秀吉采取了一系列措施恢复封建秩序，巩固中央政权，强化封建统治。

（一）背景

1. 丰臣秀吉领导地位的确立。织田信长死后，丰臣秀吉讨平叛将，确立领导地位，基本实现日本统一。他得到天皇认可，被天皇赐姓并受封。
2. 国内经济得到发展。战国时期，地方大名大多比较注意安抚流民、兴修水利、开垦农田，注重发展农业和鼓励发展工商业，城市繁荣，为丰臣秀吉改革奠定了物质基础。

（二）政治方面

1. 形成新的统治中心。丰臣秀吉在大阪筑城，形成了新的统治中心。
2. 加强中央政府机构。①设"五奉行"管理京都市政、皇室、寺社、财政、行政、司法和丈量土地。遇大事则五人合议，妥善裁决。②设"五大老"为"五奉行"的顾问，由五个最有实力的大名组成，实际上他们负责决策政务，由五奉行执行。③设"三中老"以协调"五奉行"和"五大老"的关系。
3. 加强对各地大名的控制。①恢复封建秩序。在全国范围内丈量土地使自己成为全国土地的实际支配者，取消地方豪强的土地所有权，再以"恩赐地"的形式将土地重新分配给大名、领主，与他们建立紧密的封建主从关系。②控制人质。各地大名的家属被送到京都、大阪作为人质，牵制大名。③不经许可，大名之间不得彼此结亲。
4. 加强对农民的剥削和统治。①实行"一地一作人"制度。父子和亲属不得同居，必须单独立户。②贯彻兵农分离政策。为了防止农民武装暴动，没收农民手中的刀、剑、枪等武器，从此佩带武器成为武士的特权。③实行连坐制。把农民编成五人组或十人组，形成连环保，一家有罪共同受罚。④固化身份等级。1591 年，发布身份统制令，不许农民任意迁徙，严禁农、商、武士之间的身份转化。

（三）经济方面

1. 发展农业。①1585 年起下令在全国丈量土地，按土地质量分为三等，核定年贡，登录在册，同时扩大他的直辖领地（被称为太阁检地）。丰臣秀吉成为全国土地的实际支配者。②奖励垦荒，大力兴修水利，强迫游手好闲者去务农。③耕地按照肥瘠程度分为四等，按等课赋，并以稻米等实物缴纳，赋税大约占农民每年收成的三分之二。
2. 鼓励发展工商业。①废除全国的关卡，铸造货币，以京都为标准统一度量衡。②鼓励商人来大阪定居，将工商业者从寺社、庄园领主的隶属下解放出来，确保商业利益。③整顿一部分交通设施，修补道路，架设桥梁，便于商业贸易与货物运输。
3. 发展海外贸易。颁布《海贼取缔令》，实行"朱印船贸易"，授予长崎、京都的商人以幕府特许证，以资保护。

（四）影响

1. 强化了封建统治。丰臣秀吉的种种举措使日本已经动摇的封建秩序又重新得到恢复和加强，并在很大程度上结束了日本自战国时代以来的混乱局面。
2. 促进了经济发展。他的经济措施恢复了生产力，促进了经济的发展，维护了当时的社会稳定。
3. 加剧了日本对外扩张的野心。上述一系列措施，使得日本实力大涨，丰臣秀吉对外扩张野心急剧膨胀，转而侵略朝鲜，图谋中国。

综上所述，丰臣秀吉采取了一系列措施恢复封建秩序，巩固中央政权，强化封建统治，为后来的幕藩体制打下了基础，并使日本已经动摇的封建秩序得到恢复和发展。

参考资料

1. 吴于廑，齐世荣：《世界史·近代史编》，高等教育出版社，2011年。

题目7 论述德川幕府专制统治的政治措施与影响

相关真题 2020年陕西师范大学

德川幕府（1603—1868年），是德川家康在江户建立的封建统治。这一时期，幕府与藩国共同构成的"幕藩体制"是其统治的核心，展现了中央集权与地方分权的特点。

（一）早期德川幕府专制统治的政治措施

1. 加强中央集权。幕府作为最高权力机构，由将军领导，下设"大老""老中""若年寄"，合称"三役"，辅佐将军掌管全国政务。"三役"之下设管理寺社、幕府财政以及江户市政的"三奉行"。

2. 加强地方控制。大名的领地称藩，在行政、军事等方面拥有一定自主权。为加强对大名的控制，实行交替参觐制度，大名先在自己的领地生活一年，第二年就去江户生活，其妻子则作为人质扣留在江户。

3. 制定等级制度。实行四民制度，即将居民划分为士、农、工、商四个阶层，明确了各阶层的法律地位和权利。

4. 增强军事力量。幕府维持常备军，并可动员大名的兵力，共计约8万人，超过了三四十个大名兵力之和，确保了幕府在军事上的优势。

5. 加强文化建设。推崇儒学，尤其是朱子学，以之作为官方学问，促进了社会稳定。

6. 实行锁国政策。1633年以来，先后五次颁布"锁国令"，限制海外贸易，取缔天主教教士传教活动，对驶抵日本的外国船实行严密监视，贸易活动也由幕府进行严格的管制。

（二）后期德川幕府专制统治的政治措施

1. 享保改革。享保元年（1716年），为应对武士阶层的贫困和农民分化，幕府开始实施了一系列改革，如土地和人口调查、颁布节俭令、固定地租率、鼓励种植经济作物等。最终改革稳定了物价，也使得幕府财政状况得到改善。

2. 宽政改革。天明七年（1787年）至宽政五年（1793年），为抑制商品经济发展，巩固幕藩体制，幕府采取了取消商人特权、废除商业行会、免除武士的债务、向农民提供贷款并命令他们从城市返回乡里等措施。暂时解决了幕府长期的财政赤字问题，延续了幕府的统治。

（三）影响

1. 积极影响。①幕府统治初期的措施促进了江户文化的发展和民族认同感的形成。②交替参觐制度加强了与地方的联系，推动了经济和文化的交流。

2. 消极影响。①严格的社会等级和剥削导致了农民的不满和反抗不断。②锁国政策使日本长期与外国断绝交流，导致了日本的落后。③后期改革虽有一定成效，但未能完全解决社会矛盾，农民起义和市民暴动频发。

德川幕府结束了长期的内乱，实现了相对的国家统一。然而，随着时代的变化，幕府的封建制度和闭关锁国政策逐渐显露出其局限性，最终无法适应近代化的潮流。

参考资料

1. 王新生：《日本简史》，北京大学出版社，2005年。

题目8 分析幕府政治特点，说明日本古代政治制度演进的趋势

相关真题 2020年陕西师范大学；2020年苏州大学；2015年河南师范大学；2005年四川大学

日本幕府政治是日本古代特有的政治形式，其历经镰仓幕府、室町幕府、德川幕府三个时期，展示出独特的政治特点和发展趋势，对日本的政治制度演进产生了深远的影响。

（一）幕府政治特点

1. 幕府政权的建立者多为地方军事贵族，拥有较高的社会地位和强大的军事力量。例如，镰仓幕府的源赖朝出身清和源氏武士集团，室町幕府的足利尊氏来自武士贵族，德川幕府的德川家康本身即为大名。
2. 幕府将军在政治上拥有绝对权力，天皇被架空。尽管名义上尊重天皇，但实际上，幕府将军掌控国家的政治、军事、财税等重要事务，并派人监视天皇与公卿。
3. 地方的大名（领主）由幕府将军任命，他们管理各自的领地，并向将军效忠。幕府与大名之间存在土地封赏与护卫将军的互惠关系。

（二）日本古代政治制度演变趋势

1. 日本政治制度发展初期（592年之前）。这一时期由拥有特权的贵族阶级掌握国家权力，氏姓制度和部民制度是其主要管控手段，部民在氏族长的统帅下进行生产活动，地位接近奴隶，无人身自由。
2. 贵族政治逐渐向君主专制政治转变（592—887年）。592年，推古女皇即位，此后日本历经圣德太子改革、大化改新、天武之治等改革逐渐建立中央集权的律令体制，天皇开始掌握国家大权，到奈良时代（710—794年），日本的天皇政治达到巅峰。
3. 天皇权力衰微，寡头贵族统治（887—1192年）。887年，贵族藤原氏由摄政改任关白，代理天皇处理全国政务，通过摄关政治实行寡头贵族统治。1086年，白河天皇让位后成为上皇，设立院厅主理国政，继续掌握大权，开启院政时代，但天皇仍然大权旁落。
4. 武家夺权，幕府统治取代贵族政治（1192—1868年）。1192年，武将源赖朝在镰仓建立幕府，幕府成为实际上的中央权力机关，开始幕府政治时期。此后日本经历了镰仓幕府、室町幕府、德川幕府三个武家政治时期，天皇仅仅成为国家的象征。

日本古代政治制度的演变反映了其由贵族分裂向武家统一的趋势，由分权向集权的转变，体现了日本特有的历史发展路径。

参考资料

1. 吴于廑，齐世荣：《世界史·古代史编》，高等教育出版社，2011年。

题目9 简述古代日本土地所有制的发展演变 醒吾历史统考预测题

古代日本的土地所有制经历了从公有制和国有制并存到大土地所有制的发展过程，土地的所有权和使用权逐渐从中央集权向地方分权转移。

（一）大化改新之前的土地所有制

在大化改新之前，日本仍属于原始氏族社会，实行的是土地公有制和大土地私有制并存的形式。

1. 土地公有制主要体现在"家"和"宅"，其中"家"指的是原始氏族社会下家族公社共同居住、生活的地方。而"宅"则是各家族公社的盟主（村首）所居住、生活的地方，也是祭神之地，属于村首家族的共同财产。
2. 大土地私有制的表现是"屯仓"和"田庄"。其中"屯仓"指倭王家族的私有土地，主要包括朝廷御田、佃种御田和谷物仓库。"田庄"则是中央豪族（贵族）的私有地，由劳动奴婢、家奴和部曲耕种。

（二）从大化改新到奈良时代早期的土地所有制

大化改新后日本向封建社会转变，土地所有制以国有制为主。

1. 大化改新中，政府没收了皇族的"屯仓"和豪族的"田庄"，废除了私有部民制，将部民和土地收归国有，实行班田收授法，国家分配给六岁以上的公民口分田，限终身使用，不得世袭、买卖或转让，但可出租一年，公民需向国家缴纳租庸调，其中租为田租，庸为劳役，调为贡物。
2. 政府还分配均等的宅地和园地，宅地是班田农民的住宅、存储等非耕地，而园地则是作为种植非粮食作物的耕地，两者都属于私有土地，由田主自由支配。

（三）奈良时代后期以后的土地所有制

随着生产力的提高和独立经营的可能性，土地国有开始向土地私有转化。

1. 723 年，政府颁布《三世一身法》，规定开垦生荒地可传三代，开垦熟荒地可终身占有，贵族豪强趁机将开垦的荒地和山林原野圈占起来据为己有，自垦地系庄园兴起。743 年，颁布《垦田永世私财令》，公开承认了土地私有的合法性，土地所有制在全国范围内日益发展起来。

2. 从 8 世纪末起，由于皇族、中央贵族和大寺社的庄园享有免除捐税（不输）和拒绝地方官吏对其庄园行使行政权（不入）的特权，班田农民和一般领主便把自己的土地寄进（投献）给有势力的中央贵族或寺社寻求保护，寄进地系庄园发展起来。10 世纪以后，寄进地系庄园逐渐增多，最终演变成幕府时期的武家领主土地所有制。

综上所述，古代日本土地所有制的发展体现了从公有制和国有制向大土地所有制的转变，这一转变对日本的社会结构、经济发展和政治格局产生了深远影响。

参考资料

1. 吴于廑，齐世荣：《世界史·古代史编》，高等教育出版社，2011 年。
2. 周启迪：《世界中古史》，北京师范大学出版社，2004 年。
3. 吴廷璆：《日本史》，南开大学出版社，1994 年。
4. 赵汝清：《古代日本的家、宅、屯仓及其他》，《西北师大学报》，1997 年第 5 期。

题目 10　简述日本封建社会的政治特点和经济特点

相关真题　2023 年山东师范大学

日本封建社会的确立和发展，经历了从律令制国家到武家政治的长期演变，这一过程中的政治和经济体系表现出独特的特点。

（一）政治特点

1. 律令制国家前期（7 世纪后期至 887 年），确立天皇专制统治。日本在借鉴唐朝的基础上，实行了以天皇为中心的专制主义中央集权体制，并建立官僚体系。同时将佛教立为国教，利用佛教庇护国家。

2. 摄关和院政时期（887—1192 年），实行寡头贵族政治。这一时期，政治权力逐渐从天皇转移到贵族手中。摄关政治下，藤原氏等大贵族利用外戚身份独揽大权，天皇被架空。院政时期地方割据势力崛起，导致中央集权体制削弱。

3. 武家政治时期（1192—1868 年），形成公武二重政权。镰仓幕府建立后，日本形成了以天皇为代表的公家贵族政权和武家军人政权并存的局面，天皇虽然保持着宗教和象征上的权威，但真正的军事和政治权力掌握在幕府将军手中。

（二）经济特点

1. 从大化改新到奈良时代早期（646—723 年），实行国家土地所有制。大化改新之后，日本经济体系以国有土地的班田制为主。国家分配土地给公民，实行地租与赋税合二为一的制度。班田农民作为国家农奴，承担着重税和劳役，生产力水平较低。

2. 奈良时代后期至平安时代（723—1192 年），土地私有制和庄园制开始兴起。8 世纪末至 12 世纪，土地私有的庄园制逐渐成为主要的土地所有制，主要有自垦地系庄园和寄进地系庄园两种，皇族、贵族、寺社和地方豪强成为庄园主，农民变成了庄园的佃农或半自由农。

3. 武家政治时期（1192—1868 年），形成封建等级土地所有制。幕府建立之后，庄园制进一步发展，形成了寄进和分封相互结合的封建等级土地所有制，也就是幕府将军分封领地之后，庄园领主之间形成了"本家—领家—在乡领主"的等级结构，并以瓜分农民年贡的途径维系彼此间的契约关系。

综上所述，日本封建社会的政治结构表现为由天皇专制到武家专制的转变。经济方面，体现了从土地国有制向大土地所有制的转变。

参考资料

1. 刘毅：《日本早期封建制的几个特点》，《历史研究》，1983 年第 3 期。

题目 11 简述中世纪日本文化的发展概况及其特点

相关真题 2006 年四川大学

中世纪日本文化从 8 世纪延续至 19 世纪，深受中国文化的影响，呈现出多元化的特征。在这一过程中，日本也逐渐形成了自己的文化特色，基本上奠定了日本传统文化的基础。

（一）概况

1. 奈良时代（710—794 年）。这一时期，日本积极学习中国的文化和制度。①教育。日本仿照唐代在中央设太学、地方设国学，教授经学、律令、算术等科目。②文字文学。创造了日本假名文字，并且日本皇族和贵族都通晓汉文和汉诗，创作了大量汉文诗，如《怀风藻》，促进了本土文学的发展。③史学。效仿中国"官修正史"，编修国史和地志，形成《古事记》《日本书纪》。④宗教艺术。中国佛教各宗大都传入日本，与佛教有关的建筑、雕刻、绘画都有了飞跃发展。

2. 平安时代（794—1192 年）。①文学。文学成为这个时代的显著特点，作品多用假名书写，体裁丰富，包括和歌、小说、日记等，其中《源氏物语》等小说作品开创了日本叙事文学的先河，日记和随笔以《土佐日记》和《枕草子》为主要代表。②艺术。出现了线条柔和、色彩艳丽的大和绘（日本画）以及小野道风等体现日本风格的书法家。

3. 镰仓时代（1192—1333 年）。①文学。反映武家兴亡和战争情况的战记小说繁荣起来，如《保元物语》。出现了新兴诗歌体裁"连歌"，着重文句的堆砌，例如《莬玖波集》。②建筑艺术。寺院出现了天竺式和唐式建筑；住宅建筑则出现了"武家造"，是一种有防御设备、样式别致的武家住宅；绘画艺术以佛教绘画为主。

4. 室町时代（1336—1573 年）。①教育。文化教育在此时得到重视，足利学校等教育机构的建立促进了文化的普及。②文学。连歌得到广泛发展，并且还出现了一种称为御伽草子的短篇小说集。③艺术。历代将军和守护大名的肖像雕刻和水墨画在此时兴起。

5. 德川时代（1603—1868 年）。①文学。涌现了一批反映市民利益的小说作品，称"假名草子"和"浮世草子"。②艺术。被称作"浮世绘"的风俗画和美人画开始流行。

（二）特点

1. 汉化风气显著。中世纪日本文化深受中国文化影响，从教育制度到文学艺术都呈现出浓厚的汉化特征。日本文化在汉化的基础上，逐渐融合本土元素，形成了自己的特色。

2. 尚武风气盛行。由于这一时期大体上处于武家政治的历史阶段，武士成为社会的重要阶层，因此尚武之风在文化艺术中占据了重要位置。

3. 文化多元化。中世纪日本逐渐形成武士与平民文化多元发展的特点，并且以平民文学为代表的世俗文化的地位逐渐上升。

综上所述，中世纪日本文化历经了一个从外部吸收到自主发展的过程。在这一过程中，日本走向了武士与平民文化多元化发展道路。

参考资料

1. 王宏北：《由北方社会看日本的中世纪社会》，《黑龙江民族丛刊》，1995 年第 4 期。
2. 孙英刚：《西方学术话语与东方史学脉络——以"Medieval"为例》，《人文杂志》，2020 年第 2 期。

第二节 朝鲜半岛的社会文化

题目 1 论述李氏朝鲜初期加强中央集权的政治措施及影响

相关真题 2023 年延边大学；2004 年四川大学

李朝是由高丽王朝的将领李成桂于 1392 年建立的朝鲜王朝，为了解决自高丽王朝末期以来的社会问题，李朝政府采取了一系列措施加强中央集权。

（一）背景

1. 政治背景。高丽王朝末期，统治阶级内部的争权夺利导致政权不稳定，武臣势力增强，割据混战不断，社会动荡不安。

2. 经济背景。土地兼并严重，国家税收大幅减少。农民失去土地，沦为封建贵族的佃户或奴婢。

3. 外部环境。朝鲜军事实力弱小，屡遭契丹、蒙古、女真等外族侵略。

（二）具体措施

1. 定都汉城。选定汉城（今首尔）为都城。汉城地理位置居于国土中心且具备良好的防御地形，方便掌控全国。

2. 颁布法典。1469年编成《经国大典》，国王集立法、行政、司法、军事等权力于一身，确立绝对的独裁权力，专制集权政治体制臻于完善。

3. 改革中央行政制度。①设立议政府作为辅佐国王的最高行政机构。②议政府下设吏、户、礼、兵、刑、工六曹，分管政府各项重要行政事务。③设三司，即弘文馆、司宪府和司谏院，其中弘文馆是国王的咨询机关，司宪府是监察机构，监督官吏、纠察，司谏院的职责是谏议国王的言行，构成权力制衡体系。

4. 改革地方行政制度。①全国设立七道，道的最高长官为观察使或监司，掌握地方军政大权。②道以下设州、府、郡、县，长官统称守令，都由中央任命。

5. 加强经济控制。①登记造册土地，将土地收归国家所有。②1391年，实行科田法，对两班官僚及其他贵族按等级授田，并且土地可世袭。③清理公私奴婢，同时派官丈量土地、清查匿田，并积极开垦新田。④推广农业技术，编成《农事直说》，普及轮作法，引进棉花种植技术。

6. 颁行身份制。确立"两班"阶层，即东班和西班，分别代表文官和武官，他们不直接从事生产，享有免除服役的特权。并且李朝政府的官员只能由两班出身的人担任，逐渐形成官员世袭制度。

7. 调整外交政策。①明朝。对明朝实行和平亲善政策，两国派遣使者互访，并与明朝结成友好同盟共同抵御北方蒙古和女真的侵犯。②日本。一方面与日本政府建立平等的外交关系，另一方面建立海军，积极抗倭。

（三）影响

1. 强化了中央集权。通过以上政治措施，国王权力得到了巩固，中央集权得到强化，确保了国家政策的统一执行和社会的稳定运行。

2. 改善了国家财政。国家确立了对土地的支配权，提高了国家掌握的人口数额，扩大了税源，增加了国家财政税收。

3. 促进了社会经济的发展。通过推广农业技术等方法使农业产品种类迅速增加，促进了手工业的分化和生产的进一步细化，推动了商品货币经济发展，形成了汉城和平壤两大商业中心。

4. 改善了国际关系。自14世纪末以来，李朝对女真的斗争不断取得胜利，开拓了北部疆土。1419年，朝鲜征服对马岛，制止了倭寇的侵犯，为社会发展提供了稳定的外部环境。

李氏朝鲜初期的政治措施，尤其是加强中央集权的做法成功地稳定了国家，改善了经济状况，并为朝鲜的长期发展奠定了基础。

参考资料

1. 朝鲜历史研究所：《朝鲜通史》，吉林人民出版社，1973年。
2. ［韩］李基白：《韩国史新论》，国际文化出版公司，1994年。

题目2　论述统一新罗到朝鲜王朝初期的土地制度的演变

相关真题　2022年延边大学；2020年延边大学

从统一新罗到朝鲜王朝初期，朝鲜半岛的土地制度经历了从封建土地私有制到中央集权化管理的重要转变，这一演变过程不仅影响了当时的政治结构和经济基础，也深刻地塑造了朝鲜历史的发展轨迹。

（一）统一新罗时期

统一新罗（668—935 年）。通过军事征服和政治联姻实现了对朝鲜半岛的统一，为了巩固统治和发展经济，新罗王朝对土地制度进行了创新和调整。

1. 禄邑制。统一新罗初期，新罗王朝采取了禄邑制，即通过将土地授予官吏作为俸禄的方式，旨在稳定和奖励官吏阶层。这种做法增强了中央对地方官吏的控制，但也促进了土地私有化的趋势。

2. 丁田制。为了解决由禄邑制引起的土地兼并问题，722 年，新罗王朝推行了丁田制，规定向 16 岁以上的良民男女分配土地，领受丁田的农民需缴纳地租并承担徭役。这一制度对稳定农民的土地使用权、促进农业生产和提高国家税收起到了积极作用。

（二）高丽王朝时期

高丽王朝（918—1392 年）。在统一朝鲜半岛后，面临着巩固国家统一、提高农业生产和加强中央集权的任务，因此对土地制度进行了进一步的改革和整顿。

1. 田柴科制度。976 年，高丽王朝实行田柴科制度，即登记全国耕地和山林，收归国有，按等级分配给官员、军人和士族。这一制度旨在加强国家对土地的控制，整顿土地管理，但也加剧了土地的阶级化分配。

2. 勋田制。为了奖励对国家有贡献的功臣和鼓励军事开拓，高丽王朝还实施了勋田制，即授予开国功臣及其子孙以土地，可世袭。这增强了贵族阶层的经济基础和政治地位，但长期看促进了土地兼并和社会贫富差距的扩大。

（三）朝鲜王朝初期

朝鲜王朝（1392—1897 年）的建立伴随着对土地制度的全面改革，意在整顿国家财政、促进农业发展和加强王权。

1. 田制改革。李成桂上台后立即着手进行土地制度的改革，1388 年，对全国的土地进行了全面的丈量和登记，旨在确认土地的所有权，收回国家对土地的直接控制权。

2. 科田法。1391 年，朝鲜王朝推行科田法，这是一项重要的土地改革措施，通过重新分配土地，确立了土地归国家所有的原则，将土地分配给农民耕作，同时设立军田和官田，以满足国家的军事和行政需求。

这些土地制度的演变，从根本上改变了朝鲜半岛的社会经济结构，加强了中央集权，促进了农业生产，但同时也带来了社会阶层固化和地方势力的弱化。

参考资料

1. 吴于廑，齐世荣：《世界史·古代史编》，高等教育出版社，2011 年。
2. 周启迪：《世界中古史》，北京师范大学出版社，2004 年。

第三节　蒙古人的扩张与影响

题目1　论述蒙古帝国三次西征的背景、过程、胜利原因及影响

相关真题　2023 年鲁东大学；2020 年复旦大学；2020 年河北师范大学；2020 年陕西师范大学；2018 年复旦大学；2018 年陕西师范大学；2016 年福建师范大学

13 世纪初，蒙古帝国的三次西征标志着其对外扩张的高峰期，这些征服活动不仅巩固了蒙古帝国的统治，也对中世纪的世界格局产生了深远影响。

（一）背景

1. 经济根源。游牧民族经济的脆弱导致蒙古人寻求外部资源，扩张成为经济发展的必然选择。

2. 军事优势。蒙古实行千户制，建立了高效的军事组织。所有青壮年男子皆为战士，编入军队，自备马匹和兵器，由千户长、百户长率领，为西征提供了坚实的军事基础。

3. 政治基础。蒙古人长期的草原部落战争和武装掠夺的传统使得对外扩张成为其政治策略的一部分。

（二）过程

1. 第一次西征（成吉思汗西征）(1218—1223年)。在成吉思汗的领导下，蒙古军队征服了西辽、花剌子模和康里等国，基本上控制了自中亚到黑海东岸的广阔地区。

2. 第二次西征（又称"长子西征""拔都西征"）(1235—1242年)。窝阔台即位后，于1235年召开诸王大会，决定征讨钦察、斡罗思等国。蒙古军队继续西进，攻占了里海以北地区及俄罗斯等地。

3. 第三次西征（旭烈兀西征）(1252—1264年)。蒙哥大汗命旭烈兀率军西征，攻灭木剌夷国，击败黑衣大食，攻陷巴格达和大马士革城，蒙古帝国势力扩展至西南亚。

（三）胜利原因

1. 世界政治形势为蒙古西征提供了有利条件。①当时东亚地区辽、金、夏、宋长期对峙，国力衰落。②西亚和花剌子模内部矛盾尖锐，政局不稳。③欧洲地区各封建王国分裂混战。④阿拉伯地区哈里发大权旁落。

2. 蒙古军队具有强大的军事实力。蒙古铁骑结合了蒙古人的骑射技术和蒙古马的耐力，形成了高效的战斗力量。

3. 在征服过程中，蒙古得到了穆斯林商人的大力支持。穆斯林商人希望北方草原地区实现统一，从而保证商路沿线的相对稳定，因此他们为蒙古军提供重要的情报和向导服务。

4. 成吉思汗本人及其将领具有卓越的军事指挥能力，能够灵活应对各种战场情况。

（四）影响

1. 加强了中西文化交流。通过对外征服，中国的火药、指南针、印刷术传入西方，波斯的建筑艺术和阿拉伯的数学、医学知识传入东方，促进了中西文化的交流。

2. 结束了其他地区的割据混乱。在俄罗斯等地区结束了当地长期的政治混乱，为这些地区的未来发展奠定了基础。

3. 推动了国际贸易的发展。打破了东西方交往的屏障，使当时阿拉伯半岛、欧洲商人能够来到中国经商，促进了国际商业活动。

4. 给被征服地区带来了严重的破坏和灾难。蒙古西征军所到之城市和地区都遭到严重的毁坏，对当地的社会经济和文化造成了负面影响。

综上所述，蒙古帝国的三次西征是中世纪世界历史上的重要事件，不仅改变了当时的政治格局，还促进了东西方的文化交流和贸易发展，影响极为深远。

参考资料

1. 徐良利：《论蒙古第三次西征的历史背景和影响》，《广州大学学报》，2010年第2期。
2. 纪宗安，李强：《略论蒙古西征的原因和影响》，《黑龙江民族丛刊》，2007年第4期。
3. 宋鑫秀：《蒙古西征对当时世界的统治及影响分析》，《黑龙江史志》，2014年第9期。

第四节　从笈多王朝到莫卧儿帝国

题目1　简述笈多王朝超日王时期的统治政策及影响　醒吾历史统考预测题

超日王是印度笈多王朝的第三代君主。在他的统治下，笈多王朝达到了鼎盛，对印度的政治、经济和文化产生了深远的影响。

（一）对外政策

1. 联姻策略。超日王通过与周边国家的王室联姻，拉拢盟友并扩大影响力。①他娶了库伯拉纳伽的公主，以安抚中北部的纳伽省长。②将女儿嫁给南印度强国伐迦陀迦国王，以消除南方威胁。

2. 军事征服。①388年，超日王开始了对斯基泰人的西征，先后征服了马尔瓦、古吉拉特和卡提阿瓦半岛，控制了北印度东西海岸的城市及港口。②至409年，基本上消灭了斯基泰人的地区王权，吞并了西部总督区，笈多王朝的版图达到巅峰。

（二）对内政策

1. 促进经济发展。①超日王重视农业。推广铁铲、铁锹等铁制农具和施肥、轮作等农业技术。②发展手工业。纺织、武器制造、金属加工等行业发达。③发展商业。超日王时期，将东部与西部的港口联通，促进了印度北部和中部的商贸往来。

2. 建设政治体系。建立了强大的中央集权政治体系。①最高统治者称大王，大王之下设立由教俗贵族构成的王室顾问和各部大臣。②全国划分为多个省，省下设县。各省总督由皇亲贵族担任，省以下官员由总督任命和管辖。③首都迁至华氏城，加强对全国的控制。

3. 重视文化建设。①鼓励文学创作，出现了《沙恭达罗》《鸠摩罗出世》等著名文学作品。②促进建筑和绘画艺术发展，如阿旃陀石窟和爱罗拉石窟是印度艺术的两大宝库。

4. 实行宗教自由。超日王虽信奉印度教，但对其他宗教信仰也能采取宽容态度。各宗教和印度教教派都得到自由发展。

5. 进行军事改革。①改革军事体制，改变过去依赖大象和战车作战的局面，发展骑兵力量。②改革军事战术，将战象的正面威慑力与印度步兵的弓箭远射火力的优势相结合。

（三）影响

1. 扩大了王朝疆域。超日王统治下的笈多王朝扩大了领土，控制了从恒河口到印度河口的广大地区。

2. 促进了国家发展。①政治上，超日王建立了中央集权统治，政治形势稳定。②经济上，农业、手工业和贸易都得到发展，使笈多王朝经济繁荣。③文化上，文学、艺术、建筑和哲学等领域都出现了著名学者和有价值的作品。④宗教上，宗教宽容政策促进了佛教、印度教的传播。⑤军事上，通过改革提升了军队战斗能力。

综上所述，笈多王朝在超日王时期不仅扩大了国家版图，还建立了强大的中央集权统治，并将艺术和文化推向了一个新的高峰。

> 参考资料

1. ［德］库尔克、罗特蒙特著，王立新、周红江译：《印度史》，中国青年出版社，2008年7月。
2. 吴于廑，齐世荣：《世界史·古代史编》，高等教育出版社，2011年。

题目2 简述戒日帝国的封建土地制度 醒吾历史统考预测题

印度历史上的戒日帝国时期是一个封建土地制度得到显著发展和完善的时代。该时期的土地制度不仅深刻影响了印度的社会结构和经济发展，还在一定程度上塑造了印度后续历史进程中印度社会的特征。

（一）土地制度内容

戒日帝国时期的土地制度可以说是建立在早期封建制度基础之上，并加以发展和完善的。

1. 土地划分。在戒日帝国时期，印度的土地被分为四类，不仅反映了当时社会等级和权力结构，也体现了国家对土地资源的控制和分配策略。四类土地分别为：①国家直接征收田赋的土地。②封赐给高级官员的禄田和食邑。③赏赐给学者的土地。④赏赐给宗教团体的"福田"。

2. 土地制度特点。①土地封赐具有永久性，被封赐者拥有对土地的自由支配权和世袭权。②封赐土地以"邑"为单位，一邑通常对应一个村社，每邑约有200户。③被分封的土地由村社农民耕种。他们被束缚在土地上，必须向新的封建主缴纳地租和赋税，同时服从各种劳役，逐渐沦为依附农民。

（二）土地制度影响

1. 培育了大量教俗封建主。通过土地赏赐，许多寺院和庙宇拥有者成为拥有大量土地的封建主，成为当时社会的支柱，建立了封建统治秩序，加强了中央对地方的控制。但是拥有稳定经济基础的封建主逐渐壮大，他们对国家的离心力也逐渐增强。

2. 促进了经济发展。戒日帝国土地制度使大量农民被束缚在土地上从事劳动，从而为国家提供了相对稳定的税收，一定程度上推动了封建经济的发展。

3. 推动了社会阶层演变。封建土地制度确立后，婆罗门和刹帝利阶层从国王那里分得大量土地，其统治地位得以维护。而吠舍种姓中的原农牧民和首陀罗种姓中的分成制农民及租佃制农民逐渐转化为依附农民，形成新的首陀罗种姓。

4. 导致后世出现经济、社会问题。从长期来看，土地的高度集中和农民的依附化限制了生产力的长远进步，阻碍了未来经济发展，而随着封建土地制度的确立，社会阶层变得更加固化，影响了社会活力，成为后续历史进程中印度社会不断面临和尝试解决的问题。

综上所述，戒日帝国时期的封建土地制度是印度封建社会发展的重要标志，它不仅塑造了当时的社会经济格局，也对印度的历史进程产生了持久的影响。

参考资料

1. 吴于廑，齐世荣：《世界史·古代史编》，高等教育出版社，2011 年。

题目 3 论述印度德里苏丹国的伊斯兰教政权统治　醒吾历史统考预测题

德里苏丹国（1206—1526 年）是一个由突厥人、波斯人和阿富汗人组成的军事贵族统治的伊斯兰教区域性封建国家，信仰伊斯兰教。它在 13—16 世纪不断扩张，最终成为占据南亚次大陆大部分地区的重要政权。

（一）统治措施

1. 政治方面

①在中央政权建设上，德里苏丹国采用政教合一的伊斯兰教神权政体，苏丹集君权和教权于一身，是全国的最高统治者。中央政府由若干个部（即迪万）组成，分管税收、司法、军事等重要职责，各部长官由苏丹任命。

②在地方行政上，德里苏丹国划分了若干"舍克"作为行政区，下辖"巴尔加那"，再之下是村社。省级行政长官"瓦利"由苏丹任命。此外，边远地区的印度教王公统治的土邦处于半独立状态，但仍承认苏丹的宗主权并缴纳贡税。

③在军事上，德里苏丹国建立了大规模的常备军，其成员主要来自阿富汗突厥人和印度血统的穆斯林。军队主要由骑兵、步兵和象兵组成，并装备有简单的火器。

④在外交方面，德里苏丹国与哈里发保持宗藩关系，先后接受阿拔斯王朝哈里发、法蒂玛王朝哈里发的册封。

2. 经济方面

①在土地政策方面，德里苏丹国实行国家土地所有制，土地占有形式大体分为三种：第一种是"哈斯"，是由苏丹直接支配的土地。第二种是"伊克塔"，是苏丹以服军役为条件分封给穆斯林战士的土地。第三种是神庙土地，是苏丹赏赐给伊斯兰教神职人员与清真寺的土地。

②在土地税收方面，税率在不同王朝期间有所变动，如奴隶王朝时期为收获量的五分之一，卡尔基王朝时期提升至二分之一。

③在农业上，国家兴建水利工程，推广波斯式水车等新型灌溉工具，同时种植棉花、甘蔗等经济作物。

④在手工业方面，分为官营和私营，以纺织业为主，产品不仅供应国内市场，也出口海外。

3. 宗教方面

奉行打击非伊斯兰教的政策。例如，在诉讼时，只要一方是穆斯林，就得按照伊斯兰教法审判；只要有清真寺的乡村就不能再建立其他宗教的神庙；非伊斯兰教徒难以担任高级官职；等等。

（二）影响

1. 完成印度统一，为社会经济发展提供了良好环境。德里苏丹的统治改变了此前印度小国林立的局面，开始形成一个统治稳定的国家，为农业、手工业、商业的发展提供了良好环境。

2. 伊斯兰教在印度得到了快速传播和发展。伊斯兰教成为国教后，穆斯林人数显著增加，印度伊斯兰化程度加深。

3. 伊斯兰教与印度教之间的矛盾日益加剧。德里苏丹国对印度教徒的政策，如限制政治地位、鼓励改宗，加深了两大宗教的对立。

综上所述，德里苏丹国的伊斯兰教政权统治既有利于印度统一和经济发展，也加剧了宗教矛盾，其历史意义值得深入研究和反思。

参考资料

1. 吴于廑，齐世荣：《世界史·古代史编》，高等教育出版社，2011 年。

题目 4 论述上古中世纪印度种姓制度的演变及特点

相关真题 2022年内蒙古师范大学；2020年暨南大学；2019年云南大学；2018年中国人民大学；2018年郑州大学；2017年河北大学；2017年苏州大学；2015年东北师范大学

种姓制度，作为印度社会的一个显著特征，源远流长，其形成和发展经历了多个历史阶段，是印度社会结构的基础。

（一）种姓制度（瓦尔那制度）的产生

1. 早期吠陀时代（约公元前1500—前900年）。雅利安人入侵后，为了与被征服者进行区分，自称为雅利安瓦尔那，将当地土著居民称为达萨瓦尔那。随着雅利安人内部的社会分化，又出现了平民与氏族贵族的区别，平民称为"吠舍"，贵族称为"罗阇尼亚"，从事祭祀的氏族贵族称为"婆罗门"，雅利安人部落中平民与贵族的一分为二，贵族内部的军事贵族与祭司贵族的一分为二，标志着种姓制度的初步形成。

2. 后期吠陀时代（公元前900—前600年）。这一时期，种姓制度正式形成，已经成为印度社会的一个重要组成部分。婆罗门教典籍规定了不同种姓的地位和权利义务。其中，婆罗门掌管宗教祭祀并参与政权活动，刹帝利（从"罗阇尼亚"发展而来）负责军事和政治事务，吠舍从事商业、牧业和农业，而首陀罗前身是达萨瓦尔那，但也包括失去公社成员身份的雅利安人，他们处于最底层，从事低贱的劳动。

3. 孔雀帝国时期（约公元前324—前187年）。种姓制度发展到成熟阶段。四大种姓仍作为种姓制的基础，同时又承认了许多"杂种姓"。《摩奴法典》对瓦尔那制度做出了极为详细的规定，如第十章对杂种姓做了许多说明和解释。

（二）中世纪种姓制度的演变

到了中世纪，种姓制度虽名称未变，但其内涵和社会影响发生了显著变化。

1. 两个高级种姓依然保持统治阶级地位。在中世纪，婆罗门和刹帝利两个高级种姓在地位上变化不大。他们从历代君主那里获得了大量土地封赐，对土地上的农户实行各种剥削。

2. "阇提"制度的出现。7世纪，随着吠舍和首陀罗内部的分化，出现了"阇提"制度，即职业世袭的集团。吠舍种姓逐渐转变为商人独占的阶层，而首陀罗则转化为封建依附农民，与此同时，社会地位最低、从事被认为是低贱职业的"旃陀罗"也形成了。

（三）种姓制度的特点

1. 职业世袭和固定社会地位。各种姓各自的职业和社会义务被固定，不得随意改变，后调整为高种姓的人可以从事低种姓的职业。

2. 实行种姓内婚制。为了保持种姓的纯洁和特权，各种姓之间实行严格的内婚制度及同姓通婚。

3. 宗教地位的不平等。婆罗门、刹帝利和吠舍死后可以举行再生仪式，而首陀罗死后不能举行再生仪式，无权参加雅利安人的宗教活动。

4. 法律上的不平等。比如当首陀罗阶级无力偿还债务时，只能是以人身作为抵押，而其他三个等级无力偿还债务时，可以暂缓偿还，并且不得用人身作抵押。

（四）影响

种姓制度对印度社会产生了深远影响，既维护了统治阶级的特权，也导致了一系列社会问题。

1. 积极影响。种姓制度有助于维护统治阶级特权和社会稳定。

2. 消极影响。①种姓制度导致了腐朽的等级观念，使人们相互之间产生了严重的排斥心理，妨碍人们形成共同的民族意识。②种姓制度不利于自由竞争、人才流动，阻碍经济发展。③种姓制度还影响到了印度政治民主化的进程，人们在投票时往往受到他们种姓意识的影响。

总之，种姓制度作为印度社会的一个重要组成部分，对印度历史和社会发展产生了深刻影响。

参考资料

1. 崔连仲：《古代印度种姓制度》，《历史研究》，1977年第4期。
2. 汪建武：《试论印度种姓制度的演变及其特征》，《湖北师范学院学报》，1999年第3期。

题目 5 论述 4—7 世纪中古印度政治、经济与文化的主要变化

相关真题 2017 年历史学统考

4—7 世纪的印度处于中古时期，主要王朝有笈多王朝和戒日帝国。这一时期，中古印度在政治、经济、文化方面发生了显著的变化。

（一）笈多王朝

1. 政治。①笈多王朝实行中央集权制。国王是最高统治者，得到皇亲贵族和婆罗门高僧的支持。②国内被划分为若干省和县，各省总督通常由国王的亲属担任，县级官员则由总督任命和管辖。③各级官员从国王处领取薪俸，这确保了中央对地方的控制。

2. 经济。笈多王朝时期在村社基础上建立起来的奴隶制度已经被破坏，开始出现封建因素的萌芽。①当时出现国王把土地、房屋、园圃和牛犊等财产捐赠给寺院僧侣的现象，而且王王相传，代代如此。②当时国王还会捐赠"民户"给寺院。这些"民户"有别于一般奴隶，他们被束缚在土地上、随土地转移，并有家室。

3. 文化。①对外交流。超日王时期，中国求法僧人法显旅印，在印度遍访佛教中心地区，后来依据在印度的求经见闻写成《佛国记》。②文学。迦梨陀娑的作品在世界文坛上享有盛誉，其剧作《沙恭达罗》讲述了美丽善良的少女沙恭达罗与国王豆扇陀彼此相爱的故事。③艺术代表。阿旃陀石窟和爱罗拉石窟是印度艺术的代表。

（二）戒日帝国

1. 政治。戒日王的统一只是相对的，所谓"帝国"实际上是许多小王国的松散的政治联盟。①国王是国家首脑，在中央设有大臣会议协助国王进行统治，讨论和制定对内对外政策。②在地方共有 30 多个封建藩国，处于半独立的状态，迫使国王不断巡视各地以加强中央控制。

2. 经济。戒日帝国时期，封建制度最终确立。①帝王对土地的大量布施导致许多寺院和庙宇成为拥有大量土地的封建主。②原本的村社农民逐渐转变为依附农民，被束缚在土地上，为封建主提供地租、赋税和劳役。③封建剥削主要以实物地租的形式存在。

3. 文化。①对外交流。唐代著名高僧玄奘曾于 7 世纪到达中印度摩揭陀，求经归来后撰写的《大唐西域记》，成为这个时期有关印度和中亚的珍贵的第一手资料。②文学。戒日王鼓励文学创作，他本人创作了《妙容传》等宫廷戏剧。波那跋陀是印度著名的三大古典小说家之一，其作品有历史小说《戒日王本行》，梵文叙事诗《伽旦波利》。③宗教。笈多王朝时期最后形成的吠檀多派唯心主义哲学是印度教基本教义的理论基础。那烂陀寺是当时印度的佛教文化教育和学术中心。

综上所述，中世纪的印度，在笈多王朝和戒日帝国的统治下，无论是在政治结构、经济发展还是文化创造方面，都实现了显著的进步和发展。

参考资料

1. 吴于廑，齐世荣：《世界史·古代史编》，高等教育出版社，2011 年。

第十一章 古代美洲文明

题目1 论述中南美洲三大文明特点及影响　醒吾历史统考预测题

中南美洲的玛雅、阿兹特克和印加文明是古代极为辉煌的文明。现代通过残存的遗迹仍能揭示出中南美洲三大文明的大致面貌及其特点。

（一）玛雅文明特点

玛雅文明主要分布在今墨西哥的尤卡坦半岛，持续时间从公元前11世纪初到公元16世纪中叶。

1. 奴隶制经济发达。在玛雅人的社会中，社会组织以农村公社为基本单位，土地为公社所有，定期分给各家族使用，使用农民或奴隶为其耕作。奴隶买卖的风气盛行，王室、贵族和富人都占有奴隶，用奴隶从事一切繁重劳动，如砍伐森林、开辟田地、建筑宫殿和房屋等。

2. 阶级分化明显。社会成员分为贵族、平民和奴隶三个等级。贵族包括祭司、行政管理人员和武装首领；平民由自由劳动者组成，必须负担贡赋和徭役，为贵族耕作；奴隶地位低下，没有人身自由。

3. 农业较发达。使用刀耕火种的原始农业耕作方法，种植玉米、甘薯、西红柿、南瓜等作物。

4. 文化繁荣。玛雅人创造了举世闻名的玛雅文化。①玛雅人建造了壮丽宏伟的庙宇和宫殿，上面都饰有浮雕和彩色壁画，其建筑技术和装饰艺术十分精湛。②玛雅人发明了一种象形文字体系。这种文字是由大约850个图形和符号组成的，既能表意又能标音。③玛雅人在天文学方面取得了很大成就，创造了著名的"玛雅历"，并且建造了天文观象台。

（二）阿兹特克文明特点

阿兹特克文明主要位于墨西哥盆地，发展时间为14—16世纪。

1. 具有特色的经济发展。①阿兹特克文明农业发达，发展了浮园耕作法，主要种植玉米、豆类和南瓜。②手工业发达，能锻造天然金属。③产品交换发达，交换单位为金砂。

2. 建筑与艺术特色鲜明。①阿兹特克人制造的陶器是褐地黑纹的，纹样多以复杂的几何图案和花鸟鱼虫等为题材，羽绣精美异常。②阿兹特克人建造了雄伟的宫殿大厦和宗教建筑，并涂以白色石膏，瑰丽壮观。

3. 科学成果显著。①阿兹特克人能对动物、植物、矿物进行分类研究。②创造了象形文字和历法，使用宗教历年和太阳历年。

（三）印加文明特点

印加文明位于南美洲安第斯山脉，存在于11—16世纪。

1. 阶级分化明显，社会组织出现。①印加人是这个国家的统治阶层。他们享有特权，不事劳动，依靠其他部落贡赋以及剥削普通公社农民和奴隶劳动生活。②印加社会的基层组织是称为"阿伊鲁"的农村公社。村社土地分为三种：太阳田、印加田、公社田。每年会重新分配，但等于终身占有。

2. 农牧业发达，手工业发展，商业落后。①修筑梯田，兴建水利灌溉工程。培植了以玉米和马铃薯为主的农作物。②畜牧业发达，驯养了美洲驼和羊驼。③掌握了冶炼青铜技术、制陶工艺十分精巧，手工业者逐渐专业化。④产品交换不发达，没有货币。

3. 建筑和交通方面成就卓越。①全国有两条南北走向的干道，全长3600公里。②印加人的太阳神庙宏伟壮丽，是用黄金和宝石装饰而成的。

4. 科学较为发达，但文化发展程度较低。①印加人没有文字，14—15世纪形成结绳记事的习惯。②首都建有观象台，确定农业生产节气和祭祀时间。③医药上，他们初步掌握了外科学、解剖学和麻醉学等知识，并且能制作木乃伊以保存尸体。

（四）影响

1. 农业方面。这些文明发展的经济作物丰富了全球食物种类，减少了饥荒。

2. 文化方面。玛雅文明的石碑、阿兹特克的羽绣艺术、印加的太阳神庙等，成为研究中南美洲文明的宝贵资料。

3. 对现代影响。 20世纪下半叶，西方国家开展带有神秘主义倾向的新纪元运动，在现代的音乐、舞蹈和服饰中，融入了中南美洲传统文化的色彩。

综上，中南美洲三大文明在政治、经济、文化和科技方面各具特色，并对农业、文化及现代生活产生了深远影响。

参考资料

1. 吴于廑，齐世荣：《世界史·古代史编》，高等教育出版社，2011年。
2. 林被甸：《探访"玛雅"——兼评G.孟席斯关于玛雅文化来自中国影响的观点》，《拉丁美洲研究》，2006年第1期。
3. 秦祖明，秦燕：《阿兹特克文明》，《法制与社会》，2009年第17期。
4. [美]J埃里克，S汤普森：《墨西哥的阿兹特克人》，《民族译丛》1985年第6期。
5. 孔令平：《玛雅文明的农业》，《农业考古》，1983年第2期。
6. 林被甸：《探访印加——古代世界文明交流与互动透视》，《拉丁美洲研究》，2017年第2期。
7. 袁义浩：《安第斯山的古文明》，《历史教学问题》，1990年第1期。

第十二章　古代非洲文明

题目 1　论述古代非洲的阿克苏姆帝国及西非三大帝国　醒吾历史统考预测题

非洲大陆上的古代文明丰富多彩，其中阿克苏姆帝国和西非的加纳、马里、桑海三大帝国是其代表。这些帝国在全球历史发展中留下了独特的痕迹。

（一）阿克苏姆帝国

阿克苏姆帝国位于今日埃塞俄比亚北部，存在于约 100 年至 940 年，主要居民是南阿拉伯人。

1. 对内统治。①阿克苏姆帝国未能形成强有力的中央集权，王权统治集团内部争斗频繁。②拥有一支强大的军队，其中有象骑军和海军，控制红海水域，独占红海贸易。③4 世纪时，国王厄查纳推行基督教，四面出征，使阿克苏姆帝国成为非洲大陆上唯一的基督教文明古国。

2. 经济发展。①阿克苏姆国家的经济以农业和畜牧业为主，灌溉农业发达，手工业以金属工艺为主。②对外贸易是经济的重要支柱，主要出口象牙、犀角等，进口谷物、酒类等。

（二）加纳帝国

加纳帝国位于塞内加尔河和尼日尔河上游的北部，加纳建国时间暂无定论，于 1240 年灭亡。主要居民是素宁克人，另外还有一部分柏柏尔人。

1. 对内统治。①加纳等级森严，国王是这个国家的最高统治者，大臣多从穆斯林上层人物中挑选。任命王室成员或亲信担任军政要职，并向各藩属派代表，率军队驻扎该地，监督地方。②加纳王位继承沿袭母系制社会的惯例，继承人通常是他姊妹的儿子。③加纳国家有一支庞大的军队，达到兵役年龄的自由农民必须服役。

2. 经济发展。①加纳地理环境适宜农业发展，农作物有稻子、玉米、蔬菜、棉花等。②加纳具备较高的生产力水平，铁在生产活动中被广泛使用。③加纳对外贸易发达，从黄金与食盐贸易中收获颇丰。

（三）马里帝国

马里帝国位于尼日尔河上游，存在时间为 1235 年至 17 世纪中叶，居民主要是马林凯人。

1. 对内统治。①国王有极大权威，有"曼萨"（意为"众王之王"）的尊号，国王亲自向地方派遣行政长官，农村则由传统的部落首领负责。②马里帝国对王位继承没有明确规定，常因争夺王位而影响帝国稳定。③国王依靠军事力量加强集权，拥有一支以战俘和奴隶组成的常备军，还有水军。

2. 经济发展。①居民多数从事农业，种植玉米、高粱、水稻、棉花，并发展渔业和养牛业。②手工业已成为独立的行业，有铁木制造业、皮革制造业等。③马里帝国控制着广大的贸易网，国王垄断着重要物资如马匹和金属等的进口。

（四）桑海帝国

桑海帝国同样位于尼日尔河上游，存在于 9 世纪至 1680 年，居民主要是桑海人。

1. 对内统治。①桑海帝国实行集权统治，国王是最高统治者，在中央设各部大臣，分掌财政、航运、农牧等事务。②全国分为若干个行省和几个商业特区，中央各部大臣和地方高级行政长官，都由国王从王族中选派亲信担任。③国王用宗教神权来支持和巩固政权，设置了专门管理全国穆斯林的最高祭司。

2. 经济发展。①桑海帝国在尼日尔河上游开凿运河，兴修水利，促进了农业发展。②手工业发展迅速，国家开发矿藏、采金，促使金属加工业繁荣，另外纺织业也比较著名。③奴隶制经济发达，奴隶可以转让和买卖，还广泛地被用于农业生产、捕鱼和修造船舶等劳动。

综上，阿克苏姆帝国和西非三大帝国不仅促进了非洲大陆上的政治、经济和文化发展，也对全球历史进程产生了影响。

参考资料

1. 彭非：《东非的千年古国——阿克苏姆》，《历史教学》，1981年第12期。
2. 梅伟强：《西非古国——加纳王国》，《历史教学》，1981年第12期。
3. 谢启晃：《试论黑人的古代文明及其对人类的贡献》，《社会科学战线》，1980年第1期。
4. 张象：《西非古国掠影》，《历史教学》，1983年第8期。
5. 宁骚：《古代非洲的著名国家——桑海》，《历史教学》，1981年第10期。

第十三章　世界中古史综合

题目1　论述中世纪西欧的政教之争

相关真题　2013年历史学统考；2024年天津师范大学；2023年北京大学

在西欧中世纪政教冲突中，教权与王权互有消长。最初是教会权从属于王权，继之是教会权凌驾于王权之上，随后是教会权走向衰落和专制王权的崛起。

（一）政教联盟阶段（5—11世纪）

1. 克洛维改信基督教。496年，克洛维接受罗马基督教信仰，以基督教作为实行统治的有用工具，而罗马教会则视克洛维为保护教会财产的靠山。这标志着法兰克新贵和罗马教会走向联合。

2. 丕平献土。751年，法兰克王国的宫相丕平得到教会的支持后登基为王，后来丕平把通过战争夺得的拉文那到罗马之间的"五城区"赠给教皇。这一事件奠定了教皇国的基础，标志着政教联盟的初步形成。

3. 奥托特权。962年，奥托一世进军罗马，帮助教皇平定内乱。教皇为奥托加冕，奥托取得"神圣罗马皇帝"称号。随后奥托一世与教皇协定授予教会在自己领地内享有独立统治权，但教皇的任免权掌握在王权手中。

（二）教权强势，世俗政权弱势阶段（11—13世纪）

1. 克吕尼运动。11世纪中叶，一批激进的克吕尼派修士强调教皇的至高无上地位，在全西欧范围内向世俗政权、向国王进攻。1075年，教皇格里高利七世颁布教皇敕令，宣称教皇的地位高于一切世俗王权，有权册封和罢免教职人员，甚至皇帝，深刻触犯到德皇亨利四世统治下的世俗君权。至此，王权和教权的斗争正式拉开帷幕。

2. 卡诺莎事件。1076年，德皇亨利四世与教皇格里高利七世矛盾激化。教皇下令开除亨利四世教籍，解除他在德国和意大利的统治权。1077年，亨利四世迫于压力前往卡诺莎，赤足披毡在风雪中等待教皇三天三夜后获得教皇赦免，显示了教权对世俗政权的优势。

3. 沃尔姆斯宗教协定。1122年，教皇乌尔班二世与德皇亨利五世签订的《沃尔姆斯宗教协定》规定在德意志，德皇有权干预主教和修道院院长选举，在意大利和勃艮第，德皇则无权干预选举。该协定是政教权力斗争妥协的产物，标志着世俗政权对教权影响的削弱。

4. 英诺森三世时期。1198年，英诺森三世上位，其在位时期教权达到顶峰，他干涉各国内政，组织多次十字军东征，甚至强迫英王约翰向教皇称臣纳贡。

（三）世俗政权强势，教权弱势阶段（13—15世纪）

1. 阿维农之囚。法王腓力四世即位后加强王权，全力打击教会。1309年，新教皇克莱门特五世迫于法王腓力四世的压力，将教廷迁移到法国南部阿维农，共驻70年，史称"阿维农之囚"。这一事件标志着教权衰落。

2. 天主教会大分裂。1378年至1417年，由于法、德、意争夺对教廷的控制权，天主教会出现了多个教皇鼎立的局面，进一步削弱了教会的权威。

总之，中世纪的政教之争不仅塑造了当时的政治格局，也揭示了政治权力和宗教信仰之间的复杂关系。

参考资料

1. 彭琦：《中西政教关系史比较研究》，首都师范大学出版社，1998年。
2. 张训谋，雷丽华：《欧洲宗教与国家关系的历史演变》，《世界宗教文化》，2013年第3期。

题目2　古代基督教文明和伊斯兰文明的交流

相关真题　2016年西北大学

古代基督教文明和伊斯兰文明的交流，既有武装的暴力冲突，也有友好的和平往来，无论是哪一种形式的交流，都对后世东西方文化的交流与发展产生了重要影响。

（一）暴力冲突

1. 阿拉伯人的扩张。①在四大哈里发时期，伊斯兰势力迅速扩张，欧麦尔发动了对拜占庭帝国的全面进攻，并占领了叙利亚首府大马士革。②在倭马亚王朝时期，阿拉伯军队征服西哥特王国，数次围攻君士坦丁堡，并发动了对法兰克王国的战争。

2. 十字军东征。11世纪末，伊斯兰势力的扩张威胁到了基督教世界，特别是对耶路撒冷的控制触发了基督教世界的反应。罗马教皇乌尔班二世号召发动圣战，即历史上著名的十字军东征。最终跨度达200年的十字军东征以失败告终。

3. 再征服运动。756年，倭马亚王朝后裔逃到西班牙，以科尔多瓦为中心建立起独立的伊斯兰教国家。后来西班牙的再征服运动，便是基督教王国对阿拉伯伊斯兰国家的征服，双方经历了长期的战争。1492年，伊斯兰势力在西班牙的最后一个据点被攻克，再征服运动以西方基督教王国的胜利而结束。

（二）友好往来

影响力最大的是阿拉伯的百年翻译运动。阿拔斯王朝时，穆斯林把翻译活动推向了高潮，到第七任哈里发麦蒙时代，译书事业达到顶峰，形成中世纪著名的"翻译运动"。在这期间，希腊、罗马、波斯的古籍包括哲学、医学、文学、天文学、地理学等，几乎全部被译成阿拉伯文或叙利亚文，而经过加工过的古籍，又通过西班牙和西西里岛传回基督教世界。

（三）影响

1. 政治和军事影响。伊斯兰文明与基督教文明之间的军事冲突，导致了大量的人员伤亡和财产损失，加剧了双方的对立情绪。但频繁的战争在客观上也促进了各国军事技术的进步。

2. 文化影响。伊斯兰文明与基督教文明之间的文化交流，如百年翻译运动，复兴了古希腊文明，使古代希腊罗马学术思想得到了继承，促进了东西方文化交流。

综上所述，古代基督教文明和伊斯兰文明的交流是一段多元且复杂的历史进程。这一时期的交流和冲突，极大地影响了东西方文明的发展，对后世历史走向产生了深远影响。

参考资料

1. 吴于廑，齐世荣：《世界史·古代史编》，高等教育出版社，2011年。

题目3　简述与古希腊、罗马时代相比，西欧中世纪盛期（11—14世纪）社会经济的重大变化

相关真题　2016年首都师范大学

与古希腊、罗马时代相比，西欧中世纪盛期，社会经济发生了较多变化，对西欧社会影响深远。

（一）封建庄园经济兴起

9—13世纪是西欧封建庄园兴盛时期，典型的封建庄园采用劳役地租剥削方式。庄园土地分为领主自营地和农奴份地，领主自营地由服劳役的农奴耕种，收获归封建主。农奴依赖份地为生，使用自己的生产工具耕作。

（二）城市兴起与发展

自9世纪起，意大利北部和法国南部已经出现城市，11世纪中叶以后，新城市大量出现，逐渐成为西欧封建社会工商业中心和政治文化中心。14—15世纪，德国东部、北部地区已经组建城市同盟，如汉萨同盟，控制了波罗的海沿岸的贸易。

（三）乡村市场兴起

11—12世纪，随着农业和畜牧业的发展，西欧出现众多乡村市场。农夫将余粮和畜产品放到乡村市场中出售，出现大量农牧产品向远地输出的现象。

（四）定期集市和转运贸易的繁荣

集市成为长途贸易的重要场所，国际贸易在很大程度上呈现转运贸易特征。如威尼斯商人将白种人奴隶运往拜占庭和阿拉伯国家，从君士坦丁堡运回东方奢侈品，高价卖给西欧封建主。

（五）手工业行会组织繁荣

手工业随市场扩大而专业化，出现了行会组织，正式成员为作坊主，称师傅。作坊内还有学徒和帮工。行会建立了严格的规章制度，最重要的一点是反竞争，即限制外地手工业者参与竞争。行会成员包括师傅、学徒和帮工。

（六）科学技术进步

这一时期中国传来的指南针开始用于航海，海员已经掌握地理知识，并且装备了甲板上有塔楼的大帆船，进行远洋航行的条件开始成熟了。13世纪，从阿拉伯引进的中国造纸术被广泛采用。1455年，古腾堡用活字排版印刷了《圣经》，这是西欧最早的活字印刷品。

综上，西欧中世纪盛期，商品经济发展、庄园经济兴盛、手工业行会繁荣、城市同盟与科技发展，推动了社会经济走向新的发展阶段，与古希腊、罗马时代形成鲜明对比。

参考资料

1. 吴于廑，齐世荣：《世界史·古代史编》，高等教育出版社，2011年。

题目4 简述拜占庭帝国、阿拉伯帝国、中世纪的西欧在继承西欧古典文化上的作用

相关真题 2018年历史学统考

古希腊罗马创造出了辉煌的古典文化，对后世产生了深远的影响，在古希腊罗马灭亡之后，拜占庭帝国、阿拉伯帝国、中世纪的西欧在继承古典文化上发挥了不同程度的作用。

（一）拜占庭帝国

1. 拜占庭帝国以希腊语为官方语言，极大便利了希腊、罗马古典文化的留存，另外拜占庭重视图书馆的建设，保存了古希腊历史文献和古罗马法律文献。这对于西欧古典文化的继承和发展起到了至关重要的作用。

2. 14世纪以后，奥斯曼人在巴尔干半岛的军事扩张引起地区性动荡，使大批拜占庭学者、工匠移居西欧，直接促进了拜占庭文化在西欧地区的传播和意大利崇尚古典文化热潮的形成，拜占庭帝国灭亡后，流亡到欧洲的拜占庭学者成为复兴西方古典文化的重要力量。

（二）阿拉伯帝国

1. 从7世纪初期开始，阿拉伯人统治了伊比利亚半岛，并维持了近七百多年，在其统治期间，重视文化教育，积极传承西方古典文化，使伊比利亚半岛在10世纪成为欧洲文化、科学、教育最发达的地区，伊比利亚半岛也成为传播西方古典文化的基地。

2. 从8世纪中叶起，阿拔斯王朝哈里发实施博采诸家、兼容并蓄的文化政策，大力倡导和赞助将古希腊、罗马、波斯、印度等国的学术典籍译为阿拉伯语，吸取先进文化遗产，历时两百多年，史称百年翻译运动。阿拉伯帝国的百年翻译运动将西方古典哲学、法律、医学和自然科学等文献译为阿拉伯文，产生了科尔多瓦、巴格达等传播古典文化的中心城市。

（三）中世纪的西欧

1. 中世纪，古代典籍经由西欧修道院士的抄写得以存续，客观上保存了西欧古典文化。另外，基督教和犹太教学者将希腊文和阿拉伯文的西方古典文献译为拉丁文，西班牙、意大利的一些地区成为古典文化传播中心。

2. 12世纪，中世纪的西欧掀起学习拉丁古典著作、多样化的历史编纂学、希腊人和阿拉伯人的新知识的潮流，称为12世纪文艺复兴。在西欧大陆各国兴起研究罗马法、使用罗马法的运动，罗马法复兴是在人文主义思想发展的基础上发生的，当时的意大利兴起热爱古典文化、崇拜理性力量的思想潮流，继承并发展了西方古典文化。

综上所述，拜占庭帝国、阿拉伯帝国、中世纪的西欧在继承西欧古典文化上都发挥了极其重要的作用，做出了很大的贡献，深刻影响了历史的发展。

参考资料

1. 吴于廑，齐世荣：《世界史·古代史编》，高等教育出版社，2011年。
2. 周启迪：《世界上古史》，北京师范大学出版社，2018年。

世界近现代史

Modern World History

第一章 近代初期的欧洲

第一节 文艺复兴

题目1 简述文艺复兴首先在意大利发生的原因

相关真题 2024年西华师范大学；2023年湖北大学；2022年四川大学；2022年西华师范大学

文艺复兴是14世纪到17世纪初发生在欧洲的思想文化运动，之所以首先发生于意大利，源于其独特的政治、经济、文化、地理及历史传统。

（一）资本主义发展的需求

1. 资产阶级发展需要。14世纪，意大利北部和中部一些城市如佛罗伦萨、威尼斯等，资本主义的最初萌芽已显现，这些城市的商业和手工业发达，新兴的资产阶级力量开始形成，他们为了摆脱天主教神学的束缚、发展资本主义经济，迫切需要建立和发展自己的文化。

2. 城市共和国壮大需求。意大利半岛的分裂割据状态促进了城市共和国的兴起，成为资本主义经济发展最快、最具政治自由的地区之一。这些城市共和国为了提高声誉和影响力，以稳固统治，邀请许多诗人、学者、艺术家前来定居，为他们提供优越的研究和创作条件，客观上推动了古典文化复兴。

（二）市民阶层的文化需求

1. 市民阶层反对天主教会。随着城市工商业的繁荣，市民阶层的力量日益壮大，他们反对天主教会的清规戒律，认为其不利于工商业发展，从而更容易接受古典文化。

2. 市民阶层崇尚世俗主义。14世纪，意大利成为商业和贸易中心，财富的积累使市民阶层能够关注享受现世生活。市民阶层创办世俗学校、发展世俗教育，修正和完善城市法，举办书市和文艺沙龙等世俗主义行为都有力地推动了古典文化的传播。

（三）历史传统的影响

意大利作为罗马帝国的核心区域，保存了大量的古典文化遗产，如罗马法、建筑和古代图书馆和藏书室等，并且意大利还进行了大量的古典文化整理工作，这些都为文艺复兴提供了文化资源和灵感。

（四）特殊的地理位置

交通便利，有利于汲取希腊古典文化。地中海是联系东西方的纽带，意大利处于地中海航线的中心。威尼斯、热那亚等城市共和国同拜占庭开展贸易，加强了同希腊地区的交流，方便从拜占庭汲取希腊古典文化。

综上所述，文艺复兴首先在意大利发生是多种因素共同作用的结果，这场文化运动不仅改变了意大利，还深刻影响了整个欧洲乃至世界的文化格局。

参考资料

1. 孟祥玲：《文艺复兴最早发生在意大利的独特原因》，《齐齐哈尔大学学报》，2003第1期。
2. 付程程，王玲：《浅谈地理环境对文艺复兴的影响》，《地理教学》，2015年第23期。
3. 黄迪：《雅各布·布克哈特：文艺复兴为什么首先出现在意大利及其负面影响》，《陶瓷研究》，2021年第4期。

题目2 论述文艺复兴

相关真题 2024年四川大学；2024年西华师范大学；2023年西华师范大学；2023年哈尔滨师范大学；2022年江苏师范大学；2022年复旦大学；2018年福建师范大学；2017年四川大学；2017年江西师范大学；2016年四川大学；2016年南京师范大学；2015年江西师范大学；2015年吉林大学；2014年四川大学；2013年吉林大学

文艺复兴，是指14世纪至17世纪初在欧洲兴起的一场思想文化运动。它以"复兴古代希腊罗马文化"为口号，以人文主义思想为核心，首先在意大利发源，后扩展至西欧各国。

(一) 背景

1. 初步发展的资本主义经济。14 世纪，意大利部分地区出现了资本主义萌芽，商业和手工业十分发达，有雄厚的财力，为文学、艺术的发展提供了一个非常有利的物质环境。
2. 文化宽松的城市共和国。新兴的资产阶级在一些城市共和国中掌握了政权，为来自各方的诗人、学者等提供帮助，给予优越的创作条件，促进了思想文化的多元化。
3. 独特的文化环境。意大利作为古罗马帝国的核心地区，保留了丰富的古罗马建筑和典籍，为复兴古希腊、罗马文化提供了丰富的素材。
4. 特殊的地理位置。地中海是联系东西方的纽带，而意大利处于地中海航线的中心，有利于意大利从拜占庭帝国吸收古希腊、罗马文化。
5. 进步的传播技术。古登堡印刷术的出现极大促进了知识的广泛和快速传播，有利于人文主义思想普及。

(二) 成就

1. 14 世纪至 15 世纪中期。早期的文艺复兴发生于各意大利城市共和国，表现为文学的繁荣。主要著作有但丁的《神曲》、彼特拉克的十四行诗、薄伽丘的《十日谈》等，展现了对自由理想、个人幸福等人文主义的追求和对传统教会禁欲主义、贪婪腐败的批判。
2. 15 世纪后期至 16 世纪。文艺复兴从意大利传播到法国、英国等西欧国家，并在 16 世纪初期进入全盛时期。
①文学。主要代表作有英国乔叟的《坎特伯雷故事集》和莎士比亚的《哈姆雷特》，西班牙塞万提斯的《堂吉诃德》，以及荷兰伊拉斯谟的《愚颂》，书中描述了 14—16 世纪各国的社会现实，展现了现实主义和人文主义的结合。
②艺术。主要代表作有意大利达·芬奇的《最后的晚餐》《蒙娜丽莎》画像，意大利米开朗琪罗的《大卫》雕像和《创世纪》壁画，以及意大利拉斐尔的《西斯廷圣母》画像，他们把现实生活中的人物作为主要创作题材，刻画了人体的美和人性的意志。
③政治思想。主要代表作有意大利马基雅维利的《君主论》和康帕内拉的《太阳城》，法国博丹的《国家论》，以及英国托马斯·莫尔的《乌托邦》，他们要求打破封建神权，构想了空想社会主义，展现了人文主义者对政治、社会和经济领域的深刻思考。

(三) 影响

1. 积极影响。①促进了思想觉醒。文艺复兴提倡人文主义，促使欧洲以神为中心过渡到以人为中心，唤醒了人们积极进取的精神。②促进了自然科学发展。它提倡科学方法和科学实验，摧毁了僵化死板的经院哲学体系，为自然科学的发展打下了基础。③留下了丰富的文化遗存。文艺复兴时期的精湛作品，成为人类艺术宝库中的无价瑰宝。
2. 消极影响。①反教会不彻底。人文主义者对教会势力抱和解态度，乐于接受教会的保护。②过分强调人的价值，导致了私欲膨胀、奢靡泛滥等问题。③影响范围有限。影响主要停留于社会上层，未能深入传播于广大人民之中。

总之，文艺复兴作为一场思想解放运动，标志着欧洲社会由中世纪向近代的过渡，对宗教改革和启蒙运动的兴起和发展产生了重要影响。

参考资料

1. 解光云：《试析意大利最早发生文艺复兴的原因》，《史学月刊》，1998 年第 2 期。
2. 齐涛：《世界通史教程》，山东大学出版社，2004 年。

题目 3　简述文艺复兴早期人文主义的特点和影响

相关真题 2023 年南京师范大学；2022 年哈尔滨师范大学；2020 年四川大学

人文主义是文艺复兴时期出现的一种新思潮，也是文艺复兴的思想内核。文艺复兴早期的人文主义以人为中心，重视表达人的真实情感，对后世产生了深远的影响。

(一) 特点

1. 在文学艺术上注重表达人的真实感情，反对虚伪造作。但丁所著的《新生》，是他为纪念女友贝德丽采而写的第一部诗歌集，表达了诗人对恋人的追求和对美好爱情的向往。乔托绘制的《圣母像》，画面充满欢乐情调，圣母面容带有农家妇女的特征，人物形象具有立体感。

2. 批判封建教会，揭露教会和教士的腐败行为。但丁的《神曲》采用梦幻文学的形式，通过对但丁幻游地狱、炼狱和天堂三界过程中所遇到的各类人物的描写，抨击了教会的贪婪腐化和封建统治的黑暗残暴。

3. 重视现世生活，反对教会禁锢人性。人文主义者重视现世生活的价值，蔑视关于来世或天堂的虚无缥缈的神话，追求物质幸福和欲望上的满足。彼特拉克的《歌集》歌颂了对恋人劳拉的爱情，表现了以个人幸福为中心的爱情观和摆脱禁欲主义束缚的倾向。

4. 强调个性发展，提倡个人奋斗。人文主义者提倡"公民道德"，认为事业的成功及发财致富就是一种道德的行为。薄伽丘的短篇小说集《十日谈》讽刺了天主教和封建贵族的虚伪卑鄙，描写了商人、手工业者的智慧勇敢，反映了新兴市民阶级的价值观。

(二) 影响

1. 积极影响。①促进了人们思想的觉醒。人文主义摆脱了自中世纪以来神学对人们思想的束缚，促使欧洲以神为中心过渡到以人为中心，唤起了人的觉醒，推动了宗教改革和启蒙运动的兴起。②创作了丰富的作品。在人文主义指导下，人文主义者创造了富有魅力的艺术品及文学杰作，成为人类艺术宝库中的无价瑰宝。

2. 消极影响。①反教会不彻底。人文主义者虽然反对天主教会，却不否认宗教和上帝，他们揭露教会的黑暗与腐朽，但依然乐于接受教会保护，不愿实行宗教改革。②导致不良思想泛滥。过分强调人的价值和个性发展，也产生了极端个人主义和奢靡等不良社会思想。

综上所述，人文主义是一种以人为中心，为创造现世幸福而奋斗的乐观进取精神，新兴资产阶级就是在这种精神的指引下开拓和发展西方资本主义社会的。

参考资料

1. 吴于廑，齐世荣：《世界史·近代史编》，高等教育出版社，2011年。
2. 周启迪：《世界上古史》，北京师范大学出版社，2018年。

题目 4 论述西欧主要国家的文艺复兴成就 醒吾历史统考预测题

14世纪，文艺复兴兴起于意大利，15世纪后期，文艺复兴运动逐渐传播到德国、英国、法国、西班牙、尼德兰等其他西欧国家，涌现了一批人文主义代表人物和著作。

(一) 意大利

1. 文学。①但丁著有《神曲》，以梦幻文学形式抨击教会的贪婪腐败和残暴统治，歌颂了自由理想，表现出强烈的求知精神。②彼特拉克创作的十四行诗成为欧洲诗歌的一种重要体裁，他歌颂人文主义者以个人幸福为中心的爱情观，猛烈抨击教会的禁欲主义。③薄伽丘的代表作《十日谈》，以通俗的形式反映了新兴市民阶级对禁欲主义的反抗，传播了人文主义思想。

2. 艺术。①达·芬奇学识渊博，尤其在绘画上成就突出，其代表作品《蒙娜丽莎》以这位妇女的容貌和表情反映了人的性格与内心生活所能达到的无比丰富的意境。②米开朗琪罗的雕像作品《大卫》《摩西》以豪放、刚健、雄伟的人体美为特征，而绘画作品《创世纪》《末日审判》表达了对人类美好生活的憧憬。③拉斐尔的绘画多为圣母像，其代表作《西斯廷圣母》展现了一个温柔善良的世俗女性形象。④提香代表画作《圣母升天》歌颂人的内心美和女性美的特点，体现了人文主义精神。

3. 政治思想。①马基雅维利的《君主论》提倡政治权术和政权政治，影响了近代资产阶级政治学的发展。②康帕内拉的《太阳城》，在书中构想了空想社会主义制度，认为私有财产是一切社会邪恶的根源，必须彻底铲除。

(二) 英国

1. 文学。①乔叟代表作《坎特伯雷故事集》揭露了教会对人民的压迫、金钱的罪恶和教会的腐败，体现了反封建倾向和人文主义思想。②莎士比亚前期作品《亨利六世》《约翰王》等表达了反对封建割据、拥护中央集权的君主专制制度，希望实现开明君主统治的愿望。后期代表作品《哈姆雷特》《李尔王》等以悲剧为主，表现了人文主义理想与社会现实之间的矛盾。

2. 政治思想。托马斯·莫尔代表作《乌托邦》批判了英国现行的政治和社会制度，描绘了理想的社会制度"乌托邦"，乌托邦中实行生产资料公有和民主政治。

（三）法国

1. 文学。拉伯雷的代表作《巨人传》痛斥天主教毒害儿童的经院教育，体现了人文主义者对人、人性和人的创造力的肯定。

2. 政治思想。博丹在《国家论》中系统提出了关于国家主权的理论，认为国家是民族利益的整体集合，主权是国家最本质的特征。

（四）其他国家人文主义作家及成就。

1. 塞万提斯，西班牙现实主义作家，其代表作品《堂吉诃德》反映了16—17世纪初西班牙社会生活的各个方面，深刻揭露了西班牙社会的黑暗，反映了人民群众的疾苦和愿望。

2. 伊拉斯谟，尼德兰人文主义思想家、神学家，其代表作品《愚颂》把"愚蠢"人格化，对国王、教皇、主教、僧侣等的愚昧无知、贪婪欺诈、荒淫无耻进行了辛辣的嘲讽。

综上所述，文艺复兴在西欧诸国的影响具体表现在人文主义作家和政治思想家的作品中，他们的思想在原有人文主义基础之上更加丰富，得到了进一步发展。

参考资料

1. 吴于廑，齐世荣：《世界史·近代史编》，高等教育出版社，2011年。

题目5　简述欧洲中古和近代的几次文艺复兴

相关真题　2024年四川大学；2018年北京大学

欧洲中古和近代总共出现过三次文艺复兴，分别是8世纪中期到9世纪初期的加洛林文艺复兴，12世纪的文艺复兴以及14—17世纪的文艺复兴。

（一）加洛林文艺复兴

加洛林文艺复兴发生于8—9世纪，是欧洲中世纪历史上一次重要的社会文化现象，又被称为是"欧洲的第一次觉醒"。其原因是法兰克王国的统治者查理大帝为维护统治，鼓励和支持教会文化教育事业，出台了一系列崭新的宗教思想文化政策。主要措施是在基督教思想权威的统协下，大力兴办教育，倡导学术研究，鼓励收集古代文化典籍，支持改革旧有的拉丁文字。查理大帝崇尚基督教的政治和宗教政策，给当时的西欧社会文化生活带来了巨大的影响，并形成了被后代的历史学家和宗教史学家们称为"加洛林文艺复兴"的历史文化勃兴时期。

（二）12世纪的文艺复兴

"12世纪文艺复兴"这一概念早在19世纪40年代就由一些法国学者提出，1927年更是随着美国学者哈斯金斯的《12世纪文艺复兴》一书而为众多人所熟知。12世纪文艺复兴发生于神圣罗马帝国境内，主要表现是欧洲各民族的语言文学逐渐繁荣，罗马法复兴，古希腊、古罗马的古本典籍重现在人们的视野，哥特式建筑逐步取代原有的罗马式建筑，并且这一时期大学开始出现，经院哲学不断发展，人们也开始更加注重自我本身。

（三）14—17世纪的文艺复兴

14—17世纪的文艺复兴源自意大利地区，它以"复兴古代希腊罗马文化"为口号宣传人文主义，这场文艺复兴经历了前期和全盛期两个时期，从意大利开始，最终扩展至西欧各国，涉及文学、艺术、政治思想等多个领域。

其中，前期文学方面的成就有但丁和他的代表作《神曲》、薄伽丘和他的代表作《十日谈》、彼得拉克和他的代表作《歌集》等，到了15、16世纪，这场文艺复兴向整个西欧扩展，涉及的领域也从最初的文学向艺术、政治等其他领域推进，这一阶段文学上的成就有英国的莎士比亚和其代表作《哈姆雷特》，艺术上有威尼斯的提香和其代表作《乌尔比诺的维纳斯》，政治思想上有博丹、托马斯·莫尔等人，代表作有《国家论》《乌托邦》等。此外，这场文艺复兴还摧毁了僵化死板的经院哲学体系，为此后自然科学的发展奠定了基础。

综上所述，欧洲中古和近代的这三次文艺复兴对于推动古代欧洲文化的继承与传播具有重大作用，同时也是欧洲从古代走向近现代思想文化上的助推器。

参考资料

1. 王亚平：《论西欧中世纪的三次文艺复兴》，《东北师大学报》，2001 年第 6 期。

第二节　新航路开辟和早期殖民扩张

题目 1　简述新航路开辟前地中海贸易发达的历史背景及意义　醒吾历史统考预测题

新航路开辟之前，欧洲与亚洲、非洲的贸易大多通过地中海连接，地中海也是长期以来欧洲对外贸易的重要集散地，所以地中海贸易一直以来都非常发达。

（一）历史背景

1. 地理位置优越。地中海西经直布罗陀海峡可通大西洋，东北经土耳其海峡接黑海，东南经苏伊士运河出红海达印度洋，是欧亚非三洲之间重要的贸易枢纽。自古典时期开始，古埃及人、腓尼基人、希腊人、罗马人、阿拉伯人等都长期通过地中海相互交流贸易。

2. 十字军东征推动了地中海地区商业往来。十字军东征打破了拜占庭和阿拉伯人对地中海东部地区的贸易垄断，地中海区域逐渐发展为欧洲两大贸易区之一，中国和印度的丝绸、宝石、珍珠等经长途运送到达君士坦丁堡、开罗、亚历山大等港口，由此再转售西欧各地。

3. 文艺复兴推动了海外贸易。14 世纪，文艺复兴的思潮开始传播，中世纪消极、保守、禁欲的传统逐渐被摒弃。人们开始追求现世生活的享受，鼓励发财致富。新兴的资产阶级主张进行海外探索，拓展经济贸易，地中海地区也就成为人们活动的主要区域之一。

（二）意义

1. 推动了不同地区和国家的经济文化交流。地中海贸易区连接三洲，通过不同贸易线路联系了欧亚非不同的国家和民族，各民族进行的经济交流也带动了文化上的交往。

2. 刺激了欧洲文艺复兴运动。意大利城市通过地中海进行的贸易活动为本地区积累了雄厚的经济文化基础，为文学、艺术的发展提供了有利的物质和文化环境，有力推进了文艺复兴运动在欧洲的扩展和发展。

3. 促进了科学技术传播。通过地中海贸易，中国的罗盘针和阿拉伯人的三角帆等技术传入欧洲，经过改进成了航海利器，这些技术为欧洲国家的远洋航海提供了技术保障。

4. 推动了欧洲资本主义和资产阶级发展。地中海贸易区的经济交流使得意大利等环地中海国家货币关系日益发展，冲击传统的封建关系，促进了贫富分化和工商业的发展，为资本主义经济发展提供了大量的原始积累，为新兴的资产阶级发展提供了助力。

新航路开辟前的地中海是欧洲对外贸易的重要通道，在意大利城市的经营之下，地中海贸易更是十分繁荣，从而成为欧洲资本主义萌芽最早产生的地区，对欧洲的近代化产生了重要的影响。

参考资料

1. 吴于廑，齐世荣：《世界史·古代史编》，高等教育出版社，2011 年。

题目 2　论述地理大发现

相关真题　2024 年上海大学；2024 年南京师范大学；2023 年南开大学；2023 年山东师范大学；2023 年黑龙江省社科院；2022 年南开大学；2022 年兰州大学；2022 年上海大学；2022 年华侨大学；2019 年首都师范大学；2019 年兰州大学；2018 年黑龙江大学；2018 年上海大学；2018 年四川大学；2017 年南开大学；2017 年四川大学；

2017年天津师范大学；2016年云南大学；2015年西北师范大学；2014年北京师范大学；2014年江西师范大学；2014年河北大学；2014年厦门大学；2014年首都师范大学；2014年安徽师范大学；2014年吉林大学；2005年华东师范大学

地理大发现，又称新航路开辟，指欧洲各国经过一系列航海探险活动开辟的通往印度和美洲等世界各地的航路，对整个人类历史的进程产生了巨大的影响。

（一）原因与条件

1. 追求物质利益的经济动因。①14、15世纪西欧商品货币经济发展，黄金作为货币的职能日益突出，而《马可·波罗游记》中对于东方遍地黄金的描述，加深了欧洲人对于东方财富的向往。②奥斯曼帝国的崛起，控制了传统的东西方商路，西欧商人迫切需要开辟一条通往印度和中国的新航线。

2. 宗教扩张的因素。基督教宣扬普世主义，传播福音被视为神圣的使命，因而传播基督教成为促使欧洲人向海外发展的精神动力。

3. 思想因素。文艺复兴推动思想解放，重视人的价值和创造力，有助于培养人们探索世界、征服自然的冒险意识和进取精神，为积极对外扩张提供了思想基础。

4. 政治支持。西、葡两国于15世纪末完成政治上的统一，建立起君主专制。专制政府为追求财富和弘扬基督教从而积极支持海洋探险。

5. 技术因素。①中国的罗盘针在欧洲普遍使用，使航行不致迷失方向。②欧洲的造船技术在当时有了很大进步，出现了新型的多桅多帆、轻便快速的大船。③欧洲水手绘制海图的技术已相当发达，已掌握季风、洋流等地理知识。

（二）过程

1. 迪亚士抵达好望角。1487年，葡萄牙人迪亚士带领船队航行至非洲大陆最南端并发现好望角，为葡萄牙开辟通往印度的新航线奠定了坚实的基础。

2. 哥伦布抵达新大陆。1492年，在西班牙王室支持下，哥伦布船队从西班牙的巴罗斯向西航行，于1492年10月到达美洲的巴哈马群岛，抵达美洲新大陆。

3. 达·伽马开辟通往印度新航路。1497年，达·伽马受葡萄牙国王派遣，率船队从里斯本出发，绕过好望角沿非洲东海岸航行，于1498年到达印度西南部。从而开辟了欧亚之间的新航路。

4. 麦哲伦船队环球航行。1519年，麦哲伦奉西班牙政府之命率船队，由圣罗卡启航，越过大西洋，沿巴西海岸南下，再穿过美洲大陆进入太平洋，然后西行。1522年，麦哲伦船队回到西班牙，完成世界首次环球航行。

（三）影响

1. 引发了商业革命。①使世界上原来互相隔绝的地区沟通起来，世界市场开始形成。②流通商品的种类增多，美洲的玉米、可可、烟草等传到亚非欧诸州。③世界贸易中心从地中海转移到大西洋沿岸。

2. 引发了价格革命。美洲的白银大量涌进欧洲，引起通货膨胀及物价上涨，打破了传统的经济关系。从事商业的新兴资产阶级从中获得大量财富，资本主义经济进一步发展起来，而依靠固定地租收入的封建地主势力削弱，加速了西欧封建制度的解体。

3. 沉重打击了天主教势力。中世纪天主教极力反对地圆学说，而环球航行则有力地证明了该理论的正确性，被证实的新理论使教会公信力大打折扣，人们更多地转向对科学的探索。

4. 导致对美洲的殖民掠夺。美洲被发现后，印第安人的文明古国如墨西哥的阿兹特克和秘鲁的印加都被残酷毁灭，各地的印第安人遭受奴役大量死亡，不少部族甚至遭灭绝。

5. 导致传染病大流行。人口和动物的迁徙使天花、麻疹、霍乱等疾病传播到美洲和大洋洲，造成了巨大的灾难。

综上所述，地理大发现迅速连接起整个世界，不仅很大程度上冲击了西欧封建制度，促进了西欧资本主义经济快速发展，而且加速推动了世界历史的进程。

参考资料

1. 张小荣：《新航路开辟的历史作用探析》，《西安联合大学学报》，2003年第3期。
2. 齐涛：《世界通史教程》，山东大学出版社，2008年。
3. 徐蓝：《世界近现代史：1500—2007》，高等教育出版社，2012年。
4. 吴于廑，齐世荣：《世界史·近代史编》，高等教育出版社，2011年。

题目 3 简述早期殖民主义强国葡萄牙、西班牙两国衰落的原因

相关真题 2009年历史学统考；2020年四川大学

地理大发现时期，葡萄牙和西班牙在海外扩张中迅速崛起，建立了庞大的殖民帝国。然而，由于多种原因，这两个国家在17世纪逐渐走向衰落。

（一）葡萄牙衰落

1. 兴衰过程。15世纪，葡萄牙王国大力支持航海事业，向西非、亚洲和美洲扩张。16世纪，葡萄牙成为强大的殖民帝国，但在西葡战争中失败，1580年被西班牙合并。1640年，葡萄牙恢复独立，但其海上霸权已衰落，许多殖民地被荷兰等国夺取。

2. 衰落原因。

①人口过少。在16世纪初，葡萄牙的人口大约只有150万，导致士兵人数较少，不足以维持长期的殖民统治。

②经济实力不足。葡萄牙国土狭小，缺乏雄厚的工业基础，无法保证国力的持续强大。

③军事力量不足。葡萄牙军队不擅长陆战，控制的殖民地多为沿海据点，缺乏纵深，易被各个击破。

④荷兰的竞争。17世纪，荷兰凭借其国内的经济和人力资源，组建了一支强大的海军，并屡次在对外战争中击败葡萄牙，使得葡萄牙的霸权受到严重挑战。

⑤香料贸易的衰落。16世纪初，葡萄牙垄断了世界上大多数的香料贸易，在短时间内积累了大量的财富。但随着威尼斯、法国、英国、德国的商人参与竞争，香料的数量大增，价格下跌，葡萄牙商人收益大幅减少。

（二）西班牙衰落

1. 兴衰过程。哥伦布发现新大陆后，西班牙迅速开展对美洲的殖民征服，积累大量财富，建立起广阔的殖民帝国。然而，从16世纪中叶开始，尤其是在1588年英国海军击败"无敌舰队"后，西班牙帝国的衰落开始显现。

2. 衰落原因。

①外部战争的消耗。16世纪，西班牙时常卷入欧洲大陆的王朝战争与宗教战争，这样就分散了力量，加剧了与欧洲国家的冲突对立。

②殖民地政策的短视。西班牙对美洲殖民地一味采取杀鸡取卵的政策，搜刮美洲的金银财富，阻碍了殖民地的工业发展和人口增长，从而使西班牙在殖民战争中得不到殖民地人民的帮助。

③阶级分化严重。西班牙贵族和教士占据全国绝大部分土地，以商人为代表的新兴资产阶级地位低下。商人一旦富有，所渴望的是取得地产，购买贵族头衔，对投资工业则望而却步，导致工业发展缓慢。

④经济政策分散。近代西班牙各王国很大程度上保有经济自主性，包括关税、财政与货币体系、经济结构等，因此，全国性的经济政策难以实行。

综上所述，葡萄牙和西班牙虽在海外扩张中取得短期利益，但未能根本改善国内经济和政治结构，最终无法适应国际环境的变化，走向衰落。

参考资料

1. 孔庆榛：《葡萄牙殖民帝国的兴衰》，《历史教学》，1990年第6期。
2. 高寿平：《从殖民政策看西班牙殖民帝国兴衰的原因》，《皖西学院学报》，2001年第1期。
3. 吴于廑，齐世荣：《世界史·近代史编》，高等教育出版社，2011年。

第三节 君主专制时期的英法

题目1 简述16世纪英国都铎王朝专制制度的主要特征

相关真题 2005年云南大学

都铎王朝（1485—1603年）是英国封建王朝的一个重要阶段，由亨利七世创立，这一时期英国出现了早期君主专制，体现在政治、经济、宗教等多个方面。

（一）君主在政体中处于主导地位

1. 君主权力集中。都铎王朝的国王通过与新贵族和城市资产阶级联合，加强了对政治的控制。亨利八世和伊丽莎白一世从他们中选拔枢密院成员，有意削弱旧贵族的影响力。

2. 中央政府机构强化。亨利七世时期开始，国王通过枢密院掌握了最高司法权。由枢密官主持的星室法庭负责严厉惩治那些不效忠国王，甚至阴谋叛乱的贵族。1540年后，枢密院和星室法庭分工明确，前者成为最高行政机构，后者负责司法审判。

3. 地方控制加强。都铎王朝通过任命治安法官来控制郡县，这些法官直接受到中央政府的指派和监督。

（二）推行重商主义政策

1. 限制出口。限制羊毛原料和粮食出口，同时限制原材料出口和成品进口，以保护本国工业的发展。

2. 颁发特许状。给纷纷兴起的贸易公司颁发特许状，允许其垄断特定地区的贸易。

3. 大力发展海外商业，鼓励发展造船业。政府发展航海业和军需工业，奖励造船，并建立强大的海军，为英国从事海外贸易和殖民掠夺提供了强有力的保障。

（三）教会成为实行专制统治的工具

1. 国王成为英国教会最高首脑。1534年，议会通过了《至尊法案》，宣布国王是英国教会唯一的最高首脑，对一切宗教事务具有最高的权力，可以任命教会的各种教职，决定教义。

2. 没收教会财产。1536—1539年，英国议会通过了解散修道院并没收其全部财产的法令。大量被没收的财产转移到新贵族和资产阶级手中，他们因此更加拥护王权。

（四）君主权力的有限性

1. 法律制约。自13世纪《大宪章》《牛津条例》通过后，王权限制在了法律之下。都铎王朝时期的英国是一个尊重法律的社会，即便是国王大权在握，但名义上仍然是法律享有最高权威。在继承王位时，每一任都铎王朝的君主都必须要宣誓遵循法律。

2. 议会制约。由于王权强大，都铎王朝议会对国王态度相较之前有所好转，但议会仍然是实施立法和监督的重要机构。国王的行为受到议会的限制，不能越过议会制定的法律。

总之，都铎王朝时期的专制体系的特点是君主权力的集中与法律及议会的相对制衡，反映了早期君主专制向近代宪政转变的趋势，为后来的英国社会和政治变革奠定了基础。

参考资料

1. 张君丽：《都铎王朝专制主义研究》，山东师范大学2012年硕士学位论文。

题目2 论述法国绝对君主制的演变 醒吾历史统考预测题

法国绝对君主制是欧洲封建制度向资本主义转变的一个重要表现，既维护了封建贵族的利益，同时也促进了资本主义发展。

（一）绝对君主制建立

路易十一时期（1461—1483年在位）。路易十一被视为新君主制的开创者，奠定了绝对君主制的基础。①强化御前会议，增强国王决策权。②增设高等法院分散巴黎高等法院司法权，削弱其地位。③加强常备军建设，通过对外征战基本统一了法兰西全境。

（二）绝对君主制发展

1. 弗朗索瓦一世时期（1515—1547年在位）。①君主权威高于御前会议和巴黎高等法院，国家重大事件都由国王和少数亲信决定。②倡导、鼓励发展工商业，限制地方关卡，保障商路通畅。同时建设税务局来有效管理税收。③控制教会，国王掌握法国高等教士任命权和高卢派教会的支配权。④削弱地方贵族特权，取消自治城市的独立地位。

2. 亨利四世时期（1589—1610年在位）。①颁布《南特敕令》，宽容教派纷争，为君主专制重新加强提供良好条件。②停开三级会议，精简中央政府机构。③派监察官控制省长，镇压地方贵族叛乱。④实行卖官制，并要求官员缴纳官职税，形成听命于国王的官僚集团。

3. 路易十三时期（1610—1643年在位）。①任用奉行君主专制的大臣黎塞留主政，设立中央各部，选派权力很大的审计官监督地方的行政、司法和财政。②残酷镇压反叛贵族，处死摄政大臣孔西尼。③不重视三级会议，并撤销省级三级会议。④允许人民自由信奉胡格诺教，但必须解散军队和拆除一切城堡。

（三）绝对君主制高潮与危机

1. 路易十四时期（1661—1715年）是法国绝对君主制的巅峰时期。①他实行中央集权，亲自控制政府机构，取消巴黎高等法院对国王敕令的指摘权，拒绝召开三级会议。②新建凡尔赛宫供贵族娱乐，用怀柔政策笼络贵族。③加强地方监督，向各省派驻司法、警察和财政监督官，权力置于地方长官之上。④依靠警察维护统治，巴士底狱成为关押政治犯的场所。⑤要求全国臣民信奉天主教，迫害胡格诺教徒。

2. 路易十五及路易十六时期（1715—1789年）是绝对君主制的危机时期。①君主昏庸无能，路易十五经常给情妇加上贵妇封号，情妇甚至可以左右朝政、影响官员委派和政策制定。②这一阶段法国穷兵黩武，先后卷入奥地利皇位继承战争、七年战争、美国独立战争，消耗大量财力。③对金融资产阶级和农民征收重税，加剧了国内阶级矛盾。1789年，路易十六企图对第三等级增税更是导致了法国大革命的爆发。

总之，绝对君主制的演变过程是法国从封建社会向现代国家转变的重要阶段，对欧洲政治、经济的发展产生了深远的影响。

参考资料

1. 刘北成：《论近代欧洲绝对君主制》，《北京师范大学学报》，1997年第1期。
2. 吴于廑，齐世荣：《世界史·近代史编》，高等教育出版社，2011年。

第四节 宗教改革和反宗教改革

题目1 试析宗教改革为何最先在德国爆发，以及其历史影响

相关真题 2022年兰州大学；2020年上海大学；2018年安徽师范大学；2015年北京大学；2015年东北师范大学；2015年河南师范大学；2014年云南大学

宗教改革是一场发生于16世纪的社会政治运动。由于天主教会对德国剥削严重，阻碍了德国的统一等，宗教改革最先在德国爆发，最终促进了德国统一与经济发展，开启了宗教宽容时代。

（一）原因

1. 资本主义经济发展要求改变教会提倡的禁欲主义。15世纪末16世纪初，德国经济有了显著发展，不仅出现了手工工场，而且银矿开采和冶炼技术也取得了进步，新兴资产阶级追求金钱和现世享乐的价值观与教会宣传的"禁欲主义"产生了严重的冲突。

2. 德国宗教经济压迫严重。不仅德国农民需要缴纳什一税，教会神职人员也必须把一部分收入上缴教皇，而且罗马教会以各种名义，如兜售赎罪券，在德国欺骗钱财。罗马教廷每年从德国榨取的财富比德国皇帝征收的税额还多，这引发了德国人民的不满。

3. 罗马教廷阻碍德国统一。自中世纪以来，德国长期分裂。罗马教廷为继续榨取财富，控制德国政局，夺取

司法、财政大权，阻碍德国民族语言的使用和民族国家的统一。随着资本主义的发展，德国渴望有统一的市场和国家，强烈要求改革教会。

（二）影响

1. 促进了德国统一和民族觉醒。①宗教改革冲击了教会的权威，打破了罗马教廷对德国政治的垄断，为日后德国摆脱教廷控制和统一创造了条件。②马丁·路德的德语版《圣经》促进了德国民族语言的发展，塑造了德国的语言和民族身份，增强了德国的民族意识，促进了德国的统一。

2. 推动了欧洲资本主义发展。新教确立了"因信称义""预定论"等宗教新伦理，重视个人信仰，没收教产和提倡勤俭节约，符合新兴资产阶级的价值观要求，一定程度上推动了早期资本主义的发展。

3. 开启了宗教宽容时代。宗教改革确立了"教随国定"原则，即"在谁的国家，信谁的教"，新教取得了合法地位，不接受罗马教廷的支配和领导。

4. 促进了基督教发展。宗教改革简化了宗教仪式，废除了烦琐的清规戒律，既使得教义解释更加多元，还提高了传教质量，扩大了基督教的影响。

5. 加剧了欧洲地区冲突。宗教改革不仅没有改变德意志的分裂局面，反而加剧了新教和天主教之间的矛盾，导致欧洲地区出现了三十年战争等多次地区冲突。

综上所述，宗教改革首先爆发在德国的原因复杂多元，涉及经济、政治等多个方面，对德国乃至整个欧洲的社会和思想领域产生了重要影响。

参考资料

1. 吴于廑，齐世荣：《世界史·近代史编》，高等教育出版社，2011年。
2. 朱婷，郑祖铤：《文艺复兴对德国宗教改革的推动》，《内蒙古农业大学学报》，2004年第4期。

题目2　论述英国宗教改革的背景、过程及影响

相关真题　2024年南京大学；2023年四川大学；2018年四川师范大学；2018年复旦大学

英国宗教改革发生于16世纪，虽然中间发生曲折，但最终取得了改革的成功，这次改革打破了教皇对英国的控制，使得英国形成完全的民族国家，促进了英国资本主义的发展。

（一）背景

1. 人文主义与大陆新教学说的影响。①14、15世纪以意大利为中心兴起了文艺复兴运动，这场运动很快拓展到英国。托马斯·莫尔等人文主义者在英国传播了人文主义思想，促进了民众的思想解放。②1517年，马丁·路德在德国发动宗教改革后，其学说逐渐流入英国，对英国的年轻学者产生了深刻影响。

2. 神权和王权的矛盾。红白玫瑰战争之后，亨利七世建立了都铎王朝，他采取多种措施加强专制王权，国王逐渐确立了自身对贵族的权威，但是当时的天主教会与国王在政治权力和经济利益上存在诸多矛盾，这是英国宗教改革的重要背景。

3. 亨利八世的离婚案是直接导火索。亨利八世结婚后，王后凯瑟琳只生下一个公主，且已无生育的希望，于是离婚再娶以求子嗣成为亨利八世心目中的大事。他将离婚案上诉罗马教皇，但教皇拖延不办。亨利八世在贵族和市民的支持下，决定与罗马天主教廷决裂，开始了英国的宗教改革。

（二）过程

1. 亨利八世时期。1532年，亨利八世以离婚案为借口，开始宗教改革。1534年，国会通过了《至尊法案》，宣布国王是英国教会唯一的最高首脑，对一切宗教事务具有最高的权力，基本保留天主教教义和仪式。1536年，国会通过《叛逆法》。此后，英国议会解散了修道院并没收其全部财产。

2. 玛丽一世时期。玛丽本人是一个虔诚的天主教徒，她废除父亲亨利八世在位时期的宗教立法，恢复了英国教会对罗马教廷的隶属关系，并以极其残酷的手段惩罚新教徒。

3. 伊丽莎白一世时期。玛丽死后，伊丽莎白一世继位，伊丽莎白一世继续按亨利八世的改革政策，重建英国国教，重申《至尊法案》的权威。1563年，国会通过《三十九条信纲》，否认教皇的权力，并把《圣经》定为信仰的

唯一准则。至此，英国国教成为英国的法定宗教。

（三）影响

1. 强化了专制王权。改革打破了教皇对世俗国家的控制，重新确立王权与宗教的关系，英国国王成为教会的最高首脑，教会成为专制君主的统治工具，英国也由此作为一个近代主权国家兴起于欧洲。

2. 推动资本主义经济的发展。国家通过对宗教的控制，没收大批教会土地及其他财产，将教会财富掌握在国家手中，促进了资本积累，推动了资本主义发展。

3. 激发了英国国民的民族意识。宗教改革也是一场思想解放运动，从新教思想中演绎出了那些与民族国家的建立紧密相连的道德观念，激发了英吉利人民强烈的民族情感，从而使他们融于民族国家之中。

综上，英国宗教改革虽经过一个曲折过程，但结束了罗马教会对英国宗教的掌控，进而加强了英国的王权，对英国的历史发展有深远影响。

参考资料

1. 蔡骐：《英国宗教改革探析》，《湖南师范大学学报》，1996年第5期。
2. 张若愚：《英国宗教改革及其影响》，《宁波工程学院学报》，2009年第1期。

题目3　论述宗教改革

相关真题　2024年黑龙江大学；2024年南京大学；2023年南京师范大学；2023年四川大学；2020年上海大学；2020年河南师范大学；2018年安徽师范大学；2015年东北师范大学；2015年四川大学；2014年陕西师范大学

宗教改革，首先爆发于16世纪的德国，随后成为席卷整个西欧的社会政治运动。它对封建天主教会进行了猛烈冲击，是新兴资产阶级反封建斗争的体现。

（一）原因

1. 欧洲专制君主希望加强王权。英、法等国正在形成统一的民族国家，需要将独立于世俗政权之外的天主教会置于王权之下，实现教会的民族化和加强中央集权。

2. 天主教会阻碍欧洲资本主义发展。中世纪，天主教会是欧洲最大的封建剥削实体，不仅收取高额的封建地租，还征收什一税等苛捐杂费，压榨群众，特别是新兴资产阶级。

3. 资产阶级要求突破教会思想束缚。中世纪，西欧的思想文化领域受天主教的神学思想统治，以资产阶级为首的广大群众质疑教会权威，要求冲破封建神学思想体系的束缚。

4. 天主教会统治权威下降。①16世纪，天主教会内部不仅贿赂成风，争权夺利，而且以教皇为首的高级教士生活奢侈腐化。②人文主义者通过研究基督教原始教义，发现天主教会解释与原始教义相悖。③罗马教廷在经历了"阿维农之囚"和"天主教会大分裂"之后逐渐走向衰落。

（二）过程

1. 德国宗教改革。1517年，马丁·路德张贴《九十五条论纲》，痛斥教会兜售"赎罪券"的做法，提出"因信称义"，即"信仰耶稣可得救"，掀开了德国宗教改革的序幕，并得到了萨克森选侯等人的支持。最后历经沃尔姆斯帝国会议，德国农民战争以及信奉路德教的诸侯与信仰天主教的诸侯之间的战争，于1555年签订《奥格斯堡和约》，确立"教随国定"原则，路德教获得承认。

2. 瑞士宗教改革。1518年，慈温利在苏黎世传教，宣布《圣经》是信仰的唯一依据，反对斋戒等，开启了瑞士地区的宗教改革。之后，新教与天主教于1531年爆发宗教战争，慈温利阵亡，瑞士宗教改革中心转移到日内瓦，领袖为加尔文，他提出"预定论"，即创世之初，人就被上帝分成"选民"和"弃民"，而在现实生活中获得成功就是"选民"的标志，死后便可得救。他于1541年掌握日内瓦大权，建立日内瓦神权共和国，加尔文教也随之在西欧国家广泛传播。

3. 英国宗教改革。1534年，英王亨利八世因教皇不同意他与王后离婚，便促使国会通过《至尊法案》，宣布国王是英国教会唯一的首脑。1563年，伊丽莎白一世制定《三十九条信纲》，规定了英国教会的教义，将《圣经》作为信仰的唯一准则，并强迫所有英国人信仰新教。后克伦威尔颁布"十条法规""十七条指令"，使英国教会国教化。

(三) 影响

1. 推动了近代欧洲民族国家的形成。宗教改革突破了教会对王权的制约，促进了欧洲主权国家的发展和民族意识的形成。

2. 促进了西欧思想解放。宗教改革进一步打破了封建教会的思想统治权威，为资产阶级意识形态的建立奠定了基础，是继文艺复兴之后又一次思想解放高潮。

3. 促进了资本主义发展。宗教改革不仅打破了天主教会对经济发展的束缚，而且剥夺教会财产等举措有利于资本的原始积累，减轻了对土地和劳动力的控制。

4. 引发了欧洲地区冲突。宗教改革加剧了新教和天主教之间的矛盾，导致欧洲地区多次出现宗教战争。

综上所述，宗教改革作为一次规模巨大、影响深远的社会变革，改变了人们对于基督教信仰的形式，为欧洲乃至世界历史带来了深刻变化。

参考资料

1. 张春林：《查理五世与德国宗教改革》，《世界历史》，1995年第3期。
2. 何成刚等：《历史课标解析与史料研习》，复旦大学出版社，2018年。

题目 4　简述文艺复兴和宗教改革的联系

相关真题　2018年北京师范大学

文艺复兴和宗教改革是欧洲历史上两个重要且相互关联的思想解放运动，二者共同推动了欧洲社会的现代化进程。

（一）文艺复兴与宗教改革相同点

1. 产生的时代背景和社会条件相同。14—17世纪，西欧封建制度逐渐衰亡，商品经济发展，资本主义萌芽出现和市民阶级壮大，推动了文艺复兴和宗教改革运动兴起。

2. 都从古代寻求和吸取思想养料。文艺复兴打着"复兴"古典文化的旗帜，而宗教改革则研究《圣经》的古希腊文本，发掘基督教的原始教义。

3. 都得到了世俗统治者的支持。文艺复兴的人文主义者从事文学、艺术活动得到了国王、贵族和富商等人的支持和资助，而路德等宗教改革领袖也得到了萨克森选侯的庇护。

4. 都沉重打击了欧洲封建教会。文艺复兴摧毁了天主教会的"神圣"地位，把人从封建神学的禁锢中解放出来；宗教改革则直接抨击教会弊端和教士腐败，建立了新教。

（二）文艺复兴推动宗教改革

1. 文艺复兴为宗教改革提供了理论基础。①文艺复兴重视人的价值，重视现世的生活，提倡人权，引发了人们对神学的反感和对罗马教会的质疑。②人文主义者通过研究基督教原始教义，发现与天主教会教义解释相悖，促进了新教教义的形成，为宗教改革提供了有力依据。

2. 文艺复兴为宗教改革培养了大批人才。15世纪，受文艺复兴的影响，德国的一些大学出现了人文主义小组。16世纪，埃尔福特大学成为德国人文主义运动的中心，马丁·路德等人受到人文主义的强烈影响，成为日后宗教改革的领袖人物。

3. 文艺复兴为宗教改革积蓄了阶级力量。新兴资产阶级受到文艺复兴的思想启迪，勇于追求财富积累和现世生活享受，进一步壮大了资产阶级队伍，为宗教改革积蓄了阶级力量。

（三）宗教改革深化人文主义

宗教改革是文艺复兴在宗教领域的延续。文艺复兴所宣扬的人文主义大多停留在社会上层，并且对教会抱有和解态度，而宗教改革直接与天主教会决裂，建立新教，将人文主义普及到平民大众，并且在宗教改革中衍生出"平等观念""个人主义"等思想，极大丰富了人文主义的思想内涵。

综上所述，文艺复兴和宗教改革不仅有着时代背景等诸多相同点，而且彼此之间相互影响、相互作用，共同促进了欧洲思想和社会领域的进步。

参考资料

1. 林涛：《浅析文艺复兴对宗教改革的影响》，《内蒙古农业大学学报》，2006年第2期。
2. 赵林：《论文艺复兴与宗教改革的文化意义》，《求是学刊》，2008年第5期。
3. 刘丹忱：《试论欧洲文艺复兴与宗教改革运动的关系和特点》，《辽宁大学学报》，2009年第6期。
4. 袁庆和：《文艺复兴与宗教改革的比较研究》，《汕头大学学报（人文科学版）》，1989年第4期。

题目5　论述反宗教改革运动的成因和举措

相关真题　2015年四川大学

反宗教改革运动是16世纪欧洲天主教国家为对抗宗教改革而发起的运动，最终使得天主教会势力得到一定程度的巩固与恢复，被称为"罗马天主教的复兴"。

（一）成因

1. 天主教会自身堕落局面需要改变。16世纪，天主教会内部不仅贿赂成风、争权夺利，而且以教皇为首的高级教士生活奢侈腐化，对群众进行沉重掠夺，使得天主教会信誉和权威大幅下降，以教皇为代表的罗马教会急需进行革新。

2. 基督教新教兴起削弱天主教会权威。16世纪率先在德国兴起的宗教改革运动，满足了资产阶级发展的精神需要，产生了许多基督教新教，"因信称义"即"信仰耶稣即可得救"等新教教义得到广泛传播，严重威胁到了天主教会在欧洲的地位。

（二）主要举措

1. 成立委员会以审查教会。教皇设立专门委员会，负责审查和整顿教会内部的腐败和弊端，提高神职人员的道德水平。

2. 重建宗教裁判所。1542年，教皇重建了意大利的宗教裁判所，加强对"异端"和新教徒的打击，维护天主教教义的纯洁性。

3. 召开特兰托宗教会议。1545年至1565年间，天主教多次在特兰托召开会议，着手革除天主教内部弊端，如停止兜售赎罪券，不再增加教会神职收入等。

4. 创立耶稣会。1534年，西班牙贵族军官伊格纳修·罗耀拉仿照军队形式创立耶稣会，强调纪律严格和绝对服从。他们修建教堂、创建学校、与俗人交往，并到东亚、非洲及美洲传教。

（三）评价

1. 进步性。反宗教改革运动在一定程度上恢复了天主教会的道德形象，稳固了罗马教会在西班牙、意大利等部分天主教国家的地位。

2. 局限性。反宗教改革运动本质上仍是为了维护罗马教会的统治和权威，既没有从根本上解决教会内部教权专制等问题，也加剧了天主教和新教之间的矛盾和冲突，导致宗教战争的爆发，无法挽救罗马教会衰落的命运，从结果来看是一次失败的运动。

综上所述，反宗教改革运动是天主教会为应对新教挑战而做出的努力，虽然在某些方面取得了成效，但改革的局限性和对抗性使得宗教分裂的局面并未得到根本改善。

参考资料

1. 郭方，刘城等：《世界历史》，江西人民出版社，2012年。

第五节　重商主义和商业战争

题目1　论述重商主义

相关真题　2022年江苏师范大学；2020年北京师范大学；2019年北京大学

重商主义是近代欧洲在进行资本原始积累的过程中产生的一种经济思想，反映了早期资本主义下新兴资产阶级和国家权力的结合。

（一）含义

1. 基本内容。主张国家干预经济生活，禁止金银输出，增加金银输入。
2. 主要政策。①政府管制农业、商业、制造业，发展对外贸易垄断。②通过高关税率及其他贸易限制来保护国内市场。③利用殖民地为宗主国的制造业提供原料和市场。
3. 特点。商业资本与国家政权相结合，依靠封建民族国家政权制定并推行政策和法令。

（二）发展历程

1. 早期重商主义（15世纪至16世纪中叶）。主张采取行政强制手段，通过限制金银出口和鼓励金银进口来实现对金银的直接控制和积累，即通过货币的流通实现金银积累，也被称为"货币平衡论"或"货币差额论"。
2. 晚期重商主义（16世纪下半叶至17世纪中叶）。允许货币输送到国外，扩大对外商品购买，但必须保证贸易顺差，即通过调节商品的流通达到金银积累的目的，也被称为"贸易平衡论"或"贸易差额论"。

（三）影响

1. 加强了西欧的专制王权。重商主义不仅加强了国家对经济的控制，还增加了国王的收入，一定程度上加强了各国的专制王权。
2. 推动了国际贸易。晚期重商主义主张通过贸易顺差积累财富，重视对外贸易的扩大，促进了国际市场的扩展和商品交换。
3. 促进了资本主义发展。重商主义不仅加速了欧洲资本原始积累和手工工场的发展，为日后的工业革命奠定了经济基础，而且使得平等和自由等资本主义价值观开始成为主流。
4. 促进了西欧向近代社会的转变。英荷等国转变为典型的商业社会，封建经济制度逐渐瓦解，资产阶级开始与君主争夺国家政权，西欧进入资产阶级革命时期。
5. 加剧国际冲突。为扩大出口，争夺市场和资源，欧洲国家之间的竞争和冲突加剧，引发了多次战争和殖民争夺。

综上所述，重商主义是欧洲早期资本主义发展过程中产生的经济思想，有利于西欧各国的资本主义经济发展，为日后工业革命的发生创造了条件。

参考资料

1. 李健：《西方历史上的重商主义及现实思考》，《重庆电大学刊》，1998年第3期。
2. 李新宽：《论英国重商主义政策的阶段性演进》，《世界历史》，2008年第5期。
3. 李新宽：《试析英国重商主义国家干预经济的主要内容》，《史学集刊》，2008年第4期。

题目2 论述西班牙王位继承战争原因、过程及影响 醒吾历史统考预测题

西班牙王位继承战争是1701—1714年法国的波旁王朝与奥地利的哈布斯堡王朝为争夺西班牙王位，而引发的一场欧洲大部分国家参与的大战，战场主要在意大利、尼德兰、德意志和西班牙。

（一）起因

1. 西班牙国王绝嗣引发继承问题。1700年，西班牙哈布斯堡王朝的国王卡洛斯二世死前无嗣，遗嘱指定法国国王的孙子菲利普为继承人，遭到了同为哈布斯堡王室的奥地利大公反对。
2. 欧洲列强利益冲突。法国试图通过继承西班牙王位争取更多海外殖民地，巩固欧洲霸主地位，而英国、荷兰和奥地利等国则试图阻止法国成为欧洲的主导力量。
3. 西班牙国家实力衰落。由于落后的封建制度，西班牙自16世纪以后逐渐衰落，国际地位下降，其他国家开始图谋西班牙广阔的海外殖民地。

（二）过程

1. 战争爆发。1701年，英国、荷兰、奥地利以及普鲁士等国结成反法联盟，史称"大同盟"。法国则与西班牙和巴伐利亚等德意志邦国结盟。同年3月，英国等宣布对法国和西班牙开战。

2. 法国失利，盟军取得优势。法国虽然在战争初期取得了一些胜利，但是在1704年之后终因寡不敌众，屡战屡败，损失惨重。而大同盟军队于1704年和1706年分别在巴伐利亚和拉米伊击败法军及其盟友，取得了决定性胜利。

3. 战争结束。1711年，战争失利导致法国国内出现财政危机和民众不满，而盟军也因资源消耗过大无法攻入法国本土，双方进行和谈。1713年，法国、西班牙与英国、荷兰等国签订《乌特勒支和约》，1714年，法国与奥地利签订《拉施塔特条约》，法国国王的孙子菲利普继承西班牙王位，英国、荷兰等国获得大量领土。西班牙王位继承战争结束。

（三）影响

1. 调整了欧洲国际格局。战后，法国丧失了主导欧洲政局的核心地位，霸权地位受到削弱。英国崛起为新的海上霸主。西班牙则失去了大量欧洲领土和海外殖民地。普鲁士国际地位得到提升，成为欧洲体系中重要的国家。奥地利形成其历史上最广的疆域。

2. 确立了战后欧洲均势政治。战争使得欧洲传统大国法国、西班牙受到削弱，普鲁士等小国纷纷崛起，各国实力差距相对缩小，欧洲均势政治得到了确立和巩固。

3. 促进了国际法的发展。《乌特勒支和约》首次将"均势"原则载入国际条约中，成为国际关系史上的里程碑，"势力均衡"原则日后成为欧洲处理大国关系的重要原则。

综上所述，西班牙王位继承战争是一次欧洲列强政治、经济利益冲突的集中体现。它标志着旧秩序的结束和新格局的建立，对欧洲乃至世界历史产生了深远的影响。

> 参考资料

1. 刘德斌：《国际关系史》，高等教育出版社，2018年。

第六节　科学革命

题目1　论述科学革命的起源、内容与影响

> 相关真题　2020年中国人民大学；2017年陕西师范大学

科学革命是欧洲在15世纪下半叶至17世纪的一次重大智力变革，它代表了从古代科学向近代科学的过渡。这场革命不仅是科学技术领域的变革，更是一次深刻的思想观念变革。

（一）起源

1. 政府支持。16—17世纪，西欧国家推行重商主义政策，希望通过科技带动经济发展。例如，1662年，英王查理二世颁布特许状成立伦敦皇家学会，推动科学与技术的结合。

2. 社会经济变革。地理大发现促进了造船业和航海业的发展，对地理学、天文学和数学的发展提出了新的要求。而采矿业的发展引起了动力传送知识的进步，带动了现代物理学的形成。

3. 社会结构的变动。15世纪以后，新兴资产阶级和工商业者数量增多，但在国家政治生活中其尚处于无权地位，只能通过扩大生产、提高劳动生产率来满足对财富的追求，他们成为推动科学革命的社会主体。

4. 思想的解放。文艺复兴和宗教改革运动打破了教会精神独裁，把人从宗教、神的统治下解放出来，同时也为自然科学从神学解放出来奠定了思想基础。

（二）内容

1. 近代天文学革命。①哥白尼提出了"日心说"，直接动摇了中世纪长期流行并被教会奉为信条的"地心说"。②布鲁诺提出了宇宙无限的观点，进一步发展了哥白尼的学说。③伽利略利用自制的望远镜观察，为日心说提供了最重要的天文证明。④开普勒总结出行星运行的三大定律，提出行星运行的轨道为椭圆形。

2. 解剖学发展。①比利时医生维萨里是近代解剖学的奠基人，他详细记载了人体构造，纠正了古希腊学者的许多错误。②西班牙神学家塞维塔斯，第一次发现心肺之间的血液循环。③英国人哈维创造了比较完善的血液循环理

论，阐明了心脏在血液循环中的作用。

3. 数学发展。①笛卡尔发明的坐标系，将几何和代数相结合，创立了解析几何学。②卡丹发表了三次代数方程和四次代数方程的一般解法，他还最早使用了复数的概念。③牛顿和莱布尼茨先后独立发现了微积分，而莱布尼茨所使用的微积分的数学符号更是被广泛地使用。

4. 科学方法革命。①伽利略是第一个把实验引进力学的科学家，他开创了实验力学，标志着科学实验方法的诞生。②培根是近代归纳法的创始人，他要求在制定一种普遍原理之前，必须小心认真地观察事实，然后从观察所得的材料中归纳出一条原则。

5. 经典力学的创立。1687年，牛顿《自然哲学的数学原理》首次出版，他在书中提出了三大运动定律和万有引力定律，标志着经典力学体系的建立，他所建立的经典力学理论体系成为近代科学的标准尺度。

（三）影响

1. 促进了科学的独立发展。科学从神学的束缚中解放出来，开始走上独立发展的道路。

2. 改变了世界观。科学革命使人们认识到世界运行的自然规律，摒弃了神秘主义和迷信。

3. 推动了教育繁荣。科学研究和实验室的建立，促进了教育的发展和科学知识的普及。

综上所述，科学革命不仅是一次技术和知识的变革，更是一次思想和文化的革命，它开辟了近代科学发展新篇章，对人类社会产生了深刻影响。

参考资料

1. 肖耀根：《世界近代科学革命事件及其意义》，《理论月刊》，2007年第6期。
2. 何成刚等：《历史课标解析与史料研习》，复旦大学出版社，2018年第12期。
3. 安然：《论近代科学革命的社会经济起源》，《内蒙古大学学报》，2007年第2期。
4. 吴于廑，齐世荣：《世界史·近代史编》，高等教育出版社，2011年。

第二章 欧美主要国家的社会转型

第一节 尼德兰革命

题目1 论述尼德兰革命

相关真题 2021年暨南大学

尼德兰革命（1566—1609年）是一场尼德兰反对西班牙专制统治的民族独立运动，是世界历史上第一次成功的资产阶级革命，建立了资产阶级共和国。

（一）背景

1. 经济背景。尼德兰地区经济发达，资本主义萌芽早，资产阶级力量壮大，要求推翻专制制度的统治。

2. 政治压迫。西班牙对尼德兰实行严厉的专制统治，剥夺尼德兰地方自治权，进行横征暴敛和经济掠夺，社会各阶级要求推翻封建制度的呼声高涨。

3. 宗教矛盾。尼德兰地区新教势力强大，与天主教国家西班牙的宗教政策产生冲突。西班牙统治者经常迫害尼德兰新教徒，双方矛盾日益尖锐。

（二）过程

1. 早期起义。1566年8月，尼德兰许多城市爆发针对天主教的破坏圣像运动，群众冲进教堂和修道院，捣毁圣像和遗骨，没收教会财产。但由于部分贵族的妥协，起义遭到镇压。

2. 南北抗争。起义失败后，南、北方各组成森林游击队和海上游击队进行抗争。1572年，北方起义获得胜利，奥兰治亲王被推举为执政。随后南方也爆发了更大规模的武装斗争。

3. 南北联合与分裂。1576年，南北各省签订《根特协定》，宣布恢复尼德兰的统一和各城市原有的特权，废除西班牙总督颁布的一切法令，双方联合，共抗西班牙。但1579年，南北各省分裂，形成阿拉斯同盟和乌特勒支同盟。

4. 荷兰共和国建立。1581年，北方各省宣布独立，建立荷兰联省共和国。而南方仍然处在西班牙统治之下。

5. 国际承认。1609年，西班牙被迫与荷兰签订协定，事实上承认了荷兰独立，尼德兰革命结束。直到1648年《威斯特伐利亚和约》后，荷兰的独立才得到国际承认。

（三）影响

1. 建立了资产阶级共和国。革命诞生了世界上第一个资产阶级共和国即荷兰联省共和国，为资本主义的发展开辟了道路。

2. 促进了荷兰经济的发展。革命成功后，荷兰摆脱了西班牙统治者的经济掠夺，得到了更顺利的发展，资本主义经济和殖民掠夺都居欧洲领先地位，海外航运尤为发达，有"海上马车夫"之称。

3. 沉重打击了天主教会。革命对西班牙和罗马天主教会造成沉重打击，它意味着欧洲封建反动势力遭到严重削弱，为各国资产阶级搬开了前进道路上的绊脚石。

4. 削弱了西班牙的实力。尼德兰北部脱离西班牙而独立，沉重打击了西班牙哈布斯堡王朝的统治，改变了欧洲的政治格局。

5. 革命的不彻底性为荷兰后续发展埋下了隐患。独立后的荷兰在政治上未能完全摆脱封建残余，在一定程度上保持了君主制的特征，限制了言论自由和工业资本的发展，这使得荷兰经济的繁荣仅是昙花一现，17世纪后期就走向衰落。

综上所述，尼德兰革命是资产阶级革命的先驱，对于推动欧洲政治、经济和文化的发展起到了关键作用，对后世的世界历史产生了深远影响。

参考资料

1. 夏诚：《尼德兰革命的世界历史地位》，《武汉大学学报》，1980年第1期。

第二节　英国资产阶级革命

题目1　论述圈地运动

相关真题　2024年天津师范大学；2023年南京师范大学；2022年天津师范大学；2018年湖南师范大学；2001年北京大学

圈地运动是西欧新兴资产阶级和新贵族地主使用武力大规模侵占农民土地以实现资本原始积累的活动，其中以15—19世纪发生在英国的圈地运动最为典型。

（一）兴起原因

1. 人口增长导致农产品需求增加。中世纪城市人口增长使人民对农产品需求增加，但传统封建庄园实行粗放式经营，土地经济效益低下，而圈地制经营方式实行精耕细作，有利于提高农产品产量。

2. 资本家租地办农场。15—16世纪，羊毛、商品粮需求的增长和价格的提高，吸引了资本家到农村去租地办牧场或农场，他们所出的地租比农民缴纳的贡赋要高出很多，于是封建领主选择圈占农民土地而后出租给资本家。

（二）过程

1. 初始阶段。15世纪末期，养羊业因羊毛价格上涨变得有利可图，封建领主开始强行将农民驱离土地，将土地改为牧场。

2. 发展高潮。①16世纪中期，亨利八世推行的宗教改革，将英国教会的土地和财富统统收归王室所有，他们同样赶走农民，并将土地合并起来成为农牧场，把圈地运动推向高潮。②16世纪后期，随着人口持续增加、粮价上涨，有的被圈土地又改为农场，同时继续扩大圈地。

3. 持续发展。17—19世纪圈地运动仍在进行，这一阶段大批农民从土地中剥离，这些丧失了生产资料的农民，成了被迫出卖劳动力的农业工人，农业生产更具资本主义特征。

（三）影响

1. 促进了英国资本主义农业的发展。圈地运动通过暴力的方式消灭了封建的依附关系，动摇了传统农业的根基，促使当时的英国农业开始了资本主义化的进程，进而提高了生产效率。

2. 促进了英国商贸的发展。在都铎王朝重商主义政策影响下，英国对贸易的发展十分重视，而圈地运动使英国提高了羊毛产量，使羊毛及羊毛制成品成为主要出口商品。

3. 使英国出现了新型社会结构。瓦解了此前领主—农民的单一社会结构，形成了土地贵族—租地农场主—农业工人的新型社会结构。

4. 解放劳动力。圈地运动使部分农民离开土地到城市谋生，为英国近代工业的发展提供了廉价劳动力。

5. 给农民带来灾难。在圈地运动中，无数农民倾家荡产，流离失所。而政府又颁布血腥法令，不允许这些失去土地的人流浪，农民因此失去了活路。

综上所述，圈地运动通过粗暴的方式将农民从农村的土地中解放出来，为资本主义的发展提供劳动力，从历史发展的趋势来看，符合近代资本主义的发展要求。

参考资料

1. 王乃耀：《试论英国资本原始积累的主要方式——圈地运动》，《北京师范学院学报》，1992年第4期。
2. 吴于廑，齐世荣：《世界史·近代史编》，高等教育出版社，2011年。

题目2　论述17世纪英国资产阶级革命的背景、过程、性质及影响

相关真题　2023年苏州科技大学；2020年北京外国语大学；2018年南京师范大学

17世纪的英国处于政治、经济、宗教和社会结构发生深刻变化的时期。在这一时期，国王与新兴的资产阶级和新贵族之间的矛盾加剧，最终导致了一场重大的资产阶级革命。

（一）背景

1. 国王与议会之间的矛盾日益尖锐化。在税务问题上，国王试图绕过议会任意征税，引起议会的强烈反对。1628年，议会通过《权利请愿书》制约国王的权力，但查理一世对此采取了回避和曲解的态度，加剧了双方的对立。

2. 英国资本主义发展与封建统治矛盾尖锐。随着资本主义农业和工商业的发展，英国的资产阶级和新贵族势力在政治诉求上趋于一致，而封建王朝的重税政策、垄断某项商品专卖权等做法给资本主义发展带来极大损害，资产阶级和新贵族势力对王权专制日益不满。

3. 清教运动兴起。17世纪初，英国兴起了清教运动，清教徒反对国王主宰教会，还强调"勤俭"，主张以勤奋去"获得财富"。这成为资产阶级、新贵族反封建斗争的思想武器。

4. 英王查理一世在苏格兰进行宗教迫害政策。苏格兰拥有独立议会和教会组织，但查理一世在苏格兰强行推广英国祈祷书，并对反对者以叛国罪加以逮捕，导致了苏格兰人民起义。

（二）过程

1. 内战阶段。1640年，面对苏格兰起义，查理一世召开"长期国会"企图筹措军费，资产阶级和新贵族要求查理一世接受限制王权的《大抗议书》。国王拒绝该文件并向国会宣战。在内战中王党军队一度占据优势，但最终国会方在克伦威尔率领下于1646年取得胜利。

2. 共和国阶段。1649年，查理一世被处决，英国宣布成立共和国，革命达到高潮。这一时期，实际上是独立派资产阶级和新贵族掌握了政权。

3. 斯图亚特王朝复辟。克伦威尔去世后，其子继位，但政局不稳。新贵族和大资产阶级为了稳定社会秩序，支持恢复君主制。1660年，查理二世以国王身份回到英国建立统治。

4. 光荣革命阶段。查理二世去世后，其子詹姆士二世妄图恢复天主教的做法引起资产阶级的不满。1688年，国会驱逐了詹姆士二世，迎立玛丽与威廉为国王，史称"光荣革命"。1689年，国王与国会达成一致通过了《权利法案》，正式确立了君主立宪政体。

（三）性质

1. 这场革命具有宗教性质。英国革命前期是在清教运动的背景下展开的，并在革命前期对传统的宗教政策进行了大量变革如废除主教制，由长老派教会取代原有的圣公会等。

2. 这场革命具有资产阶级性质。资产阶级和新贵族作为主要力量，推翻了封建专制，促进了资本主义经济的发展。

（四）影响

1. 揭开了欧洲资产阶级革命的序幕。英国革命是资产阶级革命首次在欧洲大国的成功实践，革命胜利后英国建立了君主立宪制的资本主义国家，这种革命模式成为后来欧洲各国资产阶级革命的模范。

2. 推动了英国综合国力的提升。革命为资本主义政治、经济制度的发展开辟了道路。此后，英国的资本主义得以更快地向前发展。18世纪后半期，英国在世界上首先发生工业革命，到19世纪中叶成为世界上经济最发达的国家，号称"世界工厂"。

综上所述，17世纪的英国资产阶级革命是一个重要的历史事件。它不仅标志着国家权力从国王转移到资产阶级，还为资本主义制度的发展和全球扩张奠定了基础。

参考资料

1. 吴于廑，齐世荣：《世界史·近代史编》，高等教育出版社，2011年。

题目3 简述英国光荣革命及其历史地位

相关真题 2023年江苏师范大学；2014年北京大学

光荣革命是指1688年英国资产阶级和新贵族联合起来推翻詹姆士二世统治、防止天主教复辟的非暴力政变。

（一）背景

1. 克伦威尔逝世后斯图亚特王朝复辟。1660年斯图亚特王朝复辟后，查理二世力图重建封建秩序，他宣布参与审判查理一世者均犯有"弑君"罪，将英商重要贸易基地敦刻尔克卖给了法国，这引发了资产阶级强烈不满。

2. 詹姆士二世企图恢复天主教的统治。英国自16世纪宗教改革以来，反天主教的传统一直很强烈，但詹姆士二世即位后试图恢复天主教的统治，引起了包括推崇新教的辉格党和托利党在内的各派代表的极大不满。这促使他们决定联合起来，推翻詹姆士二世的统治。

3. 荷兰执政威廉的妻子玛丽是詹姆士二世的长女，具有英国王位的合法继承权，而且两人都是新教徒。

（二）过程

1. 1688年，在议会上下两院共同召开的全体会议上，决议迎立詹姆士二世的新教徒女儿玛丽和其丈夫荷兰执政威廉为英国女王和国王。

2. 根据同荷兰商定的协议，威廉率军队于1688年11月在英国登陆。12月，詹姆士二世仓皇出逃法国。1689年2月，威廉即英国王位，是为威廉三世。

3. 1689年3月，国会通过了《权利法案》，明确规定今后英国国王必须是新教徒，国王要尊重国会的意志，只有得到下院的同意，政府才能够征收新税和招募常备军。

（三）历史地位

1. 国内层面。①光荣革命是英国历史的转折点，议会的权力进一步扩大，君主立宪制确立，君主专制成为历史。②光荣革命为英国资产阶级专政奠定了基础，为英国资本主义的发展开辟了道路，开启了英国的近代化。③光荣革命被称为不流血的革命，为日后用宽容和平的方式解决政治问题提供了范例。

2. 国际层面。光荣革命是世界历史上民主制度对专制制度的一次重大胜利，光荣革命后建立起来的君主立宪制度对许多国家的政治都产生了重要影响，甚至19世纪末中国维新派改革时都以英国的"君民共治"为效法对象。

总之，光荣革命后，英国逐步确立了资本主义君主立宪制，标志着英国政治近代化。这一过程不仅促进了英国资本主义快速发展，还为世界各国建立资产阶级统治提供了宝贵经验。

参考资料

1. 吴于廑，齐世荣：《世界史·近代史编》，高等教育出版社，2011年。
2. 钱乘旦，许洁明：《英国通史》，上海社会科学院出版社，2019年。

第三节 开明君主专制

题目1 评述彼得一世改革

相关真题 2024年四川大学；2024年江苏师范大学；2018年吉林大学；2018年西北师范大学

17纪末18世纪初，俄国沙皇彼得一世为了加强中央集权、富国强兵，冲破层层阻力进行了近代化改革，为俄国的发展和强大奠定了坚实的基础。

（一）背景

1. 政治混乱，社会动荡。①政府严重受制于宗教势力，官僚机构臃肿庞大且运转低效。②贵族地主之间争权夺利，下层人民因不满暴政而起来反抗的斗争频频发生。

2. 工商业发展滞后。如俄国国内的炼铁、玻璃等手工工场无法实现自给自足，庄园经济仍然占据主导地位。且由于大量货物依赖进口，俄国对外贸易被西欧商人控制，阻碍了俄国民族工商业的壮大。

3. 军事实力不足。①俄国没有海军，没有正规、常备的陆军，因而也没有巩固的国防。②1700年，俄国与瑞典爆发北方战争，战争初期，瑞典以少胜多战胜了俄国，使得军事改革成为俄国当时最为紧迫的任务。

4. 国民教育落后。当时俄国学校数量少、质量差，大多数学校条件简陋，教学制度也不健全，所培养出来的人才很难适应时代和社会的要求。

（二）内容

1. 政治改革。①中央：废除了由俄国封建主组成的咨询会议"领主杜马"，成立参议院，在参议院下设各个部门，分管行政、司法、军事等事务。②地方：逐级设省、区、县，地方长官直属中央管辖。③选官：废除了唯门阀是举的旧官制，颁布"职级表"，以军功或政绩为衡量标准选拔人才。④推行"一子继承法"，规定贵族只能把自己的不动产传给一个儿子，其余未分得不动产的子女只有权继承其动产。

2. 经济改革。①引进西欧先进生产技术、机器设备和管理经验，提供优惠条件以吸引外国资本家到俄国办工厂。②保护关税，提高工商业者的社会地位，推动民族资本主义工商业发展。

3. 军事改革。①从1700年开始实行义务兵役制，兴办兵工厂、修筑海军基地和国防要塞。②1716年颁布《军事法规》，确定了军队的编制和组织原则。③1720—1722年陆续颁布《海军章程》，对海上舰队的编制、战船等级等都做了明确规定，指导了俄国海军建设。

4. 文教改革。①强制贵族子弟接受西欧文化，特别是科学技术。②建立医科学校、数学学校等各种类型的学校，在各县普遍建立小学。

5. 宗教改革。①政府设立宗教院管理宗教事务，取消大教长的职位，教士从国家领取薪金。②将部分教会财产收归国家宗教院进行管理。

（三）影响

1. 积极影响。①彼得一世改革增强了俄国的军队实力，使得俄军在北方战争中击败了当时欧洲的军事强国瑞典。②改革加强了中央集权，提高了行政管理效率，削弱了贵族权力，废除旧官制，使得德才兼备之士脱颖而出。③客观上推动了俄国走上近代化道路，为俄国资本主义的发展创造了条件。

2. 消极影响。①彼得一世的改革是一次强制性的近代化运动，用极粗暴的手段加以推行，为俄罗斯民众埋下了暴动的种子。②彼得一世的现代化主要是以倡导科技发展实业为目标的，他没有也从来不想触动俄国的社会基础——农奴制，保留了浓厚的封建残余，阻碍了后续俄国资本主义的发展。

综上所述，18世纪初，彼得一世在俄国政治、经济、军事、文教等方面进行了改革，增强了俄国各方面的实力，推动俄国走上了近代化的道路。

参考资料

1. 吴于廑，齐世荣：《世界史·近代史编》，高等教育出版社，2011年。
2. 刘宗绪：《世界近代史》，北京师范大学出版社，2004年。

题目2 论述开明君主制

相关真题 2024年湖北大学；2021年南京大学；2021年河南师范大学；2018年河北师范大学

开明君主制，又称开明绝对主义，是18世纪末欧洲启蒙思想家提倡的一种统治思想和政策，本质上仍属于绝对君主制。

（一）俄国"开明专制"

叶卡捷琳娜二世是俄国开明君主制的主要代表。其措施包括：

1. 经济方面。①农业发展方面，她强调提升农业生产，引入外国移民，允许批评农奴制的言论。②在工业方面，她努力促进工业发展，削弱行会控制，鼓励各阶层开办工厂。③商业方面，逐步放弃国家控制的重商主义政策，转向接受自由贸易。④在土地政策方面，逐步赋予贵族完全的土地所有权，取消转让、买卖土地的限制，为私有制铺路。

2. 政治方面。1767年，叶卡捷琳娜二世召开立法委员会，表示要对国家制度进行全面改革，拟定《训谕》，其中引用大量启蒙思想家的观点。但是会议因代表之间的矛盾而未能取得实质性成果

（二）奥地利"开明专制"

约瑟夫二世是奥地利开明专制的代表。其措施包括：

1. 经济方面。①实行保护关税政策，奖励工商业发展，成立国家工场，增加财政收入。②废除世袭领地的农民依附关系，实质上废除农奴制。

2. 宗教方面。①解散多所富裕的天主教修道院，没收其财产，要求主教向君主效忠。②颁布宗教宽容令，使非

天主教派享有合法地位。

3. 司法方面。颁布《民法大典》，确立法律面前宗教平等原则，允许新闻自由，同时实行严格的书报检查制度，建立永久性警察组织。

4. 社会方面。推行德语作为官方语言，建立男女平等入学的初级教育体系，为贫困家庭提供奖学金。

（三）普鲁士"开明专制"

腓特烈二世代表普鲁士的开明专制。其措施包括：

1. 政治方面。①改组财政、军事与王室领地最高管理处，使权力更加集中在国王本人手里。②恢复内阁且亲自在内阁工作，总揽大权。③建立廉洁的公务员制度，要求公务员提高工作效率。

2. 经济方面。①发展工商业，推行重商主义，统一货币制度，创办银行，修建公路和运河。②用优惠的政策招徕外国技工，促进重工业发展。

3. 社会方面。①开办学校，重建普鲁士科学院。②奖励科学和艺术，重视教育发展。

4. 军事方面。扩充常备军，军队从 8 万人增加到 20 多万人。

（四）评价

1. 进步性。①促进了欧洲落后国家资本主义经济发展、军事实力增强，缩小了与先进国家的差距。②推动封建君主制向资产阶级君主制转变，对旧式专制王权产生冲击。③文教事业繁荣，出现了许多著名的艺术家和文化名人。莫扎特、贝多芬、柴可夫斯基、康德等是典型的代表。

2. 落后性。"开明专制"在本质上仍是为了巩固封建君主的统治，它带有浓厚的封建残余，尤其是农奴制的残存，成为资本主义发展的障碍。

总之，"开明专制"是近代欧洲君主专制时代的一个阶段，受启蒙运动影响，对君主专制主义进行了一定发展，具有鲜明的时代特征。

参考资料

1. 计秋枫：《"开明专制"辨析》，《世界历史》，1999 年第 3 期。
2. 赵士国，丁笃本：《开明专制论》，《史学月刊》，1988 年第 1 期。
3. 高照明，王志林：《论 18 世纪的开明专制》，《河南大学学报》，1996 年第 5 期。
4. 吴于廑，齐世荣：《世界史·近代史编》，高等教育出版社，2011 年。

题目 3 简述俄国 17 世纪末到 18 世纪的扩张

相关真题 2023 年四川大学

17 世纪末至 18 世纪，在沙皇彼得一世及叶卡捷琳娜二世的带领下，俄国通过军事征服和外交策略，疆土得到了极大的扩张。

（一）彼得大帝时期的扩张（17 世纪末至 18 世纪初）

1. 向欧洲地区扩张。彼得大帝旨在争夺出海口，以增强俄国的国际地位和经济实力。1695—1696 年，他两次远征顿河下游的亚速，占领亚速城，打开了向黑海的通道。随后，在 1700—1721 年的北方战争中，彼得大帝通过《尼什塔特和约》获得了芬兰湾、里加湾、卡累利亚的一部分，以及爱沙尼亚和拉脱维亚等波罗的海沿岸大片土地，成功扩张至波罗的海地区，为俄国打开了通向西欧的海路。

2. 向亚洲地区扩张。旨在掠夺财富，解决北方战争期间造成的财政困难。1722 年，他率军进军波斯，获得具有重要商业意义的里海西岸和南岸的土地。此外，他还违反《尼布楚条约》规定，占领中国额尔齐斯河上游，与中国进行贸易，并在 18 世纪末侵入堪察加半岛，以及占领千岛群岛北部，夺取太平洋沿岸出海口。

（二）叶卡捷琳娜二世时期的扩张（18 世纪下半叶至 18 世纪末）

1. 在黑海地区的扩张。叶卡捷琳娜二世在 1768 年和 1787 年分别发动了两次对土耳其的战争，第一次签订《库楚克-凯纳吉和约》，俄国夺得亚速海沿岸地区，并获得博斯普鲁斯海峡和达达尼尔海峡的通航权，控制了克里木汗国。第二次签订《雅西和约》，俄国边界从第聂伯河得以延伸至德涅斯特河。

2. 三次瓜分波兰。叶卡捷琳娜二世联合普鲁士和奥地利三次瓜分波兰（1772年、1792年、1795年），使俄国获得了立陶宛、白俄罗斯、乌克兰大部分地区及布格河一线的领土。

3. 亚洲地区的进一步扩张。她通过修筑军事碉堡逐渐蚕食高加索地区，控制了哈萨克草原。在18世纪80年代，完全占领西伯利亚北部。18世纪末19世纪初，俄国扩张至美洲阿拉斯加以及加利福尼亚地区，甚至试图在夏威夷建立立足点。

17世纪末至18世纪，俄国历经彼得一世和叶卡捷琳娜二世的对外征服扩张，摆脱了内陆闭塞的状态，国家领土面积极大增加。

参考资料

1. 赵士国：《彼得一世与叶卡特琳娜二世之比较》，《湖南师范大学社会科学学报》，1992年第4期。
2. 赵博楠：《叶卡捷琳娜二世对外扩张政策研究》，黑龙江省社会科学院2012年硕士学位论文。
3. 吴于廑，齐世荣：《世界史·近代史编》，高等教育出版社，2011年。

题目4 论述俄国参与三次瓜分波兰的过程和影响

相关真题 2024年中国社科院大学

18世纪初，曾经的东欧强国波兰急剧衰落，此时的俄国、奥地利和普鲁士都已经成为中央集权制的强国，并且向外扩张领土，波兰惨遭瓜分，而俄国是三次瓜分波兰的主要推手，疆土得到极大扩张。

（一）过程

1. 第一次瓜分波兰。1767年，俄国借口异教问题入侵波兰，激起了波兰各阶层的反抗。波兰部分贵族领导抗俄武装斗争。与此同时，土耳其因边境被犯对俄宣战，奥地利唯恐俄国独吞波兰，公开支持土耳其，而普鲁士为了自己的利益也支持奥地利，三国就波兰问题陷入僵局。为摆脱外交上的困境，俄国放弃独霸波兰的计划，同意普鲁士提出的瓜分波兰的主张。1772年8月，俄、普、奥三国在彼得堡签订瓜分波兰的条约，俄国占领西德维纳河、德鲁奇河和第聂伯河之间的白俄罗斯以及部分拉脱维亚领土，面积9.2万平方千米、人口130万。

2. 第二次瓜分波兰。1788年至1792年，波兰国会通过了一系列新法案，掀起削弱沙俄影响、争取国家独立的革新运动，俄国为此加强了对波兰的控制。1792年，俄国十万军队入侵波兰，普鲁士也趁机出兵波兰，波兰无力抵抗，1793年1月，俄、普缔结了第二次瓜分波兰的协定，俄国占领了白俄罗斯的一部分、第聂伯河西岸乌克兰大部分、立陶宛的一部分，面积25万平方千米、人口300万。

3. 第三次瓜分波兰。波兰被两次瓜分后，面临着最后灭亡的危险，1794年3月，波兰爆发了克拉科夫起义，4月起义军占领华沙，4000多俄国驻军被消灭。俄、普、奥三国联合出兵，血腥镇压波兰民族起义，1795年10月，三国签订了第三次瓜分波兰的条约。俄国占领了立陶宛、西白俄罗斯、库尔兰、沃伦西部、西乌克兰大部，面积12万平方千米、人口120万。至此，波兰被瓜分完毕，波兰亡国。

（二）影响

1. 对波兰的影响。①经过三次瓜分之后，波兰亡国，波兰人民受到沉重的压迫和剥削，承受沉重的民族灾难，俄国在占领区内强制实行俄罗斯化，对波兰民族本身的存在带来严重威胁。②波兰灭亡之后，促进了波兰民族的进一步觉醒，强化了波兰的民族感情，爆发了一次又一次争取民族解放的大起义。

2. 对俄国的影响。①瓜分波兰扩张了俄国的领土，瓜分波兰的三国中，俄国占领的领土最多，加强了俄国在欧洲大陆的地位和影响力。②为俄国完全打开了波罗的海的出海口，打开了进一步向欧洲扩张的道路，深刻影响了整个欧洲大陆的政治格局。

综上所述，俄国在三次瓜分波兰的过程中起到了关键作用，这不仅对波兰民族的发展产生深远影响，也对俄国自身的历史发展有重大影响。

参考资料

1. 史兵，葆斌：《沙皇俄国是三次瓜分波兰的罪魁》，《历史研究》，1976年第4期。

第四节　启蒙运动

题目 1　论述启蒙运动

相关真题　2024年上海大学；2024年哈尔滨师范大学；2023年北京师范大学；2022年江苏师范大学；2018年北京大学；2018年四川师范大学；2016年福建师范大学；2016年复旦大学；2015年中国人民大学；2014年河北师范大学；2014年中山大学；2004年华南师范大学

启蒙运动是17—18世纪发生在欧洲的一场旨在反对封建制度和教会权威的重大思想文化运动，也是继文艺复兴之后又一次资产阶级思想解放运动。

（一）背景

1. 资产阶级的壮大与挑战封建统治。17—18世纪，西欧资产阶级日益强大，逐渐成为经济力量的核心。但封建专制制度成为他们发展的障碍，资产阶级为了推翻"旧制度"必须进行一场思想的变革。

2. 自然科学的发展。这一时期，自然科学取得突飞猛进的发展，如牛顿的物理学和伽利略的天文学发现，为启蒙思想提供了理论根据。

3. 文艺复兴和宗教改革的奠基。文艺复兴和宗教改革运动在一定程度上解放了人们的思想，为启蒙运动打下了基础。

（二）思想主张

1. 霍布斯。英国政治思想家，代表著作为《利维坦》，他主张强有力的国家权力并能够干涉臣民财产，支持专制君主制，认为只有强大且不受限制的国家权力才能防止战争和确保和平。

2. 洛克。英国哲学家和政治思想家，被认为是自由主义和宪政主义的先驱，代表著作为《政府论》，他认为个人拥有不可剥夺的自然权利，包括生命、自由和财产，主张政府的合法性来自人民的同意，并倡导政府分权。

3. 伏尔泰。法国启蒙思想家，以尖锐地讽刺和批评教会及封建制度而闻名，代表著作为《哲学通信》。他提倡理性和批判精神，反对教条主义，主张宗教宽容和言论自由。尽管他反对君主专制制度，但支持"开明专制"。

4. 孟德斯鸠。法国政治思想家，代表著作为《论法的精神》。他提出政体分为共和政体、专制政体和君主政体三种类型，并且都是合理的，而三者之外的暴君政体是不合理的，并且为了防止暴政必须实行三权分立。

5. 卢梭。瑞士裔法国哲学家，代表著作为《社会契约论》。他认为平等自由是自然赋予每个人的权利，所有自然人订立契约，从而建立了足以保障自然权利的国家和政府，因而它主张人民主权思想，如果统治者违背契约，人民就有权将他推翻，阐明了革命权利思想。

6. 百科全书派。1751年，法国唯物主义哲学家狄德罗主持编撰了一部《百科全书》，参编作者被称为"百科全书派"，他们在书中用科学成果对抗宗教神学的谬误，用民主思想反对专制统治，宣扬了理性主义、人道主义和唯物主义。

7. 重农学派。以魁奈为代表，代表著作为《经济表》。他们主张农业是国家财富的源泉，反对重商主义，主张减少政府对经济的干预，实行"放任政策"，鼓励资本家租地，发展资本主义大农业生产。

（三）历史意义和局限性

1. 极大地冲击了封建制度和教会权威。启蒙运动作为一场新的思想解放运动，为资本主义战胜封建势力、取得统治地位做了思想和理论上的准备。

2. 影响了世界各国的革命形势。启蒙运动反封建的主张对世界各国产生了深远影响，不仅为法国大革命提供了思想准备，还为美国独立战争做了铺垫。

3. 具有阶级局限性。启蒙思想家所提倡的"人"主要是指资产阶级，而非全体人类，"自由"也是资产阶级的自由，例如自由贸易、自由竞争，因而启蒙思想家具有一定的阶级局限性。

综上所述，启蒙运动冲击了欧洲封建制度，助推了欧洲资产阶级的兴起，对资产阶级革命和现代社会的形成产生了深远影响。

参考资料

1. 齐涛：《世界通史教程》，山东大学出版社，2008年。
2. 何成刚等：《历史课标解析与史料研习》，复旦大学出版社，2018年。

题目2　分析文艺复兴和启蒙运动的异同

相关真题　2019年华侨大学

文艺复兴和启蒙运动是欧洲历史上两次极为重要的思想文化运动，对欧洲乃至世界历史的进程产生了深远影响。虽然两者都致力于挑战中世纪的封建制度和宗教权威，但它们在历史背景、思想主张以及传播手段等方面存在显著差异。

（一）不同点

1. 历史背景不同。文艺复兴发生在14—17世纪，处于资本主义萌芽时期，这是一个资产阶级正在成长但尚未成熟的阶段。启蒙运动则发生于17—18世纪，出现于资本主义更进一步发展的阶段，这时资产阶级已具有较强的经济实力，但受到封建专制的严重阻碍。

2. 思想主张不同。文艺复兴主要针对天主教会，强调人文主义，倡导个性解放和意志自由。相比之下，启蒙运动不仅反对天主教会，更全面地反对封建制度，强调理性主义，提倡政治民主和权利平等。

3. 成就侧重点不同。文艺复兴在文学和艺术领域取得显著成就，如"文学三杰"和"艺术三杰"。而启蒙运动则在政治学领域成就更为突出，孟德斯鸠的"三权分立"和伏尔泰的"开明专制"学说对世界产生重大影响。

4. 斗争方式不同。文艺复兴通过借助古希腊、古罗马文化来表达新的世界观和人生观，而启蒙运动则通过著书立说，公开反对宗教神学，斗争方式更为激进和直接。

5. 思想传播手段不同。文艺复兴时期的思想文化主要依靠手抄本和早期印刷技术，通过宫廷、教会和大学等传统机构传播，而启蒙运动则利用了更加广泛的印刷出版技术，在咖啡馆、沙龙和学术团体等新兴公共场所传播。

6. 思想载体不同。艺术作品和文学创作是文艺复兴思想的重要载体，而出版政治经济专门著作是启蒙运动思想的重要成果。

（二）相同点

1. 都具有反封建的特性。文艺复兴时期的作品如但丁的《新生》、彼特拉克的《歌集》表达了反对封建神学和天主教会的态度。启蒙运动中的"天赋人权""社会契约"理论则直接冲击了封建专制制度。

2. 都属于资产阶级思想解放运动。文艺复兴和启蒙运动都促进了思想的解放，为资产阶级取得政治和经济统治地位做了思想准备，为资产阶级革命提供了理论基础，影响了欧洲许多国家。

总之，文艺复兴和启蒙运动带领欧洲人走出了蒙昧的中世纪，为之后各国的资产阶级革命和近代化奠定了坚实的理论基础，共同构成了欧洲文化和思想史上一段辉煌的篇章。

参考资料

1. 吴于廑，齐世荣：《世界史·近代史编》，高等教育出版社，2011年。
2. 周启迪：《世界上古史》，北京师范大学出版社，2018年。

第五节　美国独立战争

题目1　论述美国革命

相关真题　2024年北京大学；2023年江苏师范大学；2022年西华师范大学；2022年南京大学；2022年暨南大学；2020年山东师范大学；2018年南开大学；2017年南京师范大学；2015年四川大学；2015年天津师范大学；2014年北京大学

美国革命，又称美国独立战争，是18世纪末期北美洲13个英属殖民地为脱离大英帝国的统治并成立美利坚合众国所进行的一系列斗争。

（一）背景

1. 各地的经济联系形成北美统一市场。随着北美大陆农业、工业及贸易的发展，让原本处于隔绝状态的各殖民地的经济联系大大加强，统一的市场形成，北美人民开始谋求独立，建设统一的国家。

2. 启蒙运动助推北美思想解放。欧洲大陆的启蒙思想传播到北美地区，北美人民民主意识逐渐加强，尤其是18世纪30—40年代反对宗教专制、争取信仰自由的"大觉醒运动"，使得北美殖民地人民对英国的感情和尊重降低，削弱了英国在北美殖民地的统治。

3. 美利坚民族意识崛起。随着统一市场的形成，各殖民地之间文化交流日益频繁，在此基础上形成了共同的文化。18世纪中叶，新兴的美利坚民族形成，民族自决意识也日益增长。

4. 英国殖民统治引起北美人民不满。英法七年战争之后，英国为解决财政问题，在北美地区征收新税，例如分别在1765年和1767年颁布《印花税法案》和《汤森法案》，征收印花税和入口关税，阻碍北美资本主义的发展，激起了北美人民的强烈抗议。

（二）过程

1. 战争序幕。1775年4月，莱克星顿枪声拉开了北美反抗英国殖民统治的序幕。1775年5月，第二届大陆会议召开，决定招募志愿军，并把民兵整编为大陆军，乔治·华盛顿被任命为总司令。

2. 独立宣言。1776年7月4日，大陆会议通过《独立宣言》，正式宣布脱离英国的殖民统治，成立独立国家，该宣言成为北美人民争取独立的旗帜。

3. 战争转折。战争初期，大陆军由于缺乏正规训练，在战场上处于劣势。但在北美人民渴望自由、加强军队训练以及军事统帅胆略等因素影响下，逐渐使得战争局势发生改变。1777年，萨拉托加战役成为战争的转折点。大陆军在此战中取得决定性胜利，促使法国、西班牙、荷兰等国家一改中立态度，加入反英战争。

4. 战争胜利。1781年，大陆军在约克镇包围并迫使英军投降，这标志着北美战场战争的实质性结束。1783年，英美《巴黎和约》签订，英国正式承认美国独立。

5. 战后建国。独立战争后，美国实行邦联制，地方拥有很大的自主权，导致中央权力严重不足，无力解决内忧外患。1787年，制宪会议召开，制定了美国宪法，确立了联邦制度，使13个州真正地联合成为一个统一的国家实体。

（三）评价

1. 具有双重性质。美国革命是资产阶级革命与民族解放战争的结合，它不仅完成了争取民族独立的任务，也为美国资本主义的发展扫清了障碍。

2. 奠定了日后美国政体的基本框架。革命使美国从英国的殖民地转变为独立国家，确立了民主共和制的政体，奠定了日后美国民主共和政体的基本框架。

3. 开启了资产阶级革命新时代。美国革命的成功为世界其他国家提供了反对殖民统治、争取民主和独立的范例，对接下来欧洲和拉丁美洲的革命起了重要推动作用。

综上所述，美国革命是一场具有里程碑意义的历史事件，它不仅改变了北美大陆的历史进程，也对全球资产阶级革命和民族独立运动产生了深远影响。

参考资料

1. 吴于廑，齐世荣：《世界史·近代史编》，高等教育出版社，2011年。

题目2　论述《独立宣言》的背景、内容及影响

相关真题　2023年上海大学

1776年，美国大陆会议通过了由杰斐逊等人起草的关于美国独立的宣言。《独立宣言》的发表，标志着美利坚合众国的建立。

(一) 背景

1. 英美矛盾加剧。英国殖民政策，如《印花税法案》和《汤森法案》，使得英国与北美殖民地间的矛盾日益尖锐化。1773年，波士顿倾茶事件表明北美殖民地人民开始公然反抗英国的统治。

2. 美利坚民族的形成。随着农业、工业和交通运输业的发展，殖民地之间的经济联系加强，形成统一市场和共同文化。18世纪中叶，新兴的美利坚民族形成。

3. 启蒙思想的影响。启蒙运动中的自由、平等和民主思想在北美殖民地得到广泛传播和接受，为北美人民争取独立提供了思想基础。

(二)《独立宣言》的内容

《独立宣言》的内容共分为三大部分：

第一部分，陈述了资产阶级的自然权利和人民主权思想，认为人生而平等，政府应当保障人民权益，若是政府侵犯人民的基本权利，人民有理由推翻它。

第二部分，列举英国国王乔治三世压迫北美人民的种种事实，并且说明这种压迫就是侵犯北美人民的基本权利。

第三部分，得出结论即北美人民应该推翻英国的殖民统治，北美应该独立。

(三) 影响

1. 实践了启蒙思想的政治构想。《独立宣言》将启蒙运动的思想应用于政府文件中，第一次将启蒙学者著作中的政治构想贯彻到了建立国家的具体实践之中。

2. 赢得了国际舆论支持。作为美国的开国文献，宣言为北美殖民地的独立战争提供了法律和道德上的正当性支持，为北美十三州赢得了国际舆论支持。

3. 成为后续维权运动的理论依据。宣言为美国后续的各种权利运动，包括民权、女权运动等提供了理论基础和支持。

4. 影响了世界各国的民主革命运动。宣言的理念启发了其他国家和地区的民族解放和民主运动，如法国《人权宣言》的起草，推动了法国人民的反封建斗争。

5. 具有一定的局限性。《独立宣言》中提出的自由平等原则在当时的社会实践中受到种族、性别等因素的限制，未能够完全实现。

总体来说，《独立宣言》是世界历史上的重要文件。它不仅为美国的独立战争和建国奠定了基础，而且对全球范围内的民主革命产生了深远的影响。

参考资料

1. [美] 阿纳斯塔普罗著，董成龙译：《论〈独立宣言〉》，《师大法学》，2020年第1期。
2. 吴于廑，齐世荣：《世界史·近代史编》，高等教育出版社，2011年。

题目3 试论美国1787年宪法的进步作用

相关真题 2024年苏州科技大学；2023年苏州科技大学；2022年四川大学；2021年哈尔滨师范大学；2020年河北师范大学

1787年在费城制宪会议上制定的《联邦宪法》是现代国家第一部成文宪法，亦被称为"1787年宪法"，也是最为稳定的一部宪法，时至今日仍是美国的根本大法。

(一) 背景

1. 现行法律存在弊端。1781年实行的《邦联条例》使各州保留了很大的独立性，各州拥有征税、征兵及发行纸币等权力，导致无法形成强有力的中央政府来促进经济发展和保卫国家利益与主权。

2. 谢司起义的推动。1786—1787年的谢司起义使统治集团意识到只有强化中央权力才能有效防止和镇压人民运动。

(二) 主要内容

1. 谢司起义被镇压后，各州代表于1787年5—9月在费城召开了制宪会议，会议通过了一部新宪法即《联邦宪法》。

2. 宪法使联邦政府的权力大大加强，它拥有如下权力：①征税、征兵、发行纸币、规定度量衡、制定工商业政策、决定军事及外交政策、决定对外和战、管理邮政及对外贸易等。②同时实行三权分立，国家元首为总统，他拥有很大的权力，不但享有行政大权，而且还有对于国会立法的否决权。国会由两院——参议院和众议院组成。设最高法院作为最高司法机关。

（三）进步作用

1. 完成了美国联邦政府的创建。中央收回了各州保留的"主权"，并在中央政府内建立了"三权分立"的权力结构，又把从中央到地方的各级政权都置于"三权分立"的权力结构之中，完成了缔造美利坚合众国的任务。

2. 促进资产阶级国家制度发展。1787年宪法从根本上否定了封建君主制度，确立了资产阶级的民主共和政体，体现了主权在民和三权分立的原则，是资产阶级国家制度的重大进步。

3. 新的宪法避免了军人当政的局面。1787年宪法体现了文官政府的权力高于军权以及文官政府控制军事大权的原则，避免出现军人主导的政府或军人发动的政变。

4. 它调和了大小州之间的矛盾。宪法规定，参议院议员名额每州不论大小，均为两名。众议院议员名额则按各州人口比例分配，使大小州都享有好处，在一定程度上稳定了建国初期的政局。

总之，1787年宪法的制定和实施，正式标志着美利坚合众国的诞生，它的权威性和稳定性成为美国立国后政局相对稳定的重要因素。

参考资料

1. 孙国军：《论美利坚合众国1787年宪法》，《闽江学院学报》，2010年第3期。

题目4 分析1776年美国《独立宣言》和1787年美国宪法体现了启蒙思想家哪些方面的思想

相关真题 2023年上海大学

美国《独立宣言》与1787年宪法都是在启蒙思想的影响下编写的，其各项内容都是启蒙思想的实质性体现。

（一）《独立宣言》中体现的启蒙思想

1. 天赋人权理论的体现和发展。启蒙思想家洛克首次论证了天赋人权的基本原则，他认为人都是"平等而独立的，任何人不得侵害他人的生命、健康、自由或财产"。《独立宣言》中言明"人人生而平等，都被造物主赋予了某些不可转让的权利，包括生命权、自由权和追求幸福的权利"。宣言中提到的天赋人权理论论证了英国对北美殖民地残暴统治的不合理性。

2. 社会契约理论的体现。启蒙思想家霍布斯认为人们为了保障自己的权利，共同订立契约，将权力交给第三者，便产生了国家。《独立宣言》中记载人们"为了保障这些权利，所以才在人们中间成立政府"，这种主张正是社会契约论的变体，它为北美人民建立独立政府、争取国际社会支持找到了合理性。

3. 人民主权理论的体现。洛克阐述了国家主权在民的政治原则。《独立宣言》中记载"为了保障人们根据自然法而享有的天赋权利，才在人们中间成立政府，而政府的正当权力来自被统治者的同意"。由此可见，《独立宣言》承认国家政府的权力来自人民，倡导人民主权（主权在民）理论。

（二）1787年宪法中体现的启蒙思想

1. 社会契约理论在1787年宪法中的体现。卢梭的社会契约论认为，"人民应该将自己以及自己的全部权力转让给集体"。1787年宪法将联邦政府的权力极大增强，使之获得征税、征兵、对外贸易等权力。可以说是更加深入贯彻了社会契约论的原则，民众将权力更大限度让渡给政府，中央政府权力增强后才能更有力地维护民众个人权利。

2. 人民主权理论在1787年宪法中得到了更深入的落实。1787年宪法规定，参众两院的议员代表分别由各州议会和选民按人口比例直接选出。民众的选举权与被选举权得到了更完善的落实。并且在宪法中直接赋予了全体人民当选国会议员的权利，使之可以直接参与国家政策的制定和监督，贯彻了人民主权的理论。

3. 以孟德斯鸠三权分立原则设置权力机构。1787年宪法直接确立了美国三权分立的政治体制。总统由民众间接选举产生，掌握行政大权；国会由参、众两院组成，掌握最高立法权；设置最高法院，掌握最高司法复审权。将行政、立法、司法三权分立，且互不统属，以便于权力的相互制衡，防止任何一方专权，极大地维护了资产阶级民主制度。

1787年宪法和美国《独立宣言》中体现的启蒙思想是美国资产阶级革命家在建设国家的过程中，结合启蒙思想与国内现实构建的一种政治和社会体系，这种体系至今在美国仍有重要影响。

参考资料

1. 吴于廑，齐世荣：《世界史·近代史编》，高等教育出版社，2011年。

第六节　法国大革命与拿破仑帝国

题目1　论述法国大革命

相关真题　2024年中山大学；2023年湖南师范大学；2023年南京师范大学；2023年河南师范大学；2022年东北师范大学；2022年南京大学；2019年云南大学；2018年东北师范大学；2016年厦门大学；2015年东北师范大学；2002年北京师范大学；2001年北京大学

18世纪末的法国大革命作为世界近代史上规模最大、范围最广的资产阶级革命，结束了法国的封建统治，震撼了整个欧洲大陆的封建秩序，开辟了法国资产阶级革命时代。

（一）背景

1. 资产阶级追求经济自由，但法国的封建土地制度和行会制度严重阻碍了劳动力的自由流动和市场自由发展。
2. 资产阶级虽然在经济上具有重要地位，但是在政治上属于边缘化的第三等级，迫切要求政治权利平等。
3. 理性、平等和自由等启蒙观念为资产阶级反抗贵族特权提供了强大的思想武器。同时美国独立战争的胜利，激发了法国人民推翻不公正的政治和社会制度的决心。
4. 法国参与美国独立战争导致财政负担加重，而英法七年战争的失败则使法国失去大量海外市场和殖民地，贵族政治腐败和群众运动频繁，加剧了阶级矛盾。

（二）过程

1. 三级会议召开。①1789年5月，路易十六召开三级会议，企图对第三等级征税。但贵族与第三等级之间的激烈冲突导致路易十六下令关闭三级会议。②第三等级代表自行组成国民议会（后改名为制宪议会），进行"网球场宣誓"：不制定限制王权的宪法，议会决不解散。
2. 君主立宪派时期（1789—1792年）。①1789年7月14日，巴黎市民攻克巴士底狱，法国大革命爆发。②随后君主立宪派掌权，制宪议会颁布《人权宣言》，确定资产阶级政治主张，颁布1791年宪法，法国成为资产阶级君主立宪制国家。③1791年，国王企图逃跑的行为以及马尔斯校场流血冲突掀起反君主制运动，君主立宪派的统治被推翻。
3. 吉伦特派时期（1792—1793年）。1792年8月，吉伦特派掌权后，成功击退外国干涉军，宣布成立法兰西第一共和国，并将路易十六处死。但吉伦特派的统治很快在1793年被雅各宾派和无套裤汉的起义所推翻。
4. 雅各宾派时期（1793—1794年）。①雅各宾派掌权后通过了1793年宪法，宣布法国是统一不可分割的共和国。②对内实行恐怖统治，进行严厉的反革命活动，同时推行一系列经济控制措施。1794年热月政变，雅各宾派统治结束。
5. 热月党时期（1794—1799年）。①热月党掌权后，逮捕雅各宾派主要领导人，废除全面限价法令，结束了恐怖统治。②但随后热月党面临物价高涨导致的人民起义以及国内各派势力的叛乱。1799年，拿破仑发动雾月政变夺取政权，开启独裁统治，大革命结束。

（三）影响

1. 革命推翻了法国波旁王朝的统治，结束了封建君主专制，创造了现代民主国家，为日后其他国家的资产阶级革命提供了借鉴。

2. 革命传播了人权、自由、平等、民主、政治参与等观念，这些观念成为现代世界的理想，开辟了新时代。

3. 法国大革命废除了法国封建等级制度，促进了社会阶层的流动和社会组织的发展，为中产阶级崛起和工人运动兴起创造了条件。

4. 法国大革命期间上台的党派，在其执政期间大多实行有利于资本主义经济发展的改革措施，从不同方面推动了法国经济发展。

综上，法国大革命是世界近代史上最彻底、规模最大的社会革命，它不仅建立了资本主义民主政治，而且将自由、平等、博爱的理念传至世界各地，推动了人类文明进程。

参考资料

1. 列伍年科夫，李珂：《关于法国大革命的年代范围》，《国外社会科学》，1980年第7期。
2. 吴于廑，齐世荣：《世界史·近代史编》，高等教育出版社，2011年。

题目2 简述法国雅各宾派专政的背景、主要措施和影响

相关真题 2024年中山大学；2018年福建师范大学

法国雅各宾派专政是法国大革命一个关键时期，专政的实施虽然维护了共和国内部的相对稳定，但其极端的手段也引发了广泛的争议和反思。

（一）背景

1. 危险的国际环境。1793年3月，以英国为首组成的反法同盟从四面八方攻进法国领土，而法国前线的主要将领叛变投敌，导致法军节节败退，共和国陷入极度的危险之中。

2. 复杂的国内局势。①一部分被软禁的吉伦特派领袖逃出巴黎，与支持者在法国西北部共同反对雅各宾派的统治。②地处法国西部的旺代郡发生了规模很大的反革命武装叛乱，且扩展到西部数郡。

（二）主要措施

1. 前期的政策以稳定形势、巩固政权为主。①为了争取广大农民的支持，雅各宾派连续颁布土地法令，无偿废除一切封建权利和义务，所有封建契约一律销毁。②通过了1793年宪法，宣布法国是统一不可分割的共和国。③稳定经济，下令关闭交易所，颁布了打击囤积居奇的法令，并对投机商处以死刑。

2. 后期由于国内外形势的恶化，雅各宾派实行恐怖统治。①经济恐怖，雅各宾政府实施全面限价，无偿征发军用物资，限制贸易和商人利润。②宗教恐怖，废除格里高利历而改用共和历，掀起了一场反教会运动。③政治恐怖，建立救国委员会，由救国委员会监督所有行政部门、各部部长和军队将领；在巴黎各地设断头台；颁布《惩治嫌疑犯条例》，将嫌疑犯一律逮捕；向各地方和军队派遣拥有生杀大权的特派员。

（三）影响

1. 积极影响。雅各宾派的政策彻底废除了法国的封建制度，为资本主义的发展扫清了障碍。他们的抗外政策有效维护了共和国的独立，同时推动了革命的深入发展。

2. 消极影响。然而，恐怖政策滥杀无辜，不仅违背了大革命的自由平等原则，也使得人民和教士站在了雅各宾派的对立面。雅各宾派内部的矛盾和罗伯斯庇尔的个人专政也不利于资本主义民主政治的形成。

总之，雅各宾派专政期间，尽管在推动革命进程、废除封建制度方面发挥了重要作用，但其采取的极端恐怖手段也为其最终的垮台埋下了伏笔。

参考资料

1. 齐涛：《世界通史教程》，山东大学出版社，2008年。
2. 刘卫政：《试论雅各宾专政失败的原因》，《史学月刊》，1986年第5期。
3. 吴于廑，齐世荣：《世界史·近代史编》，高等教育出版社，2011年。

题目 3 简述拿破仑的内外政策

相关真题 2023年西南大学；2013年苏州科技大学

拿破仑执政时期实行一系列政策来维护其独裁统治，并通过发动战争来维护国家统一和实现对外扩张，对当时的法国以及整个欧洲产生了深远的影响。

（一）对内政策

1. 政治政策。①中央方面，成立执政府，颁布新宪法，规定权力集中于第一执政手中，立法机关由三院组成，即元老院、立法院和保民院，另设置参政院。权力划分为参政院提案，保民院讨论，立法院表决，元老院审议，最后由第一执政批准公布。②地方治理上，拿破仑在全国实行郡、区、市的行政区划，地方行政长官由执政任命。③拿破仑还颁布了1804年新宪法，宣布法国成为帝国，并于1806年在占领的领土划定了帝国公爵的领地，分封了新贵族和军事将领。

2. 经济政策。①改革财政，将财政管理权收归中央，取消地方政府征收直接税的权力，由中央设置直接税行政总署，国家派税收人员到各地执行收税任务。②建立国家银行，政府主导建立法兰西银行作为金融中心，实行规范的银本位制，铸造了币值稳定的银法郎。后来法兰西银行改由政府控制，并且取得独家发行纸币的特权。③建立统计局，对全国经济进行调查统计，并统一度量衡。④推动工业革命的发展，成立了全国工业促进会和商业管理总委员会，并举办工业博览会。⑤对外贸易上实行保护主义政策，尤其对英国征收高关税。

3. 宗教政策。1801年，拿破仑与教皇签订《教务专约》，明确了教会与法国政府之间的关系。规定了天主教的合法地位，但是将法国的主教收归执政官任命，教皇不得插手法国宗教机构的人员安排等。

4. 法律法规。1802年，通过共和十年宪法，规定第一执政可以指定继承人，向世袭君主制迈进。1804年，拿破仑颁布《法国民法典》，确立帝制，规定了一系列保障契约自由和契约法律效力的条款。1807年，《法兰西民法典》改名为《拿破仑法典》。

（二）对外政策

1. 他先后取得第二、三、四、五次同反法同盟战争的胜利，通过一系列和约扩大了法国的领土和影响力。

2. 他实行了对英国的大陆封锁政策，旨在禁止一切来自英国的货物登陆欧洲大陆，从而削弱英国的经济和海上优势。

3. 在欧洲各地建立了拿破仑统治体系，如任命其家族成员为那不勒斯和荷兰的国王，组建莱茵联邦，逼迫神圣罗马帝国解散。

（三）评价

1. 积极方面。①拿破仑的政治政策有效地整顿了法国的政治和行政系统，使法国在混乱中恢复了秩序。②经济政策促进了法国的经济恢复和发展，金融和货币体系的稳定为法国的经济复苏提供了基础。③宗教政策和《民法典》的颁布，促进了社会的稳定和法律制度的现代化。④在对外战争初期维护了法国的独立和大革命的成果。

2. 消极方面。①拿破仑的对外战争给法国和欧洲各国带来了巨大破坏和人员伤亡。②法国国内因战争而导致经济困难和物价上涨，人民生活水平下降。③后期的对外扩张显示出明显的侵略性质，损害了其他国家的主权和独立。

综上所述，拿破仑的内外政策在巩固法国大革命成果、促进社会经济发展方面起到了重要作用，但他的对外战争和扩张政策也给法国及欧洲带来了严重的负面影响。

参考资料

1. 吴于廑，齐世荣：《世界史·近代史编》，高等教育出版社，2011年。

题目 4 试析拿破仑战争

相关真题 2023年山东大学；2020年河南师范大学；2018年黑龙江大学；2014年聊城大学；2013年南开大学

拿破仑战争，是指从1799年至1815年间一系列以拿破仑指挥的法国军队与欧洲反法同盟国家的战争的总称。在这期间拿破仑所向披靡，创造了战争史上的许多奇迹。

（一）背景

1. 国内背景。1789年，法国爆发大革命摧毁了封建专制制度，确立了资产阶级政治统治。新政权为了巩固成果，抵御外国侵略和阻止国内封建势力复辟，迫切需要进行防卫战争。

2. 国际背景。欧洲封建国家以恢复波旁王朝统治为名，企图扼杀法国的资产阶级革命。英国、俄国、奥地利等国家不愿见到法国强大，因此拒绝与拿破仑和谈。

（二）作战过程

1. 第二次反法同盟战争。1798年，英、俄、奥等国成立第二次反法同盟，企图推翻法国大革命成果。1800年，拿破仑在意大利战场取得胜利，迫使奥地利签订《吕内维尔和约》，随后英国与法国签订《亚眠和约》，第二次反法同盟解散。

2. 第三次反法同盟战争。1805年，以英国为首的第三次反法同盟形成。拿破仑在乌尔姆战役中击溃奥军，占领维也纳。随后在奥斯特利茨战役中击败俄奥联军，迫使奥地利签订《普列斯堡和约》，第三次反法同盟瓦解。

3. 第四次反法同盟战争。1806年，第四次反法同盟在英国协助下形成。法军在耶拿战役中击败普鲁士，1807年，又在弗里德兰击败俄军，签订了《提尔西特和约》，第四次反法同盟解散。

4. 第五次反法同盟战争。1807年，拿破仑为封锁英国而侵占伊比利亚半岛。1809年，英国联合奥地利又组成了第五次反法同盟。拿破仑击败奥地利，在瓦格拉姆战役中获胜，迫使奥地利签订《肖恩布鲁恩和约》，第五次反法同盟瓦解。

5. 第六次反法同盟战争。1812年，拿破仑远征俄国，法军占领莫斯科但未能消灭俄军主力，最终败退。1813年，英、俄、普、奥等国组成第六次反法同盟，法军在莱比锡战役中大败。1814年3月，巴黎失陷。1815年3月，拿破仑复辟，但在滑铁卢战役败北，拿破仑战争结束。

（三）影响

1. 冲击了欧洲的封建统治，改变了欧洲政治格局。①拿破仑在战争中打败了俄、普、奥等封建君主国家，冲击了欧洲封建统治。②此前的欧陆强国法国经过这次战争，国力和国际地位有所下降，英、普、奥、俄成为战后的欧洲强国，并在此基础上形成了新的国际体系"维也纳体系"。

2. 战争给欧洲带来巨大破坏。战争导致民众流离失所，物价高涨，人民贫困。

3. 拿破仑战争推动军事变革。尤其是炮兵的出现，让各国意识到炮兵在火力上的巨大优势，转而将炮兵集中使用，最大限度地发挥炮兵火力上的优势。

4. 传播了民主思想，促进欧洲革命运动的发展。在征服欧洲的同时也将启蒙思想和《民法典》带到了被征服地区，从思想上进一步瓦解欧洲封建统治的基础。

综上所述，拿破仑战争虽然在初期取得了辉煌成就，但持续的对外战争给法国及欧洲带来了巨大灾难，最终导致了拿破仑帝国的覆灭。

参考资料

1. 齐涛：《世界通史教程》，山东大学出版社，2008年。

题目5 简述《拿破仑法典》的主要内容

相关真题 2006年四川大学

《拿破仑法典》又叫作《民法典》或是《法国民法典》，它是法国资产阶级大革命的重要成果，也是资产阶级国家最早的一部民法典。

（一）法典颁布

雾月政变后，拿破仑正式命令法律专家起草民法典，并要求始终坚持资产阶级革命者在法国大革命初期提出的相对理性原则。1804年，《拿破仑法典》正式在参政院中通过，随即开始在法国各地实施。

（二）内容概述

《拿破仑法典》包括总则，三编，三十六章，共2281条。①总则是独立的一篇，关于法律的公布、效力及其运用。②第一编是人法，包括住所、结婚等民事权利的享有及丧失。③第二编是物法，是有关各类财产所有权和其他物权的规定。④第三编是获取各类财产所有权方法的规定，具体包括继承、遗嘱、还债、赠予、夫妻共同财产等相关法律条文。

（三）主要内容

1. 确立资本主义所有制。即私有财产神圣不可侵犯。①确立绝对的个人所有制。法典规定个人可以自由支配处理属于自己的财产。②肯定农民阶级和资产阶级剥夺贵族、教会土地和财产的合法性。不准强迫任何人出让其所有权，即使出于公共利益也需要公正补偿。

2. 调整各方所有权相互关系。要求所有权拥有者必须尊重其他人的所有权，例如自己的土地被他人土地围绕，可以要求在旁边土地上取得通行权，但是需要弥补对方的损失。

3. 保证自由买卖和等价交换。①确立绝对的个人所有制。法典规定个人可以自由支配处理属于自己的财产。②赋予人人均有自由买卖的权利。一切法律并未禁止从事买卖者都可以进行交易。③扩大商品交易范围。除特别法禁止转让的物品外，都可以出售。④确立契约自由。即能够依法自由订立契约，只有当该契约与社会公共秩序或善良风俗相违背时，才会失去相应的法律效力。为了维护契约的有效性，法典中做出了强制履行、赔偿损失、延迟履行等规定。

4. 确立自由平等原则。①所有法国公民在成年后都享有平等的民事行为权利。②国家颁布的法律对法国境内和居住在国外的法国人具有强制力。这一原则从根本上否定了一切封建特权和封建等级制度。

综上所述，《拿破仑法典》是一部系统、完整、规范的成文法，是一部典型的资产阶级社会的法典，保障了资本主义的生产发展，巩固了法国资产阶级的国家制度。

参考资料

1. 李元明：《论拿破仑法典》，《历史研究》，1979年第2期。

第七节 工业革命

题目1 论述什么是英国工业革命？为什么首先发生在英国？产生了什么影响

相关真题 2024年湘潭大学；2024年四川大学；2023年湖南师范大学；2018年郑州大学

英国工业革命是指英国于18世纪60年代开始的用机器生产代替手工劳动的机械化革命。它不仅是一次生产技术的革命，还是一场生产关系的深刻变革。

（一）英国工业革命主要内容

1. 棉纺织业。棉纺织业的机械化是英国工业革命的起点。①1765年，哈格里夫斯发明珍妮纺纱机。②1771年，阿克莱特设立第一座棉纱工厂。③1779年，克隆普顿发明骡机。④1785年，卡特莱特发明水力织布机。⑤1830年左右，英国棉纺织工业完成了从手工业向机器大工业的转变。

2. 蒸汽机改良。1782年左右，瓦特完成了蒸汽机的改良，使工业革命进程大大加快。蒸汽机的应用随后扩展到采矿、冶金等行业。

3. 交通运输业发展。①1812年，英国制造的汽船试航成功。②1814年，英国人斯蒂芬森发明实用蒸汽机车。19世纪40年代后，英国大规模修建铁路。

4. 机器制造业诞生。19世纪三四十年代，机器制造业正式诞生，使得机器制造机器得以实现，标志着第一次工业革命完成。

（二）工业革命首先发生在英国的原因

1. 英国拥有先进的政治制度。光荣革命后，英国建立了资本主义性质的君主立宪制，赋予了群众一定的民主权利，为社会提供了宽松、平和的环境，促进了创新和发展。

2. 英国国内拥有丰富的劳动力资源。英国农奴制瓦解较早，农民对于土地的依附性较小，随后发生的圈地运动导致大量农民转变为自由劳动力。

3. 英国原始资本积累充足。通过殖民掠夺、奴隶贸易等方式,英国积累了大量财富,较早完成了资本的原始积累,为工业革命提供了充足的资金。

4. 英国国内工场手工业发展水平高。17世纪末18世纪初,英国的工场手工业已经出现了精细的劳动分工,并且行会制度薄弱,国内统一市场和地区间劳动分工发展较快,为技术创新和商品自由竞争提供了条件。

5. 英国拥有良好的地理位置。新航路开辟之后,大西洋沿岸成为世界新的商贸中心。而英国正处于大西洋沿岸,在全球贸易中占据有利地位,拥有广阔的市场。

(三) 工业革命的影响

1. 引起了社会生产力的增长。工业革命采用机器取代人工进行生产,直接促进了英国生产能力的提高,推动了社会生产力发展。

2. 促进了交通运输业的变革。出现了汽船、蒸汽机车等新兴交通工具,同时英国为了促进商品交流,大规模进行交通运输基础设施建设,英国的交通运输方式得到改变。

3. 引起了社会阶级关系的变动。工业革命后,资产阶级力量壮大,工业无产阶级开始形成,劳资关系逐渐成为社会主要阶级关系。

4. 推动了其他国家工业革命的开展。英国在工业革命中取得的成果促使欧美其他国家效仿,至19世纪下半叶,已经扩散至欧美及亚洲多国。

英国工业革命是人类历史上的重要转折点,它标志着人类社会从传统的农业经济向现代的工业经济转变,对全球历史产生了深远影响。

参考资料

1. 钱乘旦,许洁明:《英国通史》,上海社会科学院出版社,2017年。

第八节 19世纪的英国改革

题目1 论述19世纪英国议会改革

相关真题 2023年上海大学;2022年天津师范大学;2022年哈尔滨师范大学;2016年中央民族大学;2016年四川师范大学;2015年陕西师范大学;2006年浙江大学;2003年北京师范大学

19世纪,在无产阶级和工业资产阶级的呼吁下,英国通过三次议会改革,逐步推动了英国政治民主化,完善了资产阶级代议制。

(一) 背景

1. 工业资产阶级力量壮大。工业革命极大推动了英国资本主义经济的发展,使得工业资产阶级的力量逐渐壮大,他们开始要求参与到国家管理中以维护自己的利益。

2. 群众参政意识提高。随着资本主义的发展,广大人民群众生活状况恶化,群众运动也遭到英国政府的镇压。他们逐渐意识到,要想改善他们的生活状况,不能只局限于经济要求,还要进行政治斗争。

3. 激进民主人士争取议会改革斗争。随着群众运动愈演愈烈,一部分比较激进的民主主义者成立了要求议会改革的团体,他们进行了递交请愿书、召集会议等活动,形成了强大的议会改革浪潮。

4. 国际环境稳定。19世纪初,随着拿破仑战争的结束,国际形势大体上趋于稳定,有利于英国国内议会改革的开展。

(二) 内容

1. 1832年第一次议会改革。①调整选区名额。56个衰败选区被废除,32个小的选区失掉席位,在伦敦和其他新兴城市设立40多个新选区。②确定选民的财产资格。地主或房主年收入达10镑者、租地经营达50镑者拥有选举权,选民在全国成年居民中的比例由5%提高到8%。

2. 1867年第二次议会改革。①继续扩大选举范围。在城镇，凡缴纳济贫税的房主、定居一年并缴纳10镑以上年租的房客都可获得选举权；在各郡，每年土地收入达5镑的农户或缴纳5镑租金的佃农也可成为选民。②继续调整选区。46个"衰败选区"被清除，所空余出来的席位，分配给各大城市。

3. 1884年第三次议会改革。①继续扩大选举范围。每年只要有12镑价值的土地和住房的人即拥有选举权，实际上将选举权扩大至农业工人。②通过"重新分配席位法案"。按地区人口多寡来分配席位，使得议会接近于平等代表制原则。

（三）影响

1. 积极影响。①促进了英国议会制度的发展。通过改革，拥有选举权的群体范围扩大，英国议会民主化得到提高，民主体制更具有代表性。②缓解了社会矛盾。议会改革满足了部分民众参与政治的要求，缓解了英国的社会矛盾，有利于维持社会稳定。

2. 消极影响。①改革不彻底。大多数成年男子和所有妇女仍无选举权。②未能有效改善群众生活。改革本质上是资产阶级的有限妥协，无产阶级生活依然困苦。

总之，19世纪的英国议会制度改革是资产阶级民主化进程的重要一环，虽然带有阶级局限性，但对英国乃至世界政治发展产生了重要影响。

参考资料

1. 蒙夯，黄月芬：《英国议会制度的发展及其影响》，《辽宁教育行政学院学报》，2010年第10期。
2. 王可园，郝宇青：《政治权利与阶级意识——19世纪英国议会改革对工人运动改良主义的影响》，《当代世界与社会主义》，2016年第6期。
3. 陈敏昭：《英国议会制度及其改革》，《人大研究》，2009年第6期。
4. 吴于廑，齐世荣：《世界史·近代史编》，高等教育出版社，2011年。

题目2 评述19世纪后期英国自由主义改革

相关真题 2017年西北大学

自由主义作为一种政治思潮，主张维护个人自由，在法律允许的前提下，个人的合法权益能够得到最大程度的保障。19世纪后期，英国以自由主义为指导，进行了一系列改革。

（一）背景

1. 英国经济继续发展。英国凭借"世界工厂"的地位在国内外投资生产，获利丰厚，垄断组织得到快速发展，国内经济继续保持快速发展。

2. 国内阶级矛盾缓和。在经济发展和冷冻技术出现的基础上，英国物价下降、工资上涨，英国人的生活得到明显改善。

3. 政治民主化取得进步。①英国最先完成工业革命，率先进入工业资本主义时代，比其他国家更早出现政治民主化倾向。②从19世纪中期开始，英国便进行了包括第二次议会改革在内的一系列政治上的自由主义改革。③自由党和保守党轮流执政的两党制政治也推动了政治民主化。

（二）内容

1. 教育改革。机会平等的教育民主思想得到广泛承认。①初等教育。1870年，通过初等教育法案，建立强制初等教育制度，5~12岁儿童一律接受教育；1891年，在全国实行强制性免费义务初等教育。②高等教育。一批新的院校建立，并且不少学校开始招收女生。

2. 政治改革。资本主义代议制得到加强。①选举制度改革。1884年，第三次议会选举制度改革将选举权扩大至农业工人，接近于平等代表制原则。②议会议席分配改革。1885年，按照人口数量，减少了一些城镇的议会席位，使得议席分配更加均等。③地方行政改革。1872年，设立内政部，代表中央政府监督地方自治机关；1888年，由选举产生的郡务会议取代贵族担任的治安法官掌握地方行政大权。

3. 社会改革。以工人立法为主，重视保障工人权益。①取消工会限制。1871 年，重申工会合法性，取消了对工会活动的限制；1875 年，允许设立罢工纠察队。②调整劳资关系。1875 年，颁布《企业主与工人法》，劳资双方订立合同时在法律上平等；1880 年，规定厂主需要给予工伤补偿。③限制劳动年龄。1892 年，颁布《工厂工时法》，规定每周工作 74 小时以上的工种禁止雇佣 18 岁以下青少年；1899 年，规定禁止雇佣 10 岁以下儿童。

（三）评价

1. 进步性。①促进了英国社会的发展。改革是英国资本主义发展过程中的自我完善、自我调节和应变能力的体现，促进了英国社会的发展，缓和了国内阶级矛盾。②促进了社会主义运动发展。改革不仅改善了工人待遇，还使得工人运动更具组织性、合法性，英国工会活跃，社会主义运动继续发展。

2. 局限性。①改革不彻底。改革是资产阶级的有限妥协，广大群众所获得的权利和保障仍然有限，并未触及资本主义体制的根本。②加强了殖民地对宗主国的离心倾向。英国本土的自由主义改革带动了殖民地政治民主化的发展，殖民地要求独立自主的倾向愈加强烈。

综上所述，19 世纪后期英国的自由主义改革涉及教育、政治和社会等多方面，对英国国内和殖民地产生了深远影响，也给全世界树立了一个良好榜样。

参考资料

1. 刘宗绪：《世界近代史》，北京师范大学出版社，2004 年。

题目 3 简述 19 世纪中期英国工人运动的形式与特点

相关真题 2024 年湖南师范大学

19 世纪中期，英国工业革命进入深入发展的时期，随之而来的是工人阶级的快速崛起和工人运动的兴起。工人阶级通过成立工会、组织罢工、发起和平请愿以及游行示威等多种形式改善劳动条件和提高工资，以及在政治领域中争取更多的权利。

（一）运动形式

1. 成立工会。作为工人阶级集体行动的基石，工会在 19 世纪中期扮演了至关重要的角色。从地方性的手工业者工会到全国性的工业工人组织，如全国各业统一工会等，工会成为维护工人权益、谈判工资和劳动条件的主要平台。

2. 罢工运动。随着工会的组织和动员能力的增强，罢工成为工人运动中最为直接和有效的抗议手段。1842 年的"大罢工"是这一时期最具影响力的事件之一，展示了工人阶级在政治和经济领域中的集体力量。

3. 和平请愿。除了经济诉求，19 世纪中期的工人运动还包含了争取普选权等政治目标。全国宪章协会领导的和平请愿活动，虽然遭遇了政府的强硬反应，但极大地推动了工人阶级的政治觉醒。

4. 游行示威。为了吸引公众关注和政府回应，工人运动还广泛采用了游行示威的方式。这些公开集会和游行活动，不仅增强了工人阶级的团结意识，也提升了工人运动的社会影响力。

（二）运动特点

1. 政治性。19 世纪中期的英国工人运动逐渐从单纯的经济诉求转向对广泛社会和政治改革的追求。普选权、劳动法立法和政治参与成为工人阶级斗争的重要内容。

2. 组织性。与早期零散的抗议行动相比，这一时期的工人运动更加注重组织和计划，成立工会和其他组织机构，工人们的行动更为有序和有效。

3. 地域性。工人运动主要集中在工业化程度高的城市和地区，如曼彻斯特、伯明翰等。这些地区的工人因共同的生产条件和生活经历而形成紧密的社区，为工人运动提供了肥沃的土壤。

4. 社会性。工人运动关注的不仅是工资和工作时间等经济问题，还涵盖了教育、住房、健康等广泛的社会议题。通过提出这些诉求，工人运动推动了整个社会对这些问题的关注和改革。

5. 国际性。英国工人运动的思想和实践对欧洲乃至全球的工人运动产生了深远影响。通过国际工人组织的交流和合作，英国工人运动成为全球工人阶级斗争的一部分。

总体来看，19世纪中期的英国工人运动通过多种形式和丰富的特点，不仅为工人阶级争取到了一定的经济和社会权益，也为后来的政治改革和社会发展奠定了基础。

参考资料

1. 刘宗绪：《世界近代史》，北京师范大学出版社，2004年。

第九节 19世纪法国政治演进

题目1 简述法兰西第二帝国

相关真题 2011年历史学统考；2024年北京大学；2013年南京大学；2006年北京大学

1852年12月，法兰西第二共和国总统、拿破仑之侄路易·波拿巴发动政变，并经公民投票，将法兰西第二共和国改成帝国，史称法兰西第二帝国（1852—1870年）。

（一）建立背景

1. 法国国际地位下降。拿破仑战争后，法国受维也纳体系制约，国际地位下降，国家内部混乱，无力在国际上发挥影响力。

2. 政治斗争激烈。第二共和国时期，党派林立，政治斗争激烈，封建势力图谋复辟，共和政体陷入危机。

3. 经济环境恶化。连年动荡不安的局面和各派政治力量追逐权力，导致法国经济发展受阻，商业萧条，工业陷入停滞，法国人民渴望安宁与稳定。

4. 路易·波拿巴当选总统。1848年12月，路易·波拿巴被选为第二共和国总统，并在政治斗争中击败以立法议会作为据点的秩序党，稳固了总统的宝座。

（二）"专制帝国"时期（1852—1858年）

1. 加强社会管理。①停止政治俱乐部活动，集会结社要经过当局批准。②大力扩充军队、警察和官僚人员，镇压国内反抗活动。③颁布《治安法》，对反对皇帝、政府者，破坏社会安宁者等严厉惩处。④关闭世俗师范学校，以耶稣会学校替代公立中学。

2. 集中政治权力。①在政府官员和议会议员中严格执行"服务宪法和效忠皇帝"的宣誓。②加强地方行政军事色彩，把全国划分为5个大军区，各由1名元帅管辖。③实行省长专权制度，省长有权不经法律程序而宣布关闭报刊等决定。

3. 进行对外侵略。①在1853—1856年的克里米亚战争中联合英国、奥斯曼帝国击败俄国，确立了在欧洲大陆的优势。②远征墨西哥，奴役阿尔及利亚，与英国一起发动第二次鸦片战争，入侵越南等。

（三）"自由帝国"时期（1859—1870年）

1. 放松社会管理。①1859年，颁布大赦政治犯、允许被流放者回国的法令。②1868年以后，颁布了报刊出版自由的新闻法和自由集会法。

2. 调整政治体制。①允许议会分开表决政府财政预算。②1867年，规定议员可享有对政府的质询权。③1870年，规定皇帝与议会共享立法权，皇帝敕令需由参政院先拟成议案，提交议会通过等。

3. 帝国覆灭。1870年9月，路易·波拿巴在普法战争中被俘，法国国内趁机成立法兰西第三共和国，法兰西第二帝国覆灭。

（四）影响

1. 促进了法国经济社会迅速发展。法兰西第二帝国的专制统治给法国社会带来了稳定的政局，使法国工业革命得以在19世纪60年代完成，进而提高了人们的生活水平，改变了人们的生活习惯，例如煤气灯代替蜡烛得到普遍使用。

2. 促进了法国民主化进程。从专制帝国向自由帝国的转变，符合自由主义改革的历史要求，在帝国末期，基本上恢复了资产阶级代议制度。

3. 影响了欧洲政治格局。法兰西第二帝国使法国重新获得了在欧洲大陆的优势，促使欧洲各国之间的政治力量对比发生了变化。

4. 政治体制上的倒退。路易·波拿巴以帝制取代共和制，在政治制度上属于历史的倒退，不符合时代发展的政治潮流。

综上所述，作为法国历史上最后一个君主制政权，法兰西第二帝国一定程度上适应了当时法国社会的发展要求，促进了法国社会经济的发展。

参考资料

1. 齐涛：《世界通史教程》，山东大学出版社，2008年。
2. 吕一民：《法国通史》，上海社会科学院出版社，2007年。
3. 刘宗绪：《世界近代史》，北京师范大学出版社，2004年。

第十节　美国内战

题目1　简述美国内战

相关真题　2024年四川大学；2023年山东师范大学；2022年南开大学；2018年西北师范大学；2017年四川师范大学；2016年福建师范大学；2014年福建师范大学

美国内战，又称南北战争，是19世纪中叶美国北方工业资产阶级为促进资本主义发展、维护国家统一而与南方种植园主进行的一场战争，奴隶制在这场战争中被废除。

（一）背景

1. 南北方经济制度矛盾激化。建国之后，美国经济形成了北部资本主义经济和南部种植园奴隶制经济两种主要类型，双方在劳动力、工业原料、国内市场、关税和西部领土方面有着相反的诉求。

2. 南部奴隶制危机。①奴隶制经济效益下降。由于劳动力短缺，奴隶价格上涨，南部奴隶主负债累累。②废奴运动高涨。1833年，全国性废奴组织成立，到1840年时，约有15万~25万人参加，同时黑奴也不断反抗，掀起奴隶起义，奴隶制度摇摇欲坠。

3. 南部奴隶主政治优势丧失。19世纪以来，受南方奴隶制支配的民主党长期把持美国总统职位，但随着废奴运动的兴起，主张废奴的共和党成立并取得了北部工业资产阶级、农民、工人以及黑人的巨大支持，民主党在国会中的优势地位被打破。

（二）过程

1. 导火索。1860年，共和党候选人林肯当选美国总统，并决定反对奴隶制的扩张，南方七州宣布独立，成立了"美利坚诸州同盟"。

2. 战争初期。由于南方早就酝酿分裂，战备比较充分，致使北方在军事上连遭失败。

3. 战争转折。①为扭转战局，1862年，林肯颁布了《宅地法》，给拥护共和国的公民分配土地；颁布《解放黑人奴隶宣言》，赋予奴隶自由权利，有力鼓舞了工人、农民和黑人的战斗热情，极大增强了北方军队的战斗力。②从1863年夏开始，北方军队转入反攻；7月，北军取得葛底斯堡大捷，掌握战争主动权。

4. 战争结束。1865年，南方军队主力陷入包围之后向北方军队投降，不久，各地南方军队相继放下武器。持续4年之久的美国内战，以北方获得最后胜利而结束。

（三）南方重建

1. 《大赦重建宣言》。林肯考虑到国内和解，在1863年提出《大赦重建宣言》，坚持维护联邦统一和废除奴隶制这两个原则，对南方叛乱者极为宽大。

2. 《重建南方法案》。1867年，国会通过了《重建南方法案》，允许黑人参加投票选举，行使民主权利，创办黑人学校，奖励工商业等。1877年，联邦军队撤出南部各州，南方重建结束。

(四)评价

1. 促进了美国资本主义发展。南北战争粉碎了奴隶主的政治势力，维护了美国统一，并使工业资产阶级掌握了全部国家政权，借此迅速而全面地发展资本主义生产。

2. 改变了美国经济格局，南方重建促进了南方地区资本主义的发展，同时也提升了东北核心区地位，形成了新的美国经济格局。推动了美国工人运动发展。内战解决了奴隶制问题，壮大了工人队伍，争取工人权利成为新的社会问题而凸显。

3. 局限性。战争之后虽然奴隶制被废除，但黑人仍面临严重的种族歧视和迫害，并没有得到真正的解放。

综上所述，历时4年之久的美国内战是美国历史上的重要转折点，它不仅保持了国家统一，也为美国社会经济的现代化铺平了道路。

参考资料

1. 吴于廑，齐世荣：《世界史·近代史编》，高等教育出版社，2011年。
2. 刘宗绪：《世界近代史》，北京师范大学出版社，2004年。

题目 2 简述美国存在种族主义的原因

相关真题 2021年南开大学；2020年中国人民大学

1862年，美国颁布了《解放黑人奴隶宣言》，1865年，正式废除了奴隶制度，但美国社会中的种族主义却留存至今。

(一)种族主义的定义与起源

1. 种族主义者认为一些高级种族生来具有创造高度文明的生物本质，天赋其统治世界的使命，而低级种族则无力创造和掌握高级文化，注定要成为高级种族统治的对象，表现形式包括种族偏见、种族歧视、种族隔离、种族灭绝等。

2. 种族主义是殖民扩张的产物。随着黑奴贸易的兴盛，黑人在北美地区普遍被当作奴隶使用，歧视黑色人种的种族主义思潮也开始泛滥起来。

(二)美国存在种族主义的原因

1. 基督教宗教观念的影响。在《圣经·创世纪》中记载，诺亚的儿子"含"触犯了诺亚，于是诺亚诅咒他的儿子迦南会成为他兄弟雅弗的奴仆，而在后人对《圣经》的诠释中，非洲黑人成为迦南后裔，而雅弗成为欧洲人祖先，这为奴隶制和种族主义提供了宗教正当性。

2. 奴隶制废除后的历史惯性。奴隶制被废除后，白人在社会中仍处于主导地位，在教育、就业、住房等方面存在对黑人的不平等待遇。

3. 文化偏见。长期以来，种族刻板印象和偏见在美国文化中根深蒂固，某些民族会被贴上固有的职业或不良的品德标签。

4. 经济发展不平等。长期以来，非洲裔美国人和其他少数族裔经历了经济上的不平等对待，包括低薪工作、有限的经济机会以及财富不平等，导致少数种族长期被歧视。

5. 社会学说的影响。①19世纪，社会达尔文主义传播开来，优胜劣汰、适者生存的主张衍生出白人种族优越感，并逐渐扩大。②19世纪和20世纪初，人类学家和心理学家等通过头盖骨脑容量测量和智力测定，都显示黑人的智商比白人更低，这极大地增长了白人的种族优越感。

6. 历史传统所致。①早在殖民地时期，美洲的原住居民、亚裔及其他族裔居民就长期受到歧视和压迫，黑人甚至完全丧失人身自由。②南方各州在19世纪末至20世纪初实施了"吉姆·克劳法"和种族隔离政策，限制非洲裔美国人的权利和自由，这种政策导向一直没有得到彻底改变。

时至今日，虽然自由、平等和科学思想得到了广泛传播，但美国种族主义仍然严重，影响并加剧了政治两极分化，造成美国社会的严重分裂与对立。

参考资料

1. 梅祖蓉：《美国种族主义"正当性"的来源与建立》，《世界民族》，2015第4期。

第十一节 俄国农奴制改革

题目1 简述俄国农奴制的起源、发展和特点

相关真题 2023年中国社科院大学

俄国农奴制是俄国以立法形式把农民固定在封建主土地上的法律制度，它的形成和发展与俄国确立中央集权等因素密切相关。

（一）农奴制的起源

在基辅罗斯时期（9—12世纪），因农民与地主之间的债务关系，俄国出现了典身农和契约农等依附农民。15—16世纪，债务依附农民开始大量出现。同时，贵族领主的奴隶也开始大规模地用于田间劳动，他们不向国家纳税，只与其主人打交道，农奴制逐渐确立起来。

（二）农奴制的发展

1. 15世纪末，农奴制开始形成。1497年，《伊凡三世法典》规定农民离开地主只能在秋天的两周之内，在法律上首次限制农民的出走权，这加强了对农民的奴役，从此农奴制度逐步确立起来。

2. 16世纪，农奴制加速发展。①1550年，《伊凡四世法典》不仅重申了《伊凡三世法典》的规定，还规定出走农民必须向原地主支付一笔赎金，进一步限制农民的人身自由。②1581年，伊凡四世颁布禁年令，禁止农民在尤里节期间迁徙。③1597年，沙皇颁布法令，允许原主人将在逃亡5年之内的农民捉拿回原籍。

3. 17世纪，农民的人身自由完全被剥夺，农奴制在全国范围内最终形成。①1607年，沙皇叔伊斯基将追捕逃亡农民的期限延长至15年。②1649年，沙皇颁布《法律大全》，取消农民的一切出走权，赋予农奴主对逃亡农奴享有永久追捕权，确立了农奴在土地、人身和司法上对地主—农奴主的依附关系。使农奴制在全国范围内最终形成。

（三）农奴制的特点

1. 由国家强制推动形成。农奴制由俄国贵族地主依靠中央集权制的沙皇政权推动，并以国家立法形式确立，是俄国中央集权国家建立的连带产物。

2. 农民既是贵族地主的农奴，也是国家的纳税阶层。农奴可以被地主转让或出卖，但仍需向国家纳税服役。

3. 农奴制在俄国特别稳固。俄国农奴的赋税由封建主负责缴纳，如果农奴欠缴税款，则向地主本人征收，如果国家对农民的赋税不放松，地主对农民的控制也不会放松。

综上所述，俄国农奴制的形成以国家颁布农奴法令为主，经历了一个长期的过程，影响了未来俄国的长期发展。

参考资料

1. 杨慧君：《农奴制在俄国的起源发展》，《教学实践》，2011年第4期。
2. 曹维安：《俄国农奴制度的形成及其特点》，《陕西师范大学学报（哲学社会科学版）》，2000年第4期。

题目2 简评俄国沙皇亚历山大一世

相关真题 2020年吉林大学

亚历山大一世是俄罗斯罗曼诺夫王朝第十四位沙皇，他在19世纪前叶对内进行了大刀阔斧的改革，对外在拿破仑战争中组建反法同盟击败拿破仑一世，并在战后成为神圣同盟领导者。

（一）改革内政和发展资本主义

亚历山大一世面临着俄国内部严重的经济问题和社会动荡，这促使他开始实施一系列改革措施：

1. 农业改革。亚历山大一世颁布《自由农民法令》，允许农民行使赎买权，脱离对地主的人身依附。

2. 国家机构改革。他赋予国务院以司法机关的权力，并使国务院直接听命于沙皇，这一措施直接加强了沙皇的控制力。

3. 文化与教育改革。颁布了一系列教育管理章程，设立学区，推动了国家教育体系的改善。

（二）对外扩张

亚历山大一世的外交政策集中在与拿破仑的斗争上，目标是扩张俄国的影响力，并从拿破仑手中夺取欧洲领导权。

1. 参加反法同盟。亚历山大一世借口拿破仑触犯了俄国在德意志和意大利的利益，破坏了《吕内维尔条约》的规定，参加第三、四次反法同盟，将俄国置于反对拿破仑的前线。

2. 利用同盟关系进行领土扩张。1807 年，俄皇亚历山大一世与拿破仑签订《提尔西特和约》，俄国与法国瓜分了波兰，稳定了俄法关系，并在北方打败了瑞典，成功地将芬兰纳入俄国版图。

3. 取得拿破仑战争的胜利。1813 年，拿破仑从俄国败退之后，亚历山大一世组建第六次反法同盟。1814 年 4 月，拿破仑在巴黎宣布投降，亚历山大一世进入巴黎，取得了对欧洲各国政府的霸权，这标志着俄国扩张路线达到了顶峰，俄国开始成为所谓的"欧洲宪兵"。

（三）维也纳会议及会后干预欧洲事务

1. 亚历山大一世在维也纳会议上积极推动重塑欧洲的政治格局。支持普鲁士获得萨克森及其他一些邦的土地，使得普鲁士疆界及实力极大增加，以此来制约奥地利。

2. 成功发起并组织了"神圣同盟"。1815 年，在亚历山大一世倡议下，俄、奥、普三国宣布成立"神圣同盟"，旨在镇压一切欧洲革命和民族解放运动，维护欧洲和平和反动旧秩序。

（四）评价

亚历山大一世作为俄国历史上的一位重要君主，其统治有积极和消极两个方面：

1. 积极方面。①亚历山大一世时期的改革促进了俄国社会的近代化，尤其是军事的近代化为战胜拿破仑奠定了坚实的基础，在一定程度上顺应了历史发展的趋势。②亚历山大一世多次在反法同盟当中起到关键作用，成为击败拿破仑的重要力量，奠定了日后俄国"欧洲宪兵"的地位。

2. 消极方面。他的一些行为，如维护封建统治、镇压革命运动等，显示了其政策上的反动性。此外，他的改革虽有一定成效，但未能根本改变俄国的封建体制，也未能解决长期的社会经济问题。

综上所述，亚历山大一世统治时期是俄国历史上一个充满挑战的时期。他在任时的举措不仅塑造了他作为一位复杂君主的形象，也对俄国乃至欧洲的历史产生了深远的影响。

参考资料

1. 单素玉：《略论亚历山大一世的内外政策》，《辽宁大学学报》，1983 年第 2 期。

第十二节　德意志的统一、意大利的统一

题目 1　简述近代德国落后、四分五裂的原因

相关真题　2015 年华中师范大学

近代以来，德国仍处于四分五裂的状态，这不仅源于中世纪诸侯割据局面，还有着外部势力干预、战争失利等原因，是近代德国发展落后的重要原因。

（一）四分五裂的原因

1. 中世纪分裂局面未得到改变。自中世纪以来，德国便未能形成统一的国家，神圣罗马帝国皇帝权力衰微，诸侯国不仅有着关税、铸币等特权，还拥有军队，并随时反叛帝国中央政府。

2. 宗教改革加剧国内诸侯对立。宗教改革后，诸侯分为天主教和新教两大阵营，新教诸侯通过没收教会财产，不仅增强了势力，有着更大的独立性，还加剧了双方的宗教矛盾。

3. 外部势力插手德国内部斗争。①西班牙。西班牙不仅是传统的天主教国家，而且同神圣罗马帝国皇帝一样属于欧洲哈布斯堡家族，于是选择支持德国天主教诸侯和德皇。②英、法、荷等国。英、法、荷等不愿德国强大，希望维持德国诸侯割据的局面，并图谋德国的土地，选择支持新教诸侯。

4. 三十年战争的失败。神圣罗马帝国皇帝和天主教诸侯在三十年战争中惨遭失败，新教诸侯战后分配到了更多

土地，加剧了国家的分裂。且三十年战争之后签订的《威斯特伐利亚合约》规定德意志诸邦都拥有完整主权，能够单独与其他国家订立盟约，这意味着帝国的瓦解，德意志皇帝沦为只统辖奥地利及其世袭领地的大诸侯。

（二）落后的原因

1. 商路的转移。随着君士坦丁堡的陷落和新航路的开辟，大西洋沿岸成为东西方商业交流的中心，中世纪兴起的德国城市逐渐走向衰落。

2. 近代德国的分裂。近代德国长期处于四分五裂的状态，没有形成统一的国内市场，各邦国之间也经常设立贸易壁垒，阻碍了国内资本主义经济的发展。

3. 三十年战争的破坏。德意志地区是三十年战争的主要战场，这导致德意志六分之五乡村被毁，三分之一人口死亡，工商业急剧衰退。且各邦诸侯们不惜出卖民族利益以换取外国的"资助"，严重阻碍了民族经济的发展和民族市场的形成。

4. 农奴制的恢复。由于德国经济落后和农民生活困苦，从16世纪开始，自由农民又沦为农奴。德国农奴制再度出现，严重抑制了日后德意志工业资本主义的发展。

综上所述，近代德国落后和四分五裂是诸多因素共同作用的结果，因此，德国要想重新统一，谋求新的发展，不得不采取军事暴力手段。

参考资料

1. 邢来顺：《19世纪德国统一运动的再思考——近代德国统一进程的三部曲》，《华中师范大学学报》，2005年第3期。
2. 吴于廑，齐世荣：《世界史·近代史编》，高等教育出版社，2011年。

题目2　简述1848年欧洲革命的性质及意义

相关真题 2024年南京师范大学

1848年欧洲革命，是在1848年欧洲各国爆发的一系列武装革命，这一系列革命波及范围之广，可以说是欧洲历史上最大规模的革命运动，造成了各国君主与贵族体制动荡，并间接导致了德意志统一及意大利统一运动。

（一）性质

1. 资产阶级民主革命性质。革命性质是由客观的历史条件决定的，1848年欧洲革命是为进一步解决资本主义同封建专制制度的矛盾而爆发的一场革命，其根本性质是资产阶级民主革命。当时欧洲大陆各国工业革命已经不同程度开展起来，资本主义经济获得迅速发展，但是仍然受到封建专制制度的压制，这构成了当时社会的主要矛盾。但由于欧洲各国的社会经济发展不平衡，各国面临着不同的革命任务和特点。法国革命是铲除封建残余，进一步发展资本主义；德国革命是推翻封建专制制度，建立统一的资本主义国家。

2. 民族主义性质。意大利革命是要消除民族压迫，建立统一的民族国家；波兰、匈牙利等国家是反对民族压迫，实现民族独立，这包含民族主义的性质。

3. 泛欧性质。1848年欧洲革命具有广泛性，不过几周的时间里，在当今欧洲10个国家的全部或部分地域里，没有一个政府不被推翻，其他地区也经历了不同程度的动荡。革命震荡了整个欧洲大陆，遍及除俄国以外的整个欧洲大陆，它是第一次潜在意义上的世界革命，其影响远远超出了欧洲的地理范围。

（二）意义

1. 1848年欧洲革命沉重打击了封建制度或封建残余势力，有利于资本主义在欧洲进一步发展。同时，它有利于欧洲被压迫民族争取独立的斗争，并为各国无产阶级实现国际联合创造了条件。

2. 1848年欧洲革命促进了欧洲一些国家的统一进程。革命摧毁了维也纳会议所确立的秩序，奥地利帝国遭到致命打击而削弱，为以后德意志、意大利的统一减轻了阻力，间接推动了德意志和意大利的统一进程。

3. 1848年欧洲革命使欧洲无产阶级经受了一次深刻的教育和锻炼。在斗争中，工人阶级提高了觉悟，进一步意识到它同资产阶级的根本对立。同时，在革命实践中，无产阶级积累了如何进行斗争的宝贵经验，这些都对后来欧洲革命运动的发展具有重大意义。

4. 1848年欧洲革命给非科学的社会主义流派一个致命的打击。革命实践证明，只有马克思主义是唯一正确的理论，这对后来欧洲工人运动摆脱错误理论，接受马克思主义的指导具有重大意义。

综上所述，1848年欧洲革命的性质是资产阶级民主革命，革命虽然失败了，没有完成革命所提出的基本任务，但它仍然具有重大的历史意义。

参考资料

1. 韩承文：《1848年欧洲革命史》，河南大学出版社，1995年。

题目3 论述19世纪德意志统一的背景、过程、影响

相关真题 2023年中国社科院大学；2023年江苏师范大学；2023年湖北大学；2019年吉林大学；2018年中央民族大学；2014年南开大学；2014年西北大学；2014年河北师范大学；2013年吉林大学；2013年湖南师范大学

19世纪下半叶，在普鲁士容克贵族领导之下，德国通过三次王朝战争由四分五裂走向统一，从而快速实现了德国崛起。

（一）背景

1. 德意志地区资本主义经济的发展。1848年欧洲革命之后，德意志地区出现了工业建设的热潮，而1834年建立的德意志关税同盟，促进了商品流通，扩大了国内统一市场。

2. 德意志民族的逐渐形成。德意志关税同盟使小德意志地区经济同普鲁士逐渐一体化，在共同经济生活的基础上，关税同盟地区的人们完善了共同的语言和文化，使得德意志民族得以形成。

3. 普鲁士的崛起。进入近代，德意志北部邦国普鲁士经过一系列军事、政治等方面的改革和工业革命逐渐成为德意志邦国中的强国，俾斯麦担任首相之后实行军事独裁，开始计划完成德国的统一。

4. 有利的国际环境。①劲敌俄国霸权衰落。1856年，克里米亚战争结束后，德意志统一的最大国际障碍沙皇俄国丧失了在欧洲的霸权。②俄国与普鲁士结盟。由于俄国与奥地利在巴尔干地区的争夺，俄国与普鲁士结盟，打击削弱奥地利，共同对抗法国。

（二）过程

1. 普丹战争。①1864年，因丹麦企图吞并德国领土石勒苏益格，普奥结成同盟发动对丹麦的战争，丹麦很快战败。②战后双方签订《维也纳和约》，普鲁士不仅获得了石勒苏益格，壮大了领土，还了解了奥地利的军事情况，完成了对奥战争的预演。

2. 普奥战争。①1866年，普鲁士指责奥地利对荷尔施泰因管理不善，激怒奥地利对普鲁士开战，最终普鲁士获胜。②双方签订《布拉格和约》，普鲁士不仅成功将阻碍普鲁士统一德国的奥地利排除出德国，而且还组建了由普鲁士主导的"北德意志联邦"，完成了德国的初步统一。

3. 普法战争。①1870年，俾斯麦向法国发送"埃姆斯电文"诱使法国主动发起战争，南德诸邦国与北德意志联邦共同作战，最终取得了普法战争的胜利。②普法战争激起了全德的爱国热潮，战后南德诸邦国与北德意志联邦合并为德意志帝国。1871年，普鲁士国王威廉一世于法国凡尔赛宫正式即位为德意志帝国皇帝，德意志统一最终完成。

（三）影响

1. 积极影响。①解决了德意志民族的生存问题，结束了德国长期的分裂状态。②促进了德国生产力的发展，形成了统一的国内市场，使得德国很快成为欧洲头号工业强国。

2. 消极影响。①统一后的德国保留了普鲁士的封建残余，阻碍了日后德国资本主义民主化进程。②德国以战争方式完成统一，在这过程中产生的军国主义和极端民族主义导致了日后德国的侵略扩张，为第一次世界大战埋下隐患。

通过三次王朝战争，德意志结束了几百年来的分裂割据局面，实现了国家的重新统一。但统一过程中保留了大量的封建因素，成为日后阻碍德国进一步发展的力量。

参考资料

1. 丁建弘：《德国通史》，上海社会科学院出版社，2002年。

题目 4 简述普法战争的原因及影响

相关真题 2020 年鲁东大学

普法战争是在 1870—1871 年间普鲁士与法国为争夺欧洲霸主地位而进行的一场战争，同时也是德国王朝统一战争中的一部分。最终普鲁士获胜，标志着欧洲国际势力的重新布局。

（一）原因

1. 德法两国历史纠葛。中世纪以来，法国高卢人与德国日耳曼人之间就战争不断，两国之间的战争频次更是达到了平均 10 年一次。

2. 法国转嫁国内矛盾的需要。19 世纪中叶，拿破仑三世对内实行独裁专制，多次镇压国内民众起义，面临着严重的统治危机，为此需要发动一场对外战争转移国内矛盾焦点。

3. 德意志地区经济发展的需要。德国分裂局面限制了人口自由流动、阻碍了商品流通和德国海外市场开拓，严重影响了德意志地区的发展，谋求德国统一势在必行。

4. 普法两国称霸欧洲的需要。法国是当时的欧洲霸主，但日益崛起的普鲁士不甘心受制于法国，也企图称霸欧洲。普鲁士的扩张野心引起法国忌惮，双方冲突在所难免。

5. 导火索："埃姆斯电文"。1870 年 7 月，普鲁士国王威廉一世的亲属利奥波德亲王应邀继承西班牙王位。法国担心两国结盟而致电普鲁士，希望劝利奥波德亲王放弃王位。但普鲁士首相俾斯麦粗暴地拒绝了法国的请求，并在报纸上发表。这引起了法国人的极大愤怒，于是拿破仑三世随即对普鲁士宣战，普法战争爆发。

（二）影响

1. 促使德国完成统一。通过战争的胜利，普鲁士完成了德意志统一的历史使命，结束了德国长期的分裂状态，形成了统一的国内市场。

2. 改变了欧洲的政治格局。①法国衰落。战败使法国丧失了在欧洲大陆的优势，还需要向德国赔款 50 亿法郎，丧失了重要的工业基地，迟缓了第二次工业革命的历程。②德国崛起。德国不仅完成了统一大业，还从法国获得了资金和矿产资源，成为欧洲的新霸主。③英俄接近。德国的强大引起了英俄两国的警惕，促使两国不断接近以遏制德国的发展。④意大利统一。普法战争前，法国控制了罗马。随着法国在普法战争中的失败，意大利趁机合并了罗马，完成了统一。

3. 促使巴黎公社建立。1871 年，面对普鲁士围攻巴黎，巴黎的无产阶级和人民群众举行起义，推翻了向普鲁士妥协的法兰西第三共和国，建立了世界上第一个无产阶级政权"巴黎公社"。

4. 推动欧洲军事变革。普鲁士实行普遍征兵制，保证了国家军队的后备力量，在普法战争中显现了巨大的优越性，战后许多国家纷纷模仿，实行普遍征兵制。

综上所述，1870 年爆发的普法战争不仅改变了参战国的命运，更改变了欧洲乃至世界的政治格局，成为 19 世纪具有相当影响力的历史事件。

参考资料

1. 李金城：《普法战争的起因及影响分析》，《现代商贸工业》，2019 年第 9 期。
2. 黄尊严：《试论普法战争的影响》，《齐鲁学刊》，1988 年第 1 期。

题目 5 论述俾斯麦的铁血政策

相关真题 2022 年西华师范大学；2014 年南京大学

1862 年，刚刚担任首相的俾斯麦在对议会的演说中提到"铁与血"，他认为要通过武力和强权才能解决德意志统一的问题，这就是著名的"铁血政策"。

（一）背景

1. 德国长期未能形成统一国家。自中世纪以来，德意志维持着长期分裂的局面，历史上几次统一的尝试由于外部势力的掣肘而失败,而1848年欧洲革命的失败宣告了自下而上的革命道路无法完成德国统一的历史任务。

2. 普鲁士经济发展为统一奠定物质基础。19世纪中期,普鲁士经过工业革命后资本主义得到快速发展,一跃成为当时德意志诸邦中最具实力的邦国,为德意志实现军事统一奠定了物质基础。

3. 容克资产阶级迫切要求国家统一。19世纪中期,随着普鲁士资本主义的发展,形成了类似于英国新贵族的阶层——资产阶级化的容克,他们需要统一的德意志市场来扩大个人利益。

4. 法俄等邻国不愿意看到德国统一。德意志周围有法、俄等强邻,他们只希望维持欧洲大陆的均势状态,并不希望出现一个统一的德意志国家。因而,走自由主义的和平统一道路显然是很难实现的。

(二)内容

1. 内政举措

①继续推行军事改革计划。1862年,俾斯麦上台后继续推行军事改革,主要内容包括不经过议会同意擅自征税,以充军事改革费用;实行兵制改革,把现役年限从2年延长到3年;给军队装备新型武器;等等。

②联合工人阶级,1863年5月,俾斯麦和德国工人运动领袖拉萨尔会晤,承诺实行普选制,争取工人阶级对统一计划的支持。

2. 对外战争

①对丹麦的战争。1864年,普奥结成同盟共同对抗丹麦。后丹麦战败,被迫签订《维也纳和约》。战后,奥地利占有了与自己领土不相连接的荷尔施泰因,为普奥战争的爆发埋下引线。

②发动普奥战争。1866年,俾斯麦借口奥地利对荷尔施泰因管理不善,挑起对奥战争。奥地利很快失败,与普鲁士签订《布拉格和约》。此战消除了普鲁士统一全德的最大障碍,使普鲁士领土连成一片,领土面积大大增加。

③诱使法国主动发起普法战争。普奥战争后,俾斯麦通过"埃姆斯电文"诱使法国宣战,普法战争爆发。1870年9月,法军在色当战役中大败,德意志统一最终完成。

(三)影响

1. 推动了德国完成统一。俾斯麦的铁血政策推动统一战争的胜利,使德意志完成政治上的统一,建立起独立的德国。

2. 促进了德国经济的发展。国家统一促使德国境内统一市场的形成,经济交往更加通畅,经济发展速度加快。普法战争使得德国获得盛产煤铁资源的阿尔萨斯-洛林,提升了德国工业的制造水平,促进了德国工业革命的完成。

3. 提升了德意志民族的凝聚力。在普法战争中,借助德意志民族主义的传播,促使德意志各个邦国的人民一致抵御外敌,德意志民族观念逐渐形成。

4. 提升了军队战斗力。俾斯麦进行军事改革后,普鲁士的军队战斗力直线上升,成为欧洲大陆军中强大的一支,也为统一战争的胜利提供了重要的军事支撑。

综上所述,俾斯麦包含"强权与军事"的"铁血政策"强势地推动德意志完成了统一进程,"铁血政策"具有长远性与正确性。

参考资料

1. 吴于廑,齐世荣:《世界史·近代史编》,高等教育出版社,2011年。
2. 刘宗绪:《世界近代史》,北京师范大学出版社,2004年。
3. 秦元春:《评俾斯麦与近代德国统一》,《安徽师大学报》,1998年第3期。
4. 王丁冉:《俾斯麦外交思想研究》,吉林大学2006年硕士学位论文。

题目6 论述德国统一过程中俾斯麦的外交政策和作用

相关真题 2022年西华师范大学;2018年湖南师范大学

近代以来,德国长期邦国林立、四分五裂。19世纪后期,出身容克阶级的俾斯麦肩负起了德意志统一这一历史重任,并最后取得成功。

(一)统一中的外交政策

1. 俾斯麦出任普鲁士首相后至普丹战争前。1862年,俾斯麦被任命为普鲁士首相和外交大臣,他首先利用俄国同英国和法国在其他地区的矛盾，积极加强与俄国的关系，同时在波兰问题上做出让步，使俄国在德国统一期间保持中立，且不会干预普鲁士主导的统一战争。

2. 普丹战争前后。①联合奥地利。为了防止在对丹麦战争中腹背受敌，战前俾斯麦打着德意志民族统一的旗号拉奥地利入盟，共同对丹麦作战。②为对奥战争埋下伏笔。普丹战争胜利后，在俾斯麦安排下，普奥双方达成《加施泰因协定》，普鲁士得到石勒苏益格，奥地利得到了与自己领土不连接且被普鲁士包围的荷尔斯泰因。这种制造矛盾的划分方式成为此后俾斯麦挑起对奥战争的借口。

3. 普奥战争前后。①战前稳定英、法和俄国，孤立奥地利，并利用意大利和奥地利的领土纠纷，促成了意大利与普鲁士结盟。②战后对奥地利进行宽大处理。奥地利战败后，两国签订《布拉格和约》，普鲁士一反常态，仅要求奥地利缴纳少量赔款，以获得奥地利好感，使其在接下来的普法战争中选择中立。

4. 普法战争前后。①拉拢南德诸邦。普奥战争结束后，普鲁士建立了北德意志联邦，南部还未统一。法国此时向普鲁士提出了对南德意志部分地区的领土要求，作为在普奥战争中保持中立的报偿。俾斯麦转而把这一信息告知南德诸邦政府，引发南德诸邦对法国的畏惧并与普鲁士缔结同盟条约。②制造"埃姆斯电文"事件。1870年，普法因西班牙王位继承问题发生纠纷，普王还将在疗养地埃姆斯与法国大使的谈话内容电告俾斯麦，俾斯麦在电报中增加了辱骂法国的语气并刊登在报纸上，这成为普法战争的导火索。

（二）俾斯麦的作用

1. 推动了德国统一。俾斯麦不失时机地利用国际局势，制定相应的对策，从而为德国的统一做出了重大贡献。

2. 具有保守性。俾斯麦的成功是建立在普鲁士容克资产阶级的统治之上的，德国统一后容克阶级的社会政治经济势力原封不动地保存下来，这些封建残余使德国成为欧洲最富于侵略性的国家。

综上，俾斯麦在德国统一的过程中巧妙利用国际关系，以最小的代价成功统一德国，成为后世众多军事家学习的楷模。

参考资料

1. 千洪冉，刘杰：《论俾斯麦与德国统一》，《社会科学论坛》，2011年第11期。
2. 丁建弘：《论俾斯麦在德国统一中的作用》，《历史研究》，1981年第2期。
3. 秦元春：《评俾斯麦与近代德国统一》，《安徽师大学报》，1998年第3期。
4. 王丁冉：《俾斯麦外交思想研究》，吉林大学2006年硕士学位论文。
5. 周尚文：《论俾斯麦外交政策》，湖南师范大学2008年硕士学位论文。

题目7　比较俾斯麦与威廉二世对外政策的不同特点

相关真题　2006年首都师范大学

德意志统一完成后，德国的外交政策先后经历了俾斯麦执政时期的"大陆政策"（1871—1890年）和德皇威廉二世时期的"世界政策"（1890—1918年），二者呈现出明显的差异。

（一）战略重点的差异

1. 俾斯麦"大陆政策"的中心内容是维护欧洲的平衡，尤其是防止法国的复仇和避免与俄国的冲突。他通过巧妙的联盟关系保障了新成立的德意志帝国能够在一个相对稳定的外部环境中发展。

2. 威廉二世的"世界政策"显著转向了海外扩张。他认为德国应当通过建设强大的海军和获取殖民地来增强其世界大国的地位。这一战略转变导致德国与英国之间的竞争日益激烈，同时也加剧了与其他欧洲列强的矛盾。

（二）外交手段的不同

1. 俾斯麦被誉为"铁血宰相"，其外交手段以灵活多变、精妙细致著称。他善于通过建立和解散联盟来维护德国的利益和地位。目标是通过外交手段尽可能减少战争，确保德国的安全和稳定。

2. 威廉二世的外交政策则显得更为直接和冒险。他放弃了俾斯麦谨慎的联盟政策，采取了更加激进和对抗性的外交手段。

（三）与对内政策的平衡不同

1. 俾斯麦的外交政策同样注重国内的稳定，他通过对外政策的成功，为国内的经济发展和政治稳定创造了有利的国际环境。此外，他还通过社会政策来缓和国内的社会矛盾，如引入社会保险制度，以减少工人阶级的不满和潜在的社会动荡。

2. 威廉二世时期，虽然对外扩张政策在一定程度上增强了国民的民族主义情绪，但其政策的激进性也加剧了国内的政治和社会矛盾。海军扩建和殖民扩张的高成本，以及与国际列强关系的紧张，加重了国内的经济负担。

（四）结果与影响不同

1. 俾斯麦成功地维持了一个相对和平的欧洲，防止了大规模的冲突，并确保了新成立的德意志帝国在欧洲的稳定地位。

2. 威廉二世的政策加剧了国际间的紧张关系，特别是与英国、法国和俄国的关系，为第一次世界大战埋下了隐患。德国在对外战争中的失败，不仅损失了大量的人力、物力，还失去了大片殖民地和领土。

总的来说，俾斯麦的对外政策更加注重利用外交手段维护欧洲的和平与稳定，而威廉二世的政策则因其好战和扩张的本质，导致了德国与其他欧洲大国的关系恶化。

参考资料

1. 丁建弘：《德国通史》，上海社会科学院出版社，2012年。
2. 唐庆：《论德意志第二帝国对外政策的转变》，《人文论谭》，2011年第3辑。
3. 王丁冉：《俾斯麦外交思想研究》，吉林大学2006年硕士学位论文。

第十三节 19世纪晚期欧美主要国家的政治与经济

题目1 论述18—19世纪美国联邦制度的确立和完善

相关真题 2024年西南大学；2022年苏州大学；2020年吉林大学

1787年，美国各州代表召开制宪会议，最终制定了1787年宪法，使美国从一个松散的邦联过渡为联邦制国家，此后美国联邦制度经历了一个不断完善的过程。

（一）邦联制到联邦制

1. 1777年，大陆会议通过《邦联和永久联合条例》，1781年，条例正式生效。按此条例成立的美国是一个松散的邦联，主要的特点有：①各州保留了征税、征兵等特权，有很大的独立性。②中央最高机构是一院制的邦联国会，中央不设置国家元首。③中央权力极小，邦联国会只能宣战和媾和、派遣对外使节、调整各州争端等，无权干涉各州内部事务。

2. 谢司起义后，各州代表在1787年召开制宪会议，最终制定了1787年宪法，确立了联邦制。1787年宪法的特点有：①中央政府建立"三权分立"的权力结构，立法权归国会，行政权归总统及其内阁，司法权归最高法院。②国会拥有税收、贷款、发行货币、规定度量衡、邮政、宣战、征兵等权力。③各州保留了很大的自主权，主要的权力如立法、征税等，没有明文列举给中央的权力保留于各州和人民。

（二）联邦制的发展

自1787年宪法正式生效至20世纪30年代经济大危机期间，美国联邦制表现为"二元联邦主义"，联邦政府和州政府各自独立，互不干涉。"二元联邦制"以美国内战为界，前后又分为两个阶段。

第一阶段。1789年至1865年内战结束前，这一阶段美国"二元联邦主义"的主要特点是：联邦政府试图扩大权力，但遇到各州强有力的抵抗；联邦政府和州政府之间各掌其权，又相互竞争，因此又被称为"竞争联邦主义"。

第二阶段。1865年美国内战结束至20世纪初，北方的胜利使联邦政府的权力开始稳步上升，"二元联邦主义"进入了一个新的发展时期。①1867年，美国国会通过《重建南方法案》，开始了重建南方的时期。此阶段联邦政府加强了对州事务的干涉，例如通过修改宪法，禁止各州实行奴隶制和实施强制服役，禁止因种族等原因剥夺公民的选举权。② 1887年，美国国会制定了《州际商务法》，由此成立的州际商务委员会成为美国联邦政府第一个管理国家经济的机构。③ 1890年，美国国会制定了《谢尔曼反托拉斯法》，这是美国联邦政府干预国家经济的一次尝试。

总体上，18—19世纪美国的联邦制出现了联邦政府权力逐渐增强的趋势。尽管如此，联邦政府和州政府仍主要在各自的权限范围内活动，二元联邦制的基本构架没有发生根本性的改变。

参考资料

1. 吴于廑，齐世荣：《世界史·近代史编》，高等教育出版社，2011年。
2. 丁翌：《浅谈美国政治的基石——联邦制》，《济宁学院学报》，2008年第1期。
3. 谭融，于家琦：《美国联邦制的发展沿革》，《天津师范大学学报》，2002年第6期。

题目2　论述美国18—20世纪领土扩张及其影响　醒吾历史统考预测题

美国自18世纪末至20世纪，实现了从东海岸一狭长地带到跨越整个北美大陆的显著扩张。这一过程不仅塑造了今天的美国国土范围，也深刻影响了其国内外政策和社会结构。

（一）领土扩张的主要过程

1. 初期领土的确立与扩张。独立战争结束后，1783年签订的《巴黎条约》标志着美国从英国正式获得了东至大西洋、西至密西西比河的领土。这一时期，美国的领土面积约为230万平方公里。

2. 19世纪的大幅扩张

① 1803年，美国和法国签订《路易斯安那条约》，美国以1500万美元的价格买下了面积约214万平方公里的路易斯安那，版图猛增一倍。

② 1819年，美国和西班牙签订《佛罗里达州条约》，西班牙决定把佛罗里达州卖给美国，并和美国划定与新西班牙总督辖区的边界。

③ 1845年，美国吞并德克萨斯共和国，领土增加了100万平方公里。

④ 1846年，美英签订《俄勒冈条约》，该条约解决了美国和英属北美在如今美加边境西部的边境争议，美国从英国手中夺取了俄勒冈地区的一部分。

⑤ 1848年，美国取得美墨战争胜利，获得了包括加利福尼亚、新墨西哥地区在内的230多万平方公里的土地，一跃成为地跨大西洋和太平洋的大国。

⑥ 1867年，美国以720万美元的价格从沙俄手中买下了近170万平方公里的阿拉斯加，阿拉斯加州成为美国面积最大的州。

3. 20世纪的海外扩张。1898年美西战争后，美国获得了菲律宾、关岛、波多黎各等地。此外，通过对夏威夷的吞并以及对古巴的干预，美国在太平洋和加勒比海区域的战略地位得到了加强。

（二）领土扩张的影响

1. 促进了美国经济的发展。领土的扩张为美国提供了丰富的自然资源和新的市场，促进了农业和工业的快速发展，为美国成为世界经济强国奠定了基础。

2. 促使美国国内外政策的形成与调整。随着领土的扩张，美国不断调整其国内外政策，包括门罗主义的提出以及后来的"大棒政策"和"睦邻政策"，展现了美国在国际舞台上日益增强的影响力。

3. 带动了美国社会结构与文化的变迁。领土扩张带来了大量移民的涌入，促进了美国社会多元化的发展。同时，西进运动和边疆精神对美国国民的性格和价值观产生了深远影响。

4. 对原住民和其他国家的影响。在领土扩张的过程中，美国政府和定居者对原住民的驱逐、战争以及文化的压制，造成了原住民文化和人口的巨大损失。同时，与墨西哥、西班牙等国的战争和领土争议，也显示了扩张过程中的冲突和矛盾。

美国通过领土扩张使其从一个边缘地域小国发展成为世界超级大国。这一过程影响了美国的诸多内政，甚至国际格局，同时也引起了一系列内部和外部的冲突与挑战。

参考资料

1. 王绳祖：《国际关系史》，世界知识出版社，1996年。
2. 伍宗华：《美国早期领土扩张刍议》，《四川大学学报》，1983年第2期。

题目3 美国和德国在19世纪后半期崛起各有哪些策略？有何特色？有何启示

相关真题 2024年山东师范大学

在19世纪后半期，美国和德国通过各自独特的发展策略，成功地实现了国家的迅速崛起，这不仅改变了各自国家的命运，也对世界历史进程产生了深远影响。

（一）美国的崛起策略与特色

1. 扩展领土和保护贸易。美国通过购买、战争和条约等方式显著扩大了国土面积，如购买路易斯安那和墨西哥战争。同时，通过实施关税保护政策保护新兴工业，促进了国内市场的发展。

2. 发展基础设施和运输网络。美国政府和私人资本共同投资建设铁路、运河和公路，形成了覆盖整个国家的交通网络，极大促进了西部开发和内部市场的一体化。

3. 促进工业化和技术创新。美国积极引进欧洲的技术和管理经验，并通过自身的创新实现了技术的本土化。如贝尔的电话、爱迪生的电灯，以及泰勒的科学管理法，都推动了美国工业的快速发展。

4. 积极吸引外来移民。大量欧洲移民涌入美国，不仅为美国提供了廉价劳动力，也带来了资本和技术，促进了美国经济的发展。

5. 特色。美国崛起的特色在于其平衡发展的策略，既重视工业化和技术创新，又不忽视农业和内部市场的发展。同时，通过开放的移民政策和保护贸易政策，成功地转变了经济结构，实现了从农业国向工业大国的转型。

（二）德国的崛起策略与特色

1. 政治统一和军事改革。通过普鲁士领导下的三次王朝战争，实现了德意志的政治统一。统一后，德国进行了军事改革并强化中央集权，建立起强大的中央集权国家。

2. 工业化和经济政策。德国政府通过实施关税同盟保护国内市场，促进了工业化进程。同时，政府对铁路、煤矿等关键行业进行投资和控制，推动了工业化和现代化。

3. 科技教育和技术创新。德国高度重视科技教育和研发，建立了一批世界级的大学和研究机构，为德国的工业化提供了强大的技术支持。

4. 对外经济扩张和殖民政策。在国内经济发展的基础上，德国通过对外贸易和殖民扩张来获取资源和市场，增强了国家的经济实力。

5. 特色。德国崛起的特色在于其通过政治统一和强有力的政府干预，快速实现了工业化和现代化。同时，德国高度重视科技教育和研发，在化学、机械等领域达到世界领先地位。

（三）启示

1. 国家统一和政治稳定是经济发展的前提。无论是美国的内战还是德国的统一战争，都说明了统一的政治局面对于国家发展的重要性。

2. 科技创新和教育投资是国家长期发展的关键。美德两国都重视科技创新和高等教育，为其经济发展提供了持久动力。

3. 合理的经济政策和政府干预对工业化进程至关重要。通过关税保护、投资基础设施和关键产业等政策，政府可以有效地促进国家的经济发展。

4. 开放的国际视野和对外扩张可以增强国家实力。无论是通过移民吸纳外来人才和资本，还是通过对外经济扩张和殖民政策，都可以为国家的发展增添活力。

综上所述，19世纪后半期美国和德国的崛起为当今世界提供了重要的历史经验和启示。

> 参考资料
1. 陈奉林：《近代大国的崛起及其历史启示》，《外交评论（外交学院学报）》，2006年第5期。
2. 林跃勤：《美国大国崛起及其对金砖四国的启示》，《湖南商学院学报》，2010年第5期。
3. 丁建弘：《德国通史》，上海社会科学院出版社，2007年。

题目4 论述19世纪末20世纪初主要垄断资本主义国家的特征

相关真题 2014年西北大学；2006年华中师范大学

19世纪末至20世纪初，世界资本主义经济进入垄断阶段，这一时期，各主要资本主义国家的经济和政治特征不仅具有共性还有明显的区别，这些特征不仅反映了各国资本主义发展的不平衡性，也对后续的世界政治和经济格局产生了深远影响。

（一）特征

1. 垄断组织兴起。这一时期的显著特点是生产和资本的高度集中，导致了托拉斯、卡特尔、辛迪加等垄断组织在英、美、法、俄等国的兴起。企业通过合并与收购，减少竞争，控制市场，提高利润。

2. 金融资本崛起。银行和工业资本的结合形成了强大的金融资本，这些金融集团控制着大量的产业和银行资本，影响着国家的经济和政策方向，英国和法国这一特征最为明显。

3. 新殖民主义盛行。为了获取原材料、新市场和投资领域，英、美、法、德等各垄断资本主义国家纷纷扩张海外殖民地。非洲、亚洲和太平洋地区成为各大国争夺的焦点。

4. 地缘政治竞争加剧。随着殖民地的扩张，英、德、美、日等主要垄断资本主义国家之间的矛盾和冲突加剧，特别是在战略要地和重要海域的争夺上，这些竞争最终导致了两次世界大战的爆发。

5. 社会经济矛盾加剧。资本的集中和工业的发展加剧了资产阶级和无产阶级之间的对立，引发了一系列社会运动和罢工。一些国家开始实施社会改革措施，如工作时间的规定、社会保险和劳动保护法，试图缓解社会矛盾。

6. 科技进步和产业变革。在此期间，电力、化学、金属学等领域的技术运用于生产力的发展，出现了新的生产方式和产品，如汽车、飞机和无线电等。同时，产业结构也发生了变化，重工业和制造业成为经济的重要组成部分，而农业在国民经济中的比重逐渐下降。

（二）各国特点

1. 英国：19世纪末，英国经济增长放缓，但其金融业特别是银行业，在全球范围内展现出巨大的影响力。英国的垄断组织也有所发展，但相对其他国家来说发展较为缓慢。

2. 法国：法国的垄断资本主义特征更加倾向于金融资本的发展。主要表现为对外贷款和投资，特别是对欧洲其他国家的高利贷活动，实现了其对外扩张和利润的积累。

3. 德国：19世纪末至20世纪初，德国快速发展工业，成为世界上主要的工业强国之一。此外，还形成了大量垄断组织，卡特尔和辛迪加在各主要工业部门普及。

4. 美国：美国在石油、钢铁、化工等多个重要行业都出现了大规模的垄断组织。与此同时，美国的金融寡头通过控制经济资源以影响政治决策，使得金融资本与政治权力相结合，成为全球经济的重要力量。

5. 俄国：俄国的垄断资本主义发展较晚，垄断组织特点明显，以辛迪加为主。

总体而言，19世纪末至20世纪初各主要资本主义国家的垄断资本主义特征虽有共性，但各国的发展路径、经济结构和政治体制的差异，导致了各自垄断形式和程度上的显著差异，这些差异不仅反映了资本主义发展的不平衡性，也对世界政治经济格局产生了深远影响。

> 参考资料
1. 齐涛：《世界通史教程》，山东大学出版社，2008年。

题目 5　论述 19 世纪后期资本主义政治发展的趋势

相关真题　2022 年天津师范大学；2015 年华中师范大学；2014 年四川大学；2013 年江西师范大学；2004 年华南师范大学；2003 年华中师范大学

19 世纪末期，随着工业革命的深入发展和资本主义经济的全球扩张，资本主义国家的政治格局也经历了深刻的变革。这一时期，资本主义政治发展的主要趋势表现为国家机器的强化、政治民主化进程加快、政党政治的形成与发展，以及殖民扩张和帝国主义竞争的加剧。

（一）国家机器的强化

随着资本主义经济的发展，国家对经济生活的干预逐渐加强，特别是在维持市场秩序、调节经济危机方面。英、德、美等国通过改革国家机构、扩大警察和军队的规模，强化了国家的镇压和干预能力。特别是德国，以铁血宰相俾斯麦为代表，通过实行社会保险制度等社会政策来加强国家对社会的控制，同时维护了工业资产阶级的利益。

（二）政治民主化进程加快

19 世纪末期，随着工业化和城市化的推进，资本主义国家的社会结构发生了变化，新兴的工人阶级和资产阶级对政治参与的需求日益增长。英国通过一系列选举改革，如 1867 年和 1884 年的议会改革，扩大了选民基础，实现了向工人阶级和中下层资产阶级的政治权利的扩展。美国也在这一时期加强了联邦政府的权力，逐步实现了更广泛的民众参与政治。

（三）政党政治的形成与发展

为了更有效地组织选举和议会活动，保障各自阶级利益，资本主义国家政党体系得到了进一步的发展。英国的保守党和自由党、德国的社会民主党、美国的民主党和共和党等，都在这一时期巩固或形成，政党政治成为资本主义政治生活的重要组成部分。这些政党代表了不同阶级的利益，通过议会斗争和政策制定，影响国家政治的方向。

（四）殖民扩张和帝国主义竞争的加剧

19 世纪末，随着资本主义国家对国际市场和原料需求的增加，欧美大国之间的殖民扩张和地缘政治竞争加剧。英、法、德、美等国家纷纷在亚洲、非洲扩张其势力范围，通过建立殖民地来获取资源和市场。这种帝国主义的扩张不仅加剧了国际关系的紧张，也为 20 世纪初的世界大战埋下了伏笔。

总之，19 世纪末资本主义政治发展的趋势是多方面的，既包括国家机器的强化和政治民主化进程加快，也包括政党政治的形成与发展，以及殖民扩张和帝国主义竞争的加剧。这些趋势反映了资本主义社会内部矛盾的深化，也预示了 20 世纪世界政治经济格局深刻的变动。

参考资料

1. 齐涛：《世界通史教程》，山东大学出版社，2008 年。

第十四节　第二次工业革命与工业文明

题目 1　简述第二次工业革命的内容

相关真题　2024 年哈尔滨师范大学；2023 年西南大学；2019 年江西师范大学；2018 年苏州科技大学；2015 年湖南师范大学；2014 年聊城大学

第二次工业革命，从 19 世纪 70 年代开始，以电力和内燃机的广泛应用为标志，极大地推动了全球生产力的飞跃，在社会结构、文化观念以及全球政治格局方面产生了深远的影响。

（一）技术和能源革命

1. 电力的广泛应用：电力的应用是第二次工业革命的核心。自发电机和电动机发明以来，电力开始逐渐取代蒸汽成为主要的工业动力来源。电力的使用极大地提高了工厂的生产效率，也使得夜间作业成为可能，从而延长了工作时间和提高了产量。

2. 内燃机的发明与应用：内燃机尤其是汽油和柴油发动机的出现，推动了汽车、飞机等交通工具的发展，极大地缩短了人类的旅行时间和运输货物的周期，同时也为后来的全球化铺平了道路。

（二）重工业和化学工业的发展

1. 钢铁产业的进步。贝西默转炉法和马丁炉法的发明，使钢铁生产成本大幅下降，产量显著提升。钢铁成为第二次工业革命期间最重要的建筑和机械材料，促进了铁路、桥梁、建筑等领域的发展。

2. 化学工业的兴起。合成染料、肥料、爆炸物等化学产品的生产，开启了化学工业的新时代。这些新材料和新工艺不仅改变了人们的日常生活，也为农业和军事提供了强大的支持。

（三）通信和交通的革命

1. 通信技术的飞跃。电话和无线电的发明，大大加快了信息的传播速度，缩短了人与人之间的沟通时间，促进了国际交流和贸易的发展。

2. 新型交通工具的出现：汽车和飞机的发明，标志着人类进入了一个新的移动时代。这些新型交通工具极大地提高了运输效率，改变了人们的生活方式，也为全球经济的一体化奠定了基础。

（四）社会和文化的变革

1. 城市化和社会结构的变化。第二次工业革命加速了城市化进程，吸引了大量农村人口迁入城市工作。工人阶级的数量激增，对社会政治结构产生了重要影响。

2. 教育和科学研究的重视。随着技术的发展，对技术和科学人才的需求日益增长。各国纷纷增加对教育和科研的投资，推动了科学技术的进一步发展，也促进了社会整体文化水平的提升。

总之，第二次工业革命不仅极大地推动了世界经济的发展，也深刻地影响了社会结构、文化观念以及国际政治格局。它为现代工业社会的形成奠定了坚实的基础，对后世产生了深远的影响。

参考资料

1. 高剑平：《近代科学技术革命："实体"对象及对"实体"的认识》，《学术论坛》，2007年第10期。
2. 齐涛：《世界通史教程》，山东大学出版社，2008年。

题目2 比较第二次工业革命与第一次工业革命的不同特点

相关真题 2020年哈尔滨师范大学

在人类历史上，工业革命无疑是推动社会进步的重要力量。自18世纪60年代第一次工业革命拉开序幕，至19世纪70年代第二次工业革命进一步深化，两者在时间线上虽紧密相扣，但在影响及技术革新等多个维度上展现出明显的区别。

（一）科技结合的程度不同

第一次工业革命的技术进步大多是基于经验的改进，缺乏科学理论的系统支撑。第二次工业革命则是科学与技术的深度融合，新理论如电磁学、热力学的发展直接催生了电力、内燃机等革命性技术的诞生。这种科技结合的加深，不仅推动了技术本身的飞跃发展，也使得生产力的提升更加依赖于科学理论的进步。

（二）主导国家和传播速度不同

第一次工业革命始于英国，随后逐渐扩散到欧洲其他国家和北美，发展速度较慢。第二次工业革命由工业强国美国和德国主导，并快速传播到所有工业化国家。

（三）规模不同

第一次工业革命主要涉及欧美几个先进的资本主义国家。第二次工业革命涉及诸多国家，德国、俄国、日本等国的两次工业革命几乎是同步进行的，体现着工业全球化的发展趋势。

（四）涉及领域不同

第一次工业革命主要集中在纺织业和蒸汽机等能源动力的改进方面。第二次工业革命涉及的领域更加广泛，不仅包括电机、内燃机等能源动力领域的突破，还涉及化学、钢铁制造、通信等多个领域的革新。

（五）影响不同

1. 第一次工业革命使工厂取代了手工工场，巩固了资本主义统治。第二次工业革命使一些主要资本主义国家出现了垄断组织，英美等资本主义国家向帝国主义迈进。

2. 第一次工业革命加速了商品的流通，推动了世界市场的形成。第二次工业革命后，资本主义国家在全世界范围内建立了原料产地和商品倾销地，世界市场最终形成。

总之，第一次工业革命和第二次工业革命虽紧密相连，但它们在技术革新、涉及领域、社会影响等方面展现出显著的差异。这些差异不仅塑造了各自的历史地位，也共同推动了人类社会的进步和发展。

参考资料

1. 齐涛：《世界通史教程》，山东大学出版社，2008年。
2. 陈雄：《论第二次工业革命的特点》，《郑州大学学报》，1987年第5期。

第十五节　马克思主义的诞生

题目1　论述马克思主义学说产生的历史背景、理论来源、过程及意义

相关真题　2020年暨南大学；2020年河南师范大学

19世纪中叶，随着资本主义社会的快速发展和工人阶级的日益壮大，马克思主义学说应运而生，它不仅是对当时社会矛盾的深刻反映，也是对未来社会发展方向的科学预见。

（一）背景

1. 工业革命与资本主义发展。18世纪末至19世纪初的工业革命极大地促进了资本主义的发展，工厂制度的建立使得生产力得到空前的解放和发展，同时也加剧了资本家与工人之间的矛盾。资本主义的快速发展带来了社会财富的巨大增加，但财富的分配极不平等，导致社会矛盾日益尖锐。

2. 阶级矛盾的激化。随着资本主义生产方式的确立，社会分化为两大对立阶级：拥有生产资料的资产阶级和只有劳动力可出卖的无产阶级。资产阶级为了追求最大利润，不断压榨无产阶级，造成两大阶级之间矛盾的不断激化。

3. 工人运动的兴起。19世纪三四十年代，随着工业化进程的加快，工人阶级开始组织起来进行反抗，从早期的罢工、游行发展到后来的政治诉求，如英国的宪章运动，工人运动的兴起为马克思主义的诞生提供了实践基础。

（二）理论来源

马克思主义是在德意志古典哲学、英国古典政治经济学和英法空想社会主义的基础上，通过批判和继承，形成的一套科学社会主义理论。

1. 德意志古典哲学。马克思和恩格斯继承了黑格尔的辩证法思想，并将其由理想主义转向唯物主义，形成辩证唯物主义。同时，他们还吸收了费尔巴哈的唯物主义，特别是其关于人的本质和社会关系的看法。

2. 英国古典政治经济学。马克思深入研究了亚当·斯密、大卫·李嘉图等人的经济学说，批判资本主义经济的内在矛盾。特别是剩余价值理论的发现，为马克思主义经济学理论的建立奠定了基础。

3. 英法空想社会主义。尽管马克思和恩格斯批判了空想社会主义者对社会改革的幼稚看法，但他们高度评价空想社会主义者对资本主义弊病的揭露和对未来社会的美好设想，这些都为科学社会主义的建立提供了重要的思想资源。

（三）发展过程

1. 理论的初步形成。1844年，马克思在《经济学哲学手稿》中初步阐述了人的异化劳动理论，这是马克思主义理论的雏形。1845年至1846年，马克思和恩格斯合作撰写《德意志意识形态》，系统地阐述了历史唯物主义的基本原理。

2. 理论的发展。1847年至1848年，马克思和恩格斯进一步发展了自己的理论，1848年《共产党宣言》的发布，标志着马克思主义学说的基本形成。

3. 理论的完善和实践。1867年，马克思创作的《资本论》第一卷出版，深化了对资本主义经济体系的批判。随后，马克思主义在国际工人运动中得到广泛传播和实践，尤其是在俄国1917年的十月革命和中国新民主主义革命中，马克思主义理论得到了进一步的发展和完善。

（四）意义

1. 马克思主义为无产阶级提供了科学的世界观和方法论，指明了通过阶级斗争实现社会主义和共产主义社会的道路。

2. 马克思主义深刻揭示了资本主义社会的经济运行规律和社会发展规律，为后来的社会科学研究提供了理论基础。

3. 马克思主义学说的产生和发展，极大地促进了国际工人运动和世界社会主义运动的发展，对20世纪的世界历史产生了深远的影响。

马克思主义学说不仅是对19世纪中叶资本主义社会矛盾的科学回应，也为追求社会公正和人类解放的斗争提供了理论武器和实践指南。

参考资料

1. 高玉兰：《简述马克思主义产生的历史条件及理论来源》，《中国工运学院学报》，2002年第3期。
2. 吴于廑，齐世荣：《世界史·古代史编》，高等教育出版社，2011年。
3. 刘有明：《马克思主义基本理论》，广西教育出版社，1990年。

第三章 近代的亚非拉

第一节 大西洋奴隶贸易

题目1 论述大西洋奴隶贸易兴衰的原因、过程及影响

相关真题 2020年陕西师范大学；2017年南京师范大学；2016年北京大学；2013年华东师范大学

大西洋奴隶贸易，从15世纪中叶延续至19世纪末，这一跨越数百年的贸易活动不仅在非洲、美洲和欧洲之间形成了复杂的经济和社会联系，而且对参与国家的发展产生了深远的影响。

（一）兴衰原因

1. 经济需求推动兴起。早期欧洲对非洲奴隶的需求主要源于对农业和矿业劳动力的需求。随着新大陆的发现和殖民地的开发，大规模的种植园经济迅速发展，对廉价劳动力的需求激增，从而促进了大西洋奴隶贸易的兴起。

2. 社会结构和意识形态的变化推动兴起。欧洲的社会结构和当时的意识形态也为奴隶贸易提供了便利。种族主义思想的盛行为奴隶贸易提供了理论基础，使得将非洲人视为商品成为可能。

3. 技术进步与航海技术推动兴起。15世纪后，欧洲的航海技术得到显著提高，大幅降低了跨大西洋航行的成本和风险，为大规模的奴隶贸易提供了技术保障。

4. 衰落的原因。19世纪初，随着工业革命的深入发展和资本主义生产方式的确立，奴隶制度逐渐显示出其经济效率的局限性。同时，人道主义和自由主义思想的兴起导致公众对奴隶贸易的道德批判加剧，最终促进了奴隶贸易的衰落。

（二）过程

1. 兴起阶段（15世纪中叶至17世纪）。葡萄牙和西班牙在探索新航路和建立海外殖民地的过程中，开始了对非洲的奴隶贸易。随后，随着糖、烟草等商品在美洲殖民地种植园中广泛种植，对非洲奴隶的需求迅速增长。到17世纪中叶，荷兰几乎垄断了海上的奴隶贸易。

2. 鼎盛时期（17世纪至18世纪）。在这一时期，奴隶贸易达到了顶峰，英国、法国、荷兰等国家积极参与进来，形成了所谓的"三角贸易"。非洲、美洲和欧洲之间形成了复杂的经济联系，奴隶贸易成为连接这三个大陆的重要纽带。

3. 衰落阶段（19世纪初至19世纪末）。随着对奴隶贸易道德和经济效率的双重质疑，以及废奴运动的兴起，许多国家相继通过法律禁止奴隶贸易。到19世纪中叶，随着美国内战的结束和奴隶制的废除，大西洋奴隶贸易基本终结。

（三）影响

1. 对非洲的影响。大西洋奴隶贸易对非洲造成了严重的社会、经济和人口损失，破坏了非洲的传统社会结构，加剧了部落间的冲突，阻碍了非洲的经济发展。

2. 对美洲的影响。奴隶贸易为美洲的种植园经济提供了大量劳动力，促进了某些商品的大规模生产，但也导致了种族歧视和社会分裂等长期问题。

3. 对欧洲的影响。奴隶贸易为欧洲国家带来了巨额利润，促进了商业资本的积累，为工业革命提供了部分财富基础。同时，奴隶贸易也促进了欧洲对海外殖民地的控制和扩张。

4. 全球影响。大西洋奴隶贸易是全球化早期形式之一，它加强了不同大陆间的经济联系，但也展现了全球经济体系中的不平等和剥削。

大西洋奴隶贸易是人类历史上极为重要的历史事件，其复杂的影响和深远的后果，至今仍在全球范围内引起广泛的关注和深刻的反思。

参考资料

1. 吴于廑，齐世荣：《世界史·近代史编》，高等教育出版社，2011年。
2. ［苏］斯·尤·阿勃拉莫娃：《非洲：四百年的奴隶贸易》，商务印书馆，1983年。

第二节　拉丁美洲独立运动

题目1　论述拉丁美洲独立的过程、成果与局限

相关真题　2018年北京大学

拉丁美洲独立运动是18世纪末到19世纪初，针对欧洲殖民统治的一系列革命活动。这场运动跨越多个国家和地区，涵盖从海地的奴隶起义到南美的解放战争，最终导致了西班牙和葡萄牙在新世界的殖民帝国的瓦解。

（一）独立运动前拉美地区的状态

拉丁美洲在独立运动前长期处于欧洲殖民国家的统治之下，这段时间内的政治压迫和经济掠夺积累了深重的社会矛盾。

1. 政治上，殖民统治建立了严密的行政管理体系，对本地居民进行严格的控制，同时限制了殖民地的自主权。
2. 经济上，殖民地经济被完全纳入宗主国的经济体系，主要作为原材料供应地和商品市场，这种依赖性经济极大限制了本土经济的发展。

（二）拉美独立运动的进程

1. 海地革命（1791—1804年）是拉美独立运动的起点，杜桑·卢维杜尔领导的黑人奴隶起义不仅成功推翻了法国的殖民统治，还建立了拉美地区第一个独立国家，为后续的独立运动提供了重要的经验和灵感。
2. 墨西哥独立战争（1810—1821年）以米格尔·伊达尔戈的"多洛雷斯呼声"为标志，激发了墨西哥人民反抗西班牙统治的斗志。经过多年的战斗，墨西哥最终宣告独立。
3. 南美解放战争（1810—1826年）是由西蒙·玻利瓦尔和何塞·德·圣马丁等领导的民族解放运动，成功解放了委内瑞拉、哥伦比亚、厄瓜多尔、秘鲁和玻利维亚等国。
4. 巴西独立（1822年）则是在葡萄牙王室成员佩德罗的领导下较为和平地实现，标志着拉丁美洲最后一个殖民地的独立。

（三）拉美独立运动的成果

1. 拉美独立运动最直接的成果是摆脱了欧洲殖民统治，建立了一系列独立的国家。
2. 政治上，独立运动推动了拉美民族意识的觉醒和民族国家的形成，对整个拉美地区的政治格局产生了根本性的影响。
3. 经济上，虽然独立初期各国经济发展不平等，但独立为打破殖民时期的经济结构、发展本土经济提供了可能。

（四）拉美独立运动的局限

1. 政治上，独立后的拉美国家普遍面临政治不稳定的问题，许多国家经历了军事独裁和内战。
2. 经济上，尽管摆脱了宗主国的直接控制，但多数国家仍旧处于经济落后的状态，外国资本的影响力仍然巨大。
3. 社会上，独立并没有立即解决社会不公和种族歧视问题，原有的社会结构和不平等在很大程度上被保留下来。

总而言之，拉丁美洲的独立运动是一场深刻的社会变革，它不仅结束了欧洲的殖民统治，也为拉美人民争取自由和民主开辟了道路。然而，这场运动也暴露了许多深层次的社会矛盾和发展挑战，对拉美各国的未来发展产生了深远的影响。

参考资料

1. 李晓宇：《从被动依附到主动独立——拉丁美洲第三条道路的尝试》，《中共济南市委党校学报》，2020年第2期。

第三节 独立后拉美的政治与经济变化

题目1 简述独立后的拉美到二战前的政治经济变化 醒吾历史统考预测题

拉美国家在19世纪初取得独立后，经过一个多世纪的艰苦努力，社会经济和政治面貌发生了重大变化，有的还跃入新兴工业化国家的行列。

（一）对欧美依赖：独立战争胜利后至19世纪70年代前

1. 仍然盛行大地产制。大多数克列奥地主的大地产不仅原封不动，还霸占从殖民者那里没收来的大量土地、剥夺广大农民的耕地，仍然保持着中世纪的剥削方式。

2. 英、法、美等国势力蔓延。以工业资本主义为基础的新殖民主义英、法、德、美等国加紧了对拉丁美洲的经济渗透，其中以英国最为突出。

3. 民族工业得到一定程度发展。随着拉丁美洲进一步卷入资本主义世界市场，他们开始建立一些轻工业工厂，农牧业生产也有所提高。

4. 考迪罗主义盛行。除巴西外，各国在形式上都建立了共和政府，但实际上并没有实现资产阶级民主，各国普遍出现了军事独裁统治，也就是考迪罗主义，其实质上就是军人专政的军事独裁体制，是大地主专政的一种表现形式。

（二）受欧美国家影响：19世纪70年代至20世纪30年代

1. 崇奉经济自由主义，加强初级产品对欧洲的出口。其中以阿根廷为代表，它的出口值从1870年的3000万金比索增加到1900年的1.5亿金比索，使阿根廷成为拉丁美洲最先进的国家。

2. 提倡兴办实业和教育。①竞相采用欧洲和美国的发明，大力兴建铁路、电信等设施。②涌现了诸如加维诺·巴雷达等著名的现代教育家，效仿欧美兴办各类学校，培养推行欧化的得力人才。

3. 鼓励从欧洲大规模移民。许多拉美上层人物认为靠传播欧洲文化已经不够了，唯有从欧洲大批移民才是"挽救"国家的最佳方案。

4. 大力兴建铁路。如到1904年，巴西的铁路达到了1万英里。

5. 都依靠一种或两种出口的作物或矿物。如智利的硝石、古巴的制糖产业较为发达，又如墨西哥采矿业虽得到发展，而农业没有进展。但这种模式加深了各国经济对外国资本的依赖性，20世纪30年代的经济大危机给予拉美初级产品出口模式以沉重地打击，被迫寻求发展民族工业的新道路。

6. 民族资产阶级和无产阶级产生。经济的发展，推动了资本主义的成长，产生了民族资产阶级，但它受到外国资本势力和本国封建势力的压制，无产阶级主要来自破产农民、手工业者和移民，受到重重剥削。19世纪70年代，拉丁美洲出现了第一批工人组织，并开始传播马克思主义。

7. 各国试图经过改革增强本国民主独立力量，其中最具代表性的是墨西哥卡德纳斯改革。①土地改革。卡德纳斯废除了封建大地产制，把土地分给农民。②实行国有化运动。他实现了服务行业、外国公司所属的铁路、外国石油公司的国有化。③进行教育改革。他普及小学教育，还建立士兵学校网，在军队中进行扫盲教育，同时注重建设职业学校。

通过以上措施，拉美国家捍卫了国家主权，获得了一定程度上的经济发展，为摆脱资本主义国家的控制奠定了基础。

参考资料

1. 吴于廑，齐世荣：《世界史·现代史编》，高等教育出版社，2011年。
2. 张建华：《世界现代史》，北京师范大学出版社，2008年。
3. 林被甸：《拉丁美洲国家对现代化道路的探索》，《北京大学学报》，1992年第6期。
4. 吴于廑，齐世荣：《世界史·近代史编》，高等教育出版社，2011年。

题目2 论述大棒政策和金元外交政策提出的背景、主要内容及影响

相关真题 2017年福建师范大学

在19世纪末到20世纪初的外交政策中，大棒政策和金元外交成为美国对外扩张和维护国家利益的两大手段。这两种政策反映了美国作为上升期的帝国主义国家，在追求全球影响力过程中的策略选择。

（一）政策提出的背景

1. 国际背景。19世纪末期，世界资本主义国家普遍进入帝国主义阶段，对外扩张和殖民竞争愈发激烈。美国在击败西班牙，赢得美西战争后，迅速提升了其国际地位，急切需要新的政策来支撑其作为新兴大国的地位，特别是在自己的"后院"——拉丁美洲。

2. 国内背景。美国经历了快速的工业化进程，产生了巨大的生产过剩问题，迫切需要寻找新的市场和资源供应地。同时，美国的政治和军事实力显著增强，为实施更为积极的外交政策提供了条件。

（二）政策的主要内容

1. 大棒政策。由西奥多·罗斯福总统在其任期内提出，核心思想是"说话温和，但带根大棒，就定能成功"。这一政策主张在对外关系中，尤其是对待拉丁美洲国家时，应当采取强硬的军事立场作为后盾，以确保美国的利益。大棒政策的典型案例是美国在巴拿马运河的建设过程中，通过支持巴拿马独立，确保了运河的建设和未来控制权。

2. 金元外交。由威廉·塔夫脱总统提出，与大棒政策相辅相成，主张通过经济手段，尤其是贷款和投资，来扩大美国在拉丁美洲及其他地区的影响力。在金元外交政策下，美国通过向拉丁美洲国家提供贷款，换取政治和经济上的优先权，将这些国家纳入美国的势力范围。

（三）政策的影响

1. 拉丁美洲国家的主权受损。大棒政策和金元外交导致美国在拉丁美洲的干预日益加深，不仅频繁军事干预拉丁美洲国家的内政，还通过经济手段控制了这些国家的经济命脉，削弱了它们的主权。

2. 美国的国际地位提升。这两项政策的实施有效地扩大了美国在拉丁美洲乃至全球的影响力，使美国成为真正的世界强国之一。通过控制关键地区如巴拿马运河，美国能够有效地支配国际贸易路线和战略要冲。

3. 引发拉美国家的反美情绪。长期的经济控制和军事干预激化了拉丁美洲国家对美国的不满和反抗，埋下了后续多次反美运动的种子，影响了美国与拉丁美洲国家的关系。

综上所述，大棒政策和金元外交是美国利用其经济和军事优势，在国际舞台上扩张影响力的两大手段。这两项政策对拉丁美洲国家产生了深远的影响，既体现了美国作为新兴帝国主义国家的扩张需求，也暴露了其对外政策的侵略性和霸权性。

参考资料

1. 张江河：《美西战争与美国向东南亚地缘政治扩张的历史脉络》，《东南亚研究》，2013年第5期。
2. 魏范京：《试析大棒金元政策与门罗主义的不同》，《黑龙江教育学院学报》，2009第4期。
3. 江振鹏：《国际债务危机与美国金融霸权之基》，南开大学2012年博士学位论文。

第四节　19世纪中后期亚洲反殖斗争

题目1　论述近代印度尼西亚的独立运动　醒吾历史统考预测题

近代印度尼西亚的独立运动经历了一个漫长而艰辛的过程，它不仅是印尼人民反抗殖民统治、争取民族独立的历史篇章，也是亚洲乃至全世界殖民地解放斗争的重要组成部分。

（一）独立运动的背景

自16世纪起，欧洲列强开始进入印度尼西亚群岛，荷兰最终成为主要的殖民统治者。长达数百年的殖民统治不仅掠夺了印尼的丰富资源，还对印尼人民进行了严酷的压迫和剥削。二战期间，日本的占领暂时结束了荷兰的殖民统治，但战后荷兰试图重新控制印尼，引发了印尼人民的广泛反抗，为独立运动提供了直接的契机。

（二）独立运动的过程

1. 在苏加诺和哈达的领导下，1945年，印尼宣布独立，成立了临时政府，这标志着印尼独立运动正式开始。

但荷兰拒绝承认印尼的独立宣言，随后在英国的支持下试图重新控制印尼，导致了一系列武装冲突。

2. 1947年和1948年，荷兰发起了两次所谓的"警察行动"，试图通过军事手段镇压印尼的独立运动。印尼人民在苏加诺等领导人的指挥下，通过游击战和城市斗争，顽强抵抗荷兰的军事进攻。

3. 国际社会，特别是新兴的联合国，对荷兰的行动表达了反对，支持印尼的独立要求。在国际压力和印尼人民不懈斗争的双重作用下，荷兰最终同意通过谈判解决冲突。

4. 1949年，在联合国的斡旋下，荷兰正式承认印尼的独立，并于1950年将主权正式移交给印尼，印度尼西亚共和国成立。

（三）独立运动的影响

1. 印度尼西亚的独立运动不仅结束了荷兰在印尼的殖民统治，还激励了亚洲乃至全世界其他殖民地人民的解放斗争，具有重要的历史意义。

2. 印尼独立运动也对国际关系产生了深远影响，特别是推动了亚非国家的团结合作，印尼成为不结盟运动的重要成员之一，积极参与国际事务，为维护世界和平与发展做出了贡献。

印尼的独立运动是一场伟大的斗争，它证明了人民在争取民族独立和自由解放的斗争中所能展现的巨大力量。这段历史不仅为印尼国家的发展奠定了基础，也为世界历史留下了宝贵的遗产。

参考资料

1. 周启迪：《世界近代史》，北京师范大学出版社，2004年。
2. 许永璋：《1825—1830年印度尼西亚蒂博尼哥罗起义》，《史学月刊》，1982年第4期。

题目2　论述近代菲律宾的独立运动　醒吾历史统考预测题

近代菲律宾的独立运动是对西班牙数百年殖民统治的终结，这场运动表达了菲律宾人民对自由的渴望和争取民族解放的决心。16世纪，菲律宾沦为西班牙殖民地，经历了西班牙殖民者的严重剥削与压迫，引发了菲律宾人民的广泛不满，最终导致了19世纪末的独立运动，并于20世纪40年代获得独立。

（一）独立运动的背景

菲律宾独立运动的背景复杂，涉及广泛的社会、政治和经济因素。

1. 经济剥削与社会不公。西班牙殖民政府通过种种手段控制菲律宾经济，如"授地"制度，导致大量菲律宾农民失去土地，生活困苦。同时，殖民政府还强制征税、征兵，增加了菲律宾人民的负担。

2. 文化与宗教压迫。西班牙利用天主教会作为殖民工具，强行改变菲律宾的文化与宗教面貌，剥夺了菲律宾人民的文化自由和宗教信仰自由。

3. 民族意识的觉醒。19世纪中后期，随着全球反殖民浪潮的兴起，菲律宾出现了一批受过教育的中产阶级和知识分子。他们接触到了启蒙思想和民族主义理念，开始反思殖民统治下的国家现状，并积极寻求变革。

（二）独立运动的过程

1. 改良运动的失败。1872年，甲米地起义失败后，菲律宾民族主义者开始寻求改革，要求权利平等和自治权，但均遭到西班牙政府的拒绝。

2. 革命组织的建立。1892年，旁尼发秀成立了"卡蒂普南"秘密革命组织，明确提出通过武装斗争争取独立的目标。

3. 1896年革命爆发。在旁尼发秀等人的号召下，菲律宾人民广泛起义，但由于内部分歧和外部压力，革命未能立即成功。

4. 美西战争与菲美战争。1898年美西战争后，美国接管菲律宾，引发了菲律宾对美国的抵抗。菲美战争以美国的胜利告终，菲律宾成为美国的殖民地。

（三）独立运动的影响

1. 菲律宾民族意识的增强。尽管独立运动未能立即摆脱外国统治，但极大地激发了菲律宾人民的民族意识和独立意志。

2. 影响了亚洲其他地区的反殖民运动。菲律宾的独立运动成为亚洲乃至全世界殖民地争取独立的重要范例，鼓舞了其他国家和地区的民族解放斗争。

3. 长期的殖民统治影响。美国的接管延续了菲律宾的殖民统治状态，直到 1946 年，菲律宾才正式获得独立，这一漫长的过程使菲律宾的政治自主权被剥夺、经济高度依赖美国，对其社会发展影响深远。

近代菲律宾的独立运动是菲律宾历史上一段艰苦卓绝的斗争历程，它不仅体现了菲律宾人民不屈不挠的抗争精神，也为后来的独立和发展奠定了基础。

参考资料

1. 吴于廑，齐世荣：《世界史·近代史编》，高等教育出版社，2011 年。
2. 周启迪：《世界近代史》，北京师范大学出版社，2004 年。
3. 施雪琴：《西班牙天主教在菲律宾：殖民扩张与宗教调适》，厦门大学 2004 年博士学位论文。

题目 3　论述朝鲜民族独立运动

相关真题　2022 年延边大学；2019 年延边大学

朝鲜民族独立运动是朝鲜半岛历史上反抗外来侵略和争取国家独立的重要篇章。从 19 世纪末到 20 世纪中叶，朝鲜人民在漫长的殖民统治下进行了不屈不挠的斗争，以求实现民族自决和国家独立。

（一）独立运动的背景

1. 外部侵略压力增大。19 世纪末，随着帝国主义列强争夺的加剧，朝鲜逐渐成为国际政治博弈的对象。1876 年，《江华条约》的签订使得朝鲜被迫开放港口，朝鲜的门户被外力打开，自此面临更加直接的外来侵略威胁。

2. 内部社会矛盾激化。朝鲜传统封建制度的僵化与农民阶级负担的加重，使得社会矛盾日益尖锐。同时，知识分子和新兴的资产阶级对朝鲜的开化改革和自主独立有着迫切的呼声。

（二）独立运动的过程

1. 甲午改革与东学党起义。1894 年，朝鲜进行了近代化的甲午改革，虽然短暂，但开启了朝鲜社会现代化的序幕。随后爆发了反抗朝鲜王朝的东学党起义，虽以失败告终，但展现了朝鲜民众对抗封建压迫和外来侵略的强烈意愿。

2. 义兵运动与三一运动。甲午战争后，日本强占朝鲜，义兵运动作为抵抗日本殖民统治的武装斗争在全国各地蓬勃发展。1919 年，三一运动的爆发，是朝鲜民族独立运动达到高潮的标志，数十万朝鲜人民参与了这一和平抗议运动，虽然遭到残酷镇压，但极大地激发了朝鲜人民的民族意识，推动了后续抗日独立斗争的深入发展。

3. 抗日武装斗争。20 世纪 30 年代起，随着日本帝国主义侵略的加剧，朝鲜的独立运动转向更为激烈的武装抗争。在金九、李承晚等人领导下，朝鲜民族革命党、朝鲜光复军等组织在国内外开展了针对日本的抗战活动，为最终的光复事业奠定了基础。1945 年，日本宣布投降后，朝鲜独立。

（三）独立运动的影响

1. 增强了朝鲜人民的民族意识。独立运动唤醒了朝鲜人民的民族意识，增强了民族凝聚力，为抗日战争和最终的国家独立积累了强大的精神动力。

2. 推动了朝鲜的社会变革。独立运动促进了朝鲜社会的变革，为朝鲜半岛后来的现代化和民主化进程奠定了基础。

3. 影响了国际社会。朝鲜民族独立运动也在国际上引起了广泛关注，为亚洲乃至世界的反殖民斗争提供了重要的启示和经验。

总之，朝鲜民族独立运动是朝鲜人民反抗外来侵略、争取民族自主的英勇斗争，它不仅深刻影响了朝鲜半岛的历史进程，也为世界反对殖民、争取独立的斗争做出了贡献。

参考资料

1. 朝鲜历史研究所：《朝鲜通史》，吉林人民出版社，1973 年。
2. 李基白：《韩国史新论》，国际文化出版公司，1994 年。

第五节　瓜分非洲

题目1　论述19世纪到20世纪三四十年代的非洲民族解放运动　醒吾历史统考预测题

19世纪到20世纪三四十年代,非洲人民在殖民主义的压迫下掀起了波澜壮阔的民族解放运动,旨在摆脱外来统治,争取民族独立和自主发展的权利。这些运动不仅深刻影响了非洲的政治格局,也为全球反殖民斗争贡献了宝贵经验。

(一)阿散蒂人民抗英斗争

1805年至1874年间,阿散蒂王国的人民与英国殖民者之间爆发了七次军事冲突。尽管阿散蒂王国的军事和物资条件不如英国,但他们依靠地形优势和游击战术,英勇抵抗,给英军以重大打击。最终,虽然阿散蒂被并入英国的黄金海岸殖民地,但其精神激励了整个非洲大陆的反殖民斗争。

(二)埃及人民反英斗争

1. 阿拉比领导的反英斗争

19世纪上半叶,英国和法国为了争夺埃及的控制权而频繁干预埃及事务。1879年,祖国党成立,提出"埃及是埃及人的埃及"的口号,埃及人民在阿拉比的领导下,于1881年对英国的侵略行为进行了武装抵抗。虽然由于外部势力的介入和内部的背叛,阿拉比领导的抗英斗争未能取得最终胜利,但这一运动唤醒了埃及人民的民族意识,为后来的独立运动奠定了基础。

2. 埃及华夫脱运动

20世纪初,埃及人民在华夫脱党的领导下,发起了针对英国殖民统治的一系列抗议和斗争。这场运动通过组织罢工、示威和游行等形式,展示了埃及人民追求民族独立和自主发展的决心。1922年,英国被迫承认埃及的名义独立,标志着华夫脱运动取得了初步胜利。

(三)苏丹马赫迪反英起义

1881年,苏丹人民在马赫迪的领导下,发起了反对英国和埃及双重殖民统治的起义。马赫迪运动通过广泛的民众动员和持久的游击战,最终在苏丹建立了以马赫迪为元首的独立政权。这场起义展现了苏丹人民对自由和独立的渴望,对英国在东非的殖民统治构成了严重挑战。

(四)埃塞俄比亚人民抗意斗争

埃塞俄比亚在19世纪末和20世纪初两次成功抵抗了意大利的侵略。特别是1896年的阿杜瓦战役,埃塞俄比亚人民击败了入侵的意大利军队,迫使意大利承认埃塞俄比亚的独立。这一胜利成为非洲反殖民斗争史上的光辉篇章,激励了整个非洲大陆的民族解放运动。

(五)摩洛哥里夫地区的反抗斗争

20世纪20年代,摩洛哥里夫地区在阿卜杜勒·克里姆的领导下,反抗西班牙和法国的殖民统治。通过一系列胜利的战役,里夫人民一度建立了独立的里夫共和国。尽管共和国最终被殖民势力扼杀,但这一斗争向世界展示了摩洛哥人民不屈不挠的抵抗精神。

综上所述,19世纪到20世纪三四十年代的非洲民族解放运动是非洲人民反对殖民统治、争取民族独立的英勇表现。这些运动不仅改变了非洲的政治地图,也为全人类争取自由、平等和正义提供了宝贵的经验和启示。

参考资料

1. 吴于廑,齐世荣:《世界史·现代史编》,高等教育出版社,2011年。
2. 吴于廑,齐世荣:《世界史·近代史编》,高等教育出版社,2011年。

第六节　埃及阿里改革

题目1　论述穆罕默德·阿里改革

相关真题　2014年西北大学;2013年北京大学

1805年穆罕默德·阿里的改革是埃及近现代历史上的重要转折点，通过一系列政治、经济、军事和文化教育改革，为埃及的现代化奠定了基础。

（一）改革背景

外部方面，法国和英国的入侵使埃及陷入长期的军事冲突之中。内部方面，马木路克的封建统治不仅阻碍了埃及社会经济的发展，还加剧了社会矛盾。穆罕默德·阿里意识到，只有通过根本性的改革，才能够稳定国家，推进埃及的现代化进程。

（二）改革内容

1. 政治改革。穆罕默德·阿里粉碎了马木路克的势力，他在中央设立高级国务会议，会议下设各部进行政府各项工作，加强中央集权。此外，为了提高行政效率，他重新划分了行政区域，并减少了省份的数量，地方行政实行三级制，省下设县、村两级。这些改革为埃及的统一和中央集权奠定了基础。

2. 经济改革。他实行土地国有化，废除了旧的包税制，统一征收土地税，增加了国家收入。同时，他鼓励发展农业，特别是棉花的种植，并兴修水利工程来提高农业产量。在商业方面，实行国家垄断制度，政府的商业机构专门收购农民的产品，农产品不得自由买卖，对手工业产品也实施专卖政策。在工业方面，穆罕默德·阿里建立了多家现代化工厂，包括纺织厂和造船厂，推动了埃及工业的初步发展。

3. 军事改革。穆罕默德·阿里废弃雇佣兵役制，实行征兵制。改组了陆军，引入西方的军事训练方法，并建立了步兵学校。在海军方面，他建立了地中海和红海的舰队，显著提升了埃及的海上军力。

4. 文化和教育改革。穆罕默德·阿里创办了多所专科学校和语言学校，翻译和引进了大量外国的科学技术书籍。同时，他还派遣学生到欧洲留学，学习军事、医学、生物、化学和农学等知识，为埃及培养了一批现代知识分子。

（三）改革的意义与局限性

1. 改革的意义。这些改革加强了中央政府的权力，促进了经济和军事的发展，提高了国民教育水平，为埃及的现代化奠定了基础。

2. 改革的局限性。①改革没有从根本上改变埃及原有的封建生产关系，只是建立了一个新兴封建王朝。②在改革的推进过程中，过度的中央集权和对外扩张导致了国内外的一系列冲突，同时也加重了人民的负担。③改革过程忽视了社会公正和民众参与，这在一定程度上限制了改革的深入和持续性。

综上所述，穆罕默德·阿里的改革虽然有其局限性，但无疑对埃及的现代化进程产生了重要影响。这些改革为埃及的发展奠定了坚实的基础，其积极成果至今仍对埃及社会产生着深远的影响。

参考资料

1. 哈全安：《中东史》，天津人民出版社，2010年。
2. 刘伟才：《十九世纪埃及的穆罕默德·阿里改革》，《中国纪检监察报》，2016第8期。

第七节　日本明治维新

题目1　论述日本明治维新的背景、内容、成功的原因及影响

相关真题　2024年北京大学；2024年南开大学；2022年山东师范大学；2022年兰州大学；2022年苏州大学；2022年复旦大学；2020年吉林大学；2020年哈尔滨师范大学；2020年苏州大学；2020年北京外国语大学；2019年西北师范大学；2019年江西师范大学；2019年四川师范大学；2019年华中师范大学；2018年陕西师范大学；2017年四川大学；2017年苏州科技大学；2017年河南师范大学；2017年天津师范大学；2016年复旦大学；2016年陕西师范大学；2015年江西师范大学；2015年西北大学；2015年吉林大学；2015年西北师范大学；2015年聊城大学；2014年北京大学；2013年陕西师范大学

1868年日本开始的明治维新，标志着日本从封建制度向近代资本主义社会迈进。这一时期的改革，不仅彻底改变了日本的政治面貌，还推动了社会、经济和文化的全面现代化。

（一）背景

日本明治维新的背景复杂多元，主要包括以下几个方面：

1. 国内经济的变化。自18世纪中叶开始，日本农业生产的逐步发展和城市商业的兴起，为资本主义萌芽的产生提供了土壤。

2. 倒幕运动的开展。幕府末期，德川幕府的封建统治已经陷入严重的危机，"黑船来航"事件以后，日本内部发生了倒幕运动，倒幕派与德川家族展开多次较量，最终在1868年经过戊辰战争推翻了德川幕府的统治。

3. 外来压力的增加。19世纪中叶，西方列强的"黑船来航"强迫日本开国，打破了长期的锁国政策，暴露了日本的脆弱性，激发了日本的危机意识。

4. 西方思想的影响。兰学的引入和西方科学技术的传播，为日本的早期现代化奠定了科学基础，促进了思想的开放。

（二）改革内容

1. 废除封建制度：明治政府先采取了一系列措施废除封建制度，实施改革。

①废藩置县和版籍奉还：把藩主变为政府控制的地方官，剥夺他们对土地和人民的领有权，由中央任免。

②废除封建身份制度和取消武士特权：逐渐剥夺旧统治等级的特权，废除对平民的各种封建性限制，实现形式上的"四民平等"。

③进行土地改革：解除幕府颁布的禁止土地买卖的禁令，允许土地私有和买卖，土地价格和地税由政府定夺。

2. 建国三大政策：在废除封建制基础上，日本政府派出岩仓使节团赴欧美各国考察，并进行了三项近代化建制。

①殖产兴业：政府积累资金大办国营企业，扶植私人资本主义，同时注重引进与培养技术人才，大力扶植日本资本主义的成长。

②文明开化：取消以儒学为中心的封建教育，效法西方国家建立了包括小学教育、中学教育、实业教育和高等教育的近代学校体系，借以改造日本封建文化，建立资本主义精神文明。

③富国强兵：引入资本主义的生产方式和管理运营制度，以实现"国富"。同时解散旧有武士团，组建近代化军队，以实现"兵强"。

（三）成功的原因

1. 明确的改革目标。明治政府提出的"富国强兵"和"文明开化"的口号，明确了改革的方向，激励了国民的士气。

2. 有力的领导。明治天皇及其幕僚，如大久保利通、西乡隆盛等，具有远见卓识和坚定的改革意志，是推动明治维新成功的关键力量。

3. 利用国际环境。明治政府善于借鉴西方的先进经验，通过学习和引进，快速提升了国家的综合国力。

4. 社会各界的支持。改革得到了广泛的社会支持，特别是下层武士和新兴资产阶级的积极参与，为改革提供了社会基础。

（四）影响

1. 推动了日本的现代化。明治维新成功地将日本从一个封建闭塞的国家转变为一个现代工业国家，为日本成为20世纪前半叶亚洲最强国奠定了基础。

2. 影响亚洲邻国。日本的成功改革成为亚洲其他国家的借鉴，尤其对中国的晚清改革和辛亥革命产生了重要影响。

3. 引发国际关注。日本的快速崛起改变了世界力量格局，使得日本成为西方国家不可忽视的亚洲力量。

综上所述，明治维新是日本历史上的一次伟大变革，它不仅成功实现了日本的现代化，而且对后世产生了深远的影响，成为研究近代化进程的重要案例。

参考资料

1. 吴廷璆：《日本史》，南开大学出版社，1994年。
2. 王仲涛，汤重南：《日本史》，人民出版社，2014年。

3. 武寅：《明治维新给世界双重震撼》，《南开日本研究》，2018年第1期。
4. 崔世广：《明治维新与近代日本》，《日本学刊》，2018年第3期。
5. 吴于廑，齐世荣：《世界史·近代史编》，高等教育出版社，2011年。

题目2 简述明治维新废除封建制度的措施及影响 醒吾历史统考预测题

明治维新期间，日本实施了一系列革命性的改革措施，成功地废除了长期存在的封建制度，这一过程对日本的政治、经济和社会产生了深远的影响。

（一）废除封建制度的措施

1. 废藩置县和版籍奉还。1869年，明治政府借助戊辰战争的胜利，首先实施了版籍奉还政策，这一政策使藩主自愿将领土和人民的统治权上交给天皇，而藩主们则被任命为地方官，这标志着封建领主对土地和人民领有权的终结。紧接着，在1871年，明治政府采取更为激进的措施——废藩置县，通过这一政策，原本的封建领土被重新组织为由中央政府管理的府和县，这一改革彻底瓦解了日本传统的封建藩制，为建立中央集权的现代国家制度打下了基础。

2. 废除封建身份制度和取消武士特权。明治政府在废除封建藩制的同时，也对封建社会的身份制度进行了彻底的改革。1871年开始，政府逐步废除了复杂的封建身份等级，包括武士、农民、工匠和商人等，实现了法律上的"四民平等"，并通过征兵令取消了武士阶层垄断军事职位的特权，这些措施有效地破坏了封建制度的社会基础，促进了社会的流动性和现代国家的形成。

3. 土地改革。土地制度的改革是明治维新废除封建制度的关键措施之一。政府通过实施地租改革，确立了土地私有制，废除了幕府时期土地所有权和使用权分离的复杂制度，允许土地自由买卖，并以现金征收地税，这一系列土地政策的改革不仅削弱了封建领主的经济基础，同时也为资本主义经济的发展奠定了基础。

（二）影响

1. 加强了中央集权。废藩置县等一系列改革彻底摧毁了封建藩阀的割据势力，建立了中央集权的政治体制。这为明治政府统一国家、实施现代化政策提供了坚实的政治基础。

2. 促进了资本主义发展。土地改革和身份制度的废除为资本主义生产方式的发展扫清了障碍，特别是土地私有制的确立和地税改革促进了农业生产的商品化，为工业化积累了原始资本，推动了日本经济的现代化进程。

3. 使社会的流动性增强。封建身份制度的废除和武士特权的取消，增加了社会的流动性，为广大民众提供了平等的发展机会，同时，新兴的资产阶级和工人阶级的出现，预示着日本社会结构的根本变化。

综上所述，明治维新通过废藩置县、废除封建身份制度和土地改革等措施，成功地废除了封建制度，这些变革不仅促进了日本的政治现代化、经济资本化和社会民主化，也为日本的快速工业化和成为现代国家奠定了坚实的基础。

参考资料

1. 吴于廑，齐世荣：《世界史·近代史编》，高等教育出版社，2011年。

题目3 论述日本自由民权运动

相关真题 2010年历史学统考；2022年东北师范大学；2020年四川师范大学；2015年福建师范大学；2013年南京大学

日本自由民权运动，是19世纪后期至20世纪初，日本以引进和实践西方资产阶级民主思想为目标的政治运动。它标志着日本社会向更加民主和开放的方向尝试发展，虽最终未能完全达成其宏大目标，但对日本的政治制度、社会结构和思想文化产生了深远的影响。

（一）背景

1. 明治维新后的政治格局。明治维新虽然结束了长期的幕府统治，实现了日本的现代化起步，但新的政治体制仍然集中在少数统治阶层手中，普通民众缺乏足够的政治参与权。

2. 经济和社会的快速变化。随着工业化进程的加快，日本社会出现了新的经济利益群体，特别是资产阶级和新兴的工人阶级，他们对政治权利的要求日益增长。

3. 思想觉醒和文化变革。西方的自由、民主和平等的思想通过留学生、书籍和新闻媒体传入日本，激发了人们对现行政治体制的反思和改革的渴望。

4. 国际环境的影响。在19世纪末到20世纪初的国际环境下，西方的资本主义民主制度成为日本模仿和学习的对象，同时，不平等条约的存在也迫使日本寻求更加独立的国际地位。

（二）进程

1. 运动的兴起。1874年，以板垣退助为首的一批人提出政治改革的要求，并组织了爱国公党，主张设立议会制度，这标志着自由民权运动的开始。

2. 运动的发展。19世纪80年代，自由民权运动进入高潮期，形成了较为广泛的社会基础。不仅资产阶级和知识分子参与其中，部分农民和工人也开始要求改革。各地出现了多个推动政治改革的组织和党派，如自由党和改进党。

3. 运动的衰退。到了19世纪90年代，由于政府的强力压制和运动内部的分歧，自由民权运动逐渐失去了影响力。尽管1890年实施了《大日本帝国宪法》并设立了帝国议会，但这些改革并未满足运动初期的广泛要求，政治权力仍旧集中在天皇和统治阶级手中。

（三）影响

1. 促进了政治制度的变革。运动推动了日本政治制度的部分变革，特别是帝国议会的设立和《大日本帝国宪法》的颁布，为日后日本政治发展奠定了基础。

2. 促进了社会思想的觉醒。自由民权运动期间，西方的民主、自由等思想得到广泛传播和讨论，促进了日本社会思想的多元化和开放性。

3. 成为民主运动的先声。尽管自由民权运动未能完全实现其目标，但它开启了日本民主运动的先河，为后来的政治改革和民主发展提供了宝贵的经验。

总之，自由民权运动是日本历史上一次重要的社会政治运动，它标志着日本社会在政治、经济和文化等方面向现代化迈进的重要步骤。虽然面临着种种挑战和限制，但其所引发的思想觉醒和社会变革的影响，对日本的现代化进程产生了不可磨灭的贡献。

参考资料

1. 吴廷璆：《日本史》，南开大学出版社，1994年。
2. 宋成有：《新编日本近代史》，北京大学出版社，2006年。

题目4 论述大正民主运动 醒吾历史统考预测题

大正民主运动是日本大正时代（1912—1926年）发生的社会政治运动，以推动民主化改革、扩大民众参与、促进社会公正为核心，对后续的日本政治和社会发展产生了深远影响。

（一）背景

1. 政治背景。明治时期的政治改革虽然结束了长期的封建统治，建立了近代国家体制，但权力主要集中在少数藩阀手中，普通民众在政治上几乎没有发言权。这种政治格局导致了广泛的社会不满。

2. 经济背景。日本经历了甲午战争和日俄战争后，国内资本主义迅速发展，新兴的资产阶级和工人阶级崛起。这些社会新兴力量开始要求更多的政治权利和经济利益。同时，一战后的经济萧条加剧了社会矛盾。

3. 思想文化背景。大正时期，西方的民主自由思想、社会主义思潮等通过留学生、书籍等途径广泛传入日本，与日本传统文化相互作用，促进了新思想、新文化的兴起，为民主运动提供了思想基础。

（二）过程

1. 形成与兴起阶段（1912—1918年）。1912年桂太郎内阁因扩军问题引起民众不满，引发了一系列抗议活动，如1918年发生的"米骚动"沉痛打击了统治政府。之后,以原敬为首的政友会组成了内阁,这是日本第一次真正意义上实现了由众议院多数党领袖担任首相并组阁。

2. 发展与完成、衰退阶段(1919—1925年)。1921年,原敬被暗杀,原敬内阁随之倒台,1922—1924年间的三届内阁都是由官僚、军阀巨头组成,民主化的政党政治中断。1924年大选,护宪三派获胜,组成新内阁。加之1925年《普通选举法》的颁布使男性普选成为现实,标志着大正民主运动达到了顶峰。然而,随着《治安维持法》的实施,限制了言论自由和政治集会,民主运动开始逐渐衰退。

(三)影响

大正民主运动对日本社会产生了深远的影响。

1. 政治影响。推动了日本政治制度的民主化。尽管大正民主运动最终未能彻底改变日本政治的根本格局,但它促进了日本政治体制向更加开放和民主的方向发展,为后来的政治变革奠定了基础。

2. 社会影响。促进了日本社会思想的多元化和文化的繁荣。大正民主运动期间,社会主义、妇女解放等先进思想广泛传播,大正浪漫主义等新文化运动兴起,推动了日本社会的现代化进程。

3. 国际影响。提升了日本的国际地位。通过政治改革和对外政策的调整,日本在国际舞台上争取到了更多的尊重和话语权,逐渐成为一个具有影响力的现代国家。

综上所述,大正民主运动是日本近现代史上一个标志性的事件,它不仅推动了日本社会的政治民主化和文化现代化,也对后来的日本社会和政治发展产生了深远的影响。

参考资料

1. 吴廷璆:《日本史》,南开大学出版社,1994年。
2. 宋成有:《新编日本近代史》,北京大学出版社,2006年。

第四章　近代欧洲国际关系与第一次世界大战

第一节　三十年战争与威斯特伐利亚和约

题目1　论述三十年战争与《威斯特伐利亚条约》及其带来的影响

相关真题　2023年东北师范大学；2020年苏州大学；2019年江西师范大学；2019年兰州大学

三十年战争（1618—1648年），是一场起源于神圣罗马帝国内部的宗教冲突，最终发展成为整个欧洲范围内的大规模国际战争。这场战争以《威斯特伐利亚条约》的签订而告终。

（一）背景

1. 宗教改革后，神圣罗马帝国内部的天主教和新教之间的矛盾日益尖锐。
2. 德意志长期处于分裂状态，德皇与各诸侯之间纷争不断，皇帝希望削弱诸侯，加强帝国中央的权力。
3. 欧洲各大国为了各自的利益，以新教和天主教为分水岭划为两派，在战争中扮演了复杂的角色，加剧了冲突的规模和程度。
4. 德皇企图巩固他在波希米亚的权势。1526年，波西米亚为了抵抗奥斯曼帝国的侵略，并入德意志帝国，国王由德皇兼任，但波西米亚保有自治权。

（二）过程

1. 波希米亚阶段（1618—1625年）。波西米亚大多为新教徒，他们无法接受德皇强行安置狂热天主教徒斐迪南公爵担任波西米亚国王，便将德皇派来的谈判使者掷出窗外，以此"掷出窗外事件"为标志，引发战争，结果是波西米亚战败，约一半土地被没收，被迫重信天主教。
2. 丹麦阶段（1625—1629年）。1625年，丹麦国王试图扩大其在北德的影响力，在英、荷的支持下进攻德国，北德新教诸侯相继依附，于是德国内部的战争转变为国际战争。但联军最终被帝国军队击败，双方于1629年签订《吕贝克和约》，丹麦保证以后不再干涉德国的事务。
3. 瑞典阶段（1630—1635年）。1630年，瑞典国王在法国的资助下攻打德国，一度使新教势力占据上风，但瑞典国王在卢岑战役中战死，虽然瑞典军获得胜利，但无力再战。1635年5月，萨克森与德皇签订《布拉格和约》，参战各邦互相和解。
4. 法兰西-瑞典阶段（1635—1648年）。法国正式加入战争，与瑞典联合对抗代表德皇的哈布斯堡家族，最终迫使战争各方签订《威斯特伐利亚和约》，结束战争。

（三）《威斯特伐利亚条约》

1648年，在威斯特伐利亚签署，宣告了三十年战争的结束。

1. 领土问题。法国和瑞典都获得了土地，瑞士脱离神圣罗马帝国，西班牙正式承认荷兰独立。
2. 宗教问题。和约重申了教随国定的原则，确认德意志境内新教徒同天主教徒享受同等权利。加尔文教可享受与路德教同样的权利；在德意志帝国法庭中，天主教与新教的法官人数相等。
3. 关于德国政治体制问题。承认德意志各诸邦诸侯享有自治权；承认德意志各诸侯在战争期间扩大的领土，确认巴拉丁伯爵为新增的选帝侯。

（四）影响

1. 结束了以宗教为名的战争，打破了罗马教皇神权下的世界主权论，使以后解决国际争端开始摆脱神权的束缚。
2. 改变了欧洲的政治格局，划定欧洲大陆各国的国界，加速了中央集权国家的形成，如法国的崛起和西班牙的衰落。
3. 战争对德意志地区的破坏非常严重，沉重打击了哈布斯堡家族，德意志的分裂进一步加深，长期影响了该地区的经济和社会发展。

4.《威斯特伐利亚条约》的签订开创了以国际会议解决争端的先例，开启了近代国际关系。威斯特伐利亚体系成为国际法和国际政治中的一个重要概念。

综上所述，三十年战争和《威斯特伐利亚条约》不仅结束了长期的战乱，也为现代国际政治和法律体系的建立奠定了基石，其影响深远而持久。

参考资料

1. 孔祥民：《世界中古史》，北京师范大学出版社，2016年。
2. 吴于廑，齐世荣：《世界史·近代史编》上卷，高等教育出版社，2011年。

第二节 维也纳会议与欧洲国际体系

题目1 论述维也纳会议及其建立的体系

相关真题 2024年北京大学；2016年河北大学；2015年黑龙江大学；2014年湖南师范大学

维也纳会议，历时九个月（1814年10月至1815年6月）。此会议不仅旨在重建战后欧洲的政治秩序，还试图通过一系列外交协议建立一个长期和平的国际体系——维也纳体系。

（一）维也纳会议的背景

1. 拿破仑战争的结束。拿破仑在1815年滑铁卢战役中的失败标志着拿破仑战争的终结，欧洲主要国家借此机会寻求重建和平秩序。

2. 对革命的恐惧。拿破仑战争传播了法国大革命的理念，威胁到了欧洲各国的君主制度。维也纳会议旨在遏制革命思想的进一步扩散，恢复旧有的君主权威。

3. 利益的重新分配。战争改变了欧洲的力量平衡，各国希望通过会议调整自己的领土和势力范围，以符合各自的国家利益。

（二）维也纳会议的召开

1. 参会国家：除奥斯曼帝国以外的所有欧洲国家都有代表参加，虽然这是一次全欧会议，但是操纵会议的是四个战胜国——英国、俄国、普鲁士、奥地利。

2. 主要目的：①防止法国东山再起；②恢复欧洲的封建统治秩序；③由英、俄、普、奥对欧洲领土和殖民地进行分割。

3. 维也纳会议总决议的内容：各国代表为了在最大限度上满足本国利益，使得会议谈判越发激烈，几乎到了决裂的地步，由于拿破仑离开厄尔巴岛重返法国，各战胜国才达成协议，匆忙签订《最后总决议》，其主要内容如下：①恢复欧洲许多国家封建王朝的统治；②俄、普、奥攫取了大片别国领土，英国占有了原属法、荷、西的大片殖民地；③缩小法国领土及其殖民地，将其限制在1790年的疆界内，建立阻止法国势力北扩东侵的防波堤，加强瑞士的力量，扩大其边境；④建立德意志联邦，维持德意志和意大利的分裂局面，随意调整北欧国家的领土。

（三）维也纳会议的影响

1. 带来了欧洲政治格局的变化。确立了"欧洲五强"（英、法、俄、奥、普）的政治格局，通过定期举行国际会议来解决国际问题。

2. 会议未能充分解决民族自决问题，为后来的民族矛盾埋下了隐患。如波兰和意大利地区的人民渴望统一，但会议把波兰大部分划归俄国，意大利仍然分裂。这导致了两国未来面临多次革命和战争。

3. 促进了国际法的发展。维也纳体系首创了以国际公法划分国界的原则，其中，关于国家主权和领土不可侵犯的原则对国际法的发展产生了重要影响。

综上所述，维也纳会议及其建立的体系在短期内确实为欧洲带来了和平与稳定，但受到忽视的民族自决等问题也为之后的冲突埋下了种子。尽管如此，维也纳会议在国际关系史上仍具有划时代的意义，为后来的国际政治和法律体系提供了重要的基础。

（四）维也纳体系

维也纳体系不仅仅是一系列和约的集合，它还代表了一种国际秩序的理念，即通过国际合作和外交手段维护欧洲的稳定和平。该体系的核心包括以下内容：

1. 正统原则。恢复合法君主的统治，反对革命和非法篡位。
2. 均势原则。通过调整各国间的力量平衡，避免任何一个国家过于强大而破坏欧洲的和平。
3. 国际合作。建立了定期举行国际会议的机制，以协商解决国际争端和问题。

参考资料

1. 吴木生：《1815年维也纳会议新论》，《世界历史》，1997年第4期。
2. 徐蓝：《战争、国际关系体系与人类文明的发展》，《史学理论研究》，2007年第3期。

题目2　简述16世纪以来欧洲发生的战争及其对欧洲的影响

相关真题 2024年南京师范大学；2019年陕西师范大学；2015年北京大学

从16世纪开始，欧洲历史上发生了多场重大战争，主要包括三十年战争、英法七年战争、拿破仑战争、克里米亚战争等，这些战争不仅重塑了欧洲的政治格局，也对社会、经济、文化等领域产生了深远的影响。

（一）三十年战争（1618—1648年）

三十年战争是一场起初由宗教冲突而引发的战争，最终演变为涉及整个欧洲的大规模冲突。它的直接原因是神圣罗马帝国内部新教与天主教之间的矛盾，尤其是波希米亚的新教贵族反对哈布斯堡家族的统治。随后，战争迅速扩展到德国的其他地区，并吸引了包括瑞典、法国、西班牙等欧洲主要国家的参与。战争以签订《威斯特伐利亚和约》而结束，确立了"国家主权"的概念，削弱了神圣罗马帝国的权力，加强了各邦国的独立性，为现代国际关系体系的形成奠定了基础。

（二）英法七年战争（1756—1763年）

英法七年战争是一场全球性的冲突，主要围绕海外殖民地的争夺。战争涉及欧洲、北美、加勒比海、非洲及亚洲等地区。英国最终获胜，巩固和扩大了其海外殖民帝国，特别是在北美和印度。这场战争确立了英国的海上霸权，成为全球最大的殖民帝国，同时加剧了法国的财政危机，为法国大革命的爆发埋下了伏笔。

（三）拿破仑战争（1799—1815年）

拿破仑战争是在法国大革命后，拿破仑统治下的法国对欧洲多国进行的一系列军事征服和防御战争。这些战争使法国一度成为欧洲最强大的国家，重绘了欧洲的政治地图。拿破仑的征服促进了法国革命理念的传播，包括民族主义、法律的统一和现代国家制度。拿破仑战败后，维也纳会议的召开旨在恢复欧洲的旧秩序，但战争加速了民族国家的形成和欧洲政治现代化的进程。

（四）克里米亚战争（1853—1856年）

克里米亚战争是由俄罗斯与奥斯曼帝国之间的冲突引发的，最终演变为包括英国、法国、萨丁尼亚王国等国对俄罗斯的联合干预。这场战争是第一次真正的"现代战争"，使用了电报、铁路和现代化的武器。克里米亚战争导致了《巴黎和约》的签订，削弱了俄罗斯在欧洲的地位，增强了英法等国的影响力，同时揭示了俄罗斯内部的腐败和落后，促使其进行社会和军事改革。

综上所述，这些战争不仅改变了欧洲的地缘政治格局，也对社会结构、经济发展和文化交流产生了深远的影响。它们促进了国家之间的互动，推动了国际法和外交体系的发展，同时也引发了对民族主义、民主和社会正义的深刻反思。

参考资料

1. 王海艳：《三十年战争与〈威斯特伐利亚和约〉》，《唐山师范学院学报》，2005年第6期。
2. 吴木生：《1815年维也纳会议新论》，《世界历史》，1997年第4期。
3. 尚永强：《英国与克里米亚战争》，首都师范大学2013年博士学位论文。

第三节　两大军事同盟

题目1　简述19世纪末20世纪初英德矛盾的主要表现

相关真题 2020年湘潭大学

19世纪末20世纪初，世界格局经历了剧烈变动。在这一时期，英国作为世界最大的帝国，与德国这个后起之秀之间的矛盾成为国际政治的一大焦点。

1. 双方在全球战略竞争的加剧。自19世纪90年代起，德国的世界政策标志着其欲在全球范围内扩展势力。德国的崛起挑战了英国在全球的霸主地位。特别是德国在太平洋和非洲寻求势力范围的尝试，直接冲击了英国的传统利益，使得英国感受到了前所未有的威胁。

2. 殖民地和势力范围的争夺。

①在中东及近东地区的竞争。德国支持修建巴格达铁路，以连接柏林至巴格达，通过这一举措深入中东，直接威胁到英国在该地区的利益。英国为维持其对中东的控制，联同俄、法等国家阻挠该计划，直至第一次世界大战爆发。近东方面，德国的活动较少，但其在巴尔干半岛影响力的增强也引起英国的警觉。

②对非洲殖民地的竞争。德国希望建立一条横贯非洲中部的殖民地带，与英国的纵贯非洲计划形成直接对立。在1884年的柏林会议上，德国挑起了对刚果争夺的问题，由于多国对刚果有共同兴趣，英国被迫调整其非洲政策。

3. 海上力量的竞争。海军实力是英国维持其全球霸权的关键，而德国的海军扩张计划直接威胁到了英国的海上安全。从1898年起，德国的海军建设迅速加速，意图挑战英国的海上霸主地位。到了20世纪初，德国海军力量居世界第二，仅次于英国。德国海军的强大使得英国必须重新评估其防御策略，加大在海军上的投资。

4. 军备竞赛和同盟体系的形成。为了对抗日益增强的德国的威胁，英国放弃了其"光荣孤立"的政策，开始寻找同盟伙伴。英国与法国和俄国接近，最终形成了三国协约，对抗以德国为首的三国同盟。两大军事同盟的形成加剧了欧洲的军备竞赛，双方为可能的冲突做准备，使得欧洲的局势越发紧张。

综上，19世纪末20世纪初，英德之间的矛盾主要表现为全球战略竞争、海上力量的对抗、殖民地及势力范围的争夺，以及军备竞赛和对立的同盟体系的形成。这些矛盾不仅影响了两国的关系，也对整个世界局势产生了深远的影响，最终导致了第一次世界大战的爆发。

参考资料

1. 齐涛：《世界通史教程》，山东大学出版社，2008年。

题目2　论述一战前两大军事集团形成的背景、过程和影响

相关真题 2022年南开大学；2020年山东师范大学；2020年湘潭大学；2018年北京大学；2018年南开大学；2015年首都师范大学

19世纪末20世纪初，世界范围内的政治、经济与军事格局经历了深刻变革。特别是在欧洲，两大军事集团——同盟国和协约国的形成，不仅反映了当时国际关系的紧张状态，也为第一次世界大战的爆发提供了直接的导火索。

（一）背景

1. 资本主义发展的不平衡性。19世纪后半期，世界经济格局发生了显著变化。德国、美国的工业产出迅速增长，挑战了英国作为"世界工厂"的地位，特别是德国在国际舞台上的影响力日增。各国之间争夺殖民地、资源和市场份额的矛盾逐渐加深。

2. 民族主义和军国主义的兴起。随着民族国家的形成和民族意识的增强，欧洲各国的民族主义情绪高涨，成为推动国家军备扩张和对外扩张政策的重要因素。同时，军国主义思想的兴起使得军事力量成为解决国际矛盾的主要手段，各国纷纷加强军事建设，尤其是海军力量的扩充，进一步加剧了国际紧张局势。

（二）同盟国和协约国的形成过程

1. 同盟国的形成。德国的快速崛起使得其与英国等传统列强之间的竞争日趋激烈。为了保障自己的安全和利益，德国采取了积极的同盟政策。1879年，德国与奥匈帝国签订了军事同盟条约，意大利随后于1882年加入，形成了初步的三国同盟。这一同盟的主要目的是防范法国的复仇和俄国在东欧的扩张。

2. 协约国的形成。法国由于普法战争的失败对德国怀有强烈的敌意，而且对失去的阿尔萨斯-洛林地区有着复仇的愿望。法国因而积极寻求盟友以对抗德国。1894年，法俄两国签订了军事同盟条约，形成了法俄同盟。英国由于担忧德国的海上扩张和对其全球霸权的挑战，开始放弃传统的"光荣孤立"政策，与法国（1904年）和俄国（1907年）分别签订了协议，形成了协约国同盟。

（三）影响

1. 加剧了欧洲的紧张局势。两大军事集团的形成使得欧洲的政治格局分裂为对立的阵营，任何一国的冲突都可能引发整个集团的介入，使地区冲突升级为全面战争。

2. 加剧了军备竞赛。为了在可能的冲突中占据优势，同盟国和协约国成员国纷纷加大了军事开支，特别是海军和陆军的建设。这种无休止的军备竞赛不仅消耗了大量的国家资源，也使各国人民的生活负担加重。

3. 为一战的爆发创造了条件。随着萨拉热窝事件的发生，这种紧张的国际环境最终导致了第一次世界大战的爆发。这场战争不仅带来了巨大的人员和物资损失，也深刻改变了世界政治和经济格局，为后来的国际关系发展带来了深远的影响。

综上所述，一战前两大军事集团的形成是多方面因素共同作用的结果，这不仅体现了当时国际政治经济发展的矛盾和冲突，也为后来世界历史的走向埋下了伏笔。

参考资料

1. 吴于廑，齐世荣：《世界史·现代史编》，高等教育出版社，2011年。

第四节　第一次世界大战

题目1　简述1912年和1913年的两次巴尔干战争的经过及其后果

相关真题　2003年四川大学

巴尔干战争，分为1912年和1913年的两次冲突，是20世纪初导致欧洲政治格局动荡的关键事件，其经过及后果对巴尔干地区乃至整个欧洲都产生了深远影响。

（一）巴尔干战争的经过

1. 第一次巴尔干战争的起因主要是巴尔干地区民族主义的高涨和对奥斯曼帝国统治的反抗。1912年，以保加利亚、塞尔维亚、希腊、黑山为主的巴尔干联盟针对奥斯曼帝国发动了战争。战争结果是巴尔干联盟国家胜利，奥斯曼帝国被迫签订《伦敦条约》，承认了阿尔巴尼亚的独立，并割让了大片领土给联盟国家。

2. 第二次巴尔干战争是由第一次战争后领土分配不均引起的。第一次战争结束后，巴尔干同盟各国在土耳其割让的领土分配上出现严重分歧，尤其是保加利亚对分配结果不满。1913年，保加利亚突然对塞尔维亚和希腊发起攻击，试图通过武力改变领土分配，引发了第二次巴尔干战争。最终，保加利亚在这场战争中败北，被迫签订《布加勒斯特条约》，割让领土给胜利国。

（二）巴尔干战争的后果

1. 巴尔干战争显著改变了巴尔干半岛的政治格局。原反土耳其的联盟已不复存在，塞尔维亚显著扩张，成为巴尔干地区的主要强国之一，而保加利亚则因战败而国力大减，对外失去了大量领土，对内则因国际地位的下降而怨声载道，其对塞尔维亚的敌意加深，为后来的冲突埋下了伏笔。

2. 加剧了大国间的摩擦与冲突，特别是在巴尔干地区。巴尔干战争后，德国、俄国、奥匈帝国等大国对巴尔干半岛的干预更加明显，特别是奥匈帝国对塞尔维亚的敌视及俄国对塞尔维亚的支持，直接加剧了地区紧张局势。

3. 加剧了欧洲各国之间的军备竞赛。巴尔干战争后，欧洲各国纷纷加强军备，特别是德国和奥匈帝国在陆军和海军上的大规模扩张，使得欧洲的军事紧张程度达到了前所未有的高度，为后来的第一次世界大战埋下了火种。

4. 巴尔干战争加剧了欧洲的政治分裂，为第一次世界大战的爆发创造了条件。巴尔干战争虽是局部战争，但集中反映了帝国主义两大军事集团的矛盾和斗争。通过这两次战争，巴尔干成为欧洲的"火药桶"，各国为了自己的利益而在此地区展开更加激烈的争夺，进一步激化了国际矛盾，最终导致了世界大战的爆发。

综上，1912年和1913年的两次巴尔干战争不仅深刻改变了巴尔干地区的政治格局，也对整个欧洲乃至世界的历史进程产生了深远的影响，其是理解20世纪初全球政治动态的关键事件之一。

参考资料

1. 吴于廑，齐世荣：《世界史·现代史编》，高等教育出版社，2011年。
2. 刘宗绪：《世界近代史》，北京师范大学出版社，2004年。
3. 齐涛：《世界通史教程》，山东大学出版社，2008年。

题目 2　论述第一次世界大战的起源、进程、性质及影响

相关真题　2007年历史学统考；2024年湖北大学；2023年湘潭大学；2023年河南师范大学；2023年哈尔滨师范大学；2022年南开大学；2020年山东师范大学；2020年湘潭大学；2018年北京大学；2018年南开大学；2015年首都师范大学

第一次世界大战（1914—1918年），不仅重塑了世界政治地图，也深刻影响了随后的国际关系发展。其起源复杂，进程漫长且残酷，该战争体现了帝国主义阶段资本主义的内在矛盾，而其影响则贯穿政治、经济、社会等多个层面，为后续历史发展埋下众多种子。

（一）起源

第一次世界大战的根源在于帝国主义列强的矛盾和冲突。

1. 20世纪初，资本主义经济和政治发展的不平衡加剧了列强之间的矛盾。英国、法国、德国、俄罗斯等国在全球范围内争夺殖民地和势力范围，特别是德国的崛起挑战了英国的海上霸权和法国、俄罗斯在欧洲的地位。

2. 两大军事集团的形成加剧了紧张局势。德国、奥匈帝国、意大利组成的三国同盟与英国、法国、俄国组成的三国协约相对抗。

3. 军备竞赛和民族主义情绪的高涨使得战争一触即发。最终，1914年萨拉热窝事件成为直接导火索，奥匈帝国对塞尔维亚的宣战拉开了全面战争的序幕。

（二）进程

一战的战场集中在欧洲，开战后德国根据施里芬计划分为东（俄和德、奥）、西（英、法、比和德）两线，加之南欧奥匈帝国和塞尔维亚对峙的南线，共同组成了三个主战场。

1. 初期（1914—1916年）。1914年，德国发动马恩河战役，由于英法军队顽强抵抗使德军速胜计划破产，转而攻打俄国。同年，俄国发动对德的坦能堡战役，德军打败俄军。1914年，俄军西南方面军重创奥匈军队，使战争双方陷入对峙局面。1915年作为三国同盟的意大利倒戈，投入对奥匈帝国的作战。1916年，德国在西线进行了凡尔登战役、索姆河战役、日德兰战役，均告失败。

2. 转折（1917—1918年）。1917年，德国的"无限制潜艇战"引发美国参战，同时大量中立国加入协约国。这一阶段双方损失惨重，其中俄国爆发革命退出了一战，加速了战争的结束。

3. 结束（1918年）。1918年，大批美军进入欧洲，使西线协约国转败为胜，并对东线、南线展开全面反击。同年，德国爆发十一月革命，德皇退位，德国投降，战争结束。

(三) 性质

第一次世界大战本质是列强之间为了重新瓜分世界而引发的冲突。这场战争体现了资本主义世界体系内部矛盾的激化，是全球范围内政治、经济竞争达到白热化的表现。

(四) 影响

1. 深刻改变了旧有的国际关系体系，欧洲地位下降，美、日地位上升，四大帝国终结并出现了一批新兴国家。

2. 给各国造成了巨大的人力、物力的损失和破坏，各帝国主义国家开始大规模干预经济生活，加速了垄断资本主义向国家垄断资本主义的转变。

3. 引起了一系列革命。如俄国十月革命、德国十一月革命等，还引发了民族解放运动新高潮。此时帝国主义放松了对殖民地半殖民地的控制，使其民族资产阶级得以乘隙发展，成为反对帝国主义的重要力量。

4. 科学技术应战争的需求得到迅猛的发展。如枪炮的自动化，潜艇和水雷的出现以及空战武器的出现等。

第一次世界大战不仅是世界历史上一次规模巨大的军事冲突，也是人类社会发展进程中的一个重要转折点。它不仅深刻改变了国际政治和经济格局，也对后世的社会发展和文化观念产生了深远的影响。

参考资料

1. 吴于廑，齐世荣：《世界史·现代史编》，高等教育出版社，2011 年。

题目3 简述 20 世纪初欧洲在世界上占据优势地位的主要表现，并分析第一次世界大战对这种优势地位的影响

相关真题 2008 年历史学统考

20 世纪初，欧洲在经济、政治、军事及文化方面都展示出了其优势地位。然而一战的爆发对这种优势地位影响巨大。

(一) 20 世纪初欧洲的优势地位

1. 经济方面，欧洲是全球的工业和金融中心。以英、德、法为代表的欧洲大国，其工业产值占全世界的大部分。伦敦和巴黎作为世界金融中心，控制着国际资本的流动。此外，通过广泛的殖民统治，欧洲国家获得了大量的原材料和海外市场，巩固了其经济上的支配地位。

2. 政治方面，欧洲列强通过复杂的同盟体系和广泛的殖民网络，对世界政治有着决定性的影响。这一时期的国际会议往往由欧洲国家主导，欧洲的政治理念和制度也被视为发展的典范。

3. 军事方面，欧洲列强拥有当时最强大的军队和最先进的武器装备。英国的皇家海军统治着全世界的海洋，而德国、法国、俄国的陆军也在全球范围内展示了其军事实力。

4. 文化和科学方面，欧洲是全球文化和科学的发源地。从文艺复兴到启蒙运动，再到 18 世纪 60 年代开始的工业革命，欧洲的思想、艺术和科学创新对全世界产生了深远的影响。

(二) 第一次世界大战对欧洲优势地位的影响

1. 经济上，第一次世界大战造成了欧洲巨大的物质破坏和经济损失。战争的高昂花费和战后的重建任务，严重削弱了欧洲国家的经济实力，特别是对战败国德国的经济打击更是致命的。同时，美国和日本等国利用战争机会加速自身的经济发展，开始挑战欧洲在全球经济中的主导地位。

2. 政治上，战争导致了欧洲几个帝国的崩溃，包括俄罗斯帝国、奥匈帝国、德意志帝国和奥斯曼帝国，这不仅改变了欧洲的政治版图，也加剧了欧洲内部的不稳定。同时，美国的崛起和苏联的成立，使得全球政治格局发生了根本性的变化。

3. 军事上，尽管欧洲仍然保持了一定的军事实力，但战争的惨烈程度和化学武器的使用，暴露了现代战争的残酷性和破坏力，对欧洲的军事优势地位构成了挑战。

4. 文化和科学方面，虽然欧洲在战后仍然保持了文化和科学的领先地位，但战争的创伤也使得欧洲文化进入了一种更加悲观和反思的阶段，同时美国等国的文化和科学开始在全球范围内展现其影响力。

综上所述，第一次世界大战对 20 世纪初欧洲在世界上的优势地位产生了深远的影响。虽然欧洲在某些领域仍保有其领先地位，但其全球优势地位已经受到了严重的削弱，新的世界力量格局开始形成。

参考资料

1. 吴于廑，齐世荣：《世界史·现代史编》，高等教育出版社，2011 年。
2. 周启迪：《世界现代史》，北京师范大学出版社，2004 年。

第五章　俄国革命与共产国际

第一节　1905年革命

题目1　论述日俄战争的背景、过程、影响

相关真题　2023年中国社科院大学；2020年河北师范大学；2020年中国社科院大学

日俄战争是日本和俄国为争夺其各自在朝鲜和中国东北的势力范围而进行的一场关键性冲突，它不仅改变了远东地区的力量平衡，也对国际关系的发展产生了深远的影响。

（一）背景

1. 两国在远东地区的利益冲突日益激化。日本希望通过实施"大陆政策"来确保其在东亚的影响力，并视控制朝鲜为进入中国东北的跳板，而俄国则通过"远东政策"寻求在太平洋地区的出海口，并试图在东亚扩大其势力范围，两国利益冲突日益加剧。

2. 日本的军事实力上升，渴望进一步扩张。中日甲午战争后，日本的国际地位有所提升，但三国干涉还辽的经历使日本认识到，要想在国际舞台上获得更大的话语权，必须进一步增强其军事力量并积极扩张。

3. 俄国需要通过对外战争的成功缓和国内矛盾。由于经济危机和沙皇尼古拉二世的专制统治，社会矛盾和政治矛盾激化，在国内政治、经济问题的双重压力下，急需在外部取得一定的成功以稳定国内形势。

4. 英日同盟给予日本极大的国际支持。为了抑制俄国，英国积极支持日本以共同对付俄国，并于1902年签订了《日英同盟协定》，极大地增强了日本与俄国作战的信心。

（二）过程

1. 1904年2—8月，日本和俄国在旅顺展开激战，日军占据优势。1904年2月，日本不宣而战，袭击了俄国驻旅顺的太平洋舰队。1904年5月，日军在辽东登陆，占领大连，此后日俄双方又在旅顺激战数月，最终俄军战败，旅顺失陷。1904年8月，日本和俄国在黄海爆发海战，俄国太平洋舰队未能突围，继续龟缩旅顺港。

2. 1905年5—9月，俄国战败，日俄战争结束。1905年5月，从波罗的海前来驰援的俄国第二太平洋舰队被日本联合舰队堵截，经过激战，俄国第二舰队全军覆没，到此双方大规模战斗结束。1905年9月，在美国的斡旋下，双方订立《朴茨茅斯和约》。

（三）影响

1. 对日本而言，战争的胜利不仅巩固了其在朝鲜和中国东北的利益，更在国际上确立了其作为一个新兴强国的地位。这一成就为日本后续的扩张提供了信心和依据，但同时也加剧了其军国主义的发展。

2. 对俄国而言，战争的失败加深了国内的政治危机。1905年的革命正是在这一背景下爆发的。更广泛地说，日俄战争打破了西方国家在国际冲突中的主导地位，鼓舞了亚洲及非西方世界的民族解放和独立运动。

3. 对中国而言，严重损害了中国利益。日俄战争是在中国领土上发生的战争，不仅是对中国领土主权的践踏，还让中国人民在战争中蒙受了空前的浩劫。

4. 国际上，日俄战争改变了大国之间的力量平衡，促进了美国和其他西方国家对亚洲政策的调整。同时，日本的胜利也激励了亚洲各国的民族主义运动，加速了亚洲各国摆脱殖民统治的进程。

综上，日俄战争不仅是一场军事冲突，更是东亚乃至全球政治格局转变的一个重要节点。通过这场战争，日本和俄国的国际地位发生了显著变化，同时也对20世纪初的国际关系和世界格局产生了长远的影响。

参考资料

1. 草然：《略论日俄战争的背景及影响》，《世纪桥》，2010年第17期。
2. 张建华：《世界现代史（1900—2000）》，北京师范大学出版社，2006年。

题目 2 论述俄国 1905 年革命的背景、过程及影响 醒吾历史统考预测题

俄国 1905 年革命是指 1905 年至 1907 年在俄罗斯帝国爆发的，以反对沙皇专制统治为目的的革命。它是俄罗斯历史上的一个转折点，标志着民众反抗沙皇专制统治的高涨。

（一）背景

1. 政治制度的落后。20 世纪初，俄国仍旧沉浸在封建制度之中，沙皇专制的政治体制与日益增长的社会生产力之间的矛盾日渐尖锐。沙皇政府试图通过维持封建专制制度来巩固自身权力，但这种做法逐渐引发了社会各阶层的普遍不满。

2. 经济发展的不平衡。虽然俄国经历了工业化的初步发展，但是由于封建制度的阻碍，这种发展是极不平衡的。工业化带来的资本积累与对劳动力的剥削加剧了城市与农村之间、贫富之间的矛盾。

3. 思想觉醒与运动兴起。19 世纪末 20 世纪初，马克思主义在俄国传播开来，促进了工人阶级意识的觉醒。同时，社会民主工党成立并分裂为布尔什维克和孟什维克两派，为革命提供了理论指导和组织力量。

4. 日俄战争的失败。1904 年至 1905 年的日俄战争，暴露了俄国政府的腐败和无能，加剧了国内的政治危机。战争的失败给俄国带来了沉重的经济负担，同时激发了民族主义情绪和反对沙皇政府的情绪。

（二）过程

1. 初期的罢工和示威。1905 年年初，圣彼得堡的普梯洛夫工厂工人罢工，随后引发了更广泛的工人罢工和市民示威。这些活动最终导致了 1 月 22 日的"血腥星期日"，沙皇军队对和平请愿的群众进行了残酷镇压，这一事件极大地震惊了全国，成为革命爆发的导火索。

2. 全国范围的罢工浪潮。随后，罢工浪潮迅速蔓延至全国各地，工人、农民、学生和知识分子等社会各阶层纷纷加入反对沙皇的斗争中。特别是在布尔什维克的领导下，工人代表苏维埃的建立，标志着革命进入了一个新的阶段。

3. 政府的妥协与革命的波动。面对越来越激烈的社会抗议，沙皇政府被迫做出让步，颁布了《十月宣言》，承诺赋予人民基本自由并成立立法机构。但政府的这一妥协并未能平息革命，反而使得革命运动进一步扩大。

4. 革命的衰退。到了 1906 年，革命势力由于内部分歧、外部压力以及政府的反扑而逐渐衰退。尽管革命未能实现根本目标，但它迫使沙皇政府承认民众的一些权利，并为后来的十月革命积累了经验。

（三）影响

1. 对俄国社会的深远影响。1905 年革命虽然失败了，但它对俄国社会产生了深远的影响，它不仅揭示了沙皇专制体制的腐朽，也展示了人民群众在政治舞台上的力量。

2. 革命思想的传播与实践。革命激发了俄国乃至世界范围内对社会主义和民主思想的关注与讨论，为后来的社会主义革命提供了宝贵的经验和教训。

3. 俄国政治体制的变革。尽管革命并未立即结束沙皇专制，但它迫使沙皇政府进行了一系列改革，包括实施宪法和建立议会，这些改革为俄国未来的政治发展奠定了基础。

综上所述，1905 年的俄国革命是一场伟大的社会政治运动，它不仅震撼了俄国，也对世界历史产生了重要影响。

参考资料

1. 叶艳华：《俄国社会革命党与 1905 年革命》，《西伯利亚研究》，2006 年第 3 期。

第二节 十月革命

题目 1 简述列宁《四月提纲》的内容及意义

相关真题 2016 年湖南师范大学

1917 年，二月革命后，俄国出现了两个政权并存的局面。同年 4 月，列宁归国并发表了《四月提纲》，这不仅

为俄国革命提供了清晰的方向，而且对后续的世界社会主义运动产生了深远影响。

（一）主要内容

1. 不支持资产阶级临时政府。列宁指出，尽管二月革命推翻了沙皇专制制度，但新成立的资产阶级临时政府并未从根本上解决俄国社会的基本矛盾，也未能满足工农大众和战争中的士兵的需求。因此，《四月提纲》强调不应对临时政府寄予任何希望或支持，而是要建设以苏维埃为基础的新型政权，这种政权能更直接地代表和实现劳动人民的利益，但不能采取一般的暴力方式推翻资产阶级临时政府。

2. 推动革命进入下一阶段的必要性。列宁在提纲中明确了革命的两个阶段。首先是资产阶级民主革命阶段，随后应该过渡到无产阶级社会主义革命。《四月提纲》提出，俄国革命的当前任务是完成对资产阶级革命的领导，然后立即实现向革命第二阶段的过渡，这一过渡的关键是要将所有政权都集中到苏维埃手中。

3. 全面掌握政权的战略。列宁强调，工人、士兵和农民代表的苏维埃应该成为国家唯一和最高的权力机构。他提出了一系列具体措施，如全面没收地主土地分配给农民、控制所有银行和工业企业、建立工人控制的生产管理等，这些措施旨在消除资本主义剥削，确立社会主义原则。

4. 反对帝国主义战争。列宁指出临时政府进行的战争是掠夺性的帝国主义战争，应坚决反对。

（二）意义

1. 理论和实践的创新。《四月提纲》的提出，是对马克思主义理论在俄国具体实践条件下的一次重要创新。列宁不仅分析了俄国革命的特殊性，也提出了具有普遍意义的革命过渡模式，为后来的社会主义革命提供了理论和策略上的指导。

2. 促进无产阶级政党的成熟。《四月提纲》的提出和实施，极大地加强了布尔什维克党的领导核心作用，统一了党内外的革命力量，确保了十月革命的成功，这标志着世界社会主义运动进入了一个新的阶段。

3. 对国际共产主义运动的影响。《四月提纲》不仅推动了俄国社会主义革命的胜利，也为世界范围内的共产主义运动提供了宝贵经验。它的提出，促进了国际工人阶级的觉醒和团结，加强了世界各国共产党之间的联系和协作，对20世纪的世界历史产生了重大影响。

综上所述，列宁的《四月提纲》不仅是俄国1917年革命的一个重要转折点，它的深远意义还体现在推动了世界社会主义理论和实践的发展，影响了整个20世纪的世界历史进程。

参考资料

1. 朱亚坤：《国家、革命与领导权：列宁〈四月提纲〉的政治构想及意义》，《思想教育研究》，2020年第9期。

题目2 论述俄国十月革命及其影响

相关真题 2020年哈尔滨师范大学；2018年吉林大学；2018年西北大学；2017年江西师范大学

俄国十月革命，这一20世纪初的重大事件，不仅深刻改变了俄国的历史轨迹，也对全球社会主义运动和世界政治格局产生了深远影响。

（一）背景

1. 经济社会矛盾的累积。尽管俄国在1861年废除了农奴制，但农民并未获得真正的自由或土地，而是加深了农民的负担，加剧了社会矛盾。同时，随着工业化的推进，对城市工人阶级的剥削加剧，社会矛盾进一步激化。

2. 政治体制的腐败与停滞。沙皇尼古拉二世的统治显示出俄国政治体制的腐朽和停滞，政府对内政和外交政策的失策，尤其是在第一次世界大战中的表现，进一步削弱了沙皇政权的合法性。

3. 二月革命的先声。1917年2月，俄国爆发了二月革命，成功推翻了沙皇制度，建立了资产阶级临时政府。然而，临时政府未能有效解决俄国深层次的社会矛盾和战争问题，民众的不满情绪持续高涨。

（二）过程

1. 《四月提纲》的发布与影响。1917年4月，列宁返回俄国后发布《四月提纲》，强调"所有权力归苏维埃"，明确指出必须推翻资产阶级临时政府，为十月革命的理论准备和实践活动奠定了基础。

2. 七月危机与布尔什维克的崛起。1917 年 7 月，布尔什维克在彼得格勒试图发动起义，虽然失败了，但这一事件使布尔什维克在工人和士兵中的影响力迅速增长。

3. 十月革命的爆发。1917 年 10 月 25 日（俄历），布尔什维克领导的武装起义在彼得格勒取得成功，临时政府被推翻，苏维埃政权建立，标志着十月革命的胜利。

（三）影响

1. 俄国社会制度的根本变革。十月革命成功后，俄国逐渐走上了社会主义建设的道路，实行了土地国有化、工业国有化等一系列社会主义改革，彻底改变了俄国的社会面貌。

2. 对国际共产主义运动的推动。十月革命是世界社会主义运动的重要里程碑，它极大鼓舞了世界各地的共产主义运动和国家独立运动，为世界社会主义的发展注入了新的活力。

3. 影响世界政治格局。十月革命导致了苏联的诞生，苏联作为世界上第一个社会主义国家，在 20 世纪的世界政治舞台上扮演了重要角色，特别是在第二次世界大战中和冷战期间，对抗美国和其他西方资本主义国家，极大影响了世界政治格局的演变。

综上所述，俄国十月革命不仅是俄国历史上的一次深刻的社会变革，也是世界历史上的一个重大事件。它不仅影响了俄国的发展方向，也对 20 世纪的世界历史产生了深远的影响，推动了全球范围内的社会主义运动和民族解放运动。

参考资料

1. 金雁：《村社制度，俄国传统与十月革命》，《陕西师范大学学报》，1991 年第 3 期。

题目 3　论述 19 世纪中后期至 20 世纪初的社会主义运动　醒吾历史统考预测题

自 1848 年马克思和恩格斯发表《共产党宣言》之后，科学社会主义的理念为 19 世纪中后期至 20 世纪初的社会主义运动奠定了理论基础。这一时期的社会主义运动为后续的国际共产主义运动和多国的社会政治发展指明了方向。

（一）第一国际的成立与影响

1864 年，国际工人协会（第一国际）的成立标志着社会主义运动进入了一个新的发展阶段。在马克思的指导下，第一国际汇聚了欧洲各国的工人组织，致力于促进工人阶级的国际联合与斗争。通过组织国际性的工人运动和政治活动，第一国际极大地推动了工人阶级的觉醒和团结，加强了不同国家工人之间的互助与支持。尽管最终因内部分歧而解散，第一国际对后续社会主义运动的影响是深远的。

（二）法国巴黎公社的历史意义

1871 年，巴黎公社的成立是无产阶级自我解放斗争中的一个重要里程碑，它是历史上第一个由工人阶级建立的政权。尽管存在时间短暂，但巴黎公社采取了许多革命性措施，如实行劳动者管理工厂、废除军队中的等级制度等。巴黎公社的失败给后世留下了深刻的教训，其经验被后来的社会主义理论家深入分析，对马克思主义关于国家和革命的理论有了更深刻的理解和发展。

（三）第二国际的建立与作用

随着工人运动的高涨和社会主义政党的普遍建立，1889 年，第二国际在巴黎成立。与第一国际相比，第二国际在组织上更为稳固，它汇聚了更多国家的社会主义政党和组织，成为推动国际社会主义运动的重要力量。第二国际强调马克思主义的普遍适用性，促进了社会主义思想的传播，同时也对改善工人的生活和工作条件，争取妇女和儿童权益等社会改革产生了积极影响。

（四）德国社会主义运动的发展

德国是社会主义理论发展和工人运动高涨的重要国家之一。19 世纪末，德国社会民主党的成立，标志着德国社会主义运动进入了一个新阶段。作为第二国际中最大的社会主义政党之一，德国社会民主党在促进社会改革、争取普选权和提高工人待遇等方面发挥了重要作用。尽管在战略和路线上存在争议，德国社会主义运动对促进社会主义理论的发展和实践有着不可忽视的贡献。

（五）俄国十月革命的世界影响

1917年俄国十月革命的胜利，标志着世界上第一个社会主义国家——苏维埃俄国的成立。十月革命的意义为世界社会主义运动开辟了新的道路。它的成功对世界范围内的殖民地和半殖民地国家的民族解放运动产生了巨大鼓舞，同时也为后来的社会主义国家提供了宝贵的经验。

综上所述，19世纪中后期至20世纪初的社会主义运动，不仅推动了社会主义理论的深化和工人阶级斗争的国际化，也为世界历史的进程带来了深远的影响。

参考资料

1. 张建华：《世界现代史（1900—2000）》，北京师范大学出版社，2006年。
2. 魏建：《简论19世纪末20世纪初法国社会主义党派的发展》，《历史教学》，1991年第6期。

第三节　苏维埃社会主义国家的建立

题目1　论述20世纪中叶之前俄罗斯与乌克兰的历史渊源　醒吾历史统考预测题

俄罗斯与乌克兰，两个在地缘政治、文化和历史上紧密相连的国家，共同经历了许多历史阶段，从基辅罗斯时期到20世纪中叶之前的苏维埃联盟时期，两者之间的历史渊源深厚而复杂。

（一）共同的起源：基辅罗斯

公元9世纪，东斯拉夫人在奥列格的领导下建立了基辅罗斯，这个国家被认为是今日俄罗斯、乌克兰和白俄罗斯的共同发源地。基辅罗斯的形成和发展奠定了俄乌历史和文化的共同基础。随后，这一统一的国家政权因内部分裂和外部侵略逐渐瓦解，导致不同的公国诞生，其中包括影响俄罗斯和乌克兰历史进程的几个重要公国。

（二）蒙古入侵与政治分裂的加剧

1240年，蒙古帝国的西征彻底改变了基辅罗斯的政治格局，基辅被摧毁，基辅罗斯时代终结。蒙古的统治不仅导致了基辅罗斯公国领土的分裂，也加速了不同区域在政治、文化上的分化。特别是在西部地区，逐渐形成了乌克兰民族的雏形，而东部则逐步发展成为莫斯科公国，即后来的俄罗斯帝国。

（三）波兰-立陶宛联邦时期的乌克兰

从14世纪到16世纪，乌克兰地区大部分成为波兰-立陶宛联邦的一部分。这一时期，尽管乌克兰地区受到了波兰文化和天主教的影响，但东正教和乌克兰民族意识仍然在这一地区保持着相对的独立性和活力。

（四）《佩列亚斯拉夫条约》与俄乌关系的新纪元

17世纪中叶，为了摆脱波兰的统治，乌克兰哥萨克首领博格丹·赫梅利尼茨基领导的起义寻求莫斯科大公的支持，并在1654年签署了《佩列亚斯拉夫条约》，乌克兰进入俄罗斯的保护之下。这一重要历史事件不仅标志着俄乌关系的新纪元，也是乌克兰成为俄罗斯帝国一部分的起点。

（五）《安德鲁索沃条约》与东西乌克兰的分割

1667年的《安德鲁索沃条约》进一步确立了乌克兰地区的分割，东乌克兰归属俄罗斯帝国，而西乌克兰则留给了波兰。这一分割加深了乌克兰内部的差异，对乌克兰后来的历史发展产生了深远的影响。

（六）沙俄兼并与苏维埃时期的乌克兰统一

随着沙俄帝国的扩张，到了19世纪末，俄罗斯帝国已经控制了乌克兰的大部分地区。1922年，苏联的成立将俄罗斯和乌克兰再次统一于一个国家框架之下。这次统一在一定程度上模糊了俄乌之间的历史界限，但两国间的文化和历史差异仍然存在。

综上所述，俄罗斯与乌克兰的历史渊源不仅源远流长，也极具复杂性。从基辅罗斯的共同起点，到蒙古入侵后的政治分裂，再到苏联时期的再次统一，俄乌两国的历史交织在一起，共同塑造了今日两国间的复杂关系。

参考资料

1. 沈莉华：《俄罗斯与乌克兰历史恩怨解读》，《俄罗斯东欧中亚研究》，2013年第1期。
2. 张弘：《俄罗斯与乌克兰：从同根同源到兵戎相见》，《世界知识》，2022年。

题目2 简述苏维埃社会主义国家成立后外国武装的干涉 醒吾历史统考预测题

苏维埃社会主义国家的诞生，标志着世界历史上首次无产阶级成功掌握国家权力的实践。然而，这一革命成果迅速引起了国际资本主义阵营的广泛关注和强烈反应，导致了一系列外国武装干涉的发生。

（一）原因

1. 俄国退出一战，使协约国力量受损。1917年十月革命后，苏维埃政权宣布退出第一次世界大战，并与同盟国集团签订《布列斯特和约》，以放弃部分西部领土的代价换来了暂时的和平，这一决定使协约国力量受损，与苏维埃俄国的关系变得紧张。
2. 西方国家对于无产阶级革命的恐慌。苏维埃政权内部的社会主义革命理念和国际主义立场，激起了国际资本主义世界的极大恐慌，它们担心革命理念的蔓延会威胁到自身政权的稳定。

（二）干涉的主要行动和参与国

1. 英国、法国和美国。它们是干涉行动的主要推动者，目的是阻止苏维埃政权的巩固和社会主义革命的扩散。从1918年开始，这些国家陆续向俄罗斯北部和远东地区派遣军队，支持反对苏维埃政权的力量，并试图恢复东欧战线对德国的压力。
2. 日本。日本主要关注远东地区的利益，以干涉苏维埃政权为由，大举派兵进入俄罗斯远东地区，企图扩大自身在亚洲的势力范围。
3. 波兰。波兰在1920年对苏俄发动了进攻，试图夺取更多的领土，并在苏波战争中短暂占领了基辅等地。这场战争最终以《里加和约》的签订而告终，波兰获得了部分领土。
4. 经济封锁与外交孤立。除军事干涉外，西方国家还对苏维埃俄国实行了严格的经济封锁和外交孤立，企图通过削弱经济实力来加速其政权的崩溃。

（三）影响和后果

1. 国内战争的延长。外国干涉显著加剧了苏维埃俄国的内战状况，使得国内战争更加残酷和复杂。苏维埃政权不得不同时面对内部的白军反对派和外部的干涉力量。
2. 苏维埃政权的巩固。尽管面临重重困难，苏维埃政权最终还是凭借坚定的政治立场和有效的组织动员，成功地抵抗了外国干涉，平定了国内叛乱，巩固了政权。这一过程极大地增强了苏维埃政权的合法性和人民的支持。
3. 加速了苏联形成。通过对抗外国干涉和内战的胜利，苏维埃俄国进一步推进了社会主义革命，促进了苏联各加盟共和国的统一，为1922年苏联的正式成立打下了基础。

综上所述，外国武装的干涉虽然给苏维埃社会主义国家的早期发展带来了巨大挑战，但同时也使苏维埃政权通过实践检验其革命理论和政策的正确性，加强内部凝聚力，最终迎来了实现巩固和发展的重要历史时期。

参考资料

1. 吴于廑，齐世荣：《世界史·现代史编》，高等教育出版社，2011年。
2. 周启迪：《世界现代史》，北京师范大学出版社，2004年。

第四节 "战时共产主义"政策与"新经济政策"

题目1 比较战时共产主义政策与新经济政策

相关真题 2024年西南大学；2024年南京师范大学；2023年西华师范大学；2023年黑龙江省社科院；2022年内蒙古师范大学；2019年江西师范大学；2017年苏州科技大学

苏联历史上的两个重要时期——战时共产主义政策时期和新经济政策时期，分别反映了苏俄（联）对内部经济挑战和外部政治压力的响应。

（一）政策内容

1. 战时共产主义政策是在1918年至1921年苏俄内战期间实施的一套经济政策，内容包括了余粮收集制、工业国有化、实物配给制等关键政策。这些举措使苏联经济实现了对重要工业和农业生产的集中控制。然而，余粮收集制引起了农民的广泛不满，严重影响了苏联的经济基础和社会稳定。

2. 新经济政策是在1921年至1928年之间实施的一系列经济改革，关键措施包括取消余粮收集制、引入粮食税、允许私人经营小型工商业以及引进外资。这些改革刺激了农业和工业生产，农民和小商人的生产积极性得到恢复，为后来的工业化奠定了基础。

（二）政策比较

1. 相同点

①目的相同：两者都是为了加强苏维埃政权的稳定性，并促进经济的恢复与发展。战时共产主义政策和新经济政策都是在特定的危机时刻被引入，旨在保证国家的生存和发展。

②都体现国家干预：尽管程度和方式不同，但两者都涉及国家对经济的直接干预。无论是通过战时共产主义政策下的粮食征用还是新经济政策下对私营小企业的允许，国家都在经济中发挥了决定性的作用。

③都是过渡性质：两者都被视为向完全社会主义过渡的暂时措施。战时共产主义政策是为了应对战争和内战的紧急状况，而新经济政策则被看作在经济完全恢复后可以逐步淘汰战时共产主义政策而实行的政策。

2. 不同点

①政策动机不同：战时共产主义政策主要是为满足战争的紧急需要，而新经济政策则是对战时共产主义政策过度集中控制和造成的经济灾难的一种调整，旨在恢复经济和缓解社会紧张。

②手段差异不同：战时共产主义政策采取了极端的经济控制和集中化手段，而新经济政策引入了市场机制和一定程度的私有经济。

③社会反应不同：战时共产主义政策期间，广泛的社会不满和经济困境促成了新经济政策的出台。新经济政策则在一定程度上缓解了社会矛盾，恢复了经济活力。

④历史影响不同：战时共产主义政策证明了苏维埃政权在极端条件下的生存能力，但也暴露了其经济政策的不可持续性。新经济政策虽然是一种妥协政策，但它为苏联经济的恢复和后续的工业化提供了重要的经验和基础。

综上所述，战时共产主义政策与新经济政策在实践中各有利弊，但都是苏维埃政权在初期探索社会主义经济建设的重要实践，对苏联乃至世界社会主义运动产生了深远影响。

参考资料

1. 高继文：《斯大林与新经济政策》，《当代世界与社会主义》，2006年第1期。
2. 王力：《列宁推动新经济政策的策略及其启示》，《四川师范大学学报》，2020年第47期。
3. 列利丘克：《苏联的工业化：历史、经验、问题》，商务印书馆，2004年。

第五节 共产国际

题目1 简述共产国际创立的背景和影响

相关真题 2020年河北师范大学

共产国际（第三国际）的成立是20世纪初国际工人运动发展史上的一个重要里程碑，它不仅标志着国际共产主义运动进入一个新的阶段，也对全球社会主义运动产生了深远影响。

（一）背景

1. 第二国际的失败。第一次世界大战暴露了第二国际内部的机会主义和修正主义。大多数成员党背离了国际工人阶级的利益，支持本国的战争，导致第二国际名存实亡。在这一背景下迫切要求建立一个新的、能够真正代表工人阶级利益的国际组织。

2. 十月革命的影响。1917年，俄国十月革命成功建立了世界上第一个社会主义国家——苏维埃俄国。这一事件对全世界的工人运动和社会主义运动产生了巨大鼓舞，促使国际共产主义运动寻求更紧密的联合与协作。

3. 列宁的理论和实践。列宁及其领导的布尔什维克党，通过对帝国主义时代和无产阶级革命条件的深入分析，提出了建立一个新的国际组织的理论和实践基础。列宁认为，一个统一的国际共产主义组织对于指导世界革命至关重要。

（二）影响

1. 推动了国际共产主义运动的统一。共产国际的成立，结束了国际工人运动在第二国际失败后的领导真空状态，为全世界共产党和革命组织提供了一个共同的政治平台和组织架构。它强调了国际团结和无产阶级国际主义的重要性，促进了世界范围内共产主义运动的发展。

2. 促进了各国共产党的成立和发展。在共产国际的指导和支持下，多个国家成立了共产党，或重组了现有的革命组织，使之更加符合共产国际的路线和原则。这些新成立或重组的共产党在各自国家内推进了革命运动，加速了世界革命的进程。

3. 影响了20世纪的世界历史进程。共产国际在其存在期间，通过各种形式的支持和干预，影响了许多国家的历史走向。特别是在二战和战后的国际格局中，共产国际的政策和活动对于战后世界政治格局的形成产生了不可忽视的影响。

4. 引发了思想和策略上的争论。共产国际的一些政策和指导原则，特别是对成员党的严格控制和指导，引起了广泛争论。这些争论不仅涉及共产国际内部，也影响了国际共产主义运动的发展方向，对后来共产国际解散和国际共产主义运动的转变产生了深远影响。

综上所述，共产国际的创立是国际共产主义运动历史上的一个重要事件，它的成立和活动不仅深刻影响了20世纪的政治格局，也对国际工人运动和社会主义运动的理论和实践产生了深远影响。

参考资料

1. 吴于廑，齐世荣：《世界史·现代史编》，高等教育出版社，2011年。
2. 周启迪：《世界现代史》，北京师范大学出版社，2004年。

第六章 凡尔赛-华盛顿体系

第一节 巴黎和会

题目1 论述巴黎和会的背景、内容、影响

相关真题 2021年东北师范大学；2018年华侨大学

巴黎和会是第一次世界大战结束后的一次重要国际会议，于1919年1月18日在法国巴黎凡尔赛宫召开，会议的主要目的是制定和平条约，重新划定战后的国际秩序。本次和会对20世纪的国际关系和全球政治格局产生了深远的影响。

（一）背景

1. 第一次世界大战的破坏。1914年至1918年的第一次世界大战造成了前所未有的破坏，欧洲多国遭受重创，数百万人伤亡，经济几乎崩溃。各国急需通过和平条约来正式结束战争状态，并重建遭到破坏的社会和经济秩序。

2. 政治格局的变动。战争导致了俄罗斯帝国、奥匈帝国、德意志帝国和奥斯曼帝国的崩溃，引发了一系列革命和新国家的诞生，欧洲及世界政治格局发生了根本性的变化。特别是1917年俄国的十月革命建立了世界上第一个社会主义国家，给战后的国际关系增添了新的不确定性。

3. 美国的崛起和新外交政策。美国在战争中的介入为盟国的胜利做出了关键贡献，美国总统威尔逊提出的"十四点"原则试图为战后世界提供一个和平与合作的新框架，其中包括民族自决、公开外交政策和建立国际联盟等。

（二）会议内容及决定

1. 国际联盟的成立。巴黎和会最重要的成果之一是国际联盟的建立，这是威尔逊"十四点"计划的核心部分，旨在通过一个国际组织来保障世界和平和安全，避免未来的大规模冲突。

2. 《凡尔赛和约》的签署。巴黎和会上签署的最著名条约是《凡尔赛和约》（又称《凡尔赛条约》），该条约正式结束了与德国的战争状态，并对德国进行了严厉的惩罚，包括削减军队、割让领土和给战胜国支付巨额战争赔偿。

3. 边界的重新划分和新国家的建立。巴黎和会对战后的欧洲地图进行了重绘，根据民族自决的原则，多个新国家，如波兰、捷克斯洛伐克和南斯拉夫等获得独立。

（三）影响

1. 凡尔赛体系的建立。巴黎和会及其签署的一系列和约建立了所谓的"凡尔赛体系"，虽然暂时确立了战后的国际秩序，但对德国等战败国的苛刻待遇也埋下了第二次世界大战的种子。

2. 民族主义和民族自决的兴起。巴黎和会的民族自决原则在一定程度上促进了民族国家的形成和民族主义的兴起，也为后来的民族解放运动提供了理论支持。

3. 国际联盟的局限性。虽然国际联盟在理念上是对战后和平的一种尝试，但由于美国未能加入以及成员国之间的利益冲突，国际联盟在防止冲突方面的效果有限。

综上所述，巴黎和会及其签署的一系列和约深刻影响了20世纪的国际关系和全球政治格局，它不仅结束了第一次世界大战，也为后来的国际冲突和第二次世界大战埋下了种子，其复杂的历史遗产至今仍影响着全球政治经济的发展。

参考资料

1. 张建华：《世界现代史》，北京师范大学出版社，2008年。

第二节 华盛顿会议

题目1 试述华盛顿会议召开的背景、主要内容及后果

相关真题 2024年中国社科院大学；2000年浙江大学

华盛顿会议，正式称为华盛顿海军裁军会议，于1921年11月至1922年2月在美国华盛顿特区召开。此次会议不仅聚焦裁减海军军备，还涉及太平洋和远东地区的安全以及对中国问题的解决，对于后来的国际关系及亚太地区的政治格局产生了深远影响。

（一）华盛顿会议召开的背景

1.《凡尔赛和约》的遗留问题。虽然《凡尔赛和约》结束了第一次世界大战，但其条款未能解决所有国际矛盾，特别是在远东和太平洋地区，美、英、日之间的紧张关系依然存在。

2. 军备竞赛的升温。战后，美国、英国和日本等国在太平洋地区的海军军备竞赛日益加剧，这种无节制的武装扩张不仅消耗巨额国家财力，也增加了发生地区冲突的风险。

3. 美国外交政策的转变。美国试图通过外交手段来确立其在国际事务中的领导地位，华盛顿会议正是美国倡导国际合作与和平共处的体现。

4. 西方国家在太平洋和远东地区的实力发生变化。日本在远东，尤其是在中国和太平洋岛屿的影响力逐渐增大引起了英美的警觉。他们希望通过协议平衡在这一地区的利益。

（二）华盛顿会议的主要内容

1. 限制海军军备。会议最重要的成果之一是签订《五国海军条约》，美国、英国、日本、法国和意大利同意按一定比例限制各自主要战舰的总吨位，调整美、英、日三国在太平洋地区的军事部署，旨在减缓军备竞赛的趋势。

2. 太平洋地区问题。《四国条约》取代了之前的英日同盟，美、英、日、法四国承诺在太平洋问题上相互尊重领土和主权，致力于维护该地区的和平稳定。

3. 中国问题。《九国公约》重申了对中国主权和领土完整的尊重，并承诺遵循"门户开放"政策，即保障所有国家在华经济活动的平等权利。

（三）华盛顿会议的影响

1. 短期内缓解了国际矛盾。华盛顿会议通过的条约在短期内有效缓解了美、英、日三国间的紧张关系，为太平洋地区的和平稳定做出了贡献。

2. 增强了美国的国际地位。成功主持并推动会议取得成果，使美国在国际事务中的影响力大幅提升，确立了其作为一个全球领导者的地位。

3. 中国的局势未能得到根本改善。尽管《九国公约》表面上承认了中国的独立与主权，实际上各列强在华的利益并未受到根本性影响，中国的国家利益仍旧受到侵犯。

4. 军备限制的局限性。虽然《五国海军条约》在一定程度上限制了参与国的海军军备，但缺乏有效的执行机制和监督，加之不包括陆军和空军军备，其长期效果受到限制。

综上所述，华盛顿会议作为战后试图重建国际秩序的重要尝试，虽在一定程度上促进了国际合作，缓和了国际紧张局势，但其成果的局限性和暂时性也为后来的历史进程埋下了伏笔。

参考资料

1. 吴于廑，齐世荣：《世界史·现代史编》，高等教育出版社，2011年。

题目2 论述一战后国际关系格局的特征

相关真题 2016年苏州大学

一战后的世界格局经历了根本性的变化，其中凡尔赛-华盛顿体系的建立标志着新的国际秩序的形成。这一时

期，国际关系的特征体现在多个层面，影响了后续几十年的世界发展轨迹。

（一）欧洲中心地位的相对下降

一战前，欧洲是无可争议的世界政治、经济中心。然而，一战的惨烈导致了欧洲大部分国家的实力大幅削弱。战争不仅消耗了欧洲国家的物质资源，也对其社会结构和人民心理造成了深远影响。尽管欧洲在战后试图通过各种国际会议和协议来恢复其中心地位，如《凡尔赛和约》和国际联盟的建立，但是这些努力并未完全挽回战争造成的损失。欧洲国家在国际舞台上的影响力有所下降，为美国和苏联等新兴力量的崛起提供了空间。

（二）美国和苏联的崛起

一战结束后，美国和苏联迅速成为国际关系中的重要参与者。一方面，美国凭借其强大的经济实力和在战争中的相对保持中立，迅速成为世界最大的经济体。美国不仅在财政上向欧洲国家提供了巨大的援助，也开始积极参与国际政治，在华盛顿会议谈判中发挥了重要作用。另一方面，苏联作为世界上第一个社会主义国家，其成立对国际政治格局产生了深远影响。苏联的政策和行动成为推动世界社会主义运动和反帝国主义斗争的重要力量，尤其是在亚洲、非洲和拉丁美洲的殖民地和半殖民地国家中。

（三）民族解放运动的兴起

一战加速了世界范围内民族解放运动的发展。许多殖民地和半殖民地国家的人民受到战争的启发，开始更加积极地争取民族独立和民族解放。例如，印度的国大党在战后加强了争取独立的斗争，土耳其在凯末尔的领导下成功进行了民族革命，实现了现代国家的建立。这些民族解放运动不仅动摇了旧殖民体系的基础，也影响了后来的世界格局。

（四）国际组织的兴起与国际合作的尝试

一战后，为了防止类似冲突的再次发生，国际社会开始尝试通过建立国际组织来促进国际合作和维护世界和平。国际联盟的成立是这一努力的代表，虽然未能成功防止二战的爆发，但它在促进国际合作、解决少数民族问题和监督殖民地管理等方面发挥了作用。这标志着国际关系开始从传统的权力政治向集体安全和国际合作的方向转变。

一战后国际关系格局的特征，不仅在于国际力量对比的变化和新兴国家的崛起，还在于国际社会开始寻求新的合作与和平维护机制的尝试。虽然这一时期的努力未能彻底防止冲突的再次爆发，但它们为后来国际关系的发展奠定了基础。

参考资料

1. 刘阿明：《一战后初期英国对欧政策及其影响》，《江西社会科学》，2003年第9期。

第七章 两战之间的世界

第一节 苏联的社会主义建设与"斯大林模式"

题目1 试析斯大林模式

相关真题 2024年哈尔滨师范大学；2024年中国社科院大学；2023年北京大学；2020年山西大学；2020年上海大学；2019年陕西师范大学

斯大林掌权后，提出并实施了一系列旨在加速国家工业化和提升国防能力的措施。斯大林模式形成的标志是1936年苏联宪法的颁布，其最大特点是高度集权，在体制与运行机制方面全面排斥资本主义和市场经济。

（一）斯大林模式形成的背景

列宁逝世后，苏联迎来了斯大林的领导时期。斯大林上台的背景是多方面的，既有内部的政治斗争，也有外部的国际形势变化。

1. 在内部，斯大林通过与托洛茨基、布哈林等人的政治斗争，最终在1929年巩固了自己的领导地位。

2. 在外部，苏联面临着来自资本主义国家的压力和威胁，尤其是20世纪30年代法西斯势力的崛起，对苏联安全构成了直接挑战。

（二）斯大林模式的主要内容

斯大林模式的核心在于通过国家的强制力进行工业化和农业集体化，以及通过极端集权的政治体制来维护这一进程。

1. 政治集权。斯大林模式下的苏联实行了前所未有的政治集权，所有政治权力高度集中在斯大林和苏联共产党手中。这一时期，苏共中央事实上取代了国家的各个职能部门，成为直接决策和执行国家政策的最高机构。

2. 经济计划化。斯大林模式特别强调通过国家计划来指导经济发展，特别是重工业的建设。苏联实施了若干个五年计划，旨在迅速提升国家的工业产能，尤其是那些对国防重要的行业。农业方面，则通过集体化运动强行将个体农户并入集体农庄，以期通过规模经营提高农业生产效率。

3. 文化与思想的统一。斯大林时期，苏联的文化和思想领域被严格控制。所有的文学艺术作品和学术研究都必须符合社会主义现实主义的要求，任何被视为"异己"的声音都会受到打压。这一政策旨在通过文化和思想的统一，来加强人民对斯大林及其政策的支持。

（三）对斯大林模式的评价

斯大林模式在苏联乃至世界历史上留下了深刻的烙印。它对于苏联的工业化和军事强化做出了重要贡献，尤其是在抵御外部侵略、提升国家实力方面发挥了关键作用。然而，这一模式也存在严重的问题，例如，高度集中的经济计划体系在效率和灵活性上显示出明显的不足，长期以来阻碍了苏联经济和社会的健康发展。

综上所述，斯大林模式是一种特殊的社会发展道路，它反映了在特定历史条件下的政治经济选择。尽管它在促进苏联快速发展方面取得了一定成果，但也暴露了许多问题和局限，这对后来的苏联乃至世界社会主义运动都产生了深远影响。

参考资料

1. 吴恩远：《"斯大林模式"与"苏联模式"的界定和评价》，《长江师范学院学报》，2020第1期。
2. 张光明：《斯大林模式的根本特征》，《俄罗斯研究》，2003年第1期。

题目2 论述苏联农业集体化

相关真题 2024年中国社科院大学

苏联农业全盘集体化运动是指将传统的个体农业转变为集体化、国有化的生产方式。斯大林于1927年在苏共十五大上确立了这一方针，并开始实施，最终在1937年左右完成了农业集体化运动。

（一）原因

1. 为了摆脱帝国主义的包围。巴黎和会上，列强决定对苏俄实行经济封锁，还批准了反苏俄武装干涉计划。苏联需要通过提升本国的农业生产效率来提高国家粮食安全。

2. 富农分子囤积居奇和肆意破坏农业生产。1927—1928年，苏联国内出现了越来越严重的粮食收购危机，经调查，原因之一就是富农的恶意积压。

3. 缓解工业化过程中粮食危机的需要。在苏联工业化的过程中，农业生产发展缓慢。富农又趁机囤积粮食，加剧了粮食紧张局面。据此，斯大林认为加速集体化是解决工业用粮和其他农产品采购的根本途径。

4. 斯大林的主观原因。斯大林认为工业化的发展为加速集体化提供了物质基础。已有集体农庄的榜样，使斯大林认为农民认识到了集体经济的优越性，为加速集体化提供了群众基础。

（二）内容

1. 国家统一制定农业目标和配给。政府制定农业生产的目标和计划，农民按照计划进行生产，生产出的粮食由国家按价收购，并给予农民一定的报酬和生活必需品。

2. 加入集体农庄。集体农庄的土地使用权和主要生产资料是公有的，农民在集体农庄进行共同耕作，政府提供贷款和种子，并加强农庄的农业技术改造，农民每年需要向国家交售相当数量的农产品。

3. 进行消灭富农的斗争。在农业集体化过程中，有一些富农分子制造假农庄，春天吸收贫农进入农庄，剥削他们的劳动，秋后又把他们开除出去。苏联政府通过决议没收富农的财产，把它转交给集体农庄，并对一些富农进行了驱逐。

到1936年，斯大林宣布苏联已经完成了传统的工业和农业向社会主义的过渡，苏联建成了社会主义。

（三）意义

1. 促进了苏联社会主义模式的形成，推动了苏联社会主义建设，为工业化提供了资金、技术等支持，保证了苏联在20世纪30年代经济的高速发展。

2. 富农阶级被消灭，个体农民变成集体农庄庄员，分散的小生产变成集中的大生产，农业成为直接听从党政机关指挥的部门。这一变化为社会主义工业化的实现提供了条件。

3. 从个体经济向集体经济转变，农业集体化在一定程度上促进了农业生产的发展，初步缓解了粮食征购危机。

（四）教训

1. 集体化运动中建立起一套严密的行政命令体制，把农民束缚在农庄里，使农民失去生产和分配的自主权，甚至连迁徙自由也受到限制。

2. 农业集体化过程中具有一定的强制性，违背了改造农民必须坚持自愿的原则，背离了农民的意愿。

3. 农业集体化形式过于单一，忽视了不同地区发展情况和需要的多样性。

4. 在所有制形式上过分追求大而公的形式主义，脱离了社会主义初级阶段的实际，导致农业生产的极大破坏与长期滞后。

综上所述，苏联的农业全盘集体化运动虽然存在缺点和偏差，但还是具有一定的积极意义，给后人探索社会主义建设道路以深刻的借鉴和启示。

参考资料

1. 汤德森：《试评斯大林的农业全盘集体化运动》，《湖北大学学报（哲学社会科学版）》，2001年第5期。
2. 吕卉：《苏联农业集体化运动研究（1927—1939）》，吉林大学2010年博士学位论文。

第二节　西方国家的恢复与调整

题目 1　评述魏玛共和国　醒吾历史统考预测题

一战后，德国建立了历史上第一个资产阶级共和国——魏玛共和国，从1919年持续到1933年，德国尝试建立并维持一种民主共和制度，但最终因多方面因素导致失败，并铺平了纳粹上台的道路。

（一）共和国的建立和终结

1919年，在一战败北、帝国崩溃和镇压十一月革命的背景下，德国资产阶级在魏玛召开国民会议，通过魏玛宪法，宣告了魏玛共和国的诞生。共和国试图摆脱战前帝制的阴影，通过民主选举和法治来治理国家。实行了一些资产阶级的民主制度，给了人民一些民主权利；但又赋予总统过大的权力，同时又允许反民主的军队存在，为法西斯上台提供了便利。最终，由于经济困难、政治极化以及对待战争赔偿和国际关系的争议，共和国内部矛盾日益加剧。1933年，希特勒的上台，标志着魏玛共和国的终结，德国开始了其历史上最黑暗的篇章。

（二）魏玛共和国的政治措施

魏玛共和国期间，德国尝试建立一套民主制度，包括立法、行政和司法三权分立，以及普选制度。然而，这些政治措施未能有效解决国内的深层次问题。共和国面临来自极左和极右势力的挑战，政府频繁更迭，政治稳定性差。总统紧急权的条款被滥用，为后来希特勒通过合法手段控制政府铺平了道路。此外，魏玛宪法虽然提供了广泛的民权，但在经济危机和社会不稳定的情况下，这些权利往往名存实亡。

（三）魏玛共和国的经济发展

魏玛共和国经历了起初的经济困难，特别是因《凡尔赛条约》赔款造成的财政负担，以及1923年的恶性通货膨胀。1924年后，德国经济在外国贷款帮助下有所复苏，但这种依赖性使得德国经济极其脆弱。1929年经济危机的爆发，导致外资撤回，德国经济再次陷入深度危机。经济的不稳定加剧了社会的不满情绪，为极端的法西斯政治势力崛起提供了肥沃的土壤。

（四）对魏玛共和国的评价

1. 魏玛共和国代表了德国民主实践的重要尝试，为德国引入了现代民主政体的许多元素，尽管最终未能防止极权主义的崛起，但它展示了德国人对民主制度的渴望和尝试。

2. 魏玛共和国在性别平等、教育改革和社会福利等领域取得的进步，体现了其对更加公正和平等社会的追求。

3. 频繁的政府更替和政治两极化严重削弱了民主制度的稳定性和效率，反映了其在建立健全民主政体方面的失败。

4. 恶性通货膨胀和大萧条期间的经济崩溃暴露了魏玛政府在经济管理和危机应对上的严重不足，最终未能阻挡德国走上法西斯道路。

总的来说，魏玛共和国是德国历史上一次宝贵的民主实践，尽管它最终以失败结束，但其经历对后来世界历史的发展产生了深远的影响。它提醒后人，在面对国家治理的复杂性时，需要更加坚定地维护民主原则和制度建设，防止历史的悲剧重演。

参考资料

1. 吴于廑，齐世荣：《世界史·现代史编》，高等教育出版社，2011年。
2. 周启迪：《世界现代史》，北京师范大学出版社，2004年。

题目 2　简述两次世界大战之间法国战略地位的变化

相关真题　2020年湘潭大学

在20世纪的两次世界大战之间，法国从一战的胜利者转变为二战初期迅速被德国占领的国家，其国际战略地位也随之经历了显著变化。

(一) 一战前后法国战略地位的变化

一战结束时，法国作为协约国之一赢得了战争胜利，但胜利的代价是惨重的。尽管在战后的《凡尔赛和约》中获得了德国的赔偿和领土的部分扩张，法国的国际地位似乎得到了提升，但这种提升是脆弱且有限的。

1. 经济上的重建与挑战。一战对法国经济造成了毁灭性的打击，特别是在其北部的工业心脏地带。战后，尽管通过德国的赔款部分缓解了经济重建的财政压力，但赔款的收取过程充满争议和困难，且对法国经济的全面复苏作用有限。20世纪20年代的法国经济面临着重建的巨大任务，同时也要应对战后欧洲普遍存在的通货膨胀和经济不稳定。

2. 政治与军事地位的暂时提升。一战胜利后，法国在欧洲的政治影响力达到了顶峰，成为推动《凡尔赛和约》和新欧洲秩序建立的关键国家之一。同时，法国着手加强其东部边境的军事防御，如马其诺防线的建设，以防御德国的再次威胁。

(二) 二战前后法国战略地位的变化

进入20世纪30年代，世界政治经济格局的变化，尤其是纳粹德国的崛起，对法国构成了新的挑战。法国试图通过加强与英国等国的联盟关系来维持其在欧洲的安全与影响力，但这种努力最终未能阻止二战的爆发。

1. 经济地位的进一步削弱。大萧条时期，法国经济受到严重冲击，国内生产总值大幅下滑，失业率上升。尽管政府采取了一系列措施试图振兴经济，但效果有限，法国经济的软弱为其在二战中的快速失败埋下了伏笔。

2. 政治及军事地位的急剧下降。1940年，德国的闪电战迅速击溃了法国的防御，法国被迫签署了屈辱的《科姆皮埃涅停战协定》，法国在二战中的战略地位彻底崩溃。尽管后来法国成为联合国安理会五常之一，试图恢复其国际地位，但由于经济实力的严重损失和军事上的依赖性，法国再也未能恢复到战前的强国地位。

总之，两次世界大战之间法国战略地位的变化反映了其面对国际政治经济巨变的挑战与应对。从一战的胜利者到二战中的短暂沦陷者，再到战后在国际舞台上寻求地位的重建，法国的经历是一个时代的欧洲强国在世界历史洪流中挣扎与适应的缩影。

参考资料

1. 吴于廑，齐世荣：《世界史·现代史编》，高等教育出版社，2011年。
2. 周启迪：《世界现代史》，北京师范大学出版社，2004年。
3. 王绳祖：《国际关系史》，世界知识出版社，1996年。

题目 3 论述20世纪20年代美国对欧洲实行孤立主义的原因和措施

相关真题 2024年中国社科院大学

孤立主义是指美国为了自身利益，尽量避免承担海外政治、军事义务，或不与他国结盟，以摆脱外部束缚，保持行动自由而实行的一种外交政策。

(一) 原因

1. 独特优越的地理位置。美国地处北美洲中部地区，远离欧洲，可以避免欧洲的战乱。并且美国周围没有与之匹敌的国家，幅员辽阔、自然条件优越，因此倾向于保持孤立。

2. 受传统的孤立主义情绪影响。立国之初，孤立主义就被作为美国制定外交政策的一项原则确定了下来，并一直影响了美国后续的对外政策。

3. 一战后美国国内反战情绪高涨。美国人民认为加入欧洲国家之间的战争造成了大量牺牲和经济损失，于是不想再卷入欧洲及国际事务中，掀起了狂热的反战和孤立情绪。

4. 一战后，欧洲依然是世界力量的中心，美国在欧洲的影响力尚不足以占据强势地位，还不具备主导国际事务的能力，且美国在欧洲有着巨大的经济利益，不愿贸然与任何一个大国为敌，因此重新回归了孤立主义。

(二) 具体措施

1. 拒绝加入国联。1920年3月，美国参议院拒绝批准《凡尔赛条约》，同时也拒绝加入威尔逊总统倡议的国际联盟，拒绝对凡尔赛体系承担任何责任。

2. 保持与英国相等的军事地位。虽然一战后，英国经济、军事力量大为衰减，但是在1922年的华盛顿会议上，美国签订了《限制海军军备条约》，满足于保持与英国相等的海军军备限制。

3. 强化对外来移民的限制。20世纪20年代，美国实行移民限额，例如，1924年通过《约翰逊-里德法》，将每年来自任何国家的移民人数限制为该国1890年在美国侨民总数的2%。

4. 提高进口关税。美国通过这一方法减少国际贸易，使国家经济更加依赖国内市场。例如，1921年5月，美国通过了紧急关税法，提高小麦、玉米、羊毛的进口税率，并且禁止从德国进口染料。

5. 以经济外交作为对欧主要政策。①向欧洲国家提供贷款，助力战后欧洲的重建，以便他们能够偿还一战期间的对美债务。②1924年美国参与制订道威斯计划，1929年又制订了杨格计划，彻底解决了德国战后赔偿问题。③推动各国恢复金本位制，促进建立一个开放贸易、投资安全的世界。

1941年12月，日本偷袭珍珠港事件爆发，随后美国加入二战中与日本作战，支援欧洲战场，孤立主义逐渐从美国政治舞台中退出。

参考资料

1. 吴于廑，齐世荣：《世界史·现代史编》，高等教育出版社，2011年。
2. 刘宗绪：《世界近代史》，北京师范大学出版社，2004年。
3. 齐涛：《世界通史教程》，山东大学出版社，2008年。

第三节　世界经济危机与罗斯福新政

题目1　论述1929—1933年经济危机

相关真题　2024年湖北大学；2023年湘潭大学；2022年湖北大学；2020年北京师范大学；2020年陕西师范大学；2020年东北师范大学；2018年山西大学；2017年南开大学；2016年西北大学

1929—1933年，世界经历了一场前所未有的经济危机，这场危机被称为"大萧条"。它起始于美国，但迅速蔓延全球，对世界经济和政治格局产生了深远的影响。这场危机揭示了资本主义经济体系的脆弱性，并促使各国政府采取了前所未有的经济干预措施。

（一）原因

1. 经济过热和股市泡沫。20世纪20年代，美国经济迅速增长，股市表现强劲，投资者乐观情绪高涨，导致股市泡沫形成。1929年，股市泡沫破裂，股价暴跌，引发了金融危机。

2. 银行体系的脆弱。当时的银行体系缺乏足够的监管，许多银行因为投资失败和存款者挤兑而破产，加剧了金融市场的动荡。

3. 国际贸易冲突。高额关税和贸易壁垒限制了国际贸易，加剧了全球经济的衰退。

4. 农业危机。20世纪20年代后期，农产品价格持续下跌，许多农民面临破产，农业危机加深了经济衰退。

（二）表现

1. 产业萎缩。工业生产大幅下降，许多工厂关闭，产能过剩问题严重。

2. 失业率激增。随着企业倒闭和产业萎缩，失业率飙升。美国的失业率在1933年达到了历史最高点。

3. 国际贸易急剧收缩。全球贸易量大幅减少，国际贸易系统受到严重破坏。

4. 财政危机。政府财政收入大幅减少，同时，为了救市，政府支出大增，导致财政赤字加剧。

（三）危机的后果及其影响

1. 促进了政府对经济的干预。为了应对经济危机，许多国家的政府采取了积极的干预措施，如美国的"罗斯福新政"，开创了政府大规模干预经济的先例。

2. 加剧了国际政治的动荡。经济危机加剧了各国内部的社会矛盾，导致了政治极端主义的兴起，特别是纳粹党在德国的上台，直接推动了第二次世界大战的爆发。

3. 改变了国际经济秩序。大萧条后，金本位制逐渐被抛弃，世界经济开始转向更加灵活的货币政策和国际贸易机制。

4. 加速了全球经济一体化。为了恢复和促进经济增长，国际合作成为各国共识，为后来的全球经济一体化奠定了基础。

1929年至1933年的经济危机，不仅是一次全球性的经济灾难，也是资本主义发展历程中的重要转折点。它不仅对当时的经济政策和国际关系产生了深刻影响，也对后来的经济理论和政策制定产生了深远影响。

参考资料

1. 雨竹：《1929—1933年世界经济危机的状况、原因及对策》，《江西社会科学》，1991年第5期。

题目2 论述1929年世界经济大危机各国的应对措施，以及欧亚战争策源地的形成

相关真题 2024年南开大学

1929年世界经济大危机对全球产生了深远影响，各国政府采取了不同策略以应对这场危机，其结果直接或间接地影响了后续的国际关系和政治格局，导致了欧洲和亚洲的战争策源地的形成。

（一）各国应对经济大危机的策略

1. 美国：从胡佛的自由放任到罗斯福的新政。美国在经济大危机初期，胡佛总统采取自由放任政策，希望通过市场自我调节来解决问题，然而，经济状况愈发恶化。1933年，罗斯福总统上台后推出了新政，这一系列政策旨在通过政府的积极干预来振兴经济。罗斯福新政包括四大板块：金融改革、工业复兴、农业调整和社会福利，每项措施都旨在恢复经济信心，促进就业和消费，以此解决经济危机。

2. 英国：保护主义和经济自救。面对经济危机，英国政府采取了保护主义措施，从而放弃了长期坚持的自由贸易政策。通过实施关税壁垒保护国内产业，同时削减公共支出和降低公职人员工资以减少财政赤字。这些政策有助于缓和经济危机带来的影响，但也引发了国际贸易的萎缩，加剧了全球经济的紧缩。

3. 法国：晚期反应与社会改革。法国对于经济危机的反应相对滞后，直到1936年左翼政府上台后才开始实施一系列的社会和经济改革措施。这些措施包括缩短工时、提高工资和推动国家干预经济，特别是在金融和工业领域。这些政策在短期内提高了工人的生活水平和消费能力，但也加大了政府的财政负担。

（二）经济危机与欧亚战争策源地的形成

1. 欧洲：德国和意大利的军事化与扩张。在经济大危机的背景下，德国和意大利的极端主义政府通过军事化经济和对外扩张来寻求出路。德国的纳粹政府实施了大规模的军备扩张和公共工程计划以减少失业，同时通过对外侵略来强化其国内政权。意大利同样通过对外扩张来转移国内的经济压力。这些行为不仅加剧了欧洲的政治紧张，也为第二次世界大战的爆发埋下了伏笔。

2. 亚洲：日本的军国主义扩张。日本利用经济危机加深了其军国主义政策，通过对外侵略来解决国内的经济问题。自1931年的九一八事变起，日本开始了对中国的侵略，这不仅是为了掠夺资源，也是为了转移国内的社会矛盾。日本的这一行为直接导致了亚洲战争策源地的形成，也使得亚洲成为第二次世界大战的主战场之一。

综上所述，1929年世界经济大危机迫使各国采取了不同的应对策略。在短期内，这些策略或多或少地缓解了经济危机的影响，但从长远来看，它们加剧了国际政治的紧张和不稳定，特别是在欧洲和亚洲，经济危机直接催化了战争策源地的形成，最终导致了全球性冲突的发生。

参考资料

1. 吴于廑，齐世荣：《世界史·现代史编》，高等教育出版社，2011年。
2. 张建华：《世界现代史》，北京师范大学出版社，2006年。

题目3 简述凯恩斯主义的内涵和历史意义

相关真题 2017年北京大学

凯恩斯主义，以英国经济学家凯恩斯的理论为基础，于20世纪30年代中期形成，这一经济理论体系强调政府通过积极的财政和货币政策干预经济活动，以解决失业和经济不稳定等问题，对后世的经济思想和政策制定产生了深远影响。

（一）凯恩斯主义的内涵

凯恩斯主义理论集中体现在其代表作《就业、利息和货币通论》中，其核心思想为集中解决资本主义经济系统中的周期性危机，尤其是大萧条期间显现的大规模失业和生产过剩问题。

1. 有效需求不足论。凯恩斯认为，经济衰退和大规模失业的根本原因在于有效需求的不足。他提出，在没有充分需求的情况下，市场自发调节机制无法保证资源的充分利用和全民就业。

2. 政府干预经济的必要性。凯恩斯强调，在面对经济衰退时，政府应通过增加公共支出、减税和调整货币供给等措施，刺激经济增长，增加就业机会。

3. 货币政策与财政政策的双重作用。凯恩斯认为，通过调整利率来影响投资的货币政策和通过公共支出与税收来直接影响总需求的财政政策，都是政府调节经济、实现充分就业和经济稳定的重要工具。

（二）凯恩斯主义的实践

凯恩斯主义在20世纪30年代末至40年代被广泛应用于西方国家的经济政策中，尤其是在美国。

1. 罗斯福新政。美国总统富兰克林·罗斯福在大萧条期间实施的一系列经济恢复计划，被看作凯恩斯理论的早期实践。新政通过大规模的公共工程、金融体系改革和社会保障制度的建立，有效地缓解了经济危机，促进了就业和经济增长。

2. 二战后的全球应用。二战后，凯恩斯主义成为西方资本主义国家宏观经济管理的主导理论，尤其在20世纪50年代和20世纪60年代，通过国家干预经济活动，这些国家实现了长期的经济繁荣和社会稳定。

（三）凯恩斯主义的历史意义

凯恩斯主义对20世纪的世界经济和政治格局产生了深远的影响。

1. 结束了自由放任的经济理念的主导地位，确立了政府在经济管理中的积极角色。这一转变不仅帮助西方国家摆脱了经济危机，也促进了社会福利制度的发展。

2. 促进了宏观经济学的发展。凯恩斯的理论创立了现代宏观经济学的基础，对后来的经济学研究和政策制定产生了重要影响。

3. 对全球经济一体化的推动。凯恩斯主义倡导的政府干预和国际经济合作思想，为后来全球经济一体化的发展奠定了理论基础。

综上所述，凯恩斯主义作为20世纪最重要的经济理论之一，不仅在理论上对资本主义经济体系进行了深刻的批判和改革，而且在实践中通过国家干预经济活动有效地解决了失业和经济不稳定问题，对世界经济的发展产生了深远的影响。

参考资料

1. 王耀中：《战后凯恩斯主义的演变与最新发展及其启示》，《湖南师范大学》，1998年第1期。
2. 王丽云，王华荣，朱耀顺：《浅析罗斯福新政与凯恩斯理论的关系》，《云南农业学报》，2008年第2期。
3. 杨春学，谢志刚：《国际金融危机与凯恩斯主义》，《经济研究》，2009年第11期。

题目4 论述罗斯福新政

相关真题 2023年南开大学；2023年西南大学；2020年暨南大学；2020年西南大学；2018年南京大学；2018年上海大学；2017年厦门大学；2016年吉林大学

罗斯福新政由罗斯福总统在其任期内（1933—1945年）推动实施。这项新政策旨在解决1929年至1933年大萧条期间美国爆发的经济危机，并助力美国经济走出低谷。

（一）罗斯福新政的背景

大萧条是美国历史上最严重的经济危机，以1929年股市崩溃为标志，导致银行破产、企业倒闭、大规模失业和极度贫困。面对这场空前的经济灾难，传统的自由放任经济政策显得无能为力，民众对政府的期望空前高涨。1932年，罗斯福凭借其提出的新政策理念赢得总统大选，开始了新政的实施之路。

1. 经济危机的深重影响。大萧条不仅造成了经济上的巨大损失，更引发了社会的广泛动荡和苦难，失业率的飙升使数百万家庭陷入困境。

2. 民众对改变的渴望。在经济危机深重的背景下，民众急需政府采取有效措施来改善经济状况，罗斯福提出的新政理念正好迎合了民众的期待。

（二）罗斯福新政的主要内容

"新政"的主要内容可用"3R"来概括，即Recovery（复兴），Relief（救济），Reform（改革）。"新政"实施分为1933—1935年、1935—1939年两个阶段。第一阶段重点在复兴和救济，第二阶段重点在改革，具体内容如下：

1. 政府体制方面。扩大总统权力，在三权分立体系中居中心地位。聘用支持新政的官员，建立总统办事机构，变革中央管理体系。

2. 救济措施。罗斯福政府通过直接救济计划，如民间保障工程、紧急救济管理局等，提供失业救济，帮助受大萧条影响最严重的群体。

3. 经济复兴。罗斯福新政通过公共工程计划，如通过公共工程管理局投资基础设施建设，旨在刺激经济增长，提供就业机会。

4. 经济和社会改革。新政还包括了一系列改革措施，如整顿银行和改革税制、颁布《国家工业复兴法》《农业调整法》《社会保障法》等，旨在建立更加公平和稳定的经济体系，保护工人和农民权益，建立社会保障体系。

（三）罗斯福新政的历史意义

罗斯福新政不仅成功地帮助美国经济逐渐走出大萧条的阴影，还对美国的经济政策和社会制度产生了深远的影响。

1. 经济政策的转变。罗斯福新政标志着美国从自由放任的经济政策向政府干预经济政策的转变，确立了联邦政府在经济调控中的积极作用。

2. 社会制度的完善。新政期间建立的社会保障体系为美国民众提供了基本的经济安全保障，对缓解社会矛盾、提高民众生活水平起到了重要作用。

3. 推动国家垄断资本主义的发展。罗斯福新政通过加强政府干预经济的力度，推动了美国国家垄断资本主义的发展，成为国家垄断资本主义经济的开端。

综上，罗斯福新政有效地将美国从1929—1933年的经济危机中拯救了出来，缓和了尖锐的社会矛盾，在一定程度上恢复了民众对资本主义制度的信心，避免美国走上法西斯道路。

参考资料

1. 资中筠：《也谈罗斯福"新政"》，《国际经济评论》，1998年第4期。
2. 刘绪贻：《罗斯福新政与凯恩斯主义》，《美国研究》，1991年第1期。

题目5 简述1901—1939年间美国历届政府在国内经济活动中职能作用的演变

相关真题 2007年历史学统考

从20世纪初到第二次世界大战爆发前夕，美国历届政府在国内经济活动中的职能作用经历了显著的变化。这一时期，从"有限政府"到政府积极干预，反映了美国对内政策和经济管理理念的重大转变。

（一）进步时代的政府经济干预（1901—1913 年）

20 世纪初，美国进入了所谓的"进步时代"，政府在经济活动中的角色逐渐扩大，主要表现在对大型企业，尤其是对垄断企业的管制上。

1. 西奥多·罗斯福的"广场协议"政策。罗斯福总统采取了一系列打击垄断、保护消费者权益的措施，包括对标准石油和美国烟草公司的反托拉斯诉讼。这标志着联邦政府首次大规模介入经济以调节市场。

2. 威尔逊的新自由主义改革。威尔逊政府通过联邦储备法和克莱顿反托拉斯法，进一步加强了政府对经济的干预和监管，尤其是在金融和反垄断领域。

（二）20 世纪 20 年代的经济政策回归自由放任

1. 20 世纪 20 年代，美国政府的经济政策大幅回归自由放任主义。在这一时期，共和党连续执政，强调减税、减少政府支出和鼓励私人企业发展。

2. 哈定、柯立芝和胡佛的经济政策。这三位共和党总统都主张减轻政府对经济的干预，他们认为市场自由竞争能够促进经济增长。尽管 20 世纪 20 年代美国经济看似繁荣，但过度的投机和缺乏有效的金融监管为 1929 年的股市崩盘和随后的大萧条埋下了隐患。

（三）大萧条与罗斯福新政的经济干预（1933—1939 年）

大萧条彻底改变了美国政府在经济活动中的职能作用，罗斯福新政标志着政府干预经济的新高潮。

1. 对抗经济危机的广泛措施。罗斯福政府实施了一系列旨在恢复经济、减轻失业和改革金融系统的政策，如颁布《紧急银行法》《国家工业复兴法》和《社会保障法》等。这些措施极大地增强了联邦政府在经济管理中的角色。

2. 长期影响。罗斯福新政不仅缓解了大萧条的影响，还对美国政府的职能作用产生了深远的影响。政府对经济的积极干预成为以后几十年美国经济政策的基础，为后来美国成为全球经济强国奠定了基础。

从 1901 年到 1939 年，美国政府在经济活动中的职能作用经历了由边缘到中心的转变，特别是罗斯福新政的实施，不仅为应对当时的经济危机提供了有效的策略，也为美国乃至全球的经济政策发展方向提供了重要的借鉴和启示。

参考资料

1. 吴于廑，齐世荣：《世界史·现代史编》，高等教育出版社，2011 年。
2. 周启迪：《世界现代史》，北京师范大学出版社，2004 年。
3. 张骁虎：《20 世纪以来美国社会治理中联邦政府角色的演变》，吉林大学 2017 年博士学位论文。

题目 6　论述在 1929—1933 年经济危机的打击下，为什么德国走上法西斯道路，而美国没有走上法西斯道路

相关真题　2024 年山东师范大学；2017 年华中师范大学

在 1929—1933 年经济危机的打击下，德国和美国选择了截然不同的路径来应对这场全球性的灾难。德国走上了法西斯道路，而美国没有。这一决策的差异是由各自的历史背景、政治体制、经济状况以及社会心态等造成的。

（一）德国走上法西斯道路的原因

1. 经济崩溃的严重后果。德国在经济大萧条期间受到的打击特别严重，高达六百万的失业率加剧了社会不满。德国经济的脆弱性主要源于一战后《凡尔赛条约》的负担，巨额的战争赔偿和领土的丧失严重削弱了德国的经济恢复能力。

2. 政治动荡和民主制度的弱点。魏玛共和国内部存在严重的政治分裂，多党制政治导致政府无法形成有效的治理力量，加之经济大萧条进一步削弱了民众对民主政体的信任，为极端主义势力的崛起提供了机会。

3. 民族主义情绪的高涨。德国人普遍对《凡尔赛条约》感到屈辱，民族主义情绪高涨，纳粹党利用这种情绪，通过民族复兴的承诺获得了广泛的民众支持。

4. 希特勒的策略和宣传。纳粹党通过高效的宣传机器和对民众心理的精准把握，有效地传播了其政治理念。希

特勒个人的政治野心和策略也在关键时刻促成了纳粹党的上台。

（二）美国没有走上法西斯道路的原因

1. 强大的民主政治传统。美国拥有悠久的民主制度和政治稳定性，即便在经济大萧条期间，民主体制和法治精神依然深植人心，为经济政策的调整和社会秩序的维护提供了坚实的基础。

2. 罗斯福新政的实施。面对经济危机，罗斯福政府通过一系列积极的干预措施成功缓解了经济危机的影响，恢复了民众对政府的信任，并稳定了社会秩序。

3. 经济结构的差异。与德国相比，美国的经济更为多元化且具有更强的自我恢复能力。新政期间，通过提供公共工程就业、实行金融改革等措施，有效促进了经济的复苏。

4. 社会主义和共产主义运动的影响。在美国，社会主义和共产主义运动在一定程度上分散了极端主义的社会基础，使得极端右翼势力难以像德国那样获得压倒性的支持。

综上所述，德国的法西斯化是特定历史条件下的产物，而美国则依托其强大的民主传统和有效的政策应对，成功避免了走上法西斯道路。

参考资料

1. 吴友法：《二三十年代经济危机与德国法西斯的兴起》，《武汉大学学报》，1988年第4期。
2. 张秋生：《美国三十年代的法西斯运动和没走上法西斯道路的原因》，《徐州师范学院学报》，1987年第3期。

第四节　日本军国主义和德意法西斯

题目1　论述19世纪的社会达尔文主义学说　醒吾历史统考预测题

19世纪的社会达尔文主义学说是在达尔文的生物进化理论基础上发展起来的，主要由英国哲学家斯宾塞提出和推广。该学说试图将达尔文的"自然选择"和"适者生存"的观念应用于人类社会和文化的演变中，从而解释社会发展和人类行为的规律。

（一）产生背景

19世纪中叶，随着工业革命的深入发展，欧美等资本主义国家逐渐由自由资本主义向垄断资本主义过渡，殖民帝国为美化殖民、缓和殖民地矛盾，使得这一理论广泛传播。

（二）主要观点

社会达尔文主义的核心观点可以概括为以下几个方面：

1. 强者生存的社会法则。斯宾塞认为，社会和生物界一样，都遵循"适者生存，不适者淘汰"的自然法则。在社会竞争中胜出的个体或群体，是因为他们更能适应环境，拥有更优秀的能力或品质。因此，社会进步和发展是通过不断的竞争和自然选择实现的。

2. 反对政府干预。斯宾塞认为，政府的过多干预会阻碍社会的自然发展过程，干扰"适者生存"的法则。他主张限制政府职能，反对政府过多地介入经济和社会事务，认为社会问题应通过个体自由竞争和自我调节来解决。

3. 社会进化论。斯宾塞将生物进化的概念扩展到社会领域，提出社会也是按照一定的规律不断进化的。他认为，人类社会从简单的部落社会逐渐发展成复杂的工业社会，这一过程是不可逆转的社会进化过程。

（三）影响和评价

社会达尔文主义在19世纪末20世纪初产生了广泛的社会和学术影响。它为当时的资本主义制度提供了一种看似科学的正当性基础，为殖民扩张、社会不平等等现象提供了理论支持。然而，社会达尔文主义也受到了广泛的批评：

1. 简化社会复杂性。批评者认为，斯宾塞将生物进化中的自然选择机制简单地应用于人类社会，忽略了社会现象的复杂性和多样性，以及人类意识、文化等非生物因素的作用。

2. 为社会不平等辩护。社会达尔文主义被指责为社会不平等和弱肉强食的现象提供了"科学"的辩护，为资本主义的剥削制度和种族主义等提供了理论依据。

3. 忽视社会合作的价值。在强调竞争和自然选择的同时，社会达尔文主义忽视了人类社会中合作与互助的重要性，以及这些因素在社会进步中的作用。

总之，19世纪的社会达尔文主义学说试图为社会现象提供一种科学的解释，但其理论假设和社会政策建议受到了深刻的质疑和批评。对社会达尔文主义的批评提醒人们在应用自然科学理论解释社会现象时必须谨慎，需充分考虑人类社会的特殊性和复杂性。

参考资料

1. 罗力群：《"社会达尔文主义"的由来与争议》，《自然辩证法通讯》，2019年第8期。
2. 牛天云：《斯宾塞社会达尔文主义思想研究》，湖南师范大学2021年硕士学位论文。

题目 2 论述德国法西斯上台的历史原因及过程

相关真题 2024年四川大学；2023年哈尔滨师范大学；2018年湖南师范大学；2018年西北师范大学；2018年北京大学

德国法西斯主义的上台是20世纪最为显著的政治事件之一，其背后的历史原因包含了深层的社会经济结构变化、政治体制的弱点、国际环境的压力以及特定历史人物的作用。这一事件不仅改变了德国的历史轨迹，也对世界历史产生了深远的影响。

（一）外部因素的影响

一战后的《凡尔赛和约》对德国的影响极为深远。德国被迫接受了巨额赔款、领土割让等苛刻条件，这不仅加重了德国的经济负担，也严重挫伤了德国民族的自尊心和自信心。在国际环境方面，1929年的全球经济大萧条对已经负债累累的德国造成了毁灭性的打击，高涨的失业率和经济的全面崩溃使德国社会充满了绝望和不满情绪。

（二）内部因素的作用

1. 经济的崩溃直接影响了政治的稳定。魏玛共和国作为一战后德国的政府，因其内在的脆弱性和外部压力的叠加，未能有效地解决经济危机，政治极化现象日益严重，民众对于传统政党和政治精英的失望，为极端政党的崛起提供了土壤。

2. 法西斯主义者通过资金援助和政治支持，帮助纳粹党扩大了其社会影响力。纳粹党对于国家主义的强调、对于经济恢复和民族复兴的承诺，吸引了广泛的民众支持，尤其是在失业工人、小资产阶级和部分农民中。

（三）纳粹党的策略及上台过程

1. 经济危机前，纳粹党发展缓慢。1921年，希特勒当选为纳粹党主席，从此在党内实行独裁统治。1923年，希特勒发动"啤酒馆暴动"，遭到镇压。希特勒也因此被捕入狱，他在狱中积极宣传种族主义、反犹主义等。

2. 经济危机的爆发为纳粹运动的发展提供了机会。经济危机爆发后，纳粹党争取城乡小资产阶级群众和失业青年的支持，还得到国防军和大资本家支持，并于1932年成为国会第一大党。1933年，兴登堡任命希特勒为总理。

3. 法西斯专政建立。1933年希特勒解散国会，并制造"国会纵火案"，使德国共产党转入地下。他还摆脱了国会束缚，获得了立法权。资产阶级议会民主制不复存在，多党制被取消。1934年，希特勒成为"元首兼国家总理"，集党、政、军大权于一身，开始实行恐怖统治。

综上所述，德国法西斯主义的上台是多种因素共同作用的结果，包括一战后的国际条约给德国带来的经济负担、全球经济大萧条的冲击、国内政治体制的不稳定、资产阶级和工业界的支持，以及纳粹党自身的政治策略和宣传手段。

参考资料

1. 邱文：《希特勒上台至德国法西斯政权的全面确立》，《世界历史》，1990年第4期。

题目 3　从日本外交和国际体系关系的角度分析第二次世界大战亚洲太平洋地区的起源

相关真题　2024 年首都师范大学

一战后虽然确立了凡尔赛－华盛顿体系，但帝国主义之间的矛盾并没有消除，一战后不到 20 年，日本便在亚洲太平洋地区掀起新的世界大战。

（一）全面抗战开始前日本对国际体系的挑战

1. 从"协调外交"转向对华武装干涉。1927 年 3 月，日本金融危机爆发，田中义一组织了新内阁，他否定了币原协调外交路线，加紧对华武装干涉。自此之后，日本连续制造事端，加紧对中国的侵略，公然破坏华盛顿体系，亚太地区相对稳定的局面被打破。

2. 退出国际联盟。1933 年 2 月，国联大会通过了以李顿调查团报告书为基本内容的决议，并申明对"满洲国"不给予事实上或法律上的承认。3 月，日本宣布退出国联，表明它决心用武力独占中国。

（二）全面抗战开始前国际社会的对日态度

1. 美英等国对日绥靖。①英法为了换取自己在东南亚殖民地的安全以及避免新的战争爆发，选择对日本进行绥靖。②美国实行"不承认主义"，在道义上否认了日本的侵略成果，但并没有采取实质性的针对日本的措施。③苏联于 1935 年向伪满政权售卖中东路，间接承认伪满政权的合法性。

2. 国际社会对日本的绥靖，极大地增强了日本的侵略野心，1936 年，广田内阁制定了"国策基准"，确立了扩大对外侵略的方针，亚洲战争策源地形成，随后发动了全面侵华战争。

（三）全面抗战开始后日本对国际体系的破坏

1. 拒绝出席布鲁塞尔会议。1937 年，国联召开布鲁塞尔会议，重申必须尊重《九国公约》所确定的原则，要求中日停止战争行动，日本拒绝出席会议。

2. 宣布"建设东亚新秩序"。1938 年 11 月，日本宣布要"建设东亚新秩序"，实现"日、满、华合作"，声称要限制东亚以外的国家在中国的经济活动。日本还批驳美国的"门户开放"政策，表示决心创建一个东亚集团。

3. 缔结德意日军事同盟。英、美等国对德日侵略活动的退让与绥靖政策，使法西斯活动猖狂起来。1937 年 11 月，德、意、日通过《反共产国际协定》，三国轴心正式形成。1940 年 9 月，三国在柏林签署《德意日三国同盟条约》，正式结成军事同盟。

（四）全面抗战开始后国际社会的对日态度

1. 英美等国对日态度转变。①全面抗战开始时英美仍坚持纵容日本侵略的立场，但随着日本侵略政策越来越危及英美等国的利益，英美开始援助中国抗战。②苏联在日本全面侵华后为防止日本北上，大力援助中国抗日。

2. 1940 年，日本推行南进政策，此时除与法西斯国家结盟外，已被国际社会孤立。于是日本开始铤而走险，偷袭珍珠港，第二次世界大战亚洲太平洋战场爆发。

参考资料

1. 吴于廑，齐世荣：《世界史·现代史编》，高等教育出版社，2011 年。
2. 张建华：《世界现代史》，北京师范大学出版社，2006 年。

题目 4　论述近代日本法西斯体制的建立

相关真题　2024 年渤海大学；2024 年延边大学；2022 年内蒙古师范大学；2022 年哈尔滨师范大学；2020 年延边大学；2014 年内蒙古大学

日本法西斯体制，起源于一战后，这是日本政治历史上一个极端专制的阶段。此体制内部强化了对民主自由的压制，推崇军国主义，对外进行激进的扩张政策，给东亚及世界历史留下了深刻的影响。

（一）背景

1. 国际背景

①政治环境的变化。一战后，全球政治格局经历重大调整。日本作为战胜国之一，尝试在国际舞台上扩大其影

响力。然而，由于西方国家对日本的限制，尤其是在海军力量和殖民地扩张方面的制约，激发了日本内部对于改变国际地位的强烈欲望。

②经济挑战。1929年的全球经济大萧条对日本经济造成了严重打击，导致了国内的经济困难和社会不满。这为极端主义思潮的兴起提供了肥沃的土壤。

2. 国内动荡

①政治格局的不稳定。明治维新之后，日本虽然实现了从封建国家到近代国家的转变，但新的政治体制未能有效解决政治权力的分配问题，军部与政府间的矛盾逐渐加剧。

②经济的不平衡发展。虽然日本在明治维新后经济有所发展，但其发展不均衡，城乡、地区之间的经济差距显著，加之全球经济大萧条的影响，使得国内经济压力巨大。

③社会不满情绪的上升。国内经济问题和社会问题的累积，加之对外政策的挫败，激发了民众对现状的不满，极端主义思潮开始获得社会的一定支持。

（二）形成过程

1. 20世纪20年代——准备期

在国内外矛盾的双重作用下，日本国内强烈的民族主义和军国主义思潮开始兴起。这些思潮认为，通过强化国家权力、扩张领土可以解决日本所面临的问题。1919年，北一辉成立了日本最早的法西斯团体——犹存社。

2. 20世纪30年代——形成期

① 1931年，"九一八事变"的爆发加强了军部的声望和势力，1932年日本建立了军部主导下的"举国一致"内阁。通过一系列政变和暗杀，军部最终在政府中占据了主导地位，推动了日本法西斯体制的确立。

② 1937年，日本开展"国民精神总动员运动"，在国民思想上推进法西斯化。1938年日本建立起军事优先的战争经济体制，日本法西斯独裁统治的基础就此奠定。

③ 1940年，日本法西斯解散现有政党，成立"大政翼赞会"，自上而下建立了以天皇为绝对核心的法西斯体制。

（三）影响

1. 对日本。法西斯挑起的战争使日本劳动力人口锐减，经济衰退，人民生活艰难。二战后，军国主义思想和武士道精神毒瘤仍然深埋在日本人心中。

2. 对中国。日本法西斯的侵华战争使中国社会和经济发展遭受严重打击，中国人民备受压迫与蹂躏，甚至惨遭屠杀，中国人民由此开始了漫长的抗日战争。

3. 对世界。法西斯统治期间，整个日本民族对外扩张的野心急剧膨胀，使得日本成为二战的亚洲战争策源地，扩大了第二次世界大战的地理空间范围，使世界发展遭受重创。

综上，日本法西斯体制的建立，不仅改变了日本的国内政治经济格局，也对东亚乃至全世界的历史进程产生了重大影响，为世界历史的发展留下了深刻的教训。

参考资料

1. 吴于廑，齐世荣：《世界史·现代史编》，高等教育出版社，2011年。
2. 刘宗绪：《世界近代史》，北京师范大学出版社，2004年。
3. 齐涛：《世界通史教程》，山东大学出版社，2008年。

第五节 甘地主义

题目1 简述第一次世界大战对印度的影响 醒吾历史统考预测题

虽然第一次世界大战印度未直接参战，但其作为英国的殖民地，使其不可避免地卷入了战争的旋涡之中。这场战争不仅动摇了印度当时的社会经济基础，也加速了印度民族独立运动的进程。

（一）政治影响

1. 民族主义的觉醒。第一次世界大战期间，印度被英国牵涉入战争之中，印度士兵被迫参与欧洲及其他地区的战斗。战后，英国未能兑现战时承诺，反而加强了对印度的殖民统治，引发了印度民族主义者的极大不满。这一时期，印度国大党的政策逐渐从争取更多自治权转向要求完全独立，标志着印度民族主义觉醒的开始。

2. 加速独立运动的发展。战争期间及其后，英国在印度实行的高压政策激发了广泛的民族解放斗争。特别是1919年的阿姆利则惨案，更是成为印度民族主义高涨的转折点，促使更多印度人加入反抗英国殖民统治的行列中。国大党在甘地的领导下，采取了一系列有效的非暴力不合作运动，如盐税抗议、布货抵制等，大大动摇了英国在印度的殖民统治。

（二）经济影响

1. 经济结构的变动。一方面，战争需求促进了印度某些产业的发展，尤其是供应军需的纺织业和重工业；另一方面，战争导致了原材料短缺，农业生产受到影响，加之英国的经济剥削，使得印度经济更加依赖英国，加剧了印度的贫困和社会不平等问题。

2. 民族资本主义的兴起。战争期间，英国对印度的控制有所放松，这为印度民族资本主义的发展提供了空间。一些印度商人抓住机会，发展本土工业和商业，尤其是纺织、钢铁和化工等行业。这种经济发展有助于印度民族资产阶级的形成和壮大，他们成为日后支持印度独立运动的重要力量之一。

（三）社会与文化影响

1. 社会结构的变化。战争带来的经济困难加剧了城乡差距，同时也促进了城市化进程，改变了印度传统的社会结构和阶级关系。这些变化为后来印度的社会动荡和政治变革埋下了伏笔。

2. 思想文化的觉醒。在反抗英国的殖民统治的同时也激发了印度文学、艺术的繁荣，许多作家和艺术家开始探索表达印度的民族身份和文化自豪感，为印度文化的复兴和发展做出了贡献。

总而言之，第一次世界大战对印度产生了深远的影响，不仅加速了印度民族主义的觉醒和独立运动的进程，也对印度的经济、社会和文化产生了重大影响。

参考资料

1. 吴于廑，齐世荣：《世界史·现代史编》，高等教育出版社，2011年。
2. 周启迪：《世界近代史》，北京师范大学出版社，2004年。

题目2　论述印度的非暴力不合作运动及甘地主义

相关真题　2024年北京大学；2024年暨南大学；2020年辽宁大学；2020年山东师范大学；2018年北京大学；2017年中国人民大学；2015年苏州科技大学；2013年湖南师范大学；2013年河南师范大学

印度的非暴力不合作运动是20世纪初由甘地领导的民族解放运动，这一运动通过非暴力与不合作的方式，对英国殖民统治进行了有效抵抗，对印度独立和社会发展产生了深远影响。

（一）运动的背景

1. 经济上，第一次世界大战后，印度面临严重的经济困境。出口市场的萎缩导致外贸大幅下降，民众收入降低，同时粮食和生活必需品价格激增。这些经济问题加剧了民众对英国殖民统治的不满，为非暴力不合作运动提供了肥沃的土壤。

2. 政治上，民族资本主义的崛起与英国的压制相对立。在一战期间，印度民族资本主义得到了一定的发展，然而战后英国加强了对印度的统治，限制了民族资本主义的进一步发展，引发了广泛的民族主义反抗情绪。

3. 社会上，国大党的领导作用日益明显。具备深厚历史背景和丰富政治经验的国大党，在甘地等有影响力的领袖带领下，成为民族解放斗争的核心力量。

（二）甘地主义的内容

1. 甘地主义是一种融合了宗教泛爱观和资产阶级人道主义的政治哲学，强调以和平、非暴力的方式解决冲突。

2. 甘地提倡争取印度的自治和独立，同时倡导建立基于村庄的自治联合体，以此作为国家治理的基础模式。

3. 在经济领域，甘地强调经济正义和平等，主张以农村经济为基础，限制大工业发展，推行"不占有"和"财产委托制"的经济自主思想。

4. 甘地还十分重视民族文化和教育的发展，倡导印度教徒与穆斯林的团结，反对对"不可接触者"的歧视；并提出小生产者基于互助的社会平等思想。

（三）运动的过程

1. 1920 年至 1922 年，第一次非暴力不合作运动的发起，标志着印度民族解放运动的新阶段。面对英国的宪政改革尝试和加强镇压的双重策略，甘地号召民众通过抵制英货、拒绝英国教育和税收来进行抗争。然而，1922 年，乔里乔拉村的事件超出了非暴力的原则，导致运动暂时停止。

2. 1929 年至 1931 年，第二次非暴力不合作运动的发起，反映了国际经济危机对印度的影响及国内独立运动的加深。甘地通过"盐税抗议"等行动，提升了全国范围内的抵制斗争。1931 年，甘地与英国政府的谈判促成了运动的暂停。

3. 1940 年至 1944 年，随着第二次世界大战的爆发，印度社会的不满情绪进一步加剧。甘地提出的个人文明不服从运动强调通过个人行动来推动社会变革，特别是提升贱民的社会地位。国大党提出的退出印度运动要求英国撤退，尽管最终甘地被捕，但运动深刻影响了印度独立运动的走向。

（四）运动的特点

1. 该运动展示了斗争性与革命性。在长期的英国殖民统治下，印度的民族矛盾异常尖锐，非暴力不合作运动以其革命性和斗争性，展现了非暴力抗争的力量。

2. 该运动的策略性和现实性体现在其非暴力手段和自治、独立的目标上，反映了甘地主义的深远影响。

3. 然而，该运动也显示了一定的软弱性与妥协性，特别是在直面暴力压迫时的局限性，反映了非暴力原则在实际斗争中的复杂性。

（五）运动的影响

1. 积极影响。挑战了英国的统治，激发了印度人民的反抗意志，为国大党和独立运动注入了新动力。

2. 消极影响。非暴力的特质在一定程度上限制了运动的深度和广度。

总体来说，非暴力不合作运动在甘地的领导下，为印度摆脱英国殖民统治做出了重要贡献，虽然存在局限，但其在印度独立历程中的意义不容忽视。

参考资料

1. 吴于廑，齐世荣：《世界史·现代史编》，高等教育出版社，2011 年。
2. 朱明忠：《甘地的非暴力主义及其影响》，《南亚研究》，2002 年第 2 期。

第六节　凯末尔主义

题目1　论述凯末尔主义

相关真题 2023 年中国社科院大学

凯末尔主义不仅是土耳其民族资产阶级的思想体系和政治意识形态，也是凯末尔领导下革命与改革的指导原则，其本质上是一套反帝反封建的思想理论体系，这一体系大致包含了六个核心原则。

（一）背景

1. 政治背景。土耳其在一战中战败，随之而来的是国家的深重危机。1918 年，土耳其被迫签订《摩德洛斯停战协定》，1920 年又签订了《色佛尔条约》，丧失了政治独立性。

2. 经济背景。战争引发了严重的经济困境。一战使得土耳其军费超支、负债累累，国内物价飙升，各行业陷入混乱，严重威胁国家稳定。

3. 阶级基础。资产阶级力量壮大。在大战期间，安纳托利亚地区成为土耳其民族工商业的中心，商业资产阶级力量迅速壮大，渴望建立独立国家并创造良好的贸易环境。

4. 思想背景。民族意识和凝聚力增强，民众反抗帝国主义的瓜分和干涉。

（二）凯末尔主义的核心原则

1. 共和主义。主张废除君主制，建立资产阶级共和政体，确保政治权力归属于人民。
2. 民族主义。保卫土耳其的领土完整、民族独立和应有的国际地位。
3. 平民主义。国家最高权力属于人民，法律面前人人平等。
4. 国家主义。在国家的监管之下发展民族经济，实现现代化。
5. 世俗主义。坚持政教分离，反对宗教干预政治。
6. 改革主义。反对保守，坚持推动政治经济改革，包括国家银行的创立、保护关税政策、外汇外资控制等。

（三）意义

1. 提升了土耳其民族的觉悟，加强了民族凝聚力。在凯末尔主义的指导下，土耳其本土文化逐渐发展，如土耳其语言学会领导的土耳其语纯洁化运动，推动了土耳其民族语言的土耳其化。

2. 提升了社会的公平公正。凯末尔主义鼓励人民参政治国，公民通过大国民议会可以更加便利地参与国家治理，同时完善立法司法，这些举措极大地提升了社会的公平公正。

3. 保持了土耳其国家的经济稳定。凯末尔主义主张加强国家对经济的干预，尤其是加强了对工业和对外贸易的管理。正是由于国家干预经济的提出，使得1929年世界经济危机爆发后，土耳其平稳度过危机。

4. 推动了思想解放。在凯末尔主义的指导下，从精神上把土耳其人民从宗教束缚中解放出来，同时并不偏激地反对宗教，从而较好地处理了宗教关系，推动了人民的思想解放。

综上所述，凯末尔主义不仅引领了土耳其的民族主义革命和现代化进程，还维护了国家的民族独立，其六大原则及其在土耳其共和国的贯彻实施，显著地推动了国内政治和经济的稳健发展。

参考资料

1. 吴于廑，齐世荣：《世界史·现代史编》，高等教育出版社，2011年。

题目 2 论述土耳其凯末尔革命、世俗化改革的内容

相关真题 2020年上海大学；2020年中国社科院大学；2018年江西师范大学；2014年上海大学；2014年河北大学；2013年西北大学

凯末尔革命及其后的世俗化改革，是土耳其历史上一次深刻的社会政治变革，这场革命不仅使土耳其摆脱了帝国主义的束缚和封建残余，还成功地将土耳其引向了现代化的道路。

（一）凯末尔革命的背景

1. 政治背景。土耳其在一战后遭受了巨大的领土和主权损失，与协约国签订的《摩德洛斯停战协定》和《色佛尔条约》象征了奥斯曼帝国的终结和土耳其主权的削弱。

2. 经济背景。战争带来的破坏使土耳其经济陷入严重困境，国库空虚，财政赤字严重，加之通货膨胀，使得经济几近崩溃。

3. 社会背景。安纳托利亚地区的民族资产阶级迅速崛起，成为推动土耳其独立和现代化改革的重要力量。

4. 思想背景。民族主义和反帝国主义的思潮日益高涨，民众渴望摆脱帝国主义的压迫，建立一个独立和强大的民族国家。

（二）凯末尔革命的过程

1. 政治重组阶段（1919年5月—1920年4月），这一时期，凯末尔领导的土耳其民族主义运动开始形成，通过在安纳托利亚地区建立政治组织，开始了对外争取独立的斗争。

2. 民族独立战争阶段（1920年4月—1922年9月），在这一阶段，土耳其国民军与希腊及其他协约国军队进

行了两年多的战争，最终成功地维护了国家的主权和民族的独立。

3. 共和国建立和外交谈判阶段（1922年9月—1924年4月），在《洛桑条约》签订后，土耳其的国际地位得到确认，1923年土耳其共和国的正式成立标志着凯末尔革命的胜利。

（三）凯末尔世俗化改革的内容

1. 政治领域。包括废除苏丹制、宣布共和国成立、废除哈里发制并实施政教分离，为土耳其建立了现代政治制度。在对外交往中实行和平中立与独立自主的外交政策。

2. 法律改革。通过颁布新的《民法典》，建立了基于欧洲模式的现代化法治体系，结束了宗教法的统治。

3. 教育改革。凯末尔强调教育的世俗化和现代化，推行非宗教的公共教育系统，强化国家对教育的控制，提升国民整体的教育水平。

4. 文化改革。摒弃奥斯曼帝国的宗教传统，推广土耳其语的使用，促进现代文化的发展。

5. 经济改革。以"国家主义"为指导思想，通过发展民族工业和现代农业经营体系，推动了土耳其经济的现代化。

（四）意义

1. 建立了具有现代政治体系的资产阶级共和国，结束了奥斯曼帝国的封建统治。

2. 促进了土耳其人民摆脱宗教法的束缚，获得现代世俗化生活环境，提高了妇女在政治社会中的地位和作用。

3. 通过实行义务教育制和建立教育机构，显著提升了民众的受教育水平。

4. 经济改革措施为土耳其的工业发展奠定了基础，促进了经济的独立和发展。

总而言之，凯末尔革命及随后的世俗化改革，不仅是土耳其向现代化国家转型的重要一步，也为世界历史上的民族解放运动和现代化进程提供了宝贵的经验。

参考资料

1. 吴于廑，齐世荣：《世界史·现代史编》，高等教育出版社，2011年。
2. 哈全安：《土耳其史》，天津人民出版社，2016年。

第七节　卡德纳斯改革

题目1　论述墨西哥卡德纳斯改革

相关真题 2024年山东师范大学；2018年安徽师范大学；2015年福建师范大学

卡德纳斯改革是20世纪30年代墨西哥总统卡德纳斯实施的改革，这是一场由墨西哥民族资产阶级领导的反帝反封建改革，也是20世纪初墨西哥革命后护宪运动发展到顶点的标志。

（一）改革背景

1. 经济危机：20世纪30年代的全球经济大萧条严重影响了墨西哥的社会经济，导致原材料产量下降，农产品价格下跌，失业率上升，国家财政陷入困境。

2. 政治动荡：墨西哥革命后，地方考迪罗势力重新崛起，墨西哥政治局势不稳定。这要求政府采取措施彻底摧毁考迪罗主义政治传统，实现政治现代化。

（二）改革内容

1. 政治改革。卡德纳斯上台后，重建民主体制，恢复1917年宪法规定的民主权利，如承认工人罢工权利、实行八小时工作制等，并且清除了政府和军队中的反动势力。此外，他还改革了国民革命党，使其成为一个包括工人、农民和其他社会群体的政治组织，确立了中央集权的资产阶级民主政治体制。

2. 土地改革。①政府没收本国和外国人拥有的大地产，分配给农民，实行合作农场制。②实行扶持农业发展的政策，积极发展农村信贷，兴修水利，建立农机厂和农产品加工场，发展农村社会化福利。

3. 国有化运动。①1938年，将服务业、铁路、石油等工业企业收归国有，打击外国垄断资本在本国的势力。

②建立国家金融机构，如全国金融公司、全国公共工程银行等，通过政府干预经济，保护民族工业发展。③鼓励工会的发展，修订全国劳工法，建立墨西哥劳工联合会。

4. 教育改革。1934 年，规定宗教与政治分离，开启世俗化教育。国家开办学校，扩大和普及教育，并专设印第安人事务司，加强印第安人教育事业的发展，进行整体扫盲。

5. 对外政策。维护民族独立，反对法西斯侵略政策。

（三）改革意义

1. 政治上，改革基本上完成了墨西哥由半封建社会过渡到民族独立社会的任务，建立了较为稳定的资产阶级民主制度，为墨西哥的政治现代化奠定了基础。

2. 经济上，改革打破了大庄园制度，促进了民族资本主义的发展，为墨西哥后续的工业化和经济现代化奠定了基础。

3. 社会上，改革改善了劳动人民的生活条件，提升了教育水平，促进了社会公平和公正。

总的来说，卡德纳斯改革是墨西哥历史上的一次深刻转型，它不仅改变了墨西哥的内部结构，也在国际上展现了墨西哥作为一个独立和自主国家的形象。

参考资料

1. 吴于廑，齐世荣：《世界史·现代史编》，高等教育出版社，2011 年。

题目 2　论述两次世界大战期间亚非拉民族民主运动的类型及发展的原因

相关真题　2021 年河南师范大学；2017 年陕西师范大学；2016 年中央民族大学

两次世界大战期间，亚非拉经历了一系列重大的民族民主运动，这些运动不仅体现了地区多样性，也是反抗殖民压迫和外来统治的直接体现。

（一）民族民主运动的类型

1. 无产阶级领导的运动，如中国的新民主主义革命和越南的民族解放战争，展现了无产阶级及其政党在争取民族独立和社会变革中的领导地位和革命决心。

2. 民族资产阶级领导的运动，如印度的非暴力不合作运动和土耳其的凯末尔革命，这类运动通常采用和平或渐进的方式推进社会改革和国家现代化。

3. 小资产阶级领导的运动，如尼加拉瓜的桑地诺革命，反映了小资产阶级在民族解放斗争中的活跃作用。

4. 爱国封建贵族领导的运动，如埃塞俄比亚的抗意战争，展示了封建贵族在维护国家独立和领土完整运动中的影响力。

（二）民族主义思潮的类型

1. 革命民主型民族主义，如孙中山的三民主义，强调民族解放与民主革命的结合，反映了对外争取独立、对内推进民主的复合性要求。

2. 综合型民族主义，如印度尼西亚的苏加诺所强调的，民族团结和政治力量的综合，体现了在复杂的国内外环境中寻求最广泛的民族和社会支持。

3. 阿拉伯民族主义，强调阿拉伯世界的文化和政治统一，同时坚决反对西方的殖民和干涉，展现了民族文化认同与政治自主的紧密联系。

4. 拉丁美洲民族主义，如桑地诺主义，体现了该地区独特的社会结构和历史经验，强调对抗外来压迫和争取社会正义的重要性。

（三）民族民主运动发展的原因

1. 国内原因。殖民压迫和剥削的加剧，使得各社会阶层特别是广大劳动人民和被压迫民族对外国殖民者的不满达到了顶点。

2. 外部原因。两次世界大战对殖民宗主国的削弱，十月革命提供的社会主义革命范例，以及共产国际对世界革命运动的支持，为亚非拉国家的民族民主运动提供了新的机遇和选择。

3. 直接原因。人民群众与帝国主义、封建主义之间不可调和的矛盾，特别是民众对民族独立和社会进步的迫切需求在两次世界大战期间变得更加迫切。

综上所述，两次世界大战期间的亚非拉民族民主运动，不仅是这些地区人民反抗殖民统治、追求民族独立和社会进步的历史见证，也为后来的世界历史发展，特别是冷战期间的国际关系和新兴国家的独立运动，提供了重要的经验和启示。

> 参考资料

1. 吴于廑，齐世荣：《世界史·现代史编》，高等教育出版社，2011年。

第八章　第二次世界大战

第一节　法西斯国家的侵略扩张与欧美大国的对策

题目1　论述两次世界大战之间英法的对德政策

相关真题　2016年华中师范大学；2016年湖南师范大学

一战结束后，英法作为主要战胜国，对德国的政策影响了整个欧洲的政治格局。他们的政策大致可以分为扶持与削弱并存、绥靖政策、宣而不战三个阶段。

（一）扶持与削弱并存的阶段（1918—1933年）

1. 1919年《凡尔赛和约》的签订，是这一阶段的开端。该条约既是对德国战败的惩罚，也是对战后欧洲新秩序的尝试。法国主张对德国采取严厉的限制措施，以确保自身的安全；而英国则认为应保留德国作为一个稳定因素在欧洲的角色，以避免力量真空引发新的冲突。

2. 1924年的道威斯计划和1929年的杨格计划，减轻了德国的战争赔款负担，显示了英国在某种程度上支持德国经济恢复的态度。这一方面是为了维护欧洲的经济稳定，另一方面也是希望通过经济合作促进政治和解。

3. 1925年的《洛迦诺条约》中，英国支持德国重返国际社会，成为国际联盟的成员国。这标志着德国开始获得国际上的部分认可，同时也是英国试图通过外交手段维持欧洲稳定的体现。

（二）绥靖政策阶段（1933—1939年）

1. 1933年希特勒上台后，德国开始迅速扩军并重新武装，违反了《凡尔赛和约》的条款。面对德国的挑战，英法采取了绥靖政策，试图通过外交谈判和妥协来避免冲突的再次爆发。

2. 1938年的《慕尼黑协定》是绥靖政策的典型案例，英法同意将捷克斯洛伐克的苏台德地区割让给德国，希望通过这种让步来满足希特勒的领土扩张欲望，以换取欧洲的和平。然而，这一政策未能阻止德国的侵略行为，反而让希特勒更加肆无忌惮。

（三）宣而不战阶段（1939—1940年）

1. 1939年9月，德国入侵波兰，英法对德宣战，标志着第二次世界大战的开始。然而，在战争初期，英法并未对德国采取大规模的军事行动。

2. 直到1940年，德国的闪电战彻底击败法国，英国孤军奋战，英法的宣而不战策略彻底失败。这一阶段，英法的消极防御暴露了他们在战略上的被动和对德国军事力量的严重低估。

综上，两次世界大战之间，英国和法国的对德政策从一战后的扶持与削弱并存，到20世纪30年代的绥靖政策，再到二战初期的宣而不战，整个过程体现了英法在面对德国挑战时的政策演变和战略调整，也为后世提供了关于国际关系、安全策略和外交政策的重要教训。

参考资料

1. 丁宝有：《绥靖政策的产生、发展和收场》，《东北师大学报》，1983年第6期。

题目2　概述两次世界大战之间欧洲谋求集体安全的措施和后果

相关真题　2013年南京大学

在两次世界大战之间，欧洲国家采取了一系列措施试图建立一个有效的集体安全体系，以避免新的全面冲突的爆发。然而，这些尝试最终未能阻止第二次世界大战的爆发，反映了国际合作在面对极端民族主义和军国主义扩张时的局限性。

(一）解决德国赔款问题

1. 1924 年道威斯计划的实施和 1929 年的杨格计划，旨在通过国际贷款帮助德国重建经济，调整赔款条件，以缓解德国的经济困难并促进欧洲经济的复苏。这些措施一度减轻了德国的经济压力，有利于维持欧洲的稳定。

2. 1931 年的胡佛延债宣言和 1932 年的《洛桑协定》，进一步降低了德国的赔款负担。尽管《洛桑协定》因美国的反对而未能最终生效，但这些努力展示了国际社会在经济危机期间试图通过调整战后赔款来恢复和维持经济稳定的意图。

（二）洛迦诺会议及其后果

1. 1925 年召开的洛迦诺会议，签署了《洛迦诺公约》，法德之间的安全保证及领土现状得到相互承认。这被视为和平与稳定的重要步骤，为德国恢复其在国际社会中的地位铺平了道路。

2. 会议后德国加入国际联盟并成为常任理事国，表明德国正逐步被接纳回国际社会。然而，这也使得德国获得了更多追求其外交和军事目标的空间。

（三）国际裁军努力失败

1. 国际联盟在 20 世纪 20 年代末至 20 世纪 30 年代初期进行的裁军努力，包括 1927 年和 1932 年的裁军会议，旨在减少全球武装并防止军备竞赛。尽管有初步的裁军意愿，但由于各国间的不信任和国内政治的变化，这些努力最终以失败结束。

2. 裁军会议的破裂反映了国际社会在实现真正裁军方面的深刻分歧，同时也为日后的军事扩张和冲突留下了空间。

（四）签订《非战公约》及其局限性

1. 1928 年《非战公约》的签订，理论上禁止了将战争作为解决国际争端的手段。这一公约试图通过法律和道德约束来防止未来的冲突，体现了国际社会追求和平的愿望。

2. 然而，《非战公约》缺乏有效的执行机制和惩罚措施，使其在面对日益增长的侵略行为时显得无力，最终未能阻止冲突的升级。

（五）二战前夕集体安全努力的失败

1. 面对日益增长的德国和其他法西斯国家的威胁，欧洲国家进行的集体安全构建努力，如英法苏关于缔结互助条约的谈判，因立场分歧而失败。《苏德互不侵犯条约》的签订，反映了在紧急关头国际合作的缺失。

2. 英法等国的绥靖政策未能有效应对侵略扩张，反而加速了第二次世界大战的爆发。

综上所述，两次世界大战之间欧洲的集体安全措施反映了国际社会在维护和平方面的艰苦努力，然而，由于国内外各种因素的影响，这些努力最终未能阻止第二次世界大战的爆发，展示了在复杂的国际环境中维护长期稳定与和平面对的挑战。

参考资料

1. 罗志刚：《英国和战前苏联欧洲集体安全政策》，《武汉大学学报》，2000 年第 3 期。

第二节　第二次世界大战爆发

题目 1　论述第二次世界大战爆发的原因、阶段及其影响

相关真题　2023 年苏州科技大学；2015 年聊城大学

第二次世界大战，作为历史上最为惨烈的全球性冲突，在德国、意大利和日本三个法西斯轴心国及其仆从国与反法西斯同盟之间展开。

（一）二战爆发的原因

1. 帝国主义矛盾加剧。德、意、日等后起帝国主义国家为争夺殖民地和市场，与英、法等老牌帝国主义国家间的矛盾日益尖锐，尤其是在一战后的凡尔赛-华盛顿体系下，这些矛盾未能得到有效解决，反而进一步加深。

2. 凡尔赛-华盛顿体系的失败。巴黎和会对德国的苛刻处罚激化了德国内部的极端民族主义情绪，而华盛顿会议未能满足各大国的利益诉求，为新一轮冲突埋下伏笔。

3. 英、法、美等国的绥靖政策。英、法、美等国对法西斯国家的侵略扩张采取姑息态度，试图通过让步来维持暂时的和平，这反而助长了法西斯国家的侵略野心。

4. 经济危机的影响。1929年的世界经济大萧条导致各国经济崩溃，尤其是德国深受其害，经济困境加剧了民族主义和法西斯主义的兴起。

5. 法西斯主义和极端民族主义的兴起。德国、意大利、日本等国的法西斯政权通过煽动民族主义，扩张领土，谋求民族复兴。

（二）二战的发展阶段

1. 大战爆发（1939—1941年）：以德国入侵波兰为标志，英法宣战。德国接着迅速占领西欧多国，并向北非和巴尔干半岛扩张，而日本则在远东地区推行扩张政策。

2. 大战扩大（1941—1942年）：1941年，德国突袭苏联，战争初期苏联节节败退，但依靠苏联人民的艰苦奋战，最终取得了莫斯科保卫战的胜利。同年珍珠港事件后，美国正式加入战争，开辟了太平洋战场。

3. 战争转折（1942—1944年）：1943年2月，苏联在斯大林格勒会战中取得胜利，严重削弱了德军力量，是欧洲战场的转折点。盟军在北非取得突破，意大利于1943年9月投降。1944年，诺曼底登陆和苏军反攻标志着轴心国在欧洲战场的战略败退。

4. 战争胜利（1944—1945年）：1945年5月，苏军攻占柏林，欧洲战场宣告结束。美军在太平洋战场连连胜利，1945年日本投降，标志着第二次世界大战的结束。

（三）二战的影响

1. 造成了前所未有的人类灾难。二战造成了约6000万人的死亡，数以百万计的人流离失所，经济损失巨大，众多城市遭到毁灭。

2. 改变了国际政治格局。德国、意大利的战败和英、法的削弱标志着传统欧洲列强的衰落，美国和苏联成为新的世界超级大国。

3. 经济重心转移。战争推动了美国的经济增长和科技进步，美国成为世界经济中心，建立了以美元为中心的国际货币体系和以美国为中心的国际贸易体系。

4. 社会思潮发生变化。对战争的反思，促进了民主和社会福利制度的发展，民众更加追求和平与稳定。

5. 民族解放运动广泛发展。战后殖民体系逐渐解体，亚非拉等地区的民族独立运动兴起。

6. 推动了第三次科技革命。战争促进了科学技术的发展，特别是原子能和火箭技术，为后来的科技进步奠定了基础。

7. 社会主义的影响力扩大。苏联的胜利加强了社会主义在全球的影响力，特别是在东欧和部分亚洲国家。

综上所述，第二次世界大战不仅是一场全球性的军事冲突，也是国际政治、经济和社会结构转型的重要节点，战争的结束标志着一个新的世界秩序的开始。

参考资料

1. 吴于廑，齐世荣：《世界史·现代史编》，高等教育出版社，2011年。
2. 刘宗绪：《世界近代史》，北京师范大学出版社，2004年。
3. 齐涛：《世界通史教程》，山东大学出版社，2008年。

题目2　简述第二次世界大战的特点

相关真题　2023年西华师范大学

第二次世界大战，历时六年（1939—1945年），是人类历史上最为广泛和破坏性最大的冲突之一。其特点不仅在于战争的规模和持续时间，也在于它所展示的新的军事技术、战略思想以及对战后国际秩序的深远影响。

(一)战争的全球性与规模巨大

第二次世界大战的影响范围覆盖了全球多个大陆和海洋,从欧洲战场到太平洋的岛屿,再到非洲的沙漠和亚洲的丛林,无不在其影响之下。参战国家数量超过了 60 个,涉及人口超过当时全球总人口的二分之一,兵力动员达到了 1.1 亿人以上,军费开支突破了 1 万亿美元。这些数字充分展现了第二次世界大战的规模之巨大。

(二)军事技术与战略的革新

1. 机械化与电子化战争的广泛应用。第二次世界大战期间,坦克、飞机、航空母舰成为战争的重要工具,雷达、无线电通信等电子设备也开始广泛使用,极大地改变了战争的面貌。

2. 战略轰炸与空中战争的兴起。第二次世界大战见证了大规模的战略轰炸行动,旨在摧毁敌方的工业基础和民用设施,这在很大程度上加剧了战争的破坏性和残酷性。

3. 核武器的使用。美国在 1945 年对日本的广岛和长崎投下原子弹,这是人类历史上首次也是迄今唯一一次在战争中使用核武器,标志着军事技术进入一个全新的时代。

(三)人力与资源损失惨重

第二次世界大战造成了 6000 万至 8000 万人的死亡,其中包括大量平民,这是前所未有的人类灾难。经济损失同样惨重,许多国家的基础设施遭到严重破坏,尤其是参战国,需要长时间恢复与重建。

(四)战争的政治与道德特点——反法西斯的正义战争

第二次世界大战是一场反对法西斯主义的正义战争。德国、意大利、日本的侵略行径激发了全球范围内的广泛抵抗,众多国家组成了反法西斯同盟,共同对抗法西斯国家的侵略。战争的胜利不仅挫败了法西斯主义,也为世界的和平与发展奠定了基础。

(五)战后对国际秩序的影响

第二次世界大战的结束标志着一个旧的世界秩序的瓦解和新的国际关系的建立。联合国的成立旨在防止未来的全球冲突,同时战后的美苏两极格局预示了冷战时期的国际政治格局。战后的经济重建计划如马歇尔计划,以及对战争罪行的审判,都对后世产生了深远的影响。

综上所述,第二次世界大战以其独特的特点,不仅重塑了世界的政治地图,也对国际关系、军事科技以及全球经济都产生了深远的影响。这场战争的经验教训,至今仍对全球和平与安全的维护具有重要的启示意义。

参考资料

1. 王文庆:《论第二次世界大战的若干特点》,《山西大学学报》,1987 年第 4 期。

第三节 反法西斯同盟的形成

题目1 论述二战期间反法西斯同盟的建立过程及影响

相关真题 2022 年暨南大学;2018 年辽宁大学;2017 年云南大学

第二次世界大战期间,反法西斯同盟的建立对于战争进程和战后国际秩序的重塑具有重大影响。其形成经历了三个主要阶段,反映了各国在战争中不断适应和调整的过程。

(一)英法同盟——反法西斯同盟的雏形

1. 德国于 1939 年突袭波兰,这一行动标志着第二次世界大战在欧洲的全面爆发,英法作为波兰的同盟国,迅速对德宣战,这是反法西斯同盟最初的形态。

2. 1940 年,法国的迅速投降使得英国成为欧洲唯一的主要抵抗力量。丘吉尔政府通过支持流亡政府,特别是承认戴高乐领导的"自由法国",在精神上维系了对抗轴心国的坚持,这是世界反法西斯同盟的先声。

(二)英美苏三国结盟——同盟的坚实基础

1. 英国孤军奋战的局面在法国沦陷后变得更为严峻。美国为了保护自身利益,开始调整对欧洲的政策,《租借法案》的通过为英国提供了大量援助,美国和英国的紧密合作为后续同盟提供了重要基础。

2. 1941年6月，苏德战争爆发，使得苏联也被卷入战争。英美为苏联提供经济军事援助，同年10月，苏美英三国在莫斯科签订了首个战时协定，三国战时同盟初步形成，这一同盟成为反法西斯战争的关键。

3. 1941年8月，美国与英国协议签署《大西洋宪章》，宣布战后和平的处置，不承认法西斯通过侵略造成的领土变更，尊重各国人民选择其政府形式的权利。《大西洋宪章》使美英两国的合作程度进一步加强，对动员鼓舞世界上其他反法西斯国家起到了重要作用。

（三）《联合国家宣言》的签署——同盟的正式确立

1. 1941年年底，日本偷袭珍珠港，直接导致美国正式参战。美国的加入极大地增强了反法西斯同盟的实力，并促成了同盟的全面形成。

2. 1941年年底，英美在华盛顿举行的会谈为全球范围内的反法西斯联合提供了框架。1942年元旦，《联合国家宣言》签署，宣言表示赞成《大西洋宪章》，并决心共同战胜德、意、日法西斯，绝不和敌国单独议和，这标志着国际反法西斯同盟正式形成。

（四）同盟的影响

1. 反法西斯同盟在确保二战胜利中起了决定性作用，它不仅捍卫了全球的和平与正义，还为战后联合国的成立奠定了基础。

2. 在同盟的形成和发展过程中，各参与国之间的政治、意识形态分歧并未完全消除。特别是苏联与西方国家之间的根本分歧，为战后世界政治格局的转变埋下了伏笔。

综上所述，第二次世界大战期间反法西斯同盟的建立促进了全球反法西斯力量的统一和加强。这一历史进程深刻影响了战争的最终走向，同时也为战后国际秩序的重建奠定了基础。

参考资料

1. 黄安年：《论国际反法西斯联盟和第二次世界大战》，《北京师范大学学报》，1985年第4期。

第四节 欧洲战场与太平洋战场

题目1 论述二战期间几次重要首脑会议的内容与影响

相关真题 2017年西北大学；2016年河北大学；2014年中国社科院大学；2014年云南大学；2013年云南大学

第二次世界大战期间，多次重要的首脑会议对战局的发展和战后的国际关系产生了深刻影响。

（一）德黑兰会议（1943年）

1. 会议背景。德黑兰会议是英美苏三国首脑于1943年11月举行的重要会议。当时，反法西斯同盟在战场上已占据优势，但战争尚未结束，为更快更彻底地消灭法西斯势力，召开了本次会议。

2. 会议内容。会议的主要内容包括确定开辟欧洲第二战场的计划，决定1944年在法国北部进行诺曼底登陆，这一决策对加速欧洲战场法西斯势力的崩溃具有重要意义。此外，会议还讨论了苏联对日本宣战的可能性和建立联合国的初步构想。

3. 会议影响。会议不仅巩固了同盟国间的协作，也预示了战争后期的战略走向，对加速赢取反法西斯战争的最终全面胜利起到了至关重要的作用。但是会议仅由英美苏三大国参加，蕴含着由大国主宰世界事务的负面倾向。

（二）开罗会议（1943年）

1. 会议背景。开罗会议于1943年11月在埃及首都开罗召开，中美英三国为了进一步确定战后秩序，彻底消灭法西斯势力召开了本次会议。

2. 会议内容。会议的主要议题是讨论对日本的战略和战后处理，会议发表的《开罗宣言》强调日本必须无条件投降，其非法占领的领土应归还给中国等原主权国家。另外，在会议上罗斯福和蒋介石达成了共识，战后中美将会在多方面展开合作。

3. 会议影响。《开罗宣言》对日本的战后惩戒做出了重要规定，为战后亚洲和太平洋地区的政治格局奠定了基础。此外，会议还强化了中美英在太平洋战区的合作，共同推进反法西斯战争。

（三）雅尔塔会议（1945年）

1. 会议背景。雅尔塔会议是在1945年上半年纳粹德国败局已定时，苏美英三国领导人在克里米亚半岛的雅尔塔举行的会晤。

2. 会议内容。会议主要讨论了战后对德国的安排和联合国的创建问题。会议确定了德国战败后的分区占领计划；为最大限度保证世界和平，会议决定建立联合国；根据未公开的协定，苏联将在德国宣布投降后的三个月内对日本宣战。

3. 会议影响。雅尔塔会议加速了德日法西斯的覆灭，对联合国的顺利成立起到了积极作用，但会议带有强权政治的色彩，在中国代表未参加的情况下做出了损害中国领土主权的协定。会议所建立的国际秩序，为日后美苏冷战埋下了隐患。

（四）波兹坦会议（1945年）

1. 会议背景。波兹坦会议于1945年7月在柏林近郊的波兹坦举行，由美苏英三国领导人参加，为了商讨对德国的处置问题和解决战后欧洲问题的安排，以及争取苏联尽早对日作战，召开了此次会议。

2. 会议内容。会议主要讨论了战后德国和日本的政治安排。会议决定德国应进行彻底去纳粹化，并承担战争赔偿，会议重新确定了波兰的领土界限。对于日本，会议重申了《开罗宣言》的立场，即日本必须无条件投降，苏联重申三个月内对日作战。

3. 会议影响。波兹坦会议在确定战后德国和日本的去向上起到了决定性作用，促进了两国的民主化进程，对维护战后世界的和平起到了重要作用。

综上所述，这些首脑会议不仅对二战的战略方向和最终结果产生了决定性影响，也为战后国际关系的发展奠定了基础。

参考资料

1. 陈谦平：《开罗会议与战后东亚国际秩序的重构》，《近代史研究》，2013年第6期。
2. 田小惠：《雅尔塔会议于德国赔偿政策的确立》，《渤海大学学报》，2005年第2期。

第五节 国际反法西斯战争的胜利

题目1 论述二战的影响及启示

相关真题 2024年渤海大学；2017年河北大学；2016年复旦大学；2014年河南师范大学；2013年首都师范大学；2013年湘潭大学

第二次世界大战，作为20世纪最为重大的全球冲突，不仅在战争史上留下了深刻的烙印，也在政治、经济、社会、科技等多个领域产生了深远的影响，同时为后世提供了重要的历史启示。

（一）第二次世界大战的影响

1. 国际政治格局的根本变化。战后，传统的欧洲列强的影响力相对下降，美国和苏联崛起为两个超级大国，形成了冷战时期特有的两极格局。这一变化对后续的国际政治走向产生了重大影响。

2. 经济结构的全面重组。战争摧毁了大量的生产力，尤其是在欧洲和亚洲的主战区。战后的重建推动了国际经济体系的重组，美国通过实施马歇尔计划，不仅帮助欧洲经济恢复，也确立了自己在世界经济中的领导地位。

3. 科技和军事革新的加速。第二次世界大战极大地推动了科技进步，特别是在航空、火箭、核能及电子计算机等领域。战争的需要促进了这些技术的发展和应用，为后来的科技革命奠定了基础。

4. 国际关系和国际组织的发展。战争结束后，为了避免类似冲突的再次发生，国际社会成立了联合国等多边机构，旨在通过国际合作来维护世界和平，推动全球治理体系的建立。

5. 民族解放运动的兴起。战争削弱了欧洲列强的殖民控制力，加速了亚非拉地区的民族独立运动，推动了全球去殖民化进程。

(二)第二次世界大战的启示

1. 和平与合作的重要性。第二次世界大战深刻展示了战争给人类带来的灾难，强调了和平与国际合作在解决国际争端中的关键作用。

2. 防止极权主义和军国主义的重要性。法西斯主义和军国主义的崛起是导致第二次世界大战的重要原因，国际社会必须警惕类似意识形态的复兴，并采取有效措施加以遏制。

3. 维护国际法和国际秩序的必要性。战争的爆发和扩散在很大程度上是国际法和国际秩序未能有效制约侵略行为的结果，强化国际法的约束力和执行力对于维护世界和平至关重要。

4. 科技进步与伦理的平衡。第二次世界大战促进了科技的飞速发展，同时也带来了核武器等大规模杀伤性武器的出现，这提醒人类必须在科技进步与伦理责任之间寻找到合理的平衡。

5. 推动国际多边合作的重要性。面对全球性的挑战和威胁，国际社会必须加强多边合作，共同应对，这是维护世界和平与促进共同发展的有效途径。

综上所述，第二次世界大战不仅对当时的世界产生了巨大影响，更为后世提供了宝贵的历史经验和深刻的启示。理解这些影响和启示，对于构建一个和平、稳定和繁荣的世界具有重要的现实意义和长远的历史价值。

参考资料

1. 彭训厚，徐新民：《第二次世界大战的影响及其启示》，《军事历史》，2001年第5期。

题目2 比较两次世界大战

相关真题 2015年聊城大学

两次世界大战虽然在时间上相隔不远，但在起因、性质、影响及其对后世的启示等方面都有着显著的不同和相似之处。

(一)两次世界大战的不同点

1. 起因与性质。第一次世界大战主要由帝国主义国家间的矛盾冲突、军备竞赛及复杂的联盟体系引发，是一场典型的帝国主义战争。而第二次世界大战则是由法西斯国家的侵略扩张和对全球霸权的争夺所引发的，具有更明显的侵略与反侵略、非正义与正义的对立性质。

2. 参战国及战场范围。第一次世界大战主要在欧洲进行，涉及的国家相对集中。第二次世界大战则真正成为全球性的战争，参战国包括欧洲、亚洲、非洲、大洋洲和美洲的国家，战场遍及全球。

3. 战后格局与影响。一战结束后，《凡尔赛和约》等一系列协议试图重建国际秩序，但遗留问题众多，直接埋下了二战的种子。二战后，世界格局发生根本变化，美苏成为两个超级大国，开始了冷战时代。

4. 技术与战术发展。第一次世界大战见证了机械化战争的初步应用，如坦克、飞机。第二次世界大战则展现了更先进的科技和战术，如雷达、火箭、喷气式飞机和原子弹的使用，空中和海上战略的重要性显著增加。

(二)两次世界大战的相似点

1. 国际冲突的集中爆发。两次世界大战都是国际矛盾积累到一定程度后的集中爆发，反映了国际体系在冲突管理和和平维护方面的失败。

2. 巨大的人员和经济损失。两场战争都造成了惊人的人员伤亡和经济损失，对参战国家的社会经济发展造成了长期的影响。

3. 推动国际政治经济格局变革。无论是一战后的凡尔赛-华盛顿体系，还是二战后的雅尔塔体系，两次世界大战都极大地推动了国际政治与经济格局的重组。

4. 军事技术和战术的革新。两次世界大战都是军事技术和战术革新的催化剂，推动了军事科技的发展和现代战争形态的形成。

综上所述，两次世界大战虽在具体情形上存在诸多不同，但其都是国际矛盾无法通过和平方式解决的结果，给世界带来了深重的灾难。这些历史事件提醒人类，和平的重要性不容忽视，国际合作和冲突预防机制的建立对于避免未来战争至关重要。

> 参考资料

1. 吴仪：《二战后德法和解原因浅析》，《湖北师范学院学报》，2005 年第 1 期。

题目 3　列举 19 世纪中后期亚洲的民族解放运动　醒吾历史统考预测题

19 世纪中后期，亚洲各国在西方帝国主义侵略及本土封建制度的双重压迫下，展开了一系列民族解放运动。

1. 中国的太平天国运动（1851—1864 年）。太平天国运动由洪秀全领导，他宣称自己接受了基督教启示，希望建立一个"太平天国"。该运动从广西开始，迅速扩展至长江流域，并在南京设立了政权。太平天国提出了许多改革措施，如建立圣库制度、改革教育制度、提倡平分土地、坚持独立自主的外交等，其军队多次与清政府支持组建的湘军发生冲突。最终，在外国力量的帮助下，清政府于 1864 年镇压了这场起义。

2. 菲律宾资产阶级革命（1872—1902 年）。到 19 世纪 70 年代，西班牙占领了整个菲律宾群岛。1872 年，资产阶级代表和知识分子掀起了一场资产阶级改良运动，史称"宣传运动"，他们还组织了"菲律宾联盟"，但此联盟成立不久后因殖民当局逮捕领导者瓦解。1892 年，原"菲律宾联盟"成员波尼法秀和他的密友建立了秘密革命组织"卡蒂普南"，并通过武装斗争取得民族独立的纲领，正当革命进入高潮时，革命阵营内部发生了分裂，以阿奎那为首的一支解散"卡蒂普南"，波尼法秀等人被杀。后来，尽管阿奎那也领导了一系列革命活动，但菲律宾的抗美战争在 1902 年以失败告终，菲律宾沦为美国殖民地。

3. 印度的民族大起义（1857—1859 年）。起义首先在土兵中爆发，原因包括新式步枪子弹的猪牛油包膜引发的宗教不满，以及广泛的对英国统治的不满。起义很快蔓延到北印度和中印度的多个地区，包括土兵、地方王公和民众纷纷加入。虽然在一些地区取得了初步胜利，但由于缺乏统一领导和清晰战略，最终被英国殖民军队逐步镇压。之后，印度成立了国大党，抨击英国当局，要求印度民族的平等权利，进一步推动了印度人民的民族觉醒。

4. 越南的反法斗争（1858—1862 年）。法国在寻求扩展其在亚洲影响力的期间，开始侵略越南。越南皇帝和民众进行了抵抗。法国军队于 1858 年登陆越南，随后向内陆推进，遭遇了激烈的抵抗。尽管越南的传统军队以及地方武装勇敢抵抗，但由于火力和组织上的劣势，最终在 1862 年签订条约，割让部分领土给法国。

5. 土耳其的坦志麦特改革（1839—1876 年）。19 世纪中叶，土耳其封建统治集团内的改革派为巩固奥斯曼帝国统治而推行的改革运动。这一系列改革旨在实现现代化和集中奥斯曼帝国的行政管理，改善财政状况，并对抗西方的军事威胁。改革措施包括建立新的法律体系，引入新的行政区划，以及提升军队的效率等。虽然改革在一定程度上推进了国家的现代化，但也遭到了保守派力量的反对，其效果在奥斯曼帝国不同地区表现不一。

此外，19 世纪末，在阿富汗、缅甸、印度尼西亚、朝鲜等国也发生了反帝反封建的运动，但绝大多数仍属旧式的运动，未能取得成功。虽然如此，它们共同体现了亚洲各地人民在 19 世纪中后期对抗外来侵略和封建的决心和努力。

> 参考资料

1. 吴于廑，齐世荣：《世界史·近代史编》，高等教育出版社，2011 年。

题目 4　论述 19 世纪中期到 20 世纪初亚洲民族解放运动的三次高潮及意义

> 相关真题　2024 年历史学统考

19 世纪中期至 20 世纪初期，亚洲各国人民在西方殖民主义的压迫下，历经三次民族解放运动的高潮。在这一背景下，亚洲国家人民的民族解放斗争展现了强烈的反抗精神和不屈不挠的斗志。

（一）第一次高潮：民族觉醒的曙光

这一阶段的斗争主要集中在反对殖民侵略和封建压迫。各国人民通过起义、反叛等形式展开斗争，其中印度的民族大起义、中国的太平天国运动、日本的明治维新等，成为这一时期最为显著的事件。

1. 印度的民族大起义（1857—1859 年）是印度人民反对英国殖民统治的一个标志性事件。起义虽然失败了，但它极大地触动了印度人民的民族意识，为后来的印度独立运动奠定了基础。

2. 中国的太平天国运动（1851—1864年）是中国历史上规模最大的农民起义。它不仅表达了人民对封建统治的不满，也折射出对外来侵略的抵抗。虽然最终被镇压，但太平天国运动沉重打击了清朝统治，促使了社会变革思想的发展。

3. 日本的明治维新（1868—1912年）标志着日本开始了由封建社会向近代化国家转变的过程。通过一系列的改革，日本增强了国家的工业和军事实力，成为亚洲第一个成功摆脱西方列强控制的国家。

（二）第二次高潮：资产阶级民主主义革命的浪潮

这一阶段，亚洲各国人民的斗争更加聚焦于反帝反封建的资产阶级民主主义革命。中国的辛亥革命、伊朗的立宪革命以及土耳其的革命运动，都是这一时期的代表。

1. 中国的辛亥革命（1911年）成功推翻了清朝的统治，结束了中国两千多年的君主专制，建立了亚洲第一个民主共和国。这一事件极大地推动了中国社会的进步和现代化进程。

2. 伊朗的立宪革命（1905—1911年）成功实现了国家的宪政改革，限制了君主权力，推动了国家的近代化进程。这场革命对于整个中东地区的政治发展产生了深远的影响。

3. 土耳其的革命运动，在奥斯曼帝国的废墟上，通过凯末尔的领导，建立了现代土耳其共和国。这不仅标志着土耳其从封建国家向现代国家的转变，也对周边国家产生了重要影响。

（三）第三次高潮：全面的民族独立运动

这一时期，亚洲各国的民族解放运动更加注重对民族独立和国家主权的争取。印度的独立运动、中国的抗日战争和人民解放战争、东南亚国家的抗法和抗英运动，都体现了这一特点。

1. 印度的独立运动，在甘地的非暴力不合作哲学的指导下，最终成功实现了印度的独立。这一运动不仅为印度带来了独立，也为世界和平与发展做出了贡献。

2. 中国通过抗日战争（1931—1945年）和随后的人民解放战争，最终建立了中华人民共和国。这一系列事件不仅使中国实现了民族独立和人民解放，也极大地促进了中国社会的变革。

总而言之，19世纪中期至20世纪初的亚洲民族解放运动，不仅改变了亚洲的政治地图，也深刻影响了世界历史的进程。通过这一系列的斗争，亚洲国家在世界舞台上赢得了尊重，并为后来的社会发展和进步奠定了坚实的基础。

参考资料

1. 吴于廑，齐世荣：《世界史·现代史编》，高等教育出版社，2011年。
2. 刘宗绪：《世界近代史》，北京师范大学出版社，2004年。
3. 齐涛：《世界通史教程》，山东大学出版社，2008年。

题目5　论述20世纪前半期世界重大科学技术的突破及其影响

相关真题　2024年天津师范大学

在20世纪前半期，科学技术发生了一系列广泛而深刻的革命性变化。

（一）内容

1. 原子能的开发与利用。①20世纪30年代，在皮埃尔·居里夫妇、奥托·哈恩等欧洲科学家的努力下，已经找到了人工获得原子能的途径。②1945年7月，第一颗原子弹在美国西部沙漠爆炸成功，实现了原子能在技术上的应用。

2. 电子技术的发展和第一台电子计算机的诞生。①1936年4月，第一台脉冲式雷达研制成功，此后各国相继跟进，用于防空袭和投弹指挥。②1945年，世界上第一台电子计算机在美国诞生，用于解决军事上大量的计算和数据处理问题。

3. 飞机的诞生与发展。①1903年12月，莱特兄弟驾驶着自制的使用活塞汽油发动机的飞机在美国卡罗来纳州试飞成功，揭开了现代航空史的新篇章。② 20 世纪 30 年代末，科学家开始尝试研制喷气式飞机。1950 年 7 月，英国的第一架喷气式运输机从伦敦至巴黎试航成功，航空业进入了喷气飞行时代。

4. 火箭技术的发展。① 1926 年 3 月，美国人戈达德成功发射了世界上第一枚液体火箭。② 1942 年 10 月，在冯·布劳恩主持下，德国成功发射了第一枚液体军用 V-2 火箭。此后美、苏先后研制 V-2 火箭，奠定了宇航事业的基础。

5. 抗生素的发现。① 1928 年，英国细菌学家弗莱明成功研制了能够有效杀灭葡萄球菌、链球菌的青霉素。② 1944 年，美国微生物学家瓦克斯曼提取成功链霉素，使结核病得到有效的治疗。1947 年以后，他又相继发现氯霉素、金霉素、土霉素和四环素。

（二）影响

1. 推动了军事现代化。20 世纪前半期，科学技术的突破极大改变了二战时期以陆军为主的作战思想，原子弹、飞机、V-2 火箭等一批先进武器的出现、电子计算机的发明，使得陆海空一体化和信息化战争成为日后战争的主要形式。

2. 推动资本主义国家的产业结构发生了显著的变化。随着新兴技术领域的开拓，以航空为代表的新兴工业部门迅速崛起，而传统工业部门如采掘业、纺织业等则相对衰落。

3. 提高了人民生活质量。航空运输业的发展给人们提供了更加方便、快捷的出行方式。而抗生素的出现降低了人口死亡率，提高了人民的健康水平，延长了平均寿命。

4. 科学技术突破的负面效应。火箭技术、核能技术等如利用不当，将会成为超级大国争霸世界的武器，给人类带来毁灭性杀伤。

总之，20 世纪前半期，世界科学技术取得了很大的突破，如果人类能把科学技术进步的成果全部应用于和平与发展的事业，那么，未来世界的前景将是光明的。

参考资料

1. 吴于廑，齐世荣：《世界史·现代史编》，高等教育出版社，2011 年。
2. 张建华：《世界现代史》，北京师范大学出版社，2006 年。

第九章 第二次世界大战之后的世界格局

第一节 雅尔塔体系

题目1 雅尔塔体系和凡尔赛-华盛顿体系相比有什么历史进步性

相关真题 2024年山东大学

雅尔塔体系与凡尔赛-华盛顿体系相比,在建立过程、原则贯彻以及战败国处置等方面表现出了显著的历史进步性。

(一)体系建立的背景和主要内容

1. 凡尔赛-华盛顿体系的形成背景主要是第一次世界大战的结束。1919年,巴黎和会的召开,标志着凡尔赛体系的建立,其核心包括成立国际联盟以及处理战败国的各项条款,目标是通过建立新的国际秩序来避免未来的大规模冲突。而华盛顿体系则主要围绕1921—1922年的华盛顿海军会议,旨在通过限制海军军备来维护太平洋地区的和平稳定。

2. 雅尔塔体系则是在二战末期形成,以1945年的雅尔塔会议为标志,主要内容包括彻底击败轴心国、重绘战后的政治版图、成立联合国等,旨在通过国际合作和集体安全机制防止极端主义和军国主义再次引发世界大战。

(二)体系的历史进步性

1. 在体系建立的过程与思路上,雅尔塔体系相比凡尔赛-华盛顿体系展现了更加成熟和全面的国际关系处理方式。雅尔塔体系的形成是在广泛的国际合作和协商的基础上,强调了包容性和多边主义。与之相比,凡尔赛-华盛顿体系更多是由胜利国单方面制定,主要是为了惩治和瓜分战败国,缺乏足够的国际合作精神,导致了一系列后续问题,如德国的强烈不满和日后的复仇主义。

2. 从贯彻的原则来看,雅尔塔体系在推动世界和平和安全方面采取了更为积极和有效的措施。通过建立联合国和其他国际机构,雅尔塔体系试图建立一个长期稳定的国际合作框架,强调国际法和国际关系的规范化,而不是单纯依靠大国的强权政治。

3. 在对待战败国的策略上,雅尔塔体系也显示出较大的进步性。雅尔塔体系倾向于对战败国实施更为合理的处理措施,并支持战败国的重建和民主化进程,这一点在德国和日本战后的快速恢复中体现得尤为明显。相比之下,凡尔赛-华盛顿体系过于严厉的赔偿要求和领土处罚措施,加深了国际矛盾和不满,埋下了二战的种子。

综上所述,相比凡尔赛-华盛顿体系,雅尔塔体系在处理国际关系和维护世界和平方面展现了更为进步和成熟的策略。它通过更广泛的国际合作、更为合理的战后安排以及对国际机构的重视,为后世的国际政治秩序建设提供了宝贵的经验和教训。

参考资料

1. 吴于廑,齐世荣:《世界史·现代史编》,高等教育出版社,2011年。
2. 刘宗绪:《世界近代史》,北京师范大学出版社,2004年。
3. 齐涛:《世界通史教程》,山东大学出版社,2008年。

题目2 论述布雷顿森林体系

相关真题 2020年东北师范大学;2018年首都师范大学;2018年四川师范大学;2016年四川师范大学

布雷顿森林体系确立于1944年7月,代表了以美元为中心的国际货币体系的形成。这一体系通过固定美元与黄金、他国货币与美元的汇率关系,使得美元霸权在世界范围内建立。

(一)背景

1. 战争及经济危机的影响。一战期间,金本位制度遭遇严重冲击,国际贸易体系瓦解。一战后,各国未能有效改革货币体系,加之1929年的经济危机和后来的二战使得国际货币体系长期处于混乱状态。

2. 美国的崛起与经济霸权。两次世界大战导致西欧国家经济衰退,美国经济则迅速发展,其经济实力和黄金储备的优势使得美元有能力顶替英镑,成为新的世界货币。

3. 国际政治环境的变化。反法西斯国家的联合及法西斯集团的崩溃为重建世界经济统一性创造了条件,苏联的加入也拉近了社会主义与资本主义的经济关系。

4. 美国的全球扩张思想。战争沉重打击了美国的竞争对手,使其在利用美元建立全球经济霸权方面有了更大的野心。

(二)主要内容

1. "固定-双挂钩"货币体系。①确立以美元为中心的世界货币体系,实行固定汇率制。②美元与黄金挂钩,各国货币与美元挂钩,维持一定的汇率稳定性。③推行货币自由兑换,取消经常账户交易的外汇管制。

2. 世界银行的成立。1945年正式成立,其主要任务是为成员国战后的经济恢复提供长期贷款以及为私人银行向各成员国的长期贷款提供担保。

3. 国际货币基金组织的建立。1945年正式成立,其主要任务是检查各成员国货币汇率和贸易情况,确保全球金融制度运作正常,提供中短期资金解决成员国国际收支的暂时不平衡,消除各国外汇管制以及提供技术和资金援助。

4. 关贸总协定的签订。1947年签订,其主要任务是减少关税和贸易障碍,促进国际贸易以及保障实际收入和创造就业机会,扩大国际经济交换。

(三)影响

1. 积极影响:①统一了国际金融秩序,推动战后经济和贸易增长。②使美元成为各国储备货币和国际清偿手段,促进了贸易和投资的全球化。

2. 消极影响:①美元霸权的形成损害了他国经济的发展。美国可以直接通过印发纸币进行对外支付和资本输出,对其他国家进行经济掠夺。②美元币值的不稳定性对国际货币体系稳定造成挑战。③过分强调汇率的稳定,忽视国际收支的调节机制,导致固定汇率制僵硬,国际收支调节机制失灵。加剧了非美国国家的发展困难。

综上所述,布雷顿森林体系作为二战后的国际货币体系,在推动国际贸易和经济增长方面发挥了重要作用,然而,这一体系也带来了美元霸权和国际经济的不平衡问题。

参考资料

1. 贾康,阎坤等:《布雷顿森林机构的产生与演变》,《经济研究参考》,2006年第49期。
2. 李向阳:《布雷顿森林体系的演变与美元霸权》,《世界经济与政治》,2005年第10期。

题目3 试论战后世界经济体系的形成

相关真题 2024年黑龙江大学;2023年南京大学

第二次世界大战结束后,美国凭借其在战争中积累的巨大经济和军事实力成为重建全球经济体系的领导者,在这一背景下,以美国为中心的战后世界经济体系逐步形成。

(一)布雷顿森林体系的建立

1. 布雷顿森林会议的召开与协定签署。1944年7月,在美国新罕布什尔州的布雷顿森林召开了一次关键会议,来自44个国家的代表聚集一堂,讨论战后国际经济秩序的重建问题。会议的结果是签订了《布雷顿森林协定》,标志着布雷顿森林体系的正式建立。

2. 美元与黄金的挂钩。布雷顿森林体系的核心是确立了固定汇率制度,美元与黄金挂钩,而其他成员国货币则与美元挂钩。这一制度使得美元成为世界主要储备货币。

3. 国际货币基金组织和国际复兴开发银行（世界银行）的成立。为了维护该体系的稳定和促进世界经济的恢复与增长，会议还决定成立两大国际金融机构，即国际货币基金组织和世界银行。

（二）马歇尔计划与欧洲经济的重建

1. 马歇尔计划的实施。为了加速战后欧洲的经济恢复，美国于1947年提出了马歇尔计划，通过大规模的财政援助帮助欧洲国家重建经济。这不仅加速了欧洲的经济复苏，也为美国的商品和资本提供了广阔的市场。

2. 欧洲经济合作组织的成立。为了有效地利用马歇尔计划的援助，受援国成立了欧洲经济合作组织，这标志着欧洲国家在经济领域开始了区域性的合作。

（三）关贸总协定与全球贸易体系的建立

1. 关贸总协定的签订。1947年，23个国家签订了关贸总协定，这是旨在降低关税壁垒、促进全球贸易自由化的多边协定。关贸总协定的签订为后来的世界贸易组织的成立奠定了基础。

2. 全球贸易体系的形成。关税及贸易总协定及其后续的多轮贸易谈判，极大地促进了国际贸易的增长，为全球经济的繁荣奠定了基础。

综上所述，战后世界经济体系的形成体现了美国在全球经济重建过程中的领导作用，这一体系不仅促进了战后经济的快速恢复，也为后来的全球化发展奠定了基础。同时，这一时期的经验也表明，国际经济合作对于应对全球性挑战、促进共同繁荣具有重要意义。

参考资料

1. 赵登明：《简明中外通史》，吉林文史出版社，2012年。
2. 熊晓梅，赵兴宏，李如意：《形势与政策课程体系研究》，东北大学出版社，2006年。

题目4　美国为什么是在二战后而不是一战后成为世界霸主

相关真题　2024年暨南大学

二战后，德日等法西斯国家战败，英、法、苏联等国遭到战争沉重打击，美国却在这场战争中取得了前所未有的胜利，成为世界霸主。

（一）外交政策的改变

美国虽然是一战的战胜国，但是由于国内孤立主义盛行，不愿卷入欧洲大国间的冲突，因此对于国际事务的参与较少，自然也无法成为世界霸主。二战中，美国已经改变了过去以孤立主义为指导的外交政策，积极参与国际事务，这为二战后美国成为世界霸主提供了政策指导。

（二）经济实力的增强

一战后，美国成为世界最大的债权国和资本输出国，但是作为一个新兴国家，美国还无法拉开与英法之间的差距。二战后，美国由于战争经济的景气，经济实力显著增强，拥有了全球四分之三以上的黄金储备，并且战时召开的布雷顿森林会议确立了战后以美元为中心的国际货币金融体系，奠定了美国在二战后成为世界霸主的经济基础。

（三）军事实力的增强

一战后，美国士兵数量最多时不过400万人，而且缺乏训练，相比欧洲的军事强国来说并没有任何优势。二战后，美国士兵数量接近1300万人，配备先进装备，海陆空三军都是世界上最强大的，奠定了美国在二战后成为世界霸主的军事基础。

（四）科学技术的进步

一战后，美国的科学技术相比欧洲来说并不存在明显优势。二战以来，由于战争、政治迫害以及美国稳定的科研环境和优厚待遇，大量欧洲科学家前往美国，在短时间内极大地促进了美国科学技术的发展，为美国在二战后成为世界霸主提供了强大的科技支撑。

（五）文化影响力的增强

一战后，由于遭到战争摧残，世界文明中心开始从欧洲向美国转移，两者在文化上的国际影响力还处于相当的状态。二战后，长期的战争摧残使得欧洲文明进一步衰弱，而美国的价值观、意识形态却在战争中随着军事行动传播至全球，成为世界文化的风向标，为美国在战后成为世界霸主奠定了文化基础。

总而言之，美国是二战的最大胜利者，在这场战争中，它取得了前所未有的胜利，实现了一战后未能实现的目标，极大地扩展了自身在全球政治、经济、军事、科技、文化等领域的影响力，成为世界霸主。

参考资料

1. 吴于廑，齐世荣：《世界史·现代史编》，高等教育出版社，2011年。
2. 刘宗绪：《世界近代史》，北京师范大学出版社，2004年。
3. 齐涛：《世界通史教程》，山东大学出版社，2008年。

第二节 联合国的建立

题目1 请简单梳理联合国的建立与发展历程，谈谈你对联合国改革问题的看法

相关真题 2024年西华师范大学；2019年中山大学；2015年山西大学；2012年暨南大学；2002年北京师范大学

联合国作为第二次世界大战后诞生的国际组织，是对之前国际联盟失败经验的总结，并已成为当今世界最具影响力和最重要的国际组织。

（一）联合国的建立

1. 建立过程。①1941年，美国和英国签署《大西洋宪章》，初步构想了联合国。②1942年，26个国家签署《联合国家宣言》。③1943年，反法西斯主要盟国在莫斯科发表《普遍安全宣言》，主张建立一个普遍性的国际组织，并确定了组织的共同方针和基本原则。④1944年，敦巴顿橡树园会议通过了《联合国宪章》的草案。⑤1945年，51个国家在旧金山会议上签署《联合国宪章》，联合国正式成立。

2. 宗旨。维持国际和平及安全；发展国际以尊重人民平等权利及自决原则为根据的友好关系；促成国际合作，以解决国际经济、社会、文化及人类福利性质的国际问题，增进并激励对于全体人类的人权和基本自由的尊重；构成协调各国行动的中心，以达到上述共同目的。

3. 主要机构。联合国拥有六个主要机构，包括联合国大会、安理会、经济及社会理事会、托管理事会、国际法院和秘书处，各司其职，共同推动联合国的宗旨和原则。

（二）联合国的发展

1. 能力不断增加。联合国在维护世界和平、推进非殖民化、消除种族歧视、促进经济发展等方面发挥了重要作用，其能力不断增强。

2. 成员国增多。随着反殖民运动的兴起，许多新独立国家加入联合国，使其成员国数量显著增加，体现了更广泛的国际代表性。

（三）联合国改革

1. 宪章修正。主张对安理会进行改革，扩大其代表性和席位，同时提高秘书长的地位和秘书处的权限。

2. 理事会改革。提议改革经济及社会理事会和托管理事会，以提高效率和代表性，加强联合国在全球问题上的作用。

3. 行政改革。倡导削减预算和行政开支，简化议程，明确优先顺序，更有效地分配资源，确保联合国在全球发展中扮演关键角色。

（四）对改革问题的看法

联合国的改革对于适应日益变化的国际环境至关重要。虽然改革过程中存在诸多挑战，如安理会改革的难度，但这是提高联合国效率和影响力的必要步骤。联合国需继续在促进和平、经济发展方面发挥核心作用，同时适应全球化带来的新挑战。

总的来说，联合国自成立以来，为维护世界和平和促进国际合作做出了不可磨灭的贡献。面对新的国际形势和挑战，联合国的改革和发展显得尤为重要。

参考资料

1. 毛瑞鹏：《古特雷斯联合国改革议程与中国的建设性角色》，《国际展望》，2020 年第 12 期。

题目 2 论述国际联盟和联合国的区别

相关真题 2024 年苏州科技大学

国际联盟和联合国是 20 世纪两个规模最大的普遍性的国际组织，它们在成立背景、成员构成等方面存在明显的区别，产生了不同的历史影响。

（一）成立背景不同

两者虽然都是在世界大战后诞生的，组建者的目的都是力图通过大规模的国际性组织来防止战争，维护世界和平，建立战后国际新秩序。但国联是在一战结束后的巴黎和会上建立的，几个核心大国在重大国际问题上各自追求自己的国家利益，不能通过协商采取共同行动。而联合国是在二战反法西斯的烽火中诞生的，充分反映了惨遭两次大战涂炭的世界各国人民渴望和平的意愿。

（二）组织结构不同

国联的主要机构包括大会、理事会和秘书处，机构相对简单。联合国的组织机构包括联合国大会、安理会、经济及社会理事会、托管理事会、国际法院和秘书处等，决策更加多元化和专业化。

（三）成员构成不同

1. 垄断、操纵凡尔赛和会的英、美、法、意、日五个大国都是帝国主义国家，虽然国联从最初的 42 个原始会员国发展到后来的 63 个，但是从地域和政治格局来看，均未摆脱"欧洲中心"。

2. 在联合国的筹建者中，除有反法西斯的西方大国外，还有社会主义国家苏联和中国等东方国家。联合国成立之初的 51 个创始会员国，遍布世界六大洲，到 1995 年已多达 185 个国家，其中发展中国家占会员国总数的三分之二。

（四）决策方式不同

国联在形成决议时实行全体一致通过原则，会员国普遍拥有否决权，因此失去了采取有效行动的可能性；联合国宪章则取消了国联盟约的一致通过原则，以五大国为核心的安全理事会，有权做出全体会员国都有义务接受并执行的强制性决议，在一定程度上保证了决策的效率和权威。

（五）国际影响力不同

1. 尽管国际联盟曾经发挥过重要作用，但它在某些关键时刻未能采取果断行动来阻止或缓解冲突局势。如"九一八事变"后，国联派出李顿调查团到中国东北进行调查，虽然调查报告不承认伪"满洲国"，但日本宣布退出国际联盟，致使国联的调查报告书实际上成了一纸空文，未能制止日本对中国东北的侵略。

2. 联合国成立之后，成为处理各种争端的重要机构之一。另外，随着时间的推移，联合国的角色也在不断扩大并得到了加强，许多重要决策都是由安理会做出的，其中包括派遣维和特派团到战乱地区等措施，这些举措表明了联合国在全球事务中发挥的作用越来越大。

（六）约束力不同

国联没有自己的武装力量，因而不能通过军事手段来强制实施决议，迫使违反盟约的成员国就范。联合国拥有派遣部队充当安理会支配下的一支常设军事力量的权力，这样联合国不仅从道义上而且在武力上使其决议具有强制性的约束力。

综上所述，国际联盟和联合国由于历史背景、规模等因素的影响，它们的差异十分显著，所起到的历史作用也大不相同。

参考资料

1. 高华：《联合国与国际联盟比较研究》，《世界经济与政治》，1996 年第 5 期。

第三节　冷战与两大阵营的对峙

题目1　分析凯南电报和诺维科夫报告的异同

相关真题　2014年中国人民大学

冷战初期，凯南电报和诺维科夫报告作为美苏两国对抗态势的重要文献，对后来的国际关系产生了深远影响。

（一）凯南电报

1. 背景。第二次世界大战后，美国立即开动宣传机器，大造苏联扩张的舆论，进一步加强了对苏强硬外交。在此情况下，美国驻苏代办凯南于1946年针对苏联政策向美国国务院发送了一份详细报告。

2. 内容。报告中凯南详细分析了苏联的意识形态、外交政策和对外扩张意图。他认为苏联的对外政策是由其对资本主义世界的传统和本能的不安全感驱动的，其政策目标是削弱资本主义国家的力量和影响，并在可能的地方扩大苏联的势力范围。

3. 建议。凯南建议美国应采取遏制政策，包括维护西方社会的健康与活力，利用苏联与其盟友之间的矛盾，促进苏联的内部和平变革，从而使苏联的内政、外交按西方的意愿变化。

（二）诺维科夫报告

1. 背景。作为对凯南电报的回应，苏联驻美国大使诺维科夫于1946年撰写了《战后美国对外政策》的长篇报告。

2. 内容。诺维科夫在报告中指出，战后美国的对外政策就是要夺取世界霸权，美国所有的力量都在为这一政策服务，将不再奉行与苏联的合作政策，并将在中间地带以及东欧展开与苏联的争夺。报告最后认定，美国正在计划针对苏联的"第三次世界大战"。

（三）相同点

1. 产生的背景。两份报告均产生于1946年，这一年是美苏关系从第二次世界大战时期的合作转为对抗的关键时期。

2. 目的。两份报告均是为了反映各自国家对对方实力的分析，并提出应对策略。

3. 影响。这两份报告的出台都被视为冷战起源的重要标志，为之后美苏之间的相互对抗提供了理论依据，加剧了二战后的国际紧张局势。

（四）不同点

1. 外交战略主动性。凯南电报提出了积极主动的遏制苏联的外交战略，而诺维科夫报告则更多地关注描述美国的行为和策略，缺乏具体的对策。

2. 对抗动因的分析。凯南分析苏联威胁时，强调了意识形态和地缘政治的因素，而诺维科夫将美国企图称霸世界的动因归结为垄断资本的帝国主义扩张。

3. 对国际形势分析的准确度。凯南电报较为精辟地分析了苏联对美国及其盟友构成的威胁，而诺维科夫报告则主要集中在描述美国的全球扩张，未充分反映苏联面临的挑战。

综上所述，凯南电报和诺维科夫报告虽在背景和目的上存在共同性，但在战略主动性、对抗动因的解释以及国际形势的分析上却有着明显的不同。

参考资料

1. 冯玉军：《三份外交电报与"冷战"的起源》，《世界知识》，2020年第15期。
2. 张小明：《重读乔治·凯南的"长电报"》，《美国研究》，2021年第2期。

题目2　论述杜鲁门主义实行的原因、基本内容及影响

相关真题　2024年南京大学；2022年山东师范大学；2017年河北大学

二战后的国际格局动荡，美苏关系紧张。在这种背景下，美国总统杜鲁门于1947年提出了以"遏制共产主义"

为核心的外交政策，统称为"杜鲁门主义"。

（一）实行的原因

1. 政治因素。二战后，美苏成为世界两大强国。美国力图维持其在资本主义世界的霸主地位，而苏联的崛起形成了挑战。在此背景下，遏制苏联的扩张成为美国的重要战略。

2. 经济因素。战后欧洲经济衰败，但欧洲市场在美国经济发展中占有重要地位，美国希望加强同欧洲国家的联系，遏制苏联的势力，扩大自身在国际世界的影响力，从而获得广阔的市场。

3. 意识形态因素。美国作为资本主义的领导者，与苏联的社会主义意识形态存在根本对立，美国希望通过遏制共产主义，防止其意识形态在全球的扩散。

4. 军事因素。苏联在战后迅速扩充军力，对美国及其盟国构成直接威胁。因此，美国寻求通过强化军事同盟以遏制苏联的军事扩张。

（二）基本内容

1. 政治遏制。杜鲁门主义主张通过政治手段，特别是支持亲西方的政权，阻止共产主义在全球的扩散。

2. 军事援助。美国向受到苏联影响威胁的国家提供军事援助，如希腊和土耳其，以此来防止这些国家落入苏联的势力范围。

3. 经济援助。通过实施马歇尔计划等方式，对战后重建中的欧洲国家提供经济援助，以防止共产主义在这些国家中的蔓延。

4. 意识形态宣传。加强对西方民主和资本主义价值观的宣传，以对抗苏联的社会主义意识形态。

（三）影响

1. 加剧了冷战局势。杜鲁门主义的实施加剧了美苏之间的紧张关系，使整个世界笼罩在美苏争霸的阴影之下。

2. 美国对外政策转变的完成。杜鲁门主义标志着美国的对外政策已彻底摆脱孤立主义的影响，开始由局部扩张转变为全球扩张的时代。

3. 重塑了国际体系。美国通过杜鲁门主义，在全球范围内建立了一系列军事和政治同盟，重塑了国际体系的格局。

4. 引发了军备竞赛。杜鲁门主义的实行导致了美苏两国之间的军备竞赛，尤其是核武器的竞赛，增加了全球性的军事冲突风险。

5. 影响了第三世界国家的政局。美国开始在第三世界国家实施影响力，试图阻止这些国家走向共产主义，导致了一系列代理战争和政治干预。

杜鲁门主义不仅改变了美国的对外政策，也深刻影响了战后世界的政治格局，是冷战时期美苏对抗的重要因素之一。

参考资料

1. 吴于廑，齐世荣：《世界史·现代史编》，高等教育出版社，2011年。
2. 刘宗绪：《世界近代史》，北京师范大学出版社，2004年。
3. 齐涛：《世界通史教程》，山东大学出版社，2008年。

题目3 简述马歇尔计划

相关真题 2024年湘潭大学；2017年华中师范大学；2014年辽宁大学；2006年南京大学

马歇尔计划，正式名称为"欧洲复兴计划"，是美国在第二次世界大战后实施的一项国际援助计划，旨在促进战后欧洲的经济恢复与重建。这项计划不仅对欧洲的经济复兴产生了深远的影响，也在冷战初期的国际政治中扮演了重要角色。

（一）背景

1. 欧洲战后的经济困境。第二次世界大战对欧洲造成了毁灭性的打击，许多国家的工业和基础设施遭到破坏，经济体系陷入混乱，物资短缺，人民生活困苦，急需外部援助进行重建。

2. 冷战的意识形态对立。战后，随着美国和苏联两个超级大国之间的意识形态对立加剧，欧洲成为冷战的前线。美国希望通过经济援助来阻止共产主义的扩散，巩固西欧国家的资本主义体制。

（二）实施

1. 马歇尔计划的提出。1947年6月5日，美国国务卿马歇尔在哈佛大学发表演讲，提出了欧洲复兴计划的构想，即后来被称为"马歇尔计划"的国际援助项目。

2. 经济援助的规模与形式。从1948年到1952年，美国政府向西欧16个国家提供了总计约130亿美元的援助，主要用于购买食物、燃料、设备等，帮助受援国恢复和重建经济。

3. 政治与经济目的的双重性。马歇尔计划的实施旨在通过经济援助稳固西欧国家的资本主义体制，防止苏联影响力的扩大，同时也为美国的产品和资本在欧洲市场上开辟了新的空间。

（三）影响

1. 加速了欧洲经济复苏。马歇尔计划有效地促进了战后欧洲的经济重建，提高了生产力，改善了民众生活，为欧洲的长期稳定和繁荣奠定了基础。

2. 促进了欧洲一体化。援助计划要求受援国之间进行经济合作，这一要求促进了欧洲国家之间的协调和一体化进程，为后来的欧洲联盟的成立奠定了基础。

3. 加剧了冷战的对立。马歇尔计划的实施加剧了东西方阵营在经济和政治上的对立，成为冷战早期重要的国际事件之一。

总结来说，马歇尔计划是美国在冷战初期对外政策的重要组成部分，一方面，在短期内促进了欧洲的经济复苏和稳定；另一方面，通过这一计划，美国在战后的国际秩序中确立了其领导地位；同时，也为欧洲的一体化和长期和平奠定了基础。

参考资料

1. 齐秀丽：《马歇尔计划再认识》，《史学月刊》，2013年第12期。

题目4 论述三次柏林危机 醒吾历史统考预测题

三次柏林危机是冷战期间美苏对抗的关键事件，不仅展示了两大阵营间的紧张关系，也对国际政治格局产生了深远影响。

（一）第一次柏林危机

1. 背景。冷战初期，美苏关系紧张，在德国问题上的分歧日益显著。1948年，美、英、法在西德实施货币改革，而苏联在东德执行自己的币制改革，加深了政策上的分歧。

2. 过程。① 1948年6月24日，苏联对西柏林实行封锁，切断了柏林与西方占领区之间的水陆交通和货运。美、英、法则对苏占区所缺的钢、煤、电等实行反封锁，同时向西柏林空运物资，局势一时十分紧张。② 1949年5月，西方三国批准《德意志联邦共和国基本法》并公布了《占领法》，西德政府结构基本确立，封锁柏林已不能阻止建立西德国家的进程，苏联解除了对柏林的封锁。

（二）第二次柏林危机

1. 背景。柏林于1949年分裂后，西柏林重建顺利，经济逐渐繁荣，给苏联带来极大压力，苏联决意解除西柏林问题。

2. 过程。① 1958年11月，苏联单方面向英、美、法三国发出照会，要求它们6个月内撤出西柏林的驻军，使西柏林成为自由市，威胁要把西柏林过境检查权转交给东德。② 美、英、法坚决拒绝这一要求，并且宣称如果苏联封锁进入西柏林的通道，它们将不惜诉诸武力，苏联最终降低了姿态。1959年，赫鲁晓夫访问美国，虽未达成具体协议，但会谈减轻了双方的紧张关系。

（三）第三次柏林危机

1. 背景。1961年，肯尼迪和赫鲁晓夫在维也纳进行会谈，讨论聚焦于柏林问题，但未能达成共识，会谈结束后，美苏双方扩军备战，美苏关系再次紧张。

2. 过程。1961年8月，东西柏林之间的边界被封锁，苏联和东德开始建造柏林墙，西柏林人进入东柏林都需经过边境站的检查，还需办理入境手续。这一举动令西方国家措手不及，但除发出警告外，不得不接受柏林墙的事实。赫鲁晓夫随后取消了要求西方撤军的期限，后来美苏关系再度缓和，柏林问题暂时搁置。

（四）影响

1. 柏林的分裂成为冷战的象征，德国分为东西两部分，其主要城市柏林更成为东西方对抗的前沿阵地。
2. 三次柏林危机加剧了美苏之间的紧张关系，推动了冷战双方的核武器竞赛，全球安全面临严重威胁。

三次柏林危机是冷战时期国际政治的重要事件，它不仅加深了美苏的对立，也成为衡量冷战紧张程度的重要标志，每次柏林危机都是冷战的一个缩影，凸显了两大阵营之间的意识形态和政治对立。

参考资料

1. 吴于廑，齐世荣：《世界史·现代史编》，高等教育出版社，2011年。
2. 张建华：《世界现代史（1900—2000）》，北京师范大学出版社，2008年。

题目5　北大西洋公约组织的性质是什么？是如何发展的？对世界局势有何影响

相关真题　2023年长春师范大学；2000年四川大学

北大西洋公约组织自成立以来，作为由美国主导、欧洲国家参与的一个军事政治联盟，在国际关系中扮演了重要角色，对世界局势产生了深刻影响。

（一）性质

1. 冷战结束前，北约主要具有防御性。这一时期，北约作为美国和欧洲国家的军事协作组织，主要职责是保卫成员国的领土安全。它在欧洲大陆形成了一个针对苏联和东欧的遏制圈，虽加强了美国对西欧的影响力，但总体上仍保持防御性质。
2. 冷战结束后，北约的性质转变为扩张性。苏联解体后，北约逐渐演变为一个扩张性的组织，其扩张表现为：战略东扩，挤压俄罗斯的战略生存空间；意识形态扩张，宣扬以欧美为中心的价值观；通过军事演习等方式强化与潜在成员国的联系。

（二）形成和发展

1. 北约的形成源于美国和西欧国家对抗苏联的需求。1948年，英、法等国签署《布鲁塞尔和约》，随后美国参议院通过"范登堡决议"，表明美国准备参与非美洲国家的军事联盟。
2. 1949年，北约正式成立。美国、加拿大和布鲁塞尔条约组织成员国签署《北大西洋公约》。北约的成立，标志着美国全球战略的重要转变。
3. 冷战期间，北约不断扩大，包括希腊、土耳其、西德和西班牙等国纷纷加入。北约的扩大反映了美苏对抗加剧的国际局势。
4. 冷战结束后，北约经历了五次东扩。1999年至2020年，多个东欧国家加入北约，这一扩张行为改变了欧洲的安全格局，也影响了俄罗斯与西方的关系。

（三）对世界局势的影响

1. 北约在冷战时期对世界格局起到了平衡作用，遏制了苏联的扩张，防止了一方势力的独大。
2. 北约的成立和发展加深了东西方之间的对立，加剧了冷战局势，成为美国在欧洲战略布局的核心，加强了美国在欧洲的影响力。
3. 冷战结束后，北约的不断东扩引发了新的安全挑战。它改变了俄罗斯的安全环境，成为影响后冷战时期美俄及西方与俄罗斯关系的关键因素。此外，北约的扩张也给当今世界安全带来了新的挑战。

综上所述，北约作为一个军事政治组织，从冷战时期的防御联盟转变为冷战后的扩张性组织，对国际政治格局和全球安全环境产生了重要影响。

> **参考资料**
1. 张屹：《我们应当怎样看北约》，《前线》，2020年第1期。
2. 蒋建清：《北约二十一世纪新战略及其影响》，《国际问题研究》，1999年第3期。

题目 6　简述朝鲜"三八线"的形成及影响

相关真题　2021年延边大学

朝鲜"三八线"是朝鲜半岛北纬38度线的非官方名称，这一分界线将朝鲜半岛分割为北部的朝鲜民主主义人民共和国（朝鲜）和南部的大韩民国（韩国），是冷战时期东西方阵营在亚洲对峙的象征之一。

（一）"三八线"的形成过程

1. 临时划分。1945年二战结束时，盟军决定接受日本在朝鲜半岛的投降，美国和苏联作为主要的盟国，在缺乏明确分界线的情况下，暂以北纬38度线作为受降分界，北部由苏联接管，南部由美国接管。这一临时军事分界线最初仅为行政受降便利，未曾预期成为持久的政治分界线。

2. 建立两个不同政权。二战结束后不久冷战开始，在美苏两国的分别支持下，朝鲜半岛北部和南部分别成立了两个政权。1948年，北部成立了朝鲜民主主义人民共和国；同年，南部建立了大韩民国。"三八线"因此成为两个国家的实际边界。

（二）"三八线"的影响

1. 朝鲜半岛的分裂。"三八线"的形成导致朝鲜半岛自古以来首次被分割成两个独立的国家，这一分裂加深了南北之间的政治、经济和文化差异，形成了持续至今的分离状态。

2. 朝鲜战争的爆发。1950年，朝鲜战争爆发，"三八线"成为战争的前线。尽管战争以1953年的停战协议告终，但并未签订和平条约，南北双方仍然处于技术性战争状态，"三八线"及其附近地区成为世界上军事化程度最高的地区之一。

3. 国际关系的影响。"三八线"不仅是朝鲜与韩国的分界线，也成为冷战时期东西方对立的前线。它象征着意识形态的冲突，导致了朝鲜半岛及其周边地区的长期紧张和不稳定。

4. 推动朝鲜半岛和平进程的挑战。"三八线"的存在使得朝鲜半岛的和平统一面临重大挑战。尽管近年来南北朝鲜进行了一系列和平对话和交流，但"三八线"仍是需要克服的重要障碍之一。

总结来说，"三八线"的形成是朝鲜半岛历史上的重要转折点，它不仅象征着朝鲜半岛的分裂，也反映了冷战时期全球政治格局的微妙变化。对于朝鲜半岛乃至整个东北亚地区的和平与稳定而言，"三八线"的历史遗留问题依然是亟须解决的。

> **参考资料**
1. 吴于廑，齐世荣：《世界史·现代史编》，高等教育出版社，2011年。
2. 齐瑶：《朝鲜三八线的由来》，《世界知识》，1989年第16期。

题目 7　论述社会主义阵营的建立过程

相关真题　2020年曲阜师范大学

二战结束后，因为霸权竞争和国家安全问题，美苏关系由同盟转变为对立。在这个过程中，苏联通过外交、经济、文化和军事等多方面的对抗手段，促进了社会主义阵营的建立。

（一）背景

1. 雅尔塔体系的确立。1945年，美、苏、英三国在雅尔塔会议上讨论了战后事宜，通过了《雅尔塔协定》，大致划分了各自的势力范围。这次会议和二战末期的其他会议结果构成了雅尔塔体系，形成了以美苏为核心的两极世界格局。

2. 美国对苏联的遏制。美国采取了多种措施来遏制苏联和共产主义的扩张，包括1947年提出的"杜鲁门主义",1947年7月实施的"马歇尔计划",以及1949年成立的北大西洋公约组织,这给苏联带来极大威胁。

3. 战后社会主义国家的建立。20世纪40年代末,东欧地区如南斯拉夫、波兰、捷克斯洛伐克等国陆续建立了社会主义政权。亚洲地区的中国、朝鲜和越南也建立了社会主义政权。

(二)形成过程

1. 成立共产党与工人党情报局。1947年9月,苏联和波兰、南斯拉夫等国的共产党代表在波兰会议上决定成立共产党与工人党情报局,各党之间进行信息交流和协调活动。

2. 从莫洛托夫计划到成立经济互助委员会。苏联自1947年7月起与东欧国家签订了一系列经济协议,即莫洛托夫计划;1949年,在莫洛托夫计划的基础上,苏联与保加利亚、匈牙利等东欧五国建立经济互助委员会,宗旨是协调各成员国的经济发展,推动经济一体化。

3. 加强中苏关系。1950年,中苏签订《中苏友好同盟互助条约》,规定一方受到侵袭,另一方给予援助等内容。

4. 成立华沙条约组织。为了对抗北约的扩张,1955年,苏联和东欧七国签署《友好合作互助条约》,成立华沙条约组织,其主要活动是在缔约国中推行"军事一体化",维护集体安全,标志着社会主义阵营的形成。

(三)结果与评价

1. 结果。北大西洋公约组织和华沙条约组织的成立,标志着欧洲两极格局的正式形成。

2. 评价。社会主义阵营在成员国发展和遏制西方势力扩张方面起到积极作用。共产党与工人党情报局对抗美国冷战政策;经互会对抗西方经济封锁,促进成员国发展;华约组织在保障社会主义国家安全方面有所贡献。然而,这些组织也存在问题,如苏联的大国沙文主义损害了其他成员国利益,上述组织成为苏联的政策工具。

社会主义阵营的成立有效遏制了以美国为首的西方势力的扩张,促进了国际共产主义运动发展,但同时也因苏联的大国沙文主义对国际共产主义运动产生了不利影响。

参考资料

1. 吴于廑,齐世荣:《世界史·现代史编》,高等教育出版社,2011年。
2. 刘宗绪:《世界近代史》,北京师范大学出版社,2004年。
3. 齐涛:《世界通史教程》,山东大学出版社,2008年。

题目8 论述华沙条约组织的形成背景、内容及其影响

相关真题 2016年历史学统考

华沙条约组织是以苏联为首的东欧社会主义国家为对抗北大西洋公约组织而成立的政治军事同盟,它的成立标志着冷战格局的正式形成。

(一)背景

1. 第二次世界大战后,国际格局重塑。美苏两大国在意识形态和全球战略利益上的分歧,催生了以美国为首的西方资本主义阵营和以苏联为核心的东方社会主义阵营,埋下了冷战对抗的种子。

2. 西方国家响应美国的号召,成立了北约。1948年3月,美、英、加三国在华盛顿举行会谈,筹备北大西洋防务条约。1949年4月,12个国家签署了《北大西洋公约》,标志着北约正式成立。

3. 北约的逐步扩大,威胁苏联安全。1954年10月,巴黎协定签署,决定接纳联邦德国加入北约,这直接威胁到苏联及其盟国的安全。苏联试图通过谈判阻止未果,决定成立自己的政治军事同盟。

(二)内容

1. 1955年5月14日,苏联和东欧七国在波兰华沙签订《友好合作互助条约》,华沙条约组织因此诞生。

2. 华约的主要机构包括政治协商委员会、外交部长委员会、国防部长委员会和联合司令部。此外,苏联利用华约组织建立了联合武装部队和一体化部队,增强成员国间的军事协作。

3. 华约的宗旨是缔约国之间保证在国际事务中不以武力相威胁或使用武力,如果在欧洲发生对一个或几个缔约国的武装进攻,其他缔约国以一切必要方式对遭受进攻的国家进行援助。

（三）影响

1. 华约在成立初期，对于增强东欧国家间的团结、对抗西方的潜在军事威胁，以及维护社会主义阵营的安全稳定起到了重要作用。

2. 华约和北约的形成，标志着欧洲在政治、军事和经济上的全面分裂。美苏两个超级大国分别引领着这两大阵营，导致欧洲国家的分化，进一步扩展全球范围的冷战对抗。

3. 华约不仅是苏联与东欧国家的军事同盟，也成为苏联对东欧施加影响的工具。华约的领导机构主要由苏联军官担任，东欧成员国的内政外交受到苏联影响，使苏联在东欧的影响力和地位得到加强。

综上所述，华约的成立是冷战时期国际政治的重要事件，不仅标志着东西方军事对立的形成，而且在政治、经济和意识形态领域对全球产生了深远的影响。

参考资料

1. 吴于廑，齐世荣：《世界史·现代史编》，高等教育出版社，2011年。

题目9 论述两大阵营的形成

相关真题 2023年长春师范大学

随着第二次世界大战的结束，美国和苏联之间的对立和竞争，导致世界形成了以苏联为首的社会主义阵营和以美国为首的资本主义阵营的对立。这两大阵营的形成，标志着冷战时期全球政治分裂的开始。

（一）资本主义阵营的形成

1. 杜鲁门主义的提出。1947年3月，美国总统杜鲁门在国会发表演讲，提出"遏制共产主义"政策。杜鲁门主义强调美国应通过政治、军事、经济等手段，遏制苏联和其他社会主义国家的扩张，这成为美国对外政策的基石，也为资本主义阵营的形成奠定了思想和政治基础。

2. 马歇尔计划的实施。1947年6月，美国提出了马歇尔计划，计划通过对战后欧洲国家的经济援助，帮助它们恢复和重建经济，同时遏制共产主义在欧洲的扩散。这一计划不仅促进了西欧国家的经济复苏，也加强了美国与这些国家的联系。

3. 北大西洋公约组织的成立。1949年，美国、加拿大及西欧几个国家签署《北大西洋公约》，成立了北大西洋公约组织。北大西洋公约组织的成立标志着资本主义阵营在军事上的结盟，进一步巩固了资本主义国家之间的合作和团结。

（二）社会主义阵营的形成

1. 共产党与工人党情报局的成立。1947年，为了加强社会主义阵营内部的联系和合作，苏联倡议成立了共产党与工人党情报局，这是社会主义阵营在政治上的初步团结。

2. 经济互助委员会的成立。1949年，苏联和其他社会主义国家成立了经济互助委员会，旨在通过经济合作和援助，加强社会主义国家之间的经济联系，促进成员国的经济发展。

3. 华沙条约组织的成立。1955年，苏联和东欧几个社会主义国家签署《华沙条约》，成立了华沙条约组织，这是社会主义阵营在军事上的结盟，明确了社会主义国家之间的团结和协作，以对抗资本主义阵营的军事威胁。

资本主义阵营与社会主义阵营之间的对立，不仅在意识形态上形成了明显的分界线，也在政治、经济、军事等多个领域内展开了长期的竞争和对抗。冷战时期的这种分裂状态，虽然没有直接导致第三次世界大战的爆发，但却引发了多次地区冲突和危机，给世界和平带来了巨大的威胁。

参考资料

1. 韦感恩，陈天祥：《世界政治经济与国际关系》，中山大学出版社，1994年。
2. 吕有志：《当代世界经济与政治》，浙江人民出版社，2000年

题目 10 简述古巴导弹危机

相关真题 2024 年湘潭大学；2022 年湖北大学；2006 年华东师范大学

古巴导弹危机是冷战时期美苏两国之间最激烈的一次对抗，使当时的世界处于核战争的边缘，后经美苏双方的外交斡旋，这场危机最终和平解决。

（一）背景

1959 年，卡斯特罗领导的革命推翻了古巴的巴蒂斯塔政权。美国政府担心其在古巴的利益受损和革命之火燃到拉丁美洲，因此对古巴实施经济封锁与政治颠覆行动。美国策划的猪湾入侵和北方森林计划等未能成功，导致古巴逐渐倒向苏联，成为苏联在拉美地区对抗美国的前沿阵地。

（二）过程

1. 1961—1962 年，苏联为了保护古巴不受美国侵犯以及扩张其在西半球的势力，秘密向古巴运送导弹。1962 年 8 月，美国 U-2 侦察机在古巴上空发现苏联导弹基地。美国随即向苏联发出警告，但遭到苏联否认。

2. 1962 年 10 月，美国 U-2 飞机又拍到苏联在古巴建设导弹发射场的照片。美国总统肯尼迪通过电视告知全球苏联在古巴部署导弹的消息，并宣布对古巴实施海上封锁，切断运往古巴的武器运输线。

3. 经过紧张的谈判，苏联领导人赫鲁晓夫同意撤出古巴的导弹。作为交换，美国承诺不再入侵古巴。至此，古巴导弹危机得以结束。

（三）影响

1. 对美国而言，这场危机加剧了美国与西欧国家间的矛盾。西欧国家担心美国在关键时刻可能不会保护其免受苏联的威胁，这促使西欧国家开始寻求更多的自主权和战略独立性以减少对美国的依赖。

2. 对苏联而言，这场危机削弱了赫鲁晓夫的执政威信，并导致了新的军备竞赛。苏联在危机中的示弱，对苏共高层而言，削弱了赫鲁晓夫的执政威信。此后苏联为了抗衡美国，决定加大核武器发展，导致两国新一轮的军备竞赛。

3. 对古巴而言，这场危机确保了古巴的安全和生存，但也暴露了古巴与苏联间的利益差异。危机后，美国为换取苏联撤出导弹，承诺不再入侵古巴。但是这场危机也让古巴意识到与苏联盟友关系的脆弱性，推动了其走向独立自主，参与不结盟运动。

总而言之，古巴导弹危机给当时的国际关系带来了重要影响，它的和平解决使人类避免了一次重大灾难，也让更多的人意识到国际安全的重要性，引起了国际社会对于防止核战争与维护和平的广泛关注。

参考资料

1. 吴于廑，齐世荣：《世界史·现代史编》，高等教育出版社，2011 年。
2. 刘宗绪：《世界近代史》，北京师范大学出版社，2004 年。
3. 齐涛：《世界通史教程》，山东大学出版社，2008 年。

第四节 殖民体系的解体与第三世界的兴起

题目 1 简述印度独立，并谈谈印巴分治问题

相关真题 2023 年西华师范大学；2020 年河北师范大学；2000 年东北师范大学

印度独立是二战后全球去殖民化浪潮的关键事件之一，象征着英国殖民帝国的衰退，并催生了印巴分治的深远影响。

（一）独立运动的背景

1. 长期的英国殖民统治激发了印度人民的民族意识和独立欲望。英国的经济剥削和社会歧视进一步加剧了这种情绪。

2. 二战期间，英国在战争中的重大损失削弱了其维持帝国控制的能力，同时，印度对盟军的贡献提高了其要求独立的合法性和紧迫性。

3. 两次世界大战以来，国际上反殖民主义的浪潮也为印度的独立运动提供了有利的外部环境。

(二) 独立运动的发展

1. 一战后，甘地领导印度国大党进行了一系列非暴力不合作运动，包括1920年的不合作运动、1930年的食盐长征等。这些运动加强了印度全民族的独立意识和抗争意志，使得印度独立成为国际关注的焦点。

2. 二战期间，英国未经印度人同意即以印度之名宣战，这导致印度国内强烈不满。1942年，甘地领导了要求英国无条件退出印度的"退出印度运动"，印度全民族抗英斗争达到高潮。战后，英国国内政治变化和战争使英国经济负担沉重，英国政府开始考虑将权力移交给印度人。

(三) 印巴分治的实施

面对印度日益强烈的独立要求和印度教徒与穆斯林之间日益加剧的紧张关系，英国政府最终决定放弃其在印度的统治。1947年，根据《蒙巴顿计划》，英国政府宣布印度按照信仰的不同分为两个独立的国家：印度和巴基斯坦。这一决定虽然满足了穆斯林联盟的要求，但也导致了大规模宗教暴力和数百万人的迁徙，成为两国关系长期紧张的根源。

(四) 印巴分治后的影响

1. 对两国的影响。印度在尼赫鲁的领导下，走上了建设一个世俗、民主的国家的道路，而巴基斯坦则面临着宗教身份和国家建设之间的紧张关系。

2. 引发地区争夺。《蒙巴顿方案》中的领土划分使克什米尔地区的争端成为印巴两国关系中的一个持续热点，多次引发冲突和战争。

3. 造成了严重的宗教冲突。分而治之的政策使国大党和穆斯林联盟、印度教和伊斯兰教之间的冲突加剧。

综上所述，印度的独立和随后的印巴分治不仅结束了英国在印度的殖民统治，也为南亚地区的未来发展带来了复杂的历史背景和挑战，这一问题展现了民族解放运动的力量和复杂性，以及在新独立国家建设中面临的宗教、民族和政治等多重挑战。

参考资料

1. 汪长明，高桂林：《印巴分治前后——兼论克什米尔问题产生的政策背景》，《晋中学院学报》，2010年第5期。

题目2 简述巴勒斯坦问题的由来和五次中东战争的经过

相关真题 2024年苏州科技大学；2023年中国社科院大学；2020年中国社科院大学；2019年北京大学；2019年西北大学；2005年南开大学；2003年厦门大学；1998年东北师范大学；1997年南京大学

巴勒斯坦问题是中东地区最复杂的问题之一，它不仅涉及民族和宗教矛盾，还受到国际政治力量的影响。这一问题至今仍未得到彻底解决，是国际社会关注的焦点之一。

(一) 巴勒斯坦问题的起源

1. 古代历史渊源。巴勒斯坦地区自古以来就是多民族和多文化交汇的地带。公元前11世纪，希伯来人在此建立了以色列犹太国。公元前10世纪，以色列犹太国家分裂为以色列王国和犹太王国。以色列王国存在了约200年。犹太王国也前前后后被新巴比伦、波斯、罗马等国征服。公元135年后，犹太人大规模离散，但一直对这片土地怀有归属感。

2. 近代犹太复国主义的兴起。19世纪末，受到欧洲民族主义的影响，犹太复国主义在犹太人中兴起，主张犹太人应该在巴勒斯坦地区重新建立一个国家。1917年，英国发表《贝尔福宣言》，支持在巴勒斯坦建立一个犹太人的"民族家园"，进一步推动了犹太人向巴勒斯坦的移民。

3. 二战后犹太人与阿拉伯人的矛盾。二战后，犹太复国主义运动加速，大量犹太难民和移民涌入巴勒斯坦，引发了当地阿拉伯人的强烈反对。英国作为巴勒斯坦的委任统治国，面对日益紧张的犹太人和阿拉伯人之间的关系，最终将巴勒斯坦问题提交给了联合国。

4. 以色列的成立与第一次中东战争。1947年，联合国通过了分割巴勒斯坦的一部分土地建立以色列国家的计划，但该计划未得到阿拉伯国家的接受。1948年，以色列宣布独立，周边阿拉伯国家随即发动了对以色列的军事进攻，引发了第一次中东战争。

（二）五次中东战争

1. 第一次中东战争（1948—1949年），又称独立战争。联合国分治决议通过后，阿拉伯国家联盟不承认以色列，埃及、叙利亚、伊拉克等多国军队进入巴勒斯坦，以色列与周边阿拉伯国家交战，最终以色列获得胜利，巴勒斯坦地区的大部分被以色列控制。

2. 第二次中东战争（1956年），又称苏伊士运河战争。英法殖民者为争夺苏伊士运河利益，拉拢以色列与埃及，爆发了第二次中东战争。由于国际社会的压力以及埃及的顽强抵抗，1956年英法被迫停战和撤军，这标志英法在中东殖民的结束，次年以色列撤军，运河主权归埃及，第二次中东战争结束。

3. 第三次中东战争（1967年），又称六日战争（六五战争）。以色列在美国的支持下发动第三次中东战争。以色列通过闪电战占领了阿拉伯国家大片领土，战争以以色列的空前胜利而告终，但是加剧了阿以矛盾，为第四次中东战争的爆发埋下伏笔。

4. 第四次中东战争（1973年），又称赎罪日战争、斋月战争、十月战争。为了洗刷第三次中东战争的耻辱，埃及与叙利亚联军向以色列发起突袭。此次战争使以色列遭受巨大损失，阿拉伯国家则洗刷了第三次中东战争的耻辱，恢复了民族尊严。

5. 第五次中东战争（1982年），又称黎巴嫩战争。由于以色列驻英国大使被巴勒斯坦武装暗杀，以色列对黎巴嫩境内的巴勒斯坦解放组织和叙利亚军队发动了大规模的进攻，以色列取得全面胜利，这次战争严重加剧了以色列和阿拉伯国家的矛盾。

综上所述，巴勒斯坦问题及其引发的中东战争，反映了该地区深刻的民族宗教矛盾和国际政治利益的交织。尽管经历多次战争与和平努力，巴勒斯坦问题仍然是全球最棘手的地缘政治问题之一。

> **参考资料**

1. 吴于廑，齐世荣：《世界史·现代史编》，高等教育出版社，2011年。
2. 刘宗绪：《世界近代史》，北京师范大学出版社，2004年。
3. 齐涛：《世界通史教程》，山东大学出版社，2008年。

题目3　用史实论述非洲去殖民化的历史进程

相关真题　2023年江苏师范大学；2020年中国社科院大学；2015年北京大学

随着15—16世纪新航路的开辟，西欧国家开始了对非洲的殖民扩张。面对这种侵略，非洲人民展开了长期的去殖民化斗争。特别是二战后，非洲各国纷纷摆脱殖民统治，建立了独立的国家。

（一）二战后初期至20世纪50年代中期

20世纪50年代初期，非洲民族独立运动主要发生在北非，大致情况如下：

1. 埃及七月革命。1952年，埃及的"自由军官组织"发起"七月革命"，推翻了英国支持的法鲁克王朝。

2. 阿尔及利亚民族解放运动。1954年，阿尔及利亚民族解放阵线引领了长达8年的独立战争。1962年3月，阿尔及利亚与法国签订独立协议，7月，阿尔及利亚正式宣布独立。

3. 摩洛哥和突尼斯的独立斗争。摩洛哥和突尼斯在二战后展开了长期的反法武装斗争，1956年3月，法国承认了两国独立。

（二）20世纪50年代中后期至20世纪60年代末期

20世纪50年代后期开始，民族独立浪潮从北非向撒哈拉以南的非洲蔓延：

1. 亚非会议和苏伊士运河事件。1955年，亚非会议的召开，提高了国际社会对非洲争取独立运动的支持和认识。1956年，埃及成功收回苏伊士运河。这两件事对殖民主义造成沉重打击，推动了非洲独立运动。

2. 1957年3月，加纳宣告独立；1958年10月，几内亚宣告独立；1960年，17个非洲国家独立，这一年被称为"非洲独立年"，法、西、英、比等国在非洲的殖民统治逐步瓦解。

3. 非洲统一组织的成立。1963年，非洲独立国家在埃塞俄比亚首都召开会议，成立非洲统一组织。该组织为非洲各国的解放运动提供支持，对殖民宗主国施加压力，极大地促进了非洲的去殖民化进程。

（三）20 世纪 70 年代

1. 葡萄牙殖民地的独立。1961年，几内亚比绍开始反抗葡萄牙殖民统治；1973年，宣布成立共和国。1962年，莫桑比克发表《武装大起义宣言》，掀起了长期的民族解放战争；1975年，宣布独立。

2. 葡萄牙内乱导致殖民统治崩溃。1974年，葡萄牙发生军事政变，新政府与各殖民地解放组织谈判，承认殖民地独立，结束了葡萄牙在非洲500年的殖民统治。

（四）20 世纪 80 年代

1. 津巴布韦独立。白人统治集团在殖民地实行种族歧视政策，激起津巴布韦非洲民族联盟的武装斗争。1980年，津巴布韦宣布独立。

2. 纳米比亚独立。纳米比亚在经历了德国、南非统治后，经联合国干预，于1990年宣布独立，这标志着非洲去殖民化进程的完成。

（五）历史影响

1. 积极影响。非洲独立运动终结了西方殖民侵略非洲的历史，促使殖民体系瓦解，非洲新兴国家在国际舞台上发挥重要作用。

2. 消极影响。去殖民化过程中出现政权转移不稳定等问题，为西方帝国主义再次干预非洲政局埋下隐患。

总而言之，非洲人民在经历了长期且艰巨的斗争后，最终实现了去殖民化的伟大成就。

参考资料

1. 陆庭恩：《关于非洲非殖民化的几个问题》，《铁道师院学报》，1992年第3期。

题目 4　论述二战后亚洲的民族解放运动　醒吾历史统考预测题

二战后，亚洲民族解放运动浪潮汹涌，众多亚洲国家通过不懈斗争，成功摆脱了殖民统治，走向独立自主。这一历史进程不仅重塑了亚洲的国际地位，也为世界民族解放运动树立了标杆。

（一）背景

二战极大地动摇了欧洲殖民帝国的统治基础，殖民地半殖民的民族解放意识空前高涨。在这一时期，美苏两大阵营的对峙为亚洲地区争取民族独立提供了外部条件。亚洲的民族解放运动在此背景下兴起，旨在结束数百年的殖民压迫，实现民族自决和社会进步。

（二）重要民族解放运动

1. 印度的独立斗争。印度是最早成功实现民族独立的亚洲国家之一。在甘地和尼赫鲁等人的领导下，印度通过非暴力不合作的方式以及武装斗争，最终迫使英国在1947年公布《蒙巴顿方案》同意印度独立。印度的独立不仅结束了英国在印度两百多年的殖民统治，也激励了全亚洲乃至全世界殖民地国家和地区的民族解放斗争。

2. 中国的人民解放战争。抗日战争胜利后，中国共产党继续领导人民解放战争，通过几年的艰苦斗争，中华人民共和国于1949年宣告成立，标志着中国人民站起来了，中国结束了百年来的内乱和外侵，开启了新中国的建设。

3. 印尼的独立战争。印度尼西亚在苏加诺的领导下，于1945年宣布独立。尽管荷兰试图重新占领，但在国内外的强烈反对下，荷兰最终于1949年承认印尼的独立。印尼的独立战争不仅是亚洲民族解放运动的重要组成部分，也是全球反殖民斗争的典范。

4. 马来亚、越南、菲律宾等国的独立。马来亚联合邦于1957年从英国手中获得独立，成立马来西亚。越南经历了长达数十年的抗法和抗美斗争，最终在1975年实现了国家的统一。菲律宾则在1946年获得了美国的承认，正式独立。这些国家的独立过程各有特色，但共同书写了亚洲民族解放运动的辉煌篇章。

（三）意义

亚洲的民族解放运动极大地推动了世界历史的进程，结束了西方列强在亚洲的殖民统治，促进了亚洲国家的政治独立和社会进步，加强了亚洲国家在国际事务中的地位。这些运动不仅是对殖民主义的有力反击，也为后来的民族独立运动提供了经验和灵感。

综上所述，二战后亚洲的民族解放运动是全球反殖民统治、争取民族独立斗争的重要组成部分，其深远的历史意义不仅体现在亚洲国家的独立和民族解放上，更在于其对世界民族解放运动的巨大贡献和对国际新秩序建设的积极推动。

参考资料

1. 吴于廑，齐世荣：《世界史·现代史编》，高等教育出版社，2011年。

题目5 论述二战后民族解放运动兴起的原因、特点和影响

相关真题 2024年西华师范大学；2018年河北师范大学；2015年黑龙江大学

二战后，西方传统大国因战争遭受重创，对亚非拉地区的控制力度减弱。这一时期，亚洲首批独立国家兴起，并逐步激发了全球民族解放运动。

（一）原因

1. 西方大国衰落。二战后，除美国外，西方国家国力削弱，经济与政治地位相对衰落导致其殖民控制力下降。同时，战争对殖民地经济的破坏，客观上动摇了殖民体系，恢复战前殖民统治变得不切实际。

2. 西方殖民政策转变。直接的殖民统治与军事控制不适应现代资本主义要求，且成本高昂。因此，西方国家在遭遇民族解放运动的抵抗后，逐渐转向承认政治独立，加强经济渗透，以经济手段控制前殖民地。

3. 亚非拉国家民族凝聚力增强。二战中，亚非拉国家加入反法西斯阵营，全民族凝聚一致抗击侵略，民族凝聚力在战争中得到加强。

4. 雅尔塔体系的影响。二战后，由美苏主导的雅尔塔体系下的联合国，给予殖民地独立自治的机会，推动民族独立和解放运动。

（二）特点

1. 具有前所未有的规模和广泛性。二战后，民族解放运动覆盖整个亚非拉殖民地，而且各地的各个爱国群体都积极参与争取民族独立。

2. 摧毁了殖民体系，成功取得民族独立，取得了前所未有的胜利。与二战前不同，战后民族独立运动成功摧毁资本主义几个世纪的殖民体系，并建立了各自的民族国家。

3. 形成多元国家体系。二战后，中国、朝鲜、越南、古巴等国走上社会主义道路，其他取得民族独立的国家大都走上了资本主义道路，形成社会主义和资本主义两类国家体系。

4. 和平独立突出。在战后近100个新独立国家中，80多个通过和平斗争方式实现独立，展现了和平独立的特征。

5. 大多数国家独立后，仍然与宗主国保持着密切的经济、政治和军事联系。中东和非洲地区新成立的大多数国家由于之前是英、法、美等国家的殖民地或间接控制地区，因经济结构单一、中央权力软弱等导致其在独立后不得不接受原宗主国的支援，以巩固新生国家政权。

6. 战后的民族解放斗争具有相互支持、相互援助的特点。如阿尔及利亚的独立就受到了各国援助，1958年9月，阿尔及利亚临时政府先后设立在开罗、突尼斯等地，并得到多个国家的承认；独立的北非各国为其打开国家援助通道，中国还对其提供军事援助，最终阿尔及利亚在1962年7月宣布独立。

（三）影响

1. 推进了民族独立解放。民族解放运动促进亚非拉地区民族独立，为人民自主选择发展道路提供助力。

2. 终结了殖民主义。民族解放运动导致资本主义殖民体系崩溃，结束了旧殖民主义，开启了人类社会新阶段。

3. 增强了反霸权主义力量。新兴独立国家主张国际平等，反对霸权主义，他们在维护世界和平与推进多极化过程中起到越来越重要的作用。

4. 提升了国际话语权。民族解放运动培养新兴独立国家，挑战不公平国际经济秩序，增强与国际垄断资本主义对话。

综上所述，二战后，大量旧殖民地借西方衰落之际宣布独立，建立新兴国家，引领民族解放运动，挑战旧有国际政治经济秩序。

参考资料

1. 孙若彦：《冷战后不结盟运动与第三世界问题研究述评》，《理论学刊》，2005 年第 7 期。
2. 冯宾符：《第二次世界大战后的民族独立运动》，《世界知识》，1959 年第 3 期。

题目 6　论述第三世界

相关真题　2021 年重庆师范大学；2018 年山西大学；2017 年辽宁大学；2015 年江西师范大学

第三世界，原指冷战期间未加入东西方阵营的亚非拉国家，它们在经济上处于落后边缘，现指亚洲、非洲、拉丁美洲以及其他地区中的发展中国家。第三世界的崛起是国际关系格局演变的结果，它的形成有一个历史过程。

（一）第三世界的由来

这一概念始于 20 世纪 50 年代中期，60 年代大为流行。在冷战时期，一些经济发展较落后的国家，为显示中立立场，采用"第三世界"界定自己。1974 年，毛泽东在与赞比亚总统卡翁达的谈话中定义美苏为第一世界，日本、欧洲等为第二世界，亚洲、非洲、拉丁美洲等为第三世界。

（二）第三世界的发展过程

1. 亚非会议。1955 年的亚非会议是第三世界形成的重要起点，这是首个无西方殖民国家参与而由亚非国家自主举办的国际会议，标志着第三世界国家作为战后新兴力量的崛起。

2. 不结盟运动。1961 年开始兴起的不结盟运动，代表了第三世界的发展，其快速增长传播了"第三世界"概念，继承了万隆会议精神，加强了第三世界国家的团结。

3. 加入联合国的成员增加。20 世纪 60 年代起，新兴独立国家大量加入联合国，改变了联合国的成员构成；到 80 年代，联合国中 78% 的国家是第三世界国家。

4. 七十七国集团。1964 年，七十七国集团成立，代表发展中国家要求改变剥削性的旧国际经济秩序，维护民族利益。该组织的出现标志着除两大军事集团外，出现了一支由绝大多数亚非拉发展中国家构成的国际政治力量，有力地冲击了战后的世界政治格局。

（三）第三世界的特点

1. 从历史上看，第三世界国家基本上都是由殖民地、半殖民地演化而来的，有着共同的历史遭遇。

2. 从经济上看，第三世界国家大多数是贫困落后的发展中国家，都具有发展民族经济的强烈愿望。

3. 从政治上看，第三世界国家都程度不同地受到帝国主义、霸权主义的威胁、干涉、控制或侵略，它们在对外政策方面大都奉行独立自主或不结盟政策，反对大国霸权主义和强权政治，要求建立国际政治新秩序。

4. 从发展任务来看，第三世界国家在独立之后都面临着巩固民族独立、发展民族经济的共同任务，迫切需要一个和平的国际环境，需要加强国际合作、提高亚非拉国家的国际地位，开展平等互利的经济文化交流。

（四）第三世界的历史意义

1. 推动世界政治民主化和世界力量的重新分化。第三世界的发展强化了平等合作、主权完整原则，打击了霸权主义，推动国际和平，促进了世界政治力量的重组。

2. 冲击资本主义殖民体系。第三世界的兴起动摇了资本主义殖民体系，推动其瓦解，虽受美苏干预，但政治独立地位并未丧失，没有再次沦为西方殖民地。

3. 挑战国际经济旧秩序。第三世界的兴起，不仅是政治力量的崛起，也是经济力量的崛起。第三世界力量的集合有助于挑战不公平的国际经济秩序，助力公正合理的国际经济新秩序的建立。

综上所述，第三世界作为冷战时期两大阵营外的第三股力量，在推动世界多极化、维护世界和平方面发挥了重要作用。

参考资料

1. 孙若彦：《冷战后不结盟运动与第三世界问题研究述评》，《理论学刊》，2005年第7期。

题目7 简述亚非会议

相关真题 2018年河北师范大学；2017年福建师范大学；2014年云南大学

亚非会议，1955年在印度尼西亚万隆召开，是由29个亚非国家和地区代表参加的政治经济会议。这是亚非发展中国家和地区首次在没有西方国家参与的情况下召开的关乎自身发展前景的重要会议。

（一）亚非会议的背景

1. 独立民族国家兴起。二战后，多个殖民地获得民族独立，建立了自主民族国家。这些新独立国家面临美苏争霸的两极格局，急需营造和平环境，巩固独立的政治地位，发展民族经济。

2. 东南亚地区相对和平。印度、缅甸、印尼等国奉行独立自主、和平中立、不结盟外交政策，反对"冷战"，不愿卷入大国军事冲突，希望与各国，尤其是周边国家，建立良好合作关系。

3. 和平共处五项原则的提出。周恩来总理在访问印度、缅甸时提出和平共处五项原则，获周边国家支持，成为亚非会议成功召开的思想基础。

（二）亚非会议的过程

1. 召开前的国际环境。美国试图阻止会议，通过舆论攻势，指责中国参与亚非会议是为夺取亚非地区的领导权。同时，国民党特务暗杀周恩来总理的克什米尔公主号事件爆发，为会议召开制造了紧张氛围。

2. 会议的召开。1955年4月18日至24日，亚非会议在印尼、印度等国倡议下，顺利召开。苏加诺总统在开幕词中提出"新亚洲和新非洲"的概念，会议围绕经济合作、文化合作、人权和自决权、附属国问题、世界和平和合作的促进五大议程展开。

3. 会议的挑战与应对。会议初期受少数西方势力挑拨，攻击中国对邻国搞"颠覆活动"，造成会议可能走向歧路。周恩来提出"求同存异"方针，获代表团接受，保证会议顺利进行。

（三）亚非会议的内容

1. 求同存异方针的提出。由于会议面临走向歧途风险，周恩来提出求同存异，指出中国是来求同而不是来立异的，求同的基础是亚非国家共同经历的殖民灾难和痛苦，求同存异的方针促进了会议顺利进行。

2. 和平共处十项原则的提出。会议最后通过了《关于促进世界和平和合作的宣言》，提出和平共处十项原则，是对周恩来提出的和平共处五项原则的延伸，为会议最重要成果。

3. 通过《亚非会议最后公报》。除《关于促进世界和平和合作的宣言》外，包含经济、文化合作、人权、民族自决权等的七项决议，共同构成《亚非会议最后公报》的主要内容。

（四）亚非会议的意义

1. 亚非国家作为一支新的政治力量登上国际舞台。亚非会议是亚非国家首次独立处理自身事务的国际会议，标志着作为战后新兴政治力量的亚非国家崛起。

2. 鼓舞了世界各地的民族解放运动。会议成功提高了被压迫民族和人民的自信，声援了世界各地的民族解放运动，鼓舞了世界各地反帝反封建斗争的信心。

3. 促进了亚非的区域合作。会议推动了亚非国家政治经济交流，增强交往和理解，打下团结联合的基础。

4. 形成了万隆精神。亚非会议形成了维护民族独立、保卫世界和平、反帝反殖斗争中亚非国家团结一致的"万隆精神"。

总而言之，亚非会议是亚非国家追求独立自主的重要平台，加强了反帝反殖力量，促进了亚非国家政治经济发展，对世界政治产生了深远影响。

参考资料

1. 张东藩：《略论亚非会议的历史作用》，《湖南师范大学学报》，1986年第3期。

题目8　论述不结盟运动

相关真题 2024年南京大学；2024年西华师范大学；2023年苏州科技大学；2022年上海大学；2020年复旦大学；2016年江西师范大学；2015年河北师范大学；2015年西北大学

不结盟运动始于20世纪60年代，是一场在第三世界国家中迅速发展的国际政治运动，旨在保持独立自主和不结盟的立场。该运动的兴起标志着第三世界的崛起，发展中国家逐渐成为世界的重要力量。

（一）背景

1. 二战后，以美国为首的资本主义阵营与以苏联为首的社会主义阵营形成两极对立的格局，美苏两大阵营的对抗日益激烈，冷战局势下存在"热战趋势"。
2. 新兴独立国家出于维护领土主权完整和建立独立自主外交的考虑，希望在美苏两极格局中保持中立。

（二）形成过程

1. 序幕。1955年召开的万隆会议被视为不结盟运动的开端，会议提出处理国际关系的十项原则，是对周恩来提出的和平共处五项原则的延伸，反映了亚非人民反帝反殖、维护和平与合作的精神。
2. 兴起。1961年9月，南斯拉夫领导人铁托组织的第一次不结盟国家首脑会议在贝尔格莱德举行，通过了《会议宣言》和《关于战争的危险和呼吁和平的声明》，提出支持各国争取独立和平等，反对殖民主义和新殖民主义，主张用和平共处原则代替冷战和核战争。
3. 发展。1964年至1989年，不结盟运动召开了8次会议，成员国从最初的25个增加到86个，这一运动的发展与第三世界国家的崛起大致同步。

（三）特点

1. 反殖民主义和霸权主义。不结盟运动强烈反对新老殖民主义，20世纪70年代两极格局松动后，更加强调反对美苏霸权主义。
2. 斗争领域由政治扩展到经济。从第三次会议开始，不仅讨论政治问题，也逐渐关注经济问题，提出南南合作和集体自力更生发展经济。
3. 规模迅速扩大。20世纪60年代至80年代，不结盟运动的成员国迅速增加，涵盖大部分第三世界国家。
4. 内部存在差异分歧。由于成员国政治经济水平和社会状况的差异，加之超级大国的影响，成员国内部分歧时有发生。

（四）影响

1. 推动殖民主义落幕，加速帝国主义殖民体系的瓦解，支持世界各地民族解放运动，为新兴独立国家提供"第三条道路"。
2. 冲击两极格局，增强第三世界国家在国际舞台上的话语权，其独立自主和平的主张对世界和平做出贡献，推动20世纪下半叶世界多极化趋势的发展。
3. 为新兴国家提供良好的国际环境，为它们提供了解决政治经济问题的目标、纲领和措施，推动了发展中国家建立公平公正的国际政治经济新秩序的斗争。

综上所述，不结盟运动是众多发展中国家团结合作的成果，作为推动世界多极化的重要力量，使第三世界国家在国际舞台上展现了自己的声音，至今仍发挥重要作用。

参考资料

1. 辜建中：《不结盟运动初探》，《南昌大学学报》，1983年第4期。

题目9　论述南北对话　醒吾历史统考预测题

南北对话是战后第三世界国家为改变旧的国际经济格局、建立新的国际经济秩序而与西方发达资本主义国家进行斗争的一种方式。

（一）南北对话兴起的原因

1. 发展中国家的利益受到发达国家的剥削和控制。西方发达资本主义国家利用经济和技术优势，从第三世界国家低价掠夺能源和原料，高价输出商品，使发展中国家在贸易中处于不利地位。为改变这种不利局面，第三世界国家要求建立国际新秩序。

2. 发展中国家在"互惠"贸易中不平等。例如，欧共体在20世纪70年代前与非洲国家签订《雅温得协定》和《亚鲁沙协定》，规定双方享受最惠国待遇，但发展中国家因发展水平低，长期处于贸易逆差，实际利益多归欧美国家。

（二）南北对话发展阶段

1. 20世纪60年代，第三世界国家呼吁建立国际经济新秩序，通过不结盟国家首脑会议和联合国贸易发展会议提出改革要求。1964年召开的第一届联合国贸易和发展会议，是这一要求的体现。

2. 20世纪70年代初，南北关系问题进入国际议事日程。1973年，非洲、加勒比海和太平洋地区发展中国家与欧共体开始谈判。1975年签署《洛美协定》，做出了一些有利于发展中国家的规定，一定程度上改善了双方的经济关系。

3. 20世纪80年代以后，继续推动南北对话。1981年在墨西哥举行的坎昆会议被称为南北最高级会谈。此后，发展中国家继续在联合国及其附属机构推动全球对话，1984年签署第三个《洛美协定》，同时强调南南合作和集体自力更生。

（三）南北对话的意义

1. 有助于解决南北矛盾。南北对话关注经济合作和变革不合理、不公平的国际经济秩序，旨在实现主权平等和经济独立，让各国平等参与国际事务。

2. 对双方都有益。发达国家实施普遍优惠制度，这便于发达国家利用发展中国家的劳动力和市场，促进经济的进一步发展，而发展中国家则借助发达国家的资本和先进技术，推动本国经济的发展。

3. 推动国际新秩序的建立。发达国家和发展中国家通过合作，取长补短，建立国际经济新秩序，促进全球共同繁荣。

4. 局限性。尽管对话在一定程度上促进了发展中国家的经济发展，但未能彻底改变南北经济不平等关系。

综上所述，发达国家和发展中国家只有在平等基础上进行合作，取长补短，平等互惠，才能实现共同繁荣。南北对话虽有局限，但对推动国际关系民主化和经济全球化有重要意义。

参考资料

1. 吴于廑，齐世荣：《世界史·现代史编》，高等教育出版社，2011年。
2. 刘宗绪：《世界近代史》，北京师范大学出版社，2004年。
3. 齐涛：《世界通史教程》，山东大学出版社，2008年。

题目10　简评非盟的意义和作用

相关真题　2020年中国社科院大学

非洲联盟是一个由55个非洲国家组成的集政治、经济和军事于一体的联盟，旨在发展和稳固非洲的民主、人权以及可持续发展的经济，对非洲发展具有重大意义和作用。

（一）政治方面

1. 非盟在维护非洲大陆政治稳定方面发挥重要作用。它倡导包容性民主制度，建立预防和打击腐败的集体监督机制，促进了非洲国家的民主政治建设。

2. 非盟推动建设集体安全机制。它将解决冲突、实现和平作为优先考虑，致力于维和任务，增强预防、解决冲突和调解国家间关系的能力。非盟还制定了共同防务和安全方面的条约和战略。

3. 在预防和解决冲突方面取得显著成就。如西非虽冲突不断，但在非盟调解下冲突未进一步扩大。此外，非盟还对科特迪瓦和苏丹达尔富尔等热点问题做出决议，鼓励联合国安理会重视其决议。

（二）经济、社会方面

1. 非盟为非洲经济发展创造有利的国际环境。在非盟的努力下，非洲经济增长率保持高位，贸易顺差占GDP的比重扩大，外债占GDP的比重下降。

2. 推动成员国经济一体化。非盟致力于合作与大陆一体化发展，提出非洲自由贸易区计划，分阶段推进区域自由贸易区的整合，于2019年建成非洲大陆自贸区。

3. 促进成员国多领域发展。非盟推动基础设施建设，卫生、教育、环境、旅游、农业、科技及工业化等领域取得一定的进步。例如，乍得-喀麦隆输油管道的使用，非洲铁路联盟提出的铁路一体化决议以及《2012—2040非洲基础设施发展计划》，基础设施建设和农业发展是非洲发展的两个优先领域。

4. 推进金融一体化。非盟推动区域共同市场的金融体系一体化，次区域经济共同体也正在建立货币联盟、开发银行等，非洲中央银行、货币基金和投资银行的成立也在议事日程上。

（三）国际关系方面

1. 非盟使非洲国家在国际舞台上展开全方位同一立场的外交活动，捍卫非洲利益。如抵制西方国家对津巴布韦、苏丹等国的人权状况的攻击。

2. 争取与西方国家平等对话。在"9·11"事件后，非盟利用西方国家对非洲反恐局势以及资源、能源、市场的重新关注，通过在西方八国首脑会议上与世界大国首脑的平等对话，成功争取到西方的支持。

3. 使非洲国家积极参与国际事务。非盟寻求在国际政治和世界经济体系中增强发言权和地位，利用全球发展机会，谋求非洲人民福祉。

综上，非洲联盟的成立为非洲发展创造了有利的国际政治经济环境，在团结和统一、民主与人权保护、可持续发展、提高生活水平、维护共同立场和利益、加强国际合作等方面发挥重要作用。

参考资料

1. 熊瑞娟：《论非盟与非洲的复兴》，北京语言大学2007年硕士学位论文。
2. 杨立华：《非洲联盟十年：引领和推动非洲一体化进程》，《西亚非洲》，2013年第1期。

题目11　试述伊朗白色革命　醒吾历史统考预测题

伊朗的白色革命意为不流血的革命，指的是20世纪60年代由时任国王巴列维倡导的一系列社会经济改革。这场改革旨在加速伊朗的现代化进程，但由于改革的不彻底，也为日后巴列维王朝的覆灭埋下了祸根。

（一）背景

1. 伊朗石油国有化运动失败。伊朗以石油资源丰富而著称，但是伊朗的石油开采一直掌握在原殖民宗主国英国手中。1951年，支持石油国有化的政府首脑上台，开始推行石油国有化；1953年，此政权被英美支持的保守势力推翻，石油国有化运动失败。

2. 伊朗巴列维王朝统治不稳。在石油国有化运动被镇压之后，国内政局受运动支持者冲击一直不稳定，缺乏足够的资金，伊朗的经济也发展缓慢。

（二）内容

1. 实行土地改革。政府向地主赎买土地后，将其出售给无地农民。1962—1975年，政府分阶段赎买地主的多余土地，再以现款或分期付款方式出售给无地农民。

2. 宣布资源国有化。1963年，伊朗政府颁布法律，宣布自然资源国有化，同时为了保护森林资源，还成立森林警察部队，培养专业人员，建立禁伐区，进行人工造林。

3. 大力发展工业。1973年，政府收回石油资源主权和阿巴丹炼油厂的管理权，实现国有化，同时还积极发展石油化工、冶金等工业。

4. 出售国营企业股份。国营工厂的股份可以出售给地主和工人，地主可以通过购买股份转化为持股者和资本家，工人则可以从企业利润中分红。

5. 改革选举制度。实行普选，妇女获得选举权。1963 年，6 名女性当选议会代表，2 名成为参议员。1965 年，首次任命女性部长掌管教育部。

6. 兴办教育。1963—1974 年，政府派出约 10 万知识青年下乡送知识，经过扫盲的儿童达 100 万人，成年人达 55 万人，扫盲成效显著。

(三) 影响

1. 积极影响。

①推动了伊朗的农业发展。土地改革使得大量无地农民获得了土地，提升了农民生产的积极性，从而促进了农业发展。

②推动了伊朗的工业化，提升了综合国力。依靠石油收入和大规模的外资引进，伊朗的工业迅速发展，经济总量获得显著提升，进而使得综合国力增强。

③建立了现代金融体系。改革使伊朗的银行信贷、保险、信托证券投资公司迅速崛起，银行体系和功能逐步完善，同时还建立了较为完善的保险制度，进一步稳定了金融秩序。

④建立了现代宪政制度，提升了妇女地位。改革从法律上确定了君主立宪政体，形式上为三权分立，并且完善了选举制度，给予了女性参政议政的权力。

⑤提升了国民整体知识水平。改革通过扫盲队的形式在全国尤其是农村地区普及了科学知识，降低了文盲率，从而提升了国民整体知识水平。

2. 消极影响。

①造成了国民经济比例失调。改革偏重于石油工业，而农业投资却比较少，这使得国家经济发展畸形，国民经济比例严重失调。

②导致了严重的通货膨胀。大规模的投资引发地价、房价、房租以及劳动工资的迅速增长，导致通货膨胀率快速上升，人民生活成本大幅增加，引起民众强烈不满。

③伊朗社会出现了严重的贫富分化。由于分配体制不完善，以国王为首的 2000 家豪门巨富，拥有全国 80% 的财富，而大多数人民依旧生活困苦，社会贫富分化严重。

④政权腐败日益严重。国王加强专制统治，且缺乏有效的权力制约和监督机制，同时统治阶层贪污腐败，挥金如土，激起人民的极大不满，引发了社会动荡。

综上所述，白色革命虽然带来了一定的现代化成果，但是未能彻底解决伊朗的内部问题。随着民众不满情绪的高涨，最终导致了 20 世纪 70 年代末的伊斯兰革命。

参考资料

1. 吴于廑，齐世荣：《世界史·现代史编》，高等教育出版社，2011 年。
2. 刘宗绪：《世界近代史》，北京师范大学出版社，2004 年。
3. 齐涛：《世界通史教程》，山东大学出版社，2008 年。

题目 12　评述 20 世纪 70 年代伊朗现代化进程的挫折和伊斯兰革命的发生

相关真题　2020 年湖南师范大学；2016 年四川大学；2005 年四川大学；2002 年四川大学

20 世纪 60 年代初，伊朗在国王巴列维的领导下发起了白色革命，计划通过改良主义的方式加快现代化进程。然而，这一系列改革措施未能彻底解决国内问题，反而为日后伊斯兰革命的爆发埋下了伏笔。

(一) 伊朗现代化进程的挫折

1. 土地改革不彻底。巴列维的改革核心是土地改革，旨在推动农村从封建生产关系向资本主义生产关系转化，但改革并未根本改善农民的经济地位，因此成效十分有限。

2. 全盘西化策略不符合具体国情。巴列维将伊朗推向全盘西化的发展道路，企图使伊朗能够快速成为现代化工业强国,然而改革忽视了具体国情,使得伊朗在依靠石油繁荣的现代化进程中出现了不合理的经济建设。

3. 经济发展不平衡。20世纪60年代,石油经济成为伊朗的主要支柱产业,但这导致了国民经济比例失调和贫富分化加剧。石油工业的收益主要集中在王室、官员和资本家手中,普通民众的生活并未得到实质改善。

(二)伊斯兰革命的发生

1977年12月,霍梅尼发起反对国王的"圣战",要求国王离境。1978年,反政府抗议遭镇压,引发全国性的反政府群众斗争。1979年1月,巴列维出逃,君主制度宣告结束;4月,霍梅尼宣布成立政教合一的伊斯兰共和国,实行伊斯兰议会掌握立法权、总统及其内阁掌握国家行政权、法院掌握司法权的三权分立制。

(三)伊斯兰革命的影响

1. 终结了伊朗的君主专制政体。伊斯兰革命推翻了伊朗的君主专制政体,建立了伊斯兰共和政体,为伊朗现代化开辟了道路。

2. 推动了伊斯兰教的复兴。革命后的伊斯兰教不再是伊朗的一种宗教,而是成为整个国家的主导意识形态。这种宗教影响力的增强,推动了伊斯兰教在伊朗和其他伊斯兰国家的复兴。

3. 提高了人民的政治敏锐度和对国际问题的看法。革命让大众对很多问题有了深入分析和理解,如美国等西方国家的犯罪行径、巴勒斯坦民族被压迫等。

4. 对其他伊斯兰国家的伊斯兰运动产生了启示。例如,黎巴嫩的什叶派活动以及伊拉克的什叶派起义,都受到了伊朗革命的激励。

总而言之,伊朗的伊斯兰革命是一次大胆的政治和社会改革尝试。霍梅尼及其支持者建立的神权国家不仅显著改变了伊朗的面貌,而且对霸权主义给予了沉重打击,使得伊朗成为第三世界的中坚力量,深刻改变了世界政治格局。

参考资料

1. 吴于廑,齐世荣:《世界史·现代史编》,高等教育出版社,2011年。
2. 刘宗绪:《世界近代史》,北京师范大学出版社,2004年。
3. 齐涛:《世界通史教程》,山东大学出版社,2008年。

题目13 试析20世纪五六十年代东南亚国家发展经济的措施及影响

相关真题 2020年西南大学

20世纪五六十年代,东南亚部分国家经济快速发展,这些国家利用西方发达国家产业结构调整的机遇,大量承接它们转移出来的劳动密集型产业,在这一趋势中诞生了"亚洲四小龙"和"亚洲四小虎"。

(一)措施

1. 积极开放交流。二战后,东南亚国家普遍完成民族独立,急需把工作重心转移至发展民族经济和巩固政权上来。这些国家采取对外开放政策,积极引入外国产业和技术,以摆脱原先作为殖民地的落后经济地位。

2. 承接发达国家产业。20世纪60年代,西方发达国家从劳动密集型、资源密集型产业转向资本密集型产业。东南亚部分国家抓住产业转型先机,大量承接西方国家转移出来的产业,以此推动国内经济起步。

3. 科学调整经济发展方向。当经济增长方式发生可预见的变化时,东南亚国家能够灵活调整经济发展重点。如20世纪60年代后期,新加坡等国及时调整经济方向,优先投资高附加值、资源消耗小的产业,继续发展出口贸易。

4. 重视经济发展的整体性。东南亚国家在发展经济的过程中,高度重视经济的整体性,通过部分产业发展带动其他产业和技术提升,例如,新加坡通过最初的港口中转贸易带动石油加工业的发展。

5. 重视科教建设。这一时期,东南亚国家重视教育,如颁布教育法案、建立高等教育体系等。同时在科技上加强对外吸收与创新,以此形成产业的核心竞争力。

(二)影响

1. 为其他国家的经济发展提供了思路。东南亚国家通过承接劳动和资源密集型产业,发挥劳动力和资源优势,实现了本国经济发展,这一模式为其他落后国家的发展提供了思路。

2. 提升了自身的国际话语权。由于出口贸易增长，市场占有率提升以及外汇储备增加，东南亚成为美日欧在国际市场上的竞争对手，这使得东南亚国家的国际话语权也有所提升。

3. 提高民众生活水平。经济发展加速促进了国内基础设施和科教文卫建设，国民收入增加，民众的生活水平显著提升。

4. 证明了政府制定符合国情的经济政策的重要性。20世纪五六十年代东南亚国家经济的发展离不开各国政府对于经济政策的制定，各国依据自身国情制定了合理的经济政策，从而推动了自身经济的发展。

总而言之，20世纪五六十年代东南亚国家经济的快速发展既是对西方国家产业转型这一机遇的把握，又离不开符合国情的经济政策，它们的成功为落后国家开辟了一条新的经济发展道路。

参考资料

1. 仇建涛：《略论亚洲四小龙的经济增长方式》，《当代经济研究》，1998年第6期。

题目14 论述两伊战争的原因、影响及美苏的政策、立场 醒吾历史统考预测题

1980年至1988年，长达八年的两伊战争是20世纪末期中东地区最为血腥、持久的战争之一。此次冲突不仅是伊朗与伊拉克两国间的直接军事对抗，也反映了冷战期间美苏两个超级大国在中东地区的角力。

（一）战争原因

1. 领土争端和边界问题。两国因阿拉伯河河道的控制权长期存在争议，该河流对两国而言都具有重要的战略和经济价值，因此双方均不愿意放弃对其的控制权。

2. 政治和意识形态差异。伊朗1979年的伊斯兰革命导致国内建立了什叶派伊斯兰共和国，而伊拉克则由逊尼派阿拉伯民族主义的萨达姆·侯赛因领导，两国政权的意识形态差异，加剧了双方的敌对情绪。

3. 区域霸权竞争。两国均企图在波斯湾地区建立自己的影响力，尤其是在石油资源丰富的中东地区，控制更多的资源和地缘政治优势成为双方争夺的焦点。

4. 外部势力的影响。冷战背景下，美苏两个超级大国对中东地区的战略利益争夺使得两伊战争成为其角力的舞台之一，两国在战争中的介入加剧了冲突的复杂性。

（二）战争影响

1. 人员伤亡和经济损失。两伊战争导致数十万人死亡，数百万人受伤，以及巨大的经济损失，两国民众饱受战争之苦。

2. 区域安全局势恶化。战争加剧了中东地区的不稳定，培育了更多的政治和宗教矛盾，为未来的冲突埋下了伏笔。

3. 国际关系重塑。两伊战争改变了中东地区乃至全球的国际关系格局，特别是影响了波斯湾地区的权力平衡，引发了国际社会对中东政策的重新评估。

（三）美苏的政策和立场

1. 美国的政策和立场。美国在两伊战争中采取了对伊拉克相对友好的政策，主要是出于遏制伊朗革命政权影响力扩张的考虑。美国通过提供军事情报、战略资源等支持伊拉克，同时，美国也利用战争的机会加强了在波斯湾地区的军事存在和影响力。

2. 苏联的政策和立场。苏联在两伊战争中的立场相对复杂，一方面，苏联与伊拉克有着传统的友好关系，提供了军事援助；另一方面，苏联也试图与伊朗建立联系，以扩大自己在中东地区的影响力。总的来说，苏联试图在两伊战争中保持平衡，以维护自己的地区利益。

综上所述，两伊战争不仅给参战双方带来了巨大的灾难，也对中东乃至全球的政治格局产生了深远的影响。同时，美苏两国在这场战争中的政策和立场，也反映了冷战期间全球政治博弈的一部分。

参考资料

1. 吴于廑，齐世荣：《世界史·现代史编》，高等教育出版社，2011年。
2. 冀开运，朱凯琪：《美苏对两伊战争的政策对比研究》，《商洛学院学报》，2016年第1期。

题目 15 比较近代早期重商主义与二战后东亚的政府主导经济模式的异同

相关真题 2022 年江苏师范大学；2019 年北京师范大学

近代早期的重商主义和二战后东亚的政府主导经济模式是两种不同历史时期的经济发展策略。虽然这两种模式在时间和地理上相距甚远，但它们在某些方面却具有一定的相似性。

（一）相同点

1. 都是由国家和工商业者共同参与。早期重商主义时期，西班牙、葡萄牙等国的王室与商人、探险家合作推动经济发展；二战后的东亚，如日本和韩国，政府与国内财阀及中小民营经济体共同参与经济建设。
2. 都是国家层面经济发展理念的体现。早期重商主义是西班牙、葡萄牙王室在国家层面继承古典经济学理念的结果；二战后东亚的政府主导经济模式亦是日韩等国政府层面推行凯恩斯主义经济学理念的结果。
3. 都在不同程度上增强了国家的经济实力。早期重商主义时期，西欧国家通过贸易和殖民掠夺积累财富，增强国力；二战后东亚国家通过政府主导经济模式，在较短时间内完成了资本原始积累，进而实现了向现代化社会的转型。
4. 都重视出口贸易。早期重商主义认为国家财富的主要来源是对外贸易的顺差，即出口额大于进口额，因此积极对外出口；二战后东亚的政府主导经济模式为了完成资本积累也积极发展对外出口贸易。

（二）不同点

1. 两者的指导性理论不同。早期重商主义基于早期古典经济学，缺乏政策的灵活性和调节性，而二战后东亚的政府主导经济模式则结合了现代经济学理论和本地文化，如儒家文化中的儒商精神，从而展现出更大的政策多样性和灵活性。
2. 受益主体不同。早期重商主义的受益者主要是君主，而二战后东亚经济模式的受益者是国家整体。
3. 两者的实行体制基础不同。早期重商主义在君主制下实行，而二战后东亚的政府主导经济模式在现代资本主义民主国家体制下进行。
4. 两者的发展时期不同。早期重商主义发生在资本主义萌芽上升期，而二战后东亚的政府主导经济模式发生在现代资本主义发展的成熟期。
5. 两者的影响不同。早期重商主义对世界历史进程和全球政治经济格局有深远影响，促成了西欧的全球殖民扩张，而二战后东亚的政府主导经济模式则主要影响了该地区的现代化进程，其全球影响相对有限。

总而言之，近代早期重商主义和二战后东亚的政府主导经济模式虽然在参与主体、性质等方面具有相似性，但实际上在指导性理论、目的等方面还是存在一定的差异。

参考资料

1. 李新宽：《重商主义概念辨析》，《东北师范大学学报》，2009 年第 4 期。
2. 汪蒙：《重商主义的早期海外推行》，《重庆交通大学学报》，2011 年第 1 期。
3. 刘季富：《晚清重商思想与西欧重商主义之比较》，《殷都学刊》，2002 年第 1 期。

题目 16 论述第二次世界大战后非洲独立国家经济发展道路的异同

相关真题 2023 年历史学统考

第二次世界大战后，非洲大陆迎来了解放和独立的新纪元。在此背景下，新独立的非洲国家在追求经济自立自强的过程中，选择了各自不同的发展道路。这些选择反映了各国的历史背景、社会结构、政治意识形态以及国际环境的差异。

（一）不同的发展道路

1. 资本主义道路。部分非洲国家选择走资本主义经济发展道路，强调市场机制在资源配置中的基础作用，鼓励私人投资和企业的发展。例如，科特迪瓦在独立后，依托其农业优势，通过吸引外资和提高农产品出口来促进经济增长。利比里亚则利用其丰富的自然资源和开放的投资环境，吸引了大量外国直接投资。这些国家的经济策略侧重于与西方国家的经济合作和融入全球市场体系。

2. 社会主义道路。一些非洲国家选择了社会主义道路，追求通过国家的领导和计划来引导经济发展。埃及在纳赛尔的领导下，推行了阿拉伯社会主义，实施了土地改革和重要行业的国有化政策。加纳在恩克鲁玛的领导下，也试图通过建立国有企业和实施国家计划经济来促进工业化。这些国家的社会主义实践强调国家对经济的控制和引导，以及在社会公平和福利方面的投入。

3. 自由主义或混合经济道路。还有一些国家采取了自由主义或混合经济的道路，试图结合市场经济和国家干预的优点，以达到经济发展和社会稳定的双重目标。喀麦隆和马拉维等国在一定程度上鼓励私营企业的发展，同时国家在关键行业和领域保持一定的控制和干预。在这种模式下，政府旨在通过制定和执行宏观经济政策来促进经济增长，同时通过社会政策来保障公民的基本福利和社会公正。

（二）相同的振兴政策

尽管各国选择了不同的经济发展道路，但在追求经济振兴和发展的过程中，他们也采取了一些相似的策略和政策。

1. 农业改革和多样化。面对经济结构单一和对外依赖的问题，许多非洲国家都实施了农业改革，推动农业生产多样化。通过提高农业生产效率、引进新技术和作物品种，以及改善农业基础设施，这些国家努力提升自给自足的能力，减少对外部食品进口的依赖。

2. 资源国有化和本土化。在追求经济独立的同时，一些非洲国家对本国的自然资源和关键行业进行了国有化或本土化，旨在控制和利用本国资源，减少外国企业在本国经济中的影响力。通过这种方式，国家希望能更好地利用自然资源为国家发展和人民福利服务。

3. 工业化和基础设施建设。不少非洲国家认识到工业化对于经济发展的重要性，都制定了促进工业发展的计划，投资建设基础设施，如交通、通信和能源设施，以支撑工业化进程和经济的持续增长。

总体而言，虽然非洲独立国家在独立后的经济发展道路选择上存在差异，但它们在追求国家经济自立、提高人民生活水平以及实现社会公正等方面目标是一致的。这些经验表明，适应自身国情的经济发展策略和政策是推动国家进步的关键。

参考资料

1. 汪勤梅：《非洲国家在经济发展道路上的再探索》，《世界经济与政治内参》，1987年第4期。
2. 陆斐：《非洲国家发展民族经济面临的问题和出路》，《西亚非洲》，1982年第5期。
3. 严磊：《危机与改革：赞比亚经济改革历程探析（1975—2008）》，上海师范大学2010年硕士学位论文。

题目17 简述二战后拉丁美洲的发展战略和成就

相关真题 2020年西南大学；2020年首都师范大学

20世纪30年代的世界经济大危机和第二次世界大战极大地改变了全球经济格局，对拉美国家的影响尤为显著。在此背景下，拉美国家开始寻求适合自身国情的发展道路。

（一）发展战略

1. 20世纪50年代至60年代中期，拉美国家实行发展进口替代工业的战略。这一战略的目的是通过减少进口来促进国内工业的发展。阿根廷、哥伦比亚、智利等国在此期间取得了显著进展，逐渐完成了对一般消费品的进口替代，并开始向中间产品和资本货物的进口替代转变。

2. 20世纪60年代中期至70年代后期，拉美国家实行出口多样化政策与进口替代方针相结合的战略。这一战略是为了克服进口替代带来的负面效应，如外贸逆差加大和产品竞争力缺乏等。巴西、墨西哥等国在此期间通过引进外资，调整内部工业结构，扩大出口贸易。

3. 20世纪80年代，拉美国家开始了广泛的经济调整。1982年，拉美爆发了严重的债务危机，结束了长达35年的经济平稳发展，为此拉美各国采取了应急性措施，通过削减公共开支、压缩进口、调整汇率等方式来维持国家的经济稳定，虽然一定程度上稳定了经济秩序，但也导致了经济活动严重萎缩等后果。

4. 走向经济一体化。1960年，阿根廷、墨西哥等11国签订《蒙得维的亚条约》，宣布成立拉美自由贸易协会，此后拉美国家还相继建立了中美洲共同市场、安第斯集团等次地区一体化组织，推动了拉美经济的一体化发展。

（二）成就

1. 人均国民生产总值大幅提升。拉丁美洲的人均国民生产总值由1960年的340美元增长到1979年的1500多美元，人民生活水平迅速提高。

2. 工业生产总值显著提高。拉丁美洲的工业生产总值在1960—1980年增长了3倍多，并且拉美各主要国家基本上建立了门类比较齐全的工业生产体系。

3. 制造业发展迅速。20世纪60年代，拉丁美洲的制造业解决了基本消费品的自给问题；70年代中期，一般生产资料也已自给有余。此外，还能出口汽车、电子通信设备等产品。

总而言之，拉丁美洲在二战后的发展取得了巨大成就，人民生活水平和综合国力有了显著提升，并且也为自身在国际政治经济领域争得了一席之地。

参考资料

1. 吴于廑，齐世荣：《世界史·现代史编》，高等教育出版社，2011年。

题目18 论述拉美的现代化进程

相关真题 2020年中国社科院大学；2019年西南大学；2019年江苏师范大学；2018年北京大学；2017年陕西师范大学；2014年北京大学

拉美国家的现代化进程指的是拉美国家从争取民族独立到推动国家向现代化转型的长期过程，始于18世纪末19世纪初的拉美独立战争期间。20世纪50年代后，拉美现代化进程快速发展。

（一）二战前的拉美现代化

1. 实现国家独立。拉美地区在18世纪末至19世纪初经历了一系列独立战争，实现了国家独立，这为它们的经济、社会现代化奠定了基础。另外，部分拉美国家积极进行政治体制改革，如玻利瓦尔在政治上主张建立中央集权政府，卡德纳斯在政治上主张打击军事寡头，这都推动了拉美的现代化发展。

2. 发展民族经济。拉美各国在面对世界大战和20世纪30年代的经济危机时，通过经济改革推进国家现代化。例如，卡德纳斯主张实行土地改革，没收本国人和外国人的大地产，将其分给无地农民，实行工业国有化，将国家经济命脉把控在本民族手中。这些经济改革，极大推动了拉美民族经济的发展。

3. 推动拉美联合。拉美独立战争结束后，玻利瓦尔认为应促进整个美洲的联合，在他的努力下，1826年6月在巴拿马举行美洲大陆会议，与会国签订了关于联合防御的军事协定。虽然这次会议没有达到玻利瓦尔所预想的成效，但它是寻求拉美各国之间团结合作的一次大胆尝试，拉美联合思想对拉美的现代化发展影响深远。

（二）二战后的拉美现代化

1. 发展民主政治。二战后，拉美地区的政治环境带有明显的军人政治特征。20世纪60年代后，一些国家实行"民主开放"，逐渐恢复宪制和民主政治制度。80年代后，随着资本主义经济的发展，民族资产阶级力量壮大，民主政府影响力扩大，有助于政治稳定和现代化进程。

2. 加速工业化进程。拉美国家普遍认为工业化是摆脱经济边缘化的关键。20世纪60年代末，拉美各国陆续开始改革，转向出口导向的经济策略，实行对外开放。70年代末，随着全球经济危机，经济政策转向新自由主义，加速工业化进程。

3. 推行独立外交。20世纪60年代以来，拉美国家主张多边外交和独立自主的政策，加强与其他发展中国家的关系，力图减少对美国的依赖。尤其是英阿马岛战争后，拉美国家加强了独立外交和区域合作。

(三) 对拉美现代化的评价

1. 政治发展：经历了军人政府与文人政府的更迭，拉美政治结构逐渐向资产阶级民主政治转型，为社会经济的现代化提供了政治基础。

2. 经济成就与问题：虽然实现了一定程度的工业化，但受外资影响大，国内经济发展不平衡，贫富差距加剧等问题仍然存在。

3. 外交自主性：拉美国家在国际事务中展现了更大的自主性，尤其是在区域合作方面取得了显著成效，促进了国家间的相互支持与合作。

总体来说，拉美国家的现代化是一个复杂且不均衡的过程，涉及政治、经济、外交等多个领域。尽管面临诸多挑战，但也取得了显著的成就，为区域的稳定和发展做出了重要贡献。

参考资料

1. 林被甸：《独立革命：拉美国家现代化进程的起点——试析独立革命与拉美国家现代化的关系》，《拉丁美洲研究》，2010年第6期。

题目19 二战后东亚经济腾飞的原因是什么？同为出口导向型经济，为什么拉丁美洲国家却在衰退？试说明原因

相关真题 2020年首都师范大学；2019年北京师范大学

第二次世界大战后，广大亚非拉地区诞生了一大批新兴的独立国家，这些国家在政权建立后普遍面临着经济发展道路的选择。这一时期的东亚和拉丁美洲虽然都是出口导向型经济，但却呈现出了不同的发展状态。

(一) 东亚经济腾飞的原因

1. 相对良好的经济基础。二战后，东亚国家经济虽然遭受了毁灭性的打击，但是其发展经济所依赖的人才和技术仍有着一定程度的保留，这就为其经济的复苏腾飞提供了前提。此外，以中国为代表的发展中国家，在民族独立任务完成后，接收了一批外资和侵略者遗留在中国的工厂和机器，这客观上为经济的恢复和发展打下了物质基础。

2. 相对稳定的国内环境。二战后，东亚地区各国家政府相对稳定，虽然存在意识形态和政体差异，但是都有长期执政的政党，政策的制定和执行都有着一定的延续性，保证了经济发展拥有一个相对稳定的国内政治环境。

3. 国际环境的机遇。二战后，美国出于在远东地区遏制苏联的考虑，对韩国和日本提供了大量援助和扶持。韩日两国原本就有一定的经济发展基础，在美国的支持下，迅速地从战争的影响中走了出来，转而大力发展出口导向型经济。

4. 思想文化的认同。东亚地区大体同处于儒家文化圈，彼此之间有着广泛的文化观念共识，这一共识对出口导向型经济发展有着一定的推动作用，减少了彼此之间的交流和沟通障碍。

(二) 拉丁美洲国家衰退的原因

1. 政治局势动荡。拉丁美洲国家虽然较早地完成了民族独立的任务，但是并未建立起稳定的资本主义民主政治。二战后，部分拉美国家政治局势依旧动荡，这严重阻碍了经济发展。

2. 错误的经济政策。许多拉美国家自二战后就存在着追求高目标、高速度的倾向，为了实现其不切实际的发展计划不惜大举借债，因而时常发生债务危机。此外，为了早日实现工业化，它们片面强调替代进口战略，保护民族工业的发展，结果导致国内外市场脱节，国内产品竞争力很弱。

3. 经济结构不合理。拉美国家在发展的过程中，工农业比例和工业内部比例严重失调；过于依赖天然资源出口，这使它们对国际市场价格波动非常敏感，当资源价格下跌时，这些国家的经济便会受到严重冲击。

4. 分配不平等和社会问题。拉丁美洲国家普遍存在严重的贫富分化和社会问题，这使得经济发展面临额外的挑战，贫困和社会不稳定对经济的发展造成了阻碍。

综上所述，东亚国家和拉丁美洲国家发展结果的差异是多方面因素导致的，由于东亚国家相比拉美国家有着更加稳定的政治、经济环境以及对于国际机遇的把握，最终实现了经济腾飞。

参考资料

1. 吴于廑，齐世荣：《世界史·现代史编》，高等教育出版社，2011年。
2. 刘宗绪：《世界近代史》，北京师范大学出版社，2004年。
3. 齐涛：《世界通史教程》，山东大学出版社，2008年。

题目 20 论述二战后世界社会主义运动

相关真题 2022年兰州大学；2018年兰州大学

由于苏联和各国共产党在反法西斯战争中的重大贡献，极大提高了社会主义国家的全球声望，同时也促进了马克思主义的传播，这使得二战后社会主义运动在世界范围内蓬勃发展起来。

（一）亚洲社会主义运动的发展

1. 中国的社会主义探索和实践：1949年，中华人民共和国成立，毛泽东领导的中国共产党在中华人民共和国成立初期迅速恢复了被战争破坏的国民经济，并进行了社会主义改造，逐步建立起社会主义基本制度，虽然后续实践中出现了一些问题，但取得的积极成果对中国的社会主义发展具有重要意义。

2. 朝鲜民主主义人民共和国的建立：1948年，朝鲜民主主义人民共和国成立，其后于1970年宣布实现了社会主义工业化，成为东亚地区重要的社会主义国家。

3. 越南社会主义共和国的建立：1945年，越南宣布独立后，成立越南民主共和国，但随后越南经历了长期的抗法和抗美战争，越南共产党在斗争中不断发展壮大，最终在1976年宣布全国统一，建立越南社会主义共和国。

（二）东欧社会主义运动的发展

1. 南斯拉夫的建立：二战德国投降之后，在苏联的支持下东欧各国的共产党迅速发展，并建立了众多社会主义国家。1945年8月，南斯拉夫联邦人民共和国成立，铁托任共和国部长会议主席，在铁托领导下的南斯拉夫实行了独特的社会主义模式，注重国内各民族的和谐共处。

2. 波兰：二战结束后，波兰由国外的"流亡政府"和国内的临时政府组成民族团结政府，并宣布波兰人民共和国成立。在1947年的议会大选中，波兰的社会主义政党工人党获得胜利，波兰走上社会主义道路，促进了波兰的政治稳定与经济重建。

3. 罗马尼亚：1947年12月，罗马尼亚国王米哈伊尔宣布退位，议会宣布成立罗马尼亚人民共和国。1948年2月，罗马尼亚共产党和社会民主党合并为统一的罗马尼亚工人党，后获得了执政党地位，开启了社会主义道路的探索。

（三）拉丁美洲社会主义运动的发展

古巴革命：1959年，卡斯特罗领导的革命运动成功，推翻了巴蒂斯塔的独裁政权，成立了以"七二六运动"组织为核心的革命临时政府，开启了拉丁美洲地区的社会主义探索。

综上所述，二战后的世界社会主义运动，标志着马克思主义理论在全球的传播和实践的深化。这一时期，各国共产党人积极推动社会主义事业，不仅增强了社会主义在全球范围内的影响力，也促进了国际共产主义运动的发展。

参考资料

1. 杨蒲林：《二战后社会主义的大发展》，《武汉学刊》，2012年第5期。

第十章 第二次世界大战之后的西方国家

第一节 美国的内政与外交

题目1 论述二战前后美国经济的特点和影响 醒吾历史统考预测题

第二次世界大战是全球历史的一个重大转折点,对美国经济产生了深远的影响。从大萧条的阴影到战后的经济繁荣,美国经历了一系列深刻的经济变革,这些变化不仅重塑了美国的社会经济结构,也对全球经济格局产生了重要影响。

(一) 二战前的经济政策及其影响

1. 特点:大萧条与新政的实施。二战前的美国经历了史无前例的大萧条,胡佛总统采取的自由放任政策未能有效缓解经济危机。罗斯福总统上台后,实行了一系列被称为"新政"的经济和社会改革措施,这些措施包括银行系统改革、建立社会保障体系、大力兴建公共工程等,旨在恢复经济和增加就业机会。新政的实施对于缓解大萧条带来的社会经济危机、恢复美国经济的信心起到了关键作用。

2. 影响:通过新政的实施、到了20世纪30年代后期,美国经济开始显示出复苏的迹象,失业率逐渐下降,工业和农业生产有所回升。然而,经济的全面复苏还需要新的外部刺激,这一刺激来自随后爆发的第二次世界大战。

(二) 战时经济的特点及其影响

1. 特点:战时动员和战时经济转型。第二次世界大战的爆发迫使美国政府进行大规模的战时动员,这包括大量军事物资的生产和科技的快速发展。战时经济的需求推动了美国工业的快速增长,尤其是军工业和相关行业,如航空、化工和电子等。

2. 影响:战时的生产需求促进了就业的大幅增加,实现了几乎全民就业的局面,也让美国从一个以农业和轻工业为主的经济体转变为一个世界领先的工业强国。

(三) 战后经济的特点及其影响

1. 特点:①经济繁荣与社会福利的扩大。政府通过"马歇尔计划"等对外经济援助政策,不仅促进了欧洲的重建,也为美国商品提供了广阔的国际市场。国内方面,战后美国政府扩大了社会福利体系,包括退伍军人福利、公共住房项目和教育援助等,提高了民众的生活水平。②战后美国经济的另一个显著特点是科技创新和经济结构的深刻转型,核能、航天、电子计算机等新兴技术的发展,推动了新一轮的科技革命。

2. 影响:战后经济政策的调整促进了美国经济的繁荣,使美国的世界影响力增强,同时形成了和苏联争霸的局面。

综上所述,二战前、战时及战后的美国经济经历了从大萧条到战时动员,再到战后繁荣的过程。这一时期的经济政策和社会变革,不仅促进了美国经济的快速增长和社会福利的改善,也促进了世界经济的发展和全球化进程。

参考资料

1. 吴于廑,齐世荣:《世界史·现代史编》,高等教育出版社,2011年。

题目2 试述二战后至20世纪60年代美国历届政府进行社会经济改革的背景、主要措施并简要评价

相关真题 2015年福建师范大学

二战后至20世纪60年代的美国历经多位总统,每位总统都在其执政时期推行了一系列社会经济改革。这些改革旨在应对战后经济复苏、冷战的国际压力、国内的种族不平等和贫富差距等一系列挑战。

(一)杜鲁门时代(1945—1953年)

1. 背景。二战结束后,美国迅速成为世界超级大国,但同时面临着转换战时经济体制、处理大量退役军人的就业与福利、促进种族平等和抗击冷战初期的苏联扩张等内外问题。

2. 主要措施。杜鲁门政府推出了"公平施政"计划,包括实施《战时经济转型法案》以平稳经济转型,推动《国防法》和《国家安全法案》建立现代国防和情报体制,实施"马歇尔计划"援助欧洲重建,推进民权立法等。

3. 评价。杜鲁门的政策在稳定经济、建立冷战时期的安全体制方面取得了成功,但在推进民权改革方面进展缓慢,未能彻底解决种族问题。

(二)艾森豪威尔时代(1953—1961年)

1. 背景。美国经济稳步增长的同时,冷战对峙日趋激烈。国内呼声高涨,要求政府在维持经济繁荣的同时,更加重视社会公平和国际和平。

2. 主要措施。推行"现代共和党主义",强调财政责任和减少政府干预,同时推进重要的州际高速公路建设,加大对教育的投资,继续执行对外的强硬政策,如在中东推行"艾森豪威尔主义"。

3. 评价。艾森豪威尔的政策在基础设施建设和教育投资方面取得显著成就,但在民权进展和缓和冷战紧张关系方面成效有限。

(三)肯尼迪时期(1961—1963年)

1. 背景。在美国经济增长放缓和国际竞争加剧的背景下,肯尼迪上任,面临的主要挑战是激活经济、推进民权立法以及在冷战中保持美国的领导地位。

2. 主要措施。提出"新边疆"计划,包括推动经济增长的税收减免政策、加强联邦政府对教育和卫生的支持、积极推进民权立法,并在外交政策上采取灵活应对的策略。

3. 评价。肯尼迪的"新边疆"政策在激活经济和推进民权立法方面取得了初步进展,但他的任期因被暗杀而意外终止,许多计划未能完全实施。

(四)约翰逊时代(1963—1969年)

1. 背景。在肯尼迪遇刺身亡后,约翰逊继任总统。美国此时不仅面临越南战争的困境,国内也急需解决贫困、种族不平等等社会问题。

2. 主要措施。大力推行"伟大社会"计划,旨在通过教育、卫生、城市更新和环境保护等方面的改革,改善民众生活质量,同时大力推进民权立法,努力消除种族隔离。

3. 评价。约翰逊的"伟大社会"计划在改善社会福利、推动民权进步方面取得了显著成就,但越南战争的拖累也使得政府财政压力巨大,经济开始出现问题。

总体来看,二战后至20世纪60年代的美国,经历了从杜鲁门到约翰逊四位总统,他们在各自的时代背景下推动了一系列社会经济改革。这些改革反映了美国在应对内部社会问题和外部国际挑战时的努力,对美国的社会结构和国际地位产生了深远的影响。

参考资料

1. 卢春梅:《麦卡锡主义的兴衰》,吉林大学2008年硕士学位论文。
2. 胡海文:《林登·约翰逊政府国内改革再思考》,山东师范大学2011年硕士学位论文。
3. 韩铁:《试论艾森豪威尔的现代共和党主义》,《世界历史》,1983年第6期。
4. 何宏非:《试论肯尼迪的国内"新边疆"》,《世界历史》,1985年第6期。

题目3 试述美国黑人取得人权的主要历程

相关真题 2019年四川大学

美国黑人争取人权的历程自奴隶制的废除到民权运动的高潮,再到现代社会中继续为平等而战,每一步都见证了无数黑人为争取平等权利所付出的牺牲和努力。

（一）奴隶制度废除（1863年至1865年）

1. 背景。自美国建国之初，黑人就被视为奴隶，没有基本人权。直到19世纪中叶，随着北部和南部在经济和道德观念上的分歧加剧，奴隶制度问题成为引发南北战争的主要原因之一。

2. 主要历程。1863年，林肯总统签署《解放黑人奴隶宣言》，宣布解放叛乱州的奴隶。这是历史上的一个转折点，标志着奴隶制度在法律上废除的开始。1865年，美国通过第十三条修正案，正式在宪法中废除奴隶制度。

3. 评价。尽管奴隶制度的废除在法律上赋予了黑人自由，但在现实生活中，他们仍然面临着极端的种族歧视和社会不公。

（二）重建时期和吉姆·克劳法（1865年至20世纪60年代）

1. 背景。南北战争结束后，重建时期开始，旨在恢复南方经济并重新融入联邦，同时保障新解放的黑人的权利。

2. 主要历程。尽管黑人获得了选举权并在一段时间内参与政治生活，但随着联邦军队从南方撤出，各州纷纷通过吉姆·克劳法，实行种族隔离，严重限制了黑人的公民权利和社会地位。

3. 评价。这一时期，黑人在法律上获得了平等权利，但在实际生活中，他们的权利被严重侵犯，种族隔离和歧视成为美国社会的普遍现象。

（三）民权运动（20世纪50年代至60年代）

1. 背景。二战后，随着黑人士兵的归来和非裔美国人民权意识的觉醒，对种族隔离和不平等的抗议日益增强。

2. 主要历程。民权运动包括了多项历史性事件和立法成就，如1954年最高法院的布朗诉托皮卡教育局案判决宣布学校种族隔离违宪，1963年马丁·路德·金的《我有一个梦想》演讲，以及1964年的《民权法案》和1965年的《选举权法案》的通过。

3. 评价。民权运动极大地推进了美国社会的进步，为结束法律上的种族隔离和保障黑人权利取得了巨大成就。

（四）后民权时期（20世纪70年代至今）

1. 背景。尽管法律上的种族隔离被废除，黑人获得了选举权和更多的公民权利，但种族歧视和社会经济不平等的问题依然存在。

2. 主要历程。在此期间，黑人社群继续通过政治参与、教育进步和社会运动等方式争取更广泛的平等和正义，包括反对警察暴力、争取经济机会等。

3. 评价。今天，虽然黑人在社会和政治生活中取得了显著的进步，但争取种族平等和正义的斗争仍在继续，需要全社会的共同努力。

美国黑人争取人权的历程展现了他们不屈不挠的斗争精神和对平等、自由的坚定追求。每一次进步都是在无数先驱者的牺牲和努力下实现的，但种族平等的理想还远未实现，仍需持续的关注和行动。

参考资料

1. 杨淑慧：《评20世纪初的美国黑人运动》，《青年与社会》，2019年第7期。
2. 陈海宏：《19世纪晚期美国黑人争取民族自立的斗争》，《山东师范大学学报》，1990年第4期。

题目4 论述美国20世纪60年代的群众运动

相关真题 2017年四川大学

美国20世纪60年代的群众运动处于美国社会历史上一个深刻变革的时期，这一时期的群众运动不仅挑战了旧有的社会结构和价值观，也极大地推动了美国社会政治的进步和转型。

（一）背景

20世纪60年代，美国社会处于动荡之中。经济繁荣背后隐藏着种族不平等、性别歧视、社会不平等等深层次问题。同时，冷战的持续以及越南战争的扩大更加剧了国内的政治分裂和社会不满，为各种群众运动提供了肥沃的土壤。

（二）黑人民权运动

1. 背景。自美国内战以后，尽管奴隶制被废除，但黑人在南北方均面临严重的种族歧视和社会不平等。

2. 主要历程。1954年，最高法院在布朗诉托皮卡教育局案中裁定学校种族隔离违宪，为打破种族隔离教育铺平了道路。1955年，罗莎·帕克斯在亚拉巴马州蒙哥马利的公交车上拒绝让座，触发了蒙哥马利公交车抵制运动，成为民权运动的重要事件。1963年，马丁·路德·金在华盛顿纪念碑前发表了著名的《我有一个梦想》演讲，强调种族平等和和平共处的理念。1964年《民权法案》和1965年《选举权法案》的通过，标志着法律层面上种族平等的重大进步。

3. 评价。黑人民权运动是美国历史上最重要的社会运动之一，它不仅为黑人争取到了平等的法律权利，也促进了美国社会对种族平等的普遍认识和尊重。

（三）反越南战争运动

1. 背景。随着越南战争的扩大和美军伤亡数字的上升，越来越多的美国人开始质疑政府的战争政策。

2. 主要历程。1964年，伯克利学生进行集会，抗议学校限制学生进行政治宣传和募捐活动，这标志着大规模反战运动的开始。1967年，全国数十万人参与了"停止越南战争"的示威，反战运动达到高潮。1971年，越战老兵在华盛顿抗议，丢弃战争勋章，表达对战争的反对。

3. 评价。反越南战争运动极大地影响了美国的公共舆论，加速了越南战争的结束，也体现了公民对政府决策的监督和反抗精神。

（四）女权运动

1. 背景。尽管美国社会在性别平等方面取得了一定进展，但20世纪60年代的女性依然面临着工作、教育和政治参与等方面的广泛歧视。

2. 主要历程。①1963年，贝蒂·弗里丹的《女性的神秘感》出版，揭露了妇女在家庭和社会中的不满和受限地位，成为女权运动的重要文献。②1966年，全国妇女组织（NOW）成立，标志着现代女权运动的开始。③1972年，《教育法修正案第九条》通过，禁止教育机构性别歧视，推进了性别平等。

3. 评价。女权运动推动了性别平等的社会意识和法律保障，促进了妇女在社会各领域的地位提升。

综上所述，美国20世纪60年代的群众运动是美国历史上的重大历史事件，这一时期的运动不仅改变了法律和社会结构，更重要的是，它们改变了人们的思想和价值观，为后来的社会变革奠定了基础。

参考资料

1. 吴于廑，齐世荣：《世界史·现代史编》，高等教育出版社，2011年。
2. 刘宗绪：《世界近代史》，北京师范大学出版社，2004年。
3. 齐涛：《世界通史教程》，山东大学出版社，2008年。

题目5 评价"尼克松主义"

相关真题 2014年云南大学；2014年四川大学；2003年北京大学

20世纪60年代末70年代初，美国全球战略赖以运行的国内外环境发生变化，使得过去强硬的遏制战略难以奏效，尼克松执政后，对美国的对外战略进行调整，并于1969年提出了著名的尼克松主义。

（一）背景

1. 美国战后长期推行全球扩张政策，财政赤字逐年扩大，对外贸易由盛转衰，并且美元危机频频发生。
2. 法国、西德、日本经济发展速度均高于美国，随着经济实力的增强，在政治方面的独立自主性也日益增强。
3. 随着苏联经济力量增强，美苏军事力量对比开始出现明显变化，双方战略力量接近均衡。
4. 第三世界国家对国际事务发挥着越来越积极的影响，并成为反对帝国主义和霸权主义的主力军。

（二）内容

1. 尼克松主义的基本倾向是收缩美国的海外态势，特别是摆脱越战。1973年，美国同越南民主共和国签订和约，并撤离越南。同时改变对华政策，主动采取行动，谋求同中国对话。1972年尼克松访华，中美关系开始走向正常化。

2. 对苏联推行"缓和"外交。在尼克松任期内，与时任苏联领导人勃列日涅夫举行了三次会晤，双方表示尽力避免冲突，防止核战争，主张用和平手段解决争端，这标志着美苏关系进入缓和阶段。

3. 重新调整与西欧、日本的关系。①对欧洲，尼克松表明在对外政策方面把欧洲放在首位，强调同欧洲的经济合作与防务不可分割，使美欧关系得到一定程度改善。②对日本，1969年11月，美日双方签订《归还冲绳协定》，开启了所谓美日关系的新纪元。

（三）评价

1. 积极影响。①尼克松主义的对苏、对华战略在一定程度上改善了美苏、中美关系，从而推动了整个东西方关系的缓和，有助于整体国际局势稳定。②尼克松主义收缩美国海外态势，有助于结束越战，维护与盟国的关系，维持美国资本主义世界霸主的地位。

2. 消极影响。①尼克松主义在本质上也是霸权主义策略，与苏联关系的缓和只是暂时，其目的还是削弱当时苏联的扩张势头，进而为美国改变争霸策略创造有利条件。②尼克松主义中的"伙伴关系"是要盟友同美国一起分担军事上面临的压力，同时在经济上帮助美国摆脱危机，而对其他国家而言，自身利益都会受到不小的影响。

总之，尼克松主义作为尼克松调整对外政策的重点战略主张，反映出美国全球战略从扩张转为收缩，从攻势转为守势，为以后美国对外政策提供了新的出发点，同时这也在一定程度上影响了国际局势发展。

参考资料

1. 张新萍：《试论尼克松主义》，《焦作教育学院学报》，2001年第3期。

题目6　简述美国外交政策演变

相关真题　2024年中国社科院大学；2023年中山大学；2021年四川大学；2017年福建师范大学；2015年中国人民大学；2013年福建师范大学

美国的外交政策随时代的变化呈现出不同的特点，每个阶段都与当时国内外的政治、经济形势息息相关，反映了美国作为一个崛起的大国所面临的挑战和对策。

（一）孤立主义外交政策

1. 背景。美国建国初期，面临国内的政治、经济建设任务，需要集中精力发展国内事务，避免卷入欧洲的纷争。

2. 内容。孤立主义主张避免与欧洲列强发生政治冲突和军事纠纷，专注于美国本土的发展和安全。

3. 影响。孤立主义成为美国早期对外政策的基石，使得美国能够在相对和平的国际环境中稳步发展。

（二）门罗主义外交政策

1. 背景。19世纪初，欧洲列强的殖民扩张威胁到美国在拉美地区的利益，迫使美国调整其对外政策。

2. 内容。门罗主义主张美洲事务应由美洲国家解决，反对欧洲列强干涉，同时美国也不干涉欧洲事务。

3. 影响。门罗主义为美国对美洲进行政治和经济扩张提供了理论基础，推动了美国在西半球霸权地位的确立。

（三）"大棒"和"金元"外交政策

1. 背景。20世纪初，美国的经济和军事力量快速增长，为实现对外扩张提供了条件。

2. 内容。大棒政策强调通过军事力量维护美国在西半球的利益；金元外交则通过经济手段，尤其是投资和贷款，扩大美国的影响力。

3. 影响。这一时期的政策推动了美国在拉美和亚洲的影响力增长，进一步加强了美国外交中的扩张意识，同时也引发了一系列地区冲突，如美西战争等。

（四）霸权主义外交政策

1. 背景。两次世界大战后，美国成为世界上经济和军事力量最强大的国家，夺取世界霸权成为美国的最终目标。

2. 内容。霸权主义主张维护美国在政治、经济、军事、文化等多方面的优势地位。政治上组建以美国为首的西方阵营，肆意干预他国内政；经济上构建以美元为核心的布雷顿森林体系；军事上组建北约并在全球建立军事基地；文化上积极输出美国文化，对敌对国家进行和平演变。

3. 影响。美国通过该政策有效地构建和维护了以美国为中心的国际秩序，但同时美国为了维持霸主地位肆意打压他国发展也引发了国际社会的质疑和反对。

综上所述，美国外交政策的演变过程是美国作为一个世界大国不断适应国际政治和经济格局变化的过程，体现了其在不同历史时期的国家利益和战略考量。

参考资料

1. 朱全红：《美国多元文化外交政策及其历史演变研究》，华东师范大学 2004 年博士学位论文。
2. 岳西宽：《美国"孤立主义"外交政策及其演变》，《理论月刊》，2011 年第 12 期。

第二节　西欧主要国家的内政与外交

题目1　从民主社会主义到撒切尔主义——论述英国经济社会政策的演变背景及过程

相关真题 2022 年苏州大学

英国经济社会政策经历了从民主社会主义到撒切尔主义的演变，有着深刻的历史背景，反映了英国在不同历史时期的社会经济需求和挑战。

（一）背景

1. 经济发展出现"英国病"。20 世纪 50 年代中期，英国经济增长放缓，而政府却因为实行民主社会主义"福利国家"政策而背上了沉重的经济负担。工党政府数次执政，企图通过改良的方法来治疗"英国病"，但效果不大，人们对工党政府的支持也随之下降。

2. 新右派思潮的兴起。20 世纪 70 年代，新右派思潮兴起，该思潮反对国家福利，反对国家干预，主张以市场力量来解决经济问题，对英国国家政策的形成产生了重要影响。

（二）过程

1. 工党推行民主社会主义政策。1945 年，工党大选获胜，艾德礼出任首相，随即开始了一系列改革，其中最主要的是国有化改革和打造福利国家，即工党政府通过法令以补偿的方式将重要的工业部门收归国有，同时实行免费医疗、扩大社保范围，并针对失业及弱势人群发放补助金。

2. 保守党延续民主社会主义政策。工党推行的改革成为英国社会乃至政界的共识，民主社会主义政策也为之后的保守党政府沿用，20 世纪 50 年代保守党丘吉尔政府在国有化和福利政策方面没有做出改变，基本继承和沿用了工党政府建立的福利制度框架。

3. 民主社会主义政策弊端逐渐显露。民主社会主义政策把经济政策的重心放在提高社会福利和保障民众生活上，但却降低了经济发展速度，出现了经济"滞胀"现象。20 世纪 70 年代前后的英国历届政府都是在民主社会主义基础上施行政策，该政策弊端逐渐显露，且始终无法得到彻底解决。

4. 撒切尔主义的产生。1979 年，撒切尔夫人上台，结束了战后政府长期奉行的温和的、改良的政策路线。经济上，放弃凯恩斯主义，采取紧缩货币、压缩公共开支等措施来控制通货膨胀；政治上，控制社会保障制度规模，鼓励人们自谋职业；外交上，努力成为美苏交流的特殊纽带，谋求在国际事务中的作用。

综上所述，从民主社会主义到撒切尔主义的政策演变，是英国根据其经济社会发展需求和国际环境变化做出的调整。这一演变反映了英国政府在面对内外挑战时，如何寻求经济增长与社会稳定之间的平衡。

参考资料

1. 储轩：《试论"撒切尔主义"》，《西欧研究》，1990 年第 3 期。
2. 赵金子：《英国工党的民主社会主义理论与实践探索研究》，吉林大学 2014 年博士学位论文。

题目 2　简述英国的三环外交

相关真题　2016 年华中师范大学

三环外交是英国在二战后初期由丘吉尔提出的外交战略，其主旨是通过英国在英联邦、美国和联合起来的欧洲这三个环节中的特殊联系，充当三者的联结点和纽带，以维护英国的传统利益和大国地位。

（一）背景

1. 英国希望在战后保持大国地位。两次世界大战使英国实力严重受损，英国不甘心就此陨落，希望在现有条件下保持住大国的地位。

2. 英美特殊关系的存在。二战中，英美作为盟国共同抗击法西斯，形成了友好、合作的关系，英国希望继续保持这层关系。

3. 冷战兴起和欧洲走向联合。二战结束后不久冷战兴起，苏联对于欧洲的威胁程度上升，而这一时期法德和解，欧洲开始走向联合，英国希望和联合起来的欧洲共同对抗苏联的扩张。

4. 英国传统的外交政策。英国作为岛国，长期奉行光荣孤立的外交政策，不希望与欧洲产生过密的关系，只希望成为各方势力之间的纽带。

（二）内容

三环外交的对象分别是英联邦、美国以及联合起来的欧洲，英国是这三环中的联结点和纽带。丘吉尔的战略构想是以第一环英联邦和英帝国作为力量基础，利用第二环英美特殊关系，借助美国的力量重建英国的世界大国地位，进而利用第三环联合起来的欧洲谋取西欧的领导权，并利用西欧的力量来对抗苏联。

（三）结果

因殖民体系瓦解、英联邦内部分化、西欧超国家体的联结、苏联扩张等原因，三环外交难以实施，1973 年英国加入欧共体，标志着三环外交破产。

（四）评价

1. 维护了英国的大国地位。三环外交中，英国虽然给予了殖民地独立地位，但是大多数殖民地国家都留在了英联邦内，保持了英国在原殖民地的政治影响和经济利益，从而维护了英国的大国地位。

2. 推动了英国经济的恢复。三环外交中，英国通过维持与美国的特殊关系，获得了美国大量的经济援助，使得英国战后经济恢复较快。

3. 对冷战起了推波助澜的作用。战后英国在三环外交的指导下依附于美国，服务于美国的全球战略，成为美国推行霸权主义的帮凶，如丘吉尔的铁幕演说吹响了冷战的号角。

4. 不利于欧洲的联合。英国推行三环外交只愿意作为各方势力中的一个支点，反对与欧洲保持过密关系，阻碍了欧洲的一体化进程。

英国在战后风云变幻的国际形势下，能够审时度势，通过推行三环外交，基本做到了进退有据，避免了由于帝国解体而导致的连锁反应，在一段时期内维持了英国的大国地位。

参考资料

1. 吴于廑，齐世荣：《世界史·现代史编》，高等教育出版社，2011 年。
2. 王慧鑫：《英美特殊关系的成因及其调整》，《法制与社会》，2016 年第 14 期。
3. 纪胜利：《英国"三环外交"政策论略》，《求是学刊》，1995 年第 4 期。

题目 3　简述二战后英国外交政策的演变

相关真题　2024 年山东师范大学

二战后英国的外交政策经历了从努力维持大国地位，到适应去殖民化的挑战，再到重新定位其在欧洲乃至全球的角色。这一过程反映了英国在应对内外挑战中的外交策略的调整。

(一)战后重建与国际地位的维护(1945 年至 20 世纪 60 年代)

1. 积极参与国际组织。英国成为联合国安理会常任理事国,积极参与国际事务,力图在国际舞台上发挥领导作用。
2. 维护英联邦关系。面对去殖民化的浪潮,英国通过和平手段解决殖民地问题,如通过 1947 年的印度独立法案,努力维系与前殖民地的联系,并通过英联邦框架维护其全球影响力。
3. 与美国建立特殊关系。在冷战背景下,英国与美国建立了"特殊关系",在政治、军事、经济等领域与美国保持紧密合作,以应对苏联的威胁。

(二)适应去殖民化与寻求新角色(20 世纪 60 年代至 70 年代)

1. 加强与欧洲的联系。英国逐渐认识到加强与欧洲的联系对其国家利益的重要性,开始寻求加入欧洲共同体,虽然早期尝试受阻,但最终于 1973 年成功加入。
2. 调整对殖民地的政策。面对去殖民化的国际趋势,英国加速了放弃其殖民地的过程,推进了非洲、亚洲等地的独立进程,转变为通过英联邦组织维护与这些国家的联系。
3. 应对经济挑战。面对国内经济困难,英国外交政策也体现了对经济利益的重视,如通过加入欧洲共同体寻求经济复苏。

(三)后冷战时期的调整与挑战(20 世纪 90 年代至 21 世纪初)

1. 欧洲一体化的深化参与。英国在欧洲一体化进程中扮演了重要角色,虽然对于一些关键议题如欧元,保持谨慎态度,但在共同市场和安全政策等领域积极参与。
2. 全球安全与反恐。21 世纪初,全球反恐成为英国外交政策的重点之一,英国与美国等盟友在阿富汗、伊拉克等地的军事行动中发挥了重要作用。
3. 重新评估英美关系。尽管与美国的"特殊关系"依然重要,英国也在寻求更为平衡的国际关系,特别是英国在诸如气候变化、多边主义等问题上与美国存在分歧。

综上所述,二战后英国的外交政策展现了从维护传统大国地位到适应国际变革,再到积极参与地区一体化和全球治理的演变过程。这一过程不仅反映了国际格局的变化,也表明了英国在新时期对外政策的灵活性和适应性。

参考资料

1. 丁虹,李林:《战后英国外交政策指导思想的演变》,《现代国际关系》,1985 第 1 期。
2. 王振华:《战后英国外交政策的演变》,《西欧研究》,1986 第 2 期。

题目 4 论述 20 世纪英国由盛转衰的过程、原因与启示

相关真题 2016 年南京师范大学

第一次工业革命后,英国成为"世界工厂",确立了世界霸主的地位,但 20 世纪以来的两次世界大战却使得英国实力严重衰退,最终丢掉了世界霸主的地位。

(一)衰落的过程

1. 经济衰落的过程。从 19 世纪末开始,英国工业实力逐步下滑,两次世界大战极大消耗了英国的财富,特别是二战后,英国几乎耗尽了黄金、美元储备及海外投资。20 世纪 50 年代中期,以经济增长缓慢为特点的"英国病"出现,英国经济实力进一步下降。
2. 政治衰落的过程。20 世纪 20 年代,爱尔兰从英国独立,进而引发加拿大、澳大利亚、南非等地独立,英国对各自治领的控制减弱,使得英帝国转变为英联邦。二战以后,随着民族解放运动的高涨,英联邦内的各殖民地独立,英国对各地的控制大大减弱。
3. 外交衰落的过程。①一战后华盛顿体系的建立使英国在远东的势力受到削弱,拉开了英国从远东撤退的序幕。②二战前,英国受经济危机打击,以绥靖外交应对法西斯国家扩张。③二战后初期,英国前首相丘吉尔企图通过"三环外交"来维护英国的国际地位,但由于殖民体系的瓦解、英联邦内部分化、西欧超国家体的联结、苏联扩

张等原因，三环外交难以实施。1973年英国加入欧共体，三环外交宣告破产。

（二）衰落的原因

1. 国内因素。英国对第二次工业革命反应迟缓，工业技术和生产方法相对落后，同时，英国的创新和进取精神逐渐消退，国内自由主义经济政策导致经济危机发生，促使社会矛盾进一步激化。

2. 国际因素。两次世界大战对英国经济造成了沉重打击，使英国失去了世界经济霸主的地位，同时殖民体系的瓦解也削弱了英国的国际影响力。此外，战后英国在国际事务中的消极态度，政府对法德发起的欧洲联合运动"袖手旁观"，最终导致其错失了引导欧洲事务的机会。

（三）启示

1. 国家的崛起和衰落往往与其对历史机遇的把握密切相关。英国在第一次工业革命中凭借其先发优势迅速崛起，但在第二次工业革命中错失了机遇，导致了经济实力的下降。

2. 国家的外交政策需要适应时代变化。英国过于依赖传统的海权和殖民策略，未能及时调整其外交政策以适应新的国际格局，在一定程度上造成了英国的衰落。

总之，20世纪英国由盛转衰的过程反映了一个国家在面临内外挑战时应对策略的重要性。英国的经验教训表明，适应时代变革、持续创新和灵活的外交政策对于维持一个国家的全球影响力至关重要。

参考资料

1. 钱乘旦，许洁明：《英国通史》，上海社会科学院出版社，2002年。
2. 姚爱雨，陈祖洲：《英美学者关于英国衰落问题的研究》，《世界历史》，2002年第4期。

题目5 简述二战后法国经济建设历程 醒吾历史统考预测题

二战给法国带来了前所未有的破坏，但在战后，法国通过一系列措施和改革，不仅实现了经济的快速重建，还在后续几十年中持续发展，最终成为欧洲乃至世界的主要经济体之一。

（一）经济重建背景

1. 经济损失惨重。二战对法国经济造成了巨大的打击，工业产能严重下降，基础设施损毁严重，农业生产能力也大幅度减少，国家经济面临重建的紧迫任务。

2. 政治局势动荡。法兰西第四共和国成立后，政治局势动荡，影响了政策的连续性和执行力，给经济重建带来了不小的挑战。

3. 国际地位下降。战后，法国的国际地位相比战前有所下降，急需通过经济重建来恢复其在国际社会中的影响力。

4. 外部援助。美国的马歇尔计划为法国提供了重要的财政援助，帮助其重建经济，同时也加强了法美之间的关系。

（二）经济重建历程

1. 戴高乐临时政府时期（1944—1946年）

在戴高乐的领导下，法国开始了经济的重建工作。国家对关键行业如汽车、煤炭、电力和银行业进行了国有化，以确保重建过程中的稳定和效率。此外，政府也开始实施计划经济，引导和调整国家经济的恢复方向和速度。

2. 第四共和国时期（1946—1958年）

这一时期，法国经济重建进入了快速发展阶段。通过实施一系列的经济计划，如莫内计划，法国加强了基础设施建设，提升了工业产能，同时通过参与马歇尔计划获得的资金，进一步加速了重建的步伐。在这一阶段，法国还提出了舒曼计划，促进了欧洲煤炭和钢铁产业的一体化，为后续的欧洲一体化奠定了基础。

3. 第五共和国时期（1958年至今）

第五共和国的成立标志着法国政治体制的稳定，为经济的长期发展提供了有利的政治环境。在戴高乐和后续领导人的指导下，法国经济不仅完成了战后重建，还实现了持续增长。法国政府通过实施新的经济政策，如提高税收、贬值法郎和冻结物价等措施，稳定了经济，促进了出口。同时，法国也积极参与到欧洲一体化的进程中，通过加强与欧洲邻国的经济合作，进一步促进了经济的发展。

综上所述，法国经济的重建和发展是一个复杂而漫长的过程，涉及政治、经济和国际合作等多个方面。通过国家的有力干预和国际合作，法国不仅成功地克服了战争带来的破坏，还在战后的几十年中实现了经济的持续增长，展现了国家重建和发展的强大生命力。

参考资料

1. 吴于廑，齐世荣：《世界史·现代史编》，高等教育出版社，2011年。
2. 刘宗绪：《世界近代史》，北京师范大学出版社，2004年。
3. 齐涛：《世界通史教程》，山东大学出版社，2008年。

题目6 简述"戴高乐主义"

相关真题 2024年南京师范大学；2016年安徽师范大学；2015年黑龙江大学；2001年北京大学

戴高乐主义是法兰西第五共和国总统戴高乐为维护民族独立和国家主权，争取恢复法国大国地位而采取的一系列对外政策思想及实践，其核心是在美苏冷战格局下，努力寻求法国的第三条道路。

（一）背景

1. 战后的国际环境。二战后国际局势出现巨变，美苏争霸成为国际主题。欧洲作为两大势力的交锋地点，受到严重的战争威胁。在这种国际环境下，法国不愿沦为美国的从属，寻求重建自身的国际地位。
2. 社会经济变革的需求。战后法国需要重建国家，恢复经济和提升国民的士气。戴高乐主义支持国家在经济活动中扮演积极角色，通过规划和国家干预来实现现代化和社会福利的提升。

（二）内容

1. 发展法国独立的核力量。戴高乐政府拒绝美国核武器进驻法国，努力发展法国独立的核力量，以保证国家安全和国际地位，1960年法国成功试爆了原子弹。
2. 退出北约军事一体化组织。1966年戴高乐宣布法国退出北约军事一体化组织，并要求北约及美国的军事设施撤出法国。
3. 推动欧洲统一。戴高乐提倡建立一个独立于美苏影响之外，以法国领导、法德合作为基础，旨在维护各成员国民族自主和国家主权的欧洲邦联模式，推进欧洲的统一进程。
4. 发展独立的对外关系。戴高乐政府积极发展与苏联、非洲及阿拉伯世界的关系，试图在美苏两极世界中寻找法国的独特定位。
5. 恢复法国经济及经济独立地位。戴高乐主义通过国家规划、重点工业扶持、维持关键行业国有企业、农业现代化和建立全面社会保障体系等策略，有效推动了法国战后经济的快速复苏和现代化，也增强了法国经济的自主性。

（三）评价

1. 积极影响。戴高乐主义提升了法国的国际地位，使法国在冷战格局中成为一个相对独立的力量，通过独立自主的外交政策，法国在一定程度上摆脱了对美国的依赖。
2. 局限性。尽管戴高乐主义强调国家主权和独立，提升了法国的国际地位，但其对强有力的中央集权体制的倾向，有时限制了地方和公民的参与空间，比如，经济政策中的国家干预和重工业优先战略，在某种程度上忽略了服务业和小企业的发展。

总体而言，戴高乐主义是对战后法国外交政策的重要调整，它反映了一个国家在特定历史背景下维护民族独立和国家主权的努力。尽管戴高乐主义存在一定的局限性，但它依旧对法国乃至欧洲的发展产生了深远影响。

参考资料

1. 李旦：《戴高乐主义与第五共和政体——法国政治"不能承受的轻和重"？》，《欧洲研究》，2017第4期。
2. 周荣耀：《戴高乐主义论》，《世界历史》，2003第6期。
3. 张猛：《试论戴高乐主义》，湘潭大学2005年硕士学位论文。

题目 7　简述战后联邦德国经济迅速发展的原因

相关真题　2024 年南京师范大学；2023 年中国社科院大学；2016 年西北大学

二战后的联邦德国经济迎来了腾飞，尤其是 20 世纪 50 年代被许多西方经济学家誉为联邦德国的"经济奇迹"时期。联邦德国经济之所以能迅速复兴，是由多方面的因素和条件决定的。

1. 政治方面。

①单一政党的长期执政。基督教民主联盟长期执政，形成了政策连续性以及稳定的政治气候，为社会经济发展提供了良好的政治环境。

②合理的战后政策。非军事化立国的战后政策，使联邦德国可以集中有限的财力、物力从事经济建设，不必为战后东西方对抗的局势背上沉重的军备竞赛包袱。

2. 经济方面。

①良好的经济基础。战前德国是个发达的资本主义国家，而联邦德国又集中了战前德国 70% 的设备能力和 62.4% 的工业产值，从而为恢复和发展工业奠定了坚实的物质和技术基础。

②正确的经济改革。联邦德国政府在战后适时地进行了经济改革，建立了社会市场经济体制，以自由竞争为核心，以生产资料私有制为基础，反对垄断，宣扬公平分配等，极大地促进了联邦德国经济发展。

③重建货币秩序。1948 年，联邦德国实行币制改革，即著名的"科尔姆 - 道奇 - 戈德史密斯计划"，建立起正常运转的货币秩序，稳定了经济。

④马歇尔计划援助。联邦德国对马歇尔计划援德资金的合理使用及其产生的社会影响，促使联邦德国能尽快完成经济模式转轨，对经济发展起了稳定和促进作用。

⑤长期保持较大规模的固定资本投资。1950—1965 年的 16 年间，联邦德国投资总额达 9332 亿马克，仅次于美国而居世界第二位。

3. 科技和教育方面。

①联邦德国政府大力发展教育事业，造就了一支庞大的科技队伍。1950—1970 年，联邦德国在校大学生由 10 万人增加到 41 万人，除正规的学校教育外，联邦德国也极重视职工的业余教育。

②积极引进外国先进技术，加快科技发展。1950—1973 年，联邦德国进口的专利和许可证的支出增长了 71 倍以上，极大促进了科技发展，劳动生产率也随之提高。

4. 国际环境方面。

①朝鲜战争的爆发为联邦德国工业的发展提供了契机。1950 年朝鲜战争爆发，美国的军需订单成为复兴联邦德国军事工业的重要因素，到 20 世纪 60 年代，联邦德国已经改变了贸易逆差的不利形势。

②相对良好的外部发展环境。二战结束后，由于两大阵营的势均力敌，东西方之间始终没有发生大规模的武装冲突，这无疑为处于冷战前沿的联邦德国创造了经济发展的良好环境。

总而言之，正是由于这一系列内政措施的实行以及对于国际环境的把握，使联邦德国成为战后发展速度较快的经济体，出现了"经济奇迹"，并逐渐成为影响世界格局的重要力量。

参考资料

1. 吴于廑，齐世荣：《世界史·现代史编》，高等教育出版社，2011 年。
2. 刘宗绪：《世界近代史》，北京师范大学出版社，2004 年。
3. 齐涛：《世界通史教程》，山东大学出版社，2008 年。

题目 8　评述从阿登纳到勃兰特时期德国的外交政策

相关真题　2016 年黑龙江大学；2014 年黑龙江大学；2000 年北京大学

二战后的联邦德国百废待兴，为了恢复德国的经济以及加强与西方国家的联系，联邦德国成立初期的历届政府实行了不同的外交政策。

（一）阿登纳时代：哈尔斯坦主义

1949年，阿登纳被选举为联邦德国第一任总理，阿登纳在位时期，联邦德国外交部长哈尔斯坦提出了联邦德国对民主德国关系的外交政策主张和原则，称为哈尔斯坦主义，后成为阿登纳时代处理外交关系的基本原则。

1. 背景。

①哈尔斯坦主义是阿登纳政府在面对美苏冷战的国际局势下出台的政策，在当时美苏对立的情况下，联邦德国必定得明确表达自己的站位，以更好维护本国利益。

②二战后，联邦德国需要经济复苏和全德统一，重新让联邦德国成为有影响力的大国，紧跟美国等西方国家的步伐显然是较为明智的选择。

③战后需要苏联承认联邦德国在国际外交的地位，与此同时配合美、英、法和苏联的谈判行动。

2. 内容。

①不承认德意志民主共和国，宣称联邦德国代表整个德国。

②不与民主德国建交的任何国家（苏联除外）建立或保持外交关系。

③联邦德国与社会主义国家之间发生的任何官方接触，都应以非官方的方式进行，以避免与其建立外交关系的可能性。

3. 影响。

①哈尔斯坦主义在一定程度上让联邦德国摆脱了战败国地位，遏制了苏联继续扩张的趋势，加强和巩固了西方阵营实力。

②哈尔斯坦主义客观上迫使东欧进一步依附苏联，阻碍了与波兰这样企图摆脱苏联控制的国家建立外交的机遇。

（二）勃兰特时代：新东方政策

1969年，勃兰特当选联邦德国第四任总理，为适应国际环境的变化以及谋求德国的和平统一，勃兰特政府放弃了哈尔斯坦主义，转而实行改善与东欧等社会主义国家关系的外交政策，称为新东方政策。

1. 背景。

①美国深陷越南战争及其自身实力的衰退，使联邦德国期望依靠美国和北约组织实现德国统一的愿望落空。

②为发展联邦德国与东欧国家的经济贸易关系，承认民主德国政府并纠正僵硬的外交关系成为联邦德国的必然选择。

③哈尔斯坦主义长时间影响德国外交政策，使得联邦德国的外交政策缺乏自主性，受到美国的干涉，阻碍了两德统一。

④戴高乐独立外交的启示。二战后期及战后法国在外交中奉行戴高乐主义，即实行独立自主的外交政策，发展独立的对苏关系，这给了备受制约的德国以启示。

2. 主要内容。

①在加强与西方各国关系的同时，改善与苏联等东方阵营国家的关系。

②德国深刻反省在二战中犯下的罪行，主张与东欧各国和平共处，推动联邦德国与东方社会主义国家关系的正常化。

③通过与民主德国谈判及互访来改善双方关系，互不侵犯，不使用武力，保证两德通道畅通，以和平方式谋求德国的统一。

3. 影响。

①新东方政策虽然立足于西方，却自主发展同苏联、东欧各国的关系，这是联邦德国在国际政治舞台上发挥重要作用的标志和开端。

②新东方政策的提出也在很大程度上影响了其他西欧国家，为日后西欧各国摆脱美国的控制，加强西欧联合创造了有利条件。

综上所述，从阿登纳时代的哈尔斯坦主义到勃兰特时代的新东方政策的演变，反映了联邦德国在特定历史背景下寻求独立自主和国际影响力的努力。

参考资料

1. 吴于廑，齐世荣：《世界史·现代史编》，高等教育出版社，2011年。
2. 刘宗绪：《世界近代史》，北京师范大学出版社，2004年。
3. 齐涛：《世界通史教程》，山东大学出版社，2008年。

第三节　战后的日本

题目1　论述战后日本民主化改造的背景、内容和意义

相关真题　2024年上海大学；2023年江苏师范大学；2020年华侨大学；2020年延边大学；2018年四川大学；2017年苏州大学；2017年北京大学；2017年中央民族大学；2014年西北师范大学；2014年陕西师范大学；2014年苏州科技大学

二战后期，美国对日本实施了单独占领，通过一系列政策推动了日本的非军事化和民主化。这一时期的民主化改革，不仅标志着日本从法西斯军国主义向资产阶级民主主义的转型，而且成为现代日本历史的重要起点。

（一）背景

1. 明治维新是一次不彻底的资产阶级革命，军国主义和封建势力仍然存在。军国主义的残存直接导致了日本对外侵略战争，封建势力的残余令天皇依然保持较高地位和实权，制约了资本主义民主化的进程。

2. 日本的战败以及美国的占领为日本实行民主化改革创造了外部条件。日本在二战中的失败标志着日本法西斯专制的终结，美国在占领期间对日本军国主义进行了清算，为日后的改革奠定了基础。

3. 战后日本经济陷入困境，迫切需要改革以重振经济。战争对日本经济造成了严重破坏，导致经济几近崩溃，大量民众失业，物价飞涨，糟糕的经济状况迫切需要通过改革来缓解。

（二）政治领域的改革内容

1. 制定宪法。1947年生效的《日本国宪法》标志着日本政体的重大变革，主要包括：①天皇从拥有至高无上权力的地位转变为象征性的角色。②确立了立法、司法、行政三权分立的资产阶级政治体制。③宪法基于主权主义、和平主义和尊重基本人权的原则，体现了资产阶级民主理念。④在宪法实施的过程中，对议会制、内阁制、司法制以及地方自治制度等进行了全面改革。

2. 非军事化政策的实施。非军事化是指美国占领当局对日本实施铲除军国主义势力、进行东京审判、整肃政党等措施。

3. "五大改革"的推行。1945年进行的"五大改革"包括赋予妇女参政权、赋予工人团结权、废除专制政治制度、实行教育自由化和经济民主化。

（三）经济领域的改革内容

1. 农地改革。为改变封建性质的土地制度，日本政府颁布法律进行农地改革，限制地主拥有的土地份额在1町步（约为14.8市亩）以下，其余土地由政府征购分给无地农民。

2. 解散财阀。解散财阀的措施包括解散控股公司、削弱财阀家族对企业的控制权、股份分散化和防止资本集中，使资本和经营结成一体的体制变成两者相对分离的体制。

3. 劳动体制改革。政府实施的《工会法》承认了工人的团结权、团体交涉权和争议权。随后颁布的《劳动关系调整法》《劳动关系基准法》与《工会法》共同构成了保护工人权利、调整劳资关系、改善工作条件的"劳动三法"。1947年劳动省的成立，标志着劳动体制改革的基本完成。

（四）思想文化上的世俗化改革

1. 教育体制改革。1947年，日本政府颁布法律对教育体制进行改革，废除了教育普及军国主义和军训等法西斯化内容，提倡教育自由化，教育要培养具有独立人格、热爱科学、追求真理正义、尊重学术自由的精神。

2. 家族制度改革。缩减皇室规模，多位皇族成员被废黜为平民；废除世袭的华族制度，封建等级制不复存在；废除长子继承制，以削弱门第观念。

（五）意义

1. 战后改革虽多在美国占领当局的迫使下进行，但符合日本历史发展的趋势，为日本建立现代资本主义政治、经济体制和经济快速发展奠定了坚实的基础。

2. 战后改革清除了明治维新遗留的封建因素和军国主义，为日本现代化的过程扫清了障碍。

综上所述，尽管日本战后改革在很大程度上受美国主导，内容也多符合美国利益，但客观上促进了日本的现代化。

参考资料

1. 吴廷璆：《日本史》，南开大学出版社，1994年。
2. 王振锁：《日本战后五十年 1945—1995》，世界知识出版社，1996年。

题目2 论述战后日本经济发展的原因

相关真题 2023年黑龙江省社科院；2018年西北大学；2018年西北师范大学；2017年河南师范大学；2016年苏州大学；2014年苏州大学

日本作为二战战败国，其经济遭受重创，却又在短时间内迅速崛起，尤其在1968年已成为资本主义世界仅次于美国的第二大经济体，其经济的高速发展与当时日本的内政与外交有密切关系。

（一）国际环境

1. 有利的国际市场。二战结束后资本主义世界损失惨重，世界的食品、原料和燃料等初级产品价格普遍降低，工业品出口价格大幅提高，这使得以出口贸易为主的日本在国际贸易中占有优势，贸易出现顺差。

2. 亚洲邻国的经济需求。随着亚洲其他国家和地区的经济发展，对日本的产品和技术需求增加，日本的出口市场得以扩大，尤其是在东亚经济圈内。

3. 国际贸易环境恢复正常。20世纪50年代中后期，国际关系由东西方两大集团的冷战对峙开始向缓和、竞争方面转化，苏联与日本在1956年恢复了外交关系，日本还在同年加入联合国，随后，日本获准加入国际货币基金组织等国际经济组织，这表明日本已经在国际社会中取得了平等参与的资格，国际贸易环境恢复正常。

（二）美国对日本的影响

1. 战后的民主化改革为日本经济发展奠定了基础。二战后初期，日本处于美国的单独占领之下并进行了"非军事化"和"民主化"的改革，包括农地改革、解散财阀、劳动体制改革等，为日本经济的高速发展奠定了基础。

2. 美国对日政策的改变。世界冷战局势形成后，美国妄图将日本变为其在远东的军事基地，放松了对日占领政策，甚至制定关于日本金融财政改革的"道奇路线"来帮助日本恢复经济。

3. 朝鲜战争带来的军事订单。朝鲜战争爆发后，日本接受了来自美国大批的军事订单，促进了日本工业的发展，进而刺激了日本经济。

（三）日本国内的努力

1. 大幅削减军费支出，投资国内生产。日本作为战败国，制定了放弃战争权的宪法，军费压缩至国民生产总值的1%以下，因而可以拿出大部分资金进行基础设施等公共投资，发展生产。

2. 重视教育。日本在二战后依然大力发展教育事业，教育经费占政府行政经费的1/5左右，这为日本经济起飞提供了高素质的人才队伍。

3. 引进先进科学技术。二战后，日本把引进国外先进技术作为国策推行，并在此基础上结合自身经济特点加以改进、补充和发展，建立起自己的工业技术体系。

4. 采取了国家主导经济干预的政策。通过实施国家主导的经济管理制度，政府不仅能够规划促进经济快速增长的战略，还能在政治、军事、教育、外交等多个领域支持经济发展的各项工作。

5. 日本政府实施了高积累高投资的经济策略。这一策略通过加强对工人阶级的利用、扩大政府投资与贷款、促进个人储蓄、引入外资四个主要手段，实现了资本的高度积累和大规模投资。这种资本积累和投资的增加，为日本经济的迅速增长提供了强有力的动力。

6. 建立具有日本特点的、高效率企业经营管理体制，如"终身雇佣制""年功序列制"，为日本经济发展提供制度前提。

7. 对外关系上与各国合作建交。日本成为独立经济大国后，改变对美国的绝对服从，进行多边独立自主外交，如1972年中日建交，为日本经济发展提供了良好的国际环境。

综上所述，战后日本经济的复苏与发展，与当时的国际环境、美国对日本的影响及日本国内对经济、教育和科学技术的重视等息息相关。

参考资料

1. 吴廷璆：《日本史》，南开大学出版社，1994年。
2. 宋成有：《新编日本近代史》，北京大学出版社，2006年。
3. 吴于廑，齐世荣：《世界史·现代史编》，高等教育出版社，2011年。

题目3 论述战后日美关系

相关真题 2018年福建师范大学

二战结束后，作为战败国的日本处于美国的单独占领之下，深度依赖美国。然而，在冷战尤其是经济快速增长的阶段，日本逐渐展现出追求一定程度自主性的倾向，尽管如此，战后的日美关系主要还是以日本对美国的依存为核心。

（一）二战结束后的日美关系

1945—1948年，这一时期日本接受美国的控制，受到美国的打击和削弱。战后初期，美国为了使日本不再成为世界和平的威胁，对日本进行了"非军事化"和"民主化"的改革，动摇了日本军国主义的国家体制和社会基础，日本在政治经济上完全依赖于美国。

（二）冷战时期的日美关系

1. 1948—1952年，日本完全接受美国的扶植和支持。①美苏冷战爆发，加之1950年爆发的朝鲜战争，使美国企图在政治上变日本为亚洲前哨基地，日本由被打压的境地开始向美国盟友的地位过渡。②1947年后，美国对日经济政策逐渐转变为加强日本经济的新策略。1949年，美国占领当局推出"道奇计划"，推动了日本经济恢复与发展，实现了日本经济向市场经济过渡，同时也加深了美国对日本的经济渗透。③1952年，旧金山媾和会议后，美国同日本签订了《旧金山和约》和《日美安保条约》，确立了旧金山体制，日本成为美国远东战略的一环，日本在政治、经济上正式从属美国。

2. 1952年至20世纪60年代初。日本重获名义上的独立地位，虽提出独立自主外交方针，但实质上日本仍紧随美国的步伐。

3. 20世纪60年代。随着美国霸权地位衰落和日本经济腾飞，日美之间控制与反控制的斗争逐渐激化。①1960年，新日美安保条约签订，日本取得了更大的自主权，标志着日美结成军事同盟，日本的军事政治地位随之上升，逐渐摆脱了对美国的主从性。②1965年，日韩建交、美日韩同盟成立等事件均标志着日本由美国的附庸逐渐转变为较为平等的关系。③1965年起，日本对美贸易从逆差转为顺差，之后日本的顺差数额直线上升，导致了日美贸易摩擦的连续发生。

4. 20世纪70年代。1972年，尼克松访华使日美关系出现裂痕，田中内阁遂推行"多边自主外交"政策。美日之间虽然偶有摩擦，但在军事上仍为相互依存的关系，日美防务关系也不断加强。

5. 20世纪80年代以来。日本的经济大国地位趋于稳定，在经济技术方面开始与美国进行竞争，并谋求政治大国地位，在日美关系中要求进一步增强自主性，发挥更大的积极作用。

总之，二战后的日美关系经历了几个不同的阶段，呈现出不同的特点，但总体而言，日美关系由战后日本完全依赖美国，转向日本表现出一定的自主趋向。

参考资料

1. 吴廷璆：《日本史》，南开大学出版社，1994年。

2. 宋成有：《新编日本近代史》，北京大学出版社，2006年。
3. 吴于廑，齐世荣：《世界史·现代史编》，高等教育出版社，2011年。

第四节　西欧一体化进程

题目1　论述19世纪初至20世纪中期的法德关系

相关真题　2021年历史学统考

19世纪初至20世纪中期，法德关系经历了从和平到对抗再到合作的复杂历史过程，两国关系的演变深刻反映了欧洲政治格局的变迁。

（一）19世纪初期至普法战争前（1800—1870年）

1. 1800—1848年，法德相互敌对。法国大革命和拿破仑战争期间，法德冲突不断。①法国大革命初期，普鲁士充当欧洲封建势力镇压法国革命的急先锋，帮助法国国王路易十六恢复政权，并派兵入侵法国。②普鲁士参加英国组织的反法联盟，法国和普鲁士爆发了激烈的战争，最终反法同盟取得胜利。1814年，维也纳会议的召开，极大削弱了法国，法德关系十分紧张。

2. 1848—1870年，法德关系更趋紧张。①1848年欧洲革命后，普鲁士深感德意志联邦松散体制的弊病，开始准备统一德意志，法国出于安全考虑反对德意志统一，两国关系更加紧张。②1870年普法战争爆发，普鲁士战胜法国，法国被迫割让阿尔萨斯和洛林并赔款50亿法郎。1871年，普鲁士国王威廉一世在法国凡尔赛宫称帝，完成了德国统一，建立德意志帝国，法德矛盾进一步恶化。

（二）普法战争后至一战爆发前（1871—1914年）

1. 1871—1900年，法德走向对立。①德国统一后打破了原有的欧洲政治平衡，法国企图报复战败之仇，德国也企图进一步打击法国。②为了维护自身安全，法德两国积极寻找同盟，随着国际形势变化，德国与意大利、奥匈帝国结成三国同盟，而法国与俄国结成同盟。

2. 1900—1914年，随着欧洲各国间矛盾加剧，英国加入法俄同盟形成三国协约，德国维持原有的三国同盟，两大军事同盟的建立引发了激烈的军备竞赛，法德矛盾十分尖锐。

（三）两次世界大战期间（1914—1945年）

1. 1914—1918年，一战爆发，法德两国处于战争敌对状态。在这场大战中，法国和德国在多个战场展开了激烈的交锋，双方都付出了巨大的牺牲。

2. 1918—1939年，法德关系有缓和也有敌对。①一战结束后，法国作为战胜国收回了阿尔萨斯和洛林并对德国施加严厉制裁，法德关系降至冰点。1925年，法国主动改善法德关系，两国关系有所缓和，但仍存隐患。②随着全球经济危机和德国纳粹政权的兴起，两国关系再次紧张，法国对德国采取妥协绥靖政策，通过牺牲小国利益以换取欧洲的和平，但未能阻止世界大战的爆发。

3. 1939—1945年，二战爆发，法德再度交战。德国占领法国，但法国持续抵抗，最终德国战败，二战结束。

（四）二战后（1945年以后）

二战后，法德走向和解。二战结束后，形成了美苏冷战的两极格局，为了对抗苏联和美国的影响，西欧国家需要联合，1950年，法德开始合作，促进了两国矛盾的解决。

1. 1951年，法国、联邦德国、意大利等六国签订《欧洲煤钢共同体条约》，促进了法德和解，为实现西欧联合奠定了基础。

2. 1957年，《罗马条约》签订，欧洲经济共同体成立，法德关系在西欧联合的道路上也愈加紧密。

综上所述，19世纪初至20世纪中期的法德关系演变几乎是这一时期欧洲政治格局的缩影。两次世界大战的惨痛教训也让战后的两国认识到互利共赢与和平共处才是两国关系正常发展的必由之路。

参考资料

1. 邢来顺：《德法关系的历史发展与欧洲联合》，《武汉大学学报》，2002年第2期。
2. 刘永杰：《一战后法德关系的内在演变及动因分析》，《兰州大学学报》，2009年第1期。

题目 2　论述二战后德法和解的原因、过程和影响

相关真题　2015年华中师范大学

第二次世界大战对法国和德国造成了巨大破坏，随后爆发的冷战更是将欧洲推入了被动的国际形势。在此情况下，曾为敌对国的法德两国寻求和解，意在促进各自的恢复与发展，并共同提升欧洲在国际舞台上的地位。

（一）原因

1. 两国因素。①两国在二战中都遭受重创，百废待兴，和解与合作符合两国的国家利益。②德国正视历史，接受了战后审判，并且进行了持久、有力的战后赔偿，同时积极响应法国的欧洲联盟计划。③法国要想进行国内政治经济的重建，需要有一个相对稳定的周边环境，与德国和解成为其必然选择。

2. 国际因素。①冷战时期，法国和德国处在美苏对立的前线，面临来自冷战的直接安全威胁。这种紧张的国际环境促进了两国之间的紧密合作，为法德和解奠定了基础。②马歇尔计划促进了法国和德国的经济恢复，同时推动了德国的重建与统一进程。③美国对欧洲一体化的支持。出于欧洲统一市场对美国的经济利益及对抗苏联的考量，美国默许并支持欧洲一体化进程，这一态度间接加深了法国与德国之间的合作与联系。

（二）过程

1. 初步和解。联邦德国总理阿登纳多次在公共场合表示愿意认真探讨德法和解的可行性。戴高乐政府积极响应，主动于1950年提出了"舒曼计划"，希望建立欧洲煤钢联营，德国对这一计划表示赞同，1952年《欧洲煤钢共同体条约》生效，德法初步和解达成，为欧洲联合打下了良好基础。

2. 进一步和解。①解决了法德双方的军事互信。1955年，联邦德国被接纳为北约的"平等成员"，加入北约使得德国与处于同一阵营的法国成为军事盟友，且北约机制为欧洲联合中的军事问题提供了实际的解决途径。②萨尔地区争议的圆满解决。萨尔地区的归属问题长期是德法争议的焦点。为解决此问题，联邦德国同意将萨尔地区经济上归属于法国，政治上保持地区自治。最终萨尔地区人民投票决定重新加入联邦德国，从而圆满解决了萨尔问题。

3. 最终和解。德法在解决了军事互信和萨尔问题后，进一步扫清了两国深入合作交流的障碍。1957年，法、德等六国在意大利首都罗马签署了《欧洲经济共同体条约》和《欧洲原子能共同体条约》，并于次年成立欧洲经济共同体和欧洲原子能共同体，法德之间的合作进一步加深。1963年，《法德友好合作条约》签订，标志着德法两国正式和解。

（三）影响

1. 促进了战后两国的经济发展与合作。为加快战后经济的恢复，两国在和解的基础上加强了经济层面的合作，如建立欧洲煤钢共同体、欧洲经济共同体等，促进了战后德法经济快速发展。

2. 德国和法国逐渐成为影响世界格局的重要力量。德国和法国在和解后，通过政治与经济重建，显著增强了国力，从而在一定程度上提升了它们在国际上的影响力，成为塑造战后世界秩序的关键力量。

3. 促进了欧洲的团结，在对抗美苏影响上发挥了制约作用。这种合作促成了欧洲共同体的建立，强化了西欧各国之间的联合，特别是在经济层面。这不仅使西欧国家在一定程度上减少了对美国的依赖，而且增强了对抗苏联威胁的能力，从而有助于维护西欧地区的和平与安全。

综上所述，法国和德国通过沟通与合作实现了和解，以友好的方式消弭了长期的矛盾，不仅促进了两国本身的发展，而且对欧洲一体化乃至全球政治格局的演变产生了深远的影响。

参考资料

1. 吴仪：《二战后德法和解原因浅析》，《湖北师范学院学报》，2005年第1期。

题目 3　简述欧洲煤钢共同体的建立及影响

相关真题　2023年北京大学；2018年云南大学；2015年南开大学；2014年北京大学

1952年，欧洲煤钢共同体的成立标志着欧洲历史上首次出现了超越国家主权的机构。成员国政府首次主动放弃了部分主权，把这些权力委托给了一个独立于成员国的上级机构。这一举措促进了战后西欧联合的进程，为欧洲一体化进程铺设了新的道路。

（一）建立原因

1. 应对美苏对抗的挑战。欧洲位于冷战前线，面临着显著的安全威胁，西欧国家寻求通过团结合作来提升自己的国际影响力，旨在摆脱两极世界秩序中的边缘化和被动局面。

2. 经济体系演变为经济联盟提供了基础。战后欧洲的经济体系从垄断资本主义演变为国家垄断资本主义，国家在此体制下获得了对经济进行干预和调控的能力，这一变化为各国之间建立经济联盟提供了坚实的基础。

3. 摆脱美国的经济控制。战后美国通过马歇尔计划逐渐实现了对欧洲经济的控制，但随着欧洲各国经济的恢复，它们力图改变这一局面，实现欧洲联合是摆脱美国经济控制的重要途径。

4. 全球化的推进。全球化促进了资本主义国家的生产活动社会化，加深了国际分工，使得国家间的经济联系更为紧密。这种变化为欧洲各国之间加强经济合作创造了有利环境。

（二）建立过程

1. 1950年5月，法国外交部长舒曼在莫内的建议下宣布了著名的"舒曼宣言"，提议建立一个将法国和德国煤钢产业置于共同管理之下的机构。舒曼宣言获得了德国、意大利、比利时、荷兰和卢森堡的积极响应。

2. 1951年4月，法国、联邦德国、意大利、比利时、荷兰、卢森堡六国在巴黎正式签署《欧洲煤钢共同体条约》，西欧六国决定成立"欧洲煤钢共同体"，1952年7月条约生效，"欧洲煤钢共同体"正式成立。

（三）影响

1. 增强市场竞争力。欧洲煤钢共同体提升了成员国在全球市场上的竞争能力，有利于维护欧洲市场和拓展国际市场份额。

2. 促进资源有效配置。通过打破国家间的贸易壁垒，欧洲煤钢共同体加强了资源的有效配置和使用，同时促进了技术革新和更新。

3. 为经济政治一体化铺路。欧洲煤钢共同体的成功实践消除了向欧洲经济共同体发展，进一步经济一体化的政治障碍，为实现更广泛的经济政治一体化奠定了基础。

4. 创立超国家组织模式。欧洲煤钢共同体首次实现了超国家组织的模式，为后续的欧洲一体化进程提供了有效的模板。这要求成员国将部分主权转移给共同体，从而解决了以往各自为政、效率低下的问题。

总之，欧洲煤钢共同体的建立不仅缓和了法德之间长期的紧张关系，加速了欧洲一体化的步伐，而且为之后欧洲经济共同体乃至欧盟的成立打下了坚实的基础，使欧洲逐步成为在世界舞台上具有独立政治影响力的力量。

参考资料

1. 吴于廑，齐世荣：《世界史·现代史编》，高等教育出版社，2011年。

题目 4　论述欧洲一体化的进程及影响

相关真题　2023年兰州大学；2022年南开大学；2022年山东师范大学；2022年兰州大学

从1952年的欧洲煤钢共同体起步，欧洲一体化进程已跨越七十多年历史，此过程不仅涉及经济、政治、文化等多个层面，也经历了从欧洲经济共同体的初建、扩大，到欧盟成立及其进一步的扩展与深化，对欧洲乃至全球的发展产生了深刻影响。

（一）发展历程的关键阶段

1. 三个共同体的形成与演变。1951年，法国、联邦德国、意大利、荷兰、比利时和卢森堡签订了《欧洲煤钢共同体条约》，标志着欧洲一体化的雏形。此一体化进程在1957年通过《罗马条约》的签订迈入了新的阶段，该条约建立了欧洲经济共同体和欧洲原子能共同体，进一步深化了经济和能源领域的合作。

2. 欧洲共同体的形成。1965年，《布鲁塞尔条约》的签署实现了三个共同体的整合，此举不仅简化了结构，还增强了合作的效率，使得成员国数量在接下来的年份中增至12个。这一时期，欧洲共同体不仅在经济领域，也在政治和社会层面展现出了较强的合作意愿和能力。

3. 欧洲联盟的建立。1991年，欧洲共同体的成员国在荷兰马斯特里赫特签署了一项重要条约，旨在建立更为紧密的经济和政治联盟，从而正式确立了"欧洲联盟"的名称。1993年《马斯特里赫特条约》生效，标志着欧洲联盟正式成立，其权力和影响力进一步加强。

（二）欧盟的历史地位

1. 推进欧洲一体化与地区稳定。自成立以来，欧盟及其前身机构通过促进成员国之间的经济、政治合作，不仅加强了区域内的经济复苏和综合实力，还在冷战期间和之后的时期成为保持欧洲稳定的关键力量。这种稳定又为区域集团化趋势和全球多极化趋势的发展提供了有利条件。

2. 重塑国际政治与经济格局。欧盟的扩张，尤其是东欧国家的加入，不仅改变了欧洲内部的政治经济结构，也对全球政治经济格局产生了深远的影响。通过推动区域合作和支持多边主义，欧盟在国际舞台上扮演了促进多极化世界秩序形成的重要角色。

3. 塑造全球经济体系。通过实施统一市场和共同货币政策，欧盟不仅加速了成员国间的经济一体化进程，也推动了全球贸易自由化。欧元的推出挑战了美元的国际货币地位，促进了经济全球化的进一步发展。

综上所述，经过长期的发展，欧洲一体化进程在政治、经济、文化等多个领域取得了显著成就，不仅深化了成员国之间的合作，也对全球的和平、稳定与发展产生了深远的影响

参考资料

1. 王富民：《欧洲一体化发展研究》，《法制博览》，2019年第4期。
2. 吴于廑，齐世荣：《世界史·现代史编》，高等教育出版社，2011年。
3. 杨逢珉，张永安：《欧洲联盟经济学》，上海人民出版社，2008年。

第五节　当代科技革命

题目1　论述第三次科学技术革命产生的原因、表现和影响

相关真题　2019年历史学统考；2024年中国社科院大学；2022年西华师范大学；2022年南京大学；2020年西华师范大学；2018年四川师范大学；2017年东北师范大学；2017年四川师范大学；2013年四川大学

自20世纪四五十年代起，第三次科学技术革命引领了电子计算机、互联网、人工智能、基因编辑等技术的飞跃，彻底重塑了生产、生活与工作模式，对全球社会产生了划时代的影响。

（一）原因

1. 科学理论的进步。19世纪末20世纪初，物理学革命推进了科学界的边界，尤其是爱因斯坦的相对论和量子力学的发展，开启了对自然界微观层面的探索。随后，20世纪30年代原子物理学的快速发展为后来的高能物理学的建立提供了理论基础。同时，控制论、信息论和系统论等理论的提出，为后续科技革命提供了重要的思想准备。

2. 技术与物质条件的成熟。二战前后，电力、内燃机等技术的发展和完善，在欧美国家催生了新型工业部门，不仅极大提升了生产力，也为科技研究提供了更为先进的条件和基础。此外，部分军用技术向民用转换，如飞机制造技术和计算机技术的转向，为新兴产业的发展注入了动力。

3. 各国对科研的重视以及美苏科技竞赛。战后资本主义国家对生产关系的调整，以及国家垄断资本主义对大规模科研项目的投资，显著促进了科学技术的发展。同时，冷战时期美苏两国为争夺科技霸权而展开的竞赛，无疑加速了第三次科技革命的进程。

（二）表现

1. 电子计算机和互联网的普及，极大地推动了信息时代的到来，其对信息获取、处理和传播方式的革新，对社会经济产生了深远影响。

2. 核能技术的开发利用，标志着人类进入了利用原子能的新时代。原子能的广泛应用，不仅在能源领域，还包括医疗、农业等多个领域。

3. 激光与光导纤维技术的发展，推动了通信技术的革命，为全球信息网络的建设提供了技术支撑。

4. 海洋工程技术的进步，开启了深海资源开发的新篇章，对能源、材料等领域产生了积极影响。

5. 新能源和新材料技术的突破，为解决能源危机和提高材料性能提供了新方案。

6. 生物工程技术的兴起，尤其是基因工程技术的应用，对医学、农业等产生了革命性影响。

7. 航天技术的发展，不仅促进了空间科学的研究，还推动了相关技术在其他领域的应用。

（三）影响

1. 第三次科技革命极大地推动了全球产业结构的优化和升级，特别是第三产业的快速发展，显著改变了经济布局和生产力结构。

2. 科技进步显著提高了劳动生产率和社会生产力，为经济增长和社会发展提供了强大动力。

3. 现代化生活方式的普及，促进了人类行为模式和思维方式的变革，加速全球信息化和网络化进程。

4. 教育和军事领域的现代化改革，分别推动了知识传播方式的变革和军事战略战术的更新。

5. 第三次科技革命也带来了一系列全球性问题，如环境污染、生态破坏等，对人类社会的可持续发展提出了新的挑战。

综上所述，第三次科学技术革命不仅极大地推动了人类生产力和社会生产方式的变革，还深刻影响了全球经济结构和人类生活方式，其影响和意义将持续深远。

参考资料

1. 吴于廑，齐世荣：《世界史·现代史编》，高等教育出版社，2011年。

第十一章　第二次世界大战之后的苏联与东欧

第一节　赫鲁晓夫的改革

题目1　简述赫鲁晓夫改革

相关真题　2023年西南大学；2022年哈尔滨师范大学；2014年陕西师范大学；2014年湖南师范大学

赫鲁晓夫上任后，推行了一系列改革以解决斯大林时代留下的问题。尽管这些改革在某种程度上推动了苏联的政治、经济与外交发展，但最终因未能彻底突破斯大林体制的束缚而告失败。

（一）背景

1. 国内背景。斯大林模式造成的发展障碍日益明显，特别是在经济增长放缓和农业发展滞后方面。斯大林去世后，赫鲁晓夫通过政治斗争上台，面对着需要改革的迫切需求。

2. 国际背景。国际形势的变化，尤其是美苏关系的波动，对苏联外交政策提出了新的挑战。同时，世界各地民族解放运动的兴起也影响了苏联的国际战略。

（二）改革内容

1. 政治改革。赫鲁晓夫批判斯大林个人崇拜，推动政治体制的集体领导制，加强社会主义民主和法制建设，改革干部制度，大规模平反冤假错案，为苏联政治生活带来一定程度的开放和宽松。

2. 外交改革。提出和平共处、和平竞赛和和平过渡的三和路线，缓和了与西方国家的紧张关系，促进了社会主义阵营的团结，同时在亚非拉新兴国家中扩大了苏联的影响力。

3. 农业改革。尝试解决农业生产低效的问题，包括调整农业政策、改进农业管理体制，有限度地鼓励发展私人副业，扩大垦荒和玉米种植，但成效有限。

4. 工业改革。赫鲁晓夫试图通过放松对加盟共和国的经济管制、调整企业管理权以及改革工资和奖金制度来提高工业生产效率。虽有初步成效，但改革未能全面解决工业发展中存在的深层次问题。

（三）改革的成果与局限

1. 改革的成果。赫鲁晓夫的改革在政治解冻、提升农业产量和改善农民生活水平、缓和国际局势等方面取得了一定成就。这些改革为苏联社会带来了短暂的活力。

2. 改革的局限。改革虽有所尝试，但并未触及斯大林模式深层的经济和政治体制问题。赫鲁晓夫的部分改革措施缺乏深入的顶层设计，未能形成持续推进力，最终未能实现预期目标，加之政治上的失误，导致其改革未能为苏联带来根本性转变。

总结，赫鲁晓夫的改革虽展现出苏联解决内外问题的尝试，但由于改革措施的局限性和体制内部的阻力，未能实现根本性突破，其经验对后续苏联领导人的政策调整有着重要影响。

参考资料

1. 叶书宗：《赫鲁晓夫改革的历史再认识》，《中国浦东干部学院学报》，2019年第3期。
2. 陆南泉：《苏联时期体制改革与现代化关系的分析》，《中国浦东干部学院学报》，2018年第3期。

第二节　苏联超级大国地位的确立

题目1　评述勃列日涅夫改革

相关真题　2022年江苏师范大学

赫鲁晓夫改革没有从根本上改变斯大林体制，改革的效果不明显，还引发了一定程度的混乱。为了改变这一局面，新上任的勃列日涅夫采取了一系列措施进行改革，在一定程度上稳定了国内局势，但也暴露了体制内的诸多矛盾。

(一) 背景

1. 政治背景。1964年，勃列日涅夫上台后，立即采取措施稳定政治局势和社会情绪，强调继续执行列宁主义的路线。

2. 经济困境。勃列日涅夫时期，苏联面临严重的经济困境，包括农业生产效率低下和食品短缺问题，这加剧了人们对改革的渴望。

3. 体制弊端。苏联高度集中的政治体制和计划经济体制存在资源分配不公平、生产效率低下等问题，这些弊端限制了苏联经济的进一步发展。

(二) 改革内容

1. 政治改革。

①在党政组织体制方面，加强党中央的集体领导。勃列日涅夫上台后，取消了赫鲁晓夫的"个人领导"模式，恢复和加强了党内的集体领导制度。他强调从中央到地方的各级党组织都必须绝对遵守集体领导原则，以防止权力过度集中和个人专断的情况发生。

②干部政策的调整。为了保证政治稳定和忠诚，勃列日涅夫调整了干部政策，取消了赫鲁晓夫时期实行的"干部轮换制"，确保了干部队伍的稳定性和经验积累。

③政治镇压的减少。相比于斯大林时期的严酷镇压，勃列日涅夫时期的政治环境相对宽松，尽管对政治异议和不满依然进行控制，但未大规模使用暴力镇压。

④斯大林形象的部分"恢复"。在斯大林的社会主义建设功绩与错误之间寻求某种平衡，部分恢复了其名誉。

⑤扩大人民政治生活参与度。尝试通过增加人民团体的参与度，提高政治生活的透明度和民众的满意度。

2. 经济改革。

①实行"新经济体制改革"。勃列日涅夫实施了新的经济管理体制，旨在提高生产效率和经济激励。改革内容包括增加企业自主权、引入经济激励机制以及改善管理结构等。

②农业改革。为解决农业生产效率低下和粮食短缺的问题，勃列日涅夫提出了一系列措施，如提高农产品收购价格、鼓励农业机械化和化肥使用，以及实施大规模土地灌溉工程等。

③加强意识形态宣传和思想控制。勃列日涅夫时期的历次党代表大会都强调加强马列主义的研究和宣传，并同帝国主义意识形态做斗争；加强对人民群众的爱国主义和共产主义教育，反对文学艺术上的"无党性"和"绝对创作自由"。

3. 外交策略。

①从缓和政策到"进攻"政策。在国际关系方面，勃列日涅夫推行缓和政策，通过与西方国家的接触和谈判，缓和国际紧张局势，如通过签署《第一阶段限制战略武器条约》与美国达成核武器控制协议。但随着苏联实力的上升，后期加紧了美苏争夺。

②有限主权论。勃列日涅夫提出"有限主权论"，强调在社会主义阵营内部，若某国家的行动威胁到社会主义体系的安全，那么其他社会主义国家有权介入，这一原则为苏联介入东欧国家的内政提供了理论依据。

(三) 影响

1. 积极方面：勃列日涅夫的改革在一定程度上稳定了苏联的政治局势，初步提升了经济效率，尤其是在他执政的初期，苏联在国际舞台上的地位有所提高。

2. 局限性：长期来看，这些改革并未从根本上解决苏联体制内部的深层次矛盾，经济增长缓慢，农业问题依旧突出，政治体制的僵化没有得到根本的突破，对外政策引发的争议也为苏联的国际形象带来了负面影响。

总之，勃列日涅夫的改革在试图解决苏联内外问题的同时，也暴露出苏联体制本身的局限，虽有一定成效，但未能实现根本性的转变，为后续更深层次的改革留下了难题。

参考资料

1. 吴于廑，齐世荣：《世界史·现代史编》，高等教育出版社，2011年。
2. 刘宗绪：《世界近代史》，北京师范大学出版社，2004年。
3. 张建华：《世界现代史（1900—2000）》，北京师范大学出版社，2008年。

第三节　戈尔巴乔夫改革

题目1　论述戈尔巴乔夫改革

相关真题　2018年河北大学；2017年苏州科技大学

戈尔巴乔夫改革，是苏联最后一位领导人戈尔巴乔夫在1980年代中期推行的一系列试图更新社会主义制度的政治和经济改革。然而，这些改革引发了一系列未预料到的社会、政治以及经济上的连锁反应，最终导致了苏联的解体和冷战的结束。

（一）背景

1. 1985年，戈尔巴乔夫成为苏联共产党的总书记，面对苏联经济增长放缓、技术落后以及公民不满情绪升温的挑战，他认为必须进行根本性的改革。

2. 苏联在与西方国家的军备竞赛中投入巨大，对国家财政和经济造成沉重负担。同时，中央计划经济体制的僵化、官僚主义盛行以及腐败普遍，严重阻碍了苏联经济发展和技术进步。

3. 在国际环境方面，冷战的持续以及在阿富汗战争中的困境加剧了苏联的国际孤立，迫切需要通过改革改善其国际形象和关系。

（二）内容

1. 经济上，戈尔巴乔夫试图通过"加速国家社会经济发展战略"来实现经济现代化。推出了《个体劳动法》及《合资企业法》，打破了单一公有制的经济模式，尝试通过引入市场机制和提高企业自主权来激发经济活力。然而，由于缺乏市场经济的运作经验和强大的保守势力的抵抗，这些改革未能有效促进经济发展，反而导致短期内经济混乱和物资短缺。

2. 政治上，戈尔巴乔夫实施了政治"公开性"和"民主化"政策。他提出"人道的、民主的社会主义"的概念，旨在增加政府透明度和促进公民参与政治过程。然而，这一系列政治改革释放了民众长期被压抑的不满情绪，促进了社会的政治活跃度，但也加剧了政治体制内部的不稳定性。

3. 外交上，戈尔巴乔夫通过"新思维"外交政策，减少国际紧张关系，与美国签署了消除部署在欧洲的中程导弹条约，并从阿富汗撤军，显著改善了东西方的关系。

（三）影响

1. 经济上，虽然短期内戈尔巴乔夫的改革引发了混乱和困难，但他也启动了从计划经济向市场经济过渡的进程。

2. 政治上，改革释放了政治和社会活力，促进了苏联和东欧国家的民主化进程。然而，这也导致了苏联内部的民族主义和分裂主义情绪高涨，最终导致苏联的解体。

3. 国际上，戈尔巴乔夫的外交政策有助于结束冷战，为后冷战时期国际关系的重新布局奠定了基础。

总之，戈尔巴乔夫的改革是苏联历史上一个重要的转折点，尽管它未能挽救苏联的解体，但它对促进国内外的政治和经济变革、结束冷战具有深远的影响。

参考资料

1. 吴于廑，齐世荣：《世界史·现代史编》，高等教育出版社，2011年。

2. 刘宗绪：《世界近代史》，北京师范大学出版社，2004 年。
3. 张建华：《世界现代史（1900—2000）》，北京师范大学出版社，2008 年。

第四节　东欧剧变与苏联解体

题目1　论述 20 世纪俄罗斯历史道路

相关真题 2020 年中国社科院大学

20 世纪俄罗斯的历史道路经历了从帝制到社会主义，再到苏联解体后成立的俄罗斯联邦的转变，整个过程充满了剧烈的社会变革、政治动荡和经济重构。

（一）沙皇时代的终结与苏维埃政权的建立

1. 20 世纪初的俄罗斯帝国，仍然处于沙皇专制统治之下，经历了资本主义的初步发展与社会矛盾的激化，特别是斯托雷平的土地改革失败和一战的爆发，进一步加剧了社会的不稳定和经济的衰退。

2. 1917 年的二月革命和十月革命彻底终结了罗曼诺夫王朝 300 多年的统治，建立了苏维埃政权。这一时期，俄罗斯社会经历了巨大的变革，从一个封建农奴制国家转变为世界上第一个社会主义国家。十月革命不仅改变了俄国的政治面貌，也对世界历史产生了深远的影响。

（二）苏联时期（1922—1991 年）

苏联时期，可以大致分为几个阶段：列宁时期、斯大林时期、赫鲁晓夫时期、勃列日涅夫时期和戈尔巴乔夫时期。

1. 列宁时期（1917—1924 年），是苏维埃政权巩固和新经济政策实施的时期，面对内外敌对势力的压力和战时共产主义带来的经济困难，列宁提出了新经济政策，恢复了部分市场经济机制，为苏联的恢复和发展奠定了基础。

2. 斯大林时期（1924—1953 年），集中力量进行工业化和农业集体化，同时伴随着严重的政治镇压，逐步形成"斯大林模式"，在该发展模式下，苏联成为工业大国，但也阻碍了经济的持续发展。

3. 赫鲁晓夫时期（1953—1964 年），试图解冻斯大林时期的政治压抑，提出了"三和路线"外交政策，进行了一系列政治和经济改革，但改革成效有限。

4. 勃列日涅夫时期（1964—1982 年），苏联国力达到顶峰，但也开始出现经济增长放缓、社会僵化等问题，导致后续的改革压力积累。

5. 戈尔巴乔夫时期（1985—1991 年），实行了"重建"和"公开性"改革，试图通过政治和经济改革来振兴苏联，但最终加速了苏联的解体。

（三）苏联解体与俄罗斯联邦的建立

1991 年，苏联正式解体，标志着冷战的结束和一个超级大国的衰落。随后，俄罗斯联邦成立，继承了苏联的大部分领土和国际地位，但面临着重建经济和政治体系的艰巨任务。21 世纪初，随着普京总统上台，俄罗斯开始恢复稳定，经济得到一定程度的复苏。

总之，20 世纪俄罗斯的历史是充满挑战和变革的。从沙皇俄国到苏联的崛起，再到苏联的解体和俄罗斯联邦的建立，这一系列历史事件不仅深刻影响了俄罗斯的发展轨迹，也对世界历史产生了重要影响。

参考资料

1. 郭春生：《弯路·老路·邪路：战后苏联共产党败亡的轨迹》，《党政研究》，2016 年第 6 期。
2. 叶书宗：《平庸守成埋下亡国伏笔——〈苏联史〉第 8 卷〈勃列日涅夫的十八年〉的特色》，《探索与争鸣》，2014 年第 11 期。
3. 韩欣达：《官僚特权集团与苏共垮台关系研究》，上海师范大学 2017 年硕士学位论文。

题目 2　结合史实，说明二战后美苏关系的演变

相关真题　2023 年湖北大学；2022 年湖北大学

二战后，美苏两国的关系经历了从紧张的对立到短暂缓和，再到冷战结束的复杂过程。这一时期的美苏关系不仅影响了两国的外交政策，而且对全球政治格局产生了深远的影响。

（一）初期对峙与冷战的爆发（1945—1949 年）

二战结束后，美国和苏联作为战胜国，在重建世界秩序方面出现了根本性的分歧。美国奉行杜鲁门主义，推行马歇尔计划，旨在通过经济援助重建欧洲，巩固资本主义阵营，遏制共产主义尤其是苏联；苏联则通过东欧国家的社会主义改造，扩大其意识形态和政治影响力。此时期的美苏关系以"铁幕"划分、柏林封锁等事件为标志，冷战格局初步形成。

（二）冷战升级与对抗加剧（1950—1962 年）

这一阶段，美苏两国在军事、政治、经济、科技和意识形态等多个领域展开了全面对抗。美国通过成立北大西洋公约组织加强军事同盟，苏联则成立华约组织以回应。同时，朝鲜战争、古巴导弹危机等直接军事冲突的发生，使双方关系陷入历史最低点。古巴导弹危机后，双方意识到核战争的毁灭性后果，开始寻求通过外交渠道解决争端。

（三）缓和与和解的尝试（1963—1979 年）

古巴导弹危机后，美苏开始寻求缓和关系，签署了一系列控制核武器的国际条约，如部分核试验禁止条约（1963 年）和第一、第二次战略武器限制谈判。这一时期，尽管在越南战争、中东冲突等问题上仍有对立，但双方在防止核战争方面取得了共识，开启了冷战期间的"缓和"阶段。

（四）冷战末期的紧张与解体（1980—1991 年）

1980 年代初，随着里根政府的上台，美国对苏联采取了更为强硬的政策，推动了战略防御倡议等军事计划，还通过广播等形式对东欧国家进行意识形态的渗透，对苏联进行"和平演变"，导致双方关系再次紧张。然而，苏联内部的经济问题和政治危机导致其对外政策出现转变。1985 年戈尔巴乔夫上台后，通过实行"新思维"外交政策、推动"重建"和"公开性"改革，试图挽救苏联经济并缓和与西方国家的关系。1989 年东欧剧变后，苏联影响力急剧下降，直至 1991 年苏联解体，标志着冷战的结束。

综上所述，二战后美苏关系的演变经历了从对抗到缓和，再到冷战结束的过程。这段历史不仅见证了两个超级大国之间的较量，也反映了在核时代背景下，国际政治力量平衡与和平共存的复杂性。

参考资料

1. 曹卫平，王哲：《世界当代史》，高等教育出版社，1999 年。
2. 何婷婷：《欧安会的缘起及其对冷战格局的影响》，《历史教学问题》，2006 年第 3 期。
3. 白建才，侯学华：《论里根政府对卡特"人权外交"的超越》，《陕西师范大学学报（哲学社会科学版）》，2001 年第 2 期。

题目 3　论述自 20 世纪以来俄罗斯与乌克兰的关系　醒吾历史统考预测题

自 20 世纪以来，俄罗斯与乌克兰的关系经历了多次重大转变，从紧密联合到紧张对立，反映了复杂的历史背景和地缘政治变化。

（一）苏联时期的俄乌关系

在苏联时期，俄罗斯与乌克兰作为苏维埃社会主义共和国联盟的两个重要成员，共享了社会主义建设和国家安全的共同任务。苏联早期，列宁的民族政策赋予了乌克兰一定程度的自治权，推动了乌克兰文化和语言的发展。然而，随着斯大林时代的到来，大俄罗斯中心主义和对民族主义的压制导致了乌克兰文化自主权的丧失，乌克兰饱受集体化政策和大清洗的苦难，特别是 1932—1933 年的大饥荒对乌克兰人民造成了重大创伤。

（二）苏联解体与乌克兰独立

1991 年苏联解体，乌克兰通过全民公投宣布独立，标志着俄乌关系进入一个全新阶段。初期，两国试图在尊

重彼此独立和领土完整的基础上建立友好关系。然而,克里米亚的归属、黑海舰队基地的使用权以及能源输送问题等历史遗留问题,成为双方关系中的持续痛点。

(三)关系紧张与冲突爆发

2004年"橙色革命"和2014年乌克兰危机是俄乌关系紧张的两个标志性事件。2004年,乌克兰发生"橙色革命",西向倾向明显增强,俄罗斯视之为西方势力对自身安全圈的侵蚀。2014年,随着乌克兰政权更迭和亲欧盟政策的推进,俄罗斯出兵克里米亚,并支持东部地区独立,导致俄乌关系陷入前所未有的低谷。克里米亚并入俄罗斯及随后的东乌克兰冲突,不仅引发了乌克兰国内的剧变,也使得俄乌关系紧张至极。

(四)国际制裁

由于克里米亚危机和东乌克兰冲突,俄罗斯面临西方国家的经济制裁,乌克兰则在经济困难中寻求西方的支持和合作,加强与欧盟和北约的联系。制裁加剧了俄罗斯的国际孤立,同时也使得乌克兰的经济和安全局势更加复杂。

(五)俄乌冲突进一步升级

2021年年底至2022年年初,俄乌双方在两国边境进行大量军事部署,两国关系迅速恶化。

综上所述,20世纪以来俄乌关系经历了一段复杂历程,由于历史原因和现实利益冲突的存在,俄乌关系面临着很大的挑战和问题,两国之间的关系影响着全球政治和安全格局。

参考资料

1. 沈莉华:《俄罗斯与乌克兰历史恩怨解读》,《俄罗斯东欧中亚研究》,2013年第1期。
2. 张普庆:《苏联时期的乌克兰问题研究》,黑龙江大学2017年硕士学位论文。

第十二章　新旧格局交替时期的世界新趋势

第一节　两极格局瓦解对世界的影响

题目1　简述冷战终结的原因

相关真题　2020年华侨大学

冷战的终结是20世纪最具影响力的国际事件之一，它不仅标志着美苏长达数十年的意识形态对抗的结束，也预示着全球政治格局的重大转变。冷战终结的原因是多方面的，涉及苏联内部的结构性问题、国际政治力量的变化以及个别领导人的决策等因素。

（一）冷战终结的标志性事件

冷战终结的标志性事件是1991年12月苏联解体。1991年7月，华沙条约组织正式解散，东欧社会主义阵营解体，这些事件共同预示了冷战时期两大阵营对抗的终结。

（二）冷战结束的内因

1. 苏联经济的长期困境是导致冷战结束的根本内因。苏联的经济自斯大林时期以来就存在结构性问题，包括重工业和军工业的过度发展以及对消费品产业的忽视，导致了经济效率低下和人民生活水平的不断下降。

2. 政治体制的僵化也是一个重要原因。苏联的政治体制长期以来抑制了政治活力，限制了社会的创新能力，同时，党内腐败和官僚主义的泛滥进一步削弱了政府的公信力和效率。

（三）冷战结束的外因

1. 国际政治力量的转变。随着西欧和日本等国家经济的迅速发展，国际力量对比出现变化，美国不再是唯一的经济强国，这改变了冷战时期的国际格局。

2. 西方的和平演变战略。西方国家以武力为后盾对社会主义国家进行遏制的同时，强化政治、经济、文化和意识形态领域的渗透，全面推行自由、民主、人权等价值观，支持社会主义国家的反动势力，进而推翻社会主义政权。

3. 东欧剧变。1989年开始的东欧剧变直接触发了苏联解体的进程。东欧国家纷纷脱离苏联的影响圈，不仅削弱了苏联的国际地位，也动摇了其作为超级大国的基础。

（四）领导人的作用

1. 戈尔巴乔夫的改革。戈尔巴乔夫的"新思维"政策，尽管旨在挽救苏联的危机，但其"开放性"和"透明度"的改革在一定程度上加速了苏联体制内部矛盾的爆发。

2. 西方领导人的战略调整。美国及其盟友在冷战后期对苏联采取的战略调整，如里根总统的"星球大战"倡议，增加了苏联的经济负担，迫使其在军备竞赛中不得不做出让步。

总而言之，冷战的终结是一个复杂的历史过程，它不仅仅是苏联内部问题的结果，也是国际力量对比变化、科技进步以及领导人政策选择的综合反映。冷战的结束对于当今世界格局的形成有着深远的影响，为后冷战时期的国际关系和全球政治经济的发展奠定了基础。

参考资料

1. 高歌：《东欧剧变与冷战结束》，《俄罗斯学刊》，2019年第9期。

第二节　世界多极化与全球经济一体化趋势的加强

题目1　当代世界多极化趋势发展的原因、表现及影响　醒吾历史统考预测题

20世纪90年代初，美苏主导的"两极"格局瓦解，世界格局出现了"一超多强"的局面，世界开始进入多极化时期，这深刻影响了世界政治经济的发展。

（一）原因

1. 旧的两极格局瓦解。1991年12月，苏联解体，"冷战"时期的两极格局瓦解，国际社会各种力量迅速分化、重新组合，出现了美国、欧盟、中国、俄罗斯等多个国际力量中心并存的局面，国际政治关系进入多极化时期。

2. 经济全球化的推动。经济全球化缩小了各国经济发展和科技水平的差距，世界各国通过区域经济联合壮大了自身实力，这有利于平衡综合国力，促进多极化发展。

3. 国际组织的促进。联合国等国际组织的建立使得国际关系和国际秩序更加公正、合理，世界各国共同决定国际社会事务有利于防止新的世界战争爆发和抵制霸权主义、强权政治，推动世界多极化趋势的发展。

4. 尊重世界多样性的需要。世界各国在历史文化传统、社会政治制度等方面存在差异，解决世界多样性矛盾需要提倡国际关系民主化，推动世界向多极化发展。

（二）表现

1. "一超多强"的国际格局形成。美国作为世界上唯一的超级大国，在全球范围内保持明显优势。欧盟作为世界联系最紧密的国家集团正在稳步扩大。俄罗斯作为苏联的主要继承者，在军事和科技方面拥有相当强的实力。日本凭借其经济和技术实力在国际社会中占有重要地位。中国经过改革开放，综合国力和国际地位空前提高。

2. 第三世界国家的影响力日益扩大。20世纪90年代以来，发展中国家的经济增速高于发达国家，生产总值占世界的比重也由1992年的20%上升到2022年的41.75%。它们倡导建立国际政治经济新秩序，团结起来反对霸权主义，以不结盟运动的形式在国际舞台上发挥着重要作用，成为国际关系中的重要一极。

3. 区域组织加强。两极格局结束后，国家之间越来越倾向于通过国际合作来寻找解决方案。区域合作组织如东南亚国家联盟、非洲联盟、南美洲国家联盟和欧盟等在促进区域内合作和解决地区问题中发挥着越来越重要的作用。

4. 地区冲突加剧。苏联解体后，俄罗斯加入美、英、法、德、意、日和加拿大举行的"西方七国首脑会议"，加强彼此协调，共同应对全球性问题。与此同时，俄乌冲突、巴以冲突、红海危机、波斯湾缠斗等地区冲突事件增多，世界局部形势紧张。

（三）世界多极化趋势的影响

1. 积极影响。①有利于世界整体的和平与发展。世界多极化发展趋势有利于抑制单边主义，推动建立公正合理的国际新秩序，促进世界政治、经济与文化的平衡发展。②有利于推动经济全球化。多极化趋势促使不同国家特别是广大发展中国家加强合作，进一步推动了经济全球化的发展。

2. 消极影响。各国在急剧变化的国际社会中始终都试图保持优势地位，加剧了国际之间的竞争和对抗，容易出现新的分化与联合，导致国家之间关系的不稳定。

综上所述，在世界多极化发展的历史趋势下，各国应该而且能够通力合作，促进世界走向多极化，进而推动建立公正合理的国际新秩序，最终实现世界的持久和平与共同繁荣。

参考资料

1. 高京平，张旭：《当代世界多极化发展趋势研究》，《成功（教育）》，2010年第12期。
2. 马小军：《当代世界多极化与国际社会新秩序》，《中共中央党校学报》，2006年第1期。

题目2 论述当今世界经济全球化的原因、表现、特点及影响 醒吾历史统考预测题

经济全球化是指商品、技术管理等生产要素跨国跨地区流动，世界经济日益成为一个紧密联系的整体的过程，这是当今世界经济发展的重要趋势。

（一）原因

1. 科学技术的进步。技术创新，尤其是信息技术和交通技术的飞速发展，极大地降低了全球通信和运输成本，使得跨国界的商品、资本、信息和人员流动成为可能。尤其是互联网和数字化技术的普及促进了全球经济活动的实时连接和协同工作。

2. 政策的推动。多国政府推行自由贸易政策，减少贸易壁垒，参与多边贸易协定和区域经济合作组织，如世界贸易组织、北美自由贸易协定、欧盟等，这些政策和机构的建立与发展推动了全球经济一体化的进程。

3. 资本的全球扩张。金融市场的全球化和资本账户的开放使得资本能够自由跨国界流动，寻求最高回报。这促进了全球投资和金融服务的增长，加速了全球经济活动的整合。

4. 跨国公司的推动。跨国企业在全球经济中扮演了关键角色，通过在不同国家设立分支机构、生产基地和研发中心，推动了生产要素的全球配置和国际贸易的增长。

（二）表现

1. 国际贸易空前发展。1950—2017 年，全球贸易出口总值从 620 亿美元增加到 18 万亿美元。

2. 国际劳动分工趋于专业化。某一产品的不同型号不同零部件，乃至生产流程中的不同工艺环节由不同国家的生产者分工合作。

3. 国际金融一体化。不仅国际股票市场和资金市场迅速发展，而且各国纷纷推行金融自由化改革，放松外国银行准入，给予外国银行以国民待遇。

4. 跨国公司迅速崛起。20 世纪 90 年代初，世界跨国公司约为 3.7 万家，至 2020 年，全球跨国公司总数已超过 8 万家，它们控制了全球生产总值的 40%、世界贸易的 50%、对外直接投资的 90%。

5. 国际经济组织增多。除了常提及的世界贸易组织、二十国集团、金砖国家和亚太经合组织等，2011 年成立了拉美和加勒比国家共同体，2015 年成立了由俄罗斯倡议的欧亚经济联盟和由中国倡议的亚洲基础设施投资银行。

（三）特点

1. 以金融为核心。在现代经济中，资源配置从实物转变为货币，使得金融在经济全球化中居于核心地位。

2. 以知识经济为基础。知识在全部生产要素中的重要性日益凸显，成为推动经济发展的"无形资本"，知识密集型产业迅速兴起，并在产业结构中占主要成分。

3. 以信息技术为先导。信息技术缩小了空间距离，提高了时间效率，在现代经济发展中起到了重要作用。

4. 以跨国公司为载体。跨国公司是经济全球化发展中的主要参与者，是国际化投资、生产等经营活动的主体。

（四）影响

1. 积极影响。①有利于资源和生产要素在世界范围内的优化配置。②促进了发达国家的产业升级与转移，同时发展中国家也获得了先进的技术、管理经验和更多的就业机会。③使得商品和服务在世界范围内流通，极大丰富和方便了人们的物质文化生活。④使世界各国日益连成一个整体，促进了国际关系以协调为主。

2. 消极影响。①加剧了发展中国家与发达国家的贫富差距。②增加了国际经济风险。容易导致一国经济危机蔓延至其他国家。③外国资本垄断市场，危害了各国经济发展的独立性。

综上所述，经济全球化既是生产力进步的结果，也推动了社会生产力的发展，同时它是一把"双刃剑"，对各国经济发展有利也有弊，需要辩证对待，趋利避害。

参考资料

1. 张建华：《世界现代史》，北京师范大学出版社，2006 年。
2. 黄光耀：《当代经济全球化的迅速发展及其原因初探》，《江苏教育学院学报（社会科学版）》，2008 年第 3 期。
3. 张淑欣：《经济全球化产生的原因》，《商场现代化》，2007 年第 36 期。
4. 邢渊渊：《经济全球化目前呈现四大特点》，《人民日报（海外版）》，2006 年 11 月 10 日。
5. 王爱琴，袁庆远，孙凤兰：《国际投资学》，北京理工大学出版社，2021 年。

第三节　中国面临的机遇和挑战

题目 1　论述中国是如何应对经济全球化和世界多极化的

相关真题　2022 年华侨大学；2018 年河北师范大学

经济全球化与世界多极化是当今国际社会的发展大趋势。面对其中带来的机遇与挑战，中国采取积极态度和灵活对策加以应对。

（一）加速融入经济全球化

中国自1978年年底开始实施改革开放政策以来，逐步放宽外贸和外资准入限制，推动经济体制向市场经济转型，通过加入世界贸易组织（WTO）等国际经济组织，降低了对其他国家的关税和贸易壁垒，促进了贸易和投资的便利化，带动了国内经济的快速发展，并逐步成为世界上最大的贸易国和全球重要经济增长引擎。

（二）推进区域经济一体化

中国积极参与区域经济一体化进程，如通过推动亚洲基础设施投资银行的建立，促进亚洲地区经济互联互通；参与区域全面经济伙伴关系协定的谈判，促进区域贸易和投资自由化；推动"一带一路"建设，促进跨国基础设施建设和经济合作，加强与沿线国家的联系，构建开放型经济体系。

（三）发展多边和双边关系

中国坚决反对以美国为代表的单边主义和国际霸权主义，既积极参与联合国、G20等多边机构，参与全球治理体系的构建和改革，又通过双边渠道，如中美经贸磋商，处理经济贸易等方面的问题。

（四）加快自主创新发展

面对经济全球化，中国强调转变经济发展方式，实施创新驱动发展战略，加大对科技创新的投入，推动产业升级、高新技术产业和现代服务业的发展，提升产业链的全球竞争力，减少对外部技术的依赖。

（五）坚持中国特色社会主义

面对经济全球化过程中的不确定性，如贸易保护主义的抬头，中国坚持和完善社会主义基本经济制度和政治制度，坚持正确的社会主义文化方向，保证广大劳动者的根本权益，促进社会政治稳定以及市场内需不断扩大，打造硬实力，提高软实力，从而增强防范外来风险的能力，增强自身的战略定力。

综上所述，中国通过积极融入经济全球化，加强国际合作，推动自主创新，积极参与全球治理等措施，为全球经济增长和世界多极化发展贡献了中国力量。

参考资料

1. 董岩：《经济全球化基本问题研究》，吉林大学2013年博士论文。
2. 牛建强：《多极化背景下的中国外交战略选择》，山东理工大学2008年硕士论文。

第四节 世界科技新趋势

题目1 论述世界科技发展的新趋势及其影响

相关真题 2020年历史学统考；2024年中国社科院大学；2022年西华师范大学

进入21世纪，科技创新已成为推动社会进步的关键力量。信息科技、生命科学、新材料、能源科技等领域的快速发展，不仅引领了新一轮的科技革命，也对经济结构、生活方式及国际格局产生了重要影响。

（一）科技发展的新趋势

1. 信息科技的飞速发展。计算机、互联网和人工智能技术，已经成为现代社会的核心动力。这些技术不仅极大地提升了生产效率，还改变了人们的生活方式和工作模式，促进了全球化进程。例如，互联网和移动通信技术的普及，让全球信息交流变得无比便捷，为远程教育、远程医疗和电子商务等新兴产业的发展提供了条件。同时，人工智能和物联网的应用，将进一步为全球经济注入新的活力。

2. 生命科学的突破。基因编辑技术的发展，为医学研究和健康产业带来革命性变化。基因技术的应用不仅可以帮助人类更有效地预防和治疗疾病，还能在农业生产中提高作物产量和质量，对解决全球粮食安全问题具有重要意义。此外，生物技术在新能源和环保领域的应用，如生物燃料的开发，也为解决能源危机和环境污染问题提供了新的思路。

3. 新能源技术的进步。太阳能和风能等可再生能源技术的应用，正逐渐改变世界能源结构，有助于减少温室气体排放，减少人们对化石燃料的依赖和减缓气候变化的趋势。同时，电动汽车和智能电网技术的发展，也预示着这些清洁能源将在未来的能源市场中占据越来越重要的地位。

4. 新材料技术的突破。纳米材料、新型合金材料等，正在推动着航空航天、新能源、信息技术等领域的革命。这些材料的应用不仅能够大幅提高产品性能，还能有效降低生产成本和能耗，对促进可持续发展具有重要意义。

（二）科技发展的影响

1. 改变了国家间的竞争格局。科技的快速发展重新定义了国家竞争力的基础，将经济、军事和政治影响力的中心从传统资源和工业产能转移到了创新能力、科技实力和信息掌握度上。

2. 促进了经济全球化。技术进步加强了各环节的跨区域合作，促进了国际贸易和资本流动，同时使全球的产业结构和市场发生了变化。

3. 科技发展的同时也带来了一系列挑战和问题，如数字鸿沟的加深、隐私保护的困难、人工智能伦理等，这些问题需要全球合作和共同努力来解决。

综上所述，世界科技发展的新趋势正在深刻影响着经济社会的各个方面，既提供了解决传统问题的新途径，也带来了新的挑战。未来只有通过国际合作和全球治理，才能确保科技进步成果的公平分配，推动全球共同发展，构建一个更加美好的未来。

参考资料

1. 路甬祥：《世界科技发展的新趋势及其影响》，《中国科技奖励》，2005 年 3 月。

第五节　全球性问题的出现和影响

题目 1　论述二战后西方发达国家的环境污染和环境保护运动　醒吾历史统考预测题

二战后，随着西方发达国家工业化进程的加速，环境污染问题日益严重，逐步成为全球关注的重点，促使西方国家兴起了一波又一波的环境保护运动，这些运动旨在呼吁政府和社会各界采取行动，减少污染，保护自然，以实现可持续发展的目标。

（一）环境污染问题的严重性

1. 大气污染及其后果。二战后，随着工业生产和汽车使用量的剧增，大气污染问题变得尤为突出。二氧化碳、硫化物、氮氧化物等有害气体的排放量大幅上升，引发了酸雨、雾霾等环境问题，同时，大气中二氧化碳浓度的增加加剧了温室效应，导致全球气候变暖，对自然生态和人类生活产生了巨大影响。

2. 水污染和水资源危机。工业废水、农药和化肥的大量使用，以及生活污水的无控制排放，严重污染了河流、湖泊和地下水资源。水资源的污染不仅威胁到人类的饮水安全，还破坏了水生生态系统，导致生物多样性的丧失。

3. 土地退化和生态破坏。由于过度开采、不合理的农业和工业活动，森林砍伐、草原退化、土地沙化等现象日益严重，生态系统的自我修复能力受到了极大影响，威胁到人类的生存环境。

（二）环境保护运动的兴起与发展

1. 美国的环境保护行动。美国是环境保护运动最早兴起的国家之一。1969 年《美国国家环境政策法》的通过，标志着美国政府正式将环境保护纳入国家政策体系。1970 年 4 月 22 日的第一个"地球日"活动，成功引起了全国乃至全世界对环境问题的广泛关注。此后，美国陆续通过了《清洁空气法》《清洁水法》等一系列环保法律，建立了完善的环境保护制度。

2. 欧洲国家的环境保护努力。在欧洲，诸如英国、德国、法国等国家也在 20 世纪 70 年代开始加强环境保护。特别是 1972 年，联合国在瑞典斯德哥尔摩召开了人类环境会议，这是第一次全球性的环境保护会议，标志着环境保护运动开始成为国际议题。欧洲许多国家纷纷建立了环保机构，制定了环保法规，积极参与国际环保活动。

3. 国际合作与环保组织的作用。在全球环境保护运动中，国际合作起着至关重要的作用。除联合国等国际机构的积极推动外，诸如绿色和平组织、世界自然基金会等非政府环保组织也在环保运动中扮演了重要角色。这些组织通过揭露环境问题、组织公众活动、推动环保法律的制定等方式，有效促进了全球环境保护事业的进步。

总之，二战后西方发达国家的环境污染问题日益凸显，但同时也催生了一系列环境保护运动。这些运动不仅在各自国家内部推动了环保法规的制定和环保意识的提升，也促进了国际社会在环境保护方面的合作，共同应对全球性的环境挑战。

参考资料

1. 吴于廑，齐世荣：《世界史·现代史编》，高等教育出版社，2011年。
2. 刘宗绪：《世界近代史》，北京师范大学出版社，2004年。
3. 张建华：《世界现代史（1900—2000）》，北京师范大学出版社，2008年。
4. 封晓霞：《20世纪六七十年代美国环境保护运动》，《文史月刊》，2013年第3期。

第十三章　近现代史综合

第一节　欧美地区

题目1　论述近代殖民扩张的阶段和特征并简要评价

相关真题　2020年中国社科院大学；2020年湖南师范大学；2020年四川大学；2019年华中师范大学

新航路开辟后，西方资本主义国家开始了近代殖民扩张历程。在约500年的殖民体系建立过程中，大体上可以划分为以下三个阶段。

（一）第一阶段：资本原始积累时期（15世纪至18世纪末）

1. 过程。最先进行殖民扩张的是葡萄牙人和西班牙人，15世纪，葡萄牙人在非洲西海岸设立了据点；16世纪时，葡萄牙已经占领了巴西，西班牙占领了除巴西以外的整个中南美洲地区，以及加勒比海地区，两国也逐渐染指亚洲地区。17世纪早期，荷兰从葡萄牙人手中夺取了好望角殖民地、锡兰、印度等地，成为殖民强国。18世纪中期，英国相继击败西班牙、荷兰、法国等殖民大国，建立"日不落"殖民帝国。

2. 特征。①这一阶段，殖民目的主要是掠夺金银财富，积累原始资本。②扩张手段以抢劫、贩卖黑奴、欺诈贸易等暴力方式为主。③殖民掠夺区域主要在美洲。④多数宗主国对殖民地实行直接的专制统治。

（二）第二阶段：自由竞争资本主义时期（18世纪末至19世纪中期）

1. 过程。这一时期以最先完成工业革命的英国为代表，19世纪初期时，英国已经夺得新加坡、马六甲地区，宣布对整个澳大利亚享有主权。19世纪中期时，它已经占领了孟加拉国，征服了印度，并且用坚船利炮打开了伊朗和中国的大门。法、美、俄等国也先后入侵中国、日本等国家和地区。

2. 特征。①这一阶段，殖民目的主要是拓展商品销售市场和原料产地，以适合本国工业资本主义的发展需要。②扩张手段转变为发动侵略战争和输出廉价的商品。③殖民掠夺区域主要在亚洲。④在东方问题上，不断扶植代理人来加强对东方的渗透。

（三）第三阶段：垄断资本主义时期（19世纪晚期至20世纪初）

1. 过程。1884年柏林会议后，英、法、德等欧洲国家瓜分了非洲，确定了各自的势力范围。在亚洲地区，英国占领了阿富汗、马来亚等地，并与日本、法国、俄国等瓜分了中国周边地区。美国则主要入侵美洲，侵占墨西哥领土，对拉美地区进行武装侵犯和军事占领。到19世纪末20世纪初，世界被西方殖民者瓜分完毕，资本主义殖民体系最终形成。

2. 特征。①这一阶段，殖民目的主要是抢占资本输出场地。②扩张手段以资本输出和进行帝国主义战争为主。③殖民掠夺区域遍及亚非拉地区。④宗主国强化了对殖民地和半殖民地的直接控制。

（四）评价

1. 积极影响。①殖民扩张不仅打破了世界各大洲彼此孤立的状态，也开启了全球贸易，出现了全球性的经济联系。②客观上促进了殖民地与半殖民地的近代化。殖民扩张利用暴力打败了殖民地和半殖民地封建势力，客观上推动了它们从封建社会向资本主义社会过渡。

2. 消极影响。①给亚非拉地区带来沉重灾难。近代殖民扩张，不仅掠夺了亚非拉的财富，使它们沦为殖民地和半殖民地，也造成了千百万人的死亡，中断了各地区文明的独立发展进程。②加剧了国际争端。一方面各主要资本主义国家由于殖民利益冲突经常爆发战争，另一方面殖民主义者对地区的人为分割埋下了地区争端的祸根，如印巴分治导致了印度和巴基斯坦的冲突。

综上所述，殖民扩张是野蛮的侵略行径，其本质是西方资本主义扩张的需要，给世界各国人民带来了沉重的压迫与痛苦。

参考资料

1. 张燕：《19世纪晚期英国对东非殖民政策研究》，广西师范大学2016年硕士论文。

2. 王立强：《对西方殖民扩张三个阶段特点的简析》，《中学政史地．高中历史》，2006年第2期。
3. 胡海梅：《欧洲近代殖民扩张活动的双重历史作用分析》，《哈尔滨学院学报》，2012第7期。

题目 2　论述16—18世纪欧洲资本主义发展的原因

相关真题 2023年赣南师范大学

16—18世纪，欧洲的资本主义获得了快速发展，这既是历史发展的必然结果，也得益于科学技术的进步，更离不开思想的解放和政治的变革。

（一）新航路的开辟

新航路开辟发现了新大陆，加强了东西方世界的联系，欧洲各国随后走上了殖民扩张的历程，不仅掠夺了美洲地区大量金银财富，促进了欧洲资本原始积累，而且引发了价格革命，导致通货膨胀和物价上涨，从事商业的新兴资产阶级的力量迅速膨胀，依赖固定地租为生的封建地主被迅速削弱，资本主义生产关系得到壮大。

（二）三次思想解放运动的推动

14—17世纪的文艺复兴促进了人的觉醒，使人们把关注的重点从来世转移到现世，反对禁欲主义，在精神方面为资本主义制度的确立开辟了道路；16—17世纪的宗教改革把资产阶级的逐利行为从天主教会的禁忌中解放出来，鼓舞了资产阶级追求现实的物质财富；17—18世纪的启蒙运动提出了自由、民主、法治等资本主义意识形态，成为资产阶级革命、建立资本主义政体的理论先导。

（三）欧洲专制王权的支持

在16—17世纪时，西欧专制王权的维持要靠资产阶级经济上的支持，同时专制政府也保护资产阶级的经济利益，例如，16世纪英国女王伊丽莎白用海军，甚至不惜发动战争保护本国航运及海外贸易；17世纪法王路易十四执行重商主义政策，对进出口货物课以重税，同时又努力发展本国工业，鼓励工业品出口。

（四）资产阶级革命的爆发

随着欧洲资产阶级的逐步壮大，在1688年和1789年，英、法相继爆发资产阶级革命，随后，革命潮流蔓延整个欧洲，资本主义制度在欧洲各国建立起来，这为资本主义的发展提供了良好制度基础和国际贸易环境。

（五）科学进步即工业革命的促进

工业革命推动了社会生产力迅速发展，使资本主义生产关系在社会领域确立了绝对统治的地位，壮大了资产阶级队伍，为资本主义世界体系的最终确立奠定了牢固的物质基础，使得资本主义最终战胜了封建主义，推动了欧洲资本主义的发展。

综上所述，16—18世纪，在新航路开辟、思想解放、资产阶级革命等诸多因素影响下，欧洲资本主义快速发展，迎来了资本主义争霸全球的时代。

参考资料

1. 史清竹：《马克思〈政治经济学批判〉研究读本》，中央编译出版社，2017年。
2. 庄解忧：《世界上第一次工业革命的经济社会影响》，《厦门大学学报（哲学社会科学版）》，1985年第4期。

题目 3　论述资本主义世界体系的形成

相关真题 2020年湘潭大学

资本主义世界体系是指资本主义在全球范围内确立起的统治地位和统治秩序，它的形成始于欧洲资本原始积累，历经几百年资本主义的发展，于20世纪初最终形成。

（一）初步形成（15世纪末—18世纪上半期）：资本原始积累时期

1. 圈地运动。以英国为代表的圈地运动通过暴力使小生产者同生产资料相分离，不仅为资本主义发展积累了原始资金，而且产生了自由劳动力并初步建立国内市场，资本主义生产关系扩展。

2. 新航路开辟。15世纪末新航路开辟，世界市场开始形成。美洲的大量白银涌入欧洲，欧洲出现了商业革命和价格革命，从事商业的新兴资产阶级力量迅速膨胀，依赖固定地租为生的封建地主被迅速削弱，资本主义生产关系得到壮大。

3. 全球殖民扩张。新航路开辟后，欧洲走上了全球殖民扩张之路，最初以西班牙和葡萄牙为代表，他们用暴力屠杀、欺诈的方式从美洲掠夺了大量金银财富，极大促进了资本主义原始积累。16世纪后期，荷兰崛起，积极向海外殖民扩张，依靠殖民地、荷兰东印度公司、银行和商船队四大支柱，成功确立商业资本主义发展模式，在17世纪建立世界范围的殖民帝国。

（二）扩大与确立（18世纪下半期—20世纪初）：欧洲在世界范围内进行殖民掠夺与统治

1. 第一次工业革命。18世纪60年代，第一次工业革命首先在英国发生，资产阶级经济实力迅速增长，并逐渐战胜封建势力，掌握国家政权。同时，新的交通和通信工具，以及对原料和市场的渴望，密切了世界各地的联系，各国人民日益卷入世界市场网络，世界形成一个有机的整体。英国在此过程中通过战争接连打败了荷兰、法国，侵略中国、印度，建立并巩固了"日不落"殖民帝国。

2. 第二次工业革命。19世纪下半叶，第二次工业革命开始，它为资产阶级对外扩张提供了更加强大的经济实力和物质手段，极大促进了世界经济的整体化趋势，到19世纪末20世纪初，主要资本主义国家对世界上绝大多数地区实行殖民压迫和金融掠夺，资本主义世界体系最终形成。

（三）影响

1. 彻底打破了世界各地封闭孤立状态。资本主义世界体系使世界形成一个有机整体，有利于世界经济文化的交流，促进世界经济整体发展。

2. 导致世界范围内的不平等和压迫。资本主义世界体系是建立在列强宰割奴役亚非拉人民基础上的，给亚非拉地区和人民带来了沉重灾难。

综上所述，资本主义世界体系的形成是生产力发展的必然结果，最终使世界连成一个整体，极大地影响了世界历史的进程。

参考资料

1. 黄凤琳：《两极世界理论》，中央编译出版社，2014年。
2. 刘海霞：《资本主义世界体系的历史考察及其霸权更迭》，《中共南京市委党校南京市行政学院学报》，2006年第1期。

题目4 比较英、法、美三国的资产阶级革命

相关真题 2023年四川大学；2010年东北师范大学；2006年东北师范大学；2004年中山大学

17—18世纪，英国、美国和法国都各自爆发了资产阶级革命，为资本主义制度的确立开辟了道路，比较三国的革命，它们之间既有共性，也有区别。

（一）相同点

1. 革命目的和革命任务相同。三国革命都是为了消除阻碍资本主义经济发展的因素，确立资产阶级的统治。英国和法国的资产阶级革命是为了推翻斯图亚特王朝和波旁王朝的封建统治，而美国革命则是为了摆脱英国在北美地区的殖民统治，但都是为了更好地发展资本主义。

2. 领导阶级和革命主力相同。三国革命都是由资产阶级领导，革命主力都是人民群众。在英国资产阶级革命的过程中，议会军大部分都是由普通民众组成。而在法国大革命的初期，攻占巴士底狱的主要是当时的巴黎民众。在美国革命中形成的大陆军也以北美殖民地的民众为主。

3. 革命所处阶段相同。都发生在资本主义工场手工业阶段，即都发生在第一次工业革命以前。英国资产阶级革命爆发在1640年，远早于工业革命时间。虽然美法两国资产阶级革命都发生于18世纪后期，但此时工业革命尚未扩展至美法，两国国内手工业仍然以工场生产为主。

4. 革命结果相同。三国都确立了资产阶级的统治，为资本主义的进一步发展开辟了道路。英国资产阶级革命以1688年的光荣革命告终，此后英国资产阶级开始掌握政权。法国大革命彻底结束了法国君主专制制度，取而代之

的是资本主义性质的帝国和共和国。美国在独立战争后建立了资产阶级共和政体，确立资产阶级的统治。

（二）不同点

1. 革命中舆论表现形式不同。① 17 世纪，资产阶级在政治思想和理论上尚不成熟，导致英国资产阶级革命披着宗教外衣，以宗教作为斗争工具。②美法两国则深受启蒙思想影响，以理性学说为依据，直接提出了自己的革命理论与思想，利用自由、民主等启蒙理念作宣传号召。

2. 革命后政权体制不同。①英国资产阶级革命经过 48 年的反复，于 1689 年确立了君主立宪制。②法国则由拿破仑通过雾月政变建立起资产阶级军事独裁统治的拿破仑帝国，实行的是资产阶级君主制。③美国在革命胜利之后则建立起资产阶级共和国。

3. 影响不同。英国革命对其他国家的影响相对温和，主要通过它的宪政体制和法律改革对其他国家产生了示范效应。法国大革命对欧洲乃至世界产生了深远的影响，推动了民族主义和民主思想的传播。美国革命激发了全球范围内对独立和自由的追求，尤其影响了拉丁美洲殖民地的独立运动。

综上所述，英、法、美三国的资产阶级革命虽然在革命表现形式等方面存在不同，但是都确立了资产阶级在本国的统治，推动了资本主义经济的发展壮大。

参考资料

1. 吴于廑，齐世荣：《世界史·近代史编》，高等教育出版社，2011 年。
2. 刘宗绪：《世界近代史》，北京师范大学出版社，2004 年。
3. 张建华：《世界现代史（1900—2000）》，北京师范大学出版社，2008 年。

题目 5　简述英、美、法三国的革命对各自民族国家建构的作用和意义

相关真题　2024 年首都师范大学

英国 1640—1688 年的资产阶级革命，美国 1776 年爆发的独立战争以及法国 1789 年爆发的大革命对于各自民族国家建构的作用和意义十分深远。

（一）英国资产阶级革命

1. 英国资产阶级革命使得英国议会制度不断完善。在革命之前，英国的议会主要由封建贵族组成而资产阶级往往被排除在外。然而，在革命之后，资产阶级逐渐成为议会的主导力量，这使得议会制度得以完善，为英国民族国家建构奠定了政治基础。

2. 英国资产阶级革命推动了英国资本主义经济的快速发展。革命前的英国经济以农业为主，而革命后，工业革命开始起步，资本主义经济迅速发展。这为英国成为全球工业中心奠定了基础，也为民族国家的建构提供了经济支撑。

3. 英国资产阶级革命推动了英国文化由传统保守向自由、民主和平等转变。随着资产阶级的崛起，英国开始形成一种新的文化氛围，与此前较为传统保守的文化相比，这种文化强调个人自由、民主和平等，为英国民族认同和民族精神的形成提供了思想基础。

（二）美国独立战争

1. 美国独立战争为此后美国独立构建国家政治体制奠定了基础。美国独立战争使得北美十三州人民摆脱了英国的殖民统治，标志着美国成为一个独立的国家，同时在战争胜利后美国建立了比较民主的资产阶级政治体制，为美国未来政治发展奠定了基础。

2. 美国独立战争使得美国能够独立自主地发展本国资本主义经济。首先，这场战争结束了英国的殖民统治，使得美国能够自主地发展经济，不再受到英国的经济制约。其次，独立战争后，美国建立了一个有利于资本主义发展的经济体系，为美国经济的快速发展奠定了基础。最后，独立战争还解放了生产力，极大地促进了美国经济发展，也为美国后来成为世界经济霸主奠定了基础。

3. 美国独立战争加强了美国人的民族认同。美国独立战争加强了美利坚民族的认同感，让美国人意识到了自己

是美国人，而不是英国人或其他民族的人，让美国人更加团结。

（三）法国大革命

1. 法国大革命加速了法国传统守旧势力的终结，贵族特权阶层被清除。这使得有财力的资产阶级从低人一等的臣民变成了公民，为构建新的民族国家奠定了基础。

2. 法国大革命推动了法国资本主义的发展。法国大革命加速了法国封建制度的终结，为法国资产阶级的上位以及资本主义的发展开辟了道路。

3. 法国大革命极大地推动了自由民主平等的价值观在法国的传播以及国家认同感的增强。法国大革命对自由、民主、平等思想的广泛传播，为法国社会提供了新的价值观，推动了法国社会思想的进步，同时新思想的传播也使得法国人民民族主义情绪高涨，对国家的认同感增强。

总而言之，英国资产阶级革命、美国独立战争以及法国大革命作为近代史上最重要的几次革命，极大地改变了英、法、美政治、经济、文化的面貌，推动了英、美、法三国民族国家的建构与发展。

参考资料

1. 姜守明：《17世纪英国革命的双重属性问题》，《英国研究》，2014年第1期。
2. 吴于廑，齐世荣：《世界史·近代史编》，高等教育出版社，2011年。

题目6 列举英、法、德三国不同的现代化道路

相关真题 2002年南京大学

现代化一般指经济工业化和政治民主化。近代以来，英、法、德三个国家先后开启了各自的现代化历程，呈现出不同的发展道路。

（一）英国现代化道路

1. 中央集权体制出现，现代化道路开启。欧洲封建时期，权力分散于地方，"国家"没有实质性意义。1485年，英国都铎王朝建立，建立了中央集权政治体制。它把民族组织成国家，用国家的力量来推动社会发展转型。16—17世纪，英国推行重商主义，用国家的力量支持工商业发展，通过海外殖民扩张完成了资本原始积累。

2. 君主立宪制度确立，现代政治民主化起步。17世纪开始，英国专制王权阻碍民族利益和国家进一步发展。1688年，光荣革命爆发，次年，英国议会通过《权利法案》，确立君主立宪制，议会成为政治中心。此后，国王基本不参与政事，议会权力得到加强，先后形成责任内阁制和两党制，民主化程度加深。

3. 工业革命开展，经济工业化起步。18世纪60年代，英国开展第一次工业革命。1771年，英国建立第一座棉纱工厂，标志着英国进入机器大工厂时期。19世纪30—40年代，机器制造业诞生，标志着英国工业革命完成，成为世界上第一个工业国家。

4. 自由主义改革，现代化的发展与完善。19世纪，英国掀起自由主义改革，强制实行义务教育、进行第三次议会选举改革、进行国会席位重新分配、设立地方郡务会议、为工人立法等，使得民主范围扩大，议会更具有代表性，工业经济得到发展。

（二）法国现代化道路

1. 中央集权体制建立，现代化道路开启。1589年，法国建立波旁王朝，建立专制主义的集权统治，与英国一样开始用国家的力量来推动社会发展转型，经济上推行重商主义，鼓励殖民扩张，完成了资本原始积累，奠定了资本主义政治经济发展的基础。

2. 总统共和制确立，政治民主化起步。1789年，法国大革命爆发，用暴力废除了封建制度，确立了资本主义人权与法治原则。1870年，经过近100年的国内对抗与革命，保守势力与革命势力相互妥协，法兰西第三共和国成立，颁布宪法，确立总统制、议会制等，共和制政体最终在法国确立，法国政治民主化基本实现。

3. 工业革命开展，经济工业化开始。19世纪30年代，法国工业革命启动，但由于政局动荡等原因进程缓慢，到19世纪70年代，法国工业化基本实现。

(三)德国现代化道路

1. 德意志统一,现代化道路起步。①中世纪以来,德国一直未能统一,没有形成现代民族国家,现代化发展滞后。②19 世纪后期,普鲁士经过一系列改革,成为德意志邦国中最具实力的国家,通过三次王朝战争,于 1871 年完成德国统一,开启德国现代化道路。

2. 工业革命开展,经济工业化实现。19 世纪后期,统一后的德国同时进行第一次和第二次工业革命,资本主义得到了较快发展,由此进入工业化时代。

3. 确立共和制政体,政治民主化完成。①德意志的统一是在容克土地贵族领导下完成的,保留了很大的封建性,民主化进程缓慢。②第二次世界大战之后,德国战败被迫接受改造,彻底抛弃了旧势力的影响,于 1949 年建立德意志联邦共和国和德意志民主共和国,德国政治民主化得以实现。

综上所述,英、法、德三国的现代化道路各具民族性和特殊性,但最终都走上了工业化和民主化道路,在 20 世纪初,成为帝国主义强国。

参考资料

1. 钱乘旦:《英法德的现代化之路》,《招商周刊》,2004 年第 10 期。
2. 刘金源:《渐进的改革:英国政治现代化道路及其启示》,《科学与现代化》,2016 年第 3 期。
3. 谢君:《19 世纪德国的现代化进程为什么伴随着战争》,华东师范大学 2007 年硕士学位论文。
4. 胡伟伟:《法国现代化进程研究综述》,《天中学刊》,2007 年第 3 期。
5. 孙杰:《20 世纪前的法国现代化进程》,《理论观察》,2017 年第 10 期。

题目 7 试述 20 世纪 70 年代资本主义主要国家出现经济危机的原因、影响、特征及出现的理论和相应实践

相关真题 2023 年山东师范大学;2014 年华中师范大学;2004 年华东师范大学

20 世纪 70 年代,资本主义世界经历了一场前所未有的经济危机,这场危机不仅对当时的世界经济产生了深远的影响,也促使经济学理论和政策实践发生了重要变革。

(一)危机成因

1. 结构性问题积累。长期以来,资本主义经济体系中的结构性问题逐渐积累,包括但不限于生产过剩、市场饱和以及劳资矛盾的加剧,这些问题在 20 世纪 70 年代达到了临界点。

2. 石油危机。1973 年和 1979 年,两次石油危机导致原油价格飙升,严重冲击了以石油为主要能源的西方工业国家的经济体系。

3. 布雷顿森林体系崩溃。1971 年,美元停止金本位兑换,布雷顿森林体系解体,全球货币体系动荡,加剧了国际经济的不稳定。

4. 技术进步缓慢。与前几十年相比,20 世纪 70 年代的技术创新和生产效率提升速度放缓,影响了经济的增长。

(二)危机影响

1. 经济衰退和滞胀。经济增长率下降,同时伴随着高通货膨胀率和高失业率,西方国家经济陷入了所谓的"滞胀"状态。

2. 社会问题加剧。经济危机导致失业率上升,社会福利开支增加,加剧了政府财政负担,社会矛盾加剧。

3. 国际贸易和投资格局变化。经济危机促使资本主义国家调整国际贸易和对外投资策略,寻求新的经济增长点。

(三)危机特征

1. 全球化影响。这是一场全球性的经济危机,不同于以往局部区域的经济波动,危机影响遍及全球。

2. 多重因素交织。结构性问题、能源危机、国际货币体系动荡等多重因素共同作用,使得这次危机更加复杂和难以应对。

3. 滞胀并存。高通货膨胀和经济衰退同时存在，打破了传统经济理论中通货膨胀与失业率的菲利普斯曲线关系。

（四）理论和实践

1. 货币主义的兴起。面对经济危机，货币主义者如米尔顿·弗里德曼主张控制货币供应量来抑制通货膨胀，反对政府过度干预经济。

2. 新自由主义政策。以里根和撒切尔夫人为代表的政策转向，强调市场机制的作用，推动经济自由化、私有化和全球化。

3. 供给侧经济学。提倡通过减税、减少政府支出和放松管制来激发企业活力，提高生产供给，从而促进经济增长。

综上所述，20世纪70年代的经济危机不仅改变了世界经济的面貌，也推动了经济学理论的发展和经济政策实践的转变，对后世的经济发展产生了深远的影响。

参考资料

1. 吴于廑，齐世荣：《世界史·现代史编》，高等教育出版社，2011年。
2. 陈特安：《资本主义的"大地震"》，长征出版社，1991年。

第二节　国际格局

题目1　论述东西方世界打破孤立的过程

相关真题　2023年中山大学

东西方世界孤立、闭塞状态的打破，有赖于不同地区、不同民族间交往的增多。古典文明时期，东西方处于相对孤立状态，随着新航路的开辟，世界逐渐连成一个整体。

（一）15世纪前东西方世界相对孤立

15世纪之前，东西方古典文明之间就发生了分段而又相连接的交往，但是无论从交往的频率还是交换货物的数量来看，彼此交往有限，东西方处于相对孤立状态。

1. 和平交往。①陆上丝绸之路连接了中国西部、中亚、波斯与罗马，佛教和伊斯兰文化等由此传入中国，而中国的造纸术和印刷术等由此传入中亚和西亚，最后流入欧洲。②海上丝绸之路也逐渐形成连接红海、阿拉伯海、孟加拉湾以及中国南海的通道，唐宋时期，阿拉伯人沿着它活跃于中国东南沿海地区，明代郑和七下西洋。

2. 暴力交往。①公元前4世纪，马其顿国王亚历山大东征，从爱琴海地区到印度河流域，经济文化发生了空前广阔的交往。②公元2—3世纪，匈奴、突厥人西迁导致了民族大迁徙，间接沟通了东西方世界。③13世纪，蒙古西征，横跨亚欧大陆，东西陆路交通贯通。

（二）15—18世纪东西方世界经济联系增强

从15世纪开始，东西方世界进入一个新的转折时期。西方资本主义萌芽产生并发展，它要求突破自然界限和国家疆域，最大限度开拓市场，东西方经济联系大大增强。

1. 新航路开辟。15世纪末，达·伽马发现到达印度的新航线，麦哲伦船队实现首次环球航行，找到了东西方直接联系的新航线，便利了彼此的交往。

2. 殖民扩张活动。新航路开辟之后，西欧各国走上了殖民扩张的道路，如葡萄牙控制了马六甲海峡，从中国夺取了澳门，建立了商业据点，与中国进行贸易，东西方间直接接触增多。

（三）18—20世纪东西方世界连成一个整体

18世纪中叶，西方开始工业革命，逐渐取得了对农耕世界的绝对优势，在这个优势的冲击下，东西方隔绝、封闭的状态被完全打破，到20世纪初，东西方彼此孤立的局面被彻底打破，世界由此连成一个整体。

1. 新式交通工具出现。西方工业革命后，轮船、火车等新的交通工具产生，电报、电话等新的通信工具被创造，提高了东西方沟通效率，从空间和时间上缩短了东西方的距离。

2. 世界市场形成。工业革命极大地提高了生产力，使得西方对原料和市场的需求极大增加，它们在世界范围内掀起了殖民热潮，中国和日本等东方国家先后被打开封闭的国门，东方日益卷入西方资本主义世界体系中，东方从属于西方，世界市场最终形成。

综上所述，从古典文明时期开始，东西方世界在有限的接触中，逐渐消除地理等因素的阻碍，到20世纪初期，终于彻底打破孤立局面，形成一个整体。

参考资料

1. 吴于廑，齐世荣：《世界史·近代史编》，高等教育出版社，2011年。
2. 刘宗绪：《世界近代史》，北京师范大学出版社，2004年。
3. 张建华：《世界现代史（1900—2000）》，北京师范大学出版社，2008年。

题目 2　论述16世纪后四大国际体系形成和瓦解的过程与原因

相关真题 2022年湖北大学；2022年四川大学

16世纪以来，世界历史经历了多次大的转折，其中包括三十年战争、拿破仑战争和两次世界大战，这些事件不仅改变了世界格局，也见证了欧洲强国的兴衰和美国逐渐走向世界舞台的中心。

（一）威斯特伐利亚体系

1. 形成原因。在宗教冲突和霸权争夺的背景下，1618年欧洲各强国陷入了三十年战争。战争后期，以哈布斯堡王朝为首的天主教联盟不得不与新教联盟签订和约，承认战败。

2. 形成过程。1643年，交战双方开始和谈，最终在1648年签订了《威斯特伐利亚和约》。通过确立德意志的分裂和宗教平等，形成了威斯特伐利亚体系。

3. 瓦解原因。尽管《威斯特伐利亚和约》的签订为一段时间内的欧洲带来了相对稳定，但新的国际体系并未解决列强之间的矛盾，引发了接连不断的战争。

4. 瓦解过程。三次英荷战争、西班牙王位继承战争和英法七年战争，最终导致威斯特伐利亚体系的瓦解。

（二）维也纳体系

1. 形成原因。18世纪末，法国大革命引发了欧洲各君主国的恐慌，最终导致拿破仑战争的爆发。

2. 形成过程。拿破仑战败后，欧洲的主要强国在1815年的维也纳会议上商定战后安排，建立了以均势原则和正统主义为基础的维也纳体系。

3. 瓦解原因。俄国、英国、奥地利、普鲁士四强之间的矛盾，1820年意大利革命，1848年欧洲革命等事件，以及1853年克里米亚战争的爆发，导致了维也纳体系的瓦解。

4. 瓦解过程。俄国、英国、奥地利、普鲁士四强对意大利革命的不同态度，1848年欧洲革命的影响以及克里米亚战争，造成了四国同盟和维也纳体系的终结。

（三）凡尔赛-华盛顿体系

1. 形成原因。第一次世界大战爆发，战后以英、法、美三国为主导的战胜国为处理战后问题召开会议。

2. 形成过程。1919年，战胜国在巴黎召开和会，签订了《凡尔赛条约》，对欧洲的国际秩序进行了调整；1921年，战胜国在华盛顿召开会议，并于次年签订了《四国条约》《五国条约》和《九国公约》，对远东太平洋的国际秩序进行了调整，凡尔赛-华盛顿体系至此建立。

3. 瓦解原因。凡尔赛-华盛顿体系未能解决战胜国与战败国之间的矛盾，加之英、法、美等战胜国之间的分歧，导致这一体系最终瓦解。

4. 瓦解过程。1925年《洛迦诺公约》的签订、德国的扩张和轴心国集团的成立，最终导致了凡尔赛-华盛顿体系的崩溃。

（四）雅尔塔体系

1. 形成原因。二战期间，美、苏、英三国成为同盟国的主要力量，共同商定战后的国际秩序。

2. 形成过程。通过雅尔塔会议和波茨坦会议,确立了以美、苏两大国为主导的新国际体系。

3. 瓦解原因。随着冷战的爆发和苏联解体,雅尔塔体系最终瓦解。

4. 瓦解过程。两大阵营的形成、美苏争霸和苏联解体等一系列历史事件,最终结束了雅尔塔体系。

综上所述,从威斯特伐利亚体系到雅尔塔体系,这些国际体系的形成和瓦解反映了国际政治力量的动态平衡和历史发展脉络。通过研究这些体系的兴衰,我们能更深刻地理解国际关系的复杂性和变化性。

参考资料

1. 席俊:《拿破仑帝国崩溃后的欧洲国际关系——浅析维也纳体系》,《科学咨询》,2011年第12期。
2. 胡礼忠,邢新宇:《宗藩体系与威斯特伐利亚体系——两种经典国际体系的比较与启示》,《国际观察》,2011年第6期。

题目3 概述19世纪以来全球民族国家建立的四次浪潮

相关真题 2009年历史学统考;2016年云南大学

建立民族国家是近代资本主义发展的历史趋势,随着各国资本主义发展和国际格局的变化,19世纪以来,全球兴起了四次民族国家建立的浪潮。

(一) 19世纪时期

1. 德国统一。19世纪后期,普鲁士经过一系列改革,成为德意志邦国中最具实力的国家。它通过普丹战争、普奥战争、普法战争三次王朝战争,于1871年完成德国统一,成立德意志帝国。

2. 意大利统一。1861年,通过对奥战争、西西里起义和加里波第远征,撒丁王国统一意大利绝大部分领土,成立意大利王国。在1871年普法战争结束后,意大利趁着法国衰弱,合并了罗马,完成了意大利统一。

3. 拉美独立战争。18世纪末19世纪初,拉美人民为了反抗西班牙和葡萄牙的殖民统治,爆发了拉美独立战争。1826年,西班牙军队在秘鲁投降,独立战争胜利结束,先后建立了包括墨西哥、洪都拉斯在内的17个国家。

(二) 一战后

1. 欧洲地区。①奥匈帝国解体,东欧的匈牙利、奥地利、波兰等在1918年建立民族国家。②沙皇俄国解体,东欧的乌克兰、白俄罗斯和北欧的芬兰、爱沙尼亚、拉脱维亚、立陶宛等在1917—1918年先后独立。原沙俄中亚地区,也于1920—1921年建立了阿塞拜疆、亚美尼亚和格鲁吉亚苏维埃社会主义共和国等民族国家。③奥斯曼帝国解体,东南欧的希腊、保加利亚、塞尔维亚等也先后独立建国。

2. 亚非地区。奥斯曼帝国主要领土在亚非地区,帝国被肢解后,中东和小亚细亚地区先后独立出叙利亚、巴勒斯坦、土耳其等10余个国家,北非地区埃及、利比亚、突尼斯等5个国家获得承认。

(三) 二战后

1. 亚洲。①第二次世界大战后,通过"印巴分治",印度和巴基斯坦独立。②在东南亚地区,越南、柬埔寨、印度尼西亚、菲律宾、缅甸、马来西亚等也纷纷独立。③在西亚地区,叙利亚、黎巴嫩、约旦、以色列等也获得了独立。

2. 非洲。①20世纪50年代。1951年利比亚联合王国成立,成为战后非洲第一个宣布独立的国家。随后,苏丹、突尼斯也都摆脱了殖民统治,走上独立发展的道路;在撒哈拉以南的非洲,加纳和几内亚分别于1957年和1958年独立。②20世纪60年代。仅1960年就有17个国家宣布独立,这一年也被称为"非洲独立年"。之后,法属、西属、英属、比属、葡属非洲诸国纷纷独立。

(四) 苏联解体后

1. 1991年12月苏联解体,白俄罗斯、立陶宛等原15个加盟共和国纷纷独立,并宣布恢复或收复主权的声明。

2. 随着东欧剧变,南斯拉夫解体,分为斯洛文尼亚、克罗地亚等7个国家。

综上所述,19世纪以来的四次民族国家建立浪潮,实际上反映了帝国霸权的衰弱,开创了国际社会的新局面,为日后国家发展奠定了良好基础。

> **参考资料**

1. 吴于廑，齐世荣：《世界史·现代史编》，高等教育出版社，2011年。

题目 4　论述二战前后国际格局变化

相关真题　2023年鲁东大学；2020年中山大学；2018年厦门大学

20世纪上半叶爆发的第二次世界大战，深刻改变了世界主要国家的实力对比，摧毁了旧的国际秩序，开创了以美苏为首的两极格局。

（一）二战前的国际格局：凡尔赛-华盛顿体系崩溃，帝国主义实行绥靖政策

1. 德意日形成轴心同盟。由于巴黎和会和华盛顿会议对战败国的严厉制裁以及战胜国的利益分配不均，德国、意大利和日本不断突破凡尔赛-华盛顿体系限制，结成轴心同盟。

2. 英法实行绥靖政策。面对日益强大的法西斯国家，英法两国实行绥靖政策，企图牺牲小国利益以满足德、意侵略野心，同时将德意矛头转移到东欧，意图削弱苏联实力。

3. 美国盛行孤立主义。一战的惨烈和英法实力的恢复，使得美国重回孤立主义，专注于国内经济建设，尽量远离欧洲纠纷。

4. 苏联统治逐渐稳固。在斯大林体制的指导下，苏联顺利完成了两个五年计划，成为一个强大的工业国家。

5. 亚非拉民族解放运动此起彼伏。一战后，各殖民地民族解放运动不断，有力冲击着日渐衰落的资本主义殖民体系，严重削弱了帝国主义国家的实力。

（二）二战后的国际格局：雅尔塔体系下的两极格局

1. 欧洲普遍衰落。二战后，德国与意大利沦为二战战败国，被彻底排除出世界大国行列，英国与法国在二战中遭受重大损失，殖民体系瓦解，资本主义体系遭到空前削弱，旧的欧洲中心格局被打破。

2. 雅尔塔体系建立。二战后，美苏成为世界上头号强国，拥有了旗鼓相当的政治军事力量，它们通过德黑兰会议、雅尔塔会议等和平方式划分战后势力范围，建立了战后世界新秩序：雅尔塔体系。

3. 美苏争霸出现。由于美苏两国在国家利益和社会制度等方面存在对立，导致彼此在国际社会上冲突加剧。1947年，美国推出杜鲁门主义，企图遏制苏联，夺取世界霸权，苏联对此进行回击，双方开始了争夺世界霸权的斗争。

4. 两极格局形成。为争夺世界霸权，美国于1949年成立北大西洋公约组织，苏联于1955年成立华沙条约组织，在欧洲形成两大军事集团对峙，在全球范围内形成资本主义阵营和社会主义阵营对抗的世界局势，冷战格局形成。

5. 亚非拉民族解放运动不断发展。战后大批新兴国家获得独立，它们联合起来反对帝国主义和争霸斗争，奉行不结盟政策，形成"第三世界"，成为影响世界政治格局的重要力量。

综上所述，二战后，国际政治格局中心从欧洲向美苏转移，但在美苏主导国际事务的两极格局之下，多极化趋势也在逐渐显现。

> **参考资料**

1. 李世安：《从国际体系的视角再论雅尔塔体系》，《世界历史》，2007年第4期。

题目 5　简述1949年前后中国与世界政治格局

相关真题　2020年四川师范大学

1949年，中国共产党带领中国人民推翻了国民党的反动统治，建立了中华人民共和国，深刻改变了中国在世界政治格局中的地位。

（一）1949年前中国与世界政治格局

1. 参加反法西斯战争。在第二次世界大战中，中国是最早反抗法西斯侵略的国家，抗击着日本的陆军主力，中

国战场是世界反法西斯战争主战场之一，有力支援了美、苏、英等盟国的作战。

2. 参与筹建联合国。中国是联合国重要创建者之一，早在1942年，中国便以世界大国身份与美、英、苏及其他22个国家签署了《联合国家宣言》。1945年，《联合国宪章》通过，中国成为联合国安全理事会常任理事国之一，成为国际社会中的重要一员。

3. 参与构建雅尔塔体系。中国是二战后雅尔塔体系的创建国之一。1943年，美、英、中三国举行开罗会议，商讨反攻日本和战后国际局势的安排。在雅尔塔会议和波茨坦会议上，美国坚持中国的世界大国地位，中国参加了波茨坦会议上的外长协商会议，推动了战后国际新秩序的确立。

4. 国民党亲美反苏的外交政策。二战后，欧洲国家普遍衰弱，美苏称霸的两极格局逐渐形成，国民党采取了亲美反苏的外交政策，选择了站在以美国为首的资本主义阵营一边，在国际社会中宣传反苏反共舆论。

5. 中国共产党提出"中间地带"理论。基于对二战后美苏争霸局势的认识，毛泽东于1946年提出了"中间地带"理论，争取苏联对中国革命的援助，并且集中力量尽快结束人民解放战争，避免美国介入中国内战。

（二）1949年后中国与世界政治格局

1. 确立新中国三大外交政策。中华人民共和国成立之初，采取了"另起炉灶""打扫屋子再请客""一边倒"三大外交政策，清除帝国主义在中国的特权残余，在平等的基础上与世界各国建立外交关系，并站在社会主义和世界和平民主阵营一边。1949年10月2日，苏联正式承认新中国，成为世界上第一个与中国建交的国家。

2. 进行抗美援朝战争。1950年，朝鲜战争爆发后严重威胁了中国边境安全，中国志愿军入朝与以美国为首的"联合国军"作战，迫使他们签订停战协定，成功保卫了国家安全，提高了中国的国际声望。

3. 参加日内瓦会议。1954年，中、美、英、苏、法等国家在日内瓦召开会议，这是中华人民共和国成立后第一次以世界五大国之一的身份参加的重要国际会议，会议最后成功解决了印度支那问题，展现了中国爱好和平、负责任的大国形象。

4. 参加亚非会议。1955年，在亚洲和非洲民族解放运动不断高涨的情况下，包括中国在内的29个亚非国家和地区的代表在印度尼西亚万隆召开会议。这是亚非历史上第一次没有殖民国家参与的会议，中国在会议上提出了"求同存异"方针，团结了第三世界国家，提升了中国的国际地位。

综上所述，1949年前后，中国积极参与国际社会事务，深刻影响世界政治格局，中国的大国地位得到了国际肯定。

参考资料

1. 郭大钧：《中国当代史》，北京师范大学，2018年。
2. 齐涛：《世界通史教程》，山东大学出版社，2008年。

第十四章　西方史学史与史学理论

题目1　简述修昔底德的历史思想及其贡献

相关真题　2022年山东师范大学；2022年中山大学

修昔底德是古希腊著名的历史学家，被誉为西方史学史上第一位真正具有批判精神和求实态度的史学家，也被称为"科学和批判历史的奠基者"。

（一）历史思想

1. 求真的治史范式。①拥有求真的精神和对史料的批判态度，提倡对史料进行考证和选择。②在《伯罗奔尼撒战争史》一书中，他努力辨清真伪，力图揭示历史事件之间的因果关系、探索人事的规律。

2. 第一次提出把历史叙述与道德垂训相结合。修昔底德在叙述历史事件的过程中，注重结合道德教训与伦理观念以达到垂训后世的目的，他的这一思想也被称为"教训式历史"。

3. 提倡人本主义。修昔底德进一步发展了希罗多德的人本思想，并把朴素的唯物主义和人文思想运用于史学的研究中，为后世西方史学确立了人本主义的编纂范式。

4. 英雄史观。他在《伯罗奔尼撒战争史》中对英雄加以赞美，将英雄人物置于当时的历史环境中去分析，能秉持一种客观、公正的态度，理性地看待英雄人物的功与过。

（二）史学贡献

1. 树立了修辞与史学完美结合的榜样。一方面，修昔底德以尽可能紧凑而细致的笔法直接叙述历史事件；另一方面，在历史著作中常常直接引用各种演说辞，通过特定场合的历史人物之口引起读者的思考，这一做法甚至还影响到文艺复兴时期的历史学家，如马基雅维利等人的作品中。

2. 明确提出了历史认识的借鉴功能。修昔底德意识到在不同时代发生的不同事件之间存在着有机联系，具备人性的统一性，能够为现实和将来人的活动提供参照。

3. 开创性地提出求真的观点。①对历史资料的真伪，从各方面进行考证，只记载可信的部分。②以"不心怀恶意、不盲目恭维"为原则。③第一个提出反对神学，认为日食月食都是自然现象，不是神灵的预示。

4. 是西方政治军事史传统的开创者。修昔底德这种注重军事的撰史传统，对后世西方史学的发展产生了深远的影响，成为西方史学纷纷效仿的正统模式。

综上所述，修昔底德把历史叙述与求真的史学批判精神、求善的道德垂训和以人为本的人本主义精神完美地结合起来，为西方传统史学范型的确立奠定了基础。

参考资料

1. 董亚伟，张琳琳：《修昔底德与西方历史叙述体的形成》，《洛阳师范学院学报》，2008年第4期。
2. 杨共乐：《修昔底德撰史特点新探》，《北京师范大学学报》，2017年第4期。
3. 徐松岩：《修昔底德斯史学思想的时代特征》，《聊城大学学报》，2004年第2期。
4. 陈丹：《修昔底德和普鲁塔克英雄史观之比较》，《法制与社会》，2016年第27期。
5. 周兵：《西方古典修辞学与史学——以修昔底德为例》，《史学理论研究》，2004年第3期。

题目2　论述公元前5世纪至公元1世纪西方古典史学的主要成就与特点

相关真题　2021年历史学统考；2022年中山大学

公元前5世纪至公元1世纪，西方古典史学在希腊和罗马社会中达到了初步的成熟和高潮，奠定了西方史学传统的基本框架和研究方法。

（一）史学成就

1. 史学方法方面。公元前5世纪，被誉为"历史之父"的希腊历史学家希罗多德在其著作《历史》中系统地记载了希波战争的历史，创新性地引入了询问和考察的方法，通过收集和比较不同来源的资料来还原历史事件的真实面貌。紧随其后的修昔底德在《伯罗奔尼撒战争史》中提出了严格的史料审查原则，强调史学研究应基于直接证据，力求客观和精确，为西方史学研究方法的发展奠定了基础。

2. 史观方面。这一时期的史学家们开始形成了关于历史发展规律的初步认识，尤其是对历史循环论的探讨。波里比阿在其《通史》中尝试分析不同民族和国家兴衰的规律，认为历史具有循环性，政治制度会经历由君主制、贵族制到民主制再到暴政的循环过程。这种对历史循环律的探索，丰富了古典时期史学家们对历史发展的认识。

3. 史料整理与评价方面。公元前1世纪的罗马史学家，如萨鲁斯提乌斯和塔西陀，进一步发展了古典史学的研究方法，他们不仅广泛收集历史资料，而且对资料进行严格的审查和评价，力求在叙述中区分事实和传说。撒鲁斯提乌斯的《罗马历史》和塔西陀的《编年史》等著作，展现了罗马史学家在史料整理与评价方面的高度成就。

（二）史学特点

1. 饱含人文主义观念。古希腊人很早就认识到了人的自身地位及其重要性，在希波战争中，人们就察觉到了拯救希腊的是人而不是神。罗马史学，从李维到塔西陀，所反映的都是人事而非神事。

2. 具备宽宏的历史眼光。①地理范围广。希罗多德写的《历史》，事实上就是他那个时代希腊人所知的"世界史"。古希腊史学家波里比阿在他的《通史》中还试图寻找世界历史的有机联系以及历史变动的整体性。②时间范围长。李维的《罗马史》记载了罗马自建城以来到奥古斯都晚期的罗马兴衰史，堪称一部综合性的通史著作。

3. 注重历史对现实的借鉴作用。①古希腊历史学家波里比阿认为历史是一门以事实为训的哲学，他之"求真"，在求"实用"，并笃信这是史家之天职。②"罗马三大史家"撒鲁斯提乌斯、李维、塔西陀深信历史的目的在于劝善惩恶。追述罗马历史发展之艰辛和伟大，以激发爱国热忱。

4. 重视史著的文字表述。古典时期的史学家都重视史著的文字表述，形成不同的撰史风格。希罗多德的丰富精炼与修昔底德的严谨练达；李维留有希罗多德之风韵，文辞华美，描写逼真；塔西陀继承修昔底德叙事方式，著史以文约事丰与言简意远而享誉后世。

综上所述，公元前5世纪至公元1世纪的西方古典史学在理论和方法上取得了显著的进步，不仅在西方历史学史上占有重要地位，也对世界历史学的发展产生了深远的影响。

参考资料

1. 张广智：《西方史学史》，复旦大学出版社，2000年。

题目3 评述埃及学

相关真题 2023年中国社科院大学

埃及学是研究古埃及文明的语言、文字、历史及文化艺术的学科。它的发展不仅为我们揭开了古埃及文明的神秘面纱，也为整个人类文明史的研究贡献了重要的视角和资料。

（一）埃及学的发展阶段

1. 象形文字的破译。1822年，法国学者商博良成功解读了罗塞塔石碑上的埃及象形文字，标志着埃及学的诞生。

2. 考古技术的应用。例如，19世纪80年代英国考古学家皮特里采用了分层次、科学纪录的发掘技术和"顺序定年法"，作为划分史前埃及文化年代的重要依据之一。

3. 文献的收集与整理。20世纪以来，文献数据库项目方兴未艾，诸如"科普特语中的希腊外来词汇数据库"等项目对于埃及古文献的系统整理和研究有显著的作用。

4. 新技术的引入。20世纪末至21世纪以来，现代技术如遥感技术、数字成像等被应用于埃及学研究，极大地丰富了研究手段。

（二）埃及学的研究领域

埃及学涵盖多个学科领域，包括语言文字学、考古学、历史学、文献学、碑铭学、艺术学、宗教学、建筑学与科学技术等，其中语言文字学尤为重要，它是理解和研究古埃及文明的基础。

（三）埃及学重要成果

1. 19世纪时期。①法国语言学家商博良破译象形文字。②普鲁士学者列普修斯提出古埃及古王国、中王国和新王国的分期法。③法国学者马里埃特开创埃及考古学。④英国学者皮特里开创史前考古学。

2. 20世纪前半叶。①埃及史前文化遗址的发掘和古埃及文明起源的研究取得进展，如图坦卡蒙陵墓的发现、希泰费雷斯王后陵墓的发掘。②埃及语言学研究也取得巨大成果，有《埃及语句法研究》《埃及语词典》等著作问世。

3. 第二次世界大战后。①大规模国际协作的考古项目，如"拯救努比亚遗址国际行动"出现。② 20世纪90年代，埃及考古工作进一步扩大到了水下考古领域。③埃及本国的民族考古学兴起，主要成就是对西部沙漠绿洲的发掘。

4. 中国学者的贡献。被称为"中国埃及学之父"的夏鼐是中国的第一位埃及考古学博士，其博士论文《埃及古珠考》对埃及串珠进行了系统研究。

（四）埃及学意义

1. 加深了对于古埃及文明的理解。埃及学使我们能够深入了解古埃及的政治、经济、宗教和文化，为研究古埃及文明提供了丰富的资料和新视角。

2. 促进了全球古文明研究。埃及学的发展推动了对亚述、赫梯等古文明的研究，丰富了我们对古代西亚、北非文明的认识。

总体来看，埃及学作为一门跨学科的研究领域，其发展不仅对古埃及文明的研究产生了深远影响，也为人类文明史的研究提供了宝贵的资料和视角。

参考资料

1. 令狐若明：《20世纪以来的埃及学研究》，《史学集刊》，2007年第3期。

题目4　简述西方史学发展的几个阶段

相关真题　2021年北京大学；2019年福建师范大学

西方史学从古希腊发端至今，经历了漫长的发展过程，大体上可以分为以下四个明显又各具特色的发展阶段。

（一）古典史学

西方古典史学包括古希腊、罗马史学，从"荷马时代"至公元5世纪"古典世界"的终结，这一时期是西方史学的开创时期。

1. 特征。①拥有求真探索精神，试图揭示历史现象之间的内在联系与发展规律。②饱含人文主义观念，认识到人自身地位及其重要性。③具备宽宏的历史眼光，历史写作不局限于某个具体国家，而是那个时代的"世界史"。④注重历史对现实的借鉴作用。

2. 代表人物及著作。①古希腊的希罗多德被称为西方"历史之父"，其代表作《历史》是西方社会文化史之祖。②古希腊的修昔底德被称为"历史科学之父"，其代表作《伯罗奔尼撒战争史》开创了军事政治史的先河。

（二）中世纪史学

中世纪史学也被称为基督教史学，时间跨度为公元5世纪至公元14世纪文艺复兴之前。

1. 特征。①神学史观。完全抛弃了古典史学求真和严谨的治史态度，史学研究对象从现实的人转向彼岸世界，世俗历史成为上帝意志的体现和见证。②拥有世界整体史观。中世纪史学致力于构筑包括所有人、所有民族在上帝目的规划下的世界通史。

2. 代表人物及著作。①阿非利加那著有《编年史》五卷，是基督教史学的最初写作者。②攸西比厄斯撰《教会史》，记载基督教会的兴起和发展，被称为"教会史之父"。③奥古斯丁的代表作《上帝之城》，奠定了早期基督教宗教信条和神学史观。

（三）近代史学

近代史学从 14 世纪文艺复兴开始，到 19 世纪末 20 世纪初。这一时期，史学家的任务是摆脱中世纪神学史观的影响，实现历史学的"重新定向"，相继兴起了人文主义史学、理性主义史学等诸多史学流派。

1. 人文主义史学。崇尚古典文化，同神学史观决裂，恢复了人在历史上的中心地位。

2. 理性主义史学。摒弃了虚妄的神学史观，以理性主义为指导，探求社会历史变化的规律性，相信历史运动的前进性和可预见性，并且打破了西方史学中的政治史传统，重视经济和文化在历史发展中的作用。

3. 浪漫主义史学。注重历史的个体性和多样性，运用想象、情感等非理性方式去理解历史等。

4. 客观主义史学。主张对史料进行考证分类，并以客观公正的态度撰写历史，在书写方面以政治军事史为主。

（四）现代史学

现代史学从 19 世纪末 20 世纪初开始，并在 20 世纪六七十年代走向巅峰。

1. 特征。①扩大史学研究面和研究方法，如注重社会史研究。②用分析解释取代叙述归纳。③用跨学科的综合分析法取代狭窄的史料注释。

2. 代表流派。①年鉴学派。布罗代尔提出了三时段理论，综合考虑政治、经济、文化、地理等因素在历史中的作用。②心理史学。弗洛伊德将精神分析学和历史学相结合。③计量史学。采用数学统计的方法对历史进行定量分析。

综上所述，随着历史的发展与进步，西方史学逐渐产生了新的历史观念和研究方法，实现了西方历史学的推陈出新。

参考资料

1. 张广智：《西方史学史》，复旦大学出版社，2000 年。
2. 张广智：《西方古典史学的传统及其在中国的回响》，《史学理论研究》，1994 第 2 期。
3. 陈超：《试论西欧中世纪基督教史学的历史地位》，《福建教育学院学报》，2005 年第 4 期。
4. 朱孝远：《西方现代史学流派的特征与方法》，《历史研究》，1987 年第 2 期。